Diccionario de Filosofía de bolsillo

José Ferrater Mora

Diccionario de Filosofía de bolsillo

Compilado por Priscilla Cohn

Alianza editorial
El libro de bolsillo

Primera edición: 1983
Tercera edición: 2014
Séptima reimpresión: 2023

Diseño de colección: Estrada Design
Diseño de cubierta: Manuel Estrada
Ilustración de cubierta: Hinrich Stravius: *El filósofo* (1686). Hamburger Kunsthalle, Hamburgo © Index / Bridgeman
Selección de imagen: Carlos Caranci Sáez

Reservados todos los derechos. El contenido de esta obra está protegido por la Ley, que establece penas de prisión y/o multas, además de las correspondientes indemnizaciones por daños y perjuicios, para quienes reprodujeren, plagiaren, distribuyeren o comunicaren públicamente, en todo o en parte, una obra literaria, artística o científica, o su transformación, interpretación o ejecución artística fijada en cualquier tipo de soporte o comunicada a través de cualquier medio, sin la preceptiva autorización.

© Priscilla Cohn
© Alianza Editorial, S. A., Madrid, 1983, 2023
 Calle Valentín Beato, 21
 28037 Madrid
 www.alianzaeditorial.es

PAPEL DE FIBRA
CERTIFICADA

ISBN: 978-84-206-9216-6
Depósito legal: M-22.288-2014
Printed in Spain

Si quiere recibir información periódica sobre las novedades de Alianza Editorial, envíe un correo electrónico a la dirección: alianzaeditorial@anaya.es

*Non. Mais il faut savoir que tout cet artifice
ne va directement qu'à vous rendre service.*

Molière, *L'Étourdi*, I, x

Prólogo

Para usar una imagen, toda obra didáctica en cualquier disciplina es resultado de un esfuerzo con el fin de podar muy frondosos árboles y reducirlos a sus troncos. Ello tiene un notorio inconveniente: las ramas y las hojas de los árboles de las ciencias no son excrecencias inútiles, de modo que no poco se pierde en la empresa. Sin embargo, cuando se exponen los rasgos más salientes de una disciplina la poda es inevitable –de lo contrario, no habría modo de describir inteligiblemente vastos y espesos bosques–, y a veces inclusive conveniente para los propios especialistas, que de esta suerte no se pierden por las ramas y tienen la oportunidad de ojear el bosque entero.

Traduzcamos la imagen a un lenguaje más llano. Cuando una obra didáctica es un diccionario de una disciplina que abarca muchos temas, y en muchos casos incluye su propia historia, los esfuerzos de síntesis tienen que redoblarse: sólo lo que es esencial, preciso y conciso puede alojarse en la obra. La que sirve de base a la presente, mi *Diccionario de filosofía,* en cuatro grandes y nutridos tomos, tuvo ya que sacrificar muchos detalles en beneficio de la limpieza del conjunto. El *Diccionario de filosofía de bolsillo* aquí presente ha tenido que hacer mucho más: extraer lo esencial de dichas síntesis y sintetizar a su vez no pocas de ellas.

La autora de esta síntesis de síntesis no ha ahorrado penas para conseguir ese propósito. Por lo pronto, de los dos tipos de entradas (artículos) que figuran en un diccionario de esta índole –conceptos filosóficos, por un lado, y nombres de filósofos, por el otro– ha elegido el primer tipo como el más propio y principal. De las muchas posibles, la autora ha elegido las de mayor cuantía, y ello por dos razones: por tener una larga historia y por aparecer prominentemente en los debates filosóficos contemporáneos. Así, la dimensión histórica –sin la cual las nociones tratadas carecen de suficiente densidad–, y el interés actual –sin el cual resultan meramente arqueológicas– han sido armoniosamente combinados. Una vez los conceptos más importantes e interesantes a mano, la autora ha procedido a elegir con buen tino las exposiciones de más fuste, a resumir los desarrollos demasiado complejos y a introducir todos los enlaces necesarios con el fin de que el lector pueda tener una idea clara de todos los significados básicos y todos los problemas fundamentales que envuelve cada concepto.

Me es muy grato declarar que la autora ha alcanzado pleno éxito en la realización de este propósito, y que lo ha llevado a término en la misma forma en que yo mismo lo hubiese hecho de haber sido capaz de sintetizar tan airosamente como ella mi propio trabajo de síntesis.

Con este *Diccionario de filosofía de bolsillo* el lector tiene a su alcance un repertorio al que podrá acudir con la seguridad de que encontrará siempre en él los ingredientes básicos para la debida comprensión de una notable cantidad de nociones filosóficas. Muy a menudo los grandes repertorios, aun los más hábilmente sintetizados, pueden confundir al lector con la abundancia y la variedad de las informaciones. En el presente *Diccionario de filosofía de bolsillo* no se encontrará nada que no sea realmente fundamental, pero nada realmente fundamental se echará de menos.

Auguro para la presente obra, doblemente accesible –en tamaño y en precio–, una vasta audiencia, que podría vacilar ante la adquisición o la consulta de un repertorio todavía demasiado amplio para satisfacer apetencias urgentes destinadas a conocer los significados y los usos –en el pasado y en el presente– de conceptos que, aunque principalmente manejados y discutidos por filósofos, han ingresado en el vocabulario de toda persona culta.

J. Ferrater Mora

A

A. La letra mayúscula 'A' tiene varios usos en los textos filosóficos.

1. Aristóteles la emplea muchas veces (por ejemplo, en *Analítica Priora*) como predicado de una proposición en fórmulas como 'A B' que se lee 'A es predicado de B'. En los silogismos categóricos, la letra 'A' forma parte del condicional: 'Si A es predicado de todo B...'. Es la premisa mayor del silogismo en el modo *Barbara* (VÉASE) y que en la literatura lógica posterior se presenta en formas diversas, algunas de las cuales presentan una estructura condicional evidente como en:

> Si todo B es A

mientras en otras, erróneamente, se omite:

> Todo B es A.

2. Los escolásticos y otros tratadistas posteriores han usado la letra 'A' (primera vocal del término *affirmo*) para simbolizar la proposición universal afirmativa *(affirmatio universalis)* tal como:

Todos los hombres son mortales.

En textos escolásticos con frecuencia se encuentra el siguiente ejemplo, dado por Boecio:

> *Omnis homo iustus est.*

Y en muchos textos lógicos, la letra 'A' sustituye al esquema 'Todo S es P', sobre todo si se introduce el llamado «cuadro de oposición».

En los textos escolásticos se dice que 'A' afirma universalmente –*asserit universaliter o generaliter*–. Y se utiliza también para simbolizar las proposiciones modales en *modus afirmativo* y *dictum negativo*; es decir, las proposiciones de tipo:

Es necesario que '*p*'

en las que '*p*' representa un enunciado declarativo.

3. '*A*' se utiliza a veces como uno de los términos en la fórmula que expresa el llamado «principio de identidad»:

$$A = A \qquad (1)$$

Es frecuente la interpretación de que '*A*' representa un objeto cualquiera. En este caso (1), equivale a una de las llamadas *notiones communes*, κοιναὶ ἔννοιαι, que enuncia: 'Toda cosa es igual a sí misma'. La lógica actual expresa (1) mediante las fórmulas:

$$p \to p$$
$$p \leftrightarrow p$$

si la identidad expresa la ley o principio de identidad presentado en lógica sentencial, o bien mediante la fórmula

$$\wedge (x)(x = x)$$

si es que la identidad se refiere a la ley de reflexividad que presenta la lógica de identidad. Obsérvese que la fórmula (1) es la misma que la utilizada por la lógica actual para expresar la ley de identidad en la lógica de clase, en que '*A*' se usa para designar una clase.

4. '*A*' ('*B*' '*C*', etc.) son usados para simbolizar clases («*x* pertenece a la clase *A*», «La clase *A* está incluida en la clase *B*», etc.).

5. Łukasiewicz ha usado '*A*' para simbolizar disyunción. '*A*' se antepone a una fórmula: '*Apq*' se lee '*p* o *q*' ($p \vee q$).

A, ab, ad. Las preposiciones latinas *a*, *ab*, *ad* aparecen en numerosas locuciones y frases de la literatura filosófica en latín, especialmente en los trabajos de los escolásticos; se han conservado en el latín original y se encuentran también en obras escritas en otras lenguas. Algunas de ellas –como *a priori*, *a posteriori*, *ad hominem*– son de uso corriente. Enunciamos a continuación algunas de estas locuciones:

A fortiori. En general, un argumento *a fortiori* es aquel que contiene afirmaciones dirigidas a reforzar la verdad de la proposición que se trata de probar; se dice entonces que dicho argumento es *a fortiori* cierto. En sentido estrictamente lógico, un argumento *a fortiori* es aquel en que se utilizan adjetivos comparativos como «mayor que», «menor que», de modo que la argumentación procede de una proposición a otra por el carácter transitivo de dichos adjetivos. Un ejemplo de argumento *a for-*

tiori entendido en este último sentido sería 'puesto que Juan es mayor que Pedro y Pedro es mayor que Pablo, entonces Juan es mayor que Pablo'.

A posteriori (véase A PRIORI).

A priori (VÉASE).

Ad absurdum. La reducción al absurdo o a lo imposible hace referencia a un método de demostración indirecta que pretende probar la verdad de una proposición por la imposibilidad de aceptar las consecuencias que se derivarían de su contradictoria. Zenón, entre otros, utilizó este método.

Ad hoc. Una idea, teoría o argumento *ad hoc* es aquel que se refiere a un caso determinado en exclusiva.

Ad hominem. Un argumento *ad hominem* pretende ser válido para un hombre o grupo específico. En general es considerado como no valido para la argumentación.

Ad ignorantiam. El argumento *ad ignorantiam* se basa en la ignorancia –pretendida o real– de quien lo expone.

Ad impossibile. Equivale al argumento *ad absurdum*.

Ad personam. Un argumento *ad personam* es aquel que va contra un individuo en concreto; se basa en defectos –reales o supuestos– de dicha persona.

A priori, A posteriori. Las expresiones *a priori, a posteriori* fueron utilizadas por primera vez en el siglo XIV por Alberto de Sajonia (Prantl. IV, 78), si bien las cuestiones a que hacen referencia se venían tratando desde la Antigüedad. Sin embargo, el problema del *a priori* no ha sido plenamente investigado hasta la Edad Moderna. En los escritos de Descartes no se halla una exposición formal sobre el tema, pero su noción de las ideas innatas *(Med. de prima phil.,* II; *Princ. phil.,* I, 10) es similar a la concepción moderna de una «*idea a priori*». La crítica del innatismo en el libro I de los *Ensayos,* de Locke, puede ser considerada como un ataque contra la tesis de que el conocimiento contenga elementos apriorísticos.

La primera distinción entre tipos de conocimiento que implica el concepto de *a priori* se halla en Hume y Leibniz. La diferenciación propuesta por Hume *(Enquiry,* 4, 1) entre relaciones de ideas y cuestiones de hecho es, en gran medida, equivalente a la distinción entre proposiciones analíticas y sintéticas. Las analíticas son plenamente apriorísticas: ni proceden de la experiencia ni nos proporcionan datos o hechos de experiencia. Aportan su fundamento en el puro razonamiento formal y se obtienen por «mera operación del entendimiento» *(op. cit.)*. Por su parte, las proposiciones sintéticas son aquellas que derivan de la experiencia. Leibniz estableció una distinción similar entre verdades de razón y verdades de hecho; las primeras son eternas, innatas y *a priori*, mientras que las últimas son empíricas y contingentes. La mencionada distinción está muy próxima a la establecida por Kant en su concepción del *a priori*, independiente de la experiencia, y el conocimiento *a posteriori* que tiene su origen en hechos de experiencia (K. R. V. B 2). Dicha independencia no ha de interpretarse en el aspecto psicológico, sino más bien en el epistemológico, ya que el problema con el que Kant choca en la *Crítica de la razón pura* no es el del origen del conocimiento, sino de su validez. Aunque sostiene que los conceptos y las proposiciones *a priori* son necesarias, su necesidad no procede del carácter formal de dichos conceptos y proposiciones, ya que si fueran puramente formales no podrían formularse proposiciones universales y necesarias respecto de lo fenoménico. Por otra parte, los conceptos *a priori* no pueden ser aplicados a la realidad en sí misma ni pueden servir de ejemplo o paradigma de dicha realidad, ya que trascienden la experiencia posible y son fruto de la pura imaginación racional. Para Kant, el *a priori* no siempre es analítico, pues hay también –según él formula– juicios sintéticos *a priori*, sin los cuales no sería posible el conocimiento científico riguroso. Preguntarse, como lo hace Kant, si hay juicios sintéticos *a priori* en matemáticas y en las ciencias de la naturaleza (físicas) es preguntarse si estas disciplinas son posibles como tales ciencias y cuál sea su verdadera naturaleza. Kant mantiene que ambas ciencias son posibles debido al hecho de que el *a priori* hace referencia a la apariencia antes que a la cosa en sí. Los elementos *a priori* condicionan o hacen posibles las proposiciones universales y necesarias. En la *Crítica de la razón pura*, Kant argumenta acerca de las formas *a priori* de la sensibilidad (el espacio y el tiempo) y los conceptos *a priori* del entendimiento o categorías. Su doctrina fue alternativamente discurrida y desarrollada por los idealistas alemanes postkantianos. Hegel, por ejemplo, se muestra conforme con que la razón *a priori* es a un tiempo universal y necesaria, y en cambio critica por vagas y faltas de contenido las expresiones *a priori* y 'sintetizar' (*Vorlesungen über die Geschichte der Philosophie*. Teil III. Abs. iii. B; Glöckner, 19: 557, y *Logik*, Buch I, Abs. II. Kap. ii. A. Amn. I, Glöckner, 4: 250 resp.).

Husserl estima que es posible una intuición categorial *a priori*:

con ella se intuyen esencias, tanto formales (un triángulo) como materiales (el color rojo). Los positivistas han negado la posibilidad de los juicios sintéticos *a priori*, porque, según ellos, sólo dos tipos de enunciados son admisibles: formales (analíticos y *a priori*) y materiales (sintéticos y *a posteriori*). Según Saul A. Kripke, hay que distinguir entre las nociones de *a priori* y *a posteriori* (que son epistemológicas) y las nociones de «necesario» y «contingente» (que son ontológicas); en otras palabras, *a priori* no es (necesariamente) equivalente a 'necesario', y *a posteriori* no es (necesariamente) equivalente a 'contingente'. Kripke rechaza tanto la tajante división (admitida con diversas razones y propósitos por Leibniz, Hume y muchos positivistas) entre *a priori* y analítico, por un lado, y *a posteriori* y sintético, por otro. Según ello, puede haber enunciados que sean a la vez *a posteriori* y necesarios.

Absoluto. En sentido filosófico la palabra 'absoluto' –'ser absoluto' o 'lo absoluto'– significa 'aquello que es por sí mismo'. El término 'absoluto' ha designado lo 'separado de' o independiente respecto de otra cosa, esto es, lo incondicionado. Examinaremos cinco cuestiones que hacen referencia a la naturaleza del absoluto.

1. La distinción entre diversos tipos de absoluto. La distinción fundamental está entre el absoluto puro y el simple *(absolutum simplicites)*, lo absoluto en sí y aquello que es absoluto por referencia a otro *(absolutum secundum quid)*. El primero se ha identificado con Dios, el Principio (de todos los seres), la Causa, el Ser, el Uno, etc. Por lo que respecta al segundo, se pueden distinguir distintas clases de absolutos, por ejemplo, lo absolutamente rojo, lo absolutamente redondo, etc.

2. Tipos de relación entre el absoluto y los entes que no son absolutos. El absoluto se ha venido relacionando, de una parte, con lo que es dependiente, y de otra, con lo que es relativo. Los autores clásicos, en particular los escolásticos, se han inclinado frecuentemente por el primer tipo de relación, mientras los modernos han preferido el segundo. El resultado ha sido muchas doctrinas metafísicas diversas. Por ejemplo, el monismo podría definirse como la tentativa de reducir todo lo relativo a un absoluto; el fenomenalismo, como la pretensión de conectar lo absoluto a todo aquello que es relativo, el dualismo o el pluralismo como el intento de «dividir» el absoluto en dos o más entes absolutos, etc.

3. La posibilidad de hacer referencia al absoluto o a un absolu-

to. Muchos pensadores han admitido la existencia del absoluto o de un absoluto, o al menos la posibilidad de hablar con sentido de un tal concepto. Por su parte, un cierto número de filósofos, en especial contemporáneos, han rechazado este criterio; muchos empiricistas, por ejemplo, niegan que exista el absoluto, considerando estas tesis como producto de la imaginación; sostienen que la especulación en torno al absoluto no es ni filosófica ni científica, sino –todo lo más– literaria o poética. Numerosos racionalistas alegan también que no es legítimo desarrollar una concepción de lo absoluto, ya que cualquier intento en esa línea termina en insalvables antinomias. De modo similar, la mayoría de los neopositivistas consideran que es imposible incluso la utilización con sentido del término 'absoluto', ya que carece de referencia observable –es decir, que su uso viola las normas sintácticas del lenguaje.

4. Diversos modos de concebir el absoluto. No siempre hay acuerdo, incluso entre los que admiten la posibilidad de concebir un absoluto. Algunos piensan que el absoluto se concibe por la razón, pura o especulativa, mientras otros creen que se conoce por la experiencia, sea la experiencia común o una experiencia especial o excepcional. Y aún otros consideran que ni la razón ni la experiencia son vías adecuadas, ya que el absoluto no es una cosa concreta, y así no puede ser pensada ni «dicha» –propiamente hablando–, sino sólo intuida. Por otra parte, la intuición puede ser intelectual, emocional, volitiva, etc. Otros pensadores advierten que tratar en torno al absoluto resulta inevitablemente tautológico, ya que no puede obviarse el aserto 'lo absoluto es lo absoluto'. Concluyen entonces que sólo puede hablarse de los aspectos concretos del absoluto, ya que es inútil pretender tratar de sus aspectos formales. La única dilucidación posible en torno al absoluto consiste, pues, en mostrar que dicho absoluto existe, y no en intentar averiguar la naturaleza del absoluto.

5. Diversas formas históricas del absoluto. La última de las tesis antes expuestas –no siempre explicitada– ha sido, sin embargo, la más frecuente en la tradición filosófica. Incluso autores que no han tenido la pretensión de aportar un análisis del absoluto, han incluido en su pensamiento conceptos que hacen referencia a lo que habitualmente se considera un ente absoluto. Considérese, por ejemplo, la idea del Bien en Platón, el motor inmóvil de Aristóteles, el uno de Plotino, la sustancia en Spinoza o la cosa –en sí– de Kant, el Espíri-

tu absoluto hegeliano, la voluntad de Schopenhauer, etc. La aceptación de cualquiera de estas realidades fundamentales puede considerarse equivalente a la aceptación de un absoluto. Más aún, admitir una ley natural entendida como *la* ley del Universo forma también parte de la historia del concepto de lo absoluto.

Abstracción, abstracto. El verbo griego ἀφαιρέω (ἀφαιρεῖν), que se traduce por 'abstraer', se usaba comúnmente para designar el acto de sacar algo de algo, separar una cosa de otra, privar a alguien de algo, poner algo aparte o separar un algo de alguna cosa. El sustantivo correspondiente es ἀφαίρεσις, que se traduce por abstracción, y que significa la acción y efecto de sacar', 'extraer', 'privar', 'separar', etcétera.

Tanto ἀφαιρεῖν como ἀφαίρεσις se usaban en contextos muy diversos, con distintos significados, pero siempre asociados al acto, acción o efecto de 'separar', 'arrancar', etc. Así, ἀφαιρεῖν se empleó para designar el acto por el que un individuo pasaba a ser 'ciudadano', es decir, salía o era 'extraído' de la esclavitud. El mismo verbo se utilizaba también para indicar la abrogación de un decreto, el cual quedaba así 'separado' del cuerpo legal en el que había figurado hasta entonces. O también como equivalente de 'sustraer' en las operaciones aritméticas.

De modo similar, el verbo latino *abstraho (abstrahere)* se usaba en diversos contextos para designar operaciones como 'separar', 'destacar', 'quitar', 'alejar de', 'renunciar a' o 'sustraer'. Ejemplos de ello pueden ser: *abstrahere... e sinu patriae* = arrancar a alguien de su patria; *abstrahere... de conspectu matris* = arrancar a alguien de los brazos de su madre (lit., de la mirada materna); *senectus a rebus gerendis abstrahit* = los ancianos se retiran de los asuntos públicos; *omnia in duas partes abstracta sunt* = el Estado (lit.: todos) se ha dividido en dos facciones; *animus a se corpore abstrahit* = el alma está separada del cuerpo.

Los términos 'abstraer' y 'abstracción' fueron usados por los filósofos antiguos y medievales en acepciones diversas, pero ya en época de Aristóteles comenzaron a adquirir un significado 'técnico' o 'especializado', siempre acorde con la noción común de 'colocar separadamente' *(ab (s) trahere)*.

En este sentido, podemos tomar una característica o una propiedad de un objeto y considerarla por sí sola; así, un determinado color o una forma pueden considerarse en abstracto, independientes del objeto en que residen. De igual modo se puede separar una propiedad o nota característica común a varios objetos, y así lo obtenido puede considerarse 'general' o 'universal'; por ejemplo, el color azul se abstrae a partir de varios objetos azules. O bien se pueden separar 'objetos' –un círculo o un triángulo– considerándolos aparte de las cosas circulares o triangulares.

Para Platón, lo 'abstracto' es, en tanto que 'universal', más real que lo particular y singular. Tenemos entonces un 'realismo de la abstracción'.

Aristóteles considera que los llamados «objetos matemáticos» son fruto de la abstracción, existen 'en la abstracción' –ἐν ἀφαιρέσει (*De an*. III, 431 b)– y no en sí mismos (καθ' αὐτά) como creen Platón y los pitagóricos. Los 'objetos matemáticos' no se hallan separados 'metafísicamente', o propiamente hablando, no por sustancias, aunque puedan separarse conceptualmente de la materia; por el contrario, los 'objetos físicos' no son separables en modo alguno de la materia'.

Las doctrinas aristotélicas sobre la abstracción se transmitieron a la filosofía medieval, fundamentalmente a través de Boecio en sus comentarios de *Isagoge* de Porfirio. Hasta el siglo XIII numerosos pensadores defendían que la mente puede abstraer 'formas', no significando con ello que dichas 'formas' tuvieran realidad separada de las cosas. Esta tesis podría denominarse 'conceptualismo de la abstracción', y de hecho ejerció su influjo sobre la casi totalidad de los filósofos cuya posición, por lo que respecta a la doctrina de los universales, era intermedia entre el realismo y el nominalismo. Los nominalistas se oponían a la consideración de 'universal' para lo abstracto, incluso siendo ésta puramente conceptual. Así por ejemplo, Guillermo de Ockham argüía que lo que que carece de existencia separadamente (abstraído) no puede ser pensado por separado (por abstracción).

Tomás de Aquino habló de dos clases de abstracción (*S. Th.*, I, q. XL, a 3): 1. La abstracción del universal a partir del particular. Por ejemplo, *animal* tomado a partir de *hombre*. En esta forma, una vez abstraída la noción general, el objeto no permanece; o si del concepto 'hombre' separamos la racionalidad, el intelecto pierde dicho concepto y queda sólo el de *animal*. 2. La abstracción de la forma a partir de la materia. Por ejemplo: *círculo* es algo aparte de cualquier cuerpo circular sensible. Esta clase de abstracción no 'destruye' ninguno de los dos objetos a los que afecta: ambos –el círculo material y la noción 'circular'– se conservan.

Fundándose en Santo Tomás, especialmente en la *S. Theol.* I,

q. XL, a 3 obj., Cayetano *(com. in de ente et essentia, proem.* q. 1) y Juan de Santo Tomás *(cursus plutos. Logica,* Pars 2, q. 27, art 1) propusieron una doctrina que contemplaba varias clases y grados de abstracción que fue aceptada por muchos escolásticos y luego por Jacques Maritain *(Distinguer pour unir ou les degrés du savoir,* nueva ed. 1932, parte 1, cap. 2, pág. 71 y sigs.).

La abstracción total separa un objeto de cada uno de los inferiores de que es predicable; esta clase de abstracción es condición general para las ciencias, puesto que éstas no se ocupan de individuos sino de universales. Así, la abstracción total es «extracción» del todo universal, por la cual sacamos 'hombre' de 'Pedro' y de 'Pablo', 'animal' de 'hombre', etc. Llegando así a universales cada vez más amplios (cf. Maritain, *op. cit,* pág. 71). La abstracción formal es la que separa aspectos formales de lo que es material o potencial, fundando de ese modo la inteligibilidad. Mediante esta forma de abstracción «separamos de los datos contingentes y materiales lo que pertenece a la razón formal o a la esencia de un objeto del saber» *(id.,* pág. 72), y así obtenemos diversos grados de inteligibilidad del objeto según se halle más o menos separado de la materia y de las condiciones materiales.

Hay que considerar tres grados distintos de abstracción formal. El primer grado de abstracción, propio de la *Physica* o ciencia de la Naturaleza, se refiere a objetos separados solamente de la materia singular, de la *materia signata a quantitate,* en tanto constituye el principio de individuación. Los objetos están de hecho 'impregnados' por la materia de tal modo que no podrían existir ni aun ser concebidos sin ella. Lo que se abstrae son las particularidades individuales y contingentes de las cosas.

El segundo grado de abstracción, que pertenece a la *Mathematica,* afecta a aquellos objetos separados de la materia, no sólo en tanto que ésta es principio de individuación, sino también de la materia sensible. Las entidades así resultantes son la cantidad, el número y la extensión en sí mismas consideradas, las cuales no pueden existir sin la materia pero sí pueden ser concebidas al margen de ella. El tercer grado de abstracción, correspondiente a la *Metaphisica,* trata al objeto independientemente de cualquier clase de materia: se refiere a aquellas entidades que existen sin la materia y pueden, por tanto, ser concebidas intelectualmente prescindiendo de ella la forma pura, Dios, etc. Existen o pueden existir sin la materia. La sustancia, el acto, la potencia, la bondad, etc., se dan, de forma inmaterial, tanto en objetos materiales como inmateriales.

Es característico de este tercer grado de abstracción formal hacer constar que lo que se obtiene por ella no es una mera representación formal o un simple término, sino una realidad y, aún más, una realidad superior a otras. Con vistas a esta acepción, los nominalistas generalmente preferían hablar antes de abstracción total que de abstracción formal, y los pensadores modernos, en su gran mayoría, rechazan explícita o implícitamente la abstracción metafísica formal. Locke, por ejemplo, sostuvo que la función de la abstracción es obtener ideas generales: «Las palabras –decía– llegan a ser universales porque se separa de ellas las circunstancias de tiempo y lugar, y cualquier otra *idea* que pueda vincularlas a esta o aquella existencia en concreto» *(Ensayo,* III, iii, 6). Así pues, las ideas generales representan más que un individuo; «a eso se denomina abstracción», escribió Locke, «al hecho por el que *ideas* tomadas de individuos particulares llegan a ser representativas de todos los sujetos de una misma clase» *(ibid.,* II, xi, 9).

Berkeley, en cambio, consideró que Locke –como otros– estaba equivocado al sostener que podían obtenerse «ideas abstractas» («ideas generales abstractas»); no es posible, dice, formarse ideas de cualidades sensibles prescindiendo de la percepción (por ejemplo, no se puede obtener una noción del movimiento si no es a partir de un cuerpo que se mueve). Tampoco de las cualidades sensibles generales, como el color –prescindiendo de si es rojo o verde–, la triangularidad (aparte de la concreción de si es rectángulo, obtusángulo, escaleno, etc.) o la extensión, independientemente de si se da en una línea, una superficie, un sólido. Argumentaba Berkeley que «un término se hace general al utilizarlo como signo, no de una idea general abstracta, sino de todas las ideas particulares y concretas, algunas de las cuales se hacen presentes a la mente» *(Principios,* Intr., 11). Así, por ejemplo, en la proposición «el cambio de movimiento es proporcional a la fuerza impresa» está implícita la noción de movimiento en general, pero ello no significa que sea posible concebir el movimiento sin un cuerpo que se mueva o la idea de movimiento sin dirección ninguna o sin una velocidad específica. El principio se aplica a *cualquier* cuerpo, que se mueva en *cualquier* dirección... *(ibid.).* Luego Berkeley no se opone a las ideas generales, sino sólo a las ideas generales abstractas, esto es, a las ideas generales formadas por abstracción *(ibid., 12).*

Para Hegel, 'abstraer' suponía una actividad mental consistente en separar *(Trennung)* o singularizar *(Vereinzelung)* un aspecto concreto a partir de una realidad determinada. Según este autor, dicha actividad, propia del entendimiento *(Verstand)*, cercena la realidad –que es concreta pero también universal– de su riqueza; de ahí el sentido peyorativo que da Hegel a esta forma de abstracción, si bien le reconoce su utilidad en la marcha hacia la comprensión «racional» y «total» de la realidad.

La noción de lo abstracto y la abstracción juega un importante papel en el pensamiento del siglo XX, en concreto en autores como Whitehead y Husserl. Este último concebía lo abstracto y lo concreto no en virtud de su respectiva separación o no separación de un todo, es decir, en términos de su subsistencia o no subsistencia. La teoría husserliana de la abstracción forma parte de su «teoría de las formas puras de los todos y las partes», que incluye, además de la noción de 'abstracto', las de 'concreto', 'pedazo', 'momento' y 'parte física'. Las definiciones fundamentales son: *Llamamos 'pedazo' a toda parte relativamente independiente respecto a un todo T. Llamamos 'momento' (parte abstracta) del mismo todo T a toda parte no independiente relativamente a dicho todo (Investigaciones lógicas, III, § 17, trad. Morente-Gaos).*

Según Whitehead, hay entes que dicen relación a otros entes: se denominan eventos o sucesos, y pueden ser descritos como el «carácter específico de un lugar a través de un período de tiempo» *(El concepto de Naturaleza, 1926 pág. 52)*. Dichos acontecimientos se entienden desde una matriz espacio-temporal, la cual se obtiene por la utilización del método que el autor llamó «abstracción extensiva». Un ejemplo de aplicación de este método es la noción de una «serie lineal de abstracción» que se define como un grupo de acontecimientos que cumplen una determinada condición. Basándose en ésta y otras nociones físico-matemáticas desarrolla Whitehead su teoría de la jerarquía abstractiva, en la que se halla implícita la noción de los 'objetos eternos', que pueden ser captados por el entendimiento sin necesidad de referirse a 'ocasiones de experiencia' o realidades 'concretas'. Lo abstracto –y la consiguiente jerarquía abstractiva– trasciende las situaciones particulares, si bien ello no significa que se den aislados de dichas situaciones, esto es, de lo que de ello sucede.

Varias de las concepciones de lo abstracto y la abstracción hasta aquí reseñadas tienen una dimensión lógica, aunque ésta no sea la única ni la más importante. El aspecto lógico predomina en pensadores como Frege, Russell y muchos otros lógicos y filósofos de la matemática. De ello derivan cambios importantes en la concepción de la abstracción. Frege, por ejemplo, consideró que el número cardinal no resulta de este tipo de abstracción que separa las propiedades de los objetos singulares, ni tampoco –estrictamente hablando– de ninguna otra forma de abstracción, ya que dichos números son propiedades de propiedades. En este caso, entonces, se trata de evitar el empleo de un «principio de abstracción». Según algunos lógicos, la abstracción no se refiere a propiedades comunes a varios entes, sino a clases de objetos relacionados entre sí por alguna propiedad.

Academia. Fue probablemente hacia el 388-7 a.C. cuando Platón fundó su escuela –la Academia– en el jardín consagrado al héroe ateniense Academos. Su función oficial era el culto a las musas, pero junto con ello o en torno a esto se desarrolló un gran interés por las cuestiones filosóficas y científicas, dedicándose muchas horas al estudio de las matemáticas, la música, la astronomía y a la división y clasificación, todo ello considerado –al menos por Platón– como propedéutica para la dialéctica. La Academia platónica persistió en sus tareas hasta el 52 a.C., en que fue clausurada por un decreto del emperador Justiniano, más por motivos religiosos que filosóficos.

De acuerdo con la tradición, la llamada época clásica de la Academia se dividió en tres períodos: *Antiguo, Medio* y *Nuevo;* los principales representantes de la primera etapa fueron Espeusipo, Jenócrates, Polemón y Crates, y durante este período las tendencias dominantes iban por la línea de las nociones pitagóricas, el estudio de la percepción e investigaciones sobre los grados del saber. El principal representante de la *Academia Media* fue Arcesilao, y su característica el antidogmatismo y un moderado escepticismo en la teoría del conocimiento. No hubo ruptura brusca entre el pensamiento filosófico de la *Academia Media* y el de la *Academia Nueva*, si bien se sumó el probabilismo al antidogmatismo ya existente. En términos generales, la tendencia de ambos períodos –Medio y Nuevo– iba directamente en contra del dogmatismo de los estoicos. Miembros de la Academia Nueva fueron Carneades de Cirene y Clitómaco.

Accidente. Lo que le ocurre a algo, sin constituir elemento esencial o sin derivar de su naturaleza esencial, es el accidente, lo accidental. Aristóteles lo definió como «algo» que –a pesar de no ser definición, ni propiedad ni género– pertenece a la cosa; algo que puede pertenecer o no a la misma cosa –como, por ejemplo, la postura «estar sentado» puede pertenecer o no a un mismo ser en concreto, o bien la 'blancura', porque nada impide que una cosa sea blanca en un determinado momento y no «blanca en otro» *(Top.,* I 5, 102 b 4). Y en otro texto, lo define como «lo que pertenece a un ser y puede con verdad predicarse de él, pero no necesariamente ni siempre» *(Met. Lib.,* V, 1025 a). Así pues, lo accidental se distingue de lo esencial y también de lo necesario, ya que es fortuito y contingente; puede tanto existir como no existir.

La doctrina del accidente presentada por Porfirio en su *Isagoge* tuvo gran influjo, así como la de Boecio. También los escolásticos trataron con gran detalle esta noción. En general, tanto los escolásticos como los neoescolásticos plantearon el tema desde dos puntos de vista, el de la lógica y el de la ontología. Desde la lógica, el accidente aparece –junto con la sustancia– como uno de los dos géneros supremos de las cosas, entendiendo por esto los géneros lógicos y no los trascendentales. El accidente es entonces lo *predicable,* el modo por el que algo «inhiere» en un sujeto. Desde la ontología, el accidente es *predicamental* o real, es decir, expresa el modo por el que el ente existe. Un accidente no es en sí, sino en otro, esto es no existe por sí mismo *(per se)* como la sustancia, y por eso los escolásticos lo consideran como realmente distinto de la sustancia y necesitado de un sujeto. El ser de un accidente consiste en ser-en *(esse est inesse),* dependencia que reafirman Santo Tomás *(S. Theol.,* III, 9, LXXVII, a. 1, ad 2) y el Pseudo-Grosseteste en sus definiciones de accidente.

Para los pensadores modernos, en especial los metafísicos del siglo XVII, el accidente es un mero aspecto de la sustancia; muchos de ellos –especialmente Spinoza– consideran los accidentes como *modos* o afecciones de la sustancia. Pero al mantener que el accidente se halla *en* la sustancia, éste tiende a ser identificado con ella y a borrarse cualquier posible distinción.

Acción. Aristóteles definió la acción (actividad, acto) como el proceso, y también el resultado, de actuar, que según dicho autor es consecuencia de una elección deliberada. La ética y la política (ciencias prácticas) se ocupan de acciones; la «poética» (en sentido muy amplio) se ocupa de producciones.

Muy discutida ha sido la relación entre el ser y la acción, así como la supuesta preeminencia de uno de estos términos sobre el otro.

Clásicamente, se sostenía que «el actuar, o el obrar, se siguen del ser (o existir)». Modernamente ha surgido la idea, muy difundida por los románticos, según la cual la acción precede al ser o a la realidad.

Pragmatistas, bergsonianos y existencialistas se han interesado por la noción de acción, tanto en un sentido general como en la acepción del «actuar humano». Los filósofos analíticos y postanalíticos han desarrollado numerosas «teorías» concernientes a la naturaleza y componentes de las acciones. Importantes problemas han sido: las características de las llamadas «acciones básicas» o últimos componentes de una acción; la lógica de la acción; la relación entre acción e intención, deliberación, elección y decisión. Sobre todo se ha discutido mucho si las acciones son enteramente explicables mediante «causas» o pueden entenderse sólo en virtud de razones. Los que atienden sólo a causas son los «causalistas»; los que acuden a razones son los «finalistas» o «teleologistas». Causalismo y finalismo o teleologismo no son, en principio, equiparables a determinismo e indeterminismo respectivamente, pero los partidarios del finalismo o teleologismo hablan como si rechazaran todo determinismo.

Acción, principio de la mínima. Este principio –análogo al del mínimo esfuerzo (economía del pensamiento) pero referido en este caso a los procesos de la Naturaleza– puede expresarse de la siguiente forma: la Naturaleza opera siempre empleando el menor esfuerzo o energía posibles para alcanzar un fin determinado. Este aserto puede interpretarse teleológicamente –como propone el término 'fin'–, pero también desde un punto de vista mecanicista, interpretación esta última que fue la predominante durante el siglo XVIII. Entendido en este segundo sentido, puede decirse que el principio de la mínina acción fue inicialmente formulado por Pierre Louis Moreau de Maupertuis, quien lo aplicaba no sólo a los fenómenos físicos, sino incluso al Ser Supremo. Parecidas interpretaciones mecanicistas pueden hallarse en varios autores del mismo período, como Euler, Leibniz y Fermat.

Por otra parte considerando el principio desde el plano teleológico, hallamos numerosos precursores. En efecto, con más o menos claridad, el principio en cuestión se encuentra en todos aquellos casos en que se formuló la llamada 'ley de parsimonia' de la Naturaleza; de ello encontramos ejemplos en Aristóteles (*De gen. et cor* II, 10, 336 a 27), Averroes (*Comm. in Met.*, XII, ii, 4;

Comm. Venetiis, VIII, f. 144 vb), Roberto Grosseteste (Gr. A. C. Crombie, *Robert Grosseteste and the Origins of Experimental Science*, 1953, págs. 85-86; *De Sphaera*, ed. Baur, 1912) y otros. Uno de los problemas que se plantean al adoptar esta última interpretación es si el principio de la mínima acción debe ser entendido como un principio real de la Naturaleza o bien como una mera regla pragmática, en cuyo caso se hace equivalente al principio de la economía del pensamiento. A menudo se hace difícil discernir en qué sentido lo utilizan los autores mencionados.

Acto, actualidad. Para entender la noción aristotélica de ἐνέργεια –que suele traducirse por «acto» o «actualidad», y en ocasiones por «actividad»– tal vez lo más sencillo sea ver su relación con la potencia o potencialidad (δύναμις). El cambio, que para Aristóteles es sólo una forma de movimiento, sería ininteligible si el objeto que cambia no poseyera, en algún sentido, la potencialidad de cambiar. El cambio es entonces el paso de un estado de potencia o potencialidad a otro de acto o actualización de una sustancia. Podemos definir el cambio como la realización de lo que existe en potencia en tanto que está en potencia (*Phys.*, 4, 201 a). En esta realización, el cambio es el paso de la potencialidad de ser algo al acto de serlo verdaderamente, la actualización de la potencia –o de una potencialidad– de una sustancia. Por eso Aristóteles relaciona la noción de acto con la de potencia en tanto esta última hace referencia al movimiento o al cambio.

Pero Aristóteles también contrapone la noción de acto a otra acepción de 'potencia'. En la *Metafísica* argumenta que «la actualidad es la existencia de algo de modo distinto a como expresamos la potencialidad, por ejemplo, cuando decimos que la estatua de Hermes está en potencia en el madero o la semilínea en la línea completa, porque de ella puede extraerse» (*Met.*, Ω, 6, 1048 a 30-35). Es significativo que para explicar el 'acto' Aristóteles aporte ejemplos: «acto es como el ser que construye es al que tiene la facultad de construir, y el que está despierto al que duerme, o el que ve al que tiene cerrados los ojos pero está dotado de vista» (*ibid.*, 1048 b, 1-5). El primer término de cada una de estas series de ejemplos es un acto, el segundo, una potencia. No da Aristóteles una definición estricta de ambos términos, acto y potencia, porque mantiene que «no todas las cosas se dicen en acto en el mismo sentido, sino solamente por analogía..., pues unas son como el movimiento a la potencia, y otras como la sustancia a una determinada materia» *(ibid.,* 1048 b, 5-9). En el primer caso, la noción de acto pertenece sobre todo a la física; en el segundo, a la metafísica.

Para complicar más aún las cosas, la noción de acto tampoco se aplica en el mismo sentido a todos los «actos». Por ejemplo, aprender, andar o construir son lo que Aristóteles llamaría movimientos incompletos, pues no es cierto que algo esté andando y haya andado al mismo tiempo, o que esté construyendo y haya ya construido (cf. *Met.* 1048 b, 30-33). El movimiento incompleto hace referencia a la acción que se realiza por un fin distinto del movimiento mismo; por ejemplo, se estudia, no por estudiar, sino por obtener conocimientos y el objetivo de obtener conocimientos no está incluido en el proceso de aprendizaje –ya que no se molestaría en estudiar el que ya poseyera el deseado conocimiento–. Así pues, mientras continúa el proceso de aprendizaje, el objetivo aún no se ha logrado; puesto que el objetivo es algo externo a la actividad, podemos decir que el movimiento es incompleto en tanto que no contiene en sí mismo su finalidad. Por el contrario, un movimiento completo es el que no busca su meta fuera, sino que lleva en sí mismo su fin. Por ejemplo, uno desea la felicidad por ella misma, y no por ninguna otra razón. Aristóteles propone el siguiente ejemplo de movimiento completo: «La misma cosa, que al mismo tiempo ha visto y está viendo o piensa y ha pensado» *(ibid.,* 1048 b, 34). Son movimientos completos por cuanto la acción y el resultado de la acción –o la meta– son uno y él mismo. Estrictamente considerado, no son –para Aristóteles– movimiento, sino acciones o actualizaciones; así entendido, el acto no hace referencia a la acción en el sentido de cambio o movimiento, sino que se refiere más bien al cumplimiento o logro de una acción.

Así pues, la noción aristotélica de acto no busca solamente explicar el cambio en cuanto a su descripción, sino que alcanza también a lo inmutable y eterno, como esas entidades cuya realidad se aproxima a la pura actualización de sí mismas, aquellas cuyo ser sólo puede entenderse 'en acto'.

Esta concepción del acto como perfección dinámica de una realidad fue utilizada y desarrollada por varios autores neoplatónicos y cristianos. Plotino, por ejemplo, distinguía entre el significado de 'acto' tal como se aplica al mundo sensible y –por otra parte– al mundo inteligible. Las nociones de acto y actualidad fueron elaboradas con gran detalle por los escolásticos, en particular por Santo Tomás; éstos la aplicaron no sólo a los procesos naturales –como hiciera Aristóteles–, sino sobre todo para clarificar el problema de la naturaleza de Dios. Sostenían que todo ser mutable está compuesto de potencia y acto, mientras que Dios es Acto puro. Los escolásticos no sólo empleaban multitud de expresiones en las que se utiliza la noción de acto, sino que también establecieron una serie de distinciones entre varios tipos de actos.

En muchos de los sistemas filosóficos modernos, la noción de acto se subsume bajo otras nociones no necesariamente relacionadas con las cuestiones planteadas por el pensamiento aristotélico o escolástico. Permítase sólo hacer mención, sin embargo, de algunos autores del siglo XX en quienes los términos 'acto' y 'actualidad' juegan un papel fundamental: Gentile, Whitehead, Husserl y Lavelle.

Adecuado. Los escolásticos llaman 'adecuada' *(adaequata)* a la idea que posee correspondencia exacta con la naturaleza misma de la cosa. Las ideas adecuadas son completas, en cuanto que exhiben claramente las notas constitutivas de un objeto. Algunos pensadores han distinguido grados de perfección en la 'idea adecuada'. Así, Leibniz, al diferenciar entre conocimiento claro u oscuro; las ideas claras son indistintas o distintas, y estas últimas son adecuadas o inadecuadas, simbólicas o intuitivas. Para Leibniz, el conocimiento perfecto era el adecuado e intuitivo, y hace notar que será adecuado cuando «cada uno de los elementos de una noción distinta es conocido distintamente y si el análisis se lleva al extremo» *(Medit. de cognitione, veritate et ideis,* 1684, Gerhara IV, 4226*).*

Para Spinoza, ideas adecuadas son aquellas que el alma posee cuando conoce de manera completa, sin ser afectada por la falsedad de la apariencia contingente de las cosas, son las ideas completas de una sustancia infinita y sus infinitos atributos. Define explícitamente la idea adecuada como «aquella que, considerada en sí misma, sin referencia al objeto, tiene todas las propiedades o señales internas *(denominationes intrinsecas)* de una idea verdadera» *(Eth.,* II, def. iv). Así pues, para Spinoza las ideas pueden ser adecuadas o inadecuadas; lo incompleto o confuso en la idea inadecuada se debe a la intervención de las pasiones en el alma. Por el contrario, la idea adecuada es la expresión del conocimiento intuitivo –que él considera el más alto grado de conocimiento.

La formulación escolástica de la verdad como *adequatio rei et intellectus* (la correspondencia entre el intelecto y la cosa) expresa la perfecta conformidad y correspondencia entre la esencia de una cosa y el enunciado mental de la misma. Heidegger combate esta noción de verdad indicando que ese término de 'correspondencia' en que se basa es ambiguo, ya que podría referirse tanto a la correspondencia de una cosa con el entendimiento *(ad intellectum)*, como a la del entendimiento con la cosa *(ad rem)*. Esta última, aduce, es posible sólo si se basa en la primera, es decir, la correspondencia entre la cosa y el intelecto humano resulta posible sólo porque las ideas concebidas por la inteligencia divina aportan el fundamento para esa correspondencia.

Albedrío (libre). La expresión *liberum arbitrium,* muy usada por teólogos y filósofos cristianos, tiene a veces el mismo significado que la expresión *libertas* (véase LIBERTAD). Sin embargo, en muchos casos se distingue entre ambos. Esta distinción aparece claramente en San Agustín *(Enchiridion,* XXXII; *Op. imperf. contra Julian.,* VI, 11*)* según ha puesto de relieve Gilson *(Introduction a l'étude de Saint Augustin* [1931], 3.ª ed., 1949, pág. 212 y sigs.). La *libertas* (libertad) designa el estado de bienaventuranza eterna (sempiterna) en la cual no se puede pecar; la *libertas* se distingue de la posibilidad de bien o mal voluntarios. En cambio, el *liberum arbitrium* designa la posibilidad de elegir entre el bien y el mal; es «la facultad de la razón y de la voluntad por medio de la cual es elegido el bien, mediante auxilio de la gracia, y el mal, por la ausencia de ella» *(De lib. arb.,* 1). «La oposición es, pues, clara entre el libre albedrío del hombre, cuyo mal uso no destruye la naturaleza, y la libertad, que es justamente el buen uso del libre albedrío» (Gilson, *op. cit.,* pág. 212, nota 2). «Debe confesarse que hay en nosotros libre albedrío para hacer el mal y para hacer el bien» *(De corruptione et gratia,* I, 2; cit. Gilson). Si se tiene en cuenta esta distinción se puede entender lo que de otra suerte sería una paradoja: que el hombre pueda ser libre *(liber)* –en el sentido de poseer *libertas*– y pueda no ser libre –en el sentido del libre albedrío–. El hombre, pues, no es siempre «libre» cuando goza del libre albedrío; depende del uso que haga de él.

Cabe preguntar si el libre albedrío es equiparable o no a la voluntad *(voluntas)*. Santo Tomás trata del asunto en su dilucidación de la noción de libre albedrío en S. *Theol.* I. q. LXXXIII. De acuerdo con Santo Tomás, pueden considerarse cuatro cuestiones: si el hombre tiene o no albedrío; si el libre albedrío es un poder *(potentia)*, un hábito o un acto; si, caso de ser un poder, es de naturaleza apetitiva o cognoscitiva; y si, caso de ser de naturaleza apetitiva, puede distinguirse de la voluntad.

Tras considerar las dificultades suscitadas por cada una de dichas cuestiones, Santo Tomás llega a las conclusiones siguientes:

(1) El hombre tiene libre albedrío, porque de otra suerte las exhortaciones, castigos y recompensas carecerían de sentido *(frustra)*. Además, el hombre obra según juicio *(judicio)*, el cual puede seguir direcciones opuestas cuando se aplica a hechos contingentes.

(2) Aunque la expresión 'libre albedrío' designa un acto, el libre albedrío es, de hecho, el principio de tal acto, esto es, el principio mediante el cual el hombre juzga libremente. De ahí que el libre albedrío no sea, propiamente hablando, ni acto ni hábito. El libre albedrío es un poder «listo para obrar» *(potentia... expedita ad operandum)*.

(3) Puesto que el libre albedrío es un juicio libre, y puesto que el juicio es una fuerza *(virtus)* cognoscitiva, parece que el libre albedrío haya de ser un poder *potentia)* cognoscitivo. Ahora bien, el libre albedrío elige; es elección *(electio)*. En la elección concurren elementos apetitivos y cognoscitivos: los últimos proporcionan las razones, o «consejo» *(consilium)*, mediante las cuales se elige uno de dos términos de una alternativa; los primeros llevan a aceptar lo que es cognoscitivamente aceptado.

(4) Como los poderes se conocen por sus actos, parece que la elección, en cuanto acto de libre albedrío, es distinta de la voluntad: la voluntad tiene por objeto el fin mientras que la elección lleva a tal fin. Ahora bien, la misma relación que, en el poder intelectual cognoscitivo, puede encontrarse entre la inteligencia y la razón, puede asimismo encontrarse, en la facultad apetitiva, entre la voluntad y el libre albedrío. La inteligencia aprehende los principios cuando éstos son conocidos por sí mismos, directamente y sin inferencia. Por otro lado, la razón se aplica a las conclusiones que se desgajan claramente de los principios. De modo similar, mientras querer es desear algo, de modo que la voluntad tiene como su objeto un fin deseado por sí mismo, elegir es desear algo con el propósito de obtener otra cosa. La elección tiene por objeto los medios que conducen a un fin. La relación en el reino cognoscitivo entre los principios y las conclusiones aceptadas por razón de los principios, vuelve a encontrarse en el reino apetitivo entre el fin y los medios usados en vista de él. Puesto que entender *(intelligere)* y razonar *(ratiocinari)* pertenecen al mismo po-

der *(potentia)* en el mismo sentido en que el reposo y movimiento pertenecen a la misma fuerza *(virtus)*, cabe concluir que lo mismo ocurre con querer y elegir. De ahí que la voluntad *(voluntas)* y el libre albedrío *(liberum arbitrium)* no sean dos poderes, sino uno solo –o, como se dice a veces, que el libre albedrío sea *ipsa voluntas*.

Se ha alegado a veces que la noción de libre albedrío es meramente «negativa», por cuanto se designa con ella sólo la posibilidad de elegir o no elegir, o la posibilidad de elegir entre dos términos de una alternativa, sin proporcionarse los fundamentos o «razones» para una elección definida. De acuerdo con ello, el libre albedrío sería en sí mismo «indiferente», y de ahí que haya hablado de *liberum arbitrium indifferentiae*, y también de *libertas aequilibri* (literalmente, «libertad de equilibrio», libertad que no es tal libertad, porque deja sin posibilidad de elegir justa y precisamente porque, aunque suene paradójico, deja solamente con la posibilidad de elegir). Si tal fuese, resultaría difícil, por no decir imposible, explicar por qué se elige tal o cual cosa; en verdad, resultaría difícil ejecutar ninguna acción «libre». Un ejemplo paradigmático de las dificultades apuntadas se encuentra en la paradoja del «asno de Buridán» (VÉASE).

Muchos escolásticos negaron que el *liberum arbitrium*, inclusive bajo la forma del *liberum arbitrium indifferentiae*, conduzca necesariamente a tales consecuencias, y manifestaron que es la condición para que todo acto pueda llamarse auténticamente libre. La mayor parte de autores modernos –por lo menos del siglo XVII (Descartes, Spinoza y Leibniz entre ellos)– rechazaron la idea de la «libertad de equilibrio» (que llamaron a veces *libertas indifferentiae)* como concepción meramente negativa de la libertad.

La noción del libre albedrío fue objeto de apasionados debates durante parte de la Edad Media y durante los siglos XVI y XVII, especialmente por cuanto se suscitaba con ella la famosa cuestión de la declarada incompatibilidad entre la omnipotencia divina y la libertad humana. Hemos examinado parte de esta cuestión en los artículos consagrados al problema de Dios (especialmente II. Naturaleza de Dios), a la gracia, a la libertad, al ocasionalismo, a la predestinación, a la voluntad y al voluntarismo. Agreguemos ahora que los debates giraron sobre todo en torno al problema tal como quedó planteado en el agustinismo. Una «solución» que anule uno de los dos términos no parece ser una buena solución. Ya San Agustín había subrayado que la dependencia en que se hallan el ser y la obra humana respecto a Dios no significa que el pecado sea obra de Dios. Ahora bien, si consideramos el mal como algo ontológicamente negativo, resultará que el ser y la acción que se refiere a él carecen de existencia. Y si lo consideramos como algo ontológicamente positivo, habrá la posibilidad de deslizarnos hacia un maniqueísmo. A la vez, no se trataba simplemente de suponer que, una vez otorgada la libertad al hombre, éste podía usar de ella sin necesidad de ninguna intervención divina. Por lo menos en lo que toca a lo sobrenatural, parecía imposible excluir la acción de la gracia. Así, todas las soluciones ofrecidas para resolver la cuestión eludían la supresión de uno de los términos. Y tal vez sólo en dos posiciones extremas se postulaba esta supresión: en la concepción luterana expresada en el *De servo arbitrio*, por un lado, y en la idea de la autonomía radical y absoluta del hombre, por el otro.

En su tratado *De servo arbitrio* (1525) Lutero polemizó contra las ideas desarrolladas por Erasmo en su *De Libero Arbitrio* ΔΙΑΤΡΙΒΗ (1524). En verdad, Erasmo no consideraba que la cuestión del libre albedrío tuviera la importancia que le atribuían los teólogos. Además, su opinión al respecto era moderada: «Concibo aquí el libre albedrío como un poder de la voluntad humana por medio del cual el hombre puede consagrarse a las cosas que conducen a la salvación eterna o puede apartarse de ellas». Así, Erasmo no negaba en principio el poder y la necesidad de la gracia. Menos todavía sostenía –como hacía el pelagianismo extremo– que el libre albedrío fuese absolutamente autónomo y decisivo. Pero como ponía de relieve «el poder de la voluntad humana», Lutero consideró que la doctrina de Erasmo equivalía a una negación de la gracia y constituía una peligrosa forma de pelagianismo. Según Lutero, la definición del libre albedrío proporcionada por Erasmo no es independiente de las Escrituras y, por tanto, contraria a éstas. Fundándose en las Escrituras, Lutero mantenía que nadie puede ser salvado si confía sólo en el libre albedrío, pues un demonio es más fuerte que todos los hombres juntos; no sólo la gracia es necesaria, sino que lo es absolutamente. Ahora bien, ello no significa para Lutero que el hombre se halle dominado por la necesidad, pues el poder de Dios no es una necesidad natural; es un don.

Entre los pensadores católicos los debates acerca de la noción de libre albedrío se mantuvieron dentro de un cauce que eliminaba toda solución radical: ni luteranismo ni pelagianismo. Sin embargo, en ciertas ocasiones las posiciones adoptadas se extremaron. Por un lado, tenemos la teoría tomista de la promoción física. Por el otro, la doctrina molinista del concurso simultáneo basado en la noción de ciencia media. Aunque todas estas doctrinas son primariamente teológicas, los conceptos elaborados en ellas son con frecuencia filosóficos y pueden ser utilizados en el tratamiento de los problemas de la causa (VÉASE) y de la libertad (VÉASE).

Algunos de los problemas que se habían suscitado a propósito del libre albedrío, vaciados de su substancia teológica, subsisten en discusiones concernientes al concepto de libertad (VÉASE) y a la contraposición «libertad-determinismo». Esta contraposición es en varios casos equivalente a la que hay, o se supone que hay, entre libre albedrío, en tanto que libertad de elección (a veces «libertad de la voluntad»), y encadenamiento causal. Pero como no hay razón para suponer que las acciones llamadas «voluntarias», o efectuadas por libre albedrío o libertad de elección, están completamente fuera de todo encadenamiento causal, y hasta ha habido razones para afirmar que tales acciones pueden ser concebidas como comienzos de encadenamientos causales, se ha tendido a evitar hablar de la relación y, a mayor abundamiento, contraposición entre libre albedrío y determinación causal. Lo más habitual ha sido hablar en términos de acciones humanas y de intenciones, con el fin de averiguar si, y cómo, cabe distinguirlas de acontecimientos y causas. Así, algunas de las cuestiones tratadas clásicamente bajo el rótulo «libre albedrío» son examinadas como cuestiones suscitadas por el concepto de acción (VÉASE), en tanto que acción humana, relacionándose con conceptos como los de elección, intención y decisión, así como con nociones como las de responsabilidad e imputación. Considerable parte de este examen ha sido «lingüístico», pero primariamente en el sentido de tratarse de averiguar qué se quiere decir, y qué consecuencias se sigue de decirlo, cuando se mantiene que alguien obra o actúa libremente –o, simplemente, que alguien, llamado «agente», obra o actúa–, lo que, en términos clásicos, equivale parcialmente a averiguar qué se quiere decir, y qué consecuencias se siguen de decirlo, cuando se mantiene que un agente posee libre albedrío. El examen lingüístico ha permitido llamar la atención sobre distinciones en que no se suele reparar cuando se plantean los problemas del libre albedrío, de la libertad, etc., de un modo demasiado general; así, por ejemplo, ha llamado la atención sobre el significado, o uso, de expresiones como 'S decide', 'S se decide por', 'S opta por', 'S tiene la intención de', 'S obra voluntariamente', 'S obra deliberadamente', etc. Ciertas dicotomías «clásicas» desaparecen entonces, o se atenúan, o se transforman; como ha indicado Austin, por ejemplo (en «A Plea for Excuses», 1956-1957, reimp. en *Philosophical Papers*, 1961), 'voluntario' se contrapone a 'coactivo' ('bajo coacción') más bien que a 'determinado' y hasta a 'involuntario', en tanto que 'involuntario' se contrapone a 'deliberado' o 'hecho a propósito' más bien que a 'voluntario' (o a 'libre').

Amor. Se emplea el término 'amor' para designar actividades –o el efecto de actividades– muy diversas; el amor es interpretado como inclinación, afecto, apetito, pasión, aspiración, etc. Otras veces se le ha considerado una cualidad, propiedad o relación. Se habla de muy diversas formas de amor: amor físico o sensual, amor materno, amistad, amor al mundo, amor de Dios... Incluso se han considerado subdistinciones, dentro de un tipo de amor determinado. Así, por ejemplo Stendhal, al distinguir entre amor-pasión y amor-simpatía, amor-sensual o amor de vanidad, cuando trata del amor entre hombre y mujer *(Del Amor,* I, 1*)*. Abundan los intentos de clasificar y ordenar jerárquicamente las diversas clases de amor; por ejemplo, en *The Four Loves* (1960), C. S. Lewis describe y analiza gustos y amores hacia lo «infrahumano» (como el amor a los animales), la amistad, el eros o la caridad. Muchas de las distinciones propuestas emplean diversos términos ('agrado', 'afecto', 'atracción', 'deseo', 'amistad', 'pasión', 'caridad', etc.), pero agrupándolos bajo el concepto de «amor». Las dificultades que ofrece esa diversidad de términos junto con la supuesta unidad de significado se dan no sólo en los idiomas modernos, sino también en griego y latín. En griego hay palabras como ἔρως, ἀγάπη y φιλία; en latín, *amor, dilectio, charitas* (y también *Eros* en tanto que se refiere al amor personificado en una deidad).

Empédocles fue el primer filósofo que utilizó la idea de amor en un sentido cósmico-metafísico; consideraba que el amor, φιλότης, y el conflicto o lucha, νεῖκος, eran principios, respectivamente, de la unión o separación de los elementos que constituyen el Universo (cf., sobre todo, Diels, B 17, 7-8). La noción de amor es central en el pensamiento platónico. Sócrates decía que el amor era lo único que él era capaz de entender, la única cosa de la que podía hablar con conocimiento de causa, literalmente *(Symp.,* 177 E). Platón lo compara a una cacería *(Soph.,* 222 E), comparación, por otra parte, frecuente en este pensador, quien también la aplica a otras actividades, como por ejemplo el conocer. El amor, como la locura *(Phaed.,* 245 B-C), es un dios poderoso *(Symp.,* 202 E). En el mismo *Diálogo,* Pausanías habla de un amor terreno y de un amor celestial *(Symp.,* 180 A-C); el amor terrenal es el común, mientras que el celeste es el que lleva al conocimiento y lo produce. En otro lugar *(Leg.,* VIII, 387 A-D) Platón distinguía tres clases de amor: el del cuerpo, el del alma y otro que es mezcla de los dos; en todo caso, es el deseo de algo que no se posee. El Amor es el lujo de la Pobreza y la Abundancia, es un oscilar de la posesión a la no posesión, del tener al no tener. En su aspiración hacia el objeto amado, el acto de amar es fecundo, y engendra belleza. En definitiva, el amor a las cosas particulares y a los seres humanos concretos es sólo un reflejo o participación del amor a la belleza absoluta, que es la Idea de lo Bello en sí *(Symp.,* 211 C). Bajo la influencia del amor verdadero y puro, el alma asciende a la contemplación de lo ideal y eterno. Las diversas clases de belleza –o reflejos de lo Bello– que se encuentran en el mundo, sirven como escalones hacia la cumbre, que es el conocimiento puro y desinteresado de la esencia de la belleza. Como «revela» Diotima a Sócrates al final del *Symposium,* el amor es la pura contemplación de la belleza pura y absoluta, la contemplación de la belleza divina, no contaminada por nada impuro y que trasciende todo lo concreto.

En casi todos los filósofos griegos hay referencias al tema del amor, entendido éste como principio que gobierna la unión de los elementos naturales, y como principio de relación entre los seres humanos. Después de Platón, sin embargo, sólo los platónicos y neoplatónicos consideraron el amor como un concepto fundamental. En Plutarco *(De Iside et Osiride,* cap. 53), el amor es la aspiración de aquello que carece de forma (o la tiene sólo mínimamente) hacia las formas puras, y en último término, hacia la Forma Pura del Bien. En «Las Eneadas», VI, vii, 21, Plotino trata del amor del alma a la inteligencia, νοῦς; y en su *Epistola ad Marcelam* (§ 24, ed. Nauck, pág. 289), Porfirio menciona los cuatro principios de Dios: la fe, πίστις; la verdad, ἀλήθεια; el amor, ἔρως, y la esperanza, ἐλπίς. En el pensamiento neoplatónico, el concepto de amor tiene un significado fundamentalmente metafísico o metafísico-religioso. En la concepción cristiana, a menudo el tema religioso se plantea en términos «personales»; ello no ocurre, por supuesto, con cualquier clase de amor, sino sólo con el denominado «caridad» (ἀγαπή, *charitas*). La caridad o amor, junto con la fe y la esperanza, son las tres virtudes «teologales», y de ellas el amor es la más importante. San Pablo decía «puedo hablar lenguas de hombres o de ángeles, pero si no tengo caridad no soy sino bronce que resuena o címbalo que retiñe. Puedo tener el don de profecía y conocer todos los misterios; puedo tener fe como para trasladar montañas, mas si no tengo caridad, no soy nada. Y si repartiere todo cuanto tengo o incluso diese mi cuerpo a las llamas, si no tengo caridad, en nada me aprovecha» (I *Cor.*, XIII, 1-3). Todo ha de desaparecer –la profecía, la ciencia– pero el amor, la caridad, permanece. «Ahora subsisten tres cosas: fe, esperanza y caridad, pero de las tres la mayor es la caridad» *(ibid.,* 13*).* También el siguiente pasaje es importante: «Amémonos unos a otros, porque el amor viene de Dios. Todo el que ama es hijo de Dios, pero el que no ama, no conoce a Dios. Porque Dios es amor, y su amor se nos manifestó en esto, en que envió al mundo a su único Hijo como remedio para reparar por nuestros pecados. Pues si Dios nos amó, queridos, nosotros debemos, a nuestra vez, amarnos los unos a los otros. Porque a Dios nadie le ha visto nunca, pero Dios mismo habita en nosotros si amamos a los hermanos; su amor llega en nosotros a la perfección» *(Juan* 1, IV, 7-12). Así pues, en su sentido original y auténtico, todo amor se encuentra en el horizonte de Dios; amar, estrictamente hablando, es «amar a Dios y por (el poder o la gracia de) Dios».

Los términos que emplea San Agustín son *charitas, amor* y *dilectio;* en ocasiones con el mismo significado (así, en la expresión *amor seu dilectio),* y otras veces estableciendo distinciones entre ellos. San Agustín considera con frecuencia la caridad como un amor personal, divino o humano. El amor es siempre bueno (o «lícito»), pero puede ser bueno o malo en tanto que el amor al bien o al mal, respectivamente. El amor del hombre por Dios y de Dios al hombre es siempre bueno, y en este ámbito puede entenderse la famosa frase agustiniana: *Dilige et quod vis fac* –ama y haz lo que quieras (a menudo citada como: *Ama et fac quod vis)*– que escribió precisamente en su comentario a San Juan VII. El amor del hombre por su prójimo puede ser bueno –si es por amor de Dios– o malo, si es que sólo se apoya en inclinaciones meramente humanas *(dilectio)*, desarraigadas del amor de Dios y en Dios. El amor al bien, en cuanto es manifestación del amor de Dios, mueve la voluntad, y por ese movimiento el alma es llevada a su felicidad, a una bienaventuranza que sólo en el seno de Dios puede hallarse. El amor en tanto que amor al bien no tiene medida *(ipse ibi modo est sine modo amare,* escribió Severino, un amigo de San Agustín, resumiendo el pensamiento de éste). Pero no puede decirse que el amar un bien sea suficiente, ya que el amor a *un* bien (es decir, a algo particular) solamente es «lícito» cuando viene movido por el amor *al* Bien, esto es, a Dios. En este sentido es en el que hemos de entender la frase de San Agustín según la cual la caridad es la virtud que ama lo que debe ser amado *(virtus est charitas qua in quod diligendum est diligitur* [Ep. CLXVII]).

Tomás de Aquino define la caridad como una virtud sobrenatural que hace posible que las virtudes naturales (humanas) sean plenas y verdaderas, ya que ninguna virtud es tal *(vera)* sin la caridad *(S. Th.,* II-a 9, XXIII, a. 7 ad 3). Aún más, sin la caridad, el hombre no alcanzará su beatitud; con ello no niega la «autonomía» de las virtudes naturales. De hecho pueden darse sin la caridad [sobrenatural], ya que suponer lo contrario obligaría a concluir que ningún hombre al que haya faltado –o al que le falte– la revelación cristiana, sería capaz de bondad. Dios es el fundamento último de todo amor verdadero. Por su amor, Dios impulsa a la criatura para que tienda al Sumo Bien. Con estas palabras –tomistas y a la vez aristotélicas– concluye Dante la *Divina Comedia: Amor che muove il Sol e l'altre stelle* (el amor que mueve el sol y las estrellas).

La diferencia esencial entre los conceptos griego (fundamentalmente platónico) y cristiano del amor puede resumirse como sigue. En la concepción griega, el amor es aspiración de lo menos perfecto a lo más perfecto; supone, por lo tanto, la imperfección del amante y la (supuesta o actual) perfección o mayor perfección del ser amado. Cuando la perfección de lo amado es absoluta, nada más importa. El objeto del amor es la perfección en sí, el sumo bien –o lo bello y bueno sumados; es él quien mueve *al amante,* o lo más perfecto a lo menos perfecto– ejerciendo sobre él una atracción. Lo amado no tiene por qué amar a su vez; su ser consiste en ser deseable, amable. El movimiento «real» parte del amante pero el movimiento «final», la meta que atrae, radica en el amado. La relación entre amante y amado puede ejemplificarse en dos seres humanos, pero esto es sólo uno de los casos posibles, si bien muy importante, de una relación cósmico-metafísica. El amor puede así ser descrito como el movimiento de cada cosa hacia su perfección (hacia la Idea) dentro de un orden jerárquico.

También en la concepción cristiana el amor se origina en lo amado, pero no sólo como causa final (aunque pueda tener este sentido), sino como un «movimiento real». En sentido estricto, hay más amor en lo amado que en el amante, ya que el auténtico amor –el modelo de todo amor– es la tendencia de lo superior y perfecto a «descender», por así decirlo, a lo inferior e imperfecto, con el fin de atraerlo a sí y salvarlo. El amor, pues, no es apetito ni deseo, sino sobreabundancia. Mientras para los griegos el Sumo Bien no necesariamente otorga amor, para los cristianos puede incluso ser identificado con el Amor. La propia justicia es absorbida por el amor; amor que, por otra parte, no es mera compasión, ya que el objeto de compasión es estimado como acreedor de justicia o piedad. No, lo amado lo es por sí mismo, en virtud de una exuberancia de la que Dios constituye el modelo supremo.

Además de las características ya mencionadas, otros pensadores introducirán importantes variaciones: el tema del amor como amor de Dios fue, por ejemplo, tratado por muchos autores del medioevo, como Guillermo de Saint-Thierry *(De natura et dignitate amoris)*, San Bernardo *(De diligendo Deo)*, Aelredo de Rievaulx *(Speculum caritatis)*, Pedro Abelardo *(Introductio ad theologiam)* y los Victorinos: Hugo y Ricardo de San Victor. San Bernardo y los Victorinos (en especial Ricardo de San Victor) se ocuparon intensamente del problema del amor. Para San Bernardo, el amor en tanto que puro amor (a Dios) es, en el fondo, una experiencia mística, un éxtasis. El predominio de esta visión espiritual del amor sobre otras especies de amor entre los teólogos y místicos medievales no significa que no se tratara también del amor humano durante este período; la literatura del «amor cortesano» floreció, de hecho, en el siglo XII, al tiempo que se desarrollaban todas las implicaciones del amor divino con carácter místico; sin embargo, por razones de espacio hemos de excluir ese material y las múltiples ideas acerca de las diversas clases de amor que se exponen en autores renacentistas y modernos. Incluso limitándonos a consideraciones propiamente filosóficas, la literatura sobre el tema es abundante en dichos períodos. Considérense pensadores como Marsilio Ficino, León Hebreo, Giordano Bruno y –más adelante– Spinoza, con su concepción del amor intelectual a Dios (vid. *Amor Dei intellectualis*). La mayor parte de las nociones desarrolladas por estos autores tenían raíz neoplatónica o cristiana (o bien una combinación de ambas). A más de discutir el tema del amor en una dimensión teológica y metafísica, muchos de los pensadores modernos introdujeron el punto de vista psicológico o sociológico como una de las «pasiones del alma», una emoción, uno de los modos de relación posibles para los seres humanos en la sociedad, etc. Tres cuestiones se han tratado con especial frecuencia: 1. Si el amor humano es puramente subjetivo; si es, como Stendhal pretendía, resultado de un proceso (en rigor, de dos procesos) de «cristalización» en el alma del amante, o si es una emoción que revela las cualidades y valores del ser amado. 2. Si el amor humano se basa en una estructura psicológica o simplemente filosófica (sobre todo, si se basa exclusivamente en el deseo sexual). ¿Posee dicho amor autonomía respecto de los procesos orgánicos, es decir, es irreductible a éstos? 3. Si el amor humano es un proceso inalterable (o una serie de procesos) basado en una «naturaleza humana» permanente, o, por el contrario, tiene un devenir –como sostenía Ortega y Gasset–, es una «invención» humana o incluso una creación literaria que surge en un momento concreto de la historia. A fines del siglo XIX y principios del XX ha habido gran número de teorías –subjetivistas, reduccionistas y naturalistas– sobre el amor; luego, especialmente con el surgir de la fenomenología, ha habido una tendencia a tratar el tema del amor de un modo «objetivista» no naturalista y no reduccionista, no necesariamente «espiritualista», sino más bien «historicista».

Las ideas de Scheler –expresadas principalmente en su *Ética*, en *Naturaleza y formas de la Simpatía* y en sus estudios sobre «El Pudor» y «Ordo Amoris»– tienen variedad de fuentes. Su pensamiento procede tanto de San Agustín como de Pascal, pero fundamentalmente se apoya en la teoría objetivista de los valores que él elaboró. Scheler negaba que el amor fuese una idea innata que procediese exclusivamente de la experiencia o que fuera un impulso elemental (tal vez procedente de la líbido).

Tanto para Scheler como para Brentano, el amor es un proceso intencional que trasciende hacia el ser amado, el cual es amado en razón de que es valorado alta y positivamente. No puede, pues, confundirse el amor con la compasión o la piedad. En tanto que acto intencional –o serie de actos– posee sus propias leyes, que no son psicológicas, sino axiológicas. El amor (como el odio) no es una tendencia de un sujeto psicológico, sino un acto personal que se manifiesta eligiendo o rechazando valores. Ni uno ni otro se definen, sino que se intuyen emotivamente y *a priori*. Así pues, para Scheler –como para San Agustín o Pascal– hay un *ordo amoris* (un orden en el amor), un *ordre du coeur* (un orden del corazón); en suma, el amor no es arbitrario, sino selectivo.

Jean-Paul Sartre examina el amor en su análisis del «ser-para-otro», esto es, en las relaciones concretas del «para sí» con «otro» (*L'Être et le Néant*, 1943 III, iii, 1, págs. 431-440). Como toda relación concreta, el amor es un conflicto que enfrenta y –a la vez– liga a los seres humanos, estableciendo una relación directa con la libertad del «otro». Porque cada ser humano existe por la libertad de otro, la libertad queda comprometida en el amor. El amor es la tendencia a «capturar» o esclavizar la conciencia del otro no para transformarle en un autómata pero sí para apropiarse su libertad como libertad. Ello supone que no se pretende actuar sobre la libertad del otro, sino sólo existir *a priori* como límite objetivo de esa libertad. El amor requiere la libertad del amado, es decir, el amante necesita ser libremente amado por el objeto de su amor; pero puesto que a la vez pretende ser amado necesariamente –y no de modo contingente–, en realidad destruye aquella libertad que postulaba. El conflicto que el amor revela es el conflicto de la libertad.

Amor a sí mismo, amor propio. Estas dos expresiones se usan a veces como sinónimas; el amor propio es el que uno tiene por sí mismo. Puede, sin embargo, distinguirse entre ellas –como entre otros pares similares de expresiones en otros idiomas–: *Selbstliebe* y *Eigenliebe*; *amour de soi* o *amour de soi-même* y *amour propre*. En ciertos casos, o en ciertas lenguas, ha habido una sola expresión –como en griego φιλαυτία; en latín, *amor sui*; en inglés, *Self-love*–, pero entonces o se ha distinguido entre dos sentidos de la expresión o se ha buscado alguna otra (como el inglés *benevolence*).

La φιλαυτία es, literalmente, el amor de, o a, sí mismo. En principio, parece ser reprobable, porque el φίλαυτος, esto es, el que se ama a sí mismo, actúa como si hiciera lo que hace por mor de sí mismo, para servir sus propios intereses, lo cual es egoísmo (VÉASE). Sin embargo, φίλαυτος puede recabar para sí todo lo bueno, cosa que no es reprobable, sino más bien recomendable, sobre todo si pone esta bondad al servicio de otro. La distinción entre φιλαυτία como egoísmo y φιλαυτία como benevolencia se halla en Aristóteles *(Eth. Nic.* IX, 8, 1168 a 28-1168 b 11), el cual se inclina por dar a φιλαυτία un sentido favorable. Dentro de un espíritu similar entendieron muchos escolásticos la expresión *amor sui*. Pero como siempre parece haber una ambigüedad en esta expresión se acuñó otra, *amor privatus*. El *amor sui* o amor a sí mismo, fue juzgado favorablemente; no así el *amor privatus*. Este último se encamina únicamente a la persona que lo tiene; el primero es la estima en que uno se tiene a sí mismo y gracias a la cual posee fuerza suficiente para comportarse «moralmente».

En la época moderna, no siempre se distinguió claramente entre amor a sí mismo y amor propio –o, en francés, *amour de soi* o *amour de soi-même* y *amour propre*–; cada uno de ellos parecía poder dar lugar a las dos interpretaciones distintas, y opuestas, mencionadas al principio. Sin embargo, hubo la tendencia a considerar que el amor a sí mismo es un amor natural y equivale al respeto que uno tiene por sí mismo, lo cual es fuente de bienes, para uno mismo y para los otros. En cambio, el amor propio fue considerado muy a menudo como equivalente al egoísmo. En las definiciones usuales de esta expresión en español ello se manifiesta en las frases 'inmoderada estimación de sí mismo', 'excesivo engreimiento o pundonor'.

Para algunos autores, de tendencia ascética y quietista, ni siquiera el sentido favorable de 'amor a sí mismo' puede compararse al verdadero amor, que es el amor puro.

Amor Dei intellectualis. Spinoza trató del amor intelectual a Dios –*amor Dei intellectualis*– en su *Ética* (cf. V, prop. XIV). «La mente de Dios –decía Spinoza– puede hacer de modo que *(efficere ut)* todas las afecciones del cuerpo o imágenes de las cosas se refieran a la idea de Dios.» En prop. XV, afirma que «quien comprende clara y distintamente sus afectos, ama a Dios, y ello tanto más cuanto mejor se entiende a sí mismo y sus afectos». Según prop. XVI el amor de Dios debe ocupar lugar de privilegio en la mente *(hic erga Deum amor mentem maxime occupare debet),* y concluye que «nadie puede odiar a Dios» (prop. XVIII), que «en Dios hay necesariamente una idea que expresa la esencia de este o de aquel cuerpo humano bajo forma de eternidad *(sub aeternitatis specie)»* (prop. XXII). Aseguraba que «la mente humana no puede, en absoluto, ser destruida con el cuerpo, ya que algo permanece en ella que es eterno» (prop. XXIII) y que «cuanto mejor entendemos las cosas singulares, tanto más se comprende a Dios» (prop. XXIV). En consecuencia, Spinoza proclama que «el mayor logro de la inteligencia y su mayor virtud es comprender las cosas mediante la tercera especie de conocimiento» (prop. XXV). Todo ello le lleva a sostener que «todo cuanto conocemos por la tercera especie de conocimiento nos deleita *(delectamur)*, y nuestro deleite se acompaña por la idea de Dios que es su causa» (prop. XXXI). Spinoza explicaba que «de la tercera especie de conocimiento surge, necesariamente, el amor intelectual a Dios. De esta clase de conocimiento brota el placer, acompañado de la idea de Dios como causa, esto es, el amor de Dios, no en tanto lo imaginamos presente, sino por cuanto entendemos que es eterno; esto es lo que denominamos amor de Dios intelectual *(quod amorem Dei intellectualem voco)* (prop. XXXII, Cor.). Ningún amor es eterno excepto el amor de Dios intelectual. En prop. XXXV, Spinoza afirmaba que «Dios se ama a Sí mismo con un amor intelectual infinito».

Harry Austryn Wolfson *(The Philosophy of Spinoza*, 1934, vol. II, cap. XX, iii) describía el origen y trazaba la historia de la expresión *amor Dei intellectualis*. Entre sus precedentes citaba el comentario de Aristóteles en su *Metafísica*: «Todo hombre tiene afán de conocer», como puede verse por «el goce que [el conocer] proporciona a nuestros sentidos» *(Met.*, I, 1, 980 a 21-22), y el que aparece en la *Ética a Nicomaco* cuando se refiere al placer «del pensamiento y la contemplación». También Gersonides habló de la alegría y el goce que acompañan al conocimiento. Chasday Crescas *(Or Adonai*, I, iii, 5 *apud* Wolfson) afirmaba que «la comprensión es agradable a los que comprenden». Santo Tomás *(S. Th.,* I-II, a q. XXIV, a 1; q. XXVII a 3; II-II a q. XXVI a 3) hizo una clasificación del amor distinguiendo entre amor natural *(amor naturalis)*, sensitivo o animal *(amor sensitivus, animalis)*, e intelectual, racional o espiritual *(amor intellectivus, intellectualis, rationalis, spiritualis)*. Wolfson indica que la clasificación de Santo Tomás parece aportar las bases para la de León Hebreo, quien distinguió tres especies de amor: natural, sensitivo y racional-voluntario *(Dialoghi d'Amore*, II), este último también denominado «amor mental» *(amore mentale)* o amor intelectual *(amore intelletivo, intellettuale)*. Descartes empleó la expresión «goce intelectual» *(gaudium intellectuale) (Princ. Phil.,* IV, 190). Wolfson explicaba que «como el objeto del amor es Dios, se llama el amor de Dios. Además, como el amor de Dios no es un amor animal o sensitivo, habremos de llamarlo –de acuerdo con la fraseología de la época– amor intelectual de Dios *(amor Dei intellectualis)*... Ése es el origen, historia y significado de esta frase. Es inútil especular sobre la cuestión de quién la tomara Spinoza; era propiedad común de la filosofía como pueda serlo el término 'sustancia'. Wolfson llama la atención sobre una frase de Spinoza, similar pero mucho menos citada: 'el conocimiento intelectual de Dios' *(intellectualis Dei cognitio)* (en *Tractatus Theologico-politicus*, cap. 13) que es el «justo y verdadero conocimiento, alcanzado sólo por los filósofos, de la esencia absoluta de Dios, o de cualquier atributo divino que exprese su absoluta esencia» frente al mero conocimiento de la relación entre Dios y las cosas creadas y frente a las obras y promesas divinas.

Amor puro. Jeanne-Marie Bouvier de la Methe –Madame Guyon–, nacida en 1684 y autora de una *Vida* (para la que se inspiró en los escritos de Santa Teresa) y de otras varias obras de carácter espiritual y místico como *Moyen Court, Torrents, Commentaire sur L'Ecriture Sainte, sur l'Apocalypse, Commentaire sur le Cantique des Cantiques o Traité ou Purgatoire*, influyó grandemente sobre Fenelon y su desarrollo de la noción del ideal que denominó 'amor puro' *(pur amour)*. Madame Guyon defendía que incluso la oración ha de ser 'desinteresada'; que se deben superar todos los intereses –toda 'propiedad', como ella decía–. De acuerdo con esto, Fenelon afirmó que el único verdadero amor es el 'amor puro'; que no existe la bondad de corazón sin un amor puro; que incluso lo que parece generosidad es simplemente un amor propio refinado.

El amor puro no es necesariamente quietista, si bien su práctica consiste en una total renuncia de sí que equivale a una cierta forma de quietismo. Fenelon pensó haber hallado antecedentes de su noción del 'amor puro' en la tradición cristiana, en particular en Clemente de Alejandría, San Agustín, San Basilio, San Ambrosio y San Jerónimo, así como en la teología de Tomás de Aquino, Pedro Lombardo e incluso Francisco Suárez. El amor puro es el único estable y permanente, no tiene otro motivo que el amor mismo, no busca ni evita ni la injuria ni la felicidad (cf. A. Cherel: *Fénelon ou la reli-*

gion du pur amour, 1934, pág. 84). El gran obstáculo al amor puro es el amor propio. Aquellos que consideran el amor propio como una forma de respeto a sí mismos olvidan que es una forma de egoísmo; incluso si es un amor propio refinado, no por ello es menos perjudicial o dañino.

Análisis. En la Antigüedad –y aun durante gran parte de la Edad Moderna– el término 'análisis' se entendía en una acepción matemática. Alguna vez se ha defendido que fue Platón el primero en utilizar un método para hallar verdades matemáticas, método que Teón de Alejandría –que editó (y según algunos historiadores, rehízo totalmente) los *Elementos* de Euclides– denominó «análisis». En su *scholium* al libro XIII de Euclides, Teón define el 'análisis' como un «tomar lo buscado como algo admitido para deducir de sus consecuencias a la 'síntesis' que supone «tomar lo (ya) admitido y –de sus consecuencias– llegar a algo que se admite como verdadero». Parecidas definiciones de 'análisis' y 'síntesis' fueron propuestas por numerosos matemáticos modernos, como Viète y Galileo.

Descartes empleó el término 'análisis' en distintos sentidos. La acepción matemática era similar a la enunciada más arriba; trata también del 'análisis de los geómetras' como algo semejante al «análisis de los antiguos y al álgebra de los modernos» *(Discours,* ed. Gilson, pág. 17, lín. 27). Los antiguos matemáticos, sin embargo, añadieron al método del análisis procedimientos sintéticos que Descartes juzgó innecesarios para una matemática basada en ecuaciones algebraicas. Tanto él como otros muchos pensadores del siglo XVII sostenían que mientras el método silogístico era meramente expositivo, el analítico era un método de averiguación. Descartes, además, generalizó el método analítico hasta el punto de que el análisis matemático se entendía como un modo de *mathesis universalis* o ciencia universal (véase *Regulae,* V, X; *Meditationes, passim; Geometrie,* I, y *Discours,* II). El ejemplo más difundido de la concepción cartesiana del análisis como método universal se encuentra en la segunda regla de su método: «dividir en el mayor número posible de partes cada una de las dificultades que encuentre, parece ser el requisito para resolverlas de la mejor manera posible».

En un sentido amplio, se llama a menudo 'análisis' a cualquier procedimiento que consista en dividir un todo en las partes que lo constituyen. Esa división puede ser real o conceptual. Por ejemplo, 'análisis químico' está tomado en sentido real, mientras que conceptual es la división de un concepto en sus subconceptos. En todos estos casos, el análisis se contrapone a la síntesis, que supone la composición de lo que previamente estaba separado. Análisis y síntesis pueden ser empleados –y de hecho lo han sido– como métodos complementarios.

Analítica, analíticos. El término 'analítico' pueda emplearse por referencia al 'análisis' (VÉASE). Kant, sin embargo, utiliza 'analítico' *(Analytik)* para designar la primera parte de su lógica general, «la cual resuelve todo el procedimiento formal del conocer y de la razón en sus elementos, y los muestra como principios de todo el criticismo lógico de nuestro conocimiento» (K. R. V., A 60, B 84). En la *Crítica de la razón pura,* la Analítica trascendental tiene por objeto «la descomposición de todo nuestro conocimiento *a priori* en los elementos del conocimiento puro del entendimiento» *(ibid.,* A 64 B 89). La Analítica Trascendental es, como parte de la lógica trascendental, una «lógica de la verdad». Se divide en Analítica de los Conceptos y Analítica de los Principios. La primera consiste en «la descomposición de la propia facultad de entender, con el fin de investigar la posibilidad de los conceptos *a priori* buscándolos sólo en el entendimiento, en su origen y analizando el puro uso de esta facultad» *(ibid.,* 65 B 90). La segunda es «un canon exclusivamente para la facultad de juzgar, que enseña a aplicar a los fenómenos los conceptos del entendimiento que poseen la condición de convertirse en reglas *a priori (ibid.,* A 132 B 171).

Kant ha empleado también en sentido parecido el término 'analítica' en la *Crítica de la razón práctica.* Sin embargo, la analítica de la razón pura práctica va de la Lógica a la Estética (utilizando dichos términos en estricto sentido kantiano), en lugar de ir de la sensibilidad al entendimiento, como hace la analítica de la pura razón teórica. Asimismo, la analítica de la pura razón práctica se incluye en la *Crítica del Juicio* como una 'analítica de la facultad teleológica de juzgar' y como una 'analítica de lo sublime'.

Heidegger emplea asimismo el término 'analítica' *(Analytik)* al proponer una analítica ontológica de la existencia, la cual –según él– es como la línea del horizonte para interpretar el significado del ser en general *(Sein und Zeit,* § 5). Según Heidegger, en efecto, la analítica de la existencia es el primer impulso para el estudio y descubrimiento del tema del ser, tema que determina la dirección de dicha analítica. Se trata, pues, de una analítica existencial *(Existenzial)* previa a toda psicología, antropología o biología. Deslindar la analítica de la existencia respecto de las ciencias antes citadas es, para Heidegger, absolutamente indispensable *(ibid.,* 10); solamente así será posible iniciar el análisis de la Existencia como estar-en-el-mundo y, en general, captarla en su existencialidad *(Existenzialität).*

Los dos escritos principales del *Organon* aristotélico son los llamados Analíticos: los *Primeros* y *Segundos Analíticos,* el primero de los cuales –en los libros– trata de la teoría formal del silogismo y las condiciones formales de toda demostración, y sirve como introducción a los dos libros de los *Segundos Analíticos* que tratan de la naturaleza de la demostración.

Analítico y sintético. Según Kant, existen dos maneras de entender la relación sujeto-predicado, tanto en juicios afirmativos como negativos: 1) El predicado pertenece al sujeto como algo contenido en él. 2) El predicado está fuera del sujeto aunque –como hace notar Kant– mantiene relación con él, ya que si no la hubiera, no habría juicio. Kant llamó «analítico» al primer tipo de juicios y «sintético» al segundo. En un juicio analítico (afirmativo) «la conexión entre sujeto y predicado es pensada mediante identidad», mientras que en los sintéticos tal conexión es pensada sin identidad (*K. r. V.*, A 7 B 11). El predicado de un juicio analítico no añade nada al sujeto: simplemente analiza al sujeto en los conceptos que lo constituyen y que siempre han estado ahí, si bien tal vez de modo confuso. Por tal motivo, Kant llamaba también 'juicios explicativos' a los analíticos. De otra parte, los juicios sintéticos sí 'amplían' el sujeto, ya que el predicado añade algo al concepto del sujeto, algo que no había sido pensado y que, por lo tanto, no podía derivarse de un análisis de dicho sujeto.

Juicios como «todos los cuerpos son extensos» son analíticos, ya que –según Kant– no es necesario ir más allá del concepto 'cuerpo' para hallar la noción de 'extensión'. Por el contrario, juicios como «todos los cuerpos son pesados» son sintéticos, ya que el concepto de 'pesadez' no está incluido en el de 'cuerpo'.

Todos los juicios de experiencia son sintéticos. Si introducimos una nueva distinción –entre juicios *a priori* (VÉASE) y *a posteriori*– vemos que los sintéticos son siempre *a posteriori* y viceversa, ya que sólo a partir de la experiencia es posible conocer que este o aquel sujeto tienen uno y otro predicado.

Leibniz clasificó las verdades en verdades de hecho y verdades de razón. Hume distinguía entre hechos y relaciones de ideas. Según

Leibniz, las verdades de hecho son contingentes y empíricas, mientras que las verdades de razón son necesarias (y eternas) y –algunas, al menos, de estas últimas– innatas. Para Hume, las proposiciones que conciernen a hechos son empíricas; por el contrario, las relaciones de ideas –como las proposiciones lógicas y matemáticas– aunque no son empíricas, tampoco son verdades necesarias y eternas, como en Leibniz. Son tautologías (véase TAUTOLOGÍA) y carecen de contenido fáctico; son puramente formales. Si aplicamos ahora la división kantiana de los juicios en analíticos y sintéticos, *a priori* y *a posteriori*, podemos concluir que Hume y Leibniz coinciden en que los juicios analíticos son *a priori* y los sintéticos *a posteriori* (si bien discrepan en cuanto al sentido del término 'analítico').

Kant difiere, a la vez, de Leibniz y de Hume. Sostiene que hay juicios sintéticos *a priori*, es decir, juicios en los que el predicado no se halla contenido en el sujeto, y que son independientes de toda experiencia. Esos elementos que no proceden de la experiencia son los que la hacen posible. Las matemáticas y las ciencias naturales contienen juicios sintéticos *a priori;* la cuestión es si también son posibles en metafísica. Nuestro conocimiento especulativo *a priori* se funda, según Kant, en principios sintéticos o «ampliativos». Los juicios analíticos son importantes, y aun necesarios, pero sólo en orden a lograr la máxima claridad en los conceptos.

Aunque Kant habla de juicios sintéticos *a priori,* su propósito es descubrir elementos apriorísticos en los juicios matemáticos y en las proposiciones de la ciencia natural, especialmente en la física. Dichos elementos no son verdades eternas, sino «condiciones de la posibilidad del conocimiento», en tanto que éste ha de ser universal y necesario.

Desde Kant se ha discutido mucho sobre si los juicios sintéticos *a priori* son o no admisibles. La mayoría de los neokantianos admiten que puede, y aun debe, haberlos. Los empiristas y positivistas de una parte, y los racionalistas de otra, rechazan –por el contrario– esa posibilidad.

Husserl sí admitía la posibilidad del juicio sintético *a priori* (vid. *Ideas,* § 16), pero no como pertenecientes al «área de lo trascendental». Dichos juicios son ontológicos antes que epistemológicos, esto es, según Husserl hay un *a priori* eidético formal –que corresponde a la ontología general o formal– y un *a priori* eidético material, que es propio de los «axiomas regionales».

El problema del significado de lo 'analítico' ha estado sujeto a múltiples debates en el seno de la propia flosofía analítica (VÉASE). En sentido amplio, podemos distinguir dos etapas: 1) La primera, dominada por el positivismo lógico, en la que se mantenía una estricta distinción entre analítico y sintético, acorde con el pensamiento de Hume, y 2) la segunda, en que se descubren dos tendencias principales: a) la que mantiene la dicotomía (o dualismo) analítico-sintético –si bien en una forma notablemente más «refinada» que el dualismo original de la primera etapa de la lógica positivista–, y b) la que rechaza la dicotomía analítico-sintético, especialmente difundida luego del criticismo de Quine. Entre los que defienden la primera posición –de esta segunda etapa (2 a)– están Carnap, B. Mates, R. Hartmann, H. P. Grice y P. F. Strawson; representantes de la segunda postura (2 b) son, además del propio Quine, M. G. White, A. Pap y –hasta cierto punto– Hilary Putnam. En algunos casos, se han introducido en los razonamientos de la primera etapa (1) cualificaciones que lo aproximan a la segunda, en su primera postura (2 a). E igualmente en la fase 2 b se respetan a veces puntos mantenidos por los autores de la posición 2 a.

Una de las críticas fundamentales de los pensadores de la primera etapa (1) –y los de la segunda en su primera posición (2 a)– consiste en denunciar como tautológicos todos los juicios analíticos. Otra es considerar las expresiones analíticas como reglas gramaticales, como meras «expresiones verbales».

La tesis de Quine, formulada en 1951 como resultado de una serie de debates orales y escritos que mantuvo con R. Carnap, A. Church, N. Goodman, A. Tarski y Morton G. White, es que no puede trazarse una línea divisoria tajante entre analítico y sintético, porque no cabe definir con precisión lo analítico; cualquier intento de hacerlo se convierte en una explicación de *obscurum per obscurius*. La idea kantiana de que el predicado «pertenece» o «está contenido» en el sujeto, resulta desesperantemente vaga, dice Quine, y si bien podríamos apelar a la noción de sinónimo, esta última precisa de tanta o más explicación que la de analiticidad. Igualmente, cabría recurrir a las reglas semánticas, pero la expresión 'regla semántica' requiere asimismo explicación. El rechazo, por parte de Quine, de la dicotomía analítico-sintético está ligado a su idea del *continuum* teórico, una serie de enmarques conceptuales que solamente rozan con la experiencia de forma marginal. Es lo que se ha llamado a veces la «tesis Duhem-Quine». Por otra parte,

Quine mantenía que puesto que «el lenguaje es social» y la analiticidad es una verdad que se basa en el lenguaje, también ésta es «social»; lo cual significa que una afirmación es analítica si *todo* individuo que la escucha la aprende como verdadera al aprender sus palabras.

La analiticidad parece ser cuestión de grados, si bien no debe confundirse la expresión «grados de analiticidad» con los «grados de admisibilidad de que esta o aquella expresión son (o no son) analíticas». Esto último fue aceptado por varios autores que seguían la posición 2 b, algunos de los cuales fueron denominados «gradualistas» por A. Gewirth. Hilary Putnam defendió un gradualismo diferente, afirmando que si bien es posible mantener la dicotomía entre analítico y sintético, ello es sólo válido en «casos triviales»; por el contrario, resulta inadmisible en leyes científicas, principios matemáticos o en los llamados «principios estructurales». En estos casos no se trata ya de asertos analíticos o sintéticos, ya que gran parte de ellos pueden ser considerados analíticos en una de las etapas de una determinada teoría –o serie de teorías– y dejar de ser analíticos en otra.

Analogía es, en términos muy generales, la correlación entre los términos de dos o varios sistemas u órdenes, es decir, la existencia de una relación entre cada uno de los términos de un sistema y cada uno de los términos de otro. La analogía equivale entonces a la proporción. Se ha hablado también de analogía como semejanza de una cosa con otra. En este último caso la analogía consiste en la atribución de los mismos predicados a diversos objetos, pero esta atribución no debe ser entendida como una determinación unívoca de estos objetos, sino como la expresión de una correspondencia, semejanza o correlación establecida entre ellos. Justamente en virtud de las dificultades que ofrece este último tipo de analogías se ha tendido con frecuencia a subrayar la exclusiva referencia de la analogía a las relaciones entre términos, es decir, a la expresión de una similaridad de relaciones.

Los matemáticos griegos entendieron la analogía como una proporción, o razón de proporcionalidad en el sentido hoy todavía usual cuando hablamos de «proporciones» o «razones» en matemática. Este tipo de analogía se refiere a cantidades, a magnitudes y a relaciones entre puntos en el espacio. Fundándose en la misma idea, pero aplicándola a ciertas realidades con el propósito de establecer comparaciones, Platón presentó la idea de analogía en *Rep.*, VI 508 (y también en

Tim., 31 B-32 A). Platón comparó el Bien con el Sol e indicó que el primero desempeña en el mundo inteligible el mismo papel que desempeña el segundo en el mundo sensible. Varios miembros de la Academia media adoptaron y desarrollaron estas concepciones de Platón. Lo mismo hicieron Plotino, Proclo y Dionisio el Areopagita.

La llamada ἰσότης τοῦ λόγου o doctrina de «la igualdad de razón» fue aplicada por Aristóteles a los problemas ontológicos por medio de lo que se ha llamado «la analogía del ente». El ser, declaró Aristóteles, «se dice de muchas maneras» –bien que se diga primeramente de una manera: como substancia–. La doctrina aristotélica fue aceptada y elaborada por un gran número de escolásticos bajo la rúbrica *analogia entis*. La analogía *(analogia)* puede referirse a cosas, hablándose de cosas sinónimas y de cosas unívocas. Es usual entre los escolásticos referir la analogía ante todo a nombres o términos y discutir cuándo se usa o no un nombre o término unívocamente. San Buenaventura distinguía entre la analogía y la univocidad *(univocatio)*. El término o nombre común, predicado de varios seres, es *unívoco* cuando se aplica a todos ellos en un sentido totalmente semejante o perfectamente idéntico. Es *equívoco* cuando se aplica a todos y a cada uno de los términos en sentido completamente distinto (así, 'toro' como animal o constelación; 'cáncer', como enfermedad o como signo del Zodíaco). Es *análogo* cuando se aplica a los términos comunes en sentido no entera y perfectamente idéntico o, mejor aún, en sentido distinto, pero semejante desde un punto de vista determinado o desde una determinada y cierta proporción. Ahora bien, dentro de esta división se distingue a su vez entre varias acepciones. Así, los términos unívocos pueden prescindir de sus diferencias, en cuyo caso –como los géneros y especies– son *unívocos universales*, o pueden no prescindir de ellas, en cuyo caso son llamados –como ocurre en el término 'ser' respecto a todos los seres de una cierta especie o aun con respecto a todas las substancias creadas– *unívocos trascendentales*. En lo que toca a los propios términos análogos la división es algo más compleja. Lo más corriente es distinguir entre la *analogía de atribución* y la *analogía de proporcionalidad*. Se llama *analogía de atribución* a aquella en la cual el término se atribuye a varios entes por su relación con otro (el llamado *primer analogado)*, como ocurre cuando se llama 'sano' a un alimento, a un rostro, etc. Se llama *analogía de proporcionalidad* a aquella en la cual el término se atribuye, desde luego, a varios sujetos o entes en una relación semejante. Esta relación puede ser *metafórica* –cuando expresa algo simbólico– o *propia* –cuando expresa algo real–. La relación análoga puede ser, por lo tanto, como dicen los escolásticos, *simpliciter diversa* o bien *secundum quid eadem*. En otras palabras, el término análogo es el que significa una forma o propiedad que se halla intrínsecamente en uno de los términos (el analogado principal), hallándose, en cambio, en los otros términos (analogados secundarios) por cierto orden a la forma principal. Partiendo de esta base puede decirse también que la analogía es *extrínseca* (como lo muestra el término 'sano') o *intrínseca* (como lo muestra el término 'ser', que conviene a todos los entes, increados o creados, substanciales o accidentales). En este último caso la analogía es llamada también *metafísica*. La analogía extrínseca, a su vez, puede ser *analogía de proporcionalidad extrínseca* o *metafórica* –de muchos a muchos– o *analogía extrínseca de atribución*. Y la analogía intrínseca puede ser a la vez de atribución o de proporcionalidad. Estas distinciones fueron objeto de muy vivas discusiones dentro de la escolástica, sobre todo en la medida en que, bajo su aspecto estrictamente técnico, afectaban a las cuestiones últimas de la metafísica. Así, aunque se coincidía casi siempre en que el ente análogo constituye el objeto más propio de la filosofía primera, comprendiendo también los entes de razón y aun toda privación del ente en cuanto inteligible, se formaron principalmente tres escuelas. Mientras la escuela de Suárez indicaba que el ente es formalmente trascendente y que la analogía ha de entenderse en el sentido de la analogía intrínseca o metafísica de atribución, y no en el sentido de la analogía intrínseca de proporcionalidad, la escuela de Escoto propendía a defender la univocidad del ente, el cual se contrae a las nociones inferiores mediante diferencias intrínsecas, y la escuela de Cayetano abogaba por una analogía de proporcionalidad. En efecto, de los tres modos de analogía a que, según Cayetano, pueden reducirse todos los términos análogos –la analogía de desigualdad, la analogía de atribución y la de proporcionalidad, mencionados por Aristóteles, aunque con distinta terminología, en *Phys.*, VII 4, 249 a 22; *Eth. Nic.*, I 6, 1096 b 26, y *Top.*, I 17, 108 a 6, respectivamente–, solamente el último constituye, a su entender, la analogía, definiéndose la expresión 'cosas análogas por proporcionalidad' mediante «aquellas cosas que tienen un nombre común y la noción expresada por este nombre es proporcionalmente la misma», es decir, «aquellas cosas que tienen un nombre común y la noción expresada por este nombre es similar de acuerdo con una proporción» *(De Nominum Analogia,* cap. III). A su vez, como ya vimos, tal analogía puede tener lugar o de un modo metafórico o de un modo propio. Cayetano se basaba principalmente en la doctrina tomista, pues se hallan en Santo Tomás numerosos pasajes en tal sentido –por ejemplo: 1 *Eth.,* lect. 7, I *Sent.,* 19, 5 2 ad 1, *de Potentia* 7, 7 y *de Veritate,* 21, 4 c ad 30–, pero es obvio que refinó la noción considerablemente, en particular en lo que toca a la distinción entre el análogo y sus analogados, la predicación de los analogados al análogo y la comparación entre el análogo y los analogados. En general, podemos decir que el tomismo se inclina fuertemente por la analogía de proporcionalidad, de tal suerte que, según él, compete existir a todos los entes en una relación semejante de un modo intrínsecamente vario, pues, sin duda, el ser no es jamás un género que se determine por diferencias extrínsecas, pero, a la vez, sostiene una analogía de atribución entre el Creador y los seres creados, y entre la substancia y los accidentes, pues el ser de los últimos depende del de los primeros. En todo caso, la noción analógica del ser aspira a resolver un problema capital de la teología escolástica: el de la relación entre Dios y las criaturas, por cuanto, si bien en el orden del ser Dios excede a todo lo creado, como causa suficiente de los entes creados y de todo ser, contiene actualmente sus perfecciones.

En la época moderna el concepto de analogía ha ocupado un puesto menos central que en las tendencias escolásticas. Con frecuencia se ha entendido de modos relativamente vagos tales como la similaridad de relaciones entre términos abstractos, o la semejanza entre cosas. No siempre se ha distinguido bien entre una comprensión analógica y una metafórica. Las referencias metafísicas han sido eliminadas especialmente en los fenomenalistas y funcionalistas; los males han abandonado formalmente la noción de substancia. En *A System of Logic* (III, xx, 1-3; ed. J. M. Robson y R. F. McRae, I, 554-61), John Stuart Mill pone de relieve que «la palabra Analogía, como nombre de un modo de razonamiento, se entiende generalmente como si fuese alguna clase de argumento que se supone ser de naturaleza inductiva, pero no equivale a una inducción completa. Pero no hay palabra que se use más vagamente, o en una mayor variedad de acepciones». Algunas veces, en efecto, se usa en un sentido de inducción muy rigurosa, como la «semejanza de relaciones» de que hablan los matemáticos, y otras se aplica a razonamientos fundados en cualquier tipo de semejanza. Pero aunque ciertas semejanzas pueden proporcionar algún grado de probabilidad, no es posible llegar a conclusiones inductivamente aceptables en muchos casos. Por lo tanto, aunque puede usarse el razonamiento por analogía (cf. *infra*), hay que hacerlo solamente cuando se dan ciertas condiciones; junto a semejanzas, hay que investigar diferencias y ver la relación entre ambas dentro de un conocimiento «tolerablemente extenso» de la materia. Sólo cuando la semejanza es muy grande y la diferencia muy pequeña, sostiene J. S. Mill, puede aproximarse el razonamiento por analogía a una inducción válida.

En un sentido no muy distinto del de J. S. Mill, Ernst Mach consideró la analogía como una relación entre sistemas de conceptos homólogos que pueden dar lugar a diferencias o concordancias cuya relativa fuerza puede establecerse y medirse.

A veces se ha considerado la analogía como una correlación entre un término cuyo concepto denota un hecho observable y verificable y algún término que, aunque no denota mediante algún concepto un hecho observable y verificable, es inferible dentro de un sistema formal que provea reglas al efecto.

Siguiendo algunas investigaciones de Jan Salamucha y de J. Fr. Drewsnowski, I. M. Bocheński ha tratado la cuestión clásica de la analogía en sentido tomista desde el punto de vista de la lógica moderna, considerando, primero, que la noción de analogía es importante y susceptible de ulteriores desarrollos, y, segundo, que para tal fin pueden usarse con ventaja los refinamientos formales de la lógica actual. Bocheński examina, a este efecto, la analogía desde un punto de vista semántico (no el único posible, pero sí el más conveniente y aun el más tradicional, pues de lo contrario no se comprendería cómo puede ser tratada la equivocidad, que es una relación del mismo tipo que la analogía). En su artículo «On Analogy» (*The Thomist*, 11 [1948], 424-47; texto inglés de su trabajo en polaco «Wstep do teorii analogii», publicado en *Roczniki filozoficzne*, 1 [1948], 64-82), Bocheński declara, en efecto, que esto tiene antecedentes en el examen por Santo Tomás de la analogía en relación con los nombres divinos, y en el *De Nominum Analogia*, de Cayetano. A tal fin, asume como noción fundamental la de significación, descrita en la fórmula «la expresión *a* significa en el lenguaje *l* el contenido *f* del objeto *x*» o, simbólicamente, «*S (a, l, f, x)*» (la situación simbolizada es llamada *complejo semántico*). 'Expresión' se refiere a una palabra escrita u otro símbolo escrito (objeto físico que ocupa una posición dada en el espacio y en el tiempo). 'Contenido' designa la clásica *ratio* tomista. 'Objeto' o 'cosa' designan la *res* en el sentido tomista clásico (un «individuo»). Se aplican a la citada relación las operaciones elementales de la teoría de las relaciones, y se obtienen una serie de términos. Entre dos complejos semánticos hay 16 y sólo 16 relaciones en una tabla que puede substituir la división tradicional de los términos en unívocos, equívocos y sinónimos, Bocheński analiza particularmente la univocidad y la equivocidad a base de las primeras cuatro de las 16 relaciones (las más importantes desde el punto de vista clásico) y muestra que ya en los *Principia Mathematica* se examinaba el problema de la analogía al tratar la cuestión de la «ambigüedad sistemática» (equivalente a la clásica *aequivocatio a consilio*). La analogía resulta ser entonces una relación heptática entre dos expresiones (nombres, términos), un lenguaje, dos contenidos (sentidos, *rationes*) y dos cosas (objetos, *res*), teniendo los nombres la misma forma y siendo las cosas diferentes. El autor reconoce que tiene que afrontar una situación más compleja que la que aparece en la lógica formal clásica, pues hay que usar símbolos que son expresiones de expresiones, es decir, símbolos de símbolos. Lo que conviene mostrar aquí es que la noción de expresión analógica constituye un género de las expresiones equívocas. Ello confirma la tradición, pues el instrumento lógico empleado permite examinar metalógicamente y traducir exactamente la fórmula clásica: 'la propia analogía es analógica'. Las dificultades que puede hallar el teólogo en tal construcción, y el reconocimiento de que la analogía de proporcionalidad, una vez traducida al lenguaje formal, da por resultado un significado muy pobre de las proposiciones acerca de Dios o del espíritu (que se limitan a unas escasas relaciones formales tratadas en los *Principia Mathematica)* son resueltas, según Bocheński mediante el descubrimiento de que si no podemos dar formulaciones exactas de muchas propiedades formales implicadas en relaciones usadas por la metafísica y la teología, ello se debe no a la falta de tales propiedades formales, sino al estado poco desarrollado de la biología y de otras ciencias, de las cuales el metafísico y el teólogo deben extraer sus expresiones analógicas (y los contenidos de ellas). Así, «un progreso inmenso en las ciencias especulativas sería el resultado de la formalización de esas disciplinas». Y aun en su estado actual puede advertirse, por ejemplo, la diferencia entre *Principio* y *Padre* por medios puramente formales: el primero es transitivo, el segundo intransitivo (art. cit., pág. 443).

Hemos hablado antes del llamado «razonamiento por analogía». Muchos autores modernos, al hablar de analogía, se han referido a ciertos tipos de razonamiento. Uno es el «cuantitativo» (en rigor, «proporcional»), consistente en la determinación de un cuarto término de una proporción conocidos los tres primeros. El otro es el calificado a veces de «cualitativo». Éste ha sido entendido casi siempre (como se puede ver en J. S. Mill) como la atribución de un cierto carácter o de una cierta propiedad a un objeto (o a un grupo de objetos) en virtud de la presencia de este carácter o de esta propiedad en objetos «semejantes». En el razonamiento en cuestión se deduce de la semejanza de unos objetos, en determinadas notas, su semejanza en otra nota. El esquema del razonamiento analógico cualitativo es: «*S* tiene la nota *p*; *S* y *S'* tienen las notas *a*, *b*, *c*; por lo tanto, *S'* tiene probablemente la nota *p*». El razonamiento por analogía va de lo particular a lo particular, y no posee nunca, desde el punto de vista lógico-formal, una fuerza probatoria concluyente, sino únicamente verosímil o probable. Clásicamente se distinguía entre varios modos o especies de razonamiento por analogía: 1.º El que va del efecto a la causa o viceversa. 2.º El que va de los medios a los fines y a la inversa. 3.º El que procede por semejanza. Este razonamiento por analogía se clasifica asimismo según su materia o su forma. Por la materia se distinguen los casos arriba citados; por la forma, en cambio, se entiende el razonamiento en cuestión según vaya de lo semejante a lo semejante, de lo menos a lo más y de lo contrario a lo contrario.

Anonymus Iamblichi. El *Anonymus Iamblichi (Anónimo de Jámblico),* así llamado por haberse conservado fragmentos del mismo en el capítulo 20 del *Protréptico o Exhortación* (a la filosofía), de Jámblico, es un escrito redactado al parecer por uno de los sofistas (por Hippias, según M. Untersteiner, *I Sofisti*, 1949) de la segunda mitad del siglo v a.C., en el cual se expresan opiniones derivadas de Protágoras y de Pródico y donde hay valiosos comentarios sobre uno de los problemas más debatidos por los sofistas: la virtud y la relación entre naturaleza *(physis)* y ley *(nomos)*.

Antinomia. En un sentido muy amplio, 'antinomia' designa un conflicto entre dos ideas, proposiciones, actitudes, etc. Se habla de antinomia entre fe y razón, entre el amor y el deber, entre la moral y la política, etcétera.

En un sentido más estricto, 'antinomia' (ἀντί = contra; νόμος = ley) designa un conflicto entre dos leyes. Plutarco *(Mor.* IX, 742 A) escribe que procede a «arbitrar una (o en una) antinomia», διαιτήσειεν τήν ἀντινομίαν, cuando se propone un arbitrio en caso de conflicto entre dos posiciones, lo cual sucede cuando dos partes se hallan en disputa y cada una de ellas se apoya en el modo de hablar usado por la otra –como cuando los griegos pedían restitución porque Paris había sido vencido, y los troyanos se negaban a ceder porque no le habían matado–. Arbitrar en este caso, agrega Plutarco, es asunto no de filósofos u hombres de letras («gramáticos»), sino de «retóricos» y «oradores» amantes de la filosofía y de las letras *(op. cit.,* IX, 742 B).

'Antinomia' se usa a veces en lugar de 'paradoja' en expresiones como 'antinomias lógicas', 'antinomias semánticas', 'las antinomias de Zenón de Elea', etc., pero en la presente obra se ha tendido a usar para tales casos el término 'paradoja'.

Específicamente se emplea 'antinomia' dentro de la crítica kantiana del sistema de las ideas cosmológicas en la «Dialéctica trascendental» de la *Crítica de la razón pura*. Kant habla de «la antinomia de la razón pura», la cual consiste en usar ideas trascendentales con el fin de obtener conocimientos relativos al mundo (cosmos). Según Kant, hay cuatro antinomias de la razón pura, y cada una de ellas consiste en una «antitética de la razón pura», esto es, en un «conflicto entre dos juicios dogmáticos ninguno de los cuales puede aceptarse con más razón que el otro» *(K. r. V.,* A 420, B 448). La antitética es «una *tesis* junto con una *antítesis*»; según ello, cada una de las antinomias kantianas presenta un conflicto entre una tesis y una antítesis.

Kant da una lista de cuatro antinomias, divididas en dos grupos: antinomias matemáticas (referidas a la cantidad y a la cualidad) y antinomias dinámicas (referidas a la causalidad y a la modalidad).

Las enuncia del siguiente modo:
1.ª Tesis: El mundo tiene un comienzo en el tiempo y límites en el espacio. Antítesis: El mundo no tiene ningún comienzo en el

tiempo ni límites en el espacio. 2.ª Tesis: Toda substancia compuesta consta de partes simples, no existiendo más que lo simple o lo compuesto de lo simple. Antítesis: Nada se compone en el mundo de partes simples. 3.ª Tesis: Existe libertad en el sentido trascendental como posibilidad de un comienzo absoluto e incausado de una serie de efectos. Antítesis: Todo acontece en el mundo según leyes naturales. 4.ª Tesis: Existe en el mundo, como su parte o como su causa, un ser necesario. Antítesis: No existe ni como parte ni como causa, en el mundo o fuera de él, ningún ser necesario *(K. r. V.,* A 426-7, B 454-5 y sigs.).

Las tesis son probadas por la refutación de las antítesis y viceversa. Así, la demostración de la tesis de la primera antinomia se efectúa, en lo que se refiere al tiempo, comprobando que si la antítesis fuera verdadera no podría hablarse de un acontecer en el universo, acontecer que requiere un comienzo y un fin. En cambio, si fuera verdadera la tesis tendría que admitirse una nada anterior, de la cual nada puede advenir. Lo mismo ocurre con el espacio: debe haber un límite porque si no lo hubiera tendría que pensarse el mundo como algo infinito y, por tanto, no acabado: no puede haber límite porque si lo hubiera se pensaría algo espacial rodeado de algo inespacial. En la segunda antinomia se afirma la imposibilidad de una divisibilidad infinita de lo simple, pues de lo contrario lo existente quedaría disuelto en la nada; pero también se sostiene la infinita divisibilidad de cualquier parte, que si no fuera siempre divisible no podría ser extensa, pues toda extensión es divisible. En la tercera antinomia se demuestra que no puede haber una causalidad rigurosa y absoluta, porque ello equivaldría a la regresión al infinito de las causas; mas tampoco puede haber un comienzo encausado, por cuanto no podría pensarse como objeto de experiencia. Finalmente, para la cuarta antinomia se efectúan las mismas demostraciones que para la tercera. Según Kant, estas contradicciones son debidas a que en las dos primeras antinomias el espacio, el tiempo y la simplicidad son consideradas como cosas en sí en tanto que sólo poseen idealidad trascendental. El mundo *como tal* queda convertido en objeto del conocimiento, cosa imposible y que hace igualmente falsas las tesis y las antítesis. En las dos últimas, en cambio, las tesis y las antítesis son todas verdaderas, pero mientras las antítesis se refieren a los fenómenos, las tesis hacen relación a los noúmenos o cosas en sí; su aparente incompatibilidad no es, pues, más que la incompatibilidad de dos aserciones que se refieren a esferas distintas.

Si bien Kant trata el tema de las antinomias en la *Crítica de la razón pura* y en la *Crítica del Juicio*, es en la *Crítica de la razón pura* donde lo considera más a fondo.

Apariencia. 'Aparecer' significa «dejarse ver», «manifestarse». 'Apariencia' significa «aspecto que ofrece una cosa cuando se deja ver, se manifiesta, se presenta (generalmente a la vista)».

Muchos filósofos se han ocupado de averiguar si, y por qué, las cosas y, en general, «la realidad» (por la que se entiende «cualquier cosa») son tal como aparecen o no. Afirmar lo último es sostener que hay discrepancias entre las «apariencias» y las «realidades». Ello no equivale todavía a distinguir entre cosas llamadas «apariencias» y otras llamadas «realidades». Como las apariencias en cuestión lo son *de* «realidades», la discrepancia supuesta suele fundarse en una distinción entre «apariencia de una realidad» y «esta realidad».

Los términos 'cosas' y 'realidades' deben entenderse aquí en un sentido muy amplio. No se trata sólo necesariamente de «objetos» (por ejemplo, objetos físicos, como una piedra, una manzana); pueden ser asimismo «estados», «situaciones», «procesos» y lo que se llaman «fenómenos» como el fenómeno de la «salida» del sol hacia el este del horizonte y su puesta hacia el oeste, o el fenómeno del palo sumergido en el agua o, en general, en un líquido o un medio más denso que el aire. Si bien los fenómenos o «apariencias» no son necesariamente realidades, tampoco son necesariamente «ilusiones», ya que si se interpretan y explican correctamente, revelan sus correspondientes realidades. Así por ejemplo, las leyes ópticas explican por qué un palo sumergido parcialmente en el agua parece estar roto. Esta explicación de lo aparente en términos de su realidad «entre líneas» es lo que Platón llamaba «salvar fenómenos». En general, los filósofos «racionalistas» han distinguido al máximo entre apariencia y realidad, y algunos han llegado inclusive a considerar que la segunda trasciende absolutamente a la primera, ya que una cosa es la apariencia y otra la realidad «en sí misma». Muchos filósofos de tendencia empirista, fenomenista, etc., han tendido, en cambio, a aproximar máximamente realidad y apariencia, y algunos han concluido que no tiene sentido distinguir entre ambas.

Kant examinó la noción de apariencia *(Erscheinung)* en la *Crítica de la razón pura*. «Apariencia –escribió (A 20, B 34)– es el nombre que recibe el objeto no determinado de una intuición empírica.» Puede distinguirse entre la *materia* y la *forma* de la apariencia; la primera es lo que en la apariencia corresponde a la sensación; la forma es lo que determina la diversidad de las apariencias a disponerse en un orden según ciertas relaciones. Las apariencias se contraponen a las cosas en sí. Es cierto que «las apariencias son solamente representaciones de cosas cuyo ser en sí es desconocido» (B 164) –lo que parece indicar por un momento (aunque ésta es la doctrina de Leibniz, que Kant rechaza) que las apariencias lo son de realidades trascendentes–. Pero las apariencias son, en verdad, únicamente aquello a que se aplican las formas *a priori* de la sensibilidad primero y luego, mediante nueva síntesis, los conceptos del entendimiento. Las apariencias no son distintas de sus aprehensiones (de su recepción en la síntesis de la imaginación), pues «si las apariencias fuesen cosas en sí, y puesto que podemos referirnos únicamente a nuestras representaciones, nunca podríamos dejar establecido, a base de la sucesión de las representaciones, de qué modo puede conectarse en el objeto su diversidad» (A 190, B 235). Los conceptos del entendimiento son (ilegítimamente) empleados de modo trascendental (en el sentido «clásico» de 'trascendental') para las cosas en general y en sí, «pero son (legítimamente) aplicados de modo empírico sólo a las apariencias, o a los objetos de la experiencia posible» (A 238, B 298). Cuando son pensadas como objetos de acuerdo con la unidad de las categorías, las apariencias reciben el nombre de *fenómenos* (A 349). Kant llamó a su doctrina, según la cual las apariencias son consideradas solamente como representaciones y no como cosas en sí, *idealismo trascendental* (en el sentido más específicamente kantiano de 'trascendental' [A 369]), a diferencia del realismo trascendental y del idealismo empírico –que interpretan las apariencias externas como cosas en sí–. La apariencia debe distinguirse, según Kant, de la *ilusión*. Esta última surge cuando, contraviniendo a la idea kantiana de la idealidad de las intuiciones sensibles, se adscribe realidad objetiva a las formas de representación (espacio y tiempo) [B 70]. Para Bradley, la apariencia «existe», pero es contradictoria consigo misma por el hecho de no ser absolutamente subsistente. Sólo lo absolutamente independiente puede eludir las contradicciones de la apariencia, pero ello no significa que la apariencia no sea. En cierto modo, de ella se puede decir que es. Mas este «ser» de la apariencia tiene distinto *sentido* que el ser de la realidad. En efecto, mientras la realidad es un ser en el cual «no hay ninguna división entre el contenido y la existencia, ningún aflojamiento *(loosening)* o distencion entre el *qué* y el *que*» *(Appearance and Reality,* pág. 225 *[Apariencia y realidad,* trad. esp., 3 vols., 1961]), la apariencia es el aflojamiento o distensión del carácter de ser, «la distinción de la unidad inmediata en dos aspectos, un *que* y un *qué*» *(ibid.,* págs. 187-8).

Según Whitehead *(Adventures of Ideas,* 1933, pág. 309), no tiene sentido preguntar si una realidad es verdadera o falsa, auténtica o aparente, pues la realidad es lo que es, y ello de tal modo que la verdad es justamente la conformidad de la realidad con la apariencia o, en otros términos, la manera de manifestarse la realidad a sí misma. Para otros, como C. D. Broad, aun si el cambio se contradice consigo mismo (cuando menos para aquellos filósofos que creen que sólo lo inmutable es real y que identifican la realidad con la existencia), de tal modo que todos los cambios son declarados aparentes, resultará que «las mismas cosas que son condenadas como apariencias, porque cambian, deben cambiar verdaderamente si se pretende que el argumento contra su realidad sea válido» *(Perception, Physics, and Reality,* 1914, cap. II, págs. 73-4).

El conflicto entre el ser y el aparecer es negado asimismo por los fenomenólogos, para quienes el ser se da en las «presentaciones» o *Abschattungen* de las «apariencias», de modo que, como señala Jean-Paul Sartre al adoptar este supuesto, el fenómeno es un «relativo-absoluto» *(L'Être et le Néant,* 5.ª ed., 1943, pág. 12), que puede ser estudiado como tal en tanto que «absolutamente indicativo de sí mismo». Otros, como Dewey *(Experience and Nature,* 1925, pág. 137), declaran explícitamente que la apariencia no es un modo de ser o un modo de existencia, sino un «estado funcional». La diferencia admitida en tal caso no se refiere a la apariencia y a la realidad, sino al aparecer y al no aparecer; la distinción es, en suma, de carácter «físico» o «empírico», de suerte que «vincular entre sí las cosas que son inmediatas y aparencialmente, por medio de lo que no es inmediatamente aparente, creando así nuevas sucesiones históricas con nuevas iniciaciones y terminaciones, es algo que depende, a su vez, del sistema de sistemas matemático-mecánicos que forman los objetos propios de la ciencia como tal» *(op. cit.,* pág. 138).

Apeirón. La voz 'apeirón', tal como la emplea Anaximandro, significa «sin fin» o «sin límite», suele traducirse como 'lo infinito', 'lo indefinido', 'lo ilimitado', etc., y se le han dado variadas interpretaciones entre sus mismos discípulos. También otros presocráticos y Platón *(Filebo)* y Aristóteles *(Física* III, 203) han utilizado el término.

Apercepción es el nombre que recibe la percepción atenta, la percepción acompañada de conciencia. Descartes escribía que «es cierto que no podemos querer otra cosa sin apercibirla *[que nous n'apercevions]* por el mismo medio que la queremos» *(Les passions de l'âme,* I 19). Leibniz distinguía entre percepción –la cual representa una multitud en la unidad o en la substancia simple– y apercepción equivalente a la conciencia *(Monadologie,* § 14). Los cartesianos, alega Leibniz, solamente han tenido en cuenta las percepciones de las que hay conciencia, es decir, las apercepciones. Pero hay asimismo percepciones confusas y oscuras, como las propias de ciertas mónadas «en estado de aturdimiento». Hay que distinguir, pues, entre percepción y apercepción, si bien esta última, siéndolo de la primera, es continua con ella.

Kant distinguió entre la *apercepción empírica* y la *apercepción pura o trascendental*. La primera es la propia del sujeto que posee un sentido interno del flujo de las apariencias. La segunda es la condición de toda conciencia, incluyendo la conciencia empírica *(K. r. V.:* A 107). La apercepción trascendental es la pura conciencia original e inalterable; no es una realidad propiamente dicha, sino aquello que hace posible la realidad en cuanto realidad para un sujeto. Los mismos conceptos *a priori* son posibles mediante la referencia de las intuiciones a la unidad de la conciencia trascendental, de suerte que «la unidad numérica de esta apercepción es el fundamento *a priori* de todos los conceptos, lo mismo que la diversidad del espacio y el tiempo es el fundamento *a priori* de las intuiciones de la sensibilidad» *(loc. cit.)*.

Por medio de la unidad trascendental de la apercepción es posible, según Kant, la misma idea de objeto en general, la cual no había sido todavía posible a través de las intuiciones del espacio y el tiempo y de las unificaciones introducidas por los conceptos puros del entendimiento o categorías. Resulta, así, que la unidad trascendental de la apercepción que se manifiesta en la apercepción trascendental constituye el fundamento último del objeto en cuanto objeto de conocimiento (no en cuanto cosa en sí). Pues «la unidad de la síntesis de acuerdo con conceptos empíricos sería completamente fortuita si no estuviese basada en el fundamento trascendental de la unidad» *(ibid., A* 111*)*. Esto explica el sentido de la famosa frase kantiana: «Las condiciones *a priori* de una experiencia posible en general son al mismo tiempo las condiciones de la posibilidad de los objetos de la experiencia» *(loc. cit.)*. No se trata de sostener que la unidad trascendental de la apercepción, como síntesis última y a la vez fundamentante, haga posibles los objetos como tales; se trata de sostener que hace posibles los objetos de conocimiento, es decir, que constituye –como dicen algunos– el horizonte epistemológico para la noción de objetividad y, por lo tanto, la condición de todo conocimiento.

La unidad sintética original de la apercepción es, en último término, el «Yo pienso» que acompaña a todas las representaciones, pues «de lo contrario algo sería representado en mí que no podría ser pensado, y ello equivale a decir que la representación sería imposible o cuando menos que no sería nada para mí» *(ibid.,* B 131-32). La apercepción trascendental es, pues, el pensar el objeto, pensar distinto del conocer y que fundamenta la posibilidad de este último.

Apetición. El vocablo 'apetición' puede traducirse en términos escolásticos, y especialmente tomistas como la acción del apetito (VÉASE). Sin embargo, ya la noción de apetito conlleva una cierta acción, por lo que este término de 'apetición' no alcanza a jugar ningún papel de importancia en las dichas corrientes filosóficas. Por el contrario, posee un significado fundamental y preciso en Leibniz: «La acción del principio interno que produce el cambio o el paso de una apercepción a la otra puede llamarse *apetición [appetition]*. Aunque el deseo no puede obtener completamente la entera percepción a la cual tiende, obtiene siempre algo de ella y alcanza nuevas percepciones» *(Monadologie,* § 15).

Apetito. En *De an.*, III, 10 433 a-b, Aristóteles distinguió entre νοῦς y ὄρεξις. El término νοῦς se traduce habitualmente por 'entendimiento' y también por 'inteligencia'. El término ὄρεξις puede traducirse por 'deseo' y también por 'apetito'. Preferimos aquí este último vocablo por dos razones: (1) porque es más cercano al latín *appetitus,* que los escolásticos usaron con conciencia de que estaba relacionado con la ὄρεξις aristotélica; (2) porque 'deseo', sobre todo cuanto es empleado como traducción del vocablo latino *cupiditas,* expresa la idea de un movimiento más violento y apasionado (como se ve en *cupiditas gloriae* y en *cupiditas praedae*). En todo caso, 'apetito' tiene un aspecto, por así decirlo, más «técnico» a la vez que más general, de suerte que mientras el deseo puede describirse como una forma de apetito, el apetito no puede describirse, en cambio, como una forma de deseo.

La mencionada distinción aristotélica se halla precedida por una doctrina de las partes del «alma» (véase, entre otros pasajes, *De an.*, III 9 432 a-b). Estas partes son: lo nutritivo, θρεπτικόν; lo sensitivo, αἰσθητικόν; lo imaginativo, φανταστικόν, y lo apetitivo, ὀρεκτικόν. Esta última parece distinguirse de las otras, pero es inseparable de ellas, de modo que «si el alma tiene tres partes, en cada una de ellas habrá apetición». La apetición y el entendimiento (práctico) parecen ser las dos únicas facultades capaces de mover (localmente) el alma. Pero como «en realidad el objeto apetecible es el que mueve» resulta que «una sola cosa es la que mueve: la facultad apetitiva» [o potencia apetitiva] *(loc. cit.)*. El apetito puede mover inclusive en sentido contrario a la deliberación, pues «la concupiscencia [ἐπιθυμία en cuanto «deseo»] es una de las clases de apetito» *(loc. cit.)*. El apetito es, en suma, lo que produce el movimiento.

Para Santo Tomás, estas potencias son, como para Aristóteles, la vegetativa, la sensitiva, la apetitiva, la locomotiva y la intelectual. La potencia apetitiva –o apetito– no es común a todas las cosas, sino propia solamente de aquellas realidades que poseen el conocimiento y están por encima de las formas naturales (*S. Theol.* q. LXXX, a. 1). Hay en estas realidades una inclinación que sobrepasa la inclinación natural y es la que hace que el alma tenga una potencia específica apetitiva. Hay, según Santo Tomás, un apetito intelectual y un apetito sensible, los cuales no deben confundirse. El nombre del apetito sensible es la sensualidad –la cual es una sola potencia genérica (*ibid.*, q. LXXXI. a 2), bien que se divida en dos potencias que son especies del apetito sensible: la irascible y la concupiscible–. La potencia irascible es una emoción; la concupiscible, una inclinación. Por otro lado, la voluntad puede considerarse como un apetito intelectual en tanto que es movida por el entendimiento que le propone el bien como fin –siendo el bien racionalmente aprehendido como tal el objeto de la voluntad *(ibid.*, q. LXXXII, a 5).

La doctrina sobre la noción de apetito más influyente sobre la escolástica ha sido la de Santo Tomás. Además, ha sido aceptada casi íntegramente por muchos autores neoescolásticos contemporáneos. Las ideas tomistas al respecto fueron adoptadas asimismo por varios filósofos del siglo XVII, los cuales consideraron el apetito como una de las «pasiones del alma». Pero al romper en muchos respectos el cuadro de ideas escolásticas, los autores aludidos dieron otros significados a 'apetito'. Preferimos reservar el término 'deseo' para referirnos a los modos como el problema del apetito fue tratado por algunos autores modernos –así como por varios pensadores antiguos y contemporáneos.

Apodíctico se llama a lo que vale de un modo necesario e incondicionado. El término 'apodíctico' se emplea en la lógica en dos respectos. Por un lado se refiere al silogismo. Por el otro, a la proposición y al juicio.

I. *Lo apodíctico en el silogismo*. En *Top*., 100 a 27 sigs., Aristóteles dividió los silogismos en tres especies: los apodícticos, los dialécticos y los sofísticos o erísticos. El silogismo apodíctico, ἀποδεικτικός, es, según el Estagirita, el silogismo cuyas premisas son verdaderas, y tales que «el conocimiento que tenemos de ellas tiene su origen en premisas primeras y verdaderas». Tal silogismo es llamado también comúnmente *demostrativo*.

II. *Lo apodíctico en la proposición y el juicio*. Como una de las especies de las proposiciones modales, las proposiciones apodícticas expresan la *necesidad* (a lo cual puede referirse la *imposibilidad de que no*). Se refiere a la necesidad de que S sea P o a la imposibilidad de que S no sea P. Hemos estudiado este modo en Modalidad y Necesario, y la forma como tales proposiciones modales se oponen a otras en Oposición.

El término 'apodíctico' en la proposición y el juicio ha sido usado sobre todo a partir de Kant. El empleo más conocido es el que se halla en la tabla de los juicios como fundamento de la tabla de las categorías. Según la primera, los juicios apodícticos son una de las tres especies de juicios de modalidad. Los juicios apodícticos son juicios lógicamente necesarios, expresados en la forma 'S es necesariamente P', a diferencia de los juicios asertóricos o de realidad y de los juicios problemáticos o de contingencia *(K. r. V.,* A 75, B 100). Un empleo menos conocido de 'apodíctico' en Kant es el que aplica dicho término a proposiciones que estén «unidas a la conciencia de su necesidad». Los principios de la matemática (geometría) son, según Kant, apodícticos *(ibid.,* B 41). Las proposiciones apodícticas son en parte «demostrables» y en parte «inmediatamente ciertas».

En el sentido usado por Kant en su tabla de los juicios, la noción de juicio apodíctico ha sido empleada por muchos lógicos del siglo XIX.

Apologistas. Dentro de la Patrística reciben el nombre de apologistas una serie de Padres de la Iglesia que (principalmente en el curso del siglo II) se consagraron a escribir apologías del cristianismo. Como para tales fines apologéticos se usaron abundantemente temas y argumentos filosóficos, los apologistas pertenecen no solamente a la historia de la religión, del cristianismo, de la teología y de la Iglesia, sino también a la de la filosofía.

El motivo principal de la tendencia en cuestión no era tanto defender el cristianismo contra las corrientes filosóficas opuestas a él o contra las otras religiones, como convencer al Emperador del derecho de los cristianos a una existencia legal dentro del Imperio. Para ello había que usar el vocabulario más familiar a las clases ilustradas del Imperio y este vocabulario coincidía en buena parte con el filosófico de la época helenístico-romana. El uso de tal vocabulario y el manejo de las correspondientes doctrinas ofrecía, cuando menos en los comienzos, un sesgo más ético-práctico que metafísico-especulativo. Pero como la formación cultural helénica de casi todos los apologistas y las necesidades de la apologética exigieron ampliar estos cuadros, se pasó bien pronto al examen de cuestiones más propiamente filosóficas, en particular la cuestión de si y hasta qué punto la tradición filosófica griega era compatible con la revelación cristiana. La respuesta fue casi siempre afirmativa, especialmente a base del uso de ideas platónicas y estoicas, que se prestaban particularmente al apoyo de las tendencias armonizadoras. Consecuencia de ello fue la acentuación de la inteligibilidad y comunicabilidad de las verdades cristianas, con la correspondiente universalización de éstas. La diferencia entre el cristianismo y la filosofía fue concebida a menudo, como se ve claramente en San Justino, como la diferencia entre una verdad total y una verdad parcial. Es importante también desde el punto de vista filosófico o, mejor dicho, filosófico-teológico, el hecho de que a través de los escritos apologéticos se constituyeron las bases para una ulterior precisión de los dogmas teológicos y, consiguientemente, para la posterior aclaración de los conceptos fundamentales filosóficos usados para la teología. Arístides, Justino, Tertuliano y Eusebio de Cesarea fueron algunos de los más importantes apologistas.

Árbol. El árbol de Porfirio es un ejemplo clásico del uso de la figura de un árbol para propósito de distribución y clasificación. En este caso se trata de distribuir una clase en subclases, algunas de las cuales se distribuyen a su vez en otras subclases, y así sucesivamente.

La imagen misma del árbol no es tan importante como la configuración arbórea. El principio de ésta es la ramificación. Los tres siguientes son ejemplos de árboles:

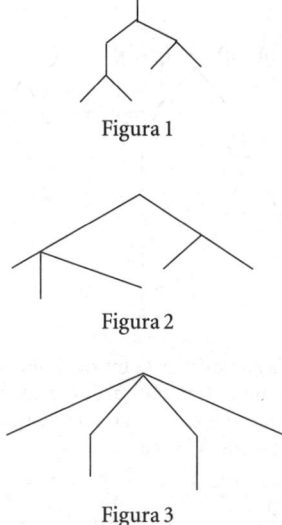

Figura 1

Figura 2

Figura 3

Formalmente, un árbol es un conjunto de puntos a cada uno de los cuales se asigna, mediante una función, un número entero positivo, que es el nivel. Dados dos niveles, x, y, la relación xRy se lee 'x es predecesor de y' e 'y es sucesor de x'. Hay un solo punto, de nivel 1, que es el origen del árbol. Todo otro punto, salvo 1, tiene un predecesor único. Un punto simple tiene un solo sucesor. Un punto terminal no tiene ningún sucesor, constituyendo la clausura o cierre de la rama. Un punto de bifurcación o juntura tiene más de un sucesor. Cuando no hay clausura o cierre de la rama se dice que está abierta. Los árboles son finitos o infinitos según tengan respectivamente un número finito o infinito de puntos.

Un árbol es finitamente engendrado cuando cada punto tiene un número finito de puntos.

La figura:

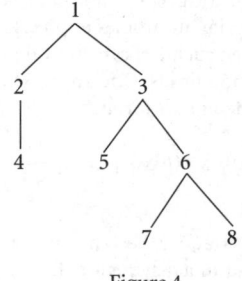

Figura 4

ilustra las definiciones anteriores. 1 es el punto origen del árbol. 2 es predecesor de 4 y sucesor de 1. 3 es predecesor de 5, 6, y es sucesor de 1. 5 es sucesor de 3. 6 es predecesor de 7, 8, y es sucesor de 3. 2 es un punto simple. 3, 6 son bifurcaciones. 4, 5, 7, 8 son puntos terminales, los cuales pueden estar abiertos o cerrados. Cuando están cerrados se indica con el signo 'X'.

El árbol de la figura 4 es diádico, porque ninguna de sus bifurcaciones tiene más de dos ramas. El árbol tiene cuatro ramas, constituidas por los siguientes conjuntos de puntos:

(1) 1, 2, 4.
(2) 1, 3, 5.
(3) 1, 3, 6, 7.
(4) 1, 3, 6, 8.

Los árboles se usan en lógica para formar tablas: las tablas semánticas y las tablas analíticas. Véase TABLAS (MÉTODO DE). Para la confección de árboles es preciso tener en cuenta el carácter y distribución de las conectivas. Así, considerando la fórmula:

$$[(p \vee q) \vee (p \wedge q)] \vee (p \rightarrow q)$$
$$1 2$$

vemos que 1 y 2 están conectadas por una disyunción. Es menester, pues, partir de esta disyunción bifurcándola de modo que haya una rama correspondiente a 1 y una rama correspondiente a 2. 1 es a su vez una disyunción, bifurcable en sus componentes. 2 es un condicional bifurcable en sus componentes según la regla indicada en TABLAS (MÉTODO DE). El resultado de la bifurcación de 1 son dos fórmulas: una disyunción, bifurcable en sus componentes, y una conjunción, ramificable en puntos simples. El resultado de las operaciones sugeridas es el árbol siguiente:

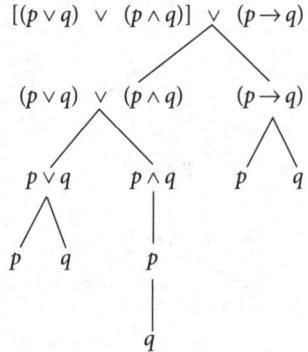

En lingüística se formaliza la estructura gramatical de oraciones por medio de reglas de sustitución de la forma:

$$X \rightarrow Y$$

donde 'X' representa un solo elemento gramatical y donde 'Y' representa uno o más elementos gramaticales. '→' indica la sustituibilidad de 'X' por 'Y'. Las reglas son representables en líneas sucesivas de sustituibilidad.

Consideremos el ejemplo:

El niño pidió el juguete   (0)

y leamos 'FN' por 'frase nominal', 'FV' por 'frase verbal', 'A' por artículo, 'N' por 'nombre' y 'V' por 'verbo'. Tenemos el siguiente conjunto de reglas de sustitución:

(0) → FN + FV
FN → A + N
FV V + FN
A → el
N → niño, juguete
V → pidió.

Resulta más claro usar un diagrama en forma de árbol. (0) se articulará entonces como sigue:

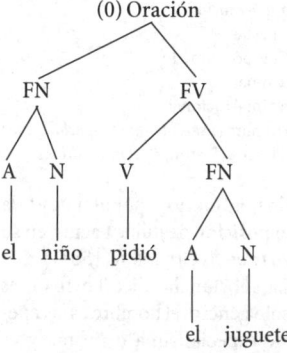

Este diagrama ilustra la formalización chomskyana del modelo de constitutivos inmediatos, y ha recibido el nombre de «modelo de frase». En gramática transformacional se introducen reglas transformacionales, pero también nuevas reglas estructurales. Aunque ambas son, por lo común, más complejas que las usadas para formalizar estructuras de oraciones, pueden asimismo expresarse diagramáticamente por medio de árboles. Desde el punto de vista del «método de árboles», los procedimientos usados en todos los casos son los mismos.

Árbol de Porfirio (arbor porphyriana). Se da este nombre al cuadro en el cual se presenta la relación de subordinación (sólo lógica, según unos; lógica y ontológica, según otros) de la substancia considerada como género supremo a los géneros y especies inferiores hasta llegar al individuo. Porfirio trata este asunto en el capítulo de la *Isagoge* sobre la especie. Dice en él que «en cada categoría hay ciertos términos que son los géneros más generales; otros que son las especies más especiales; y otros que son los intermediarios entre los géneros más generales y las especies especialísimas» (ínfimas). El término más general es definido como aquel por encima del cual no puede haber otro género más elevado; el más especial, aquel debajo del cual no puede haber otra especie subordinada; los términos intermedia-

ÁRBOL DE PORFIRIO (ARBOR PORPHYRIANA)

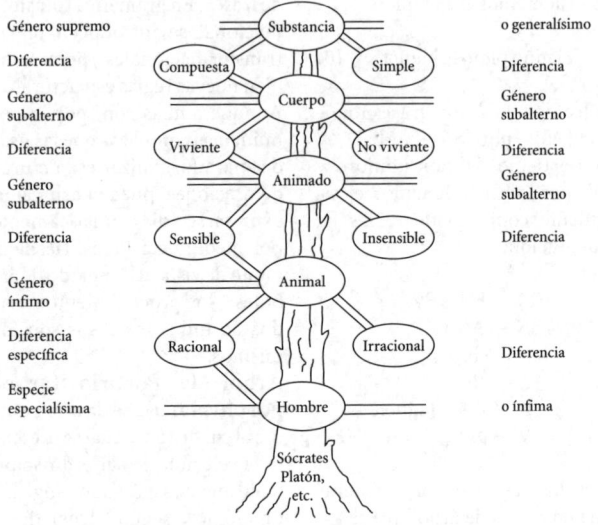

Términos intermediarios, géneros y especies subordinados: subalternos	Substancia (*género supremo o generalísimo*) Cuerpo Cuerpo animado Animal Animal racional Hombre (*Especie ínfima especialísima*) Sócrates, Platón, etc. (*Individuos*)

rios, los que están situados entre ambos y son *a la vez* géneros y especies. Tomando como ejemplo una sola categoría –la substancia–, Porfirio procede a mostrar cuáles son los géneros y especies intermediarios y, al final, los individuos –o ejemplos de individuos–. Encuentra entonces una serie que da origen al esquema de esta página, en lo esencial empleado por Boecio, y popular desde la exposición de Julius Pacius, en su *Aristotelis Organum* (1584).

La substancia, dice Porfirio, es sólo género; el hombre es la especie especialísima o ínfima y es sólo especie; el cuerpo es especie de la substancia y género del cuerpo animado; el cuerpo animado es especie del cuerpo y género del animal; el animal es especie del cuerpo animado y género del animal racional; el animal racional es especie del animal y género del hombre; el hombre es especie del animal racional, pero no género de los individuos, pues –como se dijo– es sólo especie. Los términos intermediarios tienen así dos caras o aspectos; los términos extremos sólo tienen un aspecto o cara. Y la especie especialísima o ínfima tiene también sólo un aspecto o cara. Es especie de los individuos, por contenerlos, y especie de los términos anteriores –superiores– por estar contenida por ellos. Se concluye, pues, diciendo que el género más general es el que, siendo género, no es especie; la especie especialísima, la que, siendo especie, no puede ser dividida en especies; el individuo, lo que no puede ser subdividido en otros términos.

Argumento. Nos hemos referido a un sentido especial del término 'argumento' en el artículo CUANTIFICACIÓN. Aquí trataremos del sentido más general de dicho término: el que tiene como razonamiento mediante el cual se intenta probar o refutar una tesis, convenciendo a alguien de la verdad o falsedad de la misma.
Los antiguos –sofistas, Platón, Aristóteles, escépticos, etc.– habían prestado considerable atención a la cuestión de la naturaleza de los argumentos y de su validez o falta de validez. Algunos de los argumentos estudiados eran de carácter lógico-formal, pero muchos no encajaban plenamente dentro de la lógica. Esto fue reconocido por Aristóteles; mientras en los *Analíticos* trató primariamente de argumentos de tipo estrictamente lógico, en los *Tópicos* y en la *Retórica* trató de los argumentos llamados «dialécticos» o argumentos meramente probables, o razonamientos a partir de opiniones generalmente aceptadas. Muchos autores modernos han aceptado esta división u otra similar. Así, Kant ha distinguido entre el fundamento de la prueba (*Beweisgrund*) y la demostración (*Demonstration*). El fundamento de la prueba es riguroso, mientras la demostración no lo es. Puede distinguirse asimismo entre prueba o demostración –en cuanto son lógicamente rigurosos– y argumento –que no lo es, o no requiere serlo–. A la vez, cuando se habla de argumento, se puede considerar: como lo que Aristóteles llamaba «pruebas dialécticas» –por medio de las cuales se intenta refutar a un adversario o convencerlo de la verdad de la opinión mantenida por el argumentador– y como razonamiento o pseudo-razonamiento encaminado ante todo al convencimiento o la persuasión. Los límites entre estas dos formas de

argumento son imprecisos, pero puede considerarse que la persuasión es demostrativamente más «débil» que el convencimiento.

Algunas de las diferentes opiniones concernientes a la naturaleza de los argumentos filosóficos son: deben ser (o tender a ser) de naturaleza estrictamente lógico formal; deben ser principalmente (o exclusivamente) «retóricos» en el sentido antes indicado; deben «usar» los procedimientos establecidos por la lógica formal, pero no estar determinados por ellos (salvo en lo que toca a su validez o no validez lógica), sino por consideraciones de tipo «material» o relativas al «contenido» de los problemas tratados. Se ha indicado asimismo que los argumentos filosóficos se basan siempre en ciertos supuestos últimamente indemostrables, de modo que, como indica Henry W. Johnstone, Jr. *(Philosophy and Argument*, pág. 117), «las consideraciones lógicas no ejercen más peso en la crítica o defensa de un sistema ontológico que las consideraciones fundadas en hechos».

Arte. Todavía hoy puede usarse el término 'arte' en español (y otros idiomas modernos) en varios sentidos. Se habla del arte de vivir, del arte de escribir, del arte de pensar; 'arte' significa en este sentido una cierta virtud o habilidad para hacer o producir algo. Se habla de arte mecánica y de arte liberal. Se habla asimismo de bella arte y de bellas artes –en cuyo caso 'arte' es tomado, en sentido estético, como *el* «Arte»–. Estos significados no son totalmente independientes; los religa entre sí la idea de hacer, y especialmente de producir, algo de acuerdo con ciertos métodos o ciertos modelos –métodos y modelos que pueden, a su vez, descubrirse mediante arte–. Esta simultánea multiplicidad y unidad de significado apareció ya en Grecia con el término τέχνη (usualmente traducido por «arte»), y persistió en el vocablo latino *ars*.

Platón habla, por ejemplo, de hacer algo con arte, μετὰ τέχνης, o sin arte, ἄνευ τέχνης *(Phaed.,* 89 D). Pero los ejemplos dados por Platón –siguiendo a Sócrates– relativos a la necesidad de hacer las cosas «con arte» se aplicaron bien pronto a un arte no manual, sino intelectual, el arte de la palabra o del razonamiento: ἡ περὶ τοὺς λόγους τέχνη *(Phaed.,* 90 A). El más alto arte era, pues, la ciencia, la filosofía, el saber y, en último término, la dialéctica. Pero como las otras actividades eran también artes, y como era arte asimismo la creación artística, la poesía, el término τέχνη estaba lleno de ambigüedad y sólo podía ser entendido a derechas dentro de un determinado contexto. Sin embargo, puede concluirse que τέχνη designaba un «modo de hacer [incluyendo en el hacer, el pensar] algo». Como tal «modo», implicaba la idea de un método o conjunto de reglas, habiendo tantas artes como tipos de objetos o de actividades y organizándose estas artes de una manera jerárquica, desde el arte manual u oficio hasta el supremo arte intelectual del pensar para alcanzar la verdad (y, de paso, regir la sociedad según esta verdad).

En Aristóteles hallamos similares maneras de entender nuestro término. Pero este autor intenta repetidas veces definir de modo más estricto el sentido de arte. Por lo pronto, en la *Metafísica* (A 1, 980 b 25) escribe que mientras los animales sólo tienen imágenes, φαντασιαί, y apenas experiencia, ἐμπειρία, los hombres se elevan hasta el arte, τέχνη, y hasta el razonamiento, λογισμός. Arte, τέχνη, y ciencia o saber, ἐπιστήμη, proceden de la experiencia, y no del azar, τύχη, pero hay arte y ciencia solamente cuando hay juicio sobre algo universal. No parece haber aquí distinción entre arte y ciencia. Pero en la *Éth. Nic.* (VI 3, 1139 b 15 sigs.) Aristóteles establece una distinción entre varios estados mediante los cuales el alma posee la verdad por afirmación o negación. Son los siguientes: arte, ciencia, saber práctico, filosofía y razón intuitiva. El arte se distingue de los otros cuatro en que es «un estado de capacidad para hacer algo», siempre que implique un curso verdadero de razonamiento, esto es, un método. El arte trata de algo que llega a ser. El arte no trata de lo que es necesario o de lo que no puede ser distinto de como es. Tampoco trata de la acción; solamente de la «producción». En cierto modo, claro está, todas las actividades en las que está implicada alguna producción son artes; por lo tanto, podría hablarse en principio del arte del estadista, porque se trata de producir una sociedad, y aun una «buena sociedad». Pero en sentido estricto sólo puede llamarse arte a un hacer tal como (y es ejemplo del propio Aristóteles) la arquitectura.

Puede seguir hablándose de arte mecánica o manual, de arte médica, de arte arquitectónica, etc. En cierto modo, además, lo que hoy día llamamos las artes (en cuanto bellas artes) tienen un componente manual que los griegos solían poner de relieve. Pero en los citados análisis aristotélicos hallamos ya la base para entender el término 'arte' como designando «el Arte» o conjunto de las bellas artes: pintura, escultura, poesía, arquitectura, música, para mencionar las cinco actividades artísticas clásicas. Fue en este sentido en que se debatió con frecuencia las relaciones entre el arte y la Naturaleza. Lo común en la mayor parte de los autores griegos –y, en rigor, hasta entrada la época moderna– era poner de relieve que el arte imita de algún modo la Naturaleza: ἡ τέχνη μιμεῖται τὴν Φύσιν (Aristóteles, *Phys.*, II 2, 194 a 21) –*ars imitatur naturam, in quantum potest* (Santo Tomás, 1 *anal*. 1 a)–. Ello no significaba que todos los autores estuvieran de acuerdo en la concepción platónica de la obra de arte como imitación de una imitación. Pero era común considerar la Naturaleza como «lo real» en tanto que el arte era siempre algo artificial y artificioso, bien que un artificio «racional» en el sentido amplio de este término.

En la Edad Media se usó el término *ars* en la expresión *artes liberales* en un sentido equivalente a «saber». Las artes liberales se distinguían de las serviles, que eran las artes manuales. Éstas incluían mucho de lo que se ha llamado «bellas artes», como la arquitectura y la pintura. Las bellas artes eran principalmente una cuestión de «oficio», no habiendo prácticamente distinción entre bellas artes y artesanía.

La distinción entre las dos últimas se acentuó en la época moderna y culminó en el Romanticismo, con la exaltación del «Arte». Aun hoy, muchos estéticos y filósofos del arte hablan de éste como designando sólo las «bellas artes», con exclusión de la artesanía, o considerando a ésta como un arte «inferior» y subordinado. Por el contrario, en el curso del siglo XX, con las numerosas revoluciones artísticas y la quiebra de la rígida división entre las diversas bellas artes, se ha desdibujado la distinción entre arte y artesanía. En rigor, se ha hecho problemática la división entre «arte» y «no arte» –como lo muestra, entre otros, el llamado «arte conceptual».

Se ha discutido si hay diferencias entre la llamada «filosofía del arte» y otras disciplinas que se ocupan del arte, principalmente la estética. Ciertos autores han tratado de introducir distinciones. Así, J.-P. Weber (cf. *La psychologie de l'art*, 1958. Introducción) ha manifestado que no sólo hay que distinguir entre estética y filosofía del arte, sino también entre cualquiera de éstas y la psicología del arte, y entre esta última y la ciencia del arte. Según dicho autor, la estética se ocupa de ciertos juicios de apreciación en tanto que se aplican a ciertos valores (lo feo y lo bello); la filosofía del arte es una reflexión filosófica sobre el arte y no sobre los objetos artísticos como tales; la ciencia del arte se ocupa de las reglas (variables) que presiden la elaboración de las obras de arte; la psicología del arte es el estudio de los estados de conciencia y de los fenómenos inconscientes que concurren en la creación y contemplación de la obra artística. Todas y cada una de estas disciplinas se distinguen, a su vez, de la crítica de arte, que estudia obras de arte en relación con principios establecidos por la estética (o por una determinada estética).

Otros autores son menos optimistas respecto a la posibilidad de distinguir entre estas varias disciplinas, o siquiera entre filosofía del arte y estética. La literatura pertinente indica que mientras las obras que incluyen el término 'estética' en su título son generalmente de carácter «teórico», ocupándose de cuestiones como lenguajes y valoraciones artísticos, la naturaleza de la obra de arte en general, etc., las obras que incluyen la expresión 'filosofía del arte' en su título son generalmente de carácter menos «teórico» y suelen ocuparse de determinadas obras de arte, de estilos artísticos, etc. Sin embargo, no hay criterios estrictos según los cuales haya una división de trabajo entre estética y filosofía del arte; ambas disciplinas se ocupan muy frecuentemente de los mismos problemas.

Aserción. En algunos textos lógicos se ha introducido un signo —propuesto por Frege— que se llama «signo de aserción»: es el signo '|–'. Este signo se lee 'Es el caso que', 'Se afirma que', 'Se establece que'. En muchos casos el signo no es usado por suponerse implícitamente que todas las fórmulas introducidas son objeto de aserción. El signo contrario a '|–' es el signo '–|, usado por Łukasiewicz, siguiendo una sugerencia de Ivo Thomas, como «signo de rechazo»; '–|', se lee 'se rechaza que'.

Asertórico. El uso actual en la literatura filosófica del término 'asertórico' procede principalmente de la expresión kantiana 'juicio asertórico'. Este juicio es uno de los tres tipos de juicio en que, según Kant, se expresa la Modalidad. «En los juicios asertóricos, la afirmación o negación tiene valor de realidad (de verdad).» *(K. r. V.* a 75, B 100). Y consiste en la afirmación simple 'S es P', «acompañada de la conciencia de la realidad». Los textos lógicos más difundidos del siglo XIX han empleado el citado término en la misma acepción.

El término 'asertórico' no es usado, en cambio, ni por los lógicos simbólicos contemporáneos ni por los lógicos afectos a la lógica tradicional. Estos últimos arguyen que la clasificación kantiana de los juicios de modalidad en asertóricos, problemáticos y apodícticos destruye la división tradicional de las proposiciones (véase PROPOSICIÓN) en simples y absolutas y *de inesse*, en la cual no hay ningún modo que afecte a la cópula. Por lo tanto, las proposiciones asertóricas deberían excluirse de lo modal. Ahora bien, Kant podría argüir que habla de juicios y no de proposiciones y aunque los juicios en su sentido no son exclusivamente objetos de la lógica, sino en gran parte de la teoría del conocimiento. En tal caso, lo asertórico sería un modo de afirmación, aunque es obvio que habría entonces, como sugiere Maritain, «un abuso de lenguaje» en su empleo de tal término.

La concepción hegeliana de los juicios asertóricos sigue la inspiración kantiana, pero se sale aún más que ella del campo de la lógica. Lo mismo ocurre con su concepción de los otros tipos de juicio. Hegel define, en efecto, todos los juicios desde su especial punto de vista metafísico; así, el juicio asertórico es para dicho filósofo un juicio inmediato cuyo objeto es un individuo concreto y cuyo predicado expresa la relación con su realidad o determinabilidad de su concepto *(Logik,* I Abs. II Kap. D.a.; Glockner, 5: 1 12-12).

Asno de Buridán. Con este nombre se atribuye a Juan Buridán la formulación del siguiente problema o paradoja: «Un asno que tuviese ante sí, y exactamente a la misma distancia, dos haces de heno exactamente iguales, no podría manifestar preferencia por uno más que por otro y, por lo tanto, moriría de hambre». La paradoja ha sido formulada para mostrar la dificultad del problema del libre albedrío cuando éste se reduce a un *liberum arbitrium indifferentiae*. De no haber una preferencia no puede haber elección.

Se puede preguntar si es legítimo tomar como base un hecho empíricamente imposible. Luego se puede argüir que pueden existir ciertas preferencias no manifestadas en la situación tal como ha sido descrita: por ejemplo, la preferencia a no morirse de hambre, lo cual induciría al asno a comer *cualquiera* de los dos haces de heno. Finalmente, se puede alegar que las elecciones no necesitan ser siempre razonables. En cualquier caso, sin embargo, hay que reconocer que la paradoja del asno de Buridán es sumamente instructiva: analizarla como es debido requiere revisar por entero las difíciles nociones de elección, preferencia, razón, voluntad y libertad.

Nicholas Rescher, «Choice Without Preference: A Study of the History and of the Logic of the Problem of 'Buridan's Ass'», *Kant-Studiem,* 51 (1959-1960), 142-75 (también en separata), que ha estudiado más a fondo que nadie la historia y la lógica de la citada paradoja, ha puesto de relieve que ésta tiene una antigua historia. Ésta puede resumirse en tres fases: el período griego, el árabe y el cristiano-medieval-escolástico. En la primera fase la paradoja tiene una forma cosmológica y se halla fundada en el problema del equilibrio –del supuesto equilibrio físico de la Tierra entre elementos iguales–. Esta cuestión fue tratada por varios autores, tales como Anaximandro y Aristóteles (*De caelo*, II 13) –quien discute asimismo, por similitud, el problema de las motivaciones iguales–. Posiblemente a través de los comentaristas del Estagirita el problema pasó a los árabes. Algazel lo trató desde un punto de vista teológico, planteándose el problema de la Voluntad divina y de la razón (caso de haberla) de haber preferido un mundo más bien que otro. Al criticar a Algazel, Averroes se ocupó asimismo del problema y lo mismo Santo Tomás (*S. Theol.*, I-II, q. XIII). Sin embargo, los escolásticos dieron a la discusión un giro ético –el mismo que aparece en la formulación que hoy se considera clásica–. Buridán mismo se ocupó del asunto en este sentido, justamente al comentar el tratado aristotélico *De caelo*, pero no habló de un asno, sino de un perro, por lo que, si se quiere seguir atribuyendo a Buridán el origen de la paradoja habría que hablar del «Perro de Buridán».

Atenas (escuela de). En la historia de la filosofía griega se llama a veces «período ateniense» o también «ático» al que abarcó desde mediados del siglo v hasta fines del iv a.C. En tal período se incluyen los sofistas, Sócrates, algunos socráticos, Platón, Aristóteles y varios antiguos académicos y peripatéticos.

Se llama «Escuela de Atenas» a una de las ramas del neoplatonismo. Se trata de la dirección neoplatónica representada por Plutarco de Atenas (que debe distinguirse de Plutarco de Queronea), Siriano, Domnino, Marino, Isidoro y, sobre todo, Proclo, Damascio, Simplicio y Prisciano. Esta escuela pertenece, a su vez, a la llamada dirección metafísico-especulativa del neoplatonismo. Se caracteriza por su fuerte tendencia teológica y sistemática, por su aplicación de la lógica –o, mejor dicho, de la dialéctica– a las especulaciones metafísicas, por su tendencia a desarrollar varios aspectos de la teología dialéctica y por la atención prestada a la idea de emanación, especialmente mediante el uso del sistema triádico. También junto a ello se destacaron los neoplatónicos atenienses por sus comentarios a obras de Platón y Aristóteles (y

Simplicio por su comentario al *Encheiridion* de Epicteto). La escuela ateniense se cerró en 529 por orden de Justiniano.

Atributo es, en lógica, algo que se afirma o niega del sujeto. El atributo se confunde, pues, a veces con el predicado. El término 'atributo' se emplea a veces también en sentido metafísico para distinguirlo del predicado lógico; en este caso, el atributo es un carácter o cualidad de la substancia. Según Aristóteles, hay ciertos accidentes que, sin pertenecer a la esencia de un sujeto, están fundados en tal esencia; así, el hecho de que un triángulo tenga sus tres ángulos iguales a dos ángulos rectos *(Met.,* Δ 30. 1025 a 30). Este tipo de «accidente esencial» puede llamarse «atributo». Se trata de «predicados por sí mismos», como dice Aristóteles en otro lugar *(An. post.,* I, 22, 83 b 19). Un mismo predicado puede ser esencial o en sí mismo en unos casos y accidental en otros, como ocurre con el predicado «color», el cual pertenece al blanco por sí mismo, pero sólo accidentalmente a Sócrates (Filopón, 252. 10, cit. por J. Tricot, en trad. de *Organon,* IV, 1947, pág. 113, nota 6).

Entre los escolásticos, el término 'atributo', *attributum,* se usaba primariamente para referirse a los atributos de Dios, reservándose otros términos ('predicado', 'predicamento', etc.) para los conceptos de orden lógico u ontológico. Sin embargo, el atributo comenzaba por ser definido, en general, dentro del orden metafísico, como la propiedad necesaria a la esencia de la cosa y, por consiguiente, parecía establecerse una equiparación entre la esencia y los atributos. En verdad, lo que ocurría es que en las cosas creadas había, efectivamente, distinción real entre esencia y atributos. Pero en la realidad divina no había tal distinción real entre atributos y esencia, ni tampoco entre los atributos dentro de sí mismos.

Otro fue el uso de este término en la época moderna. Descartes señala *(Princ. phil.,* I, 56) que el atributo es algo inamovible e inseparable de la esencia de su sujeto, oponiéndose entonces el atributo al modo. El atributo, escribe Spinoza, es «lo que el intelecto conoce de la substancia como constituyendo su esencia» *(Eth.,* I, def. IV). En cambio, el modo es el carácter accidental y constituye las diferentes formas en que se manifiestan las cosas extensas y pensantes como individualidades que deben su ser a la extensión y al pensamiento, es decir, a los atributos de la substancia *(ibid.,* def. V). Extensión y pensamiento son, pues, atributos o caracteres esenciales de la realidad. Para Spinoza, la substancia infinita comprende un número infinito de atributos, de los cuales el intelecto conoce solamente los citados. Los modos son, en cambio, las limitaciones de los atributos, las afecciones de la substancia.

Autarquía. Una de las condiciones para conseguir el estado de eudemonía –felicidad, tranquilidad o paz del espíritu– era, según algunas escuelas socráticas y helenísticas, la liberación de toda inquietud. Como se suponía que ésta era producida por el deseo de las cosas externas que no pueden alcanzarse sin esfuerzo y sinsabor, se recomendaba, en la medida de lo posible, el desasimiento de los bienes externos y el atenerse únicamente a lo que estuviera en manos del sujeto. De este modo se conseguía el gobierno de sí mismo o autosuficiencia que recibieron el nombre de autarquía. La autarquía fue, pues, identificada con la felicidad y con la virtud.

El ideal autárquico se hallaba ya implicado en muchas de las recomendaciones de Sócrates. Fue propugnado y elaborado sobre todo por los cínicos, los epicúreos y los estoicos, pero con distintos grados y propósitos. En cuanto a los métodos usados para producir la autarquía eran también diferentes en cada escuela. Así, los cínicos se valían sobre todo del desprecio a las convenciones; los epicúreos, del retraimiento en el círculo de los verdaderos amigos y la satisfacción de las necesidades corporales indispensables; los estoicos, de la resistencia y endurecimiento frente a las adversidades.

Autenticidad, auténtico. Se dice de algo que es auténtico cuando se establece sin lugar a dudas su identidad, es decir, cuando se establece de modo definitivo que es cierta y positivamente lo que se supone ser. En filosofía, los términos 'autenticidad' y 'auténtico' son aplicados por algunos pensadores especialmente, no exclusivamente, a la existencia humana, y a otras realidades solamente en cuanto son función de tal existencia. Se dice entonces que un determinado ser humano es auténtico cuando es, o llega a ser, lo que verdadera y radicalmente es, cuando no está enajenado. Sin embargo, en ciertas ocasiones puede considerarse que la enajenación es uno de los rasgos esenciales de la existencia humana, de modo que en tal caso el estar enajenado, y aun de modo más radical el no ser en sí mismo, es uno de los caracteres del auténtico ser.

Ortega y Gasset ha hablado con frecuencia de autenticidad e inautenticidad en el hombre como caracteres ontológicos de la realidad humana. En 1916 *(Obras,* II,

84-85) describía un «yo auténtico» como la «base insobornable» de una vida humana; el «yo auténtico» es, en rigor, el «yo insobornable», esto es, el yo que, en el fondo y radicalmente, no puede dejar de ser lo que es. Pero justamente porque el hombre puede ser auténtico, puede ser también inauténtico; en otras palabras, la inautenticidad es uno de los caracteres fundamentales de la realidad humana, junto a la autenticidad: y hasta puede decirse, reiterando de otro modo lo que indicamos antes, que la inautenticidad es una de las formas –bien que defectiva– de ser «sí mismo». En efecto, las cosas no pueden dejar de ser sí mismas, de ser lo que son. En cambio, el hombre puede dejar de ser lo que es.

Cuando el hombre llega a ser lo que es, entonces su vida es *propia*. El hombre cumple entonces con su vocación radical y con su «destino». Ortega y Gasset equipara a veces 'autenticidad' con 'realidad' *(op. cit.*, VI, 400); en tal caso, el ser auténtico equivale al ser más real –pues el sentido de 'es real' es entonces distinto del que tiene este predicado cuando se aplica a una realidad no humana.

Heidegger ha hablado de autenticidad *(Eigentlichkeit)* e inautenticidad *(Uneigentlichkeit)* como modos de ser básicos del *Dasein*. El *Dasein* puede, en efecto, «elegirse a sí mismo», es decir, «ganarse», en cuyo caso se apropia a sí mismo y se hace «auténtico». Puede también «no elegirse a sí mismo», es decir, «perderse», en cuyo caso deja de apropiarse a sí mismo y se hace «inauténtico» –no llega a ser lo que es–. Heidegger advierte al respecto que la inautenticidad [impropiedad] no es un modo de «ser menos» o un grado de «ser inferior» con respecto a la autenticidad [propiedad] *(Sein und Zeit*, § 3).

Muchos otros filósofos contemporáneos (por ejemplo, Jaspers y, en general, muchos de los llamados «existencialistas») han hecho uso de los términos 'autenticidad' y 'auténtico' o de variantes suyas. En algunos casos, estos usos derivan de alguno de los autores antes mencionados. En otros casos deben cuando menos algo a ciertas tradiciones de pensamiento, por lo demás muy diversas entre sí, cual ocurre, por ejemplo, con la idea pascaliana de «distracción» (que expresa la realidad humana en su inautenticidad), con la idea hegeliana (y también marxista) de la enajenación (que expresa una fase de cierto proceso «dialéctico» de la realidad humana). En *El ser y la muerte* (23, 24), J. Ferrater Mora ha pretendido clarificar la noción de autenticidad contrastándola con las de 'identidad' o 'identidad propia'. En cierto modo, ser auténtico equivale a ser idéntico a sí mismo; sin embargo, y en otro aspecto, el ser idéntico a sí mismo afecta por igual a cosas y a personas, mientras que el ser auténtico es prerrogativa sólo de las personas y exige un pronombre personal. Cualquier X, si X es una persona, es idéntico a sí por cuanto es él mismo y no otro, y sin embargo, X sólo es auténtico si actúa como *él mismo*. La identidad es un modo de ser, mientras que la autenticidad (o la inautenticidad) son tendencias, nunca plenamente realizadas.

Axiología. En su libro *Valuation: Its Nature and Laws* (1906), Wilbur M. Urban escribe: «La segunda tarea de una teoría del valor es la evaluación reflexiva de objetos de valor. No sólo *sentimos* el valor de objetos, sino que evaluamos estos objetos y, últimamente, los propios sentimientos de valor. Es claro que aquí interviene un punto de vista distinto del psicológico, un punto de vista que no sólo requiere ser claramente definido, sino también ser adecuadamente relacionado con el psicológico. Si nuestro problema fuese el de una determinación de la validez de objetos y procesos de conocimiento, lo mejor sería describirlo como un problema lógico o epistemológico. Pero el término epistemología es demasiado estrecho para incluir el problema de la evaluación de valores; podemos, pues, usar un término especial para definir el problema tal como aquí se presenta. Por analogía con el término epistemología hemos forjado el término axiología, y podemos desde ahora hablar de la relación entre el punto de vista axiológico y el psicológico» (pág. 16). Urban examina en su libro el «problema» y el «método» «axiológicos» (pág. 17 y sigs.) y usa expresiones como 'suficiencia axiológica' (pág. 405).

J. N. Findlay *(Axiological Ethics,* 1970) hace notar que Urban fue el primero en usar 'axiología' para traducir la expresión alemana *Werttheorie* («teoría del valor») que el economista von Neumann había introducido como «teoría del valor económico», y que Ehrenfels y Meinong, entre otros, habían tratado como teoría general de todos los valores. Formado a base del término griego ἄξιος ('valioso', 'estimable', 'digno de ser honrado'), el vocablo 'axiología' es usado a veces como equivalente a 'teoría de los valores' (incluyendo los llamados «disvalores» o «valores negativos»). Se usa más particularmente en relación con valores éticos y estéticos. La «ética axiológica» es la fundada en la teoría de los valores, tal como ha sido desarrollada por Scheler y Nicolai Hartmann, con los precedentes de Ehrenfels, Meinong y, sobre todo, Brentano.

Axioma. Uno de los significados de la voz 'axioma' es 'dignidad'. Por derivación 'axioma' significa «lo que es digno de ser estimado, creído o valorado». En los *An. post.* (I, 2, 72 a 19 ss.), de Aristóteles, el termino 'axioma' tiene todavía este significado: los axiomas son para el Estagirita principios evidentes que constituyen el fundamento de toda ciencia. En tal caso los axiomas son proposiciones irreductibles, principios generales a los cuales se reducen todas las demás proposiciones y en los cuales éstas necesariamente se apoyan.

Desde este punto de vista, al destacar la evidencia propia del axioma, se tiende a una especie de intuicionismo psicológico. A estos cambios han contribuido sobre todo la matemática y la metalógica contemporáneas. Éstas distinguen entre axiomas y teoremas. Los primeros son enunciados primitivos (a veces llamados también *postulados)* aceptados como verdaderos sin probar su validez; los segundos son enunciados cuya validez se somete a prueba. Axiomas y teoremas son, por lo tanto, elementos integrantes de todo sistema deductivo.

Hoy es más frecuente destacar su formalidad y evitar en cambio el adscribir a ningún axioma el predicado 'es verdadero'. Se ha hablado, especialmente desde Hilbert, de la axiomatización de la matemática, y en general de la axiomatización de las ciencias. La axiomatización es equivalente a la formalización.

B

B. Véase A.

Bamalip (Baralipton) es el nombre que designa uno de los modos, por muchos autores considerado como válido, de la cuarta figura. Un ejemplo de *Bamalip (Baralipton)* puede ser:

Si todas las frutas son comestibles
Y todas las cosas comestibles son apetecibles,
Entonces algunas cosas apetecibles son frutas,

ejemplo que corresponde a la siguiente ley de la lógica cuantificacional elemental:

$$(\wedge x(Hx \to Gx) \wedge \wedge x(Gx \to Fx)) \to \vee x(Fx \wedge Gx)$$

y que, usando las letras 'S', 'P' y 'M' de la lógica tradicional, puede expresarse mediante el siguiente esquema:

$$(PaM \wedge MaS) \to SiP$$

donde aparece claramente la secuencia de las letras 'A', 'A', 'I', origen del término *Bamalip (Baralipton),* en el orden PM-MS-SP.

Barbara es el nombre que designa uno de los modos válidos de los silogismos de la primera figura. Un ejemplo de *Barbara* puede ser:

Si todos los hombres son mortales
y todos los abisinios son hombres,
entonces todos los abisinios son mortales,

ejemplo que corresponde a la siguiente ley de la lógica cuantificacional elemental:

$$(\wedge x(Gx \to Hx) \wedge \wedge x(Fx \to Gx)) \to \wedge x(Fx \to Hx)$$

y que, usando las letras 'S', 'P' y 'M' de la lógica tradicional, puede expresarse mediante el siguiente esquema:

$$(MaP \land SaM) \rightarrow SaP$$

donde aparece claramente la secuencia de las letras 'A', 'A', 'A', origen del término *Barbara* en el orden MP-SM-SP.

Aristóteles consideró los modos de la primera figura como silogismos perfectos, pero redujo los dos últimos –*Darii, Ferio*– a los dos primeros: *Barbara* y *Celarent*. Łukasiewicz observa al respecto que el uso de sólo dos silogismos (considerados como axiomas) para construir la teoría silogística corresponde a la tendencia que tiene la lógica formal moderna a reducir a un mínino el número de axiomas en una teoría deductiva, pero que las leyes de conversión utilizadas por el Estagirita para reducir los modos imperfectos a los modos perfectos no pueden ser probadas por medio de los silogismos.

Baroco es el nombre que designa uno de los modos válidos de los silogismos de la segunda figura. Un ejemplo de *Baroco* puede ser:

Si todas las bebidas alcohólicas son nocivas
y algunas aguas minerales no son nocivas,
entonces algunas aguas minerales no son bebidas alcohólicas,

ejemplo que corresponde a la siguiente ley de la lógica cuantificacional elemental:

$$((\land x(Hx \rightarrow Gx) \land \lor x(Fx \land \rceil Gx)) \rightarrow$$
$$\rightarrow \lor x(Fx \land \rceil Hx),$$

y que, usando las letras 'S', 'P' y 'M' de la lógica tradicional, puede expresarse mediante el siguiente esquema:

$$(PaM \land SoM) \rightarrow SoP$$

donde aparece claramente la secuencia de las letras 'A', 'O', 'O', origen del término *Baroco*, en el orden P M-S M-S P.

Bello. En el diálogo titulado *Hipias el Mayor*, Platón formuló ya muchas de las cuestiones que se han suscitado luego, en estética y en filosofía general, acerca de la naturaleza de lo bello (de la belleza) y acerca de las posiciones fundamentales que pueden adoptarse con respecto a tal naturaleza. En dicho diálogo, Sócrates mantiene la actitud racionalista y absolutista; Hipias, la actitud empirista y relativista. He aquí las etapas principales recorridas en el curso del debate.

Se trata de saber qué es la belleza, la cual –se supone– hace que las cosas sean bellas. A esta cuestión Hipias responde mediante definiciones ostensivas: señalando qué cosas son, a su entender, bellas. La belleza se reduce, pues, a lo que es bello. Por ejemplo: lo bello es una muchacha hermosa. A ello responde Sócrates que hay otras cosas bellas (por ejemplo, un caballo hermoso); además, hay diversas realidades no sensibles que pueden ser calificadas de bellas (leyes, acciones, almas, etc.). Para no perderse en este mar de substancias bellas es menester, pues, precisar qué cosas son *completamente* bellas y referirse exclusivamente a ellas en todo análisis de la naturaleza de la belleza. Ahora bien, tan pronto como se inicia esta nueva vía, se descubre que todas las respuestas concretas son defectuosas o insuficientes. Las respuestas dadas por Hipias son, en efecto, de la siguiente índole: lo bello es el oro; lo bello es lo que conviene; lo bello es lo que aparece bello; lo bello es lo útil; lo bello es lo ventajoso; lo bello es lo grato... Sócrates (esto es, Platón) no puede aceptar ninguna de ellas. Por ejemplo, que algo parezca hermoso no quiere decir que *sea* hermoso. Hipias pudo decir que lo bello es lo que parece bello, porque para él el ser y la apariencia son la misma cosa. Pero Sócrates-Platón mantienen que si tal equiparación podría ser aceptada para el reino de lo sensible, no es admisible en el reino de lo no sensible: una institución puede parecer bella y no serlo. De ahí la conclusión: «Si la apariencia es lo que hace a las cosas bellas, entonces es la Belleza lo que estamos buscando; si la apariencia da sólo la apariencia de belleza a las cosas, entonces no es la Belleza lo que buscamos». Lo bello no es, en suma, idéntico al predicado 'es bello'; en rigor, no es un predicado, sino una realidad inteligible que hace posible toda predicación. A diferencia de Hipias, para quien lo bello es a lo sumo el nombre común que reciben todas las cosas bellas, Platón mantiene que lo bello es lo que hace que haya cosas bellas. Lo bello es, así, para Platón independiente en principio de la apariencia de lo bello: es una idea, análoga a las ideas de ser, de verdad y de bondad.

Los análisis y las polémicas de Platón sobre la noción de lo bello contienen muchas de las líneas fundamentales visibles en las ulteriores filosofías de la belleza. En buena parte, en efecto, estas filosofías pueden clasificarse en dos grupos opuestos: el platónico y el antiplatónico –con las correspondientes posiciones intermedias–. Así ocurre con la mayor parte de las definiciones tradicionales, que el lector agrupará fácilmente en un lado o en otro. He aquí algunas: lo bello es lo que causa placer y agrado; lo bello es un atributo inmanente en las cosas; lo bello es una apariencia; lo bello es una realidad absoluta; lo bello es casi una especie del bien y se funda en la perfección... Ahora bien, sería excesivo reducir la historia de las concepciones de lo bello a una discusión entre las citadas posiciones extremas. En todo caso, al predominio tradicional del punto de vista metafísico en la investigación de lo bello se sobrepusieron, especialmente desde comienzos de la época moderna, otros puntos de vista: el psicológico, el gnoseológico, el axiológico, etc. Sería, por ejemplo, difícil reducir a la dialéctica de las dos posiciones mencionadas al principio definiciones como las siguientes: «*bello fuera de mí* es todo lo que contiene en sí algo que suscita en mi entendimiento la idea de relaciones, y *bello* con relación a mí todo lo que suscita esta idea» (Diderot); la belleza es un instinto social (E. Burke); la belleza es una realidad perceptible mediante un sentido especial que no exige razonamiento o explicación (Hutcheson); lo bello es lo que agrada universalmente y sin necesidad de concepto: finalidad sin fin (Kant); la belleza es el reconocimiento de lo general en lo particular (Schopenhauer); la belleza es la unidad en la variedad (varios autores); lo bello es uno de los principios espirituales superiores (V. Cousin), etc. En rigor, el número de definiciones de lo bello dadas en la época moderna ha sido tan considerable, que resulta necesario proceder a una nueva ordenación de ellas. Pueden adoptarse al efecto varios métodos; nosotros elegimos el que consiste en clasificar las opiniones sobre lo bello según el predominio de una disciplina filosófica –o, mejor dicho, de un determinado lenguaje–. Consideraremos, así, que hay los siguientes modos de hablar acerca de lo bello: (1) el semántico; (2) el psicológico; (3) el metafísico; (4) el ético, y (5) el axiológico. Estos modos no son siempre independientes entre sí; con frecuencia pueden combinarse. Pero las definiciones más habituales están determinadas en gran parte por el predominio de uno de ellos.

Nos limitaremos aquí a mencionar ejemplos de cada modo.

(1) Consiste en averiguar qué expresiones son sinónimas de '*x* es bello'. Numerosas sinonimias pueden establecerse: '*x* es bello' es sinónimo de '*x* es grato', de '*x* es deseado', de '*x* es armonioso', etc. De hecho, lo que calificamos de punto de vista semántico puede más propiamente concebirse como un previo análisis indispensable a toda teoría acerca de lo bello. Las diversas interpretaciones de la significación de '*x* es

bello' dan origen, en efecto, a otras tantas doctrinas filosóficas. Por ejemplo, las dos primeras sinonimias mencionadas conducen a una teoría relativista y psicologista; la tercera, a una teoría objetivista, pero no necesariamente absolutista; la cuarta, a una teoría absolutista; la quinta, a una teoría formalista o esteticista, etc. Dentro de los análisis proporcionados por (1) se halla, en particular, la discusión entre dos grandes posiciones: aquella según la cual los juicios de belleza (usualmente llamados juicios de gusto) son subjetivos, y aquella según la cual tales juicios son objetivos. Con frecuencia se ha intentado mediar entre las dos posiciones afirmando que los juicios de gusto, aunque en principio subjetivos, pueden pronto convertirse en intersubjetivos.

(2) Consiste en examinar el problema de la naturaleza de lo bello de acuerdo con el análisis de los procesos psicológicos por medio de los cuales formulamos juicios estéticos. Agreguemos que cuando lo psicológico es entendido en sentido colectivo, el modo de hablar psicológico puede convertirse en modo de hablar social: la naturaleza de lo bello depende entonces de lo que por tal entienda la sociedad –o una determinada sociedad, o una sociedad en el curso de un determinado período de su historia, etc.

(3) Nos hemos referido a este modo varias veces en los párrafos anteriores; lo peculiar del mismo es que intenta reducir todas las cuestiones relativas a lo bello a cuestiones acerca de la naturaleza última de la belleza en sí.

(4) Este modo es poco frecuente en las teorías filosóficas, pero no es totalmente inexistente; aparece desde el momento en que se supone que algo puede ser calificado de bello solamente en tanto que ofrece analogías con una acción moral.

(5) El modo de hablar axiológico es muy frecuente en el pensamiento contemporáneo. Se basa en las teorías de los valores. Según éstas, la belleza no es una propiedad de las cosas o una realidad por sí misma, sino un valor. No es una entidad real, ideal o metafísica, porque tales entidades *son*, en tanto que lo bello no es, sino que vale. Ahora bien, dentro del modo de hablar axiológico hay diversas teorías posibles; las más conocidas son las teorías subjetivista y objetivista. Cuando la primera es llevada a un extremo, desemboca en un puro relativismo; cuando se lleva a un extremo la segunda, desemboca en un completo absolutismo. Se han ensayado por ello varias posiciones intermedias. Además se ha examinado cuál es la posición del valor de lo bello (o, mejor dicho, del par lo bello-

lo feo) dentro de la jerarquía de los valores. Según la mayor parte de los autores contemporáneos que se han ocupado de axiología, dicha posición coincide con la que tienen todos los valores estéticos. Particularmente detalladas son al respecto las doctrinas de M. Scheler y de N. Hartmann. Para el primero, los valores estéticos (y, de consiguiente, el valor de lo bello) constituyen una de las grandes secciones en las cuales se dividen los valores espirituales, superiores a los valores vitales y a los valores de utilidad. A su vez, los valores estéticos son, dentro de los valores espirituales, los valores inferiores, puesto que por encima de ellos se encuentran los valores cognoscitivos, los éticos y los religiosos. Para el segundo, los valores estéticos ocupan en la jerarquía axiológica un lugar intermedio entre los valores de utilidad, de placer, vitales y morales, por un lado, y los valores cognoscitivos, por el otro.

Bicondicional es el nombre que recibe la conectiva binaria (o conector binario) 'si y sólo si'. El signo que corresponde a esta conectiva es '↔'. Este signo va siendo cada vez más común en lugar del clásico '≡' y la razón de ello es que '↔' permite visualizar mejor la conectiva de referencia en relación con el signo '→' o signo de condicional (VÉASE); en efecto, las puntas de flecha a ambos extremos de la línea indican que el condicional es doble, esto es, que es un bicondicional, ya que afecta a la vez a la variable a la derecha y a la izquierda de '↔'. Así,

$$p \leftrightarrow q$$

se lee:

p si y sólo si q.

Ejemplo de '$p \leftrightarrow q$' es:

Antonio es padre de Juan si y sólo si Juan es hijo de Antonio.

El bicondicional equivale a un par de condicionales, de modo que:

$$(p \leftrightarrow q) \leftrightarrow ((p \rightarrow q) \wedge (q \rightarrow p))$$

Esta fórmula es una de las tautologías del cálculo sentencial (proposicional). La tautología recibe asimismo el nombre de «bicondicional». El bicondicional recibe a menudo el nombre de «equivalencia (material)», de modo que '↔' se lee asimismo 'es equivalente a'.

Aparte de '≡', todavía bastante usado –usado, por ejemplo, en anteriores ediciones de la presente obra– hay otros signos (hoy en desuso) para el bicondicional: '⊃ ⊂', '↑↓', '⇆'. En la notación de

Hilbert-Ackermann se usa '∼'. En la notación de Łukasiewicz, '↔' es representado por la letra 'E' antepuesta a las variables. Así '*p*↔*q*' se escribe '*Epq*'.
Como se ha visto en el artículo sobre las tablas de verdad, la tabla para '↔' da Ves (verdades) cuando '*p*' es verdadero y '*q*' es verdadero, y cuando '*p*' es falso y '*q*' es falso. En los demás casos, esto es, cuando '*p*' es verdadero y '*q*' es falso, y cuando '*p*' es falso y '*q*' es verdadero, obtenemos efes (falsedades).
La negación del bicondicional se expresa mediante el signo '↮'.

Bien. Se ha hablado a veces de 'el bien' –también con mayúscula: 'el Bien'– como si esta expresión designara alguna realidad o algún valor. Cuando tal realidad o valor son considerados absolutos, se habla del Sumo Bien, *summum bonum*. 'Bien' es usado asimismo para designar alguna cosa valiosa, como cuando se habla de «un bien» o de 'bienes'. Se usa asimismo 'bien' para indicar que algo es como es debido ('Esta casa está bien', 'Tomás hace las cosas bien').
Muchas veces 'el Bien' equivale a 'la bondad' cuando con esta última palabra se expresa abstractamente toda cualidad buena ('Sin bondad no llegaremos nunca a entendernos') o cuando se trata de indicar abstractamente que algo es como debe ser ('La bondad de este producto hace que se venda mucho'). A la vez, 'el Bien', 'la bondad' y 'lo bueno' (sustantivación del adjetivo 'bueno') se usan a menudo como sinónimos. Un examen del significado de 'el Bien', 'la bondad' o 'lo bueno' no es ajeno a un examen del significado de 'bueno' –cuando se dice '*x* es bueno'–. En rigor, muchos autores piensan que este último examen es más importante que el primero, o hasta que es el único que puede ejecutarse fructuosamente, ya que los llamados «el Bien», «la bondad» o «lo bueno» pueden ser únicamente hipóstasis, o reificaciones, de una cualidad, propiedad, característica, etc., llamada 'bueno'.
Estudiaremos a continuación diversos modos como se ha concebido el Bien –expresión que usamos, siguiendo la tradición, como cómoda abreviatura de diversos modos de expresar el ser bueno, lo que es bueno, la bondad, etc.–. Más que considerar diversas acepciones de 'el Bien' (o 'es bueno', 'la bondad', etc.), distinguiendo cada una de ellas de las otras, consideraremos diversas concepciones filosóficas, cada una de las cuales presenta a menudo diversas acepciones.

1. Puede estudiarse «el problema del Bien» desde el punto de vista de un análisis del significado de 'bueno'. Si por 'bueno' se entiende 'lo Bueno' o 'el Bien', en-

tonces el análisis consiste en averiguar qué predicados pueden convenirle. Generalmente, este uso de 'bueno' o 'lo bueno' consiste en describirle un solo predicado, lo que equivale a transformar 'lo bueno' en 'lo único bueno', como cuando se dice, por ejemplo, 'lo único bueno es el placer', 'lo único bueno es la buena voluntad', 'lo único bueno es la adaptación de la especie al medio', etc. Puede discutirse entonces sobre si el predicado adscrito 'a lo bueno' es o no justo, pero en cualquier caso se admite que 'lo bueno' es definible.

El problema es si es o no definible 'bueno' usado como adjetivo. Dos doctrinas se enfrentan al respecto. Un grupo de doctrinas afirma que 'bueno' en frases como '*x* es bueno' puede analizarse (o definirse) mediante algún predicado, más o menos específico, como '*x* es perfecto (en su género)', '*x* está adaptado a la función que le compete ejercer', etc. La mayor parte de las teorías sobre el significado de 'bueno' admiten la posibilidad de análisis o definición de este término. Otras teorías, y muy en particular la de G. E. Moore –que afirma haber seguido al respecto a Henry Sidgwick en *Methods of Ethics* (I, iii, §1)–, sostienen que 'bueno' es indefinible o no analizable, y que mantener lo contrario equivale a proclamar que 'bueno' es un predicado natural. En *Principia Ethica* (Cap. I, especialmente §§ 6-10 y § 14), Moore indica que «lo bueno» es definible, pero que 'bueno' no lo es. 'Bueno' es lo mismo que 'bueno', porque 'bueno' es una noción simple, en un sentido parecido a como 'amarillo' es simple. La diferencia entre 'amarillo' y 'bueno' reside en la forma como cada uno es aprehendido; algunos autores han afirmado que el último es aprehendido sólo «intuitivamente».

2. En (1) se ha considerado «el Bien» –o, mejor dicho, «lo bueno» y «bueno»– tanto desde el punto de vista de los términos usados como desde el punto de vista de los conceptos; de algún modo, mantener que 'bueno' es definible o no es definible es decir algo acerca del concepto de «bueno». Sin embargo, puede destacarse más aún el aspecto conceptual de 'el Bien' y de 'bueno' y preguntarse entonces cómo se entienden los correspondientes conceptos. Si se entienden como fenómenos mentales –como los que alguien piensa cuando piensa en el Bien, en 'lo bueno' o en algo «bueno»–, se tiende a defender alguna teoría llamada «subjetiva». Las averiguaciones pertinentes pueden ser entonces psicológicas, y hasta adoptar la forma de cuestionarios. Si se entienden los conceptos como «ob-

jetos formales», distintos tanto de fenómenos mentales como de cosas reales, se tiende a defender alguna teoría llamada «objetiva» –en el sentido de «objetivo-formal».

3. Cuando el Bien es considerado como algo real, conviene precisar el *tipo* de realidad al cual se adscribe. Es menester, por lo tanto, saber si se entiende el Bien como un *ente* –o un ser–, como una *propiedad de un ente* –o de un ser– o como un *valor*. Mas tras haber aclarado este punto es todavía conveniente saber de *qué realidad* se trata. Tres distintas opiniones se han enfrentado –y con frecuencia entremezclado– al respecto: (a) el Bien es una realidad *metafísica;* (b) el Bien es algo *físico*, (c) el Bien es algo *moral*.

4. Considerado como algo real, el Bien ha sido entendido o como *Bien en sí mismo* o como *Bien relativamente a otra cosa*. Esta distinción se halla ya en Aristóteles cuando distingue *(Eth. Nich.*, I, 1, 1049 a 18) entre el Bien puro y simple, ἀγαθὸν ἁπλῶς, *y* el Bien para alguien o por algo, ἀγαθὸν τινι, ἀγαθὸν δι' ἄλλο. Aristóteles señala que el primero es preferible al segundo, pero debe tenerse en cuenta que el Bien puro y simple no es siempre equivalente al Bien absoluto; designa un Bien más independiente que el Bien relativo. Así, Aristóteles dice que recobrar la salud es mejor que sufrir una amputación, pues lo primero es bueno absolutamente, y lo segundo lo es solamente para el que tiene necesidad de ser amputado *(Top.,* III, 1, 116 b 7-10). La distinción en cuestión fue adoptada por muchos escolásticos en lo que llamaban la división del bien según varias razones accidentales; según ello, hay lo *bonum simpliciter* o *bonum per se,* y lo *bonum secundum quid, bonum cui, bonum per accidens*. Consecuencia de estas doctrinas es la negación de que el Bien sea exclusivamente una substancia o realidad absolutas. Aristóteles y muchos escolásticos rechazaban, por consiguiente, la doctrina platónica (y luego, *a veces,* plotiniana) del Bien como Idea absoluta, o Idea de las Ideas, tan elevada y magnífica que, en rigor, se halla, como ha dicho Platón, «más allá del ser», ἐπέκεινα τῆς οὐσίας, de tal modo que las cosas buenas lo son entonces únicamente *en tanto que* participaciones del único Bien absoluto. En efecto, en la concepción aristotélica puede decirse que el bien de cada cosa no es –o no es *sólo*– su participación en el Bien absoluto y separado, sino que cada cosa puede tener su bien, esto es, su perfección.

5. El Bien en sí mismo es equiparado con frecuencia al Bien metafísico. En tal caso se suele

decir que el Bien y el Ser son una y la misma cosa de acuerdo con las célebres tesis: *Quaecumque sunt, bona sunt* (S. Agustín, *Conf.*, VII, 12) y *Omne ens in quantum ens est, est bonum* (Sto. Tomás, *S. Theol.*, I, q. V a. 3 ad. 3; cf. también *De verit.*, q. I a. 1), las cuales son admitidas por la mayor parte de los filósofos medievales. *Interpretada* de un modo radical, dicha equiparación da por resultado la negación de entidad al mal, pero con el fin de evitar las dificultades que ello plantea ha sido muy frecuente definir el mal como *alejamiento* del ser y, por consiguiente, del Bien. El Bien aparece entonces como una luz que ilumina todas las cosas. En un sentido estricto el Bien es, pues, Dios, definido como *summum bonum*. Pero en un sentido menos estricto participan del Bien las cosas creadas y en particular el hombre, especialmente cuando alcanza el estado de la fruición de Dios. Cuando esta concepción es elaborada filosóficamente, el Bien es definido como uno de los trascendentales, con el conocido resultado de que el Bien es considerado *convertible* con el Ser, con lo Verdadero y con lo Uno –*ens bonum verum. unum convertuntur*–. Hay que advertir, sin embargo, que esta última proposición, aunque tiene un alcance teológico, está formulada en el lenguaje de la metafísica *(bonum et ens sunt idem secundum rem: sed differunt rationem tantum:* Sto. Tomás, *loc. cit.).* En efecto, el lenguaje en el cual suele expresarse tal convertibilidad es «formal», en el sentido que tiene esta expresión cuando se dice de Santo Tomás de Aquino –como decía Cayetano–, que *semper formaliter loquitur.* Este lenguaje hace posible que se hable del bien de cada cosa como su perfección, dándose el nombre de *summum bonum* propiamente sólo al *ens realissimum,* esto es, Dios.

6. La concepción del Bien como bien metafísico no excluye su concepción como bien moral; por el contrario, la incluye, aun cuando el Bien metafísico parece gozar siempre de una cierta preeminencia, especialmente en la ontología clásica. Lo mismo podemos decir de la filosofía kantiana, por más que en ésta quede *invertida* la citada preeminencia. En efecto, si solamente la buena voluntad puede ser llamada algo bueno sin restricción, el Bien moral aparece como el Bien sumo. El salto de la razón teórica a la razón práctica y el hecho de que las grandes afirmaciones metafísicas de Kant sean postulados de esta última razón explica la peculiar relación que hay entre el Bien metafísico y el Bien moral dentro de su sistema.

7. Cuando el Bien moral es acentuado por encima de las

otras especies de bienes, se plantean varios problemas. He aquí dos que consideramos capitales. En primer lugar, se trata de saber si el Bien es algo *subjetivo* o algo que existe *objetivamente*. Muchas filosofías admiten las dos posibilidades. Así, Aristóteles y gran número de escolásticos definen el bien como algo que es apetecible y en este sentido parecen tender al subjetivismo. Sin embargo, debe advertirse que esto representa solamente un primer estadio en la definición del Bien. En efecto, acto seguido se indica que el Bien es algo *apetecible* porque hay *algo* apetecible. El Bien es por este motivo «lo que todas las cosas apetecen», como dice Santo Tomás (*S. Theol.*, I, q. V, 1 c), porque constituye el término («el objeto formal») de la aspiración. Ello permite solucionar el conflicto planteado por Aristóteles (al comienzo de la *Ética a Nicómaco*) cuando se pregunta si hay que considerar el Bien como idea de una cierta cosa separada, que subsiste por sí aisladamente, o bien como algo que se encuentra en todo lo que existe y puede ser llamado el Bien común y real. Tomada en un sentido demasiado literal, la distinción apuntada nos da, en efecto, dos formas del Bien que no parecen jamás tocarse. Pero si el Bien es *algo* que *apetecemos*, no podrá haber separación entre lo que está entre nosotros y lo que está fuera de nosotros; el Bien será a la vez inmanente y trascendente. En cambio, autores como Spinoza (quien derivó gran parte de su concepción de los estoicos) han considerado el Bien como algo subjetivo, no sólo por haber insistido en la idea de que lo bueno de cada cosa es la conservación y persistencia en su ser, sino también por haber escrito expresamente (*Eth.*, III prop. ix, schol.) que «no nos movemos, queremos, apetecemos o deseamos algo porque juzgamos que es bueno, sino que juzgamos que es bueno porque nos movemos hacia ello, lo queremos, apetecemos y deseamos». Muchas de las llamadas morales subjetivas, tanto antiguas como modernas, podrían tomar como lema la citada frase de Spinoza. Por el contrario, otras filosofías destacan la independencia del Bien respecto a nuestras apetencias, aun cuando reconocen que el Bien es apetecible: el platonismo figura entre ellas. En general, es difícil dar ejemplos de concepciones extremas en este problema; muchas de las doctrinas pueden ser consideradas a la vez como subjetivas y objetivas. Finalmente, otras parecen hallarse fuera de este dilema. Es el caso de Kant, pues por un lado la buena voluntad parece ser un querer y, de consiguiente, una apetencia, mas por el otro lado tal buena voluntad, cuando es pura, es independiente de toda apetencia y se rige únicamente por sí misma. Es curioso comprobar que parece haber analogías entre la definición escolástica del Bien como objeto formal de la voluntad y la buena voluntad kantiana, si bien estas analogías desaparecen tan pronto como consideramos las respectivas ontologías que subyacen en cada una de dichas teorías, por no decir nada de las diferencias fundamentales en lo que toca a la idea de la relación entre lo ético y lo religioso. En todo caso, es difícil conciliar el carácter autónomo de la ética kantiana con el carácter heterónomo y a veces teónomo de la ética tradicional. En segundo lugar, se trata de saber qué entidades son las que se juzgan buenas. Las morales llamadas materiales consideran que el Bien solamente puede hallarse incorporado en realidades concretas. Así ocurre cuando se dice que lo bueno es lo delectable, o lo conveniente, o lo honesto, o lo correcto, o lo útil (para la vida), etc. Hay que advertir que los escolásticos no rechazaban esta condición del Bien cuando consideraban que lo bueno se divide, con una división casi esencial –como la división del análogo en sus analogados–, en diversas regiones determinadas por la razón de apetecibilidad, de modo que se puede decir, en efecto, de lo bueno que es útil, o que es honesto, o que es agradable, etc. Pero mientras entre los escolásticos esto era el resultado de una división del Bien, entre los partidarios más estrictos de las morales materiales, el Bien se reduce a una o varias de tales especies de bienes. Las morales llamadas formales (especialmente la de Kant) insisten, en cambio, en que la reducción del Bien a *un* bien o a *un tipo* de *bienes* (en particular de bienes *concretos)* convierte la moral en algo relativo y dependiente. Hay, según ello, tantas morales materiales como géneros de bienes, pero, en cambio, hay sólo una forma formal. Contra ello arguyen las morales materiales que la moral puramente formal es vacía y no puede formular ninguna ley que no sea una tautología (véase IMPERATIVO).

8. Una división menos importante del Bien, cuando es considerado material y moralmente, es la que introdujeron los sofistas y fue presentada por Aristóteles en el pasaje ya citado de *Top.*: el Bien puede ser natural o convencional. Usualmente se estima que el Bien natural es universal e inalterable, pero en principio no está excluido que pueda cambiar. Los partidarios de la universalidad e inalterabilidad del Bien (como los estoicos) arguyen que su naturaleza es siempre la misma, los

defensores del cambio (evolucionistas) manifiestan que el Bien está sometido al mismo desarrollo que la Naturaleza. El Bien en tanto que convencional es siempre estimado como relativo, cuando menos como relativo a una sociedad determinada, a un cierto período histórico, a una cierta clase social, etc. Sin embargo, la concepción del Bien (o de los bienes) desde el punto de vista convencionalista no es siempre equivalente a un historicismo; este último, en efecto, puede considerar como absolutos dentro de cada período los bienes correspondientes.

9. El Bien moral (y ocasionalmente el metafísico) puede ser estimado como objeto de la razón, de la intuición o de la voluntad. Estas tres concepciones no son siempre incompatibles entre sí. Se han dado, en efecto, muchos ejemplos de combinación entre la tesis racionalista y voluntarista, bien que casi siempre se ha tratado de subordinar una a la otra. Así, la tesis de que el Bien es el objeto formal de la voluntad no excluye el uso de la razón, y la tesis de que el Bien es aprehendido mediante la razón no excluye que sea asimismo objeto de la voluntad. Por otro lado, cuando la razón ha sido entendida como una posibilidad de aprehensión directa de la mente, se ha podido acordar el Bien como objeto de la razón y como objeto de la intuición. Otro es el caso, en cambio, cuando la intuición se ha entendido como intuición emocional. Así, las doctrinas morales de Brentano, Scheler, N. Hartmann y otros autores se han opuesto por igual al racionalismo y al voluntarismo de los bienes. Especialmente Scheler ha presentado esta concepción con extrema claridad y radicalismo al insistir en que hay una posibilidad de aprehensión intuitivo-emocional de las realidades que se califican de buenas y malas, y que tal aprehensión es *a priori* no obstante referirse a realidades «materiales», esto es, concretas y no vacías.

10. Esto nos lleva a un último problema: el ya antes apuntado [3] del *tipo* de realidad del Bien. Como vimos, puede considerarse éste como un ser, como la propiedad de un ser o como un valor. Lo habitual en las ontologías llamadas clásicas es la primera opinión, aun cuando se reconozca que cuando se habla del ser *como* realidad no se *enuncia* de él lo mismo que cuando se habla del ser *como* bondad. Lo más común en las ontologías modernas es la segunda opinión, que ha sido llevada a sus últimas consecuencias en lo que hemos calificado de concepción semántica: 'bien' es entonces un término que puede sustituir a 'bueno' en 'x es

bueno'. Muy corriente en varias éticas contemporáneas es la tercera opinión, para entender la cual hay que ver lo que hemos indicado en el artículo sobre el valor. Según estas concepciones, el Bien es irreductible al ser, pero hay que advertir que en este tipo de doctrinas se habla del Bien a veces como *uno* de los valores morales y a veces como de la preferencia por *cualesquiera* valores positivos.

Los anteriores análisis no pretenden agotar todos los problemas que suscita la noción del Bien. Tampoco pretenden poner de relieve todas las dificultades que ofrece cada una de las concepciones mencionadas. Pero puede preguntarse si no hay algunos supuestos últimos de los que dependan las principales teorías éticas. Puede contestarse que los hay y que son los supuestos que corresponden a una doctrina de los universales. En efecto, cualesquiera que sean las tesis admitidas, habrá siempre que adherirse o a una concepción nominalista, o a una concepción realista, o a una concepción intermedia entre nominalismo y realismo del Bien o de los bienes. El nominalismo extremo del Bien lo reduce a una expresión lingüística; el realismo extremo lo define como un absoluto metafísico. Como el nominalismo extremo no permite hablar del Bien, y como el realismo extremo hace imposible considerar nada excepto el Bien en cuanto tal como bueno, lo plausible es adoptar una posición intermedia. Pero es inevitable adoptar una posición en esta controversia. Y como toda posición en la doctrina de los universales es el resultado o de una decisión previa o de una ontología previa, resulta que la definición dada del Bien –en la medida en que se efectúe en el nivel filosófico y se pongan entre paréntesis tanto las «creencias» como las conveniencias– es últimamente el resultado de una decisión o de una ontología. Ello no significa que tal decisión o tal ontología tengan que ser arbitrarias; significa que son primarias y que preceden en el orden de las razones a toda dilucidación acerca del Bien.

Buena voluntad. La primera de las tres secciones en que Kant divide su *Fundamentación de la metafísica de las costumbres* (*Grundlegung zur Metaphysik der Sitten*) comienza con estas palabras: «Ni en ninguna parte en el mundo ni, en general, inclusive fuera del mundo es posible pensar algo que se pueda considerar sin restricción como bueno excepto una *buena voluntad*».

La idea de Kant de que la buena voluntad, como dice un poco después, «no es buena por lo que produce o alcanza, o porque es adecuada para cumplir algún fin propuesto, sino que es buena sólo por su querer *(allein durch das Wollen)*, esto es, es buena en sí misma», ha suscitado muchos comentarios. Unos son de carácter exegético y tienen por fin descubrir el verdadero sentido de la expresión 'buena voluntad'. Otros son de carácter crítico y se proponen mostrar que la doctrina kantiana de la buena voluntad es un ejemplo extremo de rigorismo moral, o un ejemplo extremo de formalismo (moral) o adolece de una insuficiente aclaración del significado de 'bueno'. Entre los primeros figuran los de quienes han buscado una explicación de la doctrina kantiana a base de averiguar en qué medida la buena voluntad se relaciona con los otros bienes. A este respecto han planteado sobre todo el problema de si otros bienes no pueden ser concebidos también como buenos sin limitación. Ahora bien, siguiendo la intención de Kant, han mostrado que mientras los bienes que no son la buena voluntad dependen para su bondad de una situación determinada –el saber es bueno si es usado para un buen fin, el placer es bueno si contribuye al valor moral, etc.–, la buena voluntad no depende de ninguna situación determinada. Los defensores de la posición de Kant han subrayado que este filósofo no ha negado el hecho de que hay también otros bienes valiosos, pero que siendo siempre la situación un límite para ellos no pueden ser considerados como el sumo bien. Entre los segundos figuran quienes, como Scheler, han intentado demostrar que sin los valores y su jerarquía es incomprensible la noción de buena voluntad, o quienes, como N. Hartmann, han señalado que, puesto que un valor no puede ser o abstraído de tendencias naturales o dictado por un sujeto volitivo, la buena voluntad no facilita ninguna ayuda en las decisiones. Relacionada con estas críticas se halla la noción de que la buena voluntad como tal es vacía y puede inclusive dar origen a valores negativos. Contra esto se ha argüido que la noción kantiana de buena voluntad no es equivalente a la noción de buena intención. Otros, como los utilitaristas, han indicado que el término 'bueno' solamente puede cobrar significación cuando está ligado a un sentimiento de «placer» en el individuo que no sea incompatible con el de la comunidad. Otros, como los neopositivistas, han proclamado que el vocablo 'bueno' no posee por sí mismo significación y, por consiguiente, no puede fundarse una ética sobre la noción de buena voluntad. Todas estas críticas pueden reducirse a tres: la fundada en una ética eudemonista, la fundada en una ética axiológica y la fundada en un análisis semántico. Las dos últimas eran desconocidas por Kant. La primera, en cambio, constituye el blanco principal contra el cual se dirige la ética kantiana. Podemos considerar, pues, las dos últimas como las únicas válidas hoy día. Para contrarrestarlas desde un punto de vista kantiano solamente hay dos soluciones: mostrar que la ética de Kant no es incompatible con una ética axiológica en la cual la buena voluntad tenga la función de un valor de santidad, y señalar que un análisis semántico del término 'bueno' no dice nada todavía sobre el fundamento de las decisiones morales. Como la mayor parte de las grandes cuestiones morales, la que aquí presentamos es una cuestión abierta y su solución depende principalmente de los supuestos últimos adoptados. Para admitir la doctrina kantiana de la buena voluntad hay que aceptar al mismo tiempo la idea de un sujeto moral racional. Algunos autores se han inclinado a aceptar esta idea, pero solamente como una idea regulativa. Hay que tener presente, sin embargo, que ello está contra el espíritu de Kant, quien trata las cuestiones morales en un sentido distinto de como trató las cuestiones cognoscitivas.

C

C. Para el uso de la Letra 'C' en la lógica de las clases, véase A. La Letra 'C' es usada por Łukasiewicz para representar la conectiva «si... entonces» o condicional (VÉASE), que nosotros simbolizamos por '→', 'C' se antepone a las fórmulas, de modo que '$p \to q$' se escribe en la notación de Łukasiewicz '$C p q$'.

Cábala. El término 'Cábala', *qabbālāh*, significa, en hebreo, «tradición». Con este término se designa una serie de especulaciones que es común considerar como parte de «la filosofía judía». La Cábala surgió hacia el siglo XIII, en España y en Provenza, como una doctrina esotérica, aunque se reconocen en ella elementos muy diversos; como indica Georges Vajda, la Cábala incluye la meditación de la Escritura y de toda la tradición oral, de la liturgia, de las supersticiones populares, etc. En el curso de estas meditaciones se llegan a interpretaciones sutiles de textos, de letras, de anagramas, a interpretaciones de estas interpretaciones y de los textos, letras y anagramas que contienen, y así sucesivamente, hasta alcanzarse un refinamiento increíble que ha hecho identificar el cabalismo con un arte supersticioso o cálculo supersticioso con el fin de encontrar sentidos textuales. De ahí también el sentido ordinario de «cábalas» como reflexiones complejas y por lo común carentes de fundamento –o cuyo fundamento es tan remoto que ha sido casi olvidado–. Pero al prolongar casi indefinidamente sus meditaciones y las meditaciones sobre las meditaciones, los cabalistas judíos desarrollan muchos temas filosóficos o, si se quiere, metafísico-especulativos.

En la Cábala propiamente dicha se distinguen dos corrientes: la contemplativa de Abraham Abul'Afiya [nac. en Zaragoza en 1240], y la teosófica, expuesta en el llamado *Zohar* (o «Esplendor»), presumiblemente redactado, o rehecho, por Moisés de León y publicado en España hacia fines del siglo XIII. Esta última corriente es la más interesante desde el punto de vista filosófico especulativo. La doctrina expuesta en el *Zohar* –que contiene un comentario al *Pentateuco*– es en gran parte emanatista (véase EMANACIÓN). Dios es considerado en el *Zohar* como una realidad «sin límite» *(en sof)* cuyas manifestaciones o atributos son los *sefiroth*.

Entre los filósofos que se interesaron por las tradiciones cabalísticas figuran Pico della Mirandola, Jacob Böhme, Johannes Reuchlin y Agrippa de Nettesheis.

Cálculo. El cálculo es definido en la lógica como un sistema de signos no interpretados, a diferencia del lenguaje (lógico), el cual es definido como un sistema de signos interpretados. El estudio del cálculo pertenece a la rama de la metalógica llamada *sintaxis*. Los elementos con los cuales se edifica un cálculo son los siguientes:

(1) Los signos del cálculo, los cuales pueden ser primitivos o definidos.

(2) Las expresiones o fórmulas del cálculo.

Entre tales expresiones figuran:

(3) Las expresiones bien formadas o fórmulas bien formadas del cálculo obtenidas por medio de reglas de formación.

Entre las expresiones bien formadas del cálculo figuran:

(4) Los teoremas del cálculo. Un teorema de un cálculo es definido como la última fórmula bien formada de una prueba en un determinado cálculo. Para definir en general la noción de teorema de un cálculo es necesario introducir las nociones de axioma (VÉASE).

Entre los conceptos fundamentales del cálculo se hallan los de consistencia, completitud, decidibilidad e independencia. El cálculo es el resultado de la formalización de una determinada parte de la lógica. Los cálculos que suelen presentarse en ésta son:

(a) El *cálculo sentencial,* cuyos signos son letras sentenciales, conectivas y paréntesis. En parte de la literatura lógica este cálculo es edificado a base de proposiciones, en cuyo caso recibe el nombre de *cálculo proposicional.*

(b) El *cálculo cuantificacional,* cuyos signos son letras sentenciales, letras predicados, letras argumentos, conectivas, paréntesis y cuantificadores. Este cálculo puede ser (b1) cálculo cuantificacio-

nal elemental, en el cual se cuantifican solamente las letras argumentos, y (b2) *cálculo cuantificacional superior*, en el cual se cuantifican también las letras predicados. En la literatura lógica se ha llamado también a (b1) *cálculo funcional* y a (b1) y (b2) respectivamente *cálculo funcional elemental* y *cálculo funcional superior*.
Observemos que (b1) es una parte de (b2). (b1) es usualmente llamado *cálculo cuantificacional monádico de primer orden*. Hay un número infinito de cálculos cuantificacionales monádicos que reciben los nombres de *cálculo cuantificacional monádico de primer orden, de segundo orden, de tercer orden* y, en general, *de n orden*.
(c) El *cálculo de identidad*, cuyos signos son los de cálculo cuantificacional más el signo de identidad (VÉASE).
(d) El *cálculo de clases*, cuyos signos son las conectivas sentenciales, los símbolos booleanos (véase CLASE) y los símbolos de clases.
(e) El *cálculo de relaciones*, cuyos signos son las conectivas sentenciales, los símbolos booleanos y los símbolos de relaciones.
Calemes es el nombre que designa uno de los modos válidos de los silogismos de la cuarta figura. Un ejemplo de *Calemes* puede ser:

Si todas las nubes son efímeras y ninguna cosa efímera es vulgar, entonces ninguna cosa vulgar es una nube,

ejemplo que corresponde a la siguiente ley de la lógica cuantificacional elemental:

$$(\wedge x(Hx \to Gx) \wedge \wedge x(Gx \to \rceil Fx)) \to \wedge x(Fx \to \rceil Hx)$$

y que, usando las letras 'S', 'P' y 'M' de la lógica tradicional, puede expresarse mediante el siguiente esquema:

$$(PaM \wedge MeS) \to SeP$$

donde aparece claramente la secuencia de las letras 'A', 'E', 'E', origen del término *Calemes*, en el orden PM-MS-SP.
Camestres es el nombre que designa uno de los modos válidos de los silogismos de la segunda figura. Un ejemplo de *Camestres* puede ser:

Si todos los estoicos son filósofos y ningún jugador de pelota vasca es filósofo,
entonces ningún jugador de pelota vasca es estoico,

ejemplo que corresponde a la siguiente ley de la lógica cuantificacional elemental:

$$[\wedge x(Hx \to Gx) \wedge \wedge x(Fx \to \rceil Gx)] \to \wedge x(Fx \to \rceil Hx)$$

y que, usando las letras 'S', 'P' y 'M' de la lógica tradicional, puede expresarse mediante el siguiente esquema:

$$(PaM \land SeM) \to SeP$$

donde aparece claramente la secuencia de las letras 'A', 'E', 'E', origen del término *Camestres* en el orden PM-SM-SP.

Categoría. Aristóteles fue el primero que usó κατηγορία en sentido técnico. Algunas veces Aristóteles consideró las categorías como predicados o predicados de clases (*An. Pr.*, I, 41, b31; *Top.* 103, b20).

En el tratado sobre las categorías (*Cat.*, I.16 a 15 y sigs.), Aristóteles divide las expresiones en expresiones sin enlace –como 'hombre', 'es vencedor'– y expresiones con enlace como 'el hombre corre', 'el hombre es vencedor'. Las expresiones sin enlace no afirman ni niegan nada por sí mismas, sino solamente ligadas a otras expresiones. Pero las expresiones sin enlace o términos últimos y no analizables se agrupan en categorías. Aristóteles da varias listas de éstas. La más conocida es la que aparece en *Cat.*, IV 1 b 26 sigs.: 1. *Substancia,* οὐσία, como 'el hombre' o 'el caballo'; 2. *Cantidad,* ποσόν, como 'dos o tres varas'; 3. *Cualidad,* ποιόν, como 'blanco'; 4. *Relación,* πρός τι como 'doble', 'medio', 'mayor'; 5. *Lugar,* ποῦ, como 'en el Liceo', 'en el mercado'; 6. *Tiempo* o fecha, ποτέ, como 'ayer'; 7. *Situación* o *postura,* κεῖσθαι, como 'echado', 'sentado'; 8. *Posesión* o *condición,* ἔχειν, como 'armado'; 9. *Acción,* ποιεῖν, como 'corta', 'habla'; 10. *Pasión,* πάσχειν, como 'cortado'. Otra lista, también de 10 categorías, pero en la cual la expresión οὐσία es sustituida por τί ἐστι aparece en *Top.*, IX 103 b 23. Y otra lista, de 8 categorías (las antes mencionadas, menos *situación* y *posesión*), es presentada en *Phys.*, V 225 b 5-9. Esto parece dar a entender que Aristóteles no consideraba la lista de las categorías como fijada de una vez para siempre y que en principio podía descubrirse que una categoría era reductible a la otra, pero algunos autores no admiten esta interpretación y suponen que las categorías son y deben ser precisamente las *diez* indicadas.

Mencionaremos a continuación varios problemas planteados por la doctrina aristotélica de las categorías.

El primer problema es el de la naturaleza de las categorías. Se han propuesto varias interpretaciones de las cuales mencionamos: (1) Las categorías son equivalentes a partes de la oración y, por lo tanto, deben ser interpretadas *gramaticalmente*. (2) Las categorías designan expresiones o términos sin enlace que, como el propio Aristóteles señala, *significan* la substancia, la cantidad, la cualidad, etc. Esta opinión (W. D. Ross) está basada en una interpretación lingüística o, mejor dicho, *semántica* de las categorías y tiene un muy firme fundamento en muchos textos de Aristóteles. (3) Las categorías designan posibles grupos de respuestas a ciertos *tipos de preguntas:* «¿Qué es x?», «¿cómo es x?», «¿dónde está x?», etc. Esta opinión puede ser designada también como semántica, pero como tiene el inconveniente de no explicar la diferencia entre la substancia y el resto de las categorías, debe completarse indicando que las categorías no solamente expresan grupos de predicados, sino también grupos de sujetos. (4) Las categorías expresan *flexiones* o *casos* del ser y pueden, por consiguiente, ser definidas como *géneros supremos de las cosas, suprema rerum genera.* Es la opinión tradicional, la cual es admitida no solamente por los escolásticos, sino por muchos historiadores modernos. (5) Cualquier interpretación dada a las categorías debe tener en cuenta la *evolución* del pensamiento de Aristóteles al respecto. Puede suponerse, en efecto, que hay una evolución cuyas etapas principales y sucesivas están expuestas en los *Tópicos,* en la *Metafísica* y en las *Categorías.*

Es difícil decidirse por una de las interpretaciones anteriores. A nuestro entender, la interpretación semántica y la interpretación ontológica tradicional son igualmente válidas, pues las categorías no son solamente para Aristóteles términos sin enlace no ulteriormente analizables, sino también diversos modos de hablar del ser *como* substancia, cualidad, cantidad, etc., lo cual sería imposible si el ser no estuviera articulado de acuerdo con tales modos de predicación. Ello está de acuerdo con otras formas de tratar Aristóteles los problemas filosóficos: se trata por igual de hablar del ser y de analizar los modos como es posible hablar acerca de lo que es.

El segundo problema es el de la relación entre la substancia y las demás categorías. Aunque es cierto que puede contestarse «Sócrates es una substancia» a la pregunta «¿Qué es Sócrates?», siempre resulta que la categoría de substancia es concebida como más fundamental que las otras, en virtud de conocidos supuestos filosóficos del Estagirita. Por otro lado, mientras la substancia se divide en substancia primera y substancia segunda, en las demás categorías no aparece tal división.

El tercer problema es el del conocimiento de las categorías. Puede preguntarse, en efecto, si su conocimiento es empírico o no empírico. La solución es intermedia: las categorías son obtenidas mediante una especie de *percepción* intelectual, distinta de la que descubre el principio de no contradicción, pero distinta también de la que proporciona el conocimiento sensible.

Hay también cierta controversia por lo que respecta al número de categorías. Algunos discípulos afirman que es indeterminado, mientras la postura tradicional –basada en la lista de diez categorías– considera que es un número fijo invariable; sin embargo, no siempre están conformes entre sí respecto a si las categorías están o no sistemáticamente relacionadas entre sí.

El cuarto problema es el ya mencionado sobre el número de categorías. Las soluciones son: (a) Un número indeterminado; (b) Un número determinado. Esta última opinión, que es la tradicional, se atiene a la lista de diez categorías. Pero a su vez esta opinión puede manifestarse de dos modos: (I) Las categorías son derivables sistemáticamente; (II) Las categorías no son derivables sistemáticamente.

Puede preguntarse ahora si hay precedentes para la doctrina aristotélica. Usualmente se considera que los más importantes se encuentran en Platón, quien consideró el *ser*, la *igualdad*, la *alteridad*, el *reposo* y el *movimiento* como los géneros supremos (*Soph.*, 254 B) y la *igualdad* y *desigualdad*, el *ser* y el *no ser*, el *impar* y el *par*, la *unidad* y el *número* como propiedades comunes del ser (*Theaet.*, 185 A). Muchos autores, sin embargo, se niegan a admitir que haya equivalencia entre dichas nociones y las categorías aristotélicas, aun cuando es muy posible que el análisis del Estagirita debiera mucho al platónico. Parece probable que las nociones de *substancia, cualidad, modo* y *relación* propuestas por los estoicos fueran una derivación de las categorías aristotélicas, aun cuando dichos filósofos las consideraban como formas de un solo género del ser, pues todo ser tenía para ellos algo de común, y toda forma podía ser comprendida en un común género. Esto era consecuencia de su doctrina de la materia o del cuerpo como principio primero, doctrina que producía gran asombro entre los neoplatónicos, los cuales no podían concebir que fuese primero lo que es en potencia, invirtiendo así la jerarquía de lo en potencia y en acto. En cambio, es menos probable que la doctrina categorial de los neoplatónicos sea superponible a la aristotélica, aun cuando el hecho de que criticaran la doctrina estoica y admitieran tantos elementos aristotélicos en sus doctrinas puede permitir suponer que la relación entre Aristóteles y los neoplatónicos en este respecto fue bastante grande.

Siguiendo en gran parte a Platón, Plotino admite como *géneros del ser* los siguientes: el *ser*, el *movimiento inteligible*, el *reposo* o *estabilidad*, la *identidad* o lo *mismo*, y la *diferencia* o lo *otro*. Lo Uno no queda incluido en los géneros, porque se halla por encima de ellos y constituye su común fundamento y principio.

El problema de las categorías fue tratado por los filósofos medievales como doctrina de los que, a partir de Boecio, se llamaron *praedicamenta*. Éstos eran asimismo «géneros supremos de las cosas», *suprema rerum genera*. Los *predicamentos* –o categorías– se distinguen, según lo que había ya dicho Aristóteles, de los *predicables* o *categoremas*.

La más importante doctrina de las categorías modernas es la de Kant. En la «Analítica trascendental» de la *Crítica de la razón pura*, Kant formuló una doctrina sistemática de las categorías. Éstas son «conceptos puros del entendimiento» que, como escribe Kant, «se refieren *a priori* a los objetos de la intuición en general como funciones lógicas». Las categorías no son para Kant géneros de las cosas. No son conceptos generales ni formas lógicas. No son tampoco ficciones, conceptos-límites, etc. No describen la realidad, pero hacen posible dar cuenta de ella. Así, la categoría de causalidad no describe ninguna relación que pueda haber entre las cosas tal como éstas son en sí mismas; permite ligar ciertos fenómenos a otros de tal modo que se puedan formular leyes universales y necesarias.

Kant reconoce que el concepto de categoría procede de Aristóteles, pero advierte que la enumeración aristotélica de las categorías es azarosa. Además, Aristóteles incluye entre los conceptos originarios algunos conceptos derivados. Para remediar estas (y otras) fallas, Kant fundamenta su tabla de las categorías en la tabla de las formas del juicio. La lógica –que «no ha dado desde Aristóteles ni un paso adelante ni un paso atrás»– proporciona un fundamento seguro para saber de una vez por siempre qué categorías hay y cómo se organizan. Las categorías corresponden a formas lógicas (del juicio), pero no son estas formas.

El sistema kantiano de las categorías comprende las categorías de la *cantidad* (unidad, pluralidad, totalidad); las de la *cualidad* (realidad, negación, limitación); las de la *relación* (substancia y accidente; causalidad y dependencia; comunidad o reciprocidad entre agente y paciente); las de *modalidad* (posibilidad-imposibilidad;

existencia-no existencia; necesidad-contingencia). Éstas son las categorías originarias, junto a las cuales cabe mencionar las derivadas, llamadas por Kant *predicables del entendimiento puro* en oposición a los predicamentos. Las categorías son constitutivas, esto es, constituyen el objeto del conocimiento y permiten, por lo tanto, un saber de la Naturaleza y una verificación de la verdad como verdad trascendental. El problema de las categorías como problema fundamental de la crítica de la razón conduce al problema de la verdad como cuestión fundamental de la filosofía. La deducción trascendental de las categorías es «la explicación del modo como se refieren a objetos conceptos *a priori*, y se distingue de la deducción empírica, que indica la manera como un concepto se ha adquirido por medio de la experiencia y de su reflexión». El sentido constructivo de los conceptos puros del entendimiento tiene su justificación en que sólo por ellos puede el sujeto trascendental pensar los objetos de la Naturaleza y concebir a ésta como una unidad sometida a leyes. Pero, a la vez, este pensamiento de las intuiciones sensibles por medio de las categorías es posible porque hay sujeto trascendental, conciencia unitaria o unidad trascendental de la apercepción.

Además de la antes citada tabla de categorías que figura en la *Crítica de la razón pura,* Kant presentó una tabla de categorías de la voluntad en relación con las nociones de bien y de mal en la *Crítica de la razón práctica*. Esta tabla está construida asimismo a base de las formas del juicio. En esta tabla, agrega Kant *(K. p. V., 67)*, la libertad es considerada como una forma de causalidad no sometida a los principios empíricos de su determinación.

Hasta Kant el concepto de categoría había sido entendido de varios modos. Las categorías podían ser entendidas como ideas generales en la mente, géneros supremos de las cosas, estructuras generales lingüísticas o lógicas, etc. Kant las entiende desde el punto de vista trascendental o como «condiciones de posibilidad». Las categorías no pueden referirse a cosas en sí, de las cuales no podemos saber (racionalmente) nada. Son modos de ordenar y conceptuar los fenómenos.

La noción de categoría después de Kant, especialmente entre los idealistas alemanes que descartaron la distinción entre cosas en sí y fenómenos, adquiere de nuevo carácter metafísico. Así ocurre con Fichte, Hegel, Schopenhauer y Eduard von Hartmann.

Para Fichte, las categorías son engendradas por el Yo en el curso de su «actividad». Son, pues, conceptos que se refieren a un «Absoluto». Hegel distingue entre formas del ser y formas del pensar. Ambas formas (categorías) son «momentos» del Absoluto, pero las categorías del ser son especialmente importantes. Podemos considerar como categorías el *ser* (cualidad, cantidad, medida), la *esencia* (fundamento, fenómeno, realidad) y el *concepto* (concepto subjetivo, concepto objetivo, idea); en todos los casos se trata de formas de ser correlacionadas con formas de pensar. Schopenhauer reduce las categorías kantianas a la sola categoría de *causalidad*, única forma verdaderamente *a priori*.

Trendelenburg define las categorías como conceptos que se originan en la reflexión sobre las formas del movimiento, concebidas como fuentes de los predicamentos. Pero al distinguir entre *categorías reales* y *categorías modales* (estas últimas originadas en el pensar) intenta establecer un puente entre lo objetivo y lo «subjetivo». Hermann Cohen admite que las categorías son condiciones del pensar, pero condiciones lógicas necesarias, de tal suerte que, en último término, no se sabe si pertenecen o no realmente al objeto. Todo depende, en efecto, de que el momento constitutivo de la categoría predomine sobre el regulativo, y aun de que por encima de ellos predomine la instancia reflexiva. Análogos caminos hacia intentos de mediación y busca de un nuevo fundamento ontológico pueden rastrearse en las doctrinas categoriales, aparentemente sólo fenomenistas y relativistas, de Renouvier y Hamelin. Renouvier parte de un cuadro de nueve categorías *(relación, número, posición, sucesión, cualidad, porvenir, causalidad, finalidad y personalidad)*, a cada una de las cuales corresponde una tesis, una antítesis y una síntesis. El propósito de este cuadro no es tanto el de establecer el conjunto de las determinaciones por las cuales se rige el conocimiento como el de solucionar los dilemas metafísicos capitales y hacer planear, por encima de todas, la categoría de la *persona,* que de forma del juicio se convierte así en suprema entidad metafísica. La tendencia al primado de la noción ontológica de la categoría se afirma en los trabajos posteriores de este autor, sobre todo al reducir el cuadro a las categorías de *relación, lógicas,* de *posición* y de *personalidad*. Hamelin concibe las categorías como «elementos principales de la representación», pero se propone asimismo mostrar cómo el conjunto de las relaciones categoriales es no sólo una manera de pensar el mundo, sino lo que el pensamiento descubre sobre la constitución última de lo real. Los «elementos» parecen situados también entre las categorías y los datos inmediatos, entre lo trascendental y lo fenoménico, pero la síntesis, que trabaja sobre los dos términos, tiende a acentuar el momento primero sobre el segundo y, por lo tanto, a devolver al «elemento» el carácter predicamental que le faltaba en sus comienzos.

Los sistemas de categorías han abundado a partir de las últimas décadas del siglo XIX y comienzos del siglo XX. Según Paul Natorp, hay tres tipos de categorías básicas *(Grundkategorien)*: (1) Categorías de la modalidad (reposo, movimiento, posibilidad, contradicción, necesidad, creación, etc.); (2) Categorías de la relación (cantidad, cualidad, «figuración», concentración, autoconservación, etc.); (3) Categorías de la individuación (propiedad, cuantificación, continuidad, espacio, tiempo, etc.). Estas categorías son «funciones productivas de la constitución del ser». William James bosquejó una trama categorial basada en la relación como algo perteneciente a la cosa misma. Así, de menor a mayor «intimidad», las relaciones o categorías son: *estar con* –simultaneidad e *intervalo temporal*–, *ser adyacente en el espacio y distancia* –similaridad y diferencia–, *actividad* –cambio, tendencia, resistencia–, *causalidad* –*sistema continuo del yo*–. Heinrich Meier presenta una tabla categorial en la cual se analizan sucesivamente las *categorías presentativas* (de la aprehensión y de la intuición), *noéticas* (de la comprensión y de la cantidad), *abstractivas, objetivas* y *modales*. Peirce admite varios tipos de categorías. Ante todo, las categorías *fenomenológicas* o *faneroscópicas*, que Peirce llama *Categoría Lo Primero, Categoría Lo Segundo* y *Categoría Lo Tercero*. La Categoría Lo Primero o cualidad de sensibilidad es «la idea de lo que es tal cual es, independientemente de cualquier otra cosa». La Categoría Lo Segundo o reacción es «la idea de lo que es tal cual es, siendo Segundo respecto a algún Primero, independientemente de cualquier otra cosa». La Categoría Lo Tercero es «la idea de lo que es tal cual es, siendo un Tercero o medio entre un Segundo y un Primero» *(The Collected Papers of Charles Sanders Peirce*, edit. por C. Hartshorne y P. Weiss, vol. 6, pág. 32). Estas categorías son llamadas también *Primeridad (Firstness), Segundidad (Secondness)* y *Terceridad (Thirdness)*. La Primeridad es el *quale* o ser tal cual es. La Segundidad es el *hecho*. La Terceridad es la *ley*. También puede decirse que la Primeridad es la *originalidad;* la Segundidad, la *existencia* o *actualidad;* la Terceridad, la *continuidad.* La articulación en tres capas se presenta asimismo, respectivamente, como *sensibilidad, esfuerzo* y *hábito.* Junto a las categorías faneroscópicas, hay las categorías *metafísicas.* Éstas pueden clasificarse en modos de ser *(posibilidad, actualidad, destino),* y en modos de existencia *(azar, ley, hábito).* Finalmente, hay las categorías *cosmológicas,* que son: *azar, evolución* y *continuidad.* Estos sistemas categoriales se entrelazan a veces (como se advierte, por ejemplo, en las nociones de azar, ley y continuidad, que aparecen en diversos modos categoriales). Paul Weiss ha formulado una teoría de los «modos de ser» que puede considerarse como una teoría general de las categorías; según este autor, hay los cuatro modos siguientes: actualidad, idealidad, existencia y Dios. También han presentado sistemas categoriales B. Petronievitch, S. Alexander y B. von Brandenstein.

Varios de los sistemas categoriales últimamente mencionados son de carácter «realista». Las categorías son en tales sistemas modos de ser y no formas «subjetivas» (o siquiera «trascendentales») impuestas a lo real, como ocurre en los sistemas categoriales de inclinación «idealista» (por ejemplo, en los de la mayor parte de autores neokantianos). Tendencia realista manifiestan asimismo varios autores a los que vamos a referirnos de inmediato. Uno de ellos es Husserl –cuando menos en una fase de su pensamiento–. Husserl y muchos fenomenólogos admiten la posibilidad de intuiciones categoriales. Puede distinguirse, pues, entre categorías como contenidos de la intuición. Un detallado sistema categorial se halla en Whitehead. Este filósofo admite cuatro tipos de categorías: 1.º Las categorías de lo último, como la *creatividad* la *multiplicidad* y *lo uno.* 2.º Las categorías de existencia, a su vez subdivididas en ocho especies: *a) entidades actuales,* es decir, realidades finales o *res verae; b) prehensiones* o hechos concretos de la relacionabilidad; *c) nexos; d) formas objetivas; e) objetos eternos* o potenciales puros para la determinación específica del hecho; *f) proposiciones* o potenciales impuros, esto es, teorías; *g) multiplicidades* o disyunciones puras de entidades diversas, y *h) contrastes* o modos de síntesis de entidades en una prehensión. 3.º Las categorías de explicación, en número de veintisiete, que expresan, en última instancia, la constitución de lo real bajo la forma de la relación entre las entidades actuales, los objetos eternos, las potencialidades, las prehensiones, los nexos, las «sensibilidades» y la concreción. 4.º Las obligaciones categoriales, en nueve tipos: la categoría de *unidad subjetiva*, de *identidad objetiva*, de *diversidad objetiva*, de *valoración conceptual*, de *reversión conceptual*, de *transmutación*, de *armonía subjetiva*, de *intensidad subjetiva*, y de *libertad y determinación*.

Causa. El término griego αἰτία, traducido por «causa», tuvo originariamente un sentido jurídico y significó «acusación» o «imputación». Αἰτέω significa «acuso»; y αἰτιάομαι, «pido». Algunos autores suponen que el término latino *causa* procede del verbo *caveo*, «me defiendo», «paro el golpe», «tomo precauciones» (contra alguien o algo), y hasta «no me fío (de alguien)». Parece, pues, que también el vocablo *causa* tiene un previo sentido jurídico, si bien inverso al del griego; en éste se subraya la imputación mientras que en aquél se destaca la defensa. En estas acepciones se percibe ya –siquiera vagamente– un significado que luego será considerado como característico de la relación causal: el pasar de algo a algo. Sin embargo, el significado de 'causa' tal como se ha entendido luego no puede derivarse sólo de estas acepciones jurídicas. Desde el momento en que se empleó la noción de causa filosóficamente se supuso que no hay sólo «imputación» a alguien (o a algo) de algo, sino también, y especialmente, producción de algo de acuerdo con una cierta norma, o el acontecer algo según una cierta ley que rige para todos los acontecimientos de la misma especie, o transmisión de propiedades de una cosa a otra según cierto principio, o todas estas cosas a un tiempo. Como la causa se ha producido, se supuso muy pronto que la causa era, o podía ser, asimismo una razón o motivo de la producción del efecto. Las ideas de causa, finalidad, principio, fundamento, razón, explicación y otras similares se han relacionado entre sí con mucha frecuencia, y en ocasiones se han confundido. Además, al tratar las cuestiones relativas a la causa y a la acción y efecto de causar algo –la causalidad– se ha indicado no pocas veces qué cosas o acontecimientos, y hasta qué principio último, podían ser considerados como propiamente causas. En todo caso, las nociones de causa, causalidad, relación causal, principio causal, etc., han sido fundamentales en la filosofía desde los comienzos.

Los presocráticos no analizaron a fondo la idea de causa –el primer análisis detallado se debe a Aristóteles–, pero usaron esta idea en sus explicaciones del origen, principio y razón del mundo físico. Aristóteles observó (*Met.*, A. 3.983 b sigs.) que los presocráticos hicieron uso de todas las concepciones de la causalidad, pero cada uno de ellos lo hizo de un modo parcial. Por ejemplo, los pitagóricos consideraron los números y las figuras geométricas como causas. Pero eran sólo causas formales –o mejor, modelos–. Empédocles consideró el Amor y la Discordia (la Unión y la Separación) como causas, pero sólo como causas eficientes. Anaxágoras hizo del Nous una causa, pero sólo una causa final. Los atomistas consideraron que todos los acontecimientos suceden necesariamente, y con ello que hay un principio de necesidad que es la universalidad del nexo causal. Decir que nada procede de la nada equivale a decir que todo tiene una causa –si bien esta causa puede interpretarse asimismo como una razón–. Platón estimó asimismo que cuanto llega a ser tiene una causa, mas la primera causa no es puramente mecánica, sino inteligible. Platón establece, pues, ya una distinción entre causas primeras, αἰτίαι o causas inteligibles (las ideas), y causas segundas, αἰτίαι δεύτεραι o causas sensibles y eficaces (las de las realidades materiales y sensibles) (*Tim.*, 46 C). Además, subordinó las últimas a las primeras. Las causas primeras son modelos o atracciones: causan no por su acción, sino por su perfección.

Aristóteles trató el problema de la causa, de su naturaleza y de sus especies en varias partes de su obra, pero principalmente en *Met.*, A 3.983 b – 993 a 10; Δ, 2.1013 a 24 – 1014 a 25; y en *Phys.*, II, 3.194 b 29 sigs. La más celebre e influyente doctrina aristotélica al respecto es la clasificación de las causas en cuatro tipos: la *causa eficiente*, que es el principio del cambio, ἡ ἀρχὴ τῆς μεταβολῆς; la *causa material*, o aquello de lo cual algo surge o mediante lo cual llega a ser τὸ ἐξ οὗ γίγνεταί; la *causa formal*, que es la idea o el paradigma, τὸ εἶδος καὶ τὸ παράδειγμα y es como la esencia en que «es antes de haber sido», τὸ τι ἦ εἶναι; la *causa final* o el fin, τὸ τέλος, τό οὗ ἕνεκα, la realidad hacia la cual algo tiende a ser. Hay, pues, en la producción de algo el concurso de varias causas y no sólo de una. Por otro lado, las causas pueden ser recíprocas, καὶ ἀλλήλων αἴτια, como ocurre con la fatiga que es causa de la buena salud y ésta lo es de la fatiga, si bien no del mismo modo, pues «una es fin y la otra principio del movimiento». Ahora bien, aunque todas las causas concurren a la producción de algo –la producción del efecto– la causa final parece tener un cierto predominio, ya que es el «bien» de la cosa, y la causa final como tal puede considerarse como el bien por excelencia. Cuando Aristóteles afirma que «todo lo que ocurre tiene lugar a partir de algo», πᾶν τὸ γιγνόμενον γίγνεται ...ὑπό τινος *(Met.,* Θ 8.1049 b 28) que «es menester que todo lo movido se mueva a partir de algo», ἅπαν τὸ κινούμενον ὑπό τινὸ ἀνάγκη κινεῖσθαι *(Phys.,* VII, 1.241 b 24) sostiene, en efecto, que no hay movimiento sin causa, pero ello no equivale a afirmar un determinismo de tipo mecánico o puramente eficiente. Por otro lado, al afirmar que cuanto ocurre, ocurre por algo, Aristóteles se refiere explícitamente a la noción de substancia *(Met.,* Θ 8.1049 b 57). Los supuestos del pensamiento causal aristotélico y, en general, del pensamiento griego no son en modo alguno identificables con los supuestos del pensamiento causal moderno. Xavier Zubiri ha indicado que la relación *causa-efecto* no es en el pensamiento antiguo una mera relación. Lo que hace que una cosa tenga la posibilidad de producir otras no es en tal pensamiento tanto el hecho de ser causa como el hecho de ser substancia. Ser substancia significa ser principio de las modificaciones, tanto de las propias como de las ejecutadas sobre otras substancias. Las cuatro causas aristotélicas pueden ser consideradas como los diversos modos en que se manifiestan las substancias en cuanto substancias. Siguiendo a Aristóteles, numerosos pensadores se han ocupado de la noción de causa. Los estoicos desarrollaron una compleja doctrina causal.

Muchos filósofos de final del mundo antiguo y de la Edad Media trataron extensamente de la noción de causa. Destacaremos dos tendencias. Por una parte, el llamado «ejemplarismo» agustiniano y bonaventuriano. Por otra parte, una porción considerable del pensamiento escolástico, en el cual sobresale el tomismo. En el «ejemplarismo» agustiniano y bonaventuriano no se descarta por entero la acción de las llamadas «causas segundas» –las causas tales como se supone que operan en la Naturaleza y que son a la vez de tipo eficiente y final–. Estas causas son admitidas al lado de las causas primeras, pero su eficacia es considerada como limitada en virtud de cierta «insuficiencia» ontológica de la Naturaleza. Causa en sentido propio es sólo la Causa creadora, la cual opera según las *rationes aeternae.* Ello no significa que la Causa creadora sea únicamente como un artífice o demiurgo que se limita a organizar lo real. La Causa creadora saca la realidad de la nada, sin que quepa preguntarse por la «razón» de su producción. Es de advertir que el término *causa* en San Agustín (y posiblemente también en San Buenaventura) es usado con frecuencia en el mismo sentido que «razón» o «motivo» (como en *causa... voluntatis Dei*).

En el pensamiento escolástico, y especialmente en el tomismo, fue objeto de minuciosos estudios la doctrina aristotélica sobre la naturaleza de la causa y las especies de ésta. Cierto número de afirmaciones de Santo Tomás son paralelas a las de Aristóteles. Así, por ejemplo: *Omne quod fit, habet causam* (*S. Theol.*, I-II. q. LXXV. 1 sed contra); *Omne quod movetur, ab alio movetur* (*ibid.*, I.2,3). En el mismo caso está la clasificación de los tipos de causas (*species causarum*) en cuatro: *causa per modum materiae; causa formalis; causa movens, vel efficiens; causa finis* (véase *in* 1.c. lect. *2* e *in Phys.*, II lect. 10). La causa es, para Santo Tomás, aquello a lo cual algo sigue necesariamente. Se trata de un principio, pero de un principio de carácter positivo que afecta a algo. La causa se distingue en este sentido del principio en general. El principio es aquello de que procede algo (lo principiado) de «un modo cualquiera»; la causa es aquello de que procede algo (lo causado) de un modo específico. Principio y causa son ambos de algún modo «principios», pero mientras el primero lo es según el intelecto, la segunda lo es según la cosa (o la realidad). Así se establece la diferencia entre la relación *principio-consecuencia* y *causa-efecto*, de tan fundamental importancia en el tratamiento de la noción de causa y que ha sido obliterada a veces por el racionalismo extremado. A partir de estas definiciones, Santo Tomás –y autores tomistas diversos– han introducido numerosas distinciones, algunas basadas en Aristóteles y otras propias. Se ha distinguido entre causas primeras y causas segundas, como Platón había ya hecho. Se ha hablado también de las siguientes especies de causa: causas constituyentes (materia y forma); causas extrínsecas (eficiente, final, ejemplar); causas intrínsecas (materia y forma); causas accidentales; causas cooperantes o concomitantes (concausas); causas instrumentales (subordinadas); causas ocasionales; causas inmediatas (que producen directa e inmediatamente el efecto). Expresiones en que interviene el término *causa* en otros sentidos distintos (aunque a veces próximos) a los apuntados y que pueden entenderse claramente en su enunciado son: *causa adaequata, causa inadaequata, causa essendi; causa fiendi; causa cognoscendi, causa transiens, causa per se.* Cada uno de los cuatro tipos de causas ha sido, además, clasificado por los autores tomistas. Así tenemos en la causa eficiente, entre otras, las siguientes especies de causa: primera y segunda; principal y subordinada; unívoca y análoga (o «equívoca»); esencial y accidental; inmanente y transitiva; inmediata, mediata, remota y última; total y parcial; universal y particular.

En general, los filósofos antiguos y medievales tendieron a considerar la relación *causa-efecto* desde un punto de vista predominantemente ontológico. Además, se inclinaron con frecuencia a considerar la noción de causa en estrecha relación con la de substancia (VÉASE). Ello no significa que todos estos filósofos estuviesen de acuerdo. Dentro del estoicismo y del escepticismo se hallan ideas sobre la causa en las que se subrayan mucho menos los aspectos ontológicos de la relación causal. Por un lado, en varios pensadores medievales se encuentran análisis de la noción de causa distintos tanto de la concepción «ejemplarista» como de la tomista.

Durante el Renacimiento se despertó el interés por la noción de causa final, especialmente entre autores que desarrollaron una concepción del mundo de carácter «organológico» (J. B. van Helmont, Agrippa de Nettesheim). A principios de la época moderna se fue imponiendo cada vez más la noción de causa eficiente; dentro de esta noción, además, se impuso la noción de una causa que, en vez de dar razón de las cosas mismas, da razón de variaciones de estado y de desplazamientos en el espacio de acuerdo con leyes expresables matemáticamente. El ejemplo más destacado al respecto es Galileo. La física moderna renuncia a explicar la «naturaleza ontológica» del cambio: da una razón mensurable del movimiento. Para algunos autores, esto equivale a prescindir de la noción de causa.

La noción de la naturaleza de la causa y de qué realidades son propiamente causas fue discutida abundantemente durante los siglos XVII y XVIII. Dos grandes posiciones se enfrentaron. Una de ellas puede ser llamada «racionalista»; sus más conocidos defensores son Descartes (cf., por ejemplo, *Princ. phil.*, II, 30, 36; III, 43, 141 *et al.*), Spinoza (cf., por ejemplo, *Eth.*, I, viii, schol. 2) y Leibniz (cf., por ejemplo, *Discours de métaphysique*, 19, 22 *et al.*). La tendencia más acusada entre los racionalistas fue la equiparación de 'causa' con 'razón' según la fórmula *causa sive ratio*, «causa o razón». Esto hacía que la relación *causa-efecto* fuese muy parecida, si no idéntica, a la relación *principio-consecuencia*: si *A* es causa de *B*, *A* es principio de *B*, y viceversa. Este punto de vista fue defendido consecuentemente por Spinoza. Leibniz distinguía entre el principio de no contradicción (que expresa la mencionada relación «principio-consecuencia») y el de razón suficiente (que expresa la relación «causa-efecto»). Sin embargo, su tesis de que nada sucede sin razón suficiente no es sólo un principio causal, sino uno lógico (lógico y ontológico a la vez).

Con esto los racionalistas topaban con una dificultad. Para entender racionalmente el efecto, éste ha de estar «incluido» en la causa (si no ocurriera así, habría algo nuevo, que sería ininteligible). Pero si está «incluido» en la causa, no hay realmente efecto. Es verdad que el principio racionalista, *causa aequat effectum*, «la causa es igual al efecto» (literalmente: «la causa está 'al mismo nivel que' el efecto») puede interpretarse como sigue: tiene que haber una completa correspondencia entre la causa y el efecto (ya que de otro modo no se entendería cómo se ha producido el efecto). Pero, en último término, el principio citado está subordinado al de *causa sive ratio*.

Malebranche y los ocasionalistas se ven precisados a resolver el dualismo entre la substancia pensante y la extensa planteado por Descartes, mediante la suposición de que las causas, cuando menos las segundas, son ocasiones, y que, por lo tanto, sólo Dios puede ser verdadera causa eficiente.

Las opiniones de los racionalistas y de los empiristas respecto a la causalidad difieren abiertamente. En su *Philosophia prima sive ontologia* (§ 881) Wolff expresó la tesis racionalista afirmando que la causa es un principio *(principium)* y lo causado es algo principiado *(principatum)*. La relación de causa a efecto aparece, pues, como una relación de razón a consecuencia de razón. Locke se interesó por el origen de la noción de causa y afirmó que 'causa' es «lo que produce cualquier idea simple o compleja» *(Essay,* XXXVI, 1). Hume consideró que no hay ninguna razón para suponer que, dado lo que se llama un «efecto», ha de haber una causa invariablemente unida a él. Observamos sucesiones de fenómenos: a la noche sigue el día, al día la noche, etc.; cada vez que se suelta un objeto cae al suelo, etc. En vista de la regularidad observada, concluimos que ciertos fenómenos son causas y otros son efectos. Sin embargo, sólo podemos afirmar que un acontecimiento sigue a otro. No podemos comprender que haya ninguna fuerza o poder por el cual opera la llamada «causa», y no podemos comprender que haya ninguna conexión necesaria entre semejante «causa» y su supuesto «efecto». Las relaciones necesarias se dan solamente entre relaciones de ideas; no entre hechos. Los hechos se hallan relacionados sólo contingentemente. Así, es cierto que los fenómenos cuya sucesión regular observamos están «unidos», pero ello no quiere decir que estén «conectados»: *conjoined, but never conected* (cf. *Enquiry,* VII, 2).

El análisis de Hume parecía desembocar en el escepticismo, si bien Hume propuso una solución para las «dudas escépticas»: es la solución que ha estado en el origen del inductivismo y de gran parte del positivismo. Kant aceptó la crítica de Hume de la noción de causalidad –lo mismo que su crítica de la noción de substancia–. Estas críticas destruyen los supuestos de los racionalistas. Pero, según Kant, la ciencia natural (la física) no sería posible a menos de suponerse que los fenómenos se suceden de acuerdo con una estricta relación de la causa a efecto. La causalidad no se encuentra, o no puede encontrarse, en la misma realidad. Pero no puede consistir, como pensaba Hume, en una «creencia» fundada en el «hábito», ya que entonces las leyes científicas no serían, como Kant postulaba, «universales y necesarias». Según Kant, la causa no está «en la realidad», pero no está solo «en la mente «subjetivamente»: 'causa' es el nombre de uno de los conceptos del entendimiento o categorías (véase CATEGORÍA). La causalidad no puede derivarse empíricamente, pero no es tampoco una pura idea de la razón; tiene un carácter sintético y a la vez *a priori*. La categoría de causalidad (causalidad y dependencia; causa y efecto) corresponde a los juicios de relación llamados «hipotéticos». Pero no es el esquema «vacío» de un juicio condicional. No es tampoco un principio (ontológico) que se baste a sí mismo, y cuya evidencia sea radical. La noción de causalidad permanece así inatacable, pues su aceptación no depende ni de una supuesta evidencia ontológica (que, por lo demás, es vacía de contenido) ni de la mostración empírica (que no llega nunca a resultados universales y necesarios). Por supuesto, la causalidad en este sentido se restringe al mundo fenoménico; no se puede decir si afecta a las cosas en sí, porque no se puede tener acceso a tales cosas. Toda la «Analítica trascendental» en la *Crítica de la razón pura,* de Kant, es fundamental para entender la crítica kantiana del racionalismo y del empirismo.

Después de Kant han abundado las doctrinas sobre la causalidad. Los idealistas alemanes volvieron a subrayar el carácter metafísico de la causa, pero en un sentido distinto del racionalismo prekantiano. Schelling emparentó la noción de causa con la de fundamento absoluto. En la filosofía de Hegel, la causa es presentada como aquello por lo cual un ser puede producirse a sí mismo (véase CAUSA SUI), produciendo de este modo su desenvolvimiento «interno». Para Schopenhauer, la causalidad es la única categoría originaria y averigua la cuádruple raíz del principio de razón suficiente en una forma que permite conservar la causalidad como categoría en sentido kantiano y a la vez considerarla como momento principal del Absoluto, de la Voluntad. John Stuart Mill, representante de la tesis empiricista, mantenía que la causa era una suma de condiciones –positivas y negativas– que constituían un «antecedente invariable».

Dewey trató de averiguar de qué idea fundamental deriva la idea de causalidad. Según este autor, deriva del modelo de la herramienta y del trabajo que se ejecuta con una herramienta. La causalidad no es el resultado de una secuencia de fenómenos naturales (como piensa el hombre de ciencia, ni es una categoría de la razón (como afirman algunos filósofos), ni es derivada de la observación por un sujeto de los actos voluntarios (como proponen otros filósofos).

Causa sui. La expresión *causa sui* parece haber sido introducida en la literatura filosófica medieval por medio de traducciones latinas de Alfarabi (cf. Rudolf Eucken, *Ges. der phil. Terminologie*, 1879, reimp., 1960, pág. 68). Se ha indicado asimismo que se usó por vez primera en el siglo XII –por ejemplo, por Alain de Lille (cf. A. Guzzo-F. Barone, *Enciclopedia Filosofica Italiana*, I, A-Eq, 1957, s.v. «Causa sui», pág. 979, col. 1). Alberto Magno usó la expresión *principium sui*. En su doctrina de la Trinidad el Padre es descrito como *principium* y no *causa* del Hijo (Eucken, *op. cit.*, pág. 91, nota 3). *Causa sui* ha sido usado por Santo Tomás, Suárez y muchos autores escolásticos, así como por Descartes y, sobre todo, Spinoza. Originariamente *causa sui* no se refería a Dios (Dios era más bien *principium sui*). *Causa sui* podía aplicarse al hombre en cuanto hombre libre, significándose con ello que se determinaba a sí mismo libremente. Se decía, sin embargo, que nada es propiamente *causa sui*, pues todo ente es en cuanto tiene un origen distinto de sí mismo, esto es, causado.

Dios fue presentado como *causa sui* por Descartes en su prueba (que Kant llamó «ontológica») de la existencia de Dios. Spinoza comenzó su *Ética* (I, def. 1) con una definición del concepto *cau-*

sa sui: «Por causa de sí mismo entiendo aquello cuya esencia envuelve la existencia, esto es, aquello cuya naturaleza no puede concebirse si no es existiendo». Puede decirse que en Descartes y en Spinoza se da una definición positiva de *causa sui*, a diferencia de la definición escolástica medieval, que era más bien negativa, por cuanto afirmaba que un ente es *causa sui* cuando *no* tiene causa (exterior al ente considerado). La *causa sui* definida positivamente se aplica en Descartes a la substancia, pero como la única substancia que cumple con todas las condiciones requeridas es la substancia infinita, Dios acaba por ser definido como *causa sui* por excelencia. Lo mismo en Hegel.

Celarent es el nombre que designa uno de los modos válidos de los silogismos de la primera figura. Un ejemplo de *Celarent* puede ser:

Si ningún africano es europeo
y todos los abisinios son africanos,
entonces ningún abisinio es europeo,

ejemplo que corresponde a la siguiente ley de la lógica cuantificacional elemental:

$$[\wedge x\,(Gx \to \rceil Hx) \wedge \wedge x(Fx \to Gx)] \to \wedge x\,(Fx \to \rceil Hx)$$

y que, usando las letras 'S', 'P' y 'M' de la lógica tradicional, puede expresarse mediante el siguiente esquema:

$$(MeP \wedge SaM) \to SeP$$

donde aparece claramente la secuencia de las letras 'E', 'A', 'E' origen del término *Celarent*, en el orden MP-SM-SP.

Cesare es el nombre que designa uno de los modos válidos de los silogismos de la segunda figura. Un ejemplo de *Cesare* puede ser:

Si ningún pedazo de hierro es blanco
y todos los copos de nieve son blancos,
entonces ningún copo de nieve es un pedazo de hierro,

ejemplo que corresponde a la siguiente ley de la lógica cuantificacional elemental:

$$(\wedge x\,(Hx \to \rceil Gx) \wedge \wedge x(Fx \to \rceil Gx)) \to \wedge x\,(Fx \to \rceil Hx)$$

y que, usando las letras 'S', 'P' y 'M' de la lógica tradicional, puede expresarse mediante el siguiente esquema:

$$(PeM \wedge SaM) \to SeP$$

donde aparece claramente la secuencia de las letras 'E', 'A', 'E', origen del término *Cesare*, en el orden PM-SM-SP.

Cínicos. La llamada escuela cínica recibe, según algunos autores, su nombre del vocablo 'perro' (κύων), entendiéndose que los cínicos consideraban este calificativo como un honor. Según Diógenes Laercio, procede del hecho de que Antístenes –usualmente estimado como el «fundador» de la «escuela»– daba sus enseñanzas en el Cinosargo, un gimnasio situado en las proximidades de Atenas. El sentido peyorativo que adquirió la palabra muy posteriormente se debe, en gran parte, al desprecio en que tenían los cínicos las convenciones sociales, y en parte a los adversarios de la escuela, sobre todo desde que algunos de sus «miembros» abandonaron el rasgo ascético y se inclinaron al hedonismo. Pero, en general, el cínico era estimado como el hombre a quien las cosas del mundo eran indiferentes.

Se ha discutido mucho quiénes fueron los fundadores del cinismo. La opinión tradicional es que hay una línea continua de transmisión del pensamiento cínico que va de Antístenes a Diógenes y de éste a sus discípulos, tanto directos como indirectos. Esta línea fue proseguida, de acuerdo con la mencionada opinión tradicional, por los cínicos de los siglos III y II a.C. Tras una cierta interrupción, el cinismo (siempre considerado como la «escuela cínica») resurgió a fines del siglo I y durante el siglo II d.C. Otros discípulos, sin embargo, han destacado la importancia de Diógenes considerándole al auténtico fundador de la escuela, frente a quienes se lo atribuían a Crates de Tebas.

Independientemente de quién fundase la escuela cínica, ello no hubiera sido posible sin Sócrates, ya que fue él –con su vida y su muerte– quien demostró que un ser humano no admite ser reducido a «animal social». Fue por la admiración hacia la independencia del modo de vida socrático por lo que los cínicos llegaron a proclamar al individuo aislado como de la máxima importancia, mientras que los convencionalismos de la sociedad no son –decían– sino vestigios inertes de un remoto pasado que han de ser tenidos en poco por cualquier individuo, ya que carecen por completo de importancia. En líneas generales, los cínicos consideraban con indiferencia las cosas de este mundo. Antes que una filosofía, el cinismo consiste en una forma de vida –lo que Diógenes Laercio llamaba ἔντασις βίου–, un estilo de vida que surgió en un momento de crisis en el mundo antiguo, mundo amenazador si se atiende a los temas clásicos de las diatribas cínicas, mundo de exilios, esclavitud y falta de libertades. Y es para afrontar esa crisis por lo que los cínicos renuncian a la acción y declaran que lo ideal es la pasividad absoluta; pero como esto no es posible, el cínico dedica toda su energía en una única dirección: mostrar su desprecio por todo lo convencional.

Círculo. Este término puede emplearse en diversos contextos.

1. Como designando, metafóricamente, una forma básica, o hasta la forma básica, de comportarse la realidad en sentido metafísico. Se dice entonces que tal realidad opera de modo circular. Ejemplo de ello es el proceso de emanación (VÉASE) y retorno a conversión de lo espiritual en algunos autores neoplatónicos (Plotino y Proclo principalmente) o influidos por el neoplatonismo (Juan Escoto Erigena). El punto de partida y el punto de llegada coinciden, manifestándose a veces, como en Nicolás de Cusa, una *coincidentia oppositorum*. También en Hegel hay la idea del círculo, bien que el carácter tanto idealista como dinámico-histórico del sistema hegeliano represente una idea distinta de la circularidad. Esta última se acentúa, además, en Hegel por la importancia que adquiere la «circularidad» de cada tríada. La filosofía hegeliana pudo ser vista como el ejemplo más perfecto del modo de pensar designado por Hans Leisegang como «el círculo de círculos».

2. En las expresiones 'círculo en la prueba' *(circulus in probando)* y 'círculo vicioso' *(circulus vitiosus)*. El círculo en la prueba es un sofisma, una falacia, del que son ejemplos el llamado «círculo vicioso» y la llamada «petición de principio» *(petitio principii)*. El círculo en la prueba es un género de sofisma, o falacia (véase FALACIA), del que el círculo vicioso es una especie. El círculo vicioso es identificado a veces con la petición de principio, pero casi siempre se distingue entre ambos: en el círculo vicioso hay dos proposiciones que se «demuestran» una por la otra, y viceversa, mientras que en la petición de principio se trata de la misma proposición formulada de modos distintos.

3. Se habla de «círculo hermenéutico» en varios sentidos, y especialmente en los dos siguientes.

Por una parte, hay un círculo hermenéutico –por lo demás, «inevitable»– en la interpretación de un texto y, en general, de toda manifestación simbólica humana. En efecto, una parte del texto, o del «sistema simbólico», no puede entenderse a menos de referirla al todo, que confiere significación a la parte. Pero la totalidad del texto, o del «sistema simbólico», se entiende asimismo en función de las partes que lo constituyen.

4. Se usa 'Círculo' en expresiones que designan algún grupo de filósofos que, sin constituir formalmente una escuela en sentido tradicional, trabajan filosóficamente sobre supuestos comunes o con intereses comunes. Ejemplos son las expresiones 'Círculo de Gottinga', 'Círculo de Varsovia' y la más conocida, 'Círculo de Viena'.

Claro y distinto. Los escolásticos consideraban que un concepto de objeto es claro cuando permite distinguir el objeto de otros objetos. Un concepto claro puede ser distinto o indistinto (un concepto indistinto se llama también «confuso»).

Concepto claro de un objeto es distinto cuando permite distinguir el objeto de otros por medio de denominaciones intrínsecas, esto es, exhibiendo las características o notas que lo constituyen. Es indistinto o confuso cuando la distinción se efectúa extrínsecamente.

La cuestion de la claridad (y distinción) de las ideas desempeña un papel fundamental en la filosofía cartesiana. La primera de las reglas del método *(Discours,* II) es la de no admitir nada a menos que se presente a la mente tan clara y distintamente que no haya ocasión de ponerlo en duda (cf. también *Med.,* II). «Las cosas que concebimos muy clara y distintamente –escribe Descartes– son todas ellas verdaderas» *(Med.,* IV). En las *Regulae* (III), Descartes habla de «intuición clara y evidente». En los *Princ. phil.* (I, 45), de «conocimiento claro y distinto». En este mismo pasaje el filósofo da una definición de estos términos tan usados en su obra: «Llamo claro al conocimiento que se halla presente y manifiesto a un espíritu atento, como decimos que vemos claramente los objetos cuando, hallándose presentes a nuestros ojos, obran asaz fuertemente sobre ellos, y en cuanto éstos están dispuestos a mirarlos. Llamo distinto al conocimiento que es tan preciso y diferente de todos los demás que no abarca en sí sino lo que aparece manifiestamente a quien considera tal conocimiento como es debido.» Aunque fundada en concepciones escolásticas, la doctrina de Descartes al respecto no coincide con ellas. Por eso admite Descartes *(Princ. Phil.,* I, 46) que un conocimiento puede ser claro sin ser distinto, pero no a la inversa. Se puede advertir que los criterios de claridad y distinción en Descartes son no solamente criterios lógicos o criterios epistemológicos, sino también criterios ontológicos. Ello se debe a que Descartes considera que la idea es la cosa misma en tanto que es vista (directamente intuida), de modo que la claridad y distinción en las ideas es a la vez la claridad y distinción en las cosas.

El problema que nos ocupa no fue tan fundamental en otros filósofos modernos como lo fue en Descartes y Leibniz, pero la mayor parte de los pensadores de los siglos XVII y XVIII lo tuvieron de algún modo en cuenta. La claridad fue con mucha frecuencia equiparada al conocimiento completo, adecuado, directo, intuitivo, etc. –así, en Locke, quien afirma que el espíritu tiene una percepción completa y evidente de las ideas claras, siendo las ideas distintas aquellas en las que el espíritu percibe una diferencia respecto a cualquier otra idea–. Spinoza hablaba sobre todo de ideas adecuadas (véase ADECUADO) e ideas mutiladas o confusas *(Eth.,* III, prop. I, dem.). Afirmaba asimismo que el espíritu puede tener ideas confusas *(ibid.,* prop. IX). En su escrito *Meditationes de cognitione, veritate et ideis,* de 1684 (Gerhardt, IV. 422-26), Leibniz indica que el conocimiento puede ser oscuro o claro. Las ideas claras pueden ser indistintas o distintas; las ideas distintas, adecuadas o inadecuadas, simbólicas o intuitivas. El conocimiento perfecto es el que es a la vez adecuado e intuitivo. «El conocimiento es *claro* –escribe Leibniz– cuando es suficiente para permitirme reconocer las cosas representadas.»

No obstante las diferencias entre los mencionados autores, todos parecen tender a considerar la claridad como una especie de transparencia y la distinción como una «precisión» (en el sentido etimológico de «preciso», esto es, «separado»).

Otros autores, en cambio, han tratado de enfocar el problema de la claridad de otros modos. Léase, por ejemplo, lo que escribe Kant en el Prefacio a la primera edición de la *Crítica de la razón pura:* «En cuanto a la *claridad,* el lector tiene el derecho de pedir, ante todo, claridad *discursiva* (lógica) por medio de *conceptos,* y segundo, claridad *intuitiva* (estética) por medio de ilustraciones». Aquí Kant toma el termino 'claridad' como una forma de comprensibilidad o coherencia.

La filosofía contemporánea muestra un renovado interés por la cuestión de la claridad. Los analíticos destacan la importancia de la claridad de los juicios sobre la de los conceptos; pretenden aclarar el significado de las expresiones lingüísticas. Según Wittgenstein *(Tractatus,* 4. 116), «todo cuanto puede ser pensado de algún modo, puede ser pensado claramente». Este principio es aceptado por numerosos pensadores, analíticos y lingüistas, incluso por quienes se oponen radicalmente al «primer Wittgenstein».

Según Bergson (*La pensée et le mouvant*, 1934, págs. 31-32), hay dos especies de claridad: (1) La de la idea que nos presenta dispuestas en un nuevo orden ideas elementales ya poseídas; (2) la de la idea radicalmente nueva y absolutamente simple, captada por intuición. La primera especie de claridad no ofrece dudas; la inteligencia se mueve en un terreno familiar y pasa de lo menos conocido a lo más conocido. La segunda especie de claridad es negada con gran frecuencia; como dicha idea nueva es simple y no puede descomponerse en otras, parece por lo pronto incomprensible. Sin embargo –dice Bergson–, tan pronto como la adoptamos provisionalmente y la «aplicamos» a territorios distintos de los del conocimiento, descubrimos que tal idea, ella misma oscura, sirve para disipar oscuridades. Hay, pues, que distinguir entre *ideas que son luminosas en sí mismas e ideas que iluminan*. A cada especie de ideas corresponde una especie de claridad: la «interna» y la «irradiante», respectivamente. La observación de Bergson plantea un problema. En efecto, las ideas que no son claras en sí mismas pero que iluminan el pensamiento, pueden ser interpretadas de varios modos: (a) o como ideas que penetran «el fondo de lo real», (b) o como ideas que regulan nuestro conocimiento de lo real, (c) o como ideas que carecen de toda significación por no poder ser comprobada su verdad en lo real. A cada una de estas concepciones corresponde una distinta filosofía. La concepción de Bergson oscila probablemente entre (a) y (b); Bergson no osa señalar que tales ideas son algo más que regulativas, pero el resto de su filosofía hace posible interpretarlas como intuiciones que permiten descubrir la entraña de la realidad.

Clase. Se ha definido a veces la clase como una serie, grupo, colección, agregado o conjunto de entidades (llamadas *miembros*) que poseen por lo menos una característica común. Ejemplos de clase pueden ser: la clase de los hombres, la clase de objetos cuya temperatura en estado sólido es inferior a 10 °C, la clase de las voces que empiezan con la letra 'c' en esta página, etcétera.

Boole (1815-1864) estableció en 1854 un cálculo lógico de clases basado en las leyes a que son sometidos los símbolos que representan «cosas», tales como «todos los x» o «la clase x».

En 1890 Ernst Schröder (1841-1902) desarrolló asimismo el cálculo de clases a base de las investigaciones de Boole y otros autores. El cálculo de clases presentado en los tratados lógicos posteriores recibe por ello con frecuencia el nombre de *álgebra de Boole-Schröder* (aun cuando el nombre de Augustus de Morgan debería agregarse también al de ellos).

En los *Principia Mathematica* (I. Int. Cap. iii y Parte I, Sec. C, 20), de Whitehead-Russell, se procede a presentar la noción de clase en la forma siguiente. «En virtud del axioma de reducibilidad –escriben dichos autores–, si φ z es cualquier función, hay una función predicativa formalmente equivalente ψ ! z; entonces la clase z (ψ ẑ)) es idéntica a la clase ẑ (ψ ! z̲). de modo que cada clase puede ser definida mediante una función *predicativa*. De ahí que la totalidad de las *clases* a las cuales puede decirse significativamente que pertenece o no pertenece un término dado, es una totalidad legítima, aunque la totalidad de *funciones* a las cuales puede decirse significativamente que pertenece o no pertenece un término dado, no es una totalidad legítima. Las clases a las cuales un término dado, *a*, pertenece o no pertenece son las clases definidas por funciones *a*; hay también las clases definidas por funciones *predicativas a*. Las llamaremos clases *a*. Entonces *las clases a* forman una totalidad legítima, derivada de la de las funciones *predicativas a*.»

Con el fin de aceptar la anterior definición es necesario, empero, indicar las condiciones que debe cumplir un símbolo para operar o servir como clase. Estas condiciones son las siguientes: (1) Toda función proposicional debe determinar una clase que puede ser considerada como la colección de todos los argumentos que satisfacen la función en cuestión. (2) Dos funciones preposicionales formalmente equivalentes deben determinar la misma clase, y dos que no son formalmente equivalentes deben determinar diferentes clases. La clase queda determinada, pues, por la calidad de miembro (o hecho de pertenencia). A la inversa, dos funciones proposicionales que determinan una misma clase deben ser formalmente equivalentes. (3) Hay que poder definir no sólo clases, sino clases de clases. (4) En todos los casos debe carecer de significación (lo que no equivale a ser falso) suponer que una clase es miembro de sí misma o no es miembro de sí misma (véase PARADOJA). (5) Debe ser posible –aunque muy difícil– formular proposiciones sobre *todas* las clases compuestas de individuos, o sobre *todas* las clases compuestas de objetos de cualquier tipo lógico. Esta última condición ha sido muy discutida en la lógica contemporánea, sobre todo en la medida en que se ha puesto en tela de juicio el principio russelliano de reducibilidad.

Las clases son consideradas por Whitehead y Russell como «ficciones lógicas» y como «símbolos incompletos». «La siguiente teoría de las clases –escriben dichos autores–, aunque proporciona una notación para representarlas, evita el supuesto de que hay cosas que pueden llamarse clases... Los símbolos incompletos que ocupan el lugar de las clases sirven para proporcionar técnicamente algo idéntico en el caso de dos funciones que poseen la misma extensión; sin algo que represente clases no podemos, por ejemplo, contar las combinaciones que pueden ser formadas a base de una serie dada de objetos.»

Nos hemos extendido sobre las anteriores definiciones y precisiones por ser consideradas como la base, ya tradicional, sobre la cual se apoyan las posteriores investigaciones acerca de la noción de clase. Ahora bien, la lógica contemporánea considera que varias de las anteriores formulaciones adolecen de falta de rigor. Procederemos a exponer los rasgos fundamentales de la actual lógica de las clases.

Si consideramos el enunciado:

Óscar es colérico,

observaremos que 'es colérico' puede ser leído de dos modos: (1) 'tiene la propiedad de ser colérico'; (2) 'es un miembro de la clase de las entidades coléricas' o 'pertenece a la clase de las entidades coléricas'. En el primer caso, el enunciado en cuestión puede ser expresado mediante 'Fx', donde 'F' es una letra predicado que se lee 'es colérico'. En el segundo caso, el enunciado en cuestión puede ser expresado mediante:

$$x \in A,$$

donde '$\in$' (abreviatura de $\epsilon\sigma\tau\iota$ propuesta por Peano) se lee 'es un miembro de la clase' y 'A' es una letra que representa una clase (en el ejemplo en cuestión la clase de las entidades coléricas). La expresión '$x \in A$' es empleada para sustituir un *abstracto* o nombre de clase. En la lógica de las clases los abstractos designan, en efecto, las clases de todas las entidades que tienen ciertas propiedades. La expresión:

$$\hat{x}\, Fx,$$

es un abstracto, que se lee 'la clase de todos los x tales, que Fx'. El signo '$\wedge$' sobrepuesto a 'x' recibe el nombre de «capucha»; 'x' es llamada por ello «letra encapuchada». El enunciado 'Óscar es colérico', leído, en el sentido mencionado en (2), como

Óscar $\in$ colérico,

será, pues, igual a:

$$\text{Oscar} \in \hat{x}(x \text{ es } colérico),$$

es decir:
Oscar es un miembro de la clase de todos los x tales, que x es colérico. De un modo general se usan en la lógica de las clases expresiones tales como:

$$y \in \hat{x} Fx$$
$$x \in \hat{z} Gzw,$$
etc.,

pero con el fin de evitar las complejidades de estas notaciones, se prefieren abreviaturas tales como:

$$x \in A,$$
$$x \in B,$$
etc.

Las letras 'A', 'B', 'C', etc. son empleadas, pues, para expresar 'la clase A', 'la clase B', 'la clase C', etc. Observemos que algunos autores prefieren las minúsculas latinas cursivas 'a', 'b', 'c'; otros, las letras 'K', 'L'. etc.; otros, finalmente (como Whitehead y Russell), las minúsculas griegas 'α', 'β', etc.

La noción de clase ha sido confundida a veces con las nociones de agregado o de todo. Esta confusión debe evitarse, pues de lo contrario se corre el riesgo de equiparar una entidad concreta con una entidad abstracta. Las clases son entidades abstractas, aun cuando los miembros de que se componen sean entidades concretas. También se ha equiparado la noción de clase con la de propiedad. Esta última equiparación tiene mayor fundamento. Como dice Carnap, dos clases –correspondientes a dos predicadores, por ejemplo, 'P' y 'Q'– son idénticas si tienen los mismos elementos, es decir, si 'P' y 'Q' son lógicamente equivalentes. La intención del predicador 'P' es la propiedad P; su extensión es la clase correspondiente. 'Intensión' y 'propiedad' son usados aquí en sentido objetivo y no mental. Por su lado, Quine señala que clase y atributo son ambas entidades abstractas, designadas por términos abstractos.

Las nociones fundamentales de referencia son la de complemento, la de inclusión, la de identidad, la de suma, la de producto, la de clase universal y la de clase nula. Excepto las dos últimas, las demás han sido presentadas y definidas en los artículos correspondientes (véase COMPLEMENTO).

La clase universal es la clase de todos los miembros en el universo del discurso. Esta clase es simbolizada por 'V' (algunos autores usan 'I'). La clase universal es definida del modo siguiente:

$$V =_{\text{def.}} \hat{x}(x = x),$$

donde '$x = x$' es satisfecho por todo.

La clase nula (también llamada *vacía*) es la clase a la cual no pertenece ningún miembro en el universo del discurso. Esta clase es simbolizada por 'Λ' (algunos autores usan 'O'). La clase nula es definida del modo siguiente:

$$\Lambda = \text{def. } \hat{x}(x \neq x),$$

donde '$x \neq x$' no es satisfecho por nada.

La representación gráfica de las clases (muy usada para comprobar la validez o no validez de los silogismos a que nos hemos referido en el artículo VENN [DIAGRAMAS DE]) se basa en el diagrama:

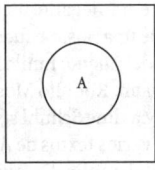

en el cual se representa gráficamente la clase A. El diagrama:

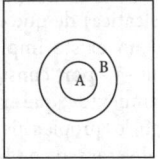

representa la inclusión de una clase, A, en una clase, B; todos los miembros de A son, pues, miembros de B. El diagrama:

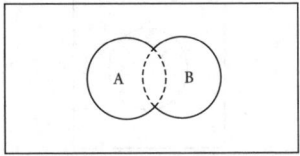

representa la suma de dos clases, A y B; hay, pues, una clase compuesta de todas las entidades que pertenecen a A o a B o a las dos. El diagrama:

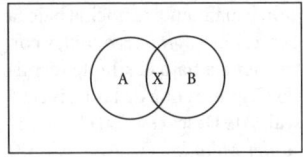

representa el producto de dos clases, A y B; el área marcada con una cruz representa la clase de todas las entidades que pertenezcan a la vez a A y a B. El diagrama:

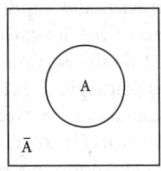

muestra el complemento $\bar{A}$, de A; el área en la cual está A representa la clase de todos los miembros que no pertenecen a *A*. El diagrama:

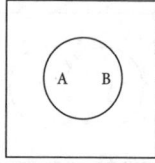

representa la identidad de dos clases, *A* y *B;* los miembros de la clase *A* son los mismos que los miembros de la clase *B* y viceversa.

Cogito, ergo sum. La proposición usualmente conocida bajo la expresión *Cogito, ergo sum*, y con frecuencia bajo el simple término *Cogito*, es una de las tesis centrales de Descartes. En el *Discurso del Método* (IV; A. T. VI 32) escribe dicho filósofo: «Y observando que esta verdad: yo pienso, luego existo *[Je pense, donc je suis;* en el texto latino: *Ego cogito, ergo sum sive existo]*, era tan firme y estaba tan bien asegurada, que no podían quebrantarla las más extravagantes suposiciones de los escépticos, juzgué que podía admitirla sin escrúpulo como el primer principio de la filosofía que buscaba». En las *Meditaciones metafísicas* (II, A. T. VII 25) escribe: «De modo que después de haber pensado bien en ello, y de haber examinado cuidadosamente todas las cosas, hay que concluir y tener por constante que esta proposición: *Yo soy, yo existo,* es necesariamente verdadera cada vez que la pronuncio o la concibo en mi espíritu». Y en los *Principios de la filosofía* (I 7; A. T. VIII 7) indica que «no obstante todas las suposiciones más extravagantes, no podríamos dejar de creer que esta conclusión: *Yo pienso, luego yo existo,* no sea verdadera, y, por consiguiente, la primera y más cierta que se presenta a quien conduce ordenadamente sus pensamientos».

En época de Descartes –como lo han investigado É. Gilson y L. Blanchet, a quienes sigo en gran parte a este respecto– se hizo observar al filósofo que la proposición en cuestión tenía numerosos antecedentes. En la época actual se ha llegado inclusive a hablar de una posible fuente aristotélica del *Cogito;* Émile Bréhier, Egon Braun, Rodolfo Mondolfo y Pierre-Maxime Schuhl se han referido a varios textos de Aristóteles (por ejemplo: *De sensu,* VII 488 a 25 y *Phys.,* VIII 3, 254 a 22) en donde el Estagirita mantiene que la autopercepción es acompañada del conocimiento de la propia existencia, y que la opinión (eleática) de que el movimiento no existe implica una opinión –y, por consiguiente, un movimiento–, que existe. Sin embargo, los propios historiadores citados (acaso con la excepción de Mondolfo) no han insistido demasiado en la importancia para Descartes de estos antecedentes. En cambio, los destacados ya en la época de Descartes son importantes. El más resonante de ellos es el de San Agustín. El P. Mersenne indicó a Descartes cuán parecido era su argumento al que consta (según el propio Descartes precisó luego; cf. A. T., III 261) en *De civitate Dei*, de San Agustín, Libro XI, capítulo 26. San Agustín escribió allí lo siguiente: «*Quid si falleris? Si enim fallor, sum*», «Pues, ¿qué si te engañas? Si me engaño, soy», una proposición conocida usualmente bajo la expresión «*Si fallor, sum*», «Si yerro, existo». Una observación análoga se hizo al filósofo por autor hoy desconocido (A. T., III 247-8). En las *Cuartas objeciones* a las *Meditaciones metafísicas* (A. T., VII 197), Arnauld se refirió a otros textos de San Agustín (por ej.: *De libero arbitrio*, libro II, cap. 3, n. 7), donde, a raíz de preguntarse el santo, como exordio para la prueba de la existencia de Dios, si uno mismo existe, contesta: «*An tu fortasse metuis, ne in hac interrogatione fallaris, cum utique si non esses, falli omnino non posses*», es decir: «¿Y si acaso temes engañarte en esta pregunta? Pero si tú no existieras, no podrías en modo alguno engañarte». Como indica Gilson, Arnauld aproximó este texto a uno que se halla en las *Meditaciones metafísicas* (II, A. T. VII 25) sobre el problema de la distinción entre el alma y el cuerpo. El mismo Arnauld, en carta a Descartes del 3 de junio de 1648 (A. T. V 186), indicó otro texto del agustiniano *De Trinitate*, libro X, cap. 10, n. 12, donde, entre otros argumentos, consta el siguiente: «*Vivere se tamen et meminisse, et intelligere, et velle, et cogitare, et scire, et judicare, quis dubitet? Quandoquidem etiam si dubitat, vivit; si dubitat unde dubitet, meminit: si dubitat, dubitare se intelligit; si dubitat certus esse vult; si dubitat, cogitat; si dubitat, scit se nescire: si dubitat, judicat non se temere consentire opportere. Quisquis igitur aliunde dubitat, de his omnibus dubitare non debet: qua si non essent, de ulla re dubitare non posset*»; es decir: «¿Quién puede dudar que vive, recuerda, comprende, quiere, piensa, sabe y juzga? Tanto más cuanto que si duda, vive; si duda por qué duda, recuerda; si duda, comprende que duda; si duda, quiere estar cierto; si duda, piensa; si duda, sabe que no sabe; si duda, juzga que no conviene dar temerariamente su consentimiento. Quienquiera, pues, duda de todo lo demás, no puede dudar de lo antes dicho, pues si esto no fuese así, no podría dudar de nada».

En diferentes respuestas a estas observaciones, Descartes no indicó si había ya encontrado tales pasajes *anteriormente* a sus propias fórmulas, sino que se limitó a poner de relieve: (a) Que mientras San Agustín se sirve de sus argumentos para probar la certidumbre de nuestro ser –y, en el pasaje citado de *De civitate Dei*, para mostrar que hay en nosotros una imagen de la Trinidad–, él, Descartes, se sirve de los suyos para dar a entender que el yo que piensa «es una *substancia* inmaterial», «lo que –agrega– son dos cosas muy diferentes» (Carta fechada el 2 de noviembre de 1640; A. T., III 247- 8). Por lo tanto, San Agustín no hace del principio «el mismo uso» que él, Descartes, hace (Carta a Mersenne del 25 de mayo de 1637; A. T., I 376).

Las opiniones están divididas entre quienes hacen francamente de Descartes un agustiniano, por lo menos en este punto capital, y quienes declaran que no hay vínculos de ninguna clase entre las dos doctrinas.

Frente a unos y a otros hay autores que buscan una tesis intermedia, sosteniendo (como Gilson) que aunque no puede negarse la importancia de los argumentos agustinianos y de quienes los adoptaron o transformaron, hay de todos modos diferencias entre los dos grandes filósofos. Por lo pronto, las hay en la propia fórmula empleada. Luego, en el hecho de que los supuestos teológicos que habían orientado a San Agustín parecen casi completamente ausentes en Descartes. Finalmente, en el hecho de que la metafísica de Descartes es una metafísica de lo inteligible, que desemboca en el mecanicismo mientras la de San Agustín es una metafísica de lo concreto, que desemboca en el «animismo», esto es, en el «intimismo».

Hemos visto ya cuál es la opinión del propio Descartes al respecto: no se trata sólo, en efecto, de hallar una proposición apodíctica que sirva de firme roca al edificio de la filosofía, sino también de probar «la distinción real entre el alma y el cuerpo», como dice en el título a la *Meditación sexta*. Pero dentro de esta fundamental concepción pueden acentuarse aspectos distintos. Merleau-Ponty, por ejemplo (cf. *Bulletin de la Société Française de Philosophie*, 1947, 129-30), ha indicado que ofrece los tres siguientes: (1) El *Cogito* equivale a decir que cuando me aprehendo a mí mismo me limito a observar un hecho psíquico. Esta significación predominantemente psicológica es la que aparece en el propio Descartes al decir éste que está cierto de existir todo el tiempo que piensa en ello. (2) El *Cogito* puede referirse tanto a la aprehensión del hecho de que pienso como a los objetos abarcados por este pensamiento. En tal caso el *Cogito* no es más cierto que el *cogitum*. Esta significación aparece en Descartes cuando considera en las *Regulae* el *se esse* como *una* de las verdades evidentes simples. (3) El *Cogito* puede entenderse como el acto de dudar por el cual se ponen en duda todos los contenidos, actuales y posibles, de mi experiencia, excluyéndose de la duda al propio *Cogito*. Es la significación que tiene el *Cogito* como principio de la «reconstrucción» del mundo. Aunque todos estos sentidos aparecen en Descartes, (3) es el principal y el que la tradición sobre todo ha subrayado.

Las objeciones suscitadas por el principio cartesiano son múltiples. Muchos escolásticos argüían que el *Cogito* no puede ser un primer principio en el sentido en que pueda serlo el principio de contradicción, sobre todo a la luz de una de las pretensiones del principio cartesiano: el ser apodíctico. Otros señalaban que en el razonamiento de Descartes hay una falla: la supresión de la premisa mayor. 'Todo lo que piensa, existe', a la cual debería seguir la premisa menor, 'Yo pienso', y la conclusión, 'Por lo tanto, yo existo'. Descartes mismo contestó ya a las dos objeciones, las cuales son de naturaleza formal, y siguen siendo empleadas por los escolásticos. También contestó a objeciones de distinta índole, de las cuales nos limitaremos a mencionar tres. La primera es la que podría decirse con la misma justificación, «Yo respiro, luego yo existo», que «Yo pienso, luego yo existo». La respuesta dada a ella consiste en mostrar la ilegitimidad de considerar el respirar como una operación tan irreductible como el pensar. La segunda es la de que no es legítimo pasar de la afirmación «Yo pienso» a la afirmación «por lo tanto, yo soy una *cosa pensante*», es decir, de un acto a una substancia. El motivo de ese paso ha sido atribuido al supuesto substancialista de la filosofía de Descartes. La tercera se refiere principalmente al alcance del *Cogito*. Se ha hecho observar, en efecto, que la seguridad de mi existencia dada por el mismo es válida únicamente *en tanto que* y *mientras pienso*. Esta condición ya fue indicada por Descartes al escribir en la *Meditación segunda*: «Otro [atributo del alma] es el de pensar, y aquí hallo que el pensamiento es un atributo que me pertenece; sólo él no puede ser desligado de mí. *Yo soy, yo existo*: esto es cierto, mas, ¿para cuánto tiempo? A saber, tanto tiempo como pienso, pues podría acaso ocurrir que si dejara de pensar dejaría al mismo tiempo de ser o de existir». Pero Descartes no consideraba que esto destruía su conclusión principal: el afirmar que soy una cosa pensante.

Nietzsche decía *(Jenseits,* § 16) que en la sola afirmación 'Yo pienso' hay un mundo de problemas que el metafísico no puede resolver; se supone que soy yo el que piensa, que debe haber por fuerza alguien que piensa, que el pensar es una actividad realizada por un ser que suponemos es la causa del pensamiento, que hay un *'ego'* y que sé lo que es. Por lo tanto, la afirmación 'Yo pienso' supone tantas cosas que no puede ser considerada como una certidumbre inmediata, de tal modo que el filósofo a quien se le afirma tal cosa no tendrá más remedio que admitir que cuando otro dice 'Yo pienso' está probablemente en lo cierto, pero que no puede suponerse que esto sea forzosamente algo cierto.

Coherencia. Se dice de dos o más cosas que son coherentes cuando están relacionadas entre sí, y especialmente cuando están relacionadas entre sí de acuerdo con algún patrón o modelo. Es frecuente considerar que las cosas coherentes son compatibles. Más particularmente se habla de coherencia de proposiciones. Dos o más proposiciones son coherentes cuando son compatibles. La compatibilidad puede tener diversos fundamentos; se habla, por ejemplo, de coherencia lógica, que equivale a la consistencia de coherencia sistemática, de coherencia ordenada, etc. En general, la coherencia expresa conformidad de proposiciones o enunciados a una regla o a un criterio.

Específicamente se usa el término 'coherencia' para hablar de la «teoría de la verdad como coherencia», la cual se distingue de la teoría de la verdad como correspondencia. En la teoría de la verdad como coherencia –que podría asimismo llamarse «teoría coherencial de la verdad»–, una proposición es verdadera o falsa según si es o no compatible con un sistema dado de proposiciones. La teoría coherencial de la verdad ha sido desarrollada por dos direcciones filosóficas muy distintas: por un lado, por varias tendencias idealistas (entre las cuales descuella la de Bradley) y por varios positivistas lógicos. Clásicamente, los autores modernos racionalistas tendieron a la teoría de la verdad como coherencia, a diferencia de los empiristas, que tendieron a la teoría de la verdad como correspondencia (del enunciado con la cosa). Los idealistas defensores de la teoría de la verdad como coherencia se inclinaron en favor de una doctrina de las relaciones como relaciones internas. Ésta era una doctrina principal, si no exclusivamente, metafísica. No ocurre necesariamente lo mismo con los positivistas lógicos aludidos; en ellos la teoría coherencial de la verdad es consecuencia de supuestos metodológicos concernientes a los modos como, dentro de un sistema de proposiciones, se procede a la verificación. En las direcciones de la filosofía de la ciencia donde se acentúa al máximo el carácter «cargado de teoría» de los términos observacionales, es comprensible que se tienda a una teoría de la verdad como coherencia. Ello parece acercar tales direcciones al positivismo lógico, pero los resultados en cada caso obtenidos tienen fuentes distintas, y aun opuestas; la contrastación de teorías con otras teorías dentro de un complejo de teorías alternativas típica de dichas direcciones en la filosofía de la ciencia, es muy distinta de los procedimientos de verificación y contrastación característicos de los positivistas lógicos.

Aunque hay elementos comunes en la noción de coherencia dentro de todas las teorías de la verdad como coherencia, y aunque todas ellas son susceptibles del mismo tipo de objeciones –tales como, por ejemplo, la imposibilidad de demostrar la teoría de la verdad como coherencia a base de la coherencia de las proposiciones dentro de un sistema–, es menester distinguir entre cada una de estas teorías y las otras en varios respectos importantes; así, la teoría de la verdad como coherencia en el racionalismo clásico (Leibniz) es distinta en puntos importantes de la misma teoría entre los idealistas (y, entre éstos, entre Hegel y Bradley), y de la misma entre los positivistas lógicos y algunos de los recientes filósofos de la ciencia.

Nicholas Rescher indica que hay dos alternativas para explicar la verdad proposicional: la vía «definicional» –definición de la verdad o del predicado 'es verdadero'– y la vía «criterial» (o «criteriológica») –especificación de condiciones para determinar si puede aplicarse 'es verdadero' a una proposición cualquiera, *p* (*The Coherence Theory of Truth*, 1973, pág. 1)–. Es frecuente confundir estas dos vías, lo que es causa de confusiones o de conclusiones precipitadas. Por ejemplo, manteniendo la teoría coherencial de la verdad como definición y a la vez como criterio, lleva a suponer que la teoría de la coherencia es incompatible con, o excluye, la teoría de la correspondencia. No hay, sin embargo, semejante incompatibilidad o necesidad de exclusión (*op. cit.*, pág. 27 y sigs.). En general, y siempre según dicho autor, es conveniente atenerse al criterio de verdad; se mantiene o, en todo caso, es menester distinguir entre el problema del criterio y el de la definición. La llamada «teoría de la verdad como coherencia» ha sido, en rigor, entendida de tres modos: como doctrina metafísica concerniente a la naturaleza de la realidad; como definición de la verdad, y como criterio de verdad *(op. cit.,* pág. 23). Conviene distinguir entre estos modos y, por supuesto, no confundir cualquiera de los dos últimos con el primero, aun teniendo en cuenta que la base de la teoría de la coherencia es la idea de sistema *(op. cit.,* pág. 31) y que, en último término, puede presuponerse el carácter «sistemático» de la realidad y su expresión en una teoría coherencial.

Colectivo. 1. *Lógica*. Se llama a veces «colectivo» a un término singular concreto que designa a un conjunto de individuos que poseen alguna propiedad común. Así, el 'Partido Comunista húngaro' es un término colectivo. Los términos llamados «colectivos» coinciden con descripciones definidas de entidades compuestas de cierto número de individuos. Alexander Pfänder, en su *Lógica*, ha definido 'concepto colectivo' como un concepto que designa un conjunto o clase de objetos, es decir, como un concepto «que se refiere a un todo constituido por una pluralidad de términos homogéneos». La definición de Pfänder no permite distinguir claramente entre un término singular concreto colectivo y un término común colectivo. En *Word and Object* (§ 19: «Divided Reverence»), Quine ha hablado de «términos masivos» o «términos-masa» *(mass terms),* tales como 'agua' y 'rojo', que poseen «la propiedad semántica de referirse a algo acumulativamente: cualquier suma de partes que son agua, es agua». Gramaticalmente, añade Quine, son como términos singulares que se resisten a la pluralización y a los artículos (en inglés; no en otras lenguas, como el español: 'el agua' como sujeto en 'El agua es líquida', aunque se dice 'Quiero agua', a menos de referirse a un determinado «volumen» de agua). Semánticamente, son como términos singulares que no dividen, o no dividen mucho, su referencia. Quine recuerda que Nelson Goodman (en *Structure of Appearance*) llama a un término que tiene los rasgos semánticos indicados «colectivo» e indica que, «de hecho, preferiría 'término colectivo' a 'término masivo' para palabras como 'agua' y otras similares si no se prestara demasiado a sugerir casos impensados como 'rebaño', 'ejército'.

2. *Psicología*. Se ha hablado a veces de «psicología colectiva» entendiéndose por ella diversas cosas: la titulada psicología de los pueblos *(Völkerpsychologie)* de

Wundt y otros autores; la psicología de grupos; la psicología de masas, etc. A menudo se ha identificado 'psicología colectiva' con 'psicología social', a diferencia de la psicología individual.

3. *Sociología.* Hay una estrecha relación entre ciertas investigaciones sociológicas y ciertas formas de la llamada (cf. *supra*) «psicología colectiva». La expresión 'conciencia colectiva' propuesta y desarrollada por Emile Durkheim es un término sociológico, pero que tiene implicaciones psicológicas. Se ha planteado a menudo la cuestión de si puede hablarse propiamente de conciencia colectiva. Autores con propensiones nominalistas y los llamados «individualistas metodológicos» han rechazado el concepto de una conciencia colectiva; por lo menos, han negado que semejante «conciencia» sea otra cosa que una suma de propiedades y comportamientos de individuos. Otros han mantenido que la «conciencia colectiva» exhibe comportamientos distintos de los derivables de los comportamientos de los miembros de la colectividad o grupo. Se ha discutido si el término 'conciencia' es apropiado por cuanto los procesos sociales colectivos pueden ser, y son a menudo, inconscientes, pero esta cuestión es menos sociológica que psicológica. El propio Durkheim distinguió entre conciencia colectiva y conciencia social, pero esta distinción no parece ser fundamental salvo en la medida en que el término 'social' destaca más que 'colectivo' los aspectos sociológicos estudiados.

Complemento. El término 'complemento' es usado en lógica principalmente en dos respectos. En el álgebra de clases se llama *complemento* de una clase A a la clase de todos los miembros que no pertenecen a A. El símbolo del complemento de clases es '–' colocado encima de la letra que designa la clase, de modo que $\bar{A}$ se lee 'La clase de todas las entidades que no son miembros de la clase A. Por ejemplo, si $\bar{A}$ es la clase de las entidades animadas, A es la clase de las entidades no animadas. El complemento de clase se define del siguiente modo:

$$\bar{A} = \text{def. } \hat{x}(\hat{x} \notin A).$$

En el álgebra de relaciones se llama *complemento* de una relación R a la relación de todos los x a todos los y tal, que no es el caso que R relacione x con y. El símbolo del complemento de relaciones es también '–'. Por ejemplo, si $\underline{R}$ es la relación *idéntico a*, $\bar{R}$ es la relación distinto de.

Completo (completitud, completud). El adjetivo 'completo' desempeña un papel fundamental en metalógica, o en la metateoría de los cálculos lógicos. Para designar la característica de ser completo un cálculo, se han forjado en español los términos 'completitud' y 'completud' –traducciones de vocablos como el alemán *Vollständigkeit* y el inglés *Completeness*–. Siguiendo el modelo «pleno-plenitud», optamos, como nombre, por 'completitud' –y por 'incompletitud'.

Se llama «completo» a un cálculo, C, si dada una fórmula bien formada, *f*, de C, o esta fórmula o su negación ($\rceil f$) es un teorema de C. Se llama también «completo» a un cálculo C cuando hay otro cálculo C' tal, que C es inconsistente cuando C' es igual a C excepto por contener una fórmula que no es susceptible de prueba en C. Las dos anteriores definiciones corresponden a dos tipos de completitud y son aplicadas, según los casos, a diversas clases de cálculos.

Como ocurre con el concepto de consistencia, el de completitud es también un concepto sintáctico, pero se tienen en cuenta en su formulación y desarrollo consideraciones de carácter semántico. Referencia a la relación entre consistencia y completitud, en el artículo GÖDEL (PRUEBA DE).

Composibilidad. Entre las tesis típicas de la filosofía de Leibniz encontramos: (1) Todo lo que existe debe ser posible, es decir, no contradictorio consigo mismo; (2) Todo lo que es posible, es decir, no contradictorio consigo mismo, tiende a existir. Las dificultades que ofrece (1) pueden ser resueltas mediante un análisis del concepto de posibilidad. Las dificultades que ofrece (2) requieren la introducción de otro concepto: el de *composibilidad*. En efecto, mientras todas las posibilidades o esencias son compatibles entre sí, las realidades o existencias no son todas compatibles entre sí; de lo contrario, habría que suponer que todo lo que es posible es real, con la consecuencia de que el mundo no podría contener la plétora de las esencias actualizadas. Ello explica por qué hay una infinidad de mundos posibles, pero solamente un mundo real. Este mundo real fue creado por Dios y es, como dice Leibniz repetidamente, el mejor de todos los mundos posibles. De este modo, la noción de composibilidad explica no solamente el ser del mundo, mas también su perfección –incluyendo su perfección moral–. Sin embargo, una vez admitida la noción de referencia, se plantea un problema: el del criterio de la composibilidad. Este problema puede ser solucionado de varios modos: (a) Indicando –como ha hecho Leibniz– que tal criterio se halla en la mente divina. (b) Señalando –como hace Russell en su interpretación de la filosofía de Leibniz– que el criterio consiste en la sumisión de las existencias a leyes uniformes. (c) Apuntando –como hace Lovejoy en su obra sobre la idea de plenitud o «la gran cadena del Ser»– que, de hecho, Leibniz no da ningún ejemplo suficientemente ilustrativo e inequívoco de tal criterio y que es legítimo admitir que la noción de composibilidad es solamente un caso especial de la noción de posibilidad en general, de tal suerte que, en último término, la idea de lo composible no distingue esencialmente el principio leibniziano de razón suficiente, de la idea spinoziana de necesidad universal.

Conato. El concepto de conato ha desempeñado un papel importante en varios autores modernos, entre los que destacamos Hobbes, Leibniz y Spinoza. Hobbes usó el término *conatus* principalmente en sentido mecánico. En *De corpore* el *conatus* es presentado como un movimiento determinado por el espacio y el tiempo y mensurable numéricamente. En *De homine* el *conatus* aparece como un movimiento voluntario o «pasión» que precede la acción corporal y que, aunque sea «interno», posee determinaciones y propiedades expresables mecánicamente. Leibniz concibió el *conatus* como una fuerza *(vis)* activa y no simplemente como una condición por medio de la cual opera la fuerza. El *conatus* no es mera potencialidad, ni siquiera mero principio de operación, sino la operación misma. La fuerza que implica el *conatus* no es simplemente mecánica, sino dinámica. Para Spinoza, cada cosa, en cuanto es, se esfuerza por perseverar en su ser *(Eth.,* III, prop. vi) y el esfuerzo *(conatus)* mediante el cual cada cosa se esfuerza en perseverar en su ser es la esencia actual de la cosa *(ibid.,* prop. vii). La noción de conato tiene en Spinoza una función más central que en Hobbes y aun que en Leibniz. El conato aparece como voluntad cuando se refiere solamente al espíritu *(mens)* y como apetito cuando se refiere al espíritu y al cuerpo; en ambos casos son modos de ser del conato o esfuerzo como determinación ontológica general.

Conceptualismo. El conceptualismo es definido como aquella posición en la cuestión de los universales según la cual los universales existen solamente en tanto que conceptos universales en nuestra mente (conceptos que poseen *esse obiectivum*) o, si se quiere, en tanto que ideas abstractas. Los universales o entidades abstractas no son, pues, entidades reales, pero tampoco meros nombres usados para designar entidades concretas: son conceptos generales. El *status* preciso de tales conceptos ha sido muy debatido. Algunos autores indican que se trata de conceptos «ya hechos», para distinguirlos de los «conceptos no obstante» defendidos por varios terministas; otros señalan que se trata primariamente de *sermones* cuya característica principal es la significación. No menos debatido ha sido el problema del tipo de relación que mantienen tales conceptos generales con las entidades concretas designadas; puede estimarse, por ejemplo, que designan tales entidades o que las denotan. Las diferentes respuestas dadas a estas cuestiones han hecho que en algunos casos el conceptualismo se haya aproximado al realismo moderado y que en otros, en cambio, se haya confundido con el nominalismo (por lo menos con el nominalismo moderado). Esto explica que autores como Pedro Auriol hayan podido ser llamados –por unos– conceptualistas y –por otros– nominalistas (y hasta terministas). Es, pues, recomendable que, en cada ocasión en que se use el vocablo 'conceptualismo' se defina lo más exactamente posible qué se entiende por él. Lo más común es usarlo como posición intermedia entre el realismo moderado y el nominalismo y como una tesis que acentúa el motivo epistemológico (o criteriológico) sobre el motivo ontológico, predominante en la cuestión de los universales. No resulta, pues, sorprendente que los neoescolásticos traten asimismo la posición conceptualista dentro de la criteriología y que haya podido considerarse a Kant (y a algunos neokantianos, como Cassirer) como conceptualistas.

Conciencia moral. El sentido de la expresión 'conciencia moral' ha sido popularizado en las frases 'llamada de la conciencia', 'voz de la conciencia', etc. Pero en su sentido más común, la conciencia moral aparece como algo demasiado simple; los filósofos han investigado, en efecto, en qué sentidos se puede hablar de una voz de la conciencia y, sobre todo, cuál es –si lo hay– el origen de tal «voz». En lo que toca al primer punto, muchas son las definiciones dadas por los filósofos. Para unos (como Sócrates), la conciencia moral puede ser uno de los aspectos del «demonio» que interviene en momentos decisivos de la existencia humana (y aparece, conviene notarlo, no indicando lo que se debe hacer, sino lo que se debe omitir). Para otros (como Aristóteles) aparece como algo procedente del sentido moral; la conciencia moral se identifica frecuentemente en los textos del Estagirita con la φρόνησις. Los estoicos acentúan la naturaleza racional de la moral; como consecuencia de ello, la conciencia moral es para ellos la voz racional de la naturaleza. Muchos Padres de la Iglesia y muchos escolásticos entienden la conciencia moral como una sindéresis. Además, Santo Tomás habla de la conciencia moral como un *spiritus corrector et paedagogus animae societatis,* espíritu que indica si un acto es justo o no.

En *Les passions de l'âme* (II, art. 177), Descartes habla de un remordimiento de conciencia *(remords de conscience)* como de «una especie de tristeza que procede de la duda que se tiene de que una cosa que se hace o se ha hecho sea buena; pues si se estuviera completamente seguro de que lo que se hace es malo, uno se abstendría de hacerlo, tanto cuanto la voluntad sólo se vuelca hacia las cosas que tienen alguna apariencia de bondad; y si se estuviera seguro que lo que se ha hecho ya es malo, uno tendría arrepentimiento [*repentir*], no sólo remordimiento». A primera vista, parece que Spinoza opina algo semejante al hablar de *conscientiae morsus,* «mordisco de conciencia», que define como «la tristeza que se opone a la delicia» *(gaudium),* definida a su vez como «la alegría *(laetitia)* originada de la imagen de una cosa sucedida de cuyos resultados habíamos dudado» *(Ethica,* III, prop. XVIII sch. 2). Sin embargo, por la misma definición que Spinoza da de *conscientiae morsus,* puede preguntarse si tiene sentido moral. Según Bidney *(The Psychology and Ethics of Spinoza,* 1940, pág. 198), no ocurre así. Se trata «simplemente de la pena o arrepentimiento que se siente de que algo que una vez fue meramente objeto de esperanza o de temor ha tenido realmente lugar –y no que se siente cuando algo habría tenido que suceder de otro modo–. Esto ha llevado a algunos traductores a vertir *conscientiae morsus* por 'desilusión' más bien que por 'remordimiento'». La definición que Spinoza da de *poenitentia* («penitencia», «arrepentimiento») en «*Affectuum Definitiones,* XXVII» –«la tristeza concomitante con la idea de algún acto que creemos haber realizado por un libre decreto de la mente»– parece, según Bidney, más cercana a una noción de conciencia moral. El citado autor recuerda que para Spinoza «no hay nada sorprendente [*mirum non esse*]», en que la tristeza [*tristitia,* «pena», «dolor»] siga a actos considerados equivocados, pues ello es consecuencia de la educación recibida. Los pensadores ingleses modernos –al menos desde Locke–, se han referido a la conciencia como la que sanciona o corrige el comportamiento o bien como la idea que anticipa dicha sanción.

La dimensión moral de la conciencia parece perfilarse cuando, aproximadamente desde Wolff y Kant, tal conciencia es interpretada cada vez más como una *facultad* que juzga de la moralidad de nuestras acciones. Kant sobre todo ha entendido esta facultad de juicio como una facultad que se dirige al propio sujeto que juzga. Este aspecto de *inmediatez* de la conciencia moral ha sido llevado a sus últimas consecuencias por Fichte y –con más atención a lo ético propiamente dicho– por Hegel. Varios autores (especialmente Francis Hutcheson, Richard Cumberland, Adam Smith) han tendido a identificar la conciencia moral con el sentido moral. En autores del siglo XX ha sido frecuente acentuar no la admonición de la conciencia moral respecto al futuro, sino sobre todo respecto al pasado (es el caso de Schopenhauer, como ya lo había sido el de Spinoza). En los últimos cien años la concepción de la conciencia moral ha seguido muy fielmente las líneas generales de las correspondientes éticas: los neokantianos han definido la conciencia moral al hilo de la idea del deber; los partidarios de la ética material de los valores la han definido como el producto de las exigencias planteadas por éstos; los intuicionistas éticos la han basado en la llamada intuición moral; los utilitaristas la han definido en función del bienestar del mayor número, etc. No han faltado quienes han acentuado el carácter estrictamente social de la conciencia moral, o su carácter estrictamente natural (marxismo, darwinismo ético), o quienes han intentado «desenmascarar» la conciencia moral como una traición a la «vida» (Nietzsche). Scheler ha considerado que la noción filosófica de conciencia moral es un eco dejado por la creencia religiosa; como tal eco es algo de naturaleza «crepuscular» *(Ethik,* II, 7) y que no puede adquirir vida de nuevo sin sumergirse otra vez en dicha creencia. Heidegger ha examinado el problema de la conciencia moral en un sentido parecido al de las otras manifestaciones de la Existencia (VÉASE), es decir, desde un punto de vista existenciario. La conciencia moral es un llamado, un «vocar», que revela a la existencia su vocación *(Ruf),* lo que ella es en su autenticidad. Es una «voz» que no dice nada, que permanece silenciosa, porque no viene de fuera, sino de dentro de la Existencia. Es, para utilizar los términos de la versión de José Gaos, un «avocar» al «ser sí mismo» de la Existencia para que salga de su estado de pérdida en el «uno» (o en el «se»). La conciencia moral es, pues, para Heidegger, un fenómeno existenciario que parte de la Existencia y se dirige a la Existencia. En suma, la Existencia en el fondo de su estado de «inhospitalidad» en el mundo es el verdadero «vocador de la vocación de la conciencia moral». Por eso la conciencia moral se revela como el llamado (o «vocación») del cuidado en tanto que ser de la Existencia, la conciencia moral es siempre la *mía;* ningún hombre puede pedir auxilio a otro (o a otros) para determinar cuál es el llamado o vocación que le es propio, y que se manifiesta por el «decir callando» de su conciencia moral.

La descripción anterior sigue *grosso modo* la línea histórica. Es posible presentar también la cuestión de un modo sistemático ateniéndose a los grandes principios según los cuales es definida la conciencia moral. Es lo que han hecho Eduard von Hartmann y H. G. Stoker. El primero ha clasificado las diversas *teorías* sobre la conciencia moral según el carácter de los principios morales sustentados. De ahí su descripción de la conciencia moral pseudomoral (egoísta o individual-eudemonista, y heterónoma o autoritaria) y de la conciencia moral auténtica (moral del gusto o de los principios morales estéticos, moral del sentimiento, moral de la razón o de los principios morales racionalistas). El segundo se ha atenido a una fenomenología de la conciencia moral según la cual los diversos *modos* de aparición de tal conciencia condicionan las diversas teorías.

También cabe una clasificación de la noción de conciencia según su origen. Desde este ángulo la conciencia puede ser innata o adquirida, esto es, de origen divino, o bien de fuentes humanas (si es humana, puede serlo individual o social, natural o histórica): puede entenderse como racional o irracional, personal o impersonal, auténtica o inauténtica.

Concreto. El término griego σύνολος, que se traduce por «concreto», significa, literalmente, «con-todo», es decir, «todo junto», o «entero», «completo». Aristóteles llamó τὸ σύνολον a la substancia individual, ya que ésta se halla compuesta de un substrato (o materia) y de una forma. Una substancia individual, como un árbol, un hombre son, pues, entidades concretas, o sea «concretos» a diferencia de entidades abstractas, que son el resultado de «poner aparte» (abs-traer) algo del individuo singular o del concreto (véase ABSTRACCIÓN, ABSTRACTO). Por eso mientras se ha identificado a menudo lo concreto con lo singular, particular, individual, etc., se ha identificado lo abstracto con lo genérico, lo universal. En latín, *con-cretum* es el substantivo que corresponde a *concresco,* que significa literalmente «formarse por agregación», «hacerse espeso», «endurecerse».

'Concreto' se aplica muchas veces a algo que es estimado como real en el sentido de que es efectivo y es experimentable por la sensación. El τὸ σύνολον aristotélico o la substancia individual es «substancia sensible», οὐσία αἰσθητή. Desde este punto de vista, parece que sólo las propiedades sensibles puedan llamarse «concretas». Sin embargo, una propiedad o una cualidad es un predicado o un «universal», de modo que sólo los entes singulares son, propiamente hablando, sensibles, y sólo ellos parecen poder ser llamados «concretos». De acuerdo con su sentido originario por lo menos, algo concreto está formado por agrupación de partes. Una propiedad no es una «parte», porque puede ser común a otros «concretos».

Se ha hablado asimismo de términos concretos y de conceptos concretos, pero no es siempre claro lo que se entiende por ellos. Si nos atenemos a los sentidos «ontológicos» de 'concreto' apuntados antes, un término concreto es uno que designa un concepto concreto, el cual denota (o, si se quiere, nombra o describe completa y unívocamente algún individuo). Lo más común es que el término concreto sea algún nombre propio –como 'Wamba Skinner'– o alguna descripción definida –como 'el psiquiatra más joven de Bujaraloz'–. Por otro lado, puede haber ciertas entidades particulares como el otoño para referirnos a las cuales se usan términos que, como 'el otoño', tienen un *status* lingüístico poco definido –tal vez tan poco definido como el *status* ontológico del propio otoño.

Para muchos autores, un término concreto es una expresión lingüística que, si corresponde a un concepto, es porque el concepto designa entonces un atributo que se halla en un sujeto, a diferencia del concepto abstracto, expresado por un término abstracto. Estos últimos conciernen a atributos separados, o separables (mentalmente), del sujeto.

El vocablo 'concreto' (*Konkret*) ha sido usado abundantemente por Hegel, en cuyo sistema la noción de lo concreto desempeña un papel fundamental. Hegel habla de un desarrollo «hacia el pensar concreto», y afirma que «la consideración racional» (a diferencia de la del entendimiento) es «concreta». Según su contenido, la filosofía es abstracta, pero en tanto que expresa el desarrollo dialéctico de la Idea, es concreta. El Espíritu es «lo absolutamente concreto». «Lo abstracto es finito, lo concreto es verdad», etc. Todas estas, y muy otras diversas, manifestaciones de Hegel en favor de lo concreto están ligadas al proceso dialéctico, y giran en último término en torno a la noción de lo «universal concreto». Hegel estima que las abstracciones propias de la lógica formal, de la matemática o de la «ontología general» son unilaterales. Tienen un solo lado y son incompletas y finitas. Son también abstractas las nociones de puro ser y de pura existencia. Ante ello cabría preguntar si lo único concreto no será, como mantienen los empiristas, lo particular, lo singular, lo sensible, etc. Pero éstos carecen de universalidad y son también unilaterales. Lo único plenamente real es lo que es universal y concreto, o lo universal-concreto. Se trata ante todo del concepto, *Begriff*, en tanto que incorpora en sí los tres «momentos» de la universalidad, de la particularidad y de la individualidad. No debe confundirse la universalidad del concepto con el universal concreto o con el concepto en cuanto que es plenamente concreto (cf. *Logik*, II, 1, i). En rigor, tampoco la individualidad de por sí es concreta, o es un universal concreto, puesto que el «alma de la individualidad» es «la abstracción». Ahora bien, la incorporación en el concepto de los tres «momentos» antedichos es sólo un paso en el desarrollo del concepto: el paso, o momento, de la subjetividad, que se contrapone al de la objetividad y que se supera únicamente al llegar a la idea.

Así, la universalidad puede ser para Hegel abstracta o concreta. La universalidad concreta no es ni lo universal en cuanto concreto, ni lo universal en tanto que conteniendo en sí elementos concretos inmediatamente deducibles de aquél; es lo universal en la medida en que puede realizarse concretamente, y ello en muy diversas maneras. Ello ocurre, según Hegel, con la universalidad de la razón y no con la del entendimiento.

G. L. Kline («Concept and Concrescence»), indica que el concepto hegeliano es una categoría ontológica y no simplemente epistemológica. Los conceptos en Hegel son concretos en el particular sentido hegeliano de 'concreto', esto es, «multilateral y adecuadamente mediado». Hay interesantes analogías, así como diferencias, entre los conceptos concretos, de Hegel, y las «concrescencias», de Whitehead. Éstas son «susceptibles de experimentar y son activamente autorrelacionantes». Así, los conceptos en Hegel y las concrescencias en Whitehead son «multi-laterales adecuadamente mediados, susceptibles de experimentar y activamente autorrelacionantes». Según Kline, tanto los conceptos hegelianos como las concrescencias whiteheadianas son sujetos y son plenamente actuales, siendo, por tanto, en y por sí mismos *(an und für sich)*, en tanto que los objetos son meramente en sí *(an sich)* y son potenciales. Las determinaciones del concepto *(Begriffsbestimmungen)* de Hegel constituyen la contrapartida funcional de las «prehensiones» whiteheadianas.

Husserl se ha ocupado con detalle de las nociones de concreto y abstracto en la teoría de la abstracción que figura en la tercera de sus *Investigaciones lógicas*. De ella resulta que algo es concreto cuando es independiente respecto a un todo. Ejemplos de realidades concretas en este sentido son un pedazo de madera, una melodía, el color amarillo, un triángulo equilátero. Ejemplos de «abstractos» *en relación con dichas realidades concretas* son, respectivamente: el peso de un pedazo de madera, una nota musical, el color, el triángulo. La relación concreto-abstracto es paralela a la relación todo-parte. Obsérvese que, siendo el concepto básico para la determinación de los sentidos de 'concreto' y 'abstracto' el concepto de «fundación» o «fundamentación» *(Fundierung)*, no se trata en ningún caso de una especie de clasificación entre «entidades concretas» y «entidades abstractas». Los predicados 'concreto' y 'abstracto' son adscritos en virtud de las relaciones de «fundamentación» y de acuerdo con cierto número de teoremas (principios) expresables en forma condicional (estos teoremas son distintos de la expresión de leyes causales). Así, por ejemplo, dados dos elementos, A y M, si A necesita ser suplementado por (o fundado en) M, entonces un todo del cual A es una parte, pero del cual M no es necesariamente una parte, necesita ser suplementado por M.

Se ha hablado en filosofía de una «tendencia a lo concreto» que se opone a la «tendencia a lo abstracto».

En un sentido crecientemente amplio, y diluido, se incluyeron dentro de la tendencia a lo concreto corrientes filosóficas de distinto cuño, o de distintos orígenes, con tal que subrayaran los aspectos «informales»; así ha ocurrido, por ejemplo, con el segundo Wittgenstein –especialmente en virtud de los ataques de éste a las «generalizaciones»– y con varios de los filósofos del lenguaje corriente.

Condición. (Para la acepción lógica de la voz 'condición' véase CONDICIONAL).

Algunos autores mantienen que hay una distinción fundamental entre causa y condición: la causa, afirman, tiene un sentido «positivo», porque es aquello en virtud de lo cual se produce un efecto, mientras que la condición tiene un sentido «negativo», porque es simplemente aquello sin lo cual no se produciría el efecto. Desde este punto de vista, la condición es un *sine qua non*. Otros autores sostienen que la distinción entre causa y condición es o materia de debate o asunto de convención; dados varios antecedentes, se elige uno que a los efectos que se tienen en vista es el más importante y destacado, y se lo llama «causa». Otros autores, finalmente, ponen de relieve que no hay ninguna distinción apreciable entre condición y causa, ya que ésta es solamente una serie o conjunto de condiciones. Los últimos autores han sido llamados a veces «condicionistas».

La siguiente distinción entre dos tipos de condición es clásica. Dados dos elementos, a y b, condicionalmente ligados, se dice que a es una *condición necesaria* de b cuando, aunque no hubiese b sin a, seguiría habiendo a sin b; por otro lado, se dice que a es condición suficiente de b cuando hay b siempre que haya a. La llamada «condición necesaria» tiene el sentido «negativo» apuntado antes: la «condición suficiente» tiene el sentido «positivo» que la aproxima a la causa. Dentro de la noción de condición suficiente se suele establecer otra distinción entre condición como conjunto de circunstancias requeridas para que opere una causa, y eliminación de los impedimentos en la producción de la causa; lo último, sin embargo, es muy parecido a una condición necesaria. La noción de condición puede refinarse dentro de una lógica de la inducción y de la probabilidad, y se introducen entonces otras distinciones. Entre las más destacadas figuran las de condición suficiente y total.

Condicional es el nombre que recibe la conectiva binaria 'si... entonces', simbolizada mediante el signo '$\rightarrow$'. Según ello,

$$p \rightarrow q$$

se lee:

si p, entonces q.

Ejemplo de '$p \rightarrow q$' puede ser:

Si Romeo habla, entonces Julieta se deleita

o sus variantes en lenguaje ordinario:

Si Romeo habla, Julieta se deleita. Julieta se deleita con tal que Romeo hable, etc.

En el condicional '$p \rightarrow q$', 'p' es llamado el «antecedente» y 'q' el «consecuente».

Dado '$p \rightarrow q$', la fórmula:

$$q \rightarrow p$$

es llamada el «converso» de '$p \rightarrow q$'. A su vez,

$$\neg q \rightarrow \neg p$$

es llamada el «inverso» de '$p \rightarrow q$'. Finalmente,

$$\neg q \rightarrow \neg p$$

es llamada el «contrapositivo» de '$p \rightarrow q$'.

En el artículo TABLAS DE VERDAD hemos presentado una tabla para '$p \rightarrow q$' de la cual resultaba que cualesquiera que fueran los valores de verdad de 'p' y de 'q', el resultado eran V es excepto cuando 'p' es verdadera y 'q' es falsa. Semejante tabla estaba basada en la llamada «interpretación material» del condicional adoptada por muchos autores ya a partir de Filón de Megara. Según la misma hay que declarar verdaderos condicionales tales como:

Si Hegel es un filósofo, Baudelaire es un poeta,
Si los cuerpos son inextensos, los diamantes son duros,
Si Virgilio fue un poeta noruego, Dostoievski fue un famoso ciclista.

Lo cual ha sido considerado con frecuencia como paradójico. Habiéndose llamado, erróneamente, «implicación» al condicional, se ha hablado de las «paradojas de la implicación material». Estas paradojas se eliminan mediante una «interpretación estricta de la implicación». Nos hemos referido a esta última en el artículo sobre la noción de implicación. Ahora bien, las citadas «paradojas de la implicación material» se deben a la confusión entre el condicional y la implicación, pues '$\rightarrow$' no debe leerse 'implica', sino, como hemos indicado, 'si... entonces'. En tal caso resulta claro que un condicional como:

Si Hegel es un filósofo, Baudelaire es un poeta

es un condicional verdadero, en tanto que:

'Hegel es un filósofo' implica 'Baudelaire es un poeta'

es una implicación falsa. El motivo de ello es que, a diferencia del condicional, en el cual se usan enunciados, en la implicación se usan nombres de enunciados. Solamente cuando un condicional es lógicamente verdadero hay implicación del consecuente por el antecedente. Ejemplo de este último caso es:

Si Hegel es un filósofo, y Baudelaire es un poeta, entonces Baudelaire es un poeta,

que, siendo lógicamente verdadero, permite enunciar:

'Hegel es un filósofo, y Baudelaire es un poeta' implica 'Baudelaire es un poeta'.

En la lógica tradicional las proposiciones condicionales son consideradas como una de las clases en que se dividen las proposiciones formalmente hipotéticas, distinguiéndose, por lo tanto, entre proposiciones (formalmente) hipotéticas en general y proposiciones condicionales. El esquema que suele darse de estas últimas en la citada lógica es:

Si *P* es *S*, entonces *P* es *Q*.

Condicional contrafáctico. El término 'condicional' ha sido usado también con frecuencia en los últimos años en relación con los llamados «condicionales contrarios a los hechos» o «condicionales contra-fácticos» *(contrary-to-fact conditionals, counter factual conditionals)*. Las numerosas formas adoptadas por estos condicionales y los problemas que plantean han sido examinados por numerosos autores; se destacan al respecto Nelson Goodman (quien ha formulado la cuestión con particular precisión y amplitud), Roderick Chisholm, C. I. Lewis, K. R. Popper, Stuart Hampshire, R. Weinberg, A. P. Ushenko. A ello hay que agregar los estudios sobre los llamados «términos disposicionales» o «disposiciones», tales como han sido llevados a cabo, entre otros, por R. Carnap y C. D. Broad.

Un condicional contra-fáctico (que podemos llamar simplemente un «contra-fáctico») es definido como un enunciado condicional en el cual interviene la noción de posibilidad, expresada gramaticalmente por la introducción del subjuntivo. Ejemplos de contrafácticos son:

Si Julio César no hubiera cruzado el Rubicón, otra hubiera sido la suerte de Roma (1),
Si el vaso no se hubiese caído, se habría roto (2).

Como, de acuerdo con la interpretación material del condicional, un condicional es verdadero cuando su antecedente y consecuente son falsos, habrá que concluir que (1) y (2) son verdaderos. En vista de las dificultades que ello plantea se ha sugerido (por Nelson Goodman) que lo importante no es examinar (1) y (2) –y otros ejemplos análogos– en tanto que funciones de verdad, sino aclarar el tipo especial de relación que liga el antecedente con el consecuente.

Conocer. En el artículo CONOCIMIENTO hemos tratado de los llamados «problemas del conocimiento» de acuerdo con los esquemas clásicos de la teoría del conocimiento, epistemología o gnoseología. En el presente artículo nos ocupamos brevemente de algunas de las cuestiones que se han planteado en relación con los varios sentidos que se han dado a 'conocer'.

En español existen los términos 'conocer' y 'saber'. A veces pueden usarse indistintamente: 'S conoce el alemán' y 'S sabe alemán'; 'S conoce todos los trucos' y 'S sabe todos los trucos'. A veces no hay diferencias muy apreciables: 'S conoce que mañana lloverá' y 'S sabe que mañana lloverá'. En ambos casos se conoce, o sabe, que va a ocurrir algo; sin embargo, el conocer que va a llover mañana parece conllevar la razón de que va a llover. Por eso es más apropiado decir 'S conoce que va a llover mañana por la humedad de la atmósfera' que decir, simplemente, 'S conoce que va a llover mañana'. A veces hay que usar o 'conocer' o 'saber': 'S conoce Roma', 'S conoce a Julia', pero no 'S sabe Roma' o 'S sabe Julia'. El llamado «conocimiento directo» o «inmediato» es expresado mediante 'conocer'; el llamado «conocimiento indirecto» o «mediato» puede ser expresado mediante 'conocer' o mediante 'saber', pero hay tendencia a usar el último. Así, si 'p' representa un enunciado declarativo, el que alguien, S, conozca lo que se expresa en el enunciado se expresa diciendo que S sabe que p.

La distinción entre conocer algo y saber que hay tal o cual cosa o saber que esta cosa tiene tales o cuales propiedades es fundamental y ha sido expresada de diversos modos: conocimiento directo, inmediato, por contacto o presencia directa; y conocimiento indirecto, mediato o por descripción. No hay siempre estricta equivalencia entre 'directo', 'inmediato', 'por contacto' y 'por presencia directa', de un lado, y conocimiento 'indirecto', 'mediato' o 'por descripción', de otro lado. Así, se puede conocer (saber) inmediata o directamente que p si se conoce (sabe) que si p, entonces p. Sin embargo, este saber que p no es un conocimiento por contacto o presencia directa. Lo menos arriesgado a este respecto es concluir que el conocer por presencia directa es el expresado en el esquema 'S conoce M', donde 'M' representa algo –una cosa, una persona, una situación, etc.– y el conocer por descripción es el expresado en el esquema 'S sabe que p'. En la gran mayoría de los casos, cuando se habla de conocer, se sobreentiende que se «conoce (sabe) *que*».

Un problema capital es el conocer (saber), en el sentido del conocer (saber) que, es el de si hay diferencia entre una opinión verdadera y un conocimiento. Lo común es sostener que hay una diferencia. S puede opinar que M es blanco, y si M es blanco, entonces su opinión es verdadera. Sin embargo, la opinión de M no está fundada, y por ello S no conoce (sabe), en puridad, que M es blanco. Para que se pueda decir que S conoce (sabe) que M es blanco y, en general, que S conoce (o sabe) que p, hay que admitir que S tiene justificación (sea directa, sea indirecta) para afirmar p. Ello ha llevado a pensar que conocer o saber que p equivale a creer justificadamente que p. Por otro lado, se ha puesto de relieve que es posible –aunque un tanto «perverso»– que S sepa que p y a la vez que S no crea que p. No obstante, en los casos en que ello ocurre, se debe a que las razones que tiene S para afirmar que sabe que p, no son, o no le parecen ser a S, razones suficientes. Si S tiene toda la justificación necesaria para afirmar que conoce (sabe) que p, resulta sorprendente que la rechace para decir que no cree que p.

Hay acuerdo hoy en que conocer no es, aunque así se siga llamando, una actividad; en todo caso, no se dice que S conoce (sabe) algo en el sentido en que se dice que S digiere algo, y tampoco en el sentido en que se dice que S prefiere algo. Ello ocurre especialmente en el caso del «conocer», o «saber, que». Nada de ello presupone que para conocer (saber) no se necesite ejecutar actividades; es probable que no se pueda conocer algo, ni se pueda saber que algo es de tal o cual modo sin que intervengan procesos de carácter neurofisiológico. Pero el análisis de una expresión como 'S sabe que p' no es un análisis de procesos neurofisiológicos, sino uno del sentido en que se usa 'saber que'.

En este punto hay diferencias entre los filósofos. Austin mantuvo que la expresión 'Sé' no es una expresión descriptiva y, por tanto, no está sometida a las condiciones de verdad (o falsedad) que se adscriben a las descripciones. Decir 'Sé' es, según Austin, dar la propia palabra, de modo similar, aunque no idéntico, a lo que ocurre cuando alguien dice 'Prometo'. Al decir 'Sé' se ejecuta, según ello, una acción –una acción lingüística– en términos de Austin, se hace algo con las palabras. Los que siguen a Austin en este respecto son llamados «antidescriptivistas» por cuanto no reducen el lenguaje a funciones descriptivas. Los llamados «descriptivistas», en cambio, se oponen a Austin y siguen la tradición de mantener que al decir 'Sé' se dice algo que es verdadero o falso. Obsérvese que el mantener el carácter no descriptivo de 'Sé' no es incompatible con mantener el carácter descriptivo de 'S conoce' y de 'S sabe que p', pero entonces la descripción se refiere no al contenido de lo que S proclama saber o conocer, sino al hecho de que alguien, S, dice que conoce algo o que sabe que *p*.

Desde Ryle se ha discutido mucho si 'saber que' es o no reducible a 'saber cómo'. Parece que en algunos casos saber (conocer) algo sea saber cómo es. Así, conocer una lengua es saber cómo la lengua funciona. Por otro lado, saber cómo funciona una lengua es conocer las reglas sintácticas y el vocabulario de la lengua, aun cuando no se sea capaz de explicar tales reglas ni compilar un diccionario de la lengua. Por razones distintas de las de Austin, Ryle se opone, como Austin, a las tendencias intelectualistas y racionalistas tradicionales relativas al conocer (o saber). En general, la atención a los aspectos pragmáticos y a los problemas de la comunicación llevan a destacar el carácter «ejecutivo» (y no descriptivo) y el carácter del «saber como» del conocer (y del saber).

Conocimiento. Preguntas como: «¿Qué es el conocimiento?», «¿En qué se funda el conocimiento?», «¿Cómo es posible el conocimiento?», etc., pertenecen a una disciplina filosófica llamada de varios modos: «teoría del conocimiento», «crítica del conocimiento», «gnoseología», «epistemología».

Consideraremos a continuación varios aspectos ya clásicos en teoría del conocimiento: descripción, o fenomenología, del conocimiento; posibilidad del conocimiento; fundamentos del conocimiento; formas posibles de conocimiento. En relación con este último aspecto, tratamos también, en artículo aparte, del problema del conocer (VÉASE).

Fenomenología del conocimiento. En el sentido muy amplio de «pura descripción de lo que aparece o de lo que es inmediatamente dado», la fenomenología del conocimiento se propone poner de manifiesto el «fenómeno», o el «proceso», del conocer. Se ha intentado hacer esto independientemente de, y previamente a, cualesquiera interpretaciones del conocimiento y cualesquiera explicaciones que puedan darse de las causas del conocer. Por tanto, la fenomenología del conocimiento no es una descripción genética y de hecho, sino «pura». Lo único que tal fenomenología aspira a poner en claro es lo que significa ser objeto de conocimiento, ser sujeto cognoscente, aprehender el objeto, etc.

Un resultado de tal fenomenología parece obvio: conocer es lo que tiene lugar cuando un sujeto (llamado «cognoscente») aprehende un objeto (llamado «objeto de conocimiento» y, para abreviar, simplemente «objeto»). Sin embargo, el resultado no es ni obvio ni tampoco simple. Por lo pronto, la pura descripción del conocimiento o, si se quiere, del conocer, pone de relieve la indispensable co-existencia, co-presencia y, en cierto modo, co-operación, de dos elementos que no son admitidos, o no son admitidos con el mismo grado de necesidad por todas las filosofías. Algunas filosofías insisten en el primado del objeto (realismo en general); otras, en el primado del sujeto (idealismo en general); otras, en la equiparación «neutral» de sujeto y objeto. La fenomenología del conocimiento no reduce ni tampoco equipara: reconoce la necesidad del sujeto y del objeto sin precisar en qué consiste cada uno de ellos, es decir, sin detenerse en averiguar la naturaleza de cada uno de ellos o de cualquier supuesta realidad previa a ellos o consistente en la fusión de ellos.

Conocer es, pues, fenomenológicamente hablando, «aprehender», es decir, el acto por el cual un sujeto aprehende un objeto. El objeto debe ser, pues, por lo menos gnoseológicamente, trascendente al sujeto, pues de lo contrario no habría «aprehensión» de algo exterior: el sujeto se «aprehendería» de algún modo a sí mismo. Decir que el objeto es trascendente al sujeto no significa, sin embargo, todavía decir que hay una realidad independiente de todo sujeto: la fenomenología del conocimiento, decíamos, no adopta por lo pronto ninguna posición idealista, pero tampoco realista. Al aprehender el objeto éste está de alguna manera «en» el sujeto. No está en él, sin embargo, ni física ni metafísicamente: está en él sólo 'representativamente'. Por eso decir que el sujeto aprehende el objeto equivale a decir que lo representa. Cuando lo representa tal como el objeto es, el sujeto tiene un conocimiento verdadero (si bien posiblemente parcial) del objeto; cuando no lo representa tal como es, el sujeto tiene un conocimiento falso del objeto.

El sujeto y el objeto de que aquí se habla son, pues, «el sujeto gnoseológico» y el «objeto gnoseológico», no los sujetos y objetos «reales», «físicos» o «metafísicos». Por eso el tema de la fenomenología del conocimiento es la descripción del acto cognoscitivo como acto de conocimiento válido, no la explicación genética de dicho acto o su interpretación metafísica.

Sin embargo, aunque la fenomenología del conocimiento aspira a «poner entre paréntesis» la mayor parte de los problemas del conocimiento, ya dentro de ella surgen algunos que no pueden ser ni solucionados ni siquiera aclarados por medio de una pura descripción. Por lo pronto, hay el problema del significado de 'aprehender'. Se puede «aprehender» de muy diversas maneras un objeto. Así, por ejemplo, hay una cierta aprehensión –y aprehensión cognoscitiva– de un objeto cuando se procede a usarlo para ciertos fines. No puede descartarse sin más este aspecto de la aprehensión de objetos por cuanto un estudio a fondo del conocimiento requiere tener en cuenta muy diversos modos de «capturar» objetos. Sin embargo, es característico de la fenomenología del conocimiento el limitarse a destacar la aprehensión como fundamento de un enunciar o decir algo acerca del objeto. Por este motivo la aprehensión de que aquí se habla es una representación que proporciona el fundamento para enunciados.

En segundo lugar, hay el problema de cuál sea la naturaleza de «lo aprehendido» o del objeto en cuanto aprehendido. No puede ser el objeto como tal objeto, pero entonces hay que admitir que el objeto se desdobla en dos: el objeto mismo en cuanto tal y el objeto en cuanto representado o representable. La clásica doctrina de las «especies» –especies sensibles, especies intelectuales– constituyó un esfuerzo con vistas a dilucidar el problema del objeto en cuanto representado o representable. Han sido asimismo esfuerzos en esta dirección las diversas teorías gnoseológicas (y a menudo psicológicas y hasta metafísicas) acerca de la naturaleza de las «ideas» –teorías desarrolladas por la mayor parte de autores racionalistas y empiristas modernos–. También han sido esfuerzos en esta dirección los intentos de concebir la aprehensión representativa del objeto desde el punto de vista causal (como ha sucedido en las llamadas «teorías causales de la percepción»).

Finalmente, hay el problema de la proporción de elementos sensibles, intelectuales, emotivos, etc., en la representación de los objetos por el sujeto. De acuerdo con los elementos que se supongan predominar se proponen muy diversas teorías del conocimiento. Puede verse, pues, que tan pronto como se va un poco lejos en la fenomenología del conocimiento se suscitan cuestiones que podrían llamarse «meta-fenomenológicas».

Posibilidad del conocimiento. A la pregunta «¿Es posible el conocimiento?», se han dado respuestas radicales. Una es el escepticismo, según el cual el conocimiento no es posible. Ello parece ser una contradicción, pues se afirma que se conoce algo, y al mismo tiempo que nada es cognoscible. Sin embargo, el escepticismo es a menudo una «actitud» en la cual no se formulan proposiciones, sino que se establecen, por así decirlo, «reglas de conducta intelectual». Otra es el dogmatismo, según el cual el conocimiento es posible; más aún: las cosas se conocen tal como se ofrecen al sujeto.

Las respuestas radicales no son las más frecuentes en la historia de la teoría del conocimiento. Lo más común es adoptar variantes del escepticismo o del dogmatismo: por ejemplo, un escepticismo moderado o un dogmatismo moderado, que muchas veces coinciden. En efecto, en las formas moderadas de escepticismo o de dogmatismo se suele afirmar que el conocimiento es posible, pero no de un modo absoluto, sino sólo relativamente. Los escépticos moderados suelen mantener que hay límites en el conocimiento. Los dogmáticos moderados suelen sostener que el conocimiento es posible, pero sólo dentro de ciertos supuestos. Tanto los límites como los supuestos se determinan por medio de una previa «reflexión crítica» sobre el conocimiento. Los escépticos moderados usan con frecuencia un lenguaje psicológico o, en todo caso, tienden a examinar las condiciones «concretas» del conocimiento. Así, por ejemplo, los límites de que se habla son límites dados por la estructura psicológica del sujeto cognoscente, por las ilusiones de los sentidos, la influencia de los temperamentos, los modos de pensar debidos a la época o a las condiciones sociales, etc. Cuando lo que resulta es sólo un conocimiento probable el escepticismo moderado adopta la tesis llamada «probabilismo». Los dogmáticos moderados, en cambio, usan un lenguaje predominantemente «crítico-racional»: lo que tratan de averiguar no son los límites «abstractos», es decir, los límites establecidos por supuestos, finalidades, etc. Es fácil ver que mientras los escépticos moderados se ocupan predominantemente de la cuestión del origen del conocimiento, los dogmáticos moderados se interesan especialmente por el problema de la validez del conocimiento.

Los autores que no se han adherido ni al escepticismo ni al dogmatismo radicales y que, por otro lado, no se han contentado con adoptar una posición moderada, estimada como «meramente ecléctica», han intentado descubrir un fundamento para el conocimiento que fuese independiente de cualesquiera límites, supuestos, etc. Tal ocurrió con Descartes, al proponer el *Cogito, ergo sum* (VÉASE) y con Kant, al establecer lo que puede llamarse el «plano trascendental». En el primer caso, conocer es partir de una proposición evidente (que es a la vez resultado de una intuición básica). En el segundo caso, conocer es sobre todo «constituir», es decir, constituir el objeto en cuanto objeto de conocimiento. Nos hemos referido con más detalle a estos puntos en los artículos dedicados a los autores mencionados y a varios conceptos fundamentales, por lo que no estimamos necesario volver sobre ellos.

Fundamento del conocimiento. Una vez admitido que el conocimiento (total o parcial, ilimitado o limitado, incondicionado o condicionado, etc.) es posible, queda todavía el problema de los fundamentos de tal posibilidad. Algunos autores han sostenido que el fundamento de la posibilidad del conocimiento es siempre «la realidad» –o, como a veces se dice, «las cosas mismas»–. Sin embargo, la expresión 'la realidad' no es en modo alguno unívoca. Por lo pronto, se ha hablado de «realidad sensible» a diferencia de una efectiva o supuesta «realidad inteligible». No es lo mismo decir que el fundamento del conocimiento se halla en la realidad sensible (en las impresiones, percepciones sensibles, etc.), como han hecho muchos empiristas, que decir que tal fundamento se halla en la realidad inteligible (en las «ideas», en sentido más o menos platónico), como han hecho muchos racionalistas (especialmente los que han sido al mismo tiempo «realistas» en la teoría de los universales). Por otro lado, aun adoptándose una posición empirista o racionalista al respecto, hay muchas maneras de presentar, elaborar o defender la correspondiente posición. Así, por ejemplo, el empirismo llamado a menudo «radical» propone que no sólo el conocimiento de la realidad sensible está fundado en impresiones, sino que lo está también el conocimiento de realidades (o cuasi-realidades) no sensibles, tales como los números, figuras geométricas y, en general, todas las «ideas» y todas las «abstracciones». Pero el empirismo «radical» no es ni mucho menos la única forma aceptada, o aceptable, de empirismo. Puede adoptarse un empirismo a veces llamado «moderado» –que a menudo coincide con el racionalismo también llamado «moderado», tal como sucede, por ejemplo, en Locke–, según el cual el fundamento del conocimiento se halla en las impresiones sensibles, pero éstas sólo proporcionan la base primaria del conocer –una base sobre la cual se montan las ideas generales–. Puede adoptarse un empirismo que a veces se ha llamado «total»: es el empirismo que rehúsa atenerse a las impresiones porque son sólo una parte, y no la más importante, de la «experiencia». La «experiencia» no es únicamente para este empirismo experiencia sensible: puede ser también experiencia «intelectual», o experiencia «histórica», o experiencia «interior», o todas esas cosas a un tiempo. Puede adoptarse asimismo un empirismo que no deriva de las impresiones sensibles el conocimiento de las estructuras lógicas y matemáticas justamente porque estima que tales estructuras no son ni empíricas ni tampoco racionales: son estructuras puramente formales, sin contenido. Tal ocurre con Hume y diversas formas de positivismo lógico. Puede abrazarse también un empirismo que parte del material dado a las impresiones sensibles, pero admite la posibilidad de abstraer de ellas «formas»; es el empirismo de sesgo aristotélico y los derivados del mismo. En cuanto al llamado *grosso modo* «racionalismo», ha adoptado asimismo muy diversas formas de acuerdo con el significado que se haya dado a expresiones tales como 'realidad inteligible', 'ideas', 'formas', 'razones', etc. No es lo mismo, en efecto, un racionalismo que parte de lo inteligible como tal para considerar lo sensible como reflejo de lo inteligible, que un racionalismo para el cual el conocimiento se funda en la razón, pero en donde ésta no es una realidad inteligible, sino un conjunto de supuestos o «evidencias», una serie de «verdades eternas», etc.

Las posiciones empiristas y racionalistas, y sus múltiples variantes, son sólo dos de las posiciones fundamentales adoptadas en la cuestión del fundamento del conocimiento. Otras dos posiciones capitales son las conocidas con los nombres de «realismo» e «idealismo». Nos hemos referido a ellas con más detalle en los artículos correspondientes. Indiquemos aquí únicamente que lo característico de cada una de estas posiciones es la insistencia respectiva en tomar un punto de partida en el «objeto» o en el «sujeto». Aun así, no es fácil esclarecer el significado propio de 'realismo' y de 'idealismo' en virtud de los muchos sentidos que adquieren dentro de estas posiciones los términos 'objeto' y 'sujeto'. Así, por ejemplo, en lo que toca al «sujeto», la naturaleza de la posición adoptada depende en gran parte de si el sujeto en cuestión es entendido como sujeto psicológico, como sujeto trascendental en el sentido kantiano, como sujeto metafísico, etc. En algunos casos, el partir del sujeto puede dar lugar a un subjetivismo, y hasta a un solipsismo. Pero en otros casos el término 'sujeto' designa más bien una serie de condiciones del conocimiento como tal, que no son precisamente «subjetivas». Por eso cuando se habla, por ejemplo, de idealismo (VÉASE), no es lo mismo entenderlo en sentido subjetivista u objetivista, crítico, lógico, etc. En otros casos, el partir del objeto puede dar lugar a lo que se ha llamado «realismo fotográfico», pero en muchas ocasiones el admitir que el fundamento del conocimiento se halla en el objeto no equivale a hacer del sujeto un mero «reflejo» del objeto.

No todas las actitudes adoptadas en el problema que nos ocupa pueden clasificarse en posiciones como las reseñadas. En rigor, todas estas posiciones tienen en común el dar de algún modo el conocimiento por supuesto. Además, casi todas tienden a concebir el conocimiento no sólo como una actividad intelectual, sino también como una actividad fundada en motivos intelectuales, aislados, o aislables, con respecto a cualesquiera otros motivos. En cambio, ciertas posiciones, especialmente desarrolladas en la época contemporánea, pero precedidas por algunos autores (entre los cuales cabe mencionar a Nietzsche y a Dilthey), han intentado preguntarse por el fundamento del conocimiento en distinto sentido: en función de una más amplia «experiencia». Como resultado de ello la teoría del conocimiento no ha consistido ya en una «filosofía de la conciencia» como «conciencia cognoscente». Ejemplos de estos intentos los tenemos en varios autores: pragmatistas (Dewey, James), existencialistas (Sartre) y otros no fácilmente clasificables, como Ortega y Gasset, Heidegger, Gilles-Gaston Granger, etc.

Nos limitaremos a subrayar aquí la doctrina de Ortega en la cual el conocimiento es examinado como un saber: el «saber a qué atenerse». Se niega con ello que el conocimiento sea connatural y consustancial al hombre, es decir, que el hombre sea últimamente «un ser pensante». Esto no equivale a defender una teoría «irracionalista» del conocimiento; equivale a no dar el conocimiento por supuesto y a preguntarse el modo como «se funda».

Formas del conocimiento. Nos hemos referido antes a los llamados «conocimiento sensible» y «conocimiento inteligible», que corresponden *grosso modo* al conocimiento de las verdades de hecho y al conocimiento de las verdades de razón. Algunos estiman que tanto el conocimiento sensible como el inteligible son «intuitivos», pero dan al término 'intuitivo' un sentido distinto en cada caso; el llamado «conocimiento inteligible intuitivo» es estimado como absoluto, a diferencia del «conocimiento intuitivo sensible», que es relativo. Otros estiman que el conocimiento intuitivo inteligible no es absoluto desde el punto de vista metafísico, pero es absoluto o, mejor dicho, completo o adecuado desde el punto de vista epistemológico.

Se ha hablado asimismo de conocimiento inmediato –que a veces se ha equiparado al mencionado conocimiento sensible– y de conocimiento mediato –que a menudo se ha equiparado a un conocimiento inteligible, es decir, a un conocimiento de verdades de razón, o al conocimiento que se adquiere por medio de inferencias.

Se ha hablado también de un conocimiento *a priori* y de un conocimiento *a posteriori*, de un conocimiento analítico y de uno sintético. Hemos tratado estas cuestiones en los artículos A PRIORI, ANALÍTICO y SINTÉTICO. Se ha distinguido entre formas de conocimiento de acuerdo con los objetos que se trate de conocer. De nuevo ha vuelto a hablarse en este respecto de conocimiento sensible, en cuanto conocimiento de cosas y objetos aprehensibles por los sentidos, como las cosas y objetos físicos (o macrofísicos), y de conocimiento inteligible, en cuanto conocimiento de relaciones, objetos abstractos, etc. Algunas veces se han clasificado los posibles objetos de conocimiento en clases de objetos correspondientes a tipos, o cuando menos variedades, de conocimiento. Así ha ocurrido cuando se ha hablado de conocimiento de la Naturaleza, a diferencia del conocimiento del hombre y de los «objetos humanos» (acciones, valoraciones, experiencias individuales, objetos culturales, instituciones, procesos históricos, etc.). De este modo se ha establecido la división entre ciencias naturales y ciencias del espíritu (o ciencias sociales, ciencias humanas, ciencias de la cultura, etc.). El problema de las formas de conocimiento en este sentido se halla relacionado con el problema de la clasificación de conocimientos, o saberes.

Además de las formas antes mencionadas de conocimiento inmediato y mediato, se ha hablado de conocimiento por contacto o presencia directa y conocimiento por descripción. Se ha distinguido asimismo entre conocer algo, conocer que algo es de tal o cual modo y conocer cómo algo es. Tratamos esta cuestión, y con ella la de algunas formas de conocimientos aludidos en esta sección, en el artículo CONOCER.

Contingencia. Para Aristóteles, lo contingente, τὸ ἐνδεχόμενον se contrapone a lo necesario, τὸ ἀναγκαῖον. La expresión 'Es contingente que *p*' (donde '*p*' representa una proposición) es considerada en lógica como una de las expresiones modales. El sentido de 'Es contingente' es discutido. Algunos consideran que 'Es contingente que *p*' es lo mismo que 'Es posible que *p*' y 'Es posible que no *p*'. En la literatura lógica clásica es frecuente definir la contingencia como la posibilidad de que *algo* sea y la posibilidad de que *algo* no sea. Si el término 'algo' se refiere a una proposición, la definición corresponde efectivamente a la lógica; si 'algo' designa un objeto, corresponde a la ontología.

Las definiciones medievales de 'contingente' pueden resumirse en la tesis de Santo Tomás, según el cual (como hemos visto antes a propósito del sentido lógico) lo contingente es aquello que puede ser y puede no ser. En este sentido el *ens contingens* se contrapone al *ens necessarium*. Metafísicamente, el ente contingente ha sido considerado como aquel que no es en sí, sino en otro, y ello de tal forma que todo *ens contingens* es un *ens ab alio*. Estas definiciones plantearon toda suerte de problemas, especialmente cuestiones relativas a la relación entre el Creador y lo creado. Mencionaremos solamente una de ellas a guisa de ilustración. Se indica, en efecto, que los escolásticos, sobre todo los que defendían la separación en la criatura y en todo lo creado entre la esencia y la existencia, acentuaban el carácter contingente de todo lo creado, con el fin de mostrar más fácilmente que éstos –y en particular el hombre– dependían del Creador. Así, la separación completa entre un ser necesario y los seres contingentes sería un supuesto indispensable para la demostración de la existencia de Dios. Santo Tomás estaba, al parecer, enteramente dentro de esta vía. Sin embargo, hay que tener en cuenta que el uso de *contingens*, aun en Santo Tomás, es mucho más complejo de lo que se deriva de los análisis anteriores. Santo Tomás afirma, en efecto, como apuntamos, que contingente es «lo que puede ser y puede no ser» (S. *Theol.*, I, q. LXXXVI, 3 c), a diferencia de lo necesario, que por su causa no puede no ser. Pero cuando el filósofo llega a la demostración de la existencia de Dios, sostiene que hay algo necesario en las cosas. Esta nece-sidad no es, ciertamente, una necesidad absoluta; es una necesidad *per aliud,* que implica otro ser, pero que no hace de la criatura algo *enteramente* dependiente en su ser de otra realidad como si no tuviera ninguna realidad propia. Pues el ser contingente puro, siendo corruptible, no puede ser aplicado sin más al alma humana, que no es corruptible.

Los citados problemas no fueron totalmente abandonados en la filosofía moderna, y algunos filósofos, como Leibniz, prestaron a ellos atención considerable. Así, la conocida distinción entre verdades de razón y verdades de hecho puede ser equiparada a una distinción entre lo necesario y lo contingente.

Contradicción. Esta noción es estudiada tradicionalmente bajo la forma de un principio: el llamado «principio de contradicción» (y que podría asimismo llamarse «principio de no contradicción»). Con frecuencia tal principio es considerado como un principio ontológico, y entonces se enuncia del modo siguiente: «Es imposible que una cosa sea y no sea al mismo tiempo y bajo el mismo respecto». Otras veces es considerado como un principio lógico (en un amplio sentido de este término), y entonces se enuncia del modo siguiente: «No a la vez p y no p», donde 'p' es símbolo de un enunciado declarativo.

Algunos autores han sugerido que hay asimismo un sentido psicológico del principio, el cual se enunciaría entonces: «No es posible pensar al mismo tiempo p y no p» (si el contenido del pensar es lógico) o bien «no es posible pensar que una cosa sea y no sea al mismo tiempo y bajo el mismo respecto» (si el contenido del pensar es ontológico). Nosotros consideramos que el «sentido psicológico» debe ser eliminado; la imposibilidad de pensar algo es un hecho y no un principio. Mayor justificación tendría el principio desde el punto de vista epistemológico, en tanto que ley «mental», «subjetiva» o «trascendental» que conformaría todos nuestros juicios sobre la experiencia, pero estimamos que ello equivaldría a introducir supuestos que no son necesarios en un análisis primario del significado y sentido fundamentales del principio. Observemos que la expresión 'al mismo tiempo y bajo el mismo respecto' mencionada al referirnos al sentido ontológico del principio es absolutamente necesaria para que el principio sea válido; la ausencia de semejante restricción abre el flanco a fáciles objeciones contra el mismo.

El primer pensador que presentó el principio en forma suficientemente amplia fue Aristóteles. Varias partes de sus obras están consagradas al tema; citamos, entre las más destacadas, *De int.*, 17 a 23, 17 b16 y sigs.; *An. post.*, 77 a 10 sigs., 88 a 35 y sigs.; *Met*, Γ 1005 b 15 y sigs., e *ibid.*, 30 y sigs. No siempre es formulado el principio del mismo modo. A veces se presenta como una de las «nociones comunes» o «axiomas» que sirven de premisa para toda demostración sin poder ser ellas mismas demostradas. A veces se presenta como una «noción común» usada para la prueba de ciertas conclusiones. A veces se presenta como la tesis según la cual si una proposición dada es verdadera, su negación es falsa, y si una proposición es falsa su negación es verdadera, es decir, como la tesis según la cual dos proposiciones contradictorias no pueden ser ambas verdaderas o ambas falsas. Ahora bien, todas las formulaciones pueden reducirse a las tres ya citadas interpretaciones: la ontológica, la lógica y la metalógica. En el primer caso el principio se refiere a la realidad; en el segundo, se convierte en una fórmula lógica o en una tautología de la lógica sentencial, que se enuncia del modo siguiente:

$$\neg(p \wedge \neg p)$$

y que se llama usualmente «ley de contradicción». Siendo una tautología, su tabla de verdad da Ves para todos los valores de verdad de 'p'. En el tercer caso el principio es una regla que permite ejecutar inferencias lógicas.

Las discusiones habidas en torno al principio de contradicción han diferido según se haya acentuado el aspecto ontológico (y principalmente metafísico) o el aspecto lógico y metalógico. Cuando ha predominado el lado ontológico se ha tratado sobre todo de afirmar el principio como expresión de la estructura constitutiva de lo real, o bien de negarlo por suponerse que la propia realidad es «contradictoria» o que en el proceso dialéctico de su evolución la realidad «supera», «trasciende» o «va más allá» del principio de contradicción. Típica es al respecto la posición de Hegel al hacer de la contradicción una de las bases del movimiento interno de la realidad, aun cuando debe tenerse en cuenta que en la mayor parte de los casos los ejemplos dados por el filósofo no se refieren a realidades contradictorias, sino contrarias. Cuando ha predominado el lado lógico y metalógico, en cambio, se ha tratado sobre todo de saber si el principio debe ser considerado como un axioma evidente por sí mismo o bien como una convención de nuestro lenguaje que nos permite hablar acerca de la realidad.

Fundándose, por un lado, en Hegel, y por el otro en el examen de la realidad social e histórica (y en la acción a desarrollar sobre esta realidad), Marx propuso una dialéctica (VÉASE) en la cual el principio o ley de contradicción quedaba desbancado. Más sistemáticamente, Engels formuló como dos de las tres «grandes leyes dialécticas» la «ley de la negación de la negación» y la «ley de la coincidencia de los opuestos». Estas leyes asimismo, y muy determinantemente, parecían negar el principio lógico de contradicción. Por lo común, tanto los materialistas dialécticos que pueden llamarse «clásicos» (hasta la Revolución soviética de 1917) como los marxistas-leninistas y los materialistas dialécticos de las últimas generaciones, especialmente los soviéticos, han mirado con desconfianza el principio de contradicción por suponer que no da cuenta del «movimiento dialéctico de la realidad». De vez en cuando, sin embargo, se han suscitado debates al respecto. Algunos autores han declarado que mientras el principio «clásico» de contradicción debe mantenerse en la lógica y hasta en el lenguaje de las ciencias, hay que adoptar principios dialécticos distintos al tratar de la realidad humana y social. Otros han intentado derivar leyes lógicas de las leyes dialécticas que rechazan el principio clásico o lo ponen entre paréntesis. Interesante es al respecto la discusión que tuvo lugar en Moscú, en 1958, entre varios materialistas dialécticos soviéticos (aunque alguno de ellos, como E. Kolman, era checo). Según la información proporcionada por N. Lobkowicz (Cfr. *infra),* mientras ciertos autores mantenían las leyes dialécticas «clásicas» con todo radicalismo y todas sus consecuencias, otros (como el citado Kolman) señalaron que, si bien hay contradicciones *en la realidad,* ello no significa que deban concebirse igualmente en el pensamiento. En éste el principio de contradicción (o no contradicción) es correcto. Se indicó asimismo que la llamada «contradicción» se refiere, en rigor (véase *supra),* a «contrarios» y no a «contradictorios». Es plausible suponer que estos debates han sido suscitados en parte por la importancia adquirida por la lógica formal y la imposibilidad de encajar dentro de ésta las «leyes dialécticas» clásicas.

Contradictorio. Nos referimos en el presente artículo a la relación de oposición entre proposiciones contradictorias y entre funciones de verdad contradictorias.

La relación de oposición entre proposiciones contradictorias (véase PROPOSICIÓN) es la que se da entre las proposiciones A-O y E-I. Según la relación de oposición contradictoria, dos proposiciones contradictorias no pueden ser a la vez verdaderas ni pueden ser a la vez falsas. Por lo tanto,

Si A es verdadera, O es falsa.
Si A es falsa, O es verdadera.
Si E es verdadera, I es falsa.
Si E es falsa, I es verdadera.

La contradicción concierne a proposiciones, no a ideas. Las ideas no son contradictorias entre sí; pueden ser contradictorias solamente las proposiciones en las cuales se afirma o niega algo.

En las expresiones veritativo-funcionales la contradicción se muestra mediante tablas de verdad. Si consideramos:

$$(p \wedge q) \to p \qquad (1)$$

y

$$\neg((p \wedge q) \to p) \qquad (2)$$

y damos como tabla de verdad de (1)

V
V
V
V

la tabla de verdad de (2) será:

F
F
F
F

donde se muestra que las expresiones en cuestión son mutuamente exclusivas, no pudiendo ser las dos verdaderas, e implicando la verdad de una falsedad de la otra, y viceversa.

Contrario. La relación de oposición entre las proposiciones A y E se llama relación de contrariedad, y dichas proposiciones son, por lo tanto, llamadas «contrarias». En la lógica clásica, la relación de contrariedad afirma que dos proposiciones contrarias no pueden ser al mismo tiempo verdaderas, pero *pueden ser* al mismo tiempo falsas. Así

Si A es verdadera, E es falsa.
Si A es falsa, E *puede ser* falsa.
Si E es verdadera, A es falsa.
Si E es falsa, A *puede ser* falsa.

En la lógica clásica, la distinción de la materia de la proposición en materia necesaria y materia contingente introduce una restricción en la afirmación 'Si A es falsa, E *pudo ser* también falsa'. En efecto, se estima que cuando la materia es necesaria, o sea cuando P pertenece a la esencia de S, dos proposiciones contrarias no pueden ser a la vez falsas. La relación de contrariedad se da también en los términos y en las proposiciones modales. En el mismo artículo nos hemos referido a los dos tipos de proposiciones contrarias (contrarias simples y contrarias oblicuas) resultantes del cubo de oposición propuesto por Hans Reichenbach (véase «The Syllogism Revised», *Phylosophy of Science,* XIX, 1952).

Convencionalismo. La distinción propuesta por los sofistas entre lo que es por naturaleza, φύσει, («por nacimiento», «por su origen [natural]»), y lo que es por «ley», νόμῳ, equivale en muchos casos a una distinción entre «verdadero» o «real» (o «verdadero-real») y «convencional». Los sofistas discutieron si, y hasta qué punto, lo que se dice acerca de algo y, en general, el lenguaje mismo que se usa para decirlo, es resultado de convenciones. Si, como pensaron la mayor parte de los sofistas, la respuesta es positiva, entonces hay que renunciar a encontrar enunciados, teorías o doctrinas absolutamente ciertas. El carácter aceptable de un enunciado, de una teoría o de una doctrina es función de las convenciones de principio adoptadas, es decir, de que se haya llegado –no necesariamente de un modo explícito– a un «acuerdo» respecto a ciertas «verdades» básicas. Platón se opuso al «convencionalismo» de los sofistas, por lo menos en la medida en que podía desembocar en un relativismo.

El convencionalismo propio de todo llamado «contrato social» está destinado a evitar la «proliferación anárquica» de opiniones en materia política y social. Sin embargo, el término «convencionalismo» se ha usado más frecuentemente en relación con discusiones acerca de la naturaleza de las teorías científicas, si bien puede extenderse a discusiones sobre la naturaleza de cualesquiera teorías.

Cosa en sí. Kant llamó «cosa en sí» *(Ding an sich)*–a veces «cosas en sí» *(Dinge an sich)*– a lo que se halla fuera del marco de la experiencia posible, esto es, a lo que trasciende las posibilidades del conocimiento tal como han sido delineadas en la «Estética trascendental» y en la «Analítica trascendental» de la *Crítica de la razón pura*. La cosa en sí puede ser pensada o, mejor dicho, puede pensarse el concepto de una cosa en sí; en rigor, 'cosa en sí' es el nombre que recibe «un pensamiento completamente indeterminado de algo en general» *(K. r. V.:* A 253). Pero la cosa en sí no puede ser conocida, al punto que puede ser llamada «el algo, x, del cual no sabemos nada ni, en general... podemos saber nada» *(ibid.,* A 250).

La naturaleza y función de la cosa en sí –o del concepto de «cosa en sí»– en la filosofía crítica de Kant ha sido objeto de numerosos debates, muchos de ellos incitados por el carácter impreciso del vocabulario kantiano. A veces (en la primera edición de la *Crítica de la razón pura*) Kant distingue entre «cosa en sí» y «objeto trascendental». A veces (en la segunda edición) los considera juntamente, o deja simplemente de hablar del último. En ocasiones la cosa en sí parece ser lo mismo que el llamado «Noúmeno» *(Noumenon);* en otras ocasiones se distingue entre ambos conceptos. Nos hemos referido al último punto en el artículo NOÚMENO. En el mismo artículo hablamos de las dos interpretaciones –fenomenista e idealista trascendental– que cabe dar de la crítica kantiana; estas interpretaciones están ligadas al papel que se otorgue a la noción de cosa en sí. Pueden completarse estas informaciones con las proporcionadas en el artículo ANTINOMIA. Kant parece más cauteloso en su tratamiento del concepto de cosa en sí en la segunda que en la primera edición de la *Crítica de la razón pura*. No obstante, persisten numerosas vacilaciones e incertidumbres.

Complementaremos la información proporcionada en los artículos citados con una breve reseña de lo que se ha llamado «el destino de la cosa en sí» en algunas filosofías postkantianas.

En un texto que servía de apéndice a una obra sobre Hume (1978), Friedrich Jacobi escribió una de las frases más frecuentemente citadas respecto a la noción kantiana de cosa en sí. En sustancia, reza como sigue: «sin el concepto de cosa en sí no se puede penetrar en el recinto de la crítica de la razón pura, pero *con* el concepto de la cosa en sí no se puede permanecer en él». De este modo, Jacobi ponía de relieve el conflicto entre la idea que Kant parecía mantener a veces de que las cosas en sí subyacen a, o son inclusive causas de, las apariencias, y la afirmación de que el concepto de causa, en cuanto uno de los conceptos del entendimiento o categorías, se aplica solamente a fenómenos, esto es, la afirmación de que el conocimiento se limita al mundo fenoménico. Era obvio, por lo demás, que mientras Kant sostenía que no se pueden conocer las cosas en sí, hablaba de ellas, no para describirlas, sino –pero esto parecía ya excesivo– para referirse a ellas, es decir, para introducir inteligiblemente la expresión 'cosa en sí' en el discurso (bien que fuera un metadiscurso) filosófico. Parecía haber una razón para ello: si las cosas en sí no son reales, esto es, si no hay algo «verdaderamente real», y no sólo fenoménico, entonces el mundo de fenómenos carece de «soporte» y se convierte en un mundo soñado o meramente imaginado.

Salomon Maimon puso de manifiesto la contradicción que implica pensar algo que no sea pensado en la conciencia, y admitir algo (aunque sólo sea como posible) que se halle fuera de la conciencia, afectándola de algún modo.

Por lo general, los primeros kantianos trataron de resolver el problema planteado por la noción de cosa en sí eliminando esta noción como un residuo de realismo, pero hay que tener en cuenta que varios de los más fieles discípulos de Kant, como Kiesewetter y Johannes Schultz, que fue el comentarista «oficial» de Kant (cf. Gottfried Martin, *Immanuel*

Kant. Ontologie und Wissenschaftstheorie, 1951, 4.ª ed., 1969), no rechazaron dicha noción. J. Segismund Beck declaró que el concepto de cosa en sí resultaba simplemente del «modo de exposición» kantiana. Los más destacados postkantianos, representantes del idealismo alemán, rechazaron la noción de cosa en sí. Un ejemplo de rechazo pleno y simple es el de Fichte. También la han rechazado los neokantianos, en particular los de la Escuela de Marburgo, así como Bradley, el cual afirmó que las cosas en sí son incognoscibles y que no se puede saber ni siquiera si existen. Por razones distintas, han rechazado la noción de cosa en sí los fenomenistas y los idealistas objetivos. En cambio, algunos autores han afirmado que las cosas en sí son accesibles, si bien no por medio del intelecto. Schopenhauer, por ejemplo, identificó la cosa en sí con la Voluntad –tal vez porque no creía que había ninguna relación causal necesaria entre noúmeno y fenómeno, o entre lo inteligible y lo sensible.

Creencia. Durante la Edad Media, cuando por 'creer' se entendía «tener fe» (y a veces «tener *la fe*»), se debatió a menudo el problema de la relación entre creencia y ciencia, creencia y saber, creencia y razón. Puede hablarse asimismo, y se hace con gran frecuencia, de «fe y razón».

Algunos estimaron que la razón es una preparación para la creencia (o la fe). Esto equivale a suponer que no hay conflicto entre ambas. Otros estimaron que solamente si se cree se puede comprender, esto es, comprender las llamadas «verdades de fe». La creencia, además, requiere la comprensión, como se indica en la frase de San Anselmo, *Fides quarens intellectum*. Siguiendo la tradición agustiniana, San Anselmo desarrolló el tema del «Creo para comprender», o *Credo ut intelligam*, cuyos orígenes se rastrean en el Ἐαν μὴ πιστύσετη, οὐδὲ μὲ συνῆτε. *Nisi credideritis, non intelligetis*, «A menos que creas, no entenderás» (*Isaías*, VII, x 9). Ciertos autores juzgaron que puede haber conflictos entre creencia y razón, pero que estos conflictos pueden solucionarse si se usa la razón rectamente –lo cual equivale casi siempre a suponer que hay que partir de la creencia, como fundamento desde el cual se consigue la racionalidad (de lo creído)–. Otros autores mantuvieron que hay conflicto entre creencia y razón, pero que entonces hay que abandonar ésta para entregarse a aquélla. Testimonio extremo de esta actitud es el *Credo quia absurdum*. También hubo autores para quienes el llamado «conflicto entre la creencia (o fe) y la razón» es manifestación del hecho de que hay dos tipos de «verdades»: las de creencia y las racionales. Es la posición de la llamada «verdad doble».

El sentido más «subjetivo» –lo cual no quiere decir necesariamente «arbitrario»– de 'creencia' ha sido muy común en la época moderna, especialmente en la medida en que se ha supuesto que la creencia es una manifestación de la voluntad, esto es, un asentimiento dado por la voluntad. Es probable que haya antecedentes de esta concepción en el estoicismo en cuanto se subraya el «voluntarismo» de Duns Escoto. Tal concepción se manifiesta igualmente en el racionalismo y en el empirismo modernos. Así, para el racionalismo la creencia es la evidencia de principios innatos. Para el empirismo, la creencia es la «adhesión» a la vivacidad de las impresiones sensibles. Por ejemplo, en Hume la noción de causalidad resulta aceptable en virtud de una creencia natural que, al mismo tiempo que destruye su universalidad *a priori*, la hace plausible en virtud del hábito. Hume escribe que lo más que podemos hacer en filosofía «es afirmar que la *creencia* es algo sentido por el espíritu, que discrimina entre las ideas de los juicios y las ficciones de la imaginación» *(Enquiry,* V, 2).

Se cita a menudo una frase del «Prólogo» a la segunda edición de la *Crítica de la razón pura,* de Kant: «he tenido que apartar el saber para hacer lugar a la fe *(Glauben)*». Con esta frase Kant parece dar a entender o que la creencia (especialmente en la esfera moral) es completamente independiente del saber, o que hay inclusive un «primado» de la creencia respecto al saber –lo que podría explicar el tan comentado «primado de la razón práctica sobre la teórica»–. Sin embargo, hay que tener en cuenta varios puntos. El primero es que el saber de que habla Kant en esta frase no es el verdadero conocimiento o la ciencia, sino el pretendido saber propugnado por los racionalistas, que procede por principios alegados supremos sin previo examen y crítica de los límites de la facultad cognoscitiva. El segundo es que la creencia de que Kant habla no es la «fe», sino la razón práctica. El tercero es que, después de todo, no hay dos especies distintas de razón, que sean además mutuamente incompatibles, sino una sola especie de razón. Por consiguiente, es erróneo suponer que aquí Kant hace manifestación del escepticismo antirracionalista o de «fideísmo».

Los trabajos relativos a las llamadas «proposiciones de creencia» –y también, más propiamente, «enunciados de creencia»– conciernen a expresiones en las que interviene el verbo 'creer', usualmente (aunque no necesariamente) en la tercera persona del singular del presente de indicativo ('cree que'). En su trabajo «Ueber Sinn und Bedeutung», *Zeitschrift für Philosophie und philosophische Kritik*, 100 (1892), 25-50 (trad. esp. «Sobre el sentido y la denotación», en *Semántica filosófica: problemas y discusiones*, 1973, ed. Thomas Moro Simpson, págs. 3-27; otra trad. con el título «Sobre sentido y referencia», en G. Frege, *Estudios sobre semántica*, trad. esp. 1971, págs. 49-84), Frege llama la atención sobre expresiones que pertenecen al discurso indirecto –citas indirectas y cláusulas nominales abstractas introducidas (por lo común) mediante 'que'–. Se trata de oraciones que contienen una cláusula subordinada. El problema que se plantea es el de la denotación de semejante cláusula. En la oración directa:

El aguacate es comestible

la denotación es, para Frege, el valor de verdad de esta oración. Lo mismo ocurre con la oración directa:

La palta es comestible.

'Aguacate' es el nombre que se da en Cuba a un fruto que en Chile recibe el nombre de 'palta'. No podemos saber, salvo por comprobación empírica, si el aguacate y la palta son el mismo fruto. Si la oración 'El aguacate es comestible' es verdadera y la oración 'La palta es comestible' es verdadera, la denotación de ambas oraciones es, según Frege, el valor de verdad, «lo verdadero». Esta concepción de la denotación ha sido muy discutida, pero aun si fuese aceptada quedaría el problema planteado por Frege de las oraciones donde los ejemplos indicados son cláusulas subordinadas, tales como:

Remigio cree que el aguacate es comestible.
Remigio cree que la palta es comestible.

Aunque puede ocurrir (y de hecho ocurre) que tanto el aguacate como la palta sean comestibles, puede asimismo ocurrir que Remigio crea que el aguacate es comestible y que la palta no es comestible. Se han propuesto muy diversas soluciones al problema. Una es la de Frege, según la cual la cláusula subordinada denota el sentido. Otra es la de autores para los cuales las oraciones con verbos proposicionales como 'creer' no son dilucidables lógicamente. Otra, muy extendida, es la que ha tratado de elaborar una «lógica» de la «creencia», esto es, una lógica de las expresiones cuya forma más común es:

a cree que p

donde '*a*' simboliza a alguien, a un sujeto, específicamente a un sujeto que cree lo que se dice en *p*, y donde '*p*' simboliza una proposición, esto es, lo que *a* cree y que es expresado por medio de la proposición. Ejemplos de enunciados de creencia son:

«*a* cree que *p*»
«*a* cree que no *p*»
«*p* es compatible con todo lo que *a* cree».

Cualidad. Según Aristóteles, la cualidad es una categoría (VÉASE). En *Cat.* VIII, 8 b 25, Aristóteles afirma que la cualidad es aquello en virtud de lo cual alguien tiene algo, es decir, la cualidad es algo perteneciente a la «gente». Puede entenderse esta concepción entendiendo que las cualidades son propiedades como 'es blanco', 'es alto', 'es estúpido', etc., pero puede ampliarse esta definición de cualidad afirmando que la cualidad es aquello en virtud de lo cual alguna cosa tiene alguna propiedad: alto, hermoso, rugoso, redondo, etc. El término 'cualidad' tiene en Aristóteles varios sentidos. Por ejemplo, la cualidad puede ser un hábito o una disposición –siempre que se tenga en cuenta que los hábitos son a la vez disposiciones, pero no todas las disposiciones son hábitos–. Puede ser también una capacidad –como el ser buen corredor o el ser duro o blando–. Puede ser algo sensible como la dulzura (o un resultado de una cualidad afectiva, como el ser blanco). Puede ser, finalmente, la figura y la forma de una cosa, como la curvatura. Ciertas propiedades tales como la densidad no son consideradas por Aristóteles como cualidades, sino como resultado de relaciones (*ibid.*, 10 a 18). Característico de las mencionadas clases de cualidades –a las cuales podrían agregarse otras– es el tener contrarios y el admitir variaciones de grado, aunque hay algunas excepciones a esta última regla, como lo muestra el ejemplo de la cualidad de triangularidad. De hecho, las únicas características verdaderamente propias de la cualidad son, según Aristóteles, la semejanza y la desemejanza. En otro lugar (*Met.*, Δ 14,1020 a 33 sigs.), Aristóteles define la cualidad de cuatro maneras: (a) como la diferencia de la esencia (el hombre es un animal que posee cierta cualidad, porque es bípedo); (b) como propiedad de los objetos inmóviles matemáticos (lo que hay en la esencia de los números además de la cantidad); (c) como propiedades de las substancias en movimiento (calor y frío, blancura y negrura); (d) como algo respecto a la virtud y al vicio y, en general, al bien y al mal. Estas cuatro significaciones se reducen a dos: (x) la cualidad como diferencia de la esencia (a la cual pertenece también la cualidad numérica); (y) la cualidad como modificación de las cosas que se mueven *en tanto que* se mueven, y las diferencias de los movimientos.

La clasificación de cualidades adoptadas por numerosos escolásticos es similar a la aristotélica: pueden tomarse como cualidades el hábito y la disposición, la potencia y la impotencia, la fórmula y la figura. Sin embargo, al tratarse de una clasificación muy simple, pronto surgió el problema de su cambio y desarrollo ulterior.

Los autores modernos mantuvieron dos tesis: una, defendida principalmente por Francis Bacon en el *Novum Organum* (I, 66), según la cual, de un modo parecido a los escolásticos, hay dos tipos de cualidades, ambas reales, pero unas más patentes o visibles que las otras; la otra, defendida por Gassendi, Galileo, Hobbes y otros, según la cual hay por un lado una materia sin cualidades, o bien una materia con propiedades puramente mecánicas, que es objetiva (en el sentido moderno de esta expresión), y por otro lado ciertas cualidades –que también pueden distribuirse en primeras y segundas o primarias y secundarias en la significación aristotélico-escolástica–, que son subjetivas (en el sentido moderno de esta expresión). Esta última tesis fue la predominante a medida que se fue extendiendo la concepción mecánica de la Naturaleza. Como dice Galileo en *Il Saggiatore,* hay por un lado *primi accidenti* y por el otro *qualità. (Il Saggiatore. Opere complete.* Florencia, 1842 sigs., IV, 333 sigs.). En otros términos, lo que antes eran formas substanciales es rechazado para ser sustituido por las propiedades mecánicas, y lo que eran cualidades de diversas especies es rechazado para ser sustituido por percepciones subjetivas. Podemos mencionar a este respecto a Descartes. En las *Meditaciones* (II) encontramos el famoso ejemplo del pedazo de cera que, al acercarse al fuego, pierde todas sus cualidades menos las fundamentales, flexibilidad, movimiento y, sobre todo, extensión. En los *Principios* habla de que las magnitudes, figuras y otras propiedades semejantes se conocen de modo distinto que los colores, sabores, etc. (I, 69), y que nada hay en los cuerpos que pueda excitar en nosotros ninguna sensación excepto el movimiento, la figura o situación y la magnitud de sus partes (IV, 198). Podemos mencionar también a Malebranche cuando indica en su *Recherche* (Libro IV, parte II, cap. 2) que «cuando los filósofos dicen que el fuego es caliente, la hierba verde y el azúcar dulce, etc., entienden, como los niños y el común de los hombres, que el fuego contiene lo que experimentan cuando se calientan, que la hierba tiene sobre ella los colores que en ella creen ver, que el azúcar contiene la dulzura que experimentan al comerlo, y así con todas las cosas que vemos o sentimos... Hablan de las cualidades sensibles como si fueran sensaciones». Pero desde Descartes.–agrega– sabemos que los términos sensibles mediante los cuales se describen usualmente las cualidades del fuego, de la hierba, etc., son equívocos. Consideraciones semejantes, pero con un mecanicismo aún más acentuado, se hallan en Hobbes, *De corpore*, II, 2. Estas tesis fueron reasumidas de un modo particularmente claro y radical por Robert Boyle en sus *Considerations and Experiments touching the Origin of Forms and Qualities* (1666) y especialmente en su *History of Particular Qualities* (1671) al distinguir entre las *cualidades reales* –que llamó *modos, afecciones primarias* o *atributos mecánicos*– y las *cualidades subjetivas* –que llamó simplemente *cualidades* y que consideró susceptibles de ser divididas en primarias y secundarias–. En resumen, vemos en ese período la tendencia a distinguir entre lo primario o mecánico y lo secundario o sensible. Ahora bien, mientras los filósofos citados parecen apartarse cada vez más de la terminología escolástica, al reservar el nombre de cualidades para todas las propiedades reducibles a otras propiedades más fundamentales, Locke siguió una tendencia parecida, si bien adoptando el vocabulario escolástico. Así, en el *Essay* (II, viii, 8-9; cf. también II, viii, 17) introdujo la célebre distinción entre *cualidades primarias* u *originales*, es decir, cualidades de los cuerpos completamente inseparables de ellos, «y tales que en todas las alteraciones y cambios que el cuerpo sufre» se mantiene como es, y *cualidades secundarias,* es decir, cualidades que no se hallan, en verdad, en los objetos mismos, sino que son posibilidades *(powers)* de producir varias sensaciones en nosotros mediante sus cualidades primarias. Ejemplos de las primeras son: solidez, extensión, figura y movilidad. Ejemplos de las segundas son: colores, sonidos y gustos. A estos dos tipos de cualidades –dice Locke– puede añadirse una tercera, que son las meras posibilidades, «aunque ellas son cualidades tan reales como las que llamo, según el vocabulario usual, cualidades». Vemos, pues, que la distinción de Locke es a la vez la culminación de una larga historia en el estudio del problema de la cualidad y una *mise au point* de la doctrina moderna con ayuda del vocabulario escolástico.

Una de las objeciones más conocidas a la teoría de Locke fue la planteada por Berkeley, quien –en sus *Three Dialogues Between Hylas and Philonous*– argüía cómo las cualidades secundarias son relativas y dependientes respecto del observador, y lo mismo puede decirse de las primarias. Así pues, no tiene sentido la distinción entre unas y otras. El ser *(esse)* de las cualidades consiste en ser percibidas *(percepi)*. En su *Treatise* (§ 10) Berkeley manifiesta que «si fuese cierto que estas cualidades originales están inseparablemente unidas a las otras cualidades sensibles, y ni siquiera en el pensamiento pueden ser abstraídas de las otras, se seguiría sencillamente que sólo existen en el pensamiento». Desafiaba a cualquiera a que pensase en un cuerpo extenso y móvil que no fuese a la vez coloreado, etcétera.

Podemos considerar que las posiciones posibles sobre la noción de cualidad son fundamentalmente las siguientes:

(a) Las cualidades son concebidas como las únicas propiedades específicas de las cosas (sofistas, Berkeley, etc.).

(b) Las cualidades son concebidas como propiedades únicas. Pueden ser, en efecto, o propiedades accidentales que modifican el objeto, o formas accidentales (Aristóteles, muchos escolásticos).

(c) Las cualidades son concebidas como propiedades reductibles a otra propiedad o a otra serie de propiedades (mecanicismo). Las cualidades son entonces subjetivas. Si se conserva el nombre 'cualidad' también para las cualidades objetivas, se introduce entonces la citada distinción entre cualidades primarias y secundarias.

(d) Las cualidades son concebidas como entidades irreductibles. Esta posición se aproxima a (a) y tiene muchas variantes (Bergson y su doctrina de los datos inmediatos; Mach y el fenomenismo; *ciertas* partes de la fenomenología de Husserl; Alexander y varios de los partidarios de la evolución emergente).

Cuantificación, cuantificacional, cuantificador. Los enunciados:

Pantagruel come mucho (1),
Hesíodo es un poeta griego (2),
La Tierra gira en torno a sí misma (3),

pueden ser considerados sin tener en cuenta su composición. En este caso cada uno de ellos puede ser simbolizado mediante una cualquiera de las letras sentenciales '*p*', '*q*', '*r*', etc. En cambio, cuando consideramos su composición no podemos simbolizarlos mediante letras sentenciales, sino que tenemos que averiguar de qué elementos se componen y usar para cada uno de ellos una determinada serie de símbolos. Ahora bien, cualquiera de los citados enunciados puede descomponerse en dos elementos: el argumento –o sujeto– y el predicado –o verbo–. En (1) el argumento es 'Pantagruel'; en (2) es 'Hesíodo'; en (3), 'La Tierra'. En (1) el predicado es 'come mucho'; en (2) es 'es un poeta griego'; en (3), 'gira en torno a sí misma'. Se advertirá que esta división entre argumento y predicado, empleada en la lógica simbólica actual, no coincide exactamente con la división que suele llamarse tradicional. Consiste ésta en suponer que en todo enunciado hay tres elementos: el sujeto, el verbo –llamado también «cópula»– y el predicado o atributo. Así, los sujetos de (1), (2) y (3) son respectivamente 'Pantagruel', 'Hesíodo' y 'La Tierra'; los verbos son 'come', 'es' y 'gira'; los predicados, 'mucho' ('muchas cosas'), 'poeta griego' y 'en torno a sí misma'. En muchos casos se prefiere reducir el verbo a la cópula 'es'. En este caso (1) se traduce por 'Pantagruel es un comilón'; (3) por 'La Tierra es una entidad que gira en torno a sí misma'; (2) se deja tal como está. Si así es, los predicados de (1) y (3) se convierten en 'un comilón' y 'una entidad que gira en torno a sí misma'. Nosotros seguiremos el uso actual y nos las habremos solamente con los dos mencionados elementos del enunciado: argumento y predicado.

Simbolizaremos los argumentos mediante las letras '*w*', '*x*', '*y*', '*z*', '*w'*', '*x'*', '*y'*', '*z'*', etc., llamadas «letras argumentos», y los predicados mediante las letras '*F*', '*G*', '*H*', '*F'*', '*G'*', '*H'*', etc., llamadas «letras predicados». Anteponiendo las letras predicados a las letras argumentos, simbolizaremos (1) mediante:

$$Fx,$$

si '*x*' se lee 'Pantagruel' y '*F*' se lee 'come mucho'. (Aunque es usual colocar la letra –o letras– argumento entre paréntesis, tal como '*F (x)*', nosotros los suprimimos para mayor simplicidad.) Análogamente podemos simbolizar (2) y (3) mediante '*Fx*' si en el primer caso '*x*' se lee 'Hesíodo' y '*F*' se lee 'es un poeta griego', y en el segundo caso '*x*' se lee 'La Tierra' y '*F '* se Lee 'gira en torno a sí misma'. Advirtamos que '*Fx*' puede simbolizar enunciados con más de un predicado gramatical. Tal ocurre en:

Julio César fue asesinado por Bruto   (4),

si 'Julio César' se simboliza por '*x*' y 'fue asesinado por Bruto' por '*F*'. Sin embargo, (4) puede simbolizarse asimismo por:

$$Fxy$$

si '*x*' se lee 'Julio César', '*y*' se lee 'Bruto' y '*F*' se lee 'fue asesinado por'. Análogamente,

Miguel recorre lentamente la ruta que va de Córdoba a Madrid

puede simbolizarse mediante '*Fx*' si '*x*' se lee 'Miguel' y '*F*' se lee 'recorre lentamente la ruta que va de Córdoba a Madrid'; mediante '*Fxy*' si '*x*' se lee 'Miguel', '*y*' se lee 'la ruta que va de Córdoba a Madrid' y '*F*' se lee 'recorre lentamente'; mediante '*Fxyz*' si '*x*' se lee 'Miguel', '*y*' se lee 'la ruta de Córdoba', '*z*' se lee 'a Madrid' y '*F*' se lee 'recorre lentamente'. Se observará que el adverbio 'lentamente' se incorpora al predicado. '*Fx*', '*Fxy*', '*Fxyz*' reciben el nombre de «esquemas cuantificacionales atómicos». Estos esquemas u otros análogos pueden unirse mediante conectivas y formar esquemas cuantificacionales moleculares. Así ocurre con los esquemas:

$$Fx \rightarrow Gx$$
$$(Fx \wedge Gx) \rightarrow Hz$$

cuyos ejemplos pueden ser:

Si Antonio lee, entonces Desideria cose,
Si Antonio lee y Desideria cose, entonces la casa está silenciosa.

Procedamos ahora a la cuantificación de los enunciados. Esta cuantificación puede afectar solamente a los argumentos o también a los predicados. En el primer caso la lógica de que se trata es una lógica cuantificacional elemental. En el segundo caso la lógica de que se trata es una lógica cuantificacional superior. Consideremos por el momento sólo la cuantificación de letras argumentos. Tomemos los siguientes enunciados:

Todos los hombres son mortales   (5),
Ningún hombre es unicelular (6),
Algunos griegos son filósofos (7),
Algunos griegos no son atletas (8).

En el artículo sobre la noción de proposición hemos visto que (5), (6), (7) y (8) son respectivamente ejemplos de las proposiciones de tipo A (universal afirmativa), E (universal negativa), I (particular afirmativa) y O (particular negativa); (5) y (6) están cuantificados universalmente; (7) y (8) lo están particularmente –o existencialmente–. Procedamos ahora a explicar cómo se forman los esquemas cuantificacionales de los cuales (5), (6), (7) y (8) son ejemplos.

Si tomamos el esquema:

$$Fx \to Gx$$

podremos leerlo:

Si x es hombre, entonces x es mortal (9).

Sustituyendo 'x' por un término singular, tal como en:

Si Sócrates es hombre, entonces Sócrates es mortal

(9) se convertirá en un enunciado. Pero si no sustituimos 'x' por un término singular, (9) no será un enunciado. Con el fin de convertir (9) en un enunciado, habrá que cuantificar universalmente 'x'. La cuantificacion universal dará por resultado:

Para todos los x, si x es hombre, entonces x es mortal (10)

equivalente a:

Todos los hombres son mortales.

'Para todos' es simbolizado mediante '$\wedge$' [la notación antes corriente era '()'], llamado «cuantificador universal».

(10) será entonces simbolizado por:

$$\wedge x (Fx \to Gx)$$

La negación de tal cuantificación universal se lleva a cabo afirmando que si para todos los x, x es F, entonces no es el caso que x sea G. Esquema de tal negación es, pues:

$$\wedge x (Fx \to \rceil Gx)$$

que puede leerse:

Ningún hombre es unicelular

si 'F' se lee 'es un hombre' y 'G' se lee 'es unicelular'.

Si ahora tomamos el esquema:

$$Fx \wedge Gx$$

podremos leerlo:

x es griego y x es filósofo (11)

Sustituyendo 'x' por un término singular, tal como en:

Sócrates es griego y Sócrates es filósofo,

(11) se convertirá en un enunciado. Pero si no sustituimos 'x' por un término singular, (11) no será un enunciado. Con el fin de convertir (11) en un enunciado, habrá que cuantificar particularmente 'x'. La cuantificación particular dará por resultado:

Para algunos, x, x es griego y x es filósofo (12),

equivalente a:

Algunos griegos son filósofos.

'Para algunos' es simbolizado mediante '∨' [la notación antes corriente era '(∃)'], llamado «cuantificador particular».

(12) será entonces simbolizado por:

$$\lor x(Fx \land Gx)$$

La negación de tal cuantificación particular se lleva a cabo afirmando que para algunos x, x es F y x no es G. Esquema de tal negación es, pues:

$$\lor x(Fx \land \rceil Gx)$$

que puede leerse:

Algunos griegos no son atletas

si 'F' se lee 'es griego' y 'G' se lee 'es atleta'.

Observemos que '$\lor x$' puede leerse de varios modos: 'Para algunos x', 'Hay un x tal, que', 'Hay por lo menos un x tal, que', 'Hay a lo sumo un x tal, que', etc. La indicación de 'Hay por lo menos $n\ x$ tales, que', 'Hay a lo sumo $n\ x$ tales, que', 'Hay exactamente $n\ x$ tales, que' se expresa por medio de los cuantificadores numéricos. El análisis de éstos se efectúa por medio de la introducción del signo de identidad (VÉASE).

Pueden cuantificarse universal o particularmente cualesquiera letras argumentos. Sin embargo, no en todas las fórmulas cuantificacionales están cuantificadas todas las letras argumentos. Las letras argumentos cuantificadas se llaman «ligadas»; las no cuantificadas, «libres». Los esquemas que poseen todas las letras argumentos cuantificadas se llaman «esquemas cerrados»; los que poseen cuando menos una letra argumento no cuantificada se llaman «esquemas abiertos».

Pueden cuantificarse asimismo no solamente, como se ha hecho antes, esquemas cuantificacionales moleculares, sino también esquemas cuantificacionales atómicos. Así, por ejemplo, 'Fx' en '$\lor x\ Fx$', que puede leerse: 'Algo es agradable'.

Consideremos ahora brevemente la cuantificación también de letras predicados y el uso de las letras predicados como argumentos. Estas dos posibilidades, que quedaban excluidas en la lógica cuantificacional elemental, son admitidas en la lógica cuantificacional superior. En esta última lógica se incluyen, por consiguiente, fórmulas como:

$$\lor F(Fx \land Fy)$$
$$F(G)$$

que pueden leerse respectivamente:

El hombre y el animal tienen un rasgo en común,
Ser racional es una cualidad deseable.

En virtud de ello, la lógica cuantificacional superior permite presentar en lenguaje lógico un número considerablemente mayor de enunciados del que era permitido en la lógica cuantificacional elemental. Sin embargo, como la lógica cuantificacional superior aloja en su interior un cierto número de paradojas lógicas, es necesario modificarla con el fin de eliminarlas. Nos hemos referido a este punto en el artículo sobre la noción de paradoja.

Hemos empleado hasta aquí el término 'cuantificador'. Algunos autores, empero, prefieren el vocablo 'operador'. Entre estos autores figura H. Reichenbach, el cual señala que no se puede usar 'cuantificador' para las operaciones destinadas a la unión o vinculación de variables por cuanto los enunciados universal o particularmente cuantificados son cualitativos y no cuantitativos.

Cuantos (Teoría de los). Con este nombre se rotula un conjunto de teorías físicas desarrolladas a partir de 1900, con el trabajo de Max Planck «Zur Theorie des Gesetzes der Energieverteilung im Normal-Spektrum» («Para la teoría de la ley de distribución de energía en el espectro normal»). Hasta este momento se había supuesto que la energía radiante, o energía emitida por cuerpos calientes, se comportaba en forma de ondas electromagnéticas, siendo emitida y absorbida continuamente por átomos. La teoría de una emisión continua no concordaba con los experimentos sobre la relación entre la intensidad y la frecuencia de la energía. Planck postuló la emisión o absorción de energía en forma discontinua, según ciertos cuantos *(quanta)* o «cantidades». La fórmula $E = hv$, donde 'E' se lee 'energía', 'v' se lee 'frecuencia de vibración' y 'h' se lee 'constante de Planck' o 'cuanto' *(quantum)*, expresa que la energía de un cuanto es directamente proporcional a la frecuencia de la onda asociada. El valor de h es 6.61×10^{-27} erg./segundo. Einstein se valió de la hipótesis de Planck para explicar el llamado «efecto fotoeléctrico» (1905) y para explicar que la capacidad calórica de los sólidos es muy pequeña cuando se aproximan al grado 0 de temperatura (1907). Max Born y Niels Bohr aplicaron la hipótesis de Planck, que se fue convirtiendo en una hipótesis central de la física. En los años veinte Louis de Broglie extendió a las partículas elementales entonces más conocidas, como el electrón y el protón, la concepción del dualismo entre partícula y onda, postulando una relación entre energía y momento de la partícula, por un lado, y frecuencia y longitud de onda de las ondas asociadas, por el otro, que correspondía a la relación encontrada para la luz. Por la misma época Erwin Schrödinger proporcionó el aparato matemático que permite describir el comportamiento ondulatorio, dando origen a la llamada «mecánica ondulatoria». Heisenberg desarrolló un cálculo de matrices equivalente al aparato matemático de Schrödinger. La llamada desde entonces «mecánica cuántica» es la desarrollada por Schrödinger y Heisenberg, y luego por P. A. M. Dirac y John (Johannes) von Neumann. Heisenberg formuló sus relaciones de incertidumbre –llamadas también, para abreviar, «principio de incertidumbre» o «principio de indeterminación»–. Niels Bohr formuló el principio de complementaridad. De todo ello surgió la titulada «Escuela de Copenhague» capitaneada por Bohr, y considerada como la interpretación ortodoxa de la mecánica cuántica. En la mayor parte de los casos, cuando se habla de teoría de los cuantos e interpretaciones filosóficas de esta teoría se trata de mecánica cuántica y de sus interpretaciones filosóficas.

Las interpretaciones filosóficas de la mecánica cuántica comportan a menudo una teoría física y viceversa; no hay aquí diferencia fundamental entre teoría física e interpretación filosófica de la teoría. La Escuela de Copenhague se basa fundamentalmente en una concepción positivista y operacionalista de las realidades físicas tratadas. Estas «realidades» no son, propiamente, realidades, sino observables. Ello permite hablar de partículas y de ondas; ambas son igualmente observables, de modo que su dualidad no es, en rigor, una dualidad real. Permite asimismo aceptar las relaciones de incertidumbre y considerar, especialmente por medio del teorema de von Neumann, que es imposible eliminarlas.

Los críticos de la Escuela de Copenhague pueden dividirse, *grosso modo*, en dos clases. Unos –como Louis de Broglie, Jean Pierre Vigier y David Bohm– manifiestan que hay una teoría alternativa a la de la mecánica cuántica. Ello no quiere decir que se rechacen los «resultados» de las investigaciones físicas en mecánica cuántica; quiere decir, sin embargo, que muchas fluctuaciones que en mecánica cuántica se consideran insuperables y, en todo caso, no sometidas a leyes causales precisas, pueden predecirse más exactamente en otra teoría –en una teoría que admita «parámetros escondidos» y «niveles subcuánticos»– y pueden estar sometidas a leyes causales. En general, los que han atacado el «indeterminismo» de la Escuela de Copenhague han afirmado la posibilidad de restablecer un «determinismo», si bien posiblemente uno distinto de, o más refinado que, el determinismo clásico.

Otros críticos estiman que las implicaciones filosóficas admitidas, o abrazadas, por la Escuela de Copenhague son innecesarias; que pueden proponerse otras interpretaciones filosóficas. El problema estriba en saber si éstas alteran o no las construcciones de la mecánica cuántica. Si no las alteran en absoluto, entonces cabe decir que la crítica de la Escuela de Copenhague es inane. Sin embargo, es consenso bastante extendido el que la eliminación de inconsistencias, dificultades y hasta oscuridades en la mecánica cuántica por medio de una interpretación filosófica puede por lo menos abrir el camino a investigaciones que dentro de la Escuela de Copenhague estrictamente quedan veladas. Así, por ejemplo, si se empieza por postular una interpretación (epistemológicamente) realista de la mecánica cuántica, se altera la naturaleza misma de aquello de que se trata; en vez de ser observables son entidades físicas, con propiedades físicas determinadas y determinables. La interpretación realista no significa necesariamente asignar *designata* a todos los conceptos de que se vale la mecánica cuántica; por el contrario, puede consistir en abstenerse de usar conceptos para los cuales no haya precisos referentes físicos.

Cuerpo. Se entiende por 'cuerpo': (1) Un objeto físico que posee propiedades sensibles, o que posee propiedades tales que causan en los seres humanos y, en general, en los organismos biológicos, impresiones, o estímulos, o ambas cosas. Se supone que un cuerpo tiene una determinada *extensión*. (2) La materia orgánica que constituye el hombre y los animales. (3) Específicamente, la materia orgánica que constituye el hombre, el llamado «cuerpo humano».

Desde los griegos se ha considerado la noción de cuerpo en los tres sentidos antes mencionados. A veces se ha subrayado la acepción (3), pero el interés por «el cuerpo» en cuanto «mi cuerpo» se ha abierto paso especialmente en la época contemporánea. Cuando, en el pasado, se ha centrado el interés de la acepción (3), la noción de cuerpo ha sido considerada en relación con la de alma, planteándose el problema cuerpo-alma, o cuerpo-espíritu, cuerpo-psique, cuerpo-mente, etcétera.

Aristóteles concibió el cuerpo como una realidad limitada por una superficie. El cuerpo tiene extensión; en realidad, tiene su propio espacio, y es una substancia. El cuerpo no es pura materia o pura potencia: está de alguna manera «informado» (cf. *Phys.*, IV, 4, 204 b, 205 b; V, 1; 208 b; VIII. 2, 253 a).

Muchas discusiones sobre la noción de cuerpo en la Antigüedad giraron en torno a la cuestión de si el cuerpo está o no «penetrado» por una forma («in-formado»). Los aristotélicos respondieron a la cuestión afirmativamente; algunos platónicos, y posiblemente algunos pitagóricos, tendieron a considerar el cuerpo –en este caso el cuerpo orgánico, y sobre todo el cuerpo humano– como el sepulcro del alma. Según ello, el cuerpo no tiene, en principio, forma, ya que el alma no se encuentra en él como un elemento que da forma sino como un «prisionero». Los neoplatónicos tendieron a considerar el cuerpo –todo cuerpo– como el último eslabón en la cadena de la emanación (VÉASE). Sin embargo, la distinción propuesta por Plotino entre lo sensible y lo inteligible se aplica a todas las esferas de la realidad –salvo a lo puramente inteligible– y, por tanto, también al cuerpo. Hay, así, un cuerpo sensible y un cuerpo inteligible (cf. Plotino, *Enn.*, IV, vii y viii). En este sentido, el neoplatonismo se opone a las teorías estoicas y epicúreas, que en ocasiones afirman que todo lo que hay es corpóreo.

La posible inteligibilidad o espiritualidad del cuerpo es destacada por el cristianismo (véase, por ejemplo, I *Cor.*, 6, 19). Algunos Padres de la Iglesia distinguieron, cuando menos en el ser humano, entre cuerpo y materia. Los más influidos por la tradición platónica y neoplatónica vieron en la materia una especie de «mal» muy alejado, si no infinitamente alejado, del «Ser». El cuerpo humano, en cambio, puede ser transformado y, a la postre, «transfigurado». San Pablo había hablado (I *Cor.*, XV, 44) del «cuerpo espiritual», no sometido a la materia. Esta noción de cuerpo espiritual fue objeto de especulación por muchos teólogos cristianos.

En la época moderna continuaron muchas de las discusiones antiguas y medievales sobre la noción de cuerpo en tanto que realidad material y sobre la relación entre cuerpo (humano) y alma –el llamado tradicionalmente «problema de la relación entre el alma y el cuerpo» o, para abreviar, «problema alma-cuerpo», que en épocas más recientes ha sido replanteado, y grandemente modificado, como el problema de la relación entre lo físico y lo psíquico, y a menudo como el problema de la relación entre lo físico y lo mental, o el problema de la relación entre el cuerpo y la mente.

En la época moderna, especialmente en los siglos XVII, XVIII y XIX, persistieron algunas de las nociones manejadas en el curso de lo que hemos llamado «disputas tradicionales» relativas a la relación entre cuerpo y alma. Al mismo tiempo se agregaron nociones nuevas o se modificaron los sentidos de algunas de las ya antes usadas. Ello se debe en gran parte a cambios experimentados en la concepción de «cuerpo material» a consecuencia de varios desarrollos de la ciencia moderna –ante todo, la física– y especialmente como secuela del predominio alcanzado durante un tiempo por el llamado «mecanicismo» –que estuvo aliado en algunos autores a un radical dualismo del cuerpo y el alma, o la extensión y el pensamiento (actividad mental en general) y en otros autores dio lugar a varias tesis concernientes a la identidad «físico-mental».

Muy influyente fue la distinción propuesta e insistentemente desarrollada por Descartes entre la substancia o «cosa» extensa, *res extensa*, y la substancia o «cosa» pensante, *res cogitans*. El cuerpo es substancia extensa. Sigue siendo cierto, pues, que para Descartes «la esencia de los cuerpos es la extensión» –en tanto que objeto de las demostraciones geométricas.

La materia es substancia extensa, puesto que el cuerpo es materia, y tiene las propiedades de este tipo de substancia: fundamentalmente las propiedades geométricas de la extensión.

Partiendo de Descartes, Spinoza empieza por concebir la naturaleza del cuerpo –«o sea de la materia»– como consistente en la sola extensión *(Princ. phil. cart.* Parte II, prop. ii), pero, a diferencia de Descartes, no distingue entre substancia extensa y pensante, que son atributos de una misma substancia (véase). Spinoza define el cuerpo del siguiente modo: «Entiendo por cuerpo un modo que expresa de forma cierta y determinada la esencia de Dios en tanto que es considerada como cosa extendida» *(Eth.,* Parte II, def. 1). Puesto que cuerpo (extensión) y alma (pensamiento) son dos formas de una misma substancia, el dualismo cartesiano cuerpo-espíritu se traduce en un «monismo» (véase). Es importante aclarar, sin embargo, que aunque Spinoza propugna la identidad sustancial de cuerpo y alma, mantiene una diferencia de modos. El alma (mente, *mens*) es una cosa pensante que forma conceptos llamados «ideas». El cuerpo (humano) es «el objeto de la idea que constituye la mente humana», esto es, «cierto modo de la extensión existente en acto» *(Eth.,* Parte II, prop. xiii). Así, «el hombre consiste en una mente y en un cuerpo, el cual existe como lo experimentamos» *(ibid.,* cor.). También partieron de Descartes los ocasionalistas, pero dieron soluciones distintas tanto de la cartesiana como de la spinoziana al problema de la relación cuerpo-alma –relación que les interesó más que el problema, sea «físico», sea «metafísico», de la naturaleza de los cuerpos.

Mientras era común concebir el cuerpo como entidad «física», cualesquiera que fuesen sus características «metafísicas», Leibniz consideró que los rasgos físicos de los cuerpos son «fenoménicos». Según Leibniz, el cuerpo físico es un *aggregatum* de mónadas. A diferencia de Descartes, Leibniz afirma que los cuerpos no poseen solamente propiedades geométricas –o describibles en términos geométricos–, las cuales son «estáticas»; poseen propiedades «dinámicas». Todo cuerpo tiene una «fuerza» propia.

Metafísicamente, las ideas (metafísicas) de Leibniz sobre los cuerpos fueron similares a las desarrolladas por los platónicos de Cambridge, pero hay entre ambas algunas diferencias importantes que Leibniz se encargó de subrayar. Se ha llamado a veces a la concepción leibniziana «dinamismo», o «dinamicismo». En sentido muy amplio y general están dentro de esta concepción ideas por lo demás bastante distintas en otros respectos, entre las cuales pueden mencionarse las propuestas por Kant en su *Monadologia physica* y sobre todo las de Boscovich. En su intento de desarrollar una teoría física que tuviera caracteres comunes a la vez con las teorías de Leibniz y la mecánica de Newton, Boscovich estimó que los cuerpos, es decir, la materia «es inmutable, y consiste en puntos que son perfectamente simples, indivisibles, inextensos y separados entre sí» *(Theoria philosophiae naturalis,* Synopsis, Parte I). Esto no es negar que haya una realidad corporal o física –a diferencia del «inmaterialismo» de Collier, Berkeley y otros autores–, pero esta realidad se interpreta no dinámica, sino cinemáticamente.

La idea de cuerpo desempeña un papel capital en la filosofía de Hobbes, para quien toda realidad es corporal, siendo la filosofía estudio de los cuerpos y de sus movimientos. No todos los cuerpos son semejantes, sin embargo, ya que hay cuerpos naturales y cuerpos sociales. Para Locke, hay que distinguir (en oposición a Descartes) entre cuerpo y extensión; mientras «el cuerpo es sólido y extenso y sus partes son separables y movibles en distintos modos», la extensión es sólo «el espacio que reside entre las extremidades de esas partes coherentes sólidas» *(Essay,* II, xiii, 11).

Hay que distinguir también entre cuerpo y espíritu, o mente, pero ello equivale a distinguir entre dos tipos de ideas complejas de substancia.

Aunque la distinción entre «materialismo» y «espiritualismo» es demasiado general, puede recurrirse a ella para agrupar a ciertos autores, especialmente en los siglos XVIII y XIX, que han estimado respectivamente que los cuerpos en tanto que entidades materiales son la única realidad existente, y que en último término hay sólo realidades incorpóreas. Lo más común en los dos grupos de autores citados ha sido tratar de «reducir» un tipo de realidad a la otra. Las reducciones propuestas por los materialistas han sido de varias clases: sólo hay lo corporal y no se puede hablar con sentido de nada mental, lo llamado «mental» es un epifenómeno de lo corporal. También han sido de varias clases las reducciones propuestas por los antimaterialistas y «espiritualistas»: sólo hay lo mental; lo corporal aparece como una «resistencia» que se ofrece a lo mental o espiritual en cuanto conciencia o yo, etc. Una forma idealista de esta última concepción es la de Fichte. En formas no necesariamente idealistas la misma concepción ha sido defendida por autores como Maine de Biran (el cuerpo es una resistencia opuesta al esfuerzo y voluntad del «yo íntimo»), Fechner (el cuerpo es como la cara «externa» de la vida, la cual tiene un carácter «interno»), Bergson (el cuerpo es como la distensión de una realidad puramente «tensa»). Ninguno de estos autores, no obstante, ha elaborado de forma explícita una «doctrina filosófica del cuerpo», algo que sí será característico de varias tendencias de pensamiento en el siglo XX.

En la fenomenología de Husserl, la noción de cuerpo desempeña un papel importante. Cuerpo y alma forman el «mundo circundante» del espíritu (que es la verdadera concreta individualidad y personalidad). Aunque cuerpo y alma son determinantes para el espíritu éste puede mover el cuerpo «en su libertad» *(Ideen,* II. *Husserliana,* IV, pág. 282). Ahora bien, el cuerpo es, dice Husserl, una realidad bilateral cuando la consideramos como cuerpo, es decir, cuando prescindimos de que es una cosa y, con ello, algo determinable como naturaleza física. De este modo se constituye (1) el cuerpo estesiológico, que en tanto que sintiente depende del cuerpo material, pero no es identificable con él; (2) el cuerpo volitivo, que se mueve libremente y es algo idéntico con respecto a los distintos movimientos posibles que el espíritu realiza en él libremente (*ibid.*, 284).

Para Gabriel Marcel hay dos maneras de considerar el cuerpo: puede tratarse de «mi cuerpo», en cuyo caso la relación es de naturaleza absolutamente singular. De hecho, la relación entre el alma y el cuerpo (o, más exactamente, la relación entre yo y mi cuerpo) no es un problema, sino un misterio. El cuerpo puede ser, ciertamente, «objetivado», convertido en objeto de conocimiento científico. Pero entonces no es ya propiamente «mi cuerpo» (no es el cuerpo de «nadie»). Es una simple muestra. Pues lo que se me da primariamente no es tanto *el* cuerpo como *mi* cuerpo, y esto constituye una realidad «misteriosa». Para J. P. Sartre el cuerpo aparece bajo tres dimensiones ontológicas. En la primera, se trata de un «cuerpo para mí», de una forma de ser que permite enunciar «yo existo mi cuerpo». Dentro de esta dimensión, el cuerpo es siempre «lo trascendido». Pues el cuerpo que «yo existo» es lo que «yo trasciendo continuamente hacia nuevas combinaciones de complexos» (*L'Être et le Néant*, 5.ª ed., 1945, pág. 390) y por eso mi cuerpo pertenece «a las estructuras de la conciencia no-tética (de) sí mismo» (*op. cit.*, pág. 394). En la segunda dimensión, el cuerpo es para otro (o bien el otro es para mi cuerpo); se trata entonces de una corporeidad radicalmente diferente de la de mi cuerpo para mí. En este caso se puede decir que «mi cuerpo es utilizado y conocido por otro». «Pero en tanto que *yo soy para otro*, el otro se revela a mí como el sujeto para el cual soy objeto. Entonces yo existo para mí como conocido por el otro, en particular en su facticidad misma. Yo existo para mí como conocido por otro en forma de cuerpo» (*op. cit.*, págs. 418-19). Tal es la tercera dimensión ontológica del cuerpo dentro de la fenomenología ontológica del ser para otro y de la existencia de esta alteridad. También M. Merleau-Ponty ha analizado *in extenso* el problema del cuerpo y de su percepción. El cuerpo como objeto es, a lo sumo, el resultado de la inserción del organismo en el mundo del «en sí» (en el sentido de J. P. Sartre). Tal modo de consideración es, por supuesto, legítimo. Pero no puede ser considerado como exhaustivo ni mucho menos como *primario*. Ahora bien, esta anterioridad de la descripción fenomenológica del cuerpo lleva, según Merleau-Ponty, a un terreno previo al que llevó a Bergson la sumisión del análisis a la descripción de los «datos inmediatos». En verdad, parece que tal fenomenología del cuerpo en el sentido de Merleau-Ponty da como resultado el cielo abierto por Descartes con la separación entre cuerpo y alma y soluciona todos los debates habidos durante la época moderna acerca de esta cuestión. Así, «la unidad del alma y del cuerpo –dice el mencionado autor– no queda sellada por medio de un decreto arbitrario entre dos términos exteriores, uno objeto y el otro sujeto. Se realiza a cada instante en el movimiento de la existencia» *(op. cit.*, pág. 105). Con ello, Merleau-Ponty confirma la imposibilidad de establecer una dualidad entre «mi cuerpo» y «mi subjetividad», dualidad que, según lo ha hecho observar Alphonse de Waelhens («La Phénoménologie du Corps», *Revue philosophique de Louvain*, 48 [1950], 371-97), desaparece tan pronto como se concibe la existencia como un «ser-en-el-mundo». Mas la negación de la dualidad puede efectuarse por otros caminos y desde supuestos muy distintos. Es lo que ocurre en el libro de Gilbert Ryle, *The Concept of Mind* (1949). Ryle se opone a lo que llama la teoría del «espectro en la máquina» –la «doctrina oficial» de toda la psicología moderna basada en el «mito cartesiano de la separación entre pensamiento y extensión»–. En último término, esta separación se basa en la hipótesis realista del «espíritu» o del «alma» como algo en principio separado de las actividades psíquicas. Se trataría, pues, de un error de lenguaje o, como dice Ryle, de un «error categorial». La denuncia del «mito cartesiano» implica la negación tanto del materialismo como del idealismo, tanto del mecanismo como del para-mecanismo –todos ellos consecuencia de una falsa «lógica» del problema–. Por eso hay que disipar el contraste entre espíritu y materia sin admitir la absorción de un elemento por el otro –absorción que implica la admisión de que ambos pertenecen al mismo tipo lógico–. Las dos expresiones tradicionales, dice Ryle, no indican dos diferentes especies de existencia, sino dos sentidos distintos de 'existe'. Es de interés hacer notar cómo autores tan distintos como Merleau-Ponty y Ryle utilizan un mismo método descriptivo en su tratamiento de la noción 'cuerpo'.

Cuestión. El concepto de 'cuestión' puede discutirse desde dos puntos de vista: el lógico y el existencial. Desde el punto de vista de la lógica, aquellas expresiones que implican pregunta o interrogación pertenecen a la «lógica erotética» (de ἔρομαι, preguntar). Algunos estudiosos, como A. N. Prior, objetan que dicha lógica es –si no imposible– al menos muy difícil. Otros han pretendido desarrollar esta lógica, proponiendo una serie de axiomas nuevos y utilizando el signo '?'. Entre ellos, Gerald Stahl, que basó su lógica de las cuestiones en alta lógica cuantificacional. También David Harrah ha trabajado en esta área de la lógica, que él consideraba a incluir en la lógica proposicional. Las cuestiones o, por mejor decir, el proceso pregunta-respuesta, es para Harrah algo así como un juego en el que la información dada coincide con la que se había solicitado. A diferencia de Stahl, Harrah no emplea el signo '?' como específico de la lógica erotética.

Desde un ángulo existencial, la cuestión –o, mejor, el cuestionar– puede considerarse como un modo de ser propio de la humana existencia, modo de ser que se diferencia del modo de comportarse en el que se pregunta acerca de algo distinto del propio ser. Así pues, no toda cuestión es existencial; sólo lo es cuando la existencia se cuestiona a sí misma, convirtiéndose así en «lo cuestionable». Si la cuestión acerca de la existencia implica o no la cuestión de *ser* depende ya de qué forma de pensamiento existencial sigamos. Así por ejemplo, para Heidegger, la cuestión es siempre, fundamentalmente, una cuestión en torno al ser. Aquello sobre lo que cuestionamos de algún modo determina la trayectoria de la pregunta y la respuesta: lo cuestionado ilumina la cuestión. Heidegger insistió tanto en el tema del cuestionar que puede decirse que su pensamiento es fundamentalmente «interrogativo». Por otra parte, es curioso cómo abundan las expresiones interrogativas en la obra de Heidegger. También se encuentran en otros pensadores –como Unamuno–, en quien el cuestionar no es algo estrictamente lógico, ya que viene a representar la duda que acompaña a toda fe.

Jeanne Delhomme *(La pensée interrogative,* 1954) desarrolló el pensamiento interrogativo con carácter más o menos «existencial». La vida no es nada, excepto el interrogarse sobre sí misma. Esta cuestión radical puede asumir formas diversas: miedo, amor, angustia, etc., son todos sentimientos de naturaleza interrogativa. Luego la cuestión que plantea Delhomme no se refiere simplemente a la demanda de una respuesta; no hay un último interrogante salvo que tratemos del silencio absoluto. Así pues, el ser se recorta continuamente.

Podríamos considerar que la filosofía no es solamente –como a veces se pretende– una cuestión fundamental (¿Qué es el ser? ¿Por qué el ser y no la nada?, etc.), sino el cuestionar radical, ya que tan pronto como se resuelve una pregunta, ambas –pregunta y respuesta– dejan de tener carácter filosófico. Sin embargo, no se trata de cuestionar por cuestionar, ni es tema que afecte sólo a problemas insolubles.

Cuidado. El vocablo *Sorge*, que aquí traducimos por 'cuidado', que a veces se traduce por 'preocupación' y que algunos autores (siguiendo a Gaos) vierten por 'cura', desempeña un papel fundamental en la filosofía de Heidegger, por lo menos en la expuesta en la Primera Parte de *Ser y Tiempo*. Heidegger declara, en efecto, que el cuidado es el ser de la Existencia (VÉASE). Tal cuidado debe ser entendido, ante todo, en un sentido existenciario; no se trata, pues, de analizarlo óntica, sino ontológicamente. Cierto que hay una comprensión preontológica del cuidado, que se expresa en tales ejemplos como la fábula de Hyginus donde se dice que el cuidado, *Cura*, dio forma al hombre y que por ello la *Cura* debe poseer al hombre mientras viva, o en un pasaje de Séneca en el cual se afirma que el bien del hombre se realiza en la *Cura*, en el sentido que tiene el término μέριμνα entre los estoicos griegos y aun en el Nuevo Testamento (en la Vulgata, μέριμνα es traducido por *sollicitudo*). Pero la interpretación ontológica-existenciaria de la cura no es una simple generalización de la comprensión óntico-existencial; si hay generalización, es ontológica y apriórica. Sólo así se entiende, según Heidegger, que el cuidado no pueda reducirse a un impulso –a un impulso de vivir–, a un querer y, en general, a una vivencia. Todo lo contrario: las citadas vivencias –y otras– tienen su raíz en el cuidado, que es ontológicamente anterior a ellas. Por eso el cuidado está ligado al preser-se *(sich-voweg-sein)* de la Existencia, y por eso puede declararse que en la «definición» del ser de la Existencia como *sichvorweg-schon-sein-in [der Welt] als seinbei*, (en la versión de Gaos: «pre-ser-se-ya-en [el mundo] como ser-cabe»), es decir, como un ser cuya existencia está siempre en juego, a cuyo ser le va siempre su ser *(dem es in seinem Sein um dieses Selbst geht)*, y cuya realidad consiste en anticiparse a sí misma, se halla el significado propio del término 'cuidado'. Desde el punto de vista del cuidado se puede entender, así, el famoso análisis heideggeriano del proyectarse a sí nismo *(Entwurf)* y del poder ser *(Sein-können)*. Ahora bien, el fenómeno del cuidado no posee, según Heidegger, una estructura simple. Así como la idea del ser no es una idea simple, no lo es tampoco la del ser de la Existencia y, por consiguiente, la del sentido del cuidado, el cual está articulado estructuralmente. La posterior investigación de la temporalidad está precisamente encaminada a mostrar que el cuidado no es *por sí mismo*, a pesar de su fundamental carácter, un fenómeno radicalmente original.

D

Darapti es el nombre que designa uno de los modos, por muchos autores considerado como válido, de la tercera figura. Un ejemplo de *Darapti* puede ser:

Si todos los niños son traviesos y todos los niños son distraídos,

entonces algunos seres distraídos son traviesos,

ejemplo que corresponde a la siguiente ley de la lógica cuantificacional elemental:

$$\wedge x(Gx \to Hx) \wedge \wedge x(Gx \to Fx) \to \vee x(Fx \wedge Hx)$$

y que, usando las letras 'S', 'P' y 'M' de la lógica tradicional, puede expresarse mediante el siguiente esquema:

$$(MaP \wedge MaS) \to SiP$$

donde aparece claramente la secuencia de las letras 'A', 'A', 'I', origen del término *Darapti*, en el orden MP-MS-SP.

Darii es el nombre que designa uno de los modos válidos de los silogismos de la primera figura. Un ejemplo de *Darii* puede ser:

Si todos los chinos son calmosos y algunos residentes de La Habana son chinos,

entonces algunos residentes de La Habana son calmosos,

ejemplo que corresponde a la siguiente ley de la lógica cuantificacional elemental:

$$(\wedge x(Gx \to Hx) \wedge \vee x(Fx \wedge Gx) \to \vee x(Fx \wedge Hx)$$

y que, usando las letras 'S', 'P' y 'M' de la lógica tradicional, puede expresarse mediante el siguiente esquema:

$$(MaP \land SiM) \to SiP$$

donde aparece claramente la secuencia de las letras 'A', 'I', 'I', origen del término *Darii,* en el orden MP-SM-SP.

Datisi es el nombre que designa uno de los modos válidos de los silogismos de la tercera figura. Un ejemplo de *Datisi* puede ser:

Si todas las mujeres son coquetas,
y algunas mujeres son inteligentes,
entonces algunas entidades inteligentes son coquetas,

ejemplo que corresponde a la siguiente ley de la lógica cuantificacional elemental:

$$(\land x(Gx \to Hx) \land \lor x(Gx \land Fx))) \\ \to \lor x(Fx \land Hx)$$

y que, usando las letras 'S', 'P' y 'M' de la lógica tradicional, puede expresarse mediante el siguiente esquema:

$$(MaP \land MiS) \to SiP$$

donde aparece claramente la secuencia de las letras 'A', 'I', 'I', origen del término *Datisi,* en el orden MP-MS-SP.

Deber. Según hemos indicado en obligación (VÉASE), 'deber' y 'obligación' se usan a menudo como sinónimos. Alguien debe algo cuando está obligado a (hacer) algo. Lo que obliga puede ser una ley, norma o regla; una serie de prescripciones correspondientes a un cargo o a un «oficio» (*officium* = 'deber'); un compromiso contraído, etcétera.

La noción general de «deber» comprende toda clase de deberes y, por tanto, también el llamado «deber moral». Sin embargo, se ha distinguido con frecuencia entre «deberes» y «deber (moral)». Los deberes pueden especificarse de acuerdo con el objeto del deber: deberes para con Dios, para con la naturaleza, para con el Estado, la familia, los padres, los amigos, la profesión, el cargo, etc. Se supone, en cambio, que el deber moral es absoluto y que, por tanto, no puede especificarse: el deber es, simplemente, el deber.

Esta distinción tiene un inconveniente: el de que el llamado «deber moral» parece no tener ningún contenido. Para obviar este problema se han propuesto varias soluciones: el deber moral es lo que hay de común en todos los deberes; el deber moral es el más alto en cualquier serie de deberes, etcétera.

La noción de deber desempeña un papel central en la filosofía práctica de Kant, que es en buena parte la fuente de la distinción entre deberes (particulares) y deber moral (absoluto). Los deberes particulares no son necesariamente no morales, o «amorales». Pero la moralidad de estos deberes es una moralidad del tipo «material». Por 'material' se entiende cualquier principio que no sea el propio imperativo categórico. Así, fundar el deber en Dios o fundarlo en la norma de vivir de acuerdo con la naturaleza es dar una fundamentación «material» (no autónoma) del deber. Para la moral formal que Kant propone, el deber no se deduce de ningún «bien» (Dios, la naturaleza, la sociedad, etc.), por alto que se considere. Según Kant, el deber –«este grande y sublime nombre»– es la forma de la obligación moral. La moralidad tiene lugar de este modo sólo cuando la acción es realizada por respeto al deber y no sólo en cumplimiento del deber. Ello equivale a una identificación del deber con el soberano bien. Como dice en la *Fundamentación de la metafísica de las costumbres* el deber es la *necesidad* de actuar por puro respeto a la ley, la necesidad *objetiva* de actuar a partir de la obligación, es decir, la materia de la obligación. En suma, si las máximas de los seres racionales no coinciden por su propia naturaleza con el principio objetivo del actuar según la ley universal, es decir, de modo que la voluntad pueda al mismo tiempo considerarse a sí misma como si sus máximas fueran leyes universales, la necesidad de actuar de acuerdo con dicho principio es la necesidad práctica o deber. El deber no se aplica, ciertamente, al soberano en el reino de los fines, pero se aplica a cada uno de sus miembros. La «fuerza» residente en la idea del deber se manifiesta vivamente, según escribe Kant en la *Crítica de la razón práctica,* en el verso de Juvenal:

Et propter vitam vivendi perdere causas,

el cual muestra que cuando se introduce algo de auto-estima en la acción, la pureza de sus motivos queda manchada. Ahora bien, Kant no niega que sea a veces necesario el auxilio de la sensibilidad, de modo que en ciertas ocasiones el hacer intervenir a ésta es preferible a posponer toda acción en aras a la pura santidad del deber. Los tan criticados rigorismo y formalismo de la ética de Kant no llegan a tan extremadas consecuencias como para que el filósofo no advierta que pueden darse casos en los que «lo mejor es enemigo de lo bueno»; creer lo contrario es correr el riesgo de paralizar la acción moral.

En la ética apriórica material (Max Scheler), el deber es la expresión del mandato, ejercido sobre la conciencia moral por cierto número de valores. Este mandato se expresa casi siempre en forma negativa. Sin embargo, puede admitirse que también la intuición de los valores, y especialmente de los valores supremos, produce en ciertos casos la conciencia del deber, de la realización y cumplimiento de lo valioso.

Deducción. Muchas son las definiciones que se han dado de la deducción. He aquí algunas: (1) es un razonamiento de tipo mediato; (2) es un proceso discursivo y descendente que pasa de lo general a lo particular; (3) es un proceso discursivo que pasa de una proposición a otras proposiciones hasta llegar a una proposición que se considera la conclusión del proceso; (4) es la derivación de lo concreto a partir de lo abstracto; (5) es la operación inversa a la inducción; (6) es un razonamiento equivalente al silogismo y, por lo tanto, una operación estrictamente distinta de la inductiva; (7) es una operación discursiva en la cual se procede necesariamente de unas proposiciones a otras.

Cada una de las definiciones anteriores adolece de varios inconvenientes, pero a la vez apunta a una o varias características iluminadoras de la deducción. Así, (1) es insuficiente, pues el vocablo 'razonamiento' es aquí demasiado vago, pero subraya el carácter mediato y, por lo tanto, no intuitivo de la operación deductiva; (2) tiene supuestos ontológicos que no son estrictamente necesarios y que resultan patentes en la noción de *descendente*, pero alude al paso de lo más general a lo menos general; (3) es correcta, pero olvida la necesidad de «mediación» (término medio, regla de inferencia, etc.); (4) muestra el carácter abstracto, cuando menos en el punto de partida, del proceso deductivo, pero descuida otros importantes aspectos del mismo; (5) es justa siempre que no se interprete en sentido demasiado estricto el término 'inverso', y siempre que no se olvide que tanto la deducción como la inducción son operaciones de índole formal; (6) es aceptable solamente en la medida en que muestra que el silogismo es una operación deductiva, pero falla en la afirmación de la equivalencia entre deducción y silogismo, por cuanto este último es sólo una de las muchas posibles operaciones deductivas; (7) es poco explícita, pero destaca un elemento fundamental en la operación deductiva: el de necesidad. De las definiciones mencionadas, (1) y (2) se hallan en textos no escolásticos escritos desde principios del siglo XIX; (3) y (4) se usan a veces para completar otras definiciones; (5) ha sido una definición muy habitual en autores de la época moderna antes de que se popularizara el florecimiento (o reflorecimiento) de la lógica formal simbólica; (6) ha sido la definición más frecuente entre autores de tendencia aristotélico-escolástica, olvidando que, aunque el propio Aristóteles parece ocuparse con detalle sólo del silogismo entre los procesos deductivos, de hecho se refiere a otras formas de deducción (deducciones matemáticas, etc.); (7) pertenece más bien al grupo de definiciones de la deducción de las cuales se intenta dar una interpretación de ella. Es –como vimos– interesante en tanto que pone de relieve el carácter necesario del proceso deductivo, pero con el fin de entenderla bien es menester distinguir entre la necesidad causal, la necesidad ontológica (ontológico-esencial, según algunos, ontológico-formal, según otros) y la necesidad lógica. Solamente desde el punto de vista de esta última podemos hablar de *necesidad* al referirnos a un razonamiento deductivo. Este último es, en efecto, necesario en el sentido de que una vez admitido que una conclusión, *C*, se sigue necesariamente de las premisas P, P_1, P_2, etc., resulta *contradictorio* afirmar que tal conclusión no se sigue de dichas premisas. La noción de necesidad (lógica) está, pues, ligada a la de la negación de contradictoriedad consigo misma, y aun algunos autores sostienen que éste es el único tipo de necesidad legítimo, de tal modo que debe descartarse el aspecto causal y el ontológico (esencial o formal) de la necesidad, los cuales podrían ser, en último término, reflejos de la necesidad lógica manifestada en la deducción.

Las investigaciones actuales sobre la naturaleza de la deducción tienen en cuenta algunos de los elementos antes mencionados, pero intentan reducirlos a sus justas proporciones, o bien completarlos mediante otras características sin las cuales no puede proporcionarse ninguna noción medianamente rigurosa de las operaciones deductivas. Una definición hoy muy común y que se aplica a todas las formas de deducción, es la que sostiene que en el proceso deductivo se derivan ciertos enunciados de otros enunciados de un modo puramente formal, esto es, en virtud sólo de la forma (lógica) de los mismos. El enunciado o enunciados del cual o de los cuales se parte para efectuar la derivación son la premisa o premisas; el enunciado último derivado de tales premisas es la conclusión. La derivación hasta llegar a la conclusión se efectúa por medio de las reglas de inferencia, las cuales reciben asimismo el nombre de reglas de deducción. Hay una estrecha conexión entre la noción de deducción y la de implicación lógica, y aun a veces se sostiene que la primera depende de la segunda. Ésta es la opinión de Whitehead y Russell al escribir en *Principia Mathematica:* «La deducción depende, así, de la relación de *implicación,* y todo sistema deductivo debe contener entre sus premisas tantas propiedades de implicación como sean necesarias para legitimar el procedimiento ordinario de la deducción». Si un enunciado, *p*, implica lógicamente otro enunciado, *q*, *q* es deducido lógicamente de *p*. Y si un enunciado, *q*, es deducido de un enunciado, *p*, puede decirse que *p* implica lógicamente *q*.

El método deductivo es usado en todas las ciencias –matemática, física, biología, ciencias sociales–, pero es particularmente apropiado en las ciencias más formalizadas, tales como la lógica, la matemática y la física teórica. Por medio de tal método es posible llevar a cabo en dichas ciencias pruebas formales, en las cuales se establece que las conclusiones a las cuales se llega son formalmente válidas. En la mayor parte de los textos, en la bibliografía de lógica, se hace referencia a la naturaleza de la deducción y a la estructura del método deductivo.

Deducción natural. En el artículo Deducción hemos aludido al método de la llamada «deducción natural» o «inferencia natural» («cálculo secuencial», *Sequenzenkalkül*) empleado en lógica y propuesto por Gerhard Gentzen en 1934 y simultáneamente (aunque independientemente) por Stanislav Jaśkowski, a base de trabajos realizados hacia 1926 en el seminario de lógica de J. Łukasiewicz. El método en cuestión consiste en una serie de reglas de inferencia, llamadas «reglas de Gentzen», para ejecutar inferencias tanto en la lógica sentencial como en la lógica cuantificacional.

Algunas de estas reglas son puras «reglas de estructura» y consisten en instrucciones muy generales, tales como «Dado un enunciado, E, podemos inferir de él el mismo enunciado, E».

Otras de estas reglas, que son las llamadas propiamente «reglas de Gentzen», son las dos siguientes: regla de eliminación y regla de introducción.

Deducción trascendental. En la «Analítica trascendental» de la *Crítica de la razón pura* (A 84, B 117 y sigs.), Kant emplea el término 'deducción' *(Deduction),* en la expresión 'deducción trascendental' *(Transzendentale Deduction),* en el antiguo sentido jurídico de «justificación», es decir, de derecho o prueba legal *(quid juris)* a diferencia de la cuestión de hecho *(quid facti).*

Hay muchos conceptos empíricos que son empleados sin justificación. Pero ciertos conceptos deben justificarse «legalmente», es decir, ser objeto, en términos kantianos, de «deducción trascendental»: son los conceptos puros del entendimiento o categorías (véase CATEGORÍA).

Tales conceptos no pueden ser simplemente deducidos –de nuevo, en el sentido kantiano de este término, por lo demás también relacionado con el sentido más corriente de deducción o procedencia de un principio– en modo causal y empírico; corresponde a la naturaleza de estos conceptos el ser deducidos *a priori*, pues de otra manera no tendrían validez objetiva, es decir, no podrían ser empleados en tal forma que diesen por origen «enunciados empíricos» (en tanto que enunciados que describen objetivamente el mundo como mundo fenoménico). Se trata de saber «cómo las *condiciones subjetivas del pensamiento* pueden poseer *validez objetiva*, esto es, pueden proporcionar las condiciones de la posibilidad de todo conocimiento de objetos». En rigor, se trata de saber cómo pueden constituirse los objetos como objetos de conocimiento para fundamentar el conocimiento objetivo de la realidad y, por lo tanto, establecer las condiciones de la posibilidad de la ciencia (física).

Definición. Desde un punto de vista muy general la definición equivale a la delimitación *(determinatio, de-finitio)*, esto es, a la indicación de los fines o límites (conceptuales) de un ente con respecto a los demás. Por eso se ha concebido con frecuencia la definición como una negación; delimitamos un ente con respecto a otros, porque negamos los otros hasta quedarnos mentalmente con el ente definido. Se supone que al llevar a cabo de un modo consecuente esta delimitación alcanzamos la naturaleza esencial de la cosa definida. Por eso definir no es lo mismo que discernir. Discernimos, en efecto, si un objeto dado, A, es verdaderamente A; definimos, en cambio, en *qué* consiste el ser A de A, su esencia (VÉASE) o quiddidad, de tal suerte que, una vez obtenida la definición de A, podemos saber de cualquier objeto si es efectivamente A o no lo es. Ahora bien, mientras la acción de discernir supone comprobación empírica de la verdad o falsedad del objeto considerado, la de definir supone delimitación intelectual de su esencia. Así, por ejemplo, podemos discernir, por el gusto u otro tipo de verificación empírica, si un objeto que parece ser un pedazo de pan es o no efectivamente un pedazo de pan. Por otro lado, podemos establecer cuáles son las propiedades que debe poseer un pedazo de pan para que efectivamente lo sea y definir con ello la entidad *pedazo de pan*. Esto no significa, naturalmente, que la definición sea siempre una operación mental independiente de la comprobación empírica. Es frecuente que sólo después de muchas comprobaciones empíricas acerca de un ente dado podamos proceder a definir tal ente. Pero –especialmente en ontologías de tipo platónico– se tiende a destacar el aspecto intelectual y, en todo caso, abstractivo (véase ABSTRACCIÓN) de la operación u operaciones por medio de las cuales llegamos a formular definiciones.

Las consideraciones precedentes se basan, por un lado, en un análisis de varios usos corrientes de los vocablos 'definición' y 'definir', y, por el otro, en el examen del modo como el problema de la definición fue tratado por los primeros filósofos que lo plantearon: Sócrates y Platón. A éstos se debe una tesis que ha influido grandemente: la de que una definición (universal) de una realidad se lleva a cabo por medio de la división, διαίρεσις, de todas las realidades de acuerdo con las correspondientes propiedades esenciales de cada clase de realidad considerada. Así, definir una entidad consiste en considerar la clase a la cual pertenece y colocarla en un determinado nivel en la jerarquía (a la vez ontológica y lógica) de realidades. Este nivel queda determinado –y esto fue aceptado por gran parte de la tradición filosófica– por dos elementos de carácter lógico: el género próximo y la diferencia específica. De ahí la fórmula tradicional: *definitio fit per genus proximum et differentiam specificam*. Una de las representaciones gráficas que mejor permiten comprender su funcionamiento es la del Árbol de Porfirio (VÉASE). De este modo se llega a formular la célebre definición: *animal racional* que define a *hombre*. En efecto, *animal* es el género próximo, la clase más próxima en la cual está incluida la clase *hombre*. Y *racional* es la diferencia específica por medio de la cual separamos conceptualmente la clase de los hombres de la clase de todos los demás animales. Por otro lado, es necesario que en toda definición se agoten las notas consideradas esenciales del ente definido, pues si falta alguna de ellas el objeto no queda propiamente «situado» y puede fácilmente confundirse con otro. Así, cuando definimos *circunferencia* diciendo *figura plana cerrada equidistante en todos sus puntos de un punto interior que es su centro*, enumeramos todas las notas que delimitan dicha figura con respecto a todas las demás figuras. De la mencionada necesidad han surgido las reglas que se han dado con frecuencia (sobre todo a partir de los escolásticos) con vistas a la definición. He aquí algunas: la definición debe ser más clara que la cosa definida; lo definido tiene que quedar excluido de la definición; la definición no debe contener ni más ni menos que lo susceptible de ser definido.

No siempre, sin embargo, se han seguido los esquemas antes apuntados para la producción de definiciones. Ya desde Sócrates y, sobre todo, desde Platón se llevaron a cabo definiciones de acuerdo con diversos métodos: no sólo la división y la abstracción, sino también la dialéctica (VÉASE), fueron abundantemente empleadas. Además de esto, los métodos variaban de acuerdo con el tipo de ente considerado. Era, pues, necesario volver a someter el problema de la definición a un análisis más completo. Es lo que hizo Aristóteles. Muchas son las indicaciones que encontramos en sus obras sobre el problema. Nos limitaremos aquí a dos tipos de ellas. Primeramente, Aristóteles examinó la definición ὅρος = «término», «límite» de una «proposición» o «intervalo», διάστημα, como una de las cuatro clases de predicables, el predicable que posee la característica de ser esencial y convertible. Segundo, la definición fue estudiada como un proceso mental por medio del cual se halla un término medio que permite saber *qué* es un ente dado. A diferencia de la existencia del ente y de la causa por la cual el ente es, la definición tiene entonces por misión averiguar la esencia, esto es, aquello que hace que el ente sea *lo que es*. Cierto que en muchos casos hay equivalencia entre el por qué un ente es y el qué de este ente. Por tal motivo puede hablarse asimismo del qué, *quid,* del ente como de su causa, pero se entiende casi siempre esta última como la causa esencial. A la vez puede haber equivalencia entre preguntar si un ente es y lo que es tal ente; esto ocurre cuando se declara que solamente el conocimiento del qué del ente puede permitir contestar a la pregunta de si un determinado ente es. En ambos casos, empero, la existencia y la causa del ente se hacen depender del atributo o atributos esenciales del mismo. Véase ESENCIA.

Los escolásticos aprovecharon algunas de las precedentes indicaciones de Aristóteles. Además, pusieron en claro que cuando se habla de definición ésta puede ser definición de una cosa o el qué de una cosa, *quid rei,* o definición de un nombre o qué de un nombre, *quid nominis*. Nos hemos referido hasta aquí principalmente a la definición de una cosa o ente, pero hay que advertir que se trata sólo de una de las formas tradicionalmente admitidas de definición. Además, es una definición que supone la del nombre, esto es, la indicación de lo que el nombre significa. Ahora bien, tanto si la definición es real como si es nominal, es sentencia común de los escolásticos y de muchos lógicos considerar la definición como una expresión o término complejo por medio de la cual se indica lo que algo (cosa o nombre) es (esencialmente).

Las definiciones real y nominal no son los únicos tipos de definición admitidos. Nos referiremos luego a varios otros tipos de definiciones. Sin embargo, como algunos de ellos han sido propuestos por la lógica contemporánea, precederemos tal enumeración por unas palabras sobre las ideas actualmente más difundidas en lógica acerca de la definición.

Sea cual fuere el tipo al cual se refiere, la definición es considerada hoy como una operación que tiene lugar en el nivel lingüístico. En el curso de la misma se une una expresión que se trata de definir, llamada *definiendum*, a una expresión que define la citada expresión y que recibe el nombre de *definiens*. El *definiendum* puede sustituir al *definiens* y es considerado como una abreviatura del *definiens*. El signo que se coloca entre el *definiendum* y el *definiens* es '= def.' (algunos autores emplean '→'). Tal signo se lee 'se define' o 'es por definición'. Las expresiones unidas por '= def.' pueden ser de muy diversos tipos: términos simples, términos complejos, números, fórmulas lógicas, etc. Así:

Hombre = def. animal racional (1);
Piróscafo = def. buque de vapor (2);
Tuberculosis = def. enfermedad causada por el bacilo de Koch (3);
$10 =$ def. $5 + 5$ (4);
$p \to q =$ def. $(\neg p \lor q)$ (5);
Libro = def. este objeto que el lector tiene en sus manos (6);

son definiciones. El *definiendum* se halla en todos los casos a la izquierda de '= def.'; el *definiens* se encuentra a la derecha del mismo signo.

Los tipos de definiciones antes aludidos son los siguientes:

Definición *real*. Algunos entienden por ella una expresión por medio de la cual se indica lo que es una cosa (su naturaleza o esencia); otros, una expresión por la cual se indica lo que es un concepto objetivo; otros, una igualdad en la cual el *definiendum* y el *definiens* no se leen del mismo modo; (1) es, por ejemplo, una definición real. Advertimos que en ningún caso se pretende delimitar por definición la cosa misma, sino su concepto.

Definición *nominal*. Algunos entienden por ella una expresión por medio de la cual se indica lo que significa un nombre. Como el proceso mediante el cual se efectúa tal definición es el mismo que para la definición real, varios autores (principalmente escolásticos) arguyen que la definición nominal debe entenderse como una extensión de la definición real, aun admitiéndose que antes de proceder a definir realmente algo es menester definir su nombre con el fin de evitar ambigüedades. Otros indican que una definición nominal es lo mismo que una definición real en la cual la realidad es representada por la palabra, pero esta concepción no puede ser admitida sino por quienes conciben los nombres como puras inscripciones; (1) puede ser considerado también como ejemplo de definición nominal si se pretende definir el nombre 'hombre' y no la realidad llamada hombre.

Definición *verbal*. Es equiparada por algunos a la definición nominal. Otros señalan que mientras la definición nominal es una operación en la cual una expresión es abreviada por otra, en la definición verbal no hay necesariamente abreviatura, sino sinonimia entre dos expresiones cuyos significados son conocidos; (2) puede ser considerada como una definición verbal. Este tipo de definiciones son llamadas también *definiciones de diccionario*. Cuando se atiende a lo que hay en el *definiendum* de (2) de abreviatura, (2) puede valer también como ejemplo de definición nominal.

Definición *causal*. Es aquella en la cual el *definiens* es expresión que designa la causa que produce la realidad designada por el *definiendum*; (3) es ejemplo de definición causal. Algunos llaman a esta definición *definición genética*, pero otros reservan este último nombre para cierto tipo de definiciones matemáticas, tales como 'círculo = def. área engendrada por una línea recta finita que da vueltas alrededor de uno de sus extremos'. En relación con los tipos anteriores de definiciones –especialmente con la *genética*– se habla asimismo de definición *creadora* o *sintética*; consiste ésta en determinar la esencia de una cosa mediante indicación de las notas que se presupone lo constituyen. Algunas de las definiciones dadas por Spinoza al comienzo de su *Ethica* pueden considerarse como ejemplo de definiciones creadoras o sintéticas.

Definición *explícita*. Es la que define al *definiendum* fuera de un contexto; (4) es ejemplo de definición explícita.

Definición *contextual*. Es la que define el *definiendum* dentro de un contexto; (5) es ejemplo de definición contextual.

Definición *ostensiva*. Es la que consiste en exhibir un ejemplo del tipo de ente designado por el *definiendum*; (6) es un ejemplo de definición ostensiva. Muchos autores no consideran este proceso como una definición auténtica. A veces se llama también *denotativa* a esta definición.

Definición *intrínseca*. Es, según los escolásticos, la que explica el objeto a definir mediante indicación de principios inherentes al mismo.

Definición *extrínseca*. Es la que procede mediante principios no inherentes al objeto que se trata de definir.

La definición intrínseca ha sido dividida por algunos autores en *esencial* y en *descriptiva*. Sin embargo, esta última forma de definición no es admitida como tal por muchos autores, los cuales consideran la descripción como insuficiente para señalar la naturaleza esencial del objeto (o concepto) que se trata de definir.

Definición *por abstracción*. Es la que define la significación de un símbolo como propiedad común de varios entes. Así (para emplear un ejemplo de Dubislav), la definición de «dirección» –como vocablo de la geometría– se consigue determinando, por un lado, que dos líneas rectas paralelas tienen la misma «dirección», y, por el otro, que si dos líneas rectas tienen la misma «dirección» son paralelas.

Definición *operacional*.

Actualmente, es frecuente la distinción entre tipos de definición: la definición nominal de «palabra-palabra» y la de «palabra-cosa». En la primera se establece una correlación entre términos o frases, y en la segunda entre una frase o término y una cosa o un suceso.

La otra clasificación es la de Richard Robinson. Hay, según éste, dos modos de clasificar las «definiciones de la definición»: según el propósito y según el método. Nos limitaremos a resumir su clasificación según el propósito –la más difundida en todos los autores–. Ante todo, la definición puede ser real o nominal. La definición nominal puede ser de «palabra-palabra» (correlación de un término o frase con otro término o frase) o de «palabra-cosa» (correlación de un término o frase con una cosa o acontecimiento). A su vez, la definición nominal de «palabra-cosa» puede ser léxica o estipulativa, según se refiera a los usos de un término dados en la historia, o bien a la significación que el definidor otorgue al término o expresión.

Denotación. Para algunos autores la denotación es algo que se dice de los términos. Para otros es algo que se dice de los conceptos. En ambos casos, empero, lo que el término o el concepto denotan es un *denotatum*.

Usualmente se contrapone la denotación a la connotación. Mientras la primera indica la referencia del término a las entidades correspondientes, la segunda indica las notas constitutivas del propio término. Por este motivo se admite generalmente que la denotación es equivalente a la extensión, y que la connotación es equivalente a la comprensión o intensión.

Derechos de los animales. Se han producido recientemente una serie de discusiones en torno al tema de la liberación de los animales y ello en conexión con los diversos movimientos de liberación actuales; de éstos, la gran mayoría son interhumanos (liberación de los oprimidos, sea en lo económico, en lo político, en lo nacional, etc.; liberación de la mujer...). El movimiento pro libertad de los animales es, por así decir, intra-vida, y se refiere a su independencia frente a la especie humana o a grupos de humanos que adoptan –conscientemente o no– la actitud denominada «especieísmo».

Hay muy diversos ejemplos de la expresión o subyugación a que los animales se ven sometidos. En principio parece que estos ejemplos deberían incluir alguna acción que supusiera el alejamiento del animal de su hábitat natural, pero, de acuerdo con esto, domesticar animales sería opresión –y esto parece excesivo a muchos–. Y aun excluyendo el caso de los animales domésticos, hay muchas formas de tratar a los animales que suponen opresión o mal trato. Hay quienes piensan que sacrificar animales para alimentarse es injusto, ya que el hombre no es necesariamente carnívoro, y se puede obtener proteínas de otros alimentos. Otros aceptan que se coma carne siempre y cuando los animales sean sacrificados en condiciones que eliminen o reduzcan al máximo el dolor y el sufrimiento. Entre los que defienden la liberación de los animales, es común la negativa a que se les sacrifique para elaborar cosméticos –que pueden fabricarse con otras materias primas– o abrigos de piel, que consideran un lujo. También hay acuerdo frente a lo que supone el someterlos a experimentos –sean biológicos, médicos o de comportamiento–, ya que ninguno de ellos está bajo control estricto. Incluso cuando sea razonable utilizarlos para la experimentación biológica o médica, ha de hacerse bajo condición de que no sean atormentados.

El tema está en conexión con el de los derechos de los animales, ya que si alguien defiende su libertad es de suponer que cree que son sujetos de este derecho; se plantea la cuestión de si es al mismo nivel que el hombre, y en general la respuesta es negativa. Una cosa es que los animales sean sujeto de derechos, y otra muy distinta que lo sean en igualdad de niveles con el ser humano. Cada especie tiene sus características propias y sus correspondientes derechos, pero es importante determinar si hay o no unos derechos básicos, comunes al hombre y, al menos, a algunas especies –como mamíferos y pájaros, por ejemplo–, y si estos derechos se fundan, en último término, en una igualdad básica que sería la «igualdad de los vivientes».

Jeremy Bentham (*The Principles of Morals and Legislation*, cap. XVII, sec. 1, nota al párrafo 4) manifestaba la opinión de que «puede llegar el día en que la población animal recupere esos derechos que nunca se le hubiesen arrebatado de no ser por la fuerza». Según Bentham esos derechos se apoyan en la noción de una característica común a hombres y animales. Si antes –y ahora– se mantenía que la razón y el lenguaje distinguían al hombre del animal y le conferían derechos superiores, Bentham arguye que un perro adulto es más racional que un niño de un día, un mes e incluso un año, y que tampoco un idiota congénito se distingue por su racionalidad. La cuestión, para Bentham, no radica en la capacidad de pensar o de hablar, sino en la capacidad de sufrir. Si los animales sufren, al igual que los humanos, y uno cree que debe evitarse el sufrimiento, todo viviente tiene derecho a que no se le maltrate.

Hablando con propiedad, el sufrimiento es una manifestación, como el gozo, de la sensibilidad. Admite mejor la generalización esta característica de ser «sentiente», o capaz de sentir, que la de ser capaz de sufrimiento. De hecho, la mayor parte de los animales son –al igual que el hombre– realidades «sentientes».

De acuerdo con la teoría de Bentham, Peter Singer (*Animal Liberation*, 1975, pág. 9 y sigs.) afirmaba que «la capacidad de sentir... es el único límite defendible en interés de los demás». La posible defensa de los animales deriva de su condición de sentiente. Por lo tanto, la simple aplicación del «principio de igualdad» sería, según Singer, suficiente para justificar la petición de no dañar –o dañar lo menos posible– a todo ser capaz de sentir, incluidos los animales. Ello no significa, como ya se ha dicho antes, que todos los seres con vida tengan el mismo valor, sino solamente que el «especieísmo» no constituye criterio suficiente para atentar contra la vida de nadie. En otras palabras –y precisamente porque el ser humano se distingue de los otros vivientes–, no hay justificación para que los tratemos sin considerar sus intereses y derechos.

Descripción. Varios autores antiguos habían tratado la descripción como una forma de definición: la llamada «definición descriptiva». Se trataba de una enumeración de caracteres de una cosa mediante la cual se podía distinguir esta cosa de otra sin por ello llegar a la titulada «definición esencial». En la lógica medieval se consideró la descripción como un discurso mediante el cual se enuncian de las cosas caracteres accidentales y propios: accidentales, porque no son esenciales, y propios porque, de todos modos, pertenecen a la cosa descrita. En muchos casos la descripción, *descriptio*, fue considerada como una *definitio secundum quid*, una definición en un determinado respecto.

La descripción no es, desde estos puntos de vista, lo opuesto a la definición: es una definición menos exacta, *minus accurata definitio*. En la *Lógica de Port Royal* se afirma que «la definición menos exacta *(définition moins exacte)* que se llama descripción, es la que proporciona ciertos conocimientos de una cosa por los accidentes que le son propios, y que la determinan lo bastante para dar alguna idea que la discierne de otras» (*Logique de Port Royal*, parte II, cap. XVI). La descripción es suficiente para ciertos propósitos, pero no es nunca completa. Sin embargo, descripción y definición se hallan estrechamente relacionadas, ya que se trata de la misma operación sólo que en un caso se apela a accidentes y en el otro se apela a causas, a la materia, a la forma, al fin, etc. La descripción puede llamarse (como hizo ya, entre otros, Petrus Ramus) *definitio imperfecta*, a diferencia de la definición, que es *definitio perfecta*. En ambos casos se trata, pues, de definición. Una descripción es, como se la ha llamado a veces, una *definitio descriptiva*.

Por otro lado, y crecientemente a partir del siglo XIX, se han contrapuesto «descripción» y «definición», examinándose qué funciones puede ejecutar la primera que no puede ejecutar la última. Como también crecientemente los filósofos se han ocupado de la noción de explicación, se han contrastado «explicación» con «descripción», –y especialmente explicación causal con descripción.

Desde muy diversos supuestos, varias tendencias filosóficas se han ocupado de la naturaleza y condiciones, así como de los «méritos» y «flaquezas» de la descripción. El positivismo clásico de tipo comtiano destacó la importancia de la descripción de fenómenos, en oposición a la supuestamente precipitada y a menudo meramente especulativa explicación de los mismos. En todo caso, se destacó la importancia de la descripción fiel de los fenómenos a diferencia de la pretensión a conocer sus causas (últimas). Ciertas ciencias –como la botánica, la zoología y la mineralogía– habían sido consideradas desde antiguo como ciencias en las cuales desempeña un papel fundamental lo que se llamaba «definición descriptiva» o la *definitio secundum quid*. En el siglo XVIII, particularmente, se desarrollaron estas ciencias como «ciencias descriptivas». El positivismo comtiano no abogó por tomar estas ciencias descriptivas como modelos, pero sí por prestar mayor atención a los hechos, los cuales requieren, por lo pronto, descripción cuidadosa. Autores como Mach, Schlick y, en general, los neopositivistas, destacaron asimismo la importancia de la descripción de fenómenos, y elaboraron la noción de descripción introduciendo en ella refinamientos que no se encontraban en Comte. En general, Mach y los neopositivistas estimaron que hay diversas operaciones descriptivas, y en particular dos: una es la descripción lo más completa posible de fenómenos, y otra es una especie de «sumario simbólico» de las descripciones. Sólo en el último caso puede hablarse de explicación. Algunos autores han estimado, sin embargo, que no se puede pasar de la descripción a la explicación, es decir, que esta última no es consecuencia de descripciones. Se requiere la formulación de hipótesis, verificadas mediante oportunas descripciones, pero no obtenidas mediante síntesis de descripciones.

En la clasificación por Rickert de las ciencias entre ciencias nomotéticas y ciencias ideográficas, la descripción desempeña un papel básico en las últimas. En autores como Brentano la descripción debe entenderse como un método distinto, por un lado, de la explicación causal, y, por el otro, de una explicación (e inclusive descripción) genética. Se trata de describir actos intencionales, que son clasificados en tres «grupos» de fenómenos psíquicos. Característico de este tipo de descripción es la ausencia de supuestos y la atención a lo dado en la que podría llamarse «trama de la intencionalidad» o «tejido de vivencias». En una dirección similar se encaminan los métodos descriptivos de Husserl. La fenomenología es presentada como un método de pura descripción, pero no se trata de descripción de fenómenos, al modo positivista, sino de descripción de las esencias en cuanto son puramente dadas a la conciencia intencional. Un papel básico desempeña asimismo el método de descripción en Dilthey, tanto en la psicología como, en general, en las «ciencias del espíritu». Éstas son descriptivas, a diferencia de las ciencias naturales, que son explicativas. Hay que tener en cuenta, sin embargo, que ni en Dilthey ni en los autores últimamente mencionados la descripción es concebida como una especie de «comprensión deficiente». Todo lo contrario; especialmente en Dilthey, hay una estrecha relación entre descripción y comprensión. En cierto modo, la descripción es en todos estos autores más fundamental que la explicación, la cual se basa en supuestos mientras que la descripción atiende únicamente a lo que se da en la medida y tal justamente como se da. La descripción antecede a la predicación, no porque el lenguaje descriptivo no contenga predicaciones, sino porque éstas son entendidas como reflejos inmediatos de lo dado.

Ha sido común en varios autores, siguiendo con ello trazas de la antigua distinción entre conocimiento inmediato o directo y conocimiento mediato o indirecto, proponer una distinción entre el conocer algo y el saber acerca de algo. Esta distinción fue propuesta por William James en sus *Principles of Psychology*, y se halla asimismo en Bertrand Russell, en varias obras, como *Problems of Philosophy*, caps. IV y V. El término *acquaintance* es usado por ambos autores para caracterizar el conocimiento mediante el cual estamos enterados de algo. El saber acerca de *(about)* es justamente lo típico de las descripciones. Si bien el objeto del conocimiento puede seguir siendo el mismo, lo que se conoce del objeto no es lo mismo en todos los casos. Conocer Lisboa es distinto de saber (algo, mucho, poco, etc.) acerca de Lisboa, aunque en los dos casos Lisboa sea el «objeto» que se supone conocer o del que se supone saber algo.

No es siempre fácil determinar los límites entre el conocimiento «directo» y el «indirecto», porque los contraejemplos son tan abundantes como los ejemplos. El que haya los verbos 'conocer' y 'saber' y el hecho de que el último de ellos se emplee a menudo en contextos en los que se trata de conocimiento indirecto o descriptivo, esto es, de un saber «acerca de» algo, no garantiza que los usos verbales constituyan un criterio seguro (véase, del autor de la presente obra, «El laberinto del conocimiento», en *Homenaje a J. L. Aranguren*, 198, reimp. en *Las palabras y los hombres*, 1971, págs. 123-38).

Métodos descriptivos han sido frecuentemente usados por muchos de los llamados «filósofos del lenguaje corriente». Ello se debe a muy diversos factores, entre los cuales figura la poca inclinación de tales filósofos hacia construcciones teóricas con gran aparato de deducciones, explicaciones e inferencias, y su simpatía por los llamados «casos paradigmáticos». Hay ciertas analogías entre las descripciones «lingüísticas» y algunas de las fenomenológicas; en todo caso, las descripciones de Austin son descripciones de lo que el propio autor llama «fenomenología lingüística». La inclinación de tales filósofos, y en particular de Austin, por las descripciones no es, sin embargo, incompatible con su oposición al llamado «descriptivismo» en virtud del sentido que se ha dado a este último término.

Junto a las comparaciones y contrastes entre descripción y explicación, hay que tener en cuenta la muy importante contraposición entre descripciones y prescripciones (véase Prescripción).

El «último Wittgenstein» ha destacado el carácter «descriptivo» de la filosofía, por lo menos en la medida en que, a su entender, «la filosofía no explica *(erklärt)* ni deduce *(erfolg)* nada, pues todo está a la vista *(alles offen darliegt)*, de modo que no hay nada que explicar» *(Philosophische Untersuchungen,* 126). «Tenemos que dejar de lado toda *explicación,* sustituyéndola por la sola *descripción» (Beschreibung) (op. cit.,* 109). En el «Libro azul» (*The Blue and Brown Books,* 1958, pág. 18), Wittgenstein había denunciado ya el afán de generalidad que ha aguijoneado a los filósofos, los cuales suelen tener constantemente presente como modelo el método de la ciencia y sucumben a la tentación de formular preguntas y de contestarlas de la misma manera que lo hacen los científicos. «Esta tendencia es la verdadera fuente de la metafísica, y lleva al filósofo a una oscuridad completa. Quiero decir aquí que nunca puede ser nuestra tarea la de reducir algo a algo, o explicar algo. En realidad, la filosofía *es* puramente descriptiva.» La insistencia en la descripción sirve aquí de correctivo a las tendencias reduccionistas, que son a la vez, como se apuntó, consecuencias del afán de generalidad. Sin embargo, debe tenerse en cuenta que, a la postre, la descripción es uno de los juegos de lenguaje (véase Lenguaje [Juegos de]); no sólo esto: hay muy diversas cosas que pueden llamarse «descripción»: «la descripción de la posición del cuerpo mediante sus coordenadas; la descripción de la expresión facial; la descripción de una sensación táctil; de un talante» *(Philosophische Untersuchungen,* § 24). Para la llamada «teoría de las descripciones» en el sentido de Russell, véase DESCRIPCIONES (TEORÍA DE LAS).

Descripciones (Teoría de las). En su trabajo de 1905 «Sobre el denotar», Bertrand Russell remite a la distinción entre «conocimiento directo» *(by acquaintance)* y «conocimiento acerca de», de que nos hemos ocupado en DESCRIPCIÓN. Esta distinción es, escribe Russell, la misma «que hay entre las cosas de las cuales tenemos presentaciones y las cosas que alcanzamos sólo mediante frases denotativas» («On Denoting», *Mind,* N. S. 14 [1905], 479; reimp. en *Logic and Knowledge: Essays 1910-1950,* 1956, ed. R. C. Marsh [trad. esp.: *Lógica y conocimiento,* 1966] y en *Essays in Analysis,* 1973, ed. Douglas Lackey). Ejemplos de «frases denotativas» son, dice Russell, 'un hombre', 'algún hombre', 'cualquier hombre', 'todo hombre', 'todos los hombres', 'el actual rey de Inglaterra' [en 1905], 'el actual rey de Francia' [también en 1905], 'el centro de la masa del sistema solar en el primer instante del siglo XX', 'la vuelta de la Tierra alrededor del Sol', 'la vuelta del Sol alrededor de la Tierra'. Una frase, apunta Russell, denota sólo por su forma. Hay tres casos posibles: una frase puede ser denotativa y, sin embargo, no denotar nada, como 'el actual rey de Francia' (cuando ya se ha proclamado alguna de las cinco Repúblicas); una frase puede denotar un objeto definido, como 'la actual reina de Inglaterra', que denota una cierta mujer [para Russell, en 1905, 'el actual rey de Inglaterra', que denota un cierto hombre]; una frase puede denotar ambiguamente, como 'un hombre', pues con esta frase no se denotan muchos hombres, sino un hombre «ambiguo» que puede ser «este» o «aquel otro» o «cualquier otro».

A veces, al decir 'el' seguido no de una descripción, sino de un nombre común –como 'autobús' en 'el autobús'–, se puede tomar la frase como frase denotativa. Al decir 'el autobús llegó tarde' solemos referirnos a un determinado autobús, aunque podemos precisar aún más de qué autobús se trata bajo forma descriptiva, como en 'el autobús de las cinco', 'el autobús de las cinco de la tarde del domingo pasado', etcétera.

En varios otros escritos, incluyendo los *Principia Mathematica,* Russell ha desarrollado ya la «teoría del denotar». Esta teoría le ha permitido examinar a fondo varios conceptos básicos lógicos y ontológicos, y fundamentar su tesis de que «la lógica es la esencia de la filosofía», en el sentido por lo menos de considerar que sólo mediante un análisis de las estructuras lógicas de expresiones se puede ver hasta qué punto pueden inducir a confusiones ciertas estructuras gramaticales. Entre los conceptos básicos examinados se hallan los de denotación, significación y referencia.

Uno de los orígenes de la teoría de Russell es su deseo de encontrar una salida al problema que plantean ciertas frases descriptivas que, aunque tienen, gramaticalmente hablando, significación, no describen nada. Si se predica algo de aquello que tales frases descriptivas podrían describir en el caso de que existiera lo descrito, habría que concluir que se predica –dice– algo de alguna «cosa» que no existe. Pero decir que algo que no existe tiene tal o cual propiedad o característica no es, al parecer, decir nada. Meinong había atacado el problema postulando reinos de entidades, o tipos de entidades, como entidades subsistentes, entidades irreales, entidades desprovistas de ser (o fuera del ser), etc. Sin embargo, aunque las ideas de Meinong son más complejas de lo que Russell creyó o estimó –o quiso estimar–, no fueron aceptadas por Russell, quien acusó a Meinong de multiplicar innecesariamente las entidades o, mejor dicho, los tipos de entidades.

Russell ha dividido las descripciones, o frases descriptivas, en indefinidas (como 'un tal') y definidas (como 'el tal'). Hablaremos principalmente de las últimas, por lo que la teoría de las descripciones es teoría de las descripciones definidas. Russell apunta que hay algo común en la definición de una descripción indefinida (o ambigua) y de una descripción definida (o no ambigua): el que la definición que se busca es una definición de proposiciones en las cuales aparecen expresiones como 'un tal' o 'el tal', no una definición de las expresiones aisladas. Ciertos autores piensan que una expresión como 'el perro' puede ser definida aisladamente, pero Russell no acepta esta opinión, la cual se debe, indica, a olvidar que hay una diferencia entre un nombre y una descripción definida.

Simplificaremos la teoría de Russell. Ejemplos de descripciones definidas son frases que se inician con el artículo determinado, como:

El actual rey de Suecia   (1).
El autor del *Quijote*   (2).
El hombre más alto de la
    quinta española de 1964   (3).

Cada una de estas expresiones pretende nombrar una entidad. Así, (1) pretende nombrar al rey de Suecia; (2) pretende nombrar al autor del *Quijote*; (3) pretende nombrar el hombre más alto de la quinta española de 1964. En muchos casos no parece haber problemas; en los casos mencionados no lo hay si hay un rey de Suecia, si hay (o hubo) un autor del *Quijote* y si hay (o hubo) un hombre que resultó ser el hombre más alto de la quinta española de 1964. Lo que se diga de (1), (2) y (3) no parece ofrecer tampoco problema; si lo que se dice es verdadero, la oración correspondiente será verdadera, y si lo que se dice es falso, la oración correspondiente será falsa. Así,

El rey de Suecia es un rey
 constitucional   (4),

es un enunciado verdadero. Pero consideremos:

El actual rey de Uruguay   (5).
El autor de la *Enciclopedia*
 Espasa   (6).

El problema es que no hay entidad descrita por (5) y hay más de una entidad descrita por (6). Decir entonces:

El rey de Uruguay es muy
 simpático   (7).

El autor de la *Enciclopedia*
 Espasa no es analfabeto   (8),

plantea problemas, porque si no hay ningún rey de Uruguay, no puede ser simpático, y si no hay un solo autor de la *Enciclopedia Espasa*, no puede ser analfabeto, aunque haya algún autor de tal *Enciclopedia* que lo sea.

Según Russell, se cae en toda clase de dificultades filosóficas (específicamente, añadimos, ontológicas) si se toman descripciones como (1), (2), (3), (5) y (6) como si se tratara de sujetos de posibles oraciones. Las dificultades resultan patentes sobre todo en los ejemplos (5) y (6), y en las oraciones subsiguientes (7) y (8). En efecto, si no hay aquello de lo cual se dice algo, lo que se dice no dice nada sobre ello. Se podría concluir que como (7) y (8) no tienen referentes, (7) y (8) carecen de significación. Pero (7) y (8) tienen significación; lo único que ocurre es que, tomados aisladamente, (7) y (8) no describen nada y, por tanto, nada puede decirse de los supuestos «sujetos» o «entidades» (por irreales o subsistentes que se juzguen).

Russell cambia el *status* lógico de las frases en las cuales aparecen descripciones definidas. La frase definida es insertada dentro de un contexto lógico como si fuera un predicado. El contexto lógico es, para empezar, el siguiente:

$$\text{Hay un } x \text{ tal que } D \quad (9)$$

donde 'hay un x tal que' es una expresión cuantificada. Se simboliza por medio de '$(_1 x)$', llamado «símbolo de descripción» o «símbolo del caso único». '$(_1 x)$' se lee 'hay por lo menos y hay a lo sumo un x tal que', lo cual equivale a decir 'hay exactamente un x tal que'. 'D' expresa la frase descriptiva. De (9) se predica entonces algo, digamos 'F'. Entonces tenemos:

Hay un x tal que x es D; nadie (o nada) es x salvo D, y x es F (10).

De este modo, la frase descriptiva funciona a modo de predicado de un determinado x. No afirmamos o negamos algo de D, sino algo de un x que es D. Como dice Russell, «sólo puede afirmarse significativamente la existencia de descripciones –definidas o indefinidas–, pues si 'a' es un nombre, *debe* nombrar algo. Lo que no nombra nada no es un nombre y, por tanto, si se le quiere convertir en un nombre, es un símbolo vacío de sentido, mientras que una descripción [como 'el actual rey de Suecia' o 'el actual rey de Uruguay'] no es incapaz de tener lugar significativamente meramente a base del hecho de que no describe nada, y la razón de ello es que es un símbolo *complejo,* cuyo origen deriva de sus símbolos constituyentes» («On Descriptions», cap. 16 de *Introduction to Mathematical Philosophy,* 1919). En suma, no suponemos que hay o no hay una entidad objeto de la descripción (en nuestro caso, definida), sino que hay o no hay algo que es lo que la descripción describe, y de ello se dice que es tal o cual cosa.

Desde este punto de vista, no diremos que hay, o no hay, (1), (2), (3), (5) o (6). Consideremos ahora:

El actual rey de Suecia es honrado (11).
El autor del *Quijote* estuvo en la cárcel (12).
El hombre más alto de la quinta española de 1964 es trabajador (13).

Y agreguemos a estos ejemplos los ya mencionados (7) y (8). En todos estos ejemplos figuran descripciones definidas. Si reformulamos estos ejemplos dentro del esquema 10, tenemos que en cada caso se dice de un x tal que es un tal y cual y que este tal es tal o cual cosa. Ahora bien, podemos concluir que (7) es falso, porque no hay actualmente un rey de Uruguay y, por tanto, no puede ser simpático; (8) es falso, porque hay más de un autor de la *Enciclopedia Espasa;* (11) es verdadero, porque hay actualmente un rey de Suecia y es honrado; (12) es verdadero, porque hay a lo sumo y por lo menos un autor del *Quijote,* y estuvo en la cárcel. En cuanto a (13), es verdadero si el hombre descrito que constituye el predicado de un *x* que lleva la descripción que se le atribuye es, en efecto, un hombre trabajador.

Entre las críticas a la teoría russelliana de las descripciones ha alcanzado especial resonancia la de P. F. Strawson. En el artículo «On Referring», *Mind,* N. S. 59 (1950), 320-44 (reimp. en *Logicolinguistic Papers,* 1971, págs. 1-27), Strawson manifiesta que Russell yerra al suponer que sólo hay dos modos de admitir que ciertos enunciados que, por su estructura gramatical, parecen ser enunciados sobre una persona particular o sobre un objeto o acontecimiento individuales, son significativos: que sean analizables en cierto tipo de enunciado existencial, y que el sujeto gramatical sea un nombre lógicamente propio, cuyo significado es la cosa que designa. Lo que Strawson llama «expresiones que poseen una referencia única» no son, a su entender, ni nombres lógicamente propios ni descripciones. Ahora bien, si distinguimos entre un enunciado, el uso de un enunciado y la preferencia del enunciado, así como si distinguimos, correlativamente, entre una expresión, el uso de la expresión y la preferencia de la expresión, nos daremos cuenta de varias cosas. Si tomamos el clásico ejemplo 'El rey de Francia es prudente', tendremos que reconocer que este enunciado ha sido formulado en varios períodos, en algunos de los cuales había un rey de Francia, del que se podía decir acaso que era prudente, y en otros de los cuales, en cambio, no había rey en Francia. Pero, además, y sobre todo, hay que reconocer que ninguna expresión propiamente menciona o se refiere a nada. Lo que ocurre es que puede ser *usada para* mencionar algo o referirse a algo. El significado de una frase como 'el rey de Francia' o, más específicamente, 'el actual rey de Francia', no es, pese a Russell, idéntico al objeto al cual la frase aparentemente «se refiere». Sin duda que Russell no identifica 'el actual rey de Francia' con el rey de Francia actual (el cual no existe), pero sí identifica con alguna persona el *x* del que se dice que es rey de Francia, ya sea afirmando que existe o negándolo, y ello de tal modo que si el *x* en cuestión existe, puede predicarse algo de él que será verdadero o falso. Russell defiende una teoría referencial del significado, y no distingue entre «referirse a» y «mencionar». No distingue tampoco, y esto es para Strawson lo más fundamental, entre las expresiones y el uso que se pueda hacer de ellas. *Uno* de los usos de las expresiones es el referencial. A tal efecto se establecen convenciones que regulan tal uso. Estas convenciones no son necesariamente, para el lenguaje corriente, las de la lógica formal: «ni las reglas aristotélicas ni las rusellianas –termina Strawson– proporcionan la lógica exacta de ninguna expresión del lenguaje corriente, pues este lenguaje no posee una lógica exacta» (art. cit., pág. 344).

Russell contestó a Strawson («Mr. Strawson on Referring», *Mind*, N. S. 66 [1957], 385-89, reimp. en *Essays in Analysis*, 1973), diciendo que su contrincante confundió el problema lógico de las descripciones con el problema (tal vez, epistemológico) de los términos egocéntricos. Es cierto que para expresiones como 'el actual rey de Francia' hay las dificultades que Strawson apunta, pero estas dificultades pueden resolverse especificando la expresión –poniendo de manifiesto, por ejemplo, en qué momento se profiere–. Y hay muchos otros casos –y son para Russell los más importantes– en los que no necesitan tales especificaciones; tal ocurre sobre todo con expresiones de lenguajes específicos. Según Russell, Strawson ha pecado de «egocentrismo» epistemológico, como sucede siempre que se destaca el aspecto «subjetivo» –o, en el caso que nos ocupa, la dimensión del «uso» por alguien de las expresiones.

Determinismo. En una acepción general, el determinismo sostiene que todo lo que ha habido, hay y habrá, y todo lo que ha sucedido, sucede y sucederá, está de antemano fijado, condicionado y establecido, no pudiendo haber ni suceder más que lo que está de antemano fijado, condicionado y establecido. Como las doctrinas según las cuales hay un destino ineluctable, o hay una predestinación, son, en dicha acepción general, deterministas, es menester distinguir entre dichas doctrinas y el determinismo en sentido más estricto. Bergson ha opinado que un determinismo estricto y un «teleologismo» estricto tienen las mismas consecuencias: ambos afirman que hay un encadenamiento riguroso de todos los fenómenos y, por lo tanto, ni en una doctrina ni en la otra puede afirmarse la existencia de la creación y de la libertad. Aunque haya en la observación de Bergson una parte de verdad, debe hacerse constar que el término 'determinismo' se usa más propiamente en relación con causas eficientes que en relación con causas finales. Además, las doctrinas deterministas modernas, a las cuales nos referiremos aquí principalmente, están vinculadas a una concepción mecanicista del universo, hasta el punto de que a veces se han identificado determinismo y mecanicismo. Característico del determinismo moderno es lo que puede llamarse su «universalismo»; una doctrina determinista suele referirse a todos los acontecimientos del universo.

La doctrina determinista no es susceptible de prueba; tampoco lo es la doctrina opuesta al determinismo, por cuya razón el determinismo es considerado habitualmente como una hipótesis. Algunos estiman que se trata de una hipótesis metafísica; otros, de una hipótesis científica. Ciertos autores manifiestan que, aunque la doctrina determinista no puede probarse, ello se debe al carácter finito de la mente humana y a la imposibilidad de tener en cuenta todos los factores o, mejor dicho, estados del universo.

La doctrina determinista puede admitirse como aplicable a todos los acontecimientos del universo o bien puede admitirse como aplicable solamente a una parte de la realidad. Kant, por ejemplo, afirmaba el determinismo en relación con el mundo de los fenómenos, pero no en relación con el mundo nouménico de la libertad. En todo caso, la doctrina en cuestión ha sido objeto de muy numerosos debates. Los deterministas radicales han afirmado que no solamente los fenómenos naturales, sino también las acciones humanas (explicables entonces como fenómenos naturales) están sometidas a un determinismo universal. Los motivos son considerados entonces como causas eficientes, las cuales operan dentro de una trama causal rigurosa. Los que se han opuesto al determinismo han alegado o que hay zonas de la realidad (como las acciones y decisiones humanas, por lo menos algunas de ellas) que se sustraen al determinismo, o bien que éste confunde la necesidad de hecho con la necesidad de derecho. Algunos autores alegan contra la doctrina determinista radical que confunde nociones diversas tales como la necesidad, la causalidad, etcétera.

Muchas de las dificultades que ha ofrecido la doctrina determinista obedecen a un insuficiente análisis de lo que se entiende por el término 'determinismo'. Por lo general, se han dado de este término definiciones demasiado reales.

No es una buena definición del determinismo decir que un universo o un sistema es determinista cuando «todo está ya dado», o cuando «todo acontecimiento es una consecuencia necesaria de un acontecimiento anterior o de una serie de acontecimientos anteriores», o cuando «todos los acontecimientos (o estados) son reducibles a un conjunto de condiciones iniciales», o «cuando el presente se halla preñado de futuro», o cuando «todos los acontecimientos pueden ser predichos», etc. Todas y cada una de estas supuestas definiciones no solamente se prestan a confusiones numerosas, sino que, además, terminan por decir muy poco. Es mejor, pues, tratar de definir el determinismo de un modo más riguroso, presentando un sistema que puede ser llamado «determinista». Este sistema puede, por lo demás, extenderse, si se quiere, al universo o realidad enteros.

Ninguna doctrina determinista es consecuencia solamente de la observación de fenómenos; lo es también, y sobre todo, de una serie de condiciones previamente establecidas. Estas condiciones son de carácter «regulativo» en sentido kantiano y no «constitutivo».

En la época actual se ha discutido mucho la cuestión de si una teoría determinista es o no, en último término, un límite ideal de un conjunto de leyes estadísticas. Se ha afirmado al respecto que mientras la física clásica y, en general, la llamada «macrofísica», es, o puede ser, determinista, en cambio la microfísica es indeterminista.

Los autores que se han opuesto al determinismo desde el punto de vista ético y antropológico-filosófico han subrayado que dentro de una doctrina determinista no cabría el libre albedrío. Algunos de los pensadores de orientación existencialista han criticado (indirectamente) las doctrinas deterministas afirmando que en la existencia humana la libertad es una condición ontológica necesaria. El humano existir, según estos pensadores, no es comparable a ninguna de las cosas naturales y, por lo tanto, no pueden aplicarse al mismo las categorías aplicables a tales cosas. Con ello los pensadores en cuestión han llegado a la conclusión de que «existir» es fundamentalmente «ser libre».

No hemos podido tratar aquí de muchos de los debates en torno al determinismo tratando de probar que hay en éste una falacia interna. Un ejemplo de estos debates lo encontramos en la tesis de Lequier, según la cual afirmar que todo está determinado equivale a afirmar que la afirmación está asimismo determinada y, por lo tanto, quitarle todo valor de afirmación.

Devenir. El galicismo 'devenir' es ya de uso corriente en la literatura filosófica en lengua española. Su significación no es, sin embargo, unívoca. A veces se usa como sinónimo de 'llegar a ser'; a veces se considera como el equivalente de 'ir siendo'; a veces se emplea para designar de un modo general el cambiar o el moverse. Dentro de esta multiplicidad de significaciones parece haber, con todo, un núcleo significativo invariable en el vocablo 'devenir': es el que destaca el proceso del ser o, si se quiere, el ser *como proceso.*

El problema del devenir es uno de los problemas capitales de la especulación filosófica. Ello se advierte ya en el pensamiento griego, el cual se planteó la cuestión del devenir en estrecho enlace con la cuestión del ser (véase). De hecho, dicho pensamiento surgió en gran parte como un asombro ante el hecho del cambio de las cosas y como la necesidad de encontrar un principio que pudiera explicarlo. El devenir como tal resultaba inaprehensible para la razón; por ello se requería descubrir la existencia de un *ser* que *deviene*. A ello tendieron ya los filósofos jónicos. Su ἀρχή o principio de la realidad tenía como uno de sus rasgos capitales el ser una entidad que subyace en todo cambio y que explica, junto con el cambio, la multiplicidad de las cosas. Hasta puede decirse que los tipos principales de filosofía presocrática pueden ser descritos en orden a las correspondientes concepciones mantenidas por sus representantes sobre el problema del devenir. Así, los jónicos buscaron, como indicamos, lo que permanece dentro de lo que deviene, y pensaron hallarlo en una substancia material. Los pitagóricos hicieron lo propio, pero pensaron hallar el principio del devenir y de lo múltiple en una realidad ideal: las relaciones matemáticas. Heráclito hizo del propio devenir, del γίγνεσθαι, el principio de la realidad, introduciendo con ello en el pensamiento filosófico un giro que ha sido considerado a veces como «heterodoxo»; hay que advertir, sin embargo, que el devenir en Heráclito, si bien es un puro fluir, está sometido a una ley: la ley de la «medida», que regula el incesante alumbrarse y extinguirse de los mundos. Parménides y los eleatas adoptaron al respecto una posición opuesta a la de Heráclito. En vista de que la razón no hace presa en el devenir, declararon que la realidad que deviene es puramente aparencial: el ser verdadero es inmóvil: frente al «todo fluye» de Heráclito, los eleatas proclamaron, pues, el «todo permanece». Los pluralistas intentaron hallar un compromiso entre estas dos posiciones. Algunos –como Empédocles y Anaxágoras– admitieron la existencia de varias substancias (en cantidad limitada las de Empédocles; en cantidad ilimitada las de Anaxágoras) que no devienen, pero cuyas combinaciones permiten explicar el hecho del devenir. En el mismo sentido se desarrolló el atomismo de Demócrito, pero mientras Empédocles y Anaxágoras entendieron el devenir en un sentido cualitativo (devenir es cambiar de cualidades), Demócrito lo entendió en un sentido cuantitativo (devenir es desplazamiento de átomos en sí mismos invariables, sobre un fondo de no ser o extensión indeterminada). La tendencia general de la filosofía griega después de Demócrito, con algunas excepciones (como la de los epicúreos), consiste en subrayar el primado del cambio frente al «simple» movimiento.

En parte ello ha sido afirmado también por Platón y por Aristóteles. La tendencia general de Platón es hacer del devenir, γίγνεσθαι, una propiedad de las cosas en tanto que reflejos o copias de las ideas. Tales cosas son justamente llamadas a veces lo engendrado o devenido, γιγνόμενα. Desde este punto de vista, podemos decir que en la filosofía de Platón solamente el ser y la inmovilidad del ser (o de las ideas) es «verdaderamente real», en cuanto que el devenir pertenece al mundo de lo participado. Considerada la cuestión desde el ángulo del conocimiento, puede decirse que el ser inmóvil es objeto del saber en tanto que el ser que deviene es objeto de la opinión. Muchos pasajes pueden citarse en apoyo de esta contraposición. Uno de los más iluminadores se encuentra en *Tim.*, 27 E: «Hay que establecer una distinción y preguntar: ¿Qué es lo que es siempre y jamás deviene, y qué es lo que siempre deviene y jamás es?» Sin embargo, sería un error simplificar excesivamente el pensamiento platónico. Por ejemplo, Platón concibe el Movimiento y el Reposo como participando en el ser –ya que son «géneros supremos del ser»–, sin que el ser propio sea movimiento o reposo *(Soph.,* 247 E sigs.). A veces, inclusive –como en el mismo citado diálogo–, Platón define el ser por medio del concepto de la potencia o δύναμις, de tal modo que la idea de actividad resulta esencial para el ser. Claro que en otros lugares (cf. *Crat.,* 440 A sigs.) la inmutabilidad parece alcanzar el primado, de tal modo que la interpretación del platonismo en este punto capital tropieza con todo género de dificultades. Pero sea cual fuere la interpretación adoptada, es indudable que Platón presta mucha mayor atención al problema del devenir del que podría dar a entender la simple y casi siempre superficial equiparación entre el ser y lo inmóvil, y la apariencia y lo movible. Prueba de ello es que hay en

Platón, particularmente en sus últimos diálogos, una preocupación constante no solamente para averiguar la relación –o falta de relación– entre el ser verdadero y el devenir, sino también un intento de entender las diversas formas en las cuales puede darse este último. Así, por ejemplo, en *Phil.*, 54 C el filósofo habla del devenir como destrucción, φθορά, y génesis, γένεσις. Y en *Theait.*, 181 D nos indica que hay dos formas de devenir (o movimiento, κίνησις: la alteración, ἀλλοίωσις, y la traslación, φορά (distinción usada asimismo en *Parm.*, 138 B sigs.). Esta última distinción, sobre todo, es importante porque vuelve a plantear la cuestión en los términos ya antes indicados del devenir como movimiento cualitativo o cambio y el devenir como proceso cuantitativo o movimiento. Ahora bien, fue Aristóteles quien dio sobre estas significaciones las mayores y más influyentes precisiones. Estudiaremos, pues, sus conceptos al respecto con algún detalle.

Aristóteles criticó ante todo las concepciones sobre el devenir propuestas por los anteriores filósofos (cf. *Phys.*, I y II, *passim*). Tales concepciones pueden reducirse a cuatro: (1) La solución eleática, que pretende dar cuenta del devenir negándolo; (2) La solución pitagórica y platónica, que tiende a separar los entes que se mueven de las realidades inmóviles para luego –sin lograrlo– deducir los primeros de las segundas; (3) La solución heracliteana (y sofística), que proclama que la realidad es devenir, y (4) La solución pluralista, que reduce las distintas formas del devenir a una sola, ya sea cualitativa (Empédocles, Anaxágoras), ya sea cuantitativa (Demócrito). Los defectos de estas concepciones son principalmente dos: (a) el no advertir que el devenir es un hecho que no puede ser negado o reducido a otros o afirmado como substancia (olvidando en este caso que el devenir es devenir *de* una substancia), y (b) el no reparar que 'devenir', como 'ser', es un término que tiene varias significaciones. Estos defectos proceden en buena parte de que los filósofos, aunque no han perdido de vista que para que haya devenir se necesita algún factor, condición o elemento, no se han dado cuenta, en cambio, que se necesita *más de un factor*. Por este motivo, el problema del devenir incluye la cuestión de las diferentes especies de causa (cf. *Phys.*, II 3, 194 b 16, 195 a 3; *De anima*, II 4, 415 b, 8-10; *Met.*, Λ 3, 983 a 26-33; Λ 2, 1013 a 24 sigs.). En efecto, todas las formas de causa son operativas en la producción del devenir, lo cual no significa, empero, que haya tantos géneros de devenir como tipos de causalidad. Los géneros del devenir siguen una clasificación distinta. Aristóteles ha dedicado al asunto buen número de páginas de sus obras. Mencionaremos aquí los pasajes que nos parecen fundamentales. En *Cat.*, 13, 15 a 14, Aristóteles presenta seis clases de devenir (a veces se llama «cambio» o «movimiento», pero recordamos al lector el punto de vista más general y neutral que hemos adoptado al proponer nuestro término). Son las siguientes: generación o génesis, γένεσις; destrucción, φθορά; aumento, αὔξησις; disminución, φθίσις; alteración, ἀλλοίωσις, y traslación, desplazamiento, cambio de lugar, o movimiento local, φορά. En *Phys.*, III 1, 201 a 5-7 el devenir es (1) substancial –posesión y privación (pero *no*, observemos, generación y corrupción o destrucción)–; (2) cualitativo –como en blanco y negro–; (3) cuantitativo –completo e incompleto (aumento y disminución)–; (4) local –hacia arriba, hacia abajo, o liviano, pesado (pero *no*, observemos, hacia la derecha, hacia la izquierda, siempre que consideremos el movimiento local como un movimiento *natural*)–. De hecho, indica Aristóteles, hay tantos tipos de devenir como hay significados del vocablo 'es'. En *Phys.*, V 224 a 21 sigs., el devenir es: (a) por accidente, (b) respecto a otra cosa y (c) en sí mismo. Si consideramos ahora (c) podemos clasificar al devenir en cuatro clases, que son las que parecen más fundamentales de todas: (I) de algo a algo, (II) de algo a no-algo, (III) de no-algo a algo y (IV) de no-algo a no-algo. (IV) debe ser excluido, pues los términos que intervienen en él no son ni contrarios ni contradictorios, (III) y (II) son casos de generación y corrupción (o génesis y destrucción), pero como solamente lo que es puede devenir, sólo (I) merece figurar como caso de movimiento. De hecho, (II) y (III) son formas de (I), y como (I) puede ser concebido o respecto a la cualidad o respecto a la cantidad, solamente quedan el movimiento cualitativo (alteración) y el cuantitativo (aumento y disminución). A ellos debe agregarse, sin embargo, el movimiento local, con lo cual tenemos tres sentidos primarios del devenir. Puede preguntarse ahora si alguno de ellos tiene el primado sobre los otros. La respuesta a esta cuestión es, sin duda, difícil. Por un lado, parece que el devenir cualitativo tiene el primado si prestamos atención al hecho de que Aristóteles parece haberse preocupado sobre todo por explicar el sentido ontológico del cambio, evitando toda reducción del mismo al desplazamiento de partículas en el espacio. Si así lo hacemos, entonces la explicación del devenir estará determinada por la famosa definición del movimiento como actualización de lo posible *qua* posible *(Phys.* III, 1, 201 a 9), una definición que requiere, para ser debidamente entendida, un análisis de las nociones de acto y potencia, pues el devenir o cambio consiste últimamente en el paso de lo posible a lo actual. Por otro lado, es posible considerar que el sentido primario del devenir es la traslación o movimiento local: la más alta forma de cambiar, aparte el Primer Motor, que mueve sin ser movido, es el movimiento circular; solamente mucho más abajo, en el reino sublunar, se da el devenir cualitativo y luego el ciclo de la generación y la corrupción, cada uno de los cuales, como indica Bergson, no son sino reflejos del primitivo perfecto movimiento circular original. Este tema de la primacía de un tipo de devenir sobre otro, se presta a largas argumentaciones. Algunas de las dificultades que se plantean en la doctrina aristotélica pueden, sin embargo, resolverse al precisar que, en algunos casos, Aristóteles habla del devenir como una cuestión física, mientras que en otros lo toma en una dimensión metafísica.

Los escolásticos de tendencia aristotélica procedieron a refinar y a aclarar los anteriores conceptos. Así, Santo Tomás señalaba que el cambio es la actualización de la potencia en tanto que potencia, y por eso hay que devenir cuando una causa eficiente lleva, por así decirlo, la potencia a la actualidad, y otorga al ser su perfección entitativa. El sujeto no cambia así por un mero desarrollo de algo que tenía implícito, ni tampoco por la aparición *ex nihilo* de una cualidad, sino por la acción de una causa que, si se quiere, se «interioriza» en el ser. De ahí que el acto y la potencia en tanto que factores del devenir no sean propiamente seres o principios constitutivos, sino, como dicen los escolásticos (por lo menos los tomistas), realidades complementarias. Con ello se niega que el acto sea el elemento dinámico del ser y la potencia el elemento estático, pero también que el acto sea el elemento estático del ser –el ser «ya cumplido»– y la potencia el elemento dinámico –el ser «en vías de realizarse»–. Acto y potencia son igualmente necesarios para que el devenir tenga lugar –por lo menos el devenir de los entes creados–. Se puede, pues, decir que la escolástica, y en particular la escolástica tomista, procura mantenerse a igual distancia entre una filosofía enteramente esteticista y una filosofía completamente dinamicista; una y otra son, según la mencionada tendencia, maneras de eludir el problema del efectivo devenir.

En ciertas direcciones de la filosofía moderna se ha tendido a considerar el propio devenir como el motor de todo movimiento y como la única explicación plausible de todo cambio. Se ha estimado, en efecto, que la ontología tradicional –tanto griega como escolástica– era excesivamente «estaticista», y que bajo su influencia quedaron sepultados todos los ensayos para convertir el devenir en una noción central filosófica. Atisbos de este dinamismo los encontramos en algunas filosofías renacentistas, pero en su plena madurez se ha revelado solamente dentro del pensamiento romántico. Sin embargo, éste se ha manifestado de dos maneras: o como una constante afirmación del primado del devenir, o como un intento de «racionalizar» el devenir de alguna manera. Ejemplo eminente de esta última posición lo hallamos en Hegel, para quien el devenir *(Werden)* representa la superación del puro ser y de la pura nada, los cuales son, en último término, idénticos. «La verdad –escribe Hegel– no es ni el ser ni la nada, sino el hecho de que el ser se convierta o, mejor, se haya convertido en nada y viceversa. Pero la verdad no es tampoco su indiscernibilidad, sino el hecho de que *no sean lo mismo*, de que sean *absolutamente distintos,* pero a la vez separados y separables, *desapareciendo cada uno en su contrario*. Su verdad es, de consiguiente, este *movimiento* del inmediato desaparecer de uno en el otro: el *devenir,* un movimiento en el cual ambos términos son distintos, pero con una suerte de diferencia que, a su vez, se ha disuelto inmediatamente» *(Logik,* ed. G. Lasson, I, pág. 67).

En el curso del siglo XX han irrumpido diversas filosofías para las cuales el devenir es una realidad primaria –o, si se quiere, para las cuales el ser existe solamente en la medida en que deviene–. En algunos casos se ha llegado a concebir el ser como una inmovilización del devenir. Ejemplo de ello lo encontramos en Bergson. En otros casos, se ha opuesto el devenir (concebido como idéntico a la vida) al ser –o, mejor, a «lo devenido»– (estimado como idéntico a la muerte). Ejemplo de ello lo hallamos en Spengler. Whitehead es sólo uno de los llamados filósofos del proceso, que han hecho extensiva la noción de devenir para abarcar el carácter dinámico y permanentemente cambiante de la realidad. Frecuente en todas estas concepciones es la afirmación de un primado del devenir, lo cual equivale en la mayor parte de los casos a un intento de explicar el movimiento por el crecimiento, lo mecánico por lo orgánico y, en último término, lo físico por lo espiritual.

Dialéctica. El término «dialéctica», y más propiamente la expresión 'arte dialéctico', διαλεκτική τέχνη, estuvo en estrecha relación con el vocablo 'diálogo': «arte dialéctico» puede definirse primariamente como «arte del diálogo». Como en el diálogo hay (por lo menos) dos *logoi* que se contraponen entre sí, en la dialéctica hay asimismo dos *logoi*, dos «razones» o «posiciones» entre las cuales se establece precisamente un diálogo, es decir, una confrontación en la cual hay una especie de acuerdo en el desacuerdo –sin lo cual no habría diálogo–, pero también una especie de sucesivos cambios de posiciones inducidos por cada una de las posiciones «contrarias».

Ahora bien, este sentido «dialógico» de 'dialéctica', bien que primario, no es suficiente: no todo diálogo es necesariamente dialéctico. En un sentido más «técnico» la dialéctica se entendió como un tipo de argumento similar al argumento llamado «reducción al absurdo», pero no idéntico al mismo. En este caso, sigue habiendo en la dialéctica un «dialogar», pero no tiene lugar necesariamente entre dos interlocutores, sino, por así decirlo, «dentro del mismo argumento». El modelo del argumento «dialéctico» entonces puede esquematizarse del modo siguiente:

$$p,$$

donde 'p' simboliza una proposición cualquiera

Por tanto, q, r, s.
Pero no q, r, s.
Por tanto, no p.

Debe observarse que 'p' es a veces, y con frecuencia, una proposición condicional (simbolizable, pues, 'si p, entonces p_1'), de modo que la negación del consecuente conduce a una negación (o «refutación») del antecedente. En este sentido más preciso el «arte dialéctico» fue usado por Parménides para probar que, como consecuencia de «Lo que es, es» y «Lo que no es, no es», cuanto sea (o es) no cambia, pues si cambiara se convertiría en «otro», pero no hay «otro», excepto «el que es». La usó también para probar que lo que es, es uno, pues si fuera, por ejemplo, dos, habría una separación entre ambos, y esta separación no es una realidad, sino un «no ser», etc. Como puede verse, este tipo de argumento consiste en suponer lo que ocurriría si una proposición dada, declarada verdadera, fuese negada.

Este sentido de 'dialéctica' es formal, es decir, se basa en un modelo formal de argumentación acerca de proposiciones. Pero decir 'no *p*' no quiere decir necesariamente que no *p* es contradictorio con *p*. Puede muy bien ocurrir que no *p* sea falso (o que no sea falso, en cuyo caso no *p* será verdadero). Ahora bien, muchos de los argumentos aducidos por Sócrates en los diálogos platónicos son de la misma forma. Se dice que estos argumentos son «dialécticos», en cuyo caso parece que la famosa dialéctica platónica, o socrático-platónica, sea únicamente un tipo de argumento algo más «laxo» que los argumentos aducidos por Parménides –o por Zenón de Elea–. Pero resulta que lo que tenemos en Platón no es simplemente una forma menos rigurosa o formal de dialéctica, sino una forma más completa, y en gran parte distinta, de dialéctica.

En rigor, tenemos en Platón dos formas de dialéctica. Mientras en ciertos diálogos (el *Fedón*, el *Fedro*, en parte *República*) Platón presenta la dialéctica como un método de ascenso de lo sensible a lo inteligible, en algunos de los llamados «diálogos últimos» (como el *Parménides* y en particular el *Sofista* y el *Filebo*) la presenta como un método de deducción racional de las Formas. Como método de ascenso a lo inteligible, la dialéctica se vale de operaciones tales como la «división» y la «composición» (*Phaed.*, 265 A-266 B), las cuales no son dos distintas operaciones, sino dos aspectos de la misma operación. La dialéctica permite entonces pasar de la multiplicidad a la unidad y mostrar a ésta como fundamento de aquélla. Como método de deducción racional, en cambio, la dialéctica permite discriminar las Ideas entre sí y no confundirlas. Claro está que ello no tiene lugar sin muchas dificultades, lealmente reconocidas por Platón, especialmente en la perplejidad que muestra el «ejercicio dialéctico» del *Parménides*. En efecto, una vez discriminadas las Ideas (*Soph.*, 253 D) se trata de saber cómo pueden combinarse. Si todas las Ideas fueran completamente heterogéneas unas a otras, no habría problema. Pero tampoco habría ciencia. Si todas las ideas se redujeran a una sola Idea –a la Idea del Ser o de lo Uno– no habría tampoco problema. Pero no podría decirse de lo que es más que lo que dijo ya Parménides: que «es». La cuestión es, pues, cómo la dialéctica hace posible una ciencia de los principios fundada en la idea de la unidad. Una de las soluciones más obvias consiste en establecer una jerarquía de Ideas y de principios, de la que la doctrina de los *supremum rerum genera* constituye un ingrediente esencial. Aquí nos hallamos lejos ya de la idea de la dialéctica como «impulsada por el Eros» *(Phaed.,* 250 A *et al.).* La dialéctica parece haberse convertido en la ciencia de la realidad como tal.

En todo caso, la dialéctica no es nunca en Platón ni una mera disputa ni un sistema de razonamiento formal. Por eso, a pesar de las dificultades que ofrece la dialéctica, Platón la ensalza de continuo, hasta el punto de hacer de ella el objeto del supremo entrenamiento del filósofo *(Rep.,* VI, 511 B). En cambio, Aristóteles contrasta la dialéctica con la demostración, por las mismas razones por las cuales contrasta la inducción con el silogismo. La dialéctica es para Aristóteles una forma no demostrativa de conocimiento: es una «apariencia de filosofía», pero no la filosofía misma. De ahí que Aristóteles tienda a considerar en un mismo nivel disputa, probabilidad y dialéctica. La dialéctica, dice Aristóteles, es disputa y no ciencia; probabilidad y no certidumbre; «inducción» y no propiamente «demostración». Y hasta sucede que la dialéctica es tomada por Aristóteles en un sentido peyorativo, no solamente como un saber de lo meramente probable, sino como un «saber» (que es, por supuesto, un «pseudo-saber») de lo aparentemente tomado como real. De ahí que Aristóteles llegue a llamar «dialéctico» al silogismo «erístico», en el cual las premisas no son ni siquiera probables, sino que solamente parecen probables.

El sentido positivo de la dialéctica resurgió, en cambio, con el neoplatonismo, que entendió por ella el modo de ascenso a realidades superiores, al mundo inteligible. Particularmente, el sistema de Proclo utilizó como método universal la dialéctica en la forma platónica. La dialéctica, dice Plotino, es una *parte* de la filosofía y *no* un mero instrumento de ella. También entre los estoicos la dialéctica era un modo «positivo» de conocimiento, según Diógenes Laercio (VII, 43), la dialéctica en los estoicos se divide en «temas del discurso» y «lenguaje», siendo necesario defender esta «dialéctica» contra los ataques de los escépticos (cf. Epicteto, *Discursos* I, vii, viii, xvii, y especialmente II, xx, xxv). En la Edad Media la dialéctica fue objeto de muy variadas sentencias. Por un lado llegó a formar, con la gramática y la retórica, el *Trivium* de las artes liberales. Como tal era una de las *artes sermocinales,* es decir, una de las artes que se refieren al método y no a la realidad. Por otro lado constituyó (por ejemplo, en el *Didascalion,* de Hugo de San Victor) una de las partes de la llamada *logica dissertiva,* la que se propone elaborar la demostración probatoria. Finalmente, constituyó el modo propio de acceso intelectual a lo que podía ser conocido del reino de las cosas creíbles, de los *credibilia*. En el Renacimiento, en cambio, fue frecuente el rechazo de la dialéctica, interpretada en muchas ocasiones como designando el contenido formal de la lógica aristotélica.

Es corriente, por lo demás, en varios filósofos del siglo XVII una crítica de los procedimientos dialécticos. Así, por ejemplo, Descartes explica en las *Regulae* (X) por qué omite «los preceptos por los cuales los dialécticos piensan gobernar la razón humana», prescribiéndole ciertas formas de razonamiento conducentes a conclusiones que la razón no puede dejar de negar.

El sentido peyorativo de la dialéctica fue común en el siglo XVIII. Así, Kant consideró la lógica general en cuanto *Organon* como una «lógica de la apariencia, es decir, dialéctica», pues «nada enseña sobre el contenido del conocimiento y sólo se limita a exponer las condiciones formales de la conformidad del conocimiento con el entendimiento» (*K.r.V.*, B 86). La crítica de la apariencia dialéctica constituye la segunda parte de la lógica trascendental, es decir, la dialéctica trascendental, título que, según Kant, lleva «no como arte de suscitar dogmáticamente esta apariencia, sino como crítica del entendimiento y de la razón en su uso hipercrítico» (*ibid.*, B 88). De ahí que la tercera parte de la *Crítica de la razón pura*, la «Dialéctica trascendental», sea la crítica de este género de apariencias que no proceden de la lógica ni de la experiencia, sino de la razón en cuanto pretende traspasar los límites impuestos por la posibilidad de la experiencia –límites trazados en la «Estética trascendental» y en la «Analítica trascendental»– y aspira a conocer por sí sola, y según sus propios principios, el mundo, el alma y Dios.

Es central el papel desempeñado por la dialéctica en el sistema de Hegel. Sin embargo, las dificultades para comprender el significado preciso de la dialéctica en este filósofo son considerables. En efecto, dialéctica significa en Hegel por lo pronto el momento negativo de toda realidad. Se dirá que, por ser la realidad total de carácter dialéctico –en virtud de la previa identidad entre la realidad y la razón, identidad que hace del método dialéctico la propia forma en que la realidad se desenvuelve–, ese carácter afecta a lo más positivo de ella. Y si tenemos en cuenta la omnipresencia de los momentos de la tesis, de la antítesis y de la síntesis en todo el pensamiento de Hegel, y el hecho de que sólo por el proceso dialéctico del ser y del pensar pueda lo concreto ser absorbido por la razón, nos inclinaremos a estimar la dialéctica bajo una significación unívocamente positiva. Sin embargo, tan pronto como nos atenemos a los resultados más generales que se desprenden de la filosofía de Hegel, advertimos que lo dialéctico representa, frente a lo abstracto, la acentuación de que esta abstracción no es sino la realidad muerta y vaciada de su propia sustancia. Para que así no suceda, le es preciso a lo real aparecer bajo un aspecto en el que se niegue a sí mismo. De ahí que la dialéctica no sea la forma de toda la realidad, sino aquello que le permite alcanzar el carácter verdaderamente positivo. Esto ha sido afirmado muy explícitamente por Hegel en *Enzyklopädie* (§ 79). Así, lo que tiene realidad dialéctica es lo que tiene la posibilidad de *no* ser abstracto. La dialéctica es, en suma, lo que hace posible el despliegue y, por consiguiente, la maduración y realización de la realidad. Sólo en este sentido se puede decir que, para Hegel, la realidad es dialéctica. Mas lo que importa en esta dialéctica de lo real es menos el movimiento interno de la realidad que el hecho de que esta realidad alcance necesariamente su plenitud en virtud de ese su interno movimiento. Por lo tanto, es la «realidad realizada» lo que interesa a Hegel y no sólo el movimiento dialéctico que la realiza.

La noción de dialéctica, el método dialéctico y, a veces, la titulada «lógica dialéctica» son centrales en el marxismo (VÉASE) o, mejor dicho, en muchas de las formas que ha adoptado la tradición marxista, incluyendo en ésta corrientes que algunos consideran sólo parcialmente marxistas. Un carácter común a casi todos los pensadores marxistas es el hacer de la dialéctica un método para describir y entender no, como en Hegel, el autodesarrollo de «la Idea», sino la realidad en tanto que realidad «empírica». Esto puede afectar a todas las realidades, incluyendo las naturales, o solamente –y en ocasiones, primariamente– a la realidad social humana. La forma más simple y básica de «filosofía dialéctica» es la adoptada por lo que ha sido considerado durante un tiempo como el marxismo «ortodoxo» soviético. Lenin y, sobre todo, Stalin –seguidos durante un tiempo por los filósofos «oficiales» soviéticos y los que reflejaban las orientaciones de estos últimos– insistieron en que «la dialéctica» es lo que ya Engels dijo de ella: «la mejor herramienta y el arma más buida» para realizar los propósitos revolucionarios del Partido. El uso de la dialéctica permite, en efecto, al entender de estos autores, comprender el fenómeno de los cambios históricos (materialismo histórico) y de los cambios naturales (materialismo dialéctico). Todos estos cambios se hallan regidos por las «tres grandes leyes dialécticas»: la ley de la negación de la negación, la ley del paso de la cantidad a la cualidad, y la ley de la coincidencia de los opuestos. Tales leyes permiten, al entender de los marxistas, afirmar 'S es P' y negar a la vez 'S es P', pues señalan que si 'S es P', puede ser verdadero en el tiempo t, puede no ser verdadero en el tiempo t_1. Varios autores han argüido al respecto que esto representa únicamente la afirmación conjunta de contrarios, pero no de contradictorios. Los marxistas «oficiales», sin embargo, han insistido en que las leyes dialécticas citadas representan una verdadera modificación de las leyes lógicas formales y que, por lo tanto, los principios de identidad, de contradicción y de tercio excluso no rigen en la lógica dialéctica. Por este motivo la lógica formal (no dialéctica) ha sido o enteramente rechazada o considerada como una lógica de nivel inferior, apta solamente para describir la realidad en su fase estable. Ahora bien, en las últimas décadas ha habido por parte de los filósofos marxistas oficiales ciertos cambios en sus concepciones de la dialéctica. Por un lado, algunos han intentado mostrar que las leyes dialécticas pueden axiomatizarse. Por otro lado, ha habido un creciente reconocimiento de la importancia de la lógica formal (no dialéctica). Los motivos de tal cambio son complejos, especialmente porque muchos son de índole política y no estrictamente filosófica. Como resultado de ello, el concepto de dialéctica en la filosofía marxista ha quedado aun más oscurecido de lo usual. No puede afirmarse, en efecto, si la dialéctica es un nombre para la filosofía general, que incluye la lógica formal como una de sus partes, o si es simplemente un método para la comprensión de ésta. Cambios importantes en todos estos puntos se produjeron ya a partir de los artículos de Stalin del año 1950 acerca del marxismo en la lingüística.

Después de la muerte de Stalin (1953) aumentaron en la Unión Soviética y en los llamados «países comunistas» las discusiones acerca de la naturaleza, significado y alcance de la dialéctica, en particular del método dialéctico y de la lógica dialéctica. En su *Crítica de la razón dialéctica,* Sartre presenta la actividad dialéctica como «totalizante». La razón dialéctica constituye un todo que debe fundarse a sí mismo. Esta autofundación debe llevarse a cabo dialécticamente *(op. cit.,* pág. 130). La razón dialéctica no debe ser dogmática, sino crítica. El dogmatismo dialéctico lleva a una pseudocomprensión esquemática y abstracta de la realidad. La dialéctica crítica, en cambio, «se descubre y se funda en y por la *praxis* humana» (pág. 129). Ello permite decir que «el materialismo histórico es su propia prueba en el medio de la racionalidad dialéctica, pero que no funda esta racionalidad, inclusive, y sobre todo, si restituye a la historia su desarrollo como razón constituida» (pág. 134). En suma: la dialéctica «no posee otras leyes que las reglas producidas por la totalización en curso» (pág. 139). Puede observarse que Sartre se refiere primariamente a la realidad humana y social y no a la natural.

Dilema es el nombre que recibe un antiguo argumento presentado en forma de silogismo con «dos filos» o «dos cuernos» y llamado también por ello *syllogismus cornutus.* Como casi todos los ejemplos de dilema presentados en la lógica tradicional tienen en su conclusión una proposición disyuntiva cuyos dos miembros son igualmente afirmados, se suele llamar la atención sobre la diferencia entre el dilema y el silogismo disyuntivo, en el cual se afirma solamente uno de los miembros de la disyunción. Uno de los ejemplos tradicionales de dilema es:

Los hombres llevan a cabo los asesinatos que proyectan o no los llevan a cabo.
Si los llevan a cabo, pecan contra la ley de Dios y son culpables.
Si no los llevan a cabo, pecan contra su conciencia moral y son culpables.
Por lo tanto, tanto si llevan a cabo como si no llevan a cabo los asesinatos que proyectan, son culpables (si proyectan un asesinato).

Cuando los miembros de la proposición disyuntiva son tres, se habla de trilema: cuando son cuatro, cuadrilema; cuando son un número indeterminado, n, de miembros, polilema.

En la lógica actual el dilema es presentado como una de las leyes de la lógica sentencial. Indicamos a continuación cuatro formas de dicha ley:

$$((p \to r) \land (q \to r)) \land (p \lor q) \to r$$

$$((p \to q) \land (p \to r)) \land (\rceil q \lor \rceil r) \rceil p$$

$$((p \to q) \land (r \to s)) \land (p \lor r) \to (q \lor s)$$

$$((p \to q) \land (r \to s)) \land (\rceil q \lor \rceil s)$$
$$\to (\rceil p \lor \rceil r)$$

Se observará que lo común de todas ellas es que se trata de un condicional cuyo antecedente está compuesto de tres fórmulas unidas por conjunciones. Las dos primeras fórmulas del antecedente son a su vez condicionales y la tercera es una disyunción. En cuanto a la conclusión, puede ser una disyunción (como se ve en los dos últimos casos), o la afirmación (primer caso) o negación (segundo caso) de una de las sentencias.

De un modo muy general se llama «dilema» a la oposición de dos tesis, de tal modo que si una de ellas es verdadera, la otra ha de ser considerada como falsa, y viceversa.

Dios. Examinaremos (I) el problema de Dios, con especial consideración de las ideas principales que de Él ha tenido el hombre, por lo menos en Occidente; (II) la cuestión de la naturaleza de Dios tal como ha sido dilucidada por teólogos y filósofos, y (III) las pruebas de la existencia de Dios. (III) es lógicamente anterior a (II), pero aquí invertiremos el orden con el fin de mostrar el estrecho enlace entre (II) y (I). De hecho, (I) y (II) se entrecruzan continuamente, de tal modo que algunas de las cuestiones fundamentales relativas al problema de Dios pertenecen asimismo a la cuestión de su naturaleza.

I. *El problema de Dios*. Consideraremos aquí tres ideas: la religiosa, la filosófica y la vulgar. La primera subraya en Dios la relación o, para algunos autores, la falta de relación en que se halla con respecto al hombre. De ahí la insistencia en motivos tales como el sentimiento de creaturidad, el carácter personal de lo divino, la dependencia absoluta –o la trascendencia absoluta–, etc. La segunda subraya la relación de Dios con respecto al mundo. Por eso Dios es visto según esta idea como un absoluto, como fundamento de las existencias, como causa primera, como finalidad suprema, etc. La tercera destaca el modo como Dios se da en la existencia cotidiana, ya sea de una forma constante, como horizonte permanente de la vida, o de una forma ocasional, en medio de las «distracciones». Los modos de acercamiento a Dios son también distintos de acuerdo con las correspondientes ideas: en la primera Dios es sentido como en el fondo de la propia personalidad, la cual, por otro lado, se considera indigna de Él; en la segunda, Dios es pensado como Ente supremo; en la tercera, es invocado como Padre. Conviene advertir que las tres ideas en cuestión no suelen existir separadamente: el hombre religioso, el filósofo y el hombre vulgar pueden co-existir en una misma personalidad humana. Sin embargo, ciertas relaciones son más frecuentes que otras. Así, por ejemplo, hay considerables analogías entre el Dios del hombre religioso y el Dios del hombre vulgar, como fue percibido por Pascal al invocar al «Dios de Abraham, de Isaac y de Jacob, *no* de los filósofos y los sabios». Conviene señalar asimismo que aunque dichas tres ideas aparecen con especial claridad al referirse al Dios de los cristianos y en considerable medida al «Dios de los hebreos», no dejan de mostrarse en otras concepciones de la divinidad. Esto último ocurre sobre todo cuando una pluralidad de dioses cede el lugar a un solo Dios: es el caso del Dios supremo dentro del politeísmo, del llamado monoteísmo primitivo y hasta del henoteísmo o adoración de un dios adscripto a una tribu o a un grupo social desde el momento en que tal tribu o grupo se consideran a sí mismos, y por motivos religiosos, como privilegiados.

De las tres ideas de referencia nos interesan aquí muy especialmente la religiosa y la filosófica. Por la índole de la presente obra, además, prestaremos muy particular atención a la última de las citadas. Pero tanto una como otra desempeñan un papel capital en la historia de la idea de Dios, cuando menos en Occidente. Más todavía: en cierta medida puede decirse que tal historia se aclara muy apreciablemente cuando la consideramos a la luz de una cierta tensión –casi nunca de una completa ruptura– entre la idea de Dios forjada por el hombre religioso y la idea de Dios propuesta por el filósofo. Este último tiende a hacer de Dios objeto de especulación racional. Esto explica las conocidas concepciones de los filósofos, de las cuales mencionaremos algunas: Dios es un ente infinito; es lo que es en sí y por sí se concibe; es un absoluto o, mejor dicho, *el* Absoluto; es el principio del universo, el Primer Motor, la causa primera; es el Espíritu o la Razón universales; es el Bien; es lo Uno; es lo que está más allá de todo ser, es el fundamento del mundo y hasta el propio mundo entendido en su fundamento; es la finalidad a que todo tiende, etc. Algunas de estas concepciones han sido elaboradas y refinadas por filósofos cristianos; otras proceden de la tradición griega; otras se hallan ínsitas en ciertas estructuras «permanentes» de la razón humana. El hombre religioso, en cambio, sin rechazar siempre las concepciones en cuestión, las deja con frecuencia de lado con el fin de permitir que se trasluzca la pura realidad divina, o bien las considera como resultado de una posterior elaboración, que sería imposible sin la revelación o sin la experiencia religiosa y hasta mística. Se trata, por consiguiente, de una cierta *tendencia* que ha habido en la historia espiritual de Occidente a *destacar* una u otra de dichas ideas. Así, por ejemplo, podemos decir que San Agustín ha subrayado la idea religiosa, pues aunque ha especulado también sobre Dios en cuanto Ser omnipotente y creador del mundo, ha prestado gran atención a la relación personal entre Dios y el hombre, y ha visto en Dios sobre todo esa Persona espiritual que se revela al hombre, que algunos místicos españoles han llamado «el estado de escondimiento» por virtud de su bondad infinita. En cambio, Santo Tomás, aunque no ha dejado en modo alguno de filosofar sobre Dios a base de los datos de la revelación y no ha excluido la posibilidad de la contemplación mística (declarada al fin de su vida la suprema vía), ha dedicado una parte considerable de su obra al examen filosófico y racional del concepto de Dios. El citado contraste se ha reiterado en la filosofía moderna. Muchos filósofos, en particular los de tendencia racionalista, han parecido sacrificar el Dios Padre al Dios abstracto, el *Deus absconditus* al Dios racionalmente comprensible, y hasta la suma Existencia a la suma Esencia. Sin embargo, ha habido intentos de no llevar esta tendencia hasta sus últimas consecuencias y de conseguir un cierto equilibrio entre las ideas religiosa y filosófica.

Ejemplo destacado al respecto dentro de la filosofía moderna es el de Leibniz. Pues este filósofo no solamente ha concebido a Dios como Mónada suprema, sino también como el Padre –y el Monarca– que rige el mundo de los espíritus. En cambio, autores como Pascal o Kant, por motivos muy distintos, han acentuado la tendencia hacia la idea religiosa. Pascal lo expresó explícitamente en muchos pasajes de su obra, entre los cuales destaca el antes citado. Kant lo manifestó al criticar la validez de los argumentos racionales en favor de la existencia de Dios y al hacer de Dios un postulado de la Razón práctica, es decir, al apartar la razón para dejar lugar, como él mismo indicó, a la fe. Los resultados de esta última posición no se mantuvieron, sin embargo, durante largo tiempo. Los sucesores de Kant terminaron por subrayar el aspecto filosófico de la idea de Dios, al hacer de Dios, como Fichte, el orden moral del mundo, al convertir a Dios, como Schelling, en lo Infinito, o al convertirlo, como Hegel, en la Idea –Idea que el cristiano ha de tener «la humildad de conocer»–. Análogos contrastes e intentos de conciliación se han manifestado en los últimos ciento cincuenta años. Kierkegaard y la teología dialéctica, por ejemplo, han insistido en el aspecto religioso de

Dios; los racionalistas y, por diferentes motivos, los neoescolásticos de orientación intelectualista han subrayado el aspecto filosófico.

II. *La naturaleza de Dios*. Varios problemas se plantean al respecto. Entre ellos destacamos: (a) la cuestión de la diferencia entre Dios y lo divino; (b) la cuestión de la infinitud de Dios; (c) la cuestión de la relación entre la omnipotencia divina y la libertad humana; (d) la cuestión de la relación entre la omnisciencia y la omnipotencia. Esta última cuestión permitirá plantearse formalmente el problema del *constitutivum* de Dios.

(a) Algunos autores estiman que Dios y lo divino son la misma realidad. Otros consideran que 'Dios' es solamente un nombre para designar lo divino. Otros, finalmente, indican que lo divino es una de las cualidades de Dios. La primera opinión es neutral con respecto a la naturaleza personal o impersonal de Dios. La segunda opinión tiende a considerar a Dios como un ente impersonal. La tercera opinión se inclina a concebir a Dios como una realidad personal. Las opiniones segunda y tercera han sido las más discutidas. Los adversarios de la segunda opinión han subrayado que la misma no sólo es impersonalista, sino también panteísta. Los adversarios de la tercera opinión han señalado que con su adopción se corre el peligro de establecer separaciones demasiado tajantes entre Dios y sus cualidades. A la primera objeción se ha contestado que admitir como objeto primario de descripción o de análisis lo divino no significa adherirse a ninguna teoría específica sobre la divinidad. A la segunda objeción se ha respondido que el análisis de lo divino como cualidad de Dios debe ser comprendido desde el punto de vista del *constitutivum* según nuestro intelecto. Nos atendremos a esta respuesta al examinar la cuestión (c).

(b) Aunque esta cuestión se halla en estrecha dependencia con la que examinaremos luego, la tratamos aparte para mayor claridad. Consiste esencialmente en plantearse el problema de si Dios es infinito o finito. La sentencia casi universalmente aceptada es la que afirma la infinitud. Pero como esta infinitud se refiere no solamente a la bondad, sino también al poder de Dios, parece que chocamos entonces con dificultades insuperables. Entre ellas mencionamos las siguientes: (A) si Dios es infinitamente poderoso, el tiempo y el drama del mundo resultan inútiles, en un sentido parecido a como, según Bergson, la evolución mecanicista hace inútil el tiempo en un universo que en principio tendría que estar *ya* enteramente «dado»; (B) si Dios es infinitamente poderoso es insoluble el problema de la teodicea, pues no se entiende por qué existe el mal en un mundo que *podría haber sido* perfecto. Con el fin de solventarlas se han propuesto diversas soluciones a las que nos referiremos en (c). Aquí nos limitaremos a mencionar, por ser menos conocida, la teoría defendida por J. S. Mill, que afirma la existencia de un Dios finito, esto es, en términos de E. S. Brightman, otro de los propugnadores de esta tesis, la doctrina que opone la concentración (finitud) a la expansión (infinitud) de Dios. Esta doctrina es aceptada hoy, por lo general, sólo por algunos filósofos pertenecientes a la secta metodista.

(c) Dos posiciones fundamentales se han enfrentado en el curso de la historia. Según una, la omnipotencia de Dios suprime por entero la libertad humana. Según la otra, la libertad humana no es incompatible con la omnipotencia de Dios, sino confirmada por ella. La primera posición puede formularse con muy diversos propósitos: con el fin de subrayar pura y simplemente la imposibilidad de comparar los atributos de Dios con los del hombre o de cualquiera de las cosas creadas y destacar de este modo la sobrecogedora grandeza de Dios; con el fin de mostrar que si quiere mantenerse la libertad humana no hay más remedio que atenuar la doctrina de la absoluta omnipotencia, quizás adhiriéndose a la antes reseñada doctrina del Dios finito; con el fin de poner de relieve que el albedrío es enteramente siervo y que la salvación del hombre depende enteramente de la «arbitrariedad divina», etc. La segunda posición suele, en cambio, formularse con un solo propósito: el deseo de salvar al mismo tiempo uno de los atributos de Dios que se estiman más esenciales y una de las propiedades humanas más insistentemente subrayadas. Se arguye, al efecto, que por haber creado el mundo en un acto de amor, unido a un acto de poder y de sabiduría, Dios ha otorgado al hombre una libertad de la cual éste puede usar o abusar, que lo aproxima o lo aleja de Dios, pero que le otorga en todo caso una dignidad suprema a la cual no puede renunciar sin dejar de ser hombre. Pues un «hombre» que careciese de libertad no sería creación tan valiosa como un hombre libre. Tratamos este problema en varios artículos (véase ALBEDRÍO [LIBRE], GRACIA, LIBERTAD). Aquí nos limitaremos a indicar que la cuestión de referencia es de tal modo fundamental, que a poco que sea profundizada obliga a ejecutar un análisis completo del problema que va a constituir el objeto del último apartado: el del *constitutivum* propio de Dios. Por lo demás, la cuestión de la relación entre la omnipotencia divina y la libertad humana está vinculada con frecuencia al problema de la existencia o inexistencia de intermediarios entre Dios y el mundo. Los partidarios de la omnipotencia que niegan la libertad se inclinan, en efecto, a suprimir todo intermediario. Los que mantienen al mismo tiempo la omnipotencia divina y la libertad humana, en cambio, ponen de relieve que los intermediarios –sean éstos los que fueren: seres, ideas, etc.– son necesarios. Pues los intermediarios pueden ser considerados *filosóficamente* como las condiciones que la creación «impone» a Dios y se impone a sí misma cuando no quiere desembocar en el puro absurdo.

(d) Trataremos aquí lo que ha sido llamado tradicionalmente el *constitutivum metaphysicum* de la naturaleza divina. Sin embargo, debemos advertir que no se trata de saber lo que Dios es *realiter*, sino solamente lo que es *quoad nos*, según nuestro intelecto. Únicamente teniendo en cuenta esta restricción pueden entenderse las diversas sentencias que se han propuesto al respecto.

Dichas sentencias pueden reducirse a las siguientes posiciones: (1) La esencia divina se halla constituida, según han propuesto algunos autores nominalistas, por la reunión *actual* de todas las perfecciones divinas, con lo cual el *constitutivum* se convierte de relativo en absoluto; (2) la esencia de Dios está constituida por el «máximo grado de intelectualidad»; (3) la esencia de Dios es la aseidad o el ser un *ens a se;* (4) la esencia de Dios es la infinitud; (5) la Persona divina es radicalmente omnipotente; (6) la Persona divina es, por encima de todo, omnisciente. Común a estas posiciones es la idea de que Dios es una realidad incorporal, simple, una personalidad, actualidad pura y radical perfección. Común a ellas es también la afirmación de que Dios es infinitud, bondad, verdad y amor supremos. Las diferencias consisten sobre todo en los varios modos de constitución metafísica. Y las posiciones al respecto más fundamentales son las dos últimas mencionadas, sobre las cuales daremos a continuación algunas precisiones históricas, la mayor parte de ellas procedentes de los grandes debates sobre el *constitutivum metaphysicum* de Dios que tuvieron lugar en el curso de la Edad Media y en el siglo XVII. Advertimos, con todo, que aquí presentaremos en particular las formas más radicales de las teorías correspondientes, no porque fueran ellas las más frecuentes, sino porque nos pueden aclarar mejor el fondo y las dificultades de cada una de las concepciones al respecto.

Por un lado, hay quienes han sostenido que la omnipotencia de Dios no puede ser limitada por nada, que se trata de una *potentia absoluta*. Las propias «verdades eternas» tienen que estar sometidas al poder de Dios; mejor dicho, son el resultado de un arbitrario decreto divino. Por lo tanto, el constitutivo de la naturaleza de Dios es la voluntad absoluta: verdades eternas, leyes de la naturaleza y libertad humana dependen de tal Voluntad. Tal es, en substancia, la opinión atribuida a Juan Duns Escoto, a Guillermo de Occam, Gabriel Biel, o Descartes. De los tres caracteres que, dentro de la unidad, se atribuyen a Dios –poder, saber, amor–, el primero alcanza un completo predominio. Esta concepción es llamada por ello voluntarismo; según la misma, Dios podría hasta ser definido como «lo que quiere ser».

Los enemigos de esta concepción arguyen que, de ser cierta, se llegaría a consecuencias absurdas: que la infinita potencia de Dios le permitiría no solamente establecer, por ejemplo, que '2+2=5' o que '$p \wedge \neg p$', mas también hacer que lo que ha sido no sea o que lo que aparece al hombre como inmoral sea moral y viceversa. Los partidarios de dicha concepción, en cambio, señalan que Dios no puede ser limitado por nada, y que la pretendida falta de racionalidad de Dios es debida simplemente a una idea demasiado estrecha de nuestra propia razón.

Por otro lado, hay quienes acentúan menos el poder que el saber de Dios. Cuando esta posición se lleva a sus últimas consecuencias se acaba por identificar a Dios con las «verdades eternas» o con las «leyes del universo». Por este motivo, los enemigos de esta concepción arguyen que lleva inmediatamente a la negación de la existencia (o «vida») de Dios. Los partidarios de ella, en cambio, señalan que Dios no puede dejar de ser sumo y que, por lo tanto, si hay en Él una *potentia*, se trata de una *potentia ordinata*. Por lo general, la concepción en cuestión ha recibido el nombre de intelectualista. Ahora bien, casi todos los que suelen ser agrupados bajo esta corriente ponen de relieve que la acentuación del saber de Dios no pretende destruir Su unidad, y, por consiguiente, no retira de Él los constitutivos del poder y del amor. Un ejemplo eminente de tal modo de pensar es el de Santo Tomás. Según este filósofo, Dios *puede* producir por sí mismo todos los efectos naturales y es, por lo tanto, una verdadera Causa primera. Pero Dios posee una bondad infinita, por la cual ha querido comunicar a las cosas Su semejanza. Con lo cual las cosas no sólo *son*, sino que pueden ser *causas*. De este modo se procura salvar la «consistencia» propia de la Naturaleza, de las verdades eternas y de la libertad humana sin necesidad de retirar de Dios la omnipotencia. Los que no admiten esta solución manifiestan que una cosa es el propósito y otra el resultado. Pero los que la defienden y desarrollan señalan que la discrepancia entre propósito y resultado aparece únicamente cuando se parte (equivocadamente) de la criatura y no de Dios. Paul Vignaux, por ejemplo, ha escrito que lo que parece contradictorio en el tomismo es que, tras haber establecido que las cosas tienen su propio ser y su posibilidad de actuar a consecuencia de la infinita bondad de Dios, no erige acto seguido una ciencia de la razón pura o una pura *sapientia naturalis*, es decir, no va de la criatura a la criatura, o de la criatura al Creador, sino del Creador a la criatura. Pero la contradicción –agrega– se desvanece desde el momento en que se advierte que el análisis filosófico ha sido realizado dentro del marco de la fe, y que, por lo tanto, la propia fe nos muestra que el *detrahere* y el *subtrahere* a las cosas de su ser y de su actuar serían incompatibles con la bondad de Dios. Y puesto que el *constitutivum* de la bondad parece recuperar el primado dentro de los otros constitutivos metafísicos, resulta plausible enunciar que la posición intelectualista puede convertirse en un puente tendido sobre un pretendido abismo cuyas dos orillas serían la suma arbitrariedad de las decisiones y la eternidad de las verdades y de las leyes.

Conviene observar, para concluir este apartado, que en la mente de los escolásticos y de muchos de los filósofos del siglo XVII que se ocuparon del anterior problema, hay algo que nadie, cualquiera que sea su posición filosófica, puede evitar al afrontar este tipo de cuestiones: es el uso de la analogía. A tal fin es indiferente que la posición sea voluntarista radical o intelectualista extrema; ni en un caso ni en el otro se pretende decir de Dios lo que sea *realiter* –aunque tampoco se pretende reducir la ciencia de los constitutivos metafísicos de Dios a un mero examen de las características atribuibles a lo divino en general–. Podemos decir, pues, que en todos los pensadores aludidos se tiende a evitar dos escollos. Primero, el de fundir a Dios como entidad real con su modo de consideración. Segundo, el de desembocar en la tesis de la completa inaccesibilidad de Dios al conocimiento. Solamente cuando se abandona el modo de consideración analógico surgen las consecuencias que la mayor parte de los teólogos pretenden evitar, sobre todo las dos más resonantes: la de la completa identificación entre Dios y el mundo o la de la completa separación entre ambos.

III. *Pruebas de la existencia de Dios.* Hemos aludido ya al hecho de que la cuestión de lo que sea Dios –*quid sid Deus*– es considerada clásicamente como posterior a la cuestión de si Dios es –*an Deus sit*–, pero que por conveniencias de nuestra exposición hemos decidido tratar la primera cuestión antes que la segunda.

Si tomamos la expresión 'pruebas de la existencia de Dios' en toda su amplitud, deberemos incluir en ella la posibilidad tanto de que la prueba ofrecida fracase o sea inaceptable, como la posibilidad de que puedan ofrecerse pruebas de que Dios no existe; en este último caso, naturalmente, sería más propio hablar de «pruebas de la no existencia de Dios». Como en la mayor parte de los casos se ha tratado de probar que Dios existe, y cuando se ha rechazado un tipo de prueba es porque se ha propuesto otro estimado más adecuado, nos concentraremos en las «pruebas de la existencia». Hay que tener en cuenta que todos los tipos de prueba sugeridos, incluyendo las pruebas de la no existencia, presuponen que el problema planteado tiene sentido, es decir, que se puede probar, o no probar, que Dios existe, o que no existe.

Algunos filósofos han negado la mencionada presuposición, alegando que como la expresión 'Dios existe' no es ni analítica ni sintética, y no hay otras expresiones admisibles (en un lenguaje cognoscitivo) que las analíticas o que las sintéticas, dicha expresión carece de sentido, y, por tanto, carece de sentido tratar de probarla, o refutarla. Varios filósofos de la primera hora del positivismo lógico mantuvieron esta tesis. No sólo rechazaron todas las pruebas presentadas, sino inclusive un punto de vista como el «crítico» adoptado por Kant. Otros filósofos, anteriores y posteriores a los positivistas lógicos, incluyendo algunos que habían partido del positivismo lógico, se han negado a admitir que la proposición 'Dios existe' carece de sentido. Puede ser que no pueda probarse, pero no se halla fuera de las reglas del uso del lenguaje (por lo menos del lenguaje corriente). Xavier Zubiri ha manifestado que la cuestión de probar (racionalmente) la existencia de Dios no coincide formalmente con lo que ha llamado «el problema de Dios». Este último surge más bien «cuando se pone en claro el *supuesto* de toda 'demostración', lo mismo que de toda 'negación' o incluso de todo 'sentimiento' de la existencia de Dios». Ahora bien, y según el mismo autor, la constitutiva y ontológica religación de la existencia y el hecho de que la religación sea «la posibilitación de la existencia en cuanto tal» muestran que tanto los que niegan como los que afirman la existencia de Dios se mueven en la misma «dimensión».

Los tipos de prueba de la existencia de Dios pueden clasificarse de varios modos. Las llamadas «pruebas tradicionales» pueden clasificarse en tres grandes grupos.

(1) La prueba llamada «anselmiana» y, desde Kant, «ontológica». Su primer exponente fue San Anselmo. Muchos filósofos se adhirieron luego, de algún modo u otro, a ella: Descartes, Malebranche, Leibniz, Hegel. Examinamos con algún detalle esta prueba en el artículo sobre la prueba ontológica (véase ONTOLÓGICA [PRUEBA]); aquí nos limitaremos a indicar que este tipo de prueba coincide con el argumento llamado *a simultaneo* y que es distinta de la simple prueba *a priori*.

(2) La prueba *a posteriori*. No es usualmente una prueba empírica, pues se basa en un argumento o serie de argumentos *a posteriori* de carácter *racional*. Los defensores de esta prueba –entre ellos, Santo Tomás– insisten en que la existencia de Dios es algo evidente *per se*, pero no lo es *quoad nos*, en cuanto a nosotros. Los partidarios de esta prueba dividen, en efecto, toda proposición *per se nota*, o analítica inmediata, en dos grupos: (a) proposición *per se nota* solamente en sí, es decir, proposición cuyo predicado está incluido en el concepto del sujeto (concepto que no poseemos); (b) proposición *per se nota etiam quoad nos*, es decir, proposición analítica inmediata *también* con respecto a nuestro entendimiento. Ahora bien, puesto que la proposición 'Dios existe' es sólo analítica inmediata considerada en sí, ya que en Dios son una misma cosa real y formalmente la esencia y la existencia, hay que buscar para su demostración otros argumentos que la declararla evidente *quoad nos*. Entre estos argumentos destacan las cinco vías (*quinque viae*) de Santo Tomás.

(3) La prueba *a priori*, tal como ha sido defendida por Juan Duns Escoto y otros autores. Según ellos, para que una proposición sea *per se nota* es menester no sólo que carezca de medio en sí misma, sino que podamos conocerla también inmediatamente y enunciarla por la mera explicación de sus términos.

Los teólogos escolásticos distinguen con frecuencia entre las citadas pruebas atendiendo al papel que desempeña en ellas el término medio. Así, Ponce de León, S. J. (*Curso de filosofía,* vol. VI: Teodicea, pág. 24 y sigs.), indica que la prueba *a simultaneo* tiene lugar «cuando el término medio no tiene prioridad ni posterioridad con respecto a la conclusión, sino que son simultáneos ontológicamente. La cosa se demuestra por su esencia o por su noción, o por un predicado que no puede decirse causa ni efecto suyo». Ejemplo máximo de esta prueba es la ontológica. La prueba *a posteriori* tiene lugar o resulta posible «cuando el término medio no tiene prioridad ni posterioridad con respecto a la conclusión. El término medio son los efectos, como cuando se prueba la naturaleza del alma por sus operaciones». La prueba *a priori* tiene lugar «cuando el término medio tiene prioridad ontológica (en el orden real, ya físico, ya metafísico) con respecto a la conclusión. El término medio es la causa física del predicado de la conclusión (prioridad física) o es su razón (prioridad metafísica), que no se distingue realmente del predicado, pero se concibe como su raíz y fundamento, cual es la espiritualidad del alma con respecto a la inmortalidad».

Se ha hecho observar a veces que la elección del tipo de prueba depende de la concepción que se tenga de Dios (o, por lo menos, de Su relación con la criatura) y de la inteligencia humana que lo aprehende. Así, por ejemplo, se ha dicho que mientras para Santo Tomás la inteligencia humana no ve intuitivamente a Dios por su misma constitución, para Juan Duns Escoto no lo ve porque Dios se ha «ocultado». Por otro lado, aun dentro del mismo tipo de prueba hay divergencias entre los filósofos: la comparación entre San Anselmo y Descartes aduce al respecto razones suficientes. Esto hace que cada tipo de prueba pueda ser considerada bajo diversos aspectos. Tomemos, en efecto, la prueba *a posteriori*. Los autores escolásticos hablan de ella en varios sentidos. Como prueba *extrínseca,* está fundada en el consenso del género humano, engendrando con frecuencia un argumento de índole moral. Como prueba *intrínseca,* está fundada en la propia naturaleza de las criaturas. A su vez, como las criaturas pueden ser consideradas desde un punto de vista *relativo* o *absoluto,* tenemos dos formas de argumento llamadas respectivamente *física* y *metafísica.* Finalmente, el argumento metafísico puede dividirse en *simplemente metafísico* y en *psicológico* (cf. Zigliara *Summa philosophica: Theologia,* § 3).

Además de los tipos de pruebas indicados, hay otros tres.

(1a) La llamada «prueba por el sentimiento». Consiste en poner de relieve que, aparte cualesquiera consideraciones racionales, hay un «sentimiento de la existencia de Dios» que constituye en sí mismo una prueba. El nombre 'prueba' no es muy adecuado en este caso, puesto que no interviene aquí ningún argumento. Se afirma que Dios existe, porque, por así decirlo, «se siente» que existe. La existencia de Dios y el sentimiento de esta existencia son, pues, una y la misma cosa. Algunos autores niegan que esto sea en ningún caso una prueba, mientras que otros mantienen o que es la única «prueba» posible, o efectiva, o que constituye la condición indispensable para toda prueba.

(2a) La llamada «prueba por la tradición». Consiste o en afirmar que todos los pueblos de la tierra han creído en la existencia de Dios («tradición universal» o supuesta tal) o en mantener que hay una serie de «datos históricos» incorporados en «la tradición» que son más básicos y fundamentales que todo argumento racional. También aquí se ha alegado que no se trata de ninguna prueba, por no haber argumento; pero lo que no hay es un argumento racional, hay más bien una especie de comprobación empírica, o interpretación de esta comprobación empírica.

(3a) Hay una serie de pruebas de la existencia de Dios que pueden incluirse dentro del apartado (2) mencionado anteriormente, es decir, dentro de las llamadas «pruebas *a posteriori*». Sin embargo, algunos las han incluido dentro de las «pruebas *a priori*» o, mejor dicho, dentro de la sección de tales pruebas que consiste en presentar pruebas de carácter relativo –que tienen, sin embargo, la pretensión de ser absolutas–. Se ha hablado al respecto de prueba moral (a veces identificada con la «prueba por el sentimiento», pero más propiamente fundada en el intento de justificación del orden moral por la existencia de Dios), de prueba físico-teológica, teleológica, cosmológica, psicoteológica, prueba por el designio, etc. De un modo o de otro todas estas pruebas fueron presentadas por filósofos antiguos y medievales, pero fueron objeto de grandes debates en la época moderna, especialmente durante los siglos XVII y XVIII. Hay grandes semejanzas entre la prueba físico-teológica y la cosmológica, pero por el lugar central ocupado por la llamada «prueba cosmológica» (y también «argumento cosmológico») en la época moderna, y especialmente en Kant, dedicamos un artículo especial a esta prueba, aunque parte de la información puede hallarse, o hallarse asimismo, en el artículo sobre físico-teología. Dedicamos asimismo un artículo a la prueba por el designio, aunque parte de lo dicho en el artículo sobre físico-teología y buena parte de lo que se dice en el artículo sobre la prueba teleológica puede servir al efecto.

Ha habido un intento de probar (demostrar) la existencia de Dios con auxilio de la lógica contemporánea. Se trata de la prueba propuesta por Frederic B. Fitch en su artículo «On God and Immortality» (*Philosophy and Phenomenological Research*, 8 [1948], 688-93). Puede resumirse del modo siguiente:

Cada clase de hechos en el universo tiene una explicación si existe una teoría consistente de tal índole que cada hecho de dicha clase sea deducible de la teoría. Es decir, si una clase de hechos tiene una explicación, tal explicación es una teoría consistente que implica todos los hechos de la clase. Concluiremos, así, que cada hecho o clase de hechos tiene por lo menos una explicación. Ahora bien, un corolario de ello es que la clase de todos los hechos tiene una explicación. Hay, en suma, una teoría consistente que implica (y de ahí, explica) todos los hechos del universo. Esta teoría, dice Fitch, debe ser no sólo consistente, sino también verdadera, pues si implicara lo contradictorio de cualquier hecho, debería aun implicar el hecho mismo (ya que implica todos los hechos), y por ello sería inconsistente. Además, sólo puede haber una teoría verdadera consistente que explique todos los hechos del universo, ya que si hubiese dos teorías o dos explicaciones distintas, el hecho de que una fuese verdadera constituiría un hecho que debería ser explicado por la otra, de tal modo que se implicarían mutuamente (se equivaldrían). La explicación última en cuestión puede ser llamada Primera Causa o Dios. De este modo tendríamos un nuevo argumento *a posteriori*, el cual es, como Fitch reconoce, afín a varias de las pruebas cosmológicas tradicionales, pero basado en un lenguaje más explicativo que causal.

Charles A. Baylis ha criticado el argumento de Fitch (*ibid.*, pág. 694-7), y éste ha contestado a la crítica desarrollando los argumentos lógicos relativos a su prueba en *The Journal of Symbolic Logic* (13, núm. 2 [1948]). Alonzo Church (*Journal, etcétera*, 13 [1948], 148) ha indicado que el argumento de Fitch, cuyo interés es innegable, implica realismo y absolutismo respecto a qué teoría última es verdadera. Además de ello, el Dios de Fitch no es un Dios personal, sino una «primera causa» impersonal o aun el «todo» divinizado.

Dios (Muerte de). En *Así habló Zaratustra* (Prólogo, 2), Nietzsche describe a Zaratustra llegando a los bosques donde encuentra a un anciano eremita «que había abandonado su santa choza para buscar raíces en el bosque». «¿Y qué hace el santo en el bosque?», preguntó Zaratustra. / El santo respondió: «Hago canciones y las canto, y, al hacerlas, río, lloro y gruño; así alabo a Dios. / Cantando, llorando, riendo y gruñendo alabo al Dios que es mi Dios. Mas, ¿qué regalo es el que tú nos traes?». / Cuando Zaratustra hubo oído estas palabras saludó al santo y dijo: «¡Qué podría yo daros a vosotros! ¡Pero déjame irme aprisa, para que no os quite nada!». Y así se separaron, el anciano y el hombre, riendo como ríen los niños. / Mas cuando Zaratustra estuvo solo, habló así a su corazón: «¡Será posible! ¡Este viejo santo en su bosque no ha oído todavía nada de que *Dios ha muerto!*».

En la Parte IV («Jubilado») de la misma obra, un Papa jubilado busca al mismo eremita que Zaratustra había encontrado: «Yo buscaba al último hombre piadoso, un santo y un eremita, que, solo en un bosque, no había oído aún nada de lo que todo el mundo sabe hoy». / «¿Qué sabe hoy todo el mundo?, preguntó Zaratustra. ¿Acaso que no vive ya el viejo Dios en quien todo el mundo creyó en otro tiempo?» / «Tú lo has dicho, respondió el anciano contristado. Y yo he servido a ese viejo Dios hasta su última hora.»

Estos dos pasajes se destacan sobre un fondo en el que resuena con frecuencia el tema de «la muerte de Dios». En la obra que precedió a *Así habló Zaratustra, La Gaya Scienza (Die fröhliche Wissenschaft),* Nietzsche había ofrecido ya en la parábola del demente *(der tolle Mensch)* la idea de una busca infructuosa de Dios. El demente estaba en el mercado público con una linterna, como Diógenes, gritando sin cesar: «¡Estoy buscando a Dios!». La gente no lo entendía, o cuando creía entenderlo se reía: ¿Se habrá extraviado Dios? ¿Se esconde en alguna parte? ¿Estará de viaje? Pero el demente les respondió: «Os diré dónde está Dios, *Lo hemos matado* –vosotros y yo–. Todos somos sus asesinos». Y después de una nueva tirada: «¡Dios ha muerto! ¡Dios sigue muerto! ¡Y lo hemos matado!». Pero seguían sin entender de qué hablaba, por lo que el demente, como Zaratustra, les dijo que había llegado prematuramente; la muerte de Dios es un hecho que está todavía sucediendo.

Interpretar estos pasajes como manifestaciones de ateísmo –o, por lo menos, del ateísmo que se había difundido en diversos medios intelectuales en el siglo XIX– sería una simplificación del pensamiento de Nietzsche. El ateo afirma que Dios no existe; Nietzsche proclama que ha muerto –o que ha sido «asesinado» por nosotros–. Antes de morir Dios estaba, pues, «vivo». Como no se pueden interpretar 'matado' y 'asesinado' en sentidos literales, hay que suponer que tienen un sentido metafórico. Dios ha muerto cultural o «espiritualmente» cuando los hombres han dejado de creer en Dios, aun cuando algunos sigan actuando como si creyeran. Esto tiene un alcance mayor que el que podría tener el abandono de otras muchas creencias; al dejar de creer en Dios los hombres han asestado un golpe de muerte a un sistema de valores. En *La Gaya Scienza* se muestra cómo Nietzsche era consciente de la inmensidad de esta noción. Luego de que el demente dice que hemos matado a Dios, se pregunta: «Pero ¿cómo hemos hecho esto? ¿Cómo hemos sido capaces de bebernos el mar? ¿Quién nos dio la esponja capaz de borrar el horizonte? ¿Qué hicimos cuando desencadenamos la tierra de su sol? ¿Hacia dónde se mueve ahora la tierra y hacia dónde nos movemos nosotros? ¿Lejos de todos los soles? ¿Estamos continuamente saltando, atrás, a un lado, adelante, en todas direcciones? ¿Acaso queda algo, arriba o abajo? ¿Tal vez vamos errantes a través de una nada infinita? La muerte de Dios es la más radical expresión de nihilismo, un nihilismo sin el que no hubiera podido darse esa inversión de todos los valores.

Nietzsche expresa un punto culminante en el proceso de la desdivinización, descristianización y secularización del mundo moderno europeo que ha sido objeto de detalladas investigaciones históricas, particularmente centradas sobre Francia y sobre los modos como en varias regiones y períodos se ha afrontado la idea de la muerte, desde la anticipadora obra de Bernhard Groethuysen, *Die Entstehung der bürgerlichen Welt-und Lebensanschauung in Frankreich,* 1927-1930, hasta la síntesis de Philippe Aries, *Les attitudes occidentales devant la mort dès le moyen âge jusqu'au présent,* 1970 y la monografía de Michel Vovelle, *Piété baroque et déchristianisation en Provence au xvIII^e siècle. Les attitudes devant la mort d'après les clauses des testaments,* 1973. De estos estudios parece desprenderse que la muerte de Dios es, como decía Nietzsche, un «proceso», si bien un proceso en dos sentidos: en el de ser un acontecimiento y un «juicio» a que los «modernos» han sometido a Dios.

Entre otros reflejos del tema de «la muerte de Dios» se destaca el que ha proporcionado la «teología sin Dios» o «teología radical», tal como ha sido desarrollada por Thomas J. J. Altizer, Paul M. van Buren, William Hamilton, Herbert Braun, Helmut Göllwitzer, Dorothee Sölle y otros autores. Éstos difieren entre sí considerablemente: unos son más «radicales» que otros; unos se interesan por los aspectos «prácticos» y otros por los aspectos «teóricos» de la cuestión. Además, cada uno usa métodos propios y sienta distintas conclusiones. Así, por ejemplo, van Buren se ha consagrado a un examen lingüístico, influido por el positivismo lógico y por el «último Wittgenstein» –a los que, por lo demás, ha acercado excesivamente–, del que deriva la idea que la palabra 'Dios' carece de significado. Ello le permite destacar los elementos no cognoscitivos de la teología cristiana y poner de relieve «el significado secular del Evangelio». Altizer –que enlaza su pensamiento con el de Nietzsche, a quien llama «un cristiano radical»–, rompe con la tradición de las Escrituras, lo que le lleva a tratar de restablecer una «comunidad de la fe» independiente de la tradición y en consonancia con la situación del hombre actual, que ha perdido (y «asesinado») a Dios. Sin embargo, todos estos autores coinciden en varios puntos, el principal de los cuales es el plantear los problemas de la teología sin traicionar la realidad del hombre actual, en cuya vida Dios no está ya presente. Cualquier otra forma de teología sería, al entender de estos autores, o la continuación de una tradición estéril o –como lo fue la extensa «Dogmática eclesiástica» de Karl Barth– una ruptura con la situación presente. La teología sin Dios aspira a expresar, pues, una situación real, sin paliativos, y a manifestar lo que Paul Tillich, considerado a veces como un precursor de los teólogos radicales, llamaba «el coraje de ser».

Los que se oponen a la teología sin Dios adoptan muy diversos puntos de vista. Unos adoptan puntos de vista más o menos «tradicionales» –especialmente de la tradición de las Escrituras y de su interpretación «eclesiástica»–. Otros sostienen que una teología sin Dios no tiene sentido, y que si Dios ha muerto entonces lo mejor es abandonar simplemente toda teología, incluyendo la teología «radical». Otros sostienen que «Dios no ha muerto» o que, en todo caso, no ha muerto «el espíritu religioso» –cosa ésta en la que muchos «teólogos radicales» estarían seguramente de acuerdo– y que sólo ha muerto la «institucionalización de Dios» o de las creencias religiosas.

Disamis es el nombre que designa uno de los modos válidos de los silogismos de la tercera figura. Un ejemplo de *Disamis* puede ser:

Si algunos aviadores son jóvenes y todos los aviadores son tímidos, entonces algunos tímidos son jóvenes,

ejemplo que corresponde a la siguiente ley de la lógica cuantificacional elemental:

$$\lor x(Gx \land Hx) \land \land x(Gx \rightarrow Fx) \rightarrow \lor x(Fx \land Hx)$$

y que, usando las letras 'S', 'P' y 'M' de la lógica tradicional, puede expresarse mediante el siguiente esquema:

$$(MiP \land MaS) \rightarrow SiP$$

donde aparece claramente la secuencia de las letras 'I', 'A', 'I', origen del término *Disamis,* en el orden MP-MS-SP.

Disposición, disposicional. El término «disposición» puede entenderse en varios sentidos, aunque lo más frecuente es considerarlo como un predicado –o supuesto predicado– de realidades (sobre todo de realidades naturales). Semejante predicado se atribuye a una realidad en el sentido de que se presume que tal realidad podrá oportunamente manifestar este predicado. El sentido de 'disposición' aquí es similar a algunos de los sentidos de los vocablos 'potencia', 'posibilidad' '(sobre todo 'posibilidad real'), fuerza', etc. Pero, además, entendemos aquí 'disposición' como una propiedad designada por uno de los términos llamados «disposicionales»: términos como 'rompible', 'irrompible', 'soluble' 'insoluble', etc. Se han suscitado en este respecto varios problemas. Algunos de ellos han sido tratados por filósofos del pasado, singularmente bajo el concepto de potencia. Aquí nos limitaremos al modo como el problema de las disposiciones y de los términos disposicionales ha sido planteado en algunas direcciones de la filosofía contemporánea.

Los filósofos que admiten sin más el hablar de posibilidades como tales, mantienen que los términos disposicionales designan simplemente ciertas cualidades inherentes en un objeto, aunque no necesariamente manifestadas. Así, que un objeto de vidrio sea 'frágil' significa que posee cierta cualidad: justamente la de ser «frágil». Sin embargo, como semejante «cualidad» parece ser una «cualidad oculta», varios filósofos han propuesto sustituir los términos disposicionales por proposiciones contrafácticas (véase CONDICIONAL). Así, decir que un objeto es frágil equivale, según esos filósofos, a decir que si se dieran las condiciones adecuadas el objeto en cuestión se rompería. Los términos disposicionales pueden entonces eliminarse del lenguaje –aunque se conserven, por razones de comodidad, en los modos de hablar comunes y corrientes. Algunos filósofos, como Quine, han indicado que no hay diferencia entre una propiedad que se manifiesta efectivamente y una que se supone podría manifestarse. Ello no se debe sólo a la posibilidad de traducción (y eliminación) lingüística antes mencionada, sino también, y sobre todo, a que ambos tipos de propiedad son de la misma clase –de la misma «clase natural»–. Autores como Popper han puesto de manifiesto que no es preciso usar términos de cierto tipo –como 'flexible', 'rompible', 'soluble'– que, por su terminación en 'ible' (en español) son calificados de «disposicionales» a diferencia de otros términos que por no tener tal terminación, u otra similar, no lo sean. El término 'duro' puede ser tan disposicional como el término 'flexible'; que un objeto sea duro quiere decir que posee ciertas cualidades que revelan, o revelarán oportunamente, o que podrían revelar si se dieran las condiciones requeridas, su dureza. «Se olvida –ha escrito Popper– que *todos* los universales son disposicionales debido al hecho de que pueden serlo en varios 'grados'» (*The Logic of Scientific Discovery* [1959], pág. 424). Ahora bien, esta admisión puede interpretarse de dos modos: uno, es que si todos los términos de los tipos indicados son disposicionales, entonces todas las propiedades, incluyendo las que no se manifiestan efectivamente, son disposiciones; otro, es que no hay motivo para hablar de disposiciones en absoluto. sino únicamente de propiedades –decir que 'duro' es tan disposicional como 'flexible' no está muy lejos de afirmar que 'flexible' es tan poco disposicional como 'duro'.

Las posiciones adoptadas respecto al concepto de «disposición» pueden clasificarse del modo siguiente: (1) No hay disposiciones, y los términos con que comúnmente se expresan los términos disposicionales son traducibles a expresiones en las que no intervienen tales términos; (2) Las disposiciones son propiedades reales de objetos; esto no significa necesariamente adoptar una actitud «realista» respecto a las disposiciones, porque la afirmación de referencia puede expresarse en varios lenguajes, incluyendo un lenguaje nominalista; (3) Se puede distinguir netamente entre propiedades y disposiciones, correspondiendo esta distinción, generalmente –aunque no estrictamente–, a la que hay entre términos no disposicionales y términos disposicionales; (4) Las tituladas «disposi-

Disyunción. Hay dos conectivas sentenciales que reciben el nombre de «disyunción» (y, a veces, «alternación»). Una de las conectivas es 'o', simbolizada por '∨' y llamada «disyunción inclusiva»; otra es 'o...o', simbolizada por '↔' y llamada «disyunción exclusiva». Según ello,

$$p \vee q$$

se lee:

p o q

Ejemplo de '$p \vee q$' puede ser:

Daniel habla o fuma.

A su vez

$$p \leftrightarrow q$$

se lee:

O p o q.

Ejemplo de '$p \leftrightarrow q$' puede ser:

O Amelia se pone el sombrero o se queda en casa.

La diferencia entre 'o' y 'o...o' en el lenguaje ordinario se manifiesta tanto en español como en otros idiomas. Así, en alemán *(oder* y *entweder ... oder)*, en inglés *(or* y *either ... or)*, en ruso *(ili* y *ñeto ... ñeto)*, en latín *(vel* y *aut ... aut)*, etc. En muchos de estos idiomas, sin embargo (y también en español), se usa a veces la primera conjunción para cualquiera de las dos. Ello introduce confusiones. Con el fin de evitarlas, es común leer:

$$p \vee q$$

como sigue:

p o q (o ambos),

y:

$$p \leftrightarrow q$$

como sigue:

p o q (pero no ambos).

Así,

Rosita toca el piano o critica a sus amigas:

o puede entenderse:

Rosita toca el piano o critica a sus amigas (o ambas cosas),

en cuyo caso es un ejemplo de '$p \vee q$' o disyunción inclusiva, o puede entenderse:

Rosita toca el piano o critica a sus amigas (pero no ambas cosas), en cuyo caso es un ejemplo de '$p \leftrightarrow q$' o disyunción exclusiva.

En la notación de Łukasiewicz, '∨' es representado por la letra 'A' antepuesto a las fórmulas; así, '$p \lor q$' se escribe '$A p q$'. La tabla de verdad para '$p \lor q$' da Ves para todos los valores de 'p' y 'q' excepto cuando tanto 'p' como 'q' son falsos. La tabla para '$p \leftrightarrow q$' da efes cuando tanto 'p' como 'q' son verdaderos y cuando tanto 'p' como 'q' son falsos; en los demás casos la tabla da Ves.

Dogmatismo. El sentido en que se usa en filosofía el término 'dogmatismo' es distinto del que se usa en religión. En esta última el dogmatismo es el conjunto de los dogmas, los cuales son considerados (en muchas iglesias cristianas por lo menos, y en particular en el catolicismo) como proposiciones pertenecientes a la palabra de Dios y propuestas por la Iglesia. Religiosamente, los dogmas son usualmente considerados como verdades. Pero un dogma podría ser falso, en cuyo caso se trata, como escribe Santo Tomás, de un *dogma perversum*. Filosóficamente, en cambio, el vocablo 'dogma', δόγμα, significó primitivamente «opinión». Se trataba de una opinión filosófica, esto es, de algo que se refería a los principios. Por eso el término 'dogmático', δογματικός, significó «relativo a una doctrina» o «fundado en principios». Ahora bien, los filósofos que insistían demasiado en los principios terminaban por no prestar atención a los hechos o a los argumentos –especialmente a los hechos o argumentos que pudieran poner en duda tales principios–. Tales filósofos no consagraban su actividad a la observación o al examen, sino a la afirmación. Fueron llamados por ello «filósofos dogmáticos», δογματικοί φιλόσοφοι, a diferencia de los «filósofos examinadores» o «escépticos». Se habló por ello también de escuela dogmática, δογματική αἵρεσις, esto es, la que propugnaba no el escepticismo (en cuanto examen libre de prejuicios), sino el dogmatismo.

El sentido de los términos 'dogma', 'dogmático' y 'dogmatismo', aun confinándose a la filosofía, no es, sin embargo, simple. Ejemplo de variedad en el uso dentro de un solo filósofo lo hallamos en Kant. Éste rechaza que se pueda establecer lo que llama «una metafísica dogmática», y propone en vez de ello una «crítica de la razón». Por otro lado, declara que todas las proposiciones apodícticas, tanto si son demostrables como si son inmediatamente evidentes, pueden dividirse en *dogmata* y *mathemata*. Un «dogma» es, según ello, una proposición sintética derivada directamente de conceptos, a diferencia de un «mathema», o proposición sintética obtenida mediante construcción de conceptos (*K. r. V.*, A 736, B 764). Sin embargo, puede decirse que, en general, Kant usa el vocablo 'dogmatismo', a diferencia de la expresión 'procedimiento dogmático', en sentido peyorativo, y éste es el que se ha transmitido hasta nosotros en el campo filosófico.

Examinaremos aquí la noción de dogmatismo especialmente en la teoría del conocimiento. El dogmatismo se entiende principalmente en tres sentidos: (1) Como la posición propia del realismo ingenuo, que admite no sólo la posibilidad de conocer las cosas en su ser verdadero (o en sí), sino también la efectividad de este conocimiento en el trato diario y directo con las cosas. (2) Como la confianza absoluta en un órgano determinado de conocimiento (o supuesto conocimiento), principalmente la razón. (3) Como la completa sumisión sin examen personal a unos principios o a la autoridad que los impone o revela. En filosofía se entiende generalmente el dogmatismo como una actitud adoptada en el problema de la posibilidad del conocimiento, y, por lo tanto, comprende las dos primeras acepciones. Sin embargo, la ausencia del examen crítico se revela también en ciertas formas tajantes de escepticismo y por eso se dice que ciertos escépticos son, a su modo, dogmáticos. El dogmatismo absoluto del realismo ingenuo no existe propiamente en la filosofía, que comienza siempre con la pregunta acerca del ser verdadero y, por lo tanto, busca este ser mediante un examen crítico de la apariencia. Tal sucede no solamente en el llamado dogmatismo de los primeros pensadores griegos, sino también en el dogmatismo racionalista del siglo XVII, que desemboca en una gran confianza en la razón, pero *después* de haberla sometido a examen. Como posición gnoseológica, el dogmatismo se opone al criticismo más bien que al escepticismo. Esta oposición entre el dogmatismo y el criticismo ha sido subrayada especialmente por Kant, quien, al proclamar su despertar del «sueño dogmático» por obra de la crítica de Hume, opone la crítica de la razón pura al dogmatismo en metafísica. Mas «la crítica –escribe Kant– no se opone al procedimiento dogmático de la razón en su conocimiento puro como ciencia (pues tiene siempre que ser dogmática, es decir, tiene que ser rigurosamente demostrativa, por medio de principios fijos *a priori*), sino al dogmatismo, esto es, a la pretensión de avanzar con un conocimiento puro formado de conceptos». «Dogmatismo es, pues, el procedimiento dogmático de la razón pura sin una previa crítica de su propio poder» *(K. r. V.,* B xxxv).

Dualismo. Según Rudolf Eucken el vocablo 'dualismo' fue empleado primeramente por Thomas Hyde en su *Historia religionis veterum Persarum,* 1700 (Cap. IX, pág. 164), para designar el dualismo de Ormuz y Arimán; esta misma significación tenía todavía en Bayle *(Dictionnaire historique et critique,* art. *Zoroastre)* y en Leibniz *(Theod.,* II, 144,149). Sólo con Wolff aparece un significado estrictamente filosófico, al utilizar 'dualismo' como algo contrario a 'monismo'. Para Wolff, en efecto *(Psychologia rationalis,* 1734, § 34), son dualistas los que afirman la existencia de dos substancias, la material y la espiritual, a diferencia de los monistas, que no admiten más que una. Distinto, en cambio, es el sentido en que el término fue empleado por Kant, al llamar dualistas *(Das Ende der Dinge,* 1794) a los que admitían que sólo un pequeño número de elegidos se salvan, contrariamente a lo que predicaban los unitarios. El significado filosófico, tal como fue utilizado por Wolff, es el que predominó a la larga, tanto más cuanto que con los vocablos 'dualismo' y 'monismo' se caracterizaban posiciones muy fundamentales en el problema de la relación *alma-cuerpo,* de tan amplias resonancias en la filosofía moderna a partir de Descartes. Así, Descartes es caracterizado como francamente dualista, en tanto que Spinoza representa el caso más extremado de monismo. Sólo la posterior generalización del significado del término ha hecho que 'dualismo' significara, en general, toda contraposición de dos tendencias irreductibles entre sí. Desde este punto de vista, pueden entenderse como dualistas varias doctrinas filosóficas fundamentales: la filosofía pitagórica, que opone lo perfecto a lo imperfecto, lo limitado a lo ilimitado, lo masculino a lo femenino, etc., y hace de estas oposiciones los principios de la formación de las cosas; la especulación gnóstica y maniquea, con su oposición de los principios del Bien y del Mal; el sistema cartesiano, con la reducción de todo ser a la substancia pensante o a la substancia extensa. El dualismo se entiende, además, de diversas maneras según el campo a que se aplique, hablándose de dualismo psicológico (problema de la unión del alma con el cuerpo, de la libertad y el determinismo), dualismo moral (el bien y el mal, la Naturaleza y la gracia), gnoseológico (sujeto y objeto), religioso, etc. Sin embargo, se llama más bien dualista a toda doctrina metafísica que supone la existencia de dos principios o realidades irreductibles entre sí y no subordinables, que sirven para la explicación del universo. En verdad, esta última doctrina es la que se considera dualista por excelencia. Los múltiples dualismos que pueden manifestarse en las teorías filosóficas –como el llamado dualismo aristotélico de la forma y de la materia o el dualismo kantiano de necesidad y libertad, de fenómeno y noúmeno– no lo son sino en la medida en que se interpretan los términos opuestos de un modo absolutamente realista e incluso se les da un cierto tinte valorativo. Sólo desde este punto de vista podemos decir que el dualismo se opone al monismo, que no predica la subordinación de unas realidades a otras, sino que tiende constantemente a la identificación de los opuestos mediante la subsunción de los mismos en un orden o principio superior.

La contraposición del dualismo con el monismo parece ser de tal manera absoluta que, cuando se trata de acogerse a una de las dos doctrinas, no se encuentra otra posibilidad de orientación que esa misma decisión suprema a que se refería Fichte. Sin embargo, sería ilegítimo establecer una comparación de las doctrinas filosóficas basándose solamente en su pertenencia al dualismo o al monismo. Esto se advierte sobre todo en la cuestión del dualismo *materia-espíritu*, dualismo que ha dado origen, sobre todo en el curso de la época moderna, a numerosas soluciones. Cada una de éstas comprende direcciones filosóficas de la más diversa índole; dualismo y monismo son insuficientes, por lo tanto, para caracterizar de manera cabal una tendencia filosófica. De ahí que toda referencia al dualismo deba referirse a una época concreta. Es lo que ha hecho Arthur O. Lovejoy al señalar que el dualismo *de la época moderna* entre las ideas y la realidad, la experiencia y la Naturaleza, el orden moral y el orden físico, va en camino de una superación sin necesidad de caer en un fenomenalismo o en un idealismo que, en último término, poseen bases dualistas. El dualismo aquí referido es un «clima» filosófico concreto que unifica diversas corrientes filosóficas *de una cierta época*.

Duda. El término 'duda' significa primariamente «vacilación», «irresolución», «perplejidad». Estas significaciones se encuentran ya en el vocablo latino *dubitatio*. En la *dubitatio* hay siempre (por lo menos) dos proposiciones o tesis entre las cuales la mente se siente fluctuante; va, en efecto, de una a otra sin detenerse. Por este motivo, la duda no significa falta de creencia, sino *indecisión* con respecto a las creencias.

La duda como actitud es frecuente entre los escépticos griegos y los renacentistas. Es también bastante habitual entre quienes, sin pretender forjar ninguna filosofía, se niegan a adherirse a cualquier creencia firme y específica o consideran que no hay ninguna proposición cuya validez pueda ser probada de modo suficiente para engendrar una convicción *completa*.

La duda como método ha sido empleada por muchos filósofos. Hasta se ha dicho que es el método filosófico por excelencia en tanto que la filosofía consiste en poner en claro todo género de «supuestos» –lo cual no puede hacerse sin someterlos a la duda–. Sin embargo, solamente en algunos casos se ha adoptado explícitamente la dada como método. Entre ellos sobresalen San Agustín y Descartes: el primero en la proposición *Si fallor, sum*, por la que parece como indudable la existencia del sujeto que yerra; el segundo en la proposición *Cogito, ergo sum* (VÉASE), por la que queda asegurada la existencia del yo dubitante. En estos ejemplos puede decirse que la duda es un punto de partida, ya que la evidencia (del yo) surge del propio acto del dudar, de la reducción del pensamiento de la duda al hecho fundamental y aparentemente innegable que alguien piensa al dudar.

La duda como elemento necesario a la fe consiste en suponer que la fe *auténtica* no es un mero creer en algo a ojos cerrados, sino un creer acompañado de la duda y en gran medida *alimentado* por la duda. Varios pensadores han subrayado este aspecto de la duda; Unamuno destaca entre ellos. Según Unamuno, en efecto, una fe que no vacila no es una fe: es un mero automatismo psicológico. Por consiguiente, en esta idea de la duda la fe y la duda son inseparables.

La duda como *actitud* (1) y la duda como elemento necesario para la fe (2) son *predominantemente* de índole vital o, si se quiere, existencial; la duda como *método* (3) –especialmente en la forma cartesiana– es *predominantemente* de naturaleza intelectual. Subrayamos 'predominantemente' porque en la cuestión de la duda no pueden trazarse líneas divisorias demasiado rígidas entre lo vital y lo intelectual. Los que adoptan la duda como actitud o como elemento subyacente a la fe emplean asimismo abundantes argumentos; los que dudan metódicamente por medio de argumentos tienen previamente una *actitud* dubitante.

Una última cuestión que se plantea respecto a la duda es, una vez adoptada, cómo salir de ella. Los escépticos radicales manifiestan que tal salida es imposible. Los escépticos metódicos declaran que en la propia entraña de la duda se encuentra la posibilidad de descubrir una proposición indudable; se puede dudar de todo menos de que se duda de que se duda. Los escépticos por motivos de fe señalan que no es conveniente salir de la duda si se quiere mantener la vitalidad de una creencia. A estas respuestas –correspondientes, *grosso modo*, a las posiciones (1), (2) y (3)– puede agregarse otra, muy propia de las filosofías que pueden calificarse de activistas: consiste en poner de relieve que la acción es la única posibilidad que hay de vencer la duda. Según esta posición, la duda emerge solamente cuando permanecemos en el plano intelectual. En cambio, en el plano vital son inevitables las decisiones, de modo que solamente de un modo transitorio puede darse el estado de fluctuación e irresolución que caracteriza la duda.

E

E. La letra mayúscula 'E' (primera vocal del término *nego*) es usada en la literatura lógica para representar simbólicamente la proposición universal negativa, *negatio universalis,* uno de cuyos ejemplos es la proposición:

Ningún hombre es mortal.

En textos escolásticos se halla con frecuencia el ejemplo (dado por Boecio):

Nullus homo iustus est,

y en multitud de textos lógicos la letra E sustituye al esquema 'Ningún S es P', sobre todo cuando se introduce el llamado cuadro de oposición.

En los textos escolásticos se dice de E que *negat universaliter* o *generaliter,* niega universalmente o generalmente. También se usa en dichos textos la letra 'E' para simbolizar las proposiciones modales en *modus* afirmativo y *dictum* negativo, es decir, las proposiciones del tipo:

Es imposible que *p*,

donde '*p*' simboliza un enunciado declarativo.

La letra '*E*' (en cursiva) es usada por Łukasiewicz para representar la conectiva 'si y sólo si' o bicondicional, que nosotros simbolizamos por '↔'. '*E*' se antepone a las fórmulas, de modo que '*p*↔*q*' se escribe en la notación de Łukasiewicz '*E p q*'.

El mismo autor ha usado '*E*' para representar el cuantificador universal negativo. '*E*' se antepone a las variables '*a*', '*b*', '*c*', etc., de tal modo que '*E a b*' se lee '*b* no pertenece a ningún *a*' o 'ningún *a* es *b*'.

Para distinguir entre 'E' en el sentido del último y del penúltimo párrafos, Łukasiewicz a veces ha empleado 'Y' en lugar del cuantificador universal negativo 'E'.

Eidos. Numerosos autores –como Platón, Aristóteles o Husserl– han utilizado el término griego εἶδος como un vocablo técnico. Si bien se traduce a menudo como «forma», «esencia» o «idea», entre sus significados está también la noción de «aspecto» *(species)* que ofrece una realidad cuando se la ve *en* lo que la constituye como tal realidad. Desde este punto de vista el *eidos* es el tipo de realidad a que pertenece, o que es, una cosa dada. Como el tipo de realidad que algo es, es «visible», o se supone que es aprehensible, por medio de alguna operación intelectual, el *eidos* es entendido asimismo como la idea de la realidad. Así, pues, el *eidos* es un «aspecto esencial» que parece ofrecer a su vez dos aspectos esenciales: el de la realidad y el de la aprehensión, inteligible, conceptual, etc., de la realidad. Cuando se funden estos dos aspectos en uno solo tenemos la idea del *eidos* como una esencia que es a la vez un concepto: el de *eidos* es entonces a la vez algo «real» y algo «conceptual» (objetivo o formal).

El *eidos* puede ser interpretado de diversas maneras. Como ejemplos de interpretaciones clásicas mencionamos las de Platón y de Aristóteles. La diferencia capital entre estas dos interpretaciones es la de la separabilidad: para Platón el *eidos* es separable de los individuos que participan del *eidos*, en tanto que para Aristóteles el *eidos* está, por así decirlo, encarnado, o realizado, en los individuos. Pero junto a estas dos interpretaciones pueden mencionarse otras. Así, por ejemplo, el *eidos* puede ser tomado como momento específico (separable o no) de una realidad, o como momento constitutivo de una realidad.

Eleatas. Dentro de los presocráticos se llaman eleatas a Jenófanes de Colofón, Parménides de Elea, Zenón de Elea y Meliso de Samos. Como se ve, sólo el segundo y tercero de los mencionados filósofos tuvieron su patria en Elea (sur de Italia), lugar que da su nombre a la escuela. Jenófanes, sin embargo, emigró de la costa de Asia Menor al sur de Italia y vivió durante su vejez en Elea. Característico de los eleatas era la afirmación de la unidad de lo que hay. Esta unidad fue subrayada por Jenófanes desde un punto de vista teológico; por Parménides, desde un punto de vista ontológico; por Zenón, desde un punto de vista dialéctico; y por Meliso, desde un punto de vista cosmológico (teniendo en cuenta la peculiar significación que los términos 'teológico', 'ontológico', 'dialéctico' y 'cosmológico' tienen en el pensamiento de los presocráticos). Es común, en todo caso, considerar que con los eleatas, y sobre todo con Parménides, se plantearon por vez primera con plena madurez algunos de los temas fundamentales de la metafísica occidental, y en particular el problema de la relación entre la realidad y la razón.

Emanación. En diversas doctrinas y especialmente en el neoplatonismo, se entiende por 'emanación' el proceso mediante el cual lo superior produce lo inferior por su propia superabundancia, sin que el primero pierda nada en tal proceso, como ocurre (metafóricamente) en el acto de la difusión de la luz. Pero, al mismo tiempo, hay en el proceso de emanación un proceso de degradación, pues de lo superior a lo inferior existe la relación de lo perfecto a lo imperfecto, de lo existente a lo menos existente. La emanación es así distinta de la creación, que produce algo de la nada; en la emanación del principio supremo no hay, en cambio, creación de la nada, sino autodespliegue sin pérdida del ser que se manifiesta. Lo emanado tiende, como dice Plotino, a identificarse con el ser del cual emana, con su modelo más bien que con su creador. De ahí ciertos límites infranqueables entre el neoplatonismo y el cristianismo, el cual subrayaba la creación del mundo a partir de la nada y, por lo tanto, tiene que negar el proceso de emanación unido a la idea de una eternidad del mundo. Tal contraposición ha de entenderse sobre todo en función de la introducción o no introducción del tiempo: si en el neoplatonismo el tiempo (VÉASE) no es ni mucho menos negado, acaba por reducirse y concentrarse a la unidad originaria del modelo; en el cristianismo, en cambio, el tiempo es esencial, porque el proceso del mundo no es simple despliegue, sino esencial drama. La diferencia entre emanación y creación es de orden todavía más complejo que el apuntado. En rigor, sólo puede entenderse con claridad suficiente cuando distinguimos entre los diversos modos de *producción* de un ser. Estos modos de producción han sido puestos especialmente de relieve por la teología católica, sobre todo en la medida en que ha sometido a elaboración conceptual las nociones de la teología helénica y ha establecido una comparación entre el modo de producción que admite el cristiano como propio de Dios y otros modos posibles. Así, puede hablarse de un modo de producción por *procesión,* en la cual una naturaleza inmutable es comunicada entera a varias personas. Puede hablarse de un modo de producción por *transformación,* donde un agente externo determina en otro un cambio. Puede hablarse de un modo de producción por *creación,* cuando un agente absoluto extrae algo de la nada, es decir, lleva a la existencia algo no preexistente. Y puede hablarse de un modo de producción por *emanación,* en la cual un agente extrae de sí una substancia parecida. Este tipo de emanación se llama «substancial», a diferencia de la emanación «modal» en la cual el agente produce en sí una manera de ser nueva, pero no esencial y necesariamente ligada a él. Desde este ángulo no sólo aparecen como distintas la creación y la emanación, sino que se impone una distinción entre esta última y ciertos modos especiales de procesión.

La noción de emanación fue utilizada, dentro del neoplatonismo, no sólo por Plotino, sino también por Jámblico. En los gnósticos, la emanación no suprime el proceso dramático, puesto que está condicionada por la superioridad de las potencias buenas; así, el desarrollo dramático del universo gnóstico está hecho, en último término, por medio de una serie de emanaciones que se producen en el instante en que se necesitan. La emanación ha sido asimismo admitida en ciertos sistemas que han tendido al panteísmo. Desde luego, en Avicebrón. Pero también, en cierto modo, en Escoto Erigena. Aun cuando no pueda decirse de Escoto Erigena que su sistema sea enteramente panteísta, funciona en él la emanación como una procesión que experimentará, una vez desarrollada, una conversión.

Empirismo. El término 'empirismo' deriva del griego ἐμπειρία, que se traduce por 'experiencia' –una palabra que tiene muchos sentidos (véase EXPERIENCIA)–. Entre éstos destacan dos: la experiencia como información proporcionada por los órganos de los sentidos, y la experiencia como lo que luego se ha llamado «vivencia», esto es, el conjunto de sentimientos, afecciones, emociones, etc., que experimenta un sujeto humano y que se van acumulando en su memoria, de modo que el sujeto que dispone de un buen acopio de estos sentimientos, emociones, etc., es considerado como «una persona con experiencia».

El empirismo es considerado como una doctrina –o una actitud racionalizada mediante una doctrina o teoría– de carácter epistemológico, esto es, relativa a la naturaleza del conocimiento. Suelen considerarse dos aspectos en el empirismo. Según uno de ellos, el empirismo afirma que todo conocimiento deriva de la experiencia, y en particular de la experiencia de los sentidos. Según el otro, mantiene que todo conocimiento debe ser justificado recurriendo a los sentidos, de modo que no es propiamente conocimiento a menos que lo que se afirma sea confirmado (testificado) por los sentidos. Estos dos aspectos han estado a menudo estrechamente relacionados. A veces se ha llamado al primer sentido «psicológico» (o genético) y al segundo «epistemológico». Ha sido muy corriente mantener no sólo que el conocimiento se adquiere mediante la experiencia y se justifica o valida mediante la experiencia, sino también que no hay otra realidad que la accesible a los sentidos.

Desde la Antigüedad ha habido filósofos predominantemente empiristas y filósofos no empiristas (o menos empiristas). Se habla, por ejemplo, de Aristóteles como un filósofo que tiene –que tuvo sobre todo al final de su carrera– fuertes propensiones empiristas, a diferencia de Platón, a menudo caracterizado como no empirista y como racionalista. El epicureísmo y el escepticismo –especialmente el de Sexto, llamado justamente «Sexto, el empírico»– son ejemplos de doctrinas empiristas. Obviamente, el empirismo aristotélico es muy distinto del epicúreo y del de los escépticos.

A menudo se ha restringido el término 'empirismo' a la filosofía clásica moderna, contrastándose el titulado «empirismo inglés» (Francis Bacon, Hobbes, Locke, Berkeley, Hume) con el «racionalismo continental» (Descartes, Malebranche, Spinoza, Leibniz, Wolff). El contraste entre empirismo y racionalismo ha sido equiparado a menudo al contraste entre empirismo e innatismo. Dados los muchos matices y cualificaciones que han sufrido en cada caso las doctrinas llamadas «empiristas» y «racionalistas» en la época moderna, no es infrecuente encontrar casos «mixtos» de empirismo y racionalismo. Uno de los más citados al respecto es (entre los empiristas ingleses) Locke. Otro caso puede ser el de Leibniz al afirmar que nada se halla en el intelecto que no estuviese antes en los sentidos «salvo el propio intelecto».

Se ha indicado a veces que para los empiristas modernos –los «empiristas ingleses»–, la mente es como una especie de «receptáculo» en el cual imprimen sus «huellas» las «impresiones» procedentes del mundo externo. Cuando se comparan entre sí las filosofías de los grandes empiristas ingleses –Francis Bacon, Hobbes, Locke, Berkeley, Hume– se advierte que ello es una simplificación excesiva. Lo sigue siendo cuando nos confinamos a Locke, Berkeley y Hume. Sin embargo, hay algo común a todos estos pensadores y es la tendencia a proporcionar una explicación genética del conocimiento y a usar términos como 'sensación', 'impresión', 'idea', etc., en un sentido predominantemente, si no exclusivamente, psicológico. Contra esta tendencia reaccionó Kant. Al comienzo de la *Crítica de la razón pura*, Kant declara que si bien todo conocimiento comienza con la experiencia *(mit der Erfahrung anfange; mit der Erfahrung anhebt)*, no todo él procede de la experiencia *(entspring... aus der Erfahrung)*. Ello quiere decir que el origen del conocimiento se halla (psicológicamente) en la experiencia, pero que la validez del conocimiento se halla (gnoseológicamente) fuera de la experiencia. Así, el conocimiento no es para Kant sólo *a posteriori*; se «constituye» por medio del *a priori* (VÉASE). Para los empiristas ingleses, y especialmente para Hume, lo *a posteriori* es sintético y lo *a priori* es analítico (véase ANALÍTICO Y SINTÉTICO). Para Kant hay la posibilidad de juicios sintéticos *a priori* (en la matemática y en la física). El rechazo del empirismo (gnoseológico) es, así, equivalente a la admisión de la aprioridad en cuanto constitutiva».

Los empiristas modernos han hablado a menudo de experiencia externa (la de los sentidos) y de experiencia interna (que aunque puede fundarse en los sentidos, consiste en una serie de actos mentales de asociación, memoria, imaginación, etc.). Ciertos autores, como Maine de Biran y varios espiritualistas franceses, han hablado asimismo de experiencia interna, pero ésta es más bien una experiencia «íntima» que es difícil caracterizar como empirismo en el sentido más corriente de este término.

Muchos empiristas han estimado que ciertos tipos de «entidades» –como los números o las figuras geométricas– se hallan fuera del marco de la experiencia sensible. Otros autores, en cambio, han tratado de justificar empíricamente tales «entidades». Un ejemplo eminente al respecto es el de John Stuart Mill y, en general, el de la concepción empirista de la matemática. Hay frecuentes conexiones entre empirismo y nominalismo (VÉASE).

Los muchos sentidos que se han dado a 'empirismo' hacen necesario precisar de qué empirismo se trata en cada caso. Con razón o sin ella se ha hablado de empirismo en los sentidos siguientes.

(1) El empirismo llamado por antonomasia «sensible». Cuando se destaca el papel que desempeñan las sensaciones en el conoci-

miento se usa el nombre de «sensacionismo».

(2) El empirismo «inteligible». Según el mismo, los llamados «objetos ideales» –números, proposiciones, conceptos, etc.– son objeto de la experiencia, entendiéndose ésta en un sentido amplio. Algunos fenomenólogos han hablado en este sentido de un empirismo (o positivismo) total contra el empirismo (o positivismo) sensible.

(3) El empirismo moderado o empirismo crítico, que admite el origen empírico del conocimiento, es decir, que admite que todo conocimiento se funda en la experiencia sensible, pero que requiere ser examinado y controlado por algún esquema o cuadro conceptual.

(4) El empirismo radical, expresión debida a William James, para quien inclusive las relaciones son «experimentables». Según escribe James en *Essays in Radical Empiricism* (II, 1), «con el fin de que un empirismo sea radical es menester que no admita en sus construcciones ningún elemento que no sea directamente experimentado, ni excluya de ellas ningún elemento que sea directamente experimentado».

(5) El empirismo «total», que ha defendido S. Alexander *(Space, Time, and Deity,* libro I, cap. 6), al adherirse a la máxima de Hume según la cual hay que buscar siempre la base empírica de nuestras ideas, pero corrigiéndola, si es menester, para combatir cualquier posible inadmisible prejuicio en favor de ciertas impresiones. Para Alexander «un empirismo cabal acepta su fórmula [la de Hume], pero como no tiene ningún prejuicio en favor de las existencias separadas o distintas que atraen nuestra atención, insiste en que en el curso de las inspecciones efectuadas por la experiencia, ningún elemento debe ser omitido del inventario». Ni siquiera hay que hacer como Hume y detenerse en las condiciones sustantivas (o sustantivistas) del yo, olvidando sus condiciones transitivas, ya que ello tiene por consecuencia olvidar «la esencial continuidad de la mente».

(6) El empirismo llamado «integral», que ha sido defendido por Risieri Frondizi.

(7) El empirismo «dialéctico» de que a veces ha hablado el autor de la presente obra y que consiste, *grosso modo,* en usar ciertos conceptos como conceptos-límites, esto es, como no denotativos de ninguna realidad y a la vez en tratar estos conceptos como a la vez contrapuestos y complementarios.

(8) El empirismo lógico. En la actualidad se han confrontado de nuevo tendencias latamente llamadas «empiristas» con otras latamente llamadas «racionalis-

tas», reconociéndose en varios casos que sus antecedentes históricos respectivos son el empirismo y el racionalismo modernos «clásicos» de los siglos XVII y XVIII principalmente. Así, por ejemplo, en la filosofía del lenguaje los autores que han prestado mayor, y a veces exclusiva, atención a la dimensión pragmática del lenguaje, a usos lingüísticos, a la comunicación, etc., han elaborado, o presupuesto, epistemologías empiristas, mientras que los autores que han prestado especial atención a las dimensiones sintácticas y a los aspectos estructurales del lenguaje han elaborado, o presupuesto, epistemologías racionalistas. Los autores de propensión nominalista tienden a ser empiristas y los que, explícita o implícitamente, adoptan posiciones realistas, aunque sean moderadas, tienden a ser racionalistas. Los conductistas (en psicología y en epistemología) se inclinan por el empirismo; los innatistas o semiinnatistas, por el racionalismo. Sin embargo, se trata en casi todos los casos de tendencias o, mejor dicho, de simpatías más bien que de opiniones, y no digamos teorías filosóficas plenamente desarrolladas, al punto que en la época actual el empirismo opera más bien que como una «actitud» como una doctrina filosófica *stricto sensu*.

En. El interés filosófico de la proposición 'en' resulta evidente tras el análisis de asertos como «Los objetos materiales están en el espacio», «El atributo está en el sujeto», «Los objetos de conocimiento están en el cognoscente», «La parte está en el todo» o «El hombre está en el mundo». El significado de cada una de estas frases depende directamente del modo –o modos– en que se entienda el termino 'en'. Varias doctrinas filosóficas pueden clarificarse mediante un análisis del uso que hacen de dicho término. Así, por ejemplo, entenderemos el realismo metafísico si comprendemos su pretensión de que la conciencia «está en» el mundo, y de igual modo el idealismo metafísico con su aseveración de que es el mundo el que se halla «en» la conciencia, es decir, en el cognoscente. Aristóteles, Hegel, Heidegger y otros filósofos han utilizado la preposición 'en' en textos cruciales. El análisis del significado y utilización de 'en' admite, sin embargo, diversos puntos de vista. Algunos pensadores lo enfocan desde un ángulo «lingüista». Otros destacan el carácter lógico o el metafísico, y otros incluso le dan un alcance ontológico.

El empleo de 'en' dio pronto origen a dificultades e incluso a paradojas. Conocida es la cuestión planteada por Zenón de Elea al pretender que no existe la realidad «lugar», ya que si tal fuera, tendría que estar «en» otro «lugar», y así hasta el infinito. Para solventar esta dificultad es por lo que hay que analizar los diversos significados de 'en'. Aristóteles vio además que, al distinguir distintos sentidos de 'en', se resolvían otros problemas, y a ello alude en dos pasajes. En la *Metafísica* (Δ 1023 a 23) dice que 'estar en algo' tiene un significado semejante a 'sustentar' o 'tener'(ἔχειν), ya analizados anteriormente en el mismo texto y en las *Categorías* (15b, 17-33). El otro, y más importante, pasaje a estos efectos es el de la *Física IV* (210 a 15). Para Aristóteles hay ocho modos de decir 'en' (ἐν), esto es, de decir que algo *está en* otra cosa:

(1) Como el dedo está en la mano y, en general, la parte en el todo.
(2) Como el todo está en las partes, ya que no hay ningún todo por encima de las partes.
(3) Como el hombre está en el animal y, en general, la especie en el género.
(4) Como el género está en la especie y, en general, la parte de la forma específica está en la definición de la forma específica.
(5) Como la salud está en las cosas calientes y frías y, en general, la forma está en la materia.
(6) Como los asuntos de Grecia están en el que tiene el poder (= dependen del que tiene el poder) y, en general, los acontecimientos están en el agente (= dependen del agente).
(7) Como algo está en su bien (= está subordinado a su bien) y, en general, está en su «fin», es decir, en aquello por lo cual existe.
(8) En el sentido más estricto, como una cosa está en su continente y, en general, en un lugar (=en su lugar).

Santo Tomás (4 *Phys.*, 4 a; *S. Theol.*, I, q. XLII 5 ob 1 *et al*) ha seguido a Aristóteles en este respecto, considerando que los ocho citados modos de «estar en» son los modos en los cuales se dice que algo está en algo, *quibus aliquid in aliquo dicitur esse*. El modo (8) incluye, según Santo Tomás, el tiempo, ya que lo mismo que el lugar es la medida de lo que se mueve *(locus est mensura mobilis)*, el tiempo (VÉASE) es la medida del movimiento *(tempus est mensura motus)*.

Tanto en Santo Tomás como en otros escolásticos se pueden encontrar numerosas dilucidaciones del problema del «estar en». A veces se usa al efecto la expresión *esse in*. Ésta puede ser interpretada de varios modos; por ejemplo, los siguientes cuatro modos propuestos por Occam: (1) estar una cosa en un lugar o un accidente en un sujeto; (2) estar la especie en el género; (3) ser atribuido (= ser predicado); (4) ser conocido o tener la posibilidad de ser conocido. La cuestión de cómo los accidentes están en la substancia se trató extensamente (véase ACCIDENTE). También dio lugar a numerosos análisis la cuestión de cómo las cosas «están en» Dios. El último problema revela hasta qué punto la cuestión de la «relación» entre Dios y el mundo puede ser asimismo analizada a la luz del sentido, o sentidos, del 'en'. Lo mismo ocurre con la cuestión de la «relación» entre la esencia y la existencia (véase ESENCIA, EXISTENCIA).

Muchos filósofos modernos se han interesado por el tema de cómo está la realidad 'en' el sujeto cognoscente. También juega un importante papel en la filosofía de Heidegger, quien profundiza en cómo está el hombre *en* el mundo e intenta demostrar cómo el 'en' de «ser-en-el-mundo» es anterior a cualquier otra comprensión del 'en'.

También puede entenderse 'en' como expresión de una relación, relación diádica o no simétrica. En algunos casos el 'en' puede considerarse como relación transitiva como, por ejemplo, si decimos que el cenicero está en la habitación y la habitación en la casa, podemos decir que el cenicero está en la casa. Y sin embargo, según Aristóteles, en esta segunda forma de 'estar en' la relación 'en' no es transitiva.

Leibniz analizaba esta misma cuestión con mucho detalle desde un punto de vista lógico: primero considerándola como relación entre elementos abstractos.

Entelequia. Aristóteles usó en varios pasajes de sus obras el término ἐντελέχεια, que se transcribe en español en la forma indicada: entelequia. Como Platón había dicho que el alma posee ἐντελέχεια o movimiento continuo, se ha supuesto a veces que Aristóteles alteró el vocablo platónico para diferenciar su doctrina de la de Platón. Esta suposición parece incorrecta. También parece incorrecta la suposición de que en tiempo de Aristóteles existía el adjetivo ἐντελεχής y que Aristóteles formó el sustantivo ἐντελέχεια a base de dicho adjetivo. Lo más probable es que el Estagirita forjara el vocablo ἐντελέχεια a base de la expresión τὸ ἐντελὲς ἔχων, «el hecho de poseer perfección». W. D. Ross, en comentario a su edición de la *Metaphysica* (vol. II, págs. 245-6), se adhiere a esta última opinión, la cual coincide en gran parte con la ya expresada por Filopón (*Commentaria in Aristotelem Graeca* XV, 208). Hermolaus Barbarus tradujo ἐντελέχεια precisamente por «el hecho de tener perfección», *perfectihabia*, según indica Leibniz (*Mon.*, § 18;

Theod., I § 87). En su edición de la *Metaphysica* de Aristóteles, Bonitz indica que ἐντελέχεια es sinónimo de *perfectus*. El propio Bonitz hace notar *(Index arist.,* 253 b) que Aristóteles usó ἐντελέχεια de un modo ambiguo; a veces distingue ἐντελέχεια de ἐνέργεια y a veces hace estos vocablos sinónimos.

En tanto que designa «el hecho de poseer perfección», el término 'entelequia' significa la actualidad o perfección resultante de una actualización. La entelequia es entonces el acto en tanto que cumplido. En este sentido entelequia se distingue de actividad o actualización, ἐνέργεια. En tanto que constituye la perfección del proceso de actualización, la entelequia es el cumplimiento de un proceso cuyo fin se halla en la misma entidad. Por eso puede haber entelequia de la actualización, pero no del simple movimiento, κίνησις.

Aristóteles no es siempre consistente en el uso del término 'entelequia'. En *De an.,* II 1, 412 a 27 b 5 Aristóteles afirmó que el alma es una entelequia, ἐντελέχεια. Por otro lado, en *Met.,* H, 3 1043 a 35, escribió que el alma es «energía», ἐνέργεια. Los dos términos –traducidos a veces por 'actualidad', a veces por 'actividad', a veces transcritos como 'entelequia' y 'energía' parecen ser aquí sinónimos. En *Met.* Λ 6 1071 a 22, Aristóteles describió el Primer Motor como una ἐνέργεια y en *id.* 8, 1074 a 36, lo describió como una ἐντελέχεια. Es posible que en el primer caso Aristóteles deseara poner de relieve la actividad del Primer Motor y en el segundo caso deseara destacar su perfección. En *Met.* 1, 8, 1050 a 20 y sigs., Aristóteles escribió que la acción, ἔργον, es el fin o la finalidad, τέλος, y que la actualidad, ἐνέργεια, es la acción. Así, el término 'actualidad' (véase ACTO, ACTUALIDAD) deriva de 'acción' y es equivalente a 'entelequia'. J. H. Randall, Jr. *(Aristotle,* 1960, pág. 64) ha indicado que «la vida no es una 'cosa' que se agrega al cuerpo viviente, sino que es el poder que tiene el cuerpo de hacer lo que hace el cuerpo viviente, su función *(ergon),* su operación *(energeia),* su culminación *(entelecheia)*». En una nota en la misma página Randall escribe: «Estos tres términos son una de las familias aristotélicas de términos que quieren decir lo mismo en una escala de intensidad creciente. *Ergon,* el término común en griego para 'trabajo', es el que Aristóteles usa para lo que llamamos 'función'. *Energeia* significa literalmente 'poner en acción un poder' o, en latín, su 'operación'. 'Poder' y su 'operación', *dynamis* y *energeia,* son para Aristóteles conceptos polares, como los correspondientes términos latinos, la actualización de una potencia.

Entelequia *(entelecheia)* es el término acuñado por Aristóteles para denotar el más completo funcionamiento o culminación de una cosa –en latín, 'actualidad'–». El uso por Aristóteles de 'entelequia' en su definición del alma como la entelequia primera de un cuerpo natural que tiene la vida en potencia *(De anima,* II, 1, 412 a 27, 28), significa que el alma es la «forma» del cuerpo en el sentido de que es el principio de la actividad, o lo que da al cuerpo su fuerza viviente.

Plotino utilizó asimismo la noción de entelequia, pero no se adhirió, cuando menos en lo que toca a su aplicación al alma, a la doctrina de Aristóteles. En *Enn.,* IV, vii, 8, señalaba Plotino que el alma ocupa en el compuesto el lugar de la forma. Si tenemos que hablar de entelequia, nos será forzoso entenderla como algo que se adhiere al ser de que es entelequia. Ahora bien, Plotino señala explícitamente que el alma *no es como una entelequia,* pues el alma no es inseparable del cuerpo.

En la época moderna la noción de entelequia ha sido generalmente desechada; se ha llegado inclusive a dar a 'entelequia' el sentido peyorativo de lo «no existente», que todavía conserva en el lenguaje común. En ciertos momentos, sin embargo, se ha revalorizado el término, y ello precisamente en dos doctrinas de innegable carácter teleológico: una en el siglo XVII y otra en la época contemporánea. La del siglo XVII es la de Leibniz. Para este filósofo las entelequias son «todas las substancias simples o mónadas creadas, pues tienen en sí una cierta perfección (ἔχουσι τὸ ἐντελές) y hay en ellas una cierta capacidad de bastarse a sí mismas (αὐτάρχεια) que las hace fuentes de sus acciones internas y, por así decirlo, autómatas incorpóreos» *(Monadologie,* § 18). En cuanto a las revaluaciones contemporáneas del concepto de entelequia mencionaremos dos, ambas mantenidas por biólogos y filósofos neo-vitalistas: Hans Driesch y Alwin Mittasch (cf. *Philosophie des Organischen,* 4.ª ed., 1928, especialmente págs. 373 y sigs., y *Entelechie,* 1952).

Entendimiento. Usamos, 'entendimiento' como correspondiente a términos tales como *entendement, Verstand* y *Understanding,* especialmente en tanto que éstos se comparan y contraponen a *raison, Vernunft* y *Reason* (= 'razón').

Es común entre los filósofos modernos usar 'entendimiento' (o los vocablos pertinentes en los diversos idiomas) para designar la entera facultad (o potencia) intelectual. En algunos casos, como en Spinoza, el entendimiento (que así suele traducirse el vocablo spinoziano *intellectus* en la obra *Tractatus de intellectus emendatione: Tratado de la reforma del entendimiento)* es equivalente a la «facultad de conocimiento» en sus diversos (cuatro) grados. Los modos en que puede ejercitarse el entendimiento o «modos de percepción» –según «lo que se dice» o según cualquier signo elegido arbitrariamente; por experiencia vaga; por aprehensión de la esencia de una cosa concluida de otra esencia, mas no adecuadamente; por percepción de la sola esencia de la cosa o conocimiento de la causa próxima– son a la vez «modos del entendimiento». Spinoza distingue asimismo entre entendimiento finito e infinito, y habla *(Eth.,* V) de *potentia intellectus seu de libertate humana,* la cual es equivalente a la *potentia rationis* en cuanto muestra lo que puede dar la razón por sí misma *(ipsa ratio)* en orden a dominar las afecciones *(affectus).*

La idea del entendimiento como potencia cognoscitiva completa –bien que organizada en diversos grados– se halla en varios autores modernos. Por ejemplo, y no obstante la diferencia entre un «racionalista» y un «empirista», en Locke. Éste llama «entendimiento» *(Understanding)* y, más específicamente, «entendimiento humano» *(Human Understanding)* a toda la facultad de conocimiento en sus diversos modos. El entendimiento es para Locke lo que coloca al hombre por encima del resto de las cosas sensibles. El entendimiento es como el ojo, el cual «al tiempo que nos permite ver y percibir todas las otras cosas, no repara en sí mismo, requiriendo arte y penas colocarlo a cierta distancia y convertirlo en su propio objeto *(Essay,* Introducción). Los objetos del entendimiento son las «ideas», tanto las de sensación como las de reflexión (véase IDEA). Ello muestra que en Locke el entendimiento comprende, en su primer grado, lo que a veces se llama «sensibilidad». La contraposición entre sensibilidad y entendimiento que han defendido ciertos autores modernos es una contraposición –o, mejor, distinción– «interna» dentro del entendimiento. Éste puede ser pasivo, cuando recibe las impresiones, y activo cuando saca a la vista *(brings in sight)* las ideas que habían sido impresas en el entendimiento *(op. cit.,* II, x, 2).

No queda siempre claro en Locke si el entendimiento es una facultad *que* recibe y maneja «ideas» o si es *el* recibir y manejar ideas, aunque lo último sería más adecuado que lo primero dada la tendencia de Locke y, en general, de los empiristas a no admitir el carácter independiente del entendimiento en relación con sus «ideas». Berkeley indica explícitamente que «el entendimiento no es diferente de las percepciones particulares o ideas» *(Philosophical Commentaries.* Notebook «A», 614, ed. Luce), si bien señala que la idea es «un objeto del entendimiento» *(op. cit.,* 665), y que el entendimiento «considerado como una facultad» no es realmente distinto de la «voluntad» *(op. cit.,* 614a). Según Berkeley, el entendimiento y la voluntad quedan incluidos en el «espíritu», por el cual entiende «todo lo que es activo» *(op. cit.,* 848). El entendimiento es, pues, para Berkeley, en último término, algo «espiritual».

Para Hume el entendimiento es el modo de ser del hombre como sujeto que conoce –o, si se quiere, como cognoscente–. La ciencia de la naturaleza humana equivale al «examen del entendimiento», es decir, del modo como tienen lugar las percepciones en tanto que se resuelven en impresiones y en ideas *(Treatise,* I, i, 1). Leibniz distingue entre sensibilidad y entendimiento, pero esta diferencia no es esencial, sino gradual. En efecto, conocer equivale a tener representaciones, las cuales pueden ser menos claras (sensibilidad) o más claras (entendimiento propiamente dicho, o intelecto). La sensibilidad se halla subordinada al entendimiento, en el cual las representaciones alcanzan el grado apetecible de claridad y distinción. El entendimiento ejerce aquí una función parecida a la de la «razón» cartesiana. Sin embargo, dentro del concepto de entendimiento parece haber dos modos de conocer: el indirecto y el intuitivo o directo. Sólo este último merece el nombre de «razón» (y a veces de «intuición», en el sentido de «intuición intelectual»).

Kant se opone a la idea leibniziana de que la sensibilidad es una forma inferior del entendimiento, y proclama una distinción fundamental entre la una y el otro. La sensibilidad –de que se ocupa la «Estética trascendental», en la *Crítica de la razón pura*– es una facultad de intuición. Mediante la facultad sensible se agrupan los fenómenos según los órdenes (trascendentales) del espacio y del tiempo. La sensibilidad es la facultad de las intuiciones *a priori*. El entendimiento, en cambio, es una «facultad de las reglas». Por ella se piensa sintéticamente la diversidad de la experiencia. La sensibilidad se ocupa de intuiciones; el entendimiento, de conceptos. Estos son ciegos sin las intuiciones, pero éstas son vacías sin los conceptos (*K. r. V.,* A 51/B 75). «El entendimiento no puede incluir nada; los sentidos no pueden pensar nada» *(loc. cit.).* La lógica del empleo especial del entendimiento es la «lógica trascendental», la cual se divide en Analítica y Dialéctica (VÉANSE). La Analítica trascendental se ocupa de «la disección de la facultad del entendimiento» *(ibid.,* A 65/B 90); en el curso de su estudio se obtienen los conceptos del entendimiento, conceptos radicales o conceptos elementales (véase CATEGORÍA), los principios del entendimiento y los esquemas de aplicación del entendimiento. El entendimiento, en suma, piensa el objeto de la intuición sensible, de tal suerte que la facultad del entendimiento y la de la sensibilidad no pueden «trocar sus funciones»: sólo cuando se unen se obtiene conocimiento. Puede asimismo definirse el entendimiento como la facultad de juzgar. Por medio del entendimiento se producen, en efecto, las síntesis. También puede definirse el entendimiento como «la unidad de la apercepción (VÉASE) en relación con la síntesis de la imaginación»; esta misma unidad con referencia a la *«síntesis trascendental* de la imaginación es el *entendimiento puro» (ibid.,* A 119). Se puede ver con ello que el entendimiento es definible de muy diversos modos: como espontaneidad (a diferencia de la pasividad de la sensibilidad), como poder de pensar, como facultad de conceptos, como facultad de juicios. Según Kant, todas estas definiciones son idénticas, pues equivalen a la citada «facultad de las reglas» *(ibid.,* A 126). Pero con ello resulta que, no obstante el lenguaje psicológico usado por Kant (derivado probablemente de la «psicología de las facultades» de su época), el entendimiento no es propiamente una facultad, sino una función o conjunto de operaciones encaminadas a producir síntesis y, con ello, a hacer posible el conocimiento en formas cada vez más rigurosas.

Según Kant, pues, el entendimiento pone en relación las intuiciones y lleva a cabo las síntesis sin las cuales no puede haber enunciados necesarios y universales. Así, el entendimiento constituye el conocimiento ordenado y que da forma a las intuiciones sensibles. A la vez que estructura positivamente el conocimiento (o, mejor, su posibilidad), lo estructura negativamente, pues establece los límites más allá de los cuales no puede irse. Estos límites están marcados por la divisoria entre el entendimiento y la razón. Ésta no puede constituir el conocimiento; a lo sumo, puede establecer ciertas regulaciones y ciertas direcciones de carácter muy general (como, por ejemplo, la regulación, o idea regulativa de la razón, de la unidad de la Naturaleza). Ahora bien, la distinción kantiana fue aceptada por varios autores, como Jacobi, Fichte, Schelling y Hegel, pero al mismo tiempo fue vuelta del revés. Se consideró que si sucedía lo que Kant proponía era porque el entendimiento era una facultad inferior, que no puede compararse en poder y majestad con la razón. Se estimó que esta última podía penetrar en aquel reino que Kant había colocado fuera de los límites del conocimiento (teórico) por medio de la intuición –bien entendido, una «intuición intelectual», *intellektuelle Anschauung*–. Jacobi proclamó este poder de la razón (como «razón intuitiva») con gran vigor y en todos los tonos, lo que motivó una reacción adversa de Kant contra el «cierto tono distinguido» que se nota «hoy» en la filosofía («Von einem neuerdings erhabenen vornehmen Ton in der Philosophie», 1796). Las protestas de Kant, sin embargo, pesaron poco: Jacobi indicó una y otra vez que el entendimiento debe subordinarse a la razón y que ésta es soberana. Lo mismo hicieron Fichte, Schelling, F. A. Schlegel, Hegel y todos los filósofos llamados «románticos» o, cuando menos, «idealistas». No se trataba ya de afirmar la posibilidad de un contacto con «la realidad en sí» por medio de la razón práctica; era la razón teórica y especulativa lo que aprehendía lo «en sí». La noción de «cosa en sí» (VÉASE) era rechazada como un límite, pero era reinsertada como *la* realidad. En algunas ocasiones, ciertamente, esta reinserción se efectuaba al hilo de la razón práctica, siguiéndose con ello al propio Kant. Así, para Fichte lo que hay es, ante todo, la libertad. Pero mientras Kant consideraba a ésta dentro del terreno de la moralidad, Fichte hacía de la libertad el Absoluto metafísico que solamente la Razón (y no el entendimiento) podía aprehender.

Hegel siguió las huellas de Jacobi y Fichte. Pero en vez de subordinar el entendimiento a la razón de un modo romántico, ensayó integrarlos y jerarquizarlos de un modo sistemático. Hegel concibe el entendimiento *(Verstand)* como la razón abstracta, a diferencia de la razón concreta, única que puede ser llamada propiamente razón *(Vernunft)*. Mientras el entendimiento es la misma razón identificadora que huye de lo concreto o que, a lo sumo, quiere asimilar las diferencias de lo concreto, la razón es absorción de lo concreto por lo racional, identificación última de lo racional con lo real más allá de la simple identificación abstracta. Así lo expresa Hegel al comienzo de la *Lógica*: «El *entendimiento* determina y se atiene a las determinaciones; la *razón* es negativa y *dialéctica,* porque disuelve las determinaciones del entendimiento en la nada, y es *positiva,* porque produce lo *general* y concibe en él lo singular». La razón es, en verdad, espíritu, el cual ha de ser considerado como algo superior a la pura razón «raciocinante».

Entia non sunt multiplicanda praeter necessitatem es un principio o regla que puede traducirse como sigue: «No deben multiplicarse [aumentarse] las entidades más de lo necesario». El principio o regla en cuestión puede tener dos significados. Por un lado, puede significar que no deben introducirse más realidades o entidades de las que son menester para dar cuenta de un fenómeno, un proceso, o hasta la propia estructura del universo. Por otro lado, puede significar que no deben emplearse más conceptos (reglas, principios, supuestos, etc.) de los que son estrictamente necesarios para producir una demostración o proporcionar una explicación. Los dos significados se hallan, por lo demás, estrechamente relacionados entre sí, pues aunque las demostraciones y explicaciones se llevan a cabo mediante conceptos, se tiende a considerar que tales conceptos denotan siempre realidades. Por ejemplo, atribuir a una «substancia calorífica» la causa del calor es introducir un concepto –el concepto de substancia calorífica– innecesario y suponer a la vez que hay una realidad denotada por el concepto –la realidad «substancia calorífica»–. Sin embargo, es posible dar una interpretación estrictamente conceptual de la regla en cuestión. En tal caso la regla recomienda que, dadas dos explicaciones posibles de una realidad, un proceso, un fenómeno, etc., hay que elegir la explicación que se valga del menor número posible de conceptos o, en otros términos, la explicación más simple.

Durante mucho tiempo la fórmula *Entia non sunt multiplicanda* fue atribuida a Guillermo de Occam. Por este motivo, algunos autores (por ejemplo Bertrand Russell) han llamado a la regla expresada en tal fórmula «la cuchilla» o «la navaja» [de afeitar] de Occam» *(Occam's razor).* Pero en los textos de Occam no se encuentra la fórmula en cuestión; se encuentran fórmulas similares, tales como las dos siguientes: *Pluralitas non est ponenda sine necessitate* («No debe introducirse innecesariamente una pluralidad») y *Frustra fit per plura quod potets fieri per pauciora* («Es vano hacer con más lo que puede hacerse con menos»). Estas fórmulas están relacionadas en Occam con su tesis de que nada debe afirmarse sin una razón suficiente (excepto cuando se trata de algo conocido por sí mismo, por experiencia, o por revelación). Philotheus Boehner *(Ockham. Philosophical Writings,* 1957) ha declarado que el más antiguo filósofo escolástico en el cual puede encontrarse una fórmula similar a cualquiera de las indicadas es Odón Rigaldo (Odo Rigaldus) en su *Commentarium super Sententias* (MS Brujas 208, ful. 150a). Odón Rigaldo propuso la fórmula siguiente: *Frustra fit per plura quod potest fieri per unum* («Es vano hacer con varios lo que puede hacerse con uno») muy semejante en la forma, e idéntica en el contenido, a la segunda de las fórmulas de Occam antes mencionadas.

En la forma hoy más usual –*Entia non sunt multiplicanda praeter necessitatem*– parece que el más antiguo antecedente se encuentra en la *Logica vetus et nova* (1654), de Clauberg.

Entimema. El término 'entimema' ha sido empleado con varios significados desde Aristóteles; Hamilton, por ejemplo, distingue entre 17 diversas significaciones.

Una primera significación es la que se halla en Aristóteles. Según ella, el entimema, ἐνθύμημα, es un silogismo basado en semejanzas o signos (los cuales pueden ser entendidos de tres modos de acuerdo con la posición del término medio en las figuras) *(An. Pr.,* II 27, 70 a 10). Por ejemplo: del signo (o hecho) de que una mujer tiene leche, podemos inferir que está embarazada. En otro lugar dice Aristóteles que el entimema expresa la demostración de un orador y que se trata de la más «efectiva» de las maneras de demostración. El entimema es una clase de silogismo: el silogismo retórico *(Rhet.,* I 1, 1355 a 6 sigs.). Algunos autores consideran que las dos definiciones dadas anteriormente por Aristóteles coinciden y que lo importante en el entimema es el que sea un razonamiento cuyas premisas son meramente probables o constituyen simplemente ejemplos.

Otra significación de 'entimema' es la que se halla en la mayor parte de los textos lógicos: el entimema es un silogismo incompleto, por no ser expresada una de las premisas. Si falta la premisa mayor el entimema es llamado de primer orden; si falta la premisa menor, es llamado de segundo orden. Así, «Los búlgaros beben kéfir; Los búlgaros gozan de buena salud» en un entimema de primer orden; «Todos los ingleses leen novelas; John Smith lee novelas» es un entimema de segundo orden. Tradicionalmente –por ejemplo, en la *Lógica de Port-Ro-*

yal– se admitían solamente los citados dos órdenes. Algunos autores, siguiendo a Hamilton, introducen un entimema de tercer orden: aquel en el cual falta la conclusión.

Según varios autores, solamente el primer tipo de entimema, el basado en la semejanza o signo, es propiamente aristotélico. Otros autores, sin embargo, estiman que el Estagirita no desconoció el entimema como un silogismo truncado, como se muestra en *Rhet.*, I 2, 1357 a 15-20, donde indica que «el entimema debe constar de pocas proposiciones, menos de las que constituyen el silogismo ordinario», y ello en vista del hecho de que el hombre en su lenguaje cotidiano tiende a formular razonamientos suprimiendo expresiones que da por entendidas al oyente.

Enunciado. En la lógica tradicional el término 'enunciado' se usa con frecuencia en el sentido de proposición (VÉASE). En este caso, lo dicho en el artículo sobre este último término sirve para el enunciado. A veces se usa 'proposición' para un enunciado aislado y 'enunciado' cuando está dentro de un silogismo. En ocasiones 'enunciado' es un término neutral descomponible en 'proposición' (producto lógico del pensamiento) y 'juicio' (producto psicológico del pensamiento). Esta descomposición se efectúa a veces en sentido inverso: el enunciado designa entonces el hecho de enunciar una proposición. Finalmente, se interpreta el enunciado como un discurso *(oratio)*, si bien el sentido de 'discursivo' es vago: la *enunciatio* es uno de los varios sentidos posibles de la *oratio*.

Epistemología. En el artículo GNOSEOLOGÍA se ha indicado que los términos 'gnoseología' y 'epistemología' son considerados a menudo como sinónimos; en ambos casos se trata de «teoría del conocimiento» –expresión que se usa asimismo en vez de cualquiera de las dos anteriores. Durante algún tiempo, por lo menos en español, se tendía a usar 'gnoseología' con preferencia a 'epistemología'. Luego, y en vista de que 'gnoseología' era empleado bastante a menudo por tendencias filosóficas de orientación escolástica, se tendió a usar 'gnoseología' en el sentido general de teoría del conocimiento, sin precisarse de qué tipo de conocimiento se trataba, y a introducir 'epistemología' para teoría del conocimiento científico, o para dilucidar problemas relativos al conocimiento cuyos principales ejemplos eran extraídos de las ciencias. Crecientemente, y en parte por influencia de la literatura filosófica anglosajona, se ha usado 'epistemología' prácticamente en casi todos los casos. En esta obra se sigue generalmente el último uso, pero se conservan a veces, cuando lo requiere el contexto, las expresiones 'gnoseología' y 'teoría del conocimiento'.

Epojé. En el vocabulario filosófico es común ya usar el término 'epojé', transcrito a veces 'epoché', como transcripción y traducción del término griego ἐποχή (suspensión, suspensión del juicio), que los filósofos de la Nueva Academia (especialmente Arcesilao y Carnéades), y los escépticos (especialmente Enesidemo y Sexto el Empírico) usaron para expresar su actitud frente al problema del conocimiento. 'Epojé', en la definición de Sexto el Empírico, «es estado de reposo mental (στάσις διανοίας), por el cual ni afirmamos ni negamos» *(Hyp. Pyrr.,* I, 10), un estado que conduce a la imperturbabilidad, ἀταραξία. No se sabe exactamente quién fue el primer filósofo que introdujo la noción de epojé. Algunos indican que fue Pirrón quien combinó la epojé con la llamada acatalepsia o imposibilidad de aprehender inmediatamente la realidad del objeto. L. Robin señala, sin embargo, que Pirrón no puede ser considerado como un pensador eféctico (que suspende el ánimo como resultado de la investigación), sino como un pensador catético (o buscador); a diferencia de lo que indica Sexto el Empírico, Pirrón no suspendía radicalmente el juicio, sino que se dedicaba a la busca incesante, aun cuando sin obtener ningún resultado. Otros presentan a Arcesilao como el primero que usó ampliamente dicha noción. Los estoicos habían defendido en la doctrina del conocimiento la teoría de la posibilidad de obtener «representaciones comprensivas». Contra ello Arcesilao arguyó que tales representaciones son condicionadas por el asentimiento, y como éste no puede darse, las representaciones comprensivas son imposibles. En todo caso, parece cierto que la noción de epojé fue usada sobre todo para oponerse a la teoría estoica del conocimiento. En el mismo sentido se pronunció Carnéades, el cual distinguió entre una epojé generalizada y una epojé particular, y afirmó que el sabio debe atenerse a la primera. Enesidemo y Sexto el Empírico, por su lado, afirmaron la epojé como resultado de los tropos, pero adoptaron diversas actitudes de «suspensión» que rozaban a veces el probabilismo. Así, sobre todo Sexto distinguía entre la pura y simple abstención, el reconocimiento de una posibilidad de que algo sea cierto, el reconocimiento de que no es imposible que algo sea cierto, la afirmación de que no puede haber decisión entre dos casos, etc. Hay que observar que la epojé tenía en todos estos filósofos no solamente un sentido teórico, sino también práctico, pues concernía tanto al conocimiento del objeto como al reconocimiento del bien, y especialmente del Bien supremo. Sin embargo, parece observarse en los académicos nuevos y en los escépticos una tendencia a acentuar diferentemente la suspensión del juicio según se tratara del aspecto teórico o del práctico. En lo que toca al primero, la epojé era casi siempre radical. En lo que se refiere al segundo, se tendía con frecuencia a la llamada *metripatía* –la actitud moderada respecto a los juicios de carácter moral.

El término 'epojé' ha sido revivido con distinto sentido del escéptico en la fenomenología de Husserl. Este filósofo introduce, en efecto, el citado término en la formación del método para conseguir la llamada *reducción fenomenológica*. En un sentido primario, la epojé filosófica no significa más que el hecho de que «suspendemos el juicio frente al contenido doctrinal de toda filosofía dada y realizamos todas nuestras comprobaciones dentro del marco de tal suspensión (*Ideen*, I § 18; *Husserliana*, III, 33). En un sentido husserliano propio, la epojé fenomenológica significa el *cambio* radical de la «tesis natural». En la «tesis natural» la conciencia está situada frente al mundo en tanto que realidad que existe siempre o está siempre «ahí». Al cambiarse esta tesis se produce la suspensión o colocación entre paréntesis (*Ausschaltung, Einkammerung*) no solamente de las doctrinas acerca de la realidad, y de la acción sobre la realidad, sino de la propia realidad. Ahora bien, éstas no quedan eliminadas, sino *alteradas* por la suspensión. Por lo tanto, el «mundo natural» no queda negado ni se duda de su existencia (*op. cit.*, I, §§ 31-2, 55). Así, la epojé fenomenológica no es comparable ni a la duda cartesiana, ni a la suspensión escéptica del juicio, ni a la negación de la realidad por algunos sofistas, ni a la abstención de explicaciones propugnada, en nombre de una actitud libre de teorías y supuestos metafísicos, por el positivismo de Comte. Sólo así es posible, según Husserl, constituir la conciencia pura o trascendental como residuo fenomenológico.

'Es'-'debe'. Una de las formas de la llamada «falacia naturalista» es la derivación de enunciados en los que figura el verbo 'debe' a base de enunciados en los que figura el verbo 'es', esto es, la derivación de prescripciones a base de descripciones. El *locus classicus* de denuncia de la falacia naturalista es el siguiente pasaje de Hume: «En todos los sistemas de moralidad con que me he topado hasta la fecha, he notado siempre que el autor procede durante algún tiempo razonando en la forma corriente, y demuestra así la existencia de Dios o hace observaciones relativas a asuntos humanos. Pero, de pronto, me sorprende encontrar que en vez de las usuales cópulas *es* y *no es,* descubro que no hay ninguna proposición que no se halle conectada mediante un *debe* [*ought* = debería] o un *no debe.* Este cambio es imperceptible, pero es de grandísima importancia. Pues como este *debe* o *no debe* expresa alguna nueva relación o afirmación, es menester que se tome nota de ello y se explique y que, a la vez, se dé razón de lo que parece enteramente inconcebible, es decir, de cómo esta nueva relación puede deducirse de otras, que son enteramente distintas de ella. Pero como, por lo común, los autores no usan esta precaución, me atreveré a recomendarla a los lectores. Y estoy persuadido de que prestar sólo un poco de atención a ella arrumbaría todos los sistemas comunes de moralidad. Veríamos así que la distinción entre el vicio y la virtud no se funda meramente en las relaciones entre objetos ni es tampoco percibida por la razón» (*Treatise,* III, i, i).

Ha habido discusión sobre la correcta interpretación que debe darse a este pasaje de Hume y sobre si este pasaje cuadra o no con el resto de los pensamientos de este autor. Así, A. C. MacIntyre, «Hume on 'is' and 'ought'», en W. D. Hudson, *The Is-Ought Question,* 1969, págs. 36 y sigs., indica que la idea de que, en virtud del pasaje de referencia, Hume defiende, al modo de Kant luego, la autonomía de la moralidad, es inadecuada; que el contexto filosófico e histórico dentro del cual habla Hume no permiten la usual interpretación simplificada de la frase como una denuncia de la «falacia naturalista»; que si la interpretación indicada es correcta, entonces el propio Hume cometió la misma falacia que «denunciaba». Geoffrey Hunter («Hume on *is* and *ought*», *op. cit.,* pág. 59 y sigs.) llama la atención sobre un pasaje de Hume inmediatamente anterior al citado y que reza: «... cuando alguien declara que una acción o un carácter son viciosos, lo único que quiere decir es que, en virtud de la constitución de su naturaleza, posee un sentimiento o una disposición de censura al contemplarla». Estas interpretaciones, o reinterpretaciones, históricas de Hume han sido, a su vez, objeto de críticas por parte de quienes han adoptado una lectura del pasaje citado primero como una denuncia *avant la lettre* de una de las formas de la falacia naturalista. La razón de ello, se ha indicado, es que, a despecho de todo, Hume sigue afirmando claramente que de un 'es' no cabe derivar lógicamente un 'debe' y que, por añadidura, en lo que toca a sus propias ideas sobre la moralidad, están fundadas en la escasa estima que tiene por el poder motivo de la razón.

Sea como fuere, el pasaje de Hume ha sido tomado como un antecedente de la muy combatida falacia naturalista de la forma 'es'-'debe'. El que alguien se comporte de tal o cual manera, se ha afirmado, es un hecho, susceptible de descripción. El que las cosas sean de tal o cual modo, se ha sostenido, es un hecho, asimismo susceptible de descripción. Lógicamente, no se puede concluir de tales descripciones que alguien deba hacer esto o lo otro o comportarse de esta o la otra manera, o que las cosas deban ser de otro modo que como son. Asimismo, el que alguien deba comportarse de tal o cual manera, es una prescripción. El que «las cosas» deban ser de tal o cual modo es asimismo una prescripción. No es admisible apelar a hechos o a descripciones para demostrar la validez de estas prescripciones, porque entonces se pasa subrepticiamente de un nivel lógico a otro. Se apela más bien a hechos o a descripciones, para demostrar otros hechos, u otras descripciones. Y se apela a prescripciones para demostrar la validez de *otras* prescripciones –hasta que se llega a alguna prescripción considerada «última» que se justifica por sí misma, o se estima evidente, o acerca de la cual se decide que es válida sin más, o por la cual se expresa una absoluta preferencia.

Ello vale tanto para las prescripciones en general como para la forma de prescripción calificada de «moral». En rigor, y como se desprende del pasaje de Hume, la cuestión se plantea con respecto a «sistemas de moralidad». El 'debe' de referencia es entendido casi siempre como un 'debe' moral.

Se han buscado varios medios para salir al paso del llamado «abismo» lógico entre el 'es' y el 'debe'. Como ejemplo citamos el intento de John R. Searle («How to Derive 'Ought' from 'Is'», *Philosophical Review*, 73 [1964], 43-58; cf. también *Speech Acts*, 1969, cap. 8). Simplificando consiste en advertir que en una frase como: «Jones pronunció las palabras 'Te prometo, Smith, pagarte cinco dólares'», estas palabras tienen sentido sólo si son efectivamente una promesa. Así, se puede pasar a: «Jones prometió pagarle a Smith cinco dólares». La promesa no es tal si no coloca a la persona que promete en la obligación de cumplirla. Tenemos con ello: «Jones se impuso la obligación de pagarle a Smith cinco dólares». Siendo esto un hecho, tenemos: «Jones está obligado a pagarle a Smith cinco dólares», lo cual da, como conclusión: «Jones debe pagarle a Smith cinco dólares».

La maniobra de Searle, y demás autores que han ejecutado otras maniobras similares, consiste en reducir el «abismo» entre el 'es' y el 'debe' por medio de frases que sirven de puente y que gradualmente permiten llegar hasta la conclusión. Las objeciones a este tipo de maniobras son de varias clases. Una consiste en observar que en algún momento (por ejemplo, en el paso de «imponerse la obligación de» a «deber») hay un salto lógico. Otra consiste en notar que si se procede en la forma indicada no se cumplen ya las condiciones establecidas, es decir, el paso estrictamente lógico-deductivo. Desde el punto de vista lógico, pues, la falacia sigue siendo una falacia (véase HECHO). Si la premisa de que se parte es un «hecho institucional», entonces cabe derivar de ella otro «hecho institucional»; no es menester pasar, en rigor, del 'es' al 'debe', que sería pasar de un «hecho bruto» a un «hecho institucional» (podrían complicarse aún más las cosas y hablarse de «valores brutos» y hasta de «instituciones fácticas» y combinarse entonces todos estos elementos de tal forma que se pudiera concluir que es admisible pasar de algunos de ellos [pero no todos] a otros de ellos [pero no todos]).

Se ha estimado asimismo que la mayor parte de los problemas suscitados por la falacia naturalista se deben a la idea –común a los que denuncian la falacia y a casi todos los que estiman que se trata, a su vez, de una falacia: la falacia de la falacia naturalista– de que no se puede encontrar una deducción lógica o, por el contrario, es posible construir un puente lógico. En todos estos casos se habla de deducción lógica. Pero puede distinguirse entre deducción lógica y justificación (moral). Al mismo tiempo, puede considerarse que deducción lógica y justificación (moral) son o bien completamente distintas, o sólo lógicamente diferentes. Esta última es la opinión de Ken Witkowski.

Algunos autores estiman que si una expresión con 'debe' tiene un sentido moral, esto es, si es normativa, entonces está ligada a alguna otra expresión en la cual se manifiesta alguna preferencia moral –expresión que, por su lado, está ligada a otra en la que se formula alguna valoración o juicio de valor–. Así, 'Debes ayudar al prójimo' está ligado a 'Es preferible ayudar al prójimo a no ayudarlo o a mostrarse indiferente con él', lo que está ligado a algo así como 'Ayudar al prójimo es bueno (moralmente bueno)'. La razón de ello, se afirma, es que no tendría sentido formular una norma moral si no la apoyara una valoración. Si así ocurre, el problema de la relación 'es'-'debe' es paralelo al problema de la relación 'es'-'vale'; en otros términos, el problema «hecho-norma» es paralelo al problema «hecho-valor».

Otros autores estiman que no es aceptable equiparar 'bueno' con 'debe' y, en general, que las valoraciones no equivalen a, o no implican, normas. Según ello, como indica Georg Henrik von Wright (*The Varieties of Goodness,* 1963, pág. 155), el «abismo» entre los 'es' y el 'debe' es distinto del que hay, o pueda haber, entre los hechos y los valores. Esta opinión se funda en gran parte en la idea de que 'bueno' (véase BIEN) no es equivalente a 'moralmente bueno', porque el sentido moral de 'bueno' es secundario respecto a otros sentidos del mismo término. Sin embargo, el mismo autor acaba por reconocer *(op. cit.,* págs. 176-77) que, dadas ciertas condiciones, hay relación entre normas y valores o, mejor dicho, las normas pueden en ciertos casos «anclarse» en valores. Las condiciones son, entre otras, ciertas necesidades naturales y el conocimiento de lo que se puede hacer y lo que no se puede hacer con ellas cuando están unidas a ciertos fines.

Varios autores estiman que el carácter lógico de la falacia es innegable, pero sólo porque previamente se ha establecido una separación tajante entre «proposiciones que enuncian hechos simples» y «proposiciones que expresan normas simples». Cuando se considera que hay otras posibles clases de proposiciones además de las indicadas, se sale de la incomunicación entre el 'es' y el 'debe' –o entre el «ser» y el «deber ser»–. Jean-Louis Gardies («De quelques voies de communication entre l' 'être' et le 'devoir-être'», *Revue philosophique de la France et de l'Étranger,* año 101 [1976], 273-92) llama la atención sobre varias vías de comunicación entre las dos expresiones –o las dos nociones–. Una de estas vías ha sido mostrada por la experiencia del razonamiento moral y jurídico, la cual nos señala la existencia de lo que Georg Henrik von Wright ha considerado como «expresiones mixtas» y de lo que Ota Weinberger *(Studien zur Normenlogik und Rechtsinformatik,* 1974) ha llamado «la norma condicional o hipotética» del tipo de «Si p, entonces es obligatorio que q».

Esencia. Pueden formularse varias preguntas acerca de un ente cualquiera. *x:* (1) Si *x* es o, más específicamente, si *x* existe; (2) qué es *x;* (3) por qué *x* es como es; (4) de dónde *(ex)* procede *x*, etc. La segunda pregunta se refiere a la esencia de *x*.

En la medida en que Platón consideró las Ideas o Formas como modelos y «realidades verdaderas», las vio como esencias. Pero sólo con Aristóteles comienza un análisis de la idea de esencia.

En *Cat.,* 5, 2 a 11 y sigs., Aristóteles introduce el término οὐσία, que por razones que se verán luego ha sido traducido a veces por 'substancia' y a veces por 'esencia'. En *Top.,* I, 9,103 b 27 y sigs., Aristóteles escribe: «Al significar lo que algo es, se significa ora la substancia, ora la cualidad, ora una de las demás categorías. Cuando en presencia de un hombre se dice que lo que hay delante es un hombre o un animal, se indica lo que es, y se significa una substancia. Pero cuando ante un color blanco se dice que es blanco o es un color se indica que se trata de una cualidad... Y lo mismo sucede con las demás categorías: para cada una de las nociones señaladas, si se afirma género se expresa la esencia. Por el contrario, cuando se afirma algo sobre otra cosa que la cosa misma, portadora de la afirmación, no se expresa la esencia, sino la cantidad o la cualidad o una de las demás categorías». Aquí es presentada la esencia no como una determinación cualquiera de la cosa o entidad considerada, sino como una determinación a base del género al cual la cosa o entidad pertenece. La esencia es aquí, pues, la naturaleza de la cosa o entidad. Podría asimismo llamarse «substancia formal» o «forma». En este pasaje Aristóteles no usa la expresión οὐσία, sino la expresión τὸ τί ἦν εἶναι, *quod quid erat esse,* es decir, «lo que era antes de haber sido» o «haberse realizado» la entidad; τὸ τί ἦν εἶναι se traduce con frecuencia por *quidditas.* Parece designar la esencia y también la forma.

Es menester tener en cuenta dos cosas. Por un lado, desde Aristóteles se considera como esencia el *qué* de una cosa, esto es, no *que* la cosa sea (o el hecho de ser la cosa), sino *qué* es. Por otro lado, se considera que la esencia es cierto predicado por medio del cual se dice qué es la cosa, o se define la cosa. En el primer caso tenemos la esencia como algo real. En el segundo, como algo «lógico» –o conceptual–. Los dos sentidos se hallan estrechamente relacionados, pero se tiende a ver el primero desde el segundo. Por eso el problema de la esencia ha sido con frecuencia el problema de la predicación. No todos los predicados son esenciales. Decir «Pedro es un buen estudiante» no es enunciar la esencia de Pedro, pues 'es un buen estudiante' puede estimarse como un predicado accidental de Pedro. Decir «Pedro es un hombre» expresa el ser esencial de Pedro. Pero expresa asimismo el ser esencial de Pablo, Antonio, Juan, etc. Para saber lo que Pedro es habría que encontrar una «diferencia» que lo acotara esencialmente con respecto a Pablo, Antonio, Juan, etc. Ahora bien, en vista de la dificultad de encontrar definiciones esenciales para individuos se ha tendido a reservar las definiciones esenciales para clases de individuos.

En vista de ello muchos autores a partir de Aristóteles han afirmado que la esencia se predica solamente de universales. Sin embargo, ello no resulta completamente satisfactorio. Decir que la esencia es una entidad abstracta (un universal) equivale a adoptar una cierta posición ontológica que no puede ser suscrita por todos los filósofos. Puede también, pues, volverse a la «realidad» y alegar que la esencia es un constitutivo metafísico de cualquier realidad –por lo menos de cualquier realidad que se suponga posee esencia–. Las respuestas que se han dado al problema de la esencia han dependido en gran parte del aspecto que se haya subrayado, y especialmente de si se ha subrayado el aspecto «lógico» (o conceptual) o el aspecto «metafísico» (o real), o acaso una combinación de ambos. Así, si se define la esencia como un predicado, se pregunta si es necesario o suficiente. Si se define como un universal, puede preguntarse si se trata de un género o de una especie, o de ambos. Si es un constitutivo metafísico, puede considerarse como una idea, como una forma, como un modo de causa (la causa formal), etc. Por otro lado, desde el punto de vista metafísico, puede considerarse –como se ha hecho a menudo– la esencia como una «parte» de la cosa junto a la existencia. En este punto es donde se plantea con más urgencia la cuestión de la «relación» entre la esencia y la existencia, tan abundantemente tratada por los filósofos medievales, y en particular por los filósofos escolásticos –incluyendo los «escolásticos árabes».

El término *essentia* se relacionó estrechamente con el término *esse*. Así, en San Agustín, para quien «esencia se dice de aquello que es ser *(ab eo quod est esse dicta est essentia),* como *sapientia* viene de *sapere,* y *scientia* de *scire*. Las demás cosas que se llaman esencias o substancias implican accidentes que causan en ellas algún cambio» *(De Trin.,* V, ii, 3). Con ello se afirma que Dios es substancia o, si este nombre le conviene mejor, *essentia*. En cuanto carácter fundamental del ser, la esencia corresponde aquí sólo a Dios.

Según Santo Tomás, la esencia se dice de aquello por lo cual y en lo cual la cosa tiene el ser: *essentia dicitur secundum quod per eam et in ea res habet esse* (*De ente et essentia*, I). Todas estas definiciones de *essentia* parecen ser primariamente «metafísicas». Pueden, sin embargo, «doblarse» mediante una caracterización «lógica». En efecto, la esencia puede ser concebida como algo que «constituye» la cosa; la esencia responde a la pregunta *quid est ens*.

De todo lo anterior parece resultar clara sólo una cosa: que es muy difícil saber de qué se trata cuando se dice 'esencia'. El asunto se aclara un tanto, sin embargo, cuando se considera en los escolásticos medievales (o en gran número de ellos) el modo como se entiende la esencia en relación con la existencia.

Por lo pronto, es común considerar este problema con respecto a la «diferencia» entre Dios y las cosas creadas. La tradición vigente todavía en San Anselmo afirmaba que Dios es propiamente esencia. En la esencia divina (increada, creadora) su ser, su *esse*, es su existir. La esencia divina y la existencia divina son lo mismo. Esto es para San Anselmo y los autores «anselmianos» no sólo una verdad *per se*, sino también una verdad *quoad nos*; de ahí el argumento anselmiano. Para Santo Tomás sigue siendo una verdad *per se*, pero no *quoad nos*; de ahí el rechazo de tal argumento. Pero, además, aunque sigue considerándose que Dios es *esse* no se admite que sólo Dios sea propiamente esencia. La esencia conviene por analogía (VÉASE) de atribución *per prius* a Dios. Pero conviene también, aunque *per posterius*, a las criaturas. Y es en éstas donde se plantea el problema del modo como la esencia se relaciona con la existencia, es decir, el problema de qué tipo de distinción debe admitirse en los entes creados entre esencia y existencia.

Entre la multitud de opiniones al respecto destacan algunas fundamentales.

Santo Tomás y los autores influidos por él afirman que hay distinción real entre la esencia y la existencia en los entes creados, pero ello no significa sostener que la existencia sea un mero accidente agregado a la esencia. Puede ser una causa eficiente trascendente a la esencia y, por tanto, algo muy distinto de un *aggregatum*. Con ello se oponía Santo Tomás a la teoría aviceniana.

Según ésta, la existencia se agrega a la esencia (o, si se quiere, el *esse* se agrega a la *quidditas)*. La esencia es la pura realidad de la cosa, independientemente de las determinaciones lógicas del pensamiento de la cosa. La esencia de una cosa es, pues, la cosa *en cuanto tal* y nada más.

Los escolásticos cristianos más o menos «avicenianos» estiman que este modo de considerar la esencia es el modo propiamente metafísico. La esencia debe ser tomada en sí misma y no en la cosa o en el intelecto. En la cosa, la esencia es aquello por lo cual la cosa es. En el intelecto, es aquello que es mediante definición; en sí misma, la esencia es lo que es. Así afirma Duns Escoto cuando estima que la esencia puede ser considerada en sí misma (estado metafísico), en lo real singular (estado físico o real) o en el pensamiento (estado lógico). Metafísicamente considerada, la esencia se distingue de la existencia sólo por una distinción formal.

Alejandro de Hales no admitió una distinción real entre esencia y existencia, sino sólo distinción de razón –opinión que siguió luego Suárez.

Enrique de Gante abogó por una distinción intencional. Esta teoría está fundada en una concepción del ser de la esencia en cuanto tal.

Averroes tendió a no admitir ninguna distinción. Similarmente, Guillermo de Occam afirmó que la esencia y la existencia no son dos realidades distintas: tanto en Dios como en la criatura no se distinguen entre sí la esencia y la existencia más de lo que cada una difiere de sí misma. 'Esencia' y 'existencia' son dos términos que significan la misma cosa, pero una la significa al modo de un verbo, y la otra al modo de un nombre.

Algunas de las cuestiones mencionadas fueron aún tema de discusión en la época moderna. Los neoescolásticos se interesaron por el problema de la esencia, siguiéndose –en general– las tendencias ya marcadas por Tomás de Aquino, Duns Escoto y Guillermo de Occam.

Parte considerable de la discusión sobre las esencias en la filosofía moderna, especialmente entre los grandes filósofos del siglo XVII, giró en torno a la naturaleza de las esencias. Spinoza, por ejemplo, escribió: «Pertenece a la esencia de alguna cosa aquello que, siendo dado, pone necesariamente la cosa y que, no siendo dado, la destruye necesariamente, o aquello sin lo cual la cosa no puede ser ni ser concebida y que, viceversa, no puede sin la cosa ser ni ser concebido» *(Eth.,* II, def. ii). Esta concepción de la esencia ha sido calificada a menudo de «realista» –en el sentido ontológico de 'realista'–. Autores como Hobbes y, en general, los filósofos de tendencia nominalista y terminista han considerado la esencia como un término mediante el cual se nombra algo –generalmente, una clase– o se predica algo de algo –generalmente uno de los llamados «predicados esenciales»–. Leibniz insistió mucho en la idea de que hay una *exigentia existentiae* inherente a cada esencia: toda esencia, afirma repetidamente, tiende por sí misma a la existencia, viéndose limitada en su «pretensión a existir» por el principio de composibilidad (VÉASE). Las esencias son concebidas por Leibniz casi siempre como «posibles» que poseen un *conatus* que las lleva a realizarse siempre que se hallen fundadas en un ser necesario existente. La razón de esta *propensio ad existendum* se halla para Leibniz en el principio de razón suficiente.

Ha sido corriente en la época moderna distinguir entre esencia nominal y esencia real: la primera es la expresión que predica algo de algo; la segunda es la verdadera (o supuestamente verdadera) realidad intrínseca (y a veces declarada incognoscible) de una cosa.

La noción de esencia desempeña un papel capital en la filosofía de Hegel. Según este autor, el absoluto aparece primero como ser y luego como esencia. «La esencia es la verdad del ser» (*Logik*, I, libro II). La esencia es el ser en y para sí mismo *(An-und-Für sich sein)* o sea el ser en sí absoluto *(absolutes Ansichsein)*. La esencia es el lugar intermedio entre el ser y el concepto; «su movimiento se efectúa del ser y el concepto», con lo cual se tiene la tríada: Ser, Esencia, Concepto.

Para Santayana (cf. *The Realm of Essence* [1927]), hay un «reino de esencias» que abarca cuanto puede ser aprehendido (pensado, concebido, imaginado, etc.). Este reino es, como el de las esencias platónicas, intemporal. Pero, a diferencia de las ideas platónicas, las ideas en el sentido de Santayana no han sido hipostasiadas. Puede decirse que las esencias en Santayana equivalen a «significaciones» y que, por tanto, su doctrina al respecto se asemeja en algunos puntos a la de Husserl y, en general, a la de todos los autores que han hablado, o dado por supuesto, de un «tercer reino» distinto del de las cosas y de los procesos mentales (Meinong, Husserl, etc.).

Según Husserl, las esencias no son entidades metafísicas, pero tampoco se reducen a «meros conceptos» o «actos mentales». Son «unidades ideales de significado» que se dan a la intuición esencial. En su dimensión fenomenológica las esencias son atemporales y *a priori,* diferenciándose así de los hechos. Sin

embargo, esencias y actos son, para Husserl, inseparables *(Ideas,* § 2) y en todo caso los segundos se apoyan sobre las primeras. «Pertenece al significado de todo lo contingente que ha de poseer una esencia y, por tanto, un eidos para ser aprehendido en toda su puridad» *(ibid.).*
Dichas esencias pueden ser formales o materiales. Las formales pertenecen a todo tipo de objetos, reales o ideales, mientras que las materiales sólo afectan a esferas concretas del ser. El estudio de las primeras compete a la ontología 'general' o 'formal', y el de las esencias materiales corresponde a lo que Husserl denomina «ontologías regionales». A menudo utiliza también el término 'eidético' para singularizar lo que pertenece al orden de la esencia; así pues, ciencia eidética viene a ser sinónimo de ciencia de las esencias.

Espacio. En la filosofía antigua el problema del espacio fue discutido con frecuencia al hilo de la oposición entre lo lleno, τὸ πλέον, y lo vacío, τὸ κενόν. Esta oposición es paralela a la que existe entre la materia y el espacio. Es también paralela a la que existe entre el ser y el no ser. A veces los dos puntos de vista se hallan mezclados; a veces, separados. A menudo es difícil precisar dónde empieza o dónde termina el paralelismo. La razón de esta variedad y a la vez de esta imprecisión radica en la dificultad de dar una interpretación unívoca a las cosmologías helénicas, especialmente a las de los presocráticos. Tomemos dos ejemplos: Parménides y Demócrito. Al negar que se pueda hablar del no ser, Parménides niega al mismo tiempo que se pueda hablar del vacío: lo único que hay, y de que puede hablarse, es el ser, y el ser es enteramente lleno. Mas este ser lleno puede ser, entre otras cosas, la materia compacta, o el espacio. Al afirmar que existe el vacío, Demócrito afirma a la vez que puede hablarse en cierto modo del no ser; tanto los átomos como el vacío existen, ya que de otra suerte no podría haber movimiento, pero son dos distintas formas de existencia que parecen equivaler respectivamente a la materia y al espacio. Mayores precisiones sobre la noción del espacio *como tal* se encuentran en Platón, aun cuando este autor ha tratado el problema solamente en un pasaje de sus obras *(Tim.,* 52 A sigs.), y este pasaje es susceptible de varias interpretaciones. Según Platón, hay tres géneros de ser: Uno, que es siempre el mismo, increado e indestructible, invisible para los sentidos, que nada recibe de fuera ni se transforma en otra cosa: son las formas o las ideas. Otro, que está siempre en movimiento, es creado, perceptible para los sentidos y la opinión, y siempre llegando a ser en un lugar y desapareciendo de él: son las cosas sensibles. Otro, finalmente, que es eterno y no susceptible de destrucción, constituye el habitáculo de las cosas creadas, es aprehendido por medio de una razón espuria y es apenas real: es el espacio, χώρα. Formas (o ser), devenir y espacio han existido, según Platón, antes de la existencia del cielo. El espacio, además, ha tomado las formas de los elementos. Por eso, como indica A. E. Taylor en su comentario al *Timeo,* el nombre 'espacio', χώρα, se da a lo que luego es definido como receptáculo. Como el espacio carece de figura, las definiciones que pueden darse de él son, al parecer, solamente negativas: es lo que propiamente no es, sino que únicamente es llenado. Ahora bien, el problema que se plantea al respecto, y que ha ocupado desde muy pronto la atención de los comentaristas del filósofo, es el de si, en tanto que vacío receptáculo, el espacio no debe ser también el lugar donde se hallan las Formas. Platón parece negar que esto sea posible. Las Formas no están, propiamente hablando, en ninguna parte: la negatividad del espacio no lo convierte en aquello en lo cual están todas las realidades, incluyendo las Formas, sino más bien en un ser «intermedio» entre las Formas y las realidades sensibles. El espacio en cuanto receptáculo puro es un «continuo» sin cualidades. El espacio es un «habitáculo» y nada más; no se halla ni en la tierra ni en el cielo (inteligible), de modo que no puede decirse de él que «existe».

Puesto que el espacio es concebido por Aristóteles como «lugar», remitimos al artículo sobre este concepto para la influyente doctrina aristotélica. En parte, las cosas están hechas, según Aristóteles, de «espacio», pero ello no significa que sean –como en Descartes (cf. *infra*)– modos de un continuo espacial. En rigor, mejor que decir que las cosas están hechas en parte de «espacio» es decir que el espacio «emana» de las cosas. Puesto que, de acuerdo con el concepto de «lugar», no es posible concebir las cosas sin *su* espacio, el espacio no puede ser mero receptáculo vacío. Hay, pues, una diferencia fundamental entre la doctrina aristotélica y la doctrina platónica al respecto. Hay también una diferencia básica entre la doctrina aristotélica y la atomista. Los atomistas concibieron el espacio como «lo vacío»; el espacio no es una cosa, pues únicamente los átomos son «cosas». Pero gracias al espacio puede concebirse el movimiento; este último es desplazamiento de las «cosas» o átomos en el «no ser» o «vacío» espacial. Por eso Demócrito llamó el espacio indistintamente «vacío», τὸ κενόν; «nada», τὸ μὴ ὄν, e «infinito», τὸ ἄπειρον (Simplicio, *In de caelo comm.*, 195, I).

S. Sambursky *(The Physical World of Late Antiquity* [1962], págs. 2 y sigs.) recuerda que las principales concepciones sobre el espacio después de Aristóteles fueron descritas por Simplicio *(In phys. comm.)*. Entre estas concepciones se destacan dos. Una se debe a Teofrasto, el cual propone considerar el espacio no como una realidad en sí misma, sino como «algo» definido mediante la posición y orden de los cuerpos. Esta concepción del espacio, comenta Sambursky, es similar, si no idéntica, a la idea relacional del espacio propuesta por Leibniz en su polémica con Clarke (cf. *infra)*. La otra se debe a Estratón de Lámpsaco, el cual propone considerar el espacio como una realidad equivalente a la totalidad del cuerpo cósmico. El espacio es «algo» completamente vacío, pero siempre llenado con cuerpos (la idea de Estratón de Lámpsaco es, indica Simplicio, la misma que la de muchos «platónicos»). Esta concepción del espacio, comenta Sambursky, es similar, si no idéntica, a la idea del espacio como un «absoluto» propuesta por Clarke y, según la mayor parte de intérpretes, por Newton.

Según Sambursky, todas las concepciones del espacio durante la época helenística fueron variaciones de las ideas propuestas por Teofrasto o por Estratón de Lámpsaco. Sin embargo, no parece que pueda descartarse la concepción aristotélica del espacio como «lugar», la cual fue admitida por autores que en otros aspectos se adhirieron a concepciones no aristotélicas. Por ejemplo, Plotino declara que el lugar puede concebirse como un intervalo (en cuanto «intervalo vacío»). En este sentido el lugar es una «realidad incorpórea» *(Enn.,* IV, iii, 20). Así, Plotino parece seguir en este punto a Platón. Pero Plotino señala también que todo tiene su «lugar propio» *(Enn.,* IV, viii, 2). Así, Plotino parece seguir aquí a Aristóteles. Lo que Plotino reprocha a Aristóteles es haber distinguido entre el «lugar» y el «donde»; en rigor, siempre que indicamos un «donde» indicamos un «lugar» *(Enn.,* VI, i, 14). Por otro lado, la concepción estoica del espacio se distingue de la aristotélica en cuanto que los estoicos concibieron el espacio como un «continuo» dentro del cual hay «posiciones» y «órdenes» de los cuerpos. Pero se aproxima a la aristotélica por cuanto las disposiciones de los cuerpos engendran los distintos «lugares» en que se encuentran, o pueden encontrarse.

Durante la Edad Media, y especialmente entre los escolásticos, las ideas sobre la naturaleza del espacio se fundaron en nociones ya dilucidadas en la filosofía antigua. Uno de los principales problemas planteados fue el de la dependencia o independencia del espacio respecto a los cuerpos. La opinión que predominó fue la aristotélica: la del espacio como lugar. Ello no significa que no se distinguiera entre varias nociones de espacio. Una distinción importante fue la establecida entre espacio real y espacio imaginario. El espacio real es finito, teniendo los mismos límites que el universo de las cosas. El espacio imaginario –el que se «extiende» más allá de las cosas actuales o, mejor dicho, el que se piensa como «conteniendo» otras cosas posibles– es potencialmente infinito. El espacio imaginario es a veces identificado como el vacío puro. El espacio real es el espacio de los cuerpos. Puede pensarse o como algo «real» o como algo puramente «mental».

Las doctrinas modernas sobre la noción de espacio son muy abundantes y complejas.

Filósofos y hombres de ciencia tendieron cada vez más a concebir el espacio como una especie de «continente universal» de los cuerpos físicos. Este espacio tiene varias propiedades, entre las cuales destacan las siguientes: el ser homogéneo (es decir, el ser sus «partes» indiscernibles unas de otras desde el punto de vista cualitativo); el ser isotrópico (el tener todas las direcciones en el espacio las mismas propiedades); el ser continuo; el ser ilimitado; el ser tridimensional, y el ser homoloidal (el que una figura dada sea matriz de un número infinito de figuras a diferentes escalas, pero asemejándose unas a otras). Esta idea del espacio corresponde por un lado al modo como se conciben las propiedades espaciales en la geometría euclidiana y por otro lado a la concepción del espacio como infinito.

La idea de espacio juega un papel central en la filosofía cartesiana. El espacio es para Descartes *res extensa*, cuyas propiedades son la continuidad, la exterioridad (el ser *partes extra partes*), la reversibilidad, la tridimensionalidad, etc. A la vez, la *res extensa* constituye la esencia de los cuerpos (*Regulae*, XIV, *Meditationes*, V; *Princ. Phil.*, II, 4, 9, 11, 12, 13, 14, 15). Una vez se ha despojado a los cuerpos de todas las propiedades sensibles (siempre cambiantes) queda de ellos la extensión: «la naturaleza de la materia o del cuerpo tomado en general, no consiste en ser algo duro, pesado, o coloreado, o algo que afecte nuestros sentidos de algún otro modo, sino el ser una substancia extendida en longitud, anchura y profundidad» *(Princ. Phil.,* II, 4). Así, la substancia corporal solamente puede ser conocida claramente por medio de la extensión *(ibid.,* II, 9). Es cierto que Descartes introduce las nociones de lugar y situación. Pero la función que tienen estas nociones es distinta de la que tienen en la escolástica. El lugar indica la situación o modo como un cuerpo se orienta. Pero ambos «se hallan» en el espacio en tanto que pura extensión. El espacio es conocido *a priori,* con perfecta claridad y distinción; la extensión en que consiste el espacio es perfectamente transparente. Esta extensión no es «sensible»; es «inteligible» *(Entretiens sur la Métaphysique,* I viii [también ix y x]). La idea del espacio sin límites es, escribe Malebranche, «necesaria, eterna, inmutable, común a todos los espíritus, a los ángeles, al propio Dios»; no es posible «separarse de ella o perderla enteramente de vista». Para Spinoza, la substancia extensa «es uno de los atributos infinitos de Dios» *(Eth.,* I, prop. xv, sch.). La extensión «es un atributo de Dios, esto es, Dios es cosa extensa» *(ibid.,* II, prop. ii); «el modo de la extensión y la idea de este modo son una y la misma cosa, si bien expresada de dos distintas maneras» *(ibid.,* II, prop. vii, sch.). En todas estas interpretaciones filosóficas, el espacio aparece como una realidad substancial o, como Kant dirá luego, como «cosa en sí».

Locke se interesa sobre todo por el problema del origen de la idea del espacio. Esta idea es obtenida por medio de la vista y del tacto. Forma una «idea simple», con sus «modos» (distancia, capacidad, intensidad, etc.) *(Essay,* I, v). Locke distingue entre la extensión y el cuerpo. Los cuerpos son sólidos y extensos, teniendo partes separables y movibles en diferentes modos, en tanto que la extensión es solamente el espacio que se halla entre las extremidades de estas partes sólidas coherentes *(ibid.,* II, xiii, 11). La extensión no incluye solidez, ni resistencia al movimiento del cuerpo *(ibid.,* II, xiii, 12). Las partes del espacio puro «son inseparables unas de otras, de modo que la continuidad no puede ser separada ni real ni mentalmente» *(ibid.,* II, xiii, 13). Las ideas de Locke al respecto tienen una consecuencia: que aunque la noción de espacio tiene origen empírico, el espacio es concebido como algo «en sí». Ello se comprende cuando se tiene presente que Locke insistió grandemente en la diferencia entre cualidades primarias y secundarias (véase CUALIDAD); la extensión y sus modos es una cualidad primaria y, por lo tanto, constituye una de las «propiedades mecánicas» que subyacen a las propiedades sensibles. Puede concluirse que las opiniones de Locke son psicológicamente empiristas, pero ontológicamente «racionalistas» y «realistas». Berkeley lo puso claramente de relieve. Considerar el espacio como una «cualidad primaria» es suponer que el espacio existe con independencia del ser percibido. Pero si ser es ser percibido, el espacio es una idea, lo mismo que las cualidades secundarias como el color, el sabor, etc. Ello no significa que el espacio sea una ilusión; el espacio es una realidad –o, mejor, una «idea real»–. Pero decir «el espacio existe» no es decir que hay algo que trascienda el ser percibido o la posibilidad de ser percibido. Tenemos aquí una concepción a la vez empirista, fenomenista e idealista del espacio. Pero el empirismo de Berkeley es, como se ve, harto distinto del de Locke; de hecho, exactamente inverso al de Locke. En cierto sentido, hay más similaridades, por un lado, entre Descartes y Locke, y, por el otro, entre Berkeley y Leibniz, de las que hay entre Descartes y Leibniz, y Locke y Berkeley.

La discusión sobre la naturaleza del espacio fue (junto con la discusión sobre la naturaleza del tiempo [VÉASE]) muy movida durante la segunda mitad del siglo XVII y primer tercio del siglo XVIII. Aunque muchos autores contribuyeron a estas discusiones, suelen centrarse en torno a la polémica entre Newton (y Clarke) y Leibniz. Ciertos autores mantuvieron posiciones distintas de las de los mencionados autores; otros, en cambio, se aproximaron grandemente a ellos y hasta los precedieron. Es singular el caso de Gassendi, el cual manifestó una idea del espacio similar a la newtoniana (cf. *Syntagma philosophicum*, pars II sect. i, lib. II, c. i).

Newton definió el espacio del siguiente modo: «El espacio absoluto, en su propia naturaleza, sin relación con nada externo, permanece siempre similar e inmóvil. El espacio relativo es una dimensión movible o medida de los espacios absolutos, que nuestros sentidos determinan mediante su posición respecto a los cuerpos, y que es vulgarmente considerado como espacio inmovible» *(Principia,* escolio a la def. viii). La interpretación más corriente de estas fórmulas es la siguiente: el espacio es para Newton una medida absoluta y hasta una «entidad absoluta». Puesto que las medidas en el espacio relativo son función del espacio absoluto, puede concluirse que este último es el fundamento de toda dimensión espacial. En el Escolio General de los *Principia*, Newton indica que aunque Dios no es espacio, se halla dondequiera, de modo que constituye el espacio (y la duración). El espacio es, así, *sensorium Dei,* órgano sensorial de la divinidad. Esta idea del espacio fue rechazada por Berkeley, por Huygens y por Leibniz, así como, más tarde, por Ernst Mach. Fue defendida, en cambio, por Clarke. especialmente en su correspondencia con Leibniz.

Sthepen Toulmin («Criticism in the History of Science: Newton on Absolute Space, Time, and Motion. I», *Philosophical Review,* 68 [1959], 1-29; *ibid.,* II, 203-27) alega que no es en modo alguno evidente que Newton mantuviera una concepción del espacio como cosa, entidad o realidad absolutas. Aunque la letra del «Escolio» a la definición viii pudiera dar pie a esta interpretación, el modo como las ideas newtonianas son aplicadas en los *Principia* y, sobre todo, la estructura lógica de los *Principia,* la hacen dudosa. La concepción newtoniana del espacio tiene, según Toulmin, un carácter claro: es una definición operacional.

Pero sería erróneo imaginar que hubo solamente en esta época las dos opiniones mencionadas: el espacio como algo real (y aun absoluto) y el espacio como algo ideal. Así, Boscovich examinó el problema del espacio (y, como todos los autores citados, del tiempo) a la vez como realidad y como idealidad. Ahora bien, la más famosa teoría sobre el espacio formulada poco después de Boscovich es la de Kant. Este filósofo trata de explicar el modo como la noción de espacio es usada en la mecánica newtoniana sin por ello adherirse a la concepción realista de Clarke y otros. Precedido por las especulaciones de autores como Tetens y Lambert, Kant siguió primero las orientaciones leibnizianas. Pero si bien, como Leibniz, mantuvo que el espacio es una relación, hizo de esta última no un orden ideal, sino trascendental. Las ideas kantianas sobre el espacio se hallan sobre todo en su Disertación inaugural de 1770 y en la «Estética trascendental» de la *Crítica de la razón pura.* El espacio es para Kant (lo mismo que el tiempo) una forma de la intuición sensible, es decir, una forma *a priori* de la sensibilidad. No es «un concepto empírico derivado de experiencias externas, porque la experiencia externa sólo es posible por la representación del espacio». «Es una representación necesaria *a priori,* que sirve de fundamento a todas las intuiciones externas», porque «es imposible concebir que no existe espacio, aunque se le puede pensar sin que contenga objeto alguno». El espacio es, en suma, «la condición de la posibilidad de los fenómenos», es decir, «una representación *a priori*, necesario fundamento de los fenómenos». El espacio no es ningún concepto discursivo, sino una intuición pura, y, finalmente, el espacio es representado como un *quantum* determinado. En la exposición trascendental se demuestra a su vez que «el espacio no representa ninguna propiedad de las 'cosas', que no es más que la forma de los fenómenos de los sentidos externos, es decir, la única condición subjetiva de la sensibilidad, mediante la cual nos es posible la intuición externa». El resultado de la investigación kantiana es la adscripción al espacio de los caracteres de apriocidad, independencia de la experiencia, intuitividad e idealidad trascendental. Como intuición pura, el espacio es, por consiguiente, una «forma pura de la sensibilidad» o «la forma de todas las apariencias del sentido externo» (*K. r. V.*, A 26/B 42). Estas proposiciones sobre el espacio de la *Crítica de la razón pura* son, por lo demás, la profundización y sistematización de lo que Kant había ya anticipado al respecto en la citada disertación *De mundi sensibilis atque intelligibilis forma et principiis*. En efecto, aquí es presentado el espacio «no como algo objetivo y real, ni como substancia, accidente o relación, sino como algo subjetivo e ideal», como «un esquema que surge por una ley constante deducida de la naturaleza del espíritu para la coordinación de todos los sentidos externos» (III, 15 D). Con lo cual queda rechazada tanto la fenomenalidad del espacio (Hobbes) y su irrepresentabilidad sin los cuerpos (Berkeley) como el mero orden sucesivo dado por el hábito (Hume).

Ahora bien, el llamado idealismo alemán acentuó el constructivismo del espacio en una proporción que Kant no había imaginado. En Fichte, por ejemplo, el espacio aparece como algo puesto por el yo cuando éste pone el objeto como extenso. Y en Hegel el espacio es una fase, un «momento» en el desenvolvimiento dialéctico de la Idea, la pura exterioridad de ésta. El espacio aparece en este último caso como la generalidad abstracta del ser-fuera-de sí de la Naturaleza. Podemos decir entonces que la subjetivación del espacio da lugar a una idea muy distinta según la *forma* en que sea admitida precisamente tal subjetivación. Sólo el naturalismo radical admitirá, sin crítica, una objetividad exterior del espacio. Durante el siglo XIX ha sido frecuente examinar no sólo la naturaleza del espacio (o de la idea de espacio), sino también la cuestión del origen de la noción de espacio.

Varias son las concepciones del espacio que se deben a la física del siglo XX; en la mayor parte de los casos, la noción de espacio está estrechamente relacionada con la de tiempo (VÉASE). Así, en la física de Minkowski, en la teoría de la relatividad, en la mecánica ondulatoria de Schrödinger, se introduce la noción de Espacio-Tiempo como un continuo. En la teoría de la relatividad generalizada, de 1916, Einstein había unificado espacio-tiempo, materia y gravitación. Quedaba fuera el campo electromagnético, que Einstein incluyó en su teoría del campo unificado, de 1953, es decir, la teoría según la cual el campo electromagnético resulta lógicamente de las propiedades geométricas del continuo cuatridimensional espaciotemporal (la teoría unificada de referencia fue reforzada por el sistema de ecuaciones presentado por el matemático checo Vaclav Hlatavy). Algunos autores, como Bohr, han indicado que las concepciones usuales del espacio (y del tiempo) son inadecuadas para describir procesos microfísicos. Se han propuesto por ello varias concepciones discontinuas del espacio-tiempo (Bohr, Heisenberg, L. de Broglie, Schwinger).

A diferencia de las teorías científicas sobre el espacio antes mencionadas, y las doctrinas metafísicas que de un modo u otro están vinculadas a los resultados y concepciones de la ciencia, Heidegger mantiene que su noción de espacio es «precientífica», y afirma que la espacialidad ha de entenderse desde la propia existencia, como portadora de las características de «des-alejamiento» *(Ent-fernung)* y direccionalidad *(Ausrichtung)*. De acuerdo con esta concepción, el espacio no está en el sujeto –como pretende el idealismo–, ni el mundo está en el espacio –como sostiene el realismo–; más bien sucede que el espacio está *en* el mundo, por cuanto el ser-en-el-mundo, constitutivo de la existencia, ha dejado «libre» el espacio *(Ser y Tiempo,* § 24). De esta forma, Heidegger invierte el tratamiento de la noción de espacio de un modo semejante a como lo hace con la cuestión del mundo exterior.

El problema del espacio –como tantos otros temas fundamentales de la filosofía– da lugar a posturas últimas. Aquí pueden distinguirse dos grupos de teorías: aquellas en las que el problema del espacio se trata en relación a un sujeto de conciencia y aquellas otras que se ocupan del espacio en sí mismo considerado. El primer grupo destaca dos posturas radicales: considerar el espacio como aquella realidad en la cual todas las cosas son (también los sujetos) o bien verlo como una construcción, con independencia de posteriores interpretaciones. El segundo grupo alberga, asimismo, dos posiciones diferentes: la que ve el espacio como una pura «exterioridad», en la que sucede la tradicional constitución de *partes ex partes,* y aquella otra que reconoce el espacio en sí mismo, como poseyendo una cierta «interioridad» aunque ésta se entienda tan sólo como un predicado por analogía.

Especieísmo. Se ha forjado este término, procedente de la palabra 'especie', para indicar la actitud humana según la cual la propia especie, o especie humana, es privilegiada respecto a otras especies, y posee derechos que las demás especies no tienen, o se supone que no deben poseer. El especieísmo es respecto a la especie humana entera lo que es el racismo respecto a una raza determinada; ser especieísta es ser «racista humano».

El especieísmo es una versión del antropocentrismo cuando se interpreta a éste como resultado de un juicio de valor sobre el hombre. Debe observarse que el especieísmo no es necesariamente sólo el reconocimiento de que todos los hombres constituyen una especie o de que su ser es «ser especie» en el sentido de Feuerbach. Este reconocimiento puede ser una superación de los intereses particulares de grupos particulares y, por tanto, una superación de todas las formas de racismo, nacionalismo, tribalismo, etc. Pero el reconocimiento del hombre como especie se transforma en un especieísmo cuando equivale a la negación de derechos a otras especies que a la humana.

Específicamente, los especieístas niegan los derechos de los animales (véase ANIMALES [DERECHOS DE LOS]) y, en general, de todos los seres sintientes distintos del hombre.

El término se debe a Richard Ryder, que lo emplea en su artículo «Experiments on Animals», en *Animals, Men and Morals,* 1971, ed. Stanley y Roslind Godlovitch, y John Harris, págs. 41-82. Según Ryder, «no hay ningún criterio simple que distinga entre las llamadas especies» *(op. cit.,* pág. 81). Ryder pone de relieve que, ya que no se aceptan hoy discriminaciones en términos raciales: «Similarmente, puede ocurrir que llegue un momento en que los espíritus ilustrados aborrezcan el 'especieísmo' tanto como ahora detestan el 'racismo'» *(loc. cit.).*

Estética. En tanto que derivada de αἴσθησις, sensación, Kant llama «Estética trascendental» a la «ciencia de todos los principios *a priori* de la sensibilidad» *(K. r. V.,* B 35/A 21). En la «Estética trascendental» así entendida, considera Kant, en primer lugar, la sensibilidad separada del entendimiento, y, en segundo término, separa de la intuición todo lo que pertenece a la sensación, «con el fin de quedarnos sólo con la intuición pura y con la forma del fenómeno, que es lo único que la sensibilidad puede dar *a priori*» (*op. cit.*, B 36/A 22). La «Estética trascendental» se distingue de la «Lógica trascendental», que examina los principios del entendimiento puro, y poco tiene, por tanto, que ver con lo que en la actualidad se llama estética, ciencia de lo bello o filosofía del arte. En este último sentido, el termino 'estética' fue empleado por Alexander Baumgarten y desde entonces la estética ha sido considerada como una disciplina filosófica sin que ello excluya la existencia de reflexiones y aun de sistemas estéticos en la anterior filosofía. El problema capital de la estética en el sentido de Baumgarten, es, en efecto, el de la esencia de lo bello. El problema fue ya dilucidado en la Antigüedad especialmente por Platón, Aristóteles y Plotino, quienes, al lado de consideraciones estéticas más o menos «puras», siguieron la antigua tendencia a la identificación de lo bello con lo bueno en la unidad de lo real perfecto, y, por lo tanto, subordinaron en la mayor parte de los casos, al tratar de definir la esencia de lo bello y no simplemente de averiguar en detalle los problemas estéticos, el valor de la belleza a valores extraestéticos y particularmente a entidades metafísicas. La identificación de lo bueno con lo bello es propia asimismo de la filosofía inglesa del sentimiento moral, en particular de Shaftesbury, y se encuentra en algunas direcciones del idealismo romántico. En realidad, sólo desde hace relativamente poco tiempo se ha intentado erigir una estética independiente, alejada de consideraciones de tipo predominantemente metafísico, lógico, psicológico o gnoseológico. Los gérmenes de esta estética como disciplina independiente se encuentran ya en gran número en la Antigüedad y en la Edad Media, pero han sido desarrollados sobre todo con la crítica kantiana del juicio, que es en parte una delimitación de esferas axiológicas. Mientras para Baumgarten lo estético era sólo, siguiendo la tendencia general de la escuela de Leibniz-Wolff, algo inferior y confuso frente a lo consciente y racional, *sensitivae,* Kant trató el juicio estético al lado del teleológico examinando lo que hay de *a priori* en el sentimiento. Ambos juicios son reflexivos; se caracterizan por la finalidad, pero mientras ésta es objetiva en el juicio teleológico propiamente dicho, que se refiere a lo orgánico, es subjetiva en el juicio estético, por cuanto la finalidad de la forma del objeto es adecuada con respecto al sujeto, lo que no significa precisamente con respecto al sujeto individual, sino a todo sujeto, con lo cual puede llamarse la unidad de la naturaleza subjetiva. El juicio estético es, pues, por lo pronto, un juicio de valor, distinto, por consiguiente, no sólo de los juicios de existencia sino también de los demás juicios axiológicos, pero mientras en éstos hay satisfacción de un deseo o correspondencia con la voluntad moral, en la adecuación de lo bello con el sujeto, esto es, en el juicio estético por el cual encontramos algo bello, no hay satisfacción, sino agrado desinteresado. El desinterés caracteriza la actitud estética en el mismo sentido en que el juego es la actividad puramente desinteresada, la complacencia sin finalidad útil o moral. Por eso lo estético es independiente y no puede estar al servicio de fines ajenos a él; es, en sus propias palabras, «finalidad sin fin». Lo bello no es reconocido objetivamente como un valor absoluto, sino que tiene sólo relación con el sujeto; el hecho de las distintas contradictorias apreciaciones sobre lo bello no es, sin embargo, el producto de esta necesaria referencia a la subjetividad, sino el hecho de que la actitud del sujeto sea siempre plena y puramente desinteresada, dedicada a la contemplación. La prioridad del juicio estético requiere, a pesar de su referencia al sujeto, el desprendimiento en éste de cuanto sea ajeno al desinterés y a la finalidad sin fin.

Esta concepción, llamada subjetiva, de la estética, ha sido proseguida a través del siglo XIX y durante buena parte del XX por gran número de pensadores, quienes, sin embargo, han mezclado las tesis subjetivas con las objetivas o han tendido a una concepción puramente axiológica como, por otro lado, está ya preformada en el propio Kant. Considerada desde el sujeto, la estética ha sido elaborada sobre todo atendiendo a lo que hace del juicio estético el producto de una vivencia, tanto si ésta es concebida como oscura intuición cuanto si es presentada como una clara aprehensión, como una mera contemplación o como una proyección sentimental. En cambio, la estética desarrollada desde el objeto ha tendido particularmente a una reducción de lo estético a lo extraestético, a la definición de la estructura de lo bello mediante caracteres ajenos a él. Éste es, por ejemplo, el caso del idealismo alemán cuando Schelling reduce la belleza a la identidad de los contrarios en el seno de lo Absoluto, a la síntesis de lo subjetivo y objetivo, o cuando Hegel convierte lo bello en manifestación de la Idea. Una tendencia análoga se revela en Schopenhauer al hacer del arte la revelación más propia de las ideas eternas, pues el artista es, frente al hombre vulgar, el que contempla serenamente las objetivaciones de la Voluntad metafísica.

En las últimas décadas se han propuesto muchas definiciones de la estética, algunas de las cuales no han hecho sino reformular en un nuevo lenguaje las antiguas concepciones antes mencionadas. Puede hablarse así de concepciones absolutistas y relativistas, subjetivistas y objetivistas de la estética según se consideren respectivamente la naturaleza de los objetos estéticos o el origen de los juicios estéticos. Otras concepciones que se han propuesto y de las que diremos unas palabras son las siguientes: la formalista y la intuicionista, la psicológica y la sociológica, la axiológica y la semiótica. Las concepciones formalistas atienden exclusivamente a la forma de los objetos estéticos. Las concepciones intuicionistas han reducido a lo mínimo el papel de los elementos puramente formales y han establecido una muy rígida línea divisoria entre la intuición estética y la expresión de esta intuición. Las concepciones psicológicas y sociológicas tienen de común el hecho de que han intentado reducir el significado de los juicios estéticos al origen –individual y colectivo– de los mismos. Más complejas –y sobre todo más influyentes– son las dos últimas concepciones mencionadas en nuestra lista: la axiológica y la semiótica, por lo que nos extenderemos algo más sobre ellas. La estética axiológica considera la estética como la ciencia de un grupo de valores (lo bello, lo feo, lo ordenado, lo desordenado, lo alusivo, lo expresivo, etc.). Sus dos principales problemas son: primero, la descripción de tales valores; segundo, la interpretación de los mismos. Este último problema ha dado origen a múltiples discusiones, paralelas a las que han tenido lugar en la teoría del valor en general. En efecto, se ha examinado si los valores en cuestión son absolutos o relativos, si dependen del individuo o de la colectividad, si están o no ligados a otros valores y cuestiones análogas. Ha sido inevitable, pues, que se hayan reinsertado en la estética axiológica los problemas tradicionales a que hemos hecho ya referencia. En cuanto a la estética semiótica, considera la estética como una parte de la semiótica general, por lo que ha sido llamada a veces una semiótica no lógica. Su principal misión es el análisis de los llamados signos estéticos icónicos, y su finalidad es la consideración del objeto estético como un vehículo de comunicación. Hay que notar a este respecto que la estética semiótica no es forzosamente incompatible con la estética axiológica; algunos autores han defendido la tesis de que una teoría estética completa se apoya tanto en la teoría de los signos como en una teoría de los valores.

A veces se distingue entre la estética y la filosofía del arte. A veces se estima que las dos forman una sola disciplina. Si consideramos ahora el conjunto de los problemas que se plantean al tratadista de estética, podemos dar (sin pretensión exhaustiva) la enumeración siguiente: (1) La fenomenología de los procesos estéticos; (2) el análisis del lenguaje estético comparado con los demás lenguajes; (3) la ontología regional de los valores estéticos, cualquiera que sea el estatus ontológico que se adscriba a éstos; (4) el origen de los juicios estéticos; (5) la relación entre forma y materia; (6) el estudio de la función de los juicios estéticos dentro de la vida humana, y (7) el examen de la función de supuestos de índole estética en juicios no estéticos (como, por ejemplo, los de la ciencia).

Estructura. Es común introducir informalmente en matemática el concepto de estructura como un conjunto de elementos, tales como 0 y 1, y una o más operaciones, tales como las indicadas por '+', o por '+' y ' – '. La estructura es descrita por todas las operaciones que puedan describirse usando el operador o los operadores seleccionados.

Se han opuesto estructuras formales a informales o concretas, y se ha hablado de estructuras físicas, biológicas, psicológicas o sociales. Suele considerarse que las estructuras concretas tienen propiedades específicas, aunque pueden también describirse en términos formales.

Las definiciones filosóficas del concepto de estructura son intentos por hallar propiedades comunes en estructuras concretas, fundamentalmente en aquellas que atañen a un ámbito determinado de objetos. Se han formulado dos tipos de definiciones:

Por un lado, se entiende por 'estructura' algún conjunto o grupo de elementos relacionados entre sí según ciertas reglas, o algún conjunto o grupo de elementos funcionalmente correlacionados. Los elementos en cuestión son considerados como miembros más bien que como partes. El conjunto o grupo es un todo y no una «mera suma». Así, los miembros de un todo de esta índole cumplen los requisitos sentados por Husserl para los «todos»: están enlazados entre sí de forma que puede hablarse de no independencia relativa de unos con otros y también de compenetración mutua. Por eso en la descripción de una estructura de esta índole salen a relucir vocablos como 'articulación', 'compenetración funcional' y, a veces, 'solidaridad'.

Por otro lado, una estructura puede entenderse como un conjunto o grupo de sistemas. La estructura no es entonces una realidad «compuesta» de miembros; es un modo de ser de los sistemas, de tal modo que los sistemas funcionan *en virtud de la estructura* que tienen. Así, puede haber varios sistemas, digamos A, B, C, que difieran por su composición material, pero que ejecuten funciones que, aunque distintas, sean significativamente comparables, es decir, funciones tales que tengan significaciones correlativas. Uno de tales sistemas puede inclusive servir de modelo al otro –como el paso de un fluido por un canal puede servir de modelo para el tráfico rodado en una carretera, y viceversa–. Puede haber también, y se espera generalmente que haya, reglas de transformación que permitan pasar de un sistema a otro.

La noción de estructura ha sido entendida en los dos sentidos indicados antes, pero con tendencia a adoptar el segundo, que es, además, el propio de los que se consideran como estructuralistas.

Los modos de entender la noción de estructura varian según los tipos de investigación llevadas a cabo. Uno de los más importantes e influyentes usos de dicha noción se encuentra en la psicología, dentro de la llamada *Gestaltpsychologie*, expresión que ha sido traducida a veces por 'psicología de la estructura' y a veces por 'psicología de la forma'. El «gestaltismo», como se lo llama asimismo, es una de las grandes manifestaciones del estructuralismo del siglo XX y ha contribuido al florecimiento de éste tanto por lo menos como las concepciones estructurales lingüísticas, a partir ya de Ferdinand de Saussure. Otro ejemplo es la lingüística estructural. El interés de la filosofía por las estructuras ha aumentado considerablemente como consecuencia, en concreto, del estructuralismo francés contemporáneo.

Estructuralismo. Si se da a este término el sentido muy general de estudio de cualesquiera estructuras en cualesquiera de los sentidos que pueden darse a 'estructura' (VÉASE), cabrá llamar «estructuralistas» a muchas doctrinas y opiniones, tal vez a todas. Desde este punto de vista puede hablarse de estructuralismo en la matemática a partir de la teoría de los grupos de Gaulois, destacándose entonces el álgebra de relaciones y la topología. La culminación de este estructuralismo es la serie de tratados matemáticos conocidos con el nombre (colectivo) de Bourbaki.

Hemos convenido, para evitar confusiones, tratar varias formas de «estructuralismo» anteriores al fin de la Segunda Guerra Mundial en el cuerpo del artículo ESTRUCTURA, reservando el presente para un conjunto de corrientes contemporáneas en varias disciplinas, y con las correspondientes resonancias filosóficas. Llamaremos así «estructuralismo» por antonomasia al tipo de investigaciones e ideas que han florecido, especialmente en Francia, con autores como Lévi-Strauss, Jacques Lacan, Louis Althusser, Michel Foucault, Roland Barthes –algunos de los cuales, por lo demás, como sucede a menudo en estos casos, niegan ser, o ser solamente, estructuralistas–. Ello restringe nuestro concepto considerablemente, pero consideramos mejor este procedimiento que el de la extensión desmesurada. Por lo demás, la restricción apuntada no significa que se olviden aquellos a quienes los propios estructuralistas consideran como antecedentes importantes en su propia obra: Saussure –ya mencionado–, Freud y Marx.

Menos aún se olvidan antecedentes más inmediatos del estructuralismo en nuestro sentido: el llamado «estructuralismo lingüístico» de los críticos formalistas rusos y de las Escuelas de Praga y Copenhague, especialmente con Roman Jakobson, N. S. Trubetzkoy (Troubetzkoy), L. Hjelmslev. Hay autores que no suelen ser incluidos entre los estructuralistas *stricto sensu,* pero cuya obra es en muchos respectos paralela a la de ellos y que anticipa no pocos de sus temas. Tal sucede con Jean Piaget. Hay asimismo autores que proceden de otra tradición, pero que desarrollan temas de interés para el estructuralismo contemporáneo aludido. El más destacado es Noam Chomsky.

La mención de Chomsky en este contexto requiere una aclaración respecto al uso del término 'estructuralismo'. Es frecuente usarlo para referirse sobre todo, si no exclusivamente, al «estructuralismo europeo» y a sus antecedentes en el continente. Pero ha habido, y persiste, dentro de la lingüística un movimiento estructuralista norteamericano, el de la titulada «lingüística estructural», representada eminentemente por Leonard Bloomfield y sus seguidores –los lingüistas norteamericanos «postbloomfieldianos»–. La lingüística estructural norteamericana cuenta entre sus cultivadores a Zellig Harris, el maestro de Chomsky. Éste partió de ciertos contextos propios de la mencionada lingüística, y especialmente de los de Harris con el interés predominante por las cuestiones sintácticas y el «análisis de constituyentes inmediatos»-; a la vez se encuentran en Harris anticipaciones en el sentido de la construcción de modelos generativos. Sin embargo, Chomsky se separó pronto de la lingüística estructural, y atacó las bases conductistas y las orientaciones taxonómicas de la misma, figurando entonces, por esta razón, como «antiestructuralista». En vista de ello es comprensible su actitud respecto a Lévi-Strauss, tal como la expresa en *Language and Mind* (1968). Chomsky estima interesante el intento de Lévi-Strauss de extender el estudio de las estructuras lingüísticas a otros sistemas, de configuración parecida a los lingüísticos –así, por ejemplo, el estudio por Lévi-Strauss de los sistemas de parentesco y del pensamiento primitivo–. Sin embargo, objeta a Lévi-Strauss el haber tomado como modelo la lingüística estructural del tipo de Trubetzkoy y Jakobson. Chomsky reconoce la importancia de los resultados alcanzados por la fonología estructuralista, especialmente de Jakobson, al mostrar que «las reglas fonológicas de una gran variedad de lenguajes se aplican a clases de elementos que pueden ser simplemente caracterizados en términos de estas características» *(op. cit.,* p. 65). El primado de la dimensión sincrónica sobre la diacrónica, en que tanto han insistido los estructuralistas como Lévi-Strauss, es admitido por Chomsky cuando menos como una noción prometedora. Si agregamos a esto ciertas afinidades entre Lévi-Strauss y Chomsky –a despecho de que el primero siguió modelos estructurales a los que Chomsky se opuso– se comprenderá que Chomsky pueda ser considerado, por un lado, como un «antiestructuralista» –especialmente respecto al estructuralismo lingüístico bloomfieldiano– y que, al mismo tiempo, algunas ideas de Chomsky hayan sido consideradas favorablemente por varios estructuralistas europeos.

Ahora bien, aun restringiendo el significado de 'estructuralismo' en el modo sugerido al comienzo, resulta difícil –si bien no más que en el caso de cualquier otro amplio movimiento filosófico– precisar sus principales rasgos. En las exposiciones del estructuralismo, algunos se basan principalmente en Lévi-Strauss, que parece, en efecto, acumular la mayor parte de sus características; otros combinan los rasgos comunes a varios autores, como Lévi-Strauss y Louis Althusser, o Lévi-Strauss y Jacques Lacan, o Michel Foucault y Roland Barthes. Aun a riesgo de que algunos de los rasgos que se mencionarán a continuación no estén presentes en algunos autores, o varios de ellos sean más perceptibles o estén más desarrollados en otros autores que los «estructuralistas franceses» –Piaget, o Chomsky, o Jakobson–, estimamos que a base de ellos puede comprenderse la tendencia general estructuralista.

Por lo pronto, aunque algunos estructuralistas se hayan opuesto al funcionalismo –como ocurre con Lévi-Strauss respecto a Malinowski–, la idea de función desempeña un papel importante en el estructuralismo. En todo caso, hay ciertas características en el estructuralismo que están próximas a la noción de función en autores como Durkheim. Otras no son completamente distintas de la noción de tipo ideal tal como fue propuesta y desarrollada por Max Weber. Varias están muy cerca de la generalización funcionalista de A. R. Radcliffe-Brown. Lo que importa, sin embargo, es la idea de estructura entendida como un sistema o como un conjunto de sistemas. Hay sistemas de muy diversas clases: el sistema que constituye las reglas de urbanidad o de etiqueta en una sociedad, o en una clase social, el sistema de señales para regular el tráfico, el sistema de las relaciones familiares, el sistema del lenguaje, etc. En alguna forma, todos los sistemas que constituyen una estructura son sistemas lingüísticos, de modo que estructura es *mutatis mutandis* estructura lingüística. Ello no quiere decir que se trate exclusivamente de estructuras verbales; quiere decir únicamente que el modelo repetidamente usado para examinar la naturaleza y el funcionamiento de las estructuras es un modelo que puede reducirse las más de las veces a un modelo de lenguaje verbal.

El estructuralismo insiste por lo común en que se trata de un método de comprensión de la realidad –y específicamente de las realidades humanas socialmente constituidas–, pero es frecuente que haya, más allá de los programas metodológicos, supuestos de naturaleza ontológica, de acuerdo con los cuales las realidades de que se trate están formadas estructuralmente. No se niega en principio que haya causas y relaciones causales, ni tampoco se niega en principio que haya cambios, y específicamente cambios de carácter histórico. Sin embargo, tanto las relaciones causales como los desarrollos diacrónicos son entendidos en función de relaciones de significación y de formaciones sincrónicas. El estructuralismo se opone generalmente al causalismo y al historicismo.

En la mayor parte de los estructuralistas se manifiesta la tendencia a suponer que por debajo de ciertas estructuras que pueden considerarse superficiales hay estructuras profundas. Por un lado, hay una correlación entre los dos tipos de estructuras. Por otro lado, las estructuras superficiales no son simplemente manifestación de estructuras profundas. La correlación de referencia consiste en que para toda estructura superficial hay alguna estructura profunda –así las estructuras superficiales del lenguaje en tanto que series de preferencias están correlacionadas con las estructuras profundas del lenguaje en tanto que conjunto de reglas–. Pero ello no forma una relación biúnica; a varios modos de hablar que parecen desconectados entre sí puede corresponder una sola regla estructural profunda, y a la vez un modo de hablar que parece ser único es interpretable en función de varias posibles estructuras profundas. El lenguaje es aquí sólo un ejemplo, aunque uno con frecuencia predominante –si se tiene en cuenta la abundante referencia de los estructuralistas a «señales», «significantes», etc., así como a la distinción entre sintagma y paradigma, tomada del dominio lingüístico–. Sin embargo, sería un error caracterizar exclusivamente el estructuralismo de que aquí hablamos como una transferencia a los varios dominios de las ciencias humanas de modelos lingüísticos. El lenguaje obedece a reglas estructurales lo mismo que cualesquiera otros fenómenos humanos. En todos ellos funcionan sistemas de sustituciones cuya formalización tiene generalmente un carácter combinatorio.

Algunos estructuralistas tienden a reducir al mínimo, y hasta a eliminar por completo, cuando menos desde el punto de vista metodológico, al hombre como sujeto y las infinitas circunstancias y cambios en la historia. Si hay cambios, no son alteraciones dentro de una continuidad histórica, sino más bien «cortes». Ello quiere decir que los hombres están «sometidos» a las estructuras y no a la inversa. Se habla por ello a veces de «mecanismos» –sin que haya que dar a este término un sentido «mecanicista» clásico– que actúan como fuerzas estructurantes y que pueden calificarse inclusive de «innatos». No hay nada humano –y hasta posiblemente nada orgánico– que sea infinitamente maleable. El número de posibles estructuras en cada caso es limitado. Bajo gran número de variaciones superficiales hay una cantidad limitada de estructuras profundas. Los propios modelos de relaciones son, o pueden ser, distintas manifestaciones de un solo sistema estructural. Sin embargo, a veces se habla de modelo como correspondiente a una estructura y se define el modelo como una serie de caracteres recurrentes.

Las estructuras son inaccesibles a la observación y a descripciones observacionales. Por otro lado, no son resultados de ninguna inducción generalizadora. Por este motivo se ha alegado a veces que, propiamente hablando, no hay estructuras. En alguna medida, no las hay, por lo menos en el sentido en que hay objetos o propiedades de objetos. Las estructuras no son, por tanto, equiparables a realidades últimas, de carácter metafísico. Son, metodológicamente hablando, principios de explicación, y, ontológicamente hablando, formas según las cuales se articulan las realidades.

Según Jean Piaget, «una estructura es un sistema de transformaciones que comporta leyes en tanto que sistema (en oposición a propiedades de elementos) y que se conserva o se enriquece por el propio juego de sus transformaciones sin que éstas vayan más allá de sus fronteras o recurran a elementos exteriores. En una palabra, una estructura abarca, pues, los tres caracteres de totalidad, de transformaciones y de autorregulación» *(op. cit. infra,* págs. 6-7). Esta definición de Piaget ha sido considerada por algunos demasiado amplia y destinada a mostrar que hay algo común en estructuras de muy diversa índole –matemáticas y lógicas, físicas y biológicas, psicológicas, lingüísticas y sociales–. Parece, en todo caso, que uno de los caracteres apuntados –el de totalidad– sobrepasa las concepciones estructuralistas, y otro, el de la autorregulación, corresponde solamente a ciertas estructuras. Pero el carácter de la transformabilidad no puede ser eliminado de las estructuras. Los estudios estructuralistas consisten en gran parte en llevar a cabo transformaciones que hacen posible pasar de una estructura a otra mediante cambios en sus elementos que no alteran el sistema estructural. John Mepham ha indicado que «en general es cierto que las formas de regularidad empírica, cuyo estudio puede permitir el descubrimiento de la coherencia subyacente a un sistema semántico, no son correlaciones ni generalizaciones empíricas (como a menudo se pensó que era el caso respecto de los sistemas estudiados por la física y la química), sino que son *transformaciones*» *(op. cit. infra,* pág. 158 de la trad. esp.). En el caso de las estructuras sociales –que han sido las más abundantes investigadas por estructuralistas contemporáneos– se presupone que hay modelos de vida social que tienen que explicarse sincrónicamente.

Hay una distinción que puede ser básica entre estructuralismo, por una parte, y «atomismo» (en el sentido muy general de este término) y organicismo, por otra parte. Una concepción enteramente «atomista» tenderá a concebir toda entidad como compuesta de elementos en los cuales la entidad puede analizarse o «descomponerse», de modo que si llamamos a cualquier entidad E y a los elementos de que se compone, $c_1, c_2 \ldots c_n$, todo E estará compuesto de $c_1, c_2 \ldots c_n$. Una concepción organicista tenderá a concebir que las entidades son como organismos y que ninguno de ellos es analizable o descomponible en elementos. Una concepción estructuralista tenderá a pensar que aun si hay elementos últimos, éstos forman conjuntos en virtud de sus relaciones mutuas. Pero, además, tenderá a pensar que, una vez constituido un conjunto, éste se relacionará con otros. Así, el estructuralismo en general no se opone en principio al análisis de un conjunto de elementos. Afirma, sin embargo, que los conjuntos pueden relacionarse entre sí funcionalmente sin necesidad de que en cada caso se descompongan en sus elementos. Dado el tono general de las consideraciones precedentes, es obvio que o pueden encajarse dentro de ellas fácilmente todos los estructuralistas o ninguno de ellos queda razonablemente caracterizado por ellas. Paradójicamente, el único modo de entender a derechas en qué consiste el estructuralismo contemporáneo es describirlo diacrónicamente y, además, bosquejar las ideas principales de los que han sido llamados, a menudo a despecho de ellos, «estructuralistas». Roland Barthes ha indicado que el estructuralismo no es (todavía) una escuela o un movimiento; es una actividad, de modo que cabe hablar de la actividad estructuralista como se habla de la actividad surrealista. Esta actividad, más que un grupo de ideas comunes, caracteriza la obra de los autores mencionados al principio del artículo. La obra que ha sido identificada más plenamente con ese estructuralismo es, según se indicó, la de Lévi-Strauss. Le sucede, en orden de aproximación, la obra de Roland Barthes. Se habla a veces del «grupo *Tel Quel*» o de los colaboradores de la revista *Tel Quel*, que han representado un estructuralismo «textual» o estudio estructuralista de textos –de donde la muy repetida expresión 'la escritura de':

l'écriture de (y, correlativamente, lectura de: *lecture de)–*, pero entre los colaboradores de dicha revista figuran Michel Foucault y Jacques Derrida, ninguno de los cuales, y en particular el segundo, quiere ser identificado con el estructuralismo. Como Lévi-Strauss representa el estructuralismo antropológico, Roland Barthes representa el estructuralismo «literario» o, mejor dicho, el estructuralismo «crítico». En ambos casos son obvios los préstamos hechos a la tradición lingüística estructural en la línea Saussure-Jakobson. El psicoanálisis estructuralista es representado por Jacques Lacan. Se habla de un estructuralismo marxista, o de un marxismo estructuralista, en el caso de Louis Althusser, el cual ha usado métodos estructuralistas, pero sin adoptar ninguna «filosofía» estructuralista *stricto sensu*. Algunos estiman que Michel Foucault es el filósofo del estructuralismo; el propio Foucault niega ser estructuralista, aunque dentro de las corrientes filosóficas contemporáneas el estructuralismo sea la más afín a sus análisis.

Eternidad. En dos sentidos suele entenderse el vocablo 'eternidad': en un sentido común, según el cual significa el tiempo infinito, o la duración infinita, y en un sentido más usual entre muchos filósofos, según el cual significa algo que no puede ser medido por el tiempo, pues trasciende el tiempo. Los griegos, filósofos o no, entendieron con frecuencia 'eternidad' en el primer sentido. Especialmente vivo se halla este sentido en las doctrinas de los filósofos presocráticos cuando hablan de que la realidad primordial es eterna (es decir, sempiterna), o cuando mantienen la teoría del eterno retorno. En el propio Platón tenemos este sentido en algunos pasajes, tales como en el *Fedón* (103 E), donde se refiere a la duración eterna o por todo el tiempo, εἰς τὸν ἀεί χρόνον, que pertenece a las formas (otro pasaje de tipo análogo en *Rep.*, X, 608 D). Y en Aristóteles se encuentra el sentido de 'eternidad' como infinita duración en sus afirmaciones acerca de la eternidad del movimiento circular *(Phys.*, VIII 8, 263 a 3), acerca del existir «desde el principio» las cosas eternas *(Met.*, Θ 9, 1051 a 20) y aun acerca de la eternidad de una de las tres clases de substancias: las substancias que son a la vez sensibles y eternas *(Met.*, Δ 1, 1069 a 31 b). Ahora bien, tan pronto como se procedió a analizar la relación entre la eternidad y el tiempo se descubrió que no era fácil medir aquélla por medio de éste. Ello se advierte en el famoso pasaje de Platón en el *Timeo* (37 D), donde se manifiesta que antes de crearse el cielo no había noches ni días, meses ni años. Estas medidas del tiempo –que son partes del tiempo– surgieron al crearse el cielo. Es un error, pues, transferir a la esencia eterna el pasado y el futuro, que son especies creadas de tiempo. De la esencia eterna decimos a veces que fue, o que será, pero en verdad solamente podemos decir de ella que es. En efecto, lo que es inmóvil no puede llegar a ser más joven ni más viejo. De la eternidad se dice que es siempre, pero es menester destacar más el 'es' que el 'siempre'. Por este motivo no puede decirse que la eternidad es una proyección del tiempo al infinito. Más bien cabe decir que el tiempo es la imagen móvil de la eternidad, es decir, una i-magen perdurable de lo eterno que se mueve de acuerdo con el número: μένοντος αἰῶνος ἐν ἑνὶ κατ'ἀριθμὸν ἰοῦσαν αἰώνιον εἰκόνα. Con esto se admite un contraste entre 'eterno', αἰώνιος, y 'sempiterno' o 'perdurable', ἀίδιος. Pero que la eternidad no sea simplemente la infinita perduración temporal no quiere decir que sea algo opuesto al tiempo. La eternidad no niega el tiempo, sino que lo acoge, por así decirlo, en su seno: el tiempo se mueve *en* la eternidad, que es su modelo. Estas ideas fueron recogidas y elaboradas por Plotino. En el cap. VII de su tercera *Eneada* indica Plotino que la eternidad no puede reducirse a la mera inteligibilidad ni al reposo (uno de los cinco grandes géneros del ser establecidos por Platón en el *Sofista*). Además de estos caracteres, la eternidad posee dos propiedades: unidad e indivisibilidad. Una realidad es eterna, pues, cuando no es algo en un momento y cosa distinta en otro momento, sino cuando lo es todo a la vez, es decir, cuando posee una «perfección indivisible». La eternidad es, por así decirlo, el «momento» de absoluta estabilidad de la reunión de los inteligibles en un punto único. Por eso, como en Platón, no puede hablarse ni de futuro ni de pasado; lo eterno se encuentra siempre en el presente; es lo que *es* y es *siempre* lo que es. Al decir que lo eterno es lo que es, quiere decirse, en última instancia, que posee en sí la *plenitud* del ser y que pasado y futuro se encuentran en él como concentrados y recogidos. El análisis de Plotino insiste continuamente en este carácter de concentración de lo eterno en ese ser total no compuesto de partes, sino más bien engendrador de las partes. En rigor, no habría que decir de la naturaleza eterna que es eterna, sino simplemente que es –a saber, que es verdad–. El tiempo (VÉASE) es por ello caída e imagen de la eternidad, la cual no es mera abstracción del ser temporal, sino fundamento de este ser. La eternidad es el fundamento de la temporalidad.

Análogamente, Proclo *(Inst. Theol.,* props. 52-55, ed. Dodds 51-55) ha indicado que lo eterno, αἰώνιον, significa lo que es siempre, τὸ ἀεὶ ὄν, pero como algo distinto de la existencia temporal o devenir.

La meditación agustiniana sobre lo eterno sigue una vía parecida. La eternidad no puede medirse, según San Agustín, por el tiempo, pero no es simplemente lo intemporal: «la eternidad no tiene en sí nada que pasa; en ella está todo presente, cosa que no ocurre con el tiempo, que no puede estar jamás verdaderamente presente». Por eso la eternidad pertenece a Dios en un sentido parecido a como en el neoplatonismo pertenece a lo Uno. Por lo tanto, San Agustín acentúa la plenitud de lo eterno frente a la indefinición de lo meramente perdurable y a la abstracción de lo simplemente presente en un momento.

Lo mismo ocurre en Boecio. La diferencia entre los dos conceptos de eternidad queda aclarada por medio de dos vocablos. Por un lado hay la sempiternidad, *sempiternitas,* la cual transcurre en el tiempo, *currens in tempore.* Por otro, hay la eternidad, *aeternitas,* la cual constituye lo eterno estando y permaneciendo, *stans et permanens.* La eternidad es la posesión entera, simultánea y perfecta de una vida interminable, *interminabilis vitae tota simul et perfecta possessio (De consol.,* V). Santo Tomás aceptó esta definición en varios pasajes de sus obras (cf. 1 *sent.,* 8, 2, 1 c; *De potentia,* q. 3 *[De creatione],* art. 14; *S. Theol.,* I, 9, X, i-vi). En los comentarios a las *Sentencias,* la definición de Boecio es introducida y comentada con aprobación. En el *De potentia* se presenta el contraste entre la duración del mundo y la eternidad, solamente esta última es omnisimultánea, *tota simul.* En la *S. Theol.* se plantea el problema de la eternidad de Dios y se formulan las cuestiones siguientes: (1) ¿Qué es la eternidad?; (2) ¿Es Dios eterno?; (3) ¿Es Dios la única realidad eterna?; (4) ¿Cuál es la diferencia entre la eternidad y el tiempo?; (5) ¿Cuál es la diferencia entre la eviternidad y el tiempo?; (6) ¿Hay solamente eviternidad así como hay un tiempo y una eternidad? Nos interesa aquí especialmente la cuestión (1), pero haremos referencia ocasional a otras cuestiones especialmente con el fin de definir el concepto de eviternidad. Digamos ante todo que Santo Tomás no solamente aprueba la definición citada de Boecio, sino que la defiende contra las objeciones que se habían presentado en su contra. Subrayemos en particular la objeción contra la simultaneidad, objeción que fue luego muy desarrollada por los escotistas. Según ella, la eternidad no puede ser omnisimultánea, pues cuando las Escrituras se refieren a días y a épocas en la eternidad, la referencia es en plural. Santo Tomás alega que lo mismo que Dios, aunque incorpóreo, es nombrado en las Escrituras mediante términos que designan realidades corpóreas, la eternidad, aunque omnisimultánea, es llamada con nombres que implican tiempo y sucesión. A este argumento puede agregarse otro, de naturaleza más filosófica: que la eternidad es omnisimultánea justamente porque se necesita eliminar de su definición el tiempo, *ad removendum tempus*. Con ello se hace posible distinguir rigurosamente entre la eternidad y el tiempo: la primera es simultánea y mide el ser permanente; el segundo es sucesivo y mide todo movimiento. También así se hace posible distinguir entre la eviternidad *(aevum)* y el tiempo. Aparentemente se trata de lo mismo. Pero no es así: la eviternidad difiere, según Santo Tomás, del tiempo y de la eternidad como el medio entre los extremos. En efecto, la eviternidad es la forma de duración propia de los espíritus puros. De ellos no puede decirse que están en el tiempo en tanto que medida del movimiento según lo anterior y lo posterior. Tampoco puede decirse de ellos que son eternos, pues la eternidad solamente pertenece a Dios. Por eso hay que decir que son eviternos. Y ello significa que aunque en su naturaleza no hay diferencia entre pasado y futuro y puede decirse que son inmutables, en sus operaciones –pensamientos y «propósitos»– hay sucesión real, aunque no –como en el tiempo– continua. La eviternidad es omnisimultánea, pero no es la eternidad, pues el antes y el después son compatibles con ella. Así, la eternidad es una inmovilidad completa, sin sucesión, y la eviternidad es una inmovilidad esencial, unida a la movilidad accidental. El tiempo tiene antes y después; la eviternidad no tiene en sí antes ni después, pero éstos pueden ser conjugados; la eternidad no tiene ni antes ni después, ni ambos se compadecen. Por eso la eviternidad no puede, como la eternidad, coexistir con el tiempo excediéndolo al infinito, ni coexistir con los acontecimientos medidos por el tiempo excepto en el instante en que se producen las operaciones que permiten tal medición.

Uno de los problemas que se discutieron a menudo durante la Edad Media y parte de la Época Moderna fue el de si el mundo es o no eterno: el problema *de aeternitate mundi*. Los autores cristianos admiten como dogma que el mundo ha sido creado de la nada; por consiguiente, concluyen que el mundo no es eterno y, en todo caso, no tiene la eternidad que corresponde a Dios. Sin embargo, no todos los teólogos y filósofos cristianos tratan la cuestión de la misma manera. San Agustín no se limitó a afirmar que el mundo no es eterno; sostuvo que se puede probar que no lo es. San Buenaventura y otros autores siguieron en ello a San Agustín. De este modo se refutaba el averroísmo, el cual interpretaba a Aristóteles sosteniendo que el mundo es eterno. Por otro lado, Santo Tomás negaba que el mundo fuese eterno. Pero en los escritos acerca de esa cuestión (2 *sent*, I qu. 1 art. 5; *Cont. Gent.*, II, 31-38; *Quaest. disp. de pot.* qu. 3, art. 17; *S. Theol.*, I, qu. VII, arts. 2-4 y qu. XLVI arts. 1 y 2; *Quaest. quodlib.*, quod. 9 y 12 y *de aeternitate mundi;* textos señalados por A. Antweiler, *op. cit. infra),* Santo Tomás mostraba que si bien no puede demostrarse la eternidad del mundo, no puede demostrarse tampoco su no eternidad. La autoridad de Aristóteles no es suficiente al respecto. Pero tampoco los argumentos producidos son convincentes. «Contra [los averroístas], Tomás de Aquino mantiene la posibilidad de un comienzo del universo en el tiempo, pero mantiene también, inclusive *contra murmurantes,* la posibilidad de su eternidad. Es indudable que nuestro filósofo utilizó para resolver el problema de la creación los resultados obtenidos por sus antecesores, especialmente por Alberto Magno y Maimónides. Pero la posición que adopta no se confunde con ninguna de las posiciones adoptadas por sus predecesores (É. Gilson, *Le Thomiste,* 5.ª ed., 1947, pág. 213). [Véase EX NIHILO NIHIL FIT.]

Aunque en sentido muy distinto del tomista, la idea de que no puede demostrarse ni la eternidad ni la no eternidad del mundo fue puesta de relieve por Kant en la «primera antinomia» de la razón pura (*K. r. V.,* A 426/454; véase ANTINOMIA). A diferencia de Santo Tomás, sin embargo, Kant trató de mostrar que puede probarse tanto la eternidad como la no eternidad. Mas ello equivale a decir que ninguna de las dos proposiciones puede ser propiamente «probada»: no se trata de conocimientos, sino de puras «ideas de la razón», donde las «pruebas» no se aplican a los fenómenos.

Durante la época moderna se trató el concepto de eternidad en sentidos semejantes a los puestos de relieve por los filósofos medievales. Pero además de ello se consideró el problema de si el mundo es o no eterno, y aun llegó este problema a adquirir un primado sobre los demás en los que está envuelta la noción de eternidad. Algunos autores, como Giordano Bruno, afirmaron –o, más bien, exaltaron– la idea de la eternidad del mundo sin dar demasiadas precisiones sobre el sentido de 'es eterno'. Otros autores se interesaron por dar definiciones más o menos formales de la eternidad. Así, en la *Ethica*, I, def. viii, Spinoza indica que entiende por eternidad «la existencia misma en tanto que se concibe necesariamente como siguiéndose de la sola definición de la cosa eterna» *(Per aeternitatem intelligo ipsam existentiam, qua tenus ex sola rei aeterna definitione necessario sequi concipitur)*, y agrega que tal existencia no puede ser explicada mediante la duración o el tiempo, aun cuando la duración sea concebida sin principio y fin. Algunos pensadores, como Locke y Condillac, han examinado la noción de eternidad desde el punto de vista de la formación psicológica de su idea. Así, Locke indica *(Essay,* I ii, 14) que la idea de eternidad procede de la misma impresión original de la cual surge la idea del tiempo (idea de sucesión y duración), pero procediendo *in infinitum* (y concibiendo que la razón subsiste *siempre* con el fin de ir más lejos). En cuanto a Condillac, señala *(Traité des sensations,* I iii §§ 13, 14) que su imaginaria estatua puede asimismo adquirir la noción de eternidad en tanto que duración indefinida de las sensaciones que han precedido y las que tienen la costumbre de seguir. Al proceder de este modo, tanto Locke como Condillac han tendido a considerar la eternidad como una *idea de tiempo sin principio ni fin* y, por lo tanto, a usar el método de entender lo eterno como ampliación hasta el infinito de lo temporal. Finalmente, otros, como Hegel, han subrayado el momento de la intemporalidad al declarar que la eternidad es la intemporalidad absoluta, *absolute Zeitlosigkeit,* del concepto o del espíritu.

Ética. El término 'ética' deriva de ἦθος, que significa 'costumbre' y, por ello, se ha definido con frecuencia la ética como la doctrina de las costumbres, sobre todo en las direcciones empiristas. La distinción aristotélica entre las virtudes éticas, διανοητικαὶ ἀρεταί, indica que el término 'ético' es tomado primitivamente sólo en un sentido «adjetivo»: se trata de saber si una acción, una cualidad, una «virtud» o un modo de ser son o no «éticos». Las virtudes éticas son para Aristóteles aquellas que se desenvuelven en la práctica y que van encaminadas a la consecución de un fin, en tanto que las dianoéticas son las virtudes propiamente intelectuales. A las primeras pertenecen las virtudes que sirven para la realización del orden de la vida del Estado –la justicia, la amistad, el valor, etc.– y tienen su origen directo en las costumbres y en el hábito, por lo cual pueden llamarse virtudes de hábito o tendencia. A las segundas, en cambio, pertenecen las virtudes fundamentales, las que son como los principios de las éticas, las virtudes de la inteligencia o de la razón: sabiduría, σοφία, y prudencia, φρόνησις. En la evolución posterior del sentido del vocablo, lo ético se ha identificado cada vez más con lo moral, y la ética ha llegado a significar propiamente la ciencia que se ocupa de los objetos morales en todas sus formas, la filosofía moral.

Antes de describir los problemas fundamentales de la ética tal como se presentan al filósofo contemporáneo, nos ocuparemos brevemente de la historia de la ética y de las posiciones capitales adoptadas a lo largo de ella. Ante todo, cabe advertir que la historia de la ética como disciplina filosófica es más limitada en el tiempo y en el material tratado que la historia de las ideas morales de la humanidad. Esta última historia comprende el estudio de todas las normas que han regulado la conducta humana desde los tiempos prehistóricos hasta nuestros días. Este estudio no es sólo filosófico o histórico-filosófico, sino también social. Por este motivo, la historia de las ideas morales –o, si se prefiere eliminar el término 'historia', la descripción de los diversos grupos de ideas morales– es asunto de que se ocupan disciplinas tales como la sociología y la antropología. Ahora bien, la existencia de ideas morales y de actitudes morales no implica todavía la presencia de una particular disciplina filosófica. Así, por ejemplo, pueden estudiarse las actitudes e ideas morales de diversos pueblos primitivos, o de los pueblos orientales, o de los hebreos, o de los egipcios, etc., sin que el material resultante deba forzosamente encuadrarse en la historia de la ética. En nuestra opinión, por consiguiente, solamente hay historia de la ética dentro del marco de la historia de la filosofía. Aun así, la historia de la ética resulta a veces de una amplitud considerable, pues se hace difícil con frecuencia establecer una separación estricta entre los sistemas morales –objeto propio de la ética– y el conjunto de normas y actitudes de carácter moral predominantes en una sociedad o en una fase histórica dadas. Con el fin de solucionar este problema, los historiadores de la ética han limitado su estudio a aquellas ideas de carácter moral que tienen una base filosófica, es decir, que, en vez de darse simplemente por supuestas, son examinadas en sus fundamentos; en otros términos, son filosóficamente justificadas. No importa para el caso que la justificación de un sistema de ideas morales sea extra-moral (por ejemplo, que se base en una metafísica o en una teología); lo decisivo es que haya una explicación racional de las ideas o de las normas adoptadas. Por este motivo, los historiadores de la ética suelen seguir los mismos procedimientos y adoptar las mismas divisiones propuestas por los historiadores de la filosofía. Ello plantea para la historia de la ética el mismo problema que se plantea a la historia de la filosofía, a saber, el de averiguar si es justo limitar tal historia a Occidente y de si no deberían también introducirse capítulos sobre la ética filosófica de varios pueblos orientales, especialmente los de la China y la India, en los que parecen haberse suscitado cuestiones filosóficas análogas a las que han existido en Occidente y, por consiguiente, problemas éticos susceptibles de ser descritos e historiados filosóficamente. La respuesta que damos a esta cuestión es la misma que hemos dado al tratar el problema de la filosofía oriental. En efecto, consideramos que aun cuando en otras comunidades distintas de la occidental se hayan dado ideas morales, y aun importantes «sistemas» de ideas morales, la consideración de la ética como disciplina filosófica «especial» ha surgido solamente «en su madurez» dentro del Occidente, de modo que una historia de la ética filosófica coincide con una historia de la ética occidental.

De hecho, esta historia comenzó solamente de un modo formal con Aristóteles, con cuyas ideas sobre la ética y las virtudes éticas hemos iniciado este artículo. Sin embargo, antes de Aristóteles se hallan ya precedentes para la constitución de la ética como disciplina filosófica. Entre los presocráticos, por ejemplo, pueden encontrarse reflexiones de carácter ético que no están ya ligadas a la aceptación de ciertas normas sociales vigentes –o a la protesta contra tales normas–, sino que procuran descubrir las razones por las cuales los hombres tienen que comportarse de una cierta manera. Podemos citar a este respecto las reflexiones éticas de Demócrito. Pero sobre todo entran en este capítulo las meditaciones al respecto de Sócrates y de Platón. Muchos autores consideran a Sócrates como el fundador de una reflexión ética autónoma, aun reconociendo que la misma no hubiera sido posible sin el sistema de ideas morales dentro de las cuales vivía el filósofo y especialmente sin las cuestiones suscitadas acerca de ellas por los sofistas. En efecto, al considerar el problema ético individual como el problema central filosófico, Sócrates pareció centrar toda reflexión filosófica en la ética. En un sentido parecido trabajó Platón en los primeros tiempos, antes de examinar la idea del Bien (VÉASE) a la luz de la teoría de las ideas y, por consiguiente, antes de subordinar, por así decirlo, la ética a la metafísica. En cuanto a Aristóteles, no solamente fundó la ética como disciplina filosófica, sino que, además, planteó la mayor parte de los problemas que luego ocuparon la atención de los filósofos morales: relación entre las normas y los bienes; relación entre la ética individual y la social; clasificación (precedida por la platónica) de las virtudes; examen de la relación entre la vida teórica y la vida práctica, etc. Después de Aristóteles muchas escuelas filosóficas –cínicos, cirenaicos y en parte los estoicos– se ocuparon principalmente de escrutar los fundamentos de la vida moral desde el punto de vista filosófico. Especialmente ocupó a los pensadores postaristotélicos la magna cuestión de la relación entre la existencia teórica y la práctica, con frecuente tendencia a establecer –si bien por consideraciones teóricas– el primado de la última sobre la primera. Común a muchas escuelas de la época fue –como ocurrió con los estoicos– el intento de descubrir un fundamento de la ética en la Naturaleza. Por este motivo, muchas corrientes éticas de la época pueden ser calificadas de naturalistas, si bien teniendo presente que el término 'naturalismo' no debe entenderse en el mismo sentido que ha llegado a tener en la época moderna. También fue común a la mayor parte de tales escuelas el manifestar los dos siguientes rasgos. Primero, el de considerar la ética como ética de los bienes, es decir, el establecer una jerarquía de bienes concretos hacia los cuales aspira el hombre y por los cuales se mide la moralidad de sus actos. Segundo, el buscar la tranquilidad de ánimo, que según algunos (los estoicos) se halla en la impasibilidad, según otros (los cínicos) en el desprecio a las convenciones, y según otros (los epicúreos) en el placer moderado o, mejor dicho, en el equilibrio racional entre las pasiones y su satisfacción.

El auge del neoplatonismo y la aparición del cristianismo modificaron sustancialmente muchas de las anteriores ideas éticas. Por un lado, los neoplatónicos tendieron a edificar la ética al hilo de la teoría platónica de las ideas, aun cuando es cierto que en algunos autores –como Plotino– la ética platónica se presenta mezclada con ideas morales aristotélicas y en particular estoicas. Por otro lado, los pensadores cristianos tuvieron, cuando menos en los comienzos, una doble actitud frente a la ética. En un sentido, absorbieron lo ético en lo religioso, y de ello nació una tendencia a edificar el tipo de ética que luego se ha llamado heterónoma, o, más propiamente, teónoma, es decir, la que fundamenta en Dios los principios de la moral. En otro sentido, en cambio, aprovecharon muchas de las ideas de la ética griega –principalmente las platónicas y estoicas–, de tal modo que partes de la ética tales como la doctrina de las virtudes y su clasificación se insertaron casi enteramente dentro del cuerpo de la ética cristiana. Muy corriente fue el adoptar ciertas normas éticas de algunas escuelas (como la estoica), negando sus fundamentos naturalistas y suprimiendo aquellas porciones (por ejemplo, la justificación del suicidio) que eran incompatibles con las ideas morales cristianas. Ahora bien, a medida que se fue acogiendo el pensamiento griego dentro del cristiano se pusieron de relieve ciertos fundamentos que resultaron ser comunes a ambos. Entre ellos mencionamos como el principal la clásica equiparación de lo bueno con lo verdadero, que los filósofos cristianos desarrollaron en su teoría de los trascendentales.

La historia de la ética se complica a partir del Renacimiento. Por un lado, resurgieron muchas tendencias éticas que, aunque no totalmente abandonadas, habían sido atenuadas considerablemente: es el caso del estoicismo. Fuertes corrientes neo-estoicas se divulgaron durante los siglos XV, XVI y XVII, alcanzando a filósofos como Descartes y, sobre todo, Spinoza. Por otro lado, los nuevos problemas presentados al individuo y a la sociedad a partir especialmente del siglo XVII, los cambios de normas en las relaciones entre personas y entre naciones, condujeron a reformulaciones radicales de las teorías éticas. De ello surgieron sistemas diversos que, aunque apoyándose en nociones tradicionales, aspiraban a cambiar las bases de la reflexión ético-filosófica. Como ejemplo de ellos mencionamos las teorías éticas fundadas en el egoísmo (Hobbes), en el realismo político (maquiavélicos), en el sentimiento moral (Hutcheson y otros autores). Fundamental para la mayor parte de los pensadores modernos fue la cuestión del origen de las ideas morales. Algunos las encontraron en ciertas facultades innatas del hombre, ya sea de carácter intelectual o bien de carácter emotivo; otros buscaron las bases de la ética en una intuición especial, o en el sentido común, o en la simpatía, o en la utilidad (individual o social); otros llamaron la atención sobre el papel que desempeña la sociedad en la formación de los conceptos éticos; otros, finalmente, insistieron en que el fundamento último de la ética sigue siendo la creencia religiosa o la dogmática religiosa. Las cuestiones de la libertad de la voluntad frente al determinismo de la Naturaleza; de la relación entre la ley moral y la ley de la Naturaleza, y otras análogas, predominaron durante los siglos XVII y XVIII. Se formaron así diversas corrientes éticas que han recibido los nombres de naturalismo, egoísmo, asociacionismo, intuicionismo, etc. Un cambio radical experimentó la ética con la filosofía de Kant. Según hemos expuesto en varios artículos (véase BUENA VOLUNTAD, CONCIENCIA MORAL, DEBER), Kant rechazó toda ética de los bienes (véase BIEN), y procuró en su lugar fundamentar una ética formal, autónoma y, en cierta medida, penetrada de rigorismo. La meditación de Kant al respecto influyó grandemente sobre muchas teorías posteriores de la ética. Es cierto que en el curso del siglo XIX dominaron otras corrientes además de la kantiana y de la desarrollada por el idealismo alemán (especialmente por Fichte). Mencionamos entre ellas la prosecución de las corrientes adscritas a la filosofía del sentido común, la tendencia a examinar las cuestiones éticas desde el punto de vista psicológico, el desarrollo del utilitarismo, el intuicismo inglés, el evolucionismo ético, la tesis de la absoluta diferencia entre la ética y la religión. El evolucionismo ético en particular renovó el naturalismo ético agregándole un aspecto dinámico que el antiguo naturalismo no había conocido. De ello surgieron cambios revolucionarios en las concepciones éticas que terminaron, como ocurrió con Nietzsche, con esfuerzos para introducir una inversión completa en todas las tablas de valores. La noción de valor (Nietzsche, Lotze, Brentano) comenzó a ser dominante en el pensamiento ético, al menos en Alemania. Brentano renuncia al formalismo de Kant, afirmando que la ética puede fundamentarse rigurosamente en una teoría de los valores sin por ello vaciarse de contenido. Se pretendía así superar tanto el relativismo como el formalismo, ya que –para Brentano– Kant sólo logró superar el primero a base de caer por completo en el segundo.

Entre las muchas cuestiones que la ética se plantea está el problema de su misma naturaleza, problema que a menudo deriva en preguntarse qué tipo de teoría ética «debe» plantearse. En concreto desde Kant, las teorías éticas se han clasificado en formales o materiales. Si bien ningún sistema ético parece absolutamente formal ni absolutamente material, la preponderancia evidente de elementos formales en el pensamiento de Kant y el hecho de que todos los sistemas anteriores basados, sobre todo, en qué clases de cosas son buenas parecen –en uno u otro grado– ser «materiales», hacen posible distinguir la ética kantiana del resto de las filosofías morales. Para Kant, en efecto, los principios éticos superiores, los imperativos, son absolutamente válidos *a priori* y tienen con respecto a la experiencia moral la misma función que las categorías con respecto a la experiencia científica. El resultado de semejante inversión de las tesis morales conduce, por lo pronto, al trastorno de todas las teorías existentes con respecto al origen de los principios éticos: Dios, libertad e inmortalidad no son ya, en efecto, los fundamentos de la razón práctica, sino sus postulados. De ahí que el formalismo moral kantiano exija, al propio tiempo, la autonomía ética, el hecho de que la ley moral no sea ajena a la misma personalidad que la ejecuta. Opuestas a este formalismo se presentan todas las doctrinas éticas materiales, de las cuales cabe distinguir, como ha hecho A. Müller, entre la ética de los bienes y la de los valores. La de los bienes comprende todas las doctrinas que, fundadas en el hedonismo o consecución de la felicidad, comienzan por plantearse un fin. Según este fin, la moral se llama utilitaria, perfeccionista, evolucionista, religiosa, individual, social, etc. Su carácter común es el hecho de que la bondad o maldad de todo acto dependa de la adecuación o inadecuación con el fin propuesto, a diferencia del rigorismo kantiano donde las nociones de deber, intención, buena voluntad y moralidad interna anulan todo posible eudemonismo en la conducta moral. En una dirección parecida, pero con distintos fundamentos, se halla la ética de los valores, la cual representa, por un lado, una síntesis del formalismo y del materialismo, y, por otro, una conciliación entre el empirismo y el apriorismo moral. El mayor sistematizador de este tipo de ética, Max Scheler, la ha definido, de hecho, como un apriorismo moral material, pues en él empieza por excluirse todo relativismo, aunque, al mismo tiempo, se reconoce la imposibilidad de fundar las normas efectivas de la ética en un imperativo vacío y abstracto. El hecho de que semejante ética se funde en los valores demuestra ya el «objetivismo» que la guía, sobre todo si se tiene en cuenta que en la teoría de Scheler el valor moral se halla ausente de la tabla de valores y, por lo tanto, consiste justamente en la realización de un valor positivo sin sacrificio de los valores superiores y de completo acuerdo con el carácter de cada personalidad.

En lo que se refiere al problema del origen, la discusión ha girado sobre todo en torno al carácter autónomo o heterónomo de la moral. Para los partidarios del primero, lo que se ha realizado por una fuerza o coacción externa no es propiamente moral; para los que admiten el segundo, no hay de hecho posibilidad de acción moral sin esa fuerza extraña, que puede radicar en la sociedad o, como ocurre en la mayor parte de los casos, en Dios. A ellas se han sobrepuesto asimismo tendencias conciliadoras que ven la necesidad de la autonomía del acto moral, pero que niegan que esta autonomía destruya el fundamento efectivo de las normas morales, pues el origen del acto puede distinguirse perfectamente de la cuestión del origen de la ley. En otros sentidos, se han contrapuesto entre sí las tendencias aprioristas y empiristas, voluntaristas e intelectualistas, que se refieren más bien al origen efectivo de los preceptos morales en el curso de la historia o en la evolución de la individualidad humana y que quedan con frecuencia sintetizadas en una concepción perspectivista en la cual el voluntarismo y el intelectualismo, el innatismo y el empirismo son concebidos como meros aspectos de la visión de los objetos morales, de los valores absolutos y eternamente válidos, progresivamente descubiertos en el curso de la historia. En cuanto al problema de la finalidad, equivale en parte a la misma cuestión de la esencia de la ética y hace referencia a las posiciones eudemonistas, hedonistas, utilitaristas, etc., que responden a la pregunta por la esencia, siempre que ésta sea definida de acuerdo con un determinado bien.

El «lenguaje de la ética» ha sido objeto de numerosas investigaciones, especialmente, aunque no exclusivamente, por parte de filósofos de orientación analítica; algunas de estas investigaciones han estado ligadas al desarrollo de ciertos tipos de ética, unido a la formulación de reglas de índole meta-ética. Común a dichas investigaciones es el estudio del tipo de términos y, en general, del vocabulario usado en ética o, más precisamente, en el llamado «lenguaje moral». Una de las más conocidas tesis es la de G. E. Moore, el cual pone de relieve que el término 'bueno' (y también 'malo', si bien Moore se preocupa poco del último) no es definible mediante otros términos que puedan declararse sinónimos con él, ya que si tal ocurriera entonces el enunciado 'A es bueno' sería analítico. Definir 'bueno' mediante otro término supuestamente sinónimo es cometer la «falacia naturalista». La palabra 'bueno' no es, en este sentido, un predicado «natural». Una concepción que durante un tiempo alcanzó gran boga es la que llevó a Odgen y Richards a distinguir entre lenguaje indicativo o declarativo y lenguaje no indicativo y no declarativo; mediante este último se expresan actitudes y reacciones. Dewey distinguió entre términos valorativos –como 'deseado'– y términos descriptivos –como 'deseable'–. Varios positivistas lógicos pusieron de relieve que los enunciados en que figuran términos «morales» no son ni tautológicos ni verificables y, por tanto, carecen propiamente de significación; en todo caso, no pueden forjarse criterios de significado para tales términos. Ayer popularizó la idea de que los juicios morales expresan sentimientos del que los formula. Ch. L. Stevenson indicó que los juicios morales revelan las actitudes de los que los formulan con el propósito, además, de influir sobre las actitudes ajenas. R. M. Hare señaló que el lenguaje moral no es emotivo, ni tampoco indicativo o informativo, sino prescriptivo.

En el vasto conjunto de la ética contemporánea, las teorías propuestas corresponden bastante aproximadamente a los tipos de filosofía, o «doctrina filosófica», elaborados. De acuerdo con los estudios del lenguaje moral citados últimamente se han desarrollado una ética llamada «intuicionista» –que se atribuye a Moore y que ha sido elaborada por David Ross–, una ética llamada «emotivista» –o «emotivismo»– elaborada principalmente por Stevenson y una ética llamada «prescriptivista» –o «prescriptivismo»– principalmente elaborada por Hare. Se han discutido de nuevo los méritos y flaquezas del utilitarismo, refinándose considerablemente las versiones clásicas de esta doctrina. La llamada, más o menos justificadamente, «ética existencialista» es, en muchos casos, una negación de que pueda haber una ética; en todo caso, no parece haber posibilidad de formular normas morales «objetivas», fundadas en Dios, la sociedad, la Naturaleza, un supuesto reino objetivo de valores o normas, etc., de modo que el único «imperativo» ético posible parece ser el de que cada cual tiene que decidir por sí mismo, en vista de su propia, intransferible, situación concreta, lo que va a hacer y lo que va a ser. Todas estas formas de teoría ética –y de «no-teoría ética»– son, por lo común, «individualistas», posiblemente con excepción del utilitarismo, lo cual no quiere decir que no se tengan en cuenta «los otros», «la sociedad», etc.; al fin y al cabo, algunos han insistido en que los juicios morales tienen por fin influir sobre otros, o prescribir algo –y esto no es prescribirse a sí mismo únicamente–. Sin embargo, ciertos autores expresan disconformidad ante consideraciones que parecen ser primariamente, si no exclusivamente, «individuales», o «individualistas», y ponen de relieve la función social de la ética. La llamada «ética marxista», que por lo demás puede adoptar numerosas formas, es un ejemplo de dicha disconformidad. Persisten en algunos casos dimensiones «evolucionistas» y «pragmatistas» en las teorías éticas, pero menos influyentes de lo que fueron en las primeras décadas de este siglo. Por otro lado, persiste un tipo de ética llamada «axiológica», desarrollada por Scheler y más recientemente, aunque en distinta dirección, por J. N. Findlay, y que consiste básicamente en poner de relieve que los juicios morales son juicios de valor, de modo que no puede desarrollarse una teoría ética independientemente de una teoría axiológica o teorías de los valores.

Ex nihilo nihil fit. *Ex nihilo, nihil fit*, el principio de que nada procede de la nada (es decir, que algo no puede venir de nada) fue sostenido con toda consecuencia por los eleatas. Parménides (Diel-Kranz, 28 B fr. 8, 9) señala que del No-Ser («Nada») no puede hablarse siquiera en virtud del principio de que sólo el Ser es; el No-Ser (la Nada) no es. El Ser ha sido siempre (donde «siempre» no significa «todo el tiempo», sino más bien eternamente). Meliso de Samos señala que el Ser no puede originarse o engendrarse, pues en tal caso debería surgir de la nada, pero si fuese nada, no podría engendrarse de la nada, οὐδαμὰ ἄν γένοιτο οὐδὲν ἐκ μηδενός (Diels-Kranz, 303,1 [el fragmento es considerado por muchos como una paráfrasis]). Para Aristóteles no se engendra tampoco nada del No-Ser, pero siempre que este No-Ser se entienda como μὴ ὄν *simpliciter;* en cambio, puede surgir algo de la privación, en tanto que ésta es privación de algo *(Phys.,* I viii). El principio de que nada surge de la nada fue afirmado insistentemente por los epicúreos.

Los autores cristianos, en tanto que mantuvieron la idea de que el mundo ha sido creado de la nada por Dios, no podían sostener con toda consecuencia el principio de referencia. Sin embargo, se ha sostenido este principio en lo que se refiere a las cosas creadas. Para el mundo natural, en efecto, es cierto que *ex nihilo nihil fit:* «ningún ser creado puede producir un ser absolutamente»; lo que sucede es que el mundo mismo en su totalidad, como Ente que es, ha sido creado (cf. Santo Tomás, *S. Theol..* I q XLV, art. 5). Alberto Magno sostuvo, al tratar la cuestión de la eternidad (VÉASE) del mundo, que cuando se habla de las cosas naturales en el lenguaje natural (de la ciencia natural) –*de naturalibus naturaliter*– se puede decir que nunca ha cesado ni cesará la generación. Egidio Romano y Juan Buridán (entre otros) abundaban en consideraciones análogas, si bien iban más lejos que Santo Tomás y Alberto Magno. Cuando se habla de las cosas naturales *(cum loquamur de naturalibus)* se puede afirmar el *ex nihilo nihil fit* (cf. Anneliese Maier, *Metaphysische Hintergründe der spätscholastischen Naturphilosophie,* 1955, pág. 14 y sigs.). Una cosa es hablar teológicamente; la otra es hablar filosóficamente (o «naturalmente»). Ahora bien, mientras cuando menos en Santo Tomás los dos modos de hablar tienen que coincidir en algún momento, no es seguro que ello ocurra siempre en Egidio Romano y Juan Buridán. Se dice, es verdad, que mientras la idea de que el mundo ha sido creado por Dios es una verdad absoluta, la idea de que de la nada no ha surgido nada es una verdad «probable» –a diferencia de los griegos, para quienes era un principio absolutamente evidente e incontrovertible–. Pero hasta qué punto ciertos autores se acercan a la tesis del *ex nihilo nihil fit* como principio verdadero más que como tesis probable, es todavía difícil determinarlo en virtud del modo «ambiguo» adoptado en algunos de sus textos. Algo semejante puede decirse de los filósofos de la llamada «Escuela de Padua» tales como Pietro d'Abano, Agostino Nifo y otros.

En la época moderna se ha hablado casi siempre como si el principio *ex nihilo nihil fit* fuese irrebatible, sobre todo en la medida en que los pensadores se han ocupado de cuestiones filosóficas y científicas más que de cuestiones teológicas. Es cierto que al llegar a ciertos límites que rozaban estas últimas cuestiones se suponía con frecuencia no sólo que el mundo ha sido creado de la nada, sino inclusive que su existencia depende de una *creatio continua* (Descartes) o, si se quiere, de la continua presencia de Dios como Espíritu universal (Berkeley). El principio que aquí nos ocupa ha servido de hipótesis última a no pocos de los desarrollos de la ciencia natural moderna, especialmente de la mecánica, y en muchas ocasiones ha sido vinculado estrechamente al determinismo. Hoy día no se es tan dogmático en la materia, pero sólo porque se reconoce que un principio como el apuntado es demasiado vasto para enunciar algo determinado sobre los procesos naturales; dice poco justamente por pretender decir demasiado.

Existencia. En tanto que derivado del término latino *existentia*, el vocablo 'existencia' significa «lo que está ahí», lo que «está fuera» –*exsistit*–. Algo existe porque está la cosa, *in re;* la existencia en este sentido es equiparable a la realidad.

El término 'existencia' puede referirse a cualquier entidad, puede hablarse de existencia real e ideal, de existencia física y matemática, etcétera.

En los primeros momentos de la historia de la filosofía griega los pensadores no parecían interesados en saber cuál es la naturaleza de lo existente; les ocupaba más indicar qué entidad o entidades eran, a su entender, existentes –o «realmente existentes»–, a diferencia de las entidades que parecían tener una existencia real, pero que eran, en el fondo, modos o manifestaciones de tal existencia. Decir que «lo que hay» es agua, aire, apeirón y hasta números no es todavía decir qué es haber algo, esto es, qué es existir. Luego, con Parménides y, sobre todo, con Platón, el problema de la existencia como tal fue planteado varias veces; si lo que existe es lo inteligible, el mundo de las ideas, y si tal mundo no es «lo que está ahí», sino «más allá de todo *ahí*», la cuestión de la naturaleza de la existencia y del existir se suscita con toda agudeza. Sin embargo, sólo Aristóteles elaboró un sistema de conceptos que parecía capaz de dilucidar el ser de la existencia como tal en relación con, o en contraste con, el ser de la esencia, de la substancia, etcétera.

Para Aristóteles, la existencia se entiende como substancia, es decir, como entidad. Para que algo exista, tiene que poseer un «haber», una *ousía*. Tiene, además, que serle *propia*. La existencia es la substancia primera en tanto que aquello de que puede decirse algo y en «donde» residen las propiedades. Cuando la existencia se halla unida con la esencia tenemos un ser. De él podemos saber *qué* es justamente porque sabemos que *es*. Aristóteles se interesa por averiguar lo que pueden llamarse los «requisitos» de la existencia. Los conceptos de materia y forma, de potencia y acto desempeñan en este respecto un papel importante. Pero como no puede hablarse de la existencia a menos que sea inteligible, y como la existencia solamente es inteligible a partir de aquello que la hace ser, tenemos ya desde este momento sentadas las bases para muchas ulteriores discusiones acerca de la relación entre la existencia y la esencia.

Muchos de estos debates tuvieron lugar durante la Edad Media. Hay dos concepciones fundamentales de la esencia en su relación con la existencia: (1) Si la existencia precede a la esencia –o es al contrario–. (2) Si hay o no distinción real entre la esencia y la existencia en los seres creados. Dos posiciones básicas se mantuvieron respecto de la primera cuestión. Según Avicena y otros autores, tanto árabes como cristianos, en los que él influyó, la esencia precede a la existencia, ya que ésta es un mero «accidente» de la esencia. Para otros filósofos, sin embargo, es la existencia quien precede a la esencia, siendo ésta la característica básica de toda existencia (el primer rasgo distintivo).

Los autores medievales que, como Santo Tomás, han acentuado el momento de la «actualidad» en la existencia, han definido esta última como la actualidad de la existencia, la última actualidad de la cosa, la presencia actual de la cosa en el orden «físico», es decir, en el orden «real». Existir no es entonces simplemente «estar ahí», sino «estar fuera de las causas» –*extra causas*– en cuanto estar «fuera de la nada» –*extra nihilum*–, de la simple potencia.

Algunos autores escolásticos –tales Guillermo de Auvernia, Alejandro de Hales, San Buenaventura, San Alberto Magno, Santo Tomás– han mantenido la llamada «distinción real entre esencia y existencia» en el orden de lo creado. La esencia no implica la existencia, pero es, según apuntamos antes, la inteligibilidad de esta última. Otros autores –como Duns Escoto, Occam, Aurelo, Gabriel Biel, Suárez– han negado tal distinción real. La negación de la distinción real no equivale al nominalismo o al terminalismo. Además, puede no admitirse una distinción real y no admitirse tampoco una mera distinción conceptual. Así, por ejemplo, Duns Escoto proponía una distinción actual formal por la naturaleza de la cosa.

Cuando como –según ocurrió en la mayoría de los casos– se equiparó *existencia* y *esse*, se suscitó la cuestión de si, una vez dado algo que exista, puede o no predicarse de él el existir mismo. Algunos autores sostienen que la existencia es el primer predicado de cualquier entidad existente, siendo todos los demás predicados secundarios. Otros autores niegan que la existencia sea un predicado. Pero los filósofos medievales no son los únicos que discuten el rango ontológico de la noción de existencia.

El punto central de la discusión de Kant al respecto es su afirmación de que el ser *(Sein)* –que aquí puede entenderse como «existir»– no es un predicado real al modo como pueden serlo otros predicados tales como 'es blanco', 'es pesado', etc. «'Ser' no es evidentemente un predicado real, es decir, no el concepto de algo que pudiera agregarse al concepto de una cosa. Es meramente la posición *(Setzung)* de una cosa o de ciertas determinaciones en cuanto existentes en sí mismas. Lógicamente, es la cópula de un juicio» (*K. r. V.*, A 598/ B 526). Referirse a algo y decir de ello que existe es una redundancia. Si la existencia fuese un atributo, todas las proposiciones existenciales afirmativas no serían más que tautologías, y todas las proposiciones existenciales negativas serían meras contradicciones. Por otro lado, decir de algo que es no significa decir que existe. El «es» no puede subsistir por sí mismo: alude siempre a un modo en el cual se supone que es esto o aquello. Y si llenamos el predicado por medio del existir, diciendo que tal determinada entidad «es existente», todavía faltará precisar la manera, el cómo, el cuándo o el dónde de la existencia. De modo que, de acuerdo con estas bases, el «ser existente» no puede poseer ninguna significación si no se da dentro de un contexto. Lo cual supone que el concepto que describe algo existente y el concepto que describe algo ficticio no son, *en cuanto conceptos*, distintos: lo posible y lo real están, respecto al concepto, por así decirlo, en el mismo modo de referencia.

Para Kierkegaard, la existencia es ante todo el existente –el existente humano–. Se trata de aquel cuyo «ser» consiste en la subjetividad, es decir, en la pura libertad de «elección». No puede hablarse de *la* existencia. Existir significa para Kierkegaard tomar una «decisión última» con respecto a la absoluta trascendencia divina. Por eso la filosofía no es especulación, es «decisión»; no es descripción de esencias, es afirmación de existencias.

El «primado de la existencia sobre la esencia» se ha afirmado con tanta frecuencia y con tan diversos tonos en el pensamiento contemporáneo que la frase, fuera de su contexto, nos dice poco. En su ensayo *El existencialismo es un humanismo,* Sartre reitera que los existencialistas –tanto cristianos como ateos– afirman la primacía de la existencia. Más adelante, sin embargo, declaraba que dicho ensayo, que era una defensa del «existencialismo», resultaba en exceso simplificador.

Aunque él lo niega, Heidegger está también frecuentemente considerado «existencialista»; si bien es cierto que emplea la voz («existencia»), no lo hace al modo tradicional. El *Da* del *Dasein* es, en efecto, fundamental para Heidegger. Sin embargo, este *Da* no significa propiamente «ahí», sino abertura de un ente (el ente humano) al ser *(Stein)*. Para Heidegger, *Dasein* no es algo que ya es, ni algo simplemente dado, sino más bien el poder ser. En otras palabras, el ser de *Dasein* es de algún modo defectuoso, le falta el «ser». La esencia del *Dasein* «se apoya... en el hecho de que, en cada caso, tiene su ser-para existir, y lo tiene como propio (S 2, § 4). Esta carencia o falta de «ser» es un «estado constitutivo del ser *Dasein*, y ello implica que *Dasein*, en su ser, hace relación al Ser... Y aún más, significa también que, de alguna manera, el *Dasein* se entiende a sí mismo en su ser... *La conciencia del ser es, por sí misma, una característica del ser Dasein. Dasein* es ontológicamente distinto por ser él mismo existente» *(ibid.)*. De este modo, Heidegger pretende mostrar que «*Dasein* siempre se entiende a sí mismo en términos de existencia –en términos de la posibilidad de sí mismo: ser él mismo o no... La cuestión de la existencia no se aclara si no es a través del propio existir, del existir mismo– . Toda otra cosa que el *Dasein* es, para Heidegger, bien *zuhanden* (cosas que se descubren útiles para un propósito u otro) o bien *vorhanden* (cosas «neutras» dadas por la naturaleza; *cosas, desde un punto de vista teórico).*

Así pues, el *Dasein* no entiende los entes como dados o indiferentes, sino como útiles, dañinos, peligrosos, rotos, ausentes, etc. «*Zuhanden* es el modo por el que los seres, tal como son en sí mismos, son definidos ontológico-categorialmente» *(ibid.,* 15). Este último enfoque de los objetos es primario.

En cuanto a Jaspers, ha calificado a su filosofía de «filosofía de la existencia», pero debemos ponernos en guardia respecto al vocabulario. En efecto, Jaspers llama *Dasein* a lo que existe en el nivel de lo sensible (en nosotros). El ser del *Dasein*, lo mismo que el de la conciencia, del espíritu, del alma, etc., es de algún modo «objetivo», bien que de una objetividad distinta de lo que está fuera de nosotros en cuanto «mundo». Lo realmente «existencial» es llamado por Jaspers *Existenz*. Esta existencia es lo que yo soy; es el acto de ponerme a mí mismo como libre, «el ser que no es, sino que *puede ser y debe ser*» *(Philosophie,* II 1). Por eso puede decirse que mi *Dasein* no es *Existenz*, sino que el hombre es en el *Dasein* de la existencia *(Existenz)* posible. No puede en modo alguno aprehenderse el ser de *la* existencia; sólo puede vivirse el existir en cuanto que es «mío». La aprehensión de la existencia requiere la objetividad, y ésta destruye el carácter irreductible del existir. No hay, pues, para Jaspers una ontología de la existencia. La existencia no es un nivel de «realidad», a lo sumo, es lo que religa todos los niveles.

Tenemos, pues, en la filosofía actual diversos significados de 'existencia' que son, por un lado, distintos de los significados tradicionales y que, por otro lado, se distinguen entre sí. Esta distinción puede comprenderse sobre todo desde el ángulo de estas dos posibilidades: una interpretación de la existencia como raíz de existir, y una interpretación de ella como fundamento de una ontología. Algunos autores parecen participar de las dos interpretaciones. Es el caso de Jean-Paul Sartre. Su noción del «para-sí» es a la vez (para usar el vocabulario de Heidegger) óntica y ontológica. En vista de ello, puede preguntarse si hay algún significado común en el uso actual del vocablo 'existencia' inclusive dentro de las filosofías latamente llamadas «existenciales». Creemos que lo hay: es el que se deriva de concebir la existencia como un modo de «ser» que no es nunca «dado», pero que tampoco es «puesto» (como afirmaría el idealismo trascendental); un modo de ser que constituye su propio ser, que se hace a sí mismo. La existencia es entonces lo que forja su propia esencia, lo que crea su propia inteligibilidad y hasta la del mundo en la cual se halla sumida.

Casi todos los análisis que anteceden son de naturaleza metafísica, pero hay también otra forma de abordar el problema de la existencia, y es la del análisis lógico.

En *Los fundamentos de la Aritmética (Die Grundlagen der Arithmetik,* 1884, § 53) Frege indica que las propiedades afirmadas de un concepto no son las características que componen el concepto. Estas características son propiedades de las cosas que caen bajo el concepto, no propiedades del concepto. Por eso el ser rectangular no es una propiedad del concepto *triángulo rectángulo*. Pero la proposición según la cual no hay ningún triángulo rectángulo, equilátero y escaleno expresa una propiedad del concepto *triángulo rectángulo equilátero escaleno:* le asigna 0. Partiendo de esto puede entenderse el concepto de existencia como afín o análogo al de número. Así, la afirmación de la existencia «no es otra cosa que la negación del 0».

Bertrand Russell ha tratado la cuestión de la existencia –o del sentido de 'existe'– en varios escritos. Previamente la teoría de los objetos, de Meinong, había admitido entidades inexistentes, correspondientes a un universo del discurso, por medio del cual tales entidades podían ser afirmadas significativamente; el centauro, por ejemplo, no existe, pero subsiste. Russell señala, en cambio, que no podemos formar proposiciones de las cuales el sujeto sea del tipo de «la montaña de oro» o «el cuadrado redondo». Estos «entes» no poseen un ser lógico y, por lo tanto, ninguna «subsistencia» propia. «Decimos –escribe Russell– que un argumento a 'satisface' una función Φx si Φa es verdadero; éste es el mismo sentido en el cual se dice que las raíces de una ecuación 'satisfacen' la ecuación. Ahora bien, si Φx es algunas veces verdadero, podemos decir que hay x para los cuales es verdadero, o podemos decir 'argumentos que satisfacen Φx existen'. Ésta es la significación fundamental del vocablo 'existencia'. Las otras significaciones se derivan de ella o implican una mera confusión del pensamiento» *(Introduction to Mathematical Philosophy,* 2.ª edición, 1920, pág. 164).

Este análisis lógico está de acuerdo con la tendencia manifestada por (el «primer») Russell de que en muchos casos las estructuras gramaticales de las oraciones inducen a confusiones. Si se emplea un nombre como «sujeto» de una oración, se piensa que este nombre designa o no una entidad real; en caso afirmativo se dice que aquello de que se habla existe, y en caso negativo, que no existe. Pero por muchos que sean los datos que se acumulen sobre un nombre no se logrará hacer más que el nombre sea sólo un nombre. Por eso la existencia puede ser afirmada significativamente sólo de descripciones. Si 'a' es un nombre, debe nombrar algo, pero si no nombra nada entonces no es un nombre, sino un símbolo sin significado.

Durante mucho tiempo los análisis de Russell fueron aceptados por muchos autores sin más modificaciones de detalle. Fue corriente en numerosos textos de lógica poner de relieve que términos como 'una sirena' y 'una muchacha' no pertenecen al mismo tipo lógico, aunque tengan forma gramatical similar. Por tanto, no se trata sólo de que no existan sirenas y, en cambio, existan muchachas. Los que arguyen que ciertas «entidades» como las sirenas existen de algún modo –por ejemplo, en la imaginación–, tratan la proposición 'las sirenas son imaginadas' como si tuviese la misma forma que 'las muchachas son amadas'. Pero ser imaginado no es propiedad de ninguna sirena como ser amada es, o puede ser, la propiedad de una muchacha. 'Las muchachas son amadas' no puede ser una proposición verdadera si no existen muchachas. 'Las sirenas son imaginadas' puede ser verdadero aunque no existan sirenas.

La tesis russelliana tiene en común con las de Hume y Kant el negar que 'existe' sea un predicado real (un término aceptable como predicado). A veces se ha supuesto que la titulada «filosofía» analítica está ligada a semejante tesis. Ello no es cierto. Hay gran variedad de opiniones al respecto dentro de la mencionada dirección. Algunos autores han estimado que, por lo menos dentro del contexto del lenguaje corriente, 'existe' es una expresión legítima en el sentido de ser plenamente significativa; '*a* existe' quiere decir, según ello, que *a* es efectivamente real y no (por ejemplo) imaginado, etc. Sin embargo, el predicado 'es efectivamente real' ofrece al análisis dificultades análogas, si no mayores, que el predicado 'existe' –caso de admitir que se trate de un predicado–. Se ha puesto de relieve que se puede afirmar que algo podía haber existido y no ha existido, o no existe y se ha concluido de ello que si es admisible sostener que no existe, es igualmente admisible sostener que existe (caso de que exista), ya que lo último es meramente la negación de lo primero. Aunque en el amplio espectro de la filosofía analítica no ha habido muchas teorías de la existencia comparables a la de Russell *por* el papel central que explícitamente ocupa en dicho autor el análisis de la noción de existencia, lo cierto es que lo que cabe llamar «cuestión de la existencia» ha estado implicado en un número muy considerable de estudios lógicos y ontológicos dentro de dicha orientación.

Existencia (filosofía de la). Puede traducirse de este modo la expresión alemana *Existenzphilosophie*, y usarse en los dos siguientes sentidos:

1. Para designar un conjunto de filosofías y modos de hacer filosofía en los cuales el tema central es la existencia, *Existenz*, en cuanto existencia humana o realidad humana. Se supone que esta existencia difiere radicalmente de otras existencias, o tipos de existencia; la existencia humana no tiene en modo alguno la naturaleza de ninguna cosa, sea cosa física o «cosa» mental. La existencia en cuanto *Existenz* es, pues, completamente distinta de la existencia en cuanto *existentia*. Como se aspira a no confundir la existencia en el sentido de *Existenz* con la existencia en ninguno de los sentidos «clási-

cos», la traducción propuesta de *Existenz-philosophie* por 'filosofía de la existencia' puede resultar ambigua. Cabría usar, para evitar esta ambigüedad, una expresión como «filosofía de la *Existenz*», o simplemente dejar la expresión en su forma original de *Existenzphilosophie*. Sin embargo, como no hay, en la filosofía anterior a la *Existenzphilosophie*, ninguna específica «filosofía de la existencia», esta última expresión es perfectamente tolerable, ya que cada vez que se hable de «filosofía de la existencia» se entenderá en el sentido peculiar que se da a 'existencia' en cuanto «existencia humana».

Se puede considerar la filosofía de la existencia como una orientación común a bastantes autores: Heidegger, Jaspers, Sartre, Ortega, Marcel, etc. Conviene advertir que varios de estos autores no son solamente, ni mucho menos, «filósofos de la existencia»; tal es el caso de Heidegger y Ortega, cuyas respectivas «filosofías del ser» y «racio-vitalismo» abarcan un territorio mucho más amplio que el de una filosofía de la existencia. Sin embargo, puede seguir usándose esta expresión para tales autores en cuanto que una parte por lo menos de su pensamiento filosófico consiste en un examen de la existencia en cuanto existencia o realidad humana. Conviene advertir también que no todos los autores que pueden ser calificados, aunque sólo parcialmente, de «filósofos de la existencia» son «existencialistas». En general, cabe decir que todo existencialismo es (por lo menos) filosofía de la existencia, pero que no toda filosofía de la existencia es existencialismo. En rigor, varias de las citadas filosofías de la existencia especialmente las que son, además de ello, otra cosa, son contrarias a las tendencias que se han estimado más comunes del existencialismo.

2. «Filosofía de la existencia» se puede usar, y se usa a menudo, para designar específicamente una de las mencionadas filosofías: la de Jaspers. Mientras, por ejemplo, Heidegger usa *Dasein* –si bien reconociendo que «la esencia del *Dasein* radica en su existencia *(Existenz)*», de modo que tiene un carácter existenciario y no existencial–, y Ortega usa, entre otras expresiones, 'vida humana' y 'nuestra vida', Jaspers usa de un modo central y consistente *Existenz;* el propósito capital del segundo volumen de su *Philosophie* es justamente «una dilucidación de la existencia *(Existenz)*».

Existencialismo. Para combatir el abuso del término 'existencialismo' hay que limitar la aplicación del vocablo a cierta época y, dentro de ello, a ciertas corrientes o actitudes filosóficas. También, a veces, hay que distinguir entre Existencialismo y Existencia (Filosofía de la, VÉASE).

Desde este punto de vista el origen del existencialismo se remonta solamente a Kierkegaard, el cual lanzó por vez primera el grito de combate: «contra la filosofía especulativa [principalmente la de Hegel], la filosofía existencial». Con ello abogó por un «pensar existencial» en el cual el sujeto que piensa –este hombre concreto y, como diría Unamuno, «de carne y hueso»– se incluye a sí mismo en el pensar en vez de reflejar, o pretender reflejar, objetivamente la realidad.

Por tanto, lo primero que hace la filosofía existencial –o, mejor dicho, el hombre que piensa y vive existencialmente– es negarse a reducir su ser humano, su personalidad, a una entidad cualquiera. El hombre no puede reducirse a ser un animal racional, pero tampoco a ser un animal sociable, o un ente psíquico, o biológico. En rigor, el hombre no es ningún «ente», porque es más bien un «existente» –y, en puridad, «este existente»–. El hombre no es, pues, ninguna substancia, susceptible de ser determinada objetivamente. Su ser es un constituirse a sí mismo.

Se ha intentado a menudo definir 'existencialismo' sin que se haya encontrado una definición satisfactoria –entre otras razones, porque el existencialismo, especialmente en cuanto «actitud existencial», rehúye cualquier definición–. A lo más que se ha llegado es a subrayar ciertos temas que aparecen muy a menudo en la literatura filosófica existencialista y paraexistencialista. Estos temas son, entre otros, la subjetividad, la finitud, la contingencia, la autenticidad, la «libertad necesaria», la enajenación, la situación, la decisión, la elección, el compromiso, la anticipación de sí mismo, la soledad (y también la «compañía») existencial, el estar en el mundo, el estar abocado a la muerte, el hacerse a sí mismo. Se ha intentado asimismo a menudo clasificar las corrientes existencialistas. Se ha hablado en este sentido de existencialismo teológico, existencialismo cristiano, existencialismo ateo y hasta existencialismo marxista.

Según Emmanuel Mounier (*Introduction aux existentialismes* [1947], pág. 11), el existencialismo puede compararse a un árbol alimentado en sus raíces por Sócrates, por el estoicismo y por el agustinismo. Estas raíces producen filosofías como las de Pascal y Maine de Biran. El tronco del árbol representa a Kierkegaard. Desde el tronco se extiende una ancha copa en la cual se hallan representados, en una ramificación harto compleja, la fenomenología, Jaspers, el personalismo, Marcel, Soloviev, Chestov, Berdiaev, la teología dialéctica (sin olvidar el «judaísmo trascendental» de Buber), Scheler, Landsberg, Bergson, Blondel, Laberthonnière, Nietzsche, Heidegger, J.-P. Sartre (terminal «izquierdo» del «movimiento»). Siguiendo el mismo símil se podrían incluir en esta copa el pragmatismo, Unamuno, Ortega y Gasset y otros muchos autores. Esta clasificación de Mounier peca por exceso. Mounier califica de «existencialistas» a no pocos autores que, como Bergson, no han sido tales, y a otros que, como Heidegger y Ortega y Gasset, han rechazado legítimamente ser considerados tales. Jacques Maritain ha propuesto otra clasificación: según ella, hay por un lado un existencialismo propiamente existencial y un existencialismo meramente académico. El primero es «el existencialismo en acto vivido o ejercido». El segundo es «el existencialismo en acto significado» como máquina de ideas y aparato para confeccionar tesis.

Por otro lado, las clasificaciones en cuestión no tienen siempre en cuenta la diferencia entre «actitud existencial» y «pensamiento existencial». Sólo este último merece ser llamado «existencialismo». En efecto, el existencialismo no es, no debe ser, una mera «actitud» o inclusive una simple «toma de posición». El existencialismo es, o debe ser, una filosofía. Ciertos autores niegan que tal filosofía sea posible. Manifiestan que desde el momento en que se adopta una actitud existencial se excluye toda posible «racionalización» de la existencia, y que sin tal «racionalización» no es posible, o no es legítimo, hablar de filosofía. Otros autores niegan la posibilidad de tal filosofía alegando que los análisis de la existencia humana en que son pródigos los autores existencialistas son, a pesar de lo que dichos autores pretenden, de carácter empírico-psicológico y no tienen ningún carácter propiamente «existencial». Los autores que admiten la posibilidad de una filosofía existencial no están siempre de acuerdo con las bases de tal filosofía.

Ha habido por lo menos tres actitudes en el pensamiento actual frente al existencialismo: la completa indiferencia; la oposición cerrada, y el esfuerzo por «superar» el existencialismo desde dentro.

La indiferencia se ha manifestado a veces mediante el simple desdén; a este efecto ha sido corriente decir que las tendencias existencialistas son o puro patetismo o puro verbalismo (o ambas cosas a un tiempo). La oposición cerrada ha partido a veces de los que en otras ocasiones han manifestado indiferencia; tal es el caso de no pocos autores de tendencia «analítica», especialmente en la fase del positivismo lógico. A. J. Ayer declaró que el existencialismo consiste principalmente en un «abuso del verbo 'ser'». Otros filósofos hostiles al existencialismo lo han combatido desde posiciones consideradas por ellos como firmemente establecidas (como el marxismo o el neoescolasticismo).

El existencialismo es interpretado por los marxistas como la filosofía de la burguesía en su estado de degeneración y descomposición; por muchos «tradicionalistas» (en el sentido de «partidarios de la tradición filosófica» y en particular de una *philosophia perennis),* como una de las más peligrosas manifestaciones del ateísmo moderno; por los racionalistas, como una explosión antirracionalista, hostil a la ciencia y a toda sana razón humana; por muchos individualistas, como una reacción saludable de la persona contra las amenazas de esclavitud suscitadas por todo género de totalitarismos. En todos estos casos, la interpretación se refiere más a la función que el existencialismo tiene, o se pretende que tenga, dentro de la sociedad contemporánea, que a los contenidos mismos de tal filosofía.

Experiencia. El término 'experiencia' se usa en varios sentidos: (1) La aprehensión por un sujeto de una realidad, una forma de ser, un modo de hacer, una manera de vivir, etc. La experiencia es entonces un modo de conocer algo inmediatamente antes de todo juicio formulado sobre lo aprehendido. (2) La aprehensión sensible de la realidad externa. Se dice entonces que tal realidad se da por medio de la experiencia, también por lo común antes de toda reflexión –y, como diría Husserl, pre-predicativamente–. (3) La enseñanza adquirida con la práctica. Se habla entonces de la experiencia en un oficio y, en general de la experiencia de la vida. (4) La confirmación de los juicios sobre la realidad por medio de una verificación, por lo usual sensible, de esta realidad. Se dice entonces que un juicio sobre la realidad es confirmable, o verificable, por medio de la experiencia. (5) El hecho de soportar o «sufrir» algo, como cuando se dice que se experimenta un dolor, una alegría, etc. En este último caso la experiencia aparece como un «hecho interno».

Aunque hay algo común en los varios sentidos de 'experiencia' –el hecho de que se trata de una aprehensión inmediata por un sujeto de algo que se supone «dado»–, ello es demasiado vago para servir de punto de partida de un análisis. En vista de estas dificultades, seguiremos el procedimiento siguiente: describir varios sentidos capitales del vocablo 'experiencia' a través de la historia de la filosofía, y subrayar en cada caso por lo menos uno de dos sentidos primordiales: (a) la experiencia como confirmación, o posibilidad de confirmación, empírica (y con frecuencia sensible) de datos, y (b) la experiencia como hecho de vivir algo dado anteriormente a toda reflexión o predicación. En cada uno de estos casos se puede destacar el carácter «externo» o «interno» de la experiencia, aunque es frecuente –si bien no exclusivo– que el primero corresponda más bien al sentido (a) y el segundo al sentido (b). En algunos casos, la noción de experiencia ha sido usada como concepto fundamental metafísico o como concepto previo a todos los otros.

La distinción platónica entre el mundo sensible y el mundo inteligible equivale en parte a la distinción entre experiencia y razón. La experiencia aparece en este caso como conocimiento de lo cambiante –por lo tanto, como una «opinión» más que como un conocimiento propiamente dicho–. Es cierto que Platón, especialmente en lo que tiene de más socrático, no descuida la experiencia como la «práctica» (por lo menos «práctica intelectual») necesaria con el fin de poder formular conceptos y alcanzar el reino de las ideas. Pero la experiencia no tiene en ningún caso el carácter preciso e inteligible de las ideas. En Aristóteles, la experiencia queda mejor integrada dentro de la estructura del conocimiento. La experiencia, ἐμπειρία, es algo que poseen todos los seres vivientes. La experiencia es necesaria, pero no suficiente; a ella se sobreponen el arte, τέχνη, y el razonamiento, λογισμός *(Met.,* A. 1, 981 b 27). La experiencia surge de la multiplicidad numérica de recuerdos *(An. post.,* II 19, 100 a 5); la persistencia de las mismas impresiones es el tejido de la experiencia a base del cual se forma la noción, esto es, lo universal. La experiencia es, pues, para Aristóteles, la aprehensión de lo singular. Sin esta aprehensión previa no habría posibilidad de ciencia. Además, sólo la experiencia puede proporcionar los principios pertenecientes a cada ciencia; hay que observar primero los fenómenos y ver qué son con el fin de proceder luego a demostraciones *(An. pr.,* I 30, 46 a 17 sigs.). Pero la ciencia propiamente dicha lo es sólo de lo universal; lo particular constituye el «material» y los ejemplos. Hay «arte» sólo cuando de una multitud de nociones de carácter experimental se desprende un juicio universal *(Met.,* A 1, 981 a 6).

La experiencia en sentido aristotélico tiene, pues, los sentidos (2) y (4), el sentido (a) y una parte del sentido (b), pero el Estagirita se refiere también a la experiencia, y destaca su importancia, cuando habla de la práctica y manifiesta que en ciertos asuntos, como en la dirección y administración de las cosas del Estado, la habilidad y la experiencia son extremadamente importantes; los hombres de Estado practican su arte por experiencia más bien que por medio del pensamiento (*Eth. Nic.*, X 9, 1191 a 1 sigs.).

En autores medievales *experientia* tiene varios sentidos, pero dos de ellos predominan: la experiencia como amplio y extenso conocimiento de casos, que da lugar a ciertas reglas y a ciertos conocimientos generales, y la experiencia como aprehensión inmediata de procesos «internos». El primer sentido puede calificarse de «científico»; el segundo, de «psicológico» y también de «personal». En el primer caso la experiencia es, como en Aristóteles, el punto de partida del conocimiento del mundo exterior. En el segundo caso puede ser punto de partida del conocimiento del mundo «interior» (e íntimo), pero también base para la aprehensión de ciertas «evidencias» de carácter no natural. Así, la «experiencia» puede designar la vivencia interna de la vida de la fe y, en último término, de la vida mística. La doctrina de la iluminación divina, de raigambre agustiniana, subraya este último tipo de experiencia, más fundamental que ningún otro.

Las concepciones sobre la experiencia en la época moderna son tan numerosas que no hay más remedio que confinarse a algunas de las más influyentes. Debe hacerse constar al respecto que la insistencia en la experiencia, que se considera como típica en la época moderna, se halla asimismo en no pocos autores medievales. Podemos citar al respecto a Rogelio Bacon; este autor usó con frecuencia el vocablo *experientia*, pero se debate todavía su significado. En no poca medida Rogelio Bacon entendía la *experientia* como aprehensión de cosas singulares, pero a la vez admitía la experiencia como una iluminación interior. Ahora bien, la noción de experiencia que predominó durante los primeros siglos modernos fue la experiencia en cuanto *a sensu oritur,* u originada en los sentidos, como había ya afirmado Santo Tomás (*S. Theol.,* I q. LXVI 1 ob 5), siguiendo a Aristóteles. Entre los autores modernos que más insistieron en la necesidad de atenerse a la experiencia no sólo como punto de partida del conocimiento, sino como fundamento último del conocimiento se halla Francis Bacon. Entre los muchos pasajes de este autor que se refieren al asunto destacamos los que figuran en *Novum Organon*, I, lxx, I, lxxiv y I, lxxxii. En el primero dice Bacon que «la mejor demostración hasta ahora consiste en la experiencia», siempre que no vaya más allá del experimento afectivo. En el segundo señala que las «artes mecánicas» se fundan «en la naturaleza y la luz de la experiencia». En el tercero, que hay una simple experiencia (la «experiencia vulgar») que tiene lugar por accidente, y una «experiencia buscada» (la «experiencia científica»). Según Bacon, «el verdadero método de la experiencia... enciende ante todo la vela, y luego por medio de ella muestra el camino». La ciencia se basa en la experiencia, pero en una experiencia ordenada. Bacon subraya la importancia de la experimentación (de los «experimentos») como «experiencia ordenada» y distingue entre *experimenta lucifera* y *experimenta fructifera (ibid.*, I, xcix). Bacon se refiere a la experiencia y a los métodos que deben adoptarse para hacer descubrimientos en muchos otros pasajes de esta y otras obras suyas; en verdad, la noción de experiencia parece ser la central en este autor. Lo es también en gran parte en todos los autores llamados «empiristas», aunque no siempre se obtiene gran claridad en ellos respecto al significado del término 'experiencia'. Por lo común, se trata de la aprehensión intuitiva de cosas singulares, de fenómenos singulares –o, en general, de «datos» de los sentidos–. En todo caso, la experiencia constituye para los filósofos empiristas la condición y el límite de todo conocimiento merecedor de este nombre.

Los filósofos llamados «racionalistas» no desdeñan, como a veces se supone, la experiencia, pero estiman que se trata de un acceso a la realidad confuso y, como agregaría Spinoza, «mutilado» *(Eth.*, II 40 schol. 2). Para Leibniz, la experiencia da sólo proposiciones contingentes; las verdades eternas solamente pueden adquirirse por medio de la razón. Siguiendo a Leibniz era común (en Wolff y otros autores) concebir la experiencia como conocimiento confuso, aun cuando se estimara que era necesario (por lo menos psicológicamente) como punto de partida.

La noción de experiencia desempeña un papel fundamental en la teoría kantiana del conocimiento. Kant admite, con los empiristas, que la experiencia constituye el punto de partida del conocimiento. Pero esto quiere decir sólo que el conocimiento comienza con la experiencia, no que procede de ella (es decir, obtiene su validez mediante la experiencia). Pero esto dice todavía muy poco acerca de la idea kantiana de la experiencia. Esta idea es sumamente compleja; además, se hallan en Kant (aun confinándolos a su epistemología) muy diversas referencias a la noción de experiencia. Baste aquí consignar que la experiencia aparece en Kant como el área dentro de la cual se hace posible el conocimiento. Según Kant, no es posible conocer nada que no se halle dentro de la «experiencia posible». Como el conocimiento, además, es conocimiento del mundo de la apariencia (VÉASE) –en el sentido kantiano de este término–, la noción de experiencia se halla íntimamente ligada a la noción de apariencia. La crítica de la razón tiene justamente por objeto examinar las condiciones de la posibilidad de la experiencia –las cuales son idénticas a las condiciones de la posibilidad de los objetos de la experiencia *(K.r.V.,* A 111)–. El examen de las condiciones *a priori* de la posibilidad de la experiencia *(ibid.,* A 94/B 126) determina de qué modo pueden formularse juicios universales y necesarios sobre la realidad (como apariencia). De este modo pueden formularse juicios empíricos *(Erfahrungsurteile),* esto es, juicios válidos. Kant habla asimismo de experiencia interna *(innere Erfahrung)* y señala que mi existencia en el tiempo es consciente mediante tal experiencia. Con respecto a las llamadas «analogías de la experiencia» en Kant, véase ANALOGÍA.

Los idealistas alemanes (Fichte, Hegel) trataron extensamente de la cuestión de la experiencia. Apoyándose en Kant (o alegando que se apoyaban en él), los idealistas estimaron que la tarea de la filosofía es dar razón de toda experiencia o, si se quiere, dar razón del fundamento de toda experiencia. Según Fichte *(Erste Einleitung in die Wissenschaftslehre* [1797], trad. esp.: *Primera [y Segunda] introducción a la teoría de la ciencia* [1934]), «el filósofo puede abstraer, es decir, separar mediante la libertad del pensar lo unido en la experiencia. En la experiencia están inseparablemente unidas *la cosa,* aquello que debe estar determinado independientemente de nuestra libertad y por lo que debe dirigirse nuestro conocimiento, y *la inteligencia,* que es la que debe conocer. El filósofo puede abstraer de una de las dos –y entonces ha abstraído de la experiencia y se ha elevado sobre ella–. Si abstrae de la primera, obtiene una inteligencia en sí, es decir, abstraída de su relación con la experiencia; si abstrae de la última, obtiene una cosa en sí, es decir, abstraída de que se presente en la experiencia; una u otra como fundamento explicativo de la experiencia. El primer proceder se llama *idealismo;* el segundo, *dogmatismo».* Hay, pues, dos modos de dar razón de la experiencia; adoptar uno de ellos es *decidirse* por uno de ellos, con una forma de decisión muy similar a la decisión existencial. El filósofo que prefiere la libertad a la necesidad se decide en favor del modo de dar razón de la experiencia que se llama «idealismo». En la *Dastellung der Wissenschaftslehre* [1801] (trad. esp. parcial: El *concepto de la teoría de la ciencia* [1949]) Fichte habla de la «experiencia» (asimismo llamada «percepción») como «conciencia de lo particular». Esta experiencia no constituye el saber, el cual «descansa y consiste únicamente en la intuición» («intuición intelectual» o «saber absoluto»). El saber propiamente dicho no es, pues, experiencia, sino saber del fundamento de toda experiencia y, en último término, saber del saber. Hegel habla más bien de la «experiencia de la conciencia» que de la «conciencia de la experiencia». En efecto, una vez eliminada la cosa en sí, la «ciencia» *(Wissenschaft)* es primariamente «ciencia de la experiencia de la conciencia». La experiencia es para Hegel «un movimiento dialéctico» que conduce la conciencia hacia sí misma, explicitándose a sí misma como objeto propio (cf. *Phänomenologie des Geistes;* Glockner, 2:36, pág. 37 y sigs.). El contenido de la conciencia es lo real; y la más inmediata conciencia de tal contenido es justamente la experiencia. Pero la filosofía no se limita en Hegel a ser una ciencia de la experiencia. En rigor, Hegel suprimió la expresión 'ciencia de la experiencia de la conciencia' para sustituirla por la expresión 'ciencia de la fenomenología del Espíritu', y luego 'fenomenología del Espíritu'. Tal cambio puede ser debido, como apunta Heidegger, a que Hegel quería indicar (con el nuevo título) que se refería únicamente a «la conversación entre la conciencia natural y el saber absoluto». En todo caso, la «ciencia de la experiencia de la conciencia» como «fenomenología del Esíritu» es sólo el umbral de la «ciencia total» en la cual la filosofía es presentada como «lógica», esto es como «filosofía especulativa». La experiencia es para Hegel el modo como aparece el Ser en tanto que se da a la conciencia y se constituye por medio de ésta. La noción de experiencia no es, pues, aquí, ni experiencia interior «subjetiva» ni tampoco experiencia exterior «objetiva», sino *experiencia absoluta.*

Durante gran parte del siglo XIX se ha entendido el vocablo 'experiencia' en varios sentidos, de los cuales destacamos los siguientes: (a) La experiencia como «sentimiento inmediato»; éste puede entenderse como «experiencia interna» o «subjetiva», o como «experiencia inmediata» en tanto que primera fase en la constitución del saber total (Bradley). (b) La experiencia como aprehensión sensible de los datos «naturales». (c) La experiencia como aprehensión directa de «datos inmediatos». (d) La experiencia como general «experiencia de la vida». Durante el mismo siglo comenzó a estudiarse el problema de si hay diversas formas de experiencia correspondientes a diversos «objetos» o «modos de ser» de lo real. Algunos autores se dispusieron a desarrollar filosofías que tuvieran en cuenta cada vez más amplias «formas de experiencia». Uno de estos autores (Dilthey) intentó desarrollar una filosofía que tuviese en cuenta toda la experiencia y que fuese, por tanto, una «filosofía de *la* realidad», pero sin supuestos metafísicos de ninguna especie y, en consecuencia, en forma muy distinta de la característica de los idealistas alemanes. La metafísica aparece entonces simplemente como una de las posibles maneras de aprehender y organizar la experiencia. Otros autores se interesaron por examinar la naturaleza y propiedades de cada una de las formas básicas de experiencia. En el siglo XX se ha reavivado, y refinado, el interés por este último tipo de examen. Se ha clasificado la experiencia en varios tipos: experiencia sensible, experiencia natural, experiencia científica, experiencia religiosa, experiencia artística, experiencia fenomenológica, experiencia metafísica, etc. Se ha intentado averiguar si hay algún tipo de experiencia que sea previo a todos los demás. Se ha examinado si hay una experiencia filosófica distinta de cualquier otra forma de experiencia. Al suponer que hay «datos inmediatos de la conciencia» Bergson aceptó la posibilidad de una experiencia de lo «inmediatamente dado». Esta experiencia primaria es la «intuición». Es una experiencia análoga a lo que se había llamado anteriormente la «experiencia interna», pero no es solamente experiencia en sí, sino también de cuanto es dado sin mediación. Aunque Bergson no usa con frecuencia la noción de experiencia, su idea de la intuición equivale a una forma –la forma básica– de la experiencia. Husserl admite asimismo una experiencia primaria, anterior a la experiencia del mundo natural: es la experiencia fenomenológica. Hay, en todo caso, según Husserl, una «experiencia predicativa», que en ocasiones ha identificado con el hecho de ser dados con evidencia los objetos individuales *(Erfahrung und Urteil,* § 6). Pero ninguna experiencia es aislada, toda experiencia se halla, por así decirlo, alojada en un «horizonte de experiencia». Los modos de la experiencia pueden ser entendidos en relación con los diversos horizontes de la experiencia.

Las ideas anteriores sobre la experiencia son, en algunos respectos importantes, similares a la noción de experiencia elaborada por algunos autores que han considerado la experiencia como la base de toda ulterior reflexión filosófica. Todo saber se funda, según estos autores, en un mundo previo de experiencias *vividas*. A este respecto puede mencionarse a Gabriel Marcel, especialmente en las ideas propuestas en una comunicación titulada «L'idée de niveau d'expérience et sa portée métaphysique» (diciembre de 1955). Las ideas de Marcel han sido elaboradas por Henry G. Bugbee en su libro *The Inward Morning. A Philosophical Exploration in Journal Form* (1958).

Entre los pensadores de lengua inglesa han insistido sobre el carácter decisivo de la experiencia William James y John Dewey. James hace de la experiencia (en cuanto «experiencia abierta») el fundamento de todo saber (y de toda acción). El estar abierto a la experiencia hace posible, según James, evitar el universo «dado» preferido de los filósofos racionalistas. La atención a la experiencia garantiza la atención constante a la realidad. Dewey ha tomado la noción de experiencia como el punto central alrededor del cual gira el debate entre la «vieja filosofía» y la «nueva filosofía». Según Dewey, los contrastes más destacados entre la descripción ortodoxa de la noción de experiencia y la que corresponde a las condiciones actuales son los siguientes: (1) En la concepción ortodoxa, la experiencia es considerada meramente como un asunto de conocimiento, en tanto que ahora aparece como una relación entre el ser vivo y su contorno físico y social; (2) en la acepción tradicional la experiencia es, cuando menos de un modo primario, una cosa física, empapada de subjetividad, en tanto que la experiencia designa ahora un mundo auténticamente objetivo del que forman parte las acciones y sufrimientos de los hombres y que experimenta modificaciones por virtud de su reacción; (3) en la acepción tradicional sólo el pasado cuenta, de modo que la esencia de la experiencia es, en última instancia, la referencia a lo precedente, y el empirismo es concebido como vinculación a lo que ha sido o es dado, en tanto que la experiencia en su forma vital es experimental y representa un esfuerzo para cambiar lo dado, una proyección hacia lo desconocido, un marchar hacia el futuro; (4) la tradición empírica está sometida al particularismo, en tanto que la actual acepción de la experiencia tiene en cuenta las conexiones y continuidades; (5) en la acepción tradicional existe una antítesis entre experiencia y pensamiento, al revés de lo que ocurre en la nueva noción de experiencia, donde no hay experiencia consciente sin inferencia y la reflexión es innata y constante («The Need for a Recovery in Philosophy», en el volumen colectivo: *Creative Intelligence*, 1917).

Una de las cuestiones que se han debatido en relación con la noción de experiencia es si hay o no una experiencia filosófica propia, distinta de las demás, y usualmente precediendo las demás. Según Ferdinand Alquié (*L'expérience*, 1957, 2.ª ed., 1961), no hay experiencia propiamente filosófica; el filósofo debe reflexionar críticamente sobre todos los tipos de experiencia (sensible, intelectual, moral, estética, física, religiosa, mística, metafísica) sin intentar unificarlas arbitrariamente en un sistema conceptual. Los positivistas no admiten tampoco –aunque por razones distintas de las formuladas por Alquié– que haya una experiencia propiamente filosófica. Cuando hablan de experiencia la entienden únicamente como «posibilidad de comprobación» (objetiva, esto es, en la realidad) de los juicios. Otros filósofos, en cambio, estiman que si no hay una experiencia filosófica propia, la filosofía no tiene ninguna razón de ser.

Exterior. Se dice que x es exterior a y cuando está fuera de y. A veces se dice del espacio que está fuera, no porque haya ningún espacio fuera, sino porque cualquier parte del espacio es exterior a cualquier otra. En este respecto se ha usado la expresión *partes extra partes* para caracterizar la pura espacialidad.

En metafísica y, especialmente, en teoría del conocimiento ha sido común plantearse la llamada «cuestión del mundo exterior» o «cuestión del mundo externo». Esto presupone que hay algo –una realidad, una intención, un conjunto de intenciones, una conciencia, etc.– a lo que se atribuye la propiedad de ser «interior» o «interno». Lo que se encuentra «fuera de» ello es el «mundo exterior». Por este motivo se acude a las nociones de «inmanencia» y «trascendencia»: el titulado «mundo exterior» es trascendente a la conciencia o al sujeto cognoscente, esto es, es objeto de sus «intenciones», pensamientos, etc. Por eso la conciencia o el sujeto cognoscente no son concebidos como realidades, sino como actos o intenciones. El sujeto de referencia es por lo común un «sujeto epistemológico», no, o no necesariamente, un «sujeto psíquico».

El problema filosófico ya clásico es el de la naturaleza y realidad del mundo exterior –exterior al sujeto indicado, o a la conciencia–. El problema ha dado origen a varias preguntas del tipo siguiente: «¿Es el mundo exterior independiente de su ser conocido?», «¿Cómo puede tenerse una seguridad completa de que hay un mundo exterior (exterior a mí)?», «¿Cómo puede probarse la existencia del mundo exterior?», «¿Está el conocimiento del mundo exterior determinado, cuando menos en parte, por algún sistema de conceptos 'impuesto' (o 'sobreimpuesto') por el sujeto?». Ejemplos clásicos de planteamiento de la cuestión del mundo exterior son los de Descartes, Berkeley y Kant. Importantes son dos posiciones sobre esta cuestión –con las que se entretejen muchas posiciones intermedias–: el realismo y el idealismo.

El realismo (VÉASE) sostiene que hay un mundo exterior independiente del sujeto cognoscente, pero hay muchos modos de sostener esta «independencia»: puede afirmarse que lo que en verdad hay es lo que se llama «mundo exterior» o «las cosas» y que no solamente tal mundo es trascendente al sujeto, sino que el llamado «sujeto» es simplemente una parte del mundo que se limita a reflejar éste y a actuar sobre él; puede afirmarse que el mundo exterior existe y es tal como existe; puede sostenerse que existe, pero que su realidad «en sí» es incognoscible, siendo cognoscibles sólo las «apariencias» de tal mundo; puede sostenerse que existe y que puede ser conocido como es con tal que se examine críticamente el proceso del conocimiento, etc. En vista de la diversidad de tales posiciones, suele agregarse algún adjetivo al nombre 'realismo': el realismo es ingenuo, crítico, trascendental, etc. Además, algunas de las posiciones llamadas «realistas» se aproximan a algunas de las posiciones llamadas «idealistas», cuando menos las «idealistas moderadas». El idealismo (VÉASE), a su vez, mantiene que el mundo exterior no es independiente del sujeto cognoscente, pero hay asimismo muchos modos de entender esta falta de independencia: puede sostenerse que no hay propiamente «mundo exterior», puesto que todo ser es ser percibido; puede afirmarse que el llamado «mundo exterior» (o «la realidad») es cognoscible sólo porque es (metafísicamente) engendrado o producido por un sujeto –o «*el* sujeto», la subjetividad como tal-; puede sostenerse que, exista o no un mundo exterior, su ser se da únicamente como ser conocido; puede indicarse que el mundo exterior es (gnoseológicamente) inmanente al sujeto cognoscente en los muy diversos sentidos de la expresión 'inmanente a', etc. También se adjetiva la posición idealista de muy diversos modos: idealismo absoluto, crítico, trascendental.

El problema gnoseológico no puede siempre deslindarse fácilmente del problema metafísico. Mucho de lo que hemos dicho sobre el primero podría aplicarse al segundo. Según el idealismo, el mundo exterior –o, en general, «el mundo»– es inmanente (ontológicamente) al sujeto, al yo, al espíritu, a la conciencia, etc. El idealismo extremo sostiene que el mundo es «producido» o «engendrado» por el sujeto, yo, etc., pero aun así no debe imaginarse que tal idealismo sostiene que el sujeto produce el mundo al modo como se «producen» las cosas. El idealismo moderado mantiene que el mundo es «contenido» del sujeto, del yo, etc., pero tampoco hay que entender la expresión 'es contenido de' como designando una cosa en otra, o cualquier cosa en un espacio. Ninguna forma de idealismo niega que haya «cosas externas». Las «cosas externas» carecen de suficiencia ontológica; propiamente hablando, su «ser» consiste en «estar fundado en el sujeto». Según el realismo, el mundo es trascendente (ontológicamente) al sujeto, al yo, al espíritu, a la conciencia, etc. Estos últimos «se hallan» en el mundo. Pero la mayor parte de los autores realistas no entiende tampoco 'hallarse en el mundo' al modo como una cosa se halla en otra, o una cosa se halla en un espacio. El sujeto no es, en rigor, una «cosa»; es un «conocer el mundo».

Algunas de las doctrinas idealistas metafísicas son a la vez idealistas gnoseológicas (como ocurre con Berkeley), pero no todas las doctrinas idealistas gnoseológicas son idealistas metafísicas (como ocurre con Kant). La mayor parte de las doctrinas realistas metafísicas son a la vez realistas gnoseológicas. En ciertos casos es muy difícil deslindar lo que hay de metafísico de lo que hay de gnoseológico en una doctrina idealista o realista. Estas expresiones –'inmanente a', 'trascendente a', 'contenido de', etc.– son con frecuencia las mismas, y son parecidas también las definiciones ofrecidas de las correspondientes doctrinas. Por este motivo se ha planteado a veces la cuestión de si es posible distinguir completamente entre el idealismo metafísico y el idealismo gnoseológico, y entre el realismo metafísico y el realismo gnoseológico. En la medida en que una teoría del conocimiento presupone una metafísica, y a la inversa (Nicolai Hartmann), la distinción resulta imposible. Pero el mismo hecho de que se habla de «elementos metafísicos» y de «elementos gnoseológicos» que se implican mutuamente permite suponer que cierta distinción por lo menos es practicable.

Debe observarse que cada una de las doctrinas en cuestión, además de ofrecer numerosas variantes, se combina con otras doctrinas metafísicas u ontológicas en diversas medidas. Así, por ejemplo, el idealismo metafísico se combina a veces con el monismo (Bradley), y hasta se afirma que un idealismo metafísico consecuente tiene que ser monista. En todo caso, lo inverso no es en manera alguna obvio; en efecto, el monismo puede no ser (y con frecuencia no es) idealista, sino realista (y aun realista materialista). Otras veces el idealismo se combina con una doctrina dialéctica, pero también tal doctrina puede aliarse con el realismo.

Algunos autores han declarado que las dificultades suscitadas por todas las doctrinas idealistas y realistas se debe a que se comienza por establecer una contraposición artificial de lo inmanente con lo trascendente, del sujeto con el objeto, de la conciencia con el mundo, etc. Así, los filósofos de tendencia «neutralista», es decir, los que han sostenido que no hay razón para distinguir entre lo físico y lo psíquico (E. Mach, Russell en cierta fase de su pensamiento filosófico, Avenarius, etc.), han incluido que las posiciones idealistas y realistas (cuando menos las «tradicionales») carecen de fundamento. Contra ello se ha argüido que todo «neutralismo» tiene una cierta tendencia idealista. Por otro lado, la idea de la conciencia como «conciencia intencional» ha parecido asimismo salir al paso de cualquier intento de considerar las posiciones idealistas y realistas como fundamentales y «previas» a cualquier otra concepción filosófica. Si la conciencia es «conciencia de», no hay propiamente un sujeto substante que se halle en el mundo o que «contenga» o «engendre» el mundo: la conciencia no es una realidad, sino una «dirección». A la vez, no puede haber «conciencia de» sin un objeto al cual se dirija la conciencia: por tanto, hay por lo menos un «objeto intencional». Ahora bien, los desarrollos que ha experimentado la teoría de la conciencia como conciencia intencional (especialmente los desarrollos de tal teoría en Husserl) han mostrado que no es difícil dar ciertas interpretaciones que se acercan, según los casos, al realismo o al idealismo. Aunque el llamado «idealismo fenomenológico» sea distinto de los idealismos anteriores a él, suscita con frecuencia problemas muy similares.

Heidegger coincide con los autores últimamente referidos en cuanto que se esfuerza por situarse «más acá» del idealismo y del realismo, pero fundamenta su posición de modo muy distinto. No se trata para Heidegger de dar «una prueba» de la existencia del mundo exterior. La Existencia (VÉASE) –*Dasein*– es «estar en el mundo», lo cual no significa que hay un mundo *en* el cual se halla la Existencia, sino que la Existencia es en tanto que Existencia-que-está-en-el-mundo. El problema que se plantea es, pues, solamente el de por qué la Existencia como estar-en-el-mundo «tiene la tendencia a sepultar el 'mundo exterior' en una nada epistemológica con el fin de probar su realidad» *(Sein und Zeit,* § 43). Con la Existencia como estar-en-el-mundo, las cosas del mundo aparecen ya manifiestas. Afirmar esto, indica Heidegger, parece indicar que se favorece la tesis «realista». Pero la tesis realista es distinta de la de Heidegger en cuanto que presupone que el «mundo» requiere «prueba» y que «puede probarse». Por otro lado, la tesis de la Existencia como estar-en-el-mundo parece favorecer la tesis idealista en cuanto ésta se desprende de toda contaminación «psicológica» y afirma que el ser no puede explicarse por medio de los entes, esto es, que el ser es trascendental a los entes. Pero la tesis idealista es distinta de la de Heidegger en cuanto sostiene que todos los entes se «reducen» a un sujeto o a una conciencia. Realismo e idealismo coinciden en considerar el mundo exterior como algo «añadido» a un «sujeto». Pero no hay tal «añadido», ni siquiera tal «sujeto». Con ello, Heidegger pretende no sólo colocarse «más acá» del realismo y del idealismo, sino también de toda doctrina para la cual el significado de 'realidad' es 'conciencia de resistencia'. Los filósofos que abogaron por esta última doctrina –la doctrina de la realidad como «resistibilidad»– eludieron algunas de las más graves dificultades suscitadas por el idealismo o el realismo «tradicionales». Dilthey, por ejemplo, por dejar ontológicamente indefinida la noción de «vida» y acaso también por empeñarse en afrontar el problema como problema epistemológico; Scheler, por interpretar la existencia como algo «presente». Según Heidegger, los análisis de Dilthey y Scheler contienen aspectos positivos. Pero no se ha reparado en ellos que la experiencia de la resistencia es ontológicamente posible sólo a base de la concepción de la Existencia *(Dasein)* como un constitutivo «estar abierto» al mundo, y este último como la «apertura». A lo sumo, se puede decir que la resistencia caracteriza «el mundo externo» sólo en el sentido de «las cosas en el mundo». Pero no en el sentido de «el mundo». Como indica Heidegger, «'la conciencia de la realidad' es ella misma un modo de estar-en-el-mundo» *(loc. cit.).* En ello se muestra que la Existencia como Existencia-que-está-en-el-mundo no puede compararse con ninguna de las «entidades» que idealistas, realistas, «neutralistas» presuponen: sujeto, yo, conciencia, etc. Y tampoco el «mundo» puede compararse con el mundo de que tales filósofos hablan, pues para Heidegger el mundo no es un ente, ni una colección de entes, sino «apertura de la Existencia a los entes». Ni siquiera se puede decir que los objetos son trascendentes al sujeto y que éste consiste en dirigirse intencionalmente a los objetos. Se puede decir, en cambio, que la Existencia trasciende los entes hacia el mundo.

Las ideas de Heidegger (similares a las de Sartre y Merleau-Ponty) acerca del problema (o pseudoproblema) del mundo exterior han ejercido notable influencia, aun en pensadores que se hallan muy alejados de todas las demás tesis heideggerianas. Pero numerosas tendencias filosóficas contemporáneas prefieren un planteamiento distinto del problema. Así ocurre con G. E. Moore, según el cual se debe reafirmar el «sentido común», pero debe tenerse en cuenta que en la refutación de Moore se halla implícita una «idea de la realidad» no siempre reducible a la mantenida por muchos realistas. Así ocurre asimismo con los filósofos adscritos al neorrealismo, que se han esforzado por replantear la cuestión del mundo externo. Para algunos positivistas lógicos, la cuestión del mundo exterior es fundamentalmente la cuestión de cómo puede hablarse del mundo inter-subjetivamente si los enunciados básicos o protocolarios describen «lo que hay» para cada sujeto dado. Positivistas lógicos, atomistas lógicos y, en general, los filósofos de tendencia «analítica» han tendido a plantear el problema del mundo exterior en función de la cuestión de la relación entre lenguaje y realidad. Un estudio detallado del problema del mundo exterior ha sido llevado a cabo por Roman Ingarden. Nicolai Hartmann ha proclamado que su posición se halla «más allá del realismo y del idealismo».

La cuestión de la existencia del mundo exterior –sea considerada como cuestión metafísica, o como cuestión epistemológica, o ambas a un tiempo– puede ser afrontada de tres maneras: puede ser declarada una cuestión permanente de la filosofía; puede ser denunciada como una pseudo-cuestión; o puede ser presentada como una cuestión que ha surgido dentro de un cierto «horizonte» filosófico y que tiene sentido solamente dentro de tal «horizonte». Los que afrontan la cuestión de este último modo suelen indicar que se trata de un problema de «la filosofía moderna», especialmente a partir de Descartes. En este caso habría que rechazar el adjetivo 'realista' aplicado a la mayor parte de las doctrinas filosóficas antiguas y medievales, ya que para éstas no se plantearía el problema de si hay que ser realista o idealista.

F

F. 1. La letra mayúscula 'F' es usada con frecuencia para representar al sujeto en el esquema del juicio o de la proposición que constituye la conclusión de un silogismo. Por lo tanto, ejerce la misma función que la letra 'S'.
2. En la lógica cuantificacional elemental la letra 'F' es empleada como símbolo de predicado. Así, por ejemplo: 'F' en 'Fx'. La letra 'F' es llamada por ello «letra predicado». Otras letras usadas con el mismo propósito son 'G', 'H'. En caso necesario se usan las citadas letras seguidas de acentos: 'F'', 'G'', 'H'', 'F''', 'G''', 'H''', etc. En la lógica cuantificacional superior las citadas letras denotan propiedades y son llamadas «variables predicados».

Falacia. Se denomina a veces 'falacia' a un aserto sólo aparente (φαινόμενος ἔλεγχος) o 'sofisma' (σοφιστικὸς ἔλεγχος), y también a una aparente argumentación o silogismo (φαινόμενος συλλογισμός) o silogismo sofista (σοφιστικὸς συλλογισμός). Los últimos se emplean para defender un argumento falso o para convencer a otro de lo contrario, luego de una conclusión dada. A veces también se distingue entre falacia y paralogismo (véase PARALOGISMO, para las distinciones que se han enunciado), pero en general ambos términos se emplean indistintamente.

Fue Aristóteles el primero en presentar una «lista de falacias» en sus *Refutaciones* (περὶ σοφιστικῶν ἐλέγχων; *De Sophisticis elenchis*) considerado un apéndice de los *Tópicos*. Decía Aristóteles que unos argumentos son ciertos, mientras que otros no lo son, aunque puedan parecerlo. Estos últimos son los sofismas que, a su vez, se dividen en dos clases: los sofismas que dependen del lenguaje utilizado (οἱ παρὰ τὴν λέξιν, o *fallaciae in dictione*) y aquellos que lo son independientemente del lenguaje que se emplea (οἱ ἔξω τῆς λέξεως, o *fallaciae extra dictionem* [*De Soph.*, E 1 4, 165 b 23]). Estas últimas se llaman también falacias extralingüísticas, y las primeras falacias lingüísticas. Existen diversos tipos de falacias lingüísticas, como son: (1) La equivocación (ὁμωνυμία), que supone la ambigüedad de un término, y de la que Aristóteles aporta varios ejemplos. «Los que aprenden, saben; aquellos que comprenden sus propios escritos son quienes pueden aprender de los escritos de otros» es una falacia porque el término «comprender» es ambiguo, ya que significa tanto «entender» algo como «adquirir conocimiento». O bien este otro: «El mal es bueno porque lo que necesita existir es bueno, y el mal necesita existir». En este caso la ambigüedad reside en ese «necesita existir». (2) La anfibolia (ἀμφιβολία) consiste en la ambigüedad de una proposición, ambigüedad que puede darse en cualquier idioma pero que –debido a la libertad del orden sintáctico– es más frecuente en las lenguas clásicas. La anfibolia citada por Aristóteles –«Es preciso un conocimiento de lo que uno sabe»– resulta más evidente en el griego original, ya que el conocimiento que se menciona puede tanto referirse al sujeto cognoscente como al objeto conocido. Otro ejemplo podría ser «La voz del silencio», que también tiene un significado ambiguo, ya que puede referirse a que quien ha de hablar está en silencio, o que es aquello de lo que habla lo que permanece silencioso. (3) La falsa combinación o composición (σύνθεσις) de elementos, que en ocasiones depende simplemente de la puntuación. Por ejemplo, la contestación de la Sibila de Cumas a la madre de un soldado que partía para la guerra: «Irá, volverá no, morirá en la guerra» que, cambiando la coma, queda: «Irá, volverá, no morirá en la guerra». (4) La falsa división o separación (διαίρεσις) de términos, como por ejemplo «cinco es dos y tres» es erróneo pero «cinco es dos y tres» es cierto. (5) La falsa acentuación o prosodia (προσῳδία) es la incorrecta utilización del acento en el lenguaje escrito: «Tomo cerveza» (yo) frente a «Tomó cerveza» (él). (6) La falsa figura o forma de expresión (σχῆμα λέξεως) por la que dos cosas distintas se presentan bajo una misma expresión. Por ejemplo, mientras «construye» o «escribe» son términos que aluden a una acción, el «debe» en una cuenta corriente se refiere a la situación de carencia.

Existen también las falacias extralingüísticas, como son: (1) La falacia del accidente, o falsa adecuación del sujeto con el accidente, que consiste en suponer que si algo es verdadero respecto de una cosa, lo es también de cada uno de sus accidentes. Por ejemplo: «Si Corsicus no es Sócrates y Sócrates es un hombre, entonces Corsicus no es un hombre». (2) La confusión de lo relativo con lo absoluto, habitualmente llamada *dicto secundum quid ad dictum simpliciter*, que supone tomar una expresión en sentido absoluto cuando estaba dicha sólo en sentido relativo. Aristóteles aporta el siguiente ejemplo: «Si el no ser es objeto de opinión, entonces el no ser es». (3) La conclusión irrelevante o *ignoratio elenchi* es un tipo de falacia que se produce cuando no se da la prueba de una argumentación y falta algo en su definición. Sería falacia en este sentido proclamar que «la misma cosa es a un tiempo doble y no doble, ya que dos es el doble de uno, pero no el doble de tres». (4) La ignorancia del consecuente que supone su falsa conversión. Por ejemplo, supuesto que «si A es, necesariamente B es», es erróneo afirmar que «si B es, A necesariamente es». Esta falacia suele proceder de una falsa injerencia a partir de la percepción sensible. Así decimos que el suelo está mojado tras la lluvia, pero no es necesariamente verdad –ni puede referirse, por lo tanto– que si el suelo está mojado es porque ha llovido. (5) Petición de principio *(petitio principii)*. Asume distintas formas, estudiadas por Aristóteles en diversas partes del *Organon*. Así, en los *Primeros Analíticos* (II, 16, 64 a 28 ff) afirma que dichas falacias se dan cuando se trata de probar «por sí mismo lo que no es de suyo evidente»; cuando se pretende aceptar como conclusión lo que está en cuestión, bien sea de forma inmediata, bien siguiendo una cadena de razonamientos. Hay que distinguir, sin embargo, entre petición de principio o argumentación de premisas menos conocidas, o de la injerencia del antecedente a partir de su consecuencia. En los *Tópicos* (VIII, 13, 162 a 31 ff), Aristóteles dice que la verdadera explicación de esta falacia se da en los *Primeros Analíticos*, y que lo que se ofrece en los *Tópicos* es sólo «a nivel de la opinión vulgar». Considera este autor los siguientes cinco casos de petición de principio: (a) si se afirma aquello que ha de ser probado; (b) si se afirma con carácter universal lo que se ha de probar en un caso concreto; (c) si, al contrario, se afirma de un caso particular lo que va a probarse universalmente;

(d) si se afirma lo uno o lo otro de dos proposiciones que mutuamente se implican. Este tipo de falacia es muy común y suele consistir en la pretensión de probar un aserto por medio de un argumento que emplea como premisa la misma proposición que trataba de probar. (6) La confusión de la causa con lo que no es causa, mas conocida por falacia *non causa pro causa* o *post hoc, propter hoc*, consiste en tomar como antecedente necesario para la argumentación algo que no es su causa, con lo que una falsa causa se introduce en el razonamiento. Aristóteles considera que argumentos de este tipo «no dejan de ser concluyentes absolutamente, sino tan sólo en relación a la conclusión que se propone». (7) El reunir varias cuestiones en una sola cuando se requerirían varias respuestas; por ejemplo, preguntar «¿Es el todo bueno o malo?» Es una falacia, ya que hay cosas buenas y malas.

El mismo Aristóteles reducía todos los tipos de falacia mencionados –y que, por otra parte, considera una relación no exhaustiva– a la *ignoratio elenchi* (*De Soph.*, E 1, 6, 168 a 18). Podrían distinguirse otras cinco formas de falacia: (1) La trasposición a otro significado, o *metabasis eis allo genos* (μετάβασις εἰς ἄλλο γένος), que consiste en lo que, en lenguaje vulgar, denominamos el doble sentido: tomar un término –consciente o inconscientemente– en un sentido distinto del original y/o literal. (2) La falacia del cuarto término o *quaternio terminorum*, que emplea el término medio de un silogismo con un significado distinto en la premisa mayor que en la menor, con lo cual se introduce un cuarto término, que invalida el silogismo. (3) El sorites (σωρός) es también una falacia en la que se cuestiona si una serie de objetos sigue siéndolo cuando se prescinde de alguno de los elementos de la serie. Respondido afirmativamente, se plantea de nuevo la cuestión prescindiendo de otro elemento, y así sucesivamente hasta que sólo queda uno que –obviamente– no constituye una serie. El problema entonces se concreta en saber de cuántos elementos se compone una determinada serie, pero este planteamiento ignora que, en el lenguaje común, el término serie tiene un significado muy vago, que no admite determinación cuantitativa. Así, en el ejemplo de «cuántos pelos hacen falta para 'constituir' la cola de un caballo» y otros similares. (4) La falacia de negar el antecedente, como en «Si Iván es ruso, entonces Iván no es inteligente, pero Iván no es ruso, luego Iván si es inteligente», o la (5) de afirmar el consecuente: «Si

Iván es ruso, Iván es inteligente. Iván es inteligente. Luego es ruso».

En su libro A *System of Logic Raciocinative and Inductive*, en el capítulo sobre la falacia, Mill aporta una relación de falacias, algo así como –en sus palabras– «un catálogo de aparentes evidencias que no lo son, realmente». De su lista excluye aquellos errores debidos a un «lapsus casual, por prisa o inadvertencia», y distingue dos grupos básicos: falacias de inspección y falacias de inferencia, de las cuales las primeras lo son *a priori*, mientras las segundas pueden ser evidenciadas distinta o indistintamente. Las de evidencia distinta (evidente, si se admite la redundancia) son inductivas o deductivas; las inductivas, a su vez, de observación o de generalización; las deductivas, siempre por razonamiento. Las falacias de evidencia indistinta (o no clara) lo son por confusión. En suma, cinco especies distintas de falacia. Mill reconoce la dificultad que a menudo se plantea para su clasificación, ya que casi cualquier falacia podría incluirse entre las que se producen por confusión, aunque rara vez en alguno de los otros grupos. Observa asimismo que «a menudo un error concreto se asigna arbitrariamente a un grupo antes que a otro» *(ibid.,* pág. 745).

Mill aporta numerosos ejemplos en cada uno de los tipos de falacia mencionados, investigando sus orígenes. Entre las falacias *a priori* están los errores crasos y los cometidos por pensadores que parten de principios considerados evidentes por sí mismos (y que no son tal). Entre éstos, la noción de que las cosas que pueden ser pensadas en mutua relación han de existir igualmente relacionadas, o que lo inconcebible ha de ser necesariamente falso. Otras falacias *a priori*, de naturaleza filosófica, consisten en adjudicar existencia objetiva o abstracciones, o la falacia de razón suficiente, que Mill explica como «que la naturaleza realiza algo para lo cual no vemos razón en contra» *(ibid.,* pág. 758). Las falacias de observación suponen el no haber evidenciado algo que debería haber sido visto, o de observarlo mal. Las de generalización –que conllevan el intento por reducir fenómenos radicalmente distintos a una única clase– (hoy frecuentemente denominadas «falacias reduccionistas») implican la confusión de las leyes empíricas con las causales o la falsa analogía. Mill también trató el tema de metáforas, y de cómo, a partir de una mala clasificación, resultan argumentos falaces. Las falacias de razonamiento son semejantes a las del falso silogismo; una de las más frecuentes es la del cambio de premisas. Las falacias de confusión son muy numerosas: las que derivan de términos ambiguos, petición de principio, *ignoratio elenchi*, etc. Las de ambigüedad dan origen a muchos tipos distintos; algunas de las presentadas por Aristóteles se corresponden con las que Mill denomina falacias de confusión.

Falacia genética. Suele llamarse de este modo al tipo de razonamiento que trata de dar cuenta de algo mediante una descripción del proceso que ha seguido para llegar al estado en que se encuentra y que se trata justamente de explicar. Decimos 'algo' porque cuando se habla de falacia genética sin más no queda claro aquello sobre lo cual se supone que se comete la falacia. Puede tratarse, en efecto, de realidades, o de proposiciones concernientes a realidades, y específicamente de teorías. Si se trata de alguna realidad, se dice que se comete una falacia genética cuando para explicar su estructura se apela al proceso que ha precedido la formación de tal estructura. Según ello, se comete una falacia genética cuando se intenta explicar la estructura del sistema solar mediante una mera descripción de su formación, o cuando se intenta explicar la estructura de las relaciones humanas de parentesco mediante una mera descripción de su evolución en el curso de la historia. Aunque una descripción de la formación del sistema solar puede no ser impertinente para entender la estructura de tal sistema, se supone que una comprensión adecuada de dicha estructura implica referencia a leyes físicas. Similarmente, aunque una descripción de la historia de las relaciones humanas de parentesco puede no ser impertinente para una comprensión de estas relaciones, se supone que un entendimiento adecuado de las últimas presupone referencia a leyes antropológicas (y posiblemente biológicas).

Lo más común es hablar de falacia genética en relación con alguna proposición o teoría —aun si se da por entendido que toda proposición o teoría lo es de alguna realidad, o de alguna estructura real—. Dada una teoría, *T*, se dice que se comete una falacia genética cuando se intenta explicar el significado, alcance explicativo, etc., de *T* apelando a las condiciones o circunstancias, generalmente humanas e históricas, que han contribuido a la formulación de *T*. La falacia genética es, pues, aquí una apelación a factores extrateóricos, y a menudo extracognoscitivos.

Los que se oponen a toda falacia genética relativa a *T* consideran que es posible reconstruir metodológicamente *T* de un modo intrateórico, lo cual quiere decir atendiendo únicamente a factores «lógicos» –los cuales pueden, y suelen, incluir verificaciones y contrastaciones de *T* con la experiencia–. Se ha puesto de manifiesto que si se atiende a los procesos del descubrimiento de *T*, la génesis de *T* no es ajena a la explicación del significado de *T*, de modo que apelar a tal génesis no es siempre necesariamente –aunque pueda a veces serlo– cometer una falacia genética. Esta última opinión se funda o en el postulado de una lógica del descubrimiento o en la idea de que la estructura lógica y metodológica de *T* es sólo una parte, por importante que sea, de *T*.

La cuestión de si se comete o no una falacia genética se halla ligada al debate entre quienes estiman legítima la división entre un contexto de descubrimiento y un contexto de justificación, o validación, y quienes consideran que tal división es inoperante en todos los casos o hasta sólo en algunos casos. Los que mantienen a rajatabla la distinción apuntada suelen acusar de cometer falacias genéticas a quienes no la mantienen. Los que no defienden la distinción, o la atenúan, ponen de manifiesto que el apelar a la «génesis» –que es, en la mayoría de los casos, apelar a los procesos de descubrimiento– no constituye falacia.

Falsabilidad. En su *Logik der Forschung* (1935) *(Logic of Scientific Discovery,* 1959) y en otros escritos, K. R. Popper ha declarado que el llamado «problema de la inducción», especialmente tal como ha sido formulado desde Hume, es insoluble: no se pueden justificar las inferencias inductivas sin caer en un círculo vicioso. La adopción de una lógica de la probabilidad no constituye un remedio suficiente, y el considerar el principio de inducción, según hizo Kant, como válido *a priori* es inadmisible. Popper propone descartar todo inductivismo, y específicamente el propugnado por los positivistas lógicos, y adoptar un «método deductivo de contratación» *(Nachprüfung, testing)* según el cual una hipótesis puede ser contrastada sólo empíricamente, y ello sólo después de haberse propuesto. La contrastación *(Überprüfung, testing)* de teorías no consiste en descubrir hechos que las verifiquen. Si bien es cierto que un hecho que desmiente o contradice una teoría basta para invalidarla, ningún hecho basta para validar o verificar ninguna teoría, ya que siempre se puede esperar encontrar uno que la invalide.

Así, Popper no se interesa por la verificabilidad, sino por lo que llama «falsabilidad» *(Falzifierbarkeit, falsifiability).* Una teoría es falsada cuando se descubre un hecho que la desmiente o, más específicamente, cuando se puede deducir de la teoría un enunciado singular predictivo que no la verifica. El procedimiento adoptado al efecto es, afirma Popper, de carácter deductivo. «Con ayuda de otros enunciados, previamente aceptados, se deducen de la teoría ciertos enunciados singulares –que podemos llamar 'predicciones', específicamente predicciones que son fácilmente contrastables o aplicables–. De estos enunciados se seleccionan los que no son derivables de la teoría corrientemente adoptada, y especialmente los que la teoría corrientemente adoptada contradice. Luego, buscamos una decisión con respecto a estos (y otros) enunciados derivados comparándolos con los resultados de aplicaciones prácticas y experimentos. Si esta decisión es positiva, esto es, si ocurre que las conclusiones singulares son aceptables, o son *verificadas,* entonces la teoría ha pasado, de momento, con éxito su prueba; no hemos hallado ninguna razón para descartarla. Pero si la decisión es negativa o, en otras palabras, si las conclusiones han sido *falsadas,* entonces su falsación falsa también la teoría de la que habían sido deducidas lógicamente» (*Logic, etc.,* pág. 33).

Así pues, en lugar de tratar de verificar una teoría hay que hacer todo lo posible para falsarla; sólo cuando una teoría resiste los esfuerzos que se realizan para falsarla queda corroborada *(bewährt).* Una teoría que no sea en principio falsable es inaceptable y se halla fuera del marco de la ciencia. Tal ocurre, según Popper, con teorías como el marxismo y el psicoanálisis, que no son científicas, porque, aunque pueden ser verificadas, no pueden ser falsadas. Por lo demás, ninguna teoría es definitivamente corroborada, porque la corroboración definitiva equivaldría a la no falsabilidad.

Se ha dicho a veces que la tesis popperiana de la falsabilidad constituye una variante de la tesis lógico-positivista de la verificabilidad, y se ha dicho inclusive que Popper trató de «salvar» la última tesis de las numerosas objeciones de que fue objeto –en gran medida por parte de los propios positivistas lógicos–. Popper se ha opuesto enérgicamente a lo que considera una tergiversación completa tanto de la función de la noción de falsabilidad como de las relaciones entre el propio Popper y el círculo de Viena (cf., entre otros, K. R. Popper, «Reply to My Critics», en P. A. Schilpp, ed., *The Philosophy of K. P.,* 2 vols., 1974, especialmente vol. II, pág. 967 y sigs.). Mientras la tesis de la verificabilidad es un criterio de significado por el cual se distingue entre enunciados que son a la vez verificables y con sentido (o que tienen sentido por ser verificables) y enunciados no verificables y carentes de sentido (o que carecen de sentido por no ser verificables), la tesis de la falsabilidad es un criterio de demarcación *(Abgrenzungskriterion, criterion of demarcation: Logik d. F.; Logic of S. R.,* § 4) entre ciencia y no ciencia. Hay enunciados no falsables que tienen significado. La confusión entre los dos criterios se debe en parte a que los positivistas lógicos usaron su criterio de verificabilidad *también* como criterio de demarcación, pero esto es muy distinto de usar un criterio de demarcación del tipo del de falsabilidad como si fuese un criterio de significado. La confusión se debe asimismo a que bastantes positivistas lógicos aceptaron las críticas de Popper al criterio de verificación. Sin embargo, aun entonces algunos positivistas lógicos, como Carnap, trataron de salvar el criterio de verificabilidad como criterio de significado mediante la construcción de lenguajes artificiales que excluyeran enunciados metafísicos. Uno de los criterios establecidos a tal efecto es el de «contrastabilidad» *(testability).*

Entre las críticas que se han formulado contra el criterio de Popper figura la de que hay teorías que se hacen inmunes a la falsación, y hasta que toda teoría tiende a inmunizarse contra la falsabilidad. Ello ocurre sobre todo cuando se niega que una observación dada, que aparentemente falsa la teoría, la falsa realmente. Además, y sobre todo, es común que una teoría no sea sometida a falsación independientemente de otras teorías, de modo que es posible encontrar un enunciado que falsa la teoría aisladamente, pero no la teoría en conjunción con otras. Popper ha reconocido estas dificultades y ha puesto de manifiesto que su criterio debe ir acompañado de reglas que traten de evitar «inmunizar» teorías y hacerlas infalsables.

Felapton es el nombre que designa uno de los modos, por muchos autores considerado como válido, de la tercera figura (VÉASE). Un ejemplo de *Felapton* puede ser:

Si ningún automóvil es lento
y todos los automóviles son útiles,
entonces algunas cosas útiles no
 son lentas.

Ejemplo que corresponde a la siguiente ley de la lógica cuantificacional elemental:

$(\wedge x(Gx \to \rceil Hx) \wedge \wedge x(Gx \to Fx)) \to \vee x(Fx \wedge \rceil Hx)$

y que, usando las letras 'S', 'P' y 'M' de la lógica tradicional, puede expresarse mediante el siguiente esquema:

$$(MeP \wedge MaS) \rightarrow SoP$$

donde aparece claramente la secuencia de las letras 'E', 'A', 'O', origen del término *Felapton*, en el orden MP-MS-SP.

Fenomenología. I. *Sentido pre-husserliano de 'fenomenología'*. En su obra *Neues Organon* (1764), Lambert introduce la palabra «fenomenología». Según él, el cometido de la fenomenología es distinguir entre verdad y apariencia. La fenomenología es, pues, como el citado filósofo la designa, la «teoría de la apariencia», el fundamento de todo saber empírico. En los *Principios metafísicos de la ciencia natural*, Kant también habla de fenomenología. Kant ha hablado también de una *phenomenologia generalis* que debería preceder a la metafísica y trazar la línea divisoria entre el mundo sensible y el inteligible para evitar ilegítimas transposiciones del uno al otro *(Werke,* ed. Cassirer, IX, 73: Correspondencia [con Lambert, 1770], *apud.* E. Cassirer, I. *Kant*, Cap. II, 5, en tomo X de citados *Werke)*. Por su parte, al establecer una distinción entre la psicología y la lógica, Hamilton señala que la primera es una fenomenología, pues se refiere a lo que aparece en vez de aplicarse al pensamiento en cuanto tal. La fenomenología es entonces una psicognosia o examen de las «ideas» tal como de hecho surgen y desaparecen en el curso de los procesos de la mente. Hegel llama «fenomenología del Espíritu» a la ciencia que muestra la sucesión de las diferentes formas o fenómenos de la conciencia hasta llegar al saber absoluto. La fenomenología del Espíritu representa, a su entender, la introducción al sistema total de la ciencia: la fenomenología presenta el «devenir de la *ciencia en general* o del *saber*». Según Eduard von Hartmann, la «fenomenología de la conciencia moral» equivale a una descripción y análisis de los tipos de vida moral destinados al establecimiento de una jerarquía que no excluya ilegítimamente ninguno de los tipos esenciales que se han manifestado en el curso de la historia humana. El término 'fenomenología' ha adquirido un puesto *central* y un sentido muy preciso también en el pensamiento de Husserl, Peirce y Stumpf. Para este último, la fenomenología es una ciencia neutral que trata de los «fenómenos psíquicos en sí», es decir, en cuanto contenidos significativos. Aunque sostiene enérgicamente su «neutralidad», la fenomenología de Stumpf se halla, de hecho, implicada en proporción considerable con la psicología o, cuando menos, con una psicología descriptiva. (Ya Brentano hablaba, en un contexto semejante, de una *fenomenognosia.*) El término 'fenomenología' fue usado asimismo por Peirce –quien lo tomó de Hegel– para designar una de las tres partes en que, a su entender, se divide la filosofía. La fenomenología –dice Peirce– constituye un estudio simple y no se subdivide en otras ramas *(Coll. Papers,* 1.190). Peirce llama también a la fenomenología *faneroscopia* y define a ésta como la descripción del *fanerón*. Éste es «el todo colectivo en cuanto está de cualquier modo o en cualquier sentido presente a la mente, independientemente de si corresponde o no a ninguna cosa real» (1.284). Según Peirce, el término 'fanerón' designa algo similar a lo que los filósofos ingleses han llamado *idea,* aun cuando éstos han restringido demasiado el significado de 'idea'. Los fanerones están enteramente abiertos a la observación. Por eso la fenomenología o faneroscopia es «el estudio que, apoyado en la observación directa de los fanerones y mediante generalización de sus observaciones, señala varias clases muy amplias de fanerones; describe los caracteres de cada una; muestra que, aunque se hallan tan inextricablemente mezclados que ninguno puede ser aislado, resulta evidente que sus caracteres son muy dispares; prueba luego que cierto número muy reducido comprende todas estas más amplias categorías de fanerones existentes y, finalmente, procede a la laboriosa y difícil tarea de enumerar las principales subdivisiones de estas categorías» (1.286). La fenomenología o *faneroscopia* se abstiene de toda especulación en cuanto a las relaciones entre sus categorías y los hechos fisiológicos, cerebrales o de cualquier otra índole. Se limita a describir las apariencias directas y trata de combinar la exactitud minuciosa con la más amplia especulación. Para practicar la fenomenología no hay que estar influido por ninguna tradición, por ninguna autoridad, por ninguna suposición de que los hechos deberían ser de un modo o de otro: hay que limitarse simple y honradamente a la observación de las apariencias (1.287). Las divisiones formales de los elementos del fanerón deben ser divisiones según lo que Peirce llama *valencias.* Hallamos, así, medadas, mónadas, díadas, tríadas, tetradas, etc. (1.292). Peirce relacionó el estudio de los elementos del «fanerón» con sus investigaciones sobre la lógica de las relaciones.

II. *Sentido husserliano y posthusserliano de 'fenomenología'.*

En la época actual cuando se habla de fenomenología se tiende a entender por ella principalmente la fenomenología de Husserl y de los fenomenólogos que han partido de Husserl o que, como Alexander Pfänder, se relacionaron con Husserl de modo diverso al de los discípulos o continuadores –más o menos fieles– de éste. Tomada en su máxima generalidad, la «escuela fenomenológica» es compleja y variada, y más todavía lo es el «movimiento fenomenológico», como puede verse en la larga historia de este movimiento escrita por Herbert Spiegelberg. Dentro de este movimiento figuran, según Spiegelberg, «la fase alemana» (con la fenomenología pura de Husserl y su evolución; el citado Pfänder, Adolf Reinach, Moritz Geiger, E. Stein, R. Ingarden y otros; la fenomenología de las esencias de Scheler; las bases fenomenológicas de Heidegger y de Nicolai Hartmann), la «fase francesa» (con las «relaciones» de Gabriel Marcel con el «movimiento fenomenológico» o cuando menos los «temas fenomenológicos»; las bases fenomenológicas de Jean-Paul Sartre, de M. Merleau-Ponty y de Paul Ricoeur), y otras diversas «fases» y «períodos». Todos estos autores han contribuido de algún modo a elaborar, modificar y, en muchos casos, «superar» la fenomenología de Husserl, de modo que una presentación de «la fenomenología en general» sería tarea larga y, dentro de los límites de la presente obra, poco practicable. Por este motivo nos referiremos en esta sección principal, y casi exclusivamente, a la fenomenología en cuanto ha sido bosquejada y desarrollada por Husserl. Además, nos ocuparemos principalmente, aunque no exclusivamente, de la fenomenología husserliana como «método» y como «modo de ver». Advertimos que en sus orígenes cuando menos hubo relaciones interesantes, pero en las que no podemos detenernos aquí, entre la fenomenología husserliana, y en particular la preparación para la misma, y las investigaciones de Stumpf y, en general, las de Brentano y su escuela, así como la actitud anti-psicologista de Frege en lo que toca a la fundamentación de la matemática.

Indicamos antes que la fenomenología es a la vez un «método» y un «modo de ver». Ambos se hallan estrechamente relacionados, por cuanto el método se constituye mediante un modo de ver y éste se hace posible mediante el método. Comenzaremos, sin embargo, por poner de relieve el método. Éste se constituye tras la depuración del psicologismo. Es preciso mostrar que las leyes lógicas son leyes lógicas puras y no empíricas o trascendentales o procedentes de un supuesto mundo inteligible de carácter metafísico. Sobre todo es preciso mostrar que ciertos actos tales como la abstracción, el juicio, la inferencia, etc., no son actos empíricos: son actos de naturaleza intencional que tienen sus correlatos en puros «términos» de la conciencia como conciencia intencional. Esta conciencia no aprehende los objetos del mundo natural como tales objetos, pero tampoco constituye lo dado en cuanto objeto de conocimiento: aprehende puras significaciones en cuanto son simplemente dadas y tal como son dadas. La depuración antes mencionada lleva, así, al método fenomenológico y a la vez constituye tal método. Con el fin de poner a éste en marcha es menester adoptar una actitud radical: la de la «suspensión» del «mundo natural». La creencia en la realidad del mundo natural y las proposiciones a que da lugar esta creencia son «puestas entre paréntesis» por medio de la epojé (VÉASE) fenomenológica. Ello no quiere decir que se niega la realidad del mundo natural; la epojé fenomenológica no es una manifestación de escepticismo. Sólo sucede que, a consecuencia de la epojé, se coloca, por decirlo así, un nuevo «signo» a la «actitud natural». En virtud de este «signo» se procede a abstenerse de juicios sobre la existencia espacio-temporal del mundo. El método fenomenológico consiste, pues, en re-considerar todos los contenidos de conciencia. En vez de examinar si tales contenidos son reales o irreales, ideales, imaginarios, etc., se procede a examinarlos en cuanto son puramente dados. Mediante la epojé le es posible a la conciencia fenomenológica atenerse a lo dado en cuanto tal y describirlo en su pureza. Lo dado no es en la fenomenología de Husserl lo que es en la filosofía trascendental –un material que se organiza mediante formas de intuición y categorías–. No es tampoco algo «empírico» –los datos de los sentidos–. Lo dado es el correlato de la conciencia intencional. No hay contenidos de conciencia, sino únicamente «fenómenos». La fenomenología es una pura descripción de lo que se muestra por sí mismo, de acuerdo con «el principio de los principios»: reconocer que «toda intuición primordial es una fuente legítima de conocimiento, que todo lo que se presenta por sí mismo 'en la intuición' (y, por así decirlo, 'en persona') debe ser aceptado simplemente como lo que se ofrece y tal como se ofrece, aunque solamente dentro de los límites en los cuales se presenta» (*Ideen*, § 24).

La fenomenología no presupone, pues, nada: ni el mundo natural, ni el sentido común, ni las proposiciones de la ciencia, ni las experiencias psíquicas. Se coloca «antes» de toda creencia y de todo juicio para explorar simplemente y pulcramente lo dado. Es, como ha declarado Husserl, un «positivismo absoluto». A base del mismo es posible llevar a cabo el proceso de la reducción o, mejor dicho, de una serie de reducciones. Ante todo la reducción eidética. Lo que resulta de ella –su «residuo»– son las esencias (véase ESENCIA). Las esencias son dadas a la intuición fenomenológica, la cual se convierte de este modo en una aprehensión de «unidades ideales significativas» –de «sentidos» u «objetos-sentidos»–, de «universalidades». Éstas no son ni conceptos lógicos ni ideas platónicas. Las universalidades esenciales aprehendidas fenomenológicamente son de muchas clases. En la intuición del color rojo o, mejor, de un matiz de rojo se da a la conciencia intencional la esencia «rojo». En la intuición de una figura cuadrada se da a la misma intuición la esencia «cuadrado». En el puro flujo de lo vivido o puro tejido de vivencias de la conciencia intencional se hallan expresiones y significaciones. Las significaciones «cumplen» lo que las expresiones mientan. Cuando las significaciones a su vez resultan «cumplidas» o «llenadas» se obtienen las esencias. Éstas pueden, pues, caracterizarse como lo que se da a la intuición cuando hay adecuación entre los actos expresivos, los actos significativos y el cumplimiento de éstos. La adecuación en cuestión puede ser parcial o total; sólo en este último caso hay verdadera «intuición esencial» *(Wesensschau)*.

La reducción eidética es sólo la primera fase de la reducción fenomenológica. Ésta incluye la reducción trascendental. Por medio de ésta se pone entre paréntesis la existencia misma de la conciencia. Con ello la conciencia se vuelve sobre sí misma y en vez de tender hacia lo que se da a ella tiende hacia sí en su pureza intencional. En la actividad intencional pueden distinguirse, según Husserl, dos polos: el noético y el noemático. No se trata de dos realidades, y menos aún de dos actos distintos, sino de dos extremos de un simple y puro «flujo intencional». La atención hacia lo noemático es lo característico de la intuición de las esencias. La atención hacia lo noético es lo característico de la reversión de la conciencia hacia sí misma. Mediante esta operación se obtiene la conciencia pura, trascendental, como «residuo último» de la reducción fenomenológica. En el curso de la reducción eidética, Husserl había prestado atención primordial a la fenomenología como un «método» y como un «modo de ver» que llevaba a la constitución de una «ciencia universal», fundamento de todas las ciencias particulares. En efecto, las ciencias eidéticas o ciencias de esencias se convertían en fundamento de todas las ciencias. En el curso de la reducción trascendental, Husserl llega a una idea «egológica» de la conciencia –a diferencia de la idea «no egológica» característica de la fase a veces llamada «metódica» de la fenomenología–. Como en esta fase parecía quedar sin apoyo la actividad intencional, Husserl concluyó que es menester fundarla en el «yo trascendental». De ahí el «idealismo trascendental» de Husserl, rechazado por muchos fenomenólogos como extraño al propósito inicial de la fenomenología y hasta como incompatible con tal propósito. Sin embargo, Husserl ha insistido en que de no llegarse al último residuo del yo trascendental la fenomenología misma carece de base. Las ciencias de las esencias se fundan, a su entender, en una «egología trascendental». La evolución de la fenomenología de Husserl a partir de este momento pertenece más bien al pensamiento propio de dicho autor que al «movimiento fenomenológico». Prácticamente, sólo Eugen Fink trabajó con Husserl en sus esfuerzos por desarrollar una «fenomenología genética» –como exploración de los actos constitutivos de la conciencia trascendental– y una «fenomenología constructiva» –como reconstrucción de datos no dados directamente–. Menos todavía pertenecen al «movimiento fenomenológico» los trabajos de Husserl encaminados a superar el posible «solipsismo» de la conciencia trascendental y a restaurar la intersubjetividad de las «conciencias» –lo que a veces se ha llamado «monadología trascendental»–. En cambio, ha influido grandemente sobre fenomenólogos y sobre autores que no pertenecen a este movimiento la idea husserliana del «mundo vivido» a la que nos hemos referido brevemente en el artículo *Lebenswelt*.

Hemos indicado antes que trataríamos principalmente de la fenomenología tal como fue elaborada por Husserl, especialmente en su fase «propiamente fenomenológica». Sin embargo, es pertinente mencionar aquí como muy ligada a esta fase la llamada «fenomenología de las esencias de Max Scheler». Este autor trató especialmente de las esencias como «esencias-valores» y se interesó por la «intuición emocional» de tales esencias. Estas últimas no se hallan directamente ligadas a significaciones; en la intuición del valor de lo agradable, por ejemplo, no se intuye la significación de la esencia «agradable», sino que se intuye (emocionalmente) la esencia «agradable» misma. Scheler desarrolló con detalle una teoría de la «experiencia fenomenológica» ligada a una doctrina de los «hechos fenomenológicos», a diferencia de otros tipos de hechos (véase HECHO).

Por la variedad de tendencias que se han manifestado dentro de la fenomenología –inclusive dentro de la fenomenología husserliana– y por los diversos modos que ha adoptado y las varias frases que se han desarrollado dentro y fuera de Husserl, es crecientemente común especificar la fenomenología mediante un adjetivo. Según se apuntó ya, se ha hablado en relación con Husserl de una fenomenología trascendental, una fenomenología constructiva y una fenomenología genética –y podría hablarse asimismo de una fenomenología «sintética» en el sentido de ocuparse de los procesos de «síntesis», sea activa o pasiva–. Es corriente hoy distinguir por lo menos entre tres «especies» de fenomenología: la fenomenologia trascendental que se centra en Husserl y en autores más o menos fielmente husserlianos–, la fenomenología existencial que se manifiesta, ciertamente de modo muy diverso, en autores como Sartre y Merleau-Ponty– y la fenomenología hermenéutica. Nos referimos a esta última en HERMENÉUTICA.

Ferio es el nombre que designa uno de los modos válidos de los silogismos de la primera figura (VÉASE). Un ejemplo de *Ferio* puede ser:

Si ningún adolescente es trabajador y algunos finlandeses son adolescentes,
entonces algunos finlandeses no son trabajadores,

ejemplo que corresponde a la siguiente ley de la lógica cuantificacional elemental.

$$(\wedge x(Gx \rightarrow \rceil Hx) \wedge \vee x(Fx \wedge Gx)) \rightarrow \wedge x(Fx \wedge \rceil Hx)$$

y que, usando las letras 'S', 'P' y 'M' de la lógica tradicional, puede expresarse mediante el siguiente esquema:

$$(\text{MeP} \wedge \text{SiM}) \rightarrow \text{SoP}$$

donde aparece duramente la secuencia de las letras 'E', 'I' 'O', origen del término *Ferio*, en el orden MP-SM-SP.

Ferison es el nombre que designa uno de los modos válidos de los silogismos de la tercera figura (VÉASE). Un ejemplo de *Ferison* puede ser:

Si ningún león es manso
y algunos leones son peligrosos,
entonces algunos seres peligrosos no son mansos,

ejemplo que corresponde a la siguiente ley de la lógica cuantificacional elemental:

$$(\wedge x(Gx \to \rceil Hx) \wedge \wedge x(Gx \wedge Fx)) \to \vee x(Fx \wedge \rceil Hx)$$

y que, usando las letras 'S', 'P' y 'M' de la lógica tradicional, puede expresarse mediante el siguiente esquema:

$$(MeP \wedge MiS) \to SoP$$

donde aparece claramente la secuencia de las letras 'E', 'I', 'O', origen del término *Ferison*, en el orden MP-MS-SP.

Fesapo es el nombre que designa uno de los modos, por muchos autores considerado como válido, de los silogismos de la cuarta figura (VÉASE). Un ejemplo de *Fesapo* puede ser:

Si ningún cuerpo es inextenso
y todas las cosas inextensas son invisibles,
entonces algunas cosas invisibles no son cuerpos,

ejemplo que corresponde a la siguiente ley de la lógica cuantificacional elemental:

$$(\wedge x(Hx \to \rceil Gx) \wedge \wedge x(Gx \to Fx)) \to \vee x(Fx \wedge \rceil Hx)$$

y que, usando las letras 'S', 'P' y 'M' de la lógica tradicional, puede expresarse mediante el siguiente esquema:

$$(PeM \wedge MaS) \to SoP$$

donde aparece claramente la secuencia de las letras 'E', 'A', 'O', origen del término *Fesapo*, en el orden PM-MS-SP.

Festino es el nombre que designa uno de los modos válidos de los silogismos de la segunda figura (VÉASE). Un ejemplo de *Festino* puede ser:

Si ningún sabio es valiente
y algunos nadadores son valientes,
entonces algunos nadadores no son sabios,

ejemplo que corresponde a la siguiente ley de la lógica cuantificacional elemental:

$$\wedge x(Hx \to \rceil Gx) \wedge \vee x(Fx \wedge Gx)) \to \vee x(Fx \wedge \rceil Hx)$$

y que, usando las letras 'S', 'P' y 'M' de la lógica tradicional, puede expresarse mediante el siguiente esquema:

$$(PeM \wedge SiM) \to SoP$$

donde aparece claramente la secuencia de las letras 'E', 'I', 'O', origen del término *Festino*, en el orden PM-SM-SP.

Figura. En un sentido general, la figura es equivalente a la forma, al perfil o contorno de un objeto. Según Erich Auerbach *(Neue Dantestudien*, 1944, págs. 11-71), el término *figura* se halla relacionado con los vocablos *fingere, figulus, dictus* y *effigies;* significa propiamente *plastisches Gebilde* y se halla por vez primera en Terencio cuando un personaje llama a una muchacha *nova figura*.

En la lógica se llaman figuras del silogismo a los diferentes modelos que se obtienen mediante la combinación de los términos mayor, medio y menor en el razonamiento silogístico. Como el término medio puede ser: sujeto en la premisa mayor y predicado en la premisa menor; predicado en las dos premisas; sujeto en las dos premisas; y predicado en la premisa mayor y sujeto en la premisa menor, tenemos cuatro figuras, que se esquematizan del siguiente modo:

Primera figura:

$$\begin{array}{cc} M & P \\ S & M \\ \hline S & P \end{array}$$

Segunda figura:

$$\begin{array}{cc} P & M \\ S & M \\ \hline S & P \end{array}$$

Tercera figura:

$$\begin{array}{cc} M & P \\ M & S \\ \hline S & P \end{array}$$

Cuarta figura:

$$\begin{array}{cc} P & M \\ M & S \\ \hline S & P \end{array}$$

Según Tukasiewicz *(Silogística aristotélica* [1951], págs. 24-42), Aristóteles conocía y aceptaba todos los modos de la cuarta figura. En sus escritos sistemáticos sobre el silogismo *(Pr. An.* I, cap. 4-6), acepta explícitamente sólo las tres primeras figuras (véase especialmente *ibid.,* I 23, 41 a 16), si bien utiliza la cuarta en demostraciones *(ibid.,* I 7 29 a 19-26). Al referirse a esta última es para considerarla un *silogismo inverso* (ἀντεστραμμένος συλλογισμός, *ibid.,* 1, 28, 44 a 12-35). Para Tukasiewicz, y en ello coincide Bocheński *(La Logique de Theophraste,* Friburg en Suisse [1947], pág. 59), Aristóteles utilizaba esos modos pero no fueron incluidos en su división sistemática del silogismo porque los capítulos que trataban de la cuarta figura se escribieron más tarde. Y sin embargo, la denominación más común es la de figura Galénica, ya que se entiende que fue Galeno quien la divulgó. No hay en sus textos referencia a la cuarta figura propiamente, sino que se llama figura Galénica al silogismo compuesto, o silogismo de cuatro términos. En realidad, la cuarta figura probablemente surgió después, incluso, de Galeno, allá por el siglo VI después de Cristo.

Algunos lógicos no aceptan esta cuarta figura, independientemente de que se interprete como la inversa de la primera o como un modo de ésta, ya que la consideran antinatural.

Las tres primeras figuras –junto con esta cuarta– constituyen la base para una serie de modos válidos del silogismo.

Filosofía analítica. Se han dado los nombres de 'análisis', 'el Análisis', 'filosofía analítica' y otros –análisis lógico', 'análisis filosófico', etc.– a varios modos de hacer filosofía que constituyen, vistos en perspectiva histórica, un amplio movimiento, tendencia, talante o giro, que incluye autores de diversas procedencias –pero sobre todo de lenguas alemana, polaca e inglesa– y que ha pasado por varias fases desde sus orígenes, a comienzos de este siglo.

Los nombres 'análisis' y 'analítico' revelan que algo hay en dicho movimiento que se relaciona con la tendencia a usar métodos propios de varias formas del análisis clásico, pero conviene distinguir entre este último y la filosofía analítica, no sólo porque muchas veces se entiende el análisis de modos distintos que los clásicos, sino también, y sobre todo, porque hay en dicha filosofía supuestos y finalidades que sólo se entienden en su propio contexto histórico.

Históricamente, la filosofía analítica surge en Inglaterra con G. E. Moore y Bertrand Russell y, en el caso de Russell, está estrechamente relacionada con los desarrollos en la lógica desde Boole y Frege. Ello ha hecho que en ocasiones se hayan casi identificado 'filosofía analítica' con 'lógica' (la «lógica moderna», «simbólica» o «matemática», que durante un tiempo se llamó en español, y otros idiomas, «logística») y que se haya llegado a la conclusión de que todo lógico es un filósofo analítico y todo filósofo analítico está por lo menos interesado en lógica. Pero aunque esto es cierto en numerosos casos, no lo es en otros: algunos estiman que la lógica formal es una disciplina neutral respecto a toda toma de posición filosófica y otros consideran que la filosofía es examen del lenguaje corriente u ordinario, sin relación con el aparato de la lógica formal. En los mismos orígenes de la filosofía analítica en Inglaterra, con Russell y Moore, tenemos dos de las grandes orientaciones de dicha filosofía respectivamente centrados en la lógica («lenguaje ideal») y en el lenguaje corriente.

Otra fuente histórica de la filosofía analítica se encuentra en los trabajos que van desde Mach y Hertz hasta el Círculo de Viena y el positivismo lógico. La lógica y la filosofía de la ciencia son ingredientes importantes en este desarrollo; y la lógica muy en particular si se tiene en cuenta asimismo el Círculo de Varsovia. Pero no hay rasgos simples que caractericen estos desarrollos. Así, desde fuera pueden parecer insignificantes las diferencias entre el Círculo de Viena y el primer Wittgenstein, pero vistas con mayor atención pueden llegar a ser considerables.

En ocasiones se ha caracterizado la filosofía analítica por una serie de «simpatías y diferencias»: tendencia anti-idealista, rechazo de la especulación y de la metafísica, atención a cuestiones suscitadas en y por el lenguaje, desenmascaramiento de problemas tradicionales en cuanto embrollos causados por las ambigüedades o por el uso inapropiado del lenguaje corriente, etc. Pero aunque ha habido una dosis importante de anti-idealismo (específicamente, de anti-hegelianismo) en muchos autores, ha habido asimismo dosis de fenomenismo en otros; el rechazo de la especulación y de la metafísica dependen en buena parte de lo que se entienda por estas palabras; la atención al lenguaje se ha manifestado en formas muy distintas; el lenguaje corriente puede producir embrollos, pero algunos lo han estimado como el punto de partida para el análisis, etcétera.

Ninguna tendencia filosófica de alguna amplitud es reducible a rasgos simples o típicos. Tal sucede con la fenomenología, el existencialismo, el marxismo, el estructuralismo –para mencionar sólo corrientes de considerable peso en el pensamiento contemporáneo–. La llamada «filosofía analítica» no es una excepción. Con todo, hay «semejanzas familiares» en la mayor parte de los filósofos analíticos, que se reconocen en la preferencia por ciertos problemas, la elección de cierto vocabulario y de ciertos «ejemplos», etc. Estos «parecidos de familia» no son, sin embargo, suficientes para caracterizar las muchas fases y variantes de la filosofía analítica, ya que muchas de estas fases poseen rasgos propios. Ahora bien, mejor que indicar tales preferencias y elección es bosquejar un breve cuadro histórico y complementarlo con varias clasificaciones que se han ofrecido del «análisis».

Siguiendo la enumeración presentada en el libro del autor, *Cambio de marcha en filosofía* (I, 2: «Variedades del análisis»), tenemos las siguientes formas, que se han sucedido en orden cronológico aproximado:

1. Análisis lógico en el sentido de Russell, con el posterior desarrollo del atomismo lógico y uso de los recursos de la lógica formal. Esto lleva a intentos de construcción del llamado «lenguaje ideal».
2. El análisis de Russell es contemporáneo al análisis de Moore y sus discípulos, a veces próximo al «neo-realismo». Las incorrecciones expresadas en el lenguaje corriente se eliminan por medio de un análisis de este mismo lenguaje, sin recurrir a lenguajes formalizados.
3. La «Liga Mach» y el fenomenismo en Austria, con especial atención al estudio del lenguaje científico. Originados en parte en esta tendencia, se forman el Círculo de Viena y el positivismo lógico (empirismo lógico), con fuerte tendencia anti-metafísica, división de todos los enunciados en tautologías y enunciados fácticos, propensión reduccionista (sea fenomenista, sea fisicalista), discusiones sobre el principio de verificación y atención a la estructura lógica del lenguaje de la ciencia. Esta tendencia se prosigue con lo que se ha llamado «filosofía ortodoxa de la ciencia», con la elaboración de la forma nomológico-deductiva.
4. Partiendo de algunos de los problemas suscitados dentro del positivismo lógico se desarrollan las doctrinas de Popper, que luego se extienden y diversifican considerablemente, dando origen, históricamente, a lo que se ha llamado «nueva filosofía de la ciencia».
5. El primer Wittgenstein –que algunos consideran como una de las dos grandes formas de la filosofía analítica– está ligado históricamente a (1) y a (3), pero difiere de ellos en varios importantes respectos.
6. La diversificación del positivismo lógico, filosófica y geográficamente, coincide con una nueva fase del análisis, relacionada en gran parte con el «último Wittgenstein». En algunos, adopta la forma del titulado «positivismo terapéutico». En otros, la del «análisis del lenguaje corriente (u ordinario)». Con el «pluralismo lingüístico» wittgensteiniano, y postwittgensteiniano, se conjugan los pensadores del llamado «Grupo de Oxford», que incluyen varias direcciones: análisis «informal» de

Ryle; análisis conceptual de Strawson, fenomenología lingüística de Austin.

7. Juntamente con (6) se amplía el campo de intereses de los filósofos analíticos. Hay considerables diferencias entre el positivismo lógico ortodoxo y el «holismo» pragmatista de Quine. Se abandona casi enteramente el viejo reduccionismo; se desarrolla una «nueva teleología». Los filósofos de la ciencia se interesan crecientemente por el papel que desempeñan los marcos conceptuales, por el «peso teórico» de los propios hechos y por contextos no enteramente equivalentes al de justificación. Al intuicionismo ético de los primeros tiempos, y al emotivismo ético de la época en la que ejercía aún influencia el positivismo lógico, sucede el prescriptivismo ético. Llega a su máximo la diversificación de tendencias analíticas.

8. Se despliegan tendencias que se han caracterizado como «post-analíticas», por cuanto, sin abandonar muchos de los métodos, y buena parte del talante, de la tradición analítica, se suscitan nuevos intereses, se reinstauran problemas tradicionales. Empiezan más intensas relaciones entre la filosofía analítica y otros giros filosóficos.

Otra clasificación de filosofía analítica se debe a L. S. Stebbing, anterior a la Segunda Guerra Mundial. Esta autora habla de cuatro tipos de análisis –que son más bien formas posibles de análisis que tendencias dentro de la filosofía analítica–: (I) El análisis como definición analítica de expresiones simbólicas, tal como es empleado por Russell, especialmente en su teoría de las descripciones. (II) La aclaración analítica de conceptos (uno de cuyos ejemplos es el análisis einsteiniano de 'es simultáneo'). (III) El análisis postulativo (o postulacional), usado en la construcción de un sistema logístico. (IV) El análisis «directivo», que produce enunciados ostensivos, cuyos símbolos corresponden a «hechos atómicos».

Una de las más difundidas divide prácticamente todas las corrientes analíticas en dos tendencias organizadas en torno a dos centros de interés, que son justamente los mismos que caracterizaron el pensamiento de Russell y Moore a comienzos de siglo. Por un lado, hay el interés en la constitución de un lenguaje ideal que permita deshacer las ambigüedades inherentes en el lenguaje corriente u ordinario. Por otro lado, hay el interés por el estudio de este lenguaje corriente u ordinario. Se han usado a menudo en este respecto las expresiones 'filosofía del lenguaje ideal' y 'filosofía del lenguaje corriente'. La primera es construccionista; la segunda es descriptivista –en un sentido muy amplio de 'descripción', ya que en sentido estricto muchos filósofos del lenguaje corriente son antidescriptivistas, pero sólo en cuanto que rechazan que el único uso, o siquiera el uso principal, del lenguaje sea la descripción–. Se han asociado los mencionados dos centros de interés con el «primer Wittgenstein» y el «último Wittgenstein». Otra clasificación atiende a la relación –mayor o menor, o nula– entre la actividad filosófica y otras empresas como la ciencia, el arte, la religión, la política, etc. Muchos filósofos analíticos han destacado el carácter de «pura actividad» de la filosofía, negando que ésta tenga un contenido propio o que, como se dice, sea «sustantiva». Otros filósofos, en cambio, han manifestado que la filosofía se halla en estrecha relación con otras empresas, especialmente con las de carácter cognoscitivo, y en particular con las ciencias naturales. La clasificación de tendencias filosóficas analíticas según este criterio coincide en ocasiones con la mencionada en el párrafo anterior, pero no siempre. Los filósofos del lenguaje ideal son a menudo «formalistas». Estiman que la filosofía es análisis lógico del lenguaje y no tiene un sentido determinado. Al mismo tiempo, muchos de estos mismos filósofos están interesados por las ciencias; aunque no actúan como científicos y estudian únicamente, por ejemplo, la estructura de teorías científicas y la justificación lógica de esta estructura, el hecho es que no creen en lo que Russell llamó «la filosofía sin lágrimas», esto es, sin conocimiento de las aportaciones científicas. Los filósofos del lenguaje corriente pueden ser llamados «lingüistas». Puesto que en el lenguaje corriente se hallan incorporadas muchas estructuras y distinciones que sería torpe desdeñar, estos filósofos parecen interesarse por muchas más cosas que las que atraen a los «formalistas». A la vez, sin embargo, estos mismos filósofos se recluyen (o se han recluido) a menudo en una actitud de puro «profesionalismo analítico», abrazando esa «filosofía sin lágrimas» –sin física, sin psicologia, etc. (aunque no siempre sin lingüística)– que Russell denunció. Pero este «profesionalismo analítico», al no depender estrictamente de la marcha de las ciencias naturales, ha permitido a no pocos de los citados filósofos interesarse por muchas cuestiones que los «formalistas» no han tenido en cuenta.

Una clasificación muy en boga (véase R. M. Hare, P. Henle, S. Körner. «Symposium: The Nature of Analysis», *The Journal of*

Philosophy, LIV [1957], págs. 741-66) en los últimos tiempos entiende la expresión 'análisis filosófico' de dos modos. Así, S. Körner indica que hay (1) un «análisis presentativo» o «análisis de exhibición», que consiste en presentar o exhibir el significado de conceptos usados por una o más personas y en formular las reglas (o criterios reducibles a reglas) según las cuales la persona o personas en cuestión usan correctamente los conceptos que usan. Este tipo de análisis, del que hay muchos ejemplos en la «filosofía del lenguaje corriente», da lugar a proposiciones empíricas. Hay, por otro lado, (2) un «análisis sustantivo», que consiste en examinar si los significados de conceptos usados por una o más personas son o no adecuados para tal o cual propósito específico, y en proponer correcciones lingüísticas –o «lingüístico-conceptuales»– capaces de corregir confusiones, ambigüedades, contradicciones, etc. Es posible que ningún filósofo haya empleado en toda su pureza uno solo de dichos tipos de análisis; en todo caso, es común que los que practican el análisis en sentido (1) pasen a consideraciones propias del análisis en sentido (2), y que los que practican este último tengan en cuenta prescripciones practicadas en el primero. El análisis en sentido (1) se acerca a lo que algunos han llamado «análisis descriptivo»; el análisis en sentido (2) se acerca a lo que se ha calificado en ocasiones de «análisis revisionario».

El autor de la presente obra ha hablado de tres modos de practicar la filosofía analítica: (A) «Pueden examinarse expresiones usadas y conceptos puestos en circulación en las ciencias formales, naturales y sociales, en la moral, la política, el arte y, por lo general, en toda actividad humana, con propósitos de aclaración y dilucidación»; (B) «Puede hacerse lo propio con propósitos de crítica»; (C) «Puede hacerse lo propio con propósito de revisión conceptual». (A) es próximo al sentido (1) del párrafo anterior y (C) es próximo al sentido (2). En opinión del autor, estos tres modos de practicar la filosofía analítica –y, en general, toda filosofía– son igualmente indispensables, siendo, por ello, menos orientaciones que dimensiones de la actividad filosófica.

Cierto número de filósofos analíticos han advertido que el propio análisis puede, y aun debe, ser objeto de crítica. Ha surgido con ello un movimiento llamado «análisis crítico» –y también «naturalismo crítico»– que tiene su órgano en el *Journal of Critical Analysis,* dirigido por P. S. Schiavella y auspiciado por autores como William P. Alston, Monroe

Beardsley, Antony Flew, John Hospers, Joseph Margolis, Ernest Nagel, W. v. O. Quine, Israel Scheffler, Victorino Tejera, Max W. Wartowsky.

Otra forma de crítica de la filosofía analítica es la que, aun partiendo de la tradición del análisis, estima que éste no basta en las formas que ha adoptado hasta ahora, y que es menester proseguirlo sin preocuparse de si, al final, se sigue haciendo o no filosofía analítica. Con ello se oscila entre el «análisis crítico» y la «crítica del análisis». Se trata de un «cambio de marcha en el análisis», que es a su vez un cambio desde el análisis. Elementos de esta forma de filosofía analítica crítica pueden encontrarse en José Ferrater Mora, *Cambio de marcha en filosofía*, 1974, donde la posición (4) que el autor defiende roza a veces la posición (3), que rechaza aun cuando podría aceptarse una vez reinterpretados y debidamente especificados los sentidos de vocablos tan anchos como 'superar'.

Forma. Trataremos en este artículo la noción de forma (I) en sentido filosófico general y particularmente metafísico, (II) en sentido lógico, (III) en sentido epistemológico, y (IV) en sentido estético.

I. *Sentido filosófico general y particularmente metafísico*. En Figura (VÉASE) observamos que a veces se distingue entre figura y forma. Esta distinción corresponde a la que hay entre la figura externa y la figura interna de un objeto. Ahora bien, el primer concepto conduce con frecuencia al segundo. Así ocurrió entre los griegos. Al suponer que un objeto tiene no sólo una figura patente y visible, sino también una figura latente e invisible, se forjó la noción de forma en tanto que figura interna captable sólo por la mente. Esta figura interna es llamada a veces idea y a veces forma. El vocablo más usualmente empleado por Platón a tal efecto es εἶδος, vertido al latín, según los casos, por *forma, species, notio* y *genus*. Se encuentra en numerosos pasajes de los diálogos de Platón; mencionamos, entre los más significativos, los siguientes: *Charm.*, 154 D; *Critias*, 116 D; *Prot.*, 352 A; *Symp.*, 189 E, 196 A, 205 B, 210 B; *Phaed.*, 73 A; *Phaedr.*, 102 B, 103 E, 229 D, 246 B, 263 B, 265 C; *Theait.*, 148 D, 178 A, 204 A; *Rep. (Pol.)*, III 402 D, IV 424 C, VI 510 D; *Parm.*, 132 D, 149 E; *Soph.*, 219 A, 246 B, 440 B; *Phil.*, 19 B; *Tim.*, 51 A, 57 C; *Leg.*, I 645 A. Ahora bien, la interpretación de los diversos sentidos de la forma platónica (como idea, noción, especie, género, etc.) no puede ocuparnos aquí; referencias a ella se encuentran en el artículo sobre Idea (VÉASE). Trataremos, en cambio, con alguna extensión la concepción aristotélica de la forma antes de referirnos a las clasificaciones escolásticas y a varios de los problemas que plantea para la época moderna la clásica contraposición entre la forma y la materia. Aristóteles introduce la noción de Forma, εἶδος, a veces μορφή, τὸ τί ἦν εἶναι, τὸ τί ἐστι, en muchos pasajes de sus obras, pero especialmente en la *Física* y en la *Metafísica*. La forma es entendida a veces como la causa (VÉASE) formal, a diferencia de la causa material; esta contraposición entre los dos tipos de causa es paralela a la más general que existe entre la causa formal y la materia. La materia es aquello *con lo cual* se hace algo; la forma es aquello que determina la materia para ser algo, esto es, aquello *por lo cual* algo es lo que *es*. Así, en una mesa de madera la madera es la materia con la cual está hecha la mesa, y el modelo que ha seguido el carpintero es su forma. Desde *este* punto de vista, la relación entre materia y forma puede ser comparada con la relación entre potencia y acto (VÉASE). En efecto, siendo la forma *lo que es* aquello que es, la forma será la actualidad de lo que era potencialmente. Ahora bien, es conveniente distinguir entre los dos mencionados pares de conceptos. Mientras la relación *materia-forma* se aplica a la realidad en un sentido muy general y, por así decirlo, estático, la relación *potencia-acto* se aplica a la realidad en tanto que esta realidad está en movimiento (es decir, en estado de devenir [VÉASE]). La relación *potencia-acto* nos hace comprender cómo cambian (ontológicamente) las cosas; la relación *materia-forma* nos permite entender cómo están compuestas las cosas. Por este motivo, el problema del par de conceptos *materia-forma* es equivalente a la cuestión de la composición de las substancias y, en rigor, de todas las realidades. Por ejemplo, mientras las substancias sublunares cambian y se mueven, y los astros se mueven (con movimiento circular local), y aun el Primer Motor, si bien no se mueve, constituye un centro de atracción para todo movimiento, las entidades matemáticas ni cambian ni se mueven ni constituyen centros de atracción para el movimiento. Y, sin embargo, tales entidades tienen también materia y forma. Por ejemplo, en una línea, la extensión es la materia y la «puntualidad» (o hecho de estar constituida por una sucesión de puntos) la forma, la cual puede ser extraída de la materia aun cuando no tenga nunca existencia separada.

Varios son los problemas que se plantean con respecto a la noción aristotélica de la forma. Nos limi-

taremos aquí a los más significados.
Por lo pronto, el problema de si hay o no formas separadas. Aparentemente no, puesto que toda realidad está compuesta de forma y materia. Pero Aristóteles declara que la filosofía primera tiene por misión examinar la forma verdaderamente separable. Y es sabido que el Primer Motor es forma pura sin nada de materia. Puede, por consiguiente, admitirse la existencia dentro del aristotelismo de lo que se han llamado formas subsistentes por sí mismas.
En segundo lugar, hay el problema del significado del término 'forma' dentro del par de conceptos *materia-forma*. A nuestro entender, este significado se comprende mejor cuando tomamos, *por lo pronto*, el término 'forma' como un término relativo –relativo al término 'materia'–. Esto permite entender cómo una determinada «entidad» puede ser, según los casos, forma o materia. Así, la madera, que es materia para una mesa, es forma con respecto a la extensión. La extensión, que es materia para la madera, es forma con respecto a la posibilidad. Ello plantea a Aristóteles un problema: si no hay modo de detenerse en la mencionada sucesión (pues la posibilidad de extensión espacial puede convertirse en forma para la posibilidad de la posibilidad de extensión espacial, etc.), caeremos en una regresión al infinito. Con el fin de evitarla, podemos interpretar el par *materia-forma* en sentido platónico, esto es, concebir la materia como lo determinado. Materia y forma serían entonces equivalentes respectivamente al No-Ser y al Ser, a lo esencialmente Incognoscible y a lo esencialmente Cognoscible. Pero con ello deberíamos admitir que materia y forma no son términos relativos, sino realidades plenas. x no sería forma con respecto a y, y materia con respecto a w, sino que x sería más forma que y y w sería más forma que x (o, si se quiere, x sería más real que y y w más real que x). No siendo esto admisible a la luz de la filosofía de Aristóteles, conviene encontrar un modo de evitar a la vez la regresión al infinito y el platonismo. La solución que proponemos puede aclararse mediante las dos siguientes observaciones.

(a) La materia pura es impensable, pues no puede ser racionalmente aprehendida. Inclusive, la posibilidad no es nunca mera posibilidad: es siempre «posibilidad para...». Así, el receptáculo indeterminado platónico, dispuesto a recibir *cualquier* forma, debe ser excluido. Esto explica, dicho sea de paso, por qué, según Aristóteles, no todas las materias son igualmente aptas para recibir todas las formas. Hay, de hecho, diferentes clases de materia (materia para el movimiento local; materia para el cambio substancial, etc.; cf. *Phys.,* 260 b 4). La madera es materia para una estatua, una mesa o una casa; no para una sinfonía; la tinta es materia para los signos, no para los astros, etc. Así, la materia es siempre *cualificada,* no porque la materia tenga siempre ciertas cualidades dadas, sino *cuando menos* porque hay siempre materia *para* ciertas cualidades que excluyen otras cualidades.

b) La forma pura es pensable, pues el Primer Motor es forma pura. Se dirá que este Primer Motor es una excepción, ya que el universo de Aristóteles parece compuesto de Primer Motor y substancias compuestas. Pero si en vez de una concepción trascendente del Primer Motor mantenemos una concepción inmanente de él, la cuestión antes planteada se hace menos aguda.

En tercer lugar, hay el problema de hasta qué punto la forma constituye el principio de individuación. Excluimos aquí esta cuestión, por haberla tratado separadamente.

Finalmente, puede plantearse el problema –antes ya aludido– de las diversas clases de formas. Este problema, aunque tratado por Aristóteles, ha sido elaborado con más amplitud y precisión por los autores escolásticos, por lo que vamos a referirnos ahora a ellos. Mencionaremos aquí algunas de las clases principales. Tenemos: (a) formas *artificiales,* como la forma de la mesa o de la estatua; (b) formas *naturales,* como el alma; (c) formas *substanciales,* como las que componen las substancias corpóreas y que son estudiadas con detalle en la doctrina del hilemorfismo; (d) formas *accidentales,* que se agregan al ser substancial para individualizarlo, como el color; (e) formas *puras* o *separadas* (o *subsistentes),* que se caracterizan por su pura actualidad o realidad; (f) formas *inherentes,* que se entienden solamente en cuanto se aplican a una materia; (g) formas *individuales;* (h) formas *ejemplares,* etc. Esta clasificación no significa que un ser o seres determinados que consideremos como formas pertenezcan exclusivamente a *una* clase de formas. Así, por ejemplo, el alma humana es al mismo tiempo forma separada e inherente, porque es un ente inmortal y una entelequia de lo orgánico. Por otro lado, a veces se agrupan las mencionadas clases de formas, y otras que aquí no mencionamos, en clases más amplias; algunos autores indican, en efecto, que hay formas *físicas* (como la substancial o accidental) y formas *metafísicas* (como la diferencia con respecto al género).

II. *Sentido lógico*. En la lógica clásica se distingue entre la forma y la materia del juicio. La materia es lo que cambia en el juicio; así, el sujeto 'Juan' y el predicado 'bueno' en el juicio 'Juan es bueno' constituyen la materia. La forma es lo que sigue inalterable; así, en el juicio anterior la cópula 'es' constituye la forma. En la lógica actual suele llamarse constante (o elemento constante) a la forma y variable (o elemento variable) a la materia. Así, en la proposición 'Todos los hombres son mortales', el cuantificador universal 'todos' y el verbo 'son' se llaman constantes (o formas), y 'hombres' y 'mortales' se califican de variables (o materia) de la proposición. Las formas son llamadas también *partículas lógicas*, calificándose de *estructura lógica* la estructura compuesta de tales partículas o formas. Puede entenderse con ello la frecuente afirmación de que la lógica se ocupa solamente de proposiciones verdaderas o falsas *a priori en virtud de su forma*, y que el hecho de que las deducciones que efectúa la lógica sean consideradas como deducciones formales.

III. *Sentido epistemológico*. El sentido epistemológico más conocido de 'forma' es el que tiene este término en Kant cuando habla de las «formas *a priori*», y específicamente de las «formas *a priori* de la sensibilidad» (espacio y tiempo). En general, se trata de estructuras que hacen posible ordenar el material de la experiencia –o de «lo dado» en la experiencia– convirtiéndolo en objeto de conocimiento. Según Kant, la materia en el fenómeno corresponde a la sensación; sobre ella se impone la forma para ordenarla.

Es de notar que en otra ocasión en que Kant introduce la noción de forma –la forma suprema de la ley moral que es el imperativo categórico–, se trata de un contenido: el propio contenido de la pura ley moral. Pero el término 'forma' no tiene entonces un sentido epistemológico.

IV. *Sentido estético*. Suele distinguirse en estética entre la forma y el contenido. Esta distinción es parecida a la que se ha establecido en metafísica entre forma y materia, pero mientras metafísicamente la forma es no sensible (es «intelectual», conceptual, etc.), estéticamente es sensible. Además, mientras metafísicamente la materia es aquello con lo cual se hace algo que llega a alcanzar tal o cual forma, o que está determinado por tal o cual forma, en estética el contenido es lo que se hace, o lo que se presenta, dentro de una forma. En metafísica la forma suele ser universal –aun las llamadas «formas singulares» se supone que poseen su propia «formalidad»–, en tanto que en estética es singular. El carácter singular, particular y único de la forma estética no le quita, sin embargo, su dimensión significante. Algunos estéticos han hablado al respecto de «formas significantes».

Se ha discutido qué relaciones hay entre la forma y el contenido y se han propuesto numerosas doctrinas que pueden reducirse a las dos siguientes: (1) La forma es separable del contenido en el sentido por lo menos de que puede describirse y juzgarse independientemente del contenido. (2) Forma y contenido son inseparables. Los que mantienen (1) pueden diferir en la importancia dada a la forma o al contenido –lo que se expresa ordinariamente cuando se habla de quienes dan más importancia al modo como algo se dice (describe, pinta, etc.) en oposición a quienes dan más importancia a lo que se dice (describe, pinta, etc.)–. Usualmente se entiende por 'forma' el «estilo», la «manera», el «lenguaje», etc.; por contenido se entiende el «asunto», el «significado», etc. Los que mantienen (2) ponen de relieve que no se puede hablar significantemente de forma sin contenido ni de contenido sin forma, de modo que o bien ambas se hallan «fundidas» en la «obra», o bien son continuas.

Clásicamente se consideró que una obra de arte debía tener una «buena forma»; a esto se llamó *formosus*, del que deriva 'hermoso'. Lo que es *formosus* o bien proporcionado se opone a lo disforme, a menudo identificado con lo feo.

El término 'forma' se usa también en estética para designar el orden en que están dispuestos los elementos en un conjunto –por ejemplo, para hablar de simetría–. En este caso la forma no se contrapone al contenido.

Una de las razones de la confusión frecuente en la terminología estética es que varias nociones como las de orden, proporción, simetría, etc., se aplican por igual a la noción de forma como contrapuesta a la de contenido y a la de forma como contrapuesta a elementos dispuestos en un conjunto.

Otra distinción común en estética es entre forma y sentimiento. También aquí se ha discutido si en una obra de arte predomina (o «debe predominar») el sentimiento o la forma, si es adecuado clasificar las obras de arte, y los estilos, de acuerdo con la supuesta polaridad «sentimiento-forma», y si no sería mejor abstenerse de hablar de semejante polaridad. Lo último es la opinión de Susane K. Langer al indicar que la frecuente asociación del sentimiento con la espontaneidad, de ésta con la informalidad o indiferencia a la forma y de ésta con la ausencia de forma, por un lado; y la asociación de la forma con la formalidad, la regulación, la represión y, en último término, la ausencia de sentimiento, por el otro, es consecuencia de haber elevado a la dignidad de principio una mera confusión lógica. «La polaridad de sentimiento y forma es en sí misma un problema, pues la relación entre los dos 'polos' no es realmente 'polar', esto es, una relación entre positivo y negativo, ya que sentimiento y forma no son complementos lógicos» (S. K. Langer, *Feeling and Form: A Theory of Art*, I, 1953, pág. 17).

Fresison es el nombre que designa uno de los modos válidos de los silogismos de la cuarta figura (VÉASE). Un ejemplo de *Fresison* puede ser:

Si ningún benedictino es impaciente
y algunos impacientes son miopes,
entonces algunos miopes no son benedictinos,

ejemplo que corresponde a la siguiente ley de la lógica cuantificacional elemental:

$$\wedge x(Hx \to \rceil Gx) \wedge \vee x(Gx \wedge Fx))$$
$$\to \vee x(Fx \wedge \rceil Hx)$$

y que, usando las letras 'S', 'P' y 'M' de la lógica tradicional, puede expresarse mediante el siguiente esquema:

$$(PeM \wedge MiS) \to SoP$$

donde aparece claramente la secuencia de las letras 'E', 'I', 'O', origen del termino *Fresison*, en el orden PM-MS-SP.

Función de verdad. I. *Función de verdad proposicional*. En *Principia Mathematica*, Apéndice C, Whitehead y Russell aclaran la noción de función de verdad. Se trata, indican, de una de las funciones de las proposiciones. Estrictamente hablando, es la característica esencial de proposiciones en cuanto se consideran no como hechos, sino como «vehículos de verdad o falsedad». En su *Introduction to Mathematical Philosophy*, 1919, 2.ª ed., 1920, págs. 146 y sigs., Russell consideró la cuestión de la inferencia de la verdad o falsedad de proposiciones, sentando como funciones de verdad las funciones de la negación, disyunción, conjunción, incompatibilidad e implicación. A esta lista pueden agregarse otras funciones tales como la de falsedad conjunta, o conjunción de dos negativas. La verdad o falsedad de una proposición es llamada su «función de verdad».

II. *Función de verdad sentencial*. En relación con la noción de función de verdad se puede usar el adjetivo compuesto «veritativo-funcional» *(truth-functional)*. Según se trate de proposiciones o de sentencias, se introducen compuestos proposicionales o compuestos sentenciales, los cuales resultan de conectivas lógicas llamadas «conectivas veritativo-funcionales». Se dice que un compuesto proposicional o un compuesto sentencial es una función de verdad de las proposiciones o de las sentencias de que se compone cuando el valor de verdad del compuesto está determinado por el valor de verdad de los elementos (proposiciones o sentencias) constituyentes. Las conectivas veritativo-funcionales normalmente introducidas en manuales de lógica son 'no', 'y', 'o', 'si... entonces' y 'si y sólo si'. Consideremos la expresión, proposición o sentencia:

Aníbal perdió la guerra (1)

y la expresión, proposición o sentencia:

Aníbal invernó en Capua (2)

Por medio de la conectiva 'y', se forma entonces el compuesto:

Aníbal perdió la guerra y Aníbal invernó en Capua (3).

El valor de verdad de (3) es función del valor de verdad de (1) y del valor de verdad de (2). Si (1) y (2) son verdaderos, (3) es verdadero, pero (3) es falso si (1) y (2) son falsos o si (1) es verdadero y (2) es falso o si (1) es falso y (2) es verdadero. El método para determinar el valor de verdad de los compuestos indicados producidos por conectivas veritativo-funcionales es el método de las tablas de verdad (VÉASE).

En la lógica sentencial se consideran funciones de verdad los compuestos formados a base de las conectivas. Así, son funciones de verdad '$\rceil p$', '$p \wedge q$', '$p \vee q$', '$p \rightarrow q$', '$p \leftrightarrow q$'. Del mismo modo, son funciones de verdad expresiones tales como '$(p \vee q) \rightarrow (p \wedge r)$', '$(p \wedge q) \rightarrow q$'. Los valores de verdad de un compuesto sentencial se averiguan por medio de las llamadas tablas de verdad.

Aunque la noción de función de verdad ha sido elaborada sobre todo en la lógica contemporánea, no fue desconocida en la Antigüedad y en la Edad Media. Como lo han mostrado Łukasiewicz, Scholz, Bochenski y otros autores, Filón de Megara y los estoicos admitieron cuando menos la implicación como función de verdad y tuvieron rudimentos de la noción de las tablas de verdad. Es el caso también de algunos filósofos helenísticos y helenístico-romanos (Alejandro de Afrodisia, Galeno, Ammonio, Boecio). En cuanto a los escolásticos, podemos citar como ejemplos a Abelardo *(Dialectica,* ed. Cousin, 1836), Duns Escoto (en las *Quaestiones super anal. pr.),* Pedro Hispano (en las *Summulae Logicales cum Versorii Parisiensis clarissima expositione,* Venetiis, 1568). Este último admitió en su lógica la disminución inclusiva y la conjunción como funciones de verdad.

Futuro, futuros. Se debe a Aristóteles el primer análisis detallado del problema de los futuros contingentes –el problema de la estructura y valor de verdad de los enunciados sobre futuros contingentes, y el problema de si puede haber futuros contingentes–. El *locus classicus* a este respecto es *De int.,* 9, 18 a 27 sigs. Aristóteles se refiere a esos futuros en otras partes de su obra. Por ejemplo, en *De div. per somm.,* 2, 463 b 28-32 introduce una distinción entre τὸ ἐσόμενον («lo que será», del verbo εἰμί, «ser»), y τὸ μέλλων («lo por venir o el porvenir [no determinado]», de μέλλω, «estar» [algo] a punto de ser u ocurrir»). Según escribe Aristóteles en *De div. per. somm.,* «lo que estaba a punto de ocurrir no es siempre lo que está ahora ocurriendo. Tampoco lo que será luego [τὸ ἐσό-'μενον] es igual a lo que ahora va a ocurrir [τὸ μέλλον]». Pero el pasaje aludido de *De int.* es más importante y explícito. En substancia, Aristóteles afirma que todas las proposiciones (o enunciados) son verdaderas o falsas con excepción de las proposiciones que afirman que algo pasará o no pasará en el futuro, es decir, que se refieren a un «futuro contingente». Estas proposiciones no son verdaderas (porque no ha ocurrido aquello de que se trata), pero tampoco son falsas (porque no afirman que algo no es, o no niegan que algo es). Sin embargo, la disyunción de una de tales proposiciones con la negación de ella es necesariamente verdadera. Aristóteles da un ejemplo que ha llegado a ser clásico: el de «la batalla naval de mañana». «Necesariamente –escribe el Estagirita– habrá mañana una batalla naval o no la habrá, pero no es necesario que haya mañana una batalla naval y tampoco es necesario que no haya mañana una batalla naval. Pero que haya o no haya mañana una batalla naval, esto es necesario.»

Se ha dicho que con ello Aristóteles rechazó el principio del tercio excluso para algunas proposiciones, pero es improbable que el Estagirita hubiese aprobado esta interpretación. Se ha dicho asimismo que no rechazó el principio del tercio excluso (según el cual 'o *p* o no-*p*'), pero que, en cambio, rechazó la universalidad de la validez del llamado «principio de bivalencia» (según el cual, '*p* es verdadero o *p* es falso', con la consecuencia de que si *p* es verdadero, no-*p* es falso, y si *p* es falso, no-*p* es verdadero [véase TABLAS DE VERDAD]). Ello es más probable, puesto que el Estagirita se refiere siempre, al hablar de las proposiciones sobre futuros, y futuros condicionados, a valores de verdad (verdad y falsedad). Pero no es siempre fácil distinguir entre el principio del tercio excluso y el principio de bivalencia. En todo caso, las opiniones del Estagirita sobre el asunto se deben probablemente a varios motivos. Entre ellos mencionamos los siguientes: la oposición a la doctrina megárica según la cual todo lo que es tiene que ser actual; la oposición al fatalismo y al determinismo, que para algunos es la consecuencia de afirmar que un determinismo futuro tendrá lugar o no tendrá lugar. Respecto a la doctrina megárica, Aristóteles mantiene que la regla según la cual una proposición tiene que ser verdadera o tiene que ser falsa es una regla aceptable cuando la proposición se refiere a algo actual, pero no es aceptable cuando se refiere a algo en potencia. De este modo Aristóteles pone en duda la absoluta universalidad de tal regla; primero, por haber algo en potencia; y segundo, porque si no hubiese algo en potencia no podría explicarse el movimiento o devenir (VÉASE). Pero a la vez parece sugerir que hay algo en potencia porque la regla en cuestión no es aplicable siempre y en todos los casos. Respecto a las doctrinas fatalistas y deterministas, Aristóteles pone en duda que sea necesario admitir que si es ahora verdad que un cierto acontecimiento tendrá lugar, es falso que no tendrá lugar; y que si es ahora falso que tendrá lugar, es verdad que no tendrá lugar. Las razones que mueven a Aristóteles a dudar de la anterior tesis son complejas; no obedecen únicamente a un análisis de los predicados 'es verdadero', 'es falso', 'no es verdadero ni falso', sino a las doctrinas mantenidas sobre lo que es real, sobre el movimiento y sobre el azar.

Los estoicos siguieron la difundida opinión de que el principio de bivalencia constituye una prueba de determinismo, y a la vez que el encadenamiento necesario y universal de todos los fenómenos obliga a aceptar sin ninguna excepción posible el principio de bivalencia. El asunto fue examinado por no pocos filósofos de la antigüedad, tanto del período inmediatamente posterior a Aristóteles como del período llamado «helenístico-romano». En parte era tratado como una cuestión metafísica, en parte como una cuestión lógica; con frecuencia era tratado dentro de un estudio de las modalidades, las cuales eran a su vez entendidas metafísicamente (u «ontológicamente») o lógicamente, o de ambos modos. En el problema de referencia se hallan implicadas, en efecto, las cuestiones de la naturaleza de lo necesario y de lo contingente, y de la naturaleza de las proposiciones modales que se formulan así: 'Es necesario que p', 'No es necesario que p', 'Es posible que p', 'Es posible que no-p', 'Es contingente que p', etc. Muchos filósofos medievales se ocuparon del problema de los futuros contingentes, sea desde el punto de vista teológico, sea desde el punto de vista lógico, o ambos. Característico de tales filósofos fue el considerar que la cuestión de los futuros necesarios y los futuros contingentes estaba muy estrechamente relacionada con la cuestión de las verdades eternas y de las verdades no eternas o temporales, respectivamente. Con frecuencia estimaron que algo necesario es algo para siempre, *ab aeterno*, verdadero; si no es necesario, no es verdadero para siempre. Una proposición sobre el pasado o una proposición sobre el presente son definitivamente falsas o definitivamente verdaderas. Una proposición de *contingenti futuro* no puede ser definitivamente verdadera o definitivamente falsa, pero puede ser verdadera si lo que dice del futuro tiene lugar y falsa si lo que dice del futuro no tiene lugar. Hasta aquí parece que se trata únicamente de una cuestión de lógica, y específicamente de lógica modal. Pero pronto se anudaron en estos debates los problemas teológicos, en particular los dos problemas siguientes: el problema del conocimiento por Dios de los futuros, y el de la predeterminación o no predeterminación de los hombres (a la salvación eterna o a la condenación eterna).

Santo Tomás pone de relieve que Dios tiene un conocimiento de los acontecimientos futuros distinto del que podrían tener las criaturas (en el caso de que lo poseyeran). En efecto, Dios no conoce propiamente un futuro, sino que conoce «un presente». El futuro, en suma, es sólo futuro para nosotros. Pensar lo contrario es negar que Dios sea eterno y, como es sabido, lo eterno trasciende todo lo temporal (*S. Theol.*, I, q. XIV, 13 ad 2). En cambio, Duns Escoto sostenía que el futuro (lo mismo que el pasado) es también futuro (o pasado) desde el punto de vista de la eternidad divina, ya que de otra suerte no habría distinción posible entre pasado y futuro. Duns Escoto mantenía, además, que las proposiciones en las que se introducen expresiones modales tales como 'es contingente', 'no es necesario', 'es posible que', 'es posible que no', 'no es imposible que no', y que se refieren al conocimiento por Dios de un futuro, son proposiciones contingentes; así, por ejemplo, la proposición 'Es contingente que Dios conozca que A será' es una proposición contingente.

En su *Tractatus de praedestinatione et de praescientia Dei et de futuris contingentibus*, Occam se adhiere a algunas de las opiniones de Duns Escoto en contra de Santo Tomás, pero difiere de uno y otro en varios importantes respectos. Como la mayor parte de los análisis de los escolásticos al respecto, la citada obra de Occam revela dos aspectos: uno, teológico, y el otro lógico. Desde el punto de vista teológico, es interesante notar que Occam sostiene que Dios conoce todos los futuros contingentes. Como indica Boehner, conoce qué parte de una contradicción relativa a futuros contingentes es verdadera y qué parte es falsa. Ahora bien, Dios conoce la parte verdadera porque la quiere como verdadera, y la parte falsa porque la quiere como falsa, es decir, no la quiere como verdadera. Ello no significa que el conocimiento en cuestión dependa de la «arbitrariedad» de Dios; más bien depende de la causalidad divina. Como apunta Boehner, para Occam «la voluntad de Dios es la causa de la *verdad*, pero no del *conocimiento* que Dios tiene de este hecho contingente». Desde el punto de vista lógico, se ha afirmado (Michalski) que en las ideas de Occam sobre los futuros contingentes se halla el germen de la posterior lógica trivalente, tal como ha sido desarrollada por Łukasiewicz. Esta afirmación es estimada como excesiva (cf. W. Kneale y M. Kneale, *The Development of Logic*, 1962, pág. 238, nota), pues Occam no parece haber admitido que una proposición sobre el futuro no sea ni determinadamente verdadera ni determinadamente falsa. Boehner indica que Occam derivó de la opinión de Aristóteles antes reseñada ciertas conclusiones «que constituyen elementos de una lógica trivalente» *(op. cit.,* pág. 62), pero reconoce que se trata de un desarrollo «primitivo y crudo» *(op. cit.,* pág. 65) y en modo alguno de una sistematización de la lógica trivalente en el sentido moderno.

Entre los autores medievales que se ocuparon de la cuestión de los futuros contingentes figuran Santo Tomás, Duns Escoto y Occam. Para estos autores, el aspecto teológico del problema está ligado a un análisis lógico; los autores modernos parecen interesarse casi exclusivamente por el aspecto teológico. Algunos filósofos modernos no escolásticos se han ocupado asimismo del problema (Malebranche y, en particular, Leibniz; cfr., por ejemplo *Theod.*, I, § 37), pero éste ha ocupado un lugar menos central que durante la Edad Media.

En la época contemporánea se ha replanteado el problema de los futuros contingentes –llamados asimismo «futuros condicionados» y «futuros condicionales»– en un sentido similar al de Aristóteles y refiriéndose a menudo al ejemplo aristotélico de la «batalla naval de mañana» y a la cuestión de la verdad o falsedad del enunciado concerniente a tal batalla. Multitud de opiniones se han expresado al respecto. Algunos autores (Rile, Anscombe) han examinado el problema como una perplejidad lingüística. Otros han adoptado un punto de vista lógico y una solución lógica (Łukasiewicz y el empleo de una lógica trivalente en vez de una bivalente). Se ha preguntado si 'llega a ser verdadero' es un predicado aceptable. Algunos han negado que tenga sentido hablar de predicciones y que se pueda afirmar que «llegan a ser verdaderas» por cuanto no es posible determinar «cuándo la predicción llega a ser verdadera». Otros han opinado que una predicción llega a ser verdadera si, y sólo cuando, el acontecimiento predicho tiene lugar, ya que de lo contrario no tendría sentido usar expresiones como 'ocurrir' y 'tener lugar'. Algunos han estimado que 'llega a ser verdadera' no es un predicado aceptable, o, simplemente, no es un predicado. El autor de la presente obra ha tratado el problema dentro del marco de algunos conceptos usados en teoría de la información.

G

G. La letra mayúscula 'G' es usada con frecuencia para representar la conclusión en el esquema del juicio o de la proposición que constituye la conclusión de un silogismo. Por lo tanto, la letra 'G' ejerce la misma función que la letra 'P'. Para el uso de 'G' en la lógica cuantificacional, véase F.

Generación. Muchos filósofos griegos se ocuparon de cómo unas cosas se transforman en otras; este es el problema del cambio o devenir (VÉASE), a diferencia del problema del movimiento propiamente dicho o locomoción. Si existiera una sola substancia, y sólo pudiera existir una sola substancia, ésta no se transformaría nunca en otra, de modo que sería difícil explicar el cambio. A lo sumo, se podría decir que la substancia única experimenta modificaciones, las cuales tendrían que ser siempre accidentales. Los pluralistas (Empédocles, Anaxágoras, Demócrito) intentaron resolver el problema afirmando la existencia de una pluralidad de «substancias» o «elementos»; todo cambio es entonces explicado por la combinación y mezcla de tales «substancias» o «elementos». Esta combinación y mezcla pueden ser de naturaleza cualitativa (como en Empédocles y Anaxágoras) o estar fundadas en características cuantitativas o «posicionales» (como en Demócrito). En el artículo DEVENIR nos hemos referido a las doctrinas de Platón y de Aristóteles respecto a la generación, γένεσις, y al cambio contrapuesto a la generación: la corrupción, φθορά.

Además de los textos de Aristóteles aducidos en dicho artículo, llamamos la atención sobre el siguiente: «El cambio de un no-ser a un ser, que es su contradictorio, es la generación, que para el cambio absoluto es generación absoluta y para el cambio relativo es generación relativa. El cambio de un ser a un no-ser es la corrupción, que para el cambio absoluto es corrupción absoluta, y para el cambio relativo es corrupción relativa» (*Met.* K, 11, 1067 b. 20-5). 'Absoluto' y 'relativo' tienen aquí los sentidos de 'no cualificado' y 'cualificado', respectivamente. En *De generatione et corruptione* Aristóteles estudia el «llegar a ser» y el «dejar de ser» en tanto que son «por naturaleza» y pueden predicarse uniformemente de todas las cosas (naturales). Este llegar a ser (generación) y dejar de ser (corrupción) son especies de cambio estrechamente relacionadas con los cambios de cualidad y los cambios de tamaño. Aristóteles se opone a las teorías de los filósofos anteriores, subrayando las dificultades que en cada una de ellas encuentra. A su entender, no se puede hablar de una generación «absoluta» y de una corrupción «absoluta» (o «no cualificada») si ello equivale a afirmar que una substancia procede de la nada y se convierte en nada. Pero se puede introducir el concepto de generación, y el de corrupción, en relación con la idea de privación y, de consiguiente, con referencia a alguna forma de «no ser» –por lo menos en tanto que «no ser algo determinado»–. Más propiamente se habla de generación y corrupción «relativas» o «cualificadas», por cuanto se asume la existencia de una «materia» o «substrato» que adopta diversas formas substanciales. Así, se puede decir que se engendra una substancia en cuanto se «corrompe» (o destruye) otra substancia, y viceversa.

La cuestión de la generación y corrupción de los cuerpos y de las substancias del mundo (sensible) fue tratada por la mayor parte de los autores antiguos. Aunque se manifestaron muchas opiniones al respecto, pueden dividirse en tres fundamentales: según ciertos autores, el modo de explicación aristotélica (aunque modificable en ciertos puntos) es básicamente aceptable, por lo menos en lo que toca a los entes naturales «sublunares»; según otros, hay que seguir el tipo de explicación más simple dado por los atomistas; según otros, los conceptos de generación y corrupción, aunque aplicables particularmente al mundo sensible, son derivables de conceptos procedentes del estudio del mundo no sensible. A ello se refiere acaso Plotino al indicar que la alteración es el fundamento de la generación (*Enn.*, VI, iii, 21).

Los autores medievales, y en particular los escolásticos, tendieron a distinguir entre diversas nociones de «generación». Lo más común fue distinguir ante todo entre generación, *generatio*, y creación, *creatio*. La primera es producción a partir de algo, y especialmente por la introducción de una nueva forma en la materia. La generación es entendida siempre como cambio, *mutatio*, no como movimiento, *motus*. El cambio en cuestión es súbito, *mutattio subita*, pues no se puede decir que entre dos cosas, *a* y *b*, hay una tercera, *c*, que se interpone de forma que *a* produce c y luego *b*; esto equivaldría a tres cosas y no sólo a dos. Debe advertirse que la generación no afecta propiamente ni a la forma ni a la materia, sino sólo al compuesto; en efecto, materia y forma no pueden cambiar en sí mismas.

Santo Tomás siguió a Aristóteles en su explicación de la generación, definiendo ésta como el «llegar a ser», a diferencia de la corrupción, que es un «dejar de ser» (*Cont. Gent.*, I, 28). Guillermo de Occam distinguió entre una *generatio simpliciter* y una *generatio secundum quid*. (Cfr. *Quaestiones in libros Phys.*, q. CVII, y *Summulae in libros Phys.*, III, 8, apud. L. Baudry, *Lexique philosophique de G. d'Ockam*, s.v. «Generatio»). La primera consiste en la producción de una realidad nueva que antes no existía, como cuando se introduce en la materia una nueva forma substancial. La segunda consiste en cualquier cambio real que puede sobrevenir a una cosa tal que sea posible formular una nueva proposición sobre ella.

El término *generatio* fue empleado asimismo por algunos autores medievales en contextos teológicos, llamándose «generación» a la procesión del Verbo (cf. Santo Tomás, S. *Theol.*, I, q. VII-XX, a 2). Aunque esta idea de generación está formada, cuando menos en parte, por analogía con la noción de generación biológica –especialmente en cuanto esta última es entendida como el proceso mediante el cual se origina un ser vivo de un principio vivo al que se halla unido *por semejanza de naturaleza*–, no debe extenderse la analogía más allá de lo necesario para la comprensión.

Debe distinguirse entre el concepto biológico y, en general, natural de generación y el concepto lógico, introducido cuando se habla, por ejemplo, de definición (VÉASE) por generación (o definición genética).

General. El término 'general' se usa en lógica (y con frecuencia en epistemología y en metodología) en dos sentidos.

(1) Se dice de un concepto que es general cuando se aplica a todos los individuos de una clase

dada; por ejemplo, el concepto *Hombre* es un concepto general. El concepto general se distingue en este caso del concepto colectivo, que se aplica a un grupo de individuos en tanto que grupo, pero no a los individuos componentes; por ejemplo, el concepto *Rebaño* es un concepto colectivo, pero no general. A veces el término 'general' se usa en el mismo sentido que el término 'universal'. Sin embargo, se ha advertido que esta confusión debe evitarse en la medida de lo posible. En efecto, 'general' debe usarse (como proponen Goblot y Maritain) solamente en el sentido de 'universal en tanto que abstracto' y nunca en el sentido de 'universal en tanto que distributivo'. De este modo el concepto particular se opone al concepto universal distributivo, pero no al concepto universal en tanto que abstracto. Además, ello hace posible que el concepto general se oponga a un concepto menos general o menos universal, pero no a un concepto particular (cf. Maritain, *Petite Logique*, cap. 1, sec. 2, § 4). Por ejemplo, el concepto *Hombre* es más general que el concepto *Europeo*, y el concepto *Europeo* es más particular que el concepto *Hombre*.

(2) Se dice de un juicio que es general cuando se refiere a un número finito o indefinido de individuos. A veces se confunde el juicio general con el juicio colectivo; según Goblot, esta confusión es inadmisible, porque mientras el juicio colectivo total se funda en los juicios singulares que totaliza, el juicio general no procede por totalización, sino por generalización de juicios singulares (cf. Goblot, *Logique*, § 110). A veces se identifica el juicio general con el juicio universal. También esta confusión es inadmisible; en efecto, mientras es posible decir 'es un juicio muy general' no es posible decir 'es un juicio muy universal'. Dicho sea de paso, el mencionado uso de 'general' aplicado al juicio se funda en la vaguedad de su significación. Por este motivo, Lalande recomienda (cf. *Vocabulaire*, s. v. «Général») no usar 'general', sino, según los casos, 'universal' o 'genérico' cuando se habla de un juicio o de una proposición.

Genérico. Se llama concepto genérico al concepto del género (VÉASE); con ello se distingue el concepto genérico del concepto general (VÉASE). Se llama juicio genérico al que se refiere a una característica del concepto del juicio observada en un número indeterminado (pero no completo) de miembros. Algunos autores (como Pfänder) definen el juicio genérico como aquel que tiene como objeto-sujeto un género determinado de objetos. Según dicho autor, los juicios genéricos pueden dividirse en cinco clases: (1) Juicios cuyo concepto-sujeto se refiere en todos los casos al género; (2) Juicios donde el concepto-sujeto se refiere al género sólo en el caso normal; (3) Juicios cuyo concepto-sujeto puede referirse al género en el caso medio; (4) Juicios cuyo concepto-sujeto puede referirse al género en el caso típico; (5) Juicios cuyo concepto-sujeto puede referirse sólo al género en el caso ideal. Tanto la expresión 'concepto genérico' como la expresión 'juicio genérico' (o 'proposición genérica', 'enunciado genérico', etc.) son evitadas en la lógica contemporánea.

Género. En lógica se llama «género» a una clase que tiene mayor extensión y, por consiguiente, menor comprensión que otra, llamada especie. Así, por ejemplo, la clase de los animales es un género con respecto a la clase de los hombres, la cual es una especie de dicho género. Pero la clase de los animales es una especie del género que constituye la clase de los seres vivientes. Cuando un género abarca todas las especies se llama «género generalísimo» o «género supremo»: ejemplos de este género son (según los autores), la substancia, la cosa o el ser. Algunos autores, empero, hablan de géneros supremos (en plural) y los consideran como géneros indefinibles que sirven para definir los otros géneros y no son ellos mismos especies de ningún otro género; tales géneros equivalen entonces a las categorías consideradas como nociones primordiales e irreductibles. El género se usa, en la lógica clásica, para la definición combinándolo con la diferencia específica, en tal caso el género comúnmente usado es el llamado «género próximo».

La noción de género ha sido definida de muchas maneras por los filósofos, quienes, además, la han identificado con frecuencia con otros conceptos. Platón, por ejemplo, habla muchas veces de los géneros como ideas. Aristóteles (en *Top.*, I 5, 102 a 31) define el género, γένος, como el atributo esencial aplicable a una pluralidad de cosas que difieren entre sí específicamente; la definición aristotélica constituye, en líneas generales, la base para la concepción que tienen del género los lógicos de tendencia clásica. Porfirio discute el género en la *Isagoge* como uno de los predicables; las ideas porfirianas sobre las analogías y diferencias entre el género y los demás predicables han sido reseñadas en el artículo dedicado a este último concepto. Varias escuelas (principalmente los estoicos) definen el género como un concepto colectivo; otras tienden a identificar el concepto de género con el concepto de universal. Esta última tendencia explica la frecuente presentación de las diversas doctrinas medievales sobre los universales como doctrinas relativas a la naturaleza ontológica de los géneros, si bien a veces se añaden (como ya hizo Porfirio) los géneros a las especies para preguntarse acerca de su estatus. Las definiciones que dentro de la disputa de los universales se dan del género corresponden a las diversas posiciones adoptadas: los géneros son presentados, en efecto, como entidades, enunciados *(sermones)*, etc. Ello no significa que haya siempre confusión entre el género entendido en sentido ontológico y el género entendido en sentido lógico. Muchos autores medievales establecen cuidadosamente la distinción entre el *genus naturale* y el *genus logicum*: el primero es un universal cuya naturaleza ontológica se trata de determinar; el segundo es una forma de predicación. Tal distinción es desatendida por muchos autores modernos, los cuales usan el término 'género' a la vez en los dos mencionados sentidos. Las razones (implícita o explícitamente) aducidas para adoptar este último uso se basan en la idea de que no es necesario separar la cuestión de los universales en una parte ontológica y otra parte lógica; la cuestión surge, en efecto, tan pronto como es planteada desde el campo de la lógica y se advierte que toda solución requiere una previa ontología acerca del estatus de las entidades lógicas.

Genio. El problema de la naturaleza del genio y de la genialidad ha sido tratado en filosofía especialmente dentro de la estética y de la filosofía del arte. El interés por la cuestión del genio se despertó en el siglo XVIII. Fue frecuente en los autores de tal siglo referirse al respecto a Platón y a Aristóteles. La teoría platónica del genio se expresa en la doctrina de la inspiración como locura divina *(Fedro,* 244 A sigs.). La teoría aristotélica se expresa en la doctrina de la capacidad inventiva, pero no necesariamente irracional o «loca», del creador artístico. Los autores referidos se apoyaron a veces en Platón y a veces en Aristóteles, pero ello no significa que sus ideas sobre la noción de genio fueran simple continuación de las doctrinas antiguas sobre la inspiración poética. Importante en la evolución de las ideas sobre el problema fue el escrito de Alexander Gerard, *An Essay on Genius* (1774). Gerard estima que el genio es equivalente a la originalidad; no es, pues, la imitación, por talentosa que sea, de un modelo, sino la producción de un modelo. En la *Crítica del Juicio* (véase especialmente § 46) Kant desarrolló una idea semejante: el genio es «la disposición mental innata *(ingenium)* mediante la cual la Naturaleza da la regla al arte». El genio no es, pues, simplemente el talento o el ingenio, por grandes que sean éstos; posee una cualidad propia que ningún talento o ingenio posee: la de producir reglas. El genio no necesita, así, someterse a reglas, puesto que las produce, pero no debe confundirse esta libertad del genio con la mera arbitrariedad; las reglas producidas por el genio no son derivables de otros modelos, pero son reglas.

La mayor parte de los autores después de Kant se basaron de algún modo en éste; así ocurre, por ejemplo, con Schopenhauer. Pero Schopenhauer especificó la noción de genio en relación con su propia metafísica; el genio es para este autor *(Welt.,* III, sup. iii) el que es capaz de ver la Idea en el fenómeno. No pocos autores idealistas extremaron la concepción del genio como originalidad y a la vez –paradójicamente– hicieron del genio el capaz de la revelación de lo Absoluto, el cual, por así decirlo, está ya «dado». Ésta es la llamada «concepción romántica» del genio, que es a la vez el que crea la obra de arte y posee la intuición de lo Absoluto; en rigor, el genio es presentado como encarnación del Absoluto. Por eso se afirmaba la soledad, la infelicidad, la melancolía del genio, así como su inconmensurabilidad –tanto social como ética– respecto a los demás seres humanos.

En una tesis resonante, y no ajena a las concepciones románticas del genio, Cesare Lombroso sostuvo la íntima relación del genio con la locura *(Genio e follia,* 1864, 4.ª ed., rev., 1882) –la llamada «teoría patológica del genio»–. Pero el genio posee o puede poseer también, según Lombroso, caracteres de degeneración *(Genio e degenerazione,* 1897).

En la época actual el problema del genio sigue examinándose en su aspecto estético, casi siempre siguiendo las huellas de Gerard y Kant, y se estudia asimismo en sentido psicológico, este último como «medida de la inteligencia».

Gnoseología. En los artículos CONOCER y CONOCIMIENTO hemos expuesto los problemas principales de la teoría del conocimiento y las diversas soluciones propuestas a tales problemas. En el presente artículo nos referiremos únicamente al término 'gnoseología'.

El vocablo 'gnoseología' fue empleado por vez primera en el siglo XVII (por ejemplo, por Valentin Fromme [1601-1675] en su *Gnosteologia,* 1631, por J. Micraelius en el *Lexicon philosophicum terminorum philosophis usitatorum*, 1653, s. v. «Philosophia», y por Georg Gutke en su *Habitus primorum principorum seu intelligentiae*, 1666) bajo la forma *Gnostologia*. Con él designaba una de las disciplinas en que se divide la *Metaphysica*. La *Gnostologia* se ocupa del conocimiento. Gutke escribe que la misión de la gnoseología es «*de apprehensione cognoscibilis & principiis essendi agens*». En época más reciente el término 'gnoseología' (en las diversas formas de los lenguajes modernos: *Gnoseologie, Gnoseology, Gnoseología*, etc.) ha sido empleado con frecuencia para designar la teoría del conocimiento. Sin embargo, ha sido más frecuente el empleo de este término en español y en italiano que en alemán y en inglés. En alemán se usa con mayor frecuencia *Erkenntnistheorie* (teoría del conocimiento) y a veces *Erkenntniskritik*, y en inglés se usa con más frecuencia *Epistemology*. En francés se usa casi siempre la expresión *théorie de la connaissance*, pero a veces se hallan los vocablos *gnoséologie* y *épistémologie*.

Gnosticismo. Entendido en su sentido más general, el gnosticismo es la doctrina según la cual es posible conocer (alguna realidad en sí, última o absoluta). Quienes abrazan tal doctrina son llamados «gnósticos». En este sentido, el gnosticismo se opone al agnosticismo, y los gnósticos son lo contrario de los agnósticos.

En un sentido menos general, el término 'gnosticismo' es usado para rotular una serie de doctrinas que se extendieron en el mundo antiguo, empezando con la llamada «gnosis (o conocimiento, γνῶσις) mágico-vulgar» y siguiendo con varios sistemas especialmente a partir del siglo II d. de C. Los gnósticos elaboraron grandes sistemas teológico-filosóficos en los cuales se mezclan especulaciones de tipo platónico –por lo demás, rechazadas por Plotino, que escribió uno de los tratados de sus *Enneadas* «contra los gnósticos»– con doctrinas cristianas y tradiciones judías y orientales.

Pueden rastrearse ya huellas de «gnosticismo» en la especulación filosófica griega de la época de la «decadencia». Por otro lado, el gnosticismo parece poder desarrollarse solamente dentro de la corriente cristiana. Esta doble y a la sazón contraria raíz del gnosticismo no es uno de los problemas menores de esta tendencia, y ello de tal modo que su comprensión depende decisivamente del mayor o menor peso dado a la «fuente» helénica o a la cristiana. Para algunos, en efecto, el gnosticismo es una «filosofía cristiana» o, por lo menos, un intento de ella; esta opinión, que defiende Harnack, no se halla muy lejos de la idea sustentada por Plotino, quien en su tratado contra los gnósticos no distingue entre ellos y los cristianos, y los sume a todos en un común sentimiento anti-helénico. Para otros, en cambio, el gnosticismo es una manifestación interna del pensamiento antiguo de la decadencia, que precisamente aprovecha para su constitución los elementos que le aporta el cristianismo y los aparentes conflictos entre la Antigua y la Nueva Ley. En todo caso, para los efectos de una descripción de sus caracteres no es posible eliminar ninguna de las dos fuentes. En general, el gnosticismo puede ser considerado como uno de los intentos de «salvación por el saber» que abundaron tan pronto se abandonó la vía estrictamente intelectual.

Históricamente suele distinguirse entre tres tipos de gnosis: la gnosis *mágico-vulgar*, la gnosis *mitológica* y la gnosis *especulativa*. Observemos que aunque hay considerables diferencias entre las tres gnosis, algunos de los temas de cada una pueden enlazarse con otros temas de las restantes. Así, hay rasgos mágicos en la gnosis especulativa y sobre todo en la mitológica, rasgos mitológicos en la especulativa y rasgos especulativos en la mitológica. Además, estas dos últimas tienen características comunes muy acusadas, tales como la tendencia a describir el cosmos mediante imágenes entresacadas a la vez de motivos orientales (principalmente bíblicos) y griegos (principalmente míticos); la suposición de que hay dos polos –el positivo y el negativo, o el bien y el mal– entre los cuales se mueve el alma, y la creencia en la posibilidad de operar –mediante ritos o mediante el «pensamiento»– sobre el proceso cósmico.

La gnosis *mágico-vulgar* fue propagada especialmente por Simón el Mago, de Samaria. Es el Simón que predicaba a los samaritanos ante prácticas mágicas y al cual se refieren los *Hechos* de los Apóstoles (VIII 9 sigs.). Otros nombres asociados con este tipo de gnosticismo son: el discípulo de Simón, Menandro (que nació en Capparetea, Samaria, y vivió en Antioquía), y Saturnilo de Antioquía. La llamada *Pistis Sophia*, una obra en copto descubierta en el siglo XVIII por el Dr. Askew y publicada por vez primera en 1851 por J. H. Petermann, es el único escrito gnóstico completo que poseemos. Fue producido por una secta –o sectas– relacionada con la gnosis mitológica.

Los principales representantes de la gnosis especulativa son Basílides, Carpócrates, Valentino y Marción, si bien este último es considerado por algunos autores (A. von Harnack, H. Leisegang) como un autor no gnóstico.

Gödel (prueba de). Hasta 1931 se creyó que era posible llevar a cabo el programa de completa axiomatización de la matemática propugnado por David Hilbert y otros autores. Se suponía que podía hallarse un sistema logístico en el cual se alojara la matemática (clásica), y que podía probarse que tal sistema era completo y consistente. Kurt Gödel echó por tierra semejante suposición. Mostró que, dado un sistema logístico razonablemente rico (el sistema de los *Principia mathematica* o el sistema axiomático de los conjuntos elaborados por Zermelo, Fraenkel y J. von Neumann), tal sistema es esencialmente incompleto, por aparecer cuando menos un enunciado o teorema que no es decidible en el sistema.

Con el fin de realizar su propósito, Gödel se valió de lo que se ha calificado de aritmetización de la sintaxis.

Ahora bien, Gödel encontró una locución sintáctica relativa a una fórmula aritmética expresable mediante cierto número gödeliano que afirma que tal fórmula no es demostrable. La locución sintáctica en cuestión puede a su vez representarse mediante un número gödeliano correspondiente a una fórmula aritmética. Puede entonces probarse que tal fórmula es demostrable si y sólo si la negación de la misma fórmula es asimismo demostrable. Se trata, pues, de una fórmula indecidible.

A base de ello se establece entonces si la locución sintáctica que afirma la consistencia de la aritmética puede ser demostrada. El resultado es negativo. En efecto, la locución de referencia puede ser representada mediante una fórmula aritmética tal, que si esta fórmula es demostrable, entonces la mencionada fórmula indecidible es también demostrable. Mas puesto que se ha establecido que la fórmula indecidible no es demostrable, debe concluirse que la locución que afirma la consistencia de la aritmética no es tampoco demostrable. La locución que afirma que la aritmética es consistente es, pues, indecidible.

Aunque puede construirse un sistema lógico dentro del cual la locución que se había probado como indecidible resulte decidible, siempre será posible encontrar en tal sistema otra locución indecidible. La construcción de otro sistema lógico que resuelva la dificultad anterior no resolverá, empero, definitivamente la cuestión, pues en el interior de tal sistema se encontrará por lo menos otra locución indecidible. Por más sistemas lógicos que se construyeran, no se haría sino hacer retroceder indefinidamente el hallazgo de un supuesto cálculo completo y consistente capaz de alojar en su seno la matemática. Todo sistema lógico de tal especie debe poseer reglas de inferencia más ricas que el cálculo sobre el cual se pronuncia, y en el interior del sistema vuelve a aparecer la dificultad apuntada. En suma, si el sistema es completo, no es consistente; si es consistente, no es completo.

Gracia. El término 'gracia' ofrece interés filosófico principalmente en dos sentidos: el estético y el teológico. Hay ciertos elementos comunes en los dos sentidos: la gracia aparece como un don, como una concesión que se recibe sin esfuerzo o mérito, como algo que se tiene o no se tiene. Sin embargo, estos elementos comunes del concepto de gracia dicen muy poco acerca del mismo. Además, no por ello se desvanecen las importantes diferencias entre el sentido estético y el teológico. Trataremos, pues, los dos separadamente.

I. *Sentido estético.* Ya desde antiguo (especialmente en Platón y en Plotino) se ha ligado la idea de gracia a la de belleza. Con frecuencia se han identificado ambas: algo es bello, καλός (y, ademas, bueno, ἀγαθός) si tiene gracia, χάρις, y viceversa. A veces se ha dado el nombre de 'gracia' al «aspecto interno» de lo bello. Este «aspecto interno» puede consistir o en un elemento inteligible o en una cierta proporción o armonía, o en ambas cosas a un tiempo. La armonía en particular ha sido a menudo estrechamente vinculada a la gracia; se ha estimado que era difícil (o imposible) que algo fuese gracioso y a la vez inarmónico.

El concepto de gracia como concepto de algún modo irreductible a otras categorías estéticas fue introducido en el pensamiento estético hacia mediados del siglo XVIII. En su ensayo sobre el origen de nuestras ideas acerca de lo bello y lo sublime Edmund Burke definió la gracia como una armonía. Pero, a diferencia de las concepciones «clásicas», Burke ligaba esta armonía al movimiento. La gracia aparece entonces como una belleza en movimiento, especialmente, y sobre todo, en movimiento de algún modo continuo (no brusco) y pausado (no violento). Estas ideas de Burke alcanzaron gran vigencia durante algunas décadas. Parte de estas ideas vuelven a encontrarse en el conocido ensayo de Friedrich Schiller sobre la gracia *(Anmut)* y la dignidad *(Würde)*. Schiller distingue entre la belleza fija y la belleza en movimiento. La primera es la belleza derivada de la necesidad; la segunda, la belleza derivada de la libertad. La gracia opera como una síntesis de ambos tipos de belleza y, por tanto, como una síntesis de necesidad (natural) y libertad (moral). Esta síntesis es voluntaria (es producto de la libertad de los movimientos voluntarios). Por este motivo la gracia se distingue de la dignidad, en la cual predominan los movimientos involuntarios. Las ideas de Schiller sobre esta cuestión aprovecharon algunos resultados de los estudios históricos y teóricos de Johann Joachim Winckelmann (1717-1768); pero Schiller difería de Winckelmann al establecer una distinción entre gracia y dignidad; para Winckelmann, en cambio, ambas son similares y a veces no puede distinguirse entre ellas.

II. *Sentido teológico*. El problema de la realidad, naturaleza y formas de la gracia en sentido teológico se plantea dentro de diversas religiones: cristianismo, mahometismo, judaísmo. Pero ha sido tratado y discutido con particular detalle por teólogos y filósofos cristianos, por lo que nos referiremos muy principalmente a éstos.

Los Padres griegos y latinos elaboraron la noción de gracia de acuerdo con las respectivas propensiones hacia los aspectos «teóricos» o «especulativos», por un lado, y la vida «práctica» del cristiano, por otra. Esto no quiere decir que los Padres latinos no elaboraran la noción de gracia; de hecho, muchas de las sutiles distinciones a que nos referiremos luego han sido desarrolladas por los Padres latinos y más tarde por los Doctores latinos de la Iglesia. Quiere decirse únicamente que mientras la elaboración conceptual griega fue más en el sentido de un examen de la «divinización» del hombre por medio de la gracia (sin que ello equivaliera a «deificar» al hombre), la elaboración conceptual latina fue más en el sentido de la relación entre el perdón de los pecados por medio de la gracia y la «reacción» del hombre ante este perdón.

Los problemas que se han suscitado respecto a la gracia se han referido principalmente a la relación entre gracia y naturaleza, gracia y libre albedrío (VÉASE), gracia y predestinación.

Los teólogos introducen distinciones entre varias formas de gracia. Una primera distinción es la establecida entre *gracia santificante* y *gracia carismática*. La primera (llamada *gratia gratum faciens*) es un don de Dios con vistas a la santificación de quien lo recibe; por medio de esta gracia, indica Santo Tomás (*S. Theol.*, I-II a, q. CXI, *a* 1 [las *quaestiones* CIX-CXI de la *S. Theol.*, I-II a, tratan todas de la cuestión de la gracia]), el hombre se une a Dios. La segunda (o *gratia gratis data*) es un don de Dios con vistas al bien común de la Iglesia; por medio de esta gracia los infieles son llevados a creer, y los cristianos a perseverar. En ambos casos la noción de gracia excluye las nociones de deuda, recompensa y otras similares. La gracia carismática es esencialmente una *gratia gratuita* (por lo que se le da asimismo a veces este último nombre). Según Santo Tomás (entre otros), la gracia santificante añade algo a lo que hemos llamado «gracia carismática», esto es, «hace que el hombre plazca a Dios».

Se distingue a veces entre *gracia santificante* y *gracia actual*. Como la gracia santificante ha sido llamada asimismo *gracia habitual*, la distinción se hace a menudo en términos de gracia habitual y gracia actual. La gracia habitual (santificante) es la que Dios otorga al hombre haciendo posible que éste pueda realizar actos conformes con el carácter sobrenatural del alma. Por eso la gracia habitual, al hacer al hombre partícipe de la naturaleza divina, lo santifica. Se podría decir inclusive que lo «diviniza», pero los teólogos ponen de manifiesto que esto no debe entenderse en el sentido de deificar a nadie, o de hacer del hombre un Dios. La gracia habitual no es la gracia «común» o «universal» a que aludiremos luego y que corresponde a la criatura por el mero hecho de ser criatura. Hay diversos grados de gracia habitual de acuerdo con las disposiciones del que la recibe. La gracia habitual no basta; es menester una gracia actual, que Dios (el Espíritu Santo) otorga al hombre de un modo «pasajero», en ocasiones de ciertos actos y con vistas a permitirle obrar sobrenaturalmente, es decir, actuar para su salvación. Mientras la gracia habitual (santificante) expresa el orden dentro del cual el hombre renace en Jesucristo, la gracia actual es la luz intelectual y la determinación volitiva que encamina al hombre hacia la salvación.

La gracia actual puede ser *gracia suficiente* o *gracia eficaz*. La gracia suficiente otorga al hombre la capacidad de actuar. El nombre 'gracia suficiente' se presta a equívocos, ya que ciertos autores indican que no produce efecto, o puede no producir efecto, si falta el consentimiento o cooperación de quien la recibe. Por eso la gracia suficiente parece ser una «gracia insuficiente», esto es, insuficiente para la salvación. La gracia eficaz (llamada también *eficiente)* es la que causa que el propio acto se realice; es una gracia a la cual consiente el libre albedrío. Se planteó, sin embargo, el problema de si la voluntad puede, de hecho o en principio, resistirse a tal gracia –problema que figuró de modo prominente en los debates teológicos de los siglos XVI y XVII.

Se ha hablado también de *gracia previniente* y de *gracia subsecuente*, dependiendo de si la gracia viene o no antes del efecto. Santo Tomás (*S. Theol.*, I-IIa, CXI a 3) se refirió a San Agustín *(De nat. et grat.*, xxxi) en su explicación de que la gracia es previniente con respecto al remedio que proporciona y subsecuente en el sentido de que, una vez hemos sanado, estamos fortalecidos. De modo singular, la gracia es previniente en tanto que somos elegidos y subsecuente en tanto que somos glorificados. Se ha establecido asimismo una distinción entre *gracia operante* y *gracia cooperante*. Santo Tomás explica esta distinción estableciendo una diferencia entre el acto interno y el acto externo de la voluntad. En el primero, la voluntad es movida por Dios; este acto implica la gracia operante. Un acto exterior es también mandado por la voluntad, pero Dios asiste en este acto de dos modos: (1) fortaleciendo nuestra voluntad interiormente, y (2) concediendo externamente la capacidad de actuar. Un acto exterior implica la gracia cooperante. Santo Tomás cita de nuevo a San Agustín *(De grat. et lib. arb.* XVII): «Dios hace que queramos y cuando lo queremos. Coopera para que podamos llevar el acto a cabo» (*S. Theol.*, I-IIa, CXI a 2).
Entre otras especies –al parecer, innumerables– de gracia se mencionan asimismo la *gracia congrua*, la *gracia incongrua*, la *gracia sacramental*. *Gracia irresistible* se usa a veces para caracterizar un tipo de gracia y a veces para determinar un cierto carácter en tipos de gracia diversamente cualificados.

La mayor parte de las discusiones sobre la naturaleza de la gracia y los efectos de ésta se refieren, directa o indirectamente, a San Agustín.

Ante todo, cabe decir que, bastándose Dios a sí mismo, cuanto viene de Dios es resultado de una gracia. Hay, por tanto, una gracia común que se confunde con la naturaleza: es la gracia que le ha sido conferida a toda realidad por haberla hecho criatura. Sin embargo, hay una noción de gracia menos general, y más elevada: es la que viene de Dios por medio de Jesucristo. En virtud de ella algunos hombres son salvados, esto es, responden al llamado que Dios les hace. Esta gracia que opera después de la Caída es una gracia sobrenatural y se distingue de aquel «concurso universal» que Dios presta a todas las criaturas. Sin embargo, como casi todas las discusiones de los teólogos y filósofos cristianos en torno a la gracia se refieren a la gracia sobrenatural mencionada, puede darse a ésta simplemente el nombre de «gracia».

Según San Agustín, la gracia restablece la naturaleza. La gracia es una condición necesaria para la salvación. La gracia es inmerecida –pues si fuera merecida no sería gracia, esto es, don verdaderamente «gratuito»–. Una vez admitido todo esto, se suscitan una serie de problemas. Por un lado, al subrayarse la «gratuidad» parece que prescindamos por entero del propio concepto de «elección». Por otro lado, si la gracia es un don gratuito y no resulta de los méritos (ni siquiera de los «méritos futuros» previstos por Dios en su omnisciencia), parece que las nociones de «mérito» y hasta de «respuesta a una llamada de Dios por la gracia» carezcan de sentido. Nos hemos referido a algunos de estos problemas en los artículos sobre las nociones de libre albedrío (véase ALBEDRÍO [LIBRE]). Limitémonos a indicar aquí que según San Agustín la gracia no suprime la libertad, sino que posibilita la libertad. En efecto, la gracia da a la voluntad la fuerza de querer el bien y de realizarlo. A la vez, la libertad no es el querer el mal y realizarlo, sino el querer y realizar el bien. Por tanto, puede decirse que la gracia es la libertad.

El que recibe la gracia según San Agustín no es una entidad pasiva, sino el libre albedrío. La gracia cambia la dirección de la voluntad y hace posible que ésta use bien del libre albedrío (lo que equivale, en la concepción agustiniana, a la libertad). No se puede decir, pues, que la gracia es incompatible con el libre albedrío puesto que éste recibe la gracia sin la cual el libre albedrío se dirigiría hacia el mal.

Los textos en los cuales San Agustín trata de la cuestión de la gracia son numerosos; destacamos como especialmente importantes: *De libero arbitrio; De gratia et libero arbitrio ad Valentinum; De correctione et gratia; Opus imperfectum contra Julianum.* También pueden consultarse varias partes de *De civitate Dei* (cf. XII, XIV) y de *Retractationes* (cf. I).

Algunos de los trabajos de San Agustín fueron escritos en oposición a la doctrina de Pelagius. Característica general del pelagianismo es la tesis de que la gracia se halla en los bienes naturales. Puesto que, según Pelagio, Adán no transmitió el pecado, el hombre puede hacer el bien sin necesidad de una gracia especial sobrenatural y con el solo «concurso universal» divino.

En sus obras *Cur deus homo* y *De concordiae praescentiae et praedestinationis et gratiae Dei cum libero arbitrio,* San Anselmo manifiesta que ninguna criatura posee una voluntad recta si no es por la gracia de Dios. En cierto modo, pues, todo puede ser imputado a la gracia. A la vez, San Anselmo indica que la gracia «auxilia» al libre albedrío, de modo que «la gracia y el libre albedrío no se hallan en discordia, sino que convinieren para justificar y salvar al hombre». Parece conseguirse entonces un equilibrio (por lo demás, ya buscado con frecuencia por San Agustín), en tanto que Dios predestina (para la salvación) sólo a aquellos de quienes conoce (anticipadamente) que tendrán una voluntad recta –o acudirán al llamado de la gracia–. Por su lado, Santo Tomás considera la gracia como un auxilio, un socorro, un don otorgado a quien sin él quedaría irremisiblemente perdido. Ello no significa que el libre albedrío sea innecesario. «La conversión del hombre a Dios se lleva a cabo por medio del libre albedrío. A la vez se manda al hombre convertirse a Dios. Pero el libre albedrío no puede convertirse a Dios si Dios no lo convierte a su vez» (*S. Theol.*, I-IIa, q. CIX, a 6 ad 1).

En gran parte, las opiniones de San Anselmo y de Santo Tomás coinciden con las de San Agustín. Sin embargo, las de los dos primeros –y especialmente las de Santo Tomás– están muy íntimamente ligadas a una metafísica que explica el modo de intervención de Dios en las criaturas que actúan. Hay que tener, pues, en cuenta que en estos autores se presenta el problema en forma muy distinta de los modos «psicológicos» y «antropológicos» que a veces han solido adoptarse. Prácticamente todos los teólogos y filósofos cristianos, y muy en particular los escolásticos medievales, se han ocupado de la cuestión de la gracia, y, por supuesto, de la cuestión de la «relación» entre la gracia divina y el libre albedrío humano. Desde Santo Tomás hasta los debates teológicos en los siglos XVI y XVII de que luego nos ocuparemos, ha habido numerosas doctrinas y debates al respecto. Destacaremos aquí sólo, por la importancia que adquirieron en los debates mencionados, algunas de las tesis de Occam y de Gabriel Biel. Occam y los llamados «occamistas» admitieron que el hombre puede por sí mismo encaminarse al bien, pero que no puede salvarse a menos que Dios «acepte» las disposiciones humanas. Esta «aceptación» divina se efectúa de acuerdo con un decreto absoluto de Dios. Por tanto, Dios puede justificar o no al hombre independientemente de lo que el hombre haga: amar a Dios o no amarlo, pecar o no pecar. Gabriel Biel siguió a los occamistas en este respecto y subrayó al extremo la «potencia absoluta» de Dios en la justificación del hombre, sea éste o no pecador o «merezca» o no (desde el punto de vista «racional») la gracia. Las doctrinas de Gabriel Biel sobre esta cuestión influyeron en Lutero. Éste manifestó que la gracia se funda en la fe, de modo que «el que cree, tiene la gracia». Con ello parecía volverse a la «primitiva» idea de San Pablo. Y, en efecto, así era en gran parte, pero no sin pasar por muchos de los argumentos presentados por Gabriel Biel en sus *Comentarii in quattor Sententiarum libros* (los *Comentarios* a los cuatro libros de *Sentencias*, de Pedro Lombardo).

Los historiadores de la teología están de acuerdo en subrayar la importancia que tuvieron en la cuestión de la gracia los debates sostenidos por teólogos y filósofos durante los siglos XVI y XVII. Intervinieron en estos debates (y a su vez determinaron en gran parte el giro que tomaron sus propias doctrinas) los protestantes (Lutero, Calvino), los «humanistas» (Erasmo), los jansenistas, los jesuitas, etc. Particularmente importantes al respecto son la controversia entre Lutero y Erasmo, el desarrollo del jansenismo y las polémicas entre tomistas y molinistas, jansenistas y jesuitas. Agregaremos que las posiciones mantenidas fueron muy diversas entre dos extremos: la afirmación de la gracia como puro don irresistible de Dios (luteranos, especialmente calvinistas; jansenistas con ciertas modificaciones) y la negación o casi negación de la gracia o la afirmación de que ésta se halla infusa en la creación (racionalistas, socinianos, naturalistas, humanistas, semipelagianos, pelagianos). Entre estas posiciones extremas oscilaron muchas otras: afirmación de la necesidad de una gracia irresistible dada solamente dentro de la Iglesia y nunca a la conciencia individual (jansenistas); afirmación de una influencia intrínseca de Dios o doctrina de la premoción física (tomistas); afirmación de una influencia extrínseca (agustinianos); afirmación del concurso simultáneo (molinistas y, con modificaciones, congruistas). Como el problema de la gracia afectaba fundamentalmente el libre albedrío, las posiciones acerca de la naturaleza de la primera eran paralelas a las adoptadas acerca del segundo. Muchas doctrinas se formularon sobre el libre albedrío, desde la afirmación de que el albedrío es «siervo» (luteranos) hasta la tesis de la completa o casi completa «libertad» (humanistas, naturalistas, neopelagianos), con las correspondientes tesis intermedias. Hemos aludido ya a la cuestión de la relación de la gracia con la naturaleza. Indiquemos ahora que durante la época moderna se manifestaron al respecto varias posiciones. Tres de ellas son esencialmente importantes: (1) No hay ningún orden de la gracia sino sólo de la naturaleza («naturalismo» en sentido amplio); (2) Hay un orden de la gracia y otro de la naturaleza o muy separados o enteramente separados. Si la separación es completa, se llega a una doctrina análoga a la propugnada por la teología dialéctica. Si es muy acentuada, se llega a doctrinas que rozan el jansenismo. El dualismo de la gracia y de la naturaleza puede conducir a un abandono de la primera, en vista de la imposibilidad de su concordancia con la segunda, o a una exclusiva acentuación de la primera con detrimento de la segunda; (3) Hay un orden de la gracia y otro de la naturaleza armonizados, hasta el punto de que puede decirse que la gracia perfecciona la naturaleza. Esta última opinión fue la más común; conocidas son sobre todo las defensas que de ella hicieron los tomistas y los leibnizianos. Citaremos al respecto dos textos. Uno es de Santo Tomás y dice: «La gracia presupone, preserva y perfecciona la naturaleza» *(S. Theol.*, I, q. II-IIa, q. X). El otro es de Leibniz y dice que en el Estado perfecto donde hay infinita justicia tanto como infinita misericordia, «hay tanta virtud y dicha como es posible que haya, y ello no a causa de un desvío de la naturaleza, como si lo que Dios prepara a las almas perturbase las leyes de los cuerpos, sino por el orden mismo de las cosas naturales, en virtud de la armonía preestablecida desde siempre entre los reinos de la naturaleza y de la gracia, entre Dios como arquitecto y Dios como monarca, de suerte que la naturaleza conduce a la gracia y la gracia perfecciona a la naturaleza usando de ella» *(Principes de la nature et de la grace fondés en raison,* § 15; cf. *Mon.,* § 87).

Sin embargo, el sentido de 'gracia' en el texto de Leibniz es más general que el sentido que tiene la noción de gracia en cuanto don especial sobrenatural.

H

H. La letra mayúscula 'H' se usa con frecuencia para representar el término medio en el esquema de un juicio o de una proposición. Así por ejemplo: 'H' en 'Ningún H es G', 'Todos los H son F'. La letra 'H' tiene, pues, la misma función que la letra 'M'. Para el uso de 'H' en la lógica cuantificacional, véase F.

Hecho. Se dice de algo que es un «hecho» cuando está ya efectivamente «hecho» *(factum)*, cuando está ya «cumplido» y no puede negarse su realidad (o su «haber sido real»). Se dice por ello que «los hechos son los hechos», que una cosa son los hechos y otra muy distinta la idea de hechos, o bien que hay que aceptar los hechos tal como son sin tratar de falsearlos o tergiversarlos, etc. A menudo se ha opuesto el hecho a la ilusión. Otras veces se ha opuesto el hecho a la apariencia, si bien en otros casos se han equiparado los hechos con los fenómenos –especialmente los «hechos naturales» con los «fenómenos naturales».

La noción de «hecho» ha sido usada con frecuencia en muy diversas orientaciones filosóficas. Además, ha sido interpretada de muy diversas maneras. Un hecho (πράγμα, *factum, res gesta, Faktum* o *Tatsache*, a veces *Sachverhalt, fact, matter of fact*, etc.) puede ser, según los casos, un hecho natural (un fenómeno o un proceso natural) o un hecho humano (por ejemplo, una situación determinada). Puede ser una cosa, un ente individual, etc. A veces se destaca en el hecho su realidad *hic et nunc*. A veces se insufla en la noción de hecho la idea de un proceso, especialmente un proceso temporal. El término 'hecho' (o su equivalente en varias lenguas) ha sido usado en muy diversos contextos. Para algunos autores, el hecho es el resultado de un hacer: el hecho, *factum*, es el resultado de la cosa llevada a cabo, *res gesta;* el hecho es, además, el principio de lo verdadero, de tal modo que *verum ipsum factum* (Vico). Para otros autores, los hechos son las realidades contingentes; en este sentido, aunque con muy diversos supuestos, se ha hablado de verdades de hecho, a diferencia de las verdades de razón (véase VERDADES DE RAZÓN, VERDADES DE HECHO), como sucede en Leibniz; o bien de proposiciones sobre hechos a diferencia de las proposiciones sobre relaciones de ideas, como ocurre en Hume. Kant ha hablado con frecuencia del hecho, *Faktum*, de la ciencia natural, es decir, de la física, como «un hecho» que «está ahí» y que debe justificarse epistemológicamente. En algunos casos los hechos son considerados como objetos primarios de la «praxis», la cual incluye la teoría. Los positivistas «clásicos» (como Comte) han insistido mucho en que solamente los hechos son objetos de conocimiento efectivo; sólo los hechos son realidades «positivas». Los hechos pueden ser «hechos brutos» o «hechos generales». Estos últimos son como «complejos de hechos brutos». Así, por ejemplo, la caída de una manzana de un árbol es un hecho bruto, que se explica por medio de un hecho general: la gravitación.

Como puede advertirse, sería larga una historia filosófica de la noción de hecho. Además, sería complicada por cuanto en numerosos casos el vocablo 'hecho' ha sido usado sin gran precisión conceptual –por ejemplo, en el positivismo de Comte no queda bien claro en qué medida se pueden equiparar «hechos» con «fenómenos»–. En el presente artículo nos confinaremos a reseñar algunas doctrinas contemporáneas en las cuales se ha hecho uso de un modo relativamente preciso del concepto de hecho.

En la fenomenología de Husserl se ha establecido una distinción entre hecho *(Tatsache)* y esencia *(Wesen)*, pero se ha puesto asimismo de relieve la inseparabilidad *(Untrennbarkeit)* de ambos. Según Husserl, las ciencias empíricas o ciencias de experiencia son ciencias de hechos o ciencias fácticas *(Tatsachenwissenschaften)*. Todo hecho es contingente, o sea, todo hecho podría ser «esencialmente» algo distinto de lo que es. Pero ello indica que a la significación de cada hecho pertenece justamente una esencia, esto es, un *eidos* que debe aprehenderse en su pureza. Las verdades de hechos o verdades fácticas caen de este modo bajo las verdades esenciales o verdades eidéticas –que poseen distintos grados de generalidad– (*Ideen*, I, § 2; *Husserliana*, III, 12). De acuerdo con ello, el ser fáctico se contrapone (y subordina) al ser eidético, así como las ciencias fácticas se contraponen (y subordinan) a las ciencias eidéticas (*ibid.*, § 7; *id.*, III, 2- 23). Debe distinguirse entre *Tatsache* y *Sachverhalt*; en efecto, no puede hablarse de *Sachverhalt* eidético en cuanto correlato de un juicio eidético y, por tanto, de una verdad eidética.

Heidegger y Sartre han introducido términos especiales para distinguir entre «hecho» en sentido corriente, como cuando se habla del hecho de que Galicia es una región particularmente húmeda, o del hecho de que estoy escribiendo la palabra 'hecho' –y, en general, de «hechos» en contraposición con ideas o conceptos– y «hecho» en un sentido existenciario. En este último sentido Heidegger y Sartre introducen respectivamente los términos *Faktizität* y *facticité*, ambos traducidos por 'facticidad'. Heidegger distingue entre la facticidad de los hechos en sentido «normal» y «natural» y la facticidad del *Dasein;* esta última es llamada *Faktizität* (derivado de *factum)* y la primera es llamada *Tatsächlichkeit* (derivado de *Tatsache*). «La facticidad (*Tatsächlichkeit) * del hecho *Dasein*... la llamamos *facticidad (Faktizität)*» (*Sein und* Zeit, § 12). La facticidad es una de las dimensiones del *Dasein* en tanto que «está-en-el-mundo», y es el «hecho» de estar arrojado entre las cosas y en situaciones. Similarmente, la facticidad es para Sartre una dimensión básica del «Para-sí», el cual está «sostenido por una perpetua contingencia». Así, por ejemplo, sin la facticidad, la conciencia podría elegir sus vinculaciones con el mundo, de modo que «yo podría determinarme a 'nacer obrero' o a 'nacer burgués'» (*L'Être et le Néant,* pág. 126). Por otro lado, la facticidad «no puede constituirse como *siendo* burgués o como *siendo* obrero». En otras palabras, lo que llamamos «hechos» determina el modo como voy a estar en el mundo, pero no puede determinar mi *ser*. «Esta contingencia perpetuamente evanescente del En-sí que obsesiona al Para-sí y lo vincula al Ser-en-sí sin jamás dejarse apresar, es lo que llamamos la *facticidad* del Para-sí. Esta facticidad permite decir que *es,* que *existe,* aunque no podamos jamás *realizarla,* ya que la aprehendemos siempre a través del Para-sí» (*op. cit.*, pág. 125). Es imposible aprehender «la facticidad» en su pura desnudez *(brute nudité)* por cuanto todo lo que hacemos está ya «asumido» por nosotros y «libremente construido».

Wittgenstein introdujo el término 'hecho' *(Tatsache)* en el *Tractatus:* «El mundo es la totalidad de los hechos, no de las cosas *(Tractatus,* 1.1), «El mundo está determinado por los hechos y por haber *todos* los hechos» (1.11), «Los hechos en el espacio lógico son el mundo» (1.13), «El mundo se divide en hechos» (1.2). De algún modo, el sentido wittgensteiniano de 'hecho' es bastante corriente; el que Wittgenstein haya escrito el *Tractatus logico-philosophicus* es un hecho, expresable en la proposición 'Wittgenstein escribió el *Tractatus logico- philosophicus'*. Un hecho es, como apunta Max Black *(op. cit. infra),* algo no verbal, algo «en el mundo», el cual es un conjunto de hechos en tanto que son expresados por medio de enunciados contingentes. Ahora bien, Wittgenstein introduce también la expresión *Sachverhalt,* que a veces se traduce por 'estado de cosas' (y así se ha traducido de textos procedentes de Husserl y Meinong, entre otros) y que Ogden tradujo por *atomic fact* ('hecho atómico'). Esta última traducción es la adoptada por Enrique Tierno Galván en su versión del *Tractatus:* «Lo que acaece [a veces se traduce: 'lo que hace al caso'] el hecho, es la existencia de los hechos atómicos» *(Sachverhalten) (Tractatus,* 2), «El hecho atómico *(der Sachverhalt)* es una combinación de objetos (entidades, cosas) *[Sachen, Dingen]»* (2.01). D. F. Pears y B. F. McGuiness han traducido *Sachverhalt* por *state of affairs* (y *state of things)* –equivalentes al mencionado 'estado de cosas'–. Esta versión parece corresponder más exactamente al texto alemán, pero 'hecho atómico' tiene también su justificación. De hecho, Max Black (A *Companion to Wittgenstein's* Tractatus, 1964, págs. 39 y sigs.) se declara en favor de *atomic fact,* no sólo porque el propio Wittgenstein vio la traducción de Ogden y la aprobó, sino también porque «la sugestión de simplicidad lógica conllevada por el adjetivo 'atómico' corresponde exactamente a las intenciones de Wittgenstein» –aun cuando, como Black apunta, Wittgenstein no fue siempre consistente en el uso de *Sachverhalt*–. Agreguemos que una de las ventajas de 'hecho atómico' es que se halla correlacionado con un grupo de expresiones frecuentemente usadas; por ejemplo, 'proposiciones atómicas', cada una de las cuales expresa un hecho atómico, combinándose tales proposiciones mediante conectivas para formar las «proposiciones moleculares». El hecho atómico está compuesto de «cosas»; el hecho atómico expresado por la proposición atómica 'Pedro está sentado ante el espejo' está compuesto de «cosas» como Pedro, su estar sentado ante el espejo (y el espejo). Además, la expresión 'hecho atómico' facilita hablar de tales hechos como hechos atómicos monádicos –cuando consisten, por ejemplo, en la posesión por una entidad de una propiedad– y hechos atómicos diádicos, triádicos, etc. –cuando, por ejemplo, se trata de relaciones entre dos o más entidades.

Se ha discutido al respecto qué tipo de relación hay (caso de haberla) entre hechos y cosas o acontecimientos. Algunos autores han proclamado que, según lo indicado antes, las cosas y los acontecimientos son simplemente elementos constitutivos de hechos atómicos. Otros, en cambio, han indicado que no pueden equipararse las cosas y los acontecimientos con hechos, y que debe de haber un «lenguaje de las cosas» y un «lenguaje de los acontecimientos (o los procesos)» distinto del «lenguaje de los hechos». Los partidarios de la primera teoría han puesto de relieve que, puesto que todo lo que se dice de algo es una proposición, lo dicho en la proposición es siempre un hecho atómico (monádico, diádico, etc.) cualquiera que sea el «contenido» de la proposición. Así, los hechos atómicos pueden referirse asimismo a «puras cualidades», tal como en la proposición «Esto es una mancha de color rojo». Pero las dificultades que surgieron a consecuencia de la ambigüedad del término 'hecho' obligaron a algunos autores (Russell) a distinguir entre varias clases de hechos. Así, puede haber «hechos particulares» y también «hechos generales» (como «Hay hombres»). Puede haber asimismo «hechos negativos» (como «Sócrates no está vivo»), ya que a toda proposición positiva corresponde una proposición negativa, o negación de la anterior proposición.

Los hechos pueden ser clasificados de distintos modos. Puede hablarse de hechos físicos, psíquicos, sociales, históricos, etc. Una clasificación muy corriente de los hechos es la que los divide en hechos naturales y hechos culturales. Si estos últimos son interpretados desde el punto de vista histórico, la clasificación resultante de los hechos es la que los divide en hechos naturales y hechos históricos. Se ha debatido mucho acerca de si esta clasificación está bien fundada. Algunos autores afirman que cualesquiera características que se den de los hechos históricos pueden aplicarse asimismo a los hechos naturales; por ejemplo, el ser «únicos», «irrepetibles» e «irreversibles». Sin embargo, aunque los hechos naturales sean tan únicos, irrepetibles e irreversibles como los hechos históricos, no son considerados desde el mismo punto de vista. Mientras cada uno de los hechos naturales es visto como un ejemplo de una determinada clase de hechos, los hechos históricos no son simplemente ejemplos de una clase dada. Por este motivo algunos autores afirman que los únicos hechos que merecen ser llamados tales son los hechos históricos.

Una clasificación distinta de las anteriores se debe a Max Scheler. Según este autor, hay tres clases fundamentales de hechos: (1) los «hechos fenomenológicos», (2) los hechos dados en la concepción natural del mundo, y (3) los hechos tratados por las ciencias. Los hechos dados en la concepción natural del mundo son los que aparecen a la percepción ordinaria. Son los hechos que se designan con frecuencia como «hechos del sentido común»: hechos que se dan al hombre en cuanto ser natural dotado de ciertos órganos de sensación y percepción –y también acaso al hombre como ser social e histórico influido en sus percepciones por modos sociales y por tradiciones.

John R. Searle trató de los «hechos brutos» y los «institucionales», distinción que se asemeja –aunque no coincida plenamente– con la más frecuente entre «hechos naturales» y «hechos culturales» (o históricos); la descripción de los hechos institucionales implica una referencia a instituciones, normas y leyes humanas (culturales).

Hedonismo. Hedonismo es el nombre que se da a la tendencia en la filosofía moral que identifica el bien con el placer. El vocablo 'hedonismo' ha tenido tantos sentidos como el término «placer».

Si prescindimos de las considerables diferencias entre los diversos pensadores hedonistas o diversas escuelas hedonistas, se ha considerado que han defendido una moral hedonista los cirenaicos y los epicúreos antiguos, los epicúreos modernos o neo-epicúreos (Gassendi, Valla, etc.), los materialistas del siglo XVIII, especialmente los materialistas franceses (Helvecio, Holbach, La Mettrie, etc.) y los utilitarios ingleses (por lo menos J. Bentham). Generalmente, se incluye entre los hedonistas a Spinoza y a Hobbes, pero algunos historiadores disienten de esta opinión.

El hedonismo ha tenido muchos enemigos; por muy diversos motivos Platón, numerosos filósofos cristianos –especialmente de tendencia ascética–, Kant y otros autores han sido antihedonistas. En general, el hedonismo ha sido frecuente objeto de crítica y, en algunos casos, de menosprecio. Excepcionalmente se ha intentado defender el hedonismo sin paliativos, no tanto por amor al placer como por motivos racionales; es el caso de W. H. Sheldon en «The Absolute Truth of Hedonism», *The Journal of Philosophy*, XLVII, [1950], pág. 285-304. Según Sheldon, «el hedonismo ético *es* el imperativo categórico».

Ha habido muchas discusiones sobre el significado, formas, supuestos y razones del hedonismo. Los antiguos hedonistas, especialmente los cirenaicos, consideraban que el bien es el placer y el mal es el dolor. El hombre «debe» dedicarse a buscar el primero y a evitar el segundo. Hasta qué punto la evitación del dolor sea ya un placer ha sido cuestión muy discutida. En cuanto al placer, los cirenaicos parecieron subrayar el placer de los sentidos o «placer material», no siempre contra el «placer espiritual», sino como fundamento indispensable de este último. Como este «placer sensible» es algo presente, hubo la inclinación a considerar que sólo el placer actual es un bien verdadero. Contra los cirenaicos se arguyó que los placeres pueden producir dolores. A ello se respondió que el «deber» de todo hedonista es buscar placeres (o, mejor, la satisfacción de los deseos) de tal forma que se eviten dolores subsiguientes. También se arguyó contra los cirenaicos que la doctrina hedonista es egoísta y que el placer de uno puede resultar en el dolor de otro. Por eso los cirenaicos apuntaron a una doctrina no egoísta de los placeres, pero no parecen haberla desarrollado consecuentemente. Respecto a los epicúreos, destacaron la importancia de los «placeres moderados», únicos que permiten evitar los dolores, así como la importancia de cierta «participación en los placeres» a través de una comunidad de amigos. En los epicúreos los placeres aparecen como de naturaleza menos «sensible» que en los cirenaicos; así, para los epicúreos la conversación amistosa era uno de los placeres que podía buscarse sin incurrirse en dolor.

Un argumento muy común contra el hedonismo es que en verdad no se desea el placer, sino el objeto que proporciona el placer. Pero puede argüirse a este respecto que si se busca tal objeto (con actitud hedonista) es porque proporciona placer, o se espera que lo proporcione. El placer como bien de los hedonistas es, pues, el objeto en tanto que es gozado, no el objeto en sí mismo. Cuando los hedonistas indican que el mayor bien es el placer no quieren decir necesariamente que hay un cierto «objeto» que sea identificable con el placer.

Otras críticas del hedonismo han sido formuladas desde el punto de vista de una moral muy distinta. Así, por ejemplo, Kant critica el hedonismo como una de las morales «materiales»; ninguna de estas morales es capaz de proporcionar completa seguridad sobre los conceptos morales fundamentales, como lo hace una moral «formal». También se ha criticado el hedonismo desde el punto de vista de la llamada «moral de los valores»; en esta moral el hedonismo no es siempre eliminado, pero el placer es un valor de naturaleza inferior, que puede, y debe, subordinarse a otros valores. Una crítica parecida formulan quienes distinguen entre la facultad inferior del deseo *(appetitus sensitivus)* y la facultad superior del deseo *(appetitus rationalis)*. Algunos hedonistas, especialmente de tendencia epicúrea, podrían argüir a esta objeción que para ellos el deseo del placer como sumo bien es «una facultad superior (racional)» del deseo. Un tipo distinto de crítica es el de G. E. Moore *(Principia Ethica*, I, III) cuando indica que el hedonismo es una forma de naturalismo y comete la «falacia naturalista». El hedonista afirma que *sólo* el placer es bueno como un fin o en sí mismo. Con ello olvida que 'bueno' es el nombre de una cualidad irreductible. Por otro lado, los hedonistas que afirman (como Sidgwick) que el bien propuesto por los hedonistas es una cualidad irreductible, fallan en mostrar intuitivamente tal cualidad.

Las objeciones al hedonismo como manifestación de egoísmo han sido objeto de análisis por parte de hedonistas de tendencia utilitarista, tales como Bentham, J. S. Mill y Spencer. Para Bentham, los placeres difieren según la cantidad y según la causa que los produce. Hay según ello catorce diferentes clases de placeres: de los sentidos, riquezas, habilidad, amistad, buen nombre, poder, piedad, benevolencia, malevolencia, memoria, imaginación, expectación, asociación, alivio. Entre estos placeres los hay que se hallan decididamente proyectados hacia el aumento de la felicidad del prójimo. Todo hedonismo «bien entendido» exige un «cálculo de placeres». Un hedonismo altruista es defendido asimismo por J. S. Mill, para quien amar al prójimo como a uno mismo es una de las consecuencias de una moral hedonista por así decirlo «abierta». En cuanto a Spencer, combinó una moral hedonista con una doctrina evolucionista, intentando mostrar que esta última constituye la base científica de la primera.

Hermenéutica. La voz ἑρμηνεία significa primariamente

«expresión (de un pensamiento)»; de ahí explicación y, sobre todo, interpretación del mismo. En Platón encontramos dicha voz en la frase: «la razón [de lo dicho] era la explicación (ἑρμηνεία) de la diferencia» *(Theait.,* 209 A.). Περὶ ἑρμηνείας es el título del tratado de Aristóteles, incluido en el *Organon,* que se ocupa de los juicios y de las proposiciones. Dicho tratado se ha traducido al latín con los nombres de *De interpretatione* y de *Hermeneutica* (este último ha sido usado, por ejemplo, por Theodor Waitz en su edición y comentario del tratado incluido en *Aristotelis Organon Graece,* Pars Prior, Lipsiae, 1844). Habitualmente se cita tanto con dichos títulos como con el de *Perihermeneias,* transcripción en alfabeto latino del original griego. El título *Perihermeneias* es empleado por gran número de comentaristas; así, Santo Tomás, *Commentaria in Perihermeneias.* Según Boecio, en su *Comm. in lib. de interpretatione,* la *interpretatio* es una voz significativa que quiere decir algo por sí misma. Santo Tomás *(op. cit.,* I 1 a) indica que el nombre y el verbo (de que trata Aristóteles en los capítulos 2 y 3 del tratado) son más bien principios de interpretación que interpretaciones. La interpretación se refiere, a su entender, a la oración enunciativa, de la que puede enunciarse la verdad o la falsedad. Para Waitz *(op. cit.,* pág. 323), el vocablo ἑρμηνεία tiene una significación más amplia que el vocablo λέξις ('enunciado'). Por lo tanto, el sentido dado por Aristóteles a su tratado no se confina al de una descripción de oraciones enunciativas, sino que dilucida «los principios de la comunicación del *sermo*».

El sentido que tiene hoy el vocablo 'hermenéutica' se aproxima al destacado al principio de este artículo. Tal sentido procede en gran parte del uso de ἑρμηνεία para designar el arte o la ciencia de la interpretación de las Sagradas Escrituras.

Aplicada a las Escrituras la hermenéutica fue desarrollada ya en el siglo XVI por el luterano Matthias Flacius Illyricus *(Clavis scripturae sacrae,* 1567; reimp. con el título *De vera ratione cognoscendi sacras literas,* 1719; nueva reimp., 1968). Andriaan Heerebord, un seguidor holandés de Descartes y de Suárez, publicó en 1657 una Ἑρμενεία, *Logica.* Como disciplina filosófica, la hermenéutica fue elaborada por un discípulo de Baumgarten: Georg Friedrich Maier, en su escrito titulado *Versuch einer allgemeinen* (1757, reimp., 1965). Sin embargo, la influencia de Maier al respecto ha sido escasa. Más influyente fue Schleiermacher, el cual elaboró una hermenéutica aplicada a los estudios teológicos en su escrito sobre «hermenéutica y crítica con referencia especial al Nuevo Testamento» (1838; *Hermeneutik*, nueva ed. por Heinz Kimmerle [1959], en *Abhandlungen der Heidelberg Akademie der Wissenschaften*. Phil.-Hist. Klasse, Abh. 2). La hermenéutica de Schleiermacher no es sólo una interpretación filológica –o filológico-simbólica–. La interpretación no es algo «externo» a lo interpretado. Después de Schleiermacher se han destacado los trabajos hermenéuticos de Dilthey, trabajos sobre personalidades, obras literarias o épocas históricas. Además, Dilthey se ocupó del problema general de la hermenéutica en el escrito *Die Entstehung der Hermeneutik*, publicado en 1909, en una colección de trabajos en homenaje a Ch. Sigwart y recogido en el tomo V de los *Gesammelte Schriften*. Según Dilthey, la hermenéutica no es solamente una mera técnica auxiliar para el estudio de la historia de la literatura y, en general, de las ciencias del espíritu: es un método igualmente alejado de la arbitrariedad interpretativa romántica y de la reducción naturalista que permite fundamentar la validez universal de la interpretación histórica (cf. G. S. V 311).

Aunque el análisis de la historicidad, de Heidegger, debe mucho, según propia confesión *(Sein und Zeit*, § 77), a Dilthey y al Conde Yorck, su hermenéutica constituye una nueva dirección, menos interesada en las dimensiones epistemológicas y metodológicas que en las ontológicas. En efecto, las investigaciones e interpretaciones proporcionadas por la antropología, la historia y, en general, las ciencias del espíritu, no son para Heidegger suficientes si no están fundadas en una previa analítica existenciaria *(op. cit.*, § 5). Ahora bien, aunque Dilthey no llegó a ella, se acercó, según Heidegger, a su nivel cuando consideró la hermenéutica como una autoexplicación *(Selbsterklärung)* de la comprensión de la «Vida» *(op. cit.*, § 77). Heidegger no entiende, pues, la hermenéutica de Dilthey exclusivamente como un método científico-espiritual, y señala, siguiendo a G. Misch, que hacerlo así equivale a descuidar las tendencias centrales de Dilthey a partir de las cuales solamente puede entenderse el sentido de la hermenéutica. Agreguemos que en diversos lugares *(Sein un Zeit*, § 7; *Unterwegs zur Sprache*, pág. 95 y sigs.) Heidegger declara que la hermenéutica no es una dirección dentro de la fenomenología, ni tampoco algo sobrepuesto a ella: es un modo de pensar «originariamente» la esencia de la fenomenología –y, en general, un modo de pensar «originariamente» (mediante una teoría y una metodología) todo lo «dicho» en un «decir».

Hans Georg Gadamer, en la obra *Wahrheit und Methode,* ha continuado el camino de la hermenéutica ontológica, u ontológico-histórica, inaugurado por Heidegger –y en parte ya desbrozado por Hegel–, pero su principal interés es lo que puede llamarse el «acontecer lingüístico de la tradición». En efecto, la hermenéutica no es para Gadamer un simple método de las ciencias del espíritu, pero se convierte en un modo de comprensión de estas ciencias y de la historia gracias a la posibilidad que ofrece de interpretaciones dentro de las tradiciones. El nuevo sentido que da Gadamer a la hermenéutica es paralelo al sentido que da a la comprensión, la cual se manifiesta como un acontecer *(Geschehen) (op. cit.,* pág. 293), y específicamente como un acontecer de la tradición o transmisión *(Ueberlieferungsgeschehen).* Por eso la hermenéutica es el examen de condiciones en que tiene lugar la comprensión. La hermenéutica considera, por tanto, una relación y no un determinado objeto, como lo es un texto. Como esta relación se manifiesta en la forma de la transmisión de la tradición mediante el lenguaje, este último es fundamental, pero no como un objeto a comprender e interpretar, sino como un acontecimiento cuyo sentido se trata de penetrar.

En diálogo con Heidegger y Gadamer, Paul Ricoeur ha desarrollado la «fenomenología orientada lingüísticamente» –donde 'lingüístico' expresa una «situación de lenguaje» *(langagière).* La hermenéutica de Ricoeur presupone la fenomenología, reinterpretada en sentido no idealista, pero a la vez la fenomenología presupone la hermenéutica («Phénomenologie et Herméneutique», *Man and World,* 7 [1974], pág. 223). Las investigaciones hermenéuticas de Ricoeur le han conducido a un examen y valoración de la riqueza del lenguaje y, en general, de los símbolos, en sus aspectos formal y dinámico, así como a un diálogo con las disciplinas lingüísticas, con el «análisis lingüístico» y con la «crítica de las ideologías» habermasiana. Según Ricoeur, la comprensión tiene lugar por la mediación de una interpretación.

Heterológico. En el trabajo de Leonard Nelson y Kurt Grelling, «Bemerkungen zu den Paradoxien von Russell und Burali-Forti», *Abhandlungen der Fries'schen Schule,* N. F. 2. Heft 3 (1907-1908), se presenta la llamada «paradoja de la heterologicidad», conocida asimismo con el nombre de «paradoja de Grelling». Muchas expresiones en un lenguaje corriente («muchas», porque 'y', 'o', etc., no están incluidas en el grupo) pueden dividirse en autológicas y heterológicas. Expresiones autológicas son las que se refieren a sí mismas, esto es, expresiones de la forma:

'*t*' es *t*.

Ejemplos de ellas en español son:

breve,
que es breve;

escrito en español,
que está escrito en español;

impreso en negro,
que está impreso en negro;

consta de cuatro palabras,
que consta de cuatro palabras.

Expresiones heterológicas son las que no se refieren a sí mismas, esto es, expresiones de la forma:

'*t*' no es *t*.

Ejemplos de ellas son:

escrito en francés,
que no está escrito en francés;

impreso en rojo,
que no está impreso en rojo;

consta de dos palabras,
que no consta de dos palabras.

El problema que se plantea es el siguiente: ¿Es el término 'heterológico' heterológico?
Tenemos entonces:

Si 'heterológico' es heterológico se refiere a sí mismo.
Si 'heterológico' es autológico no se refiere a sí mismo.

Pero si todo término que se refiere a sí mismo es autológico, entonces 'heterológico' es autológico. Y si todo término que no se refiere a sí mismo es heterológico, entonces 'heterológico' es autológico.

En consecuencia:

1. 'Heterológico' es heterológico si y sólo si es autológico.
2. 'Heterológico' es autológico si y sólo si es heterológico.

Hemos usado la expresión 'se refiere a'. Podíamos haber usado 'denota'. La paradoja de Grelling es una de las paradojas de la denotación. Hay similaridades entre ella y la del mentiroso.

Hipótesis. En la actualidad preocupan sobre todo cuestiones como las de la acepción, o acepciones, de 'hipótesis'; la naturaleza de las inferencias hipotéticas o del llamado «razonamiento hipotético»; los modos de verificar, contrastar o falsar hipótesis, y las posibles clases de hipótesis.

En su forma más simple, una hipótesis se expresa mediante un condicional acompañado de uno o varios enunciados, que certifican si la consecuencia (o consecuencias) del condicional es o no verdadera, y de una conclusión. Si se puede probar que el consecuente del condicional no es verdadero, el antecedente no es verdadero. Si se puede probar que el consecuente es verdadero, no es deductivamente válida la verdad del antecedente, pero la repetida confirmación de la verdad del consecuente no es indiferente al conocimiento que pueda tenerse del antecedente, aun cuando no sea deductivamente concluyente. Es característico del razonamiento hipotético el que no se sepa si una o más de las premisas es verdadera, ya que esto es lo que se trata precisamente de averiguar. Puede ocurrir asimismo que una o más de las premisas nieguen una determinada opinión o creencia con el fin de tratar de averiguar si es falsa y si la negación de ella es verdadera. Puede ocurrir también que se estime la premisa o premisas como falsas para determinar si su negación es verdadera. Es común distinguir entre hipótesis como enunciado no comprobado y enunciado de observación como enunciado comprobado. Desde este punto de vista, las hipótesis pueden ser consideradas (según ha hecho J. H. Woodger) como enunciados teóricos.

Historicismo. Suele darse este nombre –según Friedrich Meinecke *(El historicismo y su génesis)*, fue empleado por vez primera por Karl Werner en su libro *Giambattista Vico als Philosoph und gelehrter Forscher*– a un conjunto de doctrinas y corrientes de muy diversa índole y que coinciden por lo menos en subrayar el importante papel desempeñado por el carácter histórico –o «historicidad»– del hombre, y en ocasiones hasta de la Naturaleza entera. En este sentido, el siguiente pasaje de Renan, en *L'Avenir de la Science, pensées de 1848* (publicado en 1849), puede considerarse como una profesión de fe historicista: «La historia es la forma necesaria de la ciencia de todo lo que llega a ser. La ciencia de las lenguas es la historia de las literaturas y de las religiones. La ciencia del espíritu humano es la historia del espíritu humano. Pretender sorprender un momento en esas existencias sucesivas con el fin de aplicar la disección, manteniéndolas fijamente bajo la mirada, equivale a falsear su naturaleza. Pues esas existencias no existen en un momento dado; se están haciendo. Tal es el espíritu humano. ¿Con qué derecho se elige al hombre del siglo XIX para formular la teoría del hombre?». Y hasta puede considerarse como una manifestación de historicismo lo que dice el gobernador de Glubbdubdrid en la obra de Swift, *A Voyage to Laputa, Badnibarbi, Luggnagg, Glubbdubdrib, and Japan* (cap. VIII): «los nuevos sistemas de la Naturaleza no eran sino nuevas modas, que variarían en cada época, y aun los que pretenden demostrarlos mediante principios matemáticos acaban por florecer sólo breve período de tiempo y estar pasados cuando ello esté determinado» –un «historicismo», por lo demás, de cuño más bien escéptico y que, en último término, puede hallarse en muchas de las manifestaciones de autores escépticos, relativistas, «pirrónicos», etc.

Se han realizado varios intentos de definir 'historicismo' de modo que la definición abarque un conjunto de doctrinas y corrientes muy distintas, pero que o son específicamente historicistas o contienen elementos historicistas o son capaces de dar origen a desarrollos historicistas. Aparte los elementos historicistas que se hallan en autores como Herder y Hegel, dentro del historicismo se incluyen filosofías tan distintas entre sí como la de Dilthey, la de Marx, la de Ernst Troeltsch, la de Karl Mannheim (y muchos de los cultivadores de la sociología del conocimiento, no todos los cuales, por lo demás, son «historicistas»), la de Collingwood, etc. El historicismo de Dilthey se manifiesta en su tesis: «Lo que el hombre es, lo experimenta sólo a través de la historia» (*Was der Mensch sei, erfährt er nur durch die Geschichte*). El de Marx, en su insistencia en la conciencia histórica y sus transformaciones (y ocultaciones). El de Troeltsch, en su teoría del historicismo como una amplia visión del mundo que tiene en cuenta el fluir de los hechos sin segmentarlos o estratificarlos artificialmente como, a su entender, hacen los filósofos racionalistas. El de Mannheim, en su tesis de que la visión histórica total proporciona hoy el marco dentro del cual se alojan las experiencias particulares, marco que ejerce la misma función desempeñada en otras épocas por concepciones del mundo religiosas (o, podríamos agregar, por sistemas racionalistas filosóficos).

Sin embargo, conviene no incurrir en el peligro de llamar «historicistas» a muchas filosofías que deben ser comprendidas (o comprendidas *también*) en función de otros elementos. Así, aunque Heidegger insiste en la noción de historicidad, su filosofía no puede ser simplemente llamada historicista. Y aunque Ortega y Gasset declara taxativamente que el hombre no tiene naturaleza, sino historia, hacer de su filosofía un puro y simple historicismo es interpretarla inadecuadamente. Claro que lo mismo ocurre con autores como Dilthey, en vista de que este filósofo procuró insertar su historicismo en el marco de una filosofía de la vida como fenómeno total que permite comprender la función de lo histórico. De hecho, en un sentido restringido, solamente filosofías como las de Troeltsch y Mannheim (y otras análogas) pueden ser llamadas historicistas. Ahora bien, aun restringida la definición del historicismo, nos encontramos con varios problemas. Casi todos ellos surgen de dos motivos. El primero es el del radio de aplicación de la noción de realidad histórica. El segundo es el del modo de tratamiento de la noción de historicidad. Respecto al primero puede hablarse de dos tipos de historicismo –usualmente confundidos en las filosofías historicistas–: (1) el historicismo antropológico, que adscribe la historicidad al hombre y a sus producciones, y (2) el historicismo cosmológico, que adscribe la historicidad al cosmos entero. El primer tipo de historicismo está influido por el modelo de las ciencias históricas; el segundo, por el evolucionismo (que, según Mannheim, fue la primera manifestación de historicismo moderno). En cuanto al segundo motivo, puede hablarse de otros dos tipos de historicismo: (a) el historicismo epistemológico, para el cual la comprensión de la realidad se da a través de lo histórico, y (b) el historicismo ontológico, para el cual lo que importa es el análisis de la historicidad como *constitutivum* de lo real. Es comprensible que así como (1) y (2) se mezclan frecuentemente, haya frecuentes intercambios entre (1) y (2) y entre (a) y (b). Es frecuente, de todos modos, que (1) se correlacione frecuentemente con (a) y (2) con (b). Un problema capital, y posiblemente el más debatido, es el que aparece en el historicismo epistemológico cuando se plantea la cuestión de si el historicismo no está condenado forzosamente al relativismo. Muchos autores se inclinan por la afirmativa; otros (como Troeltsch y Mannheim) sostienen, en cambio, que el historicismo lealmente admitido es el único modo de evitar el relativismo, pues los puntos de vista son efectivamente parciales sólo cuando segmentamos el continuo fluir.

Uno de los autores que más insistentemente ha combatido el historicismo es K. R. Popper. Sin embargo, no es siempre claro lo que Popper entiende por 'historicismo'. Con frecuencia designa (y acusa) como historicistas a los autores que creen que hay en historia leyes –las llamadas «leyes de desarrollo histórico»– semejantes en rigor y universalidad a las leyes físicas o naturales. Otras veces designa como historicistas a los autores para quienes la historia es completamente distinta de la ciencia (natural). Es plausible, pues, seguir a Edward Hallett Carr cuando indica que Popper ha vaciado el término 'historicismo' de todo significado al usarlo para designar cualquier opinión sobre la historia con la que no esté de acuerdo. La distinción propuesta por Popper entre 'historicismo' e 'historismo' contribuye, según Carr, a la confusión.

Historiografía. El término historia se entiende en dos sentidos: (1) «historia» como lo que les ha pasado, e inclusive les está pasando, a los hombres, como el objeto de estudio histórico; (2) «historia» como el estudio histórico, el estudio del pasado. En alemán se ha usado a menudo *Geschichte* para ambos sentidos, pero a veces se han sugerido *Geschichte* e *Historie* correspondientes a (1) y a (2), respectivamente, de modo que la ambigüedad del término 'historia' desaparece con el uso de dichos dos nombres.

Para distinguir entre «historia» en el sentido (1) e «historia» en el sentido (2) se han propuesto varias soluciones. Una consiste en remitir al contexto en el que se usa la palabra. En muchos casos no hay ambigüedad; ejemplos son: «La historia de Irlanda está dominada por la influencia del catolicismo», «La historia está determinada por la lucha de clases» (sentido 1); «Una historia un poco detallada del poder de la Mafia ocuparía mucho espacio», «La historia requiere mucha atención al detalle» (sentido 2). En otros casos puede haber ambigüedad: «Cuanto más se estudia la historia de Madagascar, tanto más fácil es darse cuenta de que está determinada por su posición insular». La posición insular de Madagascar puede determinar la historia en cuanto conjunto de acontecimientos históricos, por lo que 'historia' se toma aquí en sentido (1), pero puede estudiar la historia de Madagascar de dos modos: estudiando lo que ha pasado en Madagascar (sentido 1) o estudiando textos en los que se me relata o explica lo que ha pasado en Madagascar (sentido 2). Una frase como 'Estoy cansado de la historia' no se entiende bien –esto es, no se entiende si 'historia' tiene el sentido 1 o el sentido 2 (o ambos)– a menos que figure dentro de un contexto –la dice un estudiante, un primer ministro, etc.

Como la solución que se acaba de mencionar no es enteramente satisfactoria, se ha propuesto distinguir entre 'historia' (sentido 1) e 'historiografía' (sentido 2). Esta distinción tendría que ser, en principio, suficiente para despejar toda ambigüedad, pero no ocurre así.

Homo mensura. La expresión *Homo mensura* (literalmente: 'El hombre es la medida') es empleada usualmente como formulación abreviada del llamado principio de Protágoras: πάντων χρημάτων μέτρον ἔστὶν ἄνθρωπος, τῶν μὲν ὄντων, ὡς ἔστιν, τῶν δ'οὐκ ὄντων ὡς οὐκ ἔστιν *(El hombre es la medida de todas las cosas, de las que son en tanto que son y de las que no son en tanto que no son)*. Este principio figuraba, al parecer, al comienzo de la obra perdida del sofista titulada Ἀλήθεια *(La verdad)* y ha sido transcrito por Platón en varios lugares (por ejemplo: en el *Cratilo*, 386 A., en el *Theat.*, 152 A –donde figura τῶν δὲ μὴ ὄντων en vez de τῶν δ'οὐκ ὄντων–), por Aristóteles *(Met.,* A, 1, 1053 a, 35; K, 6, 1062 b, 12-15 –donde es analizado con detalle–), por Sexto el Empírico *(Pyrr. Hyp.*, I, 216 sigs., *Adv. math.*, VII, 60) y por Diógenes Laercio (IX, 51). Se ha discutido mucho el significado de tal principio. Los problemas principales planteados al respecto son los siguientes: (1) La expresión 'el hombre', ¿se refiere al hombre en general o al hombre individual? (2) La expresión 'la medida', ¿representa un criterio simplemente epistemológico o se refiere a la actitud total del hombre frente a la realidad? (3) Las cosas, χρήματα, de que habla Protágoras, ¿son las cosas físicas, las sensaciones producidas por ellas, las ideas abstractas o los asuntos humanos? Como puede esperarse, no hay acuerdo sobre ninguno de estos problemas. La mayor parte de los autores se inclinan a pensar que 'el hombre' designa más bien al hombre individual (como ya Sexto el Empírico había declarado). Respecto a la medida, se tiende a pensar que un criterio epistemológico es una concepción demasiado estrecha para Protágoras, pero que el sofista no quería tampoco decir la actitud humana total, pues de lo contrario el principio no habría sido discutido en sentido epistemológico general tan detalladamente por Platón y por Aristóteles. En cuanto a las cosas, muchos autores siguen creyendo que se refieren a los objetos físicos, pero es muy plausible que χρήματα designe a los asuntos humanos o bien las situaciones en las cuales se halla el hombre –y dentro de las cuales se encuentran los objetos físicos–. Es habitual presentar el principio de Protágoras como la expresión más acabada del llamado período antropológico en la filosofía griega clásica, y también como un ejemplo del tipo de proposiciones presentadas por los sofistas –proposiciones aparentemente claras, pero, de hecho, ambiguas–. En efecto, no solamente presenta el *Homo mensura* las dificultades antes apuntadas, sino que partiendo de él puede llegarse a dos conclusiones diametralmente opuestas: la primera es que, al reducirse el ser al aparecer, nada es verdad; la segunda es que, como las únicas proposiciones posibles son las formuladas desde el punto de vista del hombre, todo es verdad.

Homogéneo. La noción de «homogeneidad» y la contrapuesta de «heterogeneidad», desempeñan un papel central en el sistema de Spencer. Éste habla de la evolución como paso de la homogeneidad indefinida e incoherente a la heterogeneidad definida y coherente. Según Spencer, lo homogéneo es inestable; todo agregado homogéneo finito pierde su homogeneidad «por la desigual exposición de sus partes a fuerzas incidentes» (*First Principles*, § 189). Lo que es sólo imperfectamente homogéneo pasa a lo decididamente no homogéneo, es decir, a lo heterogéneo. Spencer cita casos de homogeneidad en diversos dominios de la realidad –mecánico, químico, geológico, astronómico, meteorológico, orgánico, psicológico, filológico, sociológico–. En cada caso la homogeneidad va disminuyendo y la heterogeneidad va aumentando en el curso de la evolución. El paso de la heterogeneidad a la homogeneidad es la disolución.

Horizonte. Kant consideró que la magnitud *(Grösse)* del conocimiento puede ser extensiva o intensiva según se trate respectivamente de la amplitud o de la perfección del conocimiento. En el primer caso tenemos *multa;* en el segundo, *multum*. (*Logik. Ein Handbuch zu Vorlesungen*, VI. A. ed. Gottlob Benjamin Jäsche [1800], reimp. en *Werke*, ed. E. Cassirer, VIII, pág. 356 y sigs.). Ahora bien, a tenor de la extensión del conocimiento o del perfeccionamiento del mismo se puede estimar, según Kant, en qué medida un conocimiento se adecua a nuestros fines y capacidades. En esta estimación se determina el horizonte *(Horizont)* de nuestro conocimiento, el cual es definible como «la adecuación de la magnitud de todo el conocimiento con las capacidades y fines del sujeto» *(loc. cit.)*.

Según Kant, el horizonte en cuestión puede determinarse de tres modos: (1) Lógicamente, de acuerdo con la capacidad o las fuerzas cognoscitivas en relación a los intereses del entendimiento; (2) Estéticamente, de acuerdo con el gusto en relación a los intereses del sentimiento; (3) Prácticamente, según la utilidad en relación con los intereses de la voluntad. En general, el horizonte concierne a la determinación de lo que el hombre puede saber, necesita saber y debe saber.

En lo que toca al horizonte determinado lógicamente (o teóricamente), puede considerarse desde el punto de vista objetivo o subjetivo. Desde el punto de vista objetivo, el horizonte puede ser histórico o racional; desde el punto de vista subjetivo, puede ser general y absoluto, o especial y condicionado («horizonte privado»). El horizonte absoluto es la congruencia de los límites del conocimiento humano con los límites de toda perfección humana; a ello responde la pregunta «¿Qué puede saber el hombre como hombre en general?». El horizonte privado es el horizonte determinado por condiciones empíricas y orientaciones especiales del sujeto. Kant habla asimismo de un horizonte del sentido de la ciencia. Este último determina lo que podemos y no podemos saber.

C. Canguilhem («Le concept et la vie», *Revue Philosophique de Louvain*, 64 [1966], págs. 201-202) llama la atención sobre lo que califica de «un texto magistral» de Kant en el apéndice a la «Dialéctica trascendental» de la *Crítica de la razón pura*, que trata del uso regulador de las ideas de la razón pura. «Kant introduce en este texto –escribe Canguilhem– la imagen de *horizonte lógico* para dar cuenta del carácter regulativo y no constitutivo de los principios racionales de homogeneidad de lo diverso según los géneros, y de la variedad de lo homogéneo según las especies. El horizonte lógico, al entender de Kant, es la circunscripción de un territorio mediante un punto de vista conceptual. El concepto, dice Kant, es un punto de vista. En el interior de tal horizonte hay una multitud indefinida de puntos de vista a partir de la cual se abre una multitud de horizontes de menor alcance. Un horizonte no se descompone sino en horizontes, del mismo modo que un concepto no se descompone sino en conceptos. Decir que un horizonte no se descompone en puntos sin circunscripción, es decir que hay especies que pueden dividirse en subespecies, pero nunca en individuos, ya que conocer es conocer mediante conceptos, y el entendimiento no conoce nada mediante la sola intuición.»

Algunos autores han usado vocablos cuya función es muy parecida a la de 'horizonte'; tal sucede con Hegel al introducir el término 'elemento' en expresiones como 'el elemento de la negatividad'.

El concepto de horizonte ha sido desarrollado con gran detalle en ciertas direcciones del pensamiento contemporáneo, especialmente en la fenomenología o en filosofías con «contactos fenomenológicos».

Husserl ha elaborado el concepto de horizonte al tratar de «yo y mi mundo alrededor». «Mi mundo» no es simplemente el mundo de los hechos en cuanto «están ahí» o están «presentes», sino que incluye, junto al «campo de la percepción» –lo que «me es presente»–, un margen «copresente», un mundo de «asuntos», de valoraciones, de bienes, etc. Puede decirse que el horizonte es como un trasfondo al que se incorporan, como constituyéndolo, «márgenes», «franjas marginales» que incluyen co-datos, co-presencias, etc. *(Ideen,* I, §§ 27, 28, 44; *Husserliana,* III, 57-61; 100-4). Husserl indica que «toda vivencia tiene un *horizonte,* el cual cambia en el curso de su complejo de conciencia y en el curso de sus propias fases de flujo» *(Cartesianische Meditationen,* § 19; *Husserliana,* I, (81-82). Es un «horizonte intencional» que se refiere a posibilidades de conciencia pertenecientes al proceso mismo. Así, los horizontes son como posibilidades pre-delineadas *(vorgezeichnete Potentialitäten).* «Toda experiencia tiene su *horizonte experiencial» (Erfahrung und Urteil,* ed. Ludwig Landgrebe, § 8). Puede hablarse de un «horizonte interior» cuando se trata de la experiencia de una cosa singular, pero hay que agregar a dicho horizonte un «horizonte exterior de co-objetos» u «horizonte de segundo grado» *(loc. cit.).* Husserl admite la posibilidad de un «horizonte vacío de una incognoscibilidad conocida», es decir, la posibilidad de que lo no conocido –en cuanto se sabe que es no conocido– tenga también un «horizonte». El concepto de horizonte es para Husserl tan fundamental que mediante el mismo puede inclusive definirse el «mundo» como «horizonte de todos los posibles sustratos de juicio» *(op. cit.,* § 9).

Las abundantes referencias de Husserl a la noción de horizonte hacen necesario precisar si hay algunas significaciones básicas, o más básicas, que otras, de dicha noción. Según Helmut Kuhn, estas significaciones se reducen a tres: (1) El horizonte como la circunferencia (o esfera) última dentro de la cual aparecen inscriptas todas las cosas reales e imaginarias; (2) El horizonte como el límite de la totalidad de las cosas dadas, y a la vez como lo que las constituye en cuanto todo; (3) El horizonte como algo «abierto por naturaleza» (H. Kuhn, «The Phenomenological Concept of 'Horizon'», en *Philosophical Studies in Memory of E. H.,* 1940, ed. Marvin Farber, págs. 106-23). Puede considerarse que la investigación del «horizonte de los horizontes» es la tarea filosófica por excelencia.

Heidegger ha hecho uso de la noción de horizonte en un sentido en parte similar al de Husserl (o a los de Husserl) y en parte independiente del mismo (o de los mismos). Trata ante todo de ver si puede interpretarse el tiempo como «horizonte posible de cualquier comprensión del ser» –donde 'horizonte' equivale a «límites (últimos)»–. Pero más específicamente el horizonte es «unidad extática» de la temporalidad: «La condición temporal-existenciaria de posibilidad del mundo reside en que la temporalidad tiene en cuanto unidad extática lo que se llama un horizonte» *(Sein und Zeit,* § 69 c; trad. Gaos: *El ser y el tiempo* [1951], pág. 419). El «adónde» del «arrebato» inherente al éxtasis temporal es llamado por Heidegger «esquema horizontal». Hay, según ello, tres «esquemas horizontales»: el del «advenir», el del «sido» y el del «presente». El concepto de horizonte ejerce asimismo una función definida cuando se trata de ver cómo el ente cae bajo «la experiencia de la síntesis empírica» (en sentido kantiano); el ente cae bajo tal experiencia según un «adónde» y un «horizonte» que forman el «referirse a» *(Beziehung auf...)* en cuanto «síntesis» *(Karl un das Problem der Metaphysik,* § 3). Heidegger ha hablado asimismo del horizonte de la trascendencia como algo que nos representamos trascendentalmente, y, con ello, de la «representación trascendental-horizontal» *(Gelassenheit,* págs. 50, 52) en un sentido que continúa el desarrollado en *Sein und Zeit,* pero dentro de la fase de la *Kehre* o «reversión» heideggeriana.

La idea de horizonte está arraigada en varias filosofías contemporáneas. Así, para Jaspers «vivimos y pensamos siempre dentro de un horizonte» (*Vernunft und Existez.* Zweite Vorlesung). Pero todo horizonte lleva a la idea de algo que abarca el horizonte y que no es el horizonte mismo. Se trata de lo comprensivo (véase *[das Umgreifende]*), que es «aquello dentro de lo cual se halla encerrado todo horizonte particular... y que no es ya visible como horizonte» *(loc. cit.).* Para J.-P. Sartre, el llamado «mundo» es una realidad ambigua que se desarrolla como una colección de «estos» y como «una totalidad sintética» de tales «estos», la cual puede ser equiparada con un horizonte y también con una perspectiva *(L'Être et le Néant,* pág. 23; véase también pág. 380). Merleau-Ponty habla del «horizonte interior de un objeto» que «no puede llegar a ser objeto sin que los objetos que lo rodean se conviertan en horizonte» *(Phenoménologie de la perception,* pág. 82). Apoyándose en ideas de Husserl, Merleau-Ponty señala que el sujeto cuenta con lo que le rodea más bien que percibe objetos; además, en vez de un «yo central» hay una especie de «campo perceptivo» *(op. cit.,* pág. 476). En este caso la idea de horizonte está ligada a comprobaciones psicológicas –especialmente gestaltistas– pero tiene una significación que trasciende lo psicológico. En general, hay en la idea de «mundo» de varios autores (Sartre, Merleau-Ponty; también A. de Waelhens, *La philosophie et les expériences naturelles,* 1961, especialmente págs. 132-4) una referencia, explícita o implícita, a la noción de horizonte y hasta de «articulación de horizontes». Por otro lado, la idea de horizonte está estrechamente relacionada con la idea de totalidad o, mejor dicho, la idea de posibles formas de totalidad en cuanto modos distintos de presentarse las cosas.

I

I. La letra mayúscula 'I' (segunda vocal del término *affirmo*) es usada en la literatura lógica para representar simbólicamente la proposición particular afirmativa, *affirmatio particularis*, uno de cuyos ejemplos es la proposición:

Algunos hombres son mortales.

En textos escolásticos se halla con frecuencia el ejemplo (dado por Boecio):

Aliquis homo iustus est,

y en multitud de textos lógicos la letra 'I' sustituye al esquema 'Algunos S son P', sobre todo cuando se introduce el llamado cuadro de oposición.

En los textos escolásticos se dice de 'I' que *asserit particulariter*, afirma particularmente. También se usa en dichos textos la letra 'I' para simbolizar las proposiciones modales en *modus* negativo y *dictum* afirmativo, es decir, las proposiciones del tipo:

Es posible que *p,*

donde '*p*' simboliza un enunciado declarativo.

La letra '*I*' (en cursiva) es usada por Łukasiewicz para representar el cuantificador particular afirmativo. '*I*' se antepone a las variables '*a*', '*b*', '*c*', etc., de tal modo que '*I a b*' se lee '*b* pertenece a algunos *a*' o 'algún *a* es *b*'.

Idea. El término 'idea' procede del griego ἰδέα, nombre que corresponde al verbo ἰδεῖν (= «ver»).

El término ἰδέα fue usado por varios presocráticos (por ejemplo: Jenófanes, Anaxágoras y Demócrito), pero sin tener el significado a la vez más preciso y complejo que el vocablo adquirió en la filosofía de Platón, la cual ha sido llamada a menudo «la filosofía de las ideas» (o, mejor, «de las Ideas»). La expresión ἄτομος ἰδέα, usada por Demócrito, se aproxima a la platónica en tanto que se refiere a la «forma» (geométrica) del átomo. Pero solamente en Platón encontramos una extensa dilucidación del problema (y problemas) de las ideas. Los pasajes en los cuales Platón se refiere a las ideas son numerosos; a modo de ejemplo citamos: *Phaed.*, 65, 100; *Rep.*, VI, 508, 510; VII, 517, 523, 534; X, 597; *Men.*, 81, 85; *Phaed.*, 249; *Parm.*, 131-5; *Symp.*, 211; *Tim.* 46-51; *Soph.*, 254; *Pol.*, 277; *Leh.*, XII, 965. En éstos –y muchos otros pasajes– Platón trata de lo que son las ideas (o las «formas»), de su «relación» con las cosas sensibles y con los números, de las ideas como causas, como fuentes de verdad, etc. En el curso de sus análisis y lucubraciones se presentan muy diversas nociones de «idea»; así, por ejemplo, las seis significaciones que pone de relieve C. Ritter *(Neue Untersuchungen,* 228 y sigs.): (1) Apariencia exterior de algo; (2) Condición o constitución; (3) Característica que determina un concepto; (4) Concepto; (5) Género o especie; (6) Realidad objetiva designada por el concepto. En vista de esta diversidad se han ofrecido múltiples interpretaciones de la doctrina platónica de las ideas (véase ESENCIA). Nos limitaremos aquí a señalar que Platón concibe con mucha frecuencia las ideas como modelos de las cosas y, en cierto modo, como las cosas mismas en su estado de perfección. Las ideas son las cosas *como tales.* Pero las cosas como tales no son nunca las realidades sensibles, sino las inteligibles. Una idea es siempre una unidad de algo que aparece como múltiple. Por eso la idea no es aprehensible sensiblemente, sino que es «visible» sólo inteligiblemente. Las ideas se «ven» con la «mirada interior».

Una vez admitidas las ideas, hay que saber de qué cosas puede haberlas. En principio, parece que puede haber ideas de cualquier cosa. Pero resulta dudoso que haya ideas de «cosas viles» o de «cosas insignificantes». Por ello Platón tiende cada vez más a reducir las ideas a ideas de objetos matemáticos y de ciertas cualidades que hoy día consideramos como valores (la bondad, la belleza, etc.). Además, tiende a ordenar las ideas jerárquicamente. Una idea es tanto más «idea» cuanto más expresa la unidad de algo que aparece como múltiple. Pero si esta unidad es una realidad «en sí», se plantea la cuestión de qué tipo de relación existe entre lo uno (ideal) y lo múltiple.

En este punto es donde se manifiesta la clásica divergencia de opiniones entre Platón y Aristóteles. Este último autor escribe que «no es menester admitir la existencia de ideas, o del Uno junto a [yuxtapuesto a, exterior a] lo Múltiple» *(An. post.,* A, 11, 77 a 5 sigs.). Más bien sucede que «lo Uno es unido a [inmanente a] lo Múltiple» *(Met.,* A 9, 990 b 13; cfr. también *Met.,* A, 6, 987 b 8). La diferencia entre Platón y Aristóteles al respecto suele expresarse con los mismos términos usados por el Estagirita. Para Platón, lo Uno (es decir, la antes referida «unidad de lo múltiple») es παρὰ τὰ πολλά, algo separado de lo múltiple, en tanto que para Aristóteles es algo unido a lo múltiple, κατὰ τῶν πολλῶν. En otros términos, Aristóteles niega que las ideas existan en un mundo inteligible separado de las cosas sensibles; las ideas son «inmanentes» a las cosas sensibles. De otra suerte no se comprendería cómo las ideas pueden «actuar» y, de paso, explicar la realidad sensible.

La doctrina platónica de las ideas constituye la base de una doctrina muy difundida al final del mundo antiguo: la doctrina según la cual las ideas son modelos existentes en el seno de Dios. Según Filón de Alejandría, uno de los principales promotores de tal doctrina, las ideas –o «ideas-potencias», como las llama– son modelos inmanentes en el Logos divino que sirven de «intermediarios» entre Dios como Creador y su creación. El mundo ha sido creado de acuerdo con las «ideas ejemplares». Éstas forman un «mundo inteligible» de «razones seminales» (concepto que Filón tomó de los estoicos). Ello no significa que Dios sea simplemente un demiurgo al estilo platónico, aunque con la doctrina de referencia se plantea siempre el problema de si Dios es o no es completamente trascendente a las «ideas ejemplares».

Este problema está relacionado con las consecuencias que se derivan de subrayar el carácter absolutamente simple de Dios. Los neoplatónicos habían reservado la pluralidad de ideas para la segunda hipóstasis, ya que en lo Uno no podía haber pluralidad alguna. San Agustín adoptó en gran medida la doctrina neoplatónica de las ideas, pero no podía aceptar la concepción de lo Uno como «emanente». Siendo Dios creador *ex nihilo,* se halla por encima de todas las cosas, incluyendo, por supuesto, las ideas. Pero a la vez éstas pueden concebirse como estando en la inteligencia divina. Las ideas son para San Agustín algo así como *formae principales* o *rationes rerum.* Son razones estables e inmutables de las cosas. Como tales, son eternas. Pero su eternidad deriva de su estar contenidas en la *intelligentia divina (De div. quaest.,* LXXXIII, q. 46). Por tanto, en vez de ser las ideas las que determinan la obra creadora de Dios, Dios es el que posee las ideas según las cuales lleva a cabo su creación. La inteligencia divina puede contener una pluralidad de ideas justamente porque esta pluralidad es *de* la inteligencia divina, pero no es idéntica a tal inteligencia.

Todo puede hacer suponer que el término 'idea' ha sido empleado por los filósofos y teólogos cristianos sólo desde el punto de vista teológico. Ello, sin embargo, no es así; además de la concepción teológica de las ideas, hay la concepción metafísica (u ontológica), la gnoseológica y la lógica. En rigor, los escolásticos abrieron el camino para varios usos del término 'idea'. Por un lado, el anterior uso teológico. Luego, un uso ontológico, estrechamente ligado al anterior, según el cual las ideas son concebidas como modelos. Además, un uso gnoseológico, según el cual las ideas son principios de conocimiento. En este último caso se debatió con frecuencia la cuestión de si se conoce *por las ideas* o de si se conocen *las* ideas. Finalmente, un uso lógico, según el cual la idea es la presentación simple de la cosa en la mente. Dentro del vocabulario escolástico tenemos diversas distinciones de ideas: ideas abstractas, ideas concretas, ideas particulares, ideas colectivas, ideas completas, ideas incompletas, ideas claras, ideas oscuras, ideas adecuadas, ideas inadecuadas, etc. Estas distinciones (en donde el término *idea* tiene con frecuencia el sentido del término *conceptus*) pasaron en parte a la filosofía moderna.

Lo único que parece poder asegurarse es que aunque en los filósofos modernos se encuentran diversos usos de 'idea', parece haber predominado el sentido de 'idea' como 'representación (mental)' de una cosa. Aunque no se abandonaron en la época moderna los significados teológico, metafísico, lírico, etc., de 'idea', muchos autores tendieron a concebir las ideas como resultados de la actividad de un sujeto cognoscente. Fue habitual considerar que por medio de las ideas que posee un sujeto (aspecto «psicológico») se puede conocer racionalmente (aspecto lógico) lo que las cosas son verdaderamente (aspecto metafísico u ontológico). El predominio del punto de vista «epistemológico» ha sido común tanto a las tendencias racionalistas como a las empiristas, si bien mientras las primeras han desembocado rápidamente en el objeto conocido las segundas se han demorado en el sujeto cognoscente.

Los racionalistas han tendido a considerar que las ideas (por lo menos las ideas verdaderas y adecuadas) tienen dos caras: una, el ser, como decía Spinoza, «conceptos del espíritu que éste forma por ser una cosa pensante» *(Eth.,* II, def. iii); la otra, el ser, como afirmaba Descartes, las cosas mismas *en tanto que vistas* (mediante una *simplex mentis inspectio)*. Este último aspecto ha conducido a radicar las ideas verdaderas en Dios, especialmente cuando, como en Spinoza, se ha considerado que éste es «la única cosa pensante» (y no sólo un modo de pensar), o como cuando, en los ocasionalistas, Dios ha sido estimado como el «punto de vista absoluto» desde el cual son vistas las cosas. Como consecuencia de ello, los racionalistas se han inclinado hacia el innatismo. Ahora bien, ello no ha llevado, salvo en casos extremos, a hacer simplemente de las ideas modelos o arquetipos existentes en Dios. El aspecto de las ideas como «conceptos del espíritu (humano)» se ha mantenido asimismo como esencial para la comprensión de la naturaleza de las ideas. Apoyándose en él han tenido lugar las numerosas discusiones acerca del origen de las ideas y sobre las clases de ideas: claras, oscuras, distintas, confusas, adecuadas, inadecuadas, etc. Cuando los motivos teológicos han perdido importancia, los racionalistas han estimado que las ideas (verdaderas) podían seguir siendo innatas por corresponder su posesión a la «naturaleza del hombre». Sin embargo, desde el instante en que se ha subrayado el aspecto subjetivo de la idea, las posiciones mantenidas se han acercado a las empiristas, y el problema que ha permanecido en pie ha sido menos el de la esencia de las ideas que el de su origen en la mente.

Los empiristas han usado el término 'idea' abundantemente; en muchos casos, además, han elaborado sus teorías del conocimiento como una especie de «doctrina de las ideas» en el sentido de «doctrina de las representaciones de las cosas del espíritu»–. Así ocurre en Locke, Berkeley y Hume. Locke pide perdón al lector al comienzo de su *Essay* por el uso frecuente de la palabra 'idea', pero indica que es la palabra que mejor sirve para indicar la función de «representar» *(stand for)* cualquier cosa que sea el objeto del entendimiento cuando un hombre piensa. Idea equivale a «fantasma», «noción», «especie» *(Essay.* Introducción, 8). Las ideas son para Locke «aprehensiones» y no (o no todavía) propiamente conocimientos. Los hombres tienen en su mente varias ideas «como las de blandura, dureza, dulzura, pensamiento, movimiento, hombre, elefante, ejército, borracho, etc.» *(op. cit.,* II, i, 1). La mayor parte de las ideas proceden de una fuente: la sensación *(ibid.,* II, i, 3). Las ideas pueden ser simples (recibidas pasivamente) o complejas (formadas por una actividad del espíritu). Las ideas simples pueden ser ideas de sensación (provenientes de un sentido, como el sabor o la dureza; o de más de un sentido, como la figura, el reposo, el movimiento) o de reflexión (percepción o pensamiento, voluntad). Hay también ideas compuestas de sensación y reflexión (como el placer, el dolor, la existencia). Las ideas complejas son ideas de modos (como afecciones de las substancias, substancias y relaciones). Los modos son «dependencias o afecciones de la substancia, tales como triángulo, gratitud, asesinato» *(ibid.,* II, xii), y pueden ser simples o mixtos. Los modos simples, como una docena, son «variaciones o diferentes combinaciones de la misma idea simple», mientras que los modos mixtos, como la belleza o el robo, «están compuestos de ideas simples de varias clases». Se puede hablar asimismo de ideas reales o fantásticas, adecuadas o inadecuadas y hasta de ideas verdaderas o falsas (si bien ello corresponde más bien a las proposiciones, por lo que las llamadas «ideas verdaderas» e «ideas falsas» son ideas en las que hay siempre alguna proposición tácita). El conocimiento consiste únicamente en la «percepción de la conexión y acuerdo, o desacuerdo y repugnancia de cualquiera de nuestras ideas. Sólo en ello consiste» *(ibid.,* IV, i, 2). Berkeley manifiesta que los objetos del conocimiento humano consisten en ideas –ideas «efectivamente impresas en los sentidos, o percibidas al estar presentes en las pasiones u operaciones del espíritu, o finalmente formadas mediante la memoria y la imaginación» (*A Treatise Concerning the Principles of Human Knowledge,* I, 1)–. Berkeley usa el término 'idea' y no el término 'cosa' por dos razones: «porque se supone que el término *cosa,* a diferencia de *idea,* denota algo que existe fuera del espíritu; segundo, porque *cosa* tiene una significación más comprensiva que *idea,* ya que incluye espíritus o cosas pensantes tanto como ideas. Por tanto, como los objetos de los sentidos existen sólo en el espíritu... prefiero designarlos mediante la palabra *idea...*» *(ibid.,* I, 39). No hay para Berkeley más que percibir o ser percibido; por tanto, no hay más que espíritus que perciben y las ideas –que son las «cosas» en *tanto que percibidas*–. Según hemos visto, el citado autor rechaza las ideas generales abstractas, aunque admite las ideas generales en tanto que éstas no pretenden designar una «cosa general» o una «forma» que sea distinta de las realidades particulares o de las percepciones particulares. Hume, por fin, distingue entre impresiones e ideas y llama ideas a las «imágenes débiles de estas [impresiones] al pensar y al razonar» *(Treatise,* I, i, 1). «Las ideas (como las impresiones) pueden ser simples y complejas. Las ideas simples son las que no admiten distinción ni separación; las complejas, aquellas en las cuales pueden distinguirse partes» *(loc. cit).* En una nota a esta sección del *Treatise,* Hume escribe, además, que «acaso mejor restablezca la palabra *idea* en su sentido original el que Locke la ha sacado al hacerla designar todas nuestras percepciones». En el *Enquiry* (sección II), Hume reformula su doctrina de las ideas al indicar que las «percepciones del espíritu» pueden dividirse en dos clases según su mayor o menor grado de fuerza o de vivacidad: las que poseen menor fuerza y vivacidad son llamadas «*pensamientos o ideas*». Las otras percepciones pueden llamarse *impresiones.* Hume manifiesta que aunque las ideas complejas no se derivan necesariamente de impresiones complejas (así, la idea de una sirena no se deriva de la impresión de una sirena), las ideas simples se derivan de las impresiones simples y las representan exactamente *(Treatise,* I, i, 1). En otros términos, «todas nuestras ideas o percepciones más débiles son copias de nuestras impresiones o percepciones más vividas» *(Enquiry,* sec. II). Las ideas pueden ser separadas y unidas mediante la imaginación, pero ésta se halla guiada por «ciertos principios universales» *(Treatise,* I, i, 4). Las ideas se combinan mediante los principios de la asociación de ideas.

Kant estimó que el uso del término 'idea' por los empiristas (en sus teorías del conocimiento) y por los racionalistas (en sus especulaciones metafísicas) era claramente abusivo. Cuando el concepto se forma a base de nociones y trasciende la posibilidad de la experiencia tenemos una idea *(Idee)* o *concepto de razón (Vernunftbegriff) (K.r.V.,* A 320/B 377).

Los conceptos puros de la razón se llaman *ideas trascendentales.* Kant ha tratado de averiguar si tales ideas determinan, según principios, cómo debe emplearse el entendimiento al referirse a la totalidad de la experiencia (pues ningún objeto puede ser dado a los sentidos que sea congruente o correspondiente con una idea). El número de ideas o conceptos puros de la razón es, según Kant, el mismo que el número de clases de relaciones que el entendimiento se representa a sí mismo mediante las categorías. Como en los conceptos de razón buscamos siempre lo incondicionado, tenemos lo incondicionado de la síntesis categórica en un sujeto, de la síntesis hipotética de los miembros de una serie, y de la síntesis disyuntiva de las partes en un sistema. La primera clase de ideas trascendentales contiene la unidad absoluta (o incondicionada) del sujeto pensante (objeto de la *psychologia rationalis);* la segunda, la unidad absoluta de la serie de condiciones de la apariencia (objeto de la *cosmologia rationalis);* la tercera, la unidad absoluta de la condición de todos los objetos del pensamiento en general (objeto de la *theologia rationalis) (K.r.V.,* A 334/B 391). Esta clasificación de las ideas es analítica, comenzando con lo que es inmediatamente dado a la experiencia, y pasando, pues, de la doctrina del alma a la del mundo y, finalmente, a la de Dios. Desde el punto de vista sintético, las ideas como objeto de la metafísica son Dios, libertad e inmortalidad (B 395 nota). De su examen (y en particular del examen de los paralogismos y antinomias de la razón pura) concluye Kant que las ideas trascendentales sobrepasan toda posibilidad de experiencia, hallándose segregadas *casi* por completo de las formas *a priori* de la sensibilidad (espacio y tiempo) y de los conceptos puros del entendimiento (categorías). Como síntesis metafísicas efectuadas por la razón pura, las ideas no son constitutivas. Pero negar que lo sean no es negarles la posibilidad de un uso regulativo. Ahora bien, como también las analogías de la experiencia y los postulados del pensamiento empírico en general tienen uso regulativo y no constitutivo, el ser regulativas no es suficiente para caracterizar las ideas trascendentales. Éstas son principios regulativos *de la razón* (A 509/B 537).

Las ideas de la razón pura, que desempeñan un papel modesto en la *Crítica de la razón pura,* van adquiriendo mayor importancia en la obra de Kant a medida que esta obra se hace menos crítica y más sistemática. En algunos pasajes del *Opus postumum* las ideas de la razón pura son presentadas como el fundamento de la posibilidad de la experiencia en cuanto totalidad.

Sin embargo, no es legítimo confundir el pensamiento, ni siquiera el último pensamiento, de Kant, con el idealismo postkantiano. En éste las ideas de razón adquieren un significado no sólo metafísico, sino hasta teológico. En Schelling, por ejemplo, las ideas desempeñan el papel de «intermediarios» entre lo Absoluto y las cosas sensibles –en un sentido de 'intermediario' no demasiado lejano del del neoplatonismo–. Más fundamental todavía es el papel de las ideas –o, mejor, de «la Idea»– en Hegel. La filosofía de este autor aparece centrada en la noción de la Idea absoluta. Hegel proclama, en efecto, que «Dios y la naturaleza de su voluntad son una y la misma cosa, y ésta es lo que filosóficamente llamamos *la Idea*» (*Lecciones sobre filosofía de la historia*). La realidad en cuanto se desarrolla para volver a sí misma es la misma Idea que se va haciendo absoluta. La Idea absoluta es la plena y entera verdad del ser (*Lógica, ad finem*). La Idea es la unidad del concepto y de la realidad del concepto y por eso *Alles Wirkliche ist eine Idee*: «todo lo real es una idea». Si se quiere, la idea «es lo verdadero como tal». La Idea (absoluta) es la identidad de lo teórico y de lo práctico; una vez más: «sólo la Idea absoluta es ser».

Schopenhauer adoptó la doctrina kantiana de las ideas y la combinó con la doctrina platónica, haciendo de las ideas grados de objetivación de la Voluntad (VÉASE). La idea es la objetividad de la voluntad en un cierto grado (*Welt*, III, 31). Las ideas funcionan, así, al modo platónico, a modo de «intermediarios» entre la Voluntad como cosa en sí y el mundo fenoménico; la Voluntad produce las ideas al objetivarse y con ello produce los arquetipos según los cuales se constituye el mundo.

En los siglos XIX y XX se han mezclado con frecuencia la especulación metafísica y la descripción psicológica en la investigación de la naturaleza y función de las ideas, por ejemplo en Bergson.

Idealismo. Leibniz empleó el término 'idealista' al referirse a Platón y a otros autores para quienes la realidad es la forma (o la idea). Los autores idealistas –o, como también los llamó Leibniz, «formalistas»– sostienen doctrinas muy distintas de las propugnadas por autores que, como Epicuro, son calificados de «materialistas». Es todavía bastante común emplear 'idealismo' para referirse al platonismo, al neoplatonismo y a doctrinas filosóficas análogas. Sin embargo, como desde el punto de vista de la doctrina de los universales los filósofos de tendencia platónica son calificados de «realistas» –por afirmar que las ideas son «reales»–, el término 'idealismo' en el sentido antes apuntado puede prestarse a equívocos. Preferimos emplearlo aquí en el sentido más específico, o más circunscrito, que se ha dado al vocablo al aplicarlo a ciertos aspectos de la filosofía moderna.

Observemos que el sentido de 'idealismo' como 'idealismo moderno' no está completamente separado de su sentido «antiguo»: la filosofía idealista moderna se funda asimismo en las «ideas». Lo único que sucede es que el significado moderno de 'idea' no equivale, o no equivale siempre, al platónico.

Antes de tratar de lo que consideramos como sentido «más propio» de 'idealismo' repararemos en que este vocablo se usa asimismo no tanto en relación con las ideas –de cualquier clase que éstas sean– como en relación con los ideales. Se llama entonces «idealismo» a toda doctrina –y a veces simplemente a toda actitud– según la cual lo más fundamental, y aquello por lo cual se supone que deben dirigirse las acciones humanas, son los ideales –realizables o no, pero casi siempre imaginados como realizables–. Entonces el idealismo se contrapone al realismo, entendido este último como la doctrina –y a veces simplemente la actitud– según la cual lo más fundamental, y aquello por lo cual se supone que deben dirigirse las acciones humanas, son las «realidades» –las «duras realidades», «los hechos contantes y sonantes»–. Este sentido de 'idealismo' suele ser ético, o «político», o ambas cosas a un tiempo. Puede también considerarse como simplemente «humano» en tanto que lo que se tiene en cuenta es la acción del hombre, y especialmente la acción del hombre en la sociedad.

El idealismo ético y «político» ha estado con frecuencia en estrecha relación con «el» idealismo, tanto el «clásico» como el moderno, pero ello no permite concluir que los dos idealismos –el de las ideas y el de los ideales– sean inseparables. En todo caso, nos ocuparemos aquí del idealismo que por el momento calificaremos de «filosófico» y que suele tener dos aspectos, en principio independientes entre sí, pero a menudo unidos: el aspecto gnoseológico y el aspecto metafísico. Este idealismo, sea gnoseológico, sea metafísico, o ambas cosas a un tiempo, se ha manifestado en muy diversas formas a lo largo de la época moderna. Apuntamos por el momento algunas expresiones cuyo significado aparecerá más claro ulteriormente: «idealismo subjetivo», «idealismo objetivo», «idealismo lógico», «idealismo trascendental», «idealismo crítico», «idealismo actualista», «idealismo fenomenológico». Aunque hemos mencionado algunas de las formas más difundidas de idealismo en la época moderna, no hemos agotado con ello los adjetivos. Además, no nos hemos referido con ello a manifestaciones del idealismo cuya unidad es primariamente «histórica». El ejemplo más eminente de lo último está constituido por el llamado «idealismo alemán» (Kant, Fichte, Schelling, Hegel principalmente). En verdad, cuando se habla de idealismo es muy común entender por éste el citado «idealismo alemán». Tampoco nos hemos referido a formas de idealismo que a veces se consideran más fundamentales que otras por cuanto cada una de ellas representa no sólo una filosofía, sino también, y hasta primariamente, una «concepción del mundo».

El rasgo más fundamental del idealismo es el tomar como punto de partida para la reflexión filosófica no «el mundo en torno» o las llamadas «cosas exteriores» (el «mundo exterior» o «mundo externo»), sino lo que llamaremos desde ahora «yo», «sujeto» o «conciencia» –términos que usaremos un tanto como abreviaturas, pues en ciertos casos podrían, y aun deberían mejor, emplearse vocablos como 'alma', 'espíritu', 'pensar', 'mente', etc.–. Justamente porque el «yo» es fundamentalmente «ideador», es decir, «representativo», el vocablo 'idealismo' resulta particularmente justificado. En efecto, aquello de que se parte es, para emplear el vocabulario de Schopenhauer, «la representación del mundo» y no «el mundo». Así, el idealismo comienza con el «sujeto». Se ha dicho por ello que el idealismo no ha comenzado con la filosofía moderna, sino con el cristianismo y en particular con el pensamiento de San Agustín. Es la tesis de Heinz Heimsoeth (entre otros). Según este autor, hay idealismo desde el momento en que, a diferencia de la ontología «clásica» o «antigua», se destaca la realidad de la persona como «intimidad» y se afirma que el alma es heterogénea con respecto al mundo cuando menos con respecto al «mundo espacial».

La tesis de Heimsoeth se apoya en un hecho importante: el de que en la tradición agustiniana por lo menos se «empieza» con el «sujeto» y no con las «cosas». A ello se debe que San Agustín haya sido llamado «el primer filósofo moderno» y también que el agustinismo haya influido grandemente en autores que, como Descartes y Malebranche, son usualmente considerados como «idealistas». Sin embargo, es razonable restringir el idealismo propiamente dicho a la edad moderna, pues aun cuando en ésta no se eliminan los motivos teológicos, van cobrando decisiva importancia los motivos gnoseológicos y las tesis metafísicas derivadas de tales motivos o estrechamente relacionadas con ellos.

Considerando, pues, el idealismo primariamente como idealismo moderno, y teniendo en cuenta que el punto de partida del pensamiento idealista es el «sujeto», puede decirse que tal idealismo constituye un esfuerzo por responder a la pregunta: «¿Cómo pueden conocerse, en general, las cosas?». El idealismo es, pues, fundamentalmente «desconfiado» y, por consiguiente, esencialmente «cauteloso». Tal desconfianza no afecta únicamente a la llamada «realidad sensible», pues tal ocurría asimismo en el «platonismo» y en el agustinismo. La desconfianza en cuestión se manifiesta hacia todo lo real o, mejor dicho, hacia todo lo que «pretende» ser real, incluyendo, por tanto, lo inteligible o los supuestos modelos de la realidad sensible. La pregunta «¿Cómo pueden conocerse, en general, las cosas?» no es por ello simplemente una pregunta gnoseológica, sino también, y a veces sobre todo, una pregunta metafísica. En efecto, en tal pregunta se presupone que las cosas que se declararán «reales» serán fundamentalmente las que se admitirán como «cognoscibles», y en particular como cognoscibles con plena seguridad, según completa evidencia poseída por el sujeto cognoscente.

Para el idealismo, «ser» significa primariamente «ser dado en (o a) la conciencia [en el sujeto, en el espíritu, etc.]», «ser contenido de la conciencia [del sujeto, del espíritu, etc.]», «estar contenido en la conciencia [en el sujeto, en el espíritu, etc.]». El idealismo es, así, un modo de entender el ser. Ello no significa que todo idealismo consista en *reducir el ser* –o la realidad– a la conciencia o al sujeto. Una cosa es decir que el ser o la realidad se determinan por la conciencia, el sujeto, etc., y otra es manifestar que no hay otra realidad que la del sujeto o la conciencia. Esta última posición es también idealista, pero es sólo una de las posibles posiciones idealistas.

Se suele considerar como idealistas a autores como Descartes, Malebranche, Leibniz, Kant, Fichte, Schelling, Hegel. En general, el idealismo moderno coincide con el llamado «racionalismo continental» –si bien dentro de éste hay autores, como Spinoza, que no son propiamente idealistas, a la vez que en el llamado «empirismo inglés» (frecuentemente contrapuesto al «racionalismo continental») hay autores, como Berkeley, que son claramente idealistas–. Ahora bien, tanto la «dosis» de idealismo como el carácter de éste cambia en los distintos autores citados. Por ejemplo, hay todavía en Descartes ciertos «residuos realistas»; en cambio, estos residuos son imperceptibles en Kant y prácticamente inexistentes en Fichte. En cuanto al carácter del idealismo, puede verse en las doctrinas correspondientes de cada uno de los filósofos. Remitimos, pues, a los artículos a ellos dedicados en nuestro *Diccionario de Filosofía*.

En Descartes –llamado a veces «el primer idealista» y, en todo caso, «el primer idealista moderno»– el idealismo consiste primariamente en arraigar toda evidencia en el *Cogito* (véase COGITO ERGO SUM). Ello no significa que se niegue la existencia del mundo exterior; sólo se pone de relieve que el mundo exterior no es simplemente un «dato» del cual se parte. El mundo exterior es puesto en paréntesis para ser ulteriormente justificado. Como ello tiene lugar mediante el «rodeo» de Dios, puede decirse que el idealismo cartesiano es sólo relativo. Aunque la idea de Dios aparece en la conciencia y en el sujeto, aparece en ellos como *la* realidad, el *ens realissimum*.

En Leibniz, el idealismo aparece bajo forma monadológica y es, en rigor, un espiritualismo y también un pampsiquismo. Como sólo las mónadas son reales, hay que sostener la idealidad del espacio y del tiempo y, en general, de muchas de las llamadas «relaciones». En cierto modo, el idealismo de Leibniz es menos obvio que el de Descartes. En todo caso, no es un idealismo subjetivo, ni siquiera en el sentido cartesiano de «sujeto». En cambio, el idealismo es subjetivo y hasta, en cierto modo, «empírico» en Berkeley, en cuanto la realidad se define como el percibir y el ser percibido.

En el centro del pensamiento idealista se encuentra Kant. Éste rechaza el idealismo problemático de Descartes y el idealismo dogmático de Berkeley, si bien encuentra el primero más justificado que el segundo. Pero el rechazo de estas formas de idealismo no le impide formular su propio idealismo, el único que estima aceptable: el idealismo trascendental. Éste consiste en poner de relieve la función de lo «puesto» en el conocimiento. El idealismo trascendental (o formal) kantiano se distingue, pues, de lo que Kant llama «idealismo material» en que no es incompatible con el «realismo empírico», antes bien alcanza a justificar este último. No se afirma, por tanto, que los objetos externos no existen, o que su existencia es problemática; se afirma únicamente que la existencia de los objetos externos no es cognoscible mediante percepción inmediata. El idealismo trascendental kantiano no funda el conocimiento en lo dado, sino que en todo caso hace de lo dado una función de lo puesto. Ahora bien, cuando se lleva a sus últimas consecuencias la doctrina kantiana de la constitución del objeto como objeto del conocimiento y se identifica la posibilidad del conocimiento del objeto con la posibilidad del objeto mismo, el realismo parece desvanecerse.

Tal realismo se desvanece por completo, o casi por completo, en Fichte y luego (por razones distintas) en Schopenhauer. Aunque el llamado «idealismo alemán» postkantiano ofrece muy diversos aspectos en sus grandes representantes, es característico de todos ellos el haber prescindido de la «cosa en sí» kantiana. Por eso se estima a veces que el auténtico idealismo coincide con tal idealismo alemán postkantiano. En tal idealismo el «mundo» es equiparado con «la representación del mundo», lo cual no significa la representación subjetiva y empírica. De hecho, más que de una representación se trata de un representar, es decir, de una «actividad representante» que condiciona el mundo en su mundanidad.

El idealismo contemporáneo –entendiendo por el mismo las corrientes idealistas a partir de las dos postreras décadas del siglo XIX– ha adoptado muy diversas formas, pero en la mayor parte de los casos se ha fundado en uno de los tipos de idealismo manifestados durante la época moderna. Se han considerado como idealistas las corrientes neokantianas y neohegelianas. Ejemplos de ellas son el llamado idealismo «anglo-norteamericano» (Bradley, Bosanquet, Royce, Bowne), el idealismo de las Escuelas de Baden y Marburgo, el idealismo francés (Renouvier, Brunschvicg, Lalande, Hamelin), el idealismo italiano, principalmente el actualismo. A estas corrientes hay que agregar autores o movimientos que se han declarado específicamente idealistas (como Collingwood) y autores o movimientos que sin declararse idealistas ostentan no pocos rasgos de esta dirección (René Le Senne, Louis Lavelle y otros). Sin embargo, ello no agota el idealismo contemporáneo. Por un lado, ha habido el llamado «idealismo fenomenológico» de Husserl, el cual se distingue claramente del idealismo trascendental defendido por los neokantianos (Rickert, Cohen y otros). Una de las diferencias más importantes entre los dos tipos de idealismo ha sido señalada por Theodor Celms al indicar que mientras en el idealismo fenomenológico «la conciencia pura se presenta... como una multitud de sujetos individuales puros (mónadas)» en el idealismo trascendental hay sólo «una conciencia pura, única y numéricamente distinta». Por otro lado, se habla (no siempre con justificación) de un idealismo en autores como Ernst Mach, especialmente en tanto que han defendido un «percepcionismo» puro y un «neutralismo» ontológico. Muchos marxistas, en todo caso (por ejemplo, Lenin), han atacado a Mach (y a Avenarius y otros autores) como «idealistas»; además, han hablado (en relación con Deborin) de «idealismo menchevizante», expresión que solamente tiene sentido dentro del desarrollo de la filosofía soviética.

En virtud del creciente predominio de corrientes realistas de todas clases en la filosofía contemporánea, se ha declarado a veces que el idealismo «ha fenecido». Algunos autores, como G. E. Moore, han intentado refutar el idealismo por medio del sentido común. Otros autores, como Nicolai Hartmann, Urban, etc., se han propuesto «superar» el idealismo –no menos que el realismo–. Esta «superación de idealismo y realismo» aparece asimismo, cuando menos en intención, en la obra de autores como Ortega y Gasset y Heidegger. Podrían mencionarse otras muchas críticas del idealismo (por ejemplo, Ottaviano). Sin embargo, aunque es indudable que el idealismo ha perdido la gran fuerza que tuvo durante gran parte de la época moderna y en la filosofía contemporánea entre aproximadamente 1870 y 1914, no puede decirse que ha desaparecido por completo. Y ello no sólo porque hay todavía autores influyentes que de algún modo pertenecen a la tradición idealista (Cassirer, Collingwood, etc.), sino también, y sobre todo, porque aun dentro de corrientes no idealistas surgen de vez en vez problemas que no pueden tratarse debidamente sin tener en cuenta ciertos modos de formularlos y entenderlos por filósofos idealistas. Así ocurre con el problema de la función de la conciencia (o el «sujeto») en el conocimiento, inclusive si se admite que hay primariamente algo que conocer. Si la conciencia o el sujeto no se limitan a reflejar lo real, hay un momento de «constitución» de éste que parece inevitable. Por otro lado, no puede darse simplemente por supuesto que hay lo real y que es como es y como aparece.

En lo que toca a la clasificación de las corrientes o formas del idealismo, nos limitaremos a apuntar algunos modos de ordenar estas corrientes o formas.

Primero, puede hablarse de idealismo gnoseológico (o primariamente gnoseológico) e idealismo metafísico (o primariamente metafísico). El idealismo gnoseológico resulta de un examen de las condiciones del conocimiento y no presupone ninguna tesis sobre la estructura de la realidad. El idealismo metafísico, en cambio, resulta de un supuesto sobre la estructura de lo real en cuanto éste está ligado a la conciencia o depende inclusive de la conciencia. En la mayor parte de los casos el idealismo gnoseológico está mezclado con el metafísico, y lo único que puede hacerse es tratar de ver qué «dosis» hay de uno u otro en una determinada doctrina.

Segundo, puede hablarse, como hizo Dilthey, de un «idealismo objetivo» y de un «idealismo de la libertad». El idealismo objetivo sostiene que la realidad está constituida por una trama de conceptos, los cuales constituyen a su vez la llamada «conciencia» en cuanto «conciencia trascendental». El idealismo de la libertad sostiene que el fundamento del conocimiento de lo real, y hasta lo real mismo, se halla en una conciencia activa y espontánea que es esencialmente «ejercicio de libertad». Un ejemplo de idealismo objetivo (llamado también a veces «lógico») es el de Hermann Cohen; un ejemplo de idealismo de la libertad es el de Fichte.

Identidad. Lo mismo que el concepto de contradicción (véase), el de identidad ha sido examinado desde varios puntos de vista. Los dos más destacados son el ontológico (ya sea ontológico formal, ya metafísico) y el lógico. El primero es patente en el llamado *principio ontológico de identidad* (A = A), según el cual toda cosa es igual a ella misma o *ens est ens*. El segundo se manifiesta en el llamado *principio lógico de identidad,* el cual es considerado por muchos lógicos de tendencia tradicional como el reflejo lógico del principio ontológico de identidad, y por otros lógicos como el principio '*a* pertenece a todo *a*' (lógica de los términos) o bien como el principio 'si *p* [donde '*p*' simboliza un enunciado declarativo], entonces *p*' (lógica de las proposiciones). Algunos autores han hablado también del principio psicológico de identidad, entendiendo por él la imposibilidad de pensar la no identidad de un ente consigo mismo, pero, como hemos hecho con la noción de contradicción, excluiremos aquí este último sentido. Nos limitaremos, pues, en este artículo a un examen de los sentidos ontológico (o metafísico) y lógico de la identidad. Advertiremos, por lo demás, que su separación mutua no resulta fácil; en el curso de la historia de la filosofía ambos sentidos se han entremezclado –y aun confundido– con frecuencia.

Ha sido común en gran parte de la tradición filosófica considerar que el fundamento del principio lógico de identidad se encuentra en el principio ontológico, o bien que ambos son aspectos de una misma concepción: aquella según la cual siempre que se habla de lo real se habla de lo idéntico. Una forma extrema de esta concepción se encuentra en Parménides. La idea de identidad parece ser entonces el resultado de una cierta tendencia de la razón –de esa «razón identificadora» que ha sido tan corriente en la historia de la filosofía–. Deben considerarse al respecto las indagaciones de Meyerson. Habla este autor de la identidad como de una inevitable tendencia de la razón a reducir lo real a lo idéntico, esto es, a sacrificar la multiplicidad a la identidad con vistas a su explicación. El principio de causalidad es así, según Meyerson, el principio de identidad aplicado a la existencia de los objetos en el tiempo, y es el caso más característico de esta identificación a que tiende tanto la ciencia como el pensamiento común. «Afirmar que un objeto es idéntico a sí mismo –escribe dicho autor– parece una proposición de pura lógica y, además, una simple tautología o, si se prefiere, un enunciado analítico según la nomenclatura de Kant. Pero desde el instante en que se agrega a ello la consideración del tiempo, el concepto se desdobla, por así decirlo, pues fuera del sentido analítico adquiere, como certeramente ha dicho Spir, un sentido sintético.» Es analítico –sigue diciendo Meyerson– «cuando expresa simplemente el resultado de un análisis del concepto; sintético, por el contrario, cuando es entendido como una afirmación relativa a la naturaleza de los objetos reales. Mas esta relación entre el principio de la razón determinante y el de identidad era ya perfectamente clara para Leibniz, como puede advertirse por la exposición de Couturat y como, por lo demás, lo indica el modo como Leibniz establece un paralelo entre los dos principios en el pasaje aludido» (*Identité et Réalité*, 1908).

Las reflexiones de Meyerson sobre la noción de identidad encuentran apoyo en los autores que han tomado como modelo la equiparación de la idea de identidad lógica con la idea de identidad metafísica u ontológica. Esto parece haber ocurrido con Parménides –a cuya imagen o idea de la «esfera» Meyerson apela repetidamente– o con algunos de los últimos diálogos (dialécticos) de Platón en los que se hace sentir la influencia de Parménides. No ocurre, u ocurre menos, con otros autores, que distinguen entre identidad lógica e identidad metafísica o que hablan de diversas nociones de identidad. Aristóteles no dedicó gran atención a la cuestión de la identidad;

ni en sus escritos lógicos ni en la *Metafísica* se encuentra un análisis de la identidad tan minucioso como el análisis del principio de no contradicción. Cuando trató de definir la identidad, Aristóteles observó que esta noción se da en varias formas: es «una unidad de ser, unidad de una multiplicidad de seres o unidad de un solo ser tratado como múltiple, como cuando se dice, por ejemplo, que una cosa es idéntica a sí misma». Aristóteles habló asimismo de la identidad desde el punto de vista de la igualdad (matemática).

Los escolásticos consideraron varios tipos de identidad, *identitas*. Cabe hablar de identidad real, racional o formal, numérica, específica, genérica, extrínseca, causal, primaria, secundaria, etc. La distinción más generalmente aceptada es la ya indicada de identidad lógica e identidad ontológica (o metafísica). Los autores racionalistas han tendido a considerar ambas juntamente. Esto no quiere decir que dichos autores hayan «identificado» por completo estas dos formas de identidad, o hayan derivado la identidad ontológica de la lógica, o esta última de aquélla. Quiere decir solamente que se han inclinado a pensar que la noción ontológica o metafísica de identidad tiene una forma lógica, y que el principio lógico de identidad tiene alcance ontológico o metafísico. Un ejemplo de ello es Leibniz. pero con esto se dice muy poco acerca de los importantes análisis de este autor sobre la noción de identidad. Algunos de estos análisis han encontrado gran eco en posteriores trabajos lógicos, sobre todo a partir de Frege. Se destaca al respecto el principio leibniziano de la identidad de los indiscernibles.

La noción de identidad metafísica fue criticada por Hume. Su crítica es la misma crítica de la noción de substancia. Ello se ve especialmente cuando Hume critica a los que pretenden que hay un *yo (self)* que es substancial, y es idéntico a sí mismo, o idéntico a través de todas sus manifestaciones. En *Treatise* (IV, v), Hume alegó que la idea de esta supuesta identidad no se deriva de ninguna «impresión» sensible. Penetrar en el recinto del supuesto «yo» equivale a encontrarse siempre con alguna percepción particular; los llamados «yos» son sólo haces o colecciones *(bundles)* de diferentes impresiones. Para «aguantar» la persistencia de las percepciones se imagina un alma, yo o substancia subyacentes a ellas; se supone, además, que hay en un agregado de partes en relación mutua «algo» misterioso que relaciona las partes independientemente de tal relación. Pero como, según Hume, tales imaginaciones y suposiciones carecen de base, debe rechazarse la idea de que hay una identidad metafísica en la noción de substancia. Hume consideró que el problema de la identidad personal (y, por extensión, el problema de cualquier identidad substancial) es insoluble, y se contentó con la relativa persistencia de haces de impresiones en las relaciones de semejanza, contigüidad y causalidad de las ideas.

Kant aceptó las consecuencias de la crítica de Hume contra la concepción racionalista de la identidad, pero no la solución de Hume. La identidad se hace en Kant trascendental en tanto que es la actividad del sujeto trascendental la que permite, por medio de los procesos de síntesis, identificar diversas representaciones (en un concepto). El problema de la identidad parece insoluble (o su solución arbitraria) cuando pretendemos identificar cosas en sí. Por otro lado, la solución es insatisfactoria como cuando, siguiendo a Hume, fundamos la identidad en la relativa persistencia de las impresiones. En cambio, la identidad aparece asegurada cuando no es ni empírica ni metafísica, sino trascendental. Más todavía, sólo la noción trascendental de la identidad hace posible, según Kant, un concepto de identidad. Ello se aplica no solamente a las representaciones externas, sino también a la cuestión de la «identidad numérica» de la conciencia de mí mismo en diferentes momentos *(K.r.V.,* A 361 y sigs.). No hay un substrato metafísico de la identidad personal que pueda ser demostrado por la razón. Pero la identidad personal aparece en la razón práctica como una forma de postulado –si la inmortalidad es un postulado de la razón práctica, debe implicar la identidad personal del ser inmortal.

Los idealistas postkantianos hicieron de la identidad un concepto central metafísico. Así ocurrió especialmente en Schelling, uno de cuyos sistemas se basa en la identidad de sujeto y objeto. La identidad es aquí no sólo un concepto lógico, ni sólo el resultado de representaciones empíricas unificadas por medio de la conciencia de la persistencia, sino un principio que aparece lógicamente como vacío, pero que metafísicamente es la condición de todo ulterior «desarrollo» o «despliegue». Hegel distingue entre la identidad puramente formal del entendimiento y la identidad rica y concreta de la razón. Cuando lo Absoluto es definido como «lo idéntico consigo mismo» parece no decirse nada sobre lo Absoluto. Pero la «identidad concreta» de lo Absoluto no es una identidad vacía. En suma, la identidad no expresa (o, más exactamente, no expresa solamente) en Hegel una relación vacía y abstracta, y tampoco una relación concreta pero carente de razón, sino un universal concepto, una verdad plena y «superior», que ha «absorbido» las identidades anteriores. En rigor, ya la forma del principio de identidad indica, según Hegel, que hay en él más que una identidad simple y abstracta; hay el puro movimiento de la reflexión *(reine Bewegung der Reflexion)* en el que «lo otro» surge como «apariencia».

En la filosofía contemporánea se ha examinado el problema de la identidad de muy diversos modos. Una cuestión muy debatida ha sido la de la «identidad personal». Otra cuestión disputada ha sido la de la identificación de «objetos», la cual puede ser —como ha señalado Quine— identificación de objetos concretos (por ejemplo, un río), en el curso de la cual se usan términos singulares, o identificación de objetos abstractos (por ejemplo, un cuadrado), en el curso de la cual se usan términos generales. Heidegger («Der Satz der Identität», en *Identität und Differenz*, 1957, págs. 15-34) indica que la fórmula A = A se refiere a una igualdad *(Gleichkeit)*, pero no dice que A sea como «lo mismo» *(dasselbe)*. La identidad supone que la entidad considerada es igual a sí misma o, como escribía Platón, αὐτὶ δ' ἑαυτῷ ταύτον, que es lo mismo con respecto a sí misma. En la identidad propiamente dicha hay la idea de la «unidad consigo misma» de la cosa —idea ya perceptible en los griegos, pero desarrollada solamente con Leibniz y Kant, y sobre todo con los idealistas alemanes: Fichte, Schelling y Hegel—. Desde éstos no podemos ya representarnos la identidad como mera unicidad *(Einerlei)*. La unicidad es puramente abstracta y nada dice del «ser en sí mismo con» a que el «principio de identidad» se refiere metafísicamente. Como ley del pensar, el citado principio es válido sólo «en cuanto es una ley del ser, que enuncia: A todo ente como tal pertenece la identidad, la unidad consigo misma» *(die Einheit mit ihm selbst)*.

Nos ocuparemos ahora de la noción de identidad en la lógica.

El llamado «principio de identidad» es presentado como una ley de la lógica sentencial, o de la lógica proposicional y, por tanto, como una tautología. He aquí dos leyes de identidad en la citada lógica:

$$p \rightarrow p$$

que se lee:

si p, entonces p,

y

$$p \leftrightarrow p$$

que se lee:

$$p \text{ si y sólo si } p,$$

donde '*p*' simboliza un enunciado. Esta concepción de la identidad fue anticipada por los estoicos. Según Łukasiewicz, los estoicos formularon el principio de identidad en la lógica de los enunciados, en tanto que Alejandro de Afrodisia *(In anal. pr. comm.*, Wallies, 34) lo formuló, a base de la doctrina aristotélica, en la lógica de los términos. El principio 'si lo primero, entonces lo primero' contiene, según Łukasiewicz, una constante 'si... entonces' y una variable proposicional '*p*', lo cual equivale a decir que para '*p*' sólo puede darse una proposición con sentido, como en 'Si es de día, entonces es de día'. En cambio, el principio expuesto por Alejandro de Afrodisia: 'todo *a* es *a*' o bien '*a* pertenece a todo *a*' contiene una constante 'todo... es' y una variable de un término '*a*'. El principio estoico citado puede considerarse también como un principio metalógico, por cuanto constituye uno de los indemostrables.

La noción de identidad es desarrollada también en la llamada «lógica de la identidad». Junto a los signos de la lógica emplea los signos '=' (que se lee 'es', 'es idéntico a', 'es igual a', 'es equivalente a', etc.) y '≠' (que se lee 'no es', 'es distinto de', 'es diferente de', etc.). Ejemplo de enunciado perteneciente a tal lógica es:

La Luna es el satélite de la Tierra

donde 'es' equivale a 'es idéntico a', estableciéndose, por consiguiente, una identidad entre la Luna y el satélite de la Tierra.

Mencionaremos dos leyes de la lógica de la identidad.

La ley de sustituibilidad de la identidad se formula:

$$\wedge xy (x = y) \to (Fx \leftrightarrow Fy)$$

de la que se desprende que dos entidades, x, y, son idénticas si lo que es verdad de x es verdad de y, y viceversa. Si '*x*' se lee 'Cervantes', '*y*' se lee 'el autor del *Quijote*' y '*F*' se lee 'el más famoso novelista español del Siglo de Oro', resulta que si Cervantes es idéntico al autor del *Quijote,* entonces Cervantes tiene la propiedad de ser el más famoso novelista español del Siglo de Oro si, y sólo si, el autor del *Quijote* es el más famoso novelista español del Siglo de Oro.

La noción de sustituibilidad es entendida como sigue: dos términos son idénticos cuando son mutuamente sustituibles *salva veritate*. Se ha sostenido a veces que la identidad puede ser contingente o necesaria. En:

El autor del *Quijote* = el manco de Lepanto

(suponiendo que hubiera habido solamente un manco como consecuencia de la batalla de Lepanto y sólo un autor del *Quijote)* tenemos una identidad contingente. Un mundo en el cual no haya existido ningún manco de Lepanto no es –o no es forzosamente– un mundo en el cual no haya existido Cervantes. Por otro lado, en:

$$A = B,$$

donde 'A' y 'B' son, en el vocabulario de Kripke, designadores rígidos, la identidad es, según este autor, necesaria.

Cuando la ley de la sustituibilidad de la identidad se formula en términos de propiedades extensionales, tenemos el principio de identidad de los indiscernibles, de que hemos hablado en INDISCERNIBLES (PRINCIPIO DE LOS).

La ley de transitividad de la identidad se formula:

$$\wedge xyz((x=y) \wedge (y=z)) \rightarrow (x=z)$$

de la que se desprende que si dos entidades son iguales a una tercera, son iguales entre sí. Si 'x' se lee 'Dostoievski', 'y' se lee 'el autor de *El idiota*' y 'z' se lee 'el más profundo de los novelistas rusos', tenemos que si Dostoievski es el autor de *El idiota* y el autor de *El idiota* es el más profundo de los novelistas rusos, entonces Dostoievski es el más profundo de los novelistas rusos.

Thomas Moro Simpson *(Formas lógicas, realidad y siginificado,* nueva ed., 1975, § 22) apunta que una identidad como:

Dante = el autor de la *Divina Comedia*

da lugar a una paradoja, la llamada «paradoja de la identidad». En efecto, si la identidad es verdadera, el objeto denotado por la expresión a la izquierda de '=' es el mismo que el denotado por la expresión a la derecha de '=', siendo ambas expresiones sinónimas. La identidad es entonces verdadera, pero trivial. Por otro lado, si los dos términos indicados no denotan el mismo objeto, la (proclamada) identidad deja de ser trivial, pero es falsa. Si se sigue a Russell, se resolverá la paradoja manteniendo que las descripciones –como 'el autor de la *Divina Comedia*'– no son nombres propios, sino símbolos incompletos.

Se habla asimismo de identidad en el álgebra de clases y en el álgebra de relaciones. El signo usado para expresar la identidad en ambas álgebras es también '='. En el álgebra de clases la fórmula:

se lee:
$$A = B$$

La clase A es idéntica a la clase B,

con lo cual se expresa que cada miembro de la clase A es miembro de la clase B, y cada miembro de la clase B es miembro de la clase A. La identidad entre clases se define:

$$A = B = def. \wedge x (x \in A \leftrightarrow x \in B).$$

En cuanto al álgebra de relaciones, la fórmula:

$$R = S$$

se lee:

La relación R es idéntica a la relación S,

con lo cual se expresa que:

$$R = S$$

se define mediante:

$$\wedge xy ((x R y) \leftrightarrow (x S y))$$

Ejemplo de identidad de clase es:

La clase de los números primos es idéntica a la clase de los números que sólo son divisibles por sí mismos o por 1.

Ejemplo de identidad de relaciones es:

La relación *criado de* es idéntica a la relación *servidor masculino de*.

Ilusión. En filosofía se usa el término 'ilusión' sobre todo en relación con la cuestión de si los sentidos engañan o no. No se trata de dilucidar si los sentidos engañan siempre y necesariamente; si los sentidos engañaran siempre, y no hubiese ningún otro criterio para formular juicios estimados verdaderos que el de los sentidos, no podría hablarse de ilusión. El concepto de ilusión se origina cuando se advierte que los sentidos pueden engañar, siquiera sea una vez. Desde entonces se pregunta si no será mejor desconfiar de los sentidos de un modo metódico. Ejemplos de esta desconfianza son numerosos en la historia de la filosofía. La distinción establecida por los filósofos griegos entre «realidad» y «apariencia» está en parte fundada en la desconfianza de la percepción sensible. El «mundo de la apariencia» es el «mundo de la ilusión». De este mundo sólo caben «opiniones» (Parménides, Platón) y no «verdades». Ello no significa siempre, sin embargo, que «el mundo de la ilusión» sea declarado «inexistente». En rigor, en muchos casos no se trata de eliminarlo, sino de explicarlo, es decir, de averiguar cómo se produce la «ilusión» y de dar una explicación racional de la misma. Éste es el sentido que tiene la famosa expresión platónica «salvar las apariencias» (o las «ilusiones»). El mundo de la ilusión no es el «mundo real», pero no es tampoco un «mundo completamente imaginario». La ilusión no desaparece –como ocurre con el célebre ejemplo del bastón dentro del agua–, pero se intenta mostrar en qué se funda y, con ello, mostrar cuál es la «realidad».

Denunciar la realidad sensible como «completamente ilusoria» es imposible a menos que se tenga un criterio por el cual se sabe, o se cree saber, en qué consiste para algo «ser verdadero» o «ser real». Gilbert Ryle ha indicado (*Dilemmas*, 1954, págs. 94 y sigs.) que los argumentos producidos con el fin de depreciar (y menospreciar) la percepción sensible –y especialmente los argumentos producidos con el fin de depreciar *toda* percepción sensible– carecen de sentido, por cuanto se fundan en el supuesto (incomprobable) de que «todo es falible». Pero algo es falible sólo si hay algo que no lo sea y con respecto a lo cual lo sea. La moneda falsa lo es tan sólo con respecto a la «auténtica». Los defectos de los sentidos no permiten concluir que los sentidos no sean capaces de percibir adecuadamente; en verdad, hay defectos en los sentidos sólo en cuanto hay posibilidades para ellos de percibir de modo adecuado. Estos argumentos de Ryle son convincentes, pero no son distintos en substancia de los producidos por la mayor parte de los filósofos que han desconfiado de la percepción sensible excepto en un punto: en que muchos de tales filósofos han tratado de establecer un criterio no sensible con el fin de denunciar –y, de paso, explicar– las «ilusiones». La dificultad consiste en saber si puede establecerse un criterio no sensible para determinar el carácter adecuado o inadecuado, o a veces inadecuado, o siempre y necesariamente inadecuado, de las percepciones sensibles. Muchos filósofos modernos han tratado de mostrar que los criterios establecidos al efecto son aceptables. Así ocurre con Descartes, con Locke y, en general, con todos los filósofos que han distinguido entre cualidades primarias y cualidades secundarias (o de la sensación) (véase CUALIDAD). La posible ilusión causada por los sentidos se debe, según tales filósofos, a que los sentidos perciben solamente las cualidades secundarias, pero no las primarias. Ello no significa que las cualidades secundarias o de la sensación produzcan siempre ilusiones del tipo de las engendradas por el bastón sumergido en el agua. En los filósofos de que nos ocupamos ahora el concepto de «ilusión» está ligado al de «apariencia» (VÉASE): las cosas «aparecen» de modo distinto de como «realmente» son –si es que se supone que su ser está constituido por cualidades primarias.

Kant distinguió entre ilusión *(Schein)* y apariencia *(Erscheinung)*. La verdad o la ilusión no están, según Kant, en el objeto, sino en el juicio sobre él. Por eso Kant estima que los sentidos no pueden errar, simplemente porque no pueden juzgar. Ahora bien, las ilusiones pueden ser de varias clases. Hay las ilusiones empíricas («ópticas»); éstas se producen con frecuencia cuando la facultad del juicio ha sido descarriada por la imaginación. Las ilusiones empíricas pueden ser corregidas cuando se emplean correctamente las reglas del entendimiento (en su uso empírico). Hay también las ilusiones lógicas, las cuales son producidas por falacias. Estas ilusiones son engendradas por falta de atención a las reglas lógicas, y pueden eliminarse cuando se presta la debida atención a tales reglas. Hay, finalmente, las ilusiones trascendentales, producidas cuando se procede a ir «más allá» del uso empírico de las categorías, es decir, cuando se intenta aplicar las categorías a «objetos trascendentes» *(K.r.V.,* A 295 sig. /352 sigs.). Las ilusiones trascendentales se hallan tan arraigadas que son muy difíciles de desenmascarar. Como la dialéctica es definida como «lógica de la ilusión», el estudio de las ilusiones trascendentales se lleva a cabo en la «Dialéctica trascendental», la cual «se contenta con poner al descubierto la ilusión de los juicios trascendentales, a la vez que tomar precauciones para no ser engañados por ella» (A 297/B 354). La ilusión trascendental es «natural» e «inevitable», por cuanto se apoya en principios subjetivos que aparecen como si fuesen objetivos.

Imitación. Los pitagóricos llamaban «imitación», μίμησις, al modo como las cosas se relacionaban con los números, considerados como las realidades esenciales y superiores que aquéllas imitan. Aristóteles criticó esta doctrina en *Met.,* A 6, 987 b 12, declarando que no hay diferencia esencial entre la teoría pitagórica de la imitación y la teoría platónica de la participación.

La noción anterior de imitación es (predominantemente) metafísica. El concepto de imitación puede entenderse asimismo en un sentido (predominantemente) estético. Es lo que sucede en parte con Platón y por entero con Aristóteles al presentar sus respectivas teorías de la imitación artística. Platón se refirió a esta cuestión en varios diálogos. Por ejemplo, en *Soph.*, 266 A sigs., al definir la imitación como una especie de creación, es decir, como una creación de imágenes y no de cosas reales, por lo cual la imitación es una creación humana y no divina, o en *Leg.*, II, 667 A, al dilucidar las condiciones que debe cumplir la imitación de algo: de qué sea imitación, si es verdadera, si es hermosa. Particularmente importantes son, empero, los pasajes platónicos en *Rep.*, X 595 C y sigs., donde indica que cuando un artista pinta un objeto fabrica una apariencia de este objeto, pero como en rigor no pinta la esencia o verdad del objeto, sino su imitación en la Naturaleza, la imitación artística resulta ser una imitación doble: la imitación de una imitación. Por eso el arte de la imitación no roza, según Platón, más que un fantasma, simulacro o imagen, εἴδωλον, de la cosa. Con lo cual advertimos que aun en su teoría de la imitación estética Platón no abandonó su doctrina de la imitación metafísica. Aristóteles, en cambio, dilucidó el problema de la imitación como un problema de la poética o arte productivo. Según el Estagirita, las artes poéticas (poesía épica y tragedia, comedia, poesía ditirámbica, música de flauta y lira) son, en general, *modos de imitación (Poet.*, I 1447 a 14-16). El imitador o artista representa sobre todo acciones, con agentes humanos buenos o malos (*ibid.*, II 148 a 1-2), habiendo tantas especies de artes como maneras de imitar las diversas clases de objetos (*ibid.*, III 1448 a 18-20).

La doctrina artística de la imitación, especialmente en su forma aristotélica, ejerció considerable influencia hasta bien entrado el siglo XVIII.

En épocas más recientes la noción de imitación ha sido usada en investigaciones biológicas, psicológicas, sociológicas y estéticas.

En biología se ha estudiado el fenómeno de la imitación como reproducción o duplicación por los miembros de una especie de los movimientos efectuados por otros miembros de la misma especie, y a veces por miembros de otras especies. A estos estudios pertenecen las investigaciones sobre la mímica animal, de Piderit.

En psicología se han destacado las investigaciones de la imitación efectuadas por Theodor Lipps y, sobre todo, por Jean Piaget.

La noción de imitación ha suscitado asimismo interés en estética y, en particular, en la crítica e historia literarias, como lo testimonian las investigaciones al respecto de Erich Auerbach en su obra *Mimesis, Dargestelle Wirklichkeit* in *der abendländischen Literatur*, 1942 (trad. esp.: *Mimesis: la representación de la realidad en la literatura occidental*, 1954).

Imperativo. Los mandamientos éticos se formulan en un lenguaje imperativo. Este imperativo es a veces positivo, como en «Honrarás padre y madre», y a veces negativo, como en «No matarás». El lenguaje *imperativo* es a su vez una parte del lenguaje *prescriptivo*. Sin embargo, no todo el lenguaje ético es imperativo. Los juicios de valor moral, por ejemplo, que pertenecen también a la ética, se formulan en lenguaje *valorativo*. A su vez, los imperativos pueden ser de diversas clases. Por ejemplo: *singulares* y *universales*, o –como indicó Kant– *hipotéticos* (o condicionales) y *categóricos* (o absolutos). En la ética actual se ha discutido sobre todo la índole lógica de las expresiones imperativas. Algunos autores han declarado que como los imperativos no son enunciados (los cuales se expresan en modo indicativo), no dicen nada y, por consiguiente, quedan fuera de toda ciencia. Según esta teoría, los imperativos expresan solamente los deseos de la persona que los formula, de tal modo que cuando decimos: «Obedece a tu madre», ello equivale a decir: «Deseo que obedezcas a tu madre». En suma, los imperativos no tienen en este caso otra posibilidad de comprobación que la comprobación de que la persona que los formula tiene efectivamente el deseo que en ellos se expresa. Es obvio que esta teoría está muy estrechamente relacionada con la que reduce los juicios de carácter moral a juicios aprobatorios, es decir, la que afirma que una proposición como 'Juan obra mal' equivale a la proposición 'No apruebo la conducta de Juan'. Otros autores han propuesto reducir los imperativos a condicionales. Según ello, una frase como 'No desearás a la mujer de tu prójimo' equivale a la frase: Si deseas a la mujer de tu prójimo, te atraerás la venganza de tu prójimo', o a la frase: 'Si deseas a la mujer de tu prójimo, contribuirás a la disolución de los vínculos familiares', etc. Contra ambas teorías se ha observado que, si bien constituyen un análisis lógico de los imperativos, representan un sacrificio de aquello a que tienden justamente los imperativos: la expresión de unas normas de carácter moral. Según escribe Kant en la *Fundamentación de la metafísica de las costumbres*, «la concepción de un principio objetivo en tanto que se impone necesariamente a una voluntad se llama un mandamiento, y la fórmula de este mandamiento se llama un imperativo». El imperativo –dice Kant (*K.p.V.*, 36-7)– es una regla práctica que se le da a un ente cuya razón no determina enteramente a la voluntad. Tal regla expresa la necesidad objetiva de la acción, de tal modo que la acción *tendría lugar* inevitablemente de acuerdo con la regla *si* la voluntad *estuviera* enteramente determinada por la razón. Éste es el motivo por el cual los imperativos son objetivamente válidos, a diferencia de las máximas, que son principios subjetivos.

Los imperativos son, como vimos, de dos clases: *hipotéticos* o *condicionales* –en los cuales los mandamientos de la razón están condicionados por los fines que se pretenden alcanzar– y *categóricos* o *absolutos* –en los cuales los mandamientos de la razón no están condicionados por ningún fin, de modo que la acción se realiza por sí misma y es un bien en sí misma–. Los imperativos hipotéticos determinan las condiciones de la causalidad del ser racional como causa eficiente, es decir, con referencia al efecto y a los medios de obtenerlo. Los imperativos categóricos determinan sólo la voluntad, tanto si es adecuada al efecto como si no lo es. Por eso los primeros contienen meros preceptos, en tanto que los segundos son leyes prácticas. Pues aunque las máximas son también principios, no son imperativos.

Kant subdivide los imperativos hipotéticos en *problemáticos* (o *imperativos de habilidad*) y *asertóricos* (o *imperativos de prudencia*, llamados también *pragmáticos*). Los imperativos categóricos no se subdividen, porque todo imperativo categórico es a la vez *apodíctico*. Podemos, pues, decir que los imperativos ordenan o hipotética o categóricamente. Ejemplo de los primeros es el imperativo: «Debes considerar todas las cosas atentamente con el fin de evitar juicios falsos», que de hecho equivale a una proposición condicional, pues se puede formular asimismo del siguiente modo: «Si quieres evitar juicios falsos, debes considerar todas las cosas atentamente». Ejemplo de los segundos es el imperativo: «Sé justo». Éste es uno de los muchos ejemplos posibles de imperativo categórico. Con esto vemos que aun cuando es corriente usar la expresión 'el imperativo categórico (de Kant)', de hecho todo imperativo que mande incondicionalmente como si lo ordenado fuese un bien en sí, es categórico. Ahora bien, siguiendo la tradición nos referiremos *al* imperativo categórico (de Kant), en tanto que principio de todos los imperativos categóricos, bien que teniendo en cuenta que ha sido formulado de diversas maneras. No son variantes, sino formas que se enlazan entre sí, de tal modo que se pasa de la una a la otra dentro de un sistema moral consistente. Siguiendo las indicaciones de H. J. Paton en su libro *The Categorical Imperative* (1948, Cap. XIII, 1), daremos las cinco formulaciones de Kant. Todas ellas se hallan en la *Fundamentación* citada. Las enumeramos en el mismo orden que propone Paton y les damos los mismos nombres que sugiere este autor. Son: (1) «Obra sólo de acuerdo con la máxima por la cual puedas al mismo tiempo querer que se convierta en ley universal» (fórmula de la ley universal); (II) «Obra como si la máxima de tu acción debiera convertirse por tu voluntad en ley universal de la Naturaleza» (fórmula de la ley de la Naturaleza); (III) «Obra de tal modo que uses la humanidad, tanto en tu propia persona como en la persona de cualquier otro, siempre a la vez como un fin, nunca simplemente como un medio» (fórmula del fin en sí mismo); (IV) «Obra de tal modo que tu voluntad pueda considerarse a sí misma como constituyendo una ley universal por medio de su máxima» (fórmula de la autonomía); (V) «Obra como si por medio de tus máximas fueras siempre un miembro legislador en un reino universal de fines» (fórmula del reino de los fines). La fórmula que aparece en la *Crítica de la razón práctica* bajo el nombre de «Ley fundamental de la razón pura práctica», y que dice: «Obra de modo que tu máxima pueda valer siempre al mismo tiempo como principio de una legislación universal», se aproxima mucho a (I), aunque en el desarrollo que le da en dicha obra Kant parece atenerse a (III). El propio filósofo habla de tres formas del imperativo categórico; podemos considerar (I) y (II) como la primera; (III) como la segunda, y (IV) y (V) como la tercera.

Kant enumera varios ejemplos de deberes, unos que son deberes para consigo mismo y otros que son deberes para con otras personas, con el fin de mostrar cómo funciona el imperativo categórico. Mencionamos tres de dichos ejemplos. Los dos primeros proceden de la *Fundamentación de la metafísica de las costumbres;* el último, de la *Crítica de la razón práctica*.

Entre los deberes para consigo mismo puede presentarse el siguiente caso: Un hombre desesperado por las desgracias ocurridas en su vida y todavía en posesión de su razón se pregunta si no sería contrario a su deber para consigo mismo suicidarse. Investiga entonces si la máxima de su acción podría convertirse en ley universal de la Naturaleza. Y razona como sigue: «Por lo pronto adopto como máxima el principio de que puedo acortar mi existencia cuando la mayor duración de ésta tenga que proporcionarme mayores males que bienes. ¿Puede convertirse este principio en ley universal de la Naturaleza? No, porque un sistema de la Naturaleza en el cual fuese una ley destruir la vida por medio del mismo sentimiento que impulsa la mejora de la misma sería contradictorio consigo mismo y no podría existir como sistema de la Naturaleza».

Entre los deberes para con otros puede presentarse el siguiente caso: Un hombre se ve obligado a pedir prestado dinero. Sabe que no podrá devolverlo, pero sabe también que no se le prestará nada si no promete su devolución en un tiempo determinado. Quiere hacer la promesa, pero posee suficiente conciencia moral como para preguntarse si no será ilegal y contradictorio con el deber eludir tal dificultad haciendo semejante falsa promesa. Si se resuelve a hacerla pensará: «Estoy dispuesto a pedir dinero y a prometer devolverlo, aunque sé que no podré cumplir nunca mi promesa. Esto estará, ciertamente, de acuerdo con mi conveniencia, pero, ¿es justo? Para saber la respuesta, debo formularlo mediante una ley universal y preguntar: ¿Qué ocurriría si mi máxima se convirtiese en tal ley? Inmediatamente veo que no podría convertirse en semejante ley, pues una ley de esta índole se contradiría a sí misma. Supongamos que sea una ley universal el que cada uno que se encuentra en una dificultad pueda prometer lo que quiera pensando no cumplir con su promesa. Entonces la propia promesa, y lo que uno se propusiera con ella, resultarían imposibles, pues nadie aceptaría que ha habido una promesa y consideraría toda promesa como una falsa pretensión».

Entre los deberes para con otros puede presentarse el siguiente caso. Supongamos que alguien ha decidido seguir la máxima de incrementar su fortuna por todos los medios seguros a su alcance. Le ocurre en un momento dado tener un depósito de alguien que ha fallecido y que no ha dejado sobre el punto ninguna voluntad escrita. ¿Puede convertirse en ley práctica universal la máxima de que se puede negar a devolver un depósito en tales condiciones? La respuesta es, según Kant, negativa. Pues si la máxima en cuestión se convirtiese en ley universal se anularía a sí misma, ya que no habría depósitos.

Se han formulado varias objeciones a la doctrina kantiana del imperativo categórico.

Unas se basan en el hecho de que el imperativo categórico adolece de inconsistencias. Ejemplo de ello es el argumento de Brentano en una nota [15] a su obra *El origen del conocimiento moral*. La claridad con que lo ha expresado dicho filósofo merece que reproduzcamos el párrafo pertinente: «Si a consecuencia de la ley ciertas acciones son omitidas, entonces la ley obra un efecto y, por tanto, es real y en modo alguno queda anulada. Ved cuán ridículo fuera que alguien tratara en modo semejante la pregunta siguiente: ¿Debo acceder a quien intente sobornarme?, y contestase: Sí, porque si pensaras la máxima opuesta elevada a ley universal de la Naturaleza, ya no habría nadie que intentase sobornar a nadie, y, por consiguiente, quedaría la ley sin aplicación y, por tanto, anulada por sí misma» (*El origen, etc.*, trad. M. García Morente, 2.ª ed., 1941, pág. 86).

Otros destacan que un imperativo como el kantiano no tiene sus raíces en una exigencia racional, sino que es la consecuencia de un instinto que en un momento determinado puede revelarse racionalmente. Ejemplo de tal opinión es el que propone Bergson, en el Cap. I de su obra *Las dos fuentes de la moral y de la religión*, al indicar que si queremos un caso de imperativo categórico puro «tendremos que construirlo *a priori* o por lo menos estilizar la experiencia». En efecto, la fórmula «es necesario, porque es necesario» puede imaginarse como forjada en un instante en que la inteligencia expresa la inevitabilidad de una acción prescrita por el instinto. Por eso «un imperativo absolutamente categórico es de naturaleza instintiva o sonambúlica: o se le experimenta como tal en estado normal, o se le imagina así cuando la reflexión se despierta por un momento, el tiempo indispensable para formularlo, pero no para buscarle razones» (*Las dos fuentes, etc.*, trad. esp., 1946, pág. 79.)

Otros destacan que del imperativo categórico no pueden deducirse consecuencias éticas. Como indica Brentano en la obra antes citada, J. S. Mill había ya formulado esta objeción. Pero ésta se encuentra en todos los autores que han criticado el formalismo ético kantiano. Los que llevan esta objeción a sus últimas consecuencias indican que no puede haber ningún principio ético normativo de carácter universal. Tales principios –arguyen– son completamente vacíos y, por consiguiente, no pueden dar lugar a ninguna máxima concreta.

Otras objeciones, finalmente, se refieren a los supuestos desde los cuales el imperativo categórico es formulado. Se ha indicado, en efecto, que una ética como la kantiana es una ética rigorista, que niega la espontaneidad de la vida y adscribe valor solamente a lo hecho contra los propios impulsos. El imperativo categórico sería, según estas objeciones, la consecuencia de la universalización de tal rigorismo ético. Tal objeción se formula a su vez desde distintos puntos de vista. Unos son puntos de vista sociológicos (el imperativo categórico es la clave de una ética del hombre burgués). Otros son puntos de vista teológicos (el imperativo categórico es el punto culminante de una ética puramente autónoma, que atribuye al hombre la posibilidad de hacer el bien sin una gracia divina). Otros son puntos de vista psicológico-filosóficos (el imperativo categórico hace depender la ética exclusivamente de la voluntad, sin atender a otras posibilidades de percibir los valores éticos). Otros, por fin, son puntos de vista filosóficos (el imperativo categórico es un imperativo de la razón, que puede ser contrario a los imperativos de la vida). En todos estos casos se critica el imperativo categórico kantiano por su rigidez y por su ausencia de supuestos, con lo cual este tipo de objeción coincide a veces con la que destaca el excesivo formalismo del imperativo. Destaquemos que dentro de este último género de objeciones puede incluirse la explicación de un imperativo categórico puro dada por Bergson.

Respuestas a estas objeciones obligan o bien a refundamentar la ética o bien a reformular el imperativo categórico kantiano, o ambas cosas a un tiempo. Así, Scheler, siguiendo en parte a Brentano, ha desarrollado una «ética material de los valores» que elude, a su entender, el formalismo kantiano sin por ello abandonar el «apriorismo». Un camino semejante ha seguido Nicolai Hartmann.

Una reformulación del imperativo kantiano, consistente en dar una interpretación menos rígida del mismo que lo habitual, ha sido propuesta por H. J. Paton al señalar que «Kant no trata de proponer una teoría especulativa acerca del modo como un imperativo categórico puede producir efectos en el mundo fenoménico» *(op. cit.,* Cap. XIX, 5). No se trata, pues, de explicar cómo la razón pura puede ser práctica. Análogamente a lo que ocurre en la *Crítica de la razón práctica* y en la *Fundamentación de la metafísica de las costumbres,* la cuestión planteada por Kant es una cuestión de *validez* de ciertas proposiciones; ni los problemas psicológicos ni las consecuencias prácticas tendrían entonces nada que ver *en principio* con la formulación de imperativos. Es dudoso, sin embargo, que por lo menos en lo que toca a las consecuencias prácticas pueda resolverse el asunto doblando el formalismo del imperativo con el formalismo de su interpretación. Varios filósofos y lógicos se han ocupado de lo que se ha llamado «la lógica de los imperativos», es decir, la lógica que se ocupa de las inferencias que puedan ejecutarse a partir de expresiones imperativas tales como «Haz X» u «Obedecer Y». Algunos autores han negado la posibilidad de inferencias imperativas propiamente dichas, pero otros (por ejemplo, Héctor-Neri Castañeda) han afirmado la posibilidad de tales inferencias. Castañeda ha elaborado en detalle las condiciones de la lógica de los imperativos formulando las expresiones imperativas análogas a los valores de verdad. Ello significa establecer «una generalización fecunda de la noción de inferencia tal como ésta se aplica a proposiciones indicativas ordinarias, esto es, como uso posible de enunciados formalmente relacionados entre sí de ciertos modos especificados, independientemente de si son verdaderos o falsos, y de cómo son usados y por quién» («Imperative Reasonings», *Philosophy and Phenomenological Research*, XXI [1960-1961], pág. 26; ver también «A note on Imperative Logic», *Philosophical Studies*, VI [1955]).

A veces se han tratado las expresiones imperativas –«Cierra la puerta», «Ayuda al prójimo»– como si fuesen expresiones deónticas –«Debes cerrar la puerta», «Debes ayudar al prójimo»–, alegándose que mandar hacer algo es lo mismo que decir que debe hacerse. Sin embargo, se puede mandar hacer algo sin pensar que deba hacerse; viceversa, se puede pensar que algo debe hacerse sin mandar hacerlo. Por tanto, hay que distinguir entre expresiones imperativas y expresiones deónticas.

Se han tratado asimismo en ocasiones las expresiones imperativas como si fuesen valorativas, esto es, juicios de valor; en todo caso, se ha estimado que ciertos imperativos –los imperativos de carácter moral– reciben su legitimidad de las valoraciones. Algunos autores han tratado inclusive de ligar, cuando menos en el terreno moral, expresiones imperativas con deónticas y valorativas, fundándose en que si se reconoce el valor de algo –por ejemplo, de una determinada acción–, lo moral es proclamar que debe ejecutarse y a este efecto se manda que se ejecute. No obstante, se puede valorar una acción sin mandar ejecutarla, o se puede mandar ejecutar una acción sin considerarla valiosa. Como, por otro lado, hay diferencia entre expresiones valorativas y expresiones deónticas, no es legítimo establecer una estricta ligazón entre los tres tipos de expresiones.

La independencia, y la lógica propia, de las expresiones imperativas con respecto a las deónticas y a las valorativas no impide, sin embargo, que puedan establecerse relaciones entre ellas siempre que se den las razones apropiadas. Pero estas razones vienen, por así decirlo, «desde fuera» y no son consecuencia de derivaciones lógicas en sentido estricto.

Se ha discutido qué relación hay entre expresiones por medio de las cuales se dice que alguien debe hacer algo e imperativos. Las expresiones por medio de las cuales se dice que alguien debe hacer algo suelen conocerse como expresiones que conllevan 'debería'. Así, la cuestión que se plantea es la de la relación entre expresiones como 'Deberías cumplir tus promesas' y expresiones como 'Cumple tus promesas'. Algunos autores han estimado que 'debería' conlleva un imperativo, ya que de no ser así no tendría sentido decir que alguien debería hacer tal o cual cosa. Otros han afirmado que 'debería' no expresa ningún contenido que lleve a formular imperativos.

Se ha discutido asimismo si es o no una característica de los imperativos el tener una dimensión causal. Obviamente, el formular un imperativo por sí mismo no puede constituir una causa. Sin embargo, algunos autores manifiestan que un imperativo puede contribuir a que se lleve a cabo una acción, y que ciertos imperativos deben llevar a contribuir a que se lleve a cabo una acción. Otros mantienen completamente separados los imperativos y cualquier acción causal, siquiera posible, o meramente deseable.

Indiscernibles (principio de los). El llamado *principium identitatis indiscernibilium* se debe sobre todo a Leibniz, por lo que se llama asimismo «principio de Leibniz». Escribimos 'sobre todo' porque se ha puesto de relieve que ya algunos pensadores estoicos habían reconocido tal principio, bien que de un modo poco preciso y refiriéndolo únicamente a sus resultados (la inexistencia de dos entidades exactamente iguales). Así, Séneca *(Ep.*, 113, 16) escribió que todas las cosas son diferentes entre sí y que no hay dos hojas o, en general, dos seres vivientes exactamente iguales. La misma afirmación se encuentra en varios pensadores renacentistas, especialmente en Nicolás de Cusa, y modernos (en parte Suárez, Malebranche).

Leibniz formuló, explicó y defendió el principio de la identidad de los indiscernibles en numerosas ocasiones. Nos limitaremos a tres pasajes. En la Cuarta carta a Clarke (de la llamada «Correspondencia entre Leibniz y Clarke», de 1715-1716; Gerhardt, VII,

§ 393), Leibniz indica que el principio en cuestión es consecuencia del principio de razón suficiente, lo que muestra, dicho sea de paso, la fecundidad de este último «gran principio». «Infiero de este principio [de razón suficiente], entre otras consecuencias, que no hay en la Naturaleza dos seres reales absolutos que sean indiscernibles, pues si los hubiera, Dios y la Naturaleza obrarían sin razón tratando el uno de modo distinto que el otro.» Sería absurdo, en suma, que hubiese dos seres indiscernibles; dados tales dos seres, uno no importaría más que el otro y no habría razón suficiente para elegir uno más bien que el otro. En los *Nouveaux Essais,* Libro II, cap. xxvii (Gerhardt, V, 213), Leibniz estima que las diferencias externas no son suficientes para distinguir o individualizar un ser: «Es menester que, aparte la diferencia del tiempo y del lugar, haya un *principio* interno de *distinción,* y aunque haya varias cosas de la misma especie, es, sin embargo, cierto que no hay nunca cosas perfectamente semejantes. Así, aunque el tiempo y el lugar (es decir, la relación con el exterior) nos sirven para distinguir las cosas que no distinguimos bien por sí mismas, las cosas no dejan de ser distinguibles en sí. Lo preciso [lo característico] de la *identidad* y de la *diversidad*

no consiste, pues, en el tiempo y en el lugar, aunque sea cierto que la diversidad de las cosas va acompañada de la del tiempo o del lugar, por cuanto acarrean consigo impresiones diferentes sobre la cosa». En *Monadologie,* § 9 (Gerhardt, V, 608) Leibniz indica que cada mónada es distinta de las demás. «Pues no hay jamás en la Naturaleza dos seres que sean perfectamente iguales y en los que no sea posible encontrar una diferencia interna, o fundada en una denominación intrínseca.»

Los seres no difieren entre sí, pues, sólo numéricamente, *solo numero.* No está excluida *in abstracto* la existencia de dos indiscernibles, pero en virtud de la razón suficiente hay que excluir tal existencia *in concreto.*

Los leibnizianos aceptaron el principio de la identidad de los indiscernibles. En su *Ontologia* (§§ 179-224) Wolff trata *De Identitate & Similitudine* en cuanto «afecciones del ente en general». Puede entonces definir la identidad como completa sustituibilidad de dos entes (§ 181); indicar que si los entes determinantes son iguales, los entes determinados son iguales y viceversa (§§ 192-193), hablar de la identidad de dos cosas con una tercera como siendo todas idénticas entre sí (§ 223). Pero cuando en su *Cosmologia* (§§ 246-248) se refiere a entes que existen en la Naturaleza, Wolff mantiene el principio de la identidad de los indiscernibles en el sentido leibniziano.

En cambio, Kant criticó el principio leibniziano de la identidad de los indiscernibles manifestando que Leibniz confundió las apariencias (véase APARIENCIA) con las cosas en sí y, de consiguiente, con inteligibles u objetos del entendimiento puro. Si las apariencias son cosas en sí, el principio en cuestión, declaró Kant, es indiscutible (*K.r.V.*, A 264/320). Pero las apariencias son objetos de la sensibilidad; la pluralidad y la diferencia numérica nos son dadas ya por medio del espacio como condición de las apariencias externas. Intuir dos cosas en dos diferentes posiciones espaciales es, pues, suficiente para considerarlas numéricamente distintas. «La diferencia de los lugares (*Örter*) –escribe Kant– hace la pluralidad y distinción de los objetos, en cuanto apariencias, no solamente posible, sino también necesaria, sin que sean menester otras condiciones» (A 272/B 328; cf. también A 281-2/B 377-8).

Entre los pensadores contemporáneos, el principio de los indiscernibles ha sido examinado sobre todo desde el punto de vista lógico. Pero antes haremos observar que, aparte esta presentación, varios filósofos y lógicos han discutido el sentido o los sentidos en que el principio puede ser o puede no ser aceptado. Algunos autores han indicado que carece de sentido inclusive afirmar o negar que dos cosas puedan tener todas sus propiedades en común a menos que previamente se hayan distinguido. Otros señalan que si el principio puede negarse sin que la negación sea contradictoria consigo misma, el principio carece de interés. Otros señalan que puede imaginarse un universo radicalmente simétrico en el cual todo lo que sucede en cualquier lugar puede ser exactamente duplicado en un lugar a igual distancia, en el lado opuesto, del centro de la simetría, en cuyo caso habría objetos numéricamente distintos, aunque indiscernibles. Otros arguyen que en un universo semejante sería posible la indiscernibilidad de dos objetos numéricamente distintos solamente porque se introduce un punto de observación con respecto al cual las dos mitades del universo están situadas en dos lugares diferentes. El principio de los indiscernibles se formula:

$$\wedge F (Fx \leftrightarrow Fy) \to (x = y)$$

Puede verse que dos entidades, *x*, *y*, son idénticas si tienen las mismas propiedades (*F*). En dicha

fórmula se cuantifica el predicado, lo que es necesario para expresar la indiscernibilidad de las entidades. Si las propiedades se entienden extensionalmente, entonces el principio es interpretado como expresando pertenencia de las entidades a las mismas clases.
La fórmula:

$$\wedge xy(x=y \leftrightarrow (Fy=Fy))$$

es sólo aproximada al principio de la identidad de los indiscernibles. Expresa la llamada «ley de sustituibilidad de la identidad» según la cual si dos entidades, *x*, *y*, son idénticas, lo que es verdadero de *x*, es verdadero de *y*.

Individuo. Como traducción del término ἄτομος el vocablo latino *individuum* (='individuo') designa algo a la vez in-diviso e in-divisible. Se ha dicho que el individuo es algo indiviso, pero no necesariamente indivisible. Sin embargo, tan pronto como se divide un individuo desaparece como tal individuo. Es razonable, pues, admitir la indivisibilidad (en principio) del individuo. Según R. Eucken *(Geschichte der philosophischen Terminologie* [1879, reimp., 1960], pág. 52), Cicerón empleó los términos *individuus* y *dividuus*. Pero no pareció darles un sentido filosófico técnico. Este sentido aparece, en cambio, en otros autores.

En *De providentia*, 5, Séneca define los individuos como entidades en las cuales nada puede separarse sin dejar de ser tales: *quaedam separari o quibusdam non possunt, coharent individuae sunt*. El sentido de 'individuo' es aquí el de cualquier entidad indivisa e indivisible. El individuo no es necesariamente un ser singular y aislado, diferente de los demás, esto es, un ser que existe una sola vez. En cambio, Porfirio da en la *Isagoge* una definición de 'individuo' como entidad singular e irrepetible. Según Porfirio, los individuos (ἄτομα) son entidades tales como Sócrates, este hombre, esta cosa –entidades que poseen atributos que solamente se dicen de tal determinada entidad–. Parece, pues, que los individuos en el sentido de Porfirio, τὰ ἄτομα, son los «cada cosa», τὰ καθ' ἕκαστα. Sin embargo, mientras los individuos propiamente dichos son entes completamente singulares, los individuos designados por la expresión τὰ καθ' ἕκαστα son, o pueden ser también, las *infimae species*, los «individuoides» o «atomoides», ἀτομαείδη, indeterminables por medio de género y diferencia.

El sentido que dio Porfirio a 'individuo' influyó sobre la mayor parte de autores medievales. Eucken indica que en la Edad Media se empleó *individuum* (y, en alemán, con Notke, *unspaltig*) como idéntico a «esto», «esta cosa», «este determinado ser», y que en este sentido se emplearon las expresiones *individualis* e *individualitas (Geistige Strömungen der Gegenwart* [1904], A3).

Al comentar la *Isagoge* de Porfirio, Boecio estimó que el vocablo *individuum* puede entenderse en tres sentidos: «Individuo se dice de varios modos. Se dice de aquello que no se puede dividir *[secari]* por nada, como la unidad o la mente; se dice de lo que no se puede dividir por su solidez *[ob soliditatem]*, como el diamante; y se dice de lo que no se puede predicar de otras cosas semejantes, como Sócrates» *(Ad Isag.,* II). El primer sentido es general; el segundo, real o «físico»; el tercero, lógico. Los escolásticos medievales distinguieron con frecuencia entre estas nociones de 'individuo'. La noción más «general» de 'individuo' es la que fue llamada *individuum vagum (individuo vago)* (cf. Santo Tomás, *S. Theol.,* I, q. XXX a 4). Ejemplos de tal «individuo vago» es «cualquier hombre», «cualquier árbol». El individuo vago se distingue de los demás individuos de la misma especie sólo numéricamente, a diferencia de la distinción de un individuo con respecto a otro por medio de las llamadas *notae individuantes* (características individuantes), tales como las clásicas siete *notae: forma, figura, locus, tempus, stirps, patria, nomen*.

Varias son las cuestiones suscitadas por la noción de individuo en sus aspectos real y lógico. En su aspecto real la cuestión más importante fue la tratada bajo el epígrafe «principio de individuación»; (véase INDISCERNIBLES [PRINCIPIO DE LOS]). En su aspecto lógico la cuestión más importante fue la de la naturaleza del llamado por algunos autores «concepto individual». Este «concepto» es el de un nombre propio como 'el hombre más alto de Montevideo en este momento'. Se dice a veces que tal concepto denota un individuo. Este individuo puede ser real como en 'mi amigo Antonio, aquí presente' (si hay tal amigo, Antonio, y si está presente), o «irreal», o todavía no real, como en 'el primer hombre que ha leído la *Odisea* en Júpiter'. Muchos lógicos han destacado el carácter real (o posiblemente real) del objeto denotado por el susodicho «concepto individual», a diferencia del carácter «ideal» de las entidades designadas por conceptos genéricos. Con ello puede verse que los aspectos antes distinguidos del problema del individuo –el «real» y el «lógico»– no pueden siempre separarse por completo; en todo caso, el análisis de uno de estos aspectos revierte con frecuencia sobre el otro.

Junto a las cuestiones real y lógica puede mencionarse una cuestión gnoseológica: la que se refiere a la cognoscibilidad, y a la forma de cognoscibilidad, de algo individual. Una doctrina muy común ha sido la de declarar el carácter «incomunicable» del individuo: *Individuum est incommunicabile,* por cuanto lo que se dice de él es algo universal (uno o varios predicados). A consecuencia de ello, varios autores han indicado que del individuo sólo puede tenerse un conocimiento «intuitivo». Otros han manifestado que lo único que puede hacerse con un individuo es «mostrarlo».

Las doctrinas medievales sobre la noción de individuo son más complejas de lo que pueden hacer presumir las anteriores indicaciones. Por la naturaleza de la presente obra nos vemos precisados a silenciar muchos aspectos de la cuestión que ahora nos ocupa. Indiquemos, sin embargo, a modo de ilustración, que no siempre se admitió que el individuo como tal fuera un ser simple. Por ejemplo, Duns Escoto hizo notar que la noción de individuo contiene por lo menos dos principios: su naturaleza y su entidad individuante, entre las cuales no hay distinción real, ni tampoco racional, sino formal.

En la filosofía moderna encontramos muy diversos modos de considerar la cuestión de la naturaleza del individuo y de lo individual. Por un lado, ciertos filósofos han tratado esta cuestión bajo el aspecto de la relación entre los entes singulares y la totalidad del universo (o del «ser»). Se ha preguntado a tal efecto si los entes singulares son o no simples modos de una substancia única. La respuesta de Spinoza es positiva; la de Leibniz, negativa. Este autor ha destacado hasta el extremo la singularidad de cada individuo. En general, ha habido dentro de la filosofía moderna la tendencia a considerar el individuo como algo singular. La plena identificación entre individualidad y singularidad es afirmada por Wolff al decir que el individuo como ente singular es aquel ente que se halla completamente (es decir, «omnímodamente») determinado: «*ens singulare, sive Individuum esse illud, quod omnimode determinatum est*» (*Ontologia*, § 227). Según Wolff, la noción de individuo se compone de la noción de especie (bajo la cual cae) y de la diferencia numérica (*ibid.,* § 240). Los autores empiristas se han inclinado por lo general a poner de relieve el puro «ser dado» de todo lo individual: el individuo es entonces un *datum* irreductible. Para Kant la noción de individualidad está determinada por la aplicación empírica de diversas categorías (véase CATEGORÍA). Hegel ha analizado la noción de individuo desde el punto de vista de la posibilidad de su «individualización». El individuo meramente particular es para Hegel un individuo incompleto; sólo en el proceso de desenvolvimiento dialéctico llega el individuo a superar la negatividad de su ser abstracto. Con ello puede llegarse a la idea de un «individuo universal» o individuo concreto que es a la vez singular y completo.

El concepto de individuo ha sido también objeto de numerosos análisis y especulaciones en cuanto «individuo humano» (y también en cuanto «yo», «ego», «persona», etc.). Muchos de estos análisis y especulaciones han usado nociones derivadas del estudio del concepto de individuo desde los puntos de vista general, real y lógico a que antes nos hemos referido.

En la época contemporánea ha sido frecuente tratar la cuestión de lo individual y del individuo con referencia a problemas tales como el *estatus* ontológico de los entes individuales (o, con frecuencia, de los entes «particulares» o singulares»), la expresión lógica de tales entes individuales, las condiciones de su conocimiento, etc. La cuestión del individuo y de lo individual ha sido, así, tratada desde varios puntos de vista: lógico, ontológico, metafísico, etc. En general, es difícil encontrar una filosofía contemporánea que no se haya ocupado de algún modo de este problema. Sin embargo, hay ciertas filosofías que han colocado este problema en el centro de la reflexión. Tal ocurre, por ejemplo, con ciertos autores nominalistas (como Nelson Goodman), para quienes el universo es «un universo de individuos». En tal caso se admiten ontológicamente sólo entidades concretas (individuos) y no entidades abstractas –si bien «no admitir entidades abstractas» no quiere decir ni mucho menos negarse a operar lógicamente con ellas–. Importante es asimismo el problema de la noción de individuo y de lo individual en P. F. Strawson, el cual se ha ocupado del problema de cómo pueden «identificarse las entidades particulares» y de las diversas clases de tales entidades. Ello significa, según dicho autor, averiguar las características de los esquemas conceptuales mediante los cuales se habla acerca de entes particulares. La identificación en cuestión no es, sin embargo, suficiente, pues las personas son, como reconoce Strawson, entes individuales que no pueden identificarse del mismo modo que las cosas particulares. En ambos casos se trata de categorías primitivas de individualidad. Zubiri se ha ocupado asimismo de la cuestión del individuo, distinguiendo entre un tipo de individuo que es un *singulum,* un ente singular, y un tipo de individuo que es plenamente individuo, es decir, entre individualidad singular e individualidad *stricto sensu.* Por tanto, no es admisible para Zubiri la equivalencia tradicional *singulare sive individuum.* La «individualidad estricta significa la constitución real íntegra de la cosa con todas sus notas, sean éstas diferentes de las de otros individuos, o sean, por el contrario, comunes total o parcialmente a varios otros individuos o incluso a todos». Hay en la realidad los dos tipos de individualidad: meros *singuli* e individuos propiamente dichos (incluyendo algunos entes que, como el hombre, sólo son individuos *stricto sensu* y nunca *singuli).*

Inducción. En varios pasajes de sus diálogos Platón ha empleado los verbos ἐπάλειν y ἐπάλεσθαι (traducidos, según los casos, por 'inducir', 'conducir a', 'dirigir hacia'). De estos verbos se ha formado el sustantivo ἐπαγωγή *(epagoge,* traducido por *inductio,* 'inducción'). Por lo pronto, el uso platónico no tiene carácter técnico. Ahora bien, aun acentuando hasta el extremo los precedentes platónicos, lo cierto es que el primer pensador que proporcionó un concepto suficientemente preciso de la inducción, y que introdujo los términos ἐπάγειν y ἐπαγωγή como vocablos técnicos para designar un cierto proceso de razonamiento, fue Aristóteles. Sin embargo, hay cierta dificultad para conciliar dos distintos modos de entender la inducción en Aristóteles. Por un lado, Aristóteles insiste en que hay una diferencia entre silogismo (VÉASE) e inducción: en el primero el pensamiento va de lo universal a lo particular (o, mejor, de lo más universal a lo menos universal), mientras que en el segundo el avance se efectúa de lo particular a lo universal (o, mejor, de lo menos universal a lo más universal). Así, el razonamiento:

(Si) todos los seres vivientes están compuestos de células,
(y) todos los gatos son seres vivientes,
(entonces) todos los gatos están compuestos de células,

es un ejemplo de silogismo, mientras que el razonamiento:

Si) el animal A, el animal B, el animal C están compuestos de células,
(y) el animal A, el animal B, el animal C son gatos,
(entonces) todos los gatos están compuestos de células,

es un ejemplo de inducción. Por otro lado, el Estagirita relaciona asimismo la inducción con el silogismo, haciendo de la primera una de las formas del segundo. Así, el razonamiento:

(Si) el oro, la plata, el cobre, el hierro son conductores de electricidad,
(y) el oro, la plata, el cobre, el hierro son metales,
(entonces) todos los metales son conductores de electricidad,

es un ejemplo de inducción. Advirtamos que, no obstante ciertas apariencias, la forma de este último razonamiento no es igual a la del precedente. Primero, las dos premisas de aquél contienen una enumeración de individuos, en tanto que las dos premisas de éste enumeran géneros o clases ('el oro' es el nombre que designa la clase de todos los objetos de oro, 'la plata' es el nombre de la clase que designa todos los objetos de plata, etc.). Segundo, se presupone en el último ejemplo que si simbolizamos las clases enumeradas en las dos premisas por '*A*', la propiedad 'ser conductores de electricidad' por '*B*', y la propiedad 'ser metales' por '*C*', la clase *C* no es más amplia que la clase *A*. De esta doctrina aristotélica, la escolástica medieval –especialmente la más influida por el Estagirita– tomó sobre todo una dirección: la que consiste en contraponer la inducción al silogismo. Se trata de una contraposición que afecta solamente a la forma de la inducción *(formaliter)* y no a la materia *(materialiter)*, pues no hay inconveniente en que se presente la materia de la inducción silogísticamente. Pero como lo que importa lógicamente es la forma, la contraposición de referencia es considerada como fundamental. El proceso inductivo se basa, según la citada concepción escolástica, en una enumeración suficiente que, arrancando de los entes singulares (plano sensible), desemboca en lo universal (plano inteligible). El problema de la inducción despertó el interés de muchos filósofos modernos, en particular de los que se propusieron analizar y codificar los procesos de razonamiento que tenían lugar (o que suponían tenían lugar) en las ciencias naturales. Importante al respecto fue la contribución de Francis Bacon. Este autor (como otros de la época) planteó con insistencia la cuestión del tipo de enumeración que debía considerarse como propio del proceso inductivo científico. Observando que en las ciencias se llega a la formulación de proposiciones de carácter universal partiendo de enumeraciones incompletas, formuló en sus tablas de presencia y ausencia una serie de condiciones que permiten establecer inducciones legítimas. Se ha alegado al respecto que no es justo contraponer la inducción baconiana a la inducción aristotélica, pues el Estagirita y otros autores antiguos y medievales no excluyeron las inducciones basadas en enumeraciones incompletas; lo que hicieron fue distinguir entre enumeraciones completas y enumeraciones incompletas, agregando que si bien ambas son suficientes para producir inducciones legítimas, sólo las primeras exhiben claramente el mecanismo lógico del proceso inductivo.

Desde Bacon hasta el siglo XIX se han destacado las siguientes concepciones de la inducción:

(A) Concepciones basadas en las ideas baconianas, adoptadas por algunos autores de tendencia empirista.

(B) Concepciones fundadas en las ideas aristotélicas, adoptadas por la mayor parte de autores escolásticos y por otros de tendencia realista moderada y conceptualista.

(C) Concepciones que han insistido en una noción «positiva» de la inducción, casi equivalente a la idea platónica de «ascenso» de la mente desde los particulares a los principios, adoptadas por varios racionalistas, y en particular por Leibniz.

(D) Concepciones según las cuales el razonamiento inductivo se basa en el hábito engendrado por la observación de que ciertos acontecimientos siguen normalmente a otros, de modo que puede predecirse que tal seguirá ocurriendo en el futuro. Originador de estas teorías fue Hume.

(E) Concepciones según las cuales los juicios inductivos –o mejor, la justificación de tales juicios– se explica por la estructura de la conciencia trascendental. El padre de estas concepciones fue Kant.

Durante el siglo XIX se destacaron varias teorías de la inducción. John Stuart Mill desarrolló un sistema de lógica inductiva, uno de cuyos más importantes, y conocidos, resultados son los cánones de inducción. Ideas importantes sobre la inducción se deben a Peirce y a Lachelier.

Las doctrinas sobre la inducción y sobre el razonamiento inductivo –especialmente sobre el razonamiento inductivo como razonamiento probable– han proliferado en el siglo actual. Damos una lista de algunos de los autores que se han ocupado del problema de la inducción desde muy diversos puntos de vista: R. Carnap, N. Goodman, C. G. Hempel, J. M. Keynes, J. Nicod, C. S. Peirce, K. R. Popper, H. Reichenbach, R. von Mises y G. H. von Wright.

Puede ayudar a comprender alguna de las teorías actuales sobre el razonamiento inductivo seguir a Nelson Goodman y distinguir entre «el viejo problema de la inducción» y el «nuevo enigma de la inducción».

El «viejo problema de la inducción» –abundantemente tratado en el siglo XIX– es, en substancia, el problema de la «justificación de la inducción». Se trata del problema de por qué se estiman válidos los juicios (o ciertos juicios) sobre casos futuros o desconocidos, es decir, del problema de por qué algunas de las llamadas «inferencias inductivas» son aceptadas como válidas. Una solución típica a este problema consistió en mostrar que la validez del razonamiento inductivo se funda en la ley de uniformidad de la Naturaleza, según la cual si dos ejemplos concuerdan en algunos respectos, concordarán en todos los respectos. A dicha ley se ha agregado a veces (como indica J. O. Wisdom) la llamada «ley de causación universal». Algunos filósofos creen que la primera ley basta; otros, que la segunda; otros, que son equivalentes. Ciertos autores contemporáneos (Keynes, Broad) han intentado sustituir las dos leyes anteriores por otras, que Wisdom resume en las dos siguientes: el principio de la limitación de la variedad independiente y el principio de la generación uniforme de propiedades. Otros autores postulan ciertos principios, tales como el de continuidad espacio-temporal, con el fin de justificar la validez del razonamiento inductivo.

El «viejo problema de la inducción» queda «disuelto» tan pronto como se sigue a Hume en pensar que lo que importa no es cómo se pueden justificar las predicciones, sino por qué se formulan predicciones. Puede pensarse que esto equivale a dar una interpretación «meramente psicológica» o «meramente genética» de las predicciones. Pero no hay tal. Establecer si una inferencia inductiva está o no de acuerdo con las reglas generales de la inducción es una cuestión lógica (y epistemológica), pero no, o no necesariamente, una cuestión psicológica. También es una cuestión lógica (y epistemológica) y no, o no necesariamente, una cuestión psicológica la de establecer en qué medida una regla general de inducción está de acuerdo con determinadas inferencias inductivas. El «nuevo problema de la inducción» es, así, el problema del ajuste mutuo entre normas de inducción e inferencias inductivas. Es sólo cuando se intenta determinar cómo se efectúa este ajuste que surge, según Goodman, «el nuevo enigma de la inducción».

Es común en la época actual tratar la cuestión de la inducción en estrecha relación con la cuestión de la probabilidad. Dos escuelas se han enfrentado al respecto. Según una de ellas (representada, entre otros, por von Mises y Reichenbach) el problema de la inducción debe tratarse desde el punto de vista de la teoría frecuencial de la probabilidad. Las inferencias inductivas se convierten entonces en «inferencias estadísticas». Según otra escuela (representada por la mayor parte de autores que han estudiado el problema: Keynes, Carnap, Hempel, Goodman, etc.), el problema de la inducción debe tratarse desde el punto de vista de a probabilidad como grado de confirmación. En este último caso la noción principal aquí implicada es la noción de confirmación. Nos hemos referido al asunto con más detalle en el artículo sobre esta noción; en él hemos expuesto además, algunas de las llamadas «paradojas de la confirmación».

Entre los filósofos de la ciencia se ha entablado batalla sobre esta cuestión: los «inductivistas» distinguen entre ciencia y pseudociencia (es decir, la metafísica) aduciendo que las primeras proceden por vía inductiva, y no así las otras; los «anti-inductivistas», por su parte, buscan un principio demarcador no inductivo y no empírico. Popper es el más conocido «anti-inductivista», ya que para él, el auténtico test para una teoría no es su «verificabilidad», como para los «inductivistas», sino su posibilidad de ser probada y tal vez refutada. «Una verdadera prueba para una teoría» escribe Popper en *Conjectures and Refutations* (1962, pág. 36) «es el intento de invalidarla o refutarla. Como Carnap fue el blanco de las críticas "anti-inductivistas" a menudo se ha aludido a los debates sobre el papel de inducción en la ciencia como la "controversia Carnap Popper"».

Inmortalidad. El problema de la inmortalidad equivale a la cuestión del destino de la existencia después de la muerte, es decir, al de la supervivencia de tal existencia. Muchas respuestas se han dado al problema por parte de las diversas religiones, filosofías y concepciones del mundo.

(1) Al sobrevenir la muerte, el alma del hombre emigra a otro cuerpo, esto es, se reencarna. La serie de transmigraciones y reencarnaciones constituye a su vez una recompensa o un castigo; cuando hay castigo, las almas emigran a cuerpos inferiores; cuando hay recompensa, a cuerpos superiores hasta quedar, finalmente, incorporadas a un astro. (2) Las almas de los hombres pueden transmigrar, pero *toda* transmigración constituye un castigo. Para evitarlo hay que llevar una vida pura, única que puede suprimir la pesadilla de los continuos renacimientos y sumergir la existencia en la nirva-

na. (3) Las almas de los hombres –entendidas como sus «alientos» o sus «sombras»– van a parar a un reino –el de los muertos–, que es el reino de lo sombrío. A veces salen de este reino para intervenir en el mundo de los vivos. (4) La sobrevivencia de los espíritus después de la muerte depende de la situación social de los hombres correspondientes: solamente ciertos individuos de la comunidad sobreviven. (5) Hay sobrevivencia, pero no es individual; al morir las almas se incorporan a un alma única. (6) Al morir, los hombres son devueltos al lugar de donde proceden, al depósito indiferenciado de la Naturaleza, que es el principio de la realidad. (7) No hay sobrevivencia de ninguna especie; la vida del hombre se reduce a su cuerpo, y al sobrevenir la muerte tiene lugar la completa disolución de la existencia humana individual. (8) Hay sobrevivencia individual, y es la de las almas. (9) Hay sobrevivencia individual de las almas, acompañada luego por la resurrección de los cuerpos. (10) Sobrevive la psique humana por lo menos durante algún tiempo.

(1) Ha sido defendida por multitud de culturas, algunas de ellas de las llamadas *primitivas*, y otras en notable estado de desarrollo intelectual. Los órficos elaboraron esta concepción, que fue refinada por los pitagóricos e influyó grandemente sobre Platón. (2) Es la concepción budista. (3) Es un resumen de muchas concepciones de pueblos primitivos, incluyendo partes fundamentales de la religión popular griega, especialmente aquellas en que (como según algunos autores, se advierte todavía en Homero) se distingue entre el principio de vida, apenas individualizado, y la pálida vida de las «sombras», individualizadas, pero sin la «fuerza» que da el «ímpetu vital». (4) Es una concepción propia de muchos pueblos primitivos; estuvo vigente en Egipto hasta que se generalizó la sobrevivencia para todos los miembros de la comunidad. (5) Es una concepción implícita en varias culturas, pero filosóficamente elaborada sólo por algunas interpretaciones dadas a la teoría aristotélica del entendimiento agente. (6) Es la concepción estoica. (7) Es la concepción naturalista, que niega toda inmortalidad. (8) Es defendida por algunas religiones, pero de un modo maduro en el cristianismo; antecedentes se encuentran en Platón y otros filósofos. (9) Es la concepción católica. (10) Es la concepción de muchos metapsíquicos y de algunos espiritistas.

La mayor parte de lo que sigue en el presente artículo se dedica a presentar las ideas y argumentos expuestos por Platón sobre la inmortalidad, tal como se hallan discutidas en varios diálogos *(Menón, Fedón, Fedro, República)* y en particular sistematizadas en uno de ellos *(Fedón)*. Reconocemos que estas ideas representan solamente una parte de las concepciones de Platón al respecto. Por otro lado, sabemos que el problema filosófico de la inmortalidad no se reduce a la dilucidación platónica. Dos motivos, sin embargo, abonan el mayor espacio dedicado a la exposición de las ideas y argumentos platónicos. El primero, que hay en Platón, implícita o explícitamente, referencias a la mayor parte de las concepciones anteriores. El segundo, que ha influido considerablemente sobre el desarrollo posterior del problema, tanto en quienes han aceptado las tesis platónicas como en quienes las han negado.

La concepción de Platón antes aludida es clara: hay una vida después de la muerte. Esta vida no es la semi-existencia en el pálido reino de las «sombras», sino una existencia más plena, sobre todo *cuando el alma ha sido purificada*. La reencarnación puede, pues, ser necesaria, pero tiene un término: el que alcanza el alma cuando reposa en su verdadero reino, que para algunos es el de las ideas, para otros el de los astros y para otros el de los espíritus puros. Muchos son los motivos que empujaron a Platón a defender una concepción semejante. Por un lado, las influencias recibidas de los pitagóricos. Por el otro, el deseo de detener la creciente disolución de la vida social producida por la negación racionalista o naturalista (o ambas cosas a un tiempo) de una vida después de la muerte. Finalmente, la percepción de la posibilidad de un cierto «desencaje» entre el alma y el cuerpo, desencaje que se experimenta ya en algunos momentos de esta vida. Platón se opuso, pues, en este respecto, no solamente a los que negaban la inmortalidad, sino también a los que concebían que el alma está indisolublemente ligada al cuerpo y que, por lo tanto, no hay alma sin cuerpo –idea que implicaba a veces la de que no hay cuerpo sin alma–. De hecho, Platón representa una purificación de varios motivos precedentes y, como E. R. Dodds ha sugerido, una «racionalización del conglomerado heredado». Esto lo llevó a mantener una serie de ideas de las cuales mencionaremos las principales:

(I) El cuerpo es un obstáculo para el alma. El alma está destinada a vivir en un mundo puro, libre de toda mácula; mundo que puede ser comparado –caso de no ser el mismo– con el de las ideas.

(II) El filósofo –y, en general, todo hombre– debe aspirar, pues, a liberar su alma de la cárcel del cuerpo. Como esto tiene lugar en el instante de la muerte, ésta puede ser el más feliz momento de la vida y lo que hace posible que la vida sea «una meditación sobre la muerte». Sin embargo, esta muerte no debe ser voluntaria, porque el hombre no posee su propia vida, la cual es un bien de los dioses que solamente ellos pueden arrebatar.

(III) Estas ideas pueden ser demostradas por medio de la razón. Este último punto es de importancia capital. A base de él se formulan los cuatro famosos argumentos del *Fedón* que a continuación procedemos a recapitular.

El primer argumento (70C-72E) es el llamado de los *opuestos*. Consiste en afirmar que todas las cosas que tienen opuestos son engendradas de estos opuestos. Ejemplos son: el bien y el mal, lo justo y lo injusto. Ahora bien, siendo la vida el opuesto de la muerte, tiene que ser engendrada de este opuesto. La objeción contra este argumento –que puede haber vida, muerte engendrada por la vida y luego continuación de esta muerte– es contestada por Platón indicando que si tal fuera, entonces se detendría el movimiento de la Naturaleza, pues la generación no puede seguir únicamente «una línea recta».

El segundo argumento (72E-77C) es el llamado de la *reminiscencia*. Consiste en afirmar que puesto que tenemos ciertos conocimientos que no pueden proceder solamente de la percepción sensible –tales como el conocimiento de la igualdad de dos cosas, que no puede ser sacado de la experiencia, pues no hay nunca dos cosas sensibles iguales, y en general del conocimiento de las ideas–, es necesario reconocer que tales conocimientos proceden del recuerdo que tiene el alma de una vida en la cual no estaba encerrada en el cuerpo. Pero si el alma tiene esta constitución, el alma es una pura forma, es decir, una entidad inmortal.

El tercer argumento (78B-84B) es el de la *simplicidad*. Consiste en afirmar que todas las cosas simples existen para siempre, ya que solamente las cosas compuestas se disuelven y perecen. Como el alma es una cosa simple, debe de existir para ser y ser inmortal. Este argumento permite a Platón mantener la doctrina de la purificación y transmigración de las almas hasta recobrar su pureza y simplicidad originales.

El cuarto argumento (102A-107B) es el de la concepción de las *ideas* como *causas verdaderas*. Consiste en afirmar que puesto que hay cosas buenas porque hay la bondad y cosas verdaderas porque hay la verdad, hay cosas vivas porque hay la vida. Esta vida, principio de todo lo vivo, reside en el alma, la cual es, así, inmortal.

Estos argumentos de Platón fueron objeto de numerosos comentarios, tanto por autores paganos como cristianos. Ahora bien, mientras el platonismo tenía la *tendencia* a concebir el alma por analogía con la idea, el cristianismo la concibió bajo la forma de la persona. La inmortalidad cristiana es, pues, menos una creciente purificación que desemboca en una pura forma, cuyo mundo es el de las ideas, que un espíritu que se constituye en el curso de sus experiencias íntimas y que está destinado a vivir en el reino de Dios.

Los argumentos platónicos suelen ser considerados como «argumentos racionales», si bien pueden hallarse en ellos –inclusive en su base– ciertas «intuiciones» que no son propiamente «racionales». Así, por ejemplo, la intuición de que el «alma» se resiste al «cuerpo» y de que el «cuerpo» no «sigue» al alma. Además, hay en los argumentos platónicos ideas de muy diversa procedencia, entre ellas ideas órficas relativas a la «transmigración de las almas».

Además de los argumentos platónicos han sido muy influyentes los argumentos llamados «aristotélico-tomistas», expuestos por Santo Tomás en *S. Theol.*, q. LXXV, y en *Cont. Gent.*, I, 57. Según Santo Tomás, hay un principio intelectual que posee una operación *per se* aparte del cuerpo. Este principio, llamado «intelecto», es incorpóreo (inmaterial) y subsiste; es, pues, también, inmortal. Los argumentos «aristotélico-tomistas» son asimismo racionales, pero debe tenerse en cuenta que parten de bases «empíricas»; en efecto, la prueba tomista de la inmortalidad del citado «principio» del alma se funda en un detallado análisis de la noción de alma, de las diversas clases de almas, de las operaciones del alma, del modo o modos como el alma está unida al cuerpo, etc. Observemos que en la teología tomista –y, en general, en la teología católica– la inmortalidad del alma es considerada como una «inmortalidad por participación» y no, como la inmortalidad de Dios, una «inmortalidad por esencia».

Interés. El concepto de «interés» es extremadamente amplio. El estar interesado es el «estar entre» *(interesse)*. Se incluye en ello la idea de participación, específicamente la participación en bienes, de cualesquiera clase. Se tiene interés por algo cuando se orienta hacia ello la apetencia, el deseo o la voluntad. Se habla de varios tipos de intereses: intereses vitales, intereses sociales, económicos, culturales, etc. Es frecuente contrastar el interés con el conocimiento por la razón de que durante mucho tiempo se consideró este último como una actividad «pura» y «desinteresada», mientras que el interés no parece ser «puro». Así, la noción de interés cuadra dentro de la llamada «práctica» o «vida práctica», a diferencia de la «teoría» o de la «vida teórica». Cuando se distingue máximamente entre el interés y lo desinteresado, se supone por lo general que el desinterés es superior al interés y que, por tanto, hay que eliminar toda clase de «intereses». Ello va unido a la idea de que los intereses son causa de ofuscaciones y a la idea de que son «irracionales».

El interés por la noción de interés ha crecido en la medida en que, más o menos oscuramente, se han advertido dos cosas: una es que, de todos modos, los llamados «intereses», lejos de no tener nada que ver con actividades supuestamente desinteresadas, constituyen un importante motor de las mismas, si no el motor decisivo. La otra es que la separación entre interés y desinterés no equivale necesariamente a una separación entre algo irracional y algo racional.

Pueden encontrarse precedentes de la noción de interés en el sentido de qué intereses o impulsos mueven a los seres humanos para alcanzar tales o cuales fines, y dentro de ellos el conocimiento, en muchos autores –incluyendo aquellos que, desde Aristóteles, han concebido, y propugnado, la posibilidad de actividades desinteresadas–, pero teorías más elaboradas y detalladas sobre el interés se encuentran en autores materialistas modernos y en autores que han prestado gran atención a «impulsos», «sentimientos» y «pasiones». Tal ocurre en parte en Hobbes y en Hume. Específicamente sucede en autores como Helvecio, La Mettrie, Holbach y Mandeville.

Es común a los autores últimamente mencionados destacar los «impulsos» que mueven a los hombres a hacer lo que hacen, y hasta a pensar lo que piensan. Estos impulsos son «egoístas» en la medida en que tienden a satisfacer los deseos de cada cual, y muy especialmente los deseos, considerados perfectamente naturales, de conseguir el placer y evitar el dolor. En las varias teorías del interés desarrolladas por los autores en cuestión hay ciertos elementos de epicureísmo, así como de lo que se llamó después «utilitarismo». Ciertos autores han proclamado que los esfuerzos para colmar los propios deseos y seguir, por tanto, los intereses individuales llevan a algunos hombres a realizar cosas que de otra suerte no harían, de modo que si consideramos los propios intereses, bajo su forma «egoísta», como «vicios», puede muy bien resultar de ellos, según la expresión de Mandeville, «beneficio público». En general, es característico de muchos autores del siglo XVIII estimar que hay una coincidencia entre los intereses del individuo y los de la comunidad, en virtud del supuesto de que los beneficios individuales, sumados, contribuyen armónicamente al bienestar social. Ello incluye el conocimiento, que de este modo queda integrado con los «intereses».

El concepto de interés tiene importancia en la ética y, en general, en lo que cabe llamar «la antropología filosófica kantiana». En una nota de la sección II de la *Fundamentación de la metafísica de las costumbres (Grundlegung zur Metaphysik der Sitten,* ed. de la Academia, IV, 414), Kant define interés como «la dependencia de una voluntad [en la primera edición: 'dependencia de la voluntad'] causalmente determinable según principios de razón». Kant agrega que sólo hay interés en una voluntad dependiente que no concuerda *por sí misma* (subrayado nuestro) con la razón; no se puede concebir interés en la voluntad divina. «Pero aun la voluntad humana puede *tomar un interés (ein Interesse nehmen)* en algo sin por ello *obrar por interés (aus Interesse... handeln).* Lo primero significa *interés práctico* en la acción; lo segundo, *interés patológico* en el objeto de la acción. Lo primero muestra sólo dependencia de la voluntad respecto a principios de la razón en sí misma; lo segundo, dependencia respecto a los principios de la razón para el propósito de la inclinación, pues la razón únicamente sienta la regla práctica mediante la cual se ayuda a las necesidades de la inclinación. En el primer caso me interesa la acción; en el segundo, el objeto de la acción (en tanto que me es grato)» *(loc. cit.).* Kant recuerda que en la sección primera de la misma obra había puesto de relieve que cuando la acción se lleva a cabo por deber no hay que prestar atención al interés en el objeto, sino que hay que atender solamente a la acción misma y a su principio en la razón, esto es, en la ley (moral). Así, pues, aunque Kant no cede en un punto respecto a la pureza de las nociones de «buena voluntad» y «obrar por deber», pone de manifiesto el papel que desempeña el interés como motor al servicio de la voluntad (y también como motor al servicio de la aspiración al conocimiento). Se trata de una condición (psicológica) necesaria, pero no (moral, o siquiera epistemológicamente) suficiente. En la sección de la *Fundamentación* titulada «Del interés que inhiere en la idea de moralidad», Kant reitera que el interés hace posible que la razón llegue a ser «práctica», esto es, que llegue a ser una causa determinante de la voluntad. A diferencia de los animales, que poseen solamente impulsos sensibles, los hombres «se interesan» (por algo). Ahora bien, el interés puede ser o puro o empírico. Es puro cuando el interés por una acción en razón exclusivamente de la validez universal de su máxima constituye una base suficiente para determinar la voluntad. Es empírico cuando la razón puede determinar la voluntad sólo por medio de otro objeto deseado o cuando tiene en cuenta un sentimiento particular del sujeto. El interés de la razón, esto es, el obrar de tal o cual modo, es entonces solamente indirecto *(op. cit.,* 460). El problema que Kant dilucida aquí es el problema de cómo es posible que (o cómo es posible concebir que) la pura razón prescriba algo a un ser racional que está influido por la sensibilidad, es decir, cómo es posible que (o cómo es posible concebir que) la razón tenga algún poder o capacidad *(Vermögen)*. La cuestión de tal poder o capacidad no debe confundirse con la de la validez de la máxima; ésta, afirma Kant, es válida no por interesarnos, sino lo opuesto: nos interesa por ser válida «para nosotros, los hombres». Consideraciones sustancialmente parecidas a las reseñadas aquí hace Kant en la *Crítica de la razón práctica,* especialmente en la sección 3 del libro I, parte I, titulada «De los impulsos [incentivos] de la razón pura práctica». Del concepto de impulso o incentivo *(Triebfeder)* procede, según Kant, el concepto de interés, que no puede ser atribuido a un ser que carece de razón. El concepto de referencia indica «un impulso de la voluntad en cuanto que es presentado por la razón». En tanto que la ley moral debe ser por sí misma un impulso (o incentivo) en una voluntad moralmente buena, el interés moral tiene que ser interés no sensible de la razón práctica. La noción de interés es aplicable, apunta Kant, sólo a un ser finito y no a un ser infinito como Dios. En efecto, sólo en un ser finito no hay coincidencia perfecta entre el carácter subjetivo de la elección y la ley objetiva de la razón práctica.

La noción de interés –u otras nociones asociadas con la misma– es importante en autores tan distintos entre sí como Comte, los utilitaristas y Nietzsche. En su obra *Ethics and Language* (1944, V, 1), Stevenson se refiere al mismo tiempo a Hobbes y a Nietzsche; ambos autores, en efecto, admiten que hay motivos que pueden determinar la «acción moral»; estos motivos son muy distintos en cada uno de los citados autores, pero hay de común en ellos el no descartar lo que se llamarían hoy «intereses», incluyendo, como señalaba Hobbes, el predominio de un egoísmo con respecto a ciertos asuntos.

Los intereses que mueven las acciones humanas, sean acciones que entran dentro del dominio de lo moral (o inmoral), sean producciones culturales de toda clase, pueden tener un carácter predominantemente personal o un carácter prevalentemente social. Lo primero ocurre en el caso de Kierkegaard. Lo segundo, en el de Marx. El carácter personal de los intereses ha sido destacado por varios autores existencialistas; el carácter social de los mismos, por autores marxistas o que de algún modo han tratado la problemática marxiana. Un tercer tipo de interés –uno que podría calificarse de cósmico-metafísico– es el que se halla implícito en la filosofía schopenhaueriana de la Voluntad.

La noción de interés tiene ya, pues, una larga historia, pero sólo en el siglo presente se ha considerado el término 'interés' o sus equivalentes en varias lenguas, como término central que designa una noción capital. Mencionaremos varios casos típicos.

Uno de ellos es sobre todo de naturaleza pedagógica, pero tiene sus raíces en una determinada concepción del hombre. Se trata de la noción de interés en los llamados «centros de interés» por parte del educando, sobre los que han llamado la atención autores como John Dewey y O. Decroly. En la relación entre el educando y los bienes culturales que se supone hay que inculcarle, Dewey y Decroly han indicado que ningún proceso educativo es fecundo si se empieza por establecer una separación entre el «sujeto» y los citados «bienes». La apropiación de estos bienes, y su posible modificación, tienen lugar mediante una intervención activa del educando, y ello se logra únicamente cuando en vez de presentarle un sistema cultural ya hecho y supuestamente objetivado, se forman «centros», que son los «centros de interés» aludidos. La idea de la educación desarrollada en torno al «interés» (del educando) se remonta a Rousseau, sobre todo en el *Emilio* (Libro III), en donde se pone de relieve la necesidad de tener en cuenta la espontaneidad del educando, y a Herbart, especialmente en cuanto reaccionó contra toda unilateralidad y pasividad en el proceso educativo.

Fuera del círculo pedagógico –o pedagógico-filosófico– encontramos el concepto de interés como concepto central en autores que han desarrollado la sociología del conocimiento (llamada asimismo «sociología del saber»). Max Scheler considera que la poca, o escasa, atención que muchos filósofos han prestado a la noción de interés se debe al predominio en ellos de un intelectualismo, a menudo combinado con el idealismo. Los filósofos en cuestión no han tenido en cuenta que puede haber un «orden del amor» *(ordo amoris,* en el sentido de Pascal y, antes, de San Agustín), y aunque el «amor» no es, propiamente hablando, «interés», y menos aún interés egoísta del tipo del descrito por Hobbes, hay en él un «interés» que no se halla (o que se suponía no se hallaba) en el titulado «conocimiento puro» o «conocimiento desinteresado». En Scheler, la idea de interés está ligada, por un lado, a un cierto «emotivismo» –en el sentido de una intuición emotiva– y, por otro, a una serie de factores concretos de carácter antropológico-social. Ello equivale a decir lo que Ortega y Gasset puso a menudo de relieve, esto es, que el conocimiento «es profundamente interesado», pero Ortega y Gasset difiere de Scheler en cuanto que ni establece, como Scheler, una distinción entre saber técnico, saber culto y saber de «salvación», ni tampoco liga, como asimismo hace Scheler en su escrito *Ordo amoris,* el interés y el amor. El amor, en cuanto «tomar interés en», no es, para Ortega, como lo es para Scheler, un acto primordial que se agregue a los contenidos previamente dados a la conciencia.

En general, muchos filósofos contemporáneos han destacado, implícita o explícitamente, la noción de interés tanto por motivos sociológicos como filosófico-antropológicos. Esta mezcla de motivos aparece en un autor cuyo pensamiento gira en gran parte en torno a la noción de interés: Jürgen Habermas. Para este filósofo, el conocimiento está inducido o conducido por el interés *(Erkenntnisleitende Interesse).* En este sentido Habermas liga su pensamiento, aunque sea en forma de diálogo crítico, con la tradición marxista, con los trabajos de sociología del conocimiento y con Peirce y Dewey. Lo liga también con la tradición de la filosofía trascendental, que empieza en Kant y continúa en Fichte. Esto da a la noción de interés en Habermas un doble sentido, a la vez que una inevitable ambigüedad. En *Erkenntnis und Interesse,* 1968, especialmente, III, 9, págs. 235 y sigs. [cf. también el trabajo «Erkenntnis und Interesse», incluido en *Technik und Wissenschaft als «Ideologie»* (1968)], Habermas pone de manifiesto que no quiere llevar a cabo una reducción de «determinaciones» lógico-trascendentales a «determinaciones» empíricas. Por otro lado, no se trata tampoco de una noción meramente, o estrictamente, trascendental, alejada de la historia natural de la especie humana. En rigor, apunta Habermas, «los intereses que conducen el conocimiento median (como no puedo aquí demostrar, sino sólo afirmar) entre la historia natural de la especie humana y la lógica de su proceso de formación... Llamo *intereses* a las orientaciones básicas adscritas a determinadas condiciones fundamentales de la posible auto-reproducción y auto-constitución de la especie humana, es decir, al *trabajo* y a la *interacción*» *(Erkenntnis und Interesse,* pág. 242). Habermas insiste, pues, en que no se trata de gratificaciones de deseos inmediatos empíricos, sino de una solución de problemas. Son los problemas que, por otro lado, suscitan estos mismos intereses, fundamentalmente los procesos de aprendizaje y la comprensión mutua. Kant y Fichte descubrieron la estrecha relación entre interés y razón en la idea de los intereses de la razón, pero, sobre todo en el caso de Fichte, esta relación resultaba función del yo constructivo trascendental. Habermas trata de mostrar que el interés «mediador» es un proceso en una especie de escala o jerarquía de intereses. Por una parte, hay el interés que surge del deseo de dominio y control de la Naturaleza; es un interés «técnico»,

pero en la medida en que la tecnología se apoya en, o está íntimamente ligada a, la ciencia natural, cabe decir que todo el conocimiento científico esta dirigido por el interés. Por otra parte, hay un interés comunicativo, que es el que lleva a los miembros de una sociedad a entenderse (y a veces a no entenderse) con otros miembros de la misma comunidad, o que lleva a entendimientos (y malentendimientos) entre diversas comunidades. La expresión intelectual de este interés son las «ciencias del espíritu» –las ciencias humanísticas y culturales– a veces agrupadas bajo la «hermenéutica». Finalmente, hay el interés emancipador o liberador, propio de la reflexión, y manifestado en las ciencias propiamente críticas, como las teorías sociales, y cuando menos en parte del pensamiento filosófico. La autorreflexión puede convertirse en una ciencia, como ocurre con el psicoanálisis y la crítica de las ideologías, y en una ciencia que, además, es capaz de dar cuenta de, y también de transformar, las otras ciencias, con los intereses concomitantes. El interés emancipador resulta ser un interés justificador, y explicativo en tanto que justificador.

No resulta siempre claro en Habermas si los tres diversos tipos de interés antes mencionados se distinguen netamente entre sí o constituyen algo así como una jerarquía más o menos continua con el interés emancipador, o el interés por la emancipación, formando la culminación de este movimiento de intereses y con ello el punto álgido de la autorreflexión. En todo caso, tal como se manifiesta en la crítica, especialmente en la crítica a través de las ciencias sociales, el interés emancipador puede restablecer, según Habermas, el abismo entre razones y decisiones, entre instrumentos y finalidades. Pero no queda claro si el interés emancipador no trasciende entonces (a despecho de lo que se proclama) todos los intereses, que quedan relegados al reino de la instrumentalidad irracional o de la decisión arbitraria, convirtiéndose en una especie de categoría trascendental fuera de la historia y, con ello, fuera inclusive del «neomarxismo» que se supone característico de los autores de la Escuela de Frankfurt.

Menos conocida, o discutida, hoy que la mencionada teoría del interés de Habermas es la amplia investigación de la noción de interés por Ralph Barton Perry en su *General Theory of Value: Its Meaning and Basic Principles construed in Terms of Interest* (1926). Como apunta ya el título de la obra, Perry fundamenta en el interés su entera teoría de los valores. La noción de interés está ligada, a su entender, a todas las nociones afines de instinto, deseo, sentimiento, voluntad y otras análogas *(op. cit.,* pág. 27), pudiendo considerarse, por tanto, como una abreviatura. Según Perry, hay cuatro relaciones posibles entre valor e interés: (1) Puede considerarse el valor como independiente del interés; (2) Puede considerarse el valor como algo que implica, evoca o regula el interés; (3) Pueden asignarse valores a objetos poseedores de ciertos determinados intereses; (4) Puede considerarse que el valor en un sentido genérico se encuentra allegado «promiscuamente» a todos los objetos de todos los intereses. Perry adopta el último tipo de relación y examina en detalle los diversos modos de interés, así como el papel que desempeña el interés en el conocimiento. Examina asimismo complejos de intereses, incluyendo la comunidad, la subordinación y la mutualidad de intereses *(op. cit.,* págs. 369-70). El concepto de interés cobra así un lugar central no sólo en la teoría de los valores, sino también en la teoría de la sociedad y en el examen de bienes, incluyendo el llamado «bien supremo».

J

Juicio. Varios son los significados dados al término 'juicio': (1) Juicio es el acto mental por medio del cual nos formamos una opinión de algo. (2) Juicio es el proceso mental por medio del cual decidimos conscientemente que algo es de un modo o de otro. (3) Juicio es la afirmación o la negación de algo (de un predicado) con respecto a algo (un sujeto). (4) Juicio es un acto mental por medio del cual se une (o sintetiza) afirmando, o se separa negando. (5) Juicio es una operación de nuestro espíritu en la que se contiene una proposición que es o no conforme a la verdad y según la cual se dice que el juicio es o no correcto. (6) Juicio es un producto mental enunciativo. (7) Juicio es un acto mental por medio del cual pensamos un enunciado. (8) Juicio es un acto del entendimiento basado en la fuerza de convicción. (9) Juicio es el conocimiento mediato de un objeto. (10) Juicio es la facultad de juzgar o también el resultado de la facultad de juzgar. Estas definiciones han sido propuestas por distintos autores y tendencias filosóficas: (1) es frecuente en moralistas, empiristas (como Locke) y filósofos del sentido común; (2) es la propia de muchos psicólogos; (3) es propiamente la definición de la proposición, pero se da también del juicio en tanto que correlato mental de la proposición; (4) es una definición frecuente en textos escolásticos y neoescolásticos; (5) es una definición propuesta –entre otras– por Bolzano; (6) es una definición propuesta por Pfänder en su lógica fenomenológica; (7) es una definición que puede encontrarse en varios lógicos actuales, los cuales toman pie en ella para evitar precisamente emplear en la lógica el término 'juicio' como poseyendo un sentido demasiado psicológico o teniendo una significación demasiado ambigua; (8) es una definición común a varios autores de los siglos XVII y XVIII; (9) es una definición que da Kant; (10) es una definición propia de la antropología filosófica o de la crítica del juicio en sentido kantiano. Consideraremos los juicios desde un punto de vista lógico y no desde el psicológico o epistemológico. Entonces nosotros trataremos las definiciones (3), (4), (5), (6) y (8) que principalmente destacan en el juicio su calidad de producto mental u objeto ideal. Esto nos lleva con frecuencia a decir acerca del juicio muchas de las cosas que se dicen acerca de la proposición (VÉASE) cuando ésta es definida como el contenido del acto mental del juzgar.

Es común considerar que el juicio se compone de conceptos y que éstos están dispuestos en tal forma que no constituyen una mera sucesión. Por eso conceptos tales como *los hombres buenos* no son juicios. En cambio, la serie de conceptos *los hombres buenos son recompensados* es un juicio. De ahí que deba haber en el juicio afirmación o negación y que el juicio tenga que ser verdadero o falso. Una imprecación, un ruego, una exclamación, una interrogación no son juicios. Los escolásticos dicen por ello que los juicios constituyen segundas operaciones del espíritu, superpuestas a las primeras operaciones, que son aprehensiones de conceptos. Lo que expresan los juicios son enunciados (proposiciones u oraciones enunciativas). Cuando se quiere eliminar hasta lo máximo las implicaciones psicológicas se afirma (como lo hace Pfänder) que aunque el juicio sea afirmación o negación, éstas no se determinan simplemente por el asentimiento o no asentimiento, sino que son resultado de la estructura lógica del juicio.

Los juicios se componen de tres elementos. Uno es el sujeto, el cual, siendo un concepto, puede calificarse de concepto-sujeto. El concepto-sujeto, que se simboliza mediante la letra 'S', se distingue del término que desempeña la función de sujeto en la oración, así como del objeto al cual se refiere. Otro elemento es el predicado, el cual, siendo un concepto, puede calificarse de concepto-predicado. El concepto-predicado, que se simboliza mediante la letra 'P', se distingue del término que desempeña la función del predicado en la oración, así como del objeto al cual se refiere. Otro elemento, finalmente, es la cópula, la cual enlaza el concepto-sujeto con el concepto-predicado. La cópula afirma ('es') o niega ('no es') el predicado del sujeto. Así, en el juicio 'Todos los hombres son mortales', 'Todos los hombres' es la expresión que designa el concepto-sujeto, 'mortales' es la expresión que designa el concepto-predicado, y 'son' es la cópula que los enlaza. Se ha discutido a veces si los juicios existenciales o juicios de la forma 'x existe' son propiamente juicios o no. Lo usual es contestar en sentido afirmativo, de acuerdo con la tesis de que hay juicio siempre que se pueda traducir una expresión a la forma 'S es P' o 'S no es P'. Como 'x existe' puede traducirse –se indica– a la forma 'x es algo existente', 'x existe' es considerado como ejemplo de juicio. La misma solución se da a expresiones tales como 'x fuma' que se traduce por 'x es fumador', y así sucesivamente.

Hay varias clasificaciones posibles de los juicios. Nos referiremos aquí a las más usadas.

Desde el punto de vista de la inclusión o no inclusión del predicado en el sujeto, los juicios se dividen en analíticos y sintéticos (véanse ANALÍTICO y SINTÉTICO). Desde el punto de vista de su independencia o dependencia de la experiencia, los juicios se dividen en *a priori* (VÉASE) y *a posteriori*. Desde el punto de vista del objeto considerado por el concepto-sujeto, los juicios se dividen en juicios reales, ideales, de existencia, de valor, etc. Desde el punto de vista de la intención predicativa (véase PREDICADO), los juicios se dividen en determinativos, atributivos, de ser, de comparación, de pertenencia, de dependencia y de intención. Junto a estas clasificaciones hay una que ocupa un lugar central en la doctrina «tradicional» del juicio, por lo cual nos referiremos a ella más detalladamente: es la que distingue en el juicio la cualidad (VÉASE), la cantidad, la relación y la modalidad.

Según la cualidad, los juicios se dividen en afirmativos y negativos. Ejemplo de juicio afirmativo es 'Juan es bueno'. Ejemplo de juicio negativo es 'Juan no es bueno'. Según algunos autores, se puede hablar también, desde el punto de vista de la cualidad, de juicios infinitos, llamados asimismo «indefinidos», «ilimitados» y «limitativos». En la «Lógica trascendental» de la *Crítica de la razón pura*, Kant distingue entre juicios infinitos *(unendliche)* (que se pueden llamar, como apuntamos, «indefinidos» y también «limitativos», por cuanto establecen límites «en relación con la materia del conocimiento en general») y juicios afirmativos. El juicio indefinido consiste en excluir un sujeto de la clase de los predicados a que el juicio se refiere. Ejemplo de juicio indefinido es 'el alma es no mortal'. Muchos autores, empero, rechazan los juicios indefinidos, pues consideran que desde el punto de vista de la forma el juicio 'El alma es no mortal' es (como ya reconocía Kant) un juicio afirmativo. La cualidad del juicio se refiere a la función primaria de la cópula: la de referencia.

Según la cantidad, los juicios se dividen en universales y particulares. Ejemplo de juicio universal es 'Todos los hombres son mortales'. Ejemplo de juicio particular es 'Algunos hombres son mortales'. Algunos autores indican que hay también juicios singulares; ejemplo de los mismos es 'Juan es mortal'. La cantidad se refiere habitualmente al concepto-sujeto.

Según la relación, los juicios se dividen en categóricos, hipotéticos y disyuntivos. Ejemplo de juicio categórico es 'Los suecos son flemáticos'. Ejemplo del juicio hipotético es 'Si se suelta una piedra, cae al suelo'. Ejemplo de juicio disyuntivo es 'Homero ha escrito la *Odisea* o no ha escrito la *Odisea*'. La relación se refiere a la función secundaria de la cópula, es decir, a la función enunciativa.

Según la modalidad, los juicios se dividen en asertóricos, problemáticos y apodícticos. Ejemplo de juicio asertórico es 'Antonio es un estudiante ejemplar'. Ejemplo de juicio problemático es 'Los turcos son probablemente bebedores de café'. Ejemplo de juicio apodíctico es 'Los juicios son necesariamente series de conceptos formados de tres elementos'. Se ha discutido mucho acerca del sentido de la modalidad y acerca de si ésta es de carácter psicológico, lógico u ontológico. El sentido lógico ha sido corrientemente el más acentuado, pero algunos autores piensan que la modalidad lógica depende de la ontológica.

Las combinaciones de la cualidad con la cantidad en los juicios dan lugar a cuatro clases de juicios: universales afirmativos (A), universales negativos (E), particulares afirmativos (I) y particulares negativos (O). Las relaciones entre estas clases de juicios son de cuatro tipos: contraria, subcontraria, subalterna y contradictoria. Lo que decimos a este respecto en los artículos sobre los citados conceptos, así como en artículos tales como Oposición y Proposición (VÉANSE), puede valer también para los juicios, por lo que nos remitimos a aquéllos. Observemos que en muchos tratados de lógica del tipo que se califica de tradicional las clases de juicios según cualidad, cantidad, relación y modalidad, así como el estudio de los juicios según las combinaciones de cualidad y cantidad, se incluyen no en un capítulo sobre los juicios, sino en el capítulo, o capítulos, sobre la proposición o el enunciado. Así ocurre en los tratados neoescolásticos. En cambio, los manuales de lógica que siguen las orientaciones del siglo XIX, los que se apoyan en Kant y los que, como Pfänder, se orientan en la fenomenología, tratan de tales divisiones en la doctrina del juicio.

Juicio (facultad del). En el artículo Juicio (VÉASE) nos hemos referido a la definición del juicio como facultad de juzgar. Esta definición forma parte usualmente de la antropología filosófica, especialmente cuando se define el hombre como el animal capaz de formular juicios en vez de limitarse a tener impresiones. Es muy común por ello el estudio de la relación entre el juicio y la llamada experiencia antepredicativa, relación a la cual se refiere con detalle Husserl en su libro *Erfahrung und Urteil*. Algunos autores toman al respecto una posición metafísica: es el caso de Emil Lask cuando define la facultad del juicio como una especie de síntesis armónica entre la subjetividad y la objetividad, de suerte que la verdad del juicio depende, en última instancia, de la objetividad absoluta, del objeto puro, que se encuentra más allá de todo juzgar y que, por lo tanto, no necesita propiamente del juicio. Éste surge en virtud de la oposición mencionada, por la cual puede haber verdad o falsedad en mayor o menor grado según la mayor o menor distancia a que se halla el que juzga de la «objetividad». Una base metafísica –aunque distinta de la de Lask– tiene también la concepción tradicional según la cual en el juicio afirmamos, ponemos o proponemos la existencia, de tal modo que el juicio es propiamente «juicio de existencia». Así, el juicio se distingue de la abstracción; como dice Gilson (siguiendo a Santo Tomás), mientras ésta aprehende la esencia (o naturaleza) de las cosas, el juicio aprehende las cosas mismas (esto es, su existir).

La expresión 'facultad del juicio' –a veces traducida simplemente por 'juicio'– es empleada sobre todo en relación con la filosofía de Kant. Según este autor, la facultad del juicio *(Urteilskraft)* designa la facultad de pensar lo particular como subsumido en lo general. Si lo general está dado, la facultad del juicio que subsume en él lo particular se llama *juicio determinante* o *determinativo;* si está dado lo especial que haya que subsumir en lo general la facultad que busca lo general en lo cual subsumir lo especial se llama *juicio reflexivo*. El juicio reflexivo es el tema central de la *Crítica del Juicio,* que se propone adecuar o subordinar o subsumir algo en un fin. La cuestión fundamental de tal crítica –«¿Es posible juzgar que la Naturaleza está adecuada a un fin?»– representa, así, como indica Windelband, la más alta síntesis de la filosofía crítica –«la aplicación de la categoría de la razón práctica a la razón teórica».

Justicia. Muchos griegos, incluyendo los grandes trágicos y algunos filósofos presocráticos, consideraron la justicia en un sentido muy general: algo es justo cuando su existencia no interfiere con el orden al cual pertenece. En este sentido, la justicia es muy similar al orden o a la medida. El que cada cosa ocupe su lugar en el universo es justo. Cuando no ocurre así, cuando una cosa usurpa el lugar de otra, cuando no se confina a ser lo que es, cuando hay alguna demasía o exceso, ὕβρις, se produce una injusticia. Se cumple la justicia sólo cuando se restaura el orden originario, cuando se corrige, y castiga, la desmesura.

Puede llamarse «cósmica» a esta concepción de la justicia. Toda realidad, incluyendo los seres humanos, debe ser regida por la justicia. Ésta puede considerarse como una ley universal –que con frecuencia era personalizada–. Dicha ley mantiene o, cuando menos, expresa el orden y medida del cosmos entero, y por ella se restablece tal orden o medida tan pronto como se ha alterado.

Pronto se destacaron los aspectos sociales de la justicia. Una versión cruda de la concepción cósmica aplicada a los seres humanos es ésta: dado un orden social aceptado, cualquier alteración del mismo es injusta. Una versión menos cruda es: cuando hay un intercambio de bienes de cualquier especie entre dos o más miembros de una sociedad, se considera que hay justicia sólo cuando no se le desposee a nadie de lo que le es debido, cuando hay equilibrio en el intercambio. Si hay desequilibrio y, por tanto, injusticia, tiene entonces que haber una compensación, llamada redundantemente «compensación justa». En este sentido se llegó a considerar que es justo vengarse por un daño infligido y que tiene que haber igualdad de daños: «ojo por ojo y diente por diente».

La distinción que muchos sofistas establecieron entre lo que es «por naturaleza» y lo que es «por convención» afectó, entre otras, a la noción de justicia. La tendencia entre los sofistas fue estimar que la justicia es «por convención», esto es, que algo es justo cuando se acuerda que es justo, e injusto cuando se acuerda que es injusto. El que alguien sea feliz o infeliz no tiene, en principio, nada que ver con que sea justo o injusto: se puede ser justo e infeliz, e injusto y feliz.

En oposición a los sofistas, Platón declaró, en el *Gorgias,* que la justicia es condición de la felicidad; contra el sofista Polo y el ciudadano Calicles, Platón dice, por boca de Sócrates, que el hombre injusto no puede ser feliz. La noción de justicia es uno de los temas capitales, si no el principal de la *República*, de Platón, que se interesó por la justicia como virtud y como fundamento de la constitución –y de la estabilidad y orden sociales– del Estado-ciudad. En un Estado-ciudad ideal debe reinar la justicia. (Puede decirse también que cuando reina la justicia hay un Estado-ciudad ideal.)

En el primero de los diez libros de la *República*, Platón examina, y critica, diversas concepciones de la justicia. Por lo pronto, estima inaceptable concebir que la justicia es el restablecimiento por cualesquiera medios –incluyendo medios violentos– de algún desequilibrio producido por un exceso. La justicia no es mera compensación de daños. (Ésta era una idea propia de los poetas y que fue expresada «oscuramente» por Simónides.) Platón no admite tampoco que la justicia consista en hacer bien a los amigos y daño a los enemigos. En particular, Platón se opone a la concepción del sofista Trasímaco, el cual afirmaba que lo que se llama «justicia» es un modo de servir los propios intereses, que son los intereses del que tiene, o los que tienen, el poder. Los poderosos son los fuertes; éstos hablan de justicia, pero, en rigor, quieren reafirmar, y justificar, su dominio sobre los demás miembros de la comunidad. En suma: la justicia es un encubrimiento de intereses particulares; de ahí la definición por Trasímaco de la justicia como «el interés del más fuerte (o poderoso)» (339 a).

Por boca de Sócrates, Platón trata de deshacer los argumentos de Trasímaco en el segundo libro de la *República*. Considera, para empezar, tres tipos de cosas, o «bienes»: las que son deseables por sí mismas, independientemente de sus resultados, como ocurre con los «placeres inofensivos»; las que son deseables tanto por sí mismas como por sus resultados, como sucede con la justicia, y las que no son deseables o gratas por sí mismas, aunque lo sean por sus consecuencias, como la curación de enfermedades, es decir, «el arte del médico». Platón trata de hacer ver que el hombre justo es feliz. Ello podría llevar a pensar que si se quiere ser feliz hay que ser justo, pero ello equivaldría a subordinar la justicia a la felicidad. La justicia es, sin embargo, una virtud tan elevada que, llevando las cosas a un extremo, cabría inclusive mantener que hay que ser justo, pase lo que pase, e inclusive si el ejercicio de la justicia produce la infelicidad. Con ello tendríamos la opinión que se ha expresado con la fórmula *Fiat iustitia, perit mundus,* «Hágase la justicia, aunque perezca el mundo». Platón parece retroceder ante esta posible extrema consecuencia. En realidad, y por lo que dice en el resto de la *República,* se puede concluir que el mundo (la sociedad) no va a perecer si se introduce la justicia. Todo lo contrario: el mundo (la sociedad) podrá salvarse gracias a la justicia. Es posible, y probable, que en una sociedad justa (perfecta) no todos los ciudadanos sean felices. Pero la felicidad no debe medirse, según Platón, individualmente, o considerando un determinado grupo o clase de la sociedad. Debe medirse teniendo en cuenta la sociedad entera. En una sociedad justa hay justicia para todos. Si la sociedad justa es una sociedad feliz, entonces todos los miembros de la sociedad serán justos y felices. Su justicia y felicidad son la justicia y la felicidad de la comunidad entera, del Estado-ciudad en su conjunto. En este sentido no puede decirse que para Platón la justicia sea una de las cosas que tiene malas consecuencias. Por eso es una de las cosas o bienes que son deseables por sí mismos y por sus resultados.

En su *Política,* Aristóteles acepta gran parte de las ideas de Platón respecto a la justicia. Piensa, como Platón, que la función primordial de la justicia se halla dentro del Estado. Pero introduce varias nociones que ejercieron gran influencia. Divide la justicia en «justicia distributiva» –que consiste en «la distribución de honores, de fortuna y de todas las demás cosas que cabe repartir entre los que participan de la constitución (ya que en tales cosas es posible que cada uno tenga una participación o desigual o igual a la de otro)»– y «justicia conmutativa» («correctiva» o «rectificativa») –que «regula las relaciones, tanto voluntarias como involuntarias, de unos ciudadanos con otros»– (*Eth. Nic.* V, 1130 b 30). La justicia distributiva es adjudicación por un tercero, mientras que la justicia conmutativa, correctiva o rectificativa es intercambio. Sólo la justicia distributiva puede ser considerada como una de las más altas virtudes.

Mientras en las concepciones griegas clásicas la justicia constituye el elemento fundamental en la organización de la sociedad, en las concepciones cristianas la justicia es desbordada por la caridad y la misericordia. Para San Agustín, por ejemplo, lo esencial es amar. Después de amar se puede hacer «lo que se quiera», pues no hay peligro de que tal hacer sea injusto. En la justicia se otorga a cada ser lo que se le debe; en la caridad, más de lo que se le debe.

Hay que advertir, empero, que este desbordamiento de la justicia por la caridad (o, cuando menos, por una especie de sentimiento fraternal [φιλία]) había sido «anticipado» por algunos filósofos griegos, entre ellos Aristóteles: «cuando los hombres son amigos no han menester de justicia, en tanto que cuando son justos han menester también de amistad» *(Eth. Nic.,* VII, 1, 1155 a 27).

Pero el antes mencionado «primado de la caridad» no significa que los autores medievales prescindieran de la noción de justicia, como si ésta quedara enteramente absorbida en la misericordia. Santo Tomás, por ejemplo, consideró la justicia como un modo de regulación fundamental de las relaciones humanas. Siguiendo a Aristóteles (cf. *supra),* Santo Tomás habla de tres clases de justicia: la *conmutativa,* basada en el cambio o trueque y reguladora de las relaciones entre miembros de una comunidad; la *distributiva,* que establece la participación de los miembros de una comunidad en ésta y regula las relaciones entre la comunidad y sus miembros, y la *legal* o *general,* que establece las leyes que tienen que obedecerse y regula las relaciones entre los miembros y la comunidad. (Véase especialmente *S. Theol.,* II a q. LVIII.) Esta división tomista ha sido admitida por muchos autores, por lo menos en cuanto toca a las relaciones humanas. Según Josef Pieper, la justicia (en las formas propuestas por Santo Tomás) puede regular la mayor parte de tales relaciones. Pero no puede regular las relaciones entre Dios y el hombre. Hay ciertas formas de culpabilidad, responsabilidad, etc., cuya naturaleza impide que sean reguladas mediante justicia. Se ha distinguido asimismo entre justicia particular y justicia universal. Así opina Leibniz al indicar que hay tres formas de justicia: dos que pertenecen a la justicia particular, que son la justicia como respeto al derecho estricto y la justicia como equidad en bien de la comunidad; y una que pertenece a la justicia universal, que es la justicia como piedad.

Ha sido común distinguir entre la ley divina y la ley natural y ha habido diversidad de opiniones respecto a la relación entre estos dos tipos de leyes. Algunos autores han estimado que la ley divina es absoluta y constituye el criterio para cualquier otra clase de ley. Otros han considerado que hay acuerdo entre ley divina y ley natural. Otros han opinado que aunque no hay incompatibilidad entre ley divina y ley natural, se debe considerar primariamente esta última, no siendo necesario apelar a la ley divina para fundamentar la ley natural. Ésta acarrea consigo su propio fundamento. La última es la teoría del jusnaturalismo, desarrollada, entre otros, por Grocio. Según este autor, la justicia está fundada en la ley natural. Se distingue también entre ley natural y ley positiva. Esta última es la ley, o serie de leyes, que rige una sociedad, o que una sociedad adopta en su estructura jurídica. Grocio mantiene que si la justicia está fundada en la ley natural, las leyes positivas son justas sólo en la medida en que se conforman con aquella ley.

Autores como Hobbes parecen defender una concepción de la justicia basada en el poder absoluto del soberano. En todos los casos, el soberano representa el acuerdo a que han llegado los miembros de una sociedad con el fin de evitar la guerra de todos contra todos que hace estragos en un supuesto «estado de Naturaleza». Por medio de un «contrato social», los miembros de una sociedad delegan su poder a un soberano absoluto. Deben obedecerse, pues, las leyes establecidas por este soberano. En vista de ello, puede pensarse que estas leyes son necesariamente justas, pero Hobbes no opina así. Es posible que las leyes establecidas por el soberano no sean justas. Sin embargo, el miembro de la sociedad regido por el soberano no tiene derecho a desobedecerlas o a criticarlas.

La atención a veces prestada a las leyes positivas ha llevado a algunos autores a defender una «concepción formal» del Derecho. El Derecho es la codificación formal y sistemática de las leyes positivas. La justicia es concebida entonces como un ingrediente dentro del carácter formal de dichas leyes. Puede llamarse a esto «la concepción formal (o positiva) de la justicia».

Tanto Hume como, sobre todo, los utilitarios estimaron, bien que por distintas razones, que lo justo es lo que está en conformidad con el interés de todos los miembros de la sociedad. La justicia es, pues, equiparable a la utilidad pública. Puede considerarse esto como una de las versiones de «la concepción material de la justicia» –'material' en el sentido de que se funda en una realidad concreta, que es la utilidad de todos los ciudadanos, o el mayor bien posible para el mayor número posible de individuos.

Si los utilitarios han mantenido que la justicia resulta de los intereses públicos, John Rawls (*A Theory of Justice*, 1971), por el contrario, ha afirmado que, lejos de ser la justicia el resultado de intereses, por públicos que sean, estos intereses son servidos solamente por la justicia. Rawls habla primariamente, si no exclusivamente, de justicia distributiva, y examina sus principios partiendo de una «posición original» o estado inicial por el que puede asegurarse que los acuerdos básicos a que se llega en un contrato social son justos y equitativos. La justicia es entendida como equidad *(fairness)* por ser equitativa la posición original; de no serlo se producirían injusticias. En la «posición original» se adoptan dos principios fundamentales: según el primero de estos principios hay que asegurar para cada persona en una sociedad derechos iguales en una libertad compatible con la libertad de otros. Según el otro principio, debe haber una distribución de bienes económicos y sociales tal que toda desigualdad debe resultar ventajosa para cada uno, pudiendo, además, acceder cada uno, sin trabas, a cualquier posición o cargo *(op. cit.,* pág. 60).

Después de un examen minucioso del contenido de estos principios, Rawls pasa a formular un «enunciado final de la justicia para las instituciones». De acuerdo con tal enunciado, el primer principio establece que «Cada persona debe tener un derecho igual al sistema total más extenso de libertades básicas iguales compatible con un sistema similar de libertad para todos». El segundo principio establece: «Las desigualdades económicas y sociales deben estar dispuestas de tal modo que ambas (a) sean para el mayor beneficio de los menos aventajados, consistente con el principio de los ahorros justos, y (b) se hallen agregadas a cargos y posiciones abiertos a todos en condiciones de equitativa igualdad de oportunidad». La primera regla de prioridad, que es la regla de libertad, establece que «los principios de la justicia tienen que estar dispuestos en orden léxico y, por tanto, la libertad puede ser restringida sólo por mor de la libertad. Hay dos casos: (a) una libertad más amplia en que todos participan; (b) una libertad menor que igual debe ser aceptable para los que tengan menos libertad». La segunda regla de prioridad, que es la prioridad de la justicia sobre la eficacia y el bienestar, mantiene que «el segundo principio de la justicia es léxicamente previo al principio de eficacia y al de la maximización de la suma de ventajas; y la oportunidad equitativa es previa al principio de diferencia. Hay dos casos: (a) una desigualdad de oportunidad debe realzar las oportunidades de los que tienen menos oportunidad; (b) una proporción excesiva de ahorro debe a la postre mitigar la carga de los que sufren estas privaciones». La concepción general mantiene que «todos los bienes primarios sociales –libertad y oportunidad, ingresos y riqueza, y las bases del respeto a sí mismo– deben distribuirse igualmente a menos que una distribución desigual de cualesquiera y de todos estos bienes sea ventajosa para el menos favorecido» *(op. cit.,* págs. 302-303).

A su vez, Robert Nozick se ha opuesto a Rawls en su obra *Anarchy, State, and Utopia* (1975). En defensa de lo que llama «Estado mínimo», como condición de un «anarquismo» practicable, Nozick estima que hay algo común a todas las teorías de la justicia de carácter distributivo: el que en ellas se pide dar a cada cual según un cierto patrón: sean las necesidades, el trabajo, la condición social, etc. Estas teorías de la justicia son, según Nozick, «estructuradas» *(patterned)*. Aunque sus diferencias entre sí son considerables –piénsese en la diferencia entre dar a cada cual según sus necesidades o según su condición social, que puede ser hereditaria–, resulta que en todos los casos se postula una redistribución de acuerdo con un «patrón». Frente a todas las teorías «estructuradas», Nozick propone una teoría «intitular» *(entitlement theory)* según la cual la justicia en la distribución de bienes procede de una distribución justa –y legítimamente justificada– previa. Así, por ejemplo, en dicha teoría es justo poseer bienes que han sido adquiridos antes y que no pertenecían a nadie, mientras que en una teoría distributiva clásica los bienes de referencia han de ser «redistribuidos» según el patrón que se adopte. Las ideas de Nozick son, en un sentido, «anarquistas» o «libertarias», pero, en otro sentido, son «reaccionarias»; por eso ha podido hablarse al respecto de un «anarquismo reaccionario».

Parece obvio que en muchas de las teorías modernas sobre la justicia se discute sobre todo la cuestión de lo que es justo para el individuo dentro de una sociedad. En la mayor parte de los casos se ha tratado de una distribución –sea una «distribución originaria» o considerada como originariamente justa, sea una distribución que conlleva tantas «redistribuciones» como sean necesarias para corregir desigualdades o abusos–. Los bienes a distribuir pueden ser materiales o no materiales (culturales). Aunque se tengan en cuenta también estos últimos, los primeros resultan básicos.

La gran mayoría de doctrinas y sistemas sociales y políticos llevan aneja una idea de justicia. De hecho, tales doctrinas y sistemas son presentados a menudo como modelos para explicar por qué ha habido determinadas concepciones de la justicia en el pasado y por qué estas concepciones no son «justas», y qué concepción «equitativa» (o «justa») de la justicia puede proporcionarse para sustituirlas. Conservadurismo, liberalismo, socialismo, comunismo, anarquismo y otros movimientos y teorías pueden ser descritos desde el punto de vista de sus correspondientes ideas e ideales, concernientes a la idea de justicia. Puesto que uno de los aspectos que ha asumido la cuestión de la justicia es el que concierne a lo que se supone se «debe» –o «es debido»– a cada cual, el problema de la justicia se ha relacionado con frecuencia con el de la igualdad humana. Se han presentado varias clasificaciones de tipos de justicia sobre esta base –los tipos que Nozick describe, y denuncia, como «estructurados»–. Mencionamos como ejemplo la de Chaïm Perelman bajo la forma de una «dilucidación formal» de la noción de justicia. Según dicho autor, puede haber seis tipos de afirmación: (1) A cada uno lo mismo. (2) A cada uno según sus méritos. (3) A cada uno según sus obras. (4) A cada uno según sus necesidades. (5) A cada uno según su rango. (6) A cada uno según lo atribuido por la ley –que puede ser entendida o formalmente o como algo que tiene primariamente un contenido–. Según el mencionado autor, todas estas concepciones son incompatibles entre sí, pero hay en ellas algo de común si nos decidimos precisamente a practicar sobre ellas una formalización suficiente. Entonces nos aparece el concepto de justicia como «un principio de acción según el cual los seres de una misma categoría esencial deben ser tratados del mismo modo» (cf. *De la justice*, 1945 [traducción esp.: *De la justicia*, 1964]; del mismo autor: *The Idea of Justice and the Problem of Argument*, 1963; *Justice et raison*, 1963).

Justificacionismo. La distinción por Hans Reichenbach entre el llamado «contexto de descubrimiento» y el titulado «contexto de justificación» ha sido una de las bases para un tipo de metodología, epistemología y, más en particular, filosofía de la ciencia que ha atendido principal, si no exclusivamente, al segundo de dichos contextos. Se ha desarrollado con ellos una tendencia que ha recibido el nombre de «justificacionismo». Se han usado al efecto también otros nombres, como «reconstruccionismo» y «validacionismo», pero 'justificacionismo' ha sido generalmente el preferido.

En su forma más radical, el justificacionismo, seguido por muchos empiristas lógicos, ha descartado por completo el estudio de todo contexto distinto del de la justificación o validación de los enunciados científicos. Por tanto, ha descartado toda consideración psicológica, sociológica, histórica, etc., que ha estimado como no explicativas de las estructuras proposicionales de una ciencia o de una teoría científica; las consideraciones aludidas pueden explicar, a lo sumo, cómo se han originado las teorías científicas, pero toda explicación de esta índole es estimada por el justificacionismo como una pseudo-explicación y como un ejemplo de falacia genética. Ha descartado inclusive el estudio de cómo se han desarrollado, por así decirlo, «intra-científicamente» las teorías, pues no se ha tratado de construir tales teorías, sino de reconstruirlas lógica, metodológica y acaso también epistemológicamente.

En el trabajo de Imre Lakatos «Falsification and the Methodology of Scientific Research», en *Criticism and the Growth of Knowledge,* 1970, ed. I. Lakatos y A. Musgrave, este autor presenta el justificacionismo como una tesis característica del racionalismo y del empirismo clásicos, según los cuales el conocimiento se compone de proposiciones cuya verdad (o supuesta verdad) se considera probada, sea por evidencias intuitivas, por principios racionales, por experiencia, etc., usándose, al efecto, según los casos, la lógica deductiva, o la lógica inductiva, o alguna combinación de ambas. La mera negación del justificacionismo es el escepticismo, pero el escéptico no rechaza la idea del conocimiento mantenida por el racionalismo y el empirismo clásicos; alega meramente que el conocimiento –o lo que merece ser llamado tal– es imposible.

En vista de las dificultades que ofrece el justificacionismo en las formas indicadas antes, algunos autores se inclinaron en favor de un «probabilismo», el cual niega la infalibilidad (no sólo de hecho, sino también en principio), y admite únicamente la posibilidad de probar más o menos, mejor o peor, una teoría dada. El «probabilismo» aparece en este caso, según Lakatos, el cual se detiene ante la temida conclusión de que si ninguna teoría puede ser infaliblemente probada, ninguna es, en rigor, más susceptible de ser probada que cualquier otra.

El neojustificacionismo enlaza de algún modo con el falibilismo en general y con el falsacionismo en particular, pero más bien con las formas dogmáticas de éste. A veces es difícil distinguir entre un justificacionismo, o neojustificacionismo, muy atenuado y un falsacionismo muy estricto.

K

K. La letra 'K' es usada por Łukasiewicz para representar la conectiva 'y' o conjunción, que nosotros simbolizamos por ' ∧ '. 'K' se antepone a las fórmulas, de modo que '$p \wedge q$' se escribe en la notación de Łukasiewicz 'Kpq'.

Lenguaje. Comenzando por los presocráticos, muchos pensadores griegos equipararon de algún modo «lenguaje» y «razón»: ser un «animal racional» significaba en gran parte ser «un ente capaz de hablar» y, al hablar, reflejar el universo. Con lo cual el universo podía hablar, por así decirlo, de sí mismo a través del hombre. El lenguaje es o un momento del logos o es el logos mismo. El logos-lenguaje era así equivalente a la estructura inteligible de la realidad. Desde los comienzos de la «filosofía del lenguaje», por tanto, vemos hasta qué punto la cuestión del lenguaje y la de la realidad como realidad están estrechamente imbricadas. No obstante las diferencias entre Heráclito y Parménides, coinciden cuando menos en considerar el lenguaje como un aspecto de la realidad: la «realidad hablante».

El lenguaje es, en suma, en muchos presocráticos, «el lenguaje del ser».

Los sofistas examinaron el lenguaje tanto desde el punto de vista gramatical como retórico y «humano». Uno de sus problemas magnos fue el de examinar en qué medida y hasta qué punto los nombres del lenguaje son o no convencionales. Aunque las teorías de los sofistas sobre el lenguaje no pueden reducirse a una sola fórmula, era muy común entre dichos pensadores propugnar una doctrina convencionalista del lenguaje y de los nombres. Los nombres son, según ello, convenciones establecidas por los hombres con el fin de «entenderse». Este problema fue recogido por Platón en su diálogo *Cratilo*. En este diálogo aparecen Cratilo (que representa a Heráclito) y Hermógenes (que representa a Demócrito o a Protágoras). Cratilo defiende la doctrina de que los nombres están naturalmente relacionados con las cosas; Hermógenes, la doctrina de que los nombres son convenciones. Más específicamente, las posiciones discutidas, y las dificultades encontradas en cada una de ellas, pueden esquematizarse como sigue:

1. Supongamos que «los nombres lo son por naturaleza». Esto no se refiere simplemente al origen, sino a la naturaleza de los nombres. Significa que: (a) Cada nombre designa una cosa, no más, pero no menos que ella. (b) Cualquier modificación introducida en un nombre hace de él otro nombre que designa otra cosa, o ningún nombre, el cual no designa nada. (c) Tiene que haber tantos nombres como cosas hay; los sinónimos son en principio imposibles. (d) Pronunciar o escribir un «nombre falso» es lo mismo que pronunciar o escribir una serie de sonidos o signos sin significación.

Hay cuando menos una dificultad para cada una de las anteriores proposiciones: (a1) El lenguaje se compone de partículas que no son nombres: preposiciones, conjunciones, etc. Debe aceptarse el «significado» (que luego sera llamado «sincategoremático») de dichas partículas, pues de lo contrario no se podría hablar –o escribir–. Lo que pretende Hermógenes es encontrar un lenguaje compuesto de puros nombres yuxtapuestos. (b1) La mayor parte de los nombres tienen significados que van cambiando con el tiempo. (c1) Todos los nombres –excepto los «formalizados» por convención– tienen con frecuencia un significado «vago»: el nombre no reproduce la realidad, como la imagen no reproduce la realidad, pues en tal caso no serían nombre o imagen, sino la realidad misma. (d1) Hay proposiciones falsas que poseen significación, pues esta última se da dentro del marco de un lenguaje y no dentro del marco de las cosas.

2. Supongamos que los nombres son convencionales. Ello significa que: (a) Los nombres pueden cambiarse a voluntad. (b) Cada nombre puede designar cualquier cosa. (c) Hay un número en principio infinito de nombres para cada cosa.

Hay también cuando menos una dificultad para cada una de estas proposiciones: (a2) El lenguaje no está compuesto de una serie finita (o infinita) de nombres independientes entre sí, sino que está dado en un contexto. (b2) No es lo mismo la significación que la denotación. (c2) No es lo mismo un lenguaje formalizado que un lenguaje no formalizado (lenguaje natural o corriente).

Abundantes fueron las consideraciones sobre el lenguaje en Aristóteles, entre los estoicos (que, según Pohlenz, fueron los primeros en analizar filosóficamente el lenguaje) y entre los escépticos (que trataron con detalle la teoría de los signos). Nos hemos referido a algunas de sus opiniones al respecto en otros artículos, tales como Nombre (VÉASE); en este artículo hemos presentado, además, parte de las doctrinas sobre el lenguaje mantenidas por autores medievales, modernos y contemporáneos. Común a todas estas doctrinas, cuando menos a las de Aristóteles y los estoicos, es el introducir otro elemento además del lenguaje y «la realidad»: es el concepto, o noción, que puede ser entendido o bien como un concepto mental o bien como un concepto lógico (o, como se dijo oportunamente, «formal»). Los problemas del lenguaje se complican desde entonces con la cuestión de la relación entre expresión lingüística y concepto mental, expresión lingüística y concepto formal, y cada uno de estos conceptos en tanto que lingüísticamente expresados y «la realidad». Todo ello hace que los problemas del lenguaje dejen de ser estrictamente «gramaticales» para convertirse en problemas «lógicos».

Durante la Edad Media las cuestiones relativas al lenguaje fueron tratadas dentro del marco de las investigaciones lógicas –en un sentido muy amplio de 'lógicas'–; en efecto, una de las cuestiones capitales al respecto consistió en las repercusiones que tuvo sobre la concepción del lenguaje la posición adoptada en la doctrina de los universales (VÉASE). Más directamente se ocuparon de cuestiones de la naturaleza y formas del lenguaje los autores que escribieron sobre gramática especulativa y se ocuparon de los «modos de significar» y, en general, del problema de la significación y significaciones. Puede concluirse que hubo durante la Edad Media numerosas investigaciones filosóficas sobre el lenguaje, pero que no hubo, propiamente hablando, una «filosofía del lenguaje».

Esta última apareció solamente durante la Edad Moderna –si bien no todavía, como en fecha más reciente, como una disciplina filosófica–. Puede hablarse *grosso modo*, siguiendo a Urban, de dos actitudes respecto al lenguaje: una actitud de «confianza en el lenguaje (y en su poder lógico)» y una actitud de «desconfianza hacia el lenguaje». La primera actitud es representada sobre todo por los racionalistas, especialmente en la medida en que fueron, además, como ocurrió con algunos, «realistas» (en la cuestión de los universales). La segunda es representada sobre todo por los empiristas, y en particular por los que fueron, además, nominalistas. En general, los racionalistas –o los que, por razones de comodidad, suelen llamarse tales– se ocuparon poco explícitamente del lenguaje como tema «aparte» –si bien el problema del lenguaje fue fundamental, por ejemplo, en Leibniz–. Los empiristas, en cambio, solieron tratar del lenguaje extensamente: tal fue el caso de Hobbes, Locke, Berkeley y Hume. En todos ellos se pone de relieve que el lenguaje es un instrumento capital para el pensamiento, pero que a la vez hay que someter el lenguaje a «crítica» con el fin de no caer en las trampas en que nos tiene cogidos, o nos puede tener cogidos, «el abuso (o abusos) del lenguaje». Una de estas trampas fue denunciada por empiristas, y especialmente por nominalistas, incansablemente: la que consiste en hacernos creer que, porque hay un término o una expresión en el lenguaje, hay una realidad designada por este término o expresión.

En otra línea de investigación del lenguaje se hallan los que, como, por ejemplo, Vico y Herder, se interesaron ante todo por estudiar el modo o modos como el lenguaje o lenguajes surgen en la sociedad y a lo largo de la historia. En este caso el lenguaje aparece como uno de los elementos constitutivos de la realidad social e histórica humana y no, o no sólo, como un tema de investigación gramatical, semiótica o lógica.

El mayor florecimiento en la filosofía del lenguaje ha sido alcanzado durante el siglo XX, cuando se ha llegado inclusive a considerar la crítica del lenguaje, el análisis del lenguaje, etc., como la ocupación principal, si no la única, de la filosofía. Las tendencias llamadas analíticas, así como las neopositivistas (positivismo lógico y otras similares) han sobresalido en este interés por las cuestiones relativas a la estructura del lenguaje o de los lenguajes. Nos limitaremos por el momento a poner de relieve que las doctrinas contemporáneas sobre el lenguaje pueden examinarse por lo menos bajo los cinco siguientes respectos: (1) Doctrinas pragmatistas, en las cuales el lenguaje es examinado sobre todo como un instrumento. En algunos casos estas doctrinas están ligadas al intuicionismo –por lo menos en el sentido de Bergson– en cuanto que se supone que sólo la intuición puede alcanzar el fondo de la realidad, y el lenguaje limitarse a apresar la realidad bajo forma de manipulación. (2) Doctrinas más o menos «existenciales» de la comunicación, en las cuales el lenguaje aparece sobre todo como «lenguaje humano» y como «manifestación de la persona».

Aunque no puede ser considerada estrictamente como una doctrina «existencial», no podemos dejar de mencionar aquí la importancia creciente que ha adquirido el tema del lenguaje en Heidegger. (3) Doctrinas lógico-positivistas y lógico-atomistas en las cuales desempeña un papel importante la formalización de los lenguajes. (4) Doctrinas que se han interesado por el análisis del «lenguaje corriente» tal como han sido desarrolladas por los llamados «filósofos de Oxford». (5) Doctrinas que han examinado el lenguaje desde el punto de vista de la teoría del símbolo y del simbolismo.

En Heidegger, el lenguaje aparece, primero, bajo la forma del habla *(Rede)* como uno de los modos en que se manifiesta la degradación o inautenticidad del *Dasein*. Frente a este modo inauténtico, la autenticidad parece consistir no en el habla, ni siquiera en ningún lenguaje, sino en el «silencio», en el «llamado» de la conciencia. Pero este modo «existenciario» de considerar el lenguaje se transforma en Heidegger en un modo propiamente «ontológico» cuando el lenguaje es visto como el hablar mismo del ser. El lenguaje como un «poetizar primero» es el modo como puede efectuarse «la irrupción del ser», de tal suerte que el lenguaje puede entonces convertirse en «un modo verbal del ser».

En Wittgenstein, el lenguaje aparece primero como una especie de impedimento para conseguir el «lenguaje ideal», en donde la estructura del lenguaje corresponde a la de la realidad. Pero al abandonar esta noción del lenguaje ideal, Wittgenstein lanzó la investigación del lenguaje por una vía muy distinta: de ser «el padre de los formalistas» se convirtió en el «padre de los lingüistas» de los «filósofos del lenguaje corriente». Lo que importó entonces fue la noción de los «juegos lingüísticos» de que nos ocupamos brevemente en LENGUAJE (JUEGOS DE).

En uno y otro caso el tema del lenguaje aparece como un tema sobremanera rico y, en rigor, como el tema capital de la filosofía. Por eso se ha podido decir, desde varios puntos de vista, que el pensamiento filosófico actual es primariamente una «filosofía lingüística» –lo cual no es sólo una filosofía del lenguaje, sino la filosofía como lenguaje acerca del lenguaje–. Ello parece haber «trivializado» la filosofía por haberla colocado fuera de la «realidad». Sin embargo, es posible ver en el caso tanto de Heidegger como de Wittgenstein –y muchos otros pensadores contemporáneos– que el interés por el lenguaje y temas relativos al lenguaje (el lenguaje y el ser; los juegos lingüísticos; la posibilidad o imposibilidad del llamado «lenguaje privado», etc.) sólo en apariencia es una «huida de la realidad» y un mero «hablar sobre el habla». Algunos de los enunciados más intrigantes de la filosofía contemporánea aparecen bajo la forma de proposiciones sobre el lenguaje. Para limitarnos a los dos autores últimamente citados, he aquí algunos: «Los límites de mi lenguaje son los límites de mi mundo» (primer Wittgenstein); «La filosofía es una lucha contra el embrujamiento de la inteligencia por medio del lenguaje» (último Wittgenstein); «El lenguaje habla *(spricht)*. Su hablar *(Sprechen)* habla para nosotros en lo hablado» (último Heidegger).

En lo que toca a la clasificación de los lenguajes, pueden adoptarse varios puntos de vista. Por lo pronto, puede distinguirse entre un lenguaje formalizado y un lenguaje no formalizado; entre lenguaje científico y lenguaje corriente; entre lenguaje «interior» y lenguaje «exterior» (lenguaje como expresión y hasta como «comportamiento»); entre lenguaje real y lenguaje ideal; lenguaje como instrumento de comprensión y lenguaje como instrumento de acción, etc. A continuación nos referiremos con algún mayor detalle a una serie de clasificaciones de que se ha hablado abundantemente en el pensamiento contemporáneo.

1. Los lenguajes pueden dividirse en *naturales* (llamados a veces *ordinarios*) y *artificiales*. Los lenguajes naturales son los producidos en el curso de la evolución psicológica e histórica; ejemplos de tales lenguajes son el copto, el griego, el sueco, el español. Los lenguajes artificiales son los construidos de acuerdo con ciertas reglas formales; ejemplos de tales lenguajes son la lógica y la matemática.

2. Los lenguajes pueden dividirse en lenguajes que *mencionan* (lenguaje como mención) y lenguajes que *anuncian* o *expresan* (lenguajes como anuncio o como expresión). Esta división ha sido propugnada por varios fenomenólogos, entre ellos Max Scheler. Ejemplo de un lenguaje que menciona es la frase 'Las hojas de los árboles son verdes en verano'. Ejemplo de un lenguaje que expresa es la frase 'Me duele la cabeza'.

3. Los lenguajes pueden clasificarse según tres funciones: la *expresión*, la *apelación* y la *representación*. Esta clasificación ha sido propuesta por Karl Bühler. Ejemplo de lenguaje como expresión es la frase '¡Qué alegría verte!' Ejemplo de lenguaje como apelación es la frase '¡Ven acá!' Ejemplo de lenguaje como representación es la frase 'El sol ha salido hoy a las 6.45'.

4. Puede distinguirse en todo fenómeno lingüístico entre el *lenguaje propiamente dicho*, la *lengua* (o *habla*) y la *palabra*. Estas distinciones han sido propuestas por Ferdinand de Saussure. El lenguaje propiamente dicho es la expresión de la estructura común a todo idioma. La lengua (o habla) es el lenguaje como fenómeno de una comunidad humana. La palabra es el lenguaje como fenómeno individual.

5. Los lenguajes pueden dividirse en *cognoscitivos* y *emotivos*. Esta clasificación ha sido adoptada por muchos autores con mayores o menores modificaciones. Ha recibido también diversos nombres. Los lenguajes cognoscitivos han sido llamados a veces *indicativos, enunciativos, referenciales* y *simbólicos*. Los lenguajes emotivos han sido llamados también *evocativos*. Los lenguajes cognoscitivos son los que enuncian si algo es o no, si una proposición es verdadera o falsa. Los lenguajes emotivos expresan simplemente el acontecer psíquico de un sujeto y por eso no puede decirse de sus proposiciones que sean verdaderas o falsas. Ejemplos de lenguajes cognoscitivos son los lenguajes de las ciencias. Ejemplos de lenguajes emotivos son los poéticos.

6. Los lenguajes pueden dividirse en *indicativos* y *prescriptivos*. Los lenguajes indicativos coinciden con los cognoscitivos en el sentido antes apuntado. Los lenguajes prescriptivos son los que proporcionan normas. Estos últimos pueden ser *imperativos* –o lenguajes que formulan mandatos– y *valorativos* –o lenguajes que formulan juicios de valor.

7. Los lenguajes pueden ser *reversibles* e *irreversibles*. Los lenguajes reversibles son los que están compuestos de expresiones el orden de cuyos elementos puede ser alterado sin que se modifique la significación de la expresión. Los lenguajes irreversibles son los que están compuestos de expresiones el orden de cuyos elementos no puede ser alterado sin que se modifique la significación de la expresión. Ejemplo de lenguajes reversibles son los lenguajes científicos. Ejemplo de lenguaje irreversible es el lenguaje poético.

Las anteriores clasificaciones se entrecruzan con frecuencia. Pueden también combinarse de varios modos. Se ha discutido a veces hasta qué punto es legítimo establecer líneas divisorias rigurosas entre los diversos lenguajes o entre las diversas funciones del lenguaje. Cuatro opiniones son posibles: (a) Las líneas divisorias son rigurosas, de modo que, por ejemplo, una expresión en lenguaje poético no puede ser nunca cognoscitiva y viceversa. (b) Las líneas divisorias deben mantenerse pero sólo como resultado de una concepción pragmática; son aceptables si son útiles o fecundas. (c) Las líneas divisorias deben mantenerse, pero simplemente como tendencias, ya que existe, por así decirlo, un «continuo» del lenguaje. (d) No hay líneas divisorias. La opinión (c) es la más atractiva; es también la más difícil de demostrar.

Lenguaje (juegos de). La expresión 'juegos de lenguaje' (o 'juegos lingüísticos') –*Sprachspielen, language-games*– fue introducida por Wittgenstein en sus cursos y recogida en sus *Investigaciones filosóficas (Philosophische Untersuchungen* [1953]. En sustancia, consiste en afirmar que lo más primario en el lenguaje no es la significación, sino el uso. Para entender un lenguaje hay que comprender cómo funciona. Ahora bien, el lenguaje puede ser comparado a un juego; hay tantos lenguajes como juegos de lenguaje. Por tanto, entender una palabra en un lenguaje no es primariamente comprender su significación, sino saber cómo funciona, o cómo se usa, dentro de uno de esos «juegos». La noción de significación, lejos de aclarar el lenguaje, lo rodea con una especie de niebla *(op. cit.,* 5). En suma, lo fundamental en el lenguaje como juego de lenguaje es el modo de usarlo *(Arts des Gebrauchs) (op. cit.,* 10). Como las palabras que usamos tienen una apariencia uniforme cuando las leemos o las pronunciamos o las oímos, tendemos a pensar que tienen una significación uniforme. Pero con ello caemos en la trampa que nos tiende la idea de la significación en cuanto supuesto elemento ideal invariable en todo término. Cuando nos desprendemos de la citada niebla, podemos comprender no sólo el carácter básico del lenguaje, sino la multiplicidad (para Wittgenstein, prácticamente infinita) de los lenguajes –o juegos de lenguaje–. El lenguaje no es para Wittgenstein una trama de significaciones independientes de la vida de quienes lo usan: es una trama integrada con la trama de nuestra vida. El lenguaje es una actividad o, mejor dicho, un complejo o trama de actividades regidas por reglas –las «reglas del juego»–. Por eso hablar un lenguaje es parte de una actividad, o de una forma de vida *(Lebensform) (op. cit.,* 23). Ejemplos de tales juegos del lenguaje son, entre otros: dar órdenes y obedecerlas; describir un objeto según su apariencia o dando sus medidas; informar sobre un acontecimiento; formar y comprobar una hipótesis; hacer chistes y contarlos; resolver un problema en aritmética práctica; preguntar, agradecer, imprecar, saludar, rogar.

Lo que podría llamarse la «legitimidad» o la «justificación» de un juego de lenguaje se basa en su integración con actividades vitales. Un lenguaje (un juego de lenguaje) es como un sistema de ruedas. Si estas ruedas engranan unas con otras y con la realidad, el lenguaje es justificado. Pero aunque engranen unas con otras, si no engranan con la realidad, el lenguaje carece de base. Por eso Wittgenstein ha comparado el juego de lenguaje filosófico con una rueda que gira libremente, sin engranar con lo real, o con las actividades humanas integradas con lo real.

La noción wittgensteiniana de juego de lenguaje parece contradecir una de las ideas-clave de dicho autor: la de que lo primario en un término no es su significación, sino su uso. En efecto, a menos que 'juego' tenga un significado, parece que no haya posibilidad de relacionar unos juegos de lenguaje con otros. A ello responde Wittgenstein indicando que lo que constituye la unidad de los juegos de lenguaje es «el aire de familia» (las *Familienähnlichkeiten* [*op. cit.*, 67]). Los «juegos» forman, pues, una familia; en todo caso, no se reducen a una significación única. La idea de que hay una significación única de 'juego' impide saber lo que es propiamente un juego y, por tanto, un juego de lenguaje.

Lenguaje privado. Se ha suscitado en diversas ocasiones el problema de si hay, o puede haber, un lenguaje privado, es decir, un lenguaje particular de una sola persona, que solamente esta persona sea capaz de expresar y de entender. Aunque la expresión 'lenguaje privado' (o 'lenguaje particular') haya tenido curso en la literatura filosófica sólo a partir aproximadamente de 1950, en discusiones en torno a las secciones 243 a 315 de las *Investigaciones filosóficas* (*Philosophische Untersuchungen* [1953]), de Wittgenstein, la noción designada por dicha expresión es anterior a dicha fecha. En efecto, puede interpretarse la visión mística como un «lenguaje privado» en cuanto que es entendido por la persona que posee, o que se supone que posee, dicha visión, pero no por otra persona. Por eso la visión de referencia es básicamente incomunicable. También puede interpretarse como un «lenguaje privado» una intuición en el sentido bergsoniano del término. Se puede alegar que ni en la visión mística ni en la intuición se trata de lenguaje, ya que el ser incomunicable les veda toda posible expresión lingüística. También se puede alegar que la misma visión mística o la misma intuición pueden ser gozadas, o poseídas, por más de una persona, en cuyo caso desaparece la característica de ser algo completamente «privado» o «particular». Sin embargo, en la medida en que lo visto o lo intuido engendran un modo de «hablarse a sí mismo» distinto de cualquier otro «público», y en la medida en que cada visión mística y cada intuición son irreductibles a otras, o distintas de otras, puede decirse que está implicada en ellas la noción de «lenguaje privado». También puede interpretarse como un «lenguaje privado» el que usa, o puede usar, una persona en tal forma que solamente lo entienda esta persona, y que solamente ella pueda «traducirlo» a otra. Tal es, por ejemplo, el caso del lenguaje que podría inventar un hombre que naciera en una isla y viviera en ella, solitario, desde antes de haber aprendido a hablar.

Ahora bien, el problema de la posibilidad o imposibilidad de un «lenguaje privado» adquirió carta de naturaleza filosófica cuando Wittgenstein lo planteó y trató de resolverlo contra la posibilidad de tal lenguaje. Wittgenstein tenía en cuenta primariamente un tipo de lenguaje privado que se refería a los propios procesos psíquicos y, especialmente, a las propias sensaciones. Tal lenguaje era el de los enunciados protocolarios; estos enunciados describen algo experimentado por una persona, pero lo describen en tanto que experimentado por la persona –describen, por tanto, las sensaciones que una persona experimenta–. Algunos autores, como Carnap, propusieron la doctrina del fisicalismo con el fin de hacer posible la intersubjetividad y aun propusieron que todo enunciado protocolario es parte de un lenguaje fisicalista. Otros autores admitieron que hay ciertos enunciados que no son partes del lenguaje fisicalista y que tales enunciados pertenecen a un «lenguaje privado». Wittgenstein se opuso a esta última interpretación, pero aunque parece que hay algo de fisicalismo en sus ideas al respecto, no pueden simplemente interpretarse como ideas puramente fisicalistas. En efecto, su tesis de que el lenguaje privado no es posible, deriva de su idea del lenguaje como «forma de vida» y sobre todo de la idea de «juego de lenguaje» (véase LENGUAJE [JUEGOS DE]) o «juego lingüístico». Según Wittgenstein, las sensaciones pueden ser privadas; la experiencia de una persona es propia y exclusiva de esta persona. Pero ello no garantiza que haya un lenguaje privado. «¿Qué ocurre con el lenguaje que describe mis vivencias internas y que sólo yo puedo entender? ¿Cómo designo mis sensaciones con palabras? ¿Cómo lo hacemos de costumbre? ¿Se hallan mis palabras de sensaciones vinculadas a mis expresiones naturales de sensación? En este caso mi lenguaje no es 'privado'. Otro podría entenderlo tanto como yo» *(Philosophische Untersuchungen,* 256). Si un lenguaje fuera privado, no habría posibilidad de que fuese «corregido» por otra persona; no habría distinción entre seguir una regla y pensar que se sigue una regla. Además, en un lenguaje puramente privado no habría posibilidad de comprobar si la memoria comete o no errores. Las palabras de sensaciones, arguye Wittgenstein, están sometidas a un criterio público; en rigor, sólo pueden estar sometidas a un criterio público, pues no hay posibilidad de un «criterio privado». Wittgenstein niega que su tesis al respecto sea behaviorista; si todo, excepto el comportamiento, es una ficción, no es una ficción psicológica sino gramatical *(ibid.,* 307). El behaviorismo (psicológico) no es, en rigor, anti-dualista; afirma que el lenguaje se reduce a comportamientos, pero deja en suspenso (y, por tanto, en principio admite) la posibilidad de un lenguaje privado. El behaviorismo gramatical, en cambio, evita el dualismo, pues elimina toda posibilidad de tal lenguaje.

Las tesis de Wittgenstein sobre la imposibilidad de todo lenguaje privado han suscitado numerosas discusiones. Así, por ejemplo, R. Rhees ha defendido a Wittgenstein, mostrando que «un lenguaje inventado» sería algo así como una serie de figuras en un papel de empapelar una pared; no hay lenguaje sino como parte de un modo de vivir. Inventar señales adscritas a varios objetos no es propiamente un lenguaje. En suma: «el lenguaje es algo hablado» («Symposium: Can There Be a Private Language?», en *Proceedings of the Aristotelian Society,* Supp. Vol. 28 [1954], págs. 77-94). A. J. Ayer, en cambio, ha impugnado las tesis de Wittgenstein indicando que un Robinson Crusoe que hubiera sido arrojado a una isla desierta antes de aprender a hablar, podría nombrar cosas e inventar un lenguaje para sí mismo; aunque hubiese inventado el lenguaje para poder comunicarse luego con semejantes suyos, seguiría siendo «una empresa privada». Pero, además de nombrar cosas, tal Robinson podría nombrar sus propias sensaciones sin tener que verificar «públicamente» sus denominaciones. «No es necesario para una persona que use un lenguaje con significación que otra persona le entienda, y, además, no es necesario que para que otra persona entienda un enunciado descriptivo sea capaz de observar lo que describe» *(ibid.,* págs. 63-

76). Clyde Laurence Hardin ha impugnado asimismo las tesis de Wittgenstein; un lenguaje privado –por el cual entiende un lenguaje puramente fenomenista– es psicológicamente improbable, pero no es lógicamente imposible. Wittgenstein supone que nombrar es posible sólo cuando los nombres putativos pueden ser usados con cierto propósito; prescinde, pues, de lenguajes, o partes de lenguajes, que no tienen función determinada y que no son informativos ni siquiera para quien usa el lenguaje («Wittgenstein on Private Languages», *Journal of Philosophy*, 56 [1959], 516-28). Ha habido otros debates sobre la noción de lenguaje privado; los anteriormente reseñados son aquí suficientes para comprender qué direcciones ha tomado la discusión.

Ley. La palabra νόμος, *nómos*, usada por los griegos, y que se traduce por 'ley', tiene varias significaciones: la de «uso», «costumbre», «convención», «mandato».

Hay, *grosso modo*, dos conceptos de Ley: el de la ley humana y el de la ley natural. La ley natural es la ley que corresponde a la *physis*. Aunque la propia noción de *physis* (Naturaleza) experimentó algunos cambios que la hicieron pasar del reino natural al humano o moral, por lo general se distinguió entre *physis* (Naturaleza) y *nómos* (ley); así, los sofistas se preguntaban si algo era «por convención», νόμῳ, o «por naturaleza», φύσει.

De la ley en cuanto social, humana y moral se ha preguntado si su fundamento se halla en la voluntad de Dios (sea una voluntad «arbitraria» o una «racional»), en la de un legislador, en el consenso (sea general, sea mayoritario) de una comunidad, o en las exigencias de una razón que se supone eterna e idéntica en todos los hombres. Según se acentúe la voluntad o la razón en el origen, establecimiento y fundamentación de las leyes se habla de tendencia voluntarista o intelectualista. Algunos autores niegan que la voluntad o la razón solas puedan desempeñar un papel determinante o decisivo y se inclinan a considerar que aunque sin decisión voluntaria no puede haber ley, ésta carece de justificación si no va acompañada de la razón. La razón de referencia es a veces estimada como una «razón natural». Hoy se tiende a distinguir entre el sentido no natural (jurídico, social, moral, etc.) y el sentido natural de 'ley'. Sin embargo, como la expresión 'ley natural' ha sido, y es, usada asimismo para designar la ley fundada en la razón natural, de acuerdo con la tradición del jusnaturalismo, se emplea 'ley científica' para referirse a las leyes de que tratan las ciencias.

La noción de ley científica más frecuentemente dilucidada es la que atañe a las leyes en las ciencias naturales, como la física o la biología. Cabe hablar asimismo de leyes científicas en el caso de las ciencias sociales.

No siempre se distingue entre 'ley' y 'principio' –se habla, por ejemplo, de «ley de inercia» y de «principio de inercia»–. Se ha considerado a veces que una ley es una formulación de relaciones constantes observadas entre fenómenos. El llamado «paso del fenómeno a la ley» es entonces el paso de regularidades observadas a una fórmula que sintetiza estas regularidades y permite predecirlas en el futuro. Esta concepción, que tiene su origen en Hume, requiere el llamado «fundamento de la inducción». Pero si el fundamento de la inducción es el postulado de la uniformidad de la Naturaleza, se presupone lo que se trataba justamente de demostrar. Kant estimaba que, aunque las leyes naturales (científicas) expresan las relaciones constantes entre fenómenos antes indicadas, han de tener, para ser admitidas, los caracteres de universalidad y necesidad, caracteres que son determinados por el sistema de conceptos del entendimiento. Muchos autores admiten la universalidad y necesidad de las leyes, pero estiman que no tienen por qué fundarse en un sistema trascendental de conceptos como el kantiano.

En tanto que son universales, las leyes no son generalizaciones obtenidas circunstancialmente. Mientras tales generalizaciones resultan de la observación de regularidades, las leyes tienen que explicar (y predecir) regularidades. Una ley científica no se limita a describir lo que ocurre dados ciertos factores; formula lo que ocurriría siempre que se dieran ciertos factores.

Entre las varias distinciones que se proponen ante el concepto de ley, hay que citar:

(1) La distinción entre ley causal y ley estadística, la primera operando en un sistema determinista mientras la ley estadística adolece de una cierta –si bien no obligada– indeterminación. Esta diferencia, que en ocasiones es útil, puede no obstante llevar a confusión puesto que no hay razón por la que una ley estadística no pueda ser «causal».

(2) J. Kemeny distinguió tres tipos de leyes: (a) la que conlleva una *descripción completa*, como es la ecuación $S = \frac{1}{2} gt^2$ de Galileo;

(b) la ley llamada *causal* como pueda ser $v = gt$; y (c) la denominada *ley de conservación*, como en la fórmula $a = g$, donde «g» es una constante. En sentido estricto las tres ecuaciones representan una misma cosa, pero también puede hablarse de tres leyes distintas. Se ha estudiado por ello si es que existe la posibilidad de reducirlas una a otra.

(3) Mario Bunge ha indicado que, en vista de la excesiva variedad de significados dados a 'ley', conviene sentar ciertas reglas de designación, y propone las siguientes: (a) 'Ley $_1$', que puede llamarse simplemente «ley», denota cualquier relación constante objetiva en la Naturaleza; (b) 'Ley $_2$', o enunciado nomológico, designa cualquier hipótesis general que se refiera mediatamente a una ley; (c) 'Ley $_3$', o enunciado nomopragmático, designa cualquier regla por medio de la cual pueda regularse (con éxito o sin él) el curso de una acción; (d) 'Ley $_4$', o enunciado metanomológico, designa cualquier principio general sobre la forma o la amplitud, o ambas, de los enunciados legales pertenecientes a una parte determinada de la ciencia. El significado de 'ley $_1$' depende de la esfera correspondiente de la realidad; el de 'ley $_2$', 'ley $_3$' y 'ley $_4$' depende de la esfera del conocimiento: 'ley $_2$' se refiere al conocimiento de una ley; 'ley $_3$' se refiere a la comprobación y uso de la ley; 'ley $_4$' se refiere a los modelos de la ley.

Liberación. El concepto de liberación ha sido empleado con frecuencia en estrecha relación con el de libertad. En principio, la noción de liberación parece ajustarse mejor con el llamado «concepto negativo» de libertad (la «libertad de» o «respecto a») que con el «concepto positivo» (la «libertad para»). En efecto, liberación parece ser, por lo pronto, un movimiento hacia la adquisición de libertad frente a algún género de coacción, sea la que pueda ejercer algún semejante, sea la que pueda derivarse de algún fenómeno de carácter más o menos «impersonal». En este sentido se habla de la libertad de dominación en el sentido de libertad contra la dominación, o de libertad del temor en el sentido de libertad contra el temor, o frente al temor.

Los movimientos de liberación son tan antiguos como la existencia de alguna forma de dominio de unos hombres sobre otros. En todas las grandes civilizaciones, además –china, india, antigua occidental y «próximo-oriental», etc.–, han tenido lugar no sólo procesos de liberación, incluyendo procesos violentos, sino doctrinas y teorías de toda clase para justificar la liberación o para oponerse a ella. En épocas más recientes se ha usado el término 'liberación' para referirse especialmente a liberaciones de mayorías –naciones enteras, la mujer– y a liberaciones de minorías –nacionalidades oprimidas dentro de un cuerpo estatal más amplio, considerado como la única nación: negros, inmigrantes, etc.–, así como a liberaciones de grupos que pueden ser cuantitativamente mayoritarios o minoritarios –proletariado, campesinado, etc.–, pero que tienen un estatus especial dentro de la lucha de clases.

En tanto que la noción de liberación está relacionada con la de libertad, constituye una noción que ha interesado, o que podría interesar, a los filósofos.

Libertad. Los griegos usaron el término ἐλεύθερος, libre, para designar al hombre no esclavizado. En efecto, el hombre libre posee libertad –ἐλευθερία– y libertad de espíritu o liberalidad (ἐλευθεριότης). El adjetivo latino *liber* deriva de liberto, el cual, según Onians *(Orígenes del pensamiento europeo,* 1951, págs. 472 y sigs.) se aplicaba al «hombre en quien el espíritu de procreación se halla naturalmente activo». Esta interpretación explicaría por qué, para el joven, se identificaba la plena incorporación a la comunidad como ciudadano libre con la recepción de la toga viril o *toga libera*. Hombre libre es, entonces, el no sometido, y de este significado derivan los subsiguientes, como por ejemplo el de ser capaz de hacer algo por sí mismo. La noción de libertad no sólo incluye la posibilidad de decidir, sino la de autodeterminación, la idea de responsabilidad para con uno mismo pero también hacia la comunidad (en este caso, ser libre implica la asunción de algunas obligaciones).

Así pues, desde muy pronto la noción de libertad implica, por una parte, la capacidad de hacer algo, y de otra, una forma de limitación.

En la literatura filosófica se ha interpretado el concepto de libertad en muy diversos términos. En unos casos, como la capacidad de autodeterminación, la posibilidad de elegir –un acto de la voluntad–, o bien la espontaneidad del no estar determinado por nada, la ausencia de interferencias. También se entiende como libertad de algo o para algo, o para realizar algo necesario. De acuerdo con el contexto en que se discute, puede hablarse de libertad personal o privada, libertad pública, política, social, libertad de acción, de palabra o de pensamiento, libertad moral, etcétera.

En todo caso, hay tres nociones o modos básicos de entenderla:

1. Una libertad que puede llamarse «natural» y que, cuando es admitida, suele entenderse como la posibilidad de sustraerse (cuando menos parcialmente) a un orden cósmico predeterminado e invariable, el cual aparece

como una «coacción» o, mejor dicho, como una «forzosidad». Este orden cósmico puede entenderse, a su vez, de dos maneras. Por una parte, puede ser concebido como modo de operar del Destino. Por otra parte, puede ser concebido como el orden de la Naturaleza en tanto que en ésta todos los acontecimientos están estrechamente imbricados. En el primer caso, lo que puede llamarse «libertad frente al Destino» no es necesariamente (para muchos griegos cuando menos) una muestra de grandeza o dignidad humanas. Por el contrario, sólo pueden sustraerse al Destino aquellos a quienes el Destino no ha seleccionado y, por tanto, «los que realmente no importan». En este caso, ser libre significa simplemente «no contar» o «contar poco». Los hombres que han sido escogidos por el Destino para realizarlo no son libres en el sentido de que pueden hacer «lo que quieran». Sin embargo, son libres en un sentido superior. Aquí encontramos ya una de las concepciones de la libertad como realización de una (superior) necesidad a la que aludimos antes. En el segundo caso –cuando el orden cósmico es el «orden natural»–, el problema de la libertad se plantea de otro modo: se trata de saber entonces hasta qué punto y en qué medida un individuo puede (caso, por lo demás, que «deba») sustraerse a la estrecha imbricación interna, o supuestamente interna, de los acontecimientos naturales. Varias respuestas se dieron a este problema, de las cuales mencionaremos solamente dos.

Según algunos, todo lo que pertenece al alma, aunque también «natural», es «más fino» y «más inestable» que lo que pertenece a los cuerpos. Por consiguiente, puede haber en las almas movimientos voluntarios y libres a causa de la mayor indeterminación de los elementos de que están compuestas.

Según otros, todo lo que pertenece al orden de la libertad pertenece al orden de la razón. Solamente es libre el hombre en cuanto ser racional y dispuesto a actuar como ser racional. Por tanto, es posible que todo en el cosmos esté determinado, incluyendo las vidas de los hombres. Pero en la medida en que estas vidas son racionales y tienen conciencia de que todo está determinado, gozan de libertad. En esta concepción, la libertad es propia solamente del «sabio»; todos los hombres son, por definición, racionales, pero sólo el sabio lo es eminentemente.

2. Una libertad que puede llamarse «social» –o «política»–. Esta libertad es concebida primariamente como autonomía o independencia. En una determi-

nada comunidad humana, esta autonomía o independencia consiste en la posibilidad de regir sus propios destinos, sin interferencia de otras comunidades. En los individuos dentro de una comunidad, dicha autonomía o independencia consiste primariamente no en evadir la ley, sino en obrar de acuerdo con las *propias* leyes, es decir, las leyes del propio «Estado» –o «Estado-Ciudad».

3. Una libertad que puede llamarse «personal» y que es también concebida como «autonomía» o «independencia», pero en este caso como independencia de las presiones o coacciones procedentes de la comunidad, sea como sociedad o bien como Estado. Aunque se reconozca que todo individuo es miembro de una comunidad y aunque se proclame que se debe a ésta, se le permite abandonar por un tiempo su «negocio» para consagrarse al «ocio» (es decir, al «estudio»), para de este modo poder cultivar mejor su propia personalidad. Cuando en vez de permitírsele al individuo disfrutar de dicho ocio, el individuo mismo se lo toma como un derecho, entonces su libertad consiste, o va en camino de consistir, en una separación de la comunidad, acaso fundada en la idea de que hay en el individuo una realidad, o parte de una realidad, que no es, estrictamente hablando, «social», sino plenamente «personal».

Estas tres concepciones de libertad, y los innumerables matices allegados a cada una de ellas, se manifestaron en diversos períodos de la filosofía griega, pero hay en ésta una cierta tendencia a ir destacando cada vez más la última concepción, unida a lo que se indicó al final a propósito de la primera concepción. Tal fue con frecuencia la concepción de la libertad adoptada por diferentes escuelas socráticas, así como, y principalmente, por los estoicos. «Lo exterior» –sea la sociedad en cuanto mera sociedad, sean los fenómenos de la Naturaleza, sean inclusive las «pasiones»– es considerado de algún modo como «opresión» o principio de opresión. La libertad consiste en «disponer de sí mismo». Pero disponer de sí mismo no es posible a menos que uno se haya liberado de «lo exterior» o «lo externo», lo cual puede llevarse a cabo únicamente cuando se reducen a un mínimo lo que se consideraba antes como «necesidades». De este modo, el hombre libre acaba por ser el que se atiene solamente, como decían los estoicos, «a las cosas que están en nosotros», a lo que, según indicaba Séneca, «está en nuestra mano». Por eso decían Epicteto (*Diat.*, II, 1, 22, 105) y Marco Aurelio (XI, 36) que nadie puede arrebatarnos nuestra libre elección. Libertad es aquí libertad para ser sí mismo. Y para los filósofos que, como los neoplatónicos, equiparaban el ser sí mismo con el poder consagrarse a la «contemplación», la libertad consiste fundamentalmente en «contemplar» y rehusar la acción –o, lo que equivale a lo mismo, actuar como si no se actuara, quitándole importancia a la acción–. En muchos casos, además, se concibió la libertad como la conciencia de la necesidad; cuando se es un ser racional se llega a la comprensión del Destino, y esta comprensión es esencialmente «liberadora». Por eso el sabio es aquel que comprende, y acepta, el orden cósmico, o bien el Destino, los cuales entonces no son una «coacción», por lo menos en el sentido «personal».

Hemos dejado hasta ahora de lado las concepciones acerca de la libertad mantenidas por filósofos mayores, tales como Platón y Aristóteles. Ello se debe a que, por una parte, hay en las concepciones de estos filósofos algunos elementos ya descritos; por ejemplo, el ideal de «autonomía». Se debe también, por otro lado, a que convenía decir ahora algunas palabras sobre ellos en cuanto que sus ideas al respecto no son siempre reducibles a las hasta ahora introducidas. Especialmente importantes son al respecto las ideas de Aristóteles. En este autor encontramos, entre otras, una concepción de la libertad en la cual se coordinan de alguna manera el orden natural y el orden moral. La principal razón de esta coordinación se halla en la importancia que adquiere la noción de fin o finalidad. En efecto, como todos los procesos tienen un fin al cual tienden «naturalmente», también el hombre tiende «naturalmente» a un fin –el cual puede resumirse en una palabra: «felicidad»–. Ahora bien, el hombre no tiende a este fin del mismo modo que los procesos naturales tienden a sus fines. Característico del hombre es el poder ejercer acciones voluntarias. Según Aristóteles, las acciones involuntarias son las producidas por coacción o por ignorancia; las voluntarias son aquellas en las que no hay coacción ni ignorancia. Estas últimas se aplican a las acciones morales, pero con el fin de que haya una acción moral es menester que junto a la acción voluntaria –libertad de la voluntad– haya una elección –libertad de elección o libre albedrío–. Estas dos formas de libertad se hallan estrechamente relacionadas en cuanto que no habría libertad de elección si la voluntad no fuese libre, y ésta no sería libre si no pudiese elegir, pero puede distinguirse entre ellas –cuando menos como dos «momentos» de la libertad–. Aristóteles reconoció que la noción de libertad, y especialmente la de libertad de elección, ofrece algunas paradojas. Por ejemplo, si un tirano nos fuerza a cometer un acto malo (por ejemplo, asesinar a nuestro vecino) amenazándonos con represalias (por ejemplo, con la muerte de un hijo propio) caso de no obedecerle, estamos entonces obligados a hacer algo a la vez involuntariamente (porque no queríamos hacerlo) y voluntariamente (porque hemos elegido, a pesar de todo, hacerlo). Pero, no obstante estas paradojas, Aristóteles creyó que podía argüirse razonablemente en favor de la libertad en las dos citadas formas, especialmente en tanto que ligó la libertad en cualquier forma a la operación de la razón. Como la mayor parte de los griegos –con excepción de los sofistas y de algunos escépticos–, Aristóteles consideró que un hombre que conoce el bien no puede dejar de actuar de acuerdo con él. Lo único que puede suceder es que no nos dejen actuar –que, por ejemplo, alguien que no conoce el bien (como el tirano antes mencionado) nos fuerce a actuar según el mal–. Pero, en la medida de lo razonable, la actuación libre en favor del bien predomina siempre, porque no se supone que el hombre esté en ningún sentido radicalmente «corrompido». Así, la «causalidad propia» y la autodeterminación en que se fundan algunas nociones griegas de la libertad están siempre ligadas a una finalidad, y esta finalidad es comprendida siempre por medio de una consideración racional.

Los autores cristianos tuvieron en cuenta muchas de las ideas sobre la libertad desarrolladas por los griegos e hicieron uso frecuente de ellas. Pero, especialmente a partir de San Agustín, colocaron el problema de la libertad dentro de un marco muy distinto: el marco del «conflicto» entre la libertad humana y la llamada «predestinación divina» o, por lo menos, la «presciencia divina». Por este motivo, el problema de la libertad en el pensamiento cristiano estuvo con fre- «cuencia muy estrechamente relacionado con la cuestión de la gracia (VÉASE).

En general, los cristianos estimaron que la libertad como simple *libertas a coactione* (libertad frente a la coacción) es insuficiente. Tampoco es suficiente en general la libertad de elección: el *liberum arbitrium*, libre albedrío, especialmente el *liberum arbitrium indifferentiae*. En efecto, el libre albedrío puede usarse bien o puede usarse mal. A pesar del racionalismo e intelectualismo de casi todos los filósofos antiguos en cuestiones éticas, la posibilidad de usar bien o mal del libre albedrío había sido puesta de manifiesto en varias ocasiones (por Aristóteles en *Eth., Nic.*, III, 1112 a 7-9, y por Ovidio en los famosos versos en los cuales proclama que aprueba el bien, pero sigue el mal). Sin embargo, no había sido subrayada con el radicalismo de San Pablo al indicar que «no el bien que quiero, sino el mal que no quiero hago» *(Rom.,* 7:15). Desde el momento en que se proclamó que la naturaleza del hombre había sido completamente corrompida por el pecado original, lo que sorprendió fue no que el libre albedrío pudiera ser usado para el bien o para el mal, sino que fuera usado, o pudiera serlo, para el bien. De ahí la insistencia en la gracia (VÉASE) y el problema de si ésta no suprime el ser libre del hombre.

La mayor parte de las cuestiones acerca de la libertad humana en sentido cristiano fueron debatidas y dilucidadas por San Agustín. Como hemos visto en ALBEDRÍO (LIBRE), San Agustín distingue entre libre albedrío como posibilidad de elección y libertad propiamente dicha *(libertas)* como la realización del bien con vistas a la beatitud, si no la beatitud misma. El libre albedrío está íntimamente ligado al ejercicio de la voluntad, cuando menos en el sentido de la «acción voluntaria»; en efecto, la voluntad puede inclinarse, y sin el auxilio de Dios se inclina, hacia el pecado. Por eso el problema aquí no es tanto el de lo que podría hacer el hombre, sino más bien el de cómo puede el hombre usar de su libre albedrío para ser realmente libre. No basta, en efecto, saber lo que es el bien: es menester poder efectivamente inclinarse hacia él. Ahora bien, junto a esta cuestión, y en estrecha relación con ella, hay la cuestión de cómo puede conciliarse la libertad de elección del hombre con la presciencia divina. Según San Agustín, son conciliables (cf. *De libero arbitrio,* I, 1-3; II, 4-5; III, 6-8; IV, 9-11). Que el hombre posee una voluntad y que se mueve a esto o aquello, es una experiencia personal indiscutible. Por otro lado, Dios sabe que el hombre hará voluntariamente esto o aquello, lo que no elimina que el hombre haga voluntariamente esto o aquello. Lo cual no explica, según San Agustín, lo que puede llamarse «el misterio de la libertad», pero aclara por lo menos que la presciencia de Dios no equivale a una determinación de los actos voluntarios de tal suerte que los convierta en involuntarios.

Los escolásticos trataron abundantemente de las cuestiones relativas al libre albedrío, a la libertad, a la voluntad, a la gracia, etc. Las teorías forjadas al respecto son numerosas y casi siempre sutiles. Nos limitaremos a señalar algunas posiciones adoptadas. Para Santo Tomás (cf. *S. Theol.*, I, q. LXXXII, a 1 y 2; LXXXIII, a 1; I-II, q. VI, a 1) el hombre goza de libre albedrío o libertad de elección. Tiene también, naturalmente, voluntad, la cual es libre de coacción, pues sin ello no merecería este nombre. Pero el estar libre de coacción es una condición y no es toda la voluntad. Es menester, en efecto, que algo mueva la voluntad. Ello es el intelecto, el cual aprehende el bien como objeto de la voluntad. Parece de este modo que la libertad quede eliminada. Pero lo que ocurre es que no se reduce al libre albedrío; la libertad propiamente dicha es asimismo lo que se ha llamado luego una «espontaneidad». Ésta consiste en seguir el movimiento natural propio de un ser, y en el caso del hombre consiste en seguir el movimiento hacia el bien. Así, no hay libertad sin elección, pero la libertad no consiste únicamente en elegir, y menos todavía en elegirse completa y absolutamente a sí mismo: consiste en elegir algo trascendente. En esta elección para la cual el hombre usa del libre albedrío, puede haber error. Puede, en efecto, elegirse mal, o, lo que viene a ser lo mismo, elegirse el mal. Y si el hombre elige por sí mismo y sin ayuda ninguna de Dios, elegirá ciertamente el mal. De este modo se afirma que hay libertad de elección completa, ya que tal libertad es, como indica Santo Tomás, «la causa de su propio movimiento, ya que por su libre albedrío el hombre se mueve a sí mismo a obrar». Pero que haya semejante libertad de elección completa no significa que sólo ella exista: la libertad no es mera libertad de indiferencia, sino más bien libertad de diferencias o con vistas a las diferencias.

La teoría de la libertad de Santo Tomás, en gran parte fundada en Aristóteles, se mueve dentro de un horizonte «intelectualista». Se ha dicho que la teoría de la libertad de Duns Escoto es por completo «voluntarista». Ello es cierto en cuanto que hay en dicho autor una completa equiparación entre *libertas* y *voluntas*. Pero Duns Escoto no suprime por ello la elección en cuanto guiada por aquello que se elige o puede elegir. En rigor, Duns Escoto distingue entre varios tipos de libertad: una libertad que es la de simplemente querer o rehusar; otra, que es la de querer o rehusar algo; otra, finalmente, fundada en las dos anteriores, y más completa, que es la de querer o rehusar los efectos posibles de aquello que se elige. Además, Duns Escoto declara taxativamente que lo que causa el acto de querer en la voluntad es algo distinto de la voluntad *(Op. Ox., Lib.,* II, dist. 25). Si se habla de un «voluntarismo» en Duns Escoto no debe, pues, concebirse como la afirmación de que la voluntad humana es absoluta, o de que en el acto de elección la persona se elige a sí misma en lo que va a hacer.

Durante la Edad Media se discutió frecuentemente la cuestión de la indiferencia en la elección a que nos hemos referido en ALBEDRÍO (LIBRE) y de la que tenemos un testimonio en los debates en torno al problema llamado del «Asno de Buridán» (VÉASE). Se debatió asimismo la cuestión de la compatibilidad o incompatibilidad entre la libertad humana y la presciencia divina. Muchas y muy sutiles teorías al respecto fueron propuestas en los siglos XVI y XVII acerca, por ejemplo, de cómo Dios mueve la voluntad del hombre: si de un modo completo, de un modo indiferente, por un concurso, etc. Pero ya desde el siglo XVI se planteó asimismo un problema que sin haber sustituido por completo a la citada cuestión teológica, ha ocupado a muchos filósofos hasta el presente: es el problema de si puede decirse que el hombre es libre cuando se declara que hay determinismo (VÉASE) en la Naturaleza. Es el famoso problema de «Libertad contra Necesidad» (o «Necesidad contra Libertad»).

Este problema ha suscitado la mayor parte de los debates entre los llamados «libertarios» (en el sentido de «defensores de la realidad de la libertad») y los llamados «necesitarios» (en el sentido de «defensores de la realidad» –y universalidad– de la necesidad»). Algunos autores modernos (Spinoza sobre todo; en parte Leibniz; en parte también, aunque por razones distintas, Hegel) sostuvieron que la libertad consiste fundamentalmente en seguir «la propia naturaleza» en tanto que esta naturaleza se halla en relación estrecha (armonía preestablecida o lo que fuere) con toda la realidad. Spinoza es considerado por ello mismo como uno de los más acérrimos «deterministas». Leibniz intentó conciliar el determinismo con la libertad acentuando sobre todo en el concepto de libertad (o, según los casos, de libre albedrío) el momento del «seguir la propia naturaleza en cuanto preñada del propio futuro». Otros autores (como Hobbes, Locke, Voltaire) tendieron a destacar el elemento de «lo que quiero» en el «ser libre». La discusión entre «libertarios» y «necesitarios» adquirió una nueva dimensión en el modo como afrontó el problema Kant.

En este autor no se trataba de ver si la necesidad ahoga la libertad, o de si ésta podía subsistir frente a la necesidad: se trataba de saber cómo eran posibles la libertad y la necesidad. Usando la terminología misma de Kant, puede decirse que, al entender de este filósofo, habrían errado fundamentalmente todos los que se habían ocupado del problema, por una simple razón: por haber considerado la cuestión de la libertad como una cuestión que puede decidirse dentro de una sola y determinada esfera. Frente a ello Kant establece que en el reino de los fenómenos, que es el reino de la Naturaleza, hay completo determinismo; es totalmente imposible «salvar» dentro de él la libertad. Ésta, en cambio, aparece dentro del reino del noúmeno (VÉASE), que es fundamentalmente el reino moral. La libertad, en suma, no es, ni puede ser, una «cuestión física»: es sólo, y únicamente, una cuestión moral. Y aquí puede decirse no sólo que hay libertad, sino que no puede no haberla. La libertad es, en efecto, un postulado de la moralidad. El famoso conflicto entre la libertad y el determinismo, que expresa la «tercera antinomia» (VÉASE), es un conflicto aparente. Ello no significa, ciertamente, que «la realidad» quede escindida por entero en dos reinos que no tienen, ni pueden tener, ningún contacto. Significa únicamente que el hombre no es libre porque pueda apartarse del nexo causal; es libre (o, acaso, se hace libre) porque no es enteramente una realidad natural. Por ello puede ser *causa sui* (por lo menos moralmente hablando) y, en todo caso, introducir dentro del mundo posibles comienzos de nuevas causaciones. De este modo la libertad aparece como un comienzo –lo que solamente es posible en la existencia moral, pues en la Naturaleza no hay tales «comienzos», sino que todo en ella es, por así decirlo «continuación»–. Hay, pues, como dice Kant, la posibilidad de «una causalidad por la libertad». En su carácter empírico el individuo debe someterse a las leyes de la Naturaleza. En su carácter inteligible, *el mismo individuo* puede considerarse como libre. La expresión 'el mismo individuo' es aquí fundamental, pues la conexión entre el reino de la libertad y el de la necesidad no es una mera yuxtaposición, sino que se da dentro de una realidad unitaria, aunque perteneciendo, dentro de su unidad, a dos mundos.

De este modo la libertad no solamente queda justificada, sino que se acentúa hasta el máximo su carácter «positivo». Este carácter consiste, en casi todos los idealistas alemanes postkantianos, en la posibilidad de fundarse a sí misma. La libertad no es ninguna realidad. No es tampoco atributo de ninguna realidad. Es un acto que se pone a sí mismo como libre. Este acto que se pone a sí mismo, o autoposición pura, es, según Fichte, lo que caracteriza al puro Yo, el cual se constituye en objeto de sí mismo por un acto de libertad. Los sistemas deterministas, arguye Fichte, parten de lo dado. Un sistema fundado en la libertad parte del ponerse a sí mismo. Ahora bien, como el ponerse a sí mismo equivale a constituirse a sí mismo como lo que se es, la libertad de que habla Fichte se parece mucho a lo que algunos autores llamarían «necesidad». En efecto, el yo que se pone a sí mismo como libre necesita, para ser, ser libre. Schelling consideró que la concepción fichteana de la libertad es una determinación, o autodeterminación, que anula la libertad misma que se proponía fundar. En sus *Investigaciones filosóficas sobre la naturaleza de la libertad humana*, Schelling insiste en que la libertad es anterior a la autoposición: es pura y simple posibilidad. Esta posibilidad es el verdadero fundamento del Absoluto. Por eso el mismo Dios está fundado en la libertad. En cuanto a Hegel, concibe la libertad fundamentalmente como «libertad de la Idea». La Idea se libera a sí misma en el curso de su autodesenvolvimiento dialéctico; no es que la Idea no fuese libre antes de su autodesarrollo, pero su libertad no era la completa libertad del que ha entrado a sí mismo para «recobrarse» a sí mismo. La libertad de la Idea no consiste, pues, en un libre albedrío; éste es sólo un momento en el autodesenvolvimiento de la Idea hacia su propia libertad. La libertad, metafísicamente hablando, es la autodeterminación. Se ha indicado a menudo que el elemento de determinación a que se refiere Hegel es una negación de la libertad, pero debe tenerse presente que esta determinación es todo lo contrario de una coacción externa. La verdadera libertad, supone Hegel, no es el azar, sino la determinación racional del propio ser. Libertad es, en última instancia, ser sí mismo. Esta noción de la libertad, aunque metafísicamente fundada, no es para Hegel una abstracción: es la realidad misma en cuanto realidad universal y concreta. Por eso Hegel trata de mostrar que la libertad como autoliberación se manifiesta en todos los estadios del desenvolvimiento de la Idea, incluyendo, por supuesto, la historia. Pues la historia misma como regreso de la Idea hacia sí misma puede comprenderse como liberación: es una «liberación positiva», porque no consiste en emanciparse de otra cosa, sino de sí misma. Durante el siglo XIX abundaron los debates en torno a la noción de libertad y especialmente en torno a si el hombre es, o puede ser, libre tanto respecto a los fenómenos de la Naturaleza como respecto a la sociedad. Sería simplificar la cuestión decir que hubo dos grandes grupos de doctrinas: unas que negaban la posibilidad de la libertad, y otras que la afirmaban. Es cierto que los materialistas y mecanicistas se inclinaron en favor del determinismo y «necesitarismo» universales, en tanto que los «espiritualistas» sostenían que la libertad es posible. Pero aparte que hubo muchas posiciones intermedias entre el determinismo completo y el completo «libertarianismo», fueron también muchos y muy diversos los modos de entender la libertad y los argumentos aducidos para negarla o para afirmarla o para determinar el grado o grados de ella dentro de ciertas condiciones. En efecto, 'libertad' podía entenderse, entre otras maneras, como un concepto metafísico que podía referirse a todo lo real; como un concepto primariamente psicológico que se refería al individuo humano; como un concepto sociológico que se refería a la relación entre el hombre y la sociedad; como un concepto religioso, moral, etc. Materialistas y «espiritualistas» tendieron a entender la libertad metafísicamente, y sus argumentos fueron primariamente «metafísicos» o, cuando menos, «especulativos». Algunos autores, sin embargo (como John Stuart Mill), trataron el problema, desde el punto de vista empírico, como una cuestión de hecho y no de derecho. Importantes fueron en la cuestión que nos ocupa los análisis proporcionados por autores como Maine de Biran y Lachelier, los cuales estudiaron el problema de la libertad como un problema que afecta fundamentalmente al «yo interior», independientemente de cualesquiera determinismos, ya sean físicos, ya sean inclusive psíquicos. Fueron asimismo importantes al respecto los argumentos producidos por Jules Lequier y por Renouvier, así como los intentos de mostrar que hay libertad mostrando que hay un «contingentismo» en las leyes de la Naturaleza (Boutroux). Algunos de estos análisis continuaron hasta Bergson, el cual trató de mostrar que la conciencia (o el «yo») es libre —y aun fundamentalmente libre— por cuanto no se rige por los esquemas de la mecanización y especialización, mediante los cuales se entienden y organizan conceptualmente los fenómenos naturales. Hay que tener en cuenta asimismo, en las discusiones de los filósofos del siglo XIX sobre la libertad, los que la trataron desde el punto de vista religioso (como Kierkegaard y, desde distinto ángulo, Rosmini) y los que enfocaron la cuestión desde el punto de vista social o histórico (como Marx y, en general, los que, manteniendo un determinismo natural y social, propugnaban al mismo tiempo la posibilidad de que el hombre alcanzara un día la libertad por medio de un «salto a la libertad»).

Los autores de tendencia analítica han tendido a examinar lo que significa decir que un hombre actúa, o puede actuar, libremente. Característico de este modo de ver la cuestión es el análisis de la significación de 'es libre' proporcionado por G. E. Moore. Según este autor, decir que un hombre ha actuado libremente es simplemente decir que no estaba constreñido o coaccionado, es decir, que hubiera podido actuar de otro modo si lo hubiese elegido [decidido]. Dado que es posible decir esto aun en el caso de que los actos del hombre en cuestión estuviesen determinados, no pocos autores han llegado a la conclusión de que no hay incompatibilidad entre el libre albedrío y el determinismo, y algunos han llegado inclusive a decir que el libre albedrío supone el determinismo. Por consiguiente se ha insistido en que la proposición «X se halla determinado causalmente» no implica necesariamente la proposición «X no es libre». Ser libre no significa aquí «obrar sin ninguna causa»; no ser libre no significa tampoco «obrar de acuerdo con una causa». En cierto modo, las concepciones de la libertad (y, en muchos casos, del libre albedrío) que se desprenden de los análisis a los que aludimos se parecen a algunas de las más «tradicionales»; así, se parecen a algunos de los modos de considerar la libertad en Aristóteles. En todo caso estos autores están de acuerdo con Aristóteles en que no se puede hablar de una acción o de un acto a menos que estén determinados de algún modo; la propia noción de acción o de acto está, por tanto, relacionada con la de «determinación». En estrecha relación con este tipo de análisis se hallan los trabajos de los autores que se han consagrado a investigar sobre todo el significado de 'Puedo'. Un análisis de 'Puedo' muestra que esta expresión tiene no una, sino varias significaciones. Esta multiplicidad de significaciones es de algún modo paralela a la posible multiplicidad de explicaciones que pueden darse de una acción humana. Los «analistas» acusan a los filósofos «tradicionales» de haber reducido a un solo significado expresiones tales como 'Puedo', 'Pudo'. 'Era libre de hacer esto o aquello', etc.; por tanto, estos filósofos debían decidirse o por el determinismo o por la libertad. Ello equivalía a querer *explicar* el problema y encontrar para él una solución definitiva. Los «analistas», desde G. E. Moore hasta J. L. Austin, mantienen que hay varios significados –o varios usos– de las expresiones mencionadas y otras análogas, y que en vez de tratar de *explicar* hay que *describir* lo que sucede cuando se emplean expresiones relativas a acciones voluntarias o involuntarias, intenciones, propósitos, etc. Ello no equivale a decir que los «analistas» han solucionado el problema de la libertad; más bien equivale a decir que se han negado a reconocer que haya propiamente «un problema de la libertad».

Los autores que se han orientado hacia un tipo de pensamiento «existencial» han usado asimismo el «análisis», pero en muchos casos no ha sido un análisis lingüístico, sino fenomenológico y en alguna medida ontológico. Común a todos estos autores es la idea de que la pregunta acerca de la libertad no es una pregunta «objetiva»; no se trata tanto de saber si alguien es o no libre, como de saber si «es» o no libertad. En este sentido ha podido decir Jaspers que «la pregunta acerca de si la libertad existe tiene su *origen* en mí mismo, que *quiero que la* haya» *(Philosophie,* II, 175). La libertad se convierte entonces en libertad existencial. Pues la elección existencial no es el resultado de una simple lucha de motivos, ni la obediencia a un imperativo objetivamente formulado; lo decisivo de la elección es el hecho de que *yo* elijo *(op. cit.,* II, 181). De ahí una diferencia entre la libertad existencial y las demás formas de libertad. La libertad formal, dice Jaspers, era poder y libre albedrío; la libertad trascendental era la autocertidumbre en la obediencia a una ley evidente; la libertad como idea era la vida en un todo; la libertad existencial es la autocertidumbre de un origen histórico de la decisión. «Sólo en la libertad existencial, que es sencillamente inaprehensible, es decir, para la cual no existe ningún concepto, *se realiza* la conciencia de la libertad.» De ahí que la libertad no sea jamás absoluta. O, mejor dicho, hay libertades sólo en la medida en que hay un absoluto en movimiento. El hombre *se hace* entonces *en* la libertad.

La idea de libertad como un «hacerse a sí mismo (libremente)» es fundamental en varios autores, sean o no explícitamente «existenciales». El «primer Heidegger» no había expresado gran (o detallado) interés por el «problema de la libertad», pero ello se debía a que en su pensamiento ocupaba un lugar más predominante la noción de trascendencia del *Dasein* como un «estar-en-el-mundo». De todos modos, en la medida en que el *Dasein* se halla siempre «más allá de sí», cabe decir no sólo que es libre, sino que lo es «necesariamente». Esto suena a paradoja cuando se extiende dentro del contexto del debate clásico «libertad-necesidad» o «libertad-determinación», así como cuando se entienden en sentido no «existenciario» términos como 'necesariamente', pero suena menos a paradoja cuando se considera que esta «libertad» no es ni una libertad *de* algo, ni tampoco una libertad *para* algo; es más bien una libertad para «nada» –en el sentido de no ser para ninguno de los entes–. Propiamente, el *Dasein* se libera «hacia sí mismo»; la libertad como trascendencia del *Dasein* es la proyección de éste según sus propias posibilidades –asimismo en la acepción «existenciaria» de 'posibilidad'.

Esta «libertad-trascendencia» cambia de signo con la *Kehre* heideggeriana, pero ciertas similaridades estructurales entre el pensamiento del «primer Heidegger» y del «segundo Heidegger» permiten entender el cambio. El «segundo (o último) Heidegger» ha hablado más a menudo que el «primero» de «libertad», pero se ha tratado de la «libertad del fundamento». No hay más libertad que la relativa a la fundamentación (o «fundación»). En último término, la libertad es fundamentación del fundamento (*Grund*), pero como la fundamentación no está a su vez fundamentada (o «fundada»), el «último fondo» de este fundamentar es un «no fundamento» –no un *Grund*, sino un *Abgrund*, o «abismo»–. La libertad sigue unida aquí a la trascendencia; no es libertad «de» o «para» cualquier cosa, sino una libertad más «fundamental» –o más «fundamentante»– y no menos radical por operar en la finitud.

Ortega y Gasset había escrito ya, en 1930, que, siendo la vida humana algo que hay que hacer –un «quehacer»–, no hay más remedio que decidir a cada momento lo que se va a hacer, esto es, lo que «voy» a hacer. Como lo que hay que hacer es la propia vida, intransferible e insobornable, cada uno decide a cada momento lo que va a hacer, y con ello lo que va a ser, inclusive cuando decide no decidirlo. No hay, pues, más remedio que «inventarse» de continuo a sí mismo, decidiendo a cada momento qué «sí mismo» se va a causar. La libertad no es algo que tenemos, sino algo que somos –o tal vez que vamos siendo–: estamos obligados a ser libres.

Este último pronunciamiento podría servir de lema para gran parte de *El Ser y la Nada*, de Sartre. Para empezar, la relación entre la existencia y la esencia no es en el hombre lo que es en las cosas. «La libertad humana precede la esencia del hombre y la hace posible; la esencia del ser se halla en suspenso en su libertad. Lo que llamamos libertad no puede distinguirse, pues, del *ser* de la 'realidad-humana'. El hombre no es *primeramente* para ser *luego* libre, sino que no hay diferencia entre el ser del hombre y su *'ser-libre'*» (*L'Être et le Néant*, pág. 61). Así, no se trata de debatir si el hombre es o no libre, porque sólo puede ser en tanto que libre. El estudio de la estructura del «Para-sí» muestra que si bien la «realidad-humana» está en el mundo, arrojada entre las cosas, está a la vez necesariamente «a distancia» de las cosas; el «Para-sí» es, por lo pronto, respecto a las cosas, «negación»: es como un «vacío» o un «agujero» que hiende la monolítica solidez del «En-sí». Es cierto que la realidad humana trata de ocultarse a sí misma su propia libertad y, por tanto, su responsabilidad, pero ello es porque siente angustia ante ellas. El hombre, ha afirmado Sartre, está condenado a ser libre *(op. cit.*, pág. 515), aunque rehúya, o no quiera saber de, esta condena. Por eso inventa artificios y artilugios que le permitan no tener que asumir su libertad radical, esto es, que le permitan no tener que hacer frente a la decisión de lo que tendrá que hacer con ella. Esto no quiere decir que haya una «libertad interna» o «libertad profunda» de estilo bergsoniano. El ser «interior» es, a la postre, tan «cosa» como el ser «exterior»; la libertad no es ni interior ni exterior; frente a éstos es «nada». La libertad es, una vez más, la propia realidad humana en tanto que se hace a sí misma libremente. Existir humanamente es elegir, y lo que se elige es la «elección original» (y originaria), para la cual no hay razones y que, desde el punto de vista racional, parece entonces «injustificada» y «absurda». Nada de esto quiere decir que la libertad consista en desprenderse de las cosas y del mundo; sólo entreverada con éstos la realidad- humana se realiza como libertad.

Se ha puesto de relieve en ocasiones que hay una diferencia notoria a este respecto entre el «primer Sartre» y el «último» (o el «segundo») Sartre; entre *El Ser y la Nada* y la *Crítica de la razón dialéctica*. En muchos sentidos la diferencia es grande. Pero la cuestión de la libertad sigue siendo central en la última obra citada. En todo caso, es tan central como lo es en el marxismo en cuanto «filosofía viva» y «filosofía insuperable de nuestro tiempo». Ciertos autores han presentado al marxismo, dogmáticamente, como una doctrina considerablemente determinista; aunque se alegue que no es ningún determinismo «mecánico», sino un proceso dialéctico, se sigue insistiendo en que es inútil oponerse a «la Marcha de la Historia». Sartre estima, con otros intérpretes, que el marxismo, en tanto que método de interpretación y guía para la acción, no niega la libertad humana. De hecho, las limitaciones de la libertad son servidumbres que el hombre mismo se forja. Es cierto que, en tanto que condicionado por la «escasez» en el reino de lo que Sartre llama «práctico-inerte», el hombre no nace libre, sino esclavo (cf. *Critique de la raison dialectique*, pág. 369). Pero esta esclavitud no es «natural», esto es, no es resultado de un proceso de la Naturaleza; el propio hombre, al constituirse como hombre, se encadena a sí mismo, ya que «internaliza» la «escasez». Por otro lado, en el curso de su existencia social el hombre da –bien que no «necesariamente»– una serie de pasos, que son otras tantas «totalizaciones» dialécticas, por medio de los cuales se va liberando de sus propias servidumbres. Las relaciones de producción condicionan –como sostenía Marx– la historia, pero no al modo como en la Naturaleza operan las cadenas causales. Ni la alienación ni la objetivación son procesos que ocurren en la Naturaleza. «Si se quiere otorgar al pensamiento marxista toda su complejidad, habrá que decir que el hombre en el período de la explotación es, *a la vez, tanto* el producto de su propio producto como un agente histórico que no puede en modo alguno confundirse con un producto. Esta contradicción no está inmovilizada; tiene que aprehenderse en el propio movimiento de la *praxis*. Entonces se aclarará la frase de Engels: los hombres hacen su historia a base de condiciones reales anteriores (entre las cuales figuran los caracteres adquiridos, las deformaciones impuestas por el modo de trabajo y de vida, la alienación, etc.), pero *los hombres mismos* y no las condiciones anteriores hacen la historia. De lo contrario, los hombres se convertirían en meros vehículos de fuerzas inhumanas que, por medio de ellos, regirían el mundo social. Cierto que estas condiciones existen, y ellas, y sólo ellas, pueden proporcionar una dirección y una realidad material a los cambios que se preparan. Pero el movimiento de la *praxis* humana las supera conservándolas» (*Critique,* pág. 61). Mediante esta superación podrá, por así decirlo, «irse haciendo» la libertad, pues ésta está tan por hacer como la filosofía de la libertad. Es, según Sartre, la filosofía que, cuando exista una libertad *real* para todos, va a sustituir al marxismo. «Pero no poseemos ningún medio, ningún instrumento intelectual, ninguna experiencia concreta que nos permita concebir esta libertad o esta filosofía» *(Critique,* pág. 32).

Límite. El concepto de límite ha sido usado en filosofía con muy diversas significaciones y en muy distintos contextos.

1. El concepto de límite está implicado en la idea de «término», ὄπος, *terminus,* en el sentido literal de este vocablo. Se trata aquí de un «límite lógico», de un «acotamiento conceptual» en virtud del cual se destaca, extrae o abstrae un elemento lógico de [la aprehensión de] una realidad.

En relación con el sentido anterior se halla la idea de que la determinación de una realidad es a la vez la limitación de esta realidad, de acuerdo con el principio *Omnis determinatio negatio est.* En este caso el concepto de límite tiene un alcance metafísico u ontológico) y no sólo lógico.

2. Se habla también de límite, πέρας, en tanto que acotación física de un cuerpo. Lo que «termina» un cuerpo es su límite, el cual es a la vez el límite del cuerpo contiguo (o cuerpos contiguos). En este sentido la noción de límite está relacionada con las ideas de continuidad, de contigüidad y de lugar.

3. 'Límite' se usa asimismo en el lenguaje matemático para referirse al «paso al límite» en el «cálculo del infinito» («cálculo integral» y «cálculo diferencial»).

4. Se ha hablado asimismo con frecuencia de «límites del conocimiento». Cuando estos límites han sido concebidos como determinados por lo que *no* se conoce, ha surgido la noción de concepto-límite *(Grenzbegriff).* El ser un concepto-límite es una de las posibles interpretaciones del noúmeno (VÉASE) kantiano. Algunos autores (por ejemplo, Vaihinger) han usado la noción de concepto-límite al referirse a las ficciones. También puede usarse la noción de concepto-límite para referirse a ciertos conceptos que no designan ninguna realidad, pero que pueden usarse para describir ciertas realidades.

5. La noción de límite desempeña un papel importante en la filosofía de Hegel, el cual considera que el límite *(Crenze* o *Schranke)* es dado con el fin de ser superado. El límite contiene el momento de la negación, sin el cual no hay momento de afirmación y «superación».

6. Puede entenderse el límite en el sentido del horizonte (VÉASE), siempre que entonces se subraye el carácter de determinación positiva de lo incluido dentro del horizonte por medio de su «limitación».

7. Jaspers ha introducido la noción de «situación-límite» y de diversos tipos de «situaciones-límites» *(Grenz-Situationen)* en su análisis de la existencia humana.

8. La idea de límite está ligada con frecuencia a ideas tales como las de «inacabamiento», «finitud», «cesación», etc. Sin embargo, aunque cualquiera de estas últimas ideas implique de algún modo la noción de límite, ésta por sí sola no da origen a ninguna de aquéllas. Sólo especificando el sentido de 'límite' puede entenderse éste como «inacabamiento» o como «finitud», etc.

Locura. Ha sido frecuente considerar la locura como un delirio o furor que se apodera durante un tiempo de un hombre y le hace hablar o actuar en formas distintas de las usuales, o estimadas usuales, y, en todo caso, en formas extra-ordinarias. Ejemplos de este modo de concebir la locura los tenemos en muchas comunidades humanas, especialmente en las llamadas «primitivas». Aquí nos interesa, sin embargo, sobre todo el modo, o modos, como la locura y sus equivalentes o formas (delirio, furor, éxtasis, etc.) han sido concebidas por los filósofos o por autores que han influido, directa o indirectamente, sobre filósofos. Ahora bien, resulta que también los filósofos comenzaron por advertir el carácter de «posesión» de la locura, μανία. Más aún, la locura puede considerarse de dos modos: o como una enfermedad del cuerpo que se manifiesta «en el alma», o como una posesión del alma por algún «demonio». Sólo en este segundo sentido es la locura –el delirio, μανία– el agente de las mayores bendiciones, como escribe Platón en el *Fedro* (244 A), y como, según se ha hecho reparar, había ya indicado Demócrito al poner de relieve que sólo en estado de delirio puede componerse gran poesía.

La locura de que hablaron estos filósofos es comparable al entusiasmo, en cuanto «endiosamiento», ἐνθουσιασμός, o posesión por un dios (o un demonio). Es también comparable al éxtasis como estado en el cual se halla el creador, el poeta; el estado de inspiración. Es, pues, algo que viene, por así decirlo, «de fuera», aunque toma posesión de lo que hay «más adentro» en el alma.

En el diálogo *Ion*, Platón se refiere asimismo al poeta como «cosa incapaz de componer poesía a menos que no esté un poco fuera de sí –a menos, pues, que «no esté en sus cabales»– (*ibid.*, 533 D-534 E). La locura –como «locura poética»– aparece aquí como lo que hace «levantar» y «elevar» al poeta por encima de lo normal y cotidiano.

El tema de la locura como «locura divina», como posesión por una fuerza divina, o divinoide, a diferencia de la locura como simple enfermedad del cuerpo o del alma, o de ambos a un tiempo, fue tratado por muchos autores en la antigüedad, casi siempre siguiendo las huellas platónicas. Con la idea de la locura como simplicidad –o regreso a la simplicidad– está relacionado el famoso *Encomium moriae*, el *Elogio de la locura*, de Erasmo. Sin la *moría* (la *stultitia*) no habría, según Erasmo, posibilidad de vivir y de pensar sana y simplemente, lejos de la pedantería de los sabios, o falsos sabios.

La locura es para Michel Foucault un problema «epistemológico», esto es, un problema que se plantea, o que tiene sentido sólo dentro de una determinada *episteme*. La lepra había servido durante mucho tiempo como línea de separación: el leproso quedaba excluido de la sociedad, confinado en las leproserías. Cuando desapareció la lepra, la locura ocupó su puesto. Uno de los símbolos de la locura es «la nave de los locos», la *stultifera navis*. La locura es separada de la razón en toda la «época clásica» (M. Foucault, *Histoire de la folie à l'âge classique*, 1966, 2.ª ed., 1972, con dos nuevos textos), pero la separación de la locura respecto a la razón no quiere decir que la locura sea completamente independiente de la razón. Es una «forma relativa a la razón»; la razón mide a la locura y ésta mide a la razón. En este movimiento recíproco se fundamentan mutuamente. La locura queda relegada –y el loco internado–, pero justamente en tanto que sirve de espejo, o contraespejo, a aquello que la relega. Lo que dice el loco no puede circular normalmente entre los que no están locos, los que tienen «uso de razón» y son considerados justamente como «normales». El decir de la locura no es verdadero. Cierto que a veces, cuando se escucha la palabra de los locos, aparece como «una palabra de verdad» (M. Foucault, *L'ordre du discours*, 1971), de modo que o bien la palabra del loco cae en la nada o se descifra en ella una razón «ingenua». Pero, de hecho, tal palabra no existe. De ahí la «internación» de los locos; todas las veces que, como entre algunos ilustrados, se hacen valer sus derechos, no es para que su discurso participe del discurso de los hombres razonables, sino para que el portador del discurso loco sea tratado «humanamente». Al loco se le puede dejar la libertad de ser loco, pero esta libertad es un encierro.

Durante mucho tiempo la diferencia entre locura y no locura ha sido equiparada a la diferencia entre anormal y normal. También durante mucho tiempo la locura ha sido tratada más desde el punto de vista del individuo que del de la sociedad. En todo caso, ha habido pocas dudas de que existía una enfermedad mental llamada «locura». En varias de sus obras *(The Divided Self,* 1959 [trad. esp.: *El yo dividido,* 1976]; *Madness and the Family,* 1964 [con Aaron Esterson]; *The Politics of Experience,* 1967), Ronald D. Laing y con él, el movimiento de la llamada «anti-psiquiatría», ha insistido en que la locura, la enfermedad mental, es un mito. No es un fenómeno psicológico-individual o fisiológico; es un fenómeno social, esto es, uno producido por la misma sociedad que cree poder dictaminar sobre la naturaleza de la enfermedad mental y de la locura. Según Laing, la locura, o los estados psicóticos o esquizofrénicos, carecen de existencia como hechos psicológicos, químicos o neurofisiológicos. De ello resulta, al entender de Laing, que el usual diagnóstico de locura sea un acto político y no un dictamen psiquiátrico.

Lógica. Se han aplicado varios calificativos a 'lógica'.

Lógica oriental es el nombre que se da a los trabajos lógicos desarrollados sobre todo dentro de los sistemas de la filosofía india; por ejemplo, en la posterior lógica Nyāya.

Lógica occidental es el nombre que recibe el conjunto del trabajo lógico en Occidente (o en las demás partes del globo que siguen la tradición occidental) desde los griegos hasta la fecha. Los calificativos subsiguientes se refieren todos a esta lógica.

Lógica tradicional (llamada a veces también *clásica* y en algunas ocasiones *vieja)* es el nombre que recibe toda la lógica hasta Boole y Frege; a veces toda la lógica que no sigue las orientaciones de la lógica formal simbólica, lógica matemática o logística cualquiera que sea la época a la cual pertenezca; a veces la lógica aristotélico-escolástica (ya en la forma medieval, ya simplemente en la neoescolástica); a veces la lógica producida entre Aristóteles (excluido) y la lógica escolástica medieval; a veces toda la lógica antigua y medieval. En vista de la multiplicidad de sentidos que tiene tal expresión, conviene o limitarla a aquellos casos en los cuales el contexto indica sin dificultad de qué tipo de trabajo lógico se trata, o bien usarla en un sentido conscientemente vago, sin pretender describir una orientación o período lógicos determinados y refiriéndose sólo a «lo que se ha venido haciendo usualmente en lógica en el pasado».

Lógica antigua es el nombre que se da a la lógica griega y helenístico-romana desde los presocráticos hasta Boecio aproximadamente.

Lógica griega designa el trabajo lógico desde los presocráticos hasta los comentaristas griegos del Estagirita y estoicos.

Lógica aristotélica es la lógica expuesta en el *Organon* y algunas otras partes del *Corpus aristotelicum*. Constituye, de un lado, una parte de la lógica antigua; de otro, un elemento fundamental de la lógica tradicional (en el sentido primero y tercero antes apuntados).

Lógica estoica o también *estoico-megárica* es la desarrollada principalmente por algunos megáricos y estoicos, pero también elaborada por muchos autores de la Antigüedad y Edad Media.

Lógica medieval es el nombre que suele recibir la lógica producida entre Boecio y el siglo XV (incluidos).

Lógica escolástica es, principalmente, la desarrollada por autores escolásticos durante los siglos XIII, XIV y XV.

Lógica neoescolástica es la contenida en los textos de autores de esta tendencia (principalmente neotomistas) desde mediados del siglo XIX hasta la fecha. Es común dar también a esta lógica el nombre de *lógica aristotélico-escolástica*.

Lógica moderna es el nombre que recibe a veces la lógica de autores de la Época Moderna (a partir del siglo XVI), incluyendo la de autores renacentistas; a veces, empero, se llama así la lógica iniciada por Boole y, sobre todo, por Frege. Nosotros nos hemos atenido con frecuencia a este último uso.

Lógica contemporánea se llama a veces al conjunto del trabajo lógico desde mediados del siglo XIX, cualquiera que sea la tendencia a la cual pertenezca; a veces, el trabajo lógico durante el siglo XX o inclusive sólo el de los últimos años; a veces, únicamente el trabajo lógico en la dirección de Boole y Frege.

A veces se han usado asimismo las expresiones 'lógica simbólica', 'lógica matemática' y, durante un tiempo, 'logística', para referirse a la mencionada «lógica contemporánea». En ocasiones se ha usado la expresión 'lógica nueva' o 'nueva lógica'.

Según Bocheński, la historia de la lógica puede ser representada mediante una sinusoide, con tres períodos de gran desarrollo: de Aristóteles al estoicismo; la Edad Media en los siglos XII, XIII, XIV y parte del XV; la Época Contemporánea desde Boole o Frege. En los períodos intermedios tuvieron lugar movimientos de retroceso, en parte por excesiva simplificación, en parte por olvido de la tradición. Hubo, ciertamente, excepciones en los períodos de «retroceso», pero no logran modificar grandemente la imagen bosquejada, pues, aun la gran excepción de la Época Moderna –Leibniz– permaneció durante mucho tiempo sin influencia apreciable.

La lógica occidental se supone que ha empezado con Aristóteles. Durante mucho tiempo se creyó inclusive que la lógica aristotélica era simplemente *la* lógica; testimonio al respecto es la famosa (y errónea) frase de Kant, según la cual la lógica no había dado desde Aristóteles ningún paso atrás, pero tampoco ningún paso adelante. Luego ha estado durante un tiempo de moda considerar que la lógica de Aristóteles era o bien una particular manifestación de su metafísica y de su cosmología, o bien un fragmento muy reducido de la lógica –tan reducido que, según esta última opinión, podría reducirse a un fragmento de la lógica cuantificacional elemental–. También aquí se halla la verdad en un punto medio. En efecto, junto a las leyes silogísticas encontramos en Aristóteles, bien que presentadas en forma poco sistemática y segura, diversas leyes de la lógica de la identidad, de las clases y de las relaciones.

Como advirtió Łukasiewicz, la lógica aristotélica es, principalmente, una lógica de los términos; por eso su más importante contribución se halla en la lógica cuantificacional. La lógica de los megáricos y de los estoicos es, en cambio (principalmente), una lógica de las proposiciones; las leyes del cálculo proposicional, las reglas de inferencia de este cálculo, la correspondiente distinción entre leyes y reglas (que en el período aristotélico no había sido formulada o había sido, a lo sumo, implícitamente supuesta) constituyen, pues, algunos de los más destacados resultados de esta lógica.

Muchos son los autores del período postaristotélico que podrían mencionarse como distinguidos en la historia de la lógica; tenemos, entre ellos, a Galeno, a Porfirio –cuya *Isagoge* suscitó en la Edad Media el problema de los universales–, a Alejandro de Afrodisia. La mayor parte de sus contribuciones fueron examinadas por Boecio. Los comentarios de éste a Porfirio, a las *Categorías*, a los *Analíticos* y *Tópicos*, de Aristóteles, sus libros sobre la definición y la división, sus tratados sobre los silogismos categóricos e hipotéticos constituyeron la base para la mayor parte de los estudios de lógica en la Edad Media, y su influencia persistió inclusive después del siglo XIII, en que se conoció por entero en Occidente el *Organon* aristotélico. Pero desde Boecio hasta el siglo XIII la actividad en la lógica no fue sobresaliente. En cambio, a partir del siglo XIII y hasta el siglo XIV hubo, como antes apuntamos, un nuevo florecimiento de la lógica. Junto al desarrollo de los problemas ya tratados en la lógica antigua, hay en la lógica medieval lo que Boehner ha calificado de nuevos elementos. Éstos son, al entender de dicho autor, los siguientes: estudios sobre los términos sincategoremáticos, sobre las propiedades de los términos (entre ellos los muy importantes sobre la teoría de las suposiciones), sobre los insolubles, sobre la obligación y sobre las consecuencias. Como puede advertirse por esta lista, las cuestiones semióticas son tratadas además de las metalógicas y lógicas. En algunos casos, los sistemas de lógica presentados fueron muy completos (como en Pedro Hispano) o poseedores de un elevado grado de formalismo (como en Gualterio Burleigh o en Alberto de Sajonia). En otros casos se mezclaron los trabajos lógicos con las especulaciones de índole metafísica u ontológica. A ello deben unirse los numerosos estudios de filosofía del lenguaje, especialmente a través de la gramática especulativa.

La lógica moderna, desde la Edad Media hasta Boole, estaba caracterizada por: desarrollo de la idea de la lógica como un «arte de pensar» o una «medicina del espíritu» (tan característica de la *Logique de Port-Royal,* inspirada en el cartesianismo); intentos de volver a sistematizar el conjunto de la lógica formal sin aportar, empero, contribuciones muy originales (ejemplo: J. Jungius y su *Logica Hamburgensis);* esfuerzos para desarrollar la lógica como un cálculo; intentos de constituir una lógica determinada por la epistemología o siendo el fundamento de la epistemología.

La figura capital del primero de los citados intentos es Leibniz –que durante un tiempo fue considerado como «el fundador de la logística»–. Pero otros nombres deben añadirse al suyo: Jacobo y Juan Bernoulli, G. Ploucquet, J. H. Lambert, G. F. Castillon y G. J. von Holland. Todos ellos estuvieron dominados por el deseo –en el que había abundado ya Llull, tan apreciado por Leibniz a causa de su *Ars magna*– de constituir una *characteristica universalis* y un *calculus ratiocinator* que les sirviera de instrumento. Por lo demás, la idea de la formalización leibniziana de la lógica estaba estrechamente vinculada con la idea de que los principios lógicos son «invariantes para todos los mundos posibles». De ahí que las proposiciones lógicas fundamentales sean para Leibniz a la vez proposiciones ontológicas.

Distinto es el caso de Kant. Al no poder ser la lógica una especificación de las invariantes para todos los mundos posibles, ni tampoco poder ser disuelta en un conjunto de reglas procedentes de las leyes psicológicas de la asociación, la lógica parece adoptar en Kant un aspecto formal, igualmente alejado de la ontología y de la psicología. Pero el término 'formal' no posee en Kant un sentido estrictamente lógico. La forma de los pensamientos no es, a su entender, su «envoltura», sino algo que pertenece a su contenido. Más aún: los pensamientos son pensamientos *que posee* una conciencia más que pensamientos *de* una realidad. En Aristóteles la realidad quedaba reflejada en los pensamientos; en Kant (y en muchos idealistas) la conciencia refleja la realidad mediante ellos. Así se explica la concepción kantiana de la lógica como «lógica trascendental», y su idea de esta lógica como una disciplina que «determina el origen, extensión y valor objetivo de los conocimientos», que sólo se ocupa de las leyes del entendimiento y de la razón y que únicamente tiene que ver con «objetos *a priori*», a diferencia de la «lógica general», la cual trata de «conocimientos empíricos o puros sin distinción alguna». Resulta entonces que: (a) La lógica (trascendental) depende de la estructura de la conciencia. (b) La correspondencia entre la capa lógico-formal y la trascendental no es casual, porque es posibilitada por «la unidad de la conciencia». (c) Al aplicarse a lo real, la lógica se convierte en una ciencia normativa.

Una de las direcciones de la lógica más influyentes durante la última mitad del siglo XIX y el siglo XX es la llamada *lógica empírica* (y a veces –a causa de su preocupación principal– *lógica de la inducción*). Su más típico representante es John Stuart Mill. Esta lógica supone que los objetos de que trata son el resultado de generalizaciones empíricas.

Otra dirección es la *psicologista*, representada, entre otros, por Beneke, Lipps, Baldwin, Ziehen y acaso Cornelius. Los principios lógicos son, según ellos, pensamientos, y la lógica nos revela la estructura objetiva de los mismos.

Una tercera dirección es la *normativista*. Constituye una de las dimensiones de la idea kantiana de la lógica y ha sido defendida, entre otros autores, por Herbart y numerosos tratadistas del siglo XIX y comienzos del XX (por ejemplo, Goblot). Según ellos, la lógica responde a la pregunta: «¿Cómo debemos pensar para que nuestro pensamiento sea correcto?».

En un sentido lato pueden ser calificadas de metafísicas todas las tendencias lógicas en las que hay, explícita o implícitamente, una ontología subyacente; por ejemplo, la citada lógica empirista podría ser metafísica. Ejemplo de este tipo de lógica es la lógica *dialéctica* de Hegel y las teorías lógicas desarrolladas por autores más o menos influidos por el hegelianismo, tales como Bradley y Bosanquet. Típico de estas dos últimas lógicas (que son más bien doctrinas *sobre la lógica*) es el supuesto de que, no habiendo en la Realidad Absoluta, o Absoluto –objeto de la metafísica–, ninguna separación entre lo *que* es la cosa y aquello que la cosa *es*, la lógica se limita a traducir el carácter «compacto» y sin poros de la Realidad por medio de una identificación del sujeto con el predicado, confirmando la tesis de la unidad absoluta del juicio.

También pueden considerarse como «lógicas metafísicas»: la «lógica concreta», la «lógica histórica», la «lógica vital», la «lógica existencial», propugnadas por varios autores.

Puede preguntarse si la «lógica dialéctica» desarrollada por el marxismo debe incluirse o no en esta sección como ejemplo de una «lógica no normal». Por un lado, no parece que deba incluirse en esta sección, ya que es difícil calificarla de «lógica metafísica» en sentido estricto. Por otro lado, puede incluirse en esta sección por cuanto se funda en último término en el método dialéctico hegeliano y por cuanto es una «doctrina sobre la lógica» más que una lógica propiamente dicha.

Una característica de todas estas lógicas es que no cumplen con la condición establecida por Wittgenstein (cf. bibliografía: C, *ad finem)*: «La lógica debe hacerse cargo de sí misma» *(Die Logik muss für sich selber sorgen)*. En efecto, ninguna de las lógicas en cuestión se hace cargo de sí misma; en verdad, se hallan fundadas siempre en algo distinto de ellas. Por este motivo es legítimo plantearse el problema de si las «lógicas» a que nos referimos en esta sección merecen efectivamente tal nombre.

Es costumbre iniciar la historia de la lógica actual con Boole y Frege. Boole desarrolló una álgebra de clases, así como estudios de lógica probabilitaria, mientras Frege introdujo una profunda revolución fundando la matemática en la lógica. Especialmente influyente fue el sistema deductivo, elaborado por Peano y los colaboradores del *Formulaire des Mathématiques*, para la fundamentación de la aritmética a base de cinco axiomas y tres elementos primitivos: número, cero y sucesor. El descubrimiento por Russell de las paradojas lógicas (véase PARADOJA) dentro de la lógica cuantificacional de Frege obligó a una labor de refundamentación de la matemática. Esta labor culminó en los *Principia Mathematica*, de Whitehead y Russell, uno de los grandes jalones en la historia de la logística moderna. Varios mejoramientos y refinamientos fueron introducidos pronto en el sistema deductivo postulacional de los *Principia;* los nombres de H. M. Sheffer, E. V. Huntington y J. Nicod merecen citarse al respecto. Gran importancia cobró la teoría de los tipos en sus diversas formas; además de Russell, retengamos en este terreno los nombres de Leon Chwistek, F. P. Ramsey, Norbert Wiener y Kazimierz Kuratowski. La eliminación de las paradojas lógicas fue intentada, también, por medio de las teorías axiomáticas de los conjuntos (Zermelo, J. von Neumann, Paul Bernays entre otros). Se distinguió luego entre las paradojas lógicas y las paradojas metalógicas (como las clásicas de «El Mentiroso» y las propuestas por P. E. B. Jourdain, L. Nelson, K. Crelling y otros autores); para la eliminación de estas últimas se forjó la teoría de la jerarquía de lenguajes, con la noción del metalenguaje, ya entrevista por Russell y desarrollada por A. Tarski y R. Carnap. Las nuevas orientaciones logísticas fueron extendidas por C. I. Lewis a la lógica modal y por E. L. Post y J. Łukasiewicz a las lógicas polivalentes. Brouwer creó su lógica intuicionista –formalizada por A. Heyting– a base de la llamada «debilitación de los principios lógicos» (especialmente del principio del tercio excluso). M. Schönfinkel inició en 1924 la llamada «lógica combinatoria», la cual elimina las variables y usa funciones tanto como argumentos como en calidad de valores de otras funciones. La «lógica combinatoria» fue elaborada y desarrollada asimismo por Haskell B. Curry (y luego Robert Feys, en colaboración con Curry). Alonzo Church inició al mismo tiempo la llamada «lógica lambda», donde la «operación λ» desempeña la abstracción de una función de su valor no especificado. La «lógica lambda» contiene también combinadores; el llamado «cálculo de conversión lambda» es una lógica combinatoria cuyas relaciones con la lógica combinatoria de Schönfinkel-Curry han sido puestas de relieve por J. B. Rosser. Los métodos de deducción usados en *los Principia Mathematica* y durante mucho tiempo admitidos por todos los lógicos fueron modificados por S. Jaskowski y G. Gentzen con su «cálculo secuencial» o método de deducción natural, muy difundido. El método de las tablas de verdad ha sido crecientemente reemplazado por otros métodos más simples y, a la vez, de mayor alcance, como el de las «tablas semánticas», o el «método de árboles», de que hemos hablado en el artículo sobre método de tablas.

Los trabajos en metalógica, metamatemática y fundamentación de la matemática cuentan con resultados importantes; además de Hilbert, Brouwer, Heyting y Gentzen, ya citados antes, puede mencionarse a Gödel, Löwenheim, Skolem, Herbrand, Cohen. A ello se añaden las contribuciones de autores polacos (Tarski, Łukasiewicz, Lesniewski, Ajdukiewicz, Sobocinski y otros). Numerosos trabajos de importancia en lógica, y en filosofía de la lógica, así como en lógica inductiva, se deben a Carnap, Quine, Hao Wang, Beth, Kleene, para citar sólo unos pocos.

El cuadro actual de la lógica es muy rico, no sólo por el número de trabajos y resultados, sino también por las áreas exploradas. Toda clasificación de campos lógicos ha de resultar prematura. Se habla de lógica bivalente, a veces llamada «clásica», lógica intuicionista y lógicas polivalentes, pero esto es sólo un primer esquema. El número de adjetivos, o de especificaciones, que siguen a 'lógica' es casi abrumador; además de lógica bivalente, polivalente e intuicionista, se habla de lógica modal –en rigor, lógicas modales–, lógica cronológica o temporal, lógica probabilista, lógica erotética, lógica deóntica, lógica de la acción, lógica de las preferencias, lógica del cambio, lógica de imperativos, lógica epistémica, lógica de la creencia, lógica de la información, lógica presuposicional, lógica libre o lógica con «huecos» libres, lógica sin supuestos existenciales, lógica borrosa, lógica de la «relevancia», lógicas desviadas, etc. A veces se habla de lógica «standar», a diferencia de «lógicas no standar», y se tratan estas últimas como «lógicas desviadas» con varios grados de «desviación» y hasta «semi-desviación».

M

M. La letra mayúscula 'M' se usa en la lógica tradicional para representar el término medio en el esquema de un juicio o de una proposición. Así, por ejemplo: 'M' en 'Ningún M es P', 'Todos los M son S'. De acuerdo con lo indicado en Silogismo (VÉASE), 'M' aparece en las premisas mayor y menor, pero nunca en la conclusión.

Mal. Analizaremos: (I) los diferentes modos como ha sido y puede ser planteado el problema del mal; (II) las teorías más corrientes acerca de la naturaleza del mal; (III) las doctrinas más destacadas sobre la procedencia del mal; (IV) las varias clases de males admitidos; (V) las distintas actitudes y doctrinas propuestas para enfrentarse con el mal, y (VI) algunas de las teorías filosóficas más generales sobre el mal. Es inevitable que varias de estas secciones intersecten; así, las secciones II y III coinciden en numerosos respectos, en tanto que la sección VI retoma algunos de los planteamientos presentados antes de ella. Sin embargo, mantenemos la separación en secciones porque estimamos que con ello los planteamientos y análisis ofrecidos ganan en claridad.

I. Aproximaciones al concepto del mal.

(a1) Pueden estudiarse los diversos significados y usos de expresiones como 'el mal' (a veces 'el Mal'), 'lo malo' y 'malo'. 'El mal' y 'lo malo' son, respectivamente, un sustantivo y un adjetivo sustantivado, y hay cierta tendencia a «reificarlos», es decir, a suponer que hay algo que se llama «el mal» o «lo malo». Muchas concepciones metafísicas del «mal» se apoyan, explícita o implícitamente, en semejante reificación. La distinción entre 'el mal' y 'lo malo' no es siempre clara, ni se expresa en todas las lenguas.

'Malo' puede ser empleado en un sentido «absoluto» cuando hablamos de algo moralmente malo, pero ello equivale solamente a decir que es malo porque es malo. 'Malo' se emplea asimismo en sentido particular, clásicamente llamado *secundum quid*, o relativamente a algo; tal sucede cuando decimos que un cuchillo es malo porque no corta, es decir, porque no corta adecuadamente, esto es, «corta mal».

(b1) Puede estudiarse el problema del mal desde el punto de vista psicológico, sociológico, histórico, etc. En tal caso es frecuente dar una interpretación relativista del mal, pues se supone que lo que se diga acerca de éste depende de las circunstancias psicológicas, sociales, históricas, etcétera.

(c1) Algunos consideran que el mal es algo real no sólo psicológica, sociológica o históricamente, sino de un modo más amplio, de tal suerte que los males particulares son definidos como especies de un mal real general. Nos referiremos a tales especies en la sección IV de este artículo.

(d1) Varios autores han declarado que el problema del mal es exclusivamente de índole moral; otros, que es sólo de naturaleza metafísica. En los dos casos puede todavía insistirse en que el mal es predominantemente (según hemos apuntado en el párrafo anterior) una realidad (o un ser) o bien que es exclusiva o primariamente un valor (o, mejor dicho, un disvalor o valor negativo). A veces se concluye que la definición del mal como realidad (o, si se quiere, negación o ausencia de realidad) y como valor (o disvalor) no son incompatibles, puesto que realidad y valor, por un lado, y negación de realidad y disvalor, por el otro, son equiparables.

II. Las teorías acerca de la naturaleza del mal.

(a2) Según un grupo de teorías, el mal no es una realidad separada o separable: forma parte de la única realidad verdaderamente existente (usualmente concebida en forma monista, pero a veces también en forma pluralista), aunque sea lo que hay de menos real dentro de lo real. El mal al cual se refieren estas teorías es principalmente el mal metafísico (Cfr. IV), pero en ocasiones se presenta dicho mal metafísico bajo el aspecto del mal físico o del mal moral (o de ambos).

Ahora bien, dentro de este grupo de teorías hay muchas variantes. Presentaremos algunas de ellas.

(a2-1) El mal forma parte de la realidad, porque sin él la realidad sería incompleta; el mal puede ser concebido, pues, como un elemento necesario para la armonía universal. Defensores de esta doctrina son los estoicos (aunque para ellos el mal es principalmente algo «para nosotros», πρὸς ἡμας), en parte Plotino (cuando admite que ciertos «males» engendran ciertos bienes), Leibniz, Pope y varios optimistas modernos, Bergson (al declarar que cuando protestamos contra la creación a causa de la experiencia del mal manifestamos nuestra ignorancia del hecho de que lo creado impone ciertas condiciones al *élan* creador), etc. Esta teoría tiende a resolver el problema de la naturaleza del mal a base de una previa respuesta –implícita o explícita– dada a la cuestión de cómo puede justificarse la presencia (o la experiencia) del mal (asunto tocado al final de V).

(a2-2) El mal es el último grado del ser. Esta pobreza ontológica del mal es presentada habitualmente adscribiendo al mal todos los valores negativos (o estimados como negativos) imaginables: ilimitación, indeterminación, dependencia, pasividad, temporalidad, inestabilidad, materialidad, etc. Se observará que estos valores negativos coinciden con los que algunas teorías dualistas (por ejemplo, las pitagóricas) presentan como incluidos en la «columna negativa». Defensor típico de la doctrina aquí introducida es Plotino cuando escribe que el mal «es al bien como la falta de medida a la medida, como lo ilimitado al límite, como el ser eternamente deficiente al ser que se basta a sí mismo; es siempre indeterminado, inestable, completamente pasivo, jamás satisfecho, pobreza completa» –he aquí no los «atributos accidentales», sino la «substancia misma» del mal–. Varios autores sustituyen algunos de los valores negativos mencionados por otros; por ejemplo, el mal puede ser estimado como algo ilimitado cuando el límite, en vez de ser propuesto como un rasgo positivo de lo real, es declarado un valor negativo. Pero en ambos casos se tiende a colocar el mal en el confín del ser.

(a2-3) El mal forma parte de lo real, pero como una entidad que opera dinámicamente y contribuye al desenvolvimiento lógico-metafísico de lo que hay. Es el caso de Hegel, especialmente cuando considera el mal como la «negatividad positiva».

(a2-4) El mal es el sacrificio que ejecuta una parte en beneficio del todo. Esta concepción se aproxima a la presentada en (a2-1), pero ofrece características que en aquélla están ausentes, especialmente la de apoyarse en la relación todo-parte y la de subrayar el mal desde el punto de vista del valor (o disvalor) y no desde el ángulo del ser (o carencia de ser). Así sucede en Max Scheler cuando interpreta el sufrimiento como sacrificio de lo que tiene valor inferior en provecho de lo que tiene valor superior y a beneficio, por lo tanto, de la (correcta) jerarquía de los valores. Según dicho autor, el mal existe porque hay totalidades no compuestas de sumas, sino de miembros, porque hay funciones orgánicas –entendiendo esta expresión en sentido que trasciende de lo biológico–. «Sólo en el desacuerdo entre las partes independientes y determinadas –escribe Scheler– reside el fundamento ontológico más general de la posibilidad del dolor y del sufrimiento en un mundo cualquiera.» Como se observará, lo que aquí es declarado un mal es, en rigor, la experiencia del sufrimiento que resulta indispensable para que haya un bien en el todo; por consiguiente, hay una notoria analogía entre esta teoría y la presentada en (a2-1).

(a2-5)   El mal es una falta completa de realidad, es pura y simplemente el no ser. Esta teoría parece inconciliable con las doctrinas hasta aquí reseñadas, por cuanto hemos caracterizado las mismas diciendo que para ellas el mal «forma parte de la realidad». Sin embargo, la teoría (a2-5) puede considerarse como el extremo límite alcanzado por las doctrinas presentadas en (a2-1)-(a2-4). A veces algunos de los autores mencionados se inclinan en favor de (a2-5) al identificar el «último grado del ser» con el «no ser».

(a2-6)   El mal es una apariencia, una ilusión, un velo que impide la visión del bien, identificado con el ser. En la medida en que tal ilusión o apariencia son interpretados como algo que posee una cierta realidad ontológica (aunque sea de una extrema pobreza), la teoría (a2-6) coincide en muchos puntos con las teorías (a2-1)-(a2-4). En la medida en que se estima que la ilusión designa un no ser, la teoría mantenida coincide con la presentada en (a2-5).

(b2)   Característico de las doctrinas reseñadas bajo (a2) y sus variantes es el afirmar que la ausencia, pobreza, carencia, etc., de ser en que consiste el mal no están afectadas por determinaciones precisas. Pero hay otro grupo de doctrinas que, concibiendo el mal como privación del ser, subrayan que se trata de una privación *determinada*. En algunos casos no se ve claramente tal determinación. Consideremos, en efecto, San Agustín. Al preguntarse éste si es posible concebir que la substancia divina posea el mal, responde negativamente; su concepción del mal parece, además, en este respecto, una concepción platónica, por lo menos en tanto que, según Platón, el mal no puede existir en la realidad pura, sino únicamente cuando hay alguna «mezcla» (en los «mixtos»). Las fórmulas agustinianas parecen confirmar la coincidencia: «La privación de todo bien equivale a la nada. Por lo tanto, mientras algo existe, es bueno. Así, todo lo que *es*, es bueno, y el mal cuyo origen buscaba no es una substancia, pues si fuera substancia sería bueno. O bien sería substancia incorruptible, y por eso un gran bien, o substancia corruptible, que no lo sería si no fuera buena» *(Conf.,* VII, 2). Ahora bien, no puede llegarse demasiado lejos en la aproximación entre las concepciones agustinianas y las platónicas (o neoplatónicas). Por un lado, en efecto, el «ser que es» no se reduce para San Agustín a la Idea de las ideas, a la Idea del Bien, a lo Uno y, en general, a ninguna entidad cuya aprehensión competa primariamente a la filosofía, sea en forma de dialéctica o de intuición intelectual; el «ser que es» constituye la expresión de un Dios personal. Por otro lado, no siendo el mundo producido por emanación, sino engendrado por creación, el ser y el mal no pueden mantener las mismas «relaciones» que han sido típicas de las direcciones platonizantes. Finalmente, aunque San Agustín examine el problema del mal atendiendo al aspecto metafísico, el fondo de su pensamiento al respecto está dominado por la cuestión del mal moral (o, mejor, religioso-moral), esto es, del pecado. Desde este último punto de vista, el mal es concebido como un alejamiento de Dios causado por una voluntad de independencia respecto a la Persona divina; como lo definió luego, siguiendo la misma tradición, San Buenaventura: el mal (el pecado) es el hecho de que el hombre hiciera algo a causa de sí y no a causa de Dios *(aliquid faveret propter se, non propter Deum).* Puede establecerse inclusive una distinción sobre este punto entre la Patrística griega y la latina. En la primera, el mal sigue conservando un aspecto predominantemente metafísico, y aun cuando se abandone la emanación en favor de la creación, el mal es concebido como una mácula en esta última, esto es, como una carencia, una privación metafísica, etc. En la segunda, el mal es visto primordialmente desde el ángulo religioso-moral, es decir, como una manifestación del pecado. Es, pues, una privación *determinada* de un cierto bien.

La tesis del mal como privación determinada aparece, sin embargo, más claramente en varios autores escolásticos, los cuales han intentado poner en claro en qué consiste la determinación del mal en general y las determinaciones de los males en particular. A este efecto han procurado tener en cuenta no solamente las dos tradiciones patrísticas antes aludidas, sino también ciertas contribuciones aristotélicas, en particular las observaciones aristotélicas sobre las dificultades que plantea la concepción de que el mal es pura y simplemente privación del bien —sobre todo cuando, al identificarse el bien con el ser, se acaba declarando que el mal es privación del ser—. Consideremos, en efecto, la doctrina de Santo Tomás. El mal es también definido como privación, pero no como privación en general, pues en tal caso habría que suponer que la privación en un ser de algo que no le corresponde por naturaleza (por ejemplo, la privación de escamas en los perros) haría de tal ser una entidad mala. El mal tiene que ser, pues, una privación determinada, de modo que el ser malo tiene que entenderse *secundum quid*. Esto rige inclusive cuando la privación en cuestión es mucho más general que la que denota el caso mencionado; puede decirse, por ejemplo, que hay mal cuando hay en general una privación de orden. Por otro lado, puesto que todo lo que es, es (en tanto que participa del ser) algo bueno, el sujeto del cual se predica el mal ha de calificarse (en tanto que es) de bueno. El mal inhiere, pues, en un sujeto bueno, pero no puede inherir en el bien sumo o Dios, que está desprovisto de todo mal y no puede ser causa del mal —aun cuando, siendo causa de todo cuanto es, puede decirse que es en cierto modo causa de que haya el mal que hay—. Si ha permitido que lo haya es por haber considerado los requisitos que imponen el orden, variedad y armonía del conjunto de la creación. En todo caso, si el mal tiene una causa, no es una causa eficiente, sino deficiente, *malum causam habet non efficientem, sed deficientem,* como decía Leibniz, repitiendo una tesis escolástica (*Théod.,* VI, 115, y especialmente VI, 122).

(c2) Las teorías reseñadas en (a2) y (b2) no son todas de índole monista: algunas son pluralistas; otras implican un cierto dualismo que puede calificarse de moderado. Las teorías a las cuales nos referimos ahora se caracterizan, en cambio, por un dualismo radical; mejor aún, por un dualismo basado en la suposición de que los dos principios radicalmente opuestos que, a su entender, hay en el universo están representados justamente por el Bien (o serie de entidades buenas o valores positivos) y el Mal (o serie de entidades malas o valores negativos). Así lo vemos en el zoroastrismo, en el maniqueísmo y en el gnosticismo. Lo vemos así también en la doctrina de la tabla de oposiciones que presentaron algunos pitagóricos. Los artículos referidos proporcionan indicaciones más detalladas a este respecto. Apuntemos aquí que las teorías dualistas radicales resuelven en sentido afirmativo una cuestión que se suscitó con frecuencia entre los filósofos antiguos: la de si el mal tiene o no carácter substancial. En cambio, resuelven en sentido negativo otra cuestión: la de si el mal puede penetrar en el bien (o, en el lenguaje de muchos filósofos antiguos, en lo inteligible). En efecto, el bien (o las potencias buenas) se define por exclusión del mal (o las potencias malas), y aun cuando –como ocurre entre los maniqueos– se admite que hay «mezcla», acaba por concluirse que tal mezcla es el mal, y que hay que aspirar no a la reconciliación del bien con el mal o a la absorción de éste por aquél, sino a su separación completa.

III. El problema del origen del mal puede dar lugar a varias soluciones. He aquí algunas de las que han sido propuestas. (a3) El mal procede últimamente de Dios o de la Causa primera –en los varios sentidos que indicaremos luego–. (b3) El mal tiene su origen en el hombre o en ciertas de sus actividades –también en los varios sentidos que indicaremos–. (c3) El mal es consecuencia del azar, (d3) de la Naturaleza, (e3) de la materia o (f3) de otras fuentes.

Según apuntamos, la teoría expresada en (a3) puede entenderse de varios modos. Tres de ellos se destacan.

Por un lado, puede imaginarse que si Dios es la causa de todo y, por tanto, también la causa del mal, éste inhiere en Dios. Quienes así argumentan lo hacen con frecuencia o con el fin de negar la existencia de Dios, o con el objeto de combatir una determinada idea de Dios –usualmente propuesta por una religión positiva–. Pero a veces llegan a otras conclusiones: por ejemplo, que Dios no puede ser la causa de todo, o que hay un «Dios que se hace» en el curso de un proceso en el cual el mal se va eliminando progresivamente, o que Dios es una entidad limitada.

Por otro lado, puede indicarse que la expresión 'el mal procede últimamente de Dios' no debe entenderse en el sentido de que el mal inhiera en Dios, sino sólo (según pusimos ya antes de relieve) que la razón de que haya mal es la producción de un mundo. Si éste no hubiese sido producido, el mal no existiría, pero ello no quiere decir que el mal que hay en el mundo haga deseable la no existencia de éste. Por el contrario, la existencia de un mundo creado es en sí misma un bien, de tal modo que, al ser producido, se ha producido un bien y no un mal.

Finalmente, el mal puede concebirse como una prueba enviada por Dios al hombre para acreditar su paciencia y ponerlo en la vía de la santidad.

Respecto a la teoría (b3), puede asimismo entenderse de varios modos. En primer lugar, puede suponerse que sólo la rebelión del hombre contra Dios o su alejamiento de Él son la causa del mal. En segundo término, puede establecerse que el mal reside en la naturaleza humana en el sentido de que solamente ésta no es indiferente al mal (y al bien).

En cuanto a las teorías restantes, son de dos clases. En una de ellas –como en (c3)-(d3)–, se trata de buscar un elemento que explique el origen del mal (o de los males) sin tratar en la mayor parte de los casos de justificarlo. En otra de ellas –como en las que pueden agruparse bajo (f3)– se determinan modos de producirse el mal; se habla así de causa material, formal, eficiente y final del mal, de la diferencia entre causa y origen del mal, del mal surgido substancialmente o sólo por accidente, etc. En muchos casos, la teoría acerca del origen del mal está ligada a la doctrina sustentada sobre su naturaleza. Así, por ejemplo, es típico de las concepciones para las cuales el mal es un último grado del ser adscribir el mal a la materia.

IV. En la reflexión común prefilosófica es frecuente establecer una distinción entre el mal físico y el mal moral. El primero es equivalente al sufrimiento o al dolor; el segundo es un tipo de padecer que no se identifica con el físico, aun cuando quien lo experimenta no se ve librado (y hasta puede encontrar consuelo en ello) de ciertas alteraciones físicas (como la congoja, que es un mal moral, pero que puede ir acompañada de alteraciones considerables en la tensión sanguínea). Esta distinción es adoptada asimismo por muchos filósofos, pero a veces con la intención de explicar un tipo de mal por el otro. Así, algunos pensadores «materialistas» afirman que lo que se considera como mal moral es enteramente reducible a un mal físico, y que a la vez el mal físico va acompañado, como de una eflorescencia o epifenómeno, de «mal moral». Algunos filósofos «espiritualistas», en cambio, sostienen que el mal físico solamente tiene sentido tomando como medida el mal moral. Cuando el mal moral es identificado con el pecado, ciertos autores concluyen que el pecado constituye el origen del mal físico. Este origen puede ser considerado desde el ángulo individual (relación causal pecado-mal físico en cada ser humano) o desde el punto de vista colectivo (hay mal físico en la humanidad porque ha habido pecado, especialmente pecado original). Ahora bien, lo más común es adoptar una posición que, sin negar las múltiples correlaciones existentes en el hombre entre mal físico y mal moral (equiparado o no al pecado), se niegue a reducir el uno al otro o a considerar el uno como origen directo del otro.

Las distinciones arriba apuntadas son las más frecuentes entre los filósofos. Así, San Agustín ha distinguido entre mal físico y mal moral, aun cuando ha agregado que sólo el mal moral (pecado) es, propiamente hablando, un mal. Santo Tomás ha distinguido entre mal físico (dolor), muerte y pecado, etc. Sin embargo, restringir la división de los males a los citados, por aparecer la misma con mayor frecuencia que otras divisiones en la literatura filosófica (y teológica), sería olvidar que los males en cuestión suelen ser considerados, según indicó ya Santo Tomás, como «males en el hombre». Junto a los mismos hay que tener en cuenta que se habla también de un mal que a veces es concebido como el «mal en general» (aun cuando sea un mal *secundum quid*), a veces como el concepto general que corresponde a todos los males, a veces como el fundamento último de cualquier especie de mal: se trata del mal cuya noción hemos dilucidado en las secciones anteriores (sobre todo en *II*). Se le conoce usualmente con el nombre de mal metafísico –nombre que circula sobre todo después de Leibniz, el cual clasificó los males en tres tipos: metafísico, físico y moral–. Con ello parecen haberse agotado los tipos posibles del mal. Pero junto a los tipos podemos considerar otros dos elementos: los géneros y las variedades. Lo primero es examinado por medio de un análisis conceptual del cual resulta que el mal puede concebirse –según hemos visto en parte– como un ser o como un valor, como algo absoluto o algo relativo, algo abstracto o algo concreto, algo substancial o algo accidental, etc. Lo segundo es objeto de una descripción fenomenológica que muestra el mal bajo sus manifestaciones o perspectivas. Estas perspectivas pueden a su vez examinarse de un modo general y entonces tenemos dos posibilidades: el mal, junto a la fealdad y a la falsedad, son los aspectos capitales de lo negativo, opuestos a los trascendentales (bien, belleza, verdad); el mal es visto como resumen de todos los valores negativos (lo profano, lo feo, lo falso, lo injusto, etc.). O bien pueden examinarse tales perspectivas de un modo más particular y describir todas las formas de maldad, ya sean en cada valor negativo de los apuntados, ya en los valores morales. Es lo que ha hecho Raymond Polin cuando ha incluido dentro del dominio de las normas morales no sólo el valor negativo «mal», sino valores negativos morales, tales como lo inmoral, lo infiel, lo pérfido, la traición, la hipocresía, la vulgaridad, la mediocridad, el vicio, la perversidad la crueldad, la cobardía, la vileza, la infamia, lo excesivo, lo despreciable, lo indigno, lo indecente, lo depravado, etcétera.

V. La existencia del mal ha planteado al hombre uno de los más graves problemas: el de saber cómo puede enfrentarse con él. Describiremos brevemente algunos de los modos más ilustrativos.

(a5) La aceptación alegre del mal o, mejor dicho, la actitud que encuentra en el mal –físico o moral– una especie de satisfacción o complacencia. Tal actitud ha recibido el nombre de algofilia –amor al mal o a los males–. Se ha alegado que esta actitud es contradictoria, pues encontrar complacencia en el mal quiere decir experimentarlo como si fuera un bien. Sin embargo, sería excesivo insistir demasiado en la existencia de una «contradicción» en la algofilia, por cuanto, al menos en lo que toca al mal físico, la complacencia en él no borra el hecho de experimentar un padecimiento.

(b5) La aceptación resignada. Aquí no hay, propiamente hablando, complacencia en el mal, pues puede perfectamente considerarse a éste como una aflicción. Pero en la medida en que la resignación comporta una cierta pasividad, los males quedan reducidos, amortiguados, por la ausencia de reacción. Esto se debe casi siempre a que en la filosofía de la resignación (estoicos) el mal es primariamente identificado con las pasiones, es decir, concebido primariamente como un «mal para nosotros»; de modo que somos nosotros quienes terminamos por dominar las pasiones y, con ello, suprimir el mal. Observemos que una de las formas más generalizadas de aceptación resignada del mal es su racionalización.

(c5) La desesperación. Se trata de una actitud que puede tener un componente predominantemente teórico (como cuando se clama que «no hay nada que hacer contra el mal») o bien un componente predominantemente práctico (en cuyo caso es común que el acto de desesperarse actúe como una especie de sustitución del mal y, por lo tanto, como una forma de lenitivo).

(d5) La huida. En algunos casos esta huida se manifiesta como indiferencia y, por consiguiente, como una de las formas citadas en (b5). En otros casos –la mayoría de ellos– la huida adopta cualquiera de las siguientes formas: la evitación de lo sensible para elevarse hacia lo inteligible (o, más sutilmente, el vivir en lo sensible como si se contemplara desde el punto de vista de lo inteligible); la liberación de las pasiones mediante una «liberación del yo» o hasta una «desyoización» más o menos radical; la purificación de lo sensible (frecuentemente identificado con el mal) por medio del ascetismo, ya sea entendido como una serie de ejercicios físicos, ya como una actividad predominantemente reflexiva y espiritual.

(e5) La «adhesión». Esta actitud –muy excepcional– puede manifestarse cuando se supone, como ocurre entre los maniqueos, que hay una lucha entre las potencias del bien y las del mal. Ahora bien, si se admite que estas últimas son más poderosas que las primeras y terminarán por vencerlas, se puede asimismo declarar que lo mejor es plegarse a ellas o, si se quiere, reconciliarse con ellas.

(f5) La acción. Ésta puede entenderse de muchos modos: como acción individual; como acción colectiva; como conjunto de esfuerzos destinados a transformar radicalmente la persona; como combate para mejorar las condiciones (sobre todo materiales) de la sociedad, etc. En la mayor parte de los casos la acción es dirigida por una previa teoría, de modo que la mayor parte de las formas de (f5) no son incompatibles con muchas de las mencionadas en los párrafos anteriores. Destaquemos, empero, que ciertos autores insisten en que hay un primado de la acción sobre cualesquiera otras actitudes y que, por consiguiente, la teoría correspondiente es un resultado y no una causa de la acción.

(g5) Las formas de afrontamiento del mal hasta aquí presentadas pueden ser calificadas de actitudes, inclusive cuando, como ocurre en (b5), hay un componente importante de racionalización sin la cual sería imposible conseguir la resignación o la indiferencia. Hay una serie de posiciones, en cambio, que se orientan hacia motivos de índole primariamente explicativa y justificativa: se trata de averiguar entonces qué función tiene el mal (si se admite que tiene alguna) dentro de la economía del universo. Este problema surge principalmente cuando, admitida la infinita bondad de Dios, se suscita la cuestión de cómo ha permitido que haya mal en el mundo. Es el problema de la teodicea; nos limitamos aquí a mencionarlo.

VI. También nos limitaremos a mencionar una serie de doctrinas sobre el mal de carácter muy general. Es el caso del optimismo, ligado con frecuencia a diversas formas de humanismo, pero también a tesis metafísicas tales como la de la identificación del mal con el no ser o la basada en la suposición de que el mal sólo aparece cuando se le considera aisladamente, pero amengua cuando contemplamos el universo en su conjunto (Leibniz, Wolff, Pope); el pesimismo, que puede ser radical o moderado y que ha encontrado expresión metafísica en varios sistemas (Schopenhauer, E. von Hartmann); el meliorismo, tanto en la forma del progresismo teórico como en la de la acción contra el mal efectivo y concreto (Voltaire); el dualismo, según el cual el mal posee una cierta substancialidad y hasta en ocasiones es personificado y que por lo común termina por suponer que el bien triunfará sobre el mal. Es fácil advertir que todas las doctrinas citadas se apoyan en una axiología.

Marxismo. Se ha entendido por 'marxismo': (I) El pensamiento de Marx, sea tomado en su conjunto, o bajo el aspecto de su evolución total, o atendiendo principalmente a algunas de sus «fases». Este pensamiento incluye un método, una serie de supuestos, un conjunto de ideas de muy diversa índole y numerosas reglas de aplicación, tanto teóricas como prácticas. (II) Un grupo de doctrinas filosóficas, sociales, económicas, políticas, etc., fundadas en una interpretación del marxismo y tendiendo a su sistematización. Este grupo de doctrinas adquirió forma definida en Engels y fue transformado por Lenin, dando origen luego al llamado «marxismo ortodoxo». (III) Una muy variada serie de interpretaciones, procedentes de diversas épocas y formadas según distintas tradiciones, temperamentos, circunstancias históricas, etc. Pueden incluirse en este apartado las interpretaciones de Marx que no cuajaron en la forma más o menos monolítica que adoptó el marxismo después de Lenin en la Unión Soviética; las interpretaciones de Marx que proliferaron una vez quebrado el marxismo ortodoxo antes citado; las que han recibido el nombre de «marxismo occidental»; la práctica del marxismo en el pensamiento de Mao Tse-tung; los intentos de revivificación del marxismo a base del retorno a las fuentes, etc. En algunos casos se ha llamado «marxismo» a los métodos, doctrinas e ideales políticos adoptados en varios países y por numerosos grupos en la época de la lucha contra el imperialismo y el colonialismo, e inclusive se ha llamado «marxismo» a todo programa político revolucionario. Evidentemente, se ha apelado entonces al marxismo de modo tan indiscriminado que con frecuencia el término 'marxismo' ha perdido su significado. Sin embargo, no hay duda de que el marxismo es un río caudaloso, a la vez ideológico y práctico, que es capaz de diversificarse considerablemente y que da pie para constantes renacimientos y revivificaciones.

Trataremos del marxismo bajo cada uno de los apartados indicados, pero hay que tener en cuenta dos puntos. El primero es que, si bien hay diferencias entre los tres aspectos del marxismo apuntados, hay asimismo algo común a todos ellos, que es lo que en cada caso se trata de revivificar, interpretar o transformar. El segundo es que una parte básica de lo que se entiende usualmente por 'marxismo' está constituida por las doctrinas llamadas «materialismo histórico» y «materialismo dialéctico». Remitimos, pues, a estos dos artículos, así como al artículo sobre dialéctica, todos los cuales deben considerarse como suplementos del presente.

(I) Se ha subrayado a menudo la atracción que ejerció sobre Marx el sistema de Hegel, especialmente tal como era expuesto y propagado por los «jóvenes hegelianos» de Berlín, entre los cuales destacaba Eduard Gans. Pero muy pronto la atracción indicada fue contrapesada por la hostilidad hacia todo pensamiento puramente «especulativo» e «idealista», susceptible de toda clase de combinaciones de ideas y alejado de la acción y de la práctica. Por temperamento, y también por las circunstancias que lo lanzaron a la vida periodística y política y no a la vida académica, Marx, si bien sólidamente formado en la cultura filosófica e histórica de la época, sentía fuerte inclinación hacia el estudio de la realidad concreta –hechos históricos, estado de las leyes, condiciones económicas y sociales, etc.–. Se ha dicho por ello que hay en Marx y, por tanto, en lo que luego será llamado «marxismo» un hegelianismo «invertido», positivo y aun «positivista». La dosis que pueda haber de hegelianismo, invertido o traspuesto o no, en el marxismo es un tema que ha suscitado numerosas discusiones y ha dado lugar a muy diversas actitudes, desde quienes aproximan máximamente Marx a Hegel hasta quienes los separan completamente, alegando que los elementos hegelianos son accidentales y que, de haber producido su obra en otro momento, Marx habría producido esencialmente la misma obra dentro de un marco filosófico distinto.

En la medida en que pueda darse el nombre «marxismo» al pensamiento de Marx, olvidando que el propio Marx declaró en una ocasión no ser marxista –lo que quiere decir, entre otras cosas, negarse a quedar encerrado en un pensamiento más o menos «congelado»–, cabe hablar del marxismo del «joven Marx» o del «primer Marx». Es el pensamiento expresado principalmente en los *Manuscritos económicos y filosóficos*, de 1844, donde las huellas de Hegel y Feuerbach son aún muy fuertes, pero donde se apunta a direcciones distintas de las estrictamente feuerbachianas y hegelianas. Se trata del que ha sido llamado «marxismo humanista», en el que se destacan los temas anacrónicamente calificados de «existenciales». El principal de estos temas es el de la alienación. Hegel había tratado ya de la misma, tanto en la forma de la exteriorización *(Entäusserung)* del Espíritu como en las diversas maneras de escisión y enajenación de la conciencia. Marx tomó la idea de exteriorización especialmente bajo el aspecto de la alienación *(Entfremdung)* del hombre, y específicamente del trabajador en una sociedad en la cual hay separación entre capital, renta y trabajo. En la sociedad capitalista no se tiene en cuenta la relación directa entre el trabajador (el trabajo) y la producción; se produce de este modo un trabajo alienado. Así, el producto del trabajo se convierte en un objeto ajeno al trabajador y que ejerce poder sobre él. Marx emplea aquí aún el concepto feuerbachiano del «ser especie» (VÉASE), pero dentro de él identifica la alienación del ser especie con la de un hombre con respecto a sus semejantes. Es, pues, un hecho de economía política y no sólo una idea filosófica.

Lo que Hegel llamaba «el Espíritu» se convierte, pues, en un concepto, o en una ideología, encubridora de la verdadera realidad histórica. Esta realidad histórica fue estudiada por Marx a la luz de los economistas franceses e ingleses (Ricardo, Quesnay, Adam Smith), de los socialistas utópicos franceses (especialmente de Fourier y Proudhon) y de Saint-Simon, pero muy especialmente a la luz de la situación social, económica y política de su tiempo. La colaboración con Engels fue extremadamente importante, y el hecho de que Engels se encaminara por la ruta del materialismo dialéctico (VÉASE), que no es, por así decirlo, «originariamente marxista», no debe hacer olvidar el hecho de su frecuente estrecha colaboración,

tanto teórica como, especialmente en el *Manifiesto del Partido Comunista,* de 1848, política.
Se ha hablado a veces del Marx «maduro», esto es, del Marx de la *Crítica de la economía política* y de *El Capital,* y se han establecido diferencias y comparaciones entre los «dos Marx». Ciertos autores han destacado la importancia del Marx humanista frente al Marx economista y sociólogo; otros han hecho lo opuesto; otros, finalmente, han subrayado la continuidad del pensamiento de Marx, continuidad que parece haberse demostrado con el «eslabón» perdido de los *Grundrisse,* de 1857-1858. Nos hemos referido a estos puntos al final del artículo sobre materialismo histórico. Este artículo puede servir, además, como exposición de algunas de las orientaciones más prominentes de Marx, y equivale a un breve bosquejo del marxismo en el sentido en que lo tratamos en este apartado. Completaremos la información allí proporcionada con la mención de los resultados más importantes del análisis y la crítica marxista en lo que toca a la formación y estructura de las sociedades, con particular referencia al análisis y la crítica de la sociedad burguesa capitalista.

Las ideas de Marx sobre el hombre como conjunto de sus relaciones sociales y sobre el carácter básico de los modos y relaciones de producción le llevaron a examinar cómo se lleva a cabo la división de clases en varias sociedades. En por lo menos dos ocasiones Marx ha hecho referencia al «modo asiático de producción», sin que se pueda saber en qué medida este modo es integrable en otros, o explicable en virtud de los mismos conceptos y usando el mismo método empleado para entender otros. Pero resulta clara, de todos modos, la idea de un comunismo primitivo, donde no hay propiedad privada, pero tampoco división del trabajo. Ello impide el progreso, que se hace posible sólo al crearse organizaciones sociales más complejas. La división del trabajo que tiene lugar en ellas es ventajosa desde el punto de vista de la producción, pero crea desigualdades, que se traducen en la formación de clases, en particular las dos clases fundamentales: la clase de los poseedores, que disponen de los medios de producción, y la de los desposeídos, que constituyen la clase trabajadora. Hay varios tipos de sociedades clasistas, pero de ellos destacan la sociedad antigua basada en la esclavitud, la sociedad feudal y la sociedad capitalista burguesa moderna. La sociedad capitalista es, de algún modo, la más progresista, pero también la menos igualitaria, ya que las igualdades proclamadas en ella son meramente formales. Se produce entonces un aumento a la vez de riqueza y de miseria, de racionalización y caos. Las contradicciones internas que desgarran la sociedad capitalista acentúan su crisis. Las masas proletarizadas, transforman la sociedad radicalmente. Podría suponerse que nace entonces otro tipo de sociedad en la cual resurge la oposición entre poseedores y desposeídos. Sin embargo, la transformación revolucionaria causada por el proletariado rompe la cadena de una historia en la que se producen continuamente desfases entre las fuerzas de producción y las relaciones de producción. La nueva sociedad no es una en la que haya tensión entre clases, pero tampoco armonía entre clases, ya que es una sociedad sin clases y, por tanto, sin explotadores ni explotados. Sólo entonces llega el hombre a ser libre y se puede producir el definitivo «salto hacia la libertad», que hasta entonces había sido meramente ficticia. Desde el punto de vista económico-sociológico, el pensamiento de Marx apunta a una planificación de la producción de tal índole que queden abolidas todas las divisiones de clases. Desde el punto de vista jurídico se apunta a una supresión del Estado, que, bajo la pretensión de libertades formales, se había constituido en un instrumento de explotación. Desde el punto de vista filosófico se apunta a una sociedad global y realmente libre, sin enmascaramientos ideológicos. La sociedad comunista sin clases, y sin Estado –o cuando menos sin Estado opresor–, ha de constituir el triunfo del hombre sobre toda servidumbre.

La filosofía económica del marxismo es compleja, pero pueden destacarse en ella algunos rasgos capitales, como los siguientes: (1) Los productos lanzados al mercado tienen un precio. (2) Para obtener estos productos se usa el trabajo de los asalariados, trabajo al que se da asimismo un precio convirtiéndose en mercancía. (3) Lo producido por el asalariado tiene un valor superior al salario recibido por el trabajador, y ello aun descontando los costos de producción, distribución, etc. El *plus* en cuestión es la plusvalía, que es arrebatada al trabajador por el capitalista. El progreso técnico y las necesidades de la competencia obligan a los capitalistas a formar grandes monopolios, destruyendo de este modo las empresas pequeñas y la clase social –la «pequeña burguesía»– poseedora de estas empresas. (4) Hay crisis inevitables (crisis de superproducción, por ejemplo) en el mercado capitalista. Estas crisis producen conflictos (incluyendo guerras) en el curso de los cuales el capitalismo se autodestruye. (5) La cantidad de proletarios y desposeídos aumenta a medida que la cantidad de capitalistas y opresores disminuye. La atención prestada a la explicación de la génesis, descripción de la estructura y crítica de la sociedad capitalista, y la predicción del derrumbamiento de esta sociedad, víctima de sus crisis internas y de la fuerza revolucionaria del proletariado que va a asumir el poder con el fin de establecer una sociedad sin clases, parece hacer de Marx fundamentalmente un economista y un sociólogo. Sin embargo, alientan en el pensamiento de Marx, y no sólo en el de su primera época, una multitud de ideas filosóficas que se concretan especialmente en una antropología filosófica y en una filosofía de la historia. Los que, como Althusser, han sostenido la existencia de una «ruptura epistemológica» entre el primer Marx y el segundo Marx, han puesto de relieve el carácter «espiritualista» de este pensamiento como explicación de las estructuras fundamentales de la sociedad humana; la exhibición de estas estructuras hace posible comprender las estructuras superficiales y más visibles, y ello no sólo en una determinada fase de la historia, sino en toda la historia humana. Pero aunque pueda haber diferencias entre los «dos Marx», los intereses del Marx «maduro» no parecen ajenos a los del «joven Marx», cuando menos en la medida en que en éste se desarrolla asimismo un esfuerzo para dar cuenta del tipo de alienación real y, en último término, estructural que caracteriza el trabajo desde el momento en que cesa de funcionar el comunismo primitivo. Además, y sobre todo, hay imperativos morales en Marx sin los cuales no se entendería la influencia por él ejercida sobre pensadores de muy diversas procedencias. La estrecha relación entre teoría y práctica y la decidida negación de un abismo entre hechos y valores constituyen supuestos que parecen constantes en todas las fases del pensamiento de Marx.

Uno de los puntos más discutidos en el pensamiento de Marx y, en general, en el «marxismo» es el de si se trata de una doctrina determinista, según la cual hay un conjunto de fuerzas impersonales regidas por leyes ineluctables. De ser así, el paso de un tipo de sociedad a otra sería inevitable en virtud del desarrollo dialéctico.

Es plausible sostener que, cuando menos en Marx, no hay semejante determinismo, ni siquiera paliado bajo la forma de un proceso dialéctico. Es cierto que Marx trata de encontrar las leyes que rigen la estructura de las sociedades y el paso de un tipo de sociedad a la otra. En este sentido, las intenciones, ideas, ideales y actos de los hombres encajan dentro de leyes. Pero no se trata de leyes deterministas de tipo físico. De hecho, la evolución de la especie humana es la evolución y progresivo desenvolvimiento de las posibilidades de influir sobre las estructuras sociales, y con ello de influir sobre el dominio que los hombres puedan tener sobre sí mismos. De ahí la importancia de la actividad humana en la configuración y transformación sociales, y la posibilidad de que el pensamiento marxista haya podido desenvolverse en una filosofía de la *praxis*.

Queda aún una cuestión importante, que se ha debatido con frecuencia no sólo con respecto al pensamiento de Marx, esto es, con respecto al marxismo tal como queda expuesto en este apartado y en el artículo sobre el materialismo histórico, sino también con respecto a muchas otras formas de marxismo: se trata de la cuestión de saber si el marxismo es una concepción del mundo, una filosofía, una antropología filosófica, una ciencia –específicamente una sociología–, un modo de explicar (y cambiar) la historia, una serie de normas para la acción política que deben variarse de acuerdo con las circunstancias históricas, una ideología, etc. Las respuestas que se dan en cada caso dependen en gran parte del modo como se entienda el marxismo, pero aun así es difícil justificar una respuesta tajante en favor de una sola de las alternativas indicadas. Así, por ejemplo, ha habido en el propio Marx cambios al respecto. Aun si se acentúa al máximo la continuidad en el pensamiento de Marx, es obvio que, mientras al comienzo Marx trabajaba dentro de cauces normalmente estimados «filosóficos», sus intereses específicamente filosóficos fueron disminuyendo, o se atenuaron, en beneficio de sus intereses sociológicos, políticos y económicos. Se ha dicho por ello que el marxismo del Marx maduro aspira a ser una ciencia. Aun admitiendo estas diferencias, sin embargo, hay una constante en la actitud de Marx, que consiste en su firme convicción socialista y comunista. En la medida en que Marx trató de dar una explicación de los cambios sociales, su pensamiento es de carácter sociológico. El problema es saber si la sociología de Marx es o no equivalente a una ciencia social objetiva –en el supuesto de que se admita la posibilidad de tal ciencia–. Quienes admiten que lo es subrayan el aspecto científico del marxismo. Quienes, como Korsch o Lukács, niegan que lo sea subrayan el carácter fundamentalmente «partidista» del marxismo, el cual no es entonces una sociología en sentido «ordinario», sino la filosofía social de la clase trabajadora. Pero ello plantea la cuestión de si es o no una ideología. Parece evidente que si lo es no puede ser una ideología como las otras, ya que se trataría entonces de una ideología destinada a, y capaz de, desenmascarar todas las demás ideologías. Pero si se admite que es una ideología, ello puede interpretarse todavía de varios modos. Algunos indican que es una ideología que desaparecerá tan pronto como se cumpla el proceso histórico mediante el cual se podrá dar el «salto hacia la libertad». Otros están de acuerdo en que está destinada a desaparecer, pero justamente ello no hace del marxismo una ideología ni por lo demás, una ciencia, sino una filosofía: la filosofía de la época presente por medio de la cual esta época se supera a sí misma.

Las conclusiones que se obtienen dependen en buena parte de los intereses intelectuales de los intérpretes. Autores como Vilfredo Pareto, Karl Mannheim y Max Weber han destacado los elementos sociológicos del marxismo. Autores como Lukács, Sartre y Marcuse han destacado sus elementos filosóficos –o, en algunos casos, los elementos ideológicos en el sentido *sui generis* de una ideología que bate a todas las ideologías–. Autores como Lenin o Mao Tse-tung –en formas muy distintas– han destacado los elementos políticos y político-filosóficos. Autores como Gramsci han destacado los elementos «sociales» –que, por lo demás, son interpretados como englobando aspectos políticos, económicos y culturales–. Autores como Michel Henry han subrayado en el marxismo elementos filosóficos que, en principio, parecen ser difíciles de reconciliar con la mayor parte de las interpretaciones. Autores como Ernest Mandel han prestado atención detallada al sistema económico de Marx, en tanto que éste puede servir para una reconstrucción de la teoría económica con los datos y los instrumentos metodológicos del presente. Por lo demás, Mandel toma, según escribe, «las enseñanzas económicas de Marx» como «síntesis de la totalidad del conocimiento humano», de modo que su reconstrucción de Marx es una teoría empírica con base filosófica.

(II) Es frecuente entender por 'marxismo' un grupo considerable de las ideas reseñadas en el apartado anterior más las aportaciones de Engels, no sólo en las obras en las que éste colaboró con Marx, sino también en obras propias, desde el llamado *Anti-*

Dühring hasta su libro sobre *La dialéctica de la Naturaleza*. Algunos autores estiman que Engels completó la obra de Marx; otros, que se desvió de ella. Al efecto se menciona el materialismo dialéctico (VÉASE) que Engels propugnó, junto al materialismo histórico, al cual «se limitó» Marx. En todo caso, ya sea por obra del propio Engels, ya por la de algunos intérpretes, se ha tomado a veces como 'marxismo' un cuerpo doctrinal más o menos unificado fundado a la vez en Marx y Engels.

Sería inadecuado equiparar esta forma de entender el marxismo con la «línea general» de la filosofía soviética, ya que ésta incluye una sistematización del leninismo y, por otro lado, excluye aspectos del pensamiento de Marx que no encajan dentro de ciertos marcos. Por otro lado, hay en la filosofía soviética elementos importantes de la forma de entender el marxismo a que nos referimos en el presente apartado.

Desde el punto de vista filosófico, el marxismo en cuanto sistematización de Marx y Engels sostiene que el ser prima sobre la conciencia. Ésta refleja el ser –o la realidad–, de modo que se formula una epistemología realista, no sólo contra todas las formas de idealismo, sino también contra todas las formas de fenomenismo. Como el ser, o realidad, de que se trata es la materia, se propugna un materialismo. No es el materialismo mecanicista, sino el materialismo dialéctico. Por habernos referido a éste en el artículo correspondiente nos limitaremos a subrayar aquí los puntos esenciales.

Se entiende que lo que se sigue llamando, de todos modos, «marxismo» constituye una inversión de Hegel, pero mientras se rechaza el contenido del pensamiento de este filósofo se adopta su método. Éste es aplicable a toda la realidad y, por lo pronto, a la realidad natural. La dialéctica de la Naturaleza se rige según leyes, de las cuales sobresalen tres, que, según algunos autores, son o las más fundamentales o las únicas: la ley de la transformación de la cantidad en cualidad; la ley de la unidad e interdependencia de los opuestos, y la ley de la negación de la negación. El marxismo en este sentido representa una especie de emergentismo naturalista y materialista. Las leyes dialécticas de referencia siguen un esquema que se ha atribuido a Hegel: el esquema de la tesis-antítesis-síntesis (VÉASE), es decir, de la tesis como afirmación, la antítesis como negación y la síntesis como negación de la negación. Las negaciones no son negaciones lógicas; sobre todo, la negación de la negación consiste en un movimiento de «absorción» o «superación». La totalización que era característica del método de Marx en su estudio de las sociedades, se convierte aquí en un concepto aplicable a la realidad entera.

La Naturaleza es concebida como una realidad material infinita en el espacio y en el tiempo; de esta realidad surgen los organismos, que siguen siendo materiales, y de los organismos surgen los procesos psíquicos, que están asimismo arraigados en la materia y son, en último término, materiales. El conocimiento tiene lugar por medio de órganos de los sentidos, que son materiales; conocer es, pues, un modo de relación de una «materia» con una «materia». La Naturaleza como realidad material se comprende asimismo de acuerdo con ciertas categorías fundamentales, entre las cuales destacan las de la necesidad y las de la interacción. Ahora bien, tanto esta necesidad como esta interacción tienen lugar no mecánicamente, sino, una vez más, dialécticamente. El puro mecanicismo es un fatalismo. El idealismo es un «contingentismo (radical)» injustificado. Sólo el materialismo dialéctico permite coordinar la necesidad con la voluntad.

Puede decirse que el marxismo de que hablamos ahora es un materialismo histórico suplementado por un materialismo dialéctico y, según algunos, fundado en un materialismo dialéctico. En cuanto materialismo histórico, este marxismo sustenta fundamentalmente las tesis de Marx descritas en la sección anterior.

(III) En el apartado anterior hemos bosquejado un cuerpo doctrinal que podría llamarse de Marx-Engels. Muchas variedades de marxismo, sea bajo forma filosófica o como conjunto de directivas de acción política, han tenido en cuenta dicho cuerpo doctrinal, introduciendo en él modificaciones más o menos profundas. Puede citarse al respecto el llamado «revisionismo» (VÉASE) de autores como Eduard Bernstein y el anti-revisionismo de Karl Kautsky. Autores como Lenin y Plejanov defendieron lo que consideraron la versión correcta del marxismo, pero sus convicciones políticas –«bolcheviques» en Lenin y durante un tiempo «mencheviques» en Plejanov– hicieron acentuar sus divergencias filosóficas. La versión más influyente del cuerpo doctrinal de Marx-Engels ha sido la de Lenin, pero aun ésta ha sido interpretada de modos distintos. Una interpretación ha dado origen al llamado «marxismo-leninismo» en la versión de la filosofía oficial soviética, la cual ha seguido la evolución política que llevó a la eliminación de la doctrina de la revolución permanente propugnada por Léon Trotsky y a la adopción de la «línea general» de carácter stalinista, con las modificaciones luego introducidas por el «deshielo» y el período post-stalinista. Otra interpretación ha dado origen a doctrinas filosófico-políticas no soviéticas, como las de Mao Tse-tung y Tito, y a otras políticamente pro-soviéticas, pero culturalmente independientes, como la de Fidel Castro. Otra interpretación es la de quienes, oponiéndose al marxismo-leninismo oficializado e institucionalizado, han justificado el marxismo leninista como la versión más adecuada del marxismo en la época del imperialismo. Estos autores han puesto de relieve que Lenin destacó el papel activo y revolucionario del proletariado, con lo cual se opuso a un determinismo histórico para el cual la revolución resulta, en último término, inevitable.

Además del de Lenin, los movimientos de interpretación y renovación del marxismo más interesantes han tenido lugar fuera del cuadro estricto de la filosofía oficial soviética. Es costumbre llamar a estos movimientos «marxismo no ortodoxo» o «marxismo heterodoxo» para distinguirlos del marxismo oficial soviético, calificado de «ortodoxo», pero los términos de referencia pueden prestarse a confusiones. Por una parte, no es necesario, ni cierto, que el marxismo oficial soviético sea más ortodoxo que los demás movimientos marxistas con respecto al pensamiento de Marx, o hasta con respecto al complejo «Marx-Engels», y a veces con respecto al propio «marxismo leninismo». Por otro lado, hay, inclusive dentro de la filosofía soviética, tendencias no estrictamente ortodoxas; al menos las hubo, antes del predominio completo de Stalin, con Trostky y Bujarin. Finalmente, el titulado «marxismo no ortodoxo» o «marxismo heterodoxo» incluye tal variedad de tendencias e interpretaciones que las palabras 'no ortodoxo' o 'heterodoxo' acaban por decir muy poco.

Si tomamos, sin embargo, 'no ortodoxo' como indicando simplemente que no sigue la filosofía oficial soviética, podemos incluir en el presente apartado prácticamente todas las más destacadas variantes del marxismo. Nos hemos referido ya a algunas de las políticamente más resonantes o de las que se desarrollaron coetáneamente con Lenin. A ellas hay que agregar muchas otras, especialmente las que se resumen bajo el nombre de «marxismo occidental». Hemos dedicado artículos a los autores más influyentes y originales, como Lukács, Gramsci y Bloch, y también a muy diversos autores de orientaciones considerablemente diversas: Kosik, Kolakowski, Korsch, Lefèbvre, Lucien Goldmann, Sartre, Althusser, etc. en nuestro *Diccionario de Filosofía*. Debe tenerse en cuenta asimismo el «austro-marxismo» de autores como Max Adler y los trabajos de los miembros de la «Escuela de Frankfurt», aun si algunos de ellos son marxistas de un modo bastante *sui generis:* Adorno, Horkheimer, Marcuse, Fromm, Habermas, a todos los cuales se han dedicado asimismo artículos especiales en nuestro *Diccionario de Filosofía*. Es difícil establecer una clasificación razonablemente aclaradora de orientaciones marxistas o paramarxistas. Cabe decir que mientras unos tratan de remontarse a un Marx «originario», otros tratan de adaptar el pensamiento de Marx (o el de Marx y Engels) a nuestra época; mientras unos destacan el aspecto «humanista» del marxismo, otros ponen de relieve su carácter científico; mientras unos se interesan por sus raíces hegelianas, otros tienden a olvidarlas casi por completo; mientras unos subrayan su carácter de teoría social, otros insisten en su aspecto de práctica revolucionaria. Algunos, ciertamente, tratan de aunar estos aspectos diversos, o cuando menos varios de ellos. Se ha hablado a veces de «marxismo vivo» y también de «neomarxismo» para caracterizar muchas de estas corrientes, pero aun si reducimos su número es difícil darles una característica tan general. La posibilidad de diversificación del marxismo a que aludimos al principio de este artículo queda confirmada por los últimos desarrollos; las disputas entre marxistas humanistas y marxistas estructuralistas es sólo una de las fases de la indicada diversidad.

Materialismo dialéctico. El materialismo dialéctico –expresión acuñada por Plejanov y abreviada *Diamant*– es una de las especies de materialismo. A veces se ha identificado 'materialismo dialéctico' con 'marxismo', pero, en razón de las muy variadas especies de marxismo (VÉASE), tal identificación es poco plausible. En todo caso, no se puede identificar el materialismo dialéctico con el pensamiento de Marx, aun si se tiene en cuenta que éste fue materialista, que su materialismo se opuso al materialismo mecanicista, que usó un tipo de pensamiento que en ocasiones exhibió una fuerte impronta dialéctica e inclusive que dio su aprobación a lo que luego fue considerada como una de las leyes dialécticas formuladas por el materialismo dialéctico, esto es, el paso de la cantidad a la cualidad según el modelo de la *Lógica* de Hegel. Sin embargo, nada de esto hace de Marx un materialista dialéctico en sentido estricto; el materialismo de Marx es, en cambio, un materialismo histórico (VÉASE).

La más simple e influyente formulación del materialismo dialéctico se halla en Engels, que creyó con ello no desviarse de Marx o, en todo caso, creyó completar a Marx. La formulación de Engels se ha incorporado al marxismo calificado de «ortodoxo», del cual hemos dado cuenta en MARXISMO (II). Esto no quiere decir que sólo los marxistas «ortodoxos» sean materialistas dialécticos. Es posible sostener el materialismo dialéctico dentro de formas de marxismo «no ortodoxo» –cuando menos no ortodoxo respecto al marxismo ortodoxo aludido–. Ello puede ocurrir de varios modos, entre los cuales sobresalen dos: como un intento de suplementar y sistematizar el marxismo en forma distinta del conglomerado hoy tradicional «Marx-Engels-Lenin», o «marxismo-leninismo»; o bien como una posibilidad para el futuro, cuando se haya «absorbido» por completo la razón analítica y positiva que se supone caracteriza aún las ciencias y éstas puedan constituirse dialécticamente, o materialística-dialécticamente.

Engels desarrolló el materialismo dialéctico en la obra *La transformación de las ciencias por el Sr. Dühring (Herrn Dühring Umwälzung der Wissenschaften*, 1878; publicada como una serie de artículos en *Vorwärts*, 1877), conocida con el nombre de *Anti-Dühring*, y también en una serie de manuscritos procedentes de 1873-1883 y publicados por vez primera en 1925 con el nombre *Dialektik der Natur* (hay posteriores ediciones, más fidedignas; trad. esp. con introducción por Manuel Sacristán). Aunque Engels se opuso al idealismo, incluyendo el idealismo de Hegel, encontró en este autor apoyo para una «filosofía de la Naturaleza» que descartara y superara el materialismo mecanicista, característico de gran parte de la física (mecánica) moderna y en particular de las interpretaciones filosóficas de la ciencia moderna que proliferaron en el siglo XIX por obra de Ludwig Büchner y otros autores. Este materialismo es, según Engels, superficial y no tiene en cuenta que los modelos mecánicos no se aplican a nuevos desarrollos científicos, tales como los habidos en química y en biología, y especialmente tal como se manifiestan en la teoría de la evolución de las especies. El materialismo «vulgar» mecanicista no tiene tampoco en cuenta el carácter práctico del conocimiento y el hecho de que las ciencias no son independientes de las condiciones sociales y de las posibilidades de revolucionar la sociedad. Mientras el materialismo mecanicista se apoya en la idea de que el mundo está compuesto de cosas y, en último término, de partículas materiales que se combinan entre sí de un modo «inerte», el materialismo dialéctico afirma que los fenómenos materiales son procesos. Hegel tuvo razón en insistir en el carácter global y dialéctico de los cambios en los procesos naturales, pero erró en hacer de estos cambios manifestaciones del «Espíritu». Hay que «invertir» la idea hegeliana y colocar en la base la materia en cuanto que se desarrolla dialécticamente. La dialéctica de la Naturaleza procede según las tres grandes leyes dialécticas: ley del paso de la cantidad a la cualidad, ley de la interpenetración de los contrarios (u opuestos) y ley de la negación de la negación. Negar que hay contradicciones en la Naturaleza es, según Engels, mantener una posición metafísica; lo cierto es que el movimiento mismo está lleno de contradicciones. Son contradicciones «objetivas» y no «subjetivas». Sin la constante lucha de los opuestos no pueden explicarse los cambios.

El carácter de lucha y oposición de contrarios es, según Engels, universal. Se manifiesta no sólo en la sociedad y en la Naturaleza, sino también en la matemática. La negación de la negación se manifiesta en que de un germen procede una planta que florece y muere, produciendo otro germen que vuelve a florecer. También se manifiesta en que la negación de una cantidad negativa da una positiva. El materialismo dialéctico no es, según Engels, contrario a los resultados de las ciencias; por el contrario, explica, justifica y sintetiza estos resultados. A despecho del ejemplo citado en la matemática se ha preguntado a menudo hasta qué punto las ciencias formales, y específicamente la lógica, son dialécticas y están sometidas a las leyes enunciadas por el materialismo dialéctico. Engels se expresó al respecto de un modo un tanto ambivalente, pues mientras las leyes de referencia tienen, a su entender, un alcance verdaderamente universal, por otro lado las leyes dialécticas mismas constituyen un elemento invariable. Puesto que la lógica misma es dialéctica, parece que no cabe preguntar si la propia lógica dialéctica es o no dialéctica; no parece que se pueda negar la lógica dialéctica por otra lógica no dialéctica. Por otro lado, la negación de la negación de esta lógica dialéctica daría una lógica dialéctica supuestamente «superior».

Si las leyes dialécticas abarcan una esfera de acción universal, han de afectar a todas las ciencias, incluidas las formales como es la lógica. Esto cabe entenderlo como que (1) las ciencias formales «contienen» leyes dialécticas –como la de negación de la negación–, luego la lógica dialéctica contiene leyes dialécticas y (2) la lógica dialéctica es dialéctica en sí misma, luego ha de ser negada (y superada) por otra lógica, si esta segunda lógica no es dialéctica, tendríamos que concluir que la denominada «lógica dialéctica» no abarca la dicha esfera universal, ya que no se aplica a sí misma.

Y de otra parte, si esta lógica sí fuese dialéctica, entonces habría que suponer una lógica dialéctica «superior», que a su vez debiera ser negada –y superada– por otra, con lo que todo el proceso de cuestiones se iniciaría de nuevo. En otras palabras, parece que si la lógica es universal, no es dialéctica, y si es dialéctica, no es universal. En la voz «dialéctica» nos hemos referido ya a este tema de la autonomía o heteronomía de la lógica formal respecto del materialismo dialéctico.

Muchos autores después de Engels han seguido a este autor en el camino del materialismo dialéctico, si bien han modificado éste de varios modos. Tal sucede con Lenin, con quien se inicia una tradición de materialismo dialéctico llamada «marxista-leninista». Lenin insistió menos que Engels en la noción de «materia» como realidad sometida a cambios de acuerdo con un proceso dialéctico, porque le interesaba más defender el realismo materialista contra el idealismo y el fenomenismo de los que seguían a autores como Mach y Avenarius. En *Materialismo y empiriocriticismo*, de 1909, Lenin equiparó la realidad material con la realidad del mundo real «externo», reflejado por la conciencia, la cual «copia» este mundo mediante las percepciones. Éstas no son símbolos o cifras, sino reflejos de «la realidad (material) misma». Esto no quiere decir que las percepciones, o las sensaciones, describan el mundo real físico tal como éste es. El verdadero conocimiento de este mundo es el conocimiento científico, pero la percepción no es incompatible con este conocimiento. El materialismo dialéctico y la epistemología «realista» y «científica» que lo acompaña es, según Lenin, la doctrina que debe adoptarse para luchar en favor del comunismo. Esto parece convertir el materialismo dialéctico en una ideología cuya verdad depende de la situación histórica. El materialismo dialéctico es, en suma, «partidista». Sin embargo, este partidismo no puede equipararse al de las ideologías no proletarias y no revolucionarias; si es una ideología, es una que contribuye a traer al mundo la «teoría verdadera», que es la que corresponde a la sociedad sin clases.

En las discusiones entre los materialistas dialécticos ha surgido con frecuencia el problema de si, y hasta qué punto, hay que destacar el aspecto materialista o el dialéctico. En escritos posteriores al citado antes, y especialmente en los *Cuadernos filosóficos*, Lenin parece haber subrayado considerablemente el aspecto dialéctico y, con ello, lo que interpretó como el verdadero método hegeliano, pero ello no equivale aún a dejar de lado el materialismo, sin el cual se desembocaría en un idealismo. Así, mientras la dialéctica en el materialismo dialéctico pone de relieve aspectos «idealistas» y «hegelianos», el materialismo en la misma doctrina pone de relieve, o puede terminar por poner excesivamente de relieve, aspectos puramente «mecanicistas» o «superficiales». El equilibrio entre dialéctica y materialismo en el materialismo dialéctico es por ello uno de los *desiderata* de muchos de los autores adheridos a esta tendencia. En ocasiones se ha procurado resolver el conflicto entre los dos componentes del materialismo dialéctico acentuándose los aspectos «prácticos». Así sucede, por ejemplo, con el maoísmo y con varias tendencias políticas más interesadas en la realización de un programa que en discutir las bases filosóficas subyacentes en el mismo.

Materialismo histórico. Lo que Engels llamó ya «concepción materialista de la historia», lo que Plejanov calificó de «materialismo histórico» (abreviado a veces *Hismat* en las lenguas que, como el ruso y el alemán, el adjetivo precede al nombre; a diferencia de *Diamant,* abreviatura de «materialismo dialéctico») es característico del pensamiento de Marx o, por lo menos, de una parte muy fundamental del mismo. Puede considerarse también como una característica básica del marxismo (VÉASE) en todas sus variantes, salvo aquellas que, por apartarse tanto del pensamiento de Marx, pueden apenas ser calificadas de «marxistas».

Es posible –y, según cierto número de autores, plausible– sostener el materialismo histórico sin sostener el materialismo dialéctico. En cambio, parece difícil, caso de que sea posible, adoptar el último sin abrazar el primero. Para algunos, además, el materialismo histórico está incluido en el dialéctico.

Consideraremos aquí el materialismo histórico como el método, o la doctrina, o ambas cosas a un tiempo, del marxismo, específicamente en la forma que corresponde al pensamiento de Marx.

Se ha discutido mucho si el materialismo histórico fue ya elaborado, o elaborado con suficiente plenitud, por el joven Marx, esto es, el Marx de los *Manuscritos económicos y filosóficos*, de 1844. Los autores que lo niegan hacen corresponder el materialismo histórico con el Marx «maduro», específicamente el de la *Crítica de la economía política*, de 1859, y el de *El Capital*, cuyo primer tomo se publicó en 1867. Los que lo afirman encuentran en el joven Marx trazas de materialismo histórico, aun si éste es expresado a menudo en formas más filosóficas, éticas y humanistas de lo que fue corrientemente en obras posteriores de Marx. Así, una exposición cabal del materialismo histórico debería tratar el problema de la continuidad o discontinuidad, o de los grados de una o de otra, en Marx, así como la cuestión del papel que los *Bosquejos de crítica de la economía política*, escritos en 1857-1858, generalmente citados como los *Grundrisse*, desempeñan en el cuadro total del pensamiento de Marx.

En cualquier caso, sería necesario presentar la evolución del materialismo histórico y averiguar, como lo ha hecho, entre otros, Mario Rossi, su «génesis». Pero como esto resultaría excesivamente largo y complejo en el marco de la presente obra, nos limitaremos a suponer que hay en el joven Marx por lo menos la génesis de un materialismo histórico. Dando esta génesis por supuesta y considerando que, en rigor, no podrían entenderse muchas de las tesis de *La miseria de la filosofía*, de 1847, de *La ideología alemana*, que procede del período de 1845-1846, y del *Manifiesto del Partido Comunista*, de 1848, sin una dosis considerable de materialismo histórico, puede éste atribuirse a Marx ya en época temprana. Como *La ideología alemana* y el *Manifiesto* son de Marx y Engels, hay que atribuir asimismo a Engels la idea del materialismo histórico, y algunos autores indican inclusive que Marx la abrazó espoleado por Engels. Pero atribuyéndose a Engels sobre todo el materialismo dialéctico, se puede por el momento, por mor de la simplificación, equiparar 'marxismo' con 'materialismo histórico'. A esta simplificación agregaremos otra, que consiste en bosquejar algunos puntos capitales del materialismo histórico en conjunto y sin tener en cuenta su evolución y sus variedades.

Una idea fundamental es la de la transformación del mundo material por medio del trabajo. Sobre todo en una sociedad como la capitalista, el trabajador enajena o aliena su trabajo, el cual se convierte en un producto susceptible

de compra y venta. Esto se debe al modo de producción de los medios de existencia y a las relaciones de producción. Entender estos modos y estas relaciones de producción es entender la formación de las sociedades. Así, el mundo material y lo que hacen los hombres con él constituyen las bases para entender la historia de los hombres como histori de las sociedades. En efecto, los cambios en las condiciones materiales de la existencia son el fundamento de los cambios sociales e históricos. Las demás actividades humanas y productos de estas actividades humanas, como las constituciones de los Estados, las leyes, los productos culturales, etc., se hallan subordinados a los modos de producción. Marx insiste en el carácter material de la existencia humana y de su relación con el mundo. En este sentido, se sostiene un materialismo, así como un naturalismo. Pero lo que interesa a Marx no es sólo la naturaleza humana, sino también, y sobre todo, lo que ésta hace con el mundo. La naturaleza humana es una abstracción; lo que ella hace con el mundo es una realidad concreta, que cambia y evoluciona. El materialismo es un método para entender la naturaleza humana en su carácter concreto histórico. Por eso no se trata de sentar leyes semejantes a las de las ciencias positivas de la Naturaleza, sino más bien de comprender los mecanismos de la formación de las sociedades y los cambios que tienen lugar en éstas. Estos cambios son de naturaleza dialéctica en el sentido de que en las sociedades se producen conflictos que se resuelven por medio de transformaciones fundamentales de la estructura. La dialéctica de que se hace uso en el método del materialismo histórico no es una dialéctica ontológica. No es tampoco una dialéctica de la conciencia o una dialéctica conceptual. Es una dialéctica real que permite entender que en la historia, en tanto que lucha de clases, hay negaciones de una clase por otra. Así, las relaciones de producción quedan oportunamente desfasadas con respecto a los modos. La clase dominante, que había impulsado los modos de producción, cae víctima de sus propias tensiones internas y contradicciones, para ceder el puesto a una clase desposeída y que va a tomar en sus manos los modos de producción. En cierto modo, la clase dominante se autoaniquila, pero no de un modo puramente mecánico; sin la actividad revolucionaria de la clase emergente no habría destrucción total de la clase hasta entonces poseedora, y la historia se estancaría.
En todo caso, la conciencia humana no determina la existencia

social, sino a la inversa. En el «Prefacio» a la *Crítica de la economía política*, Marx ha escrito que «en el curso de la producción social que emprenden los hombres, éstos se relacionan entre sí de modos definidos e independientes de su voluntad. Estas relaciones de producción corresponden a un estado definido del desarrollo de sus poderes materiales de producción. La suma de estas relaciones de producción constituye la estructura económica de la sociedad –el verdadero fundamento sobre el cual se edifican las superestructuras legales y políticas y al cual corresponden formas bien definidas de conciencia social–. El modo de producción en la vida material determina el carácter general de los procesos sociales, políticos y espirituales de la vida». El carácter básico de la producción material y social equivale a la afirmación de que los recursos disponibles, los productos obtenidos, los modos de obtenerlos y las relaciones de producción determinan las estructuras sociales y, con ellas, la historia de las sociedades. Ello ha llevado a algunos autores a sostener que, de acuerdo con el materialismo histórico, la economía es la base de la historia y de todas sus estructuras. Pero aunque es cierto que las relaciones económicas de producción son básicas, no lo son al modo de un sector de la realidad al cual se reduzcan todos los otros. Lo que más bien sucede es que en todas las actividades humanas están presentes los modos y relaciones de producción material. El materialismo histórico de Marx no es tanto un «economismo» como una concepción «globalista» de la sociedad en función de los modos y relaciones de producción. En este sentido, Marx ha sido fiel a su famosa proposición en la sexta tesis sobre Feuerbach según la cual el hombre es el conjunto de sus relaciones sociales.

Siendo una investigación de las estructuras sociales y de la historia humana, el materialismo histórico es un método que tiene un cierto número de supuestos en virtud de los cuales funciona. Acentuar excesivamente su carácter metodológico equivaldría a hacer del materialismo histórico un tipo de sociología positivista. Acentuar excesivamente sus supuestos equivaldría a convertirlo en una doctrina filosófica sobre la realidad humana. En el pensamiento de Marx, por lo menos, estos dos elementos –método, doctrina– se compensan mutuamente. Pero en todo caso, es propio del materialismo histórico proporcionar una explicación concreta de las formas fundamentales de las estructuras sociales humanas y de las condiciones y leyes que rigen sus cambios en el curso de la historia. Marx aplicó el método indicado, con los supuestos ya apuntados, al estudio de la formación de varias sociedades y en particular al estudio y crítica de la sociedad burguesa capitalista. Nos referimos a este punto en (I) del artículo Marxismo.

Mentalismo. Los psicólogos que han seguido las orientaciones del conductismo han calificado de «mentalismo» toda tendencia en psicología opuesta a la conductista. Esto incluye toda psicología que haga uso de nociones como «alma», «espíritu», «psique», «mente», «facultades mentales», «procesos mentales», etc., así como –desde el punto de vista metodológico– toda psicología que recurra a la introspección.

En cuanto se opone al conductismo, o también a cualquier reduccionismo neurofisiológico –que no es necesariamente equiparable al conductismo– toda la psicología «clásica», desde Aristóteles hasta Wundt, es «mentalista». Aun sin admitir la estricta equiparación entre mentalismo y dualismo cuerpo-alma, un ejemplo eminente de mentalismo es el dualismo cartesiano, según el cual el alma es una substancia cuyas propiedades son completamente distintas de las propiedades materiales, las cuales son reducibles a propiedades de la extensión. Pero también constituye ejemplo de mentalismo el espiritualismo de Berkeley. El mentalismo puede ser, pues, dualista o monista. El monismo mentalista se identifica a menudo con el idealismo.

También suele contraponerse el mentalismo al materialismo y al fisicalismo. Lo mismo que estos últimos, puede entenderse como una posición ontológica o como una posición epistemológica o, según ocurre a menudo, ambas a un tiempo.

Los lingüistas que han seguido la lingüística estructural norteamericana desde la obra de L. Bloomfield, *Language* (1933), han calificado asimismo de mentalismo la lingüística que no adopta métodos conductistas.

Contra la lingüística basada en, o asociada con, el conductismo, Chomsky ha defendido el «mentalismo», y se ha referido específicamente a Descartes y a otros racionalistas modernos como precedentes de sus propias ideas. El mentalismo de Chomsky no es, sin embargo, o no es necesariamente, una teoría *a priori* o el resultado de una especulación filosófica; se presenta como una hipótesis empírica relativa a la estructura de la mente humana en cuanto posee una gramática universal capaz de engendrar, una vez recibidos los estímulos y las informaciones pertinentes, un número infinito de oraciones en cualquier lenguaje –en el lenguaje que el niño aprende con relativa «facilidad» gracias a las reglas de la gramática universal y a los universales lingüísticos ínsitos en la mente.

Metafísica. Según una idea aún muy extendida, el término 'metafísica' fue el nombre dado por Andrónico de Rodas, en el siglo I a. de C., a la serie de libros de Aristóteles, ordenados por letras del alfabeto griego, que concernían a lo que el propio Aristóteles llamó «filosofía primera», πρώτη φιλοσοφία *(prima philosophia)*, «teología», θεολογία, o «sabiduría», σοφία. Como los libros en cuestión fueron colocados en la clasificación y publicación de obras del Estagirita detrás de los ocho libros de la *Física,* se los llamó τὰ μετὰ τὰ φυσικά, *ta metá tá physicá,* es decir, «los que están detrás de la física» o, más exactamente, «las cosas que están detrás de las cosas físicas».

Se estima por lo común que esta designación, que tuvo al principio una función meramente clasificatoria, resultó muy adecuada, porque con los estudios objeto de la «filosofía primera» se constituye un saber que aspira a penetrar «más allá de» o «detrás de» los estudios «físicos», esto es, de los estudios concernientes a «la Naturaleza», de modo que la metafísica es un saber que trasciende al saber físico o «natural».

La opinión vigente ha sido criticada por Hans Reiner en dos artículos: «Die Entstehung und ursprüngliche Bedeutung des Namens Metaphysik» *(Zeitschrift für philosophische Forschung,* 8 [1954], 210-37) y «Die Entstehung der Lehre vom bibliothekarischen Ursprung des Namens Metaphysik», *ibid.,* 9 [1955], 77-99). Que sepamos, de la critica de Reiner se ha hecho eco solamente Takatura Ando en su libro *Metaphysics: A Critical Survey of Its Meaning* (1963, 2.ª ed., aum., 1974).

Según Reiner, toda una serie de autores antiguos, como Alejandro de Afrodisia, Asclepio, Temistio y Simplicio, tenían clara conciencia de que la disposición y arreglo de los libros «metafísicos» era función de las distinciones apuntadas. Desde el punto de vista del orden de los principios, o lo que es primero por naturaleza, los libros metafísicos constituyen lo que Aristóteles llamó «filosofía primera». Son, pues, «anteriores». Pero desde el punto de vista del modo como conocemos, esto es, «para nosotros», dichos libros son posteriores a los físicos, y de ahí que sean, μετὰ τὰ φυσικά. Así, la «metafísica» viene «después de la física» en una forma más fundamental que el aparecer más o menos casualmente detrás de «los (libros) físicos» en un orden bibliotecario. En realidad, Andrónico de Rodas siguió a Eudemo –y, con ello, el propio «espíritu aristotélico»– al emplear el nombre 'metafísica', ya que 'filosofía primera', si bien más adecuado «en sí», es inadecuado en el orden de los conocimientos.

Al parecer, Franciscus Patricius (Francesco Patrizi) (1413-1494) fue uno de los primeros, si no el primero, en mantener el origen «bibliotecario» de 'metafísica' en sus *Discussiones peripateticae*, I. Una de las razones que le indujeron a sostener esta opinión es que la expresión μετὰ φυσικά es posterior a Aristóteles; si el Estagirita hubiese tenido una idea definida de la metafísica como saber que va «más allá de la física», habría adoptado este nombre, o alguno similar, en vez de hablar de «filosofía primera». Modernamente, la opinión sobre el carácter no estrictamente unitario de la «Metafísica» de Aristóteles y sobre el origen del nombre como designación de un orden secuencial en la edición de obras del Estagirita, se debe principalmente a Johann Gottlieb Buhle (1763-1821) en su obra *Ueber die Aechtheit der Metaphysik des Aristoteles* (1788). Estas opiniones fueron incorporadas en la edición (1793) por Fabricius de la *Bibliotheca Graeca*. Hans Reiner indica que la opinión vigente reseñada al principio y adoptada por eminentes conocedores de Aristóteles, como Bonitz, Brandis, Zeller en el siglo XIX, y Werner Jaeger, W. D. Ross, Octave Hamelin y Heidegger en el siglo XX, constituye una aceptación poco crítica de Buhle, que desconocía las interpretaciones griegas y los dos sentidos de *metaphysica*, como *post physica* y como *trans physica*, en la época medieval, a que nos referimos *infra*. Todo ello es tanto más sorprendente, apunta Reiner, cuanto que Kant, en unas lecciones sobre metafísica (ed. M. Heinze, 1894), había expresado dudas de que el término 'metafísica' tuviese un origen meramente «bibliotecario», ya que resultaba demasiado apropiado para atribuirlo a un azar.

Las opiniones de Reiner pueden ser, a su vez, criticadas por lo menos en dos puntos: dada la tendencia de Aristóteles a usar adjetivos que caracterizan un género de investigación, como ocurre con «lógico», λογική y «físico», φυσική, puede preguntarse si, de haber tenido una idea bien definida sobre el carácter de las investigaciones luego llamadas «metafísicas», no habría acuñado el correspondiente adjetivo, o habría dejado de vacilar en la adopción de nombres. Johann Gottlieb Buhle fue un seguidor de la filosofía kantiana, y, aunque esto no garantiza el adoptar las opiniones de Kant en todos los respectos, sorprende un tanto que fuera precisamente Buhle el originador de la opinión hoy vigente. A ello se puede agregar que el desconocimiento de las interpretaciones griegas y de los sentidos medievales puede ser imputado a Fabricio, pero es más difícil imputárselo a autores como Bonitz, Brandis, Zeller, Jaeger, Ross, etc. Sin embargo, hay en la tesis de Reiner puntos importantes.

En *An. post.* 71 b 33-72 a 5, Aristóteles estableció una distinción entre dos sentidos de 'anterior' y 'más conocido'. No es lo mismo lo que es anterior por naturaleza, φύσει, que lo que es anterior para nosotros, πρὸς ἡμᾶς, como no es lo mismo lo que es más conocido por naturaleza y lo que es más conocido para nosotros. Son anteriores y más conocidos para nosotros, según Aristóteles, los objetos más cercanos a la sensación, y son anteriores y más conocidos simplemente o absolutamente, ἁπλῶς, los objetos alejados de los sentidos. Las causas más universales son las más alejadas de los sentidos, aunque sean las más fundamentales en el orden real. Lo que es primero para nosotros, πρὸς ἡμᾶς, πρότερον, se opone a lo que es último para nosotros, πρὸς ἡμᾶς ὕστερον. Pero lo primero para nosotros es contrario a lo primero por naturaleza.

Según Aristóteles, «hay una ciencia que estudia el ser en tanto que ser, τὸ ὄν ᾗ ὄν, y lo que le pertenece en propio. Esta ciencia no se confunde con ninguna de las llamadas ciencias particulares, pues ninguna de ellas considera en general el ser, en tanto que ser sino únicamente una parte del mismo» *(Met.,* Γ, I, 10003 a 20). En cambio, esta ciencia investiga «los primeros principios y las causas más elevadas» *(op. cit.,* 1003 a 25). Merece por ello ser llamada «filosofía primera», πρώτη φιλοσοφία, a diferencia de toda «filosofía segunda», δευτέρα φιλοσοφία *(op. cit.,* 2, 1004 a 1). La filosofía, dice Aristóteles, tiene tantas partes como substancias hay: así, la parte que trata de la substancia natural es la «física»—una «filosofía segunda»–. Por encima de estas partes hay una ciencia en la cual se estudia lo que es en cuanto es y no ninguna especie o forma particular de este ser. Lo que es en cuanto es tiene ciertos principios, que son los «axiomas», y éstos se aplican a toda substancia como substancia y no a este o aquel tipo de substancia.

Desde que Aristóteles determinó el objeto de la «filosofía primera» y desde que se usó, además, el término 'metafísica' *(metaphysi-*

ca) como equivalente a 'filosofía primera' se han suscitado muchos problemas. Uno de ellos, del que trataremos a continuación, es el del objeto propio de «la metafísica». En el mismo Aristóteles hay una vacilación que va a determinar muchas de las discusiones posteriores al respecto. Por un lado, lo que llama «filosofía primera» (o la «metafísica»), al ocuparse del ser como ser, de sus determinaciones, principios, etc., se ocupa de «algo» que es, desde luego, superior, y hasta supremo, en el orden de «lo que es» y en el orden también de su conocimiento. Pero este «ser superior o supremo» puede entenderse de dos modos: o como estudio formal de lo que luego se llamarán «formalidades», en cuyo caso la metafísica será lo que se llamará luego «ontología», o bien como estudio de la substancia separada en inmóvil –el primer motor, Dios–, en cuyo caso será, como Aristóteles la llama «filosofía teológica», φιλοσοφία θεολογική, es decir, teología, θεολογία *(Met.,* E, 1, 1026 a 19).

Admítase o no los resultados de la investigación de Reiner a que nos referimos *supra,* parece que la *metaphysica* tuvo, desde (relativamente) pronto, dos sentidos: uno, «trasnatural», el de *post physica,* y el otro «sobrenatural», el de *trans physica*. El sentido primero se advierte en Domingo Gundisalvo, a base probablemente de Avicena (y Averroes). En su tratado *De divisione philosophiae* se dice que la metafísica es *post physicam, quia id es de eo, quod est post natura»*. El sentido segundo se halla difuso en varios autores. Los dos sentidos parecieron unirse en Pedro Fonseca, para quien la metafísica estudia a la vez las *post naturalia* y las *super naturalia*. Pero al mismo tiempo no se perdió nunca en el término 'metafísica' el sentido de una investigación formal, estrechamente relacionada con la lógica (aunque no identificable con ella), de temas tales como el ser (y la analogía o univocidad del ser), los trascendentales, la substancia, los modos, la esencia, la existencia, etc., todos los cuales han sido considerados tradicionalmente como «objetos» de la metafísica. El estudio de estos temas era considerado fundamental para establecer las bases de cualquier «filosofía segunda», pero era también considerado fundamental para la teología, cuando menos en cuanto «teología racional». A ello se debe que en algún momento empezara a usarse la expresión 'metafísica general', a diferencia de las ramas de esta metafísica general, una de las cuales era justamente la teología.

En todo caso, los escolásticos medievales se ocuparon con frecuencia de la cuestión del objeto propio de la metafísica. Y como el contenido de la teología estaba determinado primariamente por la revelación, se ocuparon asimismo a menudo de las relaciones entre metafísica y teología. Las opiniones sobre estos dos problemas fueron muchas.

Muchos escolásticos medievales consideraron que la metafísica es «la ciencia primera» y «la filosofía primera»: la *metaphysica* es una disertación *de ente*, sobre el ente. Santo Tomás escribió que la filosofía primera, *prima philosophia*, es «la ciencia de la verdad, no de cualquier verdad, sino de aquella verdad que es el origen de toda verdad, esto es, que pertenece al primer principio por el cual todas las cosas son. La verdad que pertenece a tal principio es, evidentemente, la fuente de toda verdad» *(Contra Gent.,* I, 1, 2). La filosofía primera, en cuanto que considera las causas primeras *(in quantum primas rerum causas considerat)* (1 *met. pr.)* tiene como objeto de estudio tales causas, si bien la causa primera real es Dios. La metafísica trata del ser, el cual es «convertible» con la verdad, pero siendo Dios la fuente de toda verdad, Dios es el objeto de la metafísica. Por otro lado, la metafísica es la ciencia del ser como ser y como substancia, *de ente sive de substantia*. En este sentido, no se «limita» a tratar del ser más real, *ens realissimum*; se ocupa del «ente en común y del primer ente, separado de la materia», *de ente in communi et de ente primo, quod est a materia separatum*. Parece entonces que se trata de dos ciencias distintas, pero es más bien dos modos de considerar la metafísica. En uno de ellos la metafísica tiene un contenido teológico, el cual no es dado por la propia metafísica, sino por la revelación. En el otro la metafísica es la ciencia del *ens*, ente, en tanto que es lo primero que «cae bajo el entendimiento». Aun entonces sigue estando subordinada a la teología –y, por tanto, a la revelación–, pero tiene su «razón propia». Ello es posible por el acuerdo fundamental que, según Santo Tomás, hay entre teología y filosofía (metafísica). Examinando en otro lugar la naturaleza de la metafísica, Santo Tomás escribe: «Hay, además, algunos objetos de ciencia independientes de la materia en su ser, pues o bien existen siempre sin materia –como Dios y las substancias espirituales– o se hallan a veces en la materia y a veces no –así, la substancia, la cualidad, la capacidad, la actualidad, la pluralidad, la unidad, etc.–. Tales objetos son tratados por la ciencia divina que tiene también el nombre de metafísica, esto es, más allá de la física, pues dado que tenemos nece-

sariamente que proceder de los objetos sensibles a los suprasensibles, tenemos que ocuparnos de ella después de la física. Se la llama asimismo filosofía primera, pues todas las demás ciencias la presuponen» (*Opusc.* XVI, Exposición, *De Trinitate*, vol. 1).
Según Duns Escoto, la metafísica es primaria y formalmente ciencia del ente en cuanto *ens communissimum*: es la *prima scientia scibiles primis* –«ciencia primera de lo primero cognoscible»– (*Quaest. in Met.*, VII, q. 4, 3). Para Duns Escoto, como antes para Avicena, la metafísica es previa a la teología, no porque el objeto de esta última se halla subordinado al objeto de la primera, sino porque, siendo la metafísica ciencia del ser, el conocimiento de este último es fundamento del conocimiento del ser infinito. Para Occam la metafísica no es propiamente ni ciencia ni ciencia de Dios ni ciencia del ser, pero ello es porque puede decirse de ella que tiene por objeto el ser como objeto primero con primado de atribución, y tiene por objeto Dios como objeto primero con primado de perfección.
Suárez (*Disp. met.*, 1) resumió y analizó casi todas las opiniones acerca de la metafísica propuestas por los escolásticos. Según Suárez, una primera opinión sostiene que el objeto total de la metafísica es el ente considerado en la mayor abstracción posible, en cuanto encierra no sólo la suma de entes reales, substanciales y accidentales, sino también en cuanto comprende los entes de razón. Una segunda opinión afirma que el objeto de la metafísica es el ente real en toda su extensión, considerado de tal modo que no incluya directamente a los entes de razón a causa de su carencia de entidad y de realidad. Otra opinión señala como único objeto de la metafísica a Dios como supremo ser real. Una cuarta opinión indica que la metafísica se ocupa de la substancia o ente inmaterial, comprendiendo en ellos exclusivamente a Dios y a las inteligencias. Existe asimismo una doctrina según la cual el objeto propio de dicha ciencia es el ente clasificado en los diez predicamentos, ya sea que las substancias inmateriales finitas y sus accidentes caigan dentro de las categorías y se excluya del objeto de la metafísica, aunque no totalmente, al ser sumo, ya sea que sólo resulte objeto del saber metafísico el ente divino en los diez predicamentos. Finalmente, hay la opinión según la cual el objeto de la metafísica es la substancia en cuanto substancia, es decir, en cuanto abstrae de lo material y de lo inmaterial, de lo finito y de lo infinito. Todas estas opiniones tie-

nen alguna justificación, pero a la vez son parciales. Resumiendo así una larga tradición escolástica, Suárez indica que la noción de metafísica no es tan amplia como algunos suponen ni tan poco extensa como otros admiten; la metafísica es, en suma, como la definieron Aristóteles y Santo Tomás, el estudio del ente en cuanto ente real, esto es, la ciencia del ser en cuanto ser, no concebido al modo del género supremo y, por lo tanto, bajo la especie de la mera abstracción total, sino concebido como aquel ser que, sobrepasando todo género, puede ser llamado con toda propiedad un *transcendens*. En principio: *ens est transcendens* es así, para Suárez, una fórmula capital de la metafísica, que es ciencia primera en el orden de los saberes y ciencia última en el orden de la enseñanza (o aprendizaje).

Durante la Época Moderna se mantuvieron muy diversas opiniones acerca de la metafísica, incluyendo la opinión de que no es una ciencia ni podrá serlo nunca. Francis Bacon consideraba que la metafísica es la ciencia de las causas formales y finales, a diferencia de la física, que es ciencia de las causas materiales y eficientes. Para Descartes la metafísica es una *prima philosophia* que trata de cuestiones como «la existencia de Dios y la distinción real entre el alma y el cuerpo del hombre». Característico de muchas de las meditaciones o reflexiones llamadas «metafísicas» en la Época Moderna es que en ellas se trata de dilucidar racionalmente problemas trans-físicos y que en esta dilucidación se comienza con la cuestión de la certidumbre y de las «primeras verdades» o con frecuencia de la «primera verdad». La metafísica es posible como ciencia cuando se apoya en una verdad indubitable y absolutamente cierta, por medio de la cual pueden alcanzarse las «verdades eternas». La metafísica sigue siendo en gran medida ciencia de «lo trascendente», pero esta trascendencia se apoya en muchos casos en la absoluta inmediatez e inmanencia del yo pensante.

Otros autores rechazaron la posibilidad del conocimiento metafísico y, en general, de toda realidad estimada trascendente. El caso más conocido en la Época Moderna es el de Hume. La distribución de todo conocimiento en conocimiento o de hechos o de «relaciones de ideas» deja sin base el conocimiento de cualquier objeto «metafísico»; no hay metafísica, porque no hay objeto de que tal pretendida ciencia pueda ocuparse. En otra línea de pensamiento, muchos autores trataron de «formalizar» la metafísica, queremos decir, de tratar las cuestiones metafísicas como cuestiones acerca de conceptos básicos tratados formalmente. Esto había sucedido ya entre los escolásticos y había continuado hasta Suárez, Fonseca y otros. Durante el siglo XVII y comienzos del siglo XVIII esta tendencia se fortaleció. Muchos autores se ocuparon de estudiar el objeto de la metafísica y de distinguir entre *metaphysica* y *logica*. Ambas disciplinas son, como escribe Johannes Clauberg *(Ontosophia* [1647], pág. 288), *disciplinae primae,* pero por su sujeto se hallan a una distancia infinita una de otra, ya que la metafísica lo sabe todo *(omnia scit)* y la lógica no sabe nada *(nihil scit).* Otros autores tendieron a establecer una distinción entre *metaphysica* y *ontologia*. Nos referimos a este punto en el artículo ONTOLOGÍA; señalemos aquí sólo que en la ontología se recoge el aspecto más formal de la metafísica. La ontología es concebida como una *philosophia prima* que se ocupa del ente en general. Por eso la ontología puede ser equiparada (como lo fue luego por autores que fundieron la tradición escolástica con la wolffiana) a una *metaphysica generalis*. Las dificultades que habían ofrecido muchas de las definiciones anteriores de 'metafísica' parecían desvanecerse en parte: la metafísica como ontología no era ciencia de ningún ente determinado, pero podía «dividirse» en ciertas «ramas» (como la teología, la cosmología y la psicología racionales) que se ocupaban de entes determinados, bien que en un sentido «muy general» y como principio de estudio de tales entes –esto es, en un sentido «metafísico».

La persistente y creciente tendencia de las «ciencias positivas» o «ciencias particulares» con respecto a la filosofía, y especialmente con respecto a la parte más «primera» de la filosofía, esto es, la metafísica, agudizó las cuestiones fundamentales que se habían planteado acerca de la metafísica, y en particular las dos cuestiones siguientes: (1) si la metafísica es posible (como ciencia); (2) de qué se ocupa. Central en la discusión de estos dos problemas es la filosofía de Kant. Este autor tomó en serio los embates de Hume contra la pretensión de alcanzar un saber racional y completo de la realidad, pero a la vez tomó en serio el problema de la posibilidad de una metafísica. En particular se interesó Kant por cómo es posible fundamentar la metafísica de un modo definitivo con el fin de que deje de ser lo que ha sido hasta ahora: un «tanteo» *(Herrumtappen).* La metafísica ha sido hasta ahora «una ciencia racional especulativa completamente aislada», basada únicamente en los conceptos y no, «como la matemática, en la aplicación de los conceptos a la intuición» *(K.r.V., B*, xiv). La metafísica ha sido hasta ahora «la arena de las discusiones sin fin»; edificada sobre el aire, no ha producido sino castillos de naipes. No puede, pues, continuarse por el mismo camino y seguir dando rienda suelta a las especulaciones sin fundamento. Por otro lado, no es posible simplemente adherirse al escepticismo: es menester fundar la metafísica para que «llegue a convertirse en ciencia», y a este efecto hay que proceder a una crítica de las limitaciones de la razón. La metafísica, en suma, debe someterse al tribunal de la crítica, a la cual nada escapa ni debe escapar. Kant niega, pues, la metafísica, pero con el fin de «fundarla». El modo como se lleva a cabo dentro del pensamiento de Kant esta fundamentación es complejo y no puede reseñarse aquí. Nos limitaremos a indicar que, por lo pronto, Kant muestra que no hay posibilidad de juicios sintéticos *a priori* en metafísica. De consiguiente, la metafísica no parece poder ser una «ciencia teórica» en ningún caso. De ahí el paso a la «razón práctica», en la cual parece darse la metafísica no como una ciencia, sino como una realidad moral. Pero esta posición no es tampoco satisfactoria si se quiere que la metafísica se convierta realmente en ciencia.

Parte de la obra de Kant, a partir de la *Crítica del Juicio*, puede comprenderse como un intento de responder a este desafío de la metafísica como ciencia.

Lo mismo que durante la Edad Media, la metafísica ha sido, pues, durante la Época Moderna (y luego a lo largo de la Contemporánea) uno de los grandes temas de debate filosófico. Y ello hasta tal punto que la mayor parte de las posiciones filosóficas desde Kant hasta la fecha pueden comprenderse en función de su actitud ante la filosofía primera. Las tendencias adscritas a lo que podríamos llamar la filosofía tradicional no han negado en ningún momento la posibilidad de la metafísica. Lo mismo ha ocurrido con el idealismo alemán, si bien el propio término 'metafísica' no haya recibido con frecuencia grandes honores. En cambio, desde el instante en que se acentuó la necesidad de atenerse a un saber positivo, la metafísica fue sometida a una constante crítica. En la filosofía de Comte esto es, desde luego, evidente: la metafísica es un modo de «conocer» propio de una «época de la humanidad», destinada a ser superada por la época positiva. Ahora bien, esta negación de la metafísica implicaba a veces la negación del mismo saber filosófico. Por este motivo surgieron a fines del siglo XIX y a comienzos del siglo XX varias tendencias antipositivistas que, aunque hostiles en principio a la metafísica, terminaron por aceptarla. El criticismo neokantiano es un ejemplo particularmente iluminador de esta posición. Pero lo es también el neocriticismo francés y, en particular, el llamado positivismo espiritualista. En todos estos movimientos la metafísica es con frecuencia revalorizada «desde dentro», es decir, desde el interior de un saber positivo. Lo mismo ocurre en Bergson. La rehabilitación bergsoniana de la metafísica no supone la adhesión al conocimiento racional de lo inteligible: supone precisamente la negación o limitación de este conocimiento y la posibilidad de una aprehensión intuitiva e inmediata de lo real, que la ciencia descompone y mecaniza. Algunos han negado la metafísica en el sentido tradicional y han reconocido, en cambio, la existencia de una aspiración metafísica insoslayable en el hombre. Tal ocurre con Dilthey y con todos los autores que de un modo o de otro tienden a transformar la metafísica en una «concepción del mundo», a la vez inevitable e indemostrable. En una dirección parecida, aunque en modo alguno idéntica, a la de Dilthey se ha movido Collingwood al considerar que el único modo de tratar la cuestión de la posibilidad de la metafísica es advertir que la metafísica debe tener conciencia de que es historia. Otros autores no se han ocupado explícitamente de la cuestión de la naturaleza y posibilidad de la metafísica, pero su pensamiento filosófico puede ser considerado como fundamentalmente metafísico –o así es considerado, por lo menos, por todas las tendencias explícitamente antimetafísicas–. Tal ocurre, por ejemplo, con el existencialismo y con todas las filosofías existenciales. Otros autores no han seguido, o han seguido muy poco, las tendencias tradicionales relativas a la naturaleza, finalidad o posibilidad de la metafísica, pero han desarrollado un pensamiento decididamente metafísico, en el cual la metafísica no es «ciencia primera» ni «ciencia del ente», sino «saber de la realidad radical». Tal ocurre con Ortega y Gasset, el cual podía afirmar que la metafísica no es propiamente una ciencia, porque es el saber dentro del cual se dan los demás saberes (sin que éstos, por lo demás, se deriven necesariamente de aquél, ya que no es lo mismo «basarse en» que «estar fundado o radicado en»). Un modo de considerar la metafísica en sentido distinto del tradicional o de muchos de los sentidos modernos es asimismo el de Heidegger; en efecto, el concepto de ser en Heidegger no es comparable, o no es comparable en muchos respectos, al concepto de ser «tradicional», por lo cual una «introducción a la metafísica» como «introducción al ser» no es lo mismo que una introducción a la ciencia del ente en cuanto tal.

Existencialismo, bergsonismo, actualismo y otras muchas corrientes del siglo XX son o de carácter declaradamente metafísico o reconocen que lo que se hace en filosofía primariamente es un pensar de algún modo «metafísico». En cambio, otras corrientes contemporáneas se han opuesto decididamente a la metafísica, considerándola como una pseudo-ciencia. Tal sucede con algunos pragmatistas, con los marxistas y, en particular, con los positivistas lógicos (neopositivistas) y muchos de los llamados «analistas». Común a los positivistas es el haber adoptado una posición sensiblemente análoga a la de Hume. A la posición de Hume han agregado consideraciones de carácter «lingüístico». Así, se ha mantenido que la metafísica surge únicamente como consecuencia de las ilusiones en que nos envuelve el lenguaje. Las proposiciones metafísicas no son ni verdaderas ni falsas: simplemente, carecen de sentido. La metafísica no es, pues, posible, porque no hay «lenguaje metafísico». La metafísica es, en suma, «un abuso del lenguaje».

En los últimos años ha podido advertirse que inclusive dentro de las corrientes positivistas y «analíticas» se han suscitado cuestiones que pueden ser consideradas como metafísicas, o bien se ha atenuado el rigor contra la posibilidad de toda metafísica. Algunos (Charles Morris) admiten la metafísica en tanto que una forma de «discurso»: el «discurso metafísico», el cual es parecido al lógico o al gramatical, pero, a diferencia de ellos, posee un tipo «formativo». Sin embargo, la noción de verdad (o falsedad) no puede aplicarse a tal «discurso», que tiene por finalidad organizar la conducta humana. Otros (Bertrand Russell) han dicho que «el completo agnosticismo metafísico no es compatible con el mantenimiento de proposiciones lingüísticas». Einstein declaró una vez que «el miedo a la metafísica» es una «enfermedad de la actual filosofía empírica», enfermedad que es sólo «el contrapeso a aquel anterior filosofar en las nubes que creía poder deshacerse de lo dado a los sentidos y prescindir de él». Otros han distinguido entre una «buena metafísica» y una «mala metafísica». Así, N. Hartmann ha distinguido entre ontología especulativa y ontología crítica. Esta distinción puede aplicarse a la metafísica. Según ella, la metafísica especulativa es la metafísica constructiva, más inclinada a edificar sistemas que a examinar los supuestos e implicaciones de los conceptos usados. La metafísica crítica, en cambio, es fundamentalmente un análisis lógico. P. F. Strawson ha distinguido entre una metafísica revisionaria y una metafísica descriptiva. La metafísica revisionaria (cultivada, bien que no sin consideraciones de tipo descriptivo, por Descartes, Leibniz y Berkeley, entre otros) es la que se propone erigir la mejor estructura conceptual posible para la comprensión y explicación de lo real y de sus diversas formas. La metafísica descriptiva (cultivada, aunque no sin intenciones de tipo revisionario, por Aristóteles y Kant, entre otros) es la que describe «la estructura efectiva de nuestro pensamiento acerca del mundo». Según Strawson, la metafísica revisionaria crea productos conceptuales de interés permanente, pero se halla al servicio de la metafísica descriptiva. Esta última es parecida al «análisis conceptual» en el sentido de la Escuela de Oxford, si bien difiere de él por su alcance y generalidad. Mario Bunge ha indicado que la metafísica es legítima si cumple con ciertas condiciones de rigor y está estrechamente vinculada a la ciencia, pero la metafísica rigurosa no es suficiente; ha de ser asimismo exacta. Se ha hablado asimismo (N. Rescher) de metafísica taxonómica, metafísica arquitectónica y metafísica evaluativa. Algunos autores han indicado que es admisible un análisis metafísico o una metafísica analítica. Ninguna de estas concepciones de la metafísica admitiría la famosa frase (o *boutade*) de Bradley: «la metafísica es el hallazgo de malas razones para lo que creemos por instinto, pero el encontrar estas razones no es ya un instinto», porque alegaría que si las razones son malas la metafísica ha de serlo asimismo.

La oposición a la metafísica, lo mismo que el reconocimiento de la legitimidad o interés de la metafísica dicen muy poco acerca de lo que se entiende en cada caso por 'metafísica'. En efecto, un autor como Carnap se ha opuesto generalmente a la metafísica. Lo mismo ha hecho un autor como Heidegger. Pero las tendencias filosóficas de cada uno de estos autores son tan distintas que puede dudarse que lo que cada uno entiende por 'metafísica' sea lo mismo. Y si por acaso ambos entienden por 'metafísica' lo mismo –por ejemplo, la «tradición metafísica occidental»–, se sitúan respecto a ella en posiciones muy diferentes; las razones del rechazo de tal tradición en Heidegger son apenas comparables con las razones del rechazo de la misma tradición en Carnap. Cuando ciertos autores de tendencia analítica hablan de metafísica, no entienden por ella lo mismo que autores de otras tendencias. Es posible estar de acuerdo con la crítica de la metafísica (racional) por Kant y al mismo tiempo elaborar tesis metafísicas. Es asimismo posible, y bastante frecuente, estar de acuerdo con el modo de hacer metafísica (o «filosofía primera») de Aristóteles sin por ello seguir en casi ningún punto las metafísicas escolásticas. Afirmar que la metafísica (o, en puridad, la ontología) se ocupa de los rasgos más generales de la realidad no lleva necesariamente a elaborar metafísicas de carácter predominantemente especulativo; una metafísica del tipo sugerido puede ser científica. Por otro lado, hay tipos de pensamiento que se declaran a sí mismos metafísicos y que no son analíticos o científicos, pero no son tampoco especulativos en el sentido peyorativo de esta palabra.

En vista de la variedad de opiniones sobre la metafísica, es casi obvio que no hay nada que pueda llamarse «*la* metafísica». Hay modos de pensar filosóficos muy diversos que conllevan diversos tipos de metafísicas, a menudo incompatibles entre sí. Parece razonable entonces o abstenerse de discutir acerca de si es legítima o no «la» metafísica, o eliminar en lo posible esta palabra del vocabulario filosófico. Lo que se haga entonces filosóficamente será lo que importa, no si se llama o no «metafísica».

Misología. En el *Fedón* (89 D), Platón hace decir a Sócrates que hay que evitar convertirse en «misólogos», μισόλογοι, esto es, en gentes que odian la razón (de μισέω = odiar). Hay gentes que llegan a ser misólogos como las hay que llegan a ser «misántropos», odiadores de hombres. La misantropía, dice Platón por boca de Sócrates, se origina en el hecho de haberse depositado entera confianza en una persona sin conocerla. Cuando luego se descubre que es una persona desleal, uno se da cuenta que no es el «mismo hombre». La repetición de esta experiencia da lugar a la misantropía, μισανθρωπία. Cosa semejante ocurre con los razonamientos. Cuando no se juzga rectamente se originan juicios errados. Si ello se repite con frecuencia se odian todos los razonamientos y de este modo surge la misología, μισολογία.

En la *Fundamentación de la metafísica de las costumbres* (*Grundlegung zur Metaphysik der Sitten*. Erster Abschnitt, ed. de la Akademie, 395), Kant introduce el término *Misologie*. Afirma al efecto que «cuanto más se consagra una razón cultivada a la intención de gozar la vida y conseguir la felicidad, tanto menos satisfecho se halla el hombre, por lo cual en muchos, y, en rigor, en quienes se da mayor experiencia en su uso, se da el caso de que, con tal que sean lo suficientemente honestos consigo mismos, experimentan un cierto grado de *misología,* es decir, de odio a la razón» *(Hass der Vernunft).* Ello ocurre, prosigue Kant, cuando ciertos hombres se dan cuenta de que las ventajas que les aportan las ciencias y no digamos los lujos (pudiendo considerarse las ciencias como un lujo del entendimiento) no compensan los problemas que engendran, de modo que piensan que con ello no se gana nada en felicidad. Estos hombres acaban por envidiar a la gente sencilla y corriente en quienes la razón no guía (o no parece guiar) la conducta. Pero aunque la razón no puede, según Kant, guiar la voluntad respecto a sus objetos, de suerte que parece que sería mejor en este sentido dejarse conducir por los instintos, la verdad es que la razón nos es dada como una «facultad práctica» *(praktisches Vermögen),* es decir, una facultad que tiene que tener influencia sobre la voluntad.

Mito. Se llama «mito» a un relato de algo fabuloso que se supone acontecido en un pasado remoto y casi siempre impreciso. Los mitos pueden referirse a grandes hechos heroicos (en el sentido griego de 'heroicos') que con frecuencia son considerados como el fundamento y el comienzo de la historia de una comunidad o del género humano en general. Pueden tener como contenido fenómenos naturales, en cuyo caso suelen ser presentados en forma alegórica (como ocurre con «los mitos solares»). Muy a menudo los mitos comportan la personificación de cosas o acontecimientos. Puede creerse de buena fe, y hasta literalmente, en el contenido de un mito, o tomarlo como relato alegórico, o desecharlo alegando que todo lo mítico es falso.

Cuando el mito es tomado alegóricamente, se convierte en un relato que tiene dos aspectos, ambos igualmente necesarios: lo ficticio y lo real. Lo ficticio consiste en que, de hecho, no ha ocurrido lo que dice el relato mítico. Lo real consiste en que de algún modo lo que dice el relato mítico responde a la realidad. El mito es como un relato de lo que podría haber ocurrido si la realidad coincidiera con el paradigma de la realidad.

Los presocráticos consideraron el mito de un modo ambivalente. Por un lado, descartaron el *mythos* en nombre del *logos.* Por otro lado, hicieron crecer este *logos* sobre el suelo de un previo *mythos.* Lo más frecuente fue entrelazar los dos, cuando menos en el lenguaje. Los sofistas, en cambio, tendieron a separar el mito de la razón, pero no siempre para sacrificar enteramente el primero, pues con frecuencia admitieron la narración mitológica como envoltura de la verdad filosófica. Esta concepción fue retomada por Platón, especialmente en tanto que consideró el mito como un modo de expresar ciertas verdades que escapan al razonamiento. En este sentido, el mito no puede ser eliminado de la filosofía platónica, pues, como indica Victor Brochard, desaparecerían entonces de ella la doctrina del mundo, del alma y de Dios, así como parte de la teoría de las ideas. El mito es, pues, para Platón, con frecuencia algo más que una opinión probable. Pero a la vez el mito aparece en Platón como un modo de expresar el reino del devenir.

Varios autores neoplatónicos trataron de la cuestión de la naturaleza y clases de mitos, así como de la justificación (filosófica) del carácter divino de los mitos. Así, el filósofo neoplatónico Salustio consideraba, en su tratado *Sobre los dioses y sobre el mundo* (Περὶ θεῶν καὶ κόσμου), que los mitos pueden representar a los dioses y las operaciones efectuadas por los dioses en el mundo.

En la Antigüedad y en la Edad Media se prestó particular atención al contenido mismo de los mitos y a su poder explicativo. Desde el Renacimiento se abrió paso un problema que, aunque ya tratado en la Antigüedad, había quedado un poco a trasmano: el problema de la realidad, y, de consiguiente, el problema de la verdad, o grado de verdad, de los mitos. En la medida en que múltiples tendencias escépticas mordieron sobre no pocas creencias, mordieron asimismo sobre los mitos. No pocos autores modernos se negaron a considerar los mitos como dignos de mención; la «verdadera historia», proclamaron, no tiene nada de mítico. Por eso el historiador debe depurar la historia de mitos y leyendas.

Dos autores modernos dieron gran importancia al fenómeno del mito y de los mitos: Vico y Schelling. Vico fundamentó epistemológicamente la actitud antes reseñada de que el mito es «una verdad histórica»; en efecto, el mito es para Vico un modo de pensar que tiene sus propias características y que condiciona, o por lo menos expresa, ciertas formas de vida humana básicas. Vico identificó el modo de pensar mítico con el modo de pensar «poético» *(Scienza Nuova*, VI). Schelling estimó que la mitología es una forma de pensamiento que representa uno de los modos como se revela el Absoluto en el proceso histórico: el mito es, por tanto, revelación divina *(Philosophie der Mythologie, passim)*. La noción de mito y el hecho de que el hombre haya fabricado, y siga fabricando, mitos ha suscitado interés entre varios filósofos contemporáneos, así como entre sociólogos y lingüistas interesados en una interpretación general del mito. Ernst Cassirer ha considerado que el mito no es objeto únicamente de investigaciones empírico-descriptivas ni es tampoco una manifestación histórica de algo «absoluto». Aunque son necesarias las investigaciones y descripciones empíricas, éstas se hallan enmarcadas por la idea del mito como modo de ser o forma de la conciencia: la «conciencia mítica», la cual explica la persistencia, reiteración y estructura similar de muchos mitos. Según dicho autor, hay un principio de formación de los mitos que hace que éstos sean algo más que un conjunto accidental de imaginaciones y fabulaciones. La formación de mitos obedece a una especie de necesidad inherente a la cultura, de modo que los mitos pueden considerarse como supuestos culturales.

Lévi-Strauss reconoce que un mito cambia en el curso de una historia, produciéndose numerosas variantes, y hasta que ciertos cambios en la estructura del mito pueden hacer que se desintegre, o que se convierta en otro mito. Sin embargo, dentro de cierto ámbito de variantes, un mito posee una estructura independiente inclusive de sus contenidos específicos, es decir, de los tipos de entidades a las que el mito se refiere, o acerca de las cuales introduce sus narraciones. Fundamental en el mito es un sistema de oposiciones o «dualidades». Los elementos básicos de que se compone son los llamados «mitemas», los cuales se combinan en distintos niveles hasta constituir un sistema. Aunque los mitos no son estructuras lógicas, su constitución, desarrollo y transformación están sometidas a reglas operacionales que pueden expresarse lógicamente. No hay, por lo demás, análisis estructural de un solo mito, sino siempre de grupos de mitos. Lévi-Strauss rechaza las interpretaciones de los mitos como explicaciones de fenómenos naturales, como expresiones de actitudes psíquicas y hasta como formas simbólicas. Aunque hay relaciones entre mitos y realidades sociales, no son relaciones causales. En último término, las estructuras míticas son estructuras «innatas» de la mente, es decir, conjuntos de disposiciones con reglas propias.

Para Rudolf Bultmann, el mito no es un modo de hablar más o menos oblicua o analógicamente acerca de lo divino. Bultmann llama «mito» a un tipo de discurso sobre lo divino usando los conceptos que no corresponden a él. Así, es mítico hablar de lo divino en términos científicos. Lo es asimismo hablar de él en términos históricos. Por ello, Bultmann ha propuesto y desarrollado el programa de lo que ha llamado «desmitificación» o «desmitologización».

Modelo. El término 'modelo' puede ser empleado en diversos sentidos.

Metafísicamente, 'modelo' puede designar el modo de ser de ciertas realidades, o supuestas realidades, del tipo de las ideas o formas platónicas. Estas ideas o formas son, en efecto, paradigmas y, por consiguiente, modelos de todo lo que es en la medida en que es. Siendo el modelo de una realidad equivalente a esta realidad en su estado de perfección, el modelo es aquello a que tiende toda realidad para ser lo que es, es decir, para ser plenamente sí misma en vez de ser una sombra, copia, disminución o desviación de lo que es. En este sentido 'modelo' equivale a 'realidad como tal'. Modelo en este respecto es también el «primer motor» y, en general, todo ser cuyo modo de «moverse» consiste en «mover (por atracción) todo lo demás».

Estéticamente, 'modelo' es un vocablo empleado en varios contextos y con diversos propósitos. Por un lado, el modelo estético puede ser equiparado a lo que el artista intenta (estéticamente) reproducir. Por el otro, puede ser equiparado a lo que el artista tiene en su mente como un ideal al cual trata de acercarse lo más posible. Finalmente, puede ser equiparado a un valor o serie de valores, objetivos o supuestamente objetivos, que serían los modelos últimos de toda realización estética.

Éticamente –y también «vitalmente» y, en general, «humanamente»–, 'modelo' designa aquella persona que por su comportamiento y hasta simplemente por su modo de ser lo que es –por su propio ser– ejerce una atracción sobre otras personas. La noción de modelo en este sentido ha sido tratada por varios autores, entre los que destacan Nietzsche, Bergson y Scheler, y especialmente los dos últimos. Bergson habla de «la llamada» del héroe, del santo y, en general, de «la personalidad moral». Estos «modelos» no ejercen presión sobre sus semejantes; su modo de actuar es más bien el que se deriva de ser personalidades hacia las cuales se *aspira* –y que se aspira a imitar–. Por eso los modelos pertenecen a las sociedades abiertas. Scheler distingue entre «modelos» *(Vorbilder)* y «jefes» *(Führer)*. El modelo no necesita querer ser modelo y ni siquiera saber que lo es; el jefe, en cambio, quiere serlo y sabe lo que es. La relación entre el modelo y los imitadores no es consciente; la que hay entre jefe y sus subordinados es consciente. Los modelos pueden ser muy varios: puede tratarse de una persona presente; de una personalidad del pasado, y hasta de un personaje creado por un poeta. Los modelos requieren de sus imitadores o seguidores un modo de ser, un estado de ánimo o talante y no (como los jefes de sus subordinados) una actividad.

Epistemológicamente, la noción de modelo ha sido, a su vez, empleada en varios otros sentidos.

Se ha hablado a veces (vagamente) de modelo como de un modo de explicación de la realidad, y especialmente de la realidad física. Por ejemplo, se ha hablado de «modelo mecánico» equivalente al mecanicismo y se ha considerado que autores como Galileo y Newton han seguido este modelo. Es posible que este fuese el sentido en el que lord Kelvin indicó que sólo podía entenderse una clase de procesos físicos cuando se podía presentar un «modelo mecánico» de los mismos. La cuestión se planteó entonces acerca de si podían o no presentarse «modelos mecánicos» en áreas como la teoría del campo electromagnético.

Se ha hablado asimismo de modelo como de alguna forma de representación de alguna realidad o serie de realidades, de algún proceso o serie de procesos, etc. Ejemplo de un modelo puede ser un dibujo, un plano, una maqueta, etc. A veces se ha dicho que un modelo es equivalente a una teoría. A veces se ha indicado que hay diferencias entre modelo y teoría; y a veces se ha sugerido que una teoría puede tener diversos modelos o puede «modelarse» de varios modos.

Un modo muy común de entender 'modelo' es tomar como modelo un sistema que sirva para entender otro sistema, como cuando se toma el paso de un fluido por un canal como modelo de tráfico. En este caso, el sistema que se toma como modelo tiene un valor heurístico.

Otro modo de entender 'modelo' es tomar como tal un sistema del cual se trate de presentar una teoría. El modelo es entonces la realidad –efectiva o supuesta– que la teoría trata de explicar. Puede haber varias teorías para un modelo y discutirse qué teoría explica más satisfactoriamente el modelo. Puede haber asimismo una teoría para la cual se busque un modelo, así como una teoría que, habiendo resultado satisfactoria en la explicación de un modelo, sea capaz de aplicarse a otros modelos.

Monismo. Según hemos indicado en el artículo DUALISMO, Wolff fue el primero en usar el término 'monista' *(Monist)* para referirse a los filósofos que no admiten más que una sola substancia *(Psychologia rationalis,* 1734, § 34). Como indica Eucken (tanto en *Die geistige Strömungen der Gegenwart,* 1904, C 1, como en *Geschichte der philosophischen Terminologie,* 1879, reimp., 1960, pág. 132), al hablar de una sola substancia Wolff se refería no necesariamente a una *substancia,* sino más bien a una substancia *una.* Como ejemplos de monistas en este sentido se suele mencionar a Parménides y a Spinoza. Sin embargo, pueden considerarse –y suelen con más frecuencia considerarse– como monistas los que sostienen que hay una sola especie de substancia, o de realidad, independientemente del número de realidades que haya. Así se dice que son monistas los que afirman que aunque haya muchas cosas, todas ellas son materiales. El primer tipo de monismo puede llamarse «monismo cuantitativo»; el segundo, «monismo cualitativo».

Parece evidente que el monismo cuantitativo presupone un monismo cualitativo, pues decir que hay una sola cosa equivale a decir que hay una sola especie de realidad.

El monismo cualitativo, según el cual hay una pluralidad de cosas (por lo menos dos), no presupone un monismo cuantitativo, por razones simplemente estipulativas: se afirma, en efecto, que hay un solo tipo de realidad, pero que hay muchas cosas, todas las cuales son del mismo tipo.

En general, el término 'monismo' se usa para designar doctrinas según las cuales hay un solo tipo de substancia o realidad. Como equiparar un tipo de substancia o realidad a lo que la caracteriza, es decir, a sus predicados, es poco fructuoso, el monismo cualitativo de referencia va unido a un «pluralismo predicativo».

Wolff indicaba que los monistas y los dualistas son ambos dogmáticos (a diferencia de los escépticos). Los monistas pueden ser a su vez idealistas («espiritualistas») o materialistas. En todos los casos, la doctrina que se contrapone al monismo es el dualismo; solamente se contrapone al pluralismo cuando se afirma que hay un solo tipo de substancia y hay, además, solamente una substancia.

Es característico del monismo en cualquiera de sus especies reducir cualquier substancia a la que se estima como única existente, declarando que o bien no existe o bien es únicamente una mera apariencia de la substancia, o del tipo de substancia, existente. El monismo es, pues, «reduccionista».

El monismo puede ser gnoseológico o metafísico o ambas cosas a un tiempo. Cuando es solamente gnoseológico, la realidad a la cual el monista reduce cualquier «otra» es o bien el sujeto (en el idealismo) o bien el objeto (en el realismo [gnoseológico]). Cuando es solamente metafísico, las realidades que se han solido considerar como «tipo único de realidad» o como «única realidad» son las ya citadas de materia o espíritu, pero pueden ser otras –por ejemplo, una realidad que se suponga estar más allá, o más acá, de la materia y del espíritu–. Pueden clasificarse también las doctrinas monistas, como ha hecho Nicolai Hartmann, en «monismo místico» y en «monismo panteísta». El primero es representado en parte ya por Parménides, cuya fórmula de la identidad del ser con el pensar ha predeterminado el curso ulterior de la mayor parte de las doctrinas monistas. El principal y más caracterizado representante del monismo místico es Plotino, cuya noción de «lo Uno» constituye el principio que da lugar a la oposición del sujeto y del objeto mediante el proceso de sus emanaciones. Representante del monismo panteísta es, en cambio, Spinoza, que soluciona el problema del dualismo *cuerpo-alma* planteado por el cartesianismo por medio de la noción de la substancia infinita, en cuyo seno se hallan los atributos con sus infinitos modos. La reducción de todo ser a la causa inmanente de las cosas convierte este tipo de monismo en un monismo a la vez gnoseológico y metafísico, que resuelve tanto el problema de la relación entre las substancias pensante y extensa como la cuestión de la unidad última, de la existencia absolutamente independiente sin hacer de ella algo trascendente al mundo. En la misma línea se halla también Schelling, en cuyo sistema desempeña la absoluta indiferencia de sujeto y objeto el punto de coincidencia de todas las dualidades, de la Naturaleza y del Espíritu, que se presentan alternativamente como sujeto o como objeto, no obstante su última y esencial identidad.

En la Época Moderna el monismo ha surgido a veces como un espiritualismo que no niega la Naturaleza ni el mecanismo a que está sometida, pero que la engloba en la unidad más amplia de una teleología. La tendencia materialista y naturalista ha privado, sin embargo, en el monismo actual sobre la espiritualista. Esa tendencia ha sido defendida ante todo por diversos representantes de la ciencia natural y, en particular, por Ernst Haeckel, quien designa su punto de vista como un monismo naturalista.

La solución de toda dualidad es resuelta en este caso mediante la afirmación de la materia como única realidad, pero a la vez como la atribución a la materia de las categorías del espíritu. Este tipo de monismo puede designarse con el nombre de monismo hilozoísta, pues el problema de la actividad, de la fuerza, de la energía y aun del espíritu es solucionado por medio de la consideración de la materia como algo vivo y dinámico, como el principio de todas las propiedades. Por eso Ostwald ha concebido como realidad única, no la materia, sino la energía, de la cual deriva toda pasividad ulterior. El monismo naturalista ha sido convertido por sus representantes en un monismo idealista, pues en él se considera que la materia experimenta un proceso de continua elevación hacia la conciencia de sí misma hasta llegar al autoconocimiento. En el devenir de la materia se forma, según este monismo, la propia divinidad.

El monismo ha sido defendido asimismo por diversas de las corrientes afines al empiriocriticismo y a la filosofía de la inmanencia. Se trata en este caso de un «monismo neutralista» que niega la diferencia entre lo físico y lo psíquico, y que, por lo general, analiza el significado de ambos términos dentro del marco de una descripción neutral de los fenómenos, de suerte que en la mayor parte de los casos no puede decirse que sea una doctrina monista *stricto sensu*. Algunos autores situados en la mencionada tendencia se inclinan, sin embargo, hacia un monismo explícito. Esto ocurre sobre todo con el llamado «monismo primario» de Rudolf Willy, como en tantos otros partidarios de Avenarius. Es también, y especialmente, el caso de Bruno Wille, cuyas doctrinas son a veces afines a las de Mach, pero que más propiamente ha sido influido por Fechner. Wille defiende un «cristianismo monista» y un «monismo fáustico» de carácter notoriamente pampsiquista. Hay que mencionar asimismo el movimiento monista defendido en los Estados Unidos por Paul Carus.

Eucken *(op. cit. supra)* señaló que durante un tiempo fue común llamar «monistas» a los que seguían las doctrinas de Hegel. También han sido calificados de «monistas» todos los que han identificado la realidad con algún Absoluto que se despliega o manifiesta, ya sea como sujeto y objeto, ya como materia y espíritu, etc. Un ejemplo típico de monismo es el de la doctrina de Bradley. En ésta aparece muy claramente una característica fundamental del dualismo metafísico, si se quiere, lógico-metafísico: el de la llamada «doctrina de las relaciones internas». En efecto, para todo monismo, cuando menos del tipo del de Bradley, ninguna relación –de espacio, tiempo, causalidad, etc.– puede ser exterior a ninguna realidad; si tal fuera, tendríamos entonces que sostener la existencia de realidades «independientes». Las relaciones tienen que ser internas a la realidad considerada, es decir, constituir esta realidad como tal. De este modo ninguna «realidad» es independiente, sino que está relacionada o integrada con el Todo, que es a la postre la única realidad. Cualquier enunciado sobre cualquier cosa es imposible (o parcial) a menos de referirse al Todo. De ahí que en este tipo de monismo solamente pueda hablarse de verdad como un todo, según había ya propuesto Hegel.

Muerte. Platón afirmó que la filosofía es una meditación de la muerte. Toda vida filosófica, escribió después Cicerón, es una *commentatio mortis*. Veinte siglos después Santayana dijo que «una buena manera de probar el calibre de una filosofía es preguntar lo que piensa acerca de la muerte». Según estas opiniones, una historia de las formas de la «meditación de la muerte» podría coincidir con una historia de la filosofía. Ahora bien, tales opiniones pueden entenderse en dos sentidos. En primer lugar, en el sentido de que la filosofía es o exclusiva o primariamente una reflexión acerca de la muerte. En segundo término, en el sentido de que la piedra de toque de numerosos sistemas filosóficos está constituida por el problema de la muerte. Sólo este segundo sentido parece plausible.

Por otro lado, la muerte puede ser entendida de dos maneras. Ante todo, de un modo ambiguo; luego, de una manera restringida. Ampliamente entendida, la muerte es la designación de todo fenómeno en el que se produce una cesación. En sentido restringido, en cambio, la muerte es considerada exclusivamente como la muerte humana. Lo habitual ha sido atenerse a este último significado, a veces por una razón puramente terminológica y a veces porque se ha considerado que sólo en la muerte humana adquiere plena significación el hecho de morir. Esto es especialmente evidente en las direcciones más «existencialistas» del pensamiento filosófico, no sólo las actuales, sino también las pasadas. En cierto modo, podría decirse que el significado de la muerte ha oscilado entre dos concepciones extremas: una que concibe el morir por analogía con la desintegración de lo inorgánico y aplica esta desintegración a la muerte del hombre, y otra, en cambio, que concibe inclusive toda cesación por analogía con la muerte humana.

Una historia de las ideas acerca de la muerte supone, en nuestra opinión, un detallado análisis de las diversas concepciones del mundo –y no sólo de las filosofías– habidas en el curso del pensamiento humano. Además, supone un análisis de los problemas relativos al sentido de la vida y a la concepción de la inmortalidad, ya sea bajo la forma de su afirmación, o bien bajo el aspecto de su negación. En todos los casos, en efecto, resulta de ello una determinada idea de la muerte. Nos limitaremos aquí a señalar que una dilucidación suficientemente amplia del problema de la muerte supone un examen de todas las formas posibles de cesación aun en el caso de que, en último término, se considere como cesación en sentido auténtico solamente la muerte humana. Hemos realizado en otro lugar este examen (cf. *El sentido de la muerte,* 1947, especialmente Cap. I). De él resulta, por lo pronto, que hay una distinta idea del fenómeno de la cesación de acuerdo con ciertas últimas concepciones acerca de la naturaleza de la realidad. El atomismo materialista, el atomismo espiritualista, el estructuralismo materialista y el estructuralismo espiritualista defienden, en efecto, una diferente idea de la muerte. Ahora bien, ninguna de estas concepciones entiende la muerte en un sentido suficientemente amplio, justamente porque, a nuestro entender, la muerte se dice de muchas maneras (desde la cesación hasta la muerte humana), de tal modo que puede haber inclusive una forma de muerte específica para cada región de la realidad. La *analogia mortis* que con tal motivo se pone de relieve puede explicar por qué –para citar casos extremos– la concepción atomista materialista es capaz de entender el fenómeno de la cesación en lo inorgánico, pero no el proceso de la muerte humana, mientras que la concepción estructuralista espiritualista entiende bien el proceso de la muerte humana, pero no el fenómeno de la cesación en lo inorgánico.

No se trata, pues, de adoptar una determinada idea del sentido de la cesación en una determinada esfera de la realidad y aplicarla por extensión a todas las demás esferas –por ejemplo, de concebir la muerte principalmente como cesación en la naturaleza inorgánica y luego de aplicar este concepto a la realidad humana; o, a la inversa, de partir de la muerte humana y luego concebir todas las demás formas de cesación como especies, por acaso «inferiores», de la muerte humana–. Se trata más bien de ver de qué distintas maneras «cesan» varias formas de realidad y de intentar ver qué grados de «cesabilidad» hay en el continuo de la Naturaleza. En *El ser y la muerte* se investiga el tema no desde el punto de vista de la muerte, sino del de la realidad. Lo que se llama «muerte» es entendido aquí como un fenómeno, o una «propiedad», que permite «situar» tipos de entidades en el citado «continuo de la Naturaleza».

Ha sido común estudiar filosóficamente el problema de la muerte como problema de la muerte humana. Entre los pensadores se han contrapuesto dos tesis extremas: según una de ellas, la muerte es simple cesación; según la otra, la muerte es «la propia muerte», irreductible e intransferible. Estimamos, por nuestro lado, que la llamada «mera cesación» y la muerte «propiamente humana» funcionan a modo de conceptos-límites. De la muerte humana se puede decir que es «más propia» que otras formas de cesación, pero, a menos de cortar por completo la persona humana de sus raíces naturales, debe admitirse que tal propiedad no es nunca completa.

Junto a una investigación filosófica de la muerte, puede procederse a una descripción y análisis de las diversas ideas que se han tenido acerca de la muerte en el curso de la historia, y en particular en el curso de la historia de la filosofía. Puede entonces examinarse la idea de la muerte en el naturalismo, en el estoicismo, en el platonismo, en el cristianismo, etc. También pueden estudiarse las diversas ideas de la muerte en diversos «círculos culturales» o en varios períodos históricos. En la mayor parte de los casos este estudio va ligado a un examen de las diversas ideas acerca de la supervivencia y la inmortalidad.

N

N. La letra 'N' es usada por Łukasiewicz para representar la conectiva 'no' o negación, que nosotros simbolizamos por '⎤'. 'N' se antepone, como '⎤', a la fórmula, de modo que '⎤p' se escribe en la notación de Łukasiewicz 'Np'.

Nada. En *L'évolution créatrice* (1907), Bergson declaró que la idea de la nada es «a menudo el escondido resorte, el invisible motor de la especulación filosófica». En todo caso, muchos sistemas filosóficos se han ocupado del llamado «problema de la Nada».

Étienne Gilson alega que la idea de la nada no desempeña ningún papel, o, por lo menos, ningún papel importante, en la filosofía griega. Según Xavier Zubiri, el pensamiento griego es fundamentalmente «una filosofía desde el ser», mientras que el pensamiento cristiano, desde San Agustín a Hegel, es «una filosofía desde la Nada». Por otro lado, E. Bréhier («L'idée de néant et le problème de l'origine radical dans le néoplatonisme grec», *Revue de Métaphysique*, 26 [1919], 1955, págs. 248-83) ha manifestado que, aunque la idea de la nada fue menos importante en la filosofía griega que en la cristiana y no fue en la filosofía griega el fundamento de la especulación filosófica, constituyó, de todos modos, un problema.

De varias maneras surgió en la filosofía griega el problema de la nada: como problema de la negación de ser, como problema de la imposibilidad de afirmar la nada, como problema del espacio, del vacío, etc. Común a muchos pensadores fue seguir la idea más común: la nada es negación del ser: lo que hay, por lo pronto, es el ser (o un ser) y sólo cuando se niega éste «aparece» la nada. Ciertos filósofos (como Gorgias) sostuvieron que nada existe, que si algo existe es incognoscible y que si es cognoscible es inexpresable, pero no sabemos aún si se trataba de tesis filosóficas o de ejercicios retóricos. Otros mantuvieron que solamente puede hablarse con sentido del ser, ya que, como afirmaba Parménides (y los eleatas), sólo el ser es, y el no ser no es; a diferencia de Gorgias se declara aquí que el no ser no se puede ni conocer ni siquiera enunciar. Ello implica en ciertos casos (como sucedió entre los megáricos) que solamente se admitieran como proposiciones que poseían sentido aquellas que se referían a algo existente; las proposiciones sobre lo que no es no son, propiamente hablando, proposiciones. Muchos pensadores griegos se atuvieron a la tesis de que de la nada nada adviene; afirmar lo contrario equivaldría, como puso de relieve Lucrecio (*De rerum natura*, I, 150-210), a destruir la noción de causalidad, a admitir que de cualquier cosa podría surgir cualquier otra cosa, a suponer que las cosas podrían surgir del azar y en sazones impropias. Otros pensadores, sin poner en tela de juicio el principio del *ex nihilo nihil fit*, trataron de ver cuál es la función que una «participación en la nada» puede desempeñar en la concepción de los entes que son. Ejemplo al respecto lo encontramos en Platón (cf. especialmente *Parménides,* 162 A). Aristóteles declaraba que, aunque puede hablarse de privación y de negación, éstas se dan dentro del contexto de afirmaciones, ya que aun del no ser puede afirmarse que es. En general, pues, los filósofos griegos afrontaron el problema de la nada desde el punto de vista del ser. Pero el hecho de que se plantearan la cuestión del no ser confirma, como apuntamos, su preocupación por el problema. Por lo demás, la «positividad» de la nada emergió en diversas ocasiones, por ejemplo cuando se suscitó el problema de la materia en tanto que pura indeterminación y cuando se hizo servir esta indeterminación para constituir lo determinado.

El principio según el cual «de la nada, nada adviene» (véase EX NIHILO NIHIL FIT) es un «principio de razón» generalmente estimado impugnable. Racionalmente hablando, no se ve cómo de la nada –que no es nada, ni siquiera negación del ser– podría surgir algo. Sin embargo, la idea de creación, tan fundamental en la tradición religiosa hebreocristiana y tan importante en la teología y filosofía cristianas, parece o negar el mencionado principio o admitir que funciona sólo dentro de ciertas limitaciones. La concepción según la cual de la nada adviene el ser creado *(ex nihilo fit ens creatum)* pone de relieve la «preeminencia» o, en todo caso, la «importancia» de la nada, no porque la nada misma tenga ningún poder o eficacia, sino porque si Dios ha creado el mundo, este mundo «viene» de alguna manera de la nada.

No obstante, hay que distinguir entre el «filosofar desde la nada» a que nos hemos referido antes y el estudio por teólogos y filósofos cristianos del concepto de «nada». Algunos autores, como San Anselmo, estimaron, siguiendo en parte a San Agustín, que el nombre 'nada' no significa nada si lo significado por tal nombre no es algo. Hay que distinguir, afirma San Anselmo, entre la forma de una expresión y la expresión de lo que es. Esta distinción es equivalente a la que formula Santo Tomás entre 'nada' como un nombre usado según la forma de hablar *(secundum formam loquendi)* y el nombre 'nada' como nombre según la cosa *(secundum rem)*. Se distingue de este modo entre un signo que tiene una función lógica y un concepto que se adecua o no a la verdad de la cosa. Fredegiso de Tours, en una *Epístola sobre la nada y las tinieblas*, pone de manifiesto la paradoja que resulta de decir que nada no es algo; entonces, en efecto, se dice de algún modo que es algo.

El análisis kantiano de la idea de la nada tiende a completar, según sus propias palabras, el sistema de la analítica trascendental. Kant señala que el concepto supremo del que suele partir una filosofía trascendental es la división entre lo posible y lo imposible. Como toda división supone, empero, un concepto dividido, hay que remontarse a éste; es, prescindiendo de que se trate de un algo o de una nada, el concepto de objeto en general. Kant aplica así los conceptos categoriales a este objeto en general; de ahí surge la nada como un concepto vacío sin objeto *(ens rationis)*, como un género sin individuo, al modo de los *noumena*, que no pueden figurar entre las posibilidades, aun cuando no puedan ser tampoco excluidos como imposibles, o al modo de aquellas fuerzas naturales que pueden pensarse sin contradicciones, pero de las que no hay ejemplos procedentes de la experiencia. Esta nada corresponde a la categoría de la cantidad; la de cualidad da origen a una idea de la nada como objeto vacío sin concepto *(nihil privaticum)*, como simple negación y ausencia de una cualidad; la de relación, a una nada que es una intuición vacía sin objeto *(ens imaginarium)*, como el espacio puro y el tiempo puro; finalmente, la de modalidad da origen a la idea de la nada como objeto vacío sin concepto *(nihil negativum)*, como lo contradictorio e imposible, tal como una figura rectilínea de dos lados. El primero se distingue del cuarto en que es algo que no puede figurar entre las posibilidades, aun cuando no sea contradictorio, mientras que el último se anula a sí mismo. En cambio, el segundo y el tercero son, como dice Kant, datos vacíos para los conceptos *(K.r.V.,* A 290-293/B 346-350). El sentido ontológico de la privación y de la negación es recogido, y aun acentuado, por Hegel cuando, en los comienzos mismos de la *Lógica,* manifiesta que el ser y la nada son igualmente indeterminados: en efecto, «el ser, lo inmediatamente determinado, es, en realidad, nada», y «la nada tiene la misma determinación o, mejor dicho, la misma falta de determinación que el ser». Tal identificación es posible, según Hegel, porque el ser ha sido vaciado previamente, con el fin de alcanzar su absoluta pureza, de toda referencia; así purificado, del ser se dice lo mismo que del no ser, y, de consiguiente, el ser y la nada son lo mismo. La absoluta inmediatez del ser lo coloca en el mismo plano que su negación, y sólo el devenir podrá surgir como un movimiento capaz de trascender la identificación de la tesis y de la antítesis. Esta concepción de Hegel ha sido criticada por Jacques Maritain. Según este autor, Hegel apeló a una noción errónea de la abstracción (véase ABSTRACCIÓN, ABSTRACTO): en vez de atenerse a una concepción «formal» de la abstracción, se atuvo a una concepción «nominal» (o «total»).

Spencer y Bergson se ocuparon del problema de la nada. Spencer afirmó que un objeto no existente no puede ser *concebido* como no existente *(First Principles,* II, § 4). Bergson negó toda posibilidad de pensar la nada. Según Bergson, la metafísica del pasado rechazó la noción de que la duración y la existencia constituyen los fundamentos del ser por considerar que duración y existencia son contingentes. Con ello, la metafísica otorgó un carácter lógico-matemático al ser y trató, sin éxito, de deducir la existencia a partir de la esencia. Las dificultades en que se ha enzarzado la metafísica pueden resolverse, afirma Bergson, cuando se pone de manifiesto que la idea de la nada es una pseudoidea, pues no puede ser ni imaginada ni pensada. No se puede imaginar la nada (no se puede imaginar que no hay nada), porque aun cuando se pudiera prescindir de todas las percepciones externas y aun de todos los recuerdos, todavía quedaría la conciencia de mi presente, reducida al estado actual de mi cuerpo. «Sin embargo, voy a tratar de terminar inclusive con esta conciencia. Atenuaré cada vez más las sensaciones que me envía el cuerpo; helas aquí a punto de extinguirse, se extinguen, desaparecen en la noche donde se han perdido ya todas las cosas. ¡Pero no! En el mismo instante en que mi conciencia se extingue, otra conciencia se alumbra –o, mejor dicho, se había ya alumbrado, había surgido en el instante anterior para asistir a la desaparición de la primera–. Pues la primera no podía desaparecer sino para otra y respecto a otra. No me veo anonadado *(anéanti)* más que, si mediante un acto positivo, por involuntario e inconsciente que sea, no me he resucitado ya a mí mismo. Así, haga lo que haga, percibo siempre algo, sea de fuera, sea de dentro. Cuando no conozco ya nada más de los objetos externos, es porque me refugio en la conciencia que tengo de mí mismo; si suprimo este interior, su misma supresión se convierte en un objeto para un yo imaginario que, esta vez, percibe como un objeto exterior el yo que desaparece. Exterior o interior, hay siempre un objeto que mi imaginación se representa. Cierto que ésta puede ir de uno a otro y de este modo ir imaginando una nada de percepción externa o una nada de percepción interna, pero no ambas a la vez, pues la ausencia de una consiste, en el fondo, en la presencia exclusiva de la otra. Pero del hecho de que las dos nadas sean imaginables alternativamente se concluye, erróneamente, que son imaginables a la vez –conclusión cuyo carácter absurdo salta a la vista, pues no se puede imaginar una nada sin percibir, siquiera sea confusamente, que se la imagina, esto es, que se obra, se piensa y que, por consiguiente, algo sigue subsistiendo.»

Puesto que Kant había mostrado que la representación de un objeto es igual a su representación en cuanto existente, la representación de un objeto no existente, dice Bergson, no consiste en retirar la idea del atributo «existencia» de la idea del objeto. La representación de un objeto no existente *agrega* algo a la idea del objeto: le agrega la idea de exclusión. Al pensar un objeto como no existente, el objeto es pensado, y con ello se piensa algo incompatible con su existencia. El hecho de que pensemos en la exclusión del objeto más bien que en la causa de la exclusión no elimina, sin embargo, esta causa, pues el propio acto mediante el cual mantenemos que un objeto es irreal «pone» la existencia de lo real en general. En otros términos, representarse un objeto irreal no consiste en desposeerlo de toda clase de existencia, pues la representación de un objeto es necesariamente su representación como existente. Así, hay *más*, y *no menos*, en la idea de un objeto no existente que en la de un objeto existente. Tampoco se puede «poner» (sentar) la existencia de la realidad entera y luego eliminarla con un «no», pues afirmación y negación no son juicios de la misma clase. La negación no es un «no» añadido a un «sí». Una afirmación expresa un juicio sobre un objeto, en tanto que una negación expresa un juicio sobre otro juicio (es decir, sobre una afirmación previa). Así, a diferencia de lo que ocurre con la afirmación, la negación no afecta directamente al objeto. La negación afirma algo de una afirmación que, por sí misma, afirma algo de un objeto. De ello se sigue que la negación no es el acto de un puro espíritu separado de todo motivo y ocupado sólo de objetos en tanto que objetos, pues la negación se dirige a alguien: a nosotros mismos, o a otra persona. La negación tiene un carácter social y pedagógico.

Bergson estimaba que la insistencia en la noción de que antes de, o «por debajo de», todas las cosas, no hay nada (o «hay 'la Nada'»), se debe a que los «hábitos de acción» se nos imponen en nuestros procesos de pensamiento. La acción, afirmó Bergson, es iniciada por una insatisfacción, por un sentimiento de ausencia causado por la falta de algo estimado útil. La tendencia que tiene la acción a proceder de «la nada» al «algo» se transpone al reino especulativo.

En general, pues, Bergson rechazó la posibilidad de «pensar la nada» y rehusó admitir que hay ninguna experiencia de «la nada» –o, más bien, la imposibilidad de tal experiencia elimina la posibilidad de semejante pensamiento.

Las ideas de Bergson fueron criticadas, entre otros, por Lachelier. Éste celebró el rigor de los argumentos bergsonianos, pero afirmó que es imposible suprimir la idea de la nada y, al mismo tiempo, sostener la libertad de un espíritu, que, justa y precisamente porque es libre, puede negarse a afirmar la existencia de un ser cualquiera.

Las opiniones de Heidegger sobre nuestro tema son inversas a las de Bergson. Mientras Bergson trata de explicar por qué se *afirma* que hay una nada, Heidegger se pregunta por qué no la hay, es decir, se formula la misma pregunta de Leibniz: «¿Por qué hay algo ('ente') y no más bien nada?». Heidegger no tropieza, pues, con la ausencia de lo que busca; además, no busca un ente –lo que, por lo demás, cambia la dirección misma de «la pregunta leibniziana»–. La nada no es para Heidegger la negación de un ente, sino aquello que posibilita el no y la negación. La nada sería en este caso el «elemento» dentro del cual flota, braceando por sostenerse, la Existencia. Esta nada es descubierta por un fenómeno primordial de índole existencial: la angustia. Así, la nada es lo que hace posible el trascender del ser, es lo que «implica» en sentido ontológico y no lógico el ser. Por eso hay una «potencia» de la nada sin la cual no habría mismidad ni libertad. Por el vigor con que expresó su pensamiento acerca de la nada en su conferencia (y folleto) de 1929, el concepto de la Nada en dicho autor se convirtió en una especie de *cause celèbre*, llegando a identificarse la filosofía de Heidegger con una «filosofía de la Nada». Por otro lado, se encuentran escasas referencias a «la Nada» en *El Ser y el Tiempo*, de 1927, y ello ha llevado a algunos a afirmar que no hay un problema importante concerniente a la Nada en dicha obra, sino sólo en la mencionada conferencia. Ambas opiniones parecen erróneas. En su libro sobre la filosofía de Heidegger «a través de la Nada», Priscilla N. Cohn muestra que ya en *El Ser y el Tiempo* la cuestión de la Nada es importante, si no central. La conferencia de 1929 precisa y amplía lo que se había expresado en la obra anterior. Más aún: el «segundo Heidegger» o «último Heidegger» puede ser entendido en función del modo como el pensamiento de la Nada, ya claramente expresado en *El Ser y el Tiempo*, se desarrolla y amplía, a la vez que se fundamenta. De este modo, lo que podría llamarse «la busca de la Nada» se realiza al hilo de la «pregunta por el Ser», que, de todos modos, es desde el principio la pregunta fundamental de Heidegger y que persiste a través de su *Kehre*: «En *El Ser y el Tiempo* se consideró la Nada –escribe Priscilla N. Cohn– desde la posición del *Dasein*. Vimos allí la estrecha relación que existe entre el *Dasein* y la Nada. Luego, en *¿Qué es metafísica?*, la Nada aparecía relacionada con el ente y, sin embargo, cuando empezamos a divisar la forma en que era 'una-con' el ente, tuvimos que retroceder de nuevo para considerar el significado que tenía para el *Dasein*. Desde cualquier perspectiva que se considere, pues, sin la Nada el *Dasein* no sería el *Dasein*. Pero no podemos cerrar el círculo por completo sin un conocimiento adicional: hemos empezado a ver que aunque se considera corrientemente a la Nada como el concepto opuesto o la negación del ente, una comprensión más profunda de ella muestra su estrecha relación con el Ser». Esto explica que la cuestión de la Nada vuelva a ser planteada, en 1955, al reflexionarse «sobre la cuestión del ser» *(Zur Seinsfrage)*.

Las ideas de Heidegger sobre la Nada, en particular las expresadas en su conferencia de 1929, fueron criticadas por varios autores, especialmente por algunos de tendencia analítica, y específicamente neopositivista. El más conocido ejemplo de la crítica neopositivista de Heidegger se encuentra en Carnap. Según este autor, decir que «la Nada anonada» es, lógicamente hablando, lo mismo que decir «la lluvia llueve». No se trata en ninguno de estos casos de enunciados, sino de «pseudo-enunciados». Son pues, ejemplos de mala gramática y de una insumisión a la sintaxis lógica del lenguaje.

Curiosamente, Heidegger podría estar de acuerdo con Carnap en un punto: en que lo que dice a propósito de la Nada no pretende ser ninguna «proposición» *acerca de* la Nada. Esta característica (aparentemente negativa) de no ser «acerca de» se encuentra asimismo en Sartre. Admitiendo en principio la descripción heideggeriana de la nada, Sartre la corrige y pone de relieve que en vez de decirse de la nada que es, hay que contentarse con declarar que «*es sida*». Lo mismo acontece con el anonadar de la nada. La nada, dice Sartre, no se anonada; la nada «es anonadada». Por eso el ser por el cual la nada viene al mundo debe ser, señala Sartre, su propia nada. Es probable que para dichos autores sólo la libertad radical del hombre permita enunciar significativamente tales «proposiciones». Sartre lo reconoce explícitamente al decir que el problema de la libertad condiciona la aparición del problema de la nada, por lo menos en la medida en que la libertad es entendida como algo que precede la esencia del hombre y la hace posible, es decir, en la medida en que la esencia del ser humano se halla suspendida en su libertad. En este autor habría, por consiguiente, como en Heidegger, un supuesto último: el de la «impotencia» de la lógica para afrontar semejante problema, pues la «lógica» aparecería solamente en el instante en que hubiese un ser enunciador que se haría posible justamente por haber trascendido la Nada.

En el lenguaje corriente, 'nada' se usa en el sentido de 'ninguna cosa', y esa última expresión aparece dentro de algún contexto. Así, 'No hay nada sobre la mesa' quiere decir que no hay ninguna cosa sobre la mesa. 'Nada' es expresable cuantificacionalmente; en el ejemplo precedente equivale a decir que para algunos x, no hay ningún x que se halle sobre la mesa. R. M. Martin ha intentado dar una expresión lógica del concepto de «nada» tratándolo como el individuo nulo que es nulo eternamente. Así, si se define '$x\,N\,t$' como «no hay ningún t_1 que sea parte de t y relacione P con x» (donde P es una relación tal que un tiempo t es parte de un individuo, x, si x es un individuo que persiste a través de todo tiempo t), entonces '$x\,N\,t$' podrá Leerse 'x es nulo (o no actual [real, efectivo]) en el tiempo t'. x será, pues, el individuo que tenga la relación N (ser nulo en todo tiempo). Ello constituye, según Martin, la contrapartida lógica del «principio supuesta nefando» de Heidegger según el cual, como vimos, «la Nada anonada» o («nadea»).

El autor de la presente obra ha tratado de dilucidar el concepto de nada considerando que su sustantivación –en la forma de «la Nada»– es un artificio lingüístico mediante el cual expresamos la noción tradicional de «la nada privativa», o nada *secundum quid*. El análisis ontológico de esta noción se lleva a cabo considerando de qué modos se relacionan, y contraponen, los dos conceptos-límites llamados «ser» y «sentido».

In nuce, la tesis es que cabe hablar de «la Nada» sólo como una tendencia «ontológica» y en expresiones como «Tanto para nada», «En el fondo, no hay nada», etc. Ello ocurre cuando hay algún desequilibrio notorio entre las disposiciones «ser» y «sentido». En principio, debería poder hablarse de «la Nada», o de «nada», cuando, dada una realidad o complejo de realidades, hay en ellas muy poco ser en relación al sentido o muy poco sentido con relación al ser. El autor estima, sin embargo, adoptando un punto de vista al parecer poco equilibrado, que sólo cabe hablar de «nada» o «tendencia hacia la Nada» cuando hay poco sentido en relación con el ser, lo que ocurre cuando se pregunta a veces «¿Para qué tanto (tantas cosas)?» y se responde «Para nada (o poco, o poco menos que nada)». Esta idea es menos unilateral de lo que parece si se tiene en cuenta que el sentido no es confinado a actos humanos. Así, por ejemplo, aunque no hubiese seres humanos, el universo material sólo, con su «intendibilidad», sus complejas relaciones entre elementos, etc., tendría ya una muy notable proporción de sentido.

Naturaleza. El concepto de «naturaleza» ha sido entendido en dos sentidos, por lo demás no siempre independientes entre sí: el sentido de 'naturaleza' principalmente como la llamada «naturaleza de un ser» y el sentido de 'naturaleza' como «*la* Naturaleza». La cuestión se complica, además, porque a veces se ha entendido «lo que es por naturaleza» como contrapuesto a «lo que es por convención», y a veces se ha tratado de «Naturaleza» en contraste con «Arte», con «Espíritu», con «lo sobrenatural», etc. El contraste entre «lo que es por naturaleza» y «lo que es por convención» fue tratado por los sofistas (y luego por Platón y otros autores) para distinguir entre aquello que tiene un modo de ser que le es propio y que hay que conocer tal como efectiva y «naturalmente» es, y aquello cuyo ser, o modo de ser, ha sido determinado de acuerdo con un propósito (humano). Así, por ejemplo, se discutió si los vocablos del lenguaje, y especialmente los nombres, son «naturales» o «convencionales». También se discutió –y se ha seguido discutiendo hasta el presente– si las «leyes» en cuanto «leyes de una sociedad» o la «constitución» (de una comunidad) derivan de un modo, o modos de ser, previos, o son resultado de un pacto o «contrato social». En todas estas discusiones la noción de «ser por naturaleza» estaba cerca de la noción de «tener algo propio de sí y por sí». Ahora bien, esta última noción no es ajena al modo como Aristóteles propuso sus influyentes disminuciones de 'naturaleza'. Escribió Aristóteles que hay varios sentidos de 'naturaleza' (φύσις): la generación de lo que crece (φύεσθαι); el elemento primero de donde emerge lo que crece; el principio del primer movimiento inmanente en cada uno de los seres naturales en virtud de su propia índole; el elemento primario del que está hecho un objeto o del cual proviene; la realidad primaria de las cosas *(Met.,* Δ 4, 1014 b 16-1015 a 12). Según estas definiciones, puede darse el nombre de «naturaleza» a muchas cosas o a muchos procesos: a un principio de ser, a un principio de movimiento, a un elemento componente, al elemento del cual están hechos todos los cuerpos, etc. Pero el propio Aristóteles indica que todas estas definiciones tienen algo de común: la naturaleza es «la esencia de los seres que poseen en sí mismos y en cuanto tales el principio de su movimiento» *(Met.,* Δ, 4, 1015 a 13). Por eso se puede llamar «naturaleza» a la materia, pero sólo en cuanto es capaz de recibir dicho principio de su propio movimiento; o también al cambio y al crecimiento, pero sólo en cuanto son movimientos procedentes de tal principio. «Naturaleza» es, así, «un principio y una causa de movimiento y de reposo para la cosa en la cual reside inmediatamente por sí y no por accidente» *(Phys.,* II, 1, 192 b 20).

De todo ello se desprende que la «naturaleza» de una cosa –y aun, podría decirse, la «naturaleza» de todas las cosas en cuanto «cosas naturales»– es lo que hace que la cosa, o las cosas, posean un ser y, por consiguiente, un llegar a ser o «movimiento» que les es propio. Por eso lo que existe por naturaleza se contrapone a lo que existe por otras causas, por ejemplo, por el arte, τέχνη (*Phys.*, II, 192 b, 18). Una cosa que no posea el principio del movimiento –y, podríamos decir, más generalmente, del «comportamiento»– que le hace desenvolverse y actuar de acuerdo con lo que es, no tiene esa «substancia» que se llama «naturaleza». La naturaleza es, pues, a la vez, substancia y causa –y la causa es, a la vez, eficiente y final.

Buen número de escolásticos, especialmente desde Alberto Magno y Santo Tomás, emplearon el término *natura* en sentidos parecidos, y a veces idénticos, a los de Aristóteles, pero no sólo en ellos. Así, por ejemplo, el vocablo *natura* tiene en Santo Tomás muy diversas significaciones. Por lo pronto, *natura* puede entenderse de cuatro modos: 1. Como generación de un ser viviente, por cuanto *nomen naturae a nascendo est dictum*. 2. Como principio intrínseco [inmanente] de un movimiento, *principium intrinsecum motus*. 3. Como *essentia, forma, quidditas,* de una cosa *(S. Theol.,* I, q. XXIX, 1 ad 4). Pero se llama también, según Santo Tomás, *natura* cualquier cosa del mundo, sea substancia o sea accidente; la substancia dicha en cierto modo; el conjunto de las cosas reales en cuanto siguen un cierto orden, el *ordo naturae.* El término *natura* aparece en un número considerable de expresiones, tales como *natura intellectiva, natura sensibilis, natura completa, natura corrupta, natura spiritualis,* etc. Se puede preguntar, en vista de ello, si hay o no algunas significaciones predominantes. Estimamos que las hay y que son tres: *natura* como principio intrínseco de movimiento; *natura* como esencia, forma, índole, etc., de una cosa, y *natura* como lo que se llamó en la Edad Media el *complexum omnium substantiaruum* –lo que nosotros llamamos «Naturaleza» en cuanto cosmos o universo–. En el primer caso, el sentido de *natura* es el de un modo de ser propio de ciertas entidades. En el segundo caso, es o lo que constituye ciertas entidades o parte de ciertas entidades. En el primer caso, el concepto de naturaleza es un concepto de la «física» o, si se quiere, de la «ontología de la realidad corporal» y, más específicamente, de la «ontología de la realidad corporal-orgánica». En el segundo caso, el concepto de naturaleza está co-relacionado con conceptos tales como los de hipóstasis, substancia, persona, supuesto, etc., es decir, conceptos metafísicos o, si se quiere, de «filosofía primera». En el tercer caso el concepto de Naturaleza es un concepto análogo al de «mundo» o de ciertos aspectos del «mundo».

El término *natura* puede aplicarse a toda clase de entes: creados, increados, finitos, infinitos, etc., o, mejor dicho, este término puede adjetivarse de muy distintas maneras. Pero fue muy común, cuando se trató de la *natura* (Naturaleza) como el conjunto de «las cosas naturales», «de aquí abajo», «intramundanas», etc., aplicar a este conjunto, más que a cualquier otro, el término *natura*. Por ser este conjunto *natura*, se podía hablar de lo que cada uno de sus elementos tiene de *natura* Ahora bien, en uno de tales «elementos» el concepto de *natura* pareció sobremanera importante: en el ser humano. Hemos dicho antes que se han manifestado varias «contraposiciones» en las que ha intervenido el concepto de Naturaleza: Naturaleza y Arte, etc. Una de ellas es la contraposición entre la Naturaleza como lo creado y Dios. Otra, de alguna manera derivada de la anterior, es la contraposición de naturaleza y gracia.

Esta contraposición no es en la mayor parte de los casos una mutua exclusión; por el contrario, casi todos los autores cristianos, empezando por San Agustín, estimaron que la *natura* no es mala por sí misma. En rigor, en cuanto creada por Dios la *natura* es fundamentalmente buena. Así, la *natura* no es una patencia mala que se opondría a una potencia buena. Lo malo en la *natura* ha surgido a consecuencia del pecado, el cual puede ser interpretado, metafísicamente, como un «movimiento de alejamiento de la fuente creadora». Con el fin de redimir la *natura* así corrompida, es necesaria la gracia. De ahí que la gracia no elimine la naturaleza, sino que la perfeccione. San Agustín llegó a decir que la *natura* es una gracia común y universal; sobre esta gracia hay otra, que es aquella por la cual algunos hombres son elegidos. Se observará que aquí el concepto de *natura* está muy próximo al concepto de criatura, es decir, de lo creado, y hasta puede decirse que se identifica con ella. La *natura* no es, o no es sólo, aquello por lo cual una cosa posee una índole propia suya, sino que es la índole propia de toda cosa en cuanto creada por Dios. Por eso la *natura* es cada cosa y además todas las cosas en cuanto creadas. En las direcciones a las que aludimos ahora, las cosas creadas lo han sido de acuerdo con las ideas residentes en el seno de Dios. Desde este punto de vista se puede decir que la *natura* misma no es inteligible, sino sensible, pero que participa de lo inteligible –sin lo cual, por lo demás, no se podría decir que «es»–. No hay duda de que, filosóficamente hablando, hay mucho en esta concepción de platónico o, si se quiere, de neoplatónico. Pero, en virtud de los últimos supuestos cristianos, no puede equipararse la contraposición mencionada entre *natura* y creador, *natura* y gracia, etc., con la contraposición platónica y neoplatónica entre lo sensible y lo inteligible.

En todo caso, el concepto de «naturaleza» dentro del pensamiento cristiano es básicamente comprensible como concepto «teológico» y sólo por derivación adquiere un sentido «cosmológico». En la Época Moderna no se abandonó por entero el sentido «teológico» de «naturaleza» –o, si se quiere, de *natura*–, como lo prueba el que durante un tiempo estuvieron muy vivas las discusiones acerca del concepto de gracia y, por tanto, acerca de las distintas «relaciones» posibles entre *natura* y *gratia*. Pero es característico de buena parte del pensamiento moderno el afrontar otras «contraposiciones». Durante los dos últimos siglos, especialmente, las siguientes «contraposiciones» han sido objeto de múltiples debates: naturaleza (en cuanto conjunto de fenómenos naturales que se suponen determinados por leyes) y libertad; naturaleza y arte; naturaleza y espíritu; naturaleza y cultura.

Las indicaciones anteriores acerca de varios modos de concebir 'Naturaleza' en la Época Moderna son esquemáticas, porque en el curso de dicha época se han dado centenares de definiciones del término 'naturaleza', y ello, además, en diversos terrenos: en las ciencias positivas, en la jurisprudencia, en la ética, en la teología, en la estética, etc. Parece ser, pues, lo más razonable concluir que no hay en la modernidad ningún concepto común de 'naturaleza'. Aun reduciendo tal concepto a lo que hemos llamado «concepto cosmológico», es decir, a la idea de la Naturaleza como el conjunto de los «cuerpos naturales», de los «fenómenos naturales», etc., tenemos durante la Época Moderna varios conceptos básicos muy distintos entre sí. Así, por ejemplo, tenemos el concepto de Naturaleza como lo que podríamos llamar «una región del ser» (o de «la realidad»), región caracterizada por determinaciones espacio-temporales y por categorías tales como la causalidad; como un orden que se manifiesta mediante leyes (determinísticas o estadísticas); como «lo que está ahí» o «lo nacido por sí», el «ser-otro» o «exterioridad» del espíritu, de la Idea, etc.; como un modo de ver la realidad, o parte de la realidad, que se ha dado en el curso de la historia y que, por tanto, engendra un «concepto histórico» o «idea de la Naturaleza como historia», etc. En suma, no parece haber, ni siquiera dentro de límites previamente fijados, «un concepto de Naturaleza», sino varios, y, posiblemente, muchos conceptos de Naturaleza distintos entre sí y probablemente incompatibles entre sí.

Náusea. En su novela *La náusea* (*La nausée* [1938]), Jean-Paul Sartre introdujo una descripción de «la náusea» de la que se ha hecho uso frecuente para caracterizar el existencialismo en general y la filosofía existencialista de Sartre en particular. El principal personaje de dicha novela, Roquentin, escribe que ha tenido «una iluminación» y que ésta consiste en descubrir lo que quiere decir 'existir'. Antes había pensado (o supuesto) que la existencia era algo vacío que se añadía a las cosas desde fuera. Ahora comprende que la existencia no es ninguna categoría abstracta, sino «la masa» de la cual están hechas las cosas. Las cosas mismas se desvanecen para desvelar la existencia. Las cosas y sus relaciones parecían algo arbitrario y sobrante; todo, incluyendo el propio Roquentin, le parecía a éste sobrante *(de trop).* Lo cual era «absurdo». Pero en este absurdo se encontraba «la clave de la Existencia, la clave de mis Náuseas, de mi propia vida». Era absurdo, porque no se explicaba. El mundo de las explicaciones era distinto del de la existencia. Un círculo se explica pero no existe. Esa raíz que yo veo, en cambio, existe en la medida en que no puede explicarse. «Lo esencial –escribe Roquentin– es la contingencia. Quiero decir que, por definición, la existencia no es la necesidad... Ningún ser necesario puede explicar la existencia; la contingencia no es un falso semblante, una apariencia que se puede disipar; es lo absoluto y, por tanto, la perfecta gratuidad. Todo es gratuito; este jardín, esta ciudad y yo mismo. Cuando uno acaba por darse cuenta de ello, el corazón queda oprimido y todo empieza a flotar...: he aquí la náusea.»

Como Sartre trata sólo brevemente de la náusea en *El ser y la nada (L'Être et le Néant* [1943]), y como, además, en esta última obra se refiere a la náusea específicamente como «náusea corporal», se ha dicho a veces que se trata de una simple manifestación literaria del pensamiento existencialista sartriano. Hay en ello algo de cierto por lo menos en un punto: en que no se puede reducir dicho pensamiento al «sentimiento fundamental de la náusea» (y de lo absurdo), por razones análogas por las que no se puede reducir el pensamiento de Heidegger (inclusive sólo el del «primer Heidegger») al «sentimiento fundamental de la angustia», revelador de la nada, o al «sentimiento fundamental del aburrimiento profundo» revelador del «Ser». Sin embargo, la idea de «náusea» desempeña un papel importante en la ontología fenomenológica de Sartre. Una de las secciones más detalladas en esta ontología fenomenológica es la que Sartre dedica a «cuerpo». Pero la náusea es el modo como mi cuerpo se revela a mi conciencia. Esta náusea es el fundamento de todas las posibles náuseas que experimentamos en nuestro contacto con el mundo.

Necesidad. Tanto algunos presocráticos (por ejemplo, Anaxágoras, Demócrito) como Platón emplearon el concepto de necesidad, pero sólo Aristóteles dio sobre él precisiones suficientes. Un pasaje particularmente iluminativo al respecto se encuentra en *Met.*, Λ VII, 1072 b sigs. Según el Estagirita el concepto de lo necesario tiene los siguientes sentidos: (1) la necesidad resulta de la coacción; (2) la necesidad es la condición del Bien; (3) es necesario lo que no puede ser de otro modo y lo que, por consiguiente, existe solamente de un modo. El sentido (3) es el más pertinente para nuestro propósito y el que ha ejercido más larga influencia. Mediante el mismo podemos distinguir entre la necesidad, ἀνάγκη, y el destino, εἱμαρμένη, así como entre lo que sucede por necesidad, κατ' ἀνάγκην, y lo que tiene lugar por accidente, κατά συμβεβηκός. Ahora bien, aun reducida al sentido (3), la noción de necesidad puede entenderse de dos maneras: (a) como necesidad ideal y (b) como necesidad real. (a) expresa encadenamiento de ideas; (b), de causas y efectos. Otros autores, además de Aristóteles, analizaron el sentido o sentidos de 'necesario' y 'necesidad'. Por ejemplo, Boecio, en el libro 1 de sus comentarios a la *Isagoge* de Porfirio *(In Isagogen Phorphyrii Commenta,* en *Corpus Scriptorum Ecclesiasticorum Latinorum,* 48), observa que en latín *necessarius* tiene, como ἀναγκαῖον, en griego, varios significados. Entre ellos cabe mencionar tres: el que tiene en Cicerón cuando dice que alguien es familiar suyo *(necessarium),* el que tiene cuando se dice que es necesario *(necessarium)* que vayamos al foro, y el que tiene cuando se dice que es necesario *(necesse est)* que el sol sea movido. De estos tres significados se puede eliminar el primero, porque no tiene nada que ver con lo que quiere decir Porfirio (y, antes de él, Aristóteles) por 'necesario'. En cuanto a los otros dos sentidos –segundo y tercero– mencionados, el segundo quiere decir algo así como 'útil'; «es necesario que vayamos al foro» equivale a «es útil que (o conviene que) vayamos al foro». Sólo el tercero tiene el sentido fuerte de «necesidad». Se trata, en el ejemplo indicado, de una necesidad «real», pero si aquello de lo cual se dice que es necesario lo es en virtud de alguna ley, cabe afirmar que la necesidad es «ideal». Es frecuente en muchos filósofos pasar de la necesidad ideal a la real y viceversa. En el primer caso se supone que hay una razón que rige el universo. En el segundo, que el riguroso encadenamiento causal puede expresarse en términos de necesidad ideal. Para evitar estas confusiones, los escolásticos propusieron confrontar la noción de necesidad con otras nociones modales (entendidas en sentido ontológico) y distinguir entre varios tipos de necesidad. En lo que toca al primer punto afirmaron que la necesidad incluye la posibilidad, es contradictoria con la contingencia (VÉASE) y es contraria a la imposibilidad. En lo que se refiere al segundo punto, propusieron varias distinciones en el concepto de lo necesario –definido como lo que es y no puede no ser, *quod est et non potest non esse*–. En primer lugar, hay la necesidad lógica, la física y la metafísica. En segundo lugar, hay la necesidad absoluta (lo necesario *simpliciter*, ἀναγκαῖον ἁπλῶς) y la necesidad relativa condicionada o hipotética (ἀναγκῖον ἐξ ὑποθέσεως). En tercer lugar, hay la necesidad coactiva y la necesidad teleológica. Finalmente, hay la necesidad determinada por el principio mismo de que lo necesario deriva: de la forma, de la materia, etc. Con lo cual se establece una gradación entre formas de necesidad que van de lo absoluto a lo más condicionado, y aun que permiten, inclusive, comprender la necesidad condicionada como una atenuación de la absoluta. En verdad, sólo de Dios se suele decir que no puede ser que no sea, *non potest non esse*. Sin embargo, las verdades eternas son también –cuando menos para las direcciones «intelectualistas»– necesarias; aun cuando sean para las direcciones más voluntaristas dependientes de la «arbitrariedad» divina.

Por lo general, la Época Moderna entiende la necesidad en un sentido preponderantemente ideal-racionalista, de tal modo que, más bien que distinguir entre la necesidad absoluta y la condicionada, distingue entre la ideal y la real, y atribuye a la primera un carácter absoluto (primero para la mente, y luego para la cosa misma). En Descartes, esto se hace posible por haber situado previamente a Dios fuera de la esfera de la necesidad propiamente dicha: Dios no hace lo que hace porque ello sea necesario, pero lo que hace crea las condiciones para que haya necesariamente lo que necesariamente hay. En otros autores, Dios y «necesidad» son diversos aspectos de la misma realidad. Para Spinoza, si algo es necesario es porque no hay ninguna razón que le impida existir: *necessarium est id quod nulla rationae causa datur, quae impendit, quominus existat (Eth.*, I, prop. XI), definición tautológica sólo si no se tiene en cuenta que la definición del campo ideal se superpone exactamente en dicho autor con lo que ocurre en el campo real. En su intento de fundir las concepciones modernas con las distinciones antiguas, Leibniz distingue más bien entre los conceptos de necesidad metafísica o absoluta; lógica, matemática o geométrica; física o hipotética, y moral o teleológica. La primera necesidad lo es por sí; la segunda lo es porque lo contrario implica contradicción; la tercera, porque hay riguroso encadenamiento causal condicionado por un supuesto dado; la última, porque el acto necesario se deriva de la previa posición de fines. No hace falta decir que la escuela de Wolff intentó reducir también aquí las diversas acepciones al concepto racional, y la definición de lo necesario, tanto absoluto como condicionado, a aquello cuyo contrario implica contradicción (Wolff, *Ontologia,* § 279). Por otro lado, las tendencias llamadas empiristas descubrieron en la necesidad algo muy distinto tanto de un concepto abstracto como de un principio ontológico; como toda idea, la necesidad tiene que surgir de una impresión, de una representación, y de ahí que para Hume la necesidad sea resuelta últimamente en una costumbre. Kant intenta mediar entre estos opuestos con su teoría de la necesidad como categoría de la modalidad, procedente de los juicios apodícticos; la necesidad se opone entonces a la contingencia, y es «aquello en que la conformidad con lo real está determinada según las condiciones generales de la experiencia».

Entre los filósofos contemporáneos que se han ocupado del problema de la necesidad (en sentido ontológico) destaca Nicolai Hartmann. Distingue este filósofo (cf. *Möglichkeit und Wirklichkeit,* 1938, págs. 42 y sigs.) entre los siguientes tipos de necesidad: La necesidad lógica, la necesidad esencial, la necesidad cognoscitiva, la necesidad real. Sin embargo, el propio Hartmann reconoce que desde el punto de vista ontológico son fundamentales únicamente –por ser «modos de ser» primarios– la necesidad real y la esencial.

El concepto ontológico de necesidad puede expresarse en enunciados como 'x es necesario', 'Es necesario que x', 'Es necesario que haya x', 'Es necesario que ocurra x', 'x tiene necesariamente la propiedad F' etc. 'x' denota a veces un objeto, a veces un acontecimiento o una situación, a veces un estado; 'F' denota una propiedad o cualidad. Es obvio que hay grandes diferencias entre estos tipos de enunciados, y especialmente entre dos de ellos: aquellos en los cuales se habla de la necesidad de un x, y aquellos en los cuales se habla de la necesidad para un x de tener la propiedad F. Ha sido común agrupar todos los enunciados de necesidad ontológica bajo un acápite común, y considerar a la par enunciados tan diversos como 'Es necesario que haya Dios', 'Es necesario que Dios sea omnisciente', 'Es necesario que esta mesa sea de madera', 'Es necesario que un color sea extenso', 'La sociedad sin clases es (históricamente) necesaria'. Esta agrupación se justifica sólo por cuanto en cualquier caso se dice que la necesidad es inherente al objeto, acontecimiento, situación, estado, propiedad, etc. En todos los casos, si se afirma que no es posible que algo no sea o no ocurra o no tenga tal o cual propiedad, se supone que tiene que ser (existir), ocurrir o tener tal o cual propiedad necesariamente, sea en virtud de un carácter absoluto, sea por razón de una cierta estructura dentro de la cual resulta ser necesario, o por ser tal como se dice que es en todos los mundos posibles.

Clásicamente se distinguió en la necesidad –lo mismo que, en general, en la modalidad– entre una necesidad *de re* y una necesidad *de dicto*. La necesidad *de re* es la que concierne a la realidad misma. La necesidad *de dicto* es la que concierne a lo que se dice, a la *dictio* o discurso.

La necesidad que hemos llamado «ontológica» es una necesidad *de re*. Es la que ha sido tratada por muchos autores en el pasado y aquella a la que se refieren las investigaciones de Nicolai Hartmann antes mencionadas. Algunos han distinguido entre la necesidad ontológica y la lógica. Otros han estimado que hay un paralelismo entre ambas, en el sentido por lo menos de que la necesidad ontológica se halla encuadrada en marcos lógicos, y en el sentido de que éstos incluyen modalidades capaces de dar cuenta de la necesidad ontológica.

La necesidad lógica es una necesidad *de dicto*. Lógicamente la noción de necesidad se expresa mediante la cláusula modal 'Es necesario que' (simbolizada por '$\Box$') antepuesta a una proposición, enunciado o sentencia. Así, '$\Box p$' se lee 'Es necesario que p'. La cláusula 'Es necesario que' no tiene por qué tomarse como cláusula primitiva en lógica modal, ya que puede derivarse de alguna otra cláusula sentada como primitiva. Por ejemplo, cabe definir 'Es necesario que p' en términos de 'Es posible que p' más la conectiva 'no'. De este modo 'Es necesario que p', en símbolos '$\Box p$' equivale a 'No es el caso que sea posible que no p', en símbolos '$\neg \Diamond \neg p$'.

En cuanto cláusula modal, la noción de necesidad no es necesariamente atribuible a ninguna entidad, acontecimiento o propiedad. Muchos autores han tratado la necesidad desde el punto de vista lógico, considerando como sospechosa toda noción de necesidad ontológica. Una cosa es usar una cláusula modal que afecta a una proposición, enunciado o sentencia, y otra, muy distinta, es afirmar que hay entidades, acontecimientos o propiedades que son necesarios. A las indicadas sospechas se ha unido la oposición a toda lógica modal cuantificada.

El interés por la noción de necesidad desde el punto de vista ontológico ha surgido de nuevo dentro de la revivificación del esencialismo, debida entre otros, a Saul A. Kripke («Naming and Necessity» en *Semantic of Natural Language*, 1972, 2.ª ed., ed. D. Davidson y G. Harman, págs. 252-355), Alvin Plantinga (*The Nature of Necessity*, 1974), David Lewis (*Conterfactuals*, 1973) y Michael A. Slote (*Metaphysics and Essence*, 1975).

Nihilismo. Uno de los primeros filósofos, si no el primero, que usó el término 'nihilismo' fue William Hamilton. En el tomo I de sus *Lectures on Metaphysics*, Hamilton consideró que el nihilismo (de *nihil* = 'nada') es la negación de la realidad sustancial. Según Hamilton, Hume era un nihilista; al negar que hay una realidad sustancial, o que hay en realidad –o «en la realidad»– sustancias, sólo cabe sostener que se conocen fenómenos. El nihilismo es, desde este punto de vista, idéntico al fenomenismo.

El nihilismo de que hablaba Hamilton ha sido llamado luego «nihilismo epistemológico», a diferencia de otros tipos de nihilismo, como el nihilismo moral (negación de que hay principios morales válidos), el nihilismo metafísico (pura y simple negación de «la realidad»). Sin embargo, el nihilismo epistemológico y el metafísico han sido equiparados con frecuencia. El citado Hamilton se refería ya a Gorgias, según el cual no hay nada –y si hubiera algo, sería incognoscible; y si fuera cognoscible, sería inexpresable, inefable o incomunicable–. Se ha hablado asimismo de Pirrón a propósito del nihilismo; en general, nihilismo y escepticismo, en particular escepticismo radical, han sido a menudo examinados juntamente, como dos aspectos de un universal «negacionismo» o «nadismo». Puesto que el escepticismo se ha manifestado muchas veces como duda de que haya nada permanente en el movimiento y el cambio, el nihilismo se ha entendido como la afirmación de que todo cambia continuamente y, además, de que todo varía de acuerdo con el sujeto.

El nihilismo se ha expresado a veces en forma de una «concepción del mundo». Ésta puede ser la concepción del mundo del que adopta un pesimismo radical, o bien la del que adopta un punto de vista totalmente «aniquilacionista». En este último sentido se ha expresado el nihilismo por boca de Mefistófeles, en el *Fausto*, de Goethe, al decir:

*Ich bin der Geist, der stets
    verneint!
Und das mit Recht; denn alles, was
    entsteht
Ist wert, dass es zugrunde geht;
Drum besser wär's, dass nichts
    entstünde.*

*(Soy el espíritu que siempre niega.
Y ello con razón, pues todo lo que
    nace
no vale más que para perecer.*

*Por eso sería mejor que nada
    surgiera.)*

El último verso puede relacionarse con manifestaciones tales como los dos célebres versos que Calderón pone en boca de Segismundo, en *La vida es sueño*:

*Pues el delito mayor
    del hombre es haber nacido*

y con similares manifestaciones de poetas, que se remontan (en Occidente) hasta Teognis, pero debe advertirse que en Calderón por lo menos no se trata de nihilismo, sino del sentimiento radical de «criaturidad».

En *El mundo como Voluntad y Representación* (*Die Welt als Wille und Vorstellung*), Schopenhauer, cuya filosofía es descrita a menudo como pesimista o nihilista –dos puntos de vista afines–, citó los mismos dos versos del *Fausto*, de Goethe, y de *La vida es sueño*, de Calderón, así como versos de Teognis. Schopenhauer considera que toda existencia «refleja» el impulso irracional e incesante de la Voluntad. Toda vida es lucha, pero la vida humana, en particular, está llena de sufrimientos: oscila, como un péndulo, entre el dolor del deseo (basado en la necesidad o en la carencia) y el dolor no menos intenso del aburrimiento o la inanidad (que se experimenta cuando todas las necesidades han sido satisfechas). Todo sentido y propósito es mera ilusión. La persona que aspire a la beatitud tendrá que desprenderse de la Voluntad, pues se dará cuenta de que la Voluntad, la cosa en sí, no es sólo la causa del egoísmo y la agresión humanas, sino también la raíz de todo mal en general. Schopenhauer reiteró que la vida es «un paso en falso», «un error», «un castigo y una expiación». La vida es una deuda, contraída al nacer (cf. *Welt*, suplemento al Libro IV, cap. XLV). Contestando a la objeción de que la eliminación del sufrimiento implica la negación de la Voluntad y, con ello, «el deslizamiento hacia una nada vacía», Schopenhauer escribió: «Reconocemos sin ambages que, para quienes se hallen llenos de Voluntad, lo que permanece después de la completa abolición de la Voluntad, es una nada. Pero, a la inversa, para quienes la Voluntad ha dado una vuelta y se ha negado a sí misma, este nuestro mundo, que es tan real, con todos sus Soles y sus Vías Lácteas, es una nada» *(Welt,* IV, § 71).

La noción de nihilismo desempeña un papel importante en el pensamiento de Nietzsche. En *La voluntad de poder,* Nietzsche se refiere a lo que llama «el nihilismo europeo». Por un lado, Nietzsche ve avanzar por todos lados «la pleamar del nihilismo» (como tradujo Ortega y Gasset). En un sentido, el nihilismo es una amenaza, porque es el término final de un desarrollo histórico sin salida. En otro sentido, cabe considerar como nihilista la interpretación de la existencia humana y del mundo proporcionada por la Europa cristiana y por la Europa moderna, tanto en el campo moral como en el metafísico. Esta interpretación niega los auténticos valores superiores de la fuerza, la espontaneidad, la «superhombría», a beneficio de los supuestos valores de la equidad, la humildad, etc. Se puede hablar, así, de un nihilismo «malo», que es el nihilismo pasivo de la tradición moral y metafísica. Pero se puede hablar asimismo de un nihilismo «bueno» —que sería mas adecuado llamar «auténtico»—. Este nihilismo es un nihilismo activo y consiste justamente en destruir el sistema de valores de aquel nihilismo pasivo tradicional. El nihilismo de los «espíritus fuertes» pone punto final al nihilismo débil del pesimismo, del historicismo, del afán de comprenderlo todo, de la idea de que todo es vano.

El tema nietzscheano del nihilismo ha sido recogido por Heidegger al tratar de la destrucción de la metafísica occidental y aun de toda metafísica como un «acontecimiento». Actitudes nihilistas se han expresado en otros autores como Georges Bataille y, sobre todo, E. M. Cioran, el cual ha desarrollado la idea de la «descomposición». Se ha hablado asimismo de nihilismo con referencia a Sartre, por cuanto este autor ha usado la noción de «aniquilación» (o «nihilación») tanto en sus investigaciones sobre lo imaginario como en su descripción del «Para sí». Sin embargo, en lo que toca a este último punto hay que tener presente que la «aniquilación», y las correspondientes «negatividades» *(négatités)*, son «nihililismo» sólo desde el punto de vista del «En sí». El «nihilismo» sartriano tiene poco que ver con el nihilismo en cualquiera de los sentidos apuntados antes.

Interesante en la historia del nihilismo moderno es el nihilismo ruso, el cual tiene en parte raíces psicológicas, raíces sociales y raíces religiosas. Una expresión radical del nihilismo se halla en Bakunin, quien afirmaba que sólo la destrucción es creadora. Pero la fórmula más radical de este nihilismo se encuentra acaso en Dimitri Ivanovitch Pisarév, el cual escribió que «todo lo que puede romperse, hay que romperlo; lo que aguante el golpe, será bueno; lo que estalle, será bueno para la basura. En todo caso, hay que dar golpes a derecha y a izquierda: de ello no puede resultar nada malo».

Una forma de nihilismo filosóficamente interesante es el llamado «budismo nihilista» o «nihilismo budista», en la forma en que fue desarrollado por Nāgārjuna, en el siglo II d. de C. Nāgārjuna propuso una interpretación «justa» o «media», *Mādhyamika*, de Buda consistente en negar toda alternativa a una posición dada, y la negación de esta negación. Así, Nāgārjuna se situó en el llamado «vacío», *śūnya*, el cual es inefable, y es el verdadero Absoluto. Nāgārjuna puso de relieve las contradicciones en que cae toda afirmación de cualquier (supuesta) realidad; si se afirma que una realidad está relacionada con otra, hay que dilucidar la naturaleza de esta relación, pero no hay relación si las realidades son distintas; y si hay relación entonces hay sólo una realidad, de la cual nada se puede predicar y con la cual ninguna otra realidad puede relacionarse.

Noción. Cicerón *(Topica,* VII, 31) introdujo el vocablo *notio* (= «noción») para traducir los términos griegos ἔννοια y πρόληψις. Ambos significan «pensamiento», «idea», «imagen en el espíritu», «designio», pero mientras ἔννοια fue empleado por muchos autores griegos en el significado de «idea» (en general), πρόληψις fue empleado por los estoicos y epicúreos en el significado de una «idea» o «imagen» anticipadas que se forma el espíritu de un objeto. Por este motivo se ha traducido πρόληψις; por «anticipación». En el sentido de «pensamiento», «idea», «concepto» y otros vocablos análogos, el término 'noción' ha sido, y sigue siendo, empleado de un modo muy general: se llama «noción» a la idea o concepto que se tiene de algo, y más específicamente a una idea o concepto suficientemente básico. La noción se distingue de la idea propiamente dicha por cuanto mientras esta última puede ser (según ciertos filósofos) el principio de una realidad, la primera solamente puede ser el principio del conocimiento de una realidad. Cuando las nociones consideradas son suficientemente básicas, equivalen a los principios, llamándose «nociones comunes» a los principios que se supone son, o deben ser, admitidos por todo sujeto racional.

El termino noción fue usado por Locke, por una parte, en el sentido de idea, 'especie', etc. *(Essay,* I, i, 8), y, por otra parte, y más precisamente, en el sentido que tienen todos los llamados «modos mixtos». Como nombre de tales modos, las nociones pueden ser usadas sin intención denotativa *(op. cit.,* II, xxii 2). Berkeley usó asimismo de ciertas expresiones que no se refieren a realidades –que no «significan» o «denotan» ideas–, pero que sirven para hablar acerca de realidades. La noción es un término abstracto o teórico; puede emplearse, pero siempre que con ello no se pretenda referirse a algo.

Nombre. *I. Época antigua y medieval.* Los sofistas trataron a menudo el problema de la naturaleza del nombre, ὄνομα; se trataba de saber si un nombre es «por ley», νόμῳ, o «por convención»; o bien si es «por naturaleza», φύσει. Los sofistas se inclinaban hacia la primera opinión: un nombre no designa por su propia naturaleza la cosa; la designa porque se le hace designar la cosa. Es la tesis posteriormente llamada «nominalismo» (o uno de los aspectos de esta teoría). Hermógenes, personaje del *Cratilo* platónico, que representa en el diálogo las opiniones de Heráclito, estimaba que los nombres son justos por naturaleza, pero se hallan en constante cambio, como todas las cosas. Platón rechazó las opiniones de los sofistas y las de Hermógenes; los nombres son a la vez convencionales y constantes. Las cosas tienen una naturaleza fija y el nombre es adoptado para expresar esta naturaleza. Para Platón, el nombre es un órgano *(Cratilo,* 388 A), esto es, un órgano o instrumento destinado a pensar el ser de las cosas.

Aristóteles llamó «nombre» a un sonido vocal que posee un significado convencional, y que no se refiere al tiempo –como sucede con el verbo–, sin que ninguna de las partes del nombre tengan significado aparte del nombre *(De int.* I, 1 a 19 sigs.). Aristóteles da como ejemplo κάλλιππος, donde el nombre ἵππος, «caballo», no tiene en sí mismo ningún significado, como ocurre con la expresión καλὸς ἵππος, «caballo hermoso». Esto es lo que sucede en los nombres simples. En los nombres compuestos, la parte contribuye al significado del todo aunque ella misma no posea en sí misma significado. El ejemplo es ἐπακτροκέλης, «bajel pirata». Según Aristóteles, κέλης, «bajel», no significa nada por sí mismo fuera del compuesto. Esto debe entenderse del modo siguiente: «bajel» no significa nada fuera del compuesto *si pensamos en el compuesto,* pero puede significar algo si no tenemos en cuenta el compuesto.

Dentro de la escolástica fueron los gramáticos especulativos y los terministas quienes más interés mostraron por el problema del nombre. Los primeros se preocuparon sobre todo por los diversos modos de significar el nombre, distinguiendo entre un modo esencial generalísimo de significar y modos de significar subalternos que iban de una mayor a menor generalidad. En cuanto a los terministas, desarrollaron ampliamente la teoría de los nombres, pero, como muchas veces usaron el vocablo 'término', expondremos esta doctrina en el artículo sobre este concepto.

II. Época Moderna. Durante la Época Moderna el vocablo «nombre» fue usado en sentidos menos técnicos y precisos que en la filosofía aristotélica o durante la escolástica. Los que más se ocuparon del problema de los «modos de significar» el nombre fueron los autores nominalistas o empiristas, y éstos no hicieron, en muchos casos, sino reelaborar concepciones medievales (terministas) o darles un sentido psicológico-epistemológico. Es el caso en cuatro autores al respecto significativos: Hobbes, Locke, John Stuart Mill y Taine. El primero definió el nombre, en su *Computation or Logic,* Parte I, Cap. ii *(Works,* ed. W. Molesworth, 1839, págs. 13-28), diciendo que es «una palabra tomada arbitrariamente, que sirve como marca que puede suscitar en nuestra mente un pensamiento parecido a algunas otras cosas que habíamos tenido antes, y que, al ser pronunciado por otros, puede convertirse para ellos en signo de qué pensamiento tenía en sus mientes el espectador». Esta larga definición es la clara expresión de una actitud terminista con respecto al nombre. Los nombres pueden ser, según Hobbes, *positivos* y *negativos; contradictorios; comunes;* de *primera* y de *segunda intención; universales, particulares, individuales* e *indefinidos; unívocos* y *equívocos; absolutos* y *relativos; simples* y *compuestos*. En todos los casos los nombres son marcas arbitrarias con las cuales nos hacemos entender de los otros –o entendemos a los otros– en virtud de ciertas convenciones que no necesitan ser establecidas conscientemente, sino que pueden estar fundadas en la naturaleza de nuestra psique.

Para Locke no es cierto que cada cosa pueda tener un nombre; a la vez, cuando pueden designarse varias cosas mediante un nombre, éste se justifica pragmáticamente, por la comodidad de su uso. Los nombres pueden ser *propios* (nombres de ciudades, de ríos, etc.) y *comunes* (formados por abstracción nominal) *(Essay,* III, iii). En general, los nombres son comprendidos en función de las ideas que designan. Así, puede haber nombres de ideas simples, de ideas complejas, de modos mixtos y de substancias (aunque estos últimos son dudosos).

Una vuelta a la concepción epistemológica del nombre –sin olvidar las implicaciones lógicas y psicológicas– la ofreció John Stuart Mill. Su doctrina de los nombres está expuesta en su *System of Logic:* la Parte I trata enteramente de los nombres, pero también la Parte IV contiene algunas indicaciones al respecto. Al entender de J. Stuart Mill, nombrar constituye una función (psicológica o psicológico-epistemológica) con alcance lógico (P. IV, c. iii § 1). Esta función se refiere a las cosas mismas y no a las ideas de las cosas. Así, Mill rechazó la concepción de los sensualistas por considerarla «metafísica» y adoptó la tesis según la cual un nombre dado es el nombre de una cosa y no de nuestra idea de ella ('el sol' es el nombre del sol y no de nuestra idea del sol). Ahora bien, la clasificación de los «nombres de las cosas» sigue las leyes propias de los nombres, no las leyes de las cosas. De acuerdo con la tradición escolástica, Mill dividía los nombres en *sincategoremáticos* (como 'a', 'con', etc.) y *categoremáticos* (como 'hombre', 'mesa', etc.). Los adjetivos plantean un problema. Por un lado, parecen no poseer subsistencia por sí mismos. Por otro lado, son nombres de ciertas expresiones, cuando menos si se hacen explícitos (así, 'el blanco es agradable'). Junto a la mencionada división Mill introdujo otra: los nombres son *generales* e *individuales* (o singulares), *abstractos* y *concretos, connotativos* (que denotan un sujeto e implican un atributo) y *no connotativos* (que significan sólo un sujeto o un atributo, por lo que pueden también llamarse *absolutos*). Según Mill, todos los nombres concretos son connotativos (P. I, cap. ii, §1 sigs.). Finalmente, Mill dividió los nombres en *positivos* y *negativos, relativos* y *no relativos* (o que expresan o no relaciones).

En cuanto a Taine, concibió los nombres como una especie de signos *(De l'intelligence,* P. I, I, ii). Los nombres designan cosas particulares o complejos de cosas particulares.

III. Época Contemporánea. Los problemas concernientes a la noción de nombre han sido objeto de investigación por Husserl –en la primera fase de su pensamiento: la de las *Investigaciones lógicas*–, Frege, Wittgenstein, Carnap y muchos otros autores.

Entre los puntos de vista adoptados por Husserl sobre el problema destacan dos. Uno se funda en una distinción entre notificación *(Kundgabe)* y nominación *(Nennung).* Husserl indica *(op. cit.,* Investigación primera, § 25) que las expresiones pueden ser o sobre objetos nombrados o sobre vivencias psíquicas. En el primer caso son expresiones del objeto que nombran y a la vez notifican. En el segundo son expresiones donde el contenido nombrado *(genanntes)* y el notificado son iguales. Husserl distingue asimismo entre nombrar y enunciar *(op. cit.,* Investigación cuarta, § 33). «Por nombres no debemos entender *meros sustantivos,* los cuales no expresan por sí solos ningún acto completo. Si queremos comprender claramente lo que son y significan aquí los nombres, lo mejor será considerar las conexiones y principalmente los enunciados en que los nombres funcionan en su significación normal. Vemos entonces que las palabras, o las complexiones de palabras, que deben ser consideradas como nombres, sólo expresan un *acto completo* cuando o representan *el sujeto simple completo de un enunciado* –en cuyo caso expresan un acto-sujeto completo– o, prescindiendo de las formas sintácticas, *pueden* desempeñar en un enunciado la función de sujeto simple, sin alteración de su esencia intencional» *(op. cit.,* Investigación cuarta, § 34 [trad., Morente-Gaos, tomo III, pág. 239]).

Gran parte de las discusiones sobre la noción de nombre entre lógicos y filósofos de tendencia «analítica» tiene antecedentes en la filosofía antigua y medieval. Los nombres pueden ser comunes –como 'perro', 'casa', 'montaña'– o propios –como 'Napoleón', 'Claude Lévi-Strauss', 'La Giralda'–. Se ha distinguido entre nombres propios y descripciones –como 'El más importante estratega francés del siglo XIX', 'el autor de *El pensamiento salvaje*', 'el edificio más conocido de Sevilla', que corresponden a los tres últimos nombres propios últimamente mencionados–. Puesto que la descripción 'El más importante estratega francés del siglo XIX' describe a un individuo cuyo nombre fue 'Napoleón', y puesto que la frase descriptiva de referencia tiene significación, se ha planteado el problema de si el nombre correspondiente tiene también o no significación.

Este problema es complejo y ha recibido varias soluciones. Una de las más conocidas es la doctrina según la cual un nombre propio denota, o se refiere a, una entidad, pero no tiene significación, esto es, un nombre propio está en lugar de la entidad nombrada. La doctrina de J. Stuart Mill relativa a los nombres, reseñada en la sección precedente, sostiene el carácter denotativo y no significativo (o connotativo) de los nombres propios. Frege puso de relieve las dificultades que surgen tan pronto como se pregunta si el signo de identidad '=' relaciona objetos o bien nombres o signos de objetos. Según Frege, un nombre propio (palabra, signo, combinación de signos, expresión) expresa su sentido y designa su referencia. Por tanto, Frege opina que los nombres propios tienen un «sentido» *(Sinn)*. La doctrina de Frege, desarrollada y refinada por Alonzo Church, mantiene que entre los nombres propios (o, sencillamente, nombres) figuran no sólo las expresiones así comúnmente consideradas, sino también descripciones (o frases descriptivas) y todas las expresiones cuya estructura expresa el modo como se efectúa la denotación. En paridad, cabe decir asimismo, o sobre todo, que las descripciones incluyen nombres, los cuales son descripciones disfrazadas.

La idea de que los nombres propios no tienen significación o, si la tienen, está formada por el objeto nombrado, fue desarrollada por Wittgenstein en el *Tractatus*. Constituye asimismo una parte de la doctrina de Russell propuesta en su teoría de las descripciones (véase DESCRIPCIONES [TEORÍA DE LAS]). Según Russell, hay que distinguir entre nombres propios y descripciones o frases descriptivas. Estas últimas funcionan como predicados de un x cuantificado. La frase descriptiva no nombra por sí misma; en cambio, si *a* es un nombre, tiene que ejercer una función nominativa.

Quine ha adaptado la teoría russelliana, inclusive la ha «radicalizado», al considerar que un nombre propio es susceptible de ser empleado descriptivamente. En substancia, la tesis consiste en tomar el nombre propio y en hacer de el un predicado; esto puede expresarse verbalmente, en el caso de Sócrates, cuando se dice que hay un x tal que x «socratiza».

La doctrina de Wittgenstein-Russell, por un lado, y las de Frege-Church, por el otro, parecen incompatibles. Sin embargo, se han llevado a cabo esfuerzos por armonizarlas y por admitir la posibilidad de que si bien un nombre propio no es necesariamente el disfraz de una descripción, puede tener un sentido.

Carnap ha analizado (Cfr. *Meaning and Necessity*, Cap. III) el método de la «relación de nombre». Se trata, a su entender, de un método alternativo de análisis semántico más usual que el método de la extensión y la intensión. Tal método consiste en considerar expresiones como nombres de entidades (concretas o abstractas) según tres principios: (1) cada nombre tiene exactamente un *nominatum*; (2) cualquier enunciado (o, mejor, sentencia) habla acerca de los nombres que aparecen en él, y (3) si un nombre que aparece en una sentencia verdadera es sustituido por otro nombre con el mismo *nominatum*, la sentencia sigue siendo verdadera. Carnap analiza los problemas que ofrece la duplicación innecesaria de los nombres manifestada en algunos sistemas donde se usan nombres distintos para propiedades y para las correspondientes clases. Según dicho autor, un nombre para la propiedad Humano y un nombre distinto para la clase Humano no sólo tienen la misma extensión, sino también la misma intensión. Un nombre para una clase debe, pues, ser introducido mediante una regla que se refiera exactamente a una propiedad. Según Carnap, la distinción de Frege antes apuntada entre el sentido y lo denominado o *nominatum* es una forma particular del citado método de la «relación de nombre».

La complejidad del problema de los nombres, y específicamente de los nombres propios, se muestra tan pronto como se plantea la cuestión, tratada por el último Wittgenstein, de las relaciones (o falta de relaciones) entre nombrar y mostrar. En principio, parece que se puede saber el nombre de algo mostrando lo nombrado, es decir, dando una «definición ostensiva» de lo nombrado. Pero la «mostración» no alcanza a identificar el objeto que lleva el nombre propuesto salvo si tiene lugar dentro de la trama de un lenguaje común al que produce la mostración y al que trata de aprender qué es aquello a que se da un nombre mostrando un objeto. Las complicaciones crecen cuando se advierte que hay nombres que son disfraces de descripciones, pero que otros no lo son; que hay nombres que nombran un objeto existente y otros que nombran (o se proponen nombrar) algo que no existe –o no existe todavía– y a lo cual se propone dar un determinado nombre; que hay nombres propios usados como nombres comunes y nombres comunes que han terminado por adquirir el estatus de un nombre propio, etc. (Cf. para todos estos puntos la obra del autor, *Investigaciones sobre el lenguaje*, 1970, Cap. 8: «Nombrar y mostrar»).

Nominalismo. En la disputa sobre los universales durante la Edad Media, el nominalismo, posición nominalista o «vía nominal», consistió en afirmar que un universal –como una especie o un género– no es ninguna entidad real ni está tampoco en las entidades reales: es un sonido de la voz, *flatus vocis* (cf. *infra*). Los universales no se hallan *ante rem* –no están antes de la cosa o son previos a la cosa–, como sostiene el realismo (VÉASE) o el «platonismo». No están tampoco *in re* –en la cosa–, como sostienen el conceptualismo (VÉASE), el realismo moderado, o el «aristotelismo». Los universales son simplemente *nomina*, nombres, *voces*, vocablos, o *termini*, términos. El nominalismo mantiene que sólo tienen existencia real los individuos o las entidades particulares. Las posiciones filosóficas de Roscelino expresan la mayor parte de los rasgos del nominalismo. Entre éstos destacan: (a) la noción de universal como sonido de la voz; (b) la noción de que sólo son reales los entes particulares, y (c) la noción de que una cualidad no es separable de la cosa de la cual se dice que «tiene» esta cualidad. En (c) vemos que las llamadas «cualidades» o «propiedades» son nombres de universales.

Suele hablarse de dos períodos de florecimiento del nominalismo en la Edad Media: uno, en el siglo XI, en el que se distinguió Roscelino de Compiègne, y otro, en el siglo XIV, en el que se distinguió Occam. En ambos casos, la posición nominalista tenía raíces filosóficas. En los dos casos, además, pero especialmente en el último, se adoptaba esta posición porque se suponía que admitir universales (ideas) en la mente de Dios era limitar de algún modo la omnipotencia divina, y admitir universales (ideas, formas) en las cosas era suponer que las cosas tienen, o pueden tener, ideas o modelos propios, con lo cual también se limita la omnipotencia divina.

Desde el punto de vista filosófico, el nominalismo medieval tiene antecedentes en posiciones adoptadas por filósofos antiguos. Así, algunos autores escépticos pueden ser considerados como nominalistas. Además, en el modo como Porfirio planteó para la Edad Media la cuestión de los universales, se ve claramente que una de las posiciones posibles era la luego llamada «nominalista» o por lo menos «conceptualista»: es la posición que Porfirio describe al decir que los géneros y las especies pueden ser presentados como «simples concepciones del espíritu». Sin embargo, sólo en la Edad Media y luego en las Épocas Moderna y Contemporánea el nominalismo ha ocupado un lugar central en la serie de actitudes posibles acerca de la naturaleza de los universales.

A los nominalistas se opusieron sobre todo los realistas, como San Anselmo, que calificaba a los primeros de «dialécticos de nuestra época». En efecto, los realistas no podían admitir que un universal fuera solamente una *vox*, y que esta pudiera ser definida, según hizo Boecio, como *sonus et percussio aëris sensibilis*, como un «sonido y percusión sensible del aire». No podían admitir, en suma, que un universal fuera solamente un *flatus vocis*, un «soplo» (de la voz), un «sonido proferido». En rigor, si un universal fuera únicamente lo indicado, sería una realidad física. En tal caso, los nombres serían un «algo», una «cosa», *res*, y como tal habría que decir algo de ella. Lo que pudiera decirse de los sonidos como *res* sería dicho por medio de un «universal», el cual estaría por lo menos «en los sonidos» en cuanto «instituciones de la naturaleza». Con ello el nominalismo carecería de base. Estas objeciones (o, más exactamente, este tipo de objeciones) de autores realistas o, por lo menos, no nominalistas, obligaron a los partidarios de la vía nominal a precisar el significado de su posición.

Con el fin de mantenerse en sus posiciones, el nominalista tiene que poner en claro lo que entiende por *nomen*, *vox*, etc. Si insiste en que un *nomen* es una realidad física, entonces tiene que adoptar una posición que se dio oportunamente con el nombre de «terminismo» y que se ha manifestado contemporáneamente bajo el nombre de «inscripcionismo». Pero entonces se plantea la cuestión de cómo reconocer bajo diversos términos o «inscripciones» el mismo nombre. Algunos autores han hablado al efecto de «similaridad» o «semejanza», pero otros han indicado que un nombre o voz puede expresarse (oralmente o por escrito) en diferentes tiempos y espacios y seguir siendo, sin embargo, el mismo nombre o voz a causa de la permanencia de su significación.

Para un nominalista esta significación no puede derivarse de las cosas, como si ellas mismas llevaran su significación; deberá originarse, pues, por medio de una «convención». Pero, en todo caso, no es lo mismo ser un nominalista de tipo terminista o inscripcionista que ser un nominalista del tipo que podríamos llamar «conceptualista» (admitiendo que lo que caracteriza por lo pronto a un concepto es su significación). En todos los casos los nominalistas afirman que los nombres no se hallan *extra animan* (ya sea en las cosas mismas, ya en un universo independiente de nombres y significaciones), sino *in anima*. Pero el matiz de nominalismo adoptado depende del modo como se entienda este estar *in anima*. Esto explica que, como ya indicaba Victor Cousin en su introducción a su edición de escritos de Abelardo (1936, pág. clxxxii), el nominalismo –por lo menos el medieval– haya oscilado de continuo entre un conceptualismo (que, a su vez, se aproxima al realismo moderado) y un terminismo o nominalismo *stricto sensu*. Al final de la Edad Media el nominalismo que se impuso fue el expresado por Occam, llamado por ello el *princeps nominalium*, y por la *schola nominalium,* llamada asimismo «terminismo». Este nominalismo consiste *grosso modo* en sostener que los signos tienen como función el *supponere pro*, es decir, el «estar en el lugar de» las cosas designadas, de modo que los signos no son propiamente *de* las cosas, sino que se limitan a *significarlas*. Pero pueden admitirse otras versiones del nominalismo de la Edad Media y, sobre todo, puede acentuarse más o menos, en el nominalismo, el convencionalismo, el terminismo, etcétera. Es frecuente leer que la filosofía moderna ha sido fundamentalmente nominalista. Pero si nos atenemos a una concepción un poco estricta del nominalismo, no podremos decir que la filosofía moderna (o moderna y contemporánea) haya sido fundamentalmente nominalista. Es harto dudoso, por ejemplo, que hayan sido nominalistas autores como Spinoza o Hegel. Desde luego, no lo ha sido Husserl. El propio Locke no fue nominalista, sino más bien conceptualista y hasta realista moderado. Nominalistas han sido, en cambio, autores como Hobbes, Berkeley y Condillac, aun cuando cada uno de ellos lo haya sido en diversa proporción y por motivos distintos. Así, Hobbes y Condillac fueron prácticamente «inscripcionistas», en tanto que Berkeley negaba que pudiera hablarse con sentido de ideas abstractas, pero admitía las «ideas generales». Por otro lado, Hobbes y Condillac basaban su nominalismo en una cierta idea de la ciencia y del lenguaje científico, en tanto que Berkeley fundaba su nominalismo en supuestos teológicos similares a los de Occam. Puede hablarse de un nominalismo moderado, de uno exagerado y de uno absoluto. Todas estas especies de nominalismo afirman que no existen entidades abstractas (ideas, universales), y que sólo existen entidades concretas (individuos). Las diferencias aparecen cuando se trata de indicar qué función tienen las supuestas entidades abstractas.

Varias tendencias filosóficas contemporáneas han sido explícitamente nominalistas. Tal ha sucedido, por ejemplo, con diversas formas de neopositivismo y también con varias especies de intuicionismo e «irracionalismo». Ernst von Aster (1880-1948) ha defendido el nominalismo *(Prinzipien der Erkenntnislehre. Versuch einer Neubegründüng des Nominalismus,* 1913) en oposición a la teoría de los universales de Husserl. Nelson Goodman y W. van Quine han defendido lo que han llamado un «nominalismo constructivo» («Steps Toward a Constructive Nominalism», *The Journal of Symbolic Logic,* XII [1947], 105-22). Estos autores manifiestan «no creer en entidades abstractas», pero reconocen que esta declaración de principios es demasiado vaga y es menester precisarla. Nelson Goodman sobre todo ha precisado y elaborado la mencionada doctrina («A World of Individuals», en I. M. Bocheński, A. Church, N. Goodman, *The Problems of Universals. A Symposium,* 1956, págs. 15-31) como doctrina según la cual «el mundo es un mundo de individuos». «El nominalismo, tal como lo concibo –ha escrito–... no equivale a la exclusión de entidades abstractas, espíritus, insinuaciones de inmortalidad o nada de este tipo; requiere únicamente que cuanto es admitido como una entidad sea concebido como un individuo.»

Noúmeno. El término 'noúmeno' (más propiamente, aunque escasamente usado en español, 'noúmenon') significa «lo que es pensado»; en plural 'noúmenos' (más propiamente, 'noúmena'), «las cosas que son pensadas». Como 'ser pensado' es entendido aquí en el sentido de «lo que es pensado por medio de la razón» (o por medio de una intuición intelectual) se suele equiparar 'noúmeno' a 'lo inteligible'. El mundo de los noúmenos es, así, el *mundus intelligibilis,* contrapuesto, desde Platón, al *mundus sensibilis* o mundo de los fenómenos. Dentro de la llamada (vagamente) «tradición racionalista» (y, por lo común, también realista), se admite que el mundo nouménico o noumenal constituye la realidad última o realidad metafísica, y que no sólo esta realidad es cognoscible, sino que es la única plenamente cognoscible –sólo tal realidad es objeto de saber en vez de ser meramente objeto de opinión–. Puede suceder que este saber no se alcance nunca pero si hay conocimiento verdadero tiene que ser, según dicha tradición, conocimiento del mundo nouménico e inteligible.

'Noúmeno' es un vocablo técnico en la filosofía de Kant. Con frecuencia es difícil distinguir en Kant entre el concepto de noúmeno y el de cosa en sí (VÉASE). 'Noúmenos' y 'cosas en sí' son expresiones que designan lo que se halla fuera del marco de la experiencia posible, tal como ha sido trazado en la «Estética trascendental» y en la «Analítica trascendental» de la *Crítica de la razón pura*. Sin embargo, Kant introdujo asimismo la noción de noúmeno como distinta de la cosa en sí. En *K. r. V.*, A 249, escribió que «las apariencias (véase APARIENCIA) en tanto que son pensadas como objetos según la unidad de las categorías se llaman *fenómenos [phaenomena]*, mientras que si postulo cosas que sean meros objetos del entendimiento y que, sin embargo, pueden ser dadas como tales a una intuición, bien que no a una intuición sensible –por tanto, dadas *coram intuitu intellectualis*–, tales cosas podrían ser llamadas noúmenos *[noumena] (intelligibilia)*». La distinción en cuestión puede entenderse de varios modos: (1) Suponiendo que 'noúmeno' es el nombre mediante el cual se designa la cosa en sí o, si se quiere, el concepto de la cosa en sí (de modo parecido a como 'fenómeno' puede ser el nombre mediante el cual se designa la apariencia o, si se quiere, el concepto de apariencia). (2) Suponiendo que mientras la cosa en sí es una pura X –una incógnita (lo que Kant llama a veces, harto imprecisamente, dado el uso técnico de 'trascendental', «objeto trascendental»)–, el noúmeno es el otro aspecto, por supuesto incognoscible, del fenómeno. (3) Suponiendo que mientras el concepto de cosa en sí no puede tener ningún empleo, el de noúmeno tiene por lo menos un empleo regulativo. (3) es implausible dentro del pensamiento de Kant; (1) y (2) son igualmente admisibles, porque ambos suponen que no se puede ir más allá de los límites de la experiencia posible. En (1) se admite que hay equivalencia entre noúmeno y cosa en sí; puesto que la cosa en sí es incognoscible, el noúmeno es también incognoscible. En (2) se presupone que el término 'noúmeno' se refiere a los límites de la experiencia posible. Pero aunque puede conocerse todo lo que se halla «más acá» de estos límites, no puede conocerse lo que se halla «más allá» de ellos. Como el noúmeno es positivamente incognoscible, cabe decir de él también que es «negativamente cognoscible». Ello equivale a admitir un concepto negativo, a diferencia de un concepto positivo, de noúmeno. En dos pasajes muy próximos Kant establece esta distinción entre sentido negativo y sentido positivo de noúmeno y se inclina por el primer sentido: «Si por 'noúmeno' queremos decir una cosa en tanto que *no es un objeto de nuestra intuición sensible,* y abstraída de nuestra manera de intuirlo, se trata de un noúmeno en el sentido *negativo* de la palabra. Pero si entendemos por 'noúmeno' un *objeto de una intuición no sensible,* presuponemos con ello una manera especial de intuición, esto es, la intuición intelectual, que no poseemos y de la que no podemos entender ni siquiera su posibilidad. Esto sería el 'noúmeno' en el sentido *positivo* de la palabra» (*K. r. V.,* B 307). «Si, por consiguiente, intentamos aplicar las categorías a objetos no considerados como apariencias, tendremos que postular una intuición distinta de la sensible, y el objeto será entonces un noúmeno en *sentido positivo.* Pero como esta forma de intuición, la intuición intelectual, no es parte de nuestra facultad de conocimiento, se sigue que el empleo de las categorías no puede ampliarse más que a los objetos de la experiencia. Es, por cierto, indudable que hay entidades inteligibles que corresponden a las sensibles. Puede haber asimismo entidades inteligibles con las que nada tenga que ver nuestra facultad de intuición sensible. Pero como nuestros conceptos del entendimiento son meras formas de pensamiento para nuestra intuición sensible, no pueden en modo alguno aplicarse a ellas. Por lo tanto, lo que llamamos 'noúmeno' debe entenderse como tan sólo en *sentido negativo*» (*K. r. V.,* 308/309). En suma, el noúmeno en sentido negativo es un límite (de nuestro conocimiento). Decir 'noúmeno' quiere decir simplemente «lo que *no* es objeto de nuestra intuición sensible». En la medida en que la cosa en sí es entendida asimismo como «lo que *no* es objeto de nuestra intuición sensible», noúmeno y cosa en sí son equivalentes. Pero Kant parece más inclinado a admitir el concepto de noúmeno, siquiera sea en sentido negativo, que el de cosa en sí. En todo caso, no ha propuesto ninguna distinción entre «sentido positivo» y «sentido negativo» de 'cosa en sí', y no ha dicho algo así como «lo que llamamos 'cosa en sí' debe entenderse como tan sólo en *sentido negativo*».

Las mismas razones que llevaron a algunos filósofos postkantianos a echar por la borda la noción de cosa en sí, los indujeron a prescindir del concepto de noúmeno. Para la interpretación de Kant es fundamental precisar el papel que desempeña este último concepto en su sistema. Si se tiende a su eliminación, o se considera que el noúmeno en cuanto concepto-límite es una pura «declaración de principios» sin ningún efecto ulterior en la constitución crítica del saber, la teoría del conocimiento de Kant adquiere un fuerte tinte fenomenista. En cambio, si se pone de relieve la importancia del concepto de noúmeno, la teoría del conocimiento de Kant se inclina fuertemente hacia el idealismo –bien que a un idealismo trascendental y no a un idealismo absoluto o dogmático–. En todo caso, la distinción entre fenómeno y noúmeno es importante en la filosofía kantiana. Un ejemplo al respecto lo hallamos en la presentación y discusión de las antinomias (véase ANTINOMIA) en la «Dialéctica trascendental», especialmente en la presentación y discusión de las antinomias tercera y cuarta. En estas antinomias, las antítesis se refieren al mundo fenoménico; las tesis, al mundo nouménico.

Nous. El término griego νοῦς y su transcripción *Nous* se emplea a menudo en los textos filosóficos. *Nous* es empleado en griego en varios sentidos: (1) como facultad de pensar, inteligencia, espíritu, memoria y, a veces (como en la *Odisea*, VI, 320), sabiduría; (2) como el pensamiento objetivo, la inteligencia objetiva; (3) como una entidad (penetrada de inteligencia) que rige todos los procesos del universo. El sentido (1) es frecuente en Aristóteles, quien concibe el *nous* como la parte superior del alma, ψυχή. Siendo, empero, esta parte común a todos los seres inteligentes, se objetiva hasta convertirse en el entendimiento (VÉASE) agente y con ello adquiere la significación (2). En esta conexión se ha traducido con frecuencia νοῦς por *intellectus,* y se ha definido como un hábito del alma y a veces como la propia alma en tanto que unidad de todas sus actividades. En algunas ocasiones (como en San Agustín), el *nous* representa la vida interna del espíritu, y en este sentido equivale a la *mens*. El sentido (3) es el propio de Anaxágoras. La combinación del sentido (3) con el (2) se halla con frecuencia en los neoplatónicos. Así lo vemos en Plotino, para quien el νοῦς es la segunda hipóstasis emanada de lo Uno y emanadora del Alma del Mundo. El *nous* plotiniano es, pues, el acto primero del Bien, y es a lo Uno como el círculo es al centro del círculo. El *nous* es concebido entonces con frecuencia como la visión (inteligible) del principio, de lo Uno, constantemente vuelta hacia él. No es, sin embargo, pura forma: el *nous* tiene materia y forma, aunque su materia es también de carácter inteligible. Para algunos neopitagóricos el νοῦς es la unidad de las ideas (y de los números, o de los «números-ideas», o «ideas-números»). Según Numenio de Apamea considerado por algunos como neopitagórico y por otros como un antecedente del neoplatonismo, hay en el «segundo Dios» una tríada: el primer νοῦς, el cual «piensa por deseo del segundo Dios»; el segundo νοῦς, relacionado con el primero y creador (por el deseo) del tercero; y un tercer νοῦς, relacionado con el pensamiento humano (K. S. Guthrie, *Numenius of Apamea, The Father of Neo-platonism*, Londres, 1914, Fr. XXXIX, pág. 40).

O

O. La letra mayúscula 'O' (segunda vocal del término *nego*) es usada en la literatura lógica para representar simbólicamente la proposición particular negativa, *negatio particularis,* uno de cuyos ejemplos es la proposición:

Algunos hombres no son morales.

En textos escolásticos se halla con frecuencia el ejemplo (dado por Boecio):

Aliquis homo non est iustus,

y en multitud de textos lógicos la letra 'O' sustituye al esquema 'Algunos S no son P', sobre todo cuando se introduce el llamado cuadro de Oposición.

En los textos escolásticos se dice de O que *negat particulariter,* niega particularmente. La letra 'O' se usa asimismo con frecuencia en la doctrina de las proposiciones modales en vez de 'U'.

Łukasiewicz usa a veces 'O' para representar el cuantificador particular negativo. 'O' se antepone a las variables '*a*', '*b*', '*c*', etc., de modo que '*Oab*' se lee 'algún *a* no es *b*' o '*b* no pertenece a algún *a*'.

Obligación. El término 'obligación' es usado con frecuencia, en ética, como sinónimo de 'deber'. En otros casos se usa 'obligación' como uno de los rasgos fundamentales –si no el rasgo fundamental– del deber. Se supone que el deber «obliga», es decir, que «traba» –lo que indica precisamente el sentido etimológico de 'obligación' en su raíz latina *obligatio (ob-ligatio)*–. Se estima, en suma, que los deberes son «obligatorios», esto es, que atan o traban a la persona en el sentido de que ésta está «forzada» (obligada) a cumplirlos.

La noción ética de obligación puede aplicarse a una sola persona, ya que nada impide decir que una sola persona, en cuanto entidad moral, tiene que cumplir el deber, es decir, está obligada a cumplirlo. Pero se suele aplicar a una comunidad de personas, y hasta se indica a veces que la noción de obligación es básicamente interpersonal. En cualquiera de los dos casos se distingue entre la necesidad de la obligación y otros tipos de necesidad –tal como, por ejemplo, la llamada «necesidad natural»–. En efecto, suponiendo que haya esta última no puede decirse que sea propiamente obligatoria, porque la necesidad natural no puede dejar de cumplirse. En cambio, la obligación moral puede dejar de cumplirse sin por ello dejar de ser forzosa. La obligación moral es, pues, necesaria en otro sentido que otro tipo de forzosidades. Se plantean con respecto a la obligación moral problemas muy semejantes a los que se plantean con respecto al deber, y especialmente dos problemas: el del fundamento de la obligación y el del conocimiento (y consiguiente aceptación) de la obligación. En cuanto al conocimiento (y aceptación) de la obligación, se han propuesto varias teorías, tales como: se conoce (y acepta) que algo es obligatorio porque se trata de un acto que se viene ejecutando «normalmente»; se conoce (y acepta) que algo es obligatorio porque responde a la llamada «ley moral» o a ciertos «principios prácticos» intuitivamente evidentes, etc. Es conveniente distinguir, en todo caso, entre el llamado «sentido» (o «sentimiento») de la obligación y un juicio de valor respecto a si algo es o no obligatorio. En efecto, aunque se puede haber dicho «sentido» a causa de un juicio de valor, puede también en principio haber un juicio de valor sin estar acompañado del correspondiente «sentido» o «sentimiento» de la obligación.

Obligatio. En lógica, *obligatio* fue usado por varios autores medievales (por ejemplo, Guillermo de Occam, Gualterio Burleigh, Alberto de Sajonia, Guillermo Shyreswood) en tratados titulados *De obligatione, De arte obligatoria, De arte exercitativa*. En estos tratados se establecían reglas para la disputa, comenzando con la llamada *positio* –que consistía en «sentar una proposición»– y siguiendo con *obligationes* tales como la llamada *petitio* –que consistía en «pedir» al interlocutor admitir la proposición, etc.–. Aunque las reglas de *obligatio* parecen haber nacido de la disputa y de la elaboración de ciertos pasajes de la *Prior Analytics* de Aristóteles, no pueden considerarse como simples reglas para «disputar». Los autores de tratados *de obligatione* insistieron cada vez más en el aspecto «formal» de los diversos «pasos» a seguir en una disputa. Así, la citada *positio* requería condiciones lógicas tales como que no hubiese en ella ninguna contradicción. Por eso Ph. Boehner ha indicado que hay en los tratados *de obligatione* elementos parecidos a los de la axiomática moderna.

Observación. Es corriente considerar que la observación es una de las bases del conocimiento. Muchos filósofos han hablado de la observación y han puesto de relieve cuán necesaria es para el desarrollo y afianzamiento del saber. Algunos –como Aristóteles, Occam, Francis Bacon, Berkeley y John Stuart Mill– han tratado la noción de observación con particular detalle. En general, cabe decir que los filósofos de tendencia empirista han prestado especial atención a la noción de observación.

La observación puede ser interna –si se admite la posibilidad de introspección– o externa; a esta última se refiere casi siempre la noción de observación en las ciencias. Aunque en éstas deben incluirse no sólo las ciencias naturales y sociales, sino también la historia, el tratamiento de la noción de observación ha predominado en los trabajos de metodología y epistemología de las ciencias naturales.

La observación es primordialmente observación de fenómenos o datos. Las expresiones 'fenómenos' y 'datos' pueden entenderse en sentidos más o menos amplios. Algunos autores tienden a restringir la observación a la observación de propiedades fenoménicas, generalmente cualidades sensibles. Otros extienden la observación a complejos de fenómenos, generalmente titulados «hechos» (véase HECHO), tal como el hecho de que en un momento determinado se empieza a ver la imagen de una película sacada mediante una cámara Polaroid, el hecho de que el agua y el aceite no se mezclan, etc. Algunos autores, que hablan de «hechos fenomenológicos» o que se inclinan hacia el empirismo (VÉASE) absoluto de la fenomenología (VÉASE), admiten una observación de tales hechos, pero el término 'observación' se entiende entonces en sentido distinto de los demás indicados.

Tradicionalmente se ha distinguido entre la mera observación y la observación dirigida o controlada, en la cual pueden tenerse en cuenta variables y enfocar la atención sobre las variables independientes.

Se ha distinguido a veces entre fenómenos directamente observables y fenómenos no observables directamente, pero la expresión 'directamente' no es siempre muy clara. Si se ve un objeto a simple vista se dice que es observado directamente. ¿Qué ocurre cuando se necesitan gafas para verlo? ¿O un microscopio? Evidentemente, cabe hablar entonces de observación «directa» por medio de instrumentos. Por otro lado, cuando se observan, sea «directamente», sea por medio de instrumentos, trazas de un fenómeno, no es tan claro que pueda hablarse de observación, siquiera indirecta; es más plausible hablar de inferencia. Sin embargo, como las tituladas «entidades teóricas» son asimismo inferidas, habría que concluir que las entidades teóricas son observables, por indirectamente que sean, mediante instrumentos, lo que se ve prestaría a confusiones.

Ontología. Lo que Aristóteles llamó «filosofía primera» y luego se llamó «metafísica» parece tener dos temas de estudio. Uno es, como Aristóteles lo llamó, «el ser como ser» (véase SER) o «el ente en cuanto ente». En este caso se toma «el ser» en toda su generalidad, independientemente de qué clase de «ser» se trate: puede ser finito o infinito, material o no material, etc. El otro tema de estudio es «el ser» o «el ente» por antonomasia, es decir, aquel ser o ente principal del cual dependen, o al cual están subordinados, los demás entes. En este caso, paradójicamente, «el ser» de referencia es menos general, pero es más básico. Clásicamente, este último ser es Dios, o el objeto de la teología.

La metafísica ha oscilado tradicionalmente entre ambos temas de estudio. Bajo el mismo nombre se ha tratado la metafísica como lo que se llamó luego «metafísica general» y como lo que se llamó también luego «metafísica especial» –o una cualquiera de las «metafísicas especiales»–. Como metafísica general se estudia el ser como ser o ser «comunísimo»; como metafísica especial se estudian temas como Dios, el alma, etc.

La necesidad de distinguir entre estos dos temas de estudio mediante dos distintos nombres se hizo sentir en el siglo XVI. Autores como Suárez y Fonseca estudiaron la metafísica en todos los sentidos, pero prestaron gran atención a la metafísica como una disciplina general de carácter «formal». Algunas veces esta disciplina general de carácter formal fue llamada de nuevo, como Aristóteles hizo, «filosofía primera». A comienzos del siglo XVII se empezó a proponer un nombre para este tipo de metafísica: 'ontología'. Reseñaremos acto seguido la historia de este término.

El primero que lo usó, en la forma griega ὀντολογία, fue Rudolf Goclenius en su *Lexicon philosophicum quo tanquam clave philosophiae fores aperiuntur* (1613), pág. 16, pero limitándose a indicar: «ὀντολογία, *philosophia de ente*». Veintitrés años después, el término ὀντολογία (que se usó luego con más frecuencia en la transcripción latina *ontologia*) fue empleado por Abraham Calovius (Calov) en su *Metaphysica divina, a principiis primis eruta, in abstractione Entis repraesentata, ad S. S. Theologicam applicata monstrans, Terminorum et conclusionum trascendentium usum genuinum abusum a hereticum, constans* (1616) [reimp. en los *Scripta philosophica* (1654), del mismo autor]. Según Calovius, la *scientia de ente* es llamada *Metaphysica* con respecto al «orden de las cosas», *a rerum ordine*, y es llamada (más propiamente) ὀντολογία con respecto al tema u objeto mismo, *ab objecto proprio*. En su obra titulada *Rationalis et realis philosophia* (1642), Juan Caramuel de Lobkowitz introdujo el término equivalente ὀντὸσοφία (que usó también, en la transcripción latina *ontosophia*, como equivalente a *ontologia*). El objeto de la metafísica, escribió Caramuel, es el *ens*, y se llama ὀντοσοφία porque es ὄντος σοφία, es decir, *entis scientia*. Caramuel parece haber tenido una más clara idea de la naturaleza y requisitos de la «ontología-ontosofía» de la que tuvo Calovius (véase J. Ferrater Mora, «On the Early History of Ontology», *Philosophy and Phenomenological Research*, XXIV [1963-64], págs. 36-47).

Se ha dicho con frecuencia –el propio autor de la presente obra lo dijo en ediciones anteriores de la misma– que el primer autor que usó términos como *ontologia* y *ontosophia* fue Johannes Clauberg en sus *Elementa philosophiae sive ontosophia, scientia prima, de iis quae Deo creaturisque seu modo communiter attribuntur* (1647). Hemos visto que ello no es cierto. El propio Clauberg reconoce la precedencia de Calovius y Caramuel de Lobkowitz al respecto *(op. cit.,* pág. 278 [la precedencia de Goclenius tiene escasa significación filosófica; menos aún la tiene la a veces mencionada de Jacobus Thomasius en su *Schediasma historicum*, de 1655]). Pero es cierto en todo caso que Clauberg destacó la importancia de la *Ontologia* –u *Ontosophia*–. La obra referida se divide en cuatro partes que tratan: (1) de los prolegómenos que dan razón de la «ciencia primera»; (2) de la didáctica o método de tal ciencia; (3) del uso de la misma en las demás facultades y en todas las ciencias, y (4) de la diacrítica o diferencia entre ella y las otras disciplinas. Según Clauberg, la *ontosophia* (u *ontologia*) es una *scientia prima* que se refiere (por analogía y no unívocamente) tanto a Dios como a los entes creados. Se trata de una *prima philosophia*, superponible a la πρώτη φιλοσοφία de Aristóteles, es decir, de una *scientia quae speculantur Ens, prout Ens*. En 1656, Clauberg publicó una obra titulada *Metaphysica de Ente, qua rectitus Ontosophia*, en la que define la *ontosophia* como *quaedam scientia, quae contemplatur ens quatenus ens est*. Se trata de la misma ciencia que es llamada «comúnmente» *Metaphysica*, pero que sería «más apropiado» llamar *Ontologia* o *scientia Catholica, eine allgemeine Wissenschaft, & Philosophia universalis*. El *ens* de que trata la *ontologia* puede ser considerado como pensado *(intelligibile)*, como algo *(aliquid)* y como la cosa *(substantia)*. No podemos detenernos aquí en varias interesantes reflexiones de Clauberg de las que parece deducirse que la *ontologia* es como una «noología», cuando menos en cuanto que la *ontologia* trata de *Alles was nur gedacht und gesagt werden kann* (como escribe Clauberg, en alemán, dentro de la obra latina –costumbre, por lo demás, cada vez más frecuente en obras filosóficas académicas alemanas del siglo XVIII–. En 1694 Clauberg publicó una edición anotada de los antes indicados *Elementa philosophiae sive ontosophia*, con el título *Ontosophia, quae vulgo Metaphysica vocatur* (conteniendo como apéndice un escrito titulado *Logica contracta*). En dicha obra indica Clauberg que el nombre *ontosophia*, «aunque no fue del gusto de las gentes doctas en las letras griegas, hizo su camino en el público», y luego reiteró las ideas expresadas en los *Elementa* y los nombres usados en la *Metaphysica de Ente*.

Las «gentes doctas en las letras griegas» eran posiblemente humanistas y filólogos; «el público» no puede ser otro que el «público filosófico». Y, en efecto, este «público» respondió con simpatía al nuevo vocabulario. En 1653, J. Micraelius publicó un *Lexicon philosophicum terminorum philosophis usitatorum*, del que se publicó una segunda edición en 1662. Aunque no introdujo ningún artículo sobre «Ontología» u «Ontosofía», habló de ὀντολογία en el artículo «Philosophia». La ὀντολογία fue definida por Micraelius como una *peculiaris disciplina philosophica, quae tractat de ente*, si bien añadió: *quod tamen ab aliis statuitur objectum ipsius metaphysica*, lo que pareció un «retroceso» con respecto a Clauberg, y aun con respecto a Caramuel, ya que superponía *ontologia* a *metaphysica*. En 1692, Étienne (Stephanus) Chauvin publicó un *Lexicon philosophicum* (que lleva bajo cubierta el siguiente título: *Lexicon rationale sive Thesaurus philosophicus ordine alphabetico digestus*, lo que explica que se lo haya citado a veces con el nombre *Lexicon philosophicum* y a veces con el nombre de *Lexicon rationale).* En esta obra, y en una segunda edición, aumentada, publicada en 1713, Chauvin introdujo un artículo sobre «Ontosophia», la cual definió del modo siguiente: *Ontosophia...* σοφία ὄντος *sapientia seu scientia entis. Alias Ontologia, doctrina de ente.* Pero la mayor información sobre la «ontosophia» se halla no en el artículo «Ontosophia», sino en el artículo «Metaphysica» de la misma obra. En él escribe Chauvin que la *metaphysica* como *catholica scientia seu universalis quaedam Philosophia*, es llamada por algunos *Ontosophia* u *Ontologia*, y estima que este uso es más apropiado por ser realmente *scientia entis, quatenus est ens.* La *ontosophia* es σοφία ὄντος, o sea *sapientia seu scientia entis.* La *ontologia* es λόγος ὄντος, *sermo seu doctrina de ente.* Según Chauvin, la *ontosophia* parece ser propiamente la doctrina o ciencia del ente, y la *ontologia* parece ser un sistema que incluye el método a usar en la doctrina del ente.

Leibniz usó *Ontologia* en su «Introductio ad Encyclopaediam arcanan» *(apud* L. Couturat, ed. *Opuscules et fragments inédits de Leibniz*, 1903, pág. 512), definiéndola como *scientia de aliquo et nihilo, ente et non ente, re et modo rei, substantia et accidente.* M. Grabmann *(Mittelalterliches Geistesleben*, I, 1926, pág. 547) indica que Jean Baptiste Du Hamel usó el término *ontologia* en su obra *Philosophia vetus et nova, ad usum scholae accommodatae, in regia Burgundia olim pertractata* (editio 3 multo emendiator), 2 vols., 1684, a veces llamada *Philosophia Burgundica*. Esto es cierto, pero también lo es que Du Hamel no parece dar gran importancia al nombre y a lo que él pueda significar. Menos interés muestra Du Hamel al respecto en la primera y segunda ediciones de dicha *Philosophia Burgundica*, tituladas respectivamente *De consensu veteris et novae philosophiae libri duo* (1663) y *De consensu veteris et novae philosophiae libri quator, seu Promotae per experimenta philosophiae pars prima* (1675). Por otro lado, Antonio Genovesi [Genovese] usó *ontosophia* en su obra *Elementa metaphysicae mathematicum in morem adornata. Pars prior. Ontosophia* (1743), y Francis Hutcheson usó el término *ontologia* en su *Synopsis Ontologiam et Pneumatologiam complectens* (1742; 2.ª ed., 1744; 3.ª ed., 1749; 4.ª ed., 1756; 5.ª ed.,

1762; 6.ª ed., 1774). *Ontologia* fue introducida como término técnico en filosofía por Jean Le Clerc, en el segundo tratado, titulado «Ontologia sive de ente in genere», de sus *Opera philosophica in quatuor volumina digesta* (5.ª ed., 1722) (Julián Marías opina que sólo Jean Le Clerc o Ionannis Clericus [1657-1737], puede ser considerado como un verdadero precursor de Wolff, pero la «prehistoria» del término «ontología» que hemos bosquejado antes parece desmentir esta suposición).

En todo caso, fue Wolff quien sintetizó y popularizó la «ontología» en su *Philosophia prima sive ontologia methodo scientifica pertracta, qua omnes cognitionis humanae principia continentur* (1730). Wolff define la *ontologia seu philosophia prima* como una *scientia entis in genere, quatenus ens est (Ontologia,* § 1). La *ontologia* emplea un «método demostrativo» (es decir, racional y deductivo) *(ibid.,* § 2), y se propone investigar los predicados más generales de todos los *entes* como tales *(ibid.,* § 8). Siguiendo las huellas de Wolff –el cual, según Pichler, siguió fundamentalmente a Clauberg (en sus *Elementa)* y a Leibniz (en su «De primae philosophiae emendatione», publicado en las *Acta eruditorum,* 1694), a tenor del propio Wolff *(Ontologia,* § 7)–, Baumgarten habló de la *ontologia* en su *Metaphysica* (1740), llamándola también *ontosophia, metaphysica, metaphysica universalis, architectonica, philosophia prima,* como «la ciencia de los predicados más abstractos y generales de cualquier cosa» *(Metaphysica,* § 4) en cuanto pertenecen a los primeros principios cognoscitivos del espíritu humano *(ibid.,* § 5).

Esta prehistoria del término 'ontología' permite comprender, entre otras cosas, la posición de Kant con respecto a Wolff y hasta el hecho de que la «prueba anselmiana» fuera llamada por Kant con el nombre con que hoy generalmente se la conoce: «prueba ontológica» (véase ONTOLÓGICA [PRUEBA]). Pero, en rigor, Kant se dirigió menos contra la «ontología» que contra la pretensión de erigir semejante «ciencia primera» sin una previa exploración de los fundamentos de la posibilidad del conocimiento, es decir, sin una previa «crítica de la razón».

En todo caso, es notorio que los autores que usaron 'ontología' u 'ontosofía' tendieron a destacar el carácter «primario» de esta ciencia frente a cualquier estudio «especial». Por eso si la ontología pudo seguir siendo identificada con la metafísica, lo fue con una «metafísica general» y no con la «metafísica especial». La ontología fue –cuando menos en la llamada «escuela de Leibniz-Wolff»– la primera ciencia racional por excelencia; por eso la *ontologia* como *ontologia rationalis* podía preceder a la *cosmologia rationalis*, a la *psychologia rationalis* y a la *theologia rationalis*. Por medio del nombre 'ontología' se designaba el estudio de todas las cuestiones que afectan al llamado *sermo de ente,* es decir, al conocimiento de los «géneros supremos de las cosas». La superposición de la ontología con la metafísica *general* representaría ya, por lo tanto, un primer paso hacia aquel mencionado proceso de divergencia de las significaciones en los vocablos 'metafísica' y 'ontología'. En efecto, todo lo que se refiere al «más allá» del ser visible y directamente experimentable, quedaría como objeto de la «metafísica especial», que sería, efectivamente, una *transphysica*. La «metafísica general u ontología» se ocuparía, en cambio, sólo de «formalidades», bien que de un formalismo distinto del exclusivamente lógico. Tal aceptación es patente sobre todo en aquellas direcciones de la neoescolástica del siglo XIX que de algún modo tuvieron –cuando menos terminológicamente– contactos con el wolffismo. En todo caso, la citada expresión ha adquirido ya carta de naturaleza dentro de la neoescolástica. Por eso su nombre ha sido aplicado retroactivamente a todas las investigaciones sobre las determinaciones más generales que convienen a todos los entes, los trascendentales. Esta referencia a los trascendentales explica, por lo demás, el sentido en que fue tomada la ontología por Kant, quien pudo llegar a concebirla como el estudio de los conceptos *a priori* que residen en el entendimiento y tienen su uso en la experiencia.

Ahora bien, la misma imprecisión que rige en la cuestión de los trascendentales hace que la ontología sea entendida de maneras diferentes. Por un lado, es concebida como ciencia del ser en sí, del ser último o irreductible, de un *primo ens* en que todos los demás consisten, es decir, del cual dependen todos los entes. En este caso, la ontología es verdaderamente metafísica, esto es, ciencia de la realidad o de la existencia en el sentido más propio del vocablo. Por otro lado, la ontología parece tener como misión la determinación de aquello en lo cual los entes consisten y aun de aquello en que consiste el ser en sí. Entonces es una ciencia de las esencias y no de las existencias; es, como se ha precisado últimamente, teoría de los objetos. Algunos autores señalan que esta división entre la ontología en tanto que metafísica y la ontología en tanto que ontología pura (o teoría formal de los objetos) es extremadamente útil en la filosofía, y que el único inconveniente que presenta es de carácter terminológico; en efecto, arguyen tales críticas, conviene usar el vocablo 'ontología' sólo para designar la ontología como ciencia de puras formalidades y abandonarlo por entero cuando se trata de la metafísica. La invención del término 'ontología' ha expresado ya por sí misma la necesidad de tal distinción. Otros autores, en cambio, estiman que la división es inaceptable, y hasta deplorable, pues rompe la unidad de la investigación del ser *(esse)*, tema de la metafísica y de la ontología o, si se quiere, de la metafísica-ontología.

Como disciplina especial de la filosofía la ontología ha sido cultivada durante los siglos XVIII y XIX no sólo por autores que han seguido la tradición escolástica y la escuela de Wolff (o ambas), sino por otros autores y tendencias. Así ocurre con Herbart (donde la ontología es la ciencia que investiga el ser de los «reales»). Con Rosmini, que hace de las ciencias ontológicas las ciencias que estudian el ser como es, a diferencia de las ciencias deontológicas que estudian el ser como debe ser, etc.

Nos referiremos a continuación a diversos modos de entender la ontología en el siglo XX (prescindiendo de las definiciones escolásticas a que hemos ya aludido).

Para Husserl, que considera nuestra disciplina como una ciencia de esencias, la ontología puede ser formal o material. La ontología formal trata de las esencias formales, o sea de aquellas esencias que convienen a todas las demás esencias. La ontología material trata de las esencias materiales y, por consiguiente, constituye un conjunto de ontologías a las cuales se da el nombre de ontologías regionales. Ahora bien, la subordinación de lo material a lo formal hace, según Husserl, que la ontología formal implique al mismo tiempo las formas de todas las ontologías posibles. La ontología formal sería el fundamento de todas las ciencias; la material sería el fundamento de las ciencias de hechos, pero como todo hecho participa de una esencia, toda ontología material estaría a su vez fundada en la ontología formal.

Para Heidegger, hay una ontología fundamental que es precisamente la metafísica de la Existencia. La misión de la ontología sería en este caso el descubrimiento de «la constitución del ser de la Existencia». El nombre de fundamental procede de que por ella se averigua aquello que constituye el fundamento de la Existencia, esto es, su finitud.

Pero el descubrimiento de la finitud de la Existencia como tema de la ontología fundamental no es para Heidegger más que el primer paso de la metafísica de la Existencia y no toda la metafísica de la Existencia. La ontología es, en realidad, única y exclusivamente, aquella indagación que se ocupa del ser en cuanto ser, pero no como una mera entidad formal, ni como una existencia, sino como aquello que hace posibles las existencias. La identificación de la ontología con la metafísica general ha de encontrar en esta averiguación del ser como trascendente la superación de las limitaciones a que conduce la reducción de la ontología a una teoría de los objetos o a un sistema de categorías.

Para Nicolai Hartmann, en cambio, la justificación de la ontología consiste no en la pretensión de resolver todos los problemas, sino en el reconocimiento de lo que es metafísicamente insoluble. Por eso propone distinguir entre la antigua ontología sintética y constructiva, propia de los escolásticos y racionalistas, que pretende ser una lógica del ente y un paso continuo de la esencia a la existencia, y la ontología analítica y crítica, que se ocupa de situar en su lugar lo racional y lo irracional, lo inteligible y lo transinteligible, más allá de todo racionalismo, irracionalismo, realismo o idealismo. El ente de que esta ontología trata, dice Hartmann, tiene un carácter mucho más general que el ser limitado de las teorías metafísicas aprioristas, pues abarca cuanto es y averigua en todos los casos las determinaciones que corresponden a todas las esferas de lo real.

El uso del término 'ontología' no se limita, como a veces se supone, a ciertos grupos de filosofías (racionalismo moderno, neoescolasticismo, fenomenología, filosofía de la existencia, etc.). Se ha empleado también por filósofos de otras tendencias. Mencionaremos a continuación tres casos. El primero, el de J. Feibleman; el segundo, el de Lesniewski; el tercero, el de Quine. En relación con el último uso reseñaremos brevemente la discusión entre Quine y Carnap acerca de la legitimidad o ilegitimidad de plantearse cuestiones ontológicas, pues esta polémica arroja luz sobre el estatus de la ontología.

Feibleman presenta una «ontología finita» destinada a mediar entre la actitud metafísica y la actitud positivista; se trata, como dice el mencionado autor, de un «positivismo ontológico». La ontología se convierte así en una serie de postulados que, aunque primariamente de carácter formal, son capaces de constituir una red conceptual que aprehenda la realidad. La ontología es entendida así como una «construcción» dentro de la cual adquieren sentido ciertos fundamentales conceptos metafísicos, tales como los de realidad, esencia, existencia, etc. Es una disciplina fundamental previa a toda investigación filosófica y científica.

Stanislaw Lesniewski ha llamado «ontología» a la teoría y cálculo de clases y relaciones. La ontología se distingue, según Lesniewski, de la prototética (o cálculo proposicional) y de la mereología (o álgebra de clases, con exclusión de la clase nula). El desarrollo de la ontología da lugar a una «axiomática ontológica». Según Kotarbinski y Leon Chwistek, la ontología de Lesniewski, no obstante su carácter lógico-formal, tiene estrechas relaciones con varias partes de la filosofía aristotélica.

Quine ha distinguido en la «semántica» entre la teoría del significado (que podría, a su vez, llamarse «semántica») y la teoría de la referencia. La teoría del significado incluye, entre sus conceptos, además del de significado, el de sinonimia (igualdad de significado), significación (o posesión de significado), analiticidad (o verdad en virtud del significado) e implicación (o analiticidad del condicional). La teoría de la referencia incluye, entre sus conceptos, el de «nombramiento» *(naming)*, el de verdad, el de denotación (o verdad de), el de extensión y el de valores de variables *(From a Logical Point of View,* 1953, pág. 130). La noción de «compromiso ontológico» pertenece a la teoría de la referencia (por tanto, no a la teoría del significado). Dada una teoría, cabe preguntar por su ontología, pero también por su «ideología» (por las ideas que pueden expresarse en ella). No hay correspondencia simple entre la ontología de una teoría y su ideología: «dos teorías pueden tener la misma ontología y distinta ideología *(ibid.,* pág. 131). Quine entiende por 'ontología' la «ontología de una teoría».

El autor de la presente obra ha usado 'ontología' –a diferencia de, e incluso en oposición a, metafísica– para designar toda investigación –compuesta primariamente de análisis conceptual, crítica y propuesta o elaboración de marcos conceptuales– relativa a los modos más generales de entender el mundo, esto es, las realidades de este mundo. A su entender, las investigaciones ontológicas deben estar en estrecha relación con trabajos científicos, no habiendo una línea claramente divisoria entre hipótesis científicas de cierto grado de generalidad e hipótesis ontológicas. El renovado uso del término 'ontología' aparece asimismo en otros autores contemporáneos. Mencionamos entre ellos a Ernest Nagel y a Gustav Bergmann. Este último señala que el 'Hay (existe)' cuantificado no tiene mucho que ver con la «existencia» de que habla la ontología tradicional, y propone un «patrón ontológico» –a su entender más preciso que el de Quine– constituido por un lenguaje ideal (una ficción) susceptible de aclarar muchos problemas filosóficos. En cambio, R. Carnap ataca el problema de las cuestiones «llamadas falsamente ontológicas» mediante una distinción entre «'cuestiones' internas» y «'cuestiones' externas». Las primeras son las que se suscitan dentro de un «marco» cualquiera («marcos» de entidades tales como «el mundo de las cosas», «el sistema de los números», «las proposiciones», etc.). Preguntar: «Este x, ¿es real o imaginario?», «¿Hay un número primo mayor que 100?», etc., son cuestiones internas. En cambio, las «'cuestiones' externas» se refieren al marco mismo: «¿Existe el mundo real?» (o mejor: «¿Existe la 'cosa mundo' misma?»), «¿Qué clase de ser tienen los números –entidades subsistentes, seres ideales, trazas sobre el papel con los cuales se calcula–?». Estas cuestiones deberían contestarse aparentemente mediante una investigación que «trascendiese» los «objetos internos». Mas no es éste el caso, según Carnap. Las «'cuestiones' externas» se refieren a asuntos desprovistos de contenido cognoscitivo y no son propiamente teóricas; son una *decisión* que el filósofo toma sobre el uso de un «lenguaje», de modo que su formación *como pregunta teórica* es ambigua y «desencaminadora». Las «'cuestiones' externas» (pseudo-ontológicas) no son propiamente «cuestiones» que necesiten justificación teórica porque «no implican ninguna aserción acerca de una realidad». La «cuestión» se reduce a la introducción o no introducción, aceptación o denegación de determinadas «formas lingüísticas» que, siguiendo el vocabulario anterior, llamaremos «marcos». Sólo así, piensa Carnap, se podrán admitir variables de tipos abstractos sin necesidad de adherirse al «platonismo» o a ninguna otra doctrina «ontológica». Carnap se opone, así, a la acusación de «realismo» hecha por Quine y otros autores, y niega que sea legítimo aplicar el término 'ontología' a la elección de una forma lingüística. El problema del estatus de las «entidades abstractas» como cuestión semántica se halla, según Carnap, sometido a las mismas restricciones apuntadas para el problema del «marco»: sólo las «aserciones internas» pueden ser justificadas, ya sea empíricamente, ya sea lógicamente (pues Carnap sigue manteniendo una clara distinción entre las dos justificaciones, a diferencia de Quine, que no admite los límites tajantes entre verdad lógica y verdad fáctica). Todo el error consistiría, pues, en tratar las «'cuestiones' externas» (que no son propiamente «cuestiones») como «'cuestiones' internas», en vez de referirlas a decisiones últimamente justificables por su resultado. El «principio de tolerancia» (en las formas lingüísticas) ha sido invocado una vez más por Carnap sin más restricciones que la cautela y el espíritu crítico en las operaciones asertivas.

Ontológica (prueba). La prueba de San Anselmo para la existencia de Dios ha sido llamada desde Kant prueba ontológica –y también argumento ontológico–. Aunque con razón se considera esta expresión por lo menos como «desencaminadora» y se propone muchas veces restablecer el nombre de «prueba anselmiana», el hecho de que se haya seguido empleando en la mayor parte de los textos filosóficos el nombre que le dio Kant hace conveniente limitarse a este uso. Como una de las demostraciones tradicionales de la existencia de Dios, tendría que ser examinada en el artículo correspondiente (véase DIOS. *III. Prueba de su existencia*). Por su capital importancia, sin embargo, la tratamos aquí separadamente.

Tal como fue formulada, especialmente en los cuatro primeros capítulos del *Proslogion,* la prueba se desarrolla como sigue: San Anselmo –para quien, como es sabido, la fe requiere el entendimiento, en virtud de que Dios da el entendimiento a la fe– señala en el Cap. II que, según los *Salmos* (XIV, 1), el necio dijo en su corazón: no hay Dios. Este Dios es algo mayor que lo cual nada puede pensarse. Pero cuando el necio oye esta expresión entiende lo que oye y lo que entiende «está en su entendimiento» aun cuando no entienda que ese algo mayor que lo cual nada puede pensarse exista. Pues una cosa es la presencia de algo en el entendimiento, y otra cosa es entender que lo que está en el entendimiento existe. Ahora bien, el necio debe admitir que lo que oye, y entiende, está en el entendimiento. Pero, además, ha de estar en la realidad. En efecto, si sólo estuviese en el entendimiento aquello de que no puede pensarse nada mayor, no sería lo mayor que puede pensarse, pues le faltaría para ello ser real. «Si aquello mayor que lo cual no puede pensarse nada –dice San Anselmo– está en el entendimiento únicamente, aquello mismo mayor que lo cual nada puede ser pensado será algo mayor que lo cual es posible pensar algo.» Por lo tanto debe existir, tanto en el entendimiento como en la realidad, algo mayor que lo cual puede pensarse, y este algo es precisamente Dios.

Las diferentes formas asumidas por la prueba son la repetición desde diversos ángulos de la misma serie de argumentos. «Si puede pensarse la inexistencia de algo mayor que lo cual no puede pensarse nada, aquello mismo mayor que lo cual nada puede ser pensado no es algo mayor que lo cual nada puede ser pensado; y eso resulta contradictorio. Así, pues, es tan cierto que existe algo mayor que lo cual no puede pensarse cosa alguna, que es imposible pensar que no exista.» Así dice el Cap. III del *Proslogion*. Y el Cap. IV refuerza la argumentación: «Si, o mejor dicho, puesto que verdaderamente pensó (ya que dijo en su corazón) y a la par no dijo en su corazón (ya que no pudo pensar), resulta que no hay un solo modo de decir en el corazón o de pensar. En efecto, no se piensa una cosa del mismo modo cuando se piensa la palabra que significa, que cuando se entiende la misma esencia de la cosa. Pues del primer modo es posible pensar que Dios no existe, pero del segundo modo no lo es, ni mucho menos. Por lo tanto, nadie que entienda lo que es Dios puede pensar que Dios no es, a no ser que él diga esas palabras en su corazón sin ningún significado o con algún significado extraño. Porque Dios es aquello mayor que lo cual no puede pensarse cosa alguna. El que bien entiende esto, también entiende que Dios existe, de modo que la posibilidad de su inexistencia no cabe en el pensamiento. Luego, el que entiende que Dios existe de ese modo no puede pensar que Dios no existe» (trad. Labrousse).

Aparte los argumentos a favor de la prueba anselmiana y contra ella a que nos referimos luego sumariamente, la prueba en cuestión ha sido objeto de muchas discusiones respecto a lo que propiamente dice, o significa, y también respecto a si es una sola prueba, o son varias pruebas, enlazadas o no entre sí. Las discusiones en cuestión han llegado hasta nuestra época. Para dar sólo un ejemplo de discusión reciente, mencionamos la opinión de Norman Malcolm. Según este autor, hay en el *Proslogion* de San Anselmo dos distintos argumentos ontológicos: (1) Algo es «mayor» *(maius)* si existe que si no existe; (2) Algo es mayor si existe necesariamente que si no existe necesariamente. El argumento (1) dice Malcolm, se funda en la idea de que la existencia es una perfección; el argumento (2), en la idea de que la imposibilidad lógica de no existencia es una perfección. La «primera prueba» ha sido la que ha ocupado más a los filósofos que se han propuesto dilucidar la validez del argumento anselmiano. Muchos filósofos han entendido el argumento como la afirmación de que lo mayor que puede pensarse ha de ser real, pues de lo contrario, faltándole la realidad, no sería lo mayor que puede pensarse, sino simplemente la idea de lo mayor pensable. Lo mayor que puede ser pensado es también, por lo tanto, lo perfecto. Si se trata de un paso de la esencia a la existencia no es, pues, el paso de toda esencia a toda existencia, sino tan sólo el hecho de que, cuando se trata de un ser perfecto e infinito, la existencia está implicada por su esencia. Con esto se refuta ya por el mismo San Anselmo la objeción de Gaunilo en su *Liber pro insipiente*. El hecho de que una idea como la de isla perfecta no necesite estar en la realidad no es motivo suficiente, dice San Anselmo, para que deje de estar en ella la perfección infinita misma. Pues entre los dos tipos de perfección hay una diferencia fundamental: lo primero es lo perfecto en su género y es la cualidad de una cosa; lo segundo es lo perfecto en sí, y es la cosa misma.

Santo Tomás critica la prueba *(S. theol.,* I, q. II, a 1; también *Cont. gent.,* I, 2). Puesta en forma silogística, luego universalmente admitida por el tomismo, se concede la mayor (que por Dios se entiende el ser mayor que puede pensarse), pero se distingue la menor (que dejaría de ser lo mayor y más perfecto que se puede pensar si no existiera actualmente). En efecto, se concede que dejaría de ser lo sumo, pero el hecho de que si no tuviese existencia extramental dejaría de ser lo sumo es admitido sólo en el orden real, no en el orden ideal. Como hemos visto (DIOS. *III. Pruebas de su existencia),* la proposición 'Dios existe' es evidente en sí misma *(per se nota quoad se),* pero no respecto a nosotros *(quoad nos);* por lo tanto, puede demostrarse que Dios existe, pero no por una prueba *a priori,* ni *a simultaneo,* sino únicamente *a posteriori.* De ahí las célebres *quinque viae* que propone Santo Tomás; se parte en cada caso de un efecto, de un grado de perfección, etc., para llegar a la causa primera, al ser perfecto, etc. En las *Quaestiones super Sententiarum (Opus Oxoniense,* I, dist. 2, q. 2) Duns Escoto intenta, en cambio, una defensa de la prueba anselmiana, o de diversas formas de esta prueba, siempre que se proceda a modificarla *(colorari)* en algunos respectos. Según Duns Escoto, la prueba en cuestión puede ser modificada o retocada *(coloratur)* del siguiente modo: lo que existe, es más cognoscible que lo que no existe; es decir, puede ser conocido más perfectamente. Lo que no existe en sí mismo, o en algo más noble a lo cual agrega algo, no puede ser influido. Pero lo influible *(visible)* es más perfectamente cognoscible que lo no influible; por tanto, el ser más perfecto que pueda conocerse existe. Duns Escoto pone de relieve que para aceptar la prueba anselmiana hay que partir de que Dios es un ser cognoscible sin contradicción; sólo por ser «el ser mayor que puede pensarse» respecto a su esencia, será el «ser mayor» respecto a su existencia. Si el «ser mayor que puede pensarse» estuviese sólo en el entendimiento que lo piensa, podría a la vez existir (ya que lo pensable es posible) y no existir (ya que no le conviene existir por medio de una causa ajena). Para Guillermo de Occam (*Quodlibeta*, I, q. 1) el nombre 'Dios' puede describirse por lo menos de dos modos. Uno es: «Dios es algo más noble y perfecto que cualquier otra cosa distinta de Él». El otro es: «Dios es aquello más noble y perfecto que lo cual no hay nada». Si nos atenemos a la primera descripción, no puede probarse conclusivamente, dice Occam, que solamente hay un Dios. No es, en efecto, sabido con evidencia que Dios, entendido en este sentido, existe. La proposición «Dios existe» no es conocida por sí misma, ya que muchos dudan de ella. No puede ser probada partiendo de proposiciones conocidas por sí mismas, pues en todo argumento de este tipo habrá algo dudoso asumido por fe. Tampoco es conocido por experiencia. Si nos atenemos a la segunda descripción, no podemos probar con evidencia la unidad (unicidad) de Dios, y tampoco podemos probar con evidencia la proposición «La unidad (unicidad) de Dios no puede ser probada conclusivamente». En suma, ateniéndose a la segunda descripción no podemos probar que Dios existe. Que hay Dios, y que Dios es como proponemos que es, es algo que derivamos solamente de la fe *(hoc fide tantum tenemus)*.

La prueba anselmiana fue defendida por Descartes en varios pasajes de sus obras, y especialmente en las *Meditaciones* (III, V) y «Respuestas a las Objeciones» (I, II, IV y V). Hay diferencias entre la prueba anselmiana y la prueba cartesiana en las que no podemos detenernos aquí; sólo pondremos de relieve que Descartes insiste en la idea de infinitud, e indica que mientras es cierto que poseemos la idea de infinito, e inclusive que esta idea es más clara que la de lo finito, tal idea no puede haber surgido de un ser finito, sino que tiene que haber sido depositada en él por un ser infinito, es decir, Dios. Como dijo luego Malebranche, lo finito solamente puede verse a través de lo infinito y «desde» lo infinito. No se trata, pues, tanto de una prueba que va a la existencia partiendo de la esencia (de una cierta y única esencia), sino de la intelección de todo ser desde el nivel de la infinita esencia existente.

Leibniz defiende la prueba introduciendo su conocida corrección: no basta pasar de la idea de ser infinito y perfecto a la realidad, sino que hay que demostrar previamente su posibilidad. Pero como la posibilidad es demostrada, la realidad resulta patente. No hay que mencionar apenas que las direcciones empiristas rechazan enérgicamente la prueba, y que este rechazo se deduce fácilmente de los supuestos del pensamiento de Gassendi, y especialmente del de Locke y de Hume. La separación establecida por este último entre las proposiciones analíticas y las que se refieren a hechos sería suficiente para dar una base a la crítica de la prueba, pero, además, se advierte que un razonamiento *a priori* no puede producir cualquier entidad, ya que no hay ninguna experiencia limitante. En el fondo, por lo tanto, el supuesto último de la aceptación o rechazo de la prueba consiste en la ontología que cada uno de los pensadores tiene por base de su pensar. Una ontología realista está a favor de la prueba; una ontología nominalista, contra ella. Ahora bien, esta indicación no expresa tampoco las bases *específicas* desde las cuales la prueba es tratada. Ello acontece sobre todo en el caso de Santo Tomás y de Kant. El rechazo por Santo Tomás de la prueba anselmiana no es debido, por supuesto, a un nominalismo, ni tampoco a una idea del ser distinta de la tradicional: se trata más bien de una distinción –manifiesta en la menor– entre el ser tal como es concebido por nosotros (lo que se concede) y tal como es realmente (lo que se niega), pues en tal caso la evidencia sólo podría ser una verdad, *nota per se*. El rechazo de ella por parte de Kant, en cambio, es debido a que se pone de relieve con plena madurez una idea del ser en cuyo ámbito no puede inscribirse la prueba ontológica.

Kant escribió que «ser» *(Sein)* no es un predicado real, o sea un concepto de una cosa, sino la posición *(Setzung)* de la cosa o de ciertas determinaciones en sí mismas. «En el uso lógico –escribe Kant *(K. r. V.,* A 598/B 626)– no es más que la cópula de un juicio. La proposición *Dios es todopoderoso* contiene dos conceptos que tienen sus objetos: Dios y todopoderoso. El término *es* no es por sí mismo todavía un predicado, sino únicamente lo que *pone en relación* el predicado con el sujeto. Ahora bien, si yo tomo el sujeto (Dios) con todos sus predicados (en los que está asimismo incluida la omnipotencia), y digo que *Dios es* o que *Él es un Dios*, no añado ningún predicado nuevo (es decir, ningún concepto-predicado) al concepto de Dios; no hago sino poner el sujeto en sí mismo con todos sus predicados y al mismo tiempo, claro está, el *objeto* que corresponde a mi *concepto*. Ambos deben contener exactamente la misma cosa y, por lo tanto, no puede añadirse al concepto que expresa simplemente la posibilidad nada más por el hecho de que yo concibo (mediante la expresión *es)* el objeto como dado absolutamente.» En otros términos, lo real no contiene más notas que lo posible (pensado); cien táleros reales no contienen más (en mi pensar) que cien táleros posibles. Para que haya realidad debe haber un acto de «posición» de ella, sin que baste suponer que el objeto está contenido analíticamente en el concepto. Ahora bien, el hecho de que el ser no sea un predicado real trastorna de raíz la posibilidad misma de dar una significación a las proposiciones del argumento ontológico. Según Kant, que en esto estaría plenamente dentro de la línea de Hume, no puede haber separación entre la cosa y la existencia de la cosa; ambas son, decía Hume, una misma realidad, de tal modo que la proposición 'Algo existe' no es la agregación de un predicado, sino la expresión de la creencia («la posición») en la cosa (cf. *Treatise on Human Nature*, I, ii, 6). Con lo cual se niega lo que había constituido el supuesto propio no sólo de la prueba anselmiana, sino también de las formas que le dieron Leibniz y Descartes. El pertenecer la existencia a las perfecciones, el demostrar la posibilidad misma de la idea de perfección absoluta no son en este caso suficientes, pues lo que aquí queda trastornada es la función misma del juicio. En su análisis de la prueba ontológica, Brentano *(Vom Dasein Gottes,* ed. A. Kastil, 1929, págs. 20 sigs.) estima que las consideraciones de Hume son muy profundas, si bien niega que «A» y «existencia de A» sean el mismo pensamiento. «Más bien ocurre –dice Brentano– que en el segundo caso 'A' es unida con la representación de una creencia justificada», puesto que «existencia de A» sería un concepto más complejo de lo que Hume supone. Lo necesario en sí, señala Brentano, puede existir, aunque no se diga en qué consiste. Menos sujeta a objeción es la crítica de Kant, en la cual no se identifica la existencia de una cosa con la cosa, ni se supone que la creencia es una clase especial de representación, ni se afirma la falta de relación del juicio existencial, ni finalmente, se supone contradictoria la idea de una existencia absolutamente necesaria. En cambio, Brentano no admite el carácter puramente sintético del juicio existencial. Para Kant, el juicio existencial es un juicio categórico en el cual la relación entre sujeto y predicado no es una relación entre dos conceptos, sino entre un concepto que ocupa el lugar del sujeto, y el objeto. Para Brentano, el error de Kant es estimar, como ya Santo Tomás lo hizo (con supuestos distintos), que el juicio es una *comparatio rei et intellectus*, *comparatio* que tendría aquí el mismo sentido del relacionar o *Beziehen* kantiano. La falla de la prueba ontológica sería, pues, la que se deriva de un «paralogismo por equivocación» *(op. cit.,* pág. 39). En efecto, dice Brentano, en todos los nombres hay equivocaciones por triple sustitución (1) cuando la palabra reemplaza la cosa, (2) al concepto, o (3) a la palabra misma. Lo que ocurre con el argumento ontológico es, pues, una confusión: la de una definición nominal con una definición real, y la de un juicio negativo con un juicio afirmativo. En otros términos, en el argumento se supone que Dios es un ser infinitamente perfecto cuando esto presupone lo que se trataba de demostrar, es decir, la existencia de Dios. Con lo cual cabe afirmar que lo que reside en la naturaleza de una cosa no puede decirse *a priori* categóricamente, sino sólo hipotéticamente. La opinión kantiana de que «la absoluta necesidad del juicio no es una necesidad absoluta de las cosas» debe ser, pues, transformada en la idea de que, en lo que toca al ser perfecto, su verdad es necesaria, aunque no para nosotros apriórica. Así llega Brentano a una delimitación precisa de las posibilidades de la prueba que lo conduce a rechazarla en su formulación tradicional sin por ello caer en una ontología de sesgo netamente nominalista. La conclusión de sus argumentaciones ha sido dada por el mismo filósofo en una serie de proposiciones que definen el concepto de posibilidad dentro del marco de un amplio empirismo. Así, si Dios es verdadero, es necesariamente verdadero; si es falso, es necesariamente falso; si es posible, es necesariamente posible; si no es posible, es necesariamente imposible. En otras palabras, si 'Dios es' no es necesariamente falso, es (necesariamente) verdadero que sea.

El análisis de Brentano permite comprender algunos de los más graves problemas lógicos y ontológicos ocultos en la prueba anselmiana, pero ésta ha seguido siendo examinada desde ángulos muy diversos en la filosofía contemporánea. Los que, siguiendo a Hegel, han considerado que «lo finito es algo no verdadero», han rehabilitado la prueba, posiblemente porque el fondo último de ella consiste en la afirmación del infinito actual como realidad positiva y no, como señalaba Hegel, la contraposición de la representación y existencia de lo finito con lo infinito. Cuando se ha negado por parte de los idealistas el esfuerzo hegeliano de la prueba, ha sido –como en el caso de Bradley– porque se ha tendido a hacer una distinción entre la perfección teórica –cuya demostración se ha admitido– y la perfección práctica –cuya prueba se ha negado– (cf. *Appearance and Reality*, págs. 149-50). Algunos han intentado una demostración de lo necesario por lo valioso; así, Lotze señala que, desde este punto de vista, «lo *contingente* connota lo que realmente existe, pero no tiene ninguna significación en virtud de la cual necesite existir»; lo necesario, en cambio, «connota no algo que debe ser algo, sino algo tan incondicionalmente valioso que solamente en virtud de él merece una incondicional existencia». Con lo cual «sólo en este sentido puede decirse que el Principio del Universo es necesario» *(Mikrokosmos,* IX, cap. iv, § 2).

En cuanto a las tendencias empiristas, han rechazado por lo general la prueba o han considerado que ella remite, a lo sumo, a un hecho suficiente, pero no a una razón suficiente que sea, además, existente. Pues la razón suficiente sería únicamente de carácter analítico y tautológico, pero no podría jamás tener un fundamento existencial. Así, algunas de las últimas tendencias, a la vez empiristas y analíticas, han rechazado la prueba –y, en general, toda argumentación acerca de un principio trascendente– no sólo por la alegada imposibilidad de su comprobación o verificación empírica, o por las fallas descubiertas en la trama misma de la argumentación racional, sino porque las proposiciones contenidas en ella han sido consideradas como carentes de significación, es decir, como pseudo-proposiciones que no se refieren ni a lo lógico-tautológico ni a lo empíricamente comprobable.

El interés por la prueba ontológica ha resurgido con los trabajos de Norman Malcolm y Charles Hartshorne. Hemos indicado ya antes que Malcolm distingue entre dos pruebas (o dos argumentos) en San Anselmo. La prueba más interesante es, según Malcolm, no la primera –como ha pensado la mayor parte de autores–, sino la segunda. De ella se colige que si se concibe un ser mayor que el cual nada existe, este ser es uno del cual cabe decir, en términos de lógica modal, que es necesario. El que exista o no este ser es necesario; es lógicamente necesario que exista o es lógicamente necesario que no exista (esto es, es lógicamente imposible que exista). Si no hay contradicción en admitir que existe, entonces puede concluirse que existe necesariamente. Hartshorne abunda en un argumento similar, fundándose en una idea, que califica de «neoclásica», según la cual «la perfección no es un estado, un *actus purus,* sino un devenir». La perfección es, en suma, perfectibilidad. Así, cuanto más perfecto es un ser, menos actual es, de modo que «el infinito absoluto de la potencialidad divina» es «la coincidencia (o co-extensividad) con la posibilidad como tal». Hartshorne recurre a las leyes de la lógica modal, según la cual decir '*p* es posible' equivale a decir 'necesariamente *p* es posible', y decir 'es posible que *p* es necesario' equivale a decir 'necesariamente *p* es necesario', y estima que es válida la prueba ontológica (que se convierte entonces en «prueba modal») de la existencia de Dios.

Opinión. En la *República* (V, 477-480 A), Platón señala que lo que es absolutamente es también cognoscible absolutamente, y que lo que no existe absolutamente no es en ningún respecto conocido. Pero habiendo cosas que a la vez son y no son, es decir, cosas cuyo ser es el estar situadas entre el ser puro y el puro no ser, hay que postular para la comprensión de ellas la existencia de algo intermedio entre la ignorancia, ἄγνοια, y la ciencia, ἐπιστήμη. Lo que corresponde a ese saber intermedio de las cosas también intermedias es la opinión, δόξα. Se trata, según Platón, de una facultad propia, distinta de la ciencia, de una facultad que nos hace capaces de «juzgar sobre la apariencia» (477 E). Como conocimiento de las apariencias, la opinión es el modo natural de acceso al mundo del devenir y, por lo tanto, no puede ser simplemente desechada. Sin embargo, lo que caracteriza al filósofo es el no ser «amigo de la opinión», es decir, el estar continuamente abocado al conocimiento de la inmutable esencia. La concepción platónica de la opinión permanecía, pues, estrechamente vinculada a la admisión de la existencia y primado del mundo inteligible; no era simplemente una creencia, sino, como hemos visto, una facultad especial e irreductible, algo intermedio para un ser también intermedio. Sin embargo, el carácter probable de la opinión frente a la segura certidumbre de la visión intelectual de lo inteligible ha hecho posible lentamente el tránsito al concepto actual de opinión como algo distinto a la vez del saber y de la duda; en la opinión no hay propiamente un saber, ni tampoco una ignorancia, sino un modo particular de aserción. Esta aserción está tanto más cercana al saber cuanto más probables son las razones en las cuales se apoya; una posibilidad absoluta de estas razones haría coincidir la opinión con el verdadero conocimiento.

Según los escolásticos, en la opinión hay siempre un asentimiento, *assensus*, pero un asentimiento donde existe siempre *fornido partis oppositae*, temor de lo sustentado por la aserción contraria. Por eso los escolásticos señalan que la razón formal de la opinión, es decir, aquello que la distingue de la certidumbre, es justamente el ser *assensus informus seu cum formidine contradictorii*. Esta concepción de la opinión se refiere siempre a un sujeto o individuo que la sustenta. Distinto es el caso, en cambio, cuando se trata de la llamada opinión pública, investigada sobre todo por la sociología. La opinión es entonces un fenómeno social que no se halla situado en el mismo plano del saber o de la certidumbre, sino que expresa más bien una forma especial de comportamiento. La «opinión pública» es por esto más un modo de actuar que de pronunciarse sobre la realidad, aun cuando se trate de un actuar que implica su manifestación en ciertos pronunciamientos.

Optimismo. En las *Mémoires de Trévoux* (febrero de 1737) se introdujo el término *optimisme* o «sistema del *optimum*» para designar la doctrina defendida por Leibniz en la *Teodicea*: el mal (VÉASE) que puede encontrarse en la creación de Dios no debe ser juzgado aisladamente, sino en relación con la totalidad de la creación, la cual, en virtud de la infinita bondad de Dios, no puede ser mejor de lo que es. La creación es, pues, «óptima», esto es, el mundo es un *optimum*. El optimismo es en este caso el simple reconocimiento de la «optimidad» del mundo.

Voltaire tituló *Candide, ou l'optimisme* la novela en la que, entre otras cosas, se hace mofa de las ideas, o pronunciamientos, del doctor Pangloss, que se supone representa la concepción leibniziana, o derivada de Leibniz, y toda forma de «teodicea»: ante desgracias y crueldades en serie, el doctor Pangloss encuentra que todo anda bien, y que si no hubiera tenido lugar el mal ocurrió no habría venido el bien que se celebra. Así, pues, todo está bien: *tout est bien dans le meilleur des mondes*.

Puesto que el pesimismo es lo contrario del optimismo, cabría pensar que si Voltaire arremete contra el último es porque se manifiesta en favor del primero. Sin embargo, aunque Voltaire mira la historia con «pesimismo», como una sucesión de desgracias, éstas han sido producidas por la imbecilidad humana. Las cosas pueden mejorar eliminando la imbecilidad y la ignorancia y fomentando la razón, la cual se ha recluido, temerosa, en el fondo de un pozo, y hay que hacerla salir de él. Voltaire es, en este sentido, un «meliorista», si bien caben dudas acerca de la intensidad de este «meliorismo» ante el pesimismo suscitado por el terremoto de Lisboa, y del que da testimonio en el *Poème sur le desastre de Lisbonne*, de 1756.

Las tendencias al pesimismo o al optimismo son anteriores a la introducción de los vocablos correspondientes. Son también en muchos casos específicas, esto es, relativas a un determinado punto o fin. Así, por ejemplo, Hobbes es un pesimista respecto a la condición humana en estado natural, mientras que Rousseau es un optimista respecto a la misma condición. Por otro lado, Hobbes es cuando menos «meliorista» respecto a las posibilidades de encauzar la condición humana por la vía de un Estado autoritario que neutralice el egoísmo de cada individuo, y Rousseau es también cuando menos «meliorista» respecto a las posibilidades de eliminar las perversiones introducidas por la «cultura» y de restablecer la bondad natural del hombre.

Puede distinguirse entre un optimismo racional, y hasta racionalista; un optimismo temperamental, que no necesita buscar justificaciones racionales (o que las encuentra fácilmente), y un optimismo activo, o pragmático, que se funda en una concepción liberadora de la acción. Ninguno de estos optimismos tiene muchos defensores entre los filósofos; las manifestaciones de optimismo son escasas en comparación con las varias formas de intenso pesimismo que se manifestaron en el siglo XIX (Schopenhauer, Eduard von Hartmann, etc.) y que, tras un período de «confianza» (cuando menos entre ciertas capas sociales en Occidente), ha resurgido en estrecha relación con las preocupaciones concernientes a posibles catástrofes ecológicas, o ecocatástrofes.

Orfismo. Se llama «orfismo» a la doctrina propagada por los adeptos de los misterios órficos y los ritos ligados a tal doctrina. Estos ritos se basan en una mitología: la de Dionisos, hijo de Zeus y de Perséfone, que fue devorado por los Titanes, salvo el corazón, que fue dado a Zeus por Atenea. Destruidos los Titanes por los rayos de Zeus, emergieron de sus cenizas los hombres, cuya existencia aloja dentro de sí el mal de los Titanes y el bien de Dionisos. Dionisos nació de nuevo del corazón tragado por Zeus; esta resurrección es fundamental en la doctrina órfica y en sus ritos; por un lado, llevó a la creencia en la transmigración; por el otro, a la abstinencia de carne. Se atribuye al poeta Orfeo (siglo IV a. de C.) el haber fijado los puntos esenciales de tal mitología y doctrina en los llamados «himnos órficos». Desde el punto de vista filosófico, interesan sobre todo los testimonios que hay sobre el orfismo en Pitágoras, en Empédocles *(Las Purificaciones)* y en Platón. El orfismo aparece aquí como una de las religiones de misterios y que oscila entre lo mágico-religioso y lo filosófico. La cuestión es, sin embargo, muy complicada. Hasta hace relativamente poco tiempo se creía que el orfismo filosófico era una depuración del orfismo mitológico. Se suponía, además, que había existido una secta órfica de la cual tomó Pitágoras parte de sus enseñanzas. Dodds ha mostrado, empero, que el contacto con las culturas chamanísticas puede perfectamente explicar las ideas órficas de la «excursión psíquica» del alma, la afirmación de la posibilidad de la presencia de ésta en varios lugares a la vez, la idea de σῶμα σῆμα (o el cuerpo como sepulcro del alma) y otras doctrinas análogas. Según esta interpretación, la doctrina de la separación entre lo corporal y lo anímico no procede de la tradición griega, la cual concebía (inclusive después del orfismo) que el cuerpo y el alma son realidades equivalentes (cf. E. R. Dodds *The Greeks and the Irrational*, 1951, págs. 147 y sigs. [trad. esp.: *Los griegos y lo irracional*, 1960]).

Orgánico, Organismo. Como el vocablo ὄργανον, «órgano», significó primariamente «instrumento», el término 'orgánico' se refiere al carácter de un órgano, y sobre todo al hecho de que un órgano (o instrumento) se compone de partes desiguales bien que combinadas, montadas o armadas de forma que pueda ejecutar la función o funciones para las cuales ha sido designado. Rudolf Eucken recuerda que esta significación de 'orgánico', que se halla en Aristóteles (por ejemplo, en *Pol.*, 1259 b 23) persiste hasta por lo menos mediados del siglo XVIII. Así, por ejemplo, Suárez ha definido un *corpus organicum* como sigue: *Dicitur corpus organicum quod ex partibus dissimilaribus componitur,* y Baumeister (discípulo de Wolff) lo definió del modo siguiente: *Corpus dicitur organicum quod vi compositionibus suae ad peculiarem quandam actionen aptum est.*

A estas definiciones de 'orgánico' o, mejor de 'cuerpo orgánico' mencionadas por Eucken podrían agregarse otras similares; por ejemplo, Santo Tomás habló de *corpus organicum* como el cuerpo «equiparado con instrumentos». En estos sentidos no hay incompatibilidad entre «orgánico» y «mecánico». Todavía hoy se habla de 'organización' en muchos sentidos, incluyendo el de las máquinas, las cuales pueden estar efectivamente «organizadas». Sin embargo, desde mediados del siglo XVIII se ha tendido a usar 'orgánica' como adjetivo que cualifica ciertos cuerpos: los cuerpos «biológicos» u «organismos». Ha sido por ello cada vez mas común contraponer lo orgánico a lo mecánico, y, por consiguiente, las concepciones llamadas «organicistas» a las llamadas «mecanicistas».

El mecanicismo se esfuerza por reducir lo orgánico a lo mecánico, ya sea de un modo definitivo, ya sea en un estadio dado del conocimiento de los organismos. A la vez, el mecanicismo puede proceder a tal reducción basándose en las ideas del llamado «mecanicismo clásico» o bien tratando de ampliar y enriquecer la doctrina mecanicista. El antimecanicismo se niega a reducir lo orgánico a lo mecánico, pero dentro de esta común tendencia negativa se manifiesta positivamente en varias corrientes. Las principales son: el vitalismo extremo (que explica, o trata de explicar, lo no inorgánico a base de lo orgánico y, en general, lo inerte a base de lo vivo), el vitalismo estricto, usualmente llamado simplemente «vitalismo» y en algunas de sus manifestaciones «neovitalismo», que busca un principio de lo orgánico (un «principio dominante», una «entelequia», etc.) característico de lo vivo y sólo de él; el organicismo biológico, también llamado «biologismo», que afirma la irreductibilidad de lo orgánico a lo no orgánico, pero que tiende a fundar esta irreductibilidad no en algún principio especial o específico de lo orgánico, sino en el modo como lo orgánico está estructurado. Representantes del vitalismo extremo son los filósofos que han defendido el organicismo como concepción del mundo, y también (cuando menos en parte) autores vitalistas biológicos como Bergson. Representantes del vitalismo estricto o neovitalismo son biólogos y filósofos de la biología como Hans Driesch, Jacob von Uexküll y Johannes Reinke. Representantes del organicismo biológico o biologismo son biólogos como Oscar Hertwig, E. S. Russell, J. S. Haldane y Ludwig von Bertalanffy.

Ostensivo. En *An. pr.*, I, 23, 40 b, 25 y sigs., Aristóteles se refiere a dos modos de probar silogismos: la prueba indirecta y la prueba directa. La prueba indirecta es la prueba apagógica o por reducción al absurdo, que Aristóteles considera como parte de la prueba a base de hipótesis. En una prueba indirecta se establece que una premisa es válida mostrando que de aceptarse la negación de la misma se obtendría una contradicción. La prueba directa, en cambio, no practica la reducción apagógica, sino la llamada «reducción ostensiva». Aristóteles habla al efecto de los silogismos ostensivos (o de demostración directa), los cuales se reducen a las tres figuras. La prueba consiste en asumir un silogismo en el cual se quiere concluir P de S. En tal silogismo el término medio debe estar unido a cada uno de los extremos. El término medio tiene tres posiciones correspondientes a las tres figuras.

Se ha hablado a veces de «definiciones ostensivas», entendiéndose por ellas definiciones de términos o conceptos consistentes en «ostentar» o mostrar lo que se supone que el término o el concepto designan. Algunos autores niegan que pueda haber definiciones ostensivas, sea porque no hay términos ostensivos o porque una definición no puede consistir en mostrar nada. Otros ponen de relieve que las definiciones ostensivas sólo lo son de términos que tienen *designata*. Otros indican que únicamente términos como los pronombres demostrativos son ostensivos, si bien en este caso hay que admitir que carecen de significado.

La cuestión de los términos ostensivos se ha ligado a menudo al problema del aprendizaje del significado de ciertos términos, en particular términos «sensibles» o que expresan «datos de los sentidos». Ha sido muy común considerar estos términos como inevitablemente ostensivos. Así, por ejemplo, el significado de 'azul' podría aprenderse mostrando un objeto azul y diciendo 'azul'. Y hasta el significado de 'tres' podría aprenderse mostrando tres objetos y diciendo 'tres'. Sin embargo, Wittgenstein ha hecho notar que si se enseña a alguien el significado del número dos –si se le enseña la definición de 'dos'– mostrándole dos nueces, el aprendiz no sabe aún si 'dos' es el nombre del número dos o de un particular grupo de nueces *(Philosophische Untersuchungen*, 28). Puede especificarse lo que se quiere enseñar indicándose que se trata de un número. Pero entonces hay que explicar lo que significa 'número' antes de que se pueda aprender la definición ostensiva *(hinweisende)*. Aprender un significado ostensivamente implica, según ello, tener un conocimiento del uso lingüístico que el que enseña el significado tiene en consideración. «Hay ya que saber (o poder hacer) algo con el fin de preguntar nombres» *(op. cit.,* 30). El nombrar tiene lugar dentro de un juego lingüístico. Pero al decir «Esto se llama...», el pronombre demostrativo 'esto' no es ningún nombre (si lo fuera, 'esto' sería el nombre de esto que quiero nombrar) *(op. cit.,* 38). El autor de la presente obra ha hecho observar *(Indagaciones sobre el lenguaje* 1970, págs. 178 y sigs.) que las llamadas «definiciones ostensivas» ofrecen diversos géneros de dificultades para evitar las cuales hay que sentar en cada caso varios tipos de convenciones, tácitas o implícitas: «Si una persona que aprende el español quiere saber los nombres de colores en este idioma, puede suceder que, al mostrarle un libro gris, mientras digo 'libro', crea que 'libro' es el nombre del color gris. Puedo corregir este error mostrándole un libro 'azul' y diciendo de nuevo 'libro', mas para estar seguro de que mi acto pedagógico resulta efectivo tengo que saber precisamente que el campo léxico cromático en el idioma que usa el aprendiz es el mismo que en el que aprende... Especialmente si se producen dentro de ciertas condiciones y convenciones, las definiciones ostensivas no conducen a cualquier interpretación del nombre proferido. No conducen tampoco, sin embargo, a una interpretación única... No entender en absoluto de qué se habla cuando se define ostensivamente algo, supondría no usar ninguna clave, lo cual haría imposible toda comunicación, incluyendo la que consiste en producir 'definiciones ostensivas'».

P

P. En la lógica tradicional la letra mayúscula 'P' es usada para representar el predicado en el esquema del juicio o de la proposición que sirve de conclusión en un silogismo. Así, por ejemplo: 'P' en 'Todas los S son P'; 'Algunos S son P'. La misma letra sirve para representar el sujeto en el esquema de los juicios o proposiciones que sirven de premisa mayor o menor en un silogismo. Así, por ejemplo, 'P' representa el sujeto en la premisa mayor de los esquemas que corresponden a la segunda y a la tercera figuras (véase FIGURA).

En la lógica sentencial la letra minúscula 'p' es usada para simbolizar sentencias. 'p' representa un enunciado declarativo y es llamada *letra sentencial*. Otras letras usadas a este efecto son 'q', 'r', 's' y todas estas letras seguidas de acento: 'p''', 'q''', 'r''', 's''', 'p'''', 'q'''', 'r'''', 's'''', etc.

Panteísmo. Según S. E. Boehmer (*De pantheismi nominis origine et usu et notione* [1851], *apud* R. Eucken, *Geschichte der philosophischen Terminologie* [1879, reimp., 1960], págs. 94, 173), el término 'panteísta' (*Pantheist*) fue usado, por vez primera, por John Toland en su obra *Socinianism Truly Stated* (1705), y el término 'panteísmo' (*Pantheism*) por el adversario de Toland, J. Fay, en su *Defensio religionis* (1709). Toland usó el vocablo *Pantheisticon* en su obra del mismo título, publicada (bajo pseudónimo) en 1720. Tanto Toland como Fay entendían por 'panteísta' el que cree que Dios y el mundo son la misma cosa, de modo que Dios no tiene ningún ser fundamentalmente distinto del del mundo, y por 'panteísmo' la correspondiente creencia, doctrina o filosofía. Aunque el nombre es moderno, la creencia o doctrina no lo son tanto; la identificación de Dios con el mundo ha sido afirmada, o dada por supuesta, en varias doctrinas del pasado, tanto orientales (especialmente en la India) como «occidentales» (en Grecia, Roma, la Edad Media). Ello no significa que el panteísmo premoderno sea igual que el moderno; en rigor, ciertas doctrinas no modernas, orientales y «occidentales», no son rectamente entendidas cuando se las califica de «panteístas» por la sencilla razón de que su «panteísmo» no identifica a Dios con el mundo, sino que parte de una unidad previa que no es posible desgajar en los dos aspectos «Dios» y «mundo». Por ejemplo, es dudoso que sean propiamente panteístas las doctrinas de los presocráticos, o el neoplatonismo –o si siguen siendo calificadas de «panteístas» hay que entenderse entonces sobre el peculiar significado de este término–. Sería, pues, mejor, cuando se trata del «panteísmo» premoderno, o no usar el vocablo o usarlo con cualificaciones. En general, es más adecuado confinar el panteísmo al «panteísmo moderno».

Tomado de un modo general, como una ideología filosófica, y especialmente como una «concepción del mundo» por medio de la cual pueden filiarse ciertas tendencias filosóficas, puede llamarse «panteísmo» a la doctrina que enfrentándose con los dos términos, «Dios» y «mundo» –no, por tanto, previamente a ellos–, procede a identificarlos. El panteísmo es en este sentido una forma de monismo, o por lo menos de ciertos tipos de monismo (VÉASE). Ahora bien, el panteísmo ofrece diversas variantes. Por un lado puede concebirse a Dios como la única realidad verdadera, a la cual se reduce el mundo, el cual es concebido entonces como manifestación, desarrollo, emanación, proceso, etc., de Dios –como una «teofanía»–. Este panteísmo es llamado «panteísmo acosmita» o simplemente «acosmismo». Por otro lado, puede concebirse al mundo como la única realidad verdadera, a la cual se reduce Dios, el cual suele ser concebido entonces como la unidad del mundo, como el principio (generalmente, «orgánico») de la Naturaleza, como el fin de la Naturaleza, como la autoconciencia del mundo, etc. Este panteísmo es llamado «panteísmo ateo» o «panteísmo ateísta». En ambos casos el panteísmo tiende a la afirmación de que no hay ninguna realidad trascendente y de que todo cuanto hay es inmanente; además, tiende a sostener que el principio del mundo no es una persona, sino algo de naturaleza impersonal.

Ha sido usual en la Época Moderna considerar la filosofía de Spinoza como el más eminente y radical ejemplo de doctrina panteísta, a causa del sentido del famoso *Deus sive Natura* («Dios o Naturaleza») spinoziano. Sea o no panteísta (y, al parecer, «acosmista») la doctrina de Spinoza, lo cierto es que en torno a la misma se armaron innumerables debates. Por lo pronto, fue muy corriente en los siglos XVII y XVIII, inclusive por parte de autores que sentían por Spinoza gran admiración, «huir» de él –y «acusarlo»– a causa de los «peligros» en que podía hacer incurrir su panteísmo, o supuesto panteísmo. Tal fue el caso, entre otros, de Leibniz y Bayle. A fines del siglo XVIII volvió a la escena el «caso Spinoza» y, con ello, «el problema del panteísmo» en la famosa «disputa del panteísmo» *(Pantheismusstreit)*. Los momentos principales de la disputa fueron los siguientes. En sus *Briefe an Moses Mendelssohn über die Lehre des Spinoza* [1785] *(Cartas a M. M. sobre la doctrina de Spinoza)*, Jacobi acusó a Lessing de panteísmo. Mendelssohn –que había ya antes puesto de relieve la posibilidad de conciliar el panteísmo con una actitud religiosa y moral– contestó con su *Moses Mendelssohn an die Freunde Lessings* [1786 (póstumo, ed. Engel)] *(M. M. a los amigos de Lessing)*, defendiendo a Lessing contra las acusaciones de Jacobi. Jacobi contestó a su vez con su *F. H. Jacobi wider Mendelssohns Beschuldigungen in dessen Schreiben an die Freunde Lessings* [1786] *(F. H. J. contra las acusaciones de M. en su escrito a los amigos de L.)*. Estos y otros escritos se publicaron luego en un volumen que puso «la disputa del panteísmo» ante los ojos del «público». El interés por «la cuestión del panteísmo» siguió vivo luego por las polémicas en torno a Fichte y a Hegel, a quienes se ha acusado asimismo, con razones más o menos validas, de panteísmo.

Paradoja. Etimológicamente, 'paradoja', παράδοξα, significa «contrario a la opinión (δόξα)», esto es, «contrario a la opinión recibida y común». Hay ejemplos de paradojas en la Antigüedad (cf. Crisipo, *apud* Diógenes Laercio, V, 49, VII, 196; Epicteto, *Discursos,* II, xvii, 34; Sexto el Empírico, *Hip. Pyrr.,* II, 244; Aulo Gelio, *Noctes Att.,* XVIII, ii, 10) y en la Edad Media. Si bien la voz 'paradoja' se utiliza en ocasiones como equivalente a 'antinomia', esta última es –considerada con propiedad– un tipo especial de paradoja, en concreto esas paradojas que conllevan contradicción aunque se emplean para defender una forma de razonamiento tenida como válida (véase ANTINOMIA). Pues reservamos el término 'antinomia' para las antinomias kantianos, utilizaremos la voz 'paradoja' para todas las formas de paradoja exceptuando las de Zenón y las clasificaremos según varios criterios. Nos hemos de referir, de entrada, a dos clases de paradoja: la lógica y la existencial; de ellas, la primera puede subdividirse en paradoja lógica, semántica y de confirmación.

Paradojas lógicas. Las más conocidas son las siguientes:

(a) Paradoja de Burali presentada por este autor en 1897, y ya advertida por Georg Cantor en 1895. Es la llamada «paradoja del mayor número ordinal». Todo conjunto cantoriano bien ordenado tiene un número ordinal. Los números ordinales correspondientes están dispuestos en orden de magnitud, de forma que, dados dos números ordinales, x, y, entonces $x > y$ y también $y < x$. Todo conjunto de ordinales ordenados en la forma indicada está bien ordenado, siendo su ordinal mayor que cualquier elemento del conjunto. Si consideramos el conjunto de todos los ordinales ordenado en la forma indicada y, por tanto, bien ordenado, habrá que asignarle un número ordinal. Este número ordinal es a la vez un elemento del conjunto de todos los números ordinales y mayor que cualquier elemento de tal conjunto. Hay, así, un número ordinal que es y no es a la vez el mayor de todos los números ordinales.

(b) Paradoja de Cantor, descubierta por este autor en 1899, no publicada y redescubierta por Russell dentro de la lógica de Frege en 1902 (y publicada en 1903). Asignándose a cada conjunto un número cardinal, y considerándose el conjunto de todos los conjuntos, se descubre que hay un poder de tal conjunto cuyo número cardinal es mayor que el número cardinal asignado al conjunto y tiene más conjuntos que el conjunto de todos los conjuntos. Pero a la vez todos los conjuntos se hallan en el conjunto de todos los conjuntos. Hay, así, un número cardinal que es y no es a la vez el mayor de todos los números cardinales.

(c) Paradoja de las clases, descubierta por Bertrand Russell en 1901. Hay clases que no pertenecen a sí mismas, como la clase de todos los perros, que no es un perro. Hay clases que pertenecen a sí mismas, como la clase de todas las clases, que es una clase.

(d) Paradoja russelliana de las relaciones. Dadas tres relaciones, P, Q, R, hay que admitir que P relaciona R con Q si y sólo si no es cierto que P relaciona P con Q.

Pero habida cuenta de que si algo es cierto de todo, es cierto de un elemento del todo, resulta que R relaciona R con Q si y sólo si no es cierto que R relaciona R con Q.

(e) *Paradoja russelliana de las propiedades*. Hay propiedades que no se aplican a sí mismas, como la propiedad de ser una silla, que no es una silla. Éstas son llamadas «propiedades impredicables». Hay propiedades que se aplican a sí mismas, como la propiedad de ser concebible, la cual es concebible. Éstas son llamadas «propiedades predicables». Consideremos la propiedad de ser impredicable. Si esta propiedad es predicable, no se aplica a sí misma y es, por tanto, impredicable. Si esta propiedad, en cambio, es impredicable, se aplica a sí misma y, por tanto, es predicable.

Paradojas semánticas. Mencionamos algunas de las más conocidas.

(a) Paradoja llamada «El Mentiroso» y también «Epiménides» o «El Cretense». Según la misma, se afirma lo siguiente:

Epiménides es cretense y afirma que todos los cretenses mienten.

Si Epiménides es cretense y todos los cretenses mienten, entonces cuando Epiménides afirma:

Todos los cretenses mienten,

afirma una proposición que es verdadera. Por lo tanto, Epiménides no miente cuando afirma que todos los cretenses (incluyendo Epiménides) mienten.

En consecuencia:

1. Epiménides miente si y solo si no miente (esto es, dice la verdad).

2. Epiménides no miente (esto es, dice la verdad) si y sólo si miente.

La paradoja en cuestión se ha simplificado a veces mediante la suposición de que alguien dice solamente 'Miento'.

(b) *Paradoja de P. E. B. Jourdain*. Según la misma se presenta una tarjeta en uno de cuyos lados está escrito el enunciado:

Al dorso de esta tarjeta hay un enunciado verdadero   (1).

Se da la vuelta a la tarjeta y se lee lo siguiente:

Al dorso de esta tarjeta hay un enunciado falso   (2).

Si (1) es verdadero, entonces (2) tiene que ser verdadero y, por lo tanto, (1) tiene que ser falso.

Si (1) es falso, entonces (2) tiene que ser falso y, por lo tanto, (1) tiene que ser verdadero.

En consecuencia, tenemos:

(1) es verdadero si y sólo si (1) es falso.

(2) es falso si y sólo si (2) es verdadero.

(c) Según la paradoja de Grelling, todas las expresiones pueden clasificarse en dos tipos: las que se refieren a sí mismas –como «polisilábico», que es, de suyo, polisilábica– y las que no se refieren a si mismas, como 'escrito con tinta roja' cuando no está escrito así. Las del primer grupo se denominan *antológicas,* mientras que las segundas son llamadas *heterológicas.* Si ahora nos preguntásemos si 'heterológico' es efectivamente heterológica o no, nos encontramos con que una respuesta afirmativa la haría coincidir consigo misma –y ser, por tanto antológica–, mientras que la negación, esto es, que 'heterológico' no sea heterológico sino antológico, al no referirse a sí misma habría de considerarse una expresión heterológica.

Según Bocheński, Aristóteles tuvo ya cierto conocimiento de la paradoja lógica de las clases e intentó solucionarla negando la clase de todas las clases y afirmando que lo que podría considerarse como tal («el ser», «lo uno») no es una clase, por estar –como subrayaron muchos escolásticos– más allá de todo género y especie. Occam señaló que ninguna proposición puede afirmar nada de sí misma, pues de lo contrario se engendra automáticamente un círculo vicioso. La división de las paradojas en lógicas y semánticas, división propuesta por Ramsey, contribuyó en la época a la aclaración del problema.

La más famosa solución a las paradojas lógicas es la dada por Russell con el nombre de «teoría de los tipos». Esta solución ha experimentado diversas modificaciones, debidas principalmente a Chwistek y a Ramsey. Según la teoría simple de los tipos hoy usada, se modifican las reglas de formación del cálculo cuantificacional superior y se declara que no se puede posponer ninguna variable individual o variable predicado de un tipo dado a una variable predicado del mismo tipo; esta última variable debe ser de un tipo inmediatamente superior a las primeras. Las fórmulas en las cuales aparecen las paradojas son, por lo tanto, eliminadas como mal formadas, es decir, como no ajustadas a la regla de formación propuesta en la citada teoría de los tipos.

Una solución muy aceptada hoy para la paradoja semántica es la que se apoya en la teoría del lenguaje y el metalenguaje, y que básicamente consiste en distinguir entre un lenguaje, el metalenguaje de este lenguaje, el metalenguaje del metalenguaje, etc. La paradoja del mentiroso, por ejemplo, desaparece tan pronto como pasamos a considerar 'verdadero' o 'falso' como pertenecientes a otro lenguaje distinto del que se utiliza para decir 'miento', esto es, como un metalenguaje de éste. Ésa es la razón por la que las paradojas semánticas se denominan también *paradojas metalógicas*.

Paradojas de confirmación. Cuando se trata de formular con precisión las condiciones que se requieren para que un aserto pueda considerarse como confirmación de otro, nos surgen varias paradojas. Considérese el siguiente ejemplo:

Todos los cisnes son blancos (1)

equivale, lógicamente, a todo lo no –blanco es no– cisne (2)

Es obvio que:

A es un cisne blanco (3)

Es confirmación de (1), y como (2) ha de ser lógicamente equivalente de (1), entonces:

B es un zapato marrón (4)

Que confirma (2) y también ha de confirmar (1).

En general, por lo tanto, todo aquello que no es blanco ni es un cisne confirmará que:

Todo lo no blanco es no cisne

y por lo tanto, que

todos los cisnes son blancos
luego C es un gato negro
D es una piedra preciosa
E es un helado de vainilla

confirmarán que 'todos los cisnes son blancos'.

El concepto de confirmación es algo muy complejo. Podemos distinguir, como hizo Carnap, entre una concepción semántica y otra lógica de la confirmación; y en el primer caso, entre una concepción clasificatoria, comparativa o cuantificadora.

También pueden diferenciarse diversos grados de confirmación o «confirmabilidad», para los que cabe utilizar distintos términos o valores numéricos.

Este tipo de paradojas, inicialmente presentadas por Hempel, han sido discutidas también por Popper y J. N. W. Watkins, entre otros.

Aún se discute sobre si es o no paradoja y, caso de serlo, cómo clasificarlo, el siguiente ejemplo: El lunes, el Juez condena a un acusado a ser fusilado cualquier día de una determinada semana, siempre y cuando éste no sepa con un día de antelación que han de fusilarle ese día; caso de saberlo, le será condonada la pena. El defensor habla con el reo y le convence de que no hay posibilidad de ejecutar la sentencia. No puede ser ajusticiado el sábado, porque el viernes lo sabría de fijo

-puesto que es el único día que queda, dentro del plazo marcado-, tampoco puede ser el viernes, ya que excluido el sábado lo sabría el jueves. Ni el jueves, excluidos viernes y sábado, por la misma razón. Y así el resto de los días. Sin embargo, el hecho es que el condenado *puede* ser fusilado cualquier día, por ejemplo el miércoles, sin posibilidad de que lo sepa por anticipado.

Las paradojas existenciales son completamente diferentes de las paradojas lógicas. En la paradoja existencial no hay contradicción, sino más bien lo que podemos llamar «choque», y si engendra, o refleja, lo absurdo, lo hace en un sentido de 'absurdo' distinto del lógico, o del semántico. La paradoja existencial –de la cual encontramos ejemplos en autores como San Agustín, Pascal, Kierkegaard y Unamuno– se propone restablecer «la verdad» (en tanto que verdad «profunda») frente a las «meras verdades» de la opinión común y hasta del conocimiento filosófico y científico. En este sentido ha defendido la paradoja Kierkegaard. La paradoja se manifiesta, por ejemplo, en el hecho de que el hombre elige o se decide por Dios mediante un acto de rebelión contra Dios.

Paralogismo. Los términos 'paralogismo' y 'sofisma' son frecuentemente intercambiables. A veces, sin embargo, se distingue entre sofisma y paralogismo. Algunas de las distinciones propuestas son: (1) El sofisma es una refutación falsa con conciencia de su falsedad y para confundir al contrario, tanto al que sabe como al que no sabe; el paralogismo es una refutación falsa sin conciencia de su falsedad. (2) El sofisma es una refutación basada en una prueba inadecuada; no es, por tanto, propiamente, una refutación: es un argumento (una «refutación sofística») en el cual falta un ingrediente esencial por defecto en el discurso *(dictio)*. El paralogismo concierne a la *dictio* o «modo de hablar» (cf. Aristóteles, *De Soph. El.,* 8, 169 b 30 y sigs.). (3) Un sofisma es un argumento aparente, mientras un paralogismo es un silogismo falso a causa de su forma. Usaremos aquí el término 'paralogismo' en el sentido especial que le ha dado Kant en la «Dialéctica trascendental» de la *Crítica de la razón pura.* Kant distingue, en efecto, entre los *paralogismos formales,* o falsas conclusiones en virtud de la forma, y los *paralogismos trascendentales,* que tienen su base en la naturaleza humana y producen una «ilusión que no se puede despejar». Los paralogismos trascendentales son la primera clase de las «conclusiones racionales dialécticas» fundadas en ideas (en el sentido kantiano) trascendentales. Entre los paralogismos trascendentales o de la razón pura se destacan los paralogismos engendrados por los argumentos de la *psychologia rationalis,* la cual concluye que un ser pensante solamente puede concebirse como sujeto, es decir, *como substancia.* Hay cuatro paralogismos de la razón pura:

(1) El paralogismo de la *substancialidad,* que dice: (a) La representación de lo que es sujeto absoluto de nuestros juicios y que no puede ser usada para determinar otra cosa, es una substancia; (b) Yo, como sujeto pensante, soy el sujeto absoluto de todos mis juicios posibles, y esta representación de mí mismo no puede ser empleada como predicado de otra cosa; (c) Yo, como ser pensante (o alma), soy substancia.

(2) El paralogismo de la *simplicidad,* que dice: (a) La acción de aquello que no puede ser considerado como una concurrencia de varias cosas actuando a la vez, es una acción simple; (b) El alma o yo pensante es tal clase de ser; (c) El alma o yo pensante es simple.

(3) El paralogismo de la *personalidad,* que dice: (a) Aquello que es consciente de la identidad numérica de sí mismo en distintos momentos, es una persona; (b) El alma es consciente de la identidad numérica de sí misma en diversos momentos; (c) El alma es una persona.

(4) El paralogismo de la *idealidad,* que dice: (a) La existencia de lo que solamente puede inferirse como causa de percepciones dadas tiene existencia meramente dudosa; (b) Todas las apariencias externas son tales que su existencia no es inmediatamente percibida y únicamente pueden ser inferidas como causa de percepciones dadas; (c) Por tanto, la existencia de todos los objetos de los sentidos exteriores es dudosa *(K. r. V.,* A 348-81).

En la segunda edición de la *Crítica de la razón pura,* Kant indica que todo el modo de proceder de la psicología racional se halla dominado por un paralogismo. Éste puede hacerse explícito mediante el silogismo siguiente: (a) Lo que no puede pensarse de otro modo que como sujeto, no existe de otro modo que como sujeto y es, por tanto, substancia; (b) Un ser pensante, considerado meramente como tal, no puede ser pensado de otro modo que como sujeto; (c) Por tanto, existe solamente como sujeto, es decir, como substancia *(K. r. V.,* B 410-412).

La refutación kantiana de todos estos paralogismos se apoya en las ideas desarrolladas en la «Analítica trascendental». Las categorías o conceptos del entendimiento introducidos en la «Analítica» no poseen significación objetiva –no son «aplicables»– salvo en cuanto tienen como materia las «intuiciones». Las proposiciones de que tratan los paralogismos en cuestión no son, sin embargo, aplicables a intuiciones, pues trascienden la posibilidad de toda experiencia. Según Kant, no puede confundirse la unidad del «Yo pienso» (que acompaña a todas las representaciones) con la unidad trascendental del yo como substancia simple y como personalidad. Derívase de ello que la demostración racional de la inmortalidad, substancialidad e inmaterialidad del alma se funda en paralogismos. La existencia del alma y sus predicados solamente pueden ser para Kant postulados de la razón práctica.

Las objeciones formuladas por Kant contra las demostraciones –o pretendidas demostraciones– de la *psychologia rationalis* son rechazadas por quienes admiten un tipo de intuición capaz de aprehender directamente la realidad, unidad o personalidad del yo. Así ocurre con los idealistas postkantianos (intuición intelectual) y, en la época contemporánea, con autores como Bergson (intuición directa de la intuición). Debe advertirse, sin embargo, que los autores citados no tratan de probar la existencia del «alma» en sentido tradicional, sino más bien intuir una realidad psíquica, o psíquico-espiritual, directamente experimentable.

Particular. Tradicionalmente, los juicios o proposiciones particulares son los que afirman o niegan un predicado de uno o varios sujetos. Ejemplos de tales juicios o proposiciones son: «Santiago es irritable», «Algunos griegos son irritables», «Santiago no es irritable», «Algunos griegos no son irritables».

A veces se dice que los juicios o proposiciones particulares son los que afirman un predicado de uno o varios sujetos. Ejemplos son los citados «Santiago es irritable» «Algunos griegos son irritables». En este caso se considera que negar un predicado de uno o varios sujetos consiste en anteponer 'no' al predicado, ya sea sólo al adjetivo que sirve de predicado –como en «Santiago es no irritable», «Algunos griegos son no irritables»–, sea, más idiomáticamente (en español), y también más en consonancia con el modo moderno de entender 'predicado' (VÉASE), a la cópula y al adjetivo –como en «Santiago no es irritable», «Algunos griegos no son irritables».

Sin embargo, puede anteponerse el 'no' o en la forma que acabamos de indicar o al juicio o proposición enteros. En este último caso tenemos «No es el caso (no es cierto, etc.) que Santiago sea irritable», «No es el caso (no es cierto, etc.) que algunos griegos sean irritables».

Desde el punto de vista del lenguaje ordinario, no hay diferencia entre decir que Santiago no es irritable y no es el caso que Santiago sea irritable, o que algunos griegos no son irritables y no es el caso que algunos griegos sean irritables. En ambos casos se excluye el ser irritable de Santiago y de los griegos. En ninguno de los dos casos ni Santiago ni los griegos se irritan.

Hay, no obstante, una diferencia lógica entre el 'no' antepuesto al predicado y el 'no' antepuesto al juicio o proposición enteros, como puede verse en la diferencia entre:

$$\lor x((Sx) \land (\rceil Ix)) \quad (1)$$

y:

$$\lor x \rceil ((Sx) \land (Ix)) \quad (2)$$

o entre:

$$\lor x((Gx) \land (\rceil Ix)) \quad (3)$$

y

$$\lor x \rceil ((Gx) \land Ix)) \quad (4).$$

Consideremos de momento sólo (3) y (4). Como en (3) '⌐' precede a 'Ix', (3) es un esquema lógico correspondiente a juicios o proposiciones del tipo 'I', es decir, a los llamados «enunciados particulares negativos». Cuando se habla de juicios, proposiciones o enunciados particulares negativos se entiende por ellos aquellos en los cuales se niega el predicado. El esquema lógico (4) no es obviamente equiparable a (3).

Consideremos ahora (1) y (2). Por tratarse de un solo x, de una sola entidad, se ha hablado de juicios o proposiciones singulares a diferencia de los particulares. En la lógica moderna, la distinción entre juicios o proposiciones particulares y singulares se halla dentro del cuadro de la cuantificación. Ambos tipos de juicios o proposiciones son cuantificados particularmente –o, como se ha dicho asimismo, existencialmente–, de modo que ambos corresponden a la forma «Para algunos x (cuando menos uno)...». La diferencia entre particular y singular es perceptible solamente si se consideran cuantificadores numéricos.

Ello es intuitivamente comprensible del modo siguiente. Si un enunciado singular afecta a un solo individuo, habrá por lo menos un x y a lo sumo un x que tenga la propiedad que se le adscriba. Esto quiere decir que hay solamente un x que tiene la propiedad que se le adscribe, es decir, que hay exactamente $n\,x$ que tiene(n) F, donde $n = 1$.

En el ejemplo citado, «Santiago es irritable», puede entenderse como que Santiago es lo mismo que x. En este caso, claro, 'Santiago' no es el nombre de ninguna propiedad de x; es simplemente x. Puede entenderse asimismo que el llamarse con el nombre 'Santiago' es una propiedad de x, y que, además, no hay ninguna otra entidad que tenga esta propiedad de llamarse (o de ser llamada) del modo indicado. Entonces, resultará que para algunos x, y, z... cualesquiera de ellos tiene la propiedad de llamarse con el nombre 'Santiago' –o, si se quiere una traducción conductista, de responder al estímulo producido por la proferencia del nombre 'Santiago'–, pero de tal suerte que $x = y$, $y = z$, etc. Si, en cambio, hubiese, por ejemplo, dos variables cuantificadas, x, y, tales que Sx y Sy, pero de modo que $x \neq y$, entonces habría dos entidades que respondiesen al nombre de Santiago.

Lo dicho precedentemente afecta a (1) y no, o no necesariamente, a (2).

Tradicionalmente se ha subrayado el carácter «parcial» de lo particular –lo que revelan las expresiones ἐν μέρει y κατὰ μέρος, «en parte» y «según la parte», respectivamente–, a diferencia del carácter «total», general o universal de lo no particular –llamado por eso justamente «general» y «universal».

Se habla asimismo de entidades particulares en contraposición con entidades universales (VÉASE). Se usan entonces los términos 'particular' y 'particulares' como sustantivos ('el particular', 'un particular', 'los particulares') –análogamente a como se usan 'universal', 'un universal', 'los universales' como sustantivos–. El problema del estatus ontológico de los particulares ha sido discutido en la teoría de los universales.

No es fácil, caso que sea posible, distinguir de un modo tajante entre el aspecto lógico y el aspecto ontológico de la cuestión del «particular», o «los particulares», especialmente cuando el aspecto ontológico está unido a cuestiones semánticas. Tal ocurre al plantearse el problema de si, y hasta qué punto, un nombre o una descripción usados para referirse a un solo particular se refieren efectivamente a él cuando tal nombre o descripción han sido usados como nombre o descripción de otro u otros individuos. Es lo que se ha llamado «el problema de la referencia ambigua». El problema puede solucionarse de varios modos: suponiendo que no hay referencia del nombre o descripción; considerando el, o remitiendo al, contexto lingüístico dentro del cual se usa el nombre o descripción; especificando que el nombre o descripción se aplican a un particular en tanto que son usados para referirse a tal particular. Una cuestión más general es la de qué cabe entender por 'un particular' o 'una entidad particular'. Si el particular es «el que es tal o cual cosa» o «aquello que es tal o cual cosa», es decir, «el que» o «aquello que» tiene tales o cuales predicados, entonces los predicados determinan la entidad particular, la cual deja de ser particular para convertirse en un haz de propiedades. Y como estas propiedades son «generales» o «universales» en el sentido de que se aplican en principio a diversos particulares, resulta que no hay nada que sea, estrictamente hablando, un particular. Por otro lado, si se subraya el aspecto «último» (o «básico») del particular, o «la particularidad misma como tal», independientemente de los predicados, tenemos lo que se ha llamado a veces «un mero particular» o «un puro particular». Pero un «mero (o puro) particular» es un sustrato, del que no puede decirse más que es sustrato o soporte. Si se intenta corregir esta «deficiencia» hay que caracterizar entonces el particular de algún modo, pero esto no parece poder hacerse a menos de apelar a predicados o a propiedades. Una posible solución al conflicto apuntado puede ser la propuesta por el autor (Cfr. *El ser y el sentido*, 1967, XI, § 2) al indicar que, si bien no hay puros particulares o meros particulares, la noción de particular puede ser tratada como una noción límite, de predicado o, mejor dicho, de atributo a fin de darle un sentido. Ello equivale a decir que si algo existe no es un puro particular, pero tampoco un haz de predicados, sino lo que en cada caso «hay». «El papel de lo que se ha llamado 'sujeto' es ser especificable mediante el titulado 'predicado', pero éste solamente puede especificar una cosa especificable, es decir, un sujeto. Así, el sujeto remite al predicado, y éste a aquél sin que ninguno de ellos pueda subsistir por sí mismo. No son realidades, o partes de realidades, sino polos ontológicos, cuya confluencia permite apresar la constitución ontológica y específicamente entitativa [a diferencia de 'significativa'] de cualquier realidad».

Percepción. Los griegos usaron varios términos que se traducen por 'percepción': ἀντίληψις, κατάληψις. El sentido más común de estos términos es el de «recogida» como acción y efecto de recoger algo (que se reclama). En latín, *percipio* (*percipere*) es lo mismo que «tomar posesión de», «recoger». Cicerón usa la expresión *perceptiones animi*, dando a entender con ella una «aprehensión» de notas intelectuales o rasgos intelectuales (conceptuales), es decir, de nociones, *notiones*. En un sentido semejante hablaban los estoicos de κατάληψις, *catalepsis*. La «fantasía cataléptica», φαντασία καταληπτική, es una «representación comprensiva ('comprehensiva')» o «representación aprehensiva» o, simplemente, «representación».

A lo largo de la historia de la filosofía (occidental) el significado de los términos cuya designación es la noción de percepción ha oscilado entre dos extremos: la percepción como percepción sensible y, últimamente, como sensación, y la percepción como percepción nocional o «mental». En muchos casos, la percepción se ha entendido como una actividad o un acto psíquicos que incluyen algún elemento sensible y algún elemento intelectual o nocional. Se ha ido abriendo paso la tendencia a entender 'percepción' como «percepción sensible», a diferencia de otras operaciones mentales estimadas como no sensibles –o, cuando menos, como no directamente sensibles–. Sin embargo, aun en este caso ha sido muy común distinguir entre percepción y sensación en sentido estricto. La distinción ha adoptado a menudo la siguiente forma: puede haber sensación sin percepción, pero no puede haber percepción sin sensación.

En tanto que los problemas relativos al llamado «origen del conocimiento» (véase CONOCIMIENTO), a la relación entre los sentidos y los conceptos, o nociones, etc., fueron discutidos en las filosofías antigua y medieval, la cuestión de la naturaleza de la percepción, de cómo se percibe, de lo que se percibe, etc., es importante en dichas filosofías. Sin embargo, nos limitamos al concepto de percepción en la filosofía moderna, porque en ésta se ha prestado especial atención al mismo. Lo testifica el abundante uso en lenguas modernas de términos como 'percepción', *perception, perzecione, Wahrnehmung*, etc.

Los pensadores llamados «racionalistas», como Descartes y Spinoza, siguieron en parte *(apud* H. A. Wolfson, *The Philosophy of Spinoza,* cap. XIV, 1) las doctrinas de Bernardino Telesio (Telesius) sobre la percepción y la sensación tal como fueron expuestas en la obra de este autor, *De rerum natura* (especialmente, VII, 2).

Según Descartes *(Princ. Phil.,* I, 32) hay dos modos de «pensamientos» *(cogitationes,* en un amplio sentido de este término) o dos modos de «pensar» *(cogitare,* también en un sentido amplio del término). «Una consiste –escribe Descartes– en percibir por el entendimiento, y la otra en determinarse por la voluntad.

Así, sentir, imaginar e inclusive concebir cosas puramente inteligibles son sólo modos distintos de percibir, pero desear, tener aversión, asegurar, negar, dudar, son modos diferentes de querer». Spinoza sigue de cerca a Descartes en este respecto *(Princ. Phil. Cartes,* I, prop. 15, schol.). Ambos siguen a Telesio, el cual, como vimos, siguió a su vez en gran parte a Aristóteles, inclusive en entender, por una parte, que hay una distinción entre sensación y percepción (acaso «intelección»), y, por otra parte, que la sensación se da dentro del «marco de la percepción» –en Aristóteles, posiblemente mediante el sentido común, el cual no es un sentido específico, sino que unifica todos los sentidos–. Sin embargo, no es siempre claro lo que entiende Spinoza por 'percepción', *perceptio,* y puede alegarse que hay ambigüedad en su uso de este término. En todo caso, aunque Spinoza habla de percepción como incluyendo tanto lo que se aprehende mediante los sentidos como en la llamada *experientia vaga (De intellectus emendatione,* 7), estima que la percepción, a diferencia del «conocimiento», aprehende únicamente cosas singulares *(Eth.* II, prop. XL, schol.). Wolfson llama la atención sobre el hecho de que Spinoza afirma que la *mens* humana «debe percibir todo lo que ocurre en el cuerpo humano» *(Eth.* II, prop. XIV, demonst.), lo que, según el citado historiador, corresponde a «una parte del tercer elemento en la sensación, tal como fue establecido por Telesio, esto es, la percepción mediante la mente de sus propias afecciones y movimientos».

Fiel a su idea de continuidad, Leibniz se inclina a pensar que la percepción no es una operación que se limita al alma humana. Hay percepción, así como apetición (VÉASE), también en las plantas *(Nouveaux Essais,* II, ix). Puede hablarse de un «continuo de la percepción» en Leibniz, que va de las percepciones insensibles o pequeñas percepciones al más elevado grado de percepción, o sea la apercepción (VÉASE).

No es probable que Telesio hubiese influido sobre los filósofos «empiristas» en la forma en que, como se vio, influyó sobre varios autores «racionalistas», pero los problemas tratados en ambos casos son similares. Locke toma la percepción en un sentido muy amplio, muchas veces análogo al del *cogitare* a que nos hemos referido anteriormente. En el *Essay* (II, ix, 1) escribe que «como la percepción es la primera facultad de la mente ejercida sobre nuestras ideas, es la primera y la más simple idea que tenemos de la reflexión, y es llamada por algunos pensamiento en general». Considerando el poder o potencia *(power)* de la percepción, ésta puede llamarse «el entendimiento». «La percepción con que identificamos el acto del entendimiento es de tres clases: 1. Percepción de ideas en nuestras mentes. 2. Percepción de la significación de signos. 3. Percepción del acuerdo y desacuerdo («conexión» y «repugnancia») entre nuestras «ideas» *(Essay,* II, xxi, 5). Hume dividió todas las «percepciones» en «impresiones» e «ideas»: «Estas percepciones que ingresan con la máxima violencia podemos llamarlas *impresiones,* y con este nombre entiendo todas nuestras sensaciones, pasiones y emociones en tanto que hacen su primera aparición en el alma. Por *idea* quiero decir las tenues imágenes de ésas al pensar y al razonar...» *(Treatise,* I, i, 1.) En *Enquiry,* II, Hume habla de las impresiones en cuanto «nuestras percepciones más vívidas, cuando oímos, o vemos, o sentimos, o amamos, u odiamos, o deseamos, o queremos».

La noción de percepción es fundamental en el pensamiento de Berkeley en la medida en que para él ser es «percibir o ser percibido». Una noción fundamental de esta clase es casi siempre muy compleja, pero hay en la percepción en Berkeley varios rasgos persistentes. En el que antes se llamó *Commonplace Book* y ahora *Philosophical Commentaries,* Berkeley habla de la «mente que percibe» en cuanto que «tiene una pasiva recepción de ideas» *(The Works of George Berkeley,* ed. A. A. Luce y T. E. Jessup, I: «Notebook B» 301); la mente es una «cosa activa», es decir, «yo mismo» *(ibid.,* 362 a); percepción es «la mera recepción pasiva o el tener ideas» *(ibid.,* 378: 10, cfr. también «Notebook A», 673). En los *Principios del conocimiento humano (Principles of Human Knowledge,* I), Berkeley habla de las sensaciones o ideas, que existen solamente en un espíritu que las «percibe», y en los *Tres diálogos (Three Dialogues between Hylas and Philonous,* Dial. I) expresa la misma noción. Aunque no lo indica expresamente, esta noción sólo parece entenderse en relación con la aludida actividad. Berkeley pone de relieve que el ser percibido no es un «ser inerte» a diferencia de la «materia» de que hablan los «ateos».

Muchos autores han entendido por 'percepción' sólo la percepción sensible o percepción por órganos de los sentidos. Otros han considerado que la percepción incluye no solamente los sentidos llamados «externos», sino también los «internos» –el querer o el amar, tanto como el ver o el tocar–. Como se ha entendido asimismo por 'sensación' la «sensación externa» o bien ésta junto con la «interna», no es fácil establecer una distinción entre 'sensación' y 'percepción'. Sin embargo, ésta ha sido una distinción muy común. A veces se ha fundado en la idea de que las sensaciones son operaciones simples y generalmente «pasivas», mientras que las percepciones son complejas y generalmente «activas». La distinción entre sensación y percepción, por un lado, y percepción y pensamiento, por el otro, fue propuesta por Kant. La sensación es para este autor como el contenido al que la percepción da forma mediante las intuiciones del espacio y del tiempo. A la vez, las percepciones en cuanto percepciones empíricas constituyen el material ordenado por los conceptos en los actos del juicio. Los conceptos sin percepciones (intuiciones) son, según Kant, vacíos. Ahora bien, mientras Kant estimaba que los conceptos se imponen, por así decirlo, desde fuera al material de las percepciones (sensibles), Hegel y, en general, los idealistas proponían que hay en la percepción un elemento de universalidad. En general, los autores cuya tendencia en epistemología ha sido realista han sostenido que la percepción tiene un carácter inmediato. Los autores de propensión idealista han destacado el carácter mediato de la percepción.

Desde un punto de vista psicológico, así como epistemológico, se han propuesto varias teorías sobre la percepción y especialmente sobre el modo como con las percepciones se «aprehenden» realidades «externas». Las teorías más importantes al efecto han sido la teoría realista de la percepción, según la cual el contenido de las percepciones son las realidades mismas; la teoría causal de la percepción, según la cual hay una diferencia entre percepción y realidad percibida, ya que ésta es causa de aquélla, y la teoría fenomenista, según la cual lo que se perciben son fenómenos o aspectos fenoménicos de la realidad. Esta última teoría puede desembocar en una distinción entre fenómenos y realidades mediante la introducción de nociones como las de los datos de los sentidos o de los llamados «sensibles», o puede, por el contrario, terminar por una afirmación de que no hay distinción de principio entre «percepción» y «percibido». Una diferencia básica se halla entre quienes sostienen que cuando alguien ve un objeto, ve la apariencia de un objeto (o el objeto en cuanto apariencia), pero no el objeto; y quienes mantienen que cuando alguien ve un objeto se le aparece el objeto sin distinción entre éste y una «apariencia».

Se ha discutido asimismo el problema de la llamada «interioridad» o «exterioridad» de las percepciones, o de los actos de percepción –problema en algunos respectos similar al ya apuntado antes cuando se examinó si, y hasta qué punto, las percepciones no son sólo «sensibles», sino que incluyen asimismo actos «internos»–. Muchas teorías «interioristas» de la percepción vinculan los actos de percepción a la existencia de alguna «fuerza». Tal sucede con Lachelier cuando afirma que «el movimiento desarrollado en la extensión no tiene conciencia de sí mismo, porque está, por así decirlo, todo entero fuera de sí mismo», pero que «el movimiento concentrado en la fuerza es precisamente la percepción tal como la ha definido Leibniz, es decir, la expresión de la multiplicidad en la unidad» *(Du fondement de l'induction,* 1871, ed. 1924, pág. 94). Ello supone, según dicho autor, dos condiciones: (a) que, en vez de dispersarse en el tiempo y en el espacio, la fuerza y el movimiento se junten en un cierto número de sistemas; (b) que el detalle de esos sistemas se concentre aún más, reflejándose en una pequeña cantidad de «focos» donde la conciencia se exalta por una especie de acumulación y de condensación. Por eso el alma es definida aquí como la «unidad dinámica del aparato perceptivo» por la misma razón por la cual la vida es definida como la «unidad dinámica del organismo».

En su análisis de la percepción contenido en *Matière et Mémoire,* Bergson no entiende la percepción como aprehensión de una realidad por un sujeto psíquico. La noción de percepción da origen a dos distintas concepciones. Por una parte, la noción tradicional de percepción no puede explicar el «orden de la Naturaleza» para una conciencia «en la cual todas las imágenes dependen de una imagen central, nuestro cuerpo, cuyas variaciones siguen» a menos que se adopte una hipótesis arbitraria: la de una armonía preestablecida entre la realidad y el espíritu. Por otra parte, dicha noción tampoco puede explicar la variabilidad y selectividad de las imágenes desde un punto de vista científico a menos que se adopte otra hipótesis arbitraria: la de conciencia como un epifenómeno o una especie de «fosforescencia» de la materia. Las doctrinas antagónicas del idealismo y del realismo postulan por igual la noción gratuita de que «percibir es conocer». Bergson rechaza estas concepciones no sólo en virtud de los argumentos apuntados, sino también por razones empíricas. Lo que afirman esas nociones se revela como falso «a base de un mero examen de la estructura del sistema nervioso en la serie animal».

Para Bergson, la percepción es, ante todo, acción, y conlleva «una relación variable entre el ser viviente y la influencia más o menos distante de los objetos que influyen sobre él». El cerebro opera a modo de una central telefónica, indicando «cierto número de acciones posibles a la vez» u organizando una de ellas. El cerebro no produce imágenes mentales; su función consiste en «recibir estímulos, proporcionar los aparatos motores y presentar el mayor número posible de tales aparatos a un estímulo dado. Cuanto más se desarrolla, más distantes quedan los puntos del espacio que pone en relación con mecanismos motores cada vez más complejos». La percepción, regulada por el sistema nervioso, está encaminada a la acción y no al conocimiento puro. Ello explica que la creciente riqueza de esta percepción simboliza «el más amplio radio de indeterminación dejado a la elección del ser viviente en su conducta respecto a las cosas». Si hubiese una pura percepción sin memoria se hallaría absolutamente encerrada en un presente. Sería una «percepción impersonal» sobre la cual no se impondría la individualidad de la memoria. Transformar una realidad objetiva en una «imagen representada» es aislarla de todas las demás imágenes, así como de su relación pasada y futura con esas imágenes. La representación es, pues, una disminución; la representación de una imagen es menos que su presencia. Los seres vivientes en tanto que «centros de indeterminación» eliminan esas partes de los objetos que no les interesan. Bergson compara la percepción a una reflexión incompleta, esto es, a una en donde no queda reflejado el objeto entero, sino solamente su contorno. Lo que queda descartado en nuestra representación de la materia es lo que no tiene ningún interés para nuestras necesidades. Así, la representación consciente de las cosas se hace posible por el hecho de que se reflejan contra los centros de acción espontánea. En otras palabras, mientras la conciencia elimina, la percepción lo absorbe todo –aunque no lo sabe–. La percepción no es, pues, «una fotografía de las cosas».

El problema de la percepción ha sido examinado con detalle por muchos de los llamados «neorrealistas» ingleses. Estos filósofos no son propiamente realistas, por cuanto no admiten la tesis antes reseñada de la inmediatez en la percepción, pero no son tampoco idealistas, por cuanto no hacen intervenir, como término mediato, ni el pensamiento ni la reflexión. Su neorrealismo en este respecto se parece en muchos casos a un fenomenismo, por lo menos en la medida en que dan considerable importancia a los llamados *sensa* como elementos entre el objeto y el acto de percepción del objeto. Se han comparado estos *sensa* a las *species*, y en particular a las *species sensibles* escolásticas, pero no hay que extremar demasiado la comparación. Característico de los neorrealistas ingleses es el tender a considerar los actos de percepción y las percepciones como «acontecimientos» *(events)* de tal suerte que, según antes apuntamos, puede inclusive hablarse de un *percipient event* o «acontecimiento percipiente» en el caso del acto de la percepción. Sin embargo, dentro de una tendencia común hay diferencias en los modos como los neorrealistas ingleses (filósofos como C. D. Broad, T. Percy Nunn, H. A. Prichard, Norman Kemp Smith, John Laird, H. H. Price) explican la percepción. Unos, como T. Percy Nunn, se inclinan hacia lo que podríamos llamar «objetivismo realista» en la medida en que atribuyen los citados *sensa* a los objetos mismos. Otros, como H. H. Price, suponen que los *sensa* o, mejor, los *sense-data*, pertenecen al objeto, constituyendo «familias» de *sense data*. Pero señalan a la vez que no puede decirse gran cosa del «objeto mismo» y que, sólo por las dificultades que plantea una teoría «representacionista» de la percepción, es mejor atenerse a un cierto fenomenismo.

Algunos filósofos, como J. E. Turner (nac. 1875: A *Theory of Direct Realism, and the Relation of Realism to Idealism*, 1925), llegan a subrayar lo que puede llamarse «elementos realistas» en la percepción, que desembocan en un claro representacionismo. Reaccionando contra esta tendencia, ciertos autores, como A. C. Ewing (nac. 1900: *Idealism, A Critical Survey*, 1934), destacan la imposibilidad de percibir sin de algún modo categorizar lo percibido.

El examen de la percepción por los neorrealistas ingleses es una especie de «fenomenología de la percepción», distinta de las especulaciones metafísicas y también de las teorías psicológicas y neurofisiológicas. El problema de la percepción ha sido objeto de detallado tratamiento por los fenomenólogos. Husserl ha hablado de una percepción interna en cuanto «percepción inmanente» y de una percepción externa en cuanto «percepción trascendente». La percepción inmanente es la de las vivencias intencionales cuyos objetos pertenecen al mismo «flujo vivencial». La percepción trascendente es la de las vivencias intencionales donde no tiene lugar semejante «inmediatez». La percepción es sensible cuando aprehende un objeto real, y categorial cuando aprehende un objeto ideal. Según Husserl, en la percepción sensible «es aprehendido directamente o está presente *in persona* un objeto que se constituye de modo simple en el acto de la percepción». En la categorial, en cambio, se constituyen nuevas objetividades.

El problema de la percepción es central en el pensamiento de Merleau-Ponty. Según el resumen que dicho autor proporcionó de su doctrina *(Bulletin de la Société Française de Philosophie,* 1947), las bases ontológicas de ella pueden reducirse a tres puntos: (1) La percepción es una modalidad original de la conciencia. El mundo percibido no es un mundo de objetos como el que concibe la ciencia; en lo percibido hay no sólo una materia, sino también una forma. El sujeto percipiente no es un «interpretador» o «descifrador» de un mundo supuestamente «caótico» y «desordenado». Toda percepción se presenta dentro de un horizonte y en el mundo. (2) Tal concepción de la percepción no es sólo psicológica. No puede superponerse al mundo percibido un mundo de ideas. La certidumbre de la idea no se funda en la de la percepción, sino que descansa sobre ella. (3) El mundo percibido es el fondo siempre presupuesto por toda racionalidad, todo valor y toda existencia.

Los análisis de Merleau-Ponty, aunque no son, estrictamente hablando, psicológicos, se apoyan en datos psicológicos, especialmente los proporcionados por la psicología de la estructura o *Gestaltpsychologie,* que ha dedicado gran atención al estudio de las condiciones y formas de las percepciones. Un punto de vista distinto es el adoptado por varios filósofos analíticos, que en lugar de atender a resultados psicológicos, prestan especial atención al análisis de expresiones. Un ejemplo al respecto es el de Gilbert Ryle al manifestar que es erróneo examinar la percepción filosóficamente suponiendo que percibir es un proceso o estado corporal, o que es un proceso o estado psicológico, o un proceso a la vez corporal y psicológico. Ryle mantiene que si bien la óptica, la acústica, la neurofisiología, etc., revelan importantes conexiones acerca del ver, del oír, etc., no es legítimo fundarse en dichas creencias para resolver los dilemas de la percepción. Éstos pueden resolverse, en cambio, mediante un análisis que aclara los sentidos en que se usan expresiones como 'Percibo', 'Me parece que', etc. Según Ryle, 'percibir' es básicamente distinto de, por ejemplo, 'correr'. 'Correr' no quiere decir 'haber corrido', sino 'estar corriendo'. Por otro lado, 'percibir' es un verbo del tipo de 'encontrar'. No se puede estar encontrando algo, ya que encontrar es de algún modo haber encontrado. Análogamente, no se puede estar percibiendo algo. No hay un proceso de percibir; hay un llevar a cabo o «ejecutar» un acto de percepción. Pero aunque el análisis lingüístico de Ryle no se apoya en consideraciones psicológicas o neurofisiológicas, tiene consecuencias psicológicas o, en todo caso, epistemológicas. En efecto, al no estimar el percibir como un proceso, se descartan tanto los posibles «actos internos» como todo «intermediario» entre el acto de percibir y el objeto percibido. Se descarta asimismo toda idea de que la percepción es «causada» por un objeto. Otro ejemplo de análisis de la percepción es el de autores como C. J. Ducasse, R. M. Chisholm y Wilfrid Sellars, que han defendido lo que se llama «teoría adverbial de la percepción». Según la misma, puesto que toda percepción lo es de una persona percipiente, es menester analizar el modo como cabe decir que alguien tiene una percepción, mediante traducción de toda expresión del tipo 'A presenta una apariencia redonda a S' a una expresión en la que quede claro que el percipiente tiene la percepción. El modo más claro es, según dichos autores, el adverbial, de suerte que la expresión citada 'A presenta una apariencia redonda a S' se traduce mediante 'S percibe redondamente respecto a A'. Se ha hecho notar que los autores que defienden la mencionada teoría aspiran a eliminar toda pretendida realidad «sustantiva», y que la teoría adverbial de la percepción puede ser un aspecto de una teoría más general, según la cual es menester descartar todo acto psíquico del cual se puede hablar como si existiera por sí mismo. Así, por ejemplo, 'A vive en estado de tristeza' sería una (ilegítima) sustantivación de 'A vive tristemente'.

En contraste con este tipo de análisis se encuentran los trabajos donde los problemas de la percepción, sin perder necesariamente interés filosófico, son tratados en estrecha relación con investigaciones psicológicas, fisiológicas, neurofisiológicas, ópticas, etc. Ello ha ocurrido dentro de varias orientaciones psicológicas de interés o alcance filosófico, entre las cuales se han distinguido el conductismo y el «gestaltismo». Se ha venido trabajando mucho en el problema de las llamadas «bases físicas» –neurofisiológicas– de la percepción (W. Grey Walter, W. Pitts, E. D. Adrian, W. Köhler y otros).

Auxiliados por las técnicas electroencefalográficas, los neurofisiólogos han alcanzado resultados ya muy satisfactorios. Importante en particular ha sido el descubrimiento del llamado «ritmo alfa» emitido por la corteza cerebral. Este ritmo se registra cuando un sujeto se halla en estado de reposo, y resulta «perturbado» cuando tienen lugar percepciones (especialmente visuales). El ritmo alfa opera al modo de una emisión continua de ondas sobre la cual se «modulan» otras emisiones. Ha sido comparado por ello con el tono muscular permanente sobre el cual se modulan los diversos movimientos musculares; y hasta se ha hablado de un «tono cortical». Como la emisión continua cortical ofrece analogías con las emisiones continuas de los aparatos emisores de radar y televisión, se piensa que, sin necesidad de llegar a «reduccionismos» precipitados entre los dos fenómenos, el estudio de las segundas puede arrojar considerable luz sobre la comprensión de la primera.

Relacionadas en parte con los trabajos anteriores se hallan las investigaciones de la percepción que han hecho uso de los procesos perceptivos o supuestamente perceptivos que tienen lugar en ciertas máquinas construidas al efecto. La más conocida de estas máquinas es el llamado «Perceptrón», el cual consiste en un dispositivo que permite efectuar selecciones de estímulos (por ejemplo, colores) a base de «percepciones» anteriores registradas y almacenadas por la máquina. Las analogías entre las percepciones humanas y las «percepciones» de la máquina han sido reforzadas por medio de conexiones relativamente «arbitrarias», similares a las conexiones que existen en el sistema nervioso, y, sobre todo, por medio de conexiones en las cuales se dan «repeticiones» y «redundancias». Es todavía asunto debatido si en este caso nos las habemos con auténticas «percepciones» o si se trata únicamente de una analogía entre dos sistemas, pero no una igualdad de naturaleza entre ellos. Una teoría completamente «fisicalista» de la percepción en el sentido apuntado, es decir, fundada en la idea de que cualesquiera percepciones sensibles –y todas las formas de la llamada «conciencia»– que se hallan en el hombre pueden ser producidas en principio en máquinas o robots, ha sido propuesta por James T. Culbertson *(The Minds Robots: Sense Data, Memory, Images and Behavior in Concious Automata)*.

Se habla a veces también de «percepción extra-sensible» para designar las percepciones o supuestas percepciones que tienen lugar independientemente de los marcos normales psicológicos y neurofisiológicos. Observemos que a veces se han incluido entre las llamadas «percepciones extrasensibles» ciertos tipos de percepción especialmente aguda, inducida generalmente por drogas.

Perfección, perfecto. Se dice de algo que es perfecto cuando está «acabado» y «completado», de tal suerte que no le falta nada, pero tampoco le sobra nada para ser lo que es. En este sentido se dice de algo que es perfecto cuando es justa y exactamente lo que es. Esta idea de perfección incluye la idea de «limitación», «acabamiento» y «finalidad propia», y es una de las ideas que resurgen constantemente en el pensamiento griego. Se ha dicho inclusive que «perfecto», «terminado», «clásico» y «helénico» son aspectos diversos de un mismo y único modo de ser según el cual todo lo que no es limitado y, por así decirlo, «cerrado en sí mismo» es imperfecto.

Si lo perfecto es lo que acabamos de decir de él, será también lo mejor en su género, pues no habrá nada que pueda superarlo; todo cambio en lo perfecto introducirá en él alguna imperfección. Estas dos significaciones de 'perfecto' fueron puestas de relieve por Aristóteles en su análisis de los sentidos de τέλειον *(Met., Δ 16, 1021 b 12-1022 a 2)*. A estos dos sentidos, Aristóteles agregó otro: el que tiene 'perfecto' cuando se refiere a algo que ha alcanzado su fin, en cuanto fin loable. Aristóteles pone asimismo de relieve que 'perfecto' se usa a veces *metafóricamente* para referirse a algo que es malo, como cuando se dice «un perfecto ladrón». El que Aristóteles considere este último uso como simplemente metafórico indica ya que en su idea de perfección, y en todas las significaciones de la misma, late la noción de algo que es por sí bueno. En efecto, en principio no debería haber inconveniente en admitir que algo malo, o supuestamente malo, es perfecto aunque sea «malo», pues aun en este caso es perfecto en su género, el cual es un género de la «maldad». Pero el excluir lo malo de lo perfecto tiene en Aristóteles, y en el pensamiento griego en general, una razón de ser, y es que se estima que lo «malo» es de algún modo algo defectuoso, y, por tanto, no puede ser perfecto, como no lo es nada que posea algún defecto, o que le falte algo.

Si lo perfecto es algo «limitado», entonces todo lo que sea ilimitado será imperfecto. En virtud de ello se ha dicho que los griegos consideraban como imperfecto lo infinito, ya que sólo lo que es «finito» puede estar «acabado»; indiquemos aquí solamente que, en la medida en que lo infinito se conciba como «lo inabarcable», parece que habrá que identificar lo infinito con lo imperfecto. Pero lo infinito puede concebirse de otros modos, y en uno de ellos por lo menos puede manifestarse la idea de perfección: es cuando lo infinito es algo absoluto. De todos modos, es cierto que ha habido entre los griegos cierta tendencia a excluir de la perfección la idea de infinitud, excepto cuando se ha comenzado a subrayar que lo infinito no es negativo, sino más bien positivo, esto es, que lo infinito no es negación (de límites), sino afirmación (de ser).

La idea de perfección ha tenido una importancia considerable en toda la historia del pensamiento occidental, especialmente desde el cristianismo, es decir, cuando Dios ha sido concebido como el modelo de la perfección, si no la perfección misma. Un ejemplo de ello lo tenemos en una de las formas de la prueba ontológica (véase ONTOLÓGICA [PRUEBA]), donde ser (o existencia) y perfección son equiparados. La idea de perfección ha sido, además, estrechamente relacionada con los que han sido llamados «principio de orden» y «principio de plenitud». Todo ello no quiere decir que los términos 'perfección' y 'perfecto' hayan sido siempre entendidos del mismo modo. Los escolásticos, por ejemplo, tuvieron buen cuidado en distinguir entre varias formas de perfección. En principio, la perfección es equiparada a la bondad *(bonitas)*, en cuanto que se llama «perfección» cualquier bien poseído por algo. Puesto que se trata de un bien, se trata también de una realidad o actualidad, de suerte que lo contrario de *perfectus* es *defectus;* la *imperfectio* es, en suma, una *privatio*. Lo *perfectus* es concebido también como *completus*. Pero no toda *perfectio* es la misma. Dos tipos de perfección son claramente distintos entre sí: la perfección absoluta, según la cual lo que es declarado perfecto lo es de un modo completo, y la perfección relativa, que es perfección sólo con respecto a algo que es absolutamente perfecto o perfecto en sí. Sólo Dios puede ser considerado como perfección absoluta; todo lo demás tiene (si la tiene) una perfección relativa. Además de ello, se distinguió entre diversas formas de perfección de acuerdo con aquello con respecto a lo cual algo se dice que es perfecto. La idea de perfección fue equiparada con la idea de acto, de modo que la perfección absoluta o perfección absolutamente pura es aquella que excluye cualquier potencia, esto es, cualquier imperfección. En todo caso, el orden del universo fue considerado a menudo como un «orden de la perfección»», desde la perfección absoluta y completa, que es la de Dios, hasta la Tierra, que ocupa el lugar inferior en el citado orden. Si se entiende la perfección como «perfección humana», puede mantenerse la distinción primaria entre perfección en un determinado respecto y perfección pura y simple. En su obra sobre la perfectibilidad del hombre (cf. especialmente págs. 19, 27). John Passmore indica que, para empezar, cabe hablar de tres diferentes «modos de perfección»: la perfección «técnica», la cual «consiste en ejecutar, con máxima eficacia, una tarea determinada»; la perfección «obedienciaria», la cual «consiste en obedecer los mandatos de una autoridad superior, sea Dios o un miembro de la elite», y la perfección «teleológica», la cual «consiste en alcanzar ese fin en el cual la propia naturaleza encuentra satisfacción total». Una serie de distinciones más refinadas se encuentran cuando dicho autor propone ocho modos de entender que el hombre es perfectible, a saber «(1) hay alguna tarea en la cual todos y cada uno de los hombres pueden perfeccionarse técnicamente; (2) [el hombre] es capaz de subordinarse completamente a la voluntad de Dios; (3) puede alcanzar su fin natural; (4) puede hallarse enteramente libre de defecto moral; (5) puede hacer de sí mismo un ser metafísicamente perfecto; (6) puede hacer de sí mismo un ser armonioso y ordenado; (7) puede vivir al modo de un ser humano idealmente perfecto; (8) puede llegar a ser como Dios».

Algunos de esos modos de entender que el hombre es perfectible están subordinados a algún otro; así, por ejemplo, ciertos autores dirían que (5) y (6) son equivalentes a (2), (3) o (4). Consideremos ahora la noción de perfección con respecto a lo que algo es y con respecto a lo que algo vale. Por un lado, algo puede ser perfecto en lo que es. Por otro lado, algo puede ser perfecto en lo que vale. Finalmente, algo puede ser perfecto a la vez en lo que es y en lo que vale.

Cada uno de los tres anteriores significados se puede dar en cada uno de los siguientes tipos de perfección: la perfección absoluta *(absolute, per se)* y la perfección relativa *(secundum quid)*. Según ello habrá: 1. Lo perfecto absolutamente en lo que es. 2. Lo perfecto absolutamente en lo que vale. 3. Lo perfecto absolutamente en lo que es y en lo que vale. 4. Lo perfecto relativamente en lo que es. 5. Lo perfecto relativamente en lo que vale. 6. Lo perfecto relativamente en lo que es y en lo que vale.

Debe observarse que lo perfecto relativamente en cualquiera de los tres significados indicados (4, 5 y 6) puede a su vez entenderse de dos modos: como lo perfecto en principio o *simpliciter*, y como lo perfecto de lo que hay (o lo mejor de lo que hay), que puede llamarse lo perfecto «sencillamente». Esta distinción nos parece importante con el fin de hacer posible entender la perfección en relación con las posibilidades existentes para realizarla. Como ejemplo puede valer el siguiente. Aristóteles consideró que la mejor y más alta actividad humana es la contemplación. La contemplación es, pues, algo perfecto, siendo un bien para todos los hombres, independientemente de las circunstancias concretas sociales, históricas, etc. Ahora bien, esta perfección lo es, según hemos indicado, «sencillamente», es decir, dentro del marco del Estado-ciudad tal como lo concebía Aristóteles. «Entre lo que entonces había», la contemplación es lo perfecto. Pero si «hay otras cosas», la perfección puede ser otra entre ellas. Así, es posible que dentro del marco del Estado moderno haya otra posible idea de lo que es mejor, o más perfecto, para los hombres; esta perfección sería a la vez relativa y «sencilla», pero no dejaría de ser perfección.

Placer. Ha sido bastante común entre los filósofos tomar el concepto de placer en un sentido muy general, que abarca, o se supone que abarca, toda clase de placeres y de sentimientos de placer. Así, se ha considerado que ciertas cosas pueden causar placer porque causan sensaciones placenteras, como ocurre con el sabor de un buen vino. Se ha considerado asimismo que otras cosas pueden causar placer, aunque no sea una sensación de placer en sentido estricto, como ocurre con una conversación con un buen amigo, con la satisfacción del deber cumplido, etc.

Concomitantemente, el concepto de dolor ha sido tomado asimismo en un sentido muy general, incluyéndose en tal concepto la sensación que se experimenta cuando se sufre físicamente, cuando se pierde una persona amada, etcétera.

Tomados en estos sentidos generales, han tenido lugar muchos debates sobre los conceptos de placer y de dolor. Por ejemplo, se ha mantenido que el placer es lo contrario del dolor, de modo que si se siente un placer no se puede sentir un dolor, y viceversa. Se ha afirmado también que es posible sentir a la vez placer y dolor, como ocurre en ciertas situaciones supuestamente anormales o «mórbidas», en las cuales se siente placer al sentirse dolor y de las que el más citado ejemplo es el masoquismo. Algunos han dicho que sentir placer y dolor al mismo tiempo quiere decir simplemente sentir placer por una cosa y dolor por otra distinta, de modo que el placer es un cierto sentir en determinado respecto que excluye el dolor en el mismo respecto. Por ejemplo: si siento placer escribiendo un «Diccionario de filosofía» no puedo sentir dolor al escribirlo, aunque pueda sentirlo por otras razones, como el que el escribirlo da, inclusive literalmente, muchos dolores de cabeza.

A un nivel semejante de generalidad se han hecho afirmaciones de carácter antropológico o ético, como las que el hombre por naturaleza persigue el placer y evita el dolor, o que el objetivo del ser humano es aumentar al máximo el placer y reducir al mínimo el dolor. Lo último puede entenderse de un modo principalmente subjetivo, en cuyo caso tenemos una de las formas del hedonismo, o puede entenderse de un modo que incluya todos los individuos de una comunidad, en cuyo caso tenemos el utilitarismo.

El nivel de generalidad hasta ahora referido no ha sido casi nunca satisfactorio. En vista de ello se han proporcionado varias definiciones de 'placer' que han restringido el significado de este término. Por ejemplo: el placer consiste en la satisfacción de necesidades; consiste en la ausencia de malestar, siendo esta ausencia de malestar un bienestar; consiste en una especie de euforia, del cuerpo o de la mente, o de ambos, etc. Numerosas objeciones se han presentado contra estas definiciones y otras similares: se pueden satisfacer necesidades sin experimentar placer; no es legítimo equiparar 'placer' con 'bienestar', con 'satisfacción', con 'alegría', etc., porque cada uno de estos términos tiene un conjunto de usos propios no reducibles estrictamente a los otros. Se ha indicado también que la noción de placer se hace menos vaga cuando se especifican los tipos de placeres. Dos de estos tipos han sido mencionados con frecuencia: el placer corporal y el placer psíquico o mental, es decir, el placer físico y el placer espiritual. A ello se ha respondido afirmando que no es siempre fácil distinguir entre estos dos tipos de placeres; que el placer corporal, cuando menos en los organismos biológicos relativamente desarrollados, presupone un «sentimiento» de este placer y este sentimiento es psíquico y no físico; que, por otro lado, no hay placer puramente psíquico o mental en el sentido de ser completamente independiente de los estados del organismo. Algunos han mantenido que solamente hay placer, o dolor, cuando hay conciencia de ellos, pero no es claro lo que se entiende por 'conciencia de'. Si se restringe demasiado el sentido de esta expresión se llega a la conclusión (errada) de que los animales no pueden sentir placer ni dolor.

Ciertas doctrinas morales, y específicamente el hedonismo (VÉASE) y el utilitarismo han puesto de manifiesto que el placer del cual hablan a menudo es un placer «moderado» o que, en todo caso, hay que «calcular» el alcance y las posibles consecuencias del placer, de modo que se pueda saber si un determinado placer no va a producir dolor. En este último caso se descarta semejante placer para buscar otro cuyas consecuencias sean mínimamente dolorosas.

En un artículo sobre la noción de placer Gilbert Ryle (con W. B. Gaillie, «Pleasure» en *Proceedings of Aristotelian Society.* Supp. vol. XXXVIII [1954], 135-46, 147-64, reimp. en *Dilemmas* [1954], págs. 54-67) ha puesto en guardia contra lo que considera dos falsas concepciones. Una de ellas consiste en suponer que, junto al complacerse con (o disfrutar de) algo, hay un placer que se sobreimpone a este complacerse (o disfrutar). El placer, viene a decir Ryle, expresa siempre algún acto del tipo que otros filósofos llaman «intencional». 'Sentir placer' ('disfrutar') es, según ello, un verbo transitivo. Ryle indica que ha habido tres modos de entender el concepto de placer y que en cada uno de ellos se ha cometido algún tipo de falacia categorial. Uno ha consistido en colocar los conceptos de gustar, disfrutar (y, correlativamente, no gustar, no disfrutar) como si perteneciesen a la misma categoría que tener un dolor. Pero es posible sentir un dolor y experimentar placer en sentirlo. Otro ha consistido en una concepción «mecánica» del placer y del dolor (o de los verbos que expresan el experimentar placer o el sentir dolor, como 'gozar de', 'sufrir', etc.) como si se tratara de acontecimientos que funcionan como causas y efectos de otros acontecimientos. Pero disfrutar de algo (experimentar placer) no es un proceso, como se ve cuando consideramos que mientras un proceso puede ser rápido o lento, un placer no puede serlo. El tercero ha consistido en equiparar placer y dolor a algún tipo de «pasiones» análogas al terror, al disgusto –y, podríamos añadir, a la euforia–. Pero aunque hay cosas como «raptos», «exaltaciones», etc., no son comparables a los «placeres».

No parece ser fácil saber a qué «categoría» pertenece el concepto de placer. Por otro lado, ello no hace este concepto totalmente innecesario. Sigue siendo útil para caracterizar cierto tipo de experiencias, entre las cuales sobresalen las de agrado. Es muy posible que el concepto opuesto al de placer no sea, como tradicionalmente se ha estimado, el de dolor, sino el de desagrado. Es curioso, en todo caso, que mientras algunos filósofos han tratado de explicar, y hasta de justificar, por qué hay dolor –una de las especies del mal (VÉASE)– en el mundo, no parece necesario justificar por qué hay, cuando lo hay, placer. Sea lo que fuere, el placer parece darse por descontado como algo digno de perseguirse.

Pluralismo. La doctrina según la cual hay sólo una realidad, o sólo un tipo de realidad, es llamada «monismo». Toda doctrina según la cual hay más de una realidad, o más de un tipo de realidad, puede llamarse «pluralismo». Sin embargo, como hay un nombre determinado para las doctrinas según las cuales hay dos tipos de realidad (véase DUALISMO) y hasta uno para las doctrinas según las cuales hay tres tipos de realidad («trialismo»), se da el nombre de pluralismo a toda doctrina que afirma que hay muchos, posiblemente infinitos, tipos de realidad. Lo mismo que en el caso del monismo y del dualismo, lo que importa generalmente en el pluralismo es más el tipo de realidad que el número de realidades. Sin embargo, hay casos en los que se afirma que hay un número considerable, o tal vez infinito, de realidades que son sustancialmente del mismo tipo, y se indica que se trata de doctrinas pluralistas. Tal sucede con el atomismo y con las teorías monadológicas.

El pluralismo puede ser metafísico (u ontológico) o epistemológico. El pluralismo epistemológico es antirreduccionista, mientras que el monismo suele ser reduccionista. Es posible mantener un monismo ontológico junto con un pluralismo epistemológico. A este efecto hay que reconocer que los tipos de realidades y, en todo caso, los lenguajes mediante los cuales se habla de los que se suponen ser tipos de realidades, no son reducibles uno al otro, pero que, subyaciendo la pluralidad de lenguajes hay un continuo de la realidad.

Desde el punto de vista metafísico (u ontológico) se ha hablado de diversas especies de pluralismo: «monopluralismo» (hay una pluralidad de realidades, o de tipos de realidad, independientes en cuanto que cada una no necesita de otras, pero interrelacionadas en cuanto que cada una se halla en interacción con otras); «pluralismo absoluto» (no hay ningún enlace o interacción entre realidades); «pluralismo armónico» (cada realidad, o tipo de realidad, es metafísicamente independiente, pero hay un principio de armonía que conjuga todas las realidades y todos los tipos de realidad entre sí). Se ha hablado también de «pluralismo atomista», de «pluralismo monadológico», etc., de acuerdo con lo que se supone son los constituyentes de la realidad declarada «plural».

La más conocida serie de doctrinas filosóficas pluralistas es la que se desarrolló entre los presocráticos, especialmente en cuanto que aspiraron a resolver las dificultades que planteaban, por un lado, Parménides, y, por el otro, Heráclito.

En la filosofía moderna y contemporánea se desarrollaron varias formas de pluralismo como reacción contra las tendencias monistas del idealismo alemán y del materialismo de mediados del siglo XIX. Muchos filósofos que trataron de evitar las consecuencias «deterministas» de las doctrinas monistas y que no se adherían tampoco al idealismo de tipo fichteano, elaboraron doctrinas pluralistas. Ejemplos de pluralismo son las doctrinas de Teichmüller, Lotze y Wundt. En algunos casos, el pluralismo se confinaba al reino psíquico; en otros se extendía a toda la realidad, considerándose que la afirmación de la libertad de los individuos humanos tenía que fundarse en un reino de entidades no internamente relacionadas. Renouvier elaboró sistemáticamente una doctrina pluralista de carácter monadológico en la que se admitían principios diversos de series «libres» de fenómenos. El pluralismo ha estado frecuentemente ligado al personalismo, especialmente a los aspectos metafísicos del personalismo. Como toda tendencia a negar que haya relaciones internas lleva al pluralismo, es posible considerar como pluralistas a doctrinas del tipo del atomismo lógico.

La más conocida de las doctrinas filosóficas pluralistas contemporáneas es la de William James. El pluralismo de James se basa en la idea de una libertad interna y constituye, por así decirlo, una monadología encaminada a la realización de una síntesis entre la continuidad y la discontinuidad. Por eso, aun admitiendo «el carácter sublime del monismo noético», James le acusa de engendrar insolubles dificultades: no dar cuenta de la existencia de la conciencia finita, originar el problema del mal, contradecir el carácter de la realidad como algo experimentado perceptivamente, inclinarse al fatalismo. El pluralismo supera, en cambio, según William James, estas dificultades y ofrece cierto número de ventajas: su carácter más «científico», su mayor concordancia con las posibilidades expresivas morales y dramáticas de la vida, su apoyo en el más insignificante hecho que muestre alguna pluralidad. La elección entre el pluralismo y el monismo parece, no obstante, tener que resolverse en un dilema, pues el monismo ofrece, por otro lado, la ventaja de su afinidad con cierta fe religiosa y el valor emocional radicado en la concepción del mundo como un hecho unitario; así, decidirse por el pluralismo es para James, sobre todo, la consecuencia de su voluntad de salvar la posibilidad de que haya «novedad en el mundo».

Postestructuralismo. Puede darse este nombre –neutral, cómodo y vago– a la «fase» de la filosofía francesa que sigue a, y enlaza con, el estructuralismo (VÉASE).

Foucault ha sido considerado, aunque él mismo haya rechazado esta designación, como estructuralista. Al mismo tiempo, una parte de su labor cae dentro de desarrollos que han tenido lugar después del florecimiento del estructuralismo, cuando menos en el sentido de Lévi-Strauss. Hay más razón para llamar «postestructuralistas» a autores como Jacques Derrida y Gilles Deleuze, respecto al cual, por lo demás, Foucault ha dicho que «este siglo será 'deleuziano' o no será» aun si es sólo por razones «generacionales». Acaso pueda hablarse respectivamente de «desconstruccionismo» y de «esquizo-analitismo».

El peso de las circunstancias históricas, y específicamente políticas, o político-sociales, es importante en el desarrollo del aludido «postestructuralismo», como lo fue (en el caso de Althusser sobre todo) en el del estructuralismo. Dicho peso se manifiesta a veces paradójicamente en el rechazo de considerar explícitamente tales circunstancias y de suponer que hay una especie de racionalidad absoluta» –o de «irracionalidad absoluta»-, que es la racionalidad, o la irracionalidad, de lo que se ha llamado a veces «el Maestro», a veces «el Saber», identificado con «el Poder», la trama dentro de la cual, y sólo dentro de la cual, sucede la historia.

Cronológicamente al menos, pueden considerarse asimismo como postestructuralistas a varios autores cuyo pensamiento no está desligado del de Foucault, aunque sus propulsores, frente a ciertas críticas, entienden que en modo alguno su pensamiento es antirrevolucionario y menos aún «derechista». Desde este punto de vista, la obra de los autores de referencia es un desarrollo más de la polémica en torno al marxismo. Así, se ha puesto a menudo de relieve que los resultados que ha dado la aplicación –o supuesta aplicación– del marxismo a varios países, especialmente a la antigua Unión Soviética, no correspondían a lo que se esperaba de él, sea desde el punto de vista de la aspiración a la libertad, sea desde el punto de vista de la aspiración a la igualdad, sea desde el punto de vista del buen funcionamiento de la economía. Tanto los marxistas no ortodoxos como los autores tradicionalmente opuestos al marxismo han criticado tales resultados, en particular las tendencias totalitarias y «campo-concentracionarias». Los supuestos en que estos autores se han apoyado son, sin embargo, distintos. Los marxistas no ortodoxos han examinado críticamente los modelos marxistas sin abandonar el marxismo, antes bien tratando de reinterpretarlo y en algunas ocasiones de radicalizarlo. Algunos han estimado, sin embargo, que los defectos proceden del propio marxismo, el cual tiene que llevar necesariamente a los resultados criticados. Según los autores aludidos, ninguna forma de marxismo tiene en cuenta la realidad, y por eso se desliza siempre hacia el totalitarismo.

Los autores de referencia son llamados «los nuevos filósofos»: *les nouveaux philosophes*. Los más citados son (en orden alfabético): Jean-Marie Benoist (nac. 1942: *Marx es mort*, 1970; *La ré-volution structurale*, 1975; *Tyrannie du logos*, 1975; *Pavane pour une Europe défunte*, 1976), Jean-Paul Dollé (nac. 1939: *Le désir de révolution*, 1972; *Voies d'accès au plaisir*, 1974; *Haine de la pensée*, 1976); André Glucksmann (nac. 1937: *Le discours de la guerre*, 1967; *Stratégie de la révolution*, 1968; *Les Maîtres-Penseurs*, 1977), Bernard Henri Lévy (nac. 1949: *La barbarie à visage humain*, 1977), Philippe Nemo (nac. 1949: *L'homme structural*, 1975).

Las ideas de los «nuevos filósofos» han sido combatidas por autores marxistas, que los han considerado como una «nueva diversión» de la derecha, sirviendo de ayuda a la «ideología principal» (contrarrevolucionaria). Los «nuevos filósofos» han contestado que solamente pretenden enfrentarse a la realidad sin ilusiones, y en concreto sin esas ilusiones de la «ciudad ideal» que nunca se harán realidad. Son, pues, pesimistas, si bien no es injusto calificar ese su pesimismo metodológico de «realista».

Postulado. Aristóteles consideraba los postulados como proposiciones no universalmente admitidas, esto es, no evidentes por sí mismas. Con esto los postulados se distinguen de los axiomas, pero también de ciertas proposiciones que se toman como base de una demostración, pero que no tienen un alcance «universal».

En los *Elementos* de Euclides la noción del postulado recibió una formulación que ha sido vigente durante muchos siglos: el postulado es considerado en ellos como una proposición de carácter fundamental para un sistema deductivo que no es (como el axioma) evidente por sí misma y no puede (como el teorema) ser demostrada. Ejemplo de postulado en dicha obra es: «Se postula que de cualquier punto a cualquier punto puede trazarse una linea recta». Otro ejemplo es el famoso «postulado de las paralelas» que durante mucho tiempo intentó, sin éxito, demostrarse y cuya no admisión dio lugar a las diversas geometrías no euclidianas. El significado originario de 'postulado', αἴτημα, es 'petición' o 'requerimiento' (del verbo αἰτεῖν, requerir). 'Se postula' se expresa en griego mediante ἠτήσθω, lo que significa propiamente 'Que haya sido requerido' (y no simplemente 'Que sea requerido').

Muchas son las discusiones habidas en torno a la noción de postulado. La mayor parte de los autores consideran hoy que no puede mantenerse la diferencia clásica entre axioma y postulado. Lo que se llama «axioma» puede llamarse asimismo «postulado». Basta descartar la dudosa expresión 'evidente por sí mismo' y atenerse a la posición de una proposición dentro de un sistema deductivo: «postulados» o «axiomas» son los nombres que reciben las proposiciones iniciales dentro del sistema.

Puede, sin embargo, distinguirse entre «postulado» y «axioma» ateniéndose al grado de generalidad y aplicabilidad de los sistemas. Así cabe llamar «postulados» a las proposiciones iniciales en una determinada ciencia o rama de la ciencia –por ejemplo, postulados de la física óptica– y «axiomas» a las proposiciones iniciales en un sistema deductivo no interpretado aplicable a varias ciencias.

El método de postulación –método postulativo o método postulacional– es el usado cuando se introducen en un sistema nuevas expresiones que sirven de términos primitivos. Se distingue el método de postulación del método de construcción –método constructivo–, en el cual las nuevas expresiones introducidas en el sistema son definidas mediante términos previamente introducidos. Ha habido discusiones sobre la titulada «técnica postulativa», o «postulacional», por medio de la cual se erigen los sistemas postulacionales (asimismo llamados «axiomáticos»). Según K. Britton (*Mind*, N. S., 50 [1941], 169 y sigs.), pueden distinguirse en la lógica formal los elementos siguientes: (a) Una lógica fundamental o fundacional, es decir, una teoría de la deducción que trata de la codificación de los principios básicos de inferencia deductiva comunes a toda argumentación; (b) Una técnica postulacional (postulativa) y (c) Una serie de intentos para mostrar que los principios de la lógica fundamental engendran los de las matemáticas puras o que los últimos pueden ser engendrados por medio de procesos iguales o similares a los necesarios para la primera. (b) Puede ser a su vez: (1) Invención de cálculos para engendrar lenguajes con el fin de determinar las ramas de la matemática o ciencia; (2) Invención y comparación de cálculos que no tienen ninguna relación particular con ningún lenguaje en su uso empírico o matemático.

Postulados de la razón práctica. En la *Crítica de la razón pura,* Kant indicaba que si hay leyes prácticas absolutamente necesarias, entonces hay que admitir que si tales leyes presuponen la existencia de un ser que sea la condición de la posibilidad de su poder obligatorio, la existencia de dicho ser debe ser *postulada (K. r. V.,* A 634/B 662). Así, la existencia de Dios resulta ser un postulado de las leyes prácticas absolutamente necesarias, lo que es distinto de –y aun opuesto a– sostener que tales leyes presuponen la existencia de Dios. En la *Crítica de la razón práctica,* Kant trata con detalle de lo que llama «postulados de la razón práctica» o «postulados de la razón pura práctica». Advierte, ante todo, que estos postulados difieren de los de la matemática pura. Éstos tienen certidumbre apodíctica, pero *sólo* para el uso de una razón práctica. No se trata en ningún caso de una certidumbre teórica *(K. p. V.,* ed. de la Academia, V, 12). Kant define 'postulado de la razón pura práctica' del modo siguiente: «Una proposición teórica como tal, sin embargo, no demostrable, pero que depende inseparablemente de una ley *práctica* incondicionalmente válida» *(ibid.,* V, 123).

La inmortalidad del alma y Dios son postulados de la razón pura práctica. Una voluntad determinable por la ley moral tiene como objeto necesario «la realización *(Bewirkung)* del sumo bien». «En semejante voluntad, la adaptabilidad completa de las intenciones a la ley moral es la condición suprema *(oberste)* del sumo *(höchstes)* bien. Por tanto, esta adaptabilidad debe ser posible como su objeto, ya que se halla contenida en el mandato que requiere promoverlo. Pero la compleja adaptabilidad de la voluntad es la santidad –una perfección de la cual ningún ser racional en el mundo sensible es capaz en ningún momento del tiempo–. Pero puesto que es promovida como prácticamente necesaria, sólo puede hallar su completa adaptabilidad en un progreso infinito. Según los principios de la razón práctica es necesario suponer tal progreso práctico como objeto real de nuestra voluntad» *(ibid.,* V, 122). El progreso en cuestión, afirma Kant, es posible sólo si se presupone una existencia y personalidad del mismo ser racional que dure infinitamente (eternamente). Ello presupone la inmortalidad del alma, y de ahí que ésta sea un postulado de la razón pura práctica. La misma ley [moral] nos lleva a afirmar que el sumo bien requiere una felicidad (que es la «condición de un ser racional en el mundo») ajustada a esa moralidad. Ello tiene que suceder de un modo puramente desinteresado y en virtud de una razón puramente imparcial. Y «esto puede hacerse en la suposición de la existencia de una causa ajustada a este efecto, esto es, debe postular la existencia de Dios como perteneciendo necesariamente a la posibilidad del sumo bien» *(op. cit.,* V, 124).

Los postulados de la razón pura práctica, escribe Kant, «proceden todos del principio de la moralidad, que no es un postulado, sino una ley mediante la cual la razón inmediatamente determina la voluntad, voluntad que a la vez está determinada de tal modo que, en cuanto voluntad pura, exige estas condiciones necesarias para la obediencia de su precepto. Estos postulados no son dogmas teóricos, sino supuestos de alcance necesariamente práctico, los cuales, si bien, en rigor, no amplían el conocimiento especulativo, proporcionan a las ideas de la razón especulativa en general (por medio de su relación a lo práctico) realidad objetiva, y la justifican en orden a conceptos de los cuales ni siquiera podrían de otro modo atreverse a afirmar la posibilidad» *(op. cit.,* V, 133). A los postulados ya citados de la inmortalidad y de la existencia de Dios se agrega el de la libertad considerada positivamente, esto es, como la causalidad de un ser en tanto que pertenece al mundo inteligible. El postulado de inmortalidad deriva de la exigencia de la duración adecuada para el cumplimiento perfecto de la ley moral. El postulado de la existencia de Dios deriva de la exigencia de presuponer el sumo bien independiente. El postulado de la libertad (positiva) deriva del supuesto necesario de independencia respecto al mundo sensible y de la capacidad de determinar la voluntad por la del mundo inteligible.

Aunque hay, como a veces se ha afirmado, un «salto» de la razón teórica a la práctica en Kant, este salto no es nunca tan grande como para borrar la conclusión establecida por la crítica de la razón pura (teórica). Nuestro conocimiento, sostiene Kant, se extiende, en virtud de la razón pura práctica, a una realidad que era trascendente e inalcanzable para la razón teórica. Pero esta extensión de nuestro conocimiento no es nunca teórica; se trata siempre sólo de un «punto de vista práctico». No por ser postulados de la razón pura práctica, la naturaleza del alma, el mundo inteligible y Dios son conocidos como son «en sí mismos». Se han unido sus conceptos en un concepto práctico del bien más alto como objeto de nuestra voluntad, y ello se ha hecho de un modo enteramente *a priori* por razón pura. Sin embargo, «se han unido sólo mediante la ley moral y sólo en relación con ella» *(op. cit.,* V, 133).

Pragmatismo. La distinción kantiana entre «constitutivo» y «regulativo» ha sido interpretada a veces como un posible origen de la tendencia llamada «pragmatismo». La influencia de Kant sobre Peirce ha contribuido a esta interpretación. En todo caso, es posible destacar la función regulativa de ciertos conceptos –no sólo de los conceptos del entendimiento, o categorías (véase CATEGORÍA)– y, con ello, acentuar los aspectos pragmáticos, o pragmatistas, de la epistemología kantiana. Algunos autores hablan al respecto no sólo de Kant y Peirce, sino también de Kant y F. C. S. Schiller. Así ocurre con Josiah Royce, según el cual el humanismo y el pragmatismo de Schiller son formas de lo que llama «idealismo empírico», representado, según Royce, por Kant. Si nuestro conocimiento está limitado a los fenómenos y, a la vez, «la conciencia» desempeña un papel activo y «fundamentante», ya sea en las «formas» del conocer, ya sea en lo que respecta a sus «intereses», habrá una estrecha relación entre epistemología kantiana y lo que luego se llamó «pragmatismo» (cf. J. Royce, *Lectures on Modern Idealism,* 1919).

Independientemente de sus orígenes, se da el nombre de «pragmatismo» a un movimiento filosófico, o grupo de corrientes filosóficas, que se han desarrollado sobre todo en Estados Unidos y en Inglaterra, pero que han repercutido en otros países, o se han manifestado independientemente en otros países con otros nombres. Así, por ejemplo, ciertos movimientos anti-intelectualistas en el siglo XX (Bergson, Blondel, Spengler, etc.) han sido considerados como pragmatistas o cuando menos como parcialmente pragmatistas. Algunas opiniones de Simmel tienen un aire «muy pragmatista». Se han considerado también pragmatistas ciertas tendencias dentro del pensamiento de Nietzsche –por ejemplo, sus ideas sobre «la utilidad y perjuicio de la historia para la vida» y su concepción de la verdad como equivalente a lo que es útil para la especie y la conservación de la especie.

Sin embargo, conviene reservar el nombre 'pragmatismo' para caracterizar, o identificar, las corrientes filosóficas a las que nos hemos referido al principio, y sobre todo ciertas corrientes filosóficas en Estados Unidos e Inglaterra. Puede incluirse, entre las tendencias explícitamente pragmatistas, al llamado «pragmatismo italiano», defendido por autores como Mario Calderoni (1879-1914: *Il pragmatismo* [en colaboración con Giovanni Vailati], 1920, ed. G. Papini. – *Scritri*, 2 vols., 1924 [incompletos]), Giovanni Vailati y, en su primera época, el escritor Giovanni Papini (1881-1956), todos ellos colaboradores de la revista *Leonardo* (1903 a 1907), en la que asimismo colaboraron Peirce –a quien principalmente seguían los pragmatistas italianos–, James y Schiller. Pero el pragmatismo italiano (del que se ocupa Ugo Spirito) no tuvo ni la amplitud ni la influencia del pragmatismo sajón, o «anglo-americano».

Según Edward H. Madden, el pragmatismo anglo-americano, o, más específicamente, norteamericano, fue anticipado o preludiado por Chauncey Wright, especialmente al hilo de su crítica de la filosofía de Spencer y a base de una epistemología empirista y de una ética utilitarista. Pero en la época en la cual Wright desarrollaba doctrinas de carácter pragmatista empezaban a manifestarse opiniones semejantes. En rigor, y para no destacar a una sola figura, puede decirse que el pragmatismo norteamericano surgió en el seno del «Metaphysical Club», de Boston (1872-1874), al cual pertenecían, entre otros, Chauncey Wright, F. E. Abbot (1836-1903), Peirce y James. No debe desdeñarse en estos orígenes una cierta influencia de A. Bain, el cual había definido ya la creencia como «aquello sobre lo cual el hombre está preparado a actuar» –definición de la cual el pragmatismo, según Peirce, es un «corolario» (cf. Peirce, «The Fixation of Belief», publicado en noviembre de 1877, antes del artículo en el *Popular Science Monthly* al que nos referimos *infra*)–. A los citados pensadores deben agregarse, además: John Fiske (1842-1891: *Outlines of Cosmic Philosophy 1874. – Through Nature to God*, 1899) y Oliver Wendell Holmes (1809-1894). Los propósitos de estos pensadores fueron aclarados por Peirce, el cual formuló en su artículo «How to Make Our Ideas Clear» *(Popular Science Monthly,*

12 [1878], 286-302; en *Collected Papers*, 5: 538-40), como resumen de que «toda la función del pensamiento es producir hábito de acción» y de que «lo que significa una cosa es simplemente los hábitos que envuelve», la llamada «máxima pragmática» *(pragmatic maxim: C. P.,* 5: 402), que reza: «Concebimos el objeto de nuestras concepciones considerando los efectos que pueden ser concebibles como susceptibles de alcance práctico. Así, pues, nuestra concepción de estos efectos equivale al conjunto de nuestra concepción del objeto». Sin embargo, Peirce propuso posteriormente el nombre de «pragmaticismo» *(Pragmaticism)* para su doctrina con el fin de oponerlo a las deformaciones que, a su entender, siguieron a la misma y en particular para diferenciarlo del pragmatismo de William James, que no es tanto una deformación como una trasposición al campo ético de lo que había sido primitivamente pensado en un sentido puramente científico-metodológico. Peirce distingue su pragmatismo del pragmatismo defendido por James y por F. C. S. Schiller y, más todavía, del pragmatismo que «comienza a encontrarse en los periódicos literarios», indicando que hay por lo menos cierta ventaja en la concepción original de la doctrina que no se encuentra en las acepciones de los seguidores: la de que se relaciona más fácilmente con una prueba crítica de su verdad. Pues el pragmatismo no es tanto una doctrina que expresa conceptualmente lo que el hombre concreto desea y postula –al modo de F. C. S. Schiller– como la expresión de una teoría que permite otorgar significación a las únicas proposiciones que pueden tener sentido.

El llamado «pragmatismo anglonorteamericano» incluye no sólo a F. C. S. Schiller, William James y Peirce, sino también a John Dewey y a George Herbert Mead. En ocasiones no se ha usado, o se ha usado moderadamente, el término 'pragmatismo' hablándose más bien de «instrumentalismo», «experimentalismo» y hasta «humanismo». Todos los intentos de dar una definición suficiente, o siquiera adecuada, de 'pragmatismo' han fracasado en virtud de la multiplicidad de tendencias amparadas bajo este nombre. Parece más apropiado distinguir entre varias formas de pragmatismo o, como hizo Arthur O. Lovejoy, entre varios «pragmatismos». Según Lovejoy, aunque la palabra 'pragmatismo' aludía originariamente a una teoría sobre el significado de las proposiciones, su ambigüedad la resolvió pronto en dos tendencias: la primera afirma que «el significado de una proposición consiste en las futuras consecuencias de experiencias que (directa o indirectamente) predice que van a ocurrir, sin que importe que ello sea o no creído»; la segunda sostiene que «el significado de una proposición consiste en las futuras consecuencias de creerla». La primera de estas acepciones dio origen a una forma de pragmatismo que concernía a la naturaleza de la verdad y afirmaba que «la verdad de una proposición es idéntica a la ocurrencia de las series de experiencias que predice y sólo puede decirse que es conocida cuando se completan tales series». De estas acepciones se derivan trece formas de pragmatismo que Lovejoy enumera lógicamente del siguiente modo: «*I. Teorías pragmatistas de la significación.* (1) El 'significado' de cualquier juicio consiste enteramente en las futuras consecuencias por él predichas, tanto si es creído como si no lo es. (2) El significado de cualquier juicio consiste en las futuras consecuencias de creerlo y el significado de cualquier idea o juicio consiste siempre, en parte, en la aprehensión de la relación entre algún objeto y un propósito consciente.» «*II. Pragmatismo como teoría epistemológicamente no funcional referente a la 'naturaleza' de la verdad.* (3) La verdad de un juicio 'consiste en' la completa realización de la experiencia (o series de experiencias) a que había anteriormente apuntado el juicio; las proposiciones no *son*, sino que *llegan a ser* verdaderas.» «*III. Teorías pragmatistas del criterio de la validez de un juicio.* (4) Son verdaderas las proposiciones generales que han visto realizadas en la experiencia pasada las predicciones implicadas, no habiendo otro criterio de la verdad de un juicio. (5) Son verdaderas las proposiciones generales que han mostrado en el pasado ser biológicamente útiles a quienes han vivido por ellas. (6) Toda aprehensión de la verdad es una especie de «satisfacción», pues el verdadero juicio corresponde a alguna necesidad, siendo «toda transición de la duda a la convicción el paso de un estado de cuando menos parcial insatisfacción a un estado de satisfacción relativa y de armonía». (7) «El criterio de verdad de un juicio es su satisfactoriedad como tal, siendo la satisfacción 'pluridimensional'.» (8) «El criterio de la verdad de un juicio reside en el grado en que corresponde a las exigencias 'teóricas' de nuestra naturaleza.» (9) «El único criterio de verdad de un juicio es su utilidad práctica como postulado, no habiendo más verdad general que la postulada resultante de alguna determinación motivada de la voluntad; no hay, pues, verdades 'necesarias'.» (10) Hay algunas verdades necesarias, pero éstas no son muchas ni prácticamente adecuadas, siendo necesario y legítimo más allá de ellas acudir a los postulados. (11) Entre los postulados que es legítimo tomar como equivalentes de la verdad, los que ayudan a las actividades y enriquecen el contenido de la vida moral, estética y religiosa, ocupan un lugar coordinado con los que presuponen el sentido común y la ciencia física como base de las actividades de la vida física.» «*IV. Pragmatismo como teoría ontológica.* (12) Como lo temporal es un carácter fundamental de la realidad, los procesos de la conciencia tienen en este devenir su participación esencial y creadora. El futuro es estrictamente no real y su carácter es parcialmente indeterminado, dependiendo de movimientos de la conciencia cuya naturaleza y dirección solamente pueden ser conocidos en los momentos en que se hacen reales en la experiencia» («The Thirteen Pragmatisms», *The Journal of Philosophy, Psychology, and Scientific Method* [actualmente: *The Journal of Philosophy*], 5 [1908], 5-12, 29-39, reimp. en la obra de Lovejoy: *The Thirteen Pragmatisms, and Other Essays,* 1963, págs. 1-29).

Las diferentes formas de pragmatismo analizadas por Lovejoy cubren una cantidad muy considerable de tendencias pragmatistas. Tomando el pragmatismo en sentido muy amplio, hay formas del mismo de las que Lovejoy no habla o a las cuales meramente alude. Junto al pragmatismo clásico –o a los pragmatismos clásicos– de autores como C. S. Peirce, William James y G. H. Mead, pueden mencionarse las siguientes formas o aspectos de una muy general inclinación pragmatista:

(1) El ya mencionado instrumentalismo de Dewey.

(2) El «biologismo» en cuanto «biologismo epistemológico» o intento de interpretación de los procesos cognoscitivos en términos de actividad y, sobre todo, «utilidad» biológica.

(3) El postulado de la economía del pensamiento en el sentido, entre otros, de Ernst Mach.

(4) Algunos aspectos de la llamada «filosofía de la inmanencia» en autores como Schuppe y Schubert-Soldern.

(5) El ficcionalismo de Hans Vaihinger.

(6) El operacionalismo.

(7) El pragmatismo conceptualista de C. I. Lewis.

(8) Los trabajos semióticos de Charles Morris.

(9) El llamado «totalismo (u holismo) pragmático» de Quine y los aspectos pragmatistas de la «tesis de Duhem-Quine».

Praxis. Los griegos llamaban πρᾶξις *(praxis)* a un quehacer, transacción o negocio, es decir, a la acción de llevar a cabo algo, πράσσω (infinitivo, πρασσεῖν). El término πρᾶξις fue usado asimismo para designar la acción moral. En uno de los sentidos de 'práctica', la praxis designa la actividad práctica a diferencia de la teórica. La praxis puede ser «exterior», cuando se encamina a la realización de algo que trasciende al agente, e «interior», cuando tiene por finalidad el agente mismo. El término 'praxis' puede designar también el conjunto de las acciones llevadas a cabo por el hombre. En este sentido Plotino habla de praxis, la cual es, a su entender, una disminución o debilitamiento de la contemplación *(Enn.,* III, viii 5): la praxis se contrapone de este modo a la «teoría».

Para muchos de los sentidos de 'praxis' se usa el vocablo 'práctica'. Es usual reservar hoy el nombre de 'praxis' para caracterizar uno de los elementos fundamentales del marxismo (VÉASE), especialmente en algunas de sus direcciones (como, por ejemplo, en Georg Lukács). El marxismo ha sido presentado inclusive como una «filosofía de la praxis» (A. Gramsci). En efecto, en el marxismo la llamada «praxis humana» constituye el fundamento de toda posible «teorización». Ello no equivale a subordinar lo teórico a lo práctico, en el sentido habitual, o más común, de esta última palabra; en rigor, la praxis es en el marxismo la unión de la teoría con la práctica.

Entre los filósofos actuales que han hecho uso del término 'praxis' como término fundamental figura, además de muchos marxistas, Jean-Paul Sartre. El primer tomo de su *Crítica de la razón dialéctica* contiene una «teoría de los conjuntos prácticos». Sartre toma la praxis en el sentido de Marx y trata de descubrir en la praxis «la racionalidad dialéctica». La praxis no es, pues, para Sartre, un conjunto de actividades (individuales) regidas por la razón dialéctica como una razón «exterior» a la praxis. Tampoco es la manifestación de la razón dialéctica. La praxis contiene, según Sartre, su propia razón, y ésta es justamente razón dialéctica (véase RAZÓN (TIPOS DE). La praxis manifiesta, según Sartre, una serie de avatares, entre los cuales cuenta el perderse a sí misma para convertirse en mera «praxis-proceso». De un modo que recuerda el uso del concepto de «comprensión» *(Verstehen)* por Heidegger, aunque con propósito muy distinto, Sartre llega a declarar que «la comprensión no es otra cosa sino la traslucidez de la praxis a sí misma, sea que produzca, al constituirse, sus propias luces, o sea que se encuentre en la praxis del otro» *(Critique de la raison dialectique*, I [1960], pág. 160). Sartre considera lo que llama «la praxis individual» como una totalización «que transforma prácticamente el ambiente en una totalidad» *(ibid.* pág. 170). Lo «práctico-inerte» no es un fundamento de la praxis, sino lo contrario, el resultado de la totalización de la propia praxis.

Predicado. En la lógica calificada de «clásica» o «tradicional», el predicado (usualmente representado por 'P' en el esquema 'S es P') es el nombre del predicado. En la lógica actual no se considera como nombre de predicado el que sigue a 'es' en el esquema tradicional 'S es P'. En este esquema la lógica actual considera que 'S' es el nombre del sujeto y 'es P' el del predicado. En general, se consideran como nombres de predicados todos los que se usan para enunciar algo de un sujeto, sean propiedades o relaciones. Consideremos los ejemplos:

Cecilia va a misa una vez cada diez años (1)
Wamba XII fue emperador de Tanzania (2)
La pipa está debajo de la mesa (3)
Los chimpancés son más inteligentes que los ciempiés (4)
Lola es buena (5)
El cartero ha entregado al vecino una tarjeta de invitación al baile (6).

Las expresiones 'va a misa una vez cada diez años', 'fue emperador de Tanzania', 'está debajo de la mesa', 'son más inteligentes que los ciempiés', 'es buena' y 'ha entregado al vecino una carta de invitación al baile' son nombres de predicados correspondientes, respectivamente, a (1), (2), (3), (4), (5) y (6).

El esquema usado en lógica para el predicado es habitualmente 'Fx'. donde 'F' simboliza el nombre del predicado y es llamada «letra predicado». Otras letras usadas como letras predicados en los esquemas de enunciados predicativos son 'G', 'H', 'F'', 'G'', 'H'', 'F''', 'G''', 'H''', etcétera.

Se habla de predicados monádicos, diádicos, triádicos y, en general, poliádicos según que afecten a uno, dos, tres o más argumentos. En la lógica de predicados se procede a la cuantificación. La lógica en la cual se cuantifican «sujetos» –los x, y, etc., en Fx, Gx, Hx, Fxy, Gxy, Hxy, etc.– es la lógica cuantificacional elemental o lógica de predicados de primer orden. La lógica en la cual se cuantifican los predicados es la lógica cuantificacional superior o lógica de segundo orden. Cuando se habla de sistemas logísticos, es decir, de cálculos lógicos, se emplean los nombres «cálculo funcional de primer orden» y «cálculo funcional de segundo orden», respectivamente.

Se ha discutido el problema de lo que designan, si se supone que algo designan, las letras predicados, es decir, el problema de los *designata* de predicados. Éste es el problema del estatus ontológico de los predicados. Plantear este problema equivale a afrontar la cuestión de los universales.

A veces se distingue entre predicado y atributo, considerándose el primero como un rasgo que no pertenece esencial y constitutivamente al sujeto, en tanto que el segundo se considera como expresando un rasgo que pertenece al sujeto esencial y constitutivamente. Si se adopta esta terminología, lo que los esencialistas llaman «propiedades esenciales» equivale a los atributos. A veces se distingue entre predicado y atributo, estimándose que el primero es un término específico y el segundo es un término genérico.

Mientras 'predicado' es el término que se usa normalmente en lógica, 'atributo' y 'propiedad' tienen a menudo connotaciones no estrictamente lógicas. Es común el uso gramatical de 'atributo' y el uso ontológico de 'propiedad'.

Prescripción. En una prescripción se ordena, preceptúa o manda algo. Así, 'Debe decirse siempre la verdad', 'Hay que pedir audiencia en hojas firmadas de puño y letra del peticionario', 'Hay que cruzar la calle sólo por los lugares señalados', 'Hay que luchar para acelerar el proceso de liberación de las clases oprimidas', 'Debe desenroscarse la tuerca con una llave inglesa', 'Añádanse 10 miligramos de ácido pantoténico para cada 20 miligramos de niacinamida' son ejemplos de expresiones prescriptivas, o prescripciones.

Es obvio que lo que cabe entender por 'prescripción' es tan variado que conviene en cada caso especificar el tipo de prescripción referido, a menos que se convenga en dar el nombre de 'prescripción' sólo a cierto tipo de prescripciones. 'Debe desenroscarse la tuerca con una llave inglesa' es, en sentido muy amplio, una prescripción, pero no es ni una orden ni un mandato; podría llamársela 'instrucción' o 'dirección'. 'Añádanse 10 miligramos de ácido pantoténico para cada 20 miligramos de niacinamida' es una especificación para la fabricación de multivitamínicos. Mucho de lo que se dice para mostrar cómo se hace algo, o cómo se «debe» hacer algo para hacerlo con toda propiedad o con el fin de obtener resultados determinados, son especificaciones, direcciones o instrucciones. Cabría preguntar si no son instrucciones todas las llamadas «prescripciones», de modo que una titulada «prescripción» como

«Debe decirse siempre la verdad» no será sino una instrucción o dirección de conducta que podría tener la forma 'Debe decirse siempre la verdad si no se quiere que le cojan a uno desprevenido'. Puede darse a lo anterior una respuesta afirmativa e interpretarse tal respuesta de dos maneras: (1) Todas las prescripciones son únicamente instrucciones. (2) Además de ser instrucciones son descripciones del modo como se llevan a cabo las instrucciones si se quiere conseguir un fin determinado, de modo que las prescripciones son reducibles a descripciones.

Los que se inclinan por la afirmación (2) son partidarios del llamado «descriptivismo», por lo menos en una de las acepciones de este término. Los que se inclinan en favor de la afirmación (1) no son necesariamente descriptivistas en ningún sentido de este término, pero podrían ser llamados «instruccionistas».

Los filósofos que no son ni descriptivistas ni instruccionistas con respecto a las prescripciones tienden a acentuar más el carácter moral de éstas que los descriptivistas o los instruccionistas. Entienden entonces las prescripciones como expresiones que incluyen imperativos (morales, en sentido amplio) y juicios de valor (morales, en sentido amplio, pero también posiblemente estéticos). El uso de 'prescripción' en cualquiera de estas últimas acepciones es propio del llamado «prescriptivismo», sobre todo si se estima que las prescripciones son formuladas como guías para la acción o como expresiones destinadas a persuadir y a convencer.

Las prescripciones pueden ser absolutas (como 'Haz el bien', 'Cumple con tu deber', 'Llega a ser lo que eres', etc.) o relativas (como 'Haz caridad al pobre', 'Respeta a los ancianos', etc.). Es cuestión muy debatida la de si las prescripciones consideradas como absolutas tienen un contenido determinado o, caso de no tenerlo, ejercen al menos la función de un imperativo categórico en sentido kantiano (véase IMPERATIVO). Pueden ser asimismo singulares o universales de acuerdo con su alcance. Aunque las prescripciones absolutas son universales, las prescripciones relativas (o concondicionales) pueden ser universales o singulares. Una prescripción universal no absoluta es lo que se entiende a menudo por 'norma moral' y también 'máxima moral'.

Prescriptivismo. En un sentido general puede darse el nombre de «prescriptivismo» a toda tendencia según la cual ciertos grupos de expresiones, que a veces se consideran como enunciados, y específicamente como enunciados declarativos o informativos, no enuncian o, en todo caso, no declaran o describen nada, y no acarrean ninguna información; se trata de prescripciones, de normas o de reglas. Desde este punto de vista general, el prescriptivismo equivale a lo que se había llamado «normativismo».

Más específicamente se ha dado el nombre de «prescriptivismo» a una tendencia de la ética (y metaética) contemporánea, principalmente desarrollada por R. M. Hare, en oposición no sólo al naturalismo ético, sino también al intuicionismo ético y a cualquier doctrina en la que se admita que pueden aplicarse predicados –aunque sea predicados «no naturales»– a sujetos, o a actos de sujetos, con el propósito de describir realidades o comportamientos morales. De algún modo, el prescriptivismo coincide con el emotivismo en la oposición al intuicionismo; pero mientras los emotivistas, empezando con C. L. Stevenson, pensaban que el lenguaje moral está encaminado a influir sobre la conducta, Hare y los prescriptivistas lo niegan. Si digo «Debes decir siempre la verdad» no estoy con ello necesariamente influyendo sobre la persona a quien se lo digo, porque aunque podría influir sobre ella al decirlo, esta influencia, o el propósito de ejercerla no es un rasgo fundamental de mi decir. Podría decirlo sin tener el propósito de influir sobre la conducta de la persona en cuestión, o podría influir sobre la conducta de la persona en cuestión diciendo otra cosa, o no diciendo nada, o forzándole físicamente a decir siempre la verdad.

El prescriptivismo sostiene que el lenguaje moral está hecho de prescripciones (véase PRESCRIPCIÓN), que no proporcionan información ni influyen necesariamente sobre la conducta, pero que ofrecen una guía para la última. Hare indica que el lenguaje prescriptivo puede estar formado por imperativos (que pueden ser singulares o universales) o por juicios de valor (que pueden ser no morales o morales) (*The Language of Morals*, 1952, pág. 3). De ello se sigue que no todas las prescripciones son imperativas, y que no todos los imperativos son universales. Sin embargo, los imperativos son especialmente importantes, por cuanto si bien un juicio moral no es, estrictamente hablando, imperativo, todo juicio moral implica un imperativo. Sin ello no tendría sentido el propósito de guiar la conducta, ya que la aceptación de un imperativo equivale a aceptar hacer lo que el imperativo dice que «habría que» hacer. A la vez, no tendría sentido que alguien profiriera un imperativo de carácter prescriptivo si no tuviera la intención de que la persona a quien va dirigido el imperativo hiciera lo que el imperativo indica *(op. cit.,* pág. 13). Hare mantiene que los juicios morales son universalizables, y que ello distingue tales juicios expresados imperativamente en lenguaje prescriptivo, de juicios no morales que pueden ser igualmente expresados imperativamente en lenguaje prescriptivo, pero que no son, o no son necesariamente, universalizables. Ello se debe a que se considera de algún modo que, dada una situación que da origen a un juicio moral, toda otra situación comparable debe dar origen al mismo juicio moral –una tesis que se puede considerar como ligada a un supuesto por sí mismo no justificado todavía, esto es, el de «situación moral»–. En todo caso, Hare se manifiesta decididamente a favor de lo que llama «prescriptivismo universal» –«es decir, una combinación de universalismo (la idea de que los juicios morales son universalizables) y de prescriptivismo (la idea de que tales juicios son, cuando menos típicamente, prescriptivos»– *(Freedom and Reason,* 1970, pág. 16), y arguye que no es fácil atacar consistentemente *ambos* aspectos de la misma doctrina a la vez.

El prescriptivismo es fundamentalmente una teoría metaética y no ética, pero ello en el sentido sólo de que no indica, y reconoce, además, que no tiene por qué indicar qué prescripciones –y proscripciones– deben propugnarse. Por otro lado, como ocurre con la mayor parte de teorías metaéticas, proporciona una descripción y una justificación del modo como el lenguaje moral se entrelaza con la conducta, de modo que no puede estimarse como una «mera investigación lingüística». Entre las objeciones que se han formulado contra el prescriptivismo hay la de que se apoya casi exclusivamente en un solo tipo de lenguaje moral, el que se expresa imperativamente, descuidando otros aspectos de este lenguaje.

El término 'prescriptivismo' se ha usado asimismo en relación con la disputa concerniente a los modos como se producen definiciones. En este caso el prescriptivismo es una de las varias formas de convencionalismo, esto es, la forma según la cual las definiciones no proporcionan información, sino que indican únicamente los modos de usar los signos.

Primer motor. Según Aristóteles, todas las cosas están en movimiento. Este movimiento no es, sin embargo, igual en todas las esferas de la realidad (véase DEVENIR). A medida que nos elevamos en la jerarquía de los entes, el movimiento se va acercando cada vez más a la inmovilidad. Así, mientras el movimiento en la esfera sublunar incluye la generación y la corrupción, el movimiento de los cielos de las estrellas fijas es un movimiento local y de carácter circular. Ahora bien, todo lo que está en movimiento es movido por algo. Y como el primer motor que pone en movimiento el resto de la realidad no puede ser movido por nada, pues entonces habría todavía alguna realidad superior a él que lo moviera, hay que suponer que es inmóvil. Hay, pues, según Aristóteles, un motor inmóvil, un primer motor, πρῶτον κινοῦν, *primum mobile*, que es Causa del movimiento del universo. Aristóteles se refiere a esta concepción en varios lugares de sus obras; mencionamos al respecto el Libro VIII de la *Física*, el Libro V de la *Metafísica* y el Libro II del tratado *Sobre el cielo*.

Es tradicional describir este primer motor inmóvil mediante un cierto número de características. Ante todo, es una substancia simple y eterna. Luego, es pura forma (VÉASE) y pura inteligencia. En tercer lugar, mueve, como el objeto del deseo, mediante atracción. Finalmente, es un pensar que, a causa de su perfección, no tiene como contenido de su pensamiento más que sí mismo y es, por consiguiente, pensamiento de pensamiento, νόησις νοήσεως.

Una vez establecidas estas características, se suscitan, empero, una serie de problemas.

1. Según algunos, el primer motor es inmanente al mundo; aunque es el más externo de los cielos, es, sin embargo, un cielo: el primero de ellos. Según otros, es trascendente al mundo, pues siendo inmaterial no puede ser equiparado a ninguno de los cielos. La primera doctrina ofrece la ventaja de que hace más fácil la comprensión de la impresión de movimiento a los demás cielos, pero tiene el inconveniente de que hace difícil entender cómo una realidad inmaterial puede «estar» en un punto dado. La segunda doctrina está de acuerdo con la índole inmaterial de tal realidad, pero choca con graves dificultades cuando se trata de explicar la transmisión efectiva del movimiento.

2. Según algunos, el primer motor es causa final. Según otros, es causa eficiente. Lo primero tiene el inconveniente de afirmar como realidad actual lo que debería aparecer solamente como momento final en el movimiento de la realidad. Lo segundo tiene el inconveniente de hacer del modo de acción propio del primer motor algo equiparable a las demás causas. Se ha indicado, en vista de ello, que el primer motor es a la vez causa final y causa eficiente. Es causa final en tanto que

todo se pone en movimiento por la aspiración hacia ella. Es causa eficiente en tanto que todo se pone en movimiento en virtud de ella. En rigor, el primer motor es el modelo que el cielo supremo y más extenso imita a su manera por medio del movimiento circular. Este cielo es imitado por el cielo inferior a él y así sucesivamente, hasta llegar al tipo de movimiento ínfimo. Se trata de una causa eficiente que opera de un modo análogo al de un general cuando pone en movimiento a un ejército dando órdenes a los oficiales inferiores y así sucesivamente, pero hay que tener en cuenta que en el caso del primer motor el concepto de mando debe ser sustituido por el de atracción.

3. Se ha discutido si el primer motor tiene solamente conocimiento de sí mismo o si lo tiene también del universo. Algunos comentaristas se han inclinado a favor de lo primero. Otros (especialmente los aristotélicos cristianos) se han adherido a lo segundo, sobre todo al declarar que el primer motor tiene conocimiento del mundo *mediante el conocimiento* que posee de sí mismo. Esta cuestión está relacionada con otra: la de saber en qué medida puede decirse del primer motor que es una Providencia. Las sentencias a este respecto han sido respectivamente negativas o afirmativas de acuerdo con las dos concepciones antes mencionadas.

4. Algunos autores sostienen que el primer motor es una entidad impersonal. Otros, que puede ser interpretado en un sentido teísta. Importante al respecto ha sido la discusión entre Zeller -que se declaró en favor de la primera opinión- y Brentano -que abogó por la última-. Ésta ha sido defendida por la mayor parte de los autores cristianos aristotélicos, si bien reconociendo en muchos casos que los propios textos del Estagirita no son siempre explícitos al respecto.

5. Lo usual es hablar del primer motor suponiendo que hay sólo *uno*. Sin embargo, en varios pasajes (*Phys.*, VIII 258 b 11; 259 a 6-28; *Met.*, Λ 8, 1074 a 31-38), Aristóteles se refiere a una pluralidad de primeros motores. Esta última opinión se debe a que Aristóteles llegó a estimar que cada uno de los cielos necesita un motor inmóvil, habiendo tantos motores inmóviles como cielos (o, mejor dicho, como tipos de movimiento). Eudoxo había propuesto 26 esferas; Calipo, 33; el Estagirita habla de 47 o 55. Se ha argüido que la teoría de la pluralidad de los primeros motores es física y astronómica y no metafísica. Jaeger ha puesto de relieve que especialmente el capítulo 8 del Libro Λ de la *Metafísica* es un

cuerpo extraño en la obra, agregado posteriormente, siendo de estilo distinto del resto (con excepción de un pasaje dentro de él en el cual se menciona de nuevo la existencia de un motor inmóvil). Como subraya el citado autor, en el libro VIII de la *Física* se había llegado ya a la misma opinión, pero sin declararla de un modo tajante.

Procesión. La relación entre lo Uno y las realidades de él emanadas, así como, en general, entre las realidades de orden superior y las de orden inferior, es, según Plotino, como una irradiación, περίλαμψις. Lo superior irradia, en efecto, sobre lo inferior sin perder nada de su propia substancia, al modo de la luz que se derrama sin perderse, o del centro del círculo que apunta, sin moverse, a todos los puntos de la periferia. Como dice en las *Eneadas* (V, i, 7), todos los seres producen necesariamente a su alrededor, por su propia esencia, una realidad que tiende hacia lo exterior y depende de su poder actual. Se trata, pues, de una proyección en forma de una «imagen». Esta forma especial de comunicación y proyección es la procesión, πρόοδος, según la cual se realiza la emanación de las hipóstasis. Esta procesión es, en cierto modo, una «desviación» (*En.*, I, viii, 7), o, si se quiere, un «debilitamiento por transmisión». Sin embargo, no debe interpretarse siempre como una «caída» en el sentido del gnosticismo (VÉASE), sino a lo sumo como un descenso, es decir, como una disminución de la tensión en que la hipóstasis superior consiste. «El término *procesión* –escribe Bréhier– indica el modo como las formas de la realidad dependen unas de otras; la idea que evoca es comparable, por su generalidad e importancia histórica, a la idea actual de evolución. Los hombres del final de la Antigüedad y de la Edad Media piensan las cosas bajo la categoría de procesión, como los de los siglos XIX y XX las piensan bajo la categoría de evolución» (*La philosophie de Plotin*, 1922, IV, pág. 85). Así, lo inverso de la procesión es la conversión o reversión, ἐπιστροφή, y es justamente la contraposición y el juego de la procesión y de la conversión o reversión lo que puede explicar todo el movimiento y generación del universo. Como escribió Proclo, toda reversión se realiza mediante semejanza de los términos revertidos con lo que constituye el final del proceso de reversión (*Institutio theologica*, prop. 32), y toda procesión se realiza mediante semejanza de lo secundario con lo primario (*op. cit.*, prop. 29). Ahora bien, aunque desarrollada especialmente en el neoplatonismo, la noción de procesión no es exclusiva de él ni queda tampoco confinada a los sistemas emanatistas. A este respecto puede admitirse que la noción de procesión fue durante mucho tiempo tan general como Bréhier lo ha indicado. Por ejemplo, la teología cristiana, especialmente la teología católica de inspiración helénica, elaboró con particular detalle y ahonde el concepto de procesión. En verdad, la noción de procesión –no reducida entonces a un solo concepto ni relegada a sistemas como el de Escoto Erigena y, en general, a sistemas de sesgo panteísta– es una de las que permiten tener un acceso intelectual al misterio de la Trinidad. En todo caso, la procesión es *una* de las maneras posibles de producción, juntamente con la transformación, la emanación (VÉASE) y la creación. Ya se ve, pues, con esto que emanación y procesión no se hallan forzosamente en el mismo plano. Pero tal procesión no tiene tampoco una significación unívoca. Si nos referimos por el momento sólo a las cosas creadas, veremos que la procesión puede entenderse de dos modos o, mejor dicho, veremos que puede entenderse de dos maneras diferentes el *modo* de procedencia de una cosa de otra. En primer lugar, la procesión puede ser una operación (llamada *processio operationis)*, del tipo de la volición respecto al sujeto que quiere. En segundo lugar, la procesión puede ser el término (llamado *processio operanti)*, del tipo de una obra «exterior» cualquiera realizada. Pues bien, mediante una consideración analógica podremos ver de qué manera sería posible entender la procesión dentro de Dios si partimos del concepto de la *processio operanti*. Ésta puede ser, en efecto, de dos tipos: la procesión *ad extra* llamada también transitiva, que tiene lugar cuando el término o la obra pasan, por así decirlo, afuera del que lo produce; y la procesión *ad intra*, llamada también inmanente, que tiene lugar cuando el término permanece en su principio. En este último caso tenemos un concepto de la procesión –la *processio operanti ad intra*– que se aproxima a la definición tradicional de comunicación completa sin división de substancia de una naturaleza inmutable a varias personas. En efecto, la procesión en cuestión es la que tiene lugar en la relación del Espíritu Santo y del Hijo con el Padre; la que, por analogía, tiene lugar con la relación entre el Verbo mental y la inteligencia (y tal vez por esto, el Logos pueda ser interpretado en un sentido muy parecido al de la Palabra con que los hebreos designaban la comunicación). Desde el punto de vista filosófico, habrá que limitarse aquí a subrayar la necesidad de no confundir procesión y emanación, y de distinguir no sólo entre diversas formas de procesión, sino inclusive de distinguir cuidadosamente entre la operación y el principio operante. Precisamente esta última distinción permite hasta cierto punto determinar que en Dios la procesión no puede ser de operación. Por otro lado, dentro de la operación no puede confundirse el acto operante con la potencia por la cual se realiza. En el caso de la distinción entre Dios y sus facultades (distinción por supuesto no equivalente a la que hay simplemente entre el sujeto y sus potencias), las facultades por las cuales se producen las operaciones serían, en la teología, el modo de relacionar procesualmente -en una procesión de término *ad intra*- las Tres Personas sin negar en el Padre el Principio y admitiendo, por consiguiente, su singular «no procedencia».

Proceso. Se ha equiparado a veces 'proceso' *(processus)* a 'procesión' *(processio);* lo que hemos dicho sobre el último concepto podría, pues, aplicarse al primero. Al mismo tiempo, mucho de lo que se ha dicho sobre 'proceso' podría aplicarse a 'procesión'. Así, por ejemplo, se ha entendido a veces 'procesión' *(processio)* como «derivación de algo 'principado' de su 'principio'», y esta derivacion *(eductio)* puede entenderse tanto en sentido metafísico o teológico como lógico. En ocasiones el concepto de «proceso» ha sido equiparado al concepto de «razonamiento»; tal ocurre cuando se ha hablado de un *processus ad impossibile* (o prueba indirecta; prueba por lo absurdo), o de un *processus compositivus* (analítico) *o resolutivos* (sintético).

En la filosofía del siglo XX se ha introducido la noción de proceso como equivalente aproximadamente a las nociones de devenir (VÉASE) y de cambio. En consecuencia, las llamadas «filosofías del proceso» han sido entendidas como filosofías según las cuales lo que hay no es reducible a entidades o a cosas en principio invariables; las cosas o entidades son explicables más bien en función de, o dentro del contexto de, procesos. El proceso se contrapone al ser (estático) o a la substancia (VÉASE).

Se ha hablado de «procesualismo» (y también de «procesalismo»). Las filosofías del proceso o filosofías procesualistas se han orientado hacia lo concreto, hacia el indeterminismo y hacia el contingentismo.

Con frecuencia la idea de proceso ha ejercido un papel importante en psicología filosófica; tal ha ocurrido con William James y con Henri Bergson. El procesualismo psicológico ha hecho uso de las ideas de «flujo de conciencia», de «corriente de conciencia», de «temporalidad», de «conciencia como duración», etcétera.

Mientras las filosofías no procesualistas han tomado como paradigma la noción de «cosa» –y también la de «agente» en cuanto substrato de cambios– y han seguido, implícita o explícitamente, el ideal de algunos escolásticos, *Operari sequitur esse*, el obrar sigue al ser, las filosofías procesualistas han tomado como paradigma las nociones de «cambio», «movimiento» y «novedad», y de ellas puede decirse que siguen el ideal *Esse sequitur operari*, el ser sigue al obrar. Nociones básicas en las filosofías no procesualistas son las de individuo, espacio (o situación en el espacio), atomicidad y discontinuidad. Nociones básicas en las filosofías procesualistas son las de totalidad, tiempo (especialmente, duración), funcionalidad y continuidad.

Ejemplo de una filosofía que destaca, y aspira a abarcar, todas las formas de proceso es la de W. H. Sheldon. Según este autor, el proceso es el «opuesto polar» de la propia polaridad, y es lo que hace posible para la polaridad «ponerse en marcha». Sin el proceso, las polaridades permanecerían «fijas», sin relacionarse mutuamente. El proceso es, escribe Sheldon, «el gran remedio de la Naturaleza, la poción terapéutica que suplementa las imperfecciones que empañan el orden polar... La misión del principio del proceso es eliminar el choque y el conflicto entre los opuestos polares... El proceso interviene para ayudar a la polaridad, y con ello se ayuda a sí mismo» (*Process and Polarity*, 1944, págs. 11 y 118).

Entre los autores que han promovido la idea de proceso destaca A. N. Whitehead. Bajo su égida se ha constituido inclusive una tendencia filosófica llamada «procesualismo» o «filosofía del proceso». Según Whitehead, hay dos tipos de «fluencia», ya descubiertos en el siglo XVII: aquel que alude a la constitución real interna de algo particular existente (concreción), y aquel que alude al paso de algo particular existente a otro algo particular existente (transición). Estos dos significados aparecen unificados en la teoría de las «entidades actuales», las cuales sustituyen a las «cosas» hipostasiadas o substancializadas de la «antigua» metafísica y designan simplemente la radical individualidad y novedad de cada cosa en su concreción «absoluta». De ahí dos especies de proceso: el proceso macroscópico, o transición de una «actualidad alcanzada» a la «actualidad en el alcanzarse», y el proceso microscópico, o conversión de las condiciones que son meramente reales en una actualidad determinada. El primer tipo es el proceso que va de lo actual a lo meramente real; el segundo, el que va de lo real a lo actual. Lo primero es, pues, de naturaleza eficiente; lo segundo, de índole teleológica *(Process and Reality, an Essay in Cosmology,* 1929, Cap. X, sección 5; trad. esp.: *Proceso y realidad,* 1956). La filosofía del proceso es, por lo tanto, una «filosofía del organismo», pero este organismo debe entenderse en un sentido dinámico y no estático, de tal suerte que entonces «cada entidad actual resulta por sí misma descriptible sólo como un proceso orgánico, describiendo en el microcosmo lo que es el universo en el macrocosmo» *(loc. cit.).*

Aunque la noción de proceso es, en principio, axiológicamente neutral, ha sido corriente en las filosofías del proceso mantener que el proceso (o el cambio, el devenir, etc.) es preferible a toda realidad de carácter «estático». Por esta razón se ha supuesto que el proceso equivale a un «progreso». Sin embargo, Manuel García Morente *(Ensayos sobre el progreso,* 1934) ha propuesto distinguir entre «proceso» y «progreso». Aunque hay progreso cuando se incorporan valores en el curso de un proceso, no es necesario que haya progreso siempre que hay un proceso.

A veces se ha entendido por 'proceso' no solamente todo «progreso», sino también todo acontecimiento y toda acción. Evidentemente, entonces el término 'proceso' tiene un sentido tan amplio que resulta prácticamente inmanejable. Aunque los autores llamados «procesualistas» no han establecido siempre distinciones formales entre 'proceso', 'acontecimiento', 'acción', etc., de los contextos en los que presentan sus «filosofías del proceso», se desprende un uso relativamente bien circunscrito de este término. Cuando hay dudas, es menester discernir entra 'proceso' y 'acontecimiento' –aun si se considera que un proceso se compone de una serie de acontecimientos–, y, en todo caso, es menester distinguir entre 'proceso' y 'acción' –aun si se supone que toda acción es un proceso o tiene un carácter «procesual».

Producción. En un sentido muy amplio, la noción de producción ha sido tratada en filosofía como la acción y el efecto de la operación de algún *ser.* En *Eth. Nic.,* VI, 4, 1140 a 1-24, Aristóteles establece una influyente distinción entre producir, o hacer, y actuar. Por ejemplo, en el «arte» se produce o hace algo, pues el arte no concierne a cosas que son, o que llegan a ser, por necesidad, ni a cosas que obran de acuerdo con la naturaleza y que tienen su origen en sí mismas. Aristóteles usa el término ποίησις, *poiesis* (literalmente, «poesía»), para lo que llamamos aquí «producción». En la Antigüedad se discutió sobre si el ser una cosa lo que es equivale a «producir»; los neoplatónicos se inclinaban por la afirmativa, mientras la mayoría de filósofos negaban que ser y producir pudiesen identificarse. Los escolásticos acuñaron la expresión *operari sequitur esse*, que se traduce usualmente por «el obrar sigue al ser» y que podríamos asimismo traducir por «el producir sigue al ser», esto es, «sólo cuando hay un ser se puede decir que este ser produce algo» –el conjunto de sus «operaciones»–. Las tendencias «dinamicistas» y «funcionalistas», así como las pragmatistas, han tendido a sostener lo inverso, esto es, que el ser es el resultado de algún producir, o «producirse».

La noción de producción en un sentido primordialmente, si no exclusivamente, económico, y económico-social, fue tratada por filósofos y economistas del siglo XVIII, tales como Ricardo y Adam Smith. Una distinción fundamental al respecto fue la establecida entre producción y consumo; otra distinción básica fue la propuesta entre el trabajo productivo –que da lugar a mercancías– y el trabajo improductivo –como el trabajo intelectual, y acaso mucho de lo que hoy se llama «servicios»–. Marx colocó la noción de producción en el centro de su pensamiento filosófico, económico y político-social. Simplificando al máximo, las ideas de Marx al respecto son éstas. Mientras los animales no producen sus medios de subsistencia, el hombre los produce. De este modo produce su vida material. El desarrollo de la especie humana puede ser entendido en términos de esta producción de los medios de subsistencia. Hay que distinguir entre los medios de producción (los recursos de que se dispone para producir), las fuerzas de producción (el trabajo que realizan los individuos; los conocimientos técnicos aplicables, o aplicados, a producir; los sistemas de organización encaminados a la producción) y las relaciones de producción (los mecanismos institucionales dentro de los cuales operan las fuerzas de producción). El estudio de las estructuras en las cuales intervienen en distintas formas los medios, las fuerzas y las relaciones de producción es el estudio de los aspectos básicos de la especie humana. Las citadas estructuras se concretan en distintos modos de producción. Se citan comúnmente los modos de producción feudal, capitalista y socialista en sucesión histórica, puesto que Marx se ocupó atentamente de las diferencias entre el modo de producción feudal y el capitalista, y prestó especial atención a este último como etapa histórica que precede al modo de producción socialista (o, mejor, comunista), pero hay que tener asimismo en cuenta otros modos de producción de que Marx habló, tales como el modo de producción primitivo tribal, el modo de producción «antiguo» fundado en la esclavitud y el modo de producción «asiático». En todo caso, es característico de Marx y de buena parte de los marxistas el considerar atentamente las relaciones estrechas de interdependencia entre las fuerzas de producción y las relaciones de producción.

La noción marxista de producción es una noción social-económica, pero también, por así decirlo, antropológico-filosófica en tanto que sirve para explicar tanto las estructuras de las sociedades humanas como la naturaleza de los cambios históricos. Marx entiende 'producción' en un sentido a la vez amplio y determinado. En los *Grundrisse* (la parte de este extenso manuscrito ya publicada por Karl Kautsky en 1904 y luego publicado en su integridad en 1957-1958), Marx considera lo que llama «producción material» –la cual no es simplemente «económica» en el sentido estricto dado a este término por los economistas clásicos del siglo XVIII–. Marx subraya fuertemente el carácter no individual, sino social, de la producción contra el individualismo de Adam Smith y Ricardo y el naturalismo de Rousseau.

La noción de «producción» es por sí misma una noción abstracta, ya que no hay producción en general, sino modos específicos de producción –determinados por las condiciones estructurales apuntadas antes–, pero hay que valerse, según Marx, de tal noción abstracta con el fin de entender lo que hay de común en todos los modos de producción. A diferencia de los autores que le precedieron, Marx indica que el consumo forma parte de la producción; las facultades desarrolladas en la producción son consumidas, afirma Marx, en el acto de la producción. Pero, además, la producción es consumo de medios de producción. Así, «el acto de producción es en todos los aspectos también un acto de consumo». Aunque los «economistas» reconocen esto bajo el nombre de «producción consumidora», dan al consumo un aspecto «destructivo» cuando, en rigor, «el consumo es asimismo directamente producción». Esto no quiere decir, sin embargo, que haya equivalencia o identidad entre producción y consumo; hay entre ellos una relación que contribuye a formar parte de la estructura social-económica.

Las nociones desarrolladas por Marx respecto al concepto de producción son más complejas que las bosquejadas antes. Así, por ejemplo, cabe distinguir entre medios y condiciones de producción. A través de todas las distinciones y refinamientos permanece incólume para Marx la idea de que la noción de producción tiene un carácter social; una producción no social, indica Marx, es tan absurda como la idea de un desarrollo del lenguaje sin individuos que vivan juntos y se comuniquen entre sí. También permanece incólume para Marx la idea del conflicto entre las fuerzas de producción y el modo de producción. Este conflicto engendra el mecanismo que lleva a la transformación de un modo de producción dado en otro modo de producción.

Producto. El término 'producto' es usado en lógica principalmente en tres respectos.

En el álgebra de clases se dice que una clase C es el producto de las clases A y B, cuando C es la clase compuesta de todas las entidades que pertenecen a la vez a A y a B. El símbolo del producto lógico de clases es '$\cap$' de modo que '$A \cap B$' se lee 'El producto lógico de las clases A y B'. Ejemplo de producto lógico de clases es la clase de las zapatillas rojas, que es el producto lógico de la clase de las zapatillas y de la clase de las entidades rojas. El producto lógico de clases se define del siguiente modo:

$$A \cap B = \text{def. } \hat{x}(x \in A \wedge x \in B).$$

En el álgebra de relaciones se dice que una relación Q es el producto lógico de dos relaciones, R y S, cuando Q es la relación de todas las entidades x a todas las entidades y tal, que R relaciona x con y y S relaciona x con y. El símbolo del producto lógico de relaciones es también '$\cap$'. Ejemplo de producto lógico de relaciones es la relación *ciudadano honorario de,* que es el producto de las relaciones *ciudadano de* y *honorado por.* El producto lógico de relaciones se define del modo siguiente:

$$R \cap S = \text{def. } \hat{x}\hat{y}(x\,R\,y \wedge x\,S\,y).$$

El producto anterior es llamado a veces *producto absoluto.* El adjetivo 'absoluto' se emplea con el fin de distinguir tal producto del llamado *producto relativo.* Se llama, en efecto, *producto relativo* de una relación S a la relación de todos los x con todos los y tales, que $\vee z\,(x\,R\,z \wedge z\,R\,y)$. El símbolo del producto relativo es '|'. El producto relativo de dos relaciones se define del modo siguiente:

$R|S =$ def. $\hat{x}\hat{y} \vee z(xRz \wedge zRy)$.

El producto '|' no es siempre conmutativo, es decir:

$$(R|S) = (S|R)$$

no es siempre válido. Pero el producto '|' es asociativo, es decir:

$$((R|S)|Q) = (R|(S|Q))$$

es válido.

Proposición. Consideraremos: (I) las diferencias entre «proposición» y «juicio»; (II) la estructura y división de las proposiciones en la lógica tradicional; (III) la estructura de las proposiciones en la fenomenología (incluyendo los precedentes de Bolzano, Meinong y otros autores); (IV) la estructura y división de las proposiciones en la lógica moderna o actual; (V) la clasificación epistemológica de las proposiciones; (VI) el problema de la interpretacion existencial (y no existencial) de varias proposiciones, y (VII) la cuestión de la distinción entre la lógica de los términos y la de las proposiciones.

I. *Proposición y juicio*. La lógica llamada «clásica» o «tradicional» (por la que entendemos, muy *grosso modo*, la de inspiración aristotélico-escolástica) distingue entre la proposición y el juicio (VÉASE). Mientras el juicio es el acto del espíritu por medio del cual se afirma o niega algo de algo, la proposición es el producto lógico de dicho acto, esto es, lo pensado en dicho acto. A veces se usa, en vez del término 'proposición', el vocablo 'enunciado' (VÉASE). A veces se emplean indistintamente los dos. En algunos manuales escolásticos, la doctrina de la proposición se presenta así: *De enuntiatione seu propositione*. Con frecuencia 'enunciado' designa la proposición *en tanto que forma parte del silogismo*. A veces (como en Santo Tomás: 1 *anal.*, 5 b) 'proposición' se toma en sentido más estrecho que 'enunciado': este último constituye el aspecto objetivo (en el sentido clásico de 'objetivo') de la proposición. Sin embargo, el propio Santo Tomás equipara a veces 'proposición' con 'enunciado' (*S. Theol.*, I, q. III, 4 a 2). En ocasiones se usa 'enunciado' en un sentido neutral, indicándose que el juicio es su aspecto subjetivo (en el sentido moderno de 'subjetivo') y la proposición su aspecto objetivo (en el sentido moderno de 'objetivo'). Nosotros empleamos con frecuencia el término 'enunciado' con esta significación. En cuanto a la proposición, la distinguiremos siempre del juicio (VÉASE), así como de la inscripción y de la sentencia.

La distinción entre proposición y juicio, y entre proposición y enunciado, no aparece siempre claramente destacada entre los filósofos. El propio Aristóteles se refiere a veces a enunciados en el sentido de proposiciones, προτάσεις, en *Top.* y en *An. Pr.* En cambio, en *An. Post.* hay consideraciones de índole psicológico-epistemológica en donde los enunciados son considerados como juicios, δοξαί, formulados por un sujeto. En *De int.*, la definición dada de la proposición en nuestro *Diccionario de Filosofía* y la división de las proposiciones, puede interpretarse en uno y en otro sentido, aunque lo más cercano a la mente del autor es probablemente la interpretación «objetivista». Ello muestra que (como han indicado Maier y Ross) si ha habido confusión de la proposición (objeto lógico) con el juicio (objeto psicológico), no puede imputarse siempre a Aristóteles. No creemos que pueda imputarse tampoco a los comentaristas de Aristóteles y a los escolásticos, quienes recogieron y desarrollaron la interpretación objetivista (en sentido moderno de 'objetivo') de la proposición, dando pie a la distinción entre proposición y juicio tal como hoy día se admite. En cambio, en la época moderna ha habido varios ejemplos de confusión entre los dos términos. Uno es el de la *Lógica de Port-Royal*. Otro, el de Kant. Otro, el de los idealistas (como Bradley). Otro, el de algunos autores nominalistas (como Hobbes).

II. *La estructura y división de las proposiciones en la lógica clásica.* La proposición se define, siguiendo a Aristóteles, como un discurso enunciativo perfecto que expresa un juicio y significa lo verdadero o lo falso. La proposición es enunciativa, en tanto que el juicio es judicativo. La primera expresa la verdad o la falsedad *per modum repraesentationi;* el segundo las expresa *per modum assensus.* Un ejemplo simple de proposición es:

Maximiliano es bueno,

cuyo esquema en la lógica clásica es:

S es P.

Se trata de una proposición categórica atributiva donde se atribuye un predicado (P) al sujeto (S) por medio de la cópula verbal 'es'. La proposición en sentido clásico tiene, pues, sujeto, verbo (cópula) y atributo. Cuando el verbo no es expresado mediante 'es', se reduce a 'es'. Así,

Juan fuma,

se reduce a:

Juan es fumador.

La proposición en el sentido de la lógica clásica tiende a seguir el modelo anterior atributivo, pero lo que se llama «división de las proposiciones» muestra una gran variedad de éstas. Dentro de los autores escolásticos se observan dos tipos generales de clasificación. Uno de estos tipos parte de la división en proposiciones simples y proposiciones compuestas. Las simples se dividen por razón de la materia, de la forma, de la cantidad y de la cualidad. Las compuestas se dividen en evidentemente compuestas y ocultamente compuestas. El otro tipo incluye la división de las proposiciones en simples y compuestas dentro de las proposiciones por razón de la forma. Nosotros seguiremos el primer tipo. La clasificación aquí presentada se basa en los rasgos más comúnmente aceptados por los tratadistas escolásticos.

Proposiciones simples.

Son las proposiciones donde un concepto (P) se une a un concepto (S) por obra de la cópula verbal. Se llaman también *categóricas, predicativas* o *atributivas*. Hay cuatro razones de división de estas proposiciones.

1. *Por razón de su materia* ('materia' = 'los términos en su relación mutua, con anterioridad a la enunciación efectiva formulada en el juicio') se conocen las razones diversas por las cuales P conviene a S. Siendo la materia triple (necesaria, contingente, remota), las proposiciones en cuestión se subdividen en:

(a) *Necesarias,* en las que se enuncia algo que no puede ser de otro modo ('S es P' en la proposicion 'La planta es un ser viviente');

(b) *Contingentes,* en las que se enuncia algo que puede ser de otro modo ('S es P' en la proposición 'La planta es verde');

(c) *Imposibles,* en las que se enuncia algo que no puede ser de ningún modo ('S es P' en la proposición 'La planta es racional').

Como se advierte, el esquema 'S es P' no basta por sí solo para determinar de qué clase de proposiciones se trata. Hay que agregar, si se conserva el esquema, los términos determinantes: 'S es necesariamente P'. 'S es contingentemente [o posiblemente] P', 'S no puede ser P'. Cuando se usan ejemplos, se supone que los términos indican la naturaleza de la proposición, pero es obvio que ello puede dar origen a ambigüedades. Algunos autores dan ejemplos en los cuales no interviene la partícula 'es'. Para (a): '2 + 3 = 5'; para (b): 'El agua hierve a los 100° centígrados'; para (c) '2 + 3 = 4'. Desde otros ángulos, las proposiciones (a) y (b) pueden ser llamadas respectivamente *analíticas* y *sintéticas,* aun cuando no en todos los ejemplos que pueden darse se cumple tal condición. Como (a), (b) y (c) atienden a los modos, son expresiones de la modalidad.

2. *Por razón de la forma* ('forma' = 'unión del predicado y el sujeto por medio del enunciado del juicio'), o bien de la cópula que manifiesta la composición o la división, puede conocerse el nexo entre P y S. Las proposiciones resultantes de esta consideración pueden ser:

(a1) *Afirmativas* ('S es P');

(b1) *Negativas* ('S no es P').

Puede hablarse también de proposiciones:

(c1) *Infinitas* (llamadas también a veces «indefinidas»), en las cuales se enuncia: 'S es no-P'. Estas proposiciones son, sin embargo, reducibles a las afirmativas (como 'El hombre no es falible' se reduce a 'El hombre es infalible').

La razón de la división por la forma es una razón de la *cualidad esencial*, distinta de la *cualidad accidental*.

Algunos autores incluyen como subdivisión de [2] las proposiciones categóricas (simples) y las proposiciones hipotéticas (compuestas). Otros consideran que la modalidad puede considerarse como un aspecto de la forma. Las proposiciones se pueden dividir en dos tipos: proposiciones *in esse* o absolutas y proposiciones modales *(de re* o *de dicto)*.

3. *Por razón de la cualidad,* las proposiciones se dividen en:

(a2) *Verdaderas* ('S es P' en 'Los cuerpos son extensos');

(b2) *Falsas* ('S es P' en 'El hombre es un número primo').

Afirman muchos lógicos que los términos de la proposición permiten ver si es verdadera o falsa, pero destacan asimismo las ambigüedades a que puede dar origen el uso de un mismo esquema para representar las dos proposiciones. La división por razón de la cualidad se refiere, de hecho, a los predicados metalógicos agregados a la proposición. Deberían, pues, usarse los esquemas: «'S es P' es verdadero» y «'S es P' es falso», respectivamente.

4. *Por razón de la cantidad* o *extensión,* las proposiciones se dividen en:

(a3) *Universales* ('Todos los S son P');

(b3) *Particulares* ('Algunos S son P');

(c3) *Singulares* ('Este S es P').

Algunos autores agregan a estas proposiciones las:

(d3) *Indefinidas* o *indeterminadas (*'S es P' en 'El hombre es risible').

Las proposiciones por razón de la cantidad se combinan con las proposiciones por razón de la forma. *Hay autores que llaman cualidad a la forma de la proposición.* Esta terminología, hoy muy difundida, hace que se hable casi siempre de

las proposiciones obtenidas por la combinación de la cantidad y de la cualidad. Estas proposiciones son de cuatro tipos:
(1) *Proposiciones universales afirmativas*, representadas por medio de la letra 'A'. Ejemplo: 'Todos los hombres son mortales'.
(2) *Proposiciones universales negativas*, representadas por medio de la Letra 'E'. Ejemplo: 'Ningún hombre es mortal'.
(3) *Proposiciones particulares afirmativas*, representadas por medio de la letra 'I'. Ejemplo: 'Algunos hombres son mortales'.
(4) *Proposiciones particulares negativas*, representadas por medio de la letra 'O'. Ejemplo: 'Algunos hombres no son mortales'.
Como esquemas de dichas proposiciones se usan también, respectivamente: 'SaP', 'SeP', 'SiP' y 'SoP'. En la sección IV del presente artículo indicamos la traducción simbólica empleada actualmente para los ejemplos de las proposiciones de tipos A, E, I, O.
Proposiciones compuestas.
Son las que resultan de combinar proposiciones simples con otras proposiciones simples o con otros términos. Algunos autores consideran estas proposiciones bajo el nombre de *proposiciones por materia remota*, a diferencia de las *proposiciones por materia próxima*. Otros autores incluyen entre las proposiciones compuestas las modales. Nosotros seguimos la clasificación de las proposiciones compuestas más universalmente aceptada entre los escolásticos. Se basa en dos grandes tipos.
1_1. *Proposiciones manifiestamente* (o evidentemente) *compuestas* (llamadas también *formalmente hipotéticas*). Son las proposiciones cuya estructura manifiesta la presencia de dos proposiciones. Se subdividen en:
(a_1) *Copulativas* o *conjuntivas*, en las cuales interviene la conectiva 'y': 'P es S y Q';
(b_1) *Disyuntivas*, en las cuales interviene la conectiva 'o': 'P es S o Q';
(c_1) *Condicionales*, en las cuales interviene la conectiva 'si... entonces': 'Si P es S, entonces P es Q'.
Algunos autores agregan a ellas las:
(d_1) *Causales:* 'S es P, porque es Q';
(e_1) *Relativas:* 'Tal S, tal P'.
2_1. *Proposiciones ocultamente compuestas*, llamadas también *virtualmente hipotéticas*. Son las proposiciones cuya estructura es aparentemente simple, pero en realidad es compuesta. Se subdividen en:
(a_2) *Exclusivas*, en las cuales interviene 'sólo': 'Sólo S es P';
(b_2) *Exceptivas*, en las cuales interviene 'excepto': 'Todo S, excepto S, es P';

(c_2) *Reduplicativas,* en las cuales interviene 'en tanto que': 'S, en tanto que S, es P';

(d_2) *Comparativas,* en las cuales interviene 'más que' o 'menos que': 'S es más cognoscible que P', 'S es menos cognoscible que P';

(c_2) *Exponibles,* en las cuales interviene 'ninguno que no': 'S es P; ningún S que no sea S, es P'.

Hay autores que agregan a la clasificación anterior una división de *proposiciones por razón del origen.* Las proposiciones son entonces *analíticas* o *sintéticas.* Otros indican que esta división no es lógica, sino epistemelógica. Desde el punto de vista lógico, tales proposiciones son equiparadas por muchos lógicos de tendencia clásica a las descritas en 1 (a) y 1 (b).

Como muchas de las adoptadas en la lógica tradicional, las clasificaciones anteriores se basan primariamente en la estructura del lenguaje ordinario.

III. *La proposición en la lógica moderna o actual.* No se admite hoy que la proposición se compone de sujeto, verbo y atributo, y menos aún que el verbo es, o se reduce a, la cópula 'es'. Durante mucho tiempo se combatió tal estructura alegándose que era una consecuencia de la «inadmisible metafísica de la substancia-accidente». Hoy día se ha abandonado este tipo de crítica. Se indica simplemente que el esquema 'S es P' representa sólo la traducción lingüística de *una* de las muchas formas posibles de proposición. La logística afirma que en la proposición no hay tres, sino *dos* elementos: el *argumento* (sujeto) y el *predicado* (verbo). El modelo de la proposición es un esquema cuantificacional atómico que se compone de *letras predicados* –'F', 'G', 'H'– y *letras argumentos* –'w', 'x', 'y', 'z'–. En tal esquema se afirma un predicado de un argumento. Así,

$$F(x)$$

es un esquema cuantificacional atómico. Puede leerse 'Pedro corre' si 'x' reemplaza a 'Pedro' y 'F' reemplaza a 'corre', o bien 'Pedro es bueno' si 'x' reemplaza a 'Pedro' y 'F' reemplaza a 'es bueno'. Las letras argumentos pueden ser una o más de una. Así,

$$F(x, y)$$

es un esquema cuantificacional que puede leerse 'Pedro ama a María' si 'x' reemplaza a 'Pedro', 'F' reemplaza a 'ama' e 'y' reemplaza a 'María'. Este ejemplo puede también representarse, empero, mediante el esquema cuantificacional 'F (x)' si 'F' reemplaza a 'ama a María'.

En el cálculo preposicional las proposiciones se simbolizan mediante las letras minúsculas cursivas '*p*', '*q*', '*r*', '*s*', '*p"*', '*q"*','*r"*', '*s"*', etc., llamadas «letras proposicionales». Sin embargo, en la lógica contemporánea ha sido frecuente tomar los enunciados en el nivel lingüístico. Por este motivo tales letras funcionan como letras sentenciales y el cálculo establecido es un cálculo sentencial. Las proposiciones son entonces lo que se expresa por medio de la serie de símbolos que se llaman «sentencias».

Durante mucho tiempo no ha habido gran acuerdo en lo que respecta a la interpretación del termino 'proposición'. Mencionamos a continuación algunas de las definiciones dadas.

Para Russell, la proposición es «la clase de todas las sentencias que poseen la misma significación que una sentencia dada». Según Wittgenstein, la proposición es una descripción de un hecho o «la presentación de la existencia de hechos atómicos». También se ha definido la proposición como una sentencia declarativa. Según Carnap, la proposición es una clase de expresiones. Éstas pueden ser proposicionales (no lingüísticas) o no proposicionales (lingüísticas). Las expresiones proposicionales no lingüísticas (o proposiciones como tales) no están, pues, ni en el nivel del lenguaje ni en el de los fenómenos mentales; son algo objetivo que puede ser o no ser ejemplificado en la Naturaleza. Las proposiciones son, como las propiedades, de naturaleza conceptual (usando 'conceptual' en sentido objetivo).

Las definiciones anteriores son solamente algunas de las muchas que han sido forjadas en las últimas décadas. El cuadro de la página siguiente da una idea de los sentidos en que se emplea 'proposición' y otros términos relacionados con ella en la mayor parte de los textos contemporáneos.

A veces (10) se emplea como equivalente –o como interpretación– de (3) o de (4), (11) es poco usado en la lógica formal moderna, pero no excluido en principio. (9) expresa la concepción de Frege y Church. La distinción entre (5) y (6) es análoga a la establecida por Frege entre *Sinn* y *Bedeutung* (véase REFERENCIA). Algunos autores excluyen enteramente (5) alegando que las sentencias solamente significan. Otros admiten (5) y (6), pero de (5) eligen entre (7), (8) o (9); (8) es usado en sentido bastante ambiguo, pero no se identifica siempre exactamente con (3). Algunos autores (Russell) consideran que (10) tiene una propiedad llamada «forma lógica». Otros autores (Donal Kalish) estiman que la forma lógica es una propiedad de (3).

En los tratados actuales no se dedica capítulo especial a la división de las proposiciones, pero se

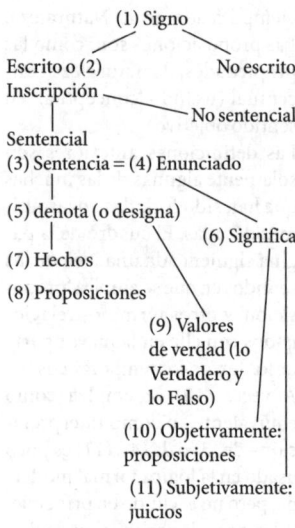

admiten diversos tipos de ellas (que corresponden a los tipos admitidos de sentencias). Citaremos los más habituales.

Las proposiciones pueden ser *atómicas* o *moleculares*. Las proposiciones atómicas no incluyen conectivas; las proposiciones moleculares las incluyen. Ejemplo de proposición atómica es 'Zacarías medita'. Ejemplo de proposición molecular es: 'Si Zacarías medita, Elena tiembla'. La distinción de las proposiciones en atómicas y moleculares se *aproxima* a la división clásica de las proposiciones en simples y compuestas. Las proposiciones pueden ser también *cuantificadas* y no *cuantificadas*. Las cuantificadas pueden ser *particulares* y *generales*.

IV. *El problema de la interpretación existencial y no existencial de varias proposiciones*. La relación subalterna entre las proposiciones ha dado origen a varias sentencias. Nos extendemos a continuación sobre este punto, pero antes procederemos a expresar en el lenguaje simbólico de la lógica actual los esquemas de las proposiciones de tipos A, E, I, O, origen a varias sentencias. Nos extendemos a continuación sobre este punto, pero antes procederemos a expresar en el lenguaje simbólico de la lógica actual los esquemas de las proposiciones de tipos A, E, I, O.

El esquema de las proposiciones de tipo A es: $\wedge x(Fx \rightarrow Gx)$ (1)

El esquema de las proposiciones de tipo E es: $\wedge x(Fx \rceil Gx)$ (2)

El esquema de las proposiciones de tipo I es: $\vee x(Fx \wedge Gx)$ (3)

El esquema de las proposiciones de tipo O es: $\vee x(Fx \wedge \rceil Gx)$ (4)

(1) y (2) pueden ser interpretados de dos modos: existencial y no existencialmente. La interpretación existencial es la propia de la lógica clásica; la no existencial, la propia de muchos lógicos modernos. Segun la interpretación existencial los ejemplos de (1) y de (2) no son verdaderos si no hay *x* que satisfagan *F*. Esta interpretación ofrece un inconve-

niente: el de que es válida para casos como:

Todos los suecos son hombres,

pero no válida para casos como:

Todos los estudiantes cumplidores serán recompensados,

el cual debe ser considerado como verdadero sin necesidad de que haya estudiantes cumplidores. Por este motivo, muchos lógicos modernos han propuesto la interpretación no existencial de A y de E, y han restablecido la validez del cuadro aristotélico de oposición agregando a (1) la cláusula existencial '$\vee x (Fx)$'.
Esta opinión ha sido criticada por varios filósofos y lógicos. Mencionaremos aquí dos críticas: una procedente de autores escolásticos como Maritain, y otra procedente del llamado «grupo de Oxford», como Strawson, entre otros.

V. *Lógica de los términos y lógica de las proposiciones*. Desde los primeros trabajos históricos de Łukasiewicz (1923; cfr. especialmente el más conocido artículo, «Zur Geschichte der Aussagenlogik», *Erkenntnis*, 5 [1935], 111-131), se ha observado que hay en la lógica antigua dos tendencias: una (la aristotélica), *orientada* hacia los términos, y otra (la megárico-estoica), *orientada* hacia las proposiciones. Estas últimas fueron llamadas por los estoicos, a veces, ἀξιόματα, y fueron consideradas como formas completas de los λεκτά (o «cosas dichas» en tanto que «significadas», es decir, en tanto que «expresando la comprensión»).
Los trabajos de Dürr, Bocheński, Bohner, Clark y otros autores han destacado que lo mismo ocurre en la lógica medieval. Se creyó primero que la lógica de los términos se había impuesto completamente sobre la lógica de las proposiciones, pero se ha reconocido luego que el asunto es más complejo y que existen en rigor muchas mezclas de las dos tendencias. El propio Łukasiewicz ha mostrado, por ejemplo, que Aristóteles usó (cuando menos intuitivamente) ciertas leyes de la lógica proposicional en las pruebas de silogismos imperfectos dadas en *An. pr.*, II, 4, 57 b 3). Desde el punto de vista histórico, sin embargo, la diferencia entre las dos lógicas es muy iluminativa y puede mantenerse. Diremos, así, que hay una *dirección hacia* una lógica de los términos en autores como Aristóteles y Santo Tomás, y una *dirección hacia* una lógica de las proposiciones en los megáricoestoicos, con *tendencias* a mezclar las dos lógicas en autores como Boecio y Pedro Hispano. La diferencia entre la lógica de

los términos y la de las proposiciones se manifiesta con frecuencia en el vocabulario empleado. Aristóteles empleó para designar la proposición el término πρότασις; los estoicos usaron el vocablo λῆμμα y también la citada voz ἀξιόματα.

R

R. En la lógica de las relaciones, la letra mayúscula 'R' sirve como notación abreviada para los abstractos dobles. Así, en el esquema relacional '$x\ R\ y$', la letra 'R' se lee 'tiene la relación R con' y el esquema completo se lee 'x tiene la relación R con y'. Otras letras usadas para el mismo propósito son 'Q', 'S'. Se dice entonces 'la relación Q', 'la relación R', 'la relación S'.

Para el uso de la letra minúscula 'r' en la lógica sentencial, véase P.

Racionalidad. El predicado 'es racional' puede ser aplicado diversamente: puede decirse que el mundo es racional, que el hombre es un ser racional, que los medios que se usan son racionales, que los fines que se persiguen son racionales, que una proposición es racional, etc. Algunas de estas aplicaciones o no son muy claras, o son demasiado claras en el sentido de que no alcanzan a decir nada. Decir que el mundo es racional equivale a decir que es inteligible, que es susceptible de ser entendido racionalmente, etc. Pero no se sabe bien lo que se quiere decir con ello, o si se sabe bien, o se cree saber bien, es porque se repite lo ya dicho, o presupuesto. Si definimos 'es racional' por 'es entendido racionalmente', necesitaremos definir 'es entendido racionalmente', a menos que con ello queramos decir sólo 'es racional', que es lo que se trataba de saber. Decir que el hombre es racional, o es un ser racional, es caracterizar el ser humano mediante un predicado que requiere a su vez explicación.

Uno de los usos más extendidos de 'racionalidad' se debe a la introducción por Max Weber («Soziologische Grundbegriffe», en los *Gesammelte Aufsätze zur Wis-*

senschaftslehre, 2.ª ed., 1951, ed. J. Winckelmann, págs. 527-65) de las expresiones *Zweckrationalität* (racionalidad de los fines) y *Wertrationälitat* (racionalidad del valor). El primer tipo de racionalidad se refiere a fines que son medios para otros fines; es, pues, una racionalidad «relativa». El segundo tipo de racionalidad se refiere a valores preferidos; es, pues, una racionalidad que se supone, o se declara, «absoluta». Una distinción que ha dado mucho juego en la literatura filosófica y sociológica contemporánea es la establecida entre «racionalidad de los medios» (que puede incluir la racionalidad de los fines que son medios para otros, o la mencionada *Zweckrationalität* weberiana) y «racionalidad de los fines» –como tales fines–. No queda siempre claro qué se entiende por 'fines', y menos aún por qué cabe llamar «racionales» a ciertos «fines». Si el fin perseguido es, por ejemplo, una sociedad económicamente igualitaria o, si se quiere, económicamente «justa», cabe declarar que tal sociedad es más racional que una no igualitaria, o una injusta, pero entonces el adjetivo 'racional' se usa como equivalente a 'preferible', 'mejor que', 'tiene valor por sí mismo', etc. Una sociedad económicamente igualitaria tiene ciertas características y una económicamente no igualitaria tiene también ciertas características, opuestas a las de la primera, pero ambas pueden ser igualmente racionales (o no racionales), dependiendo de la validez o no validez de las razones que se aporten para preferir una a la otra. Son, pues, las razones –razones justificativas principalmente– o los enunciados que las sustentan, los que se pueden llamar «racionales» o «no racionales». Tampoco queda claro lo que cabe entender por «medios», y menos aún por qué se pueden llamar «racionales» ciertos medios. Si para trepar hasta el techo de una habitación necesito una escalera, cuesta pensar que la escalera es racional porque permite alcanzar el techo, en tanto que, por ejemplo, un taburete sería irracional por no permitir cumplir el fin propuesto. Lo que es racional (o no racional) es el uso de la escalera (o del taburete), uso que se justifica como racional (o no racional) en virtud de que corresponde a un método determinado de acceso (o no acceso), método que, en efecto, puede ser calificado de racional o de no racional (o irracional).

La distinción entre la racionalidad de los fines y la racionalidad de los medios tiene su paralelo en otras distinciones, tales como la establecida por Karl Mannheim entre racionalidad substancial y racionalidad funcional, o como la propuesta por Horkheimer y otros miembros de la Escuela de Frankfurt entre razón y «mera» razón instrumental. En la base de estas distinciones se halla la idea de que sólo la racionalidad de los fines o alguna de tipo similar es verdaderamente racional; la racionalidad de los medios es considerada subordinada. Algunos estiman que la racionalidad de los fines, la racionalidad de los valores, la racionalidad substancial, etc., por un lado, y la «racionalidad de los medios», por el otro, son independientes entre sí, de modo que pueden ponerse en práctica medios perfectamente racionales, o estimados tales, para conseguir fines no racionales. En principio, habría que aceptar la posibilidad opuesta, esto es, que medios no racionales pudieran llevar a cabo o realizar fines racionales; de hecho, la idea del ardid de la razón hegeliana es un ejemplo de esta posibilidad. Varios autores estiman que la racionalidad de fines o racionalidad substancial es o una serie de actos mentales o un tipo de organización de acuerdo con cierto modelo, mientras que la racionalidad de medios o racionalidad instrumental (funcional) es un conjunto de actividades. La racionalidad de fines o de valores es vista como un conjunto de normas cuyo valor es independiente de la eficacia; la racionalidad de medios es considerada como un conjunto de funciones. El concepto de racionalidad de fines y el de racionalidad de medios es intuitivamente comprensible, pero con el fin de hacerlo claro es menester traducir en cada caso los fines o medios de que se trata a los términos de los cuales puede decirse, en forma menos confusa, que son racionales o no racionales, esto es, que cumplen o no con ciertas condiciones llamadas «condiciones de racionalidad». Ejemplos de estos términos son proposiciones, creencias, actos, etc., y específicamente proposiciones, creencias, actos, etc., manifestadas, poseídas, ejecutados, etc., por seres humanos. Puede debatirse entonces sobre qué condiciones son o no aceptables como condiciones de racionalidad, pero hay poca duda de que tiene que haber ciertas condiciones o, como se indicó, ciertos criterios. Éstos no determinan el contenido de las aludidas proposiciones, creencias, actos, etc., sino los métodos en virtud de los cuales se aceptan o no, se ejecutan o no. Los métodos en cuestión deben consistir en justificar los pasos dados para su aceptación o no aceptación, ejecución o no ejecución.

Cabe ver que puede considerarse la racionalidad de tres modos: como expresando un contenido (proposiciones, principios, creencias, etc.); como expresando un criterio o serie de criterios para formular juicios, y como expresando una actitud. El primer modo es preciso: son racionales tales o cuales proposiciones, principios, creencias, etc. Al mismo tiempo ofrece grandes inconvenientes; en particular, el de ser dogmático y, paradójicamente, irracional, porque no se ofrecen criterios mediante los cuales se adoptan tales o cuales proposiciones, principios, creencias, etc. El segundo modo es menos tajante, porque no indica qué proposiciones, principios, creencias, etc., son aceptados, sino qué criterios hay que usar para aceptar tales o cuales proposiciones, principios, creencias, etc. Este segundo modo evita, en la medida de lo posible, el dogmatismo, especialmente cuando se ofrece la posibilidad de cambiar de criterios en vista de nuevos hechos, nuevos contextos, etc. Por ello, el segundo modo enlaza con el tercero. El inconveniente del último es que resulta tan meramente regulativo que casi consiste únicamente en proponer adoptar los criterios de racionalidad más pertinentes en cada caso.

Razón (Tipos de). A menudo, cuando se ha hablado de razón, se la ha especificado indicándose de qué genero, clase, forma, modo o tipo de razón se trata. La lista es larga: «razón universal», «razón particular», «razón natural», «razón adecuada», «razón humana», «razón divina», etc. No todos los adjetivos agregados a 'razón' presuponen el mismo concepto de razón. En algunos casos se entiende 'razón' como una facultad; en otros, como un concepto; en otros se equipara 'razón' a 'intelecto'; en otros se habla de 'razón' como equivalente a 'prueba'; en otros, como si se tratara de una explicación, en particular de una que puede distinguirse de la explicación causal.

Razón analítica. La distinción, la clasificación, la deducción, la descomposición de un todo o conjunto en sus partes y otras operaciones semejantes suelen considerarse como analíticas. La razón analítica tiende a usar modelos formados por objetos abstractos y en este sentido hay estrechas relaciones entre razón analítica y razón abstracta, al punto que estas expresiones se usan a veces indistintamente. En muchos casos, la razón analítica presta gran atención a los procesos lógicos y matemáticos de inferencia y deducción.

Razón concreta. La razón concreta consiste, fundamentalmente, en descripciones, constituyendo así la base de lo que se ha llamado razón narrativa o razón histórica. Ambas, la razón narrativa y la histórica, son concretas. En términos generales, la noción de «razón concreta» es menos precisa que cualquiera de las otras dos.

La razón dialéctica es, en ocasiones, denominada «razón concreta» para diferenciarla de la razón abstracta. Esta expresión «razón concreta» fue utilizada ya por algunos escolásticos pero su uso más común, hoy en día, viene dado por Hegel.

Razón crítica. Se ha llamado en ocasiones «razón crítica» al tipo de razón de que se ha valido Kant justamente para examinar (críticamente) la razón (pura). La razón crítica es la razón que se examina y, por tanto, se critica a sí misma, esto es, critica sus supuestos. Por eso la actitud filosófica correspondiente se ha calificado de «criticismo». También ha recibido el nombre de «razón crítica» la forma de razón adoptada por los filósofos que han desarrollado el racionalismo crítico (Popper, Hans Albert, etc.). El tipo de razón de que se han valido los pensadores que han elaborado la titulada «teoría crítica» puede llamarse también «razón crítica».

Razón dialéctica. Así se ha llamado el tipo de razón desarrollado por Hegel, Marx y muy numerosos autores. Uno de los usos más conocidos de la expresión 'razón dialéctica' se halla en Jean-Paul Sartre, el cual ha procedido a desarrollar una «crítica de la razón dialéctica» *(Critique de la raison dialectique. I. Théorie des ensembles pratiques*, 1960; trad. esp.: *Crítica de la razón dialéctica*, 2 vols., 1963) que tiene por misión examinar «el límite, la validez y la extensión de la razón dialéctica».

Razón histórica. Este concepto de razón está ligado a la noción de conciencia histórica y a los esfuerzos realizados con el fin de conceptualizar tal conciencia. La idea de la razón como razón histórica está difusa –en varios sentidos de 'difusa'– en Dilthey, el cual dirigió su reflexión hacia una «crítica de la razón histórica» en cuanto razón que, como la dialéctica, se funda a sí misma, ya que la razón histórica es su propio desarrollo en el curso de su pasado y en la constitución de su presente y de las posibilidades para su futuro.

Razón instrumental. La razón instrumental es la que se halla al servicio de algún otro tipo de razón que se estima principal; según ello, la razón instrumental es ancillar y subordinada a una razón «sustantiva» o «substancial». La razón instrumental es llamada también «razón funcional». El concepto de razón instrumental es más sociológico y (en ocasiones) ético que ontológico o epistemológico. En principio, parece que la razón instrumental sea un «saber cómo» a diferencia de un «saber qué».

Razón mecánica. Algunos autores han distinguido entre «razón mecánica» y «razón dialéctica». Esta distinción es en muchos respectos similar a la que se ha establecido entre «razón analítica» y «razón dialéctica». Sin embargo, el concepto de razón mecánica se halla en el modo de pensar mecanicista, según el cual la máquina como objeto y la mecánica como rama de la física constituyen el modelo de explicación racional de la realidad. La razón mecánica es, según ello, una razón que procede por partes componentes que se articulan en un conjunto, a diferencia de la razón dialéctica, que parte de un conjunto o de lo que se ha llamado «totalización».

Razón práctica (y razón teórica). La expresión 'razón práctica' debe entenderse principalmente en contraste con la expresión 'razón teórica'. A veces esta última se llama «especulativa», pero este último vocablo tiene sentidos diversos que no están siempre incluidos en el concepto de «teórico». Aparte del uso de Aristóteles y los escolásticos, el dado por Kant a este término ha sido el de mayor influencia.

Según Kant, las dos razones, la teórica y la práctica, no son dos tipos distintos de razón, sino la misma razón, la cual difiere en su aplicación. La razón en su uso práctico se ocupa de las razones de determinar la voluntad, la libertad, etc., y entonces su uso es ético o moral.

Realismo. Tres sentidos pueden ser tomados desde el punto de vista filosófico.

1. 'Realismo' es el nombre de la actitud que se atiene a los hechos «tal como son» sin pretender sobreponerles interpretaciones que los falsean o sin aspirar a violentarlos por medio de los propios deseos. En el primer caso el realismo equivale a una cierta forma de positivismo, ya que los hechos de que se habla aquí son concebidos como «hechos positivos» –a diferencia de las imaginaciones, de las teorías, etc.–. En el segundo caso tenemos una actitud práctica, una norma (o conjunto de normas) para la acción. El llamado «realismo político» pertenece a este realismo práctico. Algunos creen que sin este realismo no puede conocerse (y, por tanto, dominarse) nada de la realidad, y que conocer (y dominar) esta última equivale a obedecerla. Otros arguyen que las ideas y los ideales son tan operantes por lo menos como los propios «hechos», y que un «realismo completo» debería ser lo mismo que un «positivismo total», es decir, una posición que no pretendiera ignorar nada de lo que es en vez de limitar lo que

es a ciertos aspectos de la realidad.

2. 'Realismo' designa una de las posiciones adoptadas en la cuestión de los universales: la que sostiene que los universales existen *realiter* o que *universalia sunt realia*. En realidad, hay tres formas de realismo: dos extremas y una moderada.

El primer autor que adoptó una teoría realista de los universales fue Platón; el realismo ha sido por ello llamado a veces, con frecuencia, «realismo platónico» o «platonismo». Sin embargo, la doctrina platónica es compleja y no puede simplemente identificarse con una posición realista y menos todavía con el realismo absoluto o exagerado. Se atribuye a Aristóteles una posición realista moderada que coincide en gran parte con el conceptualismo, pero aquí también debe tenerse en cuenta que se trata de una simplificación y en buena medida de una cierta interpretación (principalmente la llamada «aristotélicotomista») de la posición aristotélica. El realismo agustiniano tiene mucho de platónico, hasta el punto de que ha sido calificado con frecuencia de «realismo platónico-agustiniano»; su característica principal consiste en que «sitúa», por así decirlo, los universales (o ideas) en la mente divina en vez de considerarlos como existiendo en un mundo supraceleste o inteligible. Realista en sentido muy próximo al agustiniano fue en la Edad Media San Anselmo y realista extremo suele considerarse a Guillermo de Champeaux. Sin embargo, este último mantuvo una teoría que puede calificarse asimismo de «realismo empírico». Como la posición realista se oponía a la nominalista (y a la conceptualista), uno de los mejores modos de entender aquélla es examinar estas dos últimas, especialmente el nominalismo. Análisis extensos en este sentido se encuentran en varios autores medievales, especialmente en Abelardo.

Las ideas de Abelardo prepararon el camino para el realismo moderado, el cual aspiraba a encontrar un punto medio entre el realismo extremo y el extremo nominalismo. El realismo moderado es la posición según la cual el universal no está fuera de la mente, como si fuera una cosa entre otras, pero no está tampoco en la mente, como si fuese sólo un proceso psíquico. El universal está fuera de la mente, pero sólo como *res concepta*, «cosa concebida», y está en la mente, pero sólo como *conceptio mentis*, «concepción mental», esto es, «concepto». Aunque no fuera de la mente, el universal tiene un *fundamentum in re*, está fundado en la cosa o en la realidad, ya que de no ser así sería mera «posición» de algo o mera «imaginación». El problema que se debate aquí es el del carácter «separado» (o «preciso») de los universales. Siguiendo la posición del realismo moderado, Santo Tomás ha expresado el citado carácter como sigue: «Las palabras *universal abstracto* significan dos cosas: la naturaleza de una cosa y su abstracción o universalidad. Por tanto, la naturaleza misma a la que le ocurre o ser entendida o ser abstraída, o la intención de universalidad no existe salvo en las cosas singulares, pero el ser entendido o el ser abstraído o la intención de universalidad [el ser considerado como universal] están en el intelecto» *(S. Theol.*, I, q. LXXXV, a 2, ad. 2).

3. 'Realismo' es el nombre que se da a una posición adoptada en la teoría del conocimiento o en la metafísica. En ambos casos, el realismo no se opone al nominalismo, sino al idealismo.

La contraposición entre realismo e idealismo ha sido frecuente durante la Época Moderna. En el curso de esta época se han desarrollado varias corrientes idealistas (como ocurre, en parte, en Descartes, de un modo más acentuado en Kant –o en una de las posibles interpretaciones de Kant– y de un modo decidido en los autores del llamado «idealismo alemán»). El realismo gnoseológico se confunde a veces con el realismo metafísico, pero tal confusión no es necesaria; en efecto, se puede ser realista gnoseológico y no serlo metafísico, o viceversa. El realismo gnoseológico afirma que el conocimiento es posible sin necesidad de suponer (como hacen los idealistas) que la conciencia impone a la realidad –en orden a su conocimiento– ciertos conceptos o categorías *a priori;* lo que importa en el conocimiento es lo dado y en manera alguna lo puesto (por la conciencia o el sujeto). El realismo metafísico afirma que las cosas existen fuera e independientemente de la conciencia o del sujeto. Como se ve, el realismo gnoseológico se ocupa únicamente del modo de conocer; el metafísico, del modo de ser de lo real.

El realismo gnoseológico puede a su vez ser concebido de dos maneras: o como realismo «ingenuo» o «natural», o como realismo científico, empírico o crítico. El realismo ingenuo supone que el conocimiento es una reproducción exacta (una «copia fotográfica») de la realidad. El realismo científico, empírico o crítico advierte que no puede simplemente equipararse lo percibido con lo verdaderamente conocido, y que es menester someter lo dado a examen y ver (para luego tenerlo en cuenta cuando se formulan juicios definitivos) lo que hay en el conocer que no es mera reproducción. Es fácil advertir que el realismo científico, empírico o crítico puede recibir el nombre de «realismo moderado» y aproximarse entonces a lo que podría calificarse de «idealismo moderado».

Después de haber sido combatido (o desdeñado) durante buena parte de la época moderna, el realismo, tanto gnoseológico como metafísico, ha vuelto a cobrar importancia en el pensamiento contemporáneo. La mayor parte de los filósofos de esta época se adhieren, en efecto, explícita o implícitamente al realismo. Ello ocurre inclusive con los autores neokantianos, que transforman su «idealismo crítico» en posiciones muy próximas a lo que hemos llamado «realismo crítico». Ciertos filósofos se califican a sí mismos explícitamente de realistas críticos, como ocurre, entre otros, con A. Riehl, A. Messer, Johannes Volkelt, O. Külpe y N. Hartmann. Algunos mantienen un «realismo volitivo» basado en la concepción de la realidad como resistencia; así, Dilthey, M. Frischeisen-Köhler, M. Scheler y muchos otros. Las escuelas neoescolásticas y neotomistas han revalorizado asimismo el realismo, proclamando que no han tenido que pasar, como los autores modernos, por el «error idealista». Pero ello no significa que el realismo de todos estos pensadores sea el mismo. Inclusive dentro de los neoescolásticos y neotomistas se han dado muy diversas formas de realismo. Así, mientras algunos han mantenido la doctrina del realismo-copia, otros han sostenido el llamado «realismo inmediato».

Junto a estas corrientes realistas de diversos matices hay ciertas escuelas que han considerado el realismo como la posición central. Estas escuelas han abundado en Inglaterra y en Estados Unidos. Agreguemos aquí que en época reciente ha surgido en Estados Unidos otro movimiento llamado *filosofía realista* que se ha difundido bajo la inspiración de John Wild (nac. 1902), el cual pretende seguir, en su libro *Introduction to Realistic Philosophy* (1948), la tradición de Platón, Aristóteles, San Agustín y Santo Tomás (entre otros). A base de las ideas del mencionado autor se fundó la (ya conocida) «Association for Realistic Philosophy».

Una detallada exposición de las mencionadas tesis se halla no solamente en el libro de Wild, sino también en el volumen titulado *The Return to Reason* (1953), redactado por H. M. Chapman, J. Wild y otros.

Ciertos autores han transformado el realismo en un reísmo, del que encontramos un ejemplo en el pensamiento de T. Kotarbinski. Este reísmo es una de las consecuencias de cierto positivismo radical que, según X. Zubiri, puede calificarse de «reísmo sin idea» y que no es sino una reacción extremada contra la posición del «ideísmo sin realidad». Otros autores han partido de bases realistas para desembocar en una nueva forma de idealismo: el «idealismo fenomenológico» de Husserl es el caso más eminente. Ahora bien, junto al desarrollo del realismo en sus diversas formas ha habido (inclusive en autores realistas en principio) una fuerte tendencia a llevar a cabo lo que se ha llamado «la superación del realismo y del idealismo» –entendiendo entonces estos términos tanto en el sentido gnoseológico como metafísico–. En parte, la fenomenología se ha movido en este sentido (no obstante el citado «idealismo fenomenológico), como lo muestran muchos escritos del propio Husserl y las tendencias del «realismo fenomenológico» elaboradas por A. Pfänder. Pero también encontramos esos esfuerzos para situarse «más acá» de dichas posiciones en las direcciones «neutralistas» vigentes a comienzos del siglo. Estas corrientes tienden a considerar sujeto y objeto como dos aspectos de una misma realidad en principio «neutral». Finalmente, la idea de la Existencia como Ser-en-el-mundo, la concepción de la vida o del hombre en tanto que abierto a la realidad y otras análogas muestran que la controversia realismo-idealismo no se resuelve siempre por medio de la afirmación de una de estas dos teorías con exclusión completa de la otra, o por medio de una posición simplemente ecléctica, sino también por la indicación de que tal controversia está fundada en el desconocimiento de que el realismo y el idealismo pueden ser «posiciones teóricas» sobrepuestas a una descripción pura o a una profundización previa de las ideas de conciencia, sujeto, existencia, vida humana, etc. De este modo se proponen nuevas concepciones sobre el problema del mundo externo y se intenta «ir más allá» del realismo y del idealismo.

Referencia. El trabajo de Frege «Ueber Sinn und Bedeutung» ha sido traducido de varios modos: «Sobre el sentido y la denotación», «Sobre sentido y *denotatum*», «Sobre significación y denotación», «Sobre significación y *denotatum*», «Sobre significación y referencia», «Sobre sentido y referencia». Hay acuerdo en que, si bien el vocablo alemán *Bedeutung* se traduce corrientemente por 'significación' o 'significado' –como en '...*bedeutet*...', '...significa...'.–, en el caso de Frege ello se prestaría a confusiones.

Cualquiera de las palabras indicadas –'denotación', *denotatum*, 'referencia'– es adecuada, pero preferimos la última, que, además, parece que es la que ha venido circulando más. En cuanto a *Sinn*, podría traducirse por 'significación', 'significado', 'sentido', pero también preferimos la última palabra.

El problema planteado por Frege es el si '=' relaciona objetos o bien nombres o signos de objetos. Hay dificultades en ambos casos. Así, si:

La estrella matutina
= la estrella vespertina   (1)

es verdadero,

La estrella matutina
= La estrella matutina   (2)

debería significar lo mismo que (1). Pero (2) no proporciona ninguna información, mientras que (1) proporciona información. La información proporcionada por (1) es resultado de un descubrimiento astronómico. Por otro lado, si:

'La estrella matutina' =
= 'La estrella vespertina'   (3)

las expresiones a la derecha e izquierda de '=' en (3) deben ser nombres del mismo objeto. Que sean tales nombres se sabe únicamente en virtud de un descubrimiento astronómico.

Es necesario distinguir, según Frege, entre el sentido y la referencia de un signo. «Es natural pensar –escribe Frege– que con un signo (un nombre, una combinación de palabras, un grafismo) está conectado, además de lo designado por él, que puede llamarse la referencia del signo, lo que yo denominaría el sentido del signo, en el cual está contenido el modo de presentación.» (Usamos la traducción del trabajo de Frege contenida en la compilación de Thomas Moro Simpson, *Semántica filosófica: problemas y discusiones*, 1973, págs. 4-5, pero sustituimos 'denotación' en esta traducción por 'referencia' en virtud de la convención precedente). Por 'signo' o 'nombre' entiende Frege «cualquier designación que sea un nombre propio, cuya referencia es, por lo tanto, un determinado objeto (entendiendo esta palabra en su sentido más amplio) y no un concepto o una relación» *(op. cit.*, pág. 5). En otras palabras, «la referencia de un nombre propio es el objeto mismo que designamos por medio de él» *(op. cit.,* pág. 8), no la imagen subjetiva que podamos poseer del objeto. En otras palabras: «Un nombre propio (una palabra, un signo, una combinación de signos, una expresión) *expresa* su sentido y se refiere a, o designa, su referencia. Por medio de un signo expresamos su sentido y designamos su referencia» *(op. cit.,* pág. 9).

Ordinariamente, aquello de que se habla es la referencia de la expresión que se usa para hablar de ello. A veces se puede hablar acerca de las palabras mismas, como ocurre con una cita, es decir, con la descripción de lo que alguien dice. A veces lo que se dice tiene como referencia el sentido corriente, según sucede en oraciones indirectas en las que intervienen verbos como 'sabe que'. Frege termina por distinguir entre la referencia corriente y la referencia indirecta, por un lado, y entre el sentido corriente y el sentido indirecto, por el otro. Así, la referencia indirecta de un término es su sentido corriente.

Lo que puede llamarse «problema de la referencia» fue tratado con detalle por Russell en su teoría de las descripciones, donde nos hemos ocupado asimismo de las concepciones de Strawson. Russell usó la expresión 'frases denotativas', y se ha usado también la expresión 'frases referenciales' (o 'referentes') –en la acepción de «frases que se refieren a»–. Estas frases no son nombres propios, porque, a diferencia de los últimos, las primeras carecen por sí mismas de significación. La expresión 'frases referenciales' es, según Peter Thomas Geach *(Reference and Generality,* 1962, pág. 47), inadecuada, pero dicho autor indica que la usa porque sería apropiada *si* las teorías que la expresión trata de describir fuesen correctas. Geach especifica 'frase referencial' del modo siguiente: (1) Una frase tal se halla formada siempre por un término general sustantival (no sólo términos generales, sino también complejos); (2) Consiste en un término general más un «aplicativo» del tipo de 'un', 'el', 'algunos', 'ninguno', 'cada', 'solo', 'todos salvo dos', 'la mayor parte de', etc. Para Geach, Russell cometió varias confusiones al hablar de 'frases denotativas' y al entenderlas del modo como lo hizo, especialmente al considerar, por ejemplo, 'ningún hombre' como una frase denotativa. Lo peor de todo, opina Geach, es que Russell afirmó que su propio uso primitivo de 'denotar' corresponde al uso por Frege de *bedeuten.* Todo, en 'denotar', está lleno de confusiones; mejor sería, apunta, dejar de lado este término y los modos como ha sido entendido –por ejemplo, 'aplicarse a', 'ser verdadero de'–. Geach recuerda que el modo de referencia de una frase referencial es lo que los medievales llamaron *suppositio.*

Leonard Linsky *(Refering,* 1967, pág. 106) habla de «referencia pura» y de «referencia impura»; por la primera entiende la transparencia referencial y por la segunda la opacidad referencial. Dicho autor indica que el «referirse» no tiene la omnipresencia que se le otorga en la literatura filosófica, y que, en todo caso hay multiplicidad de usos de 'referirse a' y 'referencia', así como de 'dejar de referirse a' y 'falta de referencia'. Por lo pronto, hay una distinción entre referirse a y hacer una referencia, y lo que los filósofos llaman 'denotar' o 'referirse a'. Referirse a algo o hacer una referencia a algo son actividades ejecutadas por los que usan el lenguaje, mientras que el 'denotar' o el 'referirse a' –y, por tanto, también la referencia– en sentido filosófico debe ser entendida como alguna forma de relación entre el lenguaje y aquello que el lenguaje dice *(op. cit.,* págs. 116 y sigs.).

Según las teorías referencialistas de la significación, la significación de un término es el objeto al cual se refiere. Se ha objetado contra estas teorías: primero, que no tienen en cuenta la distinción ya apuntada entre sentido y referencia; segundo, que hay términos que no son en modo alguno referenciales, y, tercero, que no queda nada clara la naturaleza del «objeto» al cual el término se refiere, o se supone que se refiere. Quine se ha ocupado a menudo del problema de cómo se adquiere el mecanismo de la referencia, es decir, de cómo se aprende a referirse a objetos, a hablar de objetos. (Cf. *Word and Object,* especialmente §12; *Ontological Relativity, and Other Essays,* especialmente Cap. I; *The Roots of Reference,* especialmente III [trad. esp.: *Las raíces de la referencia,* 1977]). Por lo pronto, cabe distinguir entre referencia no dividida –la que tiene términos-masa como 'agua', 'rojo', que se refieren «acumulativamente» y no dividen, o no dividen mucho, su referencia–, y referencia dividida –con la cual surge la individuación, mediante términos generales o singulares–. Esta última es la más interesante, y a la vez la más difícil de explicar. Es la más interesante porque al dar cuenta de cómo se adquiere el aparato lingüístico de la referencia, en el sentido apuntado, se puede dar cuenta del modo como se llega a dominar el lenguaje cognoscitivo, el cual incluye frases observacionales, predicación, cuantificación, valores veritativos, etc. Quine adopta un punto de vista conductista *mutatis mutandis;* su ontología de la referencia es al mismo tiempo una psicología del conocimiento. Las dificultades en la aclaración de la noción de referencia aparecen en relación con, o paralelamente a, la indeterminación de la traducción. Muchos autores habían creído que es difícil, si no imposible, dar cuenta de la noción de significación. Quine hace ver que es difícil, si no imposible, dar cuenta de la noción de referencia. En su más conocido ejemplo: si no conocemos la lengua de una comunidad, y tratamos de aprender ostensivamente a qué se refiere la palabra 'Gavagai' cuando se apunta a un conejo –o lo que, en principio, suponemos ser tal–, se nos presenta un problema más básico que el problema wittgensteiniano de saber a qué se refiere alguien al mostrar ostensivamente el color sepia. Pues 'sepia' es, al fin y al cabo, un término-masa, con referencia dividida, mientras que 'conejo' es un término con referencia no dividida. Pero por 'Gavagai' –el huidizo «conejo»– cabe referirse a un conejo individual, a una parte no separada de conejo (donde 'conejo' es aquí algo así como el conejo total) o a un estadio o fase de conejo. La ostensión no basta. Quine habla, en consecuencia, de la «inescrutabilidad de la referencia». Con el fin de hacer ésta más «escrutable», es menester poner en marcha un complejo mecanismo que envuelve un sistema de traducciones mediante las hipótesis llamadas «hipótesis analíticas». En consonancia con el llamado a veces «holismo epistemológico» de Quine, se trae aquí a colación un amplio contexto lingüístico y asimismo un amplio contexto referencial en vez de mantener el problema de la referencia en una estrecha relación biúnica entre un término y «el» supuesto objeto al cual se refiere.

En su examen y contraste entre las tituladas «teorías idealistas» y las teorías realistas del significado, Hilary Putnam («Explanation and Reference», en G. Pearce y P. Maynard, eds., *Conceptual Change*, 1973, págs. 199-221, reimp. en Hilary Putnam, *Mind, Language, and Reality, Philosophical Papers*, vol. 2, 1975, págs. 196-214) ha mencionado varias posiciones que cabe adoptar al plantearse la cuestión de si, y cómo, un concepto se refiere o no a algo (o a alguien). Es posible que un concepto –como ocurre a menudo con el concepto de una «clase natural» (por ejemplo, la clase natural de los peces)– no sea estrictamente verdadero de nada y, sin embargo, se refiera a algo. Es posible también que varios conceptos –como ocurre con conceptos de alguna realidad física (a menudo designados por el mismo nombre)– en distintas teorías se refieran a lo mismo. Los partidarios de una teoría idealista del significado tienen que mantener que un concepto depende de la teoría –en el vocabulario ya bastante difundido, «está cargado de teoría»–; con ello las nociones de referencia y de verdad dependen asimismo de una teoría. Los partidarios de una teoría realista del significado consideran que un concepto es «transteórico» en el sentido en que Dudley Shapere ha hablado de 'trans-teórico', esto es, que tiene la misma referencia en varias teorías. Para el realista, verdad y referencia son transteóricas. Putnam introduce una teoría causal del significado según la cual, aunque un concepto (un término) puede tener, o ir teniendo, varias intensiones, éstas no son incompatibles entre sí ni dependen de la teoría adoptada. El concepto (término) puede tener, a través de sus varias intensiones, el mismo referente. Putnam indica que debe parte de sus ideas al respecto a una obra de Kripke (no publicada) sobre nombres propios. Noción capital de la misma es la de que alguien puede usar un nombre propio para referirse a algo o a alguien aun sin poseer creencias verdaderas sobre el mismo. El uso de un nombre propio para «referirse a» envuelve la existencia de una cadena causal entre el que usa el nombre (o su uso del nombre) y el portador del nombre. Putnam no parece ir al respecto tan lejos como Kripke, y mantiene que, como mínimo, el que usa el nombre propio para referirse a algo o a alguien debe poseer algunas creencias aproximadamente verdaderas acerca del portador del nombre. (Estas creencias, dicho sea de paso, son producidas por un uso colectivo de un lenguaje y por una especie de «actitud colectiva» respecto a las referencias.)

Mario Bunge (*Treatise on Basic Philosophy*, I, págs. 32 y sigs.) distingue entre el concepto semántico de referencia –la *suppositio* de los lógicos medievales– y la noción psicológica o pragmática de referencia. Esta última noción no ayuda en la comprensión de aquel concepto. Nos ocupamos del concepto semántico de referencia cuando preguntamos, por ejemplo, cuáles son los referentes de los enunciados o de una teoría y cómo pueden identificarse tales referentes. La referencia es, según Bunge, una relación entre lo que llama «constructos» (conceptos, enunciados y teorías) y objetos de cualquier clase. No es fácil, pero no es imposible, aclarar y especificar esta relación. Dentro de los conceptos científicos Bunge distingue entre conceptos fácticamente no referenciales y conceptos fácticamente referenciales (estos últimos incluyen variables como «campo», «célula», «ecosistema», los cuales pueden referirse a variables-objetos o a variables-predicados). En lo que toca a la significación, Bunge (*Treatise*, II, XX, págs. 42 y sigs.)

mantiene que ésta debe ser entendida como «el sentido más la referencia». Un símbolo designa un constructo; el sentido más la referencia son la significación del constructo y la «significancia» del símbolo. Un ejemplo simple es el signo o término 'hombre', que designa el o, mejor dicho, un concepto de hombre; el sentido es dado por la antropología y la clase de referentes es la totalidad de los humanos. Un signo que no alcanza a designar un constructo tiene una significación vacía. Si un signo es significante, lo es por la vía de algún constructo. Según Bunge, estas tesis evitan el nominalismo y la variedad de hilemorfismo que consiste en otorgar a simples marcas propiedades semánticas; por otro lado, no se adhieren al platonismo, ya que no se adopta la hipótesis de que los constructos tienen un ser independiente *(op. cit.,* pág. 45). Es obvio que tanto en sus ideas sobre la noción de referencia como sobre la noción de significado –en tanto que sentido más referencia–, la idea de «constructo» desempeña en Bunge un papel central.

En opinión del autor de esta obra (cf. «Cuestiones de palabras», en *Las palabras y los hombres,* 1972, págs. 120-21), significado (o sentido) y referencia no son completamente independientes entre sí. Ello se debe a que aunque hay términos que no son verdaderos de nada (o, mejor dicho, de algo) pueden referirse a algo. Esta es la «teoría refinada del sentido y la referencia» que Hilary Putnam deduce de algunas observaciones en el *Anti-Dühring,* de Engels. A esta teoría puede agregarse la expuesta en *El ser y el sentido* (VII, 4): hay expresiones que tienen referencia directa, otras que tienen co-referencia, otras que tienen hetero-referencia y otras que tienen trans-referencia. Las dos nociones más fundamentales son aquí las de co-referencia y trans-referencia. En virtud de la co-referencia, no hay término absolutamente a-referencial; aun si aquello de que se habla no existe, cabe entenderlo en función de algo que existe, y que tiene, o puede tener, referencia directa y plenaria. Términos transferenciales son aquellos que designan conceptos ontológicos y, en general, conceptos categoriales.

Reificación. Se ha entendido 'reificación' en varios sentidos:
1) Para algunos, el fisicalismo es una reificación de las realidades porque consiste en interpretar las realidades como si fuesen cosas, y especialmente cosas físicas u objetos físicos.
2) Para otros, la reificación consiste en no comprender la naturaleza peculiar del proceso, el cual, afirman, no debe ser «reificado».
3) Varias direcciones filosóficas se han opuesto a lo que han

llamado «reificación». Por ejemplo, los idealistas se han opuesto a la reificación de la conciencia. Los existencialistas se han opuesto a la reificación de la existencia humana.
4) Ver los seres humanos como cosas, o tratarlos como si fuesen cosas, es una reificación y deshumanización de lo humano.
5) Marx usó el término *Verdinglichung* –traducible por 'reificación' y por 'cosificación'– para referirse al proceso por medio del cual se produce la alienación de los frutos del trabajo. Al reificarse estos productos se reifica o cosifica asimismo el hombre que los ha producido mediante el trabajo; el ser humano se convierte entonces en una «cosa» llamada «mercancía».

Relativismo. Por 'relativismo' puede entenderse:
(1) Una tesis epistemológica según la cual no hay verdades absolutas; todas las llamadas «verdades» son relativas, de modo que la verdad o validez de una proposición o de un juicio dependen de las circunstancias o condiciones en que son formulados. Estas circunstancias o condiciones pueden ser una determinada situación, un determinado estado de cosas o un determinado momento.
(2) Una tesis ética según la cual no se puede decir nada que es bueno o malo absolutamente. La bondad o maldad de algo dependen asimismo de circunstancias, condiciones o momentos.

Tanto (1) como (2) pueden entenderse de dos maneras:
(A) De un modo radical se afirma que nada es verdadero (ni falso) y nada es bueno (ni malo); los predicados 'verdadero', 'falso', 'bueno' y 'malo' deban ser simplemente proscritos.
(B) De una forma moderada se afirma que como los juicios o proposiciones acompañadas de predicados de los tipos 'es verdadero', 'es falso', 'es bueno', 'es malo' se refieren a determinadas circunstancias, condiciones, situaciones, momentos del tiempo, etc., la especificación de estas circunstancias, condiciones, situaciones, momentos del tiempo, etc., permite admitir juicios o proposiciones acompañadas de los mencionados predicados, los cuales son entonces admitidos restrictivamente. Así, aunque no se puede decir que p es (absolutamente) verdadero, cabe sostener que p es verdadero (y lo es entonces absolutamente) dentro de condiciones especificadas.

Las circunstancias, condiciones, etc., que, de acuerdo con el relativismo, en los sentidos (1) o (2), condicionan la verdad, falsedad validez o no validez de una proposición o de un juicio, pueden ser «externas» o «internas». Cuando son externas, puede hablarse de relativismo «objetivo»; cuando son internas se habla de subjetivismo.

Según Husserl, el concepto primario de relativismo (epistemológico) es definido por la fórmula de Protágoras: «el hombre es la medida de todas las cosas», tomando como «medida de todas las cosas» el hombre como individuo (véase Homo mensura). Si «medida de todas las cosas» es el ser humano como especie, entonces el relativismo no es individualista sino «específico». Esta última forma de relativismo es calificada a menudo de antropomorfismo. Es posible tomar como punto de referencia especificaciones de la especie humana como una comunidad, una raza, una época histórica. Si se adopta la última, el relativismo se convierte en historicismo.

Algunos autores estiman que, en el nivel epistemológico, el relativismo brota de una actitud escéptica, y en el nivel moral brota de una actitud «cínica».

Representación. El término 'representación' es usado como vocablo general que puede referirse a diversos tipos de aprehensión de un objeto (intencional). Así, se habla de representación para referirse a la fantasía (intelectual o sensible) en el sentido de Aristóteles; a la impresión (directa o indirecta), en el sentido de los estoicos; a la presentación (sensible o intelectual, interna o externa) de un objeto intencional, o *repraesentatio*, en el sentido asimismo de los escolásticos; a la imaginación en el sentido de Descartes; a la aprehensión sensible, distinta de la conceptual, en el sentido de Spinoza; a la percepción en el sentido de Leibniz; a la idea en el sentido de Locke, de Hume y de algunos «ideólogos»; a la aprehensión general, que puede ser, como en Kant, intuitiva o conceptual; a la forma del mundo de los objetos como manifestaciones de la Voluntad en el sentido de Schopenhauer, etcétera.

Esta multiplicidad de sentidos y usos de 'representación' hace que este término sea casi siempre ambiguo en tres formas: dentro de la psicología, en la epistemología y en la relación entre la epistemología y cualesquiera elementos «psicológicos» que se aduzcan para aclarar la naturaleza y formas del conocimiento.

Dentro de la psicología (tradicional) puede distinguirse entre las siguientes acepciones de 'representación'.

(1) La representación como aprehensión de un objeto efectivamente presente. Es usual equiparar entonces la representación con la percepción, o alguna de sus formas.

(2) La representación como reproducción en la conciencia de

percepciones pasadas. Se trata entonces de las llamadas «representaciones de la memoria» o recuerdos.

(3) La representación como anticipación de acontecimientos futuros a base de una combinación de percepciones pasadas, reproductiva o productiva. Es usual equiparar entonces la representación con la imaginación.

(4) La representación como la unión en la conciencia de varias percepciones no actuales (pero tampoco pasadas ni anticipatorias). En este caso se habla asimismo de imaginación o hasta de alucinación.

Los cuatro sentidos indicados se refieren a lo que se ha llamado «cualidad de la representación». Pueden considerarse, además, los siguientes dos tipos:

(1a) Representaciones basadas en el predominio de un sentido, hablándose de representaciones ópticas, acústicas, etcétera.

(2a) Representaciones basadas en la forma, hablándose de representaciones eidéticas, conceptuales, afectivas, volitivas, etc.

Dentro de la epistemología, la representación puede entenderse en dos sentidos básicos:

(1b) Representación como contenido mental. La representación es entendida entonces como un acto y las más de las veces se le da un sentido «subjetivo» y «privado».

(2b) Representación como aquello que se representa en el acto de representar, es decir, como el objeto intencional de semejante acto.

Los escolásticos habían distinguido ya entre representaciones objetivas (en la acepción escolástica de este término) y representaciones formales. Las últimas se aproximan mucho a (2b). Esta distinción parece haberse perdido en la época moderna. En todo caso, si bien se encuentran aún trazas de ella en autores como Descartes, es difícil hallarlas en los empiristas, especialmente en la medida en que se interesan por dar cuenta de la génesis del conocimiento y, en consecuencia, acuden a nociones «psicológicas» con fines epistemológicos. Stephen Toulmin apunta que en su esfuerzo por escapar a la contraposición entre las posiciones racionalista y empirista en epistemología, Kant replanteó los problemas epistemológicos en términos de representaciones, usando al efecto el vocablo *Vorstellung*, que suele traducirse por 'representación'. Sin embargo, Kant usó este término ambiguamente, ya que, por un lado, parecía tratarse de actos de experiencia –de carácter «mental»–, y, por el otro, de ciertas estructuras que no son, desde luego, cosas en sí, pero que no son tampoco mentales, subjetivas y privadas, sino públicas. La palabra alemana

Darstellung, que se traduce asimismo por 'representación', pero que no tiene un sentido psicológico, sino epistemológico, es, según Toulmin, más adecuada para expresar lo que Kant quería decir. Es la palabra usada por autores como Hertz, Karl Bühler y Wittgenstein, y justa y precisamente en un sentido análogo al de 'modelo', 'cuadro', 'plan', 'esquema', etc., es decir, en un sentido similar a como una partitura puede servir de punto de partida para una «representación», que da origen entonces a experiencias privadas y a «representaciones» privadas. Así, la representación *(Darstellung)* es «objetiva» (o, en la acepción escolástica, «formal»), mientras que la representación *(Vorstellung)* es subjetiva y mental.

La distinción entre (1b) y (2b), aunque útil, no elimina todos los problemas, porque posiblemente no puede ser tan tajante como a veces se quisiera. Hay la posibilidad de «intermedios» entre los dos tipos de representación. Un curioso ejemplo de ello lo tenemos en Octave Hamelin, cuando llama «representación» a los actos por medio de los cuales lo concreto y diverso es pensado bajo forma categorial. Se trata entonces de una estructura conceptual, de una categoría, de un «esquema», etc., pero Hamelin aspira a darle un «contenido» mental y se opone a equipararla a una forma trascendental en sentido kantiano.

Revisionismo. En uno de los sentidos estrictos del término 'revisionismo' se usó para caracterizar, y criticar, las posiciones adoptadas por Eduard Bernstein dentro del marxismo. Como Bernstein abogó por una reforma y revisión del marxismo en un sentido favorable al mantenimiento de las instituciones democráticas dentro de las cuales, a su entender, podía abrirse camino, pacífica, evolutiva y legalmente, el socialismo, un número considerable de autores marxistas, como Karl Kautsky, estimaron que Bernstein había abandonado las tesis capitales del marxismo. La palabra 'revisionismo' ha sido empleada desde entonces a menudo como rótulo condenatorio de posiciones estimadas heterodoxas. 'Revisionismo' ha sido con frecuencia sinónimo de 'desviacionismo'. Desde un punto de vista ortodoxo, una posición revisionista es una posición errónea, ya sea «subjetivamente» o bien «objetivamente».

El uso más extendido de 'revisionismo' se encuentra en la literatura filosófica y política soviética, especialmente durante la época estaliniana. Aunque el revisionismo puede ser de derechas o de izquierdas, lo común es asociar el revisionismo con una desviación derechista. La extrema ortodoxia de la filosofía oficial soviética ha hecho caer dentro del revisionismo muchas posiciones de renovación del marxismo (VÉASE) que sus autores consideran justamente más fieles a las intenciones de Marx, y a los métodos elaborados por Marx. De ahí la paradoja de que los autores marxistas heterodoxos, a veces llamados «neomarxistas», hayan podido considerar a su vez como «revisionistas» las posiciones defendidas por la filosofía oficial soviética en nombre de la ortodoxia, ya que estas posiciones han consistido en una revisión y posterior «congelación» de una serie de tesis más o menos simplificadas.

Revolución. El concepto de cambio político, específicamente el cambio de régimen político (oligarquía, tiranía, democracia, etc.), ha sido objeto de frecuente tratamiento y descripción en la filosofía política y en la historiografía antiguas, tanto griega como romana. Hay que distinguir, sin embargo, entre la idea de cambio y la de revolución tal como ha sido desarrollada a partir del siglo XVI y especialmente del XVII. Hay por lo menos dos fuentes en el desenvolvimiento de esta idea. Una es de carácter astronómico. La revolución es entendida aquí como una rotación (de los cuerpos celestes) en la expresión «Revolución copernicana». Aunque se trata de una rotación cíclica, se consideró importante que fueran los cuerpos celestes, y en particular los planetas, los que, junto con la Tierra, giraran o «revolvieran» alrededor del Sol. Ello representó, al tiempo que la idea de una revolución planetaria, la de una revolución científica. Ambas ideas influyeron sobre el concepto político de revolución. Hay otra fuente, sin embargo, para este concepto, y es la consideración de los cambios políticos mismos, que fueron juzgados lo suficientemente importantes para merecer el nombre de «revolución», en tanto que cambio súbito destinado a establecer un nuevo orden, o a restablecer, por medios violentos, un orden anterior estimado más justo o adecuado. Filósofos e historiadores empezaron a hablar de revolución y de revoluciones, y este vocabulario fue usado para describir asimismo la historia política del pasado. El término 'revolución' adquirió gran difusión en el siglo XVIII, con algunos de los escritos de los enciclopedistas franceses y, sobre todo, con las dos revoluciones estimadas arquetípicas: la Revolución Americana y la Revolución Francesa esta última a veces descrita simplemente como «la» Revolución.

S

S. En la lógica tradicional, la letra mayúscula 'S' es usada para representar el sujeto en el esquema de un juicio o de una proposición que sirve de conclusión en un silogismo. Así, por ejemplo, 'S' en 'Todos los S son P', 'Algunos S son P'. La misma letra sirve para representar el predicado en el esquema de los juicos o proposiciones que sirven de premisa mayor o menor en un silogismo. Así, por ejemplo, 'S' representa el predicado en la premisa menor de los esquemas que corresponden a la tercera y a la cuarta figuras.

Para el uso de 'S' en la lógica de las relaciones, véase R. Para el uso de la letra minúscula 's' en la lógica sentencial, véase P.

Salto. Kierkegaard usa la noción de salto como una metáfora por medio de la cual caracteriza el movimiento de la existencia, movimiento esencialmente distinto del devenir lógico-metafísico propugnado por Hegel. En efecto, en el sistema de este último el movimiento se efectúa por una transición que, aunque no gradual, no llega jamás a una ruptura: la mediación interviene con el fin de reconciliar los opuestos. En el pensamiento de Kierkegaard la ruptura es esencial. Esta ruptura tiene lugar en los diversos «estadios de la vida» y en las modificaciones que ésta experimenta, pero hay un punto en el cual se hace eminente: es el salto a lo religioso –especialmente el salto de lo ético a lo religioso–. Según Kierkegaard, en efecto, no hay posibilidad de considerar el estadio religioso como el último en una serie continua. La plausibilidad de lo continuo, la demostración racional de la fe son todo lo contrario del acto de libertad por medio del cual logramos la *paradoja absoluta* –la paradoja del cristianismo–. Hay que observar que la noción –o categoría– del salto es algo que corresponde a la existencia individual y no tiene jamás lugar dentro de lo universal.

Santo. El término griego ἅγιος y el vocablo latino *sanctus,* traducidos por 'santo', designaban un recinto consagrado a los dioses y al culto. Lo reservado a los dioses era llamado ἱερός, *sacrum,* sagrado. El recinto en el cual se honraba a los dioses era el *fanum.* Antes de éste había un recinto *profanum,* «profano».

Hay una relación estrecha entre santidad y divinidad. Es cierto que se puede entender lo santo asimismo como lo que está sancionado («santificado») por alguna ley, y que ésta puede ser una ley humana. En todo caso, se habla a veces de la «santidad de la ley». Pero aun entonces se supone que la última sanción (o «santificación») tiene su origen en la divinidad.

Según Kant, la santidad es la completa conformidad con la ley moral. En el estado de santidad no hay posibilidad de contravenir la ley moral por la misma naturaleza de la voluntad y no en virtud de ningún esfuerzo realizado con el fin de ser moralmente bueno.

Kant indicaba que la santidad de Dios no es igual a la santidad de la ley moral; en ésta, a diferencia de aquélla, hay un deber.

La noción de lo santo ha sido investigada por Rudolf Otto como una categoría especial: la categoría de «lo numinoso». Se trata de una categoría exclusivamente religiosa, distinta de cualquier otra.

Ser. 1. *El concepto de ser.* La palabra 'ser' se usa en muy diferentes contextos. Desde muy pronto los filósofos plantearon la cuestión de si hay que entender 'ser' en el sentido de la cópula o en el llamado «sentido existencial». Si 'ser' es entendido como cópula, entonces requiere la mención de alguna propiedad, cualidad, relación, etc. En '*x* es blanco', 'es' expresa el hecho de que *x* es blanco (como algunos dirían, «la blancura» de *x*). No se puede entonces decir simplemente 'es', porque, como se ha advertido a veces, cabe preguntar «¿qué?» –si se dice '*x* es' se puede preguntar «¿qué es?», y responder, por ejemplo, 'blanco'–. Si 'es' es entendido en sentido existencial, entonces se entiende por 'es' algo así como «existe»; '*x es*' quiere decir en este caso '*x* existe'. Pero para decir que *x* existe no es menester decir que es; se puede decir, por lo pronto, que existe, y se puede decir asimismo que «hay *x*», esto es, cuantificar *x* existencialmente (o particularmente). Si se parte del sentido existencial de 'es', entonces parece que cabe pasar a un sentido existencial de 'ser'. Es justamente lo que ocurre cuando se habla de «el ser» (o hasta de «el Ser»), significándose con ello lo que existe, el «siendo» o «ente».

Al intentar traducir la sustantivación verbal griega τὸ ὄν, los autores latinos clásicos se dieron cuenta de las dificultades que ello implicaba. Así lo vemos en Séneca. Según escribe en la *Epistola LVIII*, el latín resulta impotente para traducir τὸ ὄν. Pues τὸ ὄν no es simplemente equivalente a *quod est;* ello obligaría, en efecto, a traducir un nombre por un verbo. Con lo cual se advierte ya la diferencia, destacada por Aristóteles, entre el ser y el hecho de que algo sea. Nos referiremos a este punto más adelante. Señalemos ahora solamente que esto introdujo en el vocabulario medieval la diferencia entre el ser, *esse,* y el ente, *ens;* el primero fue considerado, en efecto, como aquello (más precisamente, aquella perfección) que hace que lo segundo sea. Pero como a veces se entendía el *esse* en el sentido de la existencia (VÉASE) y a veces en el sentido de la esencia (VÉASE), el anterior uso no despejaba todas las dificultades. Éstas aumentaron para los filósofos árabes por el hecho de que, como advierte A.-M. Goichon (a quien seguimos en este punto), no hay en árabe término que corresponda exactamente al verbo 'ser'.

Los griegos fueron conscientes de esos problemas. Este concepto está por lo menos implícito en el primitivo preguntar griego del cual hablaremos en la segunda sección del presente artículo. Explícitamente se manifiesta en la interrogación τί τὸ ὄν, que se traduce por '¿Qué es el ser?', pero que podría más justamente traducirse en este caso por '¿Quién es el ser?', esto es, '¿Cuál es la cosa que propiamente es?'. Con esto pensaron que el ser es un atributo que pertenece a todo lo que es en el mismo sentido. Se ha dicho que con ello se confunden proposiciones del tipo 'x es y', con proposiciones del tipo 'x es', pero no es justo siempre suponer que había en la mente de los griegos semejante confusión. En efecto, algunos pensaron que el ser de que se hablaba era algo más general que ninguna substancia determinada, tan general, en rigor, que no era posible decir de él otra cosa que 'es'. Es el problema de Parménides. Fue dilucidado a fondo por Platón y luego, sobre todo, por Aristóteles cuando estos filósofos advirtieron que el hecho de que «ser» sea un concepto general no significa que sea el más elevado de todos los géneros. Aristóteles sobre todo percibió claramente que concebir el ser como la clase de todas las clases conduce a contradicciones (la contradicción sobre las clases a que nos hemos referido en Paradoja [VÉASE] y que ha sido puesta de relieve por la lógica contemporánea). Por lo tanto, parece que haya que adoptar sobre el ser un punto de vista distinto del cosmológico y del lógico: el «punto de vista metafísico». Con la «filosofía primera» Aristóteles inició la discusión en torno al problema del ser. El «ser como ser», ὄν ᾗ ὄν, aristotélico puede ser interpretado de dos maneras. En la primera el ser es el ser más común de todos, válido para todos los entes y poseyendo, por consiguiente, la extensión máxima. En la segunda el ser es el ser superior a todos y principio de todos. Los filósofos después de Aristóteles (comentaristas antiguos y pensadores escolásticos) debatieron esta cuestión innumerables veces: unos indicaron que el problema del ser pertenece a lo que se llamó modernamente «ontología general»; otros, que es objeto de la «teología». Una de las doctrinas que con más éxito se impuso es la que fue propuesta por Avicena y luego defendida y precisada por Santo Tomás: la de que la noción del ser es, por *lo pronto,* comunísima, de modo que tal noción de ser (en Santo Tomás, *ens)* es la primera que cae bajo la aprehensión (o el entendimiento). No es, pues, posible confundir el ser –o, en este caso, el ente– con un género superior: el ser es un trascendental, porque está absorbido en todos los seres y al mismo tiempo por encima de todos ellos, transcendiéndolos. Ahora bien, aun admitido que el ser no se reduce ni a lo particular ni a lo universal meramente lógico, hay varias interpretaciones posibles. La tomista se apoyaba en la concepción aristotélica según la cual «el ser se toma en varias acepciones», pero «en cada acepción toda denominación se hace por relación a un principio único». Esta famosa tesis de que «el ser se dice de muchas maneras» es la tesis de la analogía (VÉASE) del ser; según semejante tesis, se puede decir que *son* tanto las substancias (las cuales existen) como lo que no son substancias, tal los universales (los cuales propiamente hablando no existen). Pero otros escolásticos, sin dejar de ser aristotélicos, defendían la univocidad del ser.

Cualquiera que sea la interpretación dada a una común doctrina sobre el ser, los escolásticos rechazarían, pues, en bloque algunas de las ideas modernas sobre nuestro concepto. Por ejemplo, la idea kantiana según la cual el ser no es un predicado real a que nos hemos referido en nuestro artículo sobre la prueba ontológica (VÉASE). O la idea hegeliana según la cual la falta de determinación del ser lo aproxima y, finalmente, lo identifica con la nada. O –más todavía– la idea común a varios filósofos contemporáneos según la cual el problema tradicional del ser no es sino un pseudo-problema; «el ser» se esfuma al comprobarse que se trata simplemente de un verbo –del cual se dice que se ha abusado–. En algunas ocasiones ha parecido inclusive que esta última idea ha predominado en los autores no escolásticos y que la filosofía contemporánea y la filosofía del ser eran incompatibles. Es fácil ver, empero, que no es éste el caso. Heidegger ha considerado que el problema del ser es el problema central de la filosofía y ha intentado darle una respuesta distinta de la tradicional filosófica, la cual, al entender de dicho autor, ha suscitado el problema, pero no ha llegado ni siquiera a plantearlo (no ha proporcionado el «horizonte» para el mismo). Por ello el pensamiento de Heidegger sobre el ser no es expresable en el vocabulario usual en muchos otros filósofos. Muchos filósofos existencialistas han seguido debatiendo la cuestión. Varios filósofos cristianos (aunque no escolásticos, como, por ejemplo, Marcel, Lavelle, etc.) la han tratado como una cuestión central. Y aun pensadores que por su formación tendieron durante mucho tiempo a considerar el problema del ser como un falso problema han estimado que aparece cuando menos como un problema ontológico (o, si se quiere, semántico, una de las dimensiones que tiene también la cuestión del ser en Aristóteles o en los escolásticos).

2. *La pregunta por el ser*. Si entendemos por 'ser' algo así como «lo que realmente hay», «lo que verdaderamente existe», etc., podremos afirmar que la llamada «pregunta por el ser» surgió en Grecia con los presocráticos. Éstos preguntaron por lo que luego se llamó «el ser de las cosas», entendiendo por ello la realidad última, o tipos de realidad última, que constituyen las cosas, y cualidades de las cosas, que se presentan a los sentidos.

Se ha hecho notar que hay varios rasgos dignos de mención en semejante «pregunta por el ser». Uno de ellos es que se supone que el ser de las cosas no está inmediatamente presente. Como se ha dicho, «el ser» se halla oculto –oculto por la «apariencia»–. La apariencia ha sido equiparada con frecuencia al movimiento, al devenir o al cambio. Según Bergson, casi todo el pensamiento griego está dominado por un supuesto: el de que el devenir no es sólo menos comprensible que el ser, sino que es también «menos real» que el ser. Por este motivo, el ser por el cual se pregunta puede caracterizarse como un «ser siempre», o un «seguir siendo siempre lo que es». Es cierto que Heráclito afirmó que la realidad se halla en un constante devenir, e inclusive consiste en ser constante cambio. Pero este devenir o cambio están asimismo «ocultos» y hay que descubrirlos.

Otro rasgo es que la pregunta por el ser en Grecia no se dirige a los dioses, o a los intérpretes de los dioses, sino al propio ser humano, y específicamente a la razón humana. Preguntar por el ser en este sentido equivale a tener confianza de que se puede encontrar una respuesta mediante el ejercicio de la razón.

Se ha hecho notar asimismo que si algunos hombres preguntan por el ser –o si algunos hombres buscan explicaciones racionales de las cosas y de los acontecimientos– es porque se hallan perdidos en el mundo. Esto quiere decir, como ha sugerido Ortega y Gasset, que se ha producido un hueco en el sistema de creencias –religiosas, mitológicas, político-sociales, etc.– de una comunidad humana. Este sistema de creencias proporcionaba a la comunidad, y a cada uno de sus miembros, una cierta «estabilidad»: se sabía por lo menos a qué atenerse respecto al mundo. Al evaporarse las creencias se produce una inestabilidad. Con el fin de hacer frente a esta situación es menester llenar el hueco producido mediante algún otro sistema de creencias. Este sistema puede ser, en rigor, un «sistema de ideas». El «ser» de las cosas», en tanto que es descubierto por la razón, es uno de estos «sistemas de ideas».

Posteriormente, los filósofos elaboraron diversos conceptos destinados a formular abstractamente los modos como puede responderse a la «pregunta por el ser». Dos de estos conceptos se han destacado. Por un lado, puede responder a la pregunta por el ser el término de esencia (VÉASE). Por el otro, puede responderse en términos de existencia (VÉASE). Esto explica que las nociones de «esencia», «existencia» y «ser» hayan estado a menudo íntimamente trabadas entre sí.

3. *Los contrastes del ser*. La noción de ser puede ser estudiada mediante el *contraste* con otras nociones. Subrayamos 'contraste' porque pretendemos, por decirlo así, enfrentar la noción del ser con otras, no simplemente *distinguirla* de otras. Así, no consideramos que las nociones de esencia, existencia o substancia puedan ser propiamente contrastadas con la de ser, puesto que el ser puede decirse como esencia, existencia o substancia. En algunos casos, es difícil indicar si se trata de un contraste o de una diferencia: es el caso de la relación

entre el ser y el ente. Por lo tanto, consideraremos como nociones contrastantes sólo las siguientes: la nada, la apariencia (VÉASE), el pensar, el devenir (VÉASE), el valor, el deber ser, el tener y el sentido.

El contraste entre el ser y la nada ha sido interpretado a veces como un contraste entre el ser y el no ser. En tal caso, uno es simplemente la negación del otro. A veces, empero, la nada ha sido entendida como fundamento del ser, por lo cual la oposición de negación no resulta tan patente. La primera de dichas teorías tiene un sentido predominantemente lógico y es equivalente al contraste entre la afirmación y la negación; la segunda teoría es principalmente metafísica y se vale, entre otros conceptos, del de la libertad del fundamento.

El contraste entre el ser y la apariencia excluye en principio cualquier identificación; cada uno de estos elementos lo es por la referencia al otro. Sin embargo, es posible concebir que no hay ser escondido detrás de la apariencia y que ésta es todo el ser, concepción que paradójicamente coincide con la que afirma que el ser está siempre inmediatamente presente por sí mismo y, por lo tanto, que es a la vez aparente, esto es, evidente.

El contraste entre el ser y el pensar es de naturaleza distinta de los anteriores: se trata con frecuencia de la correlación de dos elementos que son distintos en todo, pero que pueden ser isomórficos. Especialmente en las metafísicas racionalistas el mencionado isomorfismo es subrayado como indispensable para el conocimiento. Algunos filósofos, como Parménides, manifiestan que es lo mismo el ser que el pensar, pero este último es entendido entonces como la directa visión de lo que es.

El contraste entre el ser y el devenir tiene lugar cuando este último es concebido a la vez como una envoltura, y hasta una apariencia, del ser. A veces el contraste se desvanece por la declaración de que el devenir es el ser; en tal caso se origina una concepción análoga a la que hemos puesto de relieve al final del párrafo anterior sobre el contraste entre el ser y el aparecer.

El contraste entre el ser y el valor puede ser real –cuando se conciben los valores como entidades que fundamentalmente «no son»–, o puede ser solamente conceptual –cuando ser y valor son estimados como distintos puntos de vista sobre una misma realidad–. Lo primero es propio de muchas de las filosofías modernas del valor; lo segundo, de muchas de las filosofías tradicionales basadas en la noción de los trascendentales.

El contraste entre el ser y el deber ser equivale al contraste entre la realidad efectiva y la realidad que debería existir según ciertas normas dadas de antemano. Como estas normas son con frecuencia de carácter moral, se trata de un contraste que implica la separación entre el reino físico y el reino moral. A veces, sin embargo, el deber ser es entendido metafísicamente, y en tal caso el contraste se da dentro del campo metafísico, uno de cuyos aspectos es el físico y el otro puede ser el moral. El contraste entre el ser y el tener puede ser entendido por lo que hemos dicho en el artículo sobre este último concepto. Lo mismo ocurre con el contraste entre el ser y el sentido. Sin embargo, en lo que toca a este último se plantean varios problemas metafísicos de índole particularmente difícil. Entre tales problemas mencionamos los siguientes: (a) ¿Tiene el ser sentido o carece de él? (b) ¿Aparece el sentido en alguna dimensión del ser? (c) ¿Puede reducirse, en último término, el ser al sentido? Si se afirma que el ser tiene sentido, o que carece de él, o que puede reducirse a él, el contraste desaparece. En cambio, subsiste cuando se sostiene que el sentido surge en alguna dimensión del ser. Aun así, sin embargo, puede concebirse este surgir como la consecuencia de una previa potencialidad o bien como un emergente. Propiamente hablando, sólo en este último caso puede hablarse con todo rigor de un contraste entre el ser y el sentido.

4. *Las formas del ser*. El estudio de las formas del ser es un tema de la ontología en tanto que ontología fenomenológica. Aunque tal estudio ha sido especialmente cultivado en la época contemporánea (N. Hartmann, J.-P. Sartre, etc.), se encuentran muy importantes contribuciones al mismo en todas las grandes filosofías (por ejemplo, Aristóteles, Hegel). El ser en sí es definido usualmente como el ser que permanece dentro de sí mismo, es decir, como el ser perfectamente inmanente. Se ha dado a veces como ejemplo de tal ser la substancia. Sin embargo, la substancia es el principio de sus propias manifestaciones y, por consiguiente, no puede ser enteramente inmanente a sí misma. Ejemplo del ser en sí es más bien ese ser compacto e informe, hostil a toda separación y a todo movimiento que, según Sartre, carece inclusive de toda significación (o de todo sentido). Semejante ser no puede tener accidentes ni atributos; no puede tampoco ser encerrado en ninguna categoría. Algunos autores consideran que un puro ser en sí es irracional en tanto que completamente opaco e impenetrable. Otros autores, en cambio,

mantienen que el rasgo de la completa inmanencia equivale a la posesión por tal ser de una absoluta transparencia y, por consiguiente, de una perfecta racionalidad. No nos pronunciaremos sobre este punto. Diremos tan sólo que, en nuestra opinión, el mencionado concepto del ser es un concepto-límite; no designa ninguna realidad y sí únicamente una tendencia que puede poseer cualquier realidad.

El ser fuera de sí parece al principio opuesto al descrito antes; en vez de permanecer siempre en sí mismo, el ser fuera de sí se caracteriza por su tendencia a la alteridad. Ahora bien, esta alteridad puede entenderse de dos maneras. Por un lado, es el ser-otro, por consiguiente, la transformación de una realidad en otra distinta de ella. En este caso puede decirse -transponiendo a la ontología el lenguaje psicológico y moral- que al ser fuera de sí el ser es infiel a sí mismo. Por otro lado, empero, la alteridad del ser fuera de sí puede ser debida a que tal ser se constituye solamente en la medida en que -empleando de nuevo el citado vocabulario- amplía el ámbito de su realidad por medio de nuevas formas o, como a veces se dice, de nuevas «experiencias».

El ser para sí es descrito en muchas ocasiones como la forma estrictamente opuesta a la del ser en sí. La razón de tal oposición es clara: mientras el ser en sí se constituye mediante la pura inmanencia, el ser para sí requiere la trascendencia -y hasta, según algunos autores, la completa trascendencia-. Por lo general, se advierte que el «para sí» no debe interpretarse como un repliegue del ser sobre sí mismo para desentenderse enteramente de lo ajeno; si así fuese, el ser para sí y el ser en sí equivaldrían a lo mismo. El «para sí» expresa más bien -para emplear de nuevo el vocabulario psicológico- la intimidad y, por consiguiente, la posibilidad de manifestarse continuamente a sí mismo e inclusive la de trascenderse incesantemente a sí mismo. Algunos filósofos piensan que el ser para sí es el resultado de un movimiento determinado por la interna constitución del ser en sí; Hegel está en este caso. Otros consideran que el ser para sí surge como lo completamente indeterminado en el ser en sí y, por consiguiente, no puede ser estimado como un despliegue de éste. Otros, por fin, equiparan el ser para sí con el sentido, o con la existencia real, a diferencia del ser en sí, equivalente al puro y simple hecho o a la «mera objetividad».

Se ha hablado asimismo de ser estático y de ser dinámico. Aunque el llamado «ser estático» ha sido equiparado a menudo con el ser en sí y el «ser dinámico» con el ser para sí, es posible considerar que, cuando menos el titulado «ser en sí», puede concebirse como estático o como dinámico. Algunos autores defienden que el ser estático constituye el fundamento del ser dinámico, o bien, simplemente, que el ser es sujeto del devenir, según la fórmula *operari sequitur esse*. Otros, por el contrario, mantienen que el ser dinámico es el único «ser real», y que el estático es sólo la visión atemporal del continuo devenir y transformarse en que consiste el ser.

Ser especie. Traducimos de este modo la expresión *Gattungswesen*, que desempeña un papel importante en Feuerbach y que Marx adoptó para elaborarla y someterla luego a crítica. Usamos 'ser especie' en el sentido de 'ser (el hombre) una especie', 'tener (el hombre) la naturaleza de una especie' y también de 'ser (el hombre consciente de constituir una) especie'.

Al comienzo de su obra sobre *La esencia del cristianismo* (1841), Feuerbach afirma que la conciencia es la característica más simple y general que distingue al hombre de los animales. Esta conciencia debe entenderse «en el sentido fuerte»: no simplemente como «sentimiento de sí», de percepción y capacidad de enjuiciar cosas externas «según características sensibles», pues tal sentimiento de sí lo poseen también los animales. El animal se hace objeto para sí mismo en cuanto individuo, pero no en cuanto especie. La ciencia, sin embargo, es «ciencia de especies». El animal tiene una vida simple; el hombre, una doble vida: la exterior y la interior. «La vida interior del hombre es la vida en relación con su especie» (*Das Wesen des Christentums*, en *Sämtliche Werke*, vol. VI, ed. Wilhelm Bolin, pág. 2). Mientras el animal no lleva a cabo ninguna «función de especie» (*Gattungsfunction*) sin otro individuo, el hombre es capaz de llevar a cabo tal función por sí mismo –asumiendo, por así decirlo, su propia especie entera–. Por eso el hombre es a la vez «yo y tú», y puede ponerse en el lugar del otro. El hombre, en suma, tiene como objeto su especie, su naturaleza y no sólo su individualidad.

Las ideas de Feuerbach parecen constituir una fusión de varias nociones capitales hegelianas o derivadas de Hegel –así, por ejemplo, la noción de conciencia como «autoafirmación» (*Selbstbethätigung* [*op. cit.*, pág. 7])– con ideas difundidas por David Friedrich Strauss en sus obras polémicas sobre el cristianismo y la figura de Jesús –así la propia noción de especie (*Gattung*)–. Feuerbach, por lo demás, usó esas ideas en la formulación de su filosofía «antropológica», según la cual el centro de la realidad se desplaza de Dios al hombre. Para Feuerbach, la «especie» no es un mero pensamiento; existe en los sentimientos y en la «energía del amor» *(op. cit.,* pág. 324). «Un corazón amante –escribe Feuerbach *(loc. cit.)*– es el corazón de la especie.» Y hasta el propio Cristo (por supuesto, desdivinizado) «en tanto que conciencia del amor es la conciencia de la especie». En vez del autodesenvolvimiento hegeliano de la idea, hay el autodesenvolvimiento del hombre como especie.

Marx tomó primero la idea feuerbachiana del ser especie como una idea básica para caracterizar al hombre. En las páginas sobre el trabajo alienado, de los *Manuscritos económico-filosóficos (Oekonomisch-philosophische Manuskripte),* de 1844, Marx casi reproduce la definición feuerbachiana del hombre como un ser especie: el hombre es *Gattungswesen* «no solamente porque en la teoría y en la práctica adopta la especie como su objeto», sino también porque se considera a sí mismo como «un ser *universal* y por tanto, un ser libre». Pero Marx pone de relieve que la universalidad del ser hombre en la Naturaleza se pierde en la alienación del trabajo. El trabajador alienado se ve apartado de la Naturaleza a la cual pertenece. En principio, el hombre prueba que es un ser especie consciente por la fabricación de un mundo de objetos. A diferencia del animal, que «sólo se produce a sí mismo» y para necesidades inmediatas, el hombre produce (o puede producir) objetos «universalmente». El hombre puede, pues, confrontar libremente su producto. Pero al alienar su trabajo, el ser especie se transforma en un ser ajeno. «El hombre queda enajenado del hombre»; el ser ajeno a cuyo servicio se hace el trabajo es el propio hombre. Así, la alienación adquiere un carácter social. Ello ocurre, porque, a diferencia de lo que pensaba Feuerbach, el hombre no es un ser abstracto. Feuerbach se había opuesto asimismo a la «abstracción», pero había quedado preso en la «genericidad». Marx insiste, en cambio, en que la realidad del hombre no es separable de sus relaciones (confrontación y alienación) con los demás hombres. La abstracción de la «Idea» y la del «ser especie» feuerbachianas son rechazadas por Marx en favor de la consideración del hombre en el conjunto de sus relaciones sociales, relaciones de producción y de trabajo.

En vista de ello es comprensible la crítica de Marx a Feuerbach. Cuando se le arrebata al hombre el objeto de su producción, se le arrebata a la vez la vida como especie, esto es, su objetividad real. Ahora bien, la naturaleza humana *(das menschliche Wesen)* «no es ninguna abstracción inherente a cada simple individuo. Es su realidad en el conjunto de las relaciones sociales» («Tesis sobre Feuerbach», 6). Feuerbach, en suma, abstrajo al hombre de su proceso histórico, o histórico-social, e hizo del hombre, entendido como género, una mera generalidad interna, «que une de modo meramente *natural* los diversos individuos». No comprendió que «el sentimiento religioso» es «por sí mismo un *producto social*», de modo que «el individuo abstracto por él analizado pertenece a una forma particular de sociedad» («Tesis...», 7).

La crítica marxista de Feuerbach constituye un paso hacia la noción de clase desarrollada en *El Capital*. Esta noción desplaza por completo la de ser especie. Con ello la alienación deja de ser un defecto moral para convertirse en una realidad social objetiva, describible científicamente. El proceso de «desalienación» que tiene lugar en el curso histórico, por medio de la acción revolucionaria que tiene en cuenta las condiciones objetivas, no es la consecuencia de un «llamado moral»: es una acción que se ejecuta con vistas a la realidad y con el propósito de transformarla.

Silogismo. En *An. pr.*, I 24 b 18-23, Aristóteles definió el silogismo del modo siguiente: «Un silogismo es un argumento en el cual, establecidas ciertas cosas, resulta necesariamente de ellas, por ser lo que son, otra cosa distinta de las antes establecidas». Se ha observado con frecuencia que esta definición es tan general, que se puede aplicar no solamente a la inferencia silogística, sino también a muchos otros tipos de inferencia –si no a la inferencia deductiva en general–. El Estagirita, sin embargo, procedió a ejemplificar tal definición mediante inferencias de un tipo especial: aquellas en las cuales se establece un proceso de deducción que conduce a establecer una relación de tipo *sujeto-predicado* partiendo de enunciados que manifiestan asimismo la relación *sujeto-predicado*. En este proceso deductivo, además, se supone que la conclusión –que tiene dos términos– es inferida de dos premisas, cada una de las cuales tiene asimismo dos términos, uno de los cuales no aparece en la conclusión. La clasificación de los silogismos puede responder a distintos criterios. En *Top.* VIII, 11, 162 a 15-20, Aristóteles enumeraba cuatro tipos de silogismo (razonamiento, o razonamiento silogístico): el *filosofema*, el *epiquerema*, el *sofisma* y el *aporema*. Ateniéndose a los tres primeros tipos de esta clasificación, se ha hablado de silogismos *demostrativos* o *apodícticos, dialécticos* y *sofísticos* (a veces denominados *erísticos*). Los silogismos demostrativos son necesarios, por cuanto la conclusión se sigue necesariamente de las premisas. Los dialécticos son probables, esto es, la conclusión tiene sólo un cierto grado de probabilidad respecto de las premisas. Y los silogismos sofísticos son falsos. El tipo más usual de silogismo es, desde luego, el demostrativo –a menudo presentado como categórico–; véase un ejemplo:

Si todos los hombres son mortales y todos los australianos son hombres, entonces todos los australianos son mortales.

Observemos que el anterior es ejemplo de un condicional y que todos los términos introducidos ('hombres', 'mortales', 'australianos') son universales. Con ello queremos poner de relieve que muchos de los ejemplos de silogismos dados en la literatura lógica tradicional no son propiamente silogismos. Por ejemplo:

Todos los hombres son mortales
Todos los australianos son hombres
Todos los australianos son mortales,

donde la raya horizontal encima de la conclusión suele leerse 'por lo tanto', no es un ejemplo correcto de silogismo, pues no aparece en él la forma condicional, ni se ve claro tampoco que las dos primeras proposiciones están ligadas por una conjunción. Tampoco es ejemplo correcto de silogismo el razonamiento:

Todos los hombres son mortales
Sócrates es hombre
Sócrates es mortal,

pues, además de carecer de las conectivas antes señaladas, contiene un término singular ('Sócrates').

Vemos claramente que un silogismo categórico es un condicional que se compone de tres esquemas cuantificados. El antecedente del condicional se compone de dos esquemas, llamados *premisas*. La primera es la *premisa mayor;* la segunda, la *premisa menor.* El consecuente del condicional es otro esquema: la *conclusión.* Cada esquema tiene dos letras predicados. Usaremos ahora las letras 'S', 'P' y 'M' (a veces se emplean 'F', 'G' y 'H'). Estas letras designan los llamados *términos* del silogismo. Los nombres que reciben los términos son los siguientes: *término medio, término menor, término mayor.* El término medio (representado por 'M') está en las dos premisas, pero no en la conclusión. Así, en nuestro ejemplo, 'hombres' es el término medio. El término menor es el primero de los términos de la conclusión; el término mayor, el segundo de los términos de la conclusión. Así, en nuestro ejemplo, 'australianos' y 'mortales' son respectivamente los términos menor y mayor del silogismo.

Hay que considerar en el silogismo categórico la *figura* y el *modo*. La figura es la manera como están dispuestos los términos en las premisas. Como hemos visto (véase FIGURA), hay varias maneras de disponer tales términos y, por lo tanto, varias figuras.

El modo es la forma en que están dispuestas las premisas por razón de la cantidad y cualidad y, de consiguiente, en función de la manera como pueden sustituirse los esquemas de las premisas y la conclusión por los enunciados A, E, I, O (véase PROPOSICIÓN). Se ha bautizado a los modos con nombres latinos, en los que la disposición de las vocales indica el tipo de proposición –A, E, I u O– que constituyen las premisas y la conclusión, respectivamente; así por ejemplo, en *Barbara* hay tres proposiciones del tipo A.

Los siguientes 15 modos son los que numerosos lógicos consideran válidos: *Barbara, Celarent, Darii, Ferio, Cesare, Camestres, Festino, Baroco, Datisi, Feriso, Disamis, Calemes, Fresison* (VÉANSE), *Bocardo* y *Dimatis*. Sobre la validez de los modos *Darapti, Felapton, Bamalip* y *Fesapo* hay, en cambio, más discusión.

Aristóteles argumentó sobre los silogismos modales sobre la base de su teoría del silogismo categórico.

Sorites. La palabra 'sorites' responde, en filosofía, a dos significados distintos. De una parte, se refiere a un determinado tipo de argumentos falsos (véase FALACIA). De otra, alude a un polisilogismo en el que el atributo de cada una de las proposiciones que lo componen viene a ser el sujeto de la siguiente, mientras que la premisa mayor y la conclusión tienen un mismo sujeto. La forma más común para este polisilogismo se expresa en el esquema: A es B; B es C; C es D; luego A es D. También se denomina sorites al polisilogismo en que la conclusión de cada uno de sus componentes va implícita, y sólo la última se explicita formalmente; así, por ejemplo: si A es B, C es A, D es C, E es D, entonces E es B; en dicho ejemplo se dan, implícitas, las conclusiones C es B y E es C.

Substancia. El vocablo latino *substantia* (= «substancia») corresponde al verbo *substo* (infinitivo, *substare*) y significa literalmente «la estancia debajo de» en el sentido de «el estar debajo de» y de «lo que está debajo de». Se supone que una substancia está debajo de cualidades o accidentes, sirviéndoles de soporte, de modo que las cualidades o accidentes pueden cambiar en tanto que la substancia permanece –un cambio de cualidades o accidentes no equivale necesariamente a que la substancia pase a ser otra, mientras que un cambio de substancia es un cambio a *otra* substancia.

Por estar debajo de cualidades o accidentes la substancia subsiste, de modo que, en principio, podría llamarse a la substancia «subsistencia» *(subsistentia)*. Sin embargo, aunque puede decirse que las substancias son «subsistencias», se ha puesto a menudo de relieve que no todas las subsistencias son substancias. Además, el término 'subsistencia' ha adquirido otras significaciones que no coinciden con la de 'substancia'. Tampoco coincide siempre el significado de 'substancia' con el de términos que apuntan a algo «substante» –principio, esencia, materia, substrato, etc.

Prantl *(Geschichte der Logik im Abendlande,* I, 514), Rudolf Eucken *(Geschichte der philosophischen Terminologie,* pág. 53) y otros autores han indicado que Quintiliano fue el primero en usar el vocablo *substantia,* pero Curt Arpe («Substantia», *Philologus,* 94 [1941], 65 y sigs.) revela que antes que Quintiliano usó *substantia* Séneca *(Ep.,* 58, 15; *Nat. quaest.,* I, 6, 5 y I, 15, 5). El significado originario de tal término era «ser corporal» o «realidad», a diferencia de «ser imaginario» *(imago, mendacium).* Todas estas significaciones adquirieron un giro más filosófico cuando se introdujo *substantia* para referirse a las categorías o predicamentos aristotélicos. El vocablo usado por Aristóteles es οὐσία, que ha sido interpretado y traducido de diversos modos, cuyo paralelo lingüístico se encuentra en *essentia,* pero que, con Marco Victorino, San Agustín y Boecio fue traducido por *substantia* para designar la «substancia primera» de Aristóteles.

El interés por la noción de substancia en el pensamiento griego se explica en buena parte por el tipo de cuestiones que se plantearon desde los presocráticos –especialmente la cuestión acerca de *qué* constituye «verdaderamente» la realidad, o el mundo–. Al mismo tiempo, puede estar culturalmente condicionado. Según Thorleif Boman *(Das hebräische Denken im Vergleich mit dem Griechischen,* 2.ª ed., 1954), la concepción fundamentalmente «substancialista» de la realidad entre la mayor parte de los filósofos griegos se debe a la forma de pensar –«el pensar estático»– de los griegos, a diferencia de, y en contraposición con, la forma de pensar –el pensar dinámico»– de los hebreos. Según dicho autor, los griegos, así como los pueblos indoeuropeos en general, tienden a concebir el «ser», o la «realidad», como «presencia», en tanto que los hebreos, y acaso todos los pueblos semíticos, tienden a concebirlo como un «devenir real» *(hayah)*. Concebir el «ser» como «presencia» equivale a concebirlo como «substancia». Se ha argüido que ello puede deberse a las correspondientes estructuras lingüísticas –sujeto-predicado en los lenguajes indoeuropeos; formas verbales en los lenguajes semíticos–, pero también que estas estructuras lingüísticas se conforman con ciertas formas culturales y sociales.

Aristóteles indica *(Cat.,* 5, 2 a 11 y sigs.) que en su sentido propio la substancia es lo que no es afirmado de un sujeto ni se halla en un sujeto, como el hombre y el caballo individuales. Esta substancia es la llamada «substancia primera», οὐσία πρώτη, *substantia prima,* porque para Aristóteles lo primero es el ser individual del cual se predica algo; el ser individual existe (o puede existir) mientras que lo que no es un ser individual es sólo, por lo pronto, lo que puede decirse *de él*. Así, del hombre individual puede decirse que es hombre, es decir, aplicarle el nombre 'hombre', con lo cual tal nombre es algo afirmado del hombre individual. El hombre individual es una substancia (primera), pero el nombre 'hombre' no lo es. Del hombre individual puede decirse también que es un animal racional, que es blanco, que posee la ciencia, etc.; el ser un animal racional, el ser blanco, el poseer la ciencia se dicen del hombre individual como predicados (esenciales o accidentales) y, por tanto, no son substancias (primeras). Las substancias (primeras) son el substrato de todo lo demás, por lo cual son substancias por excelencia, κατ'ἐξοχήν. Las substancias primeras no difieren entre sí en el grado de substancialidad, pues tan substancia primera es un hombre como un buey, un árbol, etc. Las substancias primeras no tienen contrarios (como sucede con las cualidades: blanco-negro), pero admiten cualificaciones contrarias, δεκτινὸν τῶν ἐναντίων (como cuando se dice que tal hombre es blanco o que tal hombre es negro).

El primado de la substancia (primera) en Aristóteles puede comprenderse en razón del significado de οὐσία. La substancia primera es οὐσία porque posee su propia riqueza o, mejor dicho, porque el subsistir independientemente de cualesquiera cualificaciones que le competan es «suyo». En este sentido, la substancia (primera) posee las características a que se ha referido Wolfgang Cramer *(Das Absolute und das Kontingente. Untersuchungen zum Substanzbegriff,* 1958; 2.ª ed., 1976), es algo individual, irreductible, único, que no está en otra cosa; es algo que se determina a sí mismo y se basta (ontológicamente) a sí mismo; es algo que podría existir aunque no existiera otra cosa –lo que Aristóteles indica al poner de relieve que como todo lo que no es substancia primera se afirma de las substancias primeras como sujetos, nada podría existir si no existieran las substancias primeras *(Cat.,* 5, 2 b 5).

Lo que se dice, o puede decirse, de la substancia primera es una «substancia segunda», οὐσία δευτέρα, *substantia secunda* –o «substancia secundaria» o, si se quiere, «substancia en sentido secundario y no propio»–. Por qué Aristóteles sigue usando el término 'substancia' para referirse a entidades que no son, propiamente hablando, substancias, es una cuestión interesante, pero no fácil de resolver. En parte se debe a que Aristóteles no niega que lo que se dice, o puede decirse, de las substancias primeras tiene también una cierta entidad, si bien no es una entidad propia e independiente de las substancias primeras. Las substancias segundas son impropiamente substancias, pero siguen siendo substancias de algún modo. Además, Aristóteles afirma que entre las substancias segundas la especie es «más substancia que el género»; parece, pues, que una substancia segunda sea «menos substancia segunda» y «más substancia primera» (sin coincidir, sin embargo, con esta última) cuanto más se «acerca» a la substancia primera –como cuando se dice que Pedro es un hombre; el ser hombre hace a Pedro más «preciso» que el ser simplemente animal, de modo que el ser hombre está más «cerca» de Pedro que el ser animal–. Debe advertirse que las substancias segundas no son, como hubiera podido interpretarse por lo que se dice *supra,* todo lo que se pueda decir de un sujeto como substancia primera. En efecto, sólo lo que de algún modo se parece a la substancia primera, es substancia segunda. Ello ocurre con los géneros y las especies porque, como las substancias primeras, pueden ser «soportes». No ocurre con los accidentes –que son siempre «soportados»– y, en la concepción que nos ocupa, no ocurre tampoco con las relaciones. Lo que las substancias, primeras o segundas, «soportan» es cuestión disputada.

Tanto las substancias primeras como las segundas tienen en común el no estar en un sujeto. Ello parece obvio en el caso de las substancias primeras, pues si estuvieran en un sujeto, podrían afirmarse de un sujeto, lo que no ocurre: el sujeto es el sujeto y, por consiguiente, es el «este», τόδε, que está «separado», es decir, «subsiste por sí mismo». Parece menos evidente en el caso de las substancias segundas, pero debe admitirse asimismo, según Aristóteles, ya que decir de Pedro que es un hombre no quiere decir que *hombre* sea una parte de Pedro, como lo sería el ser blanco, capaz de tocar la guitarra, etc. La diferencia entre substancias primeras y segundas no reside en el «no estar» o «estar» en un sujeto, sino en que las substancias segundas determinan lo que las substancias primeras son. En cuanto a «estar en», podría decirse que las substancias primeras «están en» las substancias segundas, pero hay que tener cuidado en interpretar este 'estar en': no es el estar contenido como un accidente está contenido en un sujeto, sino el estar contenido como los individuos están contenidos en los universales, es decir, de modo distinto del ser «partes de».

En *Met.*, Δ 8, 1017 b 10-25, Aristóteles dice que substancias son entidades tales como los elementos (tierra, fuego, agua, aire), los cuerpos y sus compuestos, y las partes de estos cuerpos. En otro sentido, se llama «substancia» a la causa inmanente de la existencia de las cosas naturales. En otro sentido, todavía, se dice que son substancias las «esencias» expresadas en la definición. De todos estos sentidos se destacan dos: la substancia es el «sujeto último» que no se afirma en ningún otro, y es lo que, siendo un individuo en su esencia, es «separable», de modo que la forma de cada ser es su substancia. En *Met.*, Z, 1-17, 1028 a 10-1041 b 35, Aristóteles examina largamente la noción de substancia como primera categoría del ser y como «primer sujeto», y dice a este respecto que tal sujeto es en un sentido la materia, en otro sentido la forma y en un tercer sentido el compuesto de materia y forma, el «todo concreto», σύνολον *(op. cit.,* 3, 1029 a 3-5). Aristóteles niega que los universales y las ideas sean substancias, pero indica que la substancia es de dos clases: «todo compuesto» y forma. La primera clase de substancias son corruptibles; las segundas, incorruptibles *(op. cit.,* 15, 1039 b 20-25). Como todo concreto, la substancia es una cosa determinada, τόδε; como forma, la substancia de cada ser es la esencia. En *Met.* Λ, 1068 a 13, Aristóteles habla de tres especies de substancias. Por lo pronto, hay la substancia sensible, que es móvil, y la substancia no sensible, que es inmóvil. La substancia sensible, objeto de la «física», puede ser corruptible (como los animales y las plantas) o eterna (como los astros). La substancia no sensible, objeto de la «metafísica», es incorruptible. La substancia no sensible no tiene ningún principio común con las demás clases de substancias (*op. cit.*, 1, 1969 b 40).

En la alta Edad Media, la voz 'substancia' *(substantia)* se usaba como traducción de los términos griegos ὑπόστασις y οὐσία. Este último traduciéndose también por *essentia*. Por *substantia* se entendía «lo que subsiste», esto es, lo que existe por debajo de *(sub)* y de alguna forma al margen de los accidentes, mientras que esencia –*essentia*– aludía a «lo que posee el ser» *(esse)*. En cierto sentido, pues, los significados coinciden, si bien al hablar de substancia se interpretaba como una realidad concreta o individual, mientras que la esencia se refería a realidades abstractas como predicados o propiedades. De aquí que los pensadores medievales utilizasen expresiones del estilo de *substantia concreta* o substancia primera y *substantia abstracta* o secundaria; estas últimas –si no eran puramente accidentales– equivalían a las esencias.

La escolástica cristiana, bajo el imperio de Avicena, utilizó «substancia» para tratar de la esencia. Algunos escolásticos destacaban como rasgo distintivo en la noción de substancia el ser por-sí-mismo *(quod est per se esse);* entre estos últimos, Tomás de Aquino definía la substancia como el ser-por-sí *(ens per se)*, si bien aclarando que ésta no es una definición apropiada, ya que sería preciso determinar la «razón esencial» de ese ser. Así dicho, una substancia es totalmente independiente cuando, en realidad, la absoluta independencia sólo corresponde a Dios, mientras que las criaturas son independientes sólo en un grado relativo. Descartes define la substancia destacando el momento de la independencia. Pero lo destaca de un modo, por así decirlo, «negativo»: substancia es, dice Descartes, *ea res quae ita existit ut nulla alia re indigeat ad existendum*, aquello que existe de tal modo que no necesita de ninguna otra cosa para existir *(Princ. Phil.*, I, 51). He aquí el lado «metafísico»; en cuanto al lado «gnoseológico», lo tenemos en la idea de que «toda cosa en la cual se halla inmediatamente, como en el sujeto, o por la cual existe algo que percibimos, es decir, cualquier propiedad, cualidad o atributo cuya idea real está en nosotros, se llama substancia» *(II^a Respuesta*, Def. 5). Sólo Dios es verdaderamente substancia; no necesita real y verdaderamente nada más para existir, ya que su esencia implica su existencia. Pero son también substancias (finitas) la substancia extensa y la substancia pensante, las cuales reciben de Dios la causa última de su existencia. Aunque definida en la forma «negativa» apuntada, hay algo de eminentemente positivo en la concepción cartesiana de la substancia: el que, como diría Suárez, todo lo que constituye la substancia es substancial. Como las substancias pensante y extensa son dependientes (de Dios), parecen ser más bien atributos substancializados que substancias. Descartes se aproxima con ello, pero sin alcanzarlo, a Spinoza. Para este autor la substancia es *id quod in se est et per ser concipitur; hoc est id, cuius conceptus non indiget conceptu alterius rei, a quo formari debeat*, aquello que es en sí y se concibe por sí mismo, esto es aquello cuyo concepto no necesita para ser formado del concepto de ninguna otra cosa *(Eth.,* I, def. iii). La substancia es, pues, aquí, *la* Substancia: el *Deus sive Natura*. Del dualismo (o trialismo) de Descartes se ha pasado al monismo. No parece ser a veces un monismo completo, pues junto a la *Natura naturans* hay la *Natura naturata*. Pero la última depende substancialmente hablando de la primera; si es substancia es, en todo caso, algo así como «substancia emanada».

Tanto Descartes como Spinoza mantienen la independencia de la substancia y rechazan llamar «substancias» a los individuos. Además, parecen tender a una concepción «estática» de la substancia. Leibniz, en cambio, destaca la pluralidad de substancias y su actividad. La substancia tiene que ser, pues, para Leibniz, individual, activa y, por decirlo así, «rica». Cada substancia tiene que ser distinta y «distinguible» de cualquier otra substancia, y todas las substancias deben hallarse relacionadas por una armonía preestablecida. Las substancias son «formas substanciales» –un concepto que Leibniz aspira a «rehabilitar»– *(Nouveau système*, etc., 3); son «entelequias primeras» o, mejor, «fuerzas primitivas» que contienen una actividad original. Se trata de «puntos metafísicos» *(op. cit.,* 11); las substancias no son «entidades lógicas», sino «entidades reales» –las «entidades más reales»– (Carta a De Volder del 23 de junio de 1699; Gerhardt, II, 182). Baste agregar que Leibniz trató de «restablecer» la noción de substancia haciendo de ella no tanto un ser que subsiste por sí, como un «centro simple de actividad» (cf. también *Nouveaux Essais*, II, XXIII).

Uno de los problemas capitales suscitados durante la Época Moderna fue el de la llamada «comunicación de las substancias», en tanto que cuestión de cómo substancias diversas pueden comunicarse entre sí en general, y sobre todo en tanto que cuestión de cómo se comunican las substancias «extensas» o substancias «corporales» con las substancias «espirituales». El ocasionalismo pretendió resolver el problema negando que hubiese verdadera comunicación entre las substancias, aunque sí se daba correspondencia, ya que con ocasión de un cambio en una substancia se producía el cambio en otra –y ello por una más o menos preestablecida armonía–. Así, Leibniz dirá que las cosas suceden como en el caso de dos relojes puestos exactamente en hora, y cuyas campanadas lógicamente se corresponden, pero en ningún caso son causa o efecto unas de otras.

Los autores llamados «empiristas» manifestaron por lo común desconfianza frente a la noción de substancia y en algunos casos completa hostilidad a ella. Para Locke la substancia es una de las ideas complejas, junto a las ideas complejas de modos (simples y compuestos) y de relaciones. Aquí aparece el problema de la substancia tratado gnoseológicamente; en efecto, Locke aspira a mostrar cómo se origina la idea compleja de substancia individual. Hay que distinguir entre tal idea compleja y lo que puede llamarse «la idea general de substancia». Esta última no es una idea obtenida mediante combinación o «complicación» de ideas simples, sino que es una especie de presuposición: se presupone la idea general de substancia simplemente porque resulta difícil, si no imposible, concebir que haya fenómenos existentes, por decirlo así, «en el aire», sin «residir» en una substancia. Ello no quiere decir que Locke afirme la existencia de substancias desde el punto de vista «metafísico». Desde este punto de vista, la opinión de Locke es negativa. En todo caso, no sabemos qué es ese «substrato» que llamamos «substancia». «Si alguien se pone a examinarse a sí mismo con respecto a su noción de una substancia pura en general, hallará que no tiene otra idea de ella excepto únicamente una suposición de no sabe qué *soporte* de esas cualidades capaces de producir ideas simples en nosotros, cualidades que son comúnmente llamadas accidentes» (*Essays*, II, XXIII, 2). Pero aunque no sabemos qué es ese «no sabemos qué», de algún modo partimos de él y desembocamos en las ideas de «clases particulares de substancias» recogiendo las combinaciones de «ideas simples que se nos manifiestan en la experiencia» *(op. cit.,* II, XXIII, 3 y 6). La idea de substancia pura en general es oscura; la de substancia individual es más clara, pero sólo cuando tenemos en cuenta no la pura idea misma, sino los modos de comportamiento de las «substancias».

Locke suponía, pues, que hay algo así como un substrato material, del que no sabemos nada. Berkeley rechazó tal substrato por innecesario. Si ser es «percibir o ser percibido», no hay sino «percepciones» y sujetos percipientes. «Bajo» las percepciones no hay ningún substrato o substancia. No hay, en rigor, substancias materiales. Pero hay una causa de las percepciones o ideas percibidas, y es la substancia espiritual o «substancia activa incorpórea» *(Principles,* I, 26). 'Substancia' significa, pues, lo mismo que 'alma' y 'espíritu' *(op. cit.,* I, 139). El espíritu es una substancia que soporta o percibe ideas, pero no es él mismo una idea *(op. cit.,* I, 135). En suma, no hay nada de lo que los filósofos llaman «substancia material» *(Three Dialogues,* I).

Las doctrinas según las cuales hay substancias pueden llamarse, en general, «substancialistas», inclusive cuando, como en Locke, hacen de la substancia una idea muy general, o cuando, como en Berkeley, se reducen las substancias a substancias espirituales. Las doctrinas según las cuales la idea de substancia no tiene ningún fundamento pueden llamarse «fenomenistas». Hume fue uno de los más destacados representantes de esta última tendencia. En el artículo sobre este autor hemos tocado este punto; señalemos ahora sólo que Hume rechaza la idea de substancia por no encontrar ninguna impresión (de sensación o de reflexión) que constituya su fundamento. Las substancias, o supuestas tales, no son percibidas por los sentidos, pues las substancias no son visibles, ni huelen, ni producen sonidos. Por otro lado, no son derivadas de las impresiones de reflexión, pues éstas se resuelven en nuestras pasiones y emociones, ninguna de las cuales puede representar ninguna substancia. «Por consiguiente, no tenemos ninguna idea de substancia distinta de la de una serie de cualidades particulares... La idea de substancia... no es sino una serie de ideas simples unidas por la imaginación y a las cuales se asigna un nombre particular por medio del cual podemos recordarnos a nosotros, o recordar a otros, tal serie» *(Treatise,* I, 6). En suma, la substancia es una ficción, y el nombre 'substancia' un mero nombre que no denota nada.

En vista de lo dicho hasta aquí parece que haya solamente dos actitudes posibles respecto a la noción de substancia: aceptarla o rechazarla. Hay, sin embargo, otra actitud: «deducirla» en el sentido de Kant, es decir, «justificarla». Es lo que hace Kant en la «deducción trascendental de las categorías». Kant no acepta la idea metafísica de la substancia. Por otro lado, no admite que la idea de substancia se resuelva en una colección de impresiones. Kant «deduce» el concepto o categoría de substancia de los juicios de relación llamados categóricos; a ellos corresponde la categoría de relación llamada «inherencia y subsistencia» *(substantia et accidens) (K. r. V.,* A 80/B 106). El concepto de substancia se «sobrepone» a una multiplicidad, ordenándola en forma que sea posible formular juicios sobre «algos», es decir, sobre entidades que poseen tales o cuales propiedades. La primera analogía (VÉASE) es «el principio de permanencia de la substancia». «Las substancias en la apariencia son los substratos de toda determinación en el tiempo» *(op. cit.,* A 188/B 231). En cuanto al esquema de la substancia, es «la permanencia de lo real en el tiempo» *(op. cit.,* A 143/B 183). En suma, Kant admite la noción de substancia en el plano trascendental, el concepto de substancia es uno de los que hacen posible el conocimiento de los objetos naturales.

Es, por tanto, equivocado rechazar totalmente este concepto. Pero es asimismo equivocado trasladarlo al plano metafísico, pues entonces surge uno de los «paralogismos» de la «razón pura», el llamado «paralogismo de la substancialidad», según el cual hay un «sujeto absoluto» de todos mis posibles juicios, que es una substancia.

Hegel trató también la noción de substancia como una categoría, pero con intención distinta de la de Kant. Las categorías de substancia y accidente son para Hegel modos de manifestarse la Esencia (VÉASE) absoluta. Son, pues, manifestaciones de la «necesidad». En este sentido parece haber una analogía entre la concepción hegeliana y la concepción spinoziana de la substancia. Sin embargo, hay por lo menos una diferencia fundamental: en Spinoza la manifestación de la substancia –si puede hablarse de «manifestación»– es «eterna»; en Hegel, en cambio, es una manifestación real, dialéctica. Tal como la describe en la *Enciclopedia,* la Substancia es para Hegel la Permanencia que se manifiesta en accidentes, los cuales llevan dentro de sí la Substancialidad. Así, hay algo en los accidentes que permanece, porque los accidentes son, en rigor, la «Substancia como accidentes». Pero la Substancia es una parcial manifestación de la Esencia; tiene que ser superada por la causa y el efecto y, al final, por la acción recíproca.

Fenomenalistas, positivistas, sensualistas (o sensacionistas), neutralistas, etc., han evitado, por lo común, hablar en términos de substancias. A veces se ha propuesto sustituir el concepto de substancia por los de fuerza, energía o función. Las llamadas «substancias» han sido concebidas como complejos de funciones o de relaciones funcionales. Las estructuras no se componen de elementos que quepa calificar de «substancias», sino de los modos como los elementos funcionan. Whitehead buscó la noción de substancia en «acontecimientos que son en algún sentido la última substancia de la Naturaleza» (*The Concept of Nature*, 1920, pág. 19). Se ha propuesto asimismo la idea de proceso en reemplazo de la de substancia, propugnándose filosofías «procesualistas» en vez de las filosofías «substancialistas».

Superhombre. Walter A. Kaufmann *(Nietzsche: Philosopher, Psychologist, Antichrist,* 1950, págs. 270 y sigs.) indica que Nietzsche no acuñó el término *Übermensch* ('superhombre'). «Puede encontrarse *hyperanthropos* [ὑπεράνθρωπος] en los escritos de Luciano, en el siglo II d. C. [en *Kataplous,* 16] –y Nietzsche, en su calidad de filósofo clásico, había estudiado a Luciano e hizo frecuentes referencias a él en sus *philologica*–. En alemán, la palabra había sido usada por Heinrich Müller *(Geistliche Erquickunsgsstunden,* 1664), por Herder, por Jean Paul y por Goethe, en un poema *(Zueignung)* y en *Fausto* (Parte I, verso 490), donde un espíritu manifiesta su desprecio por el atemorizado Fausto que lo ha conjurado y que lo llama *Übermenschen*. Por tanto, es característico que el joven Nietzsche aplicara primero el término al Manfredo de Byron... y que lo llamara un *(Übermenschen* que controla a los espíritus.» (El verso o, mejor, los dos versos dentro de los cuales se halla, en Goethe, la expresión *Übermenschen,* rezan:

Welch erbärmlich Grauen
Fast Übermenschen dich! Wo ist
der Seele Ruf?

Pero aunque Nietzsche no acuñara la palabra en cuestión, el hecho es que se ha hecho famosa por el sentido, o sentidos, que le dio Nietzsche.

Ante todo, Nietzsche no entiende por 'superhombre' el «gran hombre» en cuanto personalidad históricamente célebre. Si bien algunos personajes históricos célebres (Napoleón, César, etc.) fueron superhombres a la manera nietzscheana, lo fueron por muchas razones distintas a las que les dieron celebridad. Tampoco entiende por 'superhombre' un hombre biológicamente superior, descendiente evolutivo del hombre. El superhombre no es tampoco el héroe, el santo y, en general, cualquiera de los tipos «idealistas»; no puede serlo, porque justamente estos tipos representan los valores que el superhombre ha derribado y superado.

Si es relativamente fácil precisar lo que el superhombre no es en Nietzsche, es más difícil circunscribir lo que es. En primer lugar, porque, propiamente hablando, el superhombre no existe –o, mejor dicho, no existe «todavía»–. El superhombre es anunciado por Zaratustra como «el sentido de la tierra». Ni los grandes ni los pequeños hombres que Zaratustra ha visto son superhombres; ambos son «demasiado humanos». Parece, pues, que el superhombre sea para Nietzsche un «ideal». Y en alguna medida lo es, en cuanto que es «cosa del futuro». Pero se trata de un ideal distinto de todos los ideales, porque consiste en ser «el ser más real de todos». El superhombre es respecto al hombre lo que éste es respecto al mono; el superhombre es el otro cabo de la cuerda sobre la cual anda, como un funámbulo, el hombre. Entre el superhombre y el animal anda, sobre el abismo, el hombre. El superhombre es, pues, algo que, por decirlo así, «tira del hombre». El superhombre es todo lo contrario de la mediocridad, de la conformidad a lo establecido, porque aspira a erigir una nueva tabla de valores. El superhombre es como «la más alta especie humana» o «lo más alto en la especie humana»; al fin y al cabo, el superhombre es «super» pero es asimismo «hombre», está «más allá» del hombre, pero el hombre es su punto de partida. El superhombre es una transfiguración del hombre.

Kaufmann (*op. cit.*, pág. 278) manifiesta que el superhombre nietzscheano es el «hombre dionisíaco» –en el sentido que tiene 'dionisíaco' cuando se refiere al hombre que se ha disciplinado a sí mismo–. Ello puede admitirse, pero siempre que se subraye que esta disciplina de sí mismo es una consecuencia de la suprema libertad, de suerte que «libertad» y «disciplina de sí» son entonces lo mismo. En todo caso, la idea nietzscheana de superhombre es la idea de algo «completo», de algo que «culmina», pero no como un final, sino como el gozne de eterno retorno. El superhombre es el «fuerte», el «noble», el «señor»; es también el «legislador», y por ello el superhombre puede ser considerado como el «auténtico filósofo». El superhombre, no la humanidad, escribe Nietzsche en *Der Wille zur Macht* (5V, 1001, en el orden admitido antes de la edición de Karl Schlechte), es la meta del hombre. Puede decirse que el superhombre es el que dice «Yo soy», que es superior al «Yo quiero» (*ibid.*, IV, 940). Por eso el superhombre no se caracteriza por ninguna creencia, ningún acto; se caracteriza únicamente por *ser*.

Tablas (Método de). Uno de los métodos de tablas es el de las llamadas «tablas de verdad» (VÉASE) o tablas veritativo-funcionales. Sin embargo, se llaman específicamente «métodos de tablas» a los que siguen los procedimientos de Gerhard Gentzen en su sistema de deducción natural. A Gentzen («Untersuchungen über das logische Schliessen», *Mathematische Schriften,* 39 [1934-1935], 176-201, 405-31) pueden remontarse los varios métodos de tablas hoy empleados. El método de prueba de «secuencias» de Gentzen, junto con el de las tablas de verdad, se halla en los orígenes de la formación por Evert W. Beth (*Les fondements logiques des mathématiques,* 1950; sobre todo, *The Foundations of Mathematics,* 1959) de lo que llamó «tablas semánticas» (*tableaux sémantiques*). Jaakko Hintikka (*Two Papers on Symbolic Logic,* en *Acta Philosophica Fennica,* 8 [1955]) propuso un método similar al de Beth para construir conjuntos-modelos. Raymond M. Smullyan (*First-Order Logic,* 1968) desarrolló unas tablas analíticas (*analytic tableaux*) fundadas en las tablas semánticas de Beth. Richard C. Jeffrey (*Formal Logic: Its Scope and Its Limits,* 1967) dio por vez primera amplia circulación al método de tablas bajo la forma difundida de un «método de árboles».

Por el uso que se hace en las tablas de verdad de los árboles, se habla a veces de «método de árboles».

El uso del método de tablas tiene tres ventajas sobre el método de las tablas de verdad. Primero, este último resulta casi siempre engorroso. Segundo, el método de las tablas de verdad no sigue los modos como se producen naturalmente los razonamientos que validan consecuencias a partir de premisas. Tercero, las tablas de verdad se aplican sólo a la lógica sentencial (proposicional) y resultan inoperantes en la lógica (cuantificacional) de primer orden. En efecto, una serie de enunciados puede resultar consistente con respecto a su dimensión veritativo-funcional y no resultarlo con respecto a su composición cuantificacional, y viceversa. En cambio, el método de tablas proporciona pruebas de consistencia-inconsistencia en el orden veritativo-funcional y en el orden cuantificacional.

Hay varias versiones del método de tablas, pero en todas ellas se hace uso de árboles. Se pueden emplear (como Beth) dos árboles o (como Hintikka y Smullyan) un árbol. O empleándose un solo árbol puede hacerse de modo que cada punto del árbol sea (como en Hintikka) un conjunto finito de fórmulas o (como en Smullyan) una sola fórmula. La tendencia parece ser la del uso de un solo árbol con una sola fórmula en cada punto (Smullyan y Jeffrey).

En la versión de Jeffrey y Smullyan se siguen dos reglas básicas: descomposición de compuestos y clausura o cierre de la rama del árbol en la cual se observe una inconsistencia. Una rama que queda abierta, pero que no continúa y en el curso de la cual no hay contradicción indica (en principio) no inconsistencia. La clausura, o cierre, de la rama se indica mediante el signo 'X'.

Ejemplo de árboles para simples conectivas son:

$$
\begin{array}{cccc}
p \wedge q & p \vee q & p \rightarrow q & \neg\neg p \\
p & /\,\backslash & /\,\backslash & \\
q & p\ \ q & \neg p\ \ q & p \\
\end{array}
$$

Estos ejemplos son suficientemente claros. Observemos que para '→' se adopta la regla de ramificar el antecedente y el consecuente de modo que se niegue el antecedente. Pueden formarse fácilmente árboles para otras conectivas. Así:

$$
\begin{array}{c}
p \leftrightarrow q \\
\neg p \quad q \\
\neg q \quad p \\
\end{array}
$$

Comparemos una simple tabla de verdad con una tabla analítica. La fórmula '$p \wedge \neg p$' es inconsistente, esto es, falsa para cualesquiera valores de 'p' como se ve en:

p	p	$p \wedge \neg p$
V	F	F
F	V	F

En la correspondiente tabla analítica tenemos:

$$p \land \rceil p$$
$$\overline{}$$
$$p$$
$$\rceil p$$
$$X$$

La simple rama aparece clausurada por inconsistencia de 'p' con '$\rceil p$'. La inconsistencia se muestra «remontando» la rama correspondiente, que en este caso es una sola.

Consideremos ahora las siguientes expresiones:

Juan no corre y no es verdad que no fuma,
Juan corre o no duerme,
Si Juan fuma, entonces es verdad que duerme.

Traducidas al simbolismo de la lógica sentencial (proposicional) estas expresiones se escriben respectivamente:

$$\rceil p \land \rceil \rceil q,$$
$$p \lor \rceil r,$$
$$q \to r.$$

Para formar una tabla (analítica), se escriben primero las fórmulas en líneas separadas, procediéndose luego a su descomposición en ramas:

$\rceil p \land \rceil \rceil q$	1
$p \lor \rceil r$	2
$q \to r$	3

$$\rceil p \qquad 4$$
$$\rceil \rceil q \qquad 5$$
$$q \qquad 6$$

```
     / \
    p   ⌐r          7
    X  / \
      ⌐q  r         8
      X   X         9
```

Puede verse que las tres ramas terminales quedan clausuradas, porque, siguiendo en cada caso la rama correspondiente a partir de 4, se observan inconsistencias: 'p' (7) es inconsistente con 4, '$\rceil q$' (8) es inconsistente con 6, y 'r' (9) es inconsistente con 7.

El uso de tablas con árboles en la lógica cuantificacional sigue los mismos principios generales de formación de tablas que en la lógica sentencial (proposicional). Sin embargo, hay reglas especiales para los cuantificadores. Una regla general es la eliminación del mayor número posible de cuantificadores. Ello se hace mediante ejemplificaciones. Un caso sencillo es el de:

$$\land xFx,$$

que es ejemplificado por

$$Fa.$$

Entre las reglas de ejemplificación mencionamos la de que la ejemplificación de cuantificadores particulares y de negaciones de cuantificadores universales deben preceder a la de cuantificadores universales y negaciones de cuantificadores particulares.

Consideremos los siguientes enunciados:

Todos los alemanes son europeos
Todos los europeos son responsables
Otto es alemán
No todos los alemanes son irresponsables

Podemos traducirlos al simbolismo de la lógica cuantificacional y al mismo tiempo aplicar la regla de eliminación de cuantificadores mediante las ejemplificaciones mencionadas antes. Una vez escritas las fórmulas (y negando la conclusión), se introducen las ramificaciones pertinentes. El resultado es el siguiente (prescindimos, por ser innecesarios, de los paréntesis):

$$\begin{array}{lr}
\wedge x\, Fx \to Gx & 1 \\
\wedge x\, Gx \to Hx & 2 \\
Fa & \\
\rceil\rceil \wedge x\, Fx \to \rceil Hx & 4 \\
\hline
\wedge x\, Fx \to \rceil Hx & 5 \\
Fa \to Ga & 6 \\
Ga \to Ha & 7 \\
Fa \to \rceil Ha & 8 \\
\end{array}$$

$$\begin{array}{cc}
\rceil Fa & Ga \qquad\qquad 9 \\
\text{X} & /\ \ \backslash \\
 & \rceil Ga \quad Ha \quad 10 \\
 & \text{X} \ /\ \backslash \\
 & \rceil Fa\ \rceil Ha \quad 11 \\
 & \text{X} \quad \text{X}
\end{array}$$

Las ramas terminales quedan clausuradas. Siendo inconsistentes 1-4, *y siendo 4 la negación de la conclusión dada en el ejemplo*, esta conclusión está implicada por las premisas (por 1, 2 y 3).

El que una rama de uno de los citados árboles se clausure antes de que se hayan descompuesto todas sus partes componentes indica que no es necesario desplegar toda la información (lógica) contenida en la rama. El que una rama quede abierta cuando se ha desplegado toda la información (lógica) correspondiente a la misma, indica sólo que el terminal es consistente con todos los niveles de que se compone la rama, pero puede ser inconsistente con algunos puntos de otra rama. El que los árboles queden completamente clausurados indica inconsistencia, pero como puede haber árboles que no queden clausurados aun siendo inconsistentes, es menester seguir reglas, en las que no entraremos aquí, para construir en todos los casos una tabla con árboles que quede cerrada si el conjunto de fórmulas correspondientes es inconsistente.

Tablas de verdad. Se llaman «tablas de verdad» a las que pueden formarse para determinar «mecánicamente» la verdad o falsedad de una fórmula sentencial (o de un enunciado sentencial) una vez conocidos los valores de verdad de las fórmulas componentes. Uno de los más frecuentes usos de las tablas de verdad en la lógica consiste en la identificación de tautologías.

Las tablas de verdad pueden formarse para cualquier fórmula sentencial. Conviene, sin embargo, a efectos de simplicidad, comenzar con la formación de tablas de verdad correspondientes a las conectivas '$\rceil$', '$\wedge$' '$\vee$' '$\rightarrow$', '$\leftrightarrow$' y '$\nleftrightarrow$'.

A tal efecto se coloca a la izquierda de la tabla la columna o columnas conteniendo en el orden de aparición las letras de que se compone la fórmula sentencial y debajo de ellas todas sus posibilidades de verdad y de falsedad. A la izquierda de la tabla se coloca la columna con los valores de verdad de la fórmula sentencial. Cuando se tiene una sola letra sentencial, la columna se compone de dos líneas, por haber solamente dos valores posibles; así, para 'p' la columna es:

p
V
F

donde 'V' se lee 'verdad' o 'es verdadera' y 'F' se lee 'falsedad' o 'es falso'.

Cuando se tienen dos letras sentenciales, las dos columnas se componen de cuatro líneas por haber cuatro posibilidades de valores de verdad; así, para 'p', 'q' son:

p	q
V	V
F	V
V	F
F	F

Construyamos ahora las tablas de verdad correspondientes a las seis mencionadas conectivas.

Para '$\rceil$' tenemos:

p	$\rceil p$
V	F
F	V

Para '$\wedge$' tenemos:

p	q	$p \wedge q$
V	V	V
F	V	F
V	F	F
F	F	F

Para '∨' tenemos:

p	q	p ∨ q
V	V	V
F	V	V
V	F	V
F	F	F

Para '→' tenemos:

p	q	p→q
V	V	V
F	V	V
V	F	F
F	F	V

Para '↔' tenemos:

p	q	p↔q
V	V	V
F	V	V
V	F	F
F	F	V

Para '↮' tenemos:

p	q	p↮q
V	V	F
F	V	V
V	F	V
F	F	F

Igualmente, pueden formarse tablas de verdad para las conectivas '↓' y '|'

Para '↓' tenemos:

p	q	p↓q
V	V	F
F	V	F
V	F	F
F	F	V

Para '|' tenemos:

p	q	p|q
V	V	F
F	V	V
V	F	V
F	F	V

Supongamos ahora que nos proponemos averiguar los valores de verdad para las siguientes fórmulas:

$$(P \wedge q) \rightarrow P$$
$$\neg(p \rightarrow (p \vee q))$$
$$\neg(p \wedge q)$$

Para '$(p \wedge q) \rightarrow p$' tenemos:

p	q	p∧q	(p∧q)→p
V	V	V	V
F	V	F	V
V	F	F	V
F	F	F	V

lo cual muestra que la citada fórmula es una tautología, ya que en todos los casos resultan V (uves),

Para '⌐$(p \to (p \vee q))$' tenemos:

p	q	$p \vee q$	$p \to (p \vee q)$	⌐$(p \to (p \vee q))$
V	V	V	V	F
F	V	V	V	F
V	F	V	V	F
F	F	F	V	F

lo cual muestra que la citada fórmula es una contradicción, ya que en todos los casos resultan F (efes).

Para '⌐$(p \wedge q)$' tenemos:

p	q	$p \wedge q$	⌐$(p \wedge q)$
V	V	V	F
F	V	F	V
V	F	F	V
F	F	F	V

lo cual muestra que la citada fórmula es una fórmula indeterminada, ya que da F (una efe) y V (tres uves).

La construcción de tablas de verdad para fórmulas con más de dos letras sentenciales se hace de acuerdo con el mismo método. Tomemos como ejemplo las letras sentenciales 'p', 'q', 'r'. Las columnas de uves y efes para las mismas son:

p	q	r
V	V	V
F	V	V
V	F	V
F	F	V
V	V	F
F	V	F
V	F	F
F	F	F

Consideremos la fórmula:

$$(p \to q) \to ((r \vee p) \to (r \vee q))$$

La tabla de valores de verdad para la misma es:

p	q	r	$p \to q$	$r \vee p$
V	V	V	V	V
F	V	V	V	V
V	F	V	F	V
F	F	V	V	V
V	V	F	V	V
F	V	F	V	F
V	F	F	F	V
F	F	F	V	F

$r \vee q$	$(r \vee p) \to (r \vee q)$	$(p \to q) \to ((r \vee p) \to (r \vee q))$
V	V	V
V	V	V
V	V	V
V	V	V
V	V	V
V	V	V
F	F	V
F	V	V

lo cual muestra que la citada fórmula es una tautología.

Las anteriores tablas comprenden solamente dos valores de verdad; pertenecen a la lógica bivalente. Pueden formarse tablas de verdad para lógicas polivalentes. Tomemos como ejemplo una lógica trivalente, con valores de verdad designables mediante '1', '2', '3', que pueden leerse respectivamente 'es verdadero', 'no es ni verdadero ni falso', 'es falso'.
La columna para una letra sentencial, '*p*', es:

p
1
2
3

Las columnas para dos letras sentenciale s, '*p*', '*q*', son:

p	*q*
1	1
2	1
3	1
1	2
2	2
3	2
1	3
2	3
3	3

La tabla de verdad para '⌐' es:

p	⌐*p*
1	3
2	2
3	1

La tabla de verdad para '∧' es:

p	*q*	*p* ∧ *q*
1	1	1
2	1	2
3	1	3
1	2	2
2	2	2
3	2	3
1	3	3
2	3	3
3	3	3

La tabla de verdad para '∨' es:

p	*q*	*p* ∨ *q*
1	1	1
2	1	1
3	1	1
1	2	1
2	2	2
3	2	2
1	3	1
2	3	2
3	3	3

La tabla de verdad para '→' es:

p	*q*	*p*→*q*
1	1	1
2	1	1
3	1	1
1	2	2
2	2	1

3	2	1
1	3	3
2	3	2
3	3	1

La tabla de verdad para '↔' es:

p	q	p↔q
1	1	1
2	1	2
3	1	3
1	2	2
2	2	1
3	2	2
1	3	3
2	3	2
3	3	1

La tabla de verdad para '↮' es:

p	q	p↮q
1	1	3
2	1	1
1	2	2
2	2	3
3	2	2
1	3	1
2	3	2
3	3	3

Las tablas de verdad se han usado para demostrar que las fórmulas del cálculo sentencial de Whitehead-Russell son decidibles. Una fórmula de tal cálculo sentencial puede ser probada si, y sólo si es una tautología.

El método de las tablas de verdad constituye un aspecto del llamado «método de tablas» (véase TABLAS [MÉTODO DE]). Por otro lado, se ha llamado «método de tablas» a un método menos engorroso que el de las tablas de verdad.

No faltan indicios de que la idea subyacente a las tablas de verdad era conocida en la Antigüedad. Ello ocurre con el condicional 'si... entonces', '→'. Sexto el Empírico (*Adv. math.*, II, 112-14) afirmó que todos los «dialécticos» están de acuerdo en que una proposición hipotética es válida «cuando su consecuente sigue [lógicamente] a su antecedente, pero hay desacuerdo respecto a cuándo y cómo ello ocurre y se han propuesto criterios opuestos sobre este 'seguirse'». Según Sexto el Empírico, Filón de Megara declaró que todas las proposiciones hipotéticas son verdaderas salvo para las que empiezan con lo que es verdadero y terminan con lo que es falso. Por lo tanto, para Filón de Megara una proposición hipotética es verdadera en tres modos (τριχῶς) y falsa sólo en un modo. Así, si empieza con lo verdadero y termina con lo verdadero, es verdadera, como en «Si es de día, hay luz». Si empieza con lo que es falso y termina con lo que es falso, es también verdadera, como en «Si la Tierra vuela, tiene alas». Si empieza con lo falso y termina en lo verdadero, es también verdadero, como en «Si la Tierra vuela, existe». Sólo las proposiciones que empiezan con lo verdadero y terminan con lo falso son falsas, como en «Si es de día, es de noche». En *Hyp. Pyrr.*, II, 110, Sexto el Empírico reproduce análogos argumentos a los dados por Filón de Megara. En ambos escritos, Sexto el Empírico se refiere al desacuerdo entre Filón de Megara y Diodoro Crono, el cual afirmó que «una proposición hipotética es verdadera si ni admitió ni admite que empieza con la verdad y termina en la falsedad» (*Adv. Math.*, II, 110). Es claro, pues, que algunos filósofos antiguos estaban familiarizados con lo que se ha llamado «implicación material» –la que hemos seguido al presentar la tabla de verdad para '→'– y que tenían asimismo idea de lo que se ha llamado «implicación estricta». Filón de Megara defendía la primera; Diodoro Crono, la segunda. Peirce fue, que sepamos, el primero en llamar (en 1885) la atención sobre este hecho. En sus *Collected Papers* (3.375) dio el siguiente ejemplo: '$a \prec b$' (donde '$\prec$' es el signo usado para nuestro '→' y que otros autores escriben '⊃'). Mostró que esta proposición es verdadera «si a es falso o si b es verdadero, pero que es falsa si a es verdadero mientras b es falso».

En *Collected Papers* (3.441), Peirce se refirió a la antigua disputa entre Filón de Megara y Diodoro Crono. Según Peirce, el punto de vista de Diodoro Crono es el natural en quienes hablan «los idiomas europeos»; el punto de vista de Filón «ha tenido la preferencia de la mayor parte de los lógicos. Su ventaja es que es perfectamente inteligible y simple. Su desventaja es que produce resultados que parecen ofender al sentido común».

Las tablas de verdad fueron dadas –aunque sin adoptar la forma tabular– por Whitehead-Russell en *PM*, I 6, no sólo para el condicional, sino para todas las otras conectivas. Sin embargo, en I, 8 señalaron que la verdad «no puede ser formalmente probada en cada caso particular», dejando así de reconocer una ley general que permite identificar verdades sentenciales y tautologías. Lo último fue reconocido sólo por Łukasiewicz, E. Post y Wittgenstein.

Tautología. La significación habitual del vocablo 'tautología' es de índole retórica: 'tautología' es el nombre que recibe la repetición de un mismo pensamiento en diversas formas. En la lógica se llama «tautología» a una fórmula sentencialmente válida. Son tautologías las fórmulas de la lógica sentencial que cuando son probadas por medio del método de tablas de verdad (VÉASE) dan siempre como resultados uves (V = 'es verdadero'). Por ejemplo, el llamado en la lógica tradicional «principio de contradicción», es decir, la fórmula '$\neg(p \wedge \neg p)$' de la lógica sentencial es una tautología. La tabla de verdad que corresponde a ella es:

p	$\neg(p \wedge \neg p)$
V	V
F	V

Por eso suelen definirse también las tautologías como fórmulas que son siempre verdaderas cualquiera que sea el valor de verdad de los elementos componentes. Las tautologías se distinguen de las fórmulas indeterminadas, en cuyas tablas de verdad aparecen uves (V) y efes (F), y de las contradicciones, en las cuales aparecen solamente efes (F).

En parte de la literatura lógica basada en los *Principia Mathematica* se daban el nombre de «tautologías» solamente a algunas fórmulas, y a veces únicamente a '$(p \vee p) \to p$'. Hoy día se considera este uso como poco recomendable.

El número de tautologías es infinito. Algunas de las tautologías más importantes son consideradas como leyes de la lógica sentencial. Damos a continuación varias de ellas:

T1a: $p \to p$,
T1b: $p \leftrightarrow p$,
T2: $\neg(p \wedge \neg p)$,
T3: $p \vee \neg p$,

son las *leyes de identidad* (T1a, T1b), de *contradicción* (T2) y de *tercio excluso* (T3).

T4: $p \leftrightarrow \neg\neg p$

es la *ley de doble negación*.

T5: $(p \wedge q) \leftrightarrow (q \wedge p)$

es *una de las leyes de conmutación*.

T6:
$(p \wedge (q \vee r)) \, ((p \wedge q) \vee (p \wedge r))$

es *una de las leyes de distribución*.

T7: $((p \to q) \wedge (q \to r)) \to (p \to r)$

es *una de las leyes de transitividad* (es decir, una de las fórmulas simbólicas para los *silogismos hipotéticos*).

T8: $(p \leftrightarrow q) \leftrightarrow ((p \to q) \wedge (q \to p))$

es el llamado *bicondicional*.

T9a: $\neg(p \wedge q) \leftrightarrow (\neg p \vee \neg q)$,
T9b: $\neg(p \vee q) \leftrightarrow (\neg p \wedge \neg q)$

son las leyes de De Morgan.

T10a: $((p \rightarrow q) \land p) \rightarrow q$,
T10b: $((p \rightarrow q) \land \rceil q) \rightarrow \rceil p$

son, respectivamente, el *modus ponens* y el *modus tollens*.
Para la formación del cálculo sentencial se eligen un cierto número de tautologías como axiomas. Las otras tautologías son probadas en el cálculo como teoremas.
A veces se llaman también «tautologías» a las fórmulas de la lógica cuantificacional cuando las tablas de verdad correspondientes dan siempre uves cualesquiera que sean los valores de verdad de sus componentes. Sin embargo, como hay fórmulas de tal lógica que son cuantificacionalmente válidas, pero no sentencialmente válidas, es mejor evitar para las fórmulas de la lógica cuantificacional que son consideradas como leyes de dicha lógica el nombre de tautologías; muchos autores las llaman «esquemas válidos» o (cuando se trata de negaciones de esquemas válidos) «esquemas contraválidos».
Ha habido varias discusiones acerca de las tautologías. Una de las posiciones más discutidas (y luego con frecuencia rechazada) es la de Wittgenstein. Según este autor, mientras la proposición muestra lo que dice, la tautología –y la contradicción– muestran que no dicen nada. Por eso la tautología no posee «condiciones de verdad» y es «incondicionalmente verdadera», a diferencia de la contradicción, que es «incondicionalmente falsa». Sin embargo, el hecho de que la tautología carezca de sentido (sea *sinnlos*) no quiere decir que sea absurda *(unsinning)*. Lo mismo que la contradicción, la tautología pertenece, según Wittgenstein, al simbolismo, en una forma análoga a como el 0 pertenece al simbolismo de la aritmética. De ahí que ni la tautología ni la contradicción sean descripciones, cuadros, imágenes, representaciones, «pinturas» *(Bilder)* de la realidad: la primera, una representación de todas las posibles situaciones; la segunda, de ninguna de las situaciones. La tautología cede a la realidad todo el «espacio lógico» –infinito–, mientras que la contradicción llena todo el espacio lógico y no deja ningún punto a la realidad. Por eso la verdad de la tautología es cierta, en tanto que la de las proposiciones es posible y la de la contradicción imposible. Y por eso «tautología y contradicción son los casos límites de las combinaciones simbólicas, es decir, de su disolución» (cf. *Tractatus*, 4.461, 4.461-1, 4.462, 4.463, 4.464, 4.465, 4.466; cf. también, del mismo autor, *Notebooks*

1914-1916, 1961, ed. G. H. von Wright y G. E. M. Anscombe, pág. 2, nota del 10-III-1914). La posición de Wittgenstein llevaba a considerar toda la lógica como una serie de tautologías. En la medida en que se estimaba que la matemática se fundaba en la lógica, se podía afirmar que la matemática era asimismo un conjunto de tautologías. Como esta última afirmación chocaba con ciertas dificultades, y en particular con la presencia de los axiomas de reducibilidad y de infinitud, Ramsey eliminó tales axiomas y concluyó que la matemática, y no sólo la lógica, era tautológica. Sin embargo, después se advirtió que la equiparación de la lógica, y no digamos de la lógica y la matemática, a series de tautologías reducía considerablemente el número de fórmulas de que se podía disponer. Por eso se limitó a admitir como tautologías solamente las fórmulas lógicas identificables mediante las tablas de verdad (VÉASE). Tal identificación es posible con las fórmulas del cálculo sentencial (o proposicional), pero no, según vimos antes, con todas las fórmulas del cálculo cuantificacional, ya que algunas de éstas son cuantificacionalmente válidas, pero no sentencialmente válidas, y, por tanto, no son tautologías. Por otro lado, se ha suscitado la cuestión de qué se dice cuando se afirma que una fórmula dada es una tautología. Según Reichenbach (*Elements of Symbolic Logic*, § 34), anticipado, al parecer, por Fries, aunque una tautología sea vacía, el enunciado de que una cierta fórmula es una tautología no es vacío. Tal enunciado es un enunciado empírico.

Teleología. El término 'teleología' fue empleado por Wolff (*Philosophia rationalis sive logica*, III, § 85) para designar la parte de la filosofía natural que explica los fines (τέλος = fin) de las cosas, a diferencia de la parte de la filosofía natural que se ocupa de las causas de las cosas. Sólo el nombre es nuevo. La idea misma de una explicación por medio de fines es antigua; entre los filósofos griegos, puede hallarse en Anaxágoras, Platón y Aristóteles.

El *Nous* en el sentido de Anaxágoras es un fin, pero uno en virtud del cual se producen las separaciones y mezclas de acuerdo con un orden. Anaxágoras parece recurrir, pues, a lo que luego se ha llamado «explicación teleológica». Sin embargo, en un pasaje del *Fedón*, Platón hace decir a Sócrates que aunque Anaxágoras hablaba del *Nous* como de un fin, cuando llegaba el momento de tratar de explicar algo –por ejemplo, algo parecido a por qué Sócrates se encontraba en la cárcel esperando el momento de beber la cicuta–, acudía a causas tales como los tendones, la contextura de los músculos, etc., y, por tanto, prescindía de fines o, en el vocabulario posterior, de explicaciones teleológicas. Este procedimiento no mereció la aprobación de Sócrates (Platón). La introducción por Platón de «formas», «ideas», «paradigmas», etc., expresó una fuerte tendencia teleológica, ya que las formas, ideas, paradigmas, etc., no son, propiamente, causas, sino modelos.

Una de las cuatro especies de causa es, según Aristóteles, lo que se llama «causa final». Ésta se distingue de la causa eficiente, aunque no es en Aristóteles opuesta a, o incompatible con, ella. Todas las especies de «causa» colaboran en la producción de un efecto. Si reservamos para la causa eficiente el adjetivo 'causal' y para la causa final nos limitamos a usar el adjetivo 'final', podemos recurrir a los vocablos 'causalismo' y 'finalismo' para referirnos respectivamente a las explicaciones causales y finales. Después de la introducción del término 'teleología', se ha hablado a menudo de «teleologismo» en vez de «finalismo».

Aristóteles tomó con frecuencia como modelo de explicación el comportamiento de organismos. Ello le llevó a prestar gran atención a consideraciones del tipo de «aquello en vista de lo cual...». Estas consideraciones son de índole teleológica. Por esta razón se ha equiparado muchas veces el aristotelismo con el «teleologismo».

Demócrito recurrió a una sola noción de causalidad –cosa que criticó justamente Aristóteles–: la llamada «causalidad eficiente». A partir sobre todo de Galileo, se tendió a eliminar las «causas finales»; la mencionada «causalidad eficiente» fue la única que se conservó en dicho autor y, en general, en la física y en buena parte de la filosofía modernas. Por esta razón se ha equiparado muchas veces el atomismo democriteano y la física moderna con el «causalismo».

Puede hablarse, como ha hecho Georg Henrik von Wright (*Explanation and Understanding*, 1971, págs. 2 y sigs.), de «dos grandes tradiciones en la historia de las ideas, tradiciones que difieren entre sí en lo que toca a las condiciones que ha de satisfacer una explicación con el fin de ser científicamente respetable. Una tradición es llamada a veces aristotélica; la otra, galileana». Pueden llamarse también respectivamente «tradición teleológica» y «tradición causalista» (y muy a menudo mecanicista). Esto no quiere decir –y el citado autor lo pone de relieve (*op. cit.*, pág. 170)–, que históricamente las cosas hayan sido tan simples como se describe. Aristóteles no descuidó el papel de las causas eficientes; en numerosos casos, sólo lo que funciona como tal causa permite que se lleve a cabo un proceso. No descuidó tampoco el papel de las «potencias» o «facultades». En Galileo y en la ciencia natural moderna en general hay explicaciones que, como indica von Wright, están hechas «en términos de leyes que conectan fenómenos que son determinados, numéricamente mensurables, de distintos determinables genéricos» *(loc. cit.)*. La contraposición entre «teleologismo» y «causalismo» puede servir sólo de orientación general. Lo mismo, y a mayor abundamiento, ocurre con la contraposición entre «teleologismo» y «mecanicismo», en vista del hecho de que hay explicaciones mecanicistas que hacen uso de la noción de «orientación hacia un fin». Sin embargo, se suele apelar a estas contraposiciones para caracterizar a vuelo de pájaro ciertos tipos de sistemas filosóficos o de formas de pensar. Así, se habla de teleologismo en Anaxágoras, Platón, Aristóteles, los escolásticos; y de causalismo (o hasta mecanicismo) en Demócrito, Galileo, Descartes, Spinoza. Ciertos autores, como Leibniz y Lotze, son caracterizados por haber tratado de acordar el teleologismo y el causalismo, especialmente en la medida en que han admitido «teleologías internas», esto es, finalidades residentes en el mismo encadenamiento causal.

Las disputas en torno a la adecuación de las explicaciones teleológicas, así como en torno a si la realidad en general, o ciertos tipos de realidades, poseen estructura teleológica y han de ser por tanto explicadas teleológicamente, han sido particularmente vivas en la filosofía de lo orgánico, y en la filosofía de las ciencias biológicas. Algunos autores, como los vitalistas y neovitalistas, han indicado que no se puede prescindir de explicaciones teleológicas. Otros han intentado reducir las explicaciones teleológicas a otras fundadas en la noción de causalidad eficiente. Esta reducción ha sido propuesta de diversos modos. Algunos, por ejemplo, han señalado que la llamada «explicación teleológica» no es sino una explicación causal que usa las nociones de «dirección hacia un fin», de «propósito», «función» «intención», etc. Otros han manifestado que la conducta teleológica en los seres orgánicos es sinónima con la conducta dirigida por lo que se ha llamado «mecanismos de retroacción negativa» *(negative feedback)*. Ésta es la opinión de la mayor parte de los cultivadores de la cibernética y de autores que se sirven de la teoría general de sistemas. Varios han apuntado que la noción de teleología es puramente metodológica o que su interés es meramente heurístico. Algunos han indicado que se usan nociones teleológicas sólo temporalmente y hasta que no se descubran las pertinentes nociones causales. Lo mismo ha sido negado por una serie de filósofos de propensión analítica que han encontrado fallas en las concepciones causalistas tradicionales y en el positivismo de ascendencia humeana. En el examen de la noción de acción y de «agencia» –que puede ser animal y no solamente humana– Charles Taylor (especialmente en *The Explanation of Behaviour*, 1964) ha puesto de manifiesto que la noción de propósito y la explicación teleológica no son en modo alguno incompatibles con un punto de vista empírico y no necesitan postular entidades inobservables o potencias supuestamente «ocultas». Se trata simplemente de admitir la posibilidad de un principio de asimetría, a diferencia del principio de simetría para todos los movimientos, que es (o ha sido) el principio característico de la ciencia natural moderna. Que el principio de simetría sea o no válido es, según Taylor, una cuestión empírica como lo es la de si se acepta o no una explicación teleológica.

Se ha distinguido entre varias formas de teleología. El mencionado von Wright considera que hay dos provincias en las cuales cabe dividir el dominio tradicionalmente adscrito a la teleología: en una de estas provincias se usan las nociones de función, propósito y totalidad orgánica (sistema); en la otra, las nociones de «tendencia» (o «aspiración») e «intencionalidad». Se ha distinguido asimismo entre la teleología aplicada al estudio de fenómenos naturales y la teleología aplicada al examen de actos de agentes humanos: en el primer caso se maneja el concepto de dirección hacia un fin, generalmente «programado»; en el segundo, los conceptos de intención y propósito.

Hubo otros dos significados distintos de los términos 'teleología' y 'teleológico' en la época moderna, de los cuales tratamos en los epígrafes «juicio teleológico», que se refiere, sobre todo, a Kant, y «prueba teleológica», que intenta demostrar la existencia de Dios.

Teleológica (Prueba). Una de las «cinco vías» *(quinque viae)* propuestas por Santo Tomás de Aquino para demostrar, o probar, la existencia de Dios es la que se basa en la noción de finalidad. Esta prueba (la que figura como la «quinta vía») consiste fundamentalmente en la idea de que todo ser tiende a un fin –a una finalidad–. Este fin no puede residir inmanentemente en el mismo ser, ya que entonces no podría ni siquiera hablarse de fin o finalidad. El cosmos entero tiene una finalidad que no reside en él sino en una inteligencia suprema, esto es, Dios. Dios como finalidad de todo lo creado regula las operaciones de los entes creados.

La prueba de la existencia de Dios por razón de finalidad última fue llamada, desde el siglo XVIII, «prueba teleológica» (o «argumento teleológico»), en razón del uso del término 'teleología' (VÉASE) como término técnico acuñado por Wolff. Se ha identificado a veces con la prueba cosmológica, pero como esta última tiene generalmente un carácter más amplio, se ha estimado asimismo la prueba teleológica como una parte de la prueba cosmológica. En todo caso, no toda prueba teleológica apela a las nociones de que se vale la prueba cosmológica, pero esta última tiende a incluir la primera. No hay apenas diferencia entre la prueba teleológica y la llamada «prueba físico-teológica», esto es, la fundada en nociones procedentes de la titulada «Físico-teología». En el siglo XVIII la mayor parte de argumentos aducidos en favor de una prueba teleológica eran argumentos de carácter «físico-teológico».

A menudo se distinguió en la prueba teleológica entre un aspecto físico y uno metafísico. Físicamente (o «cosmológicamente»), la prueba se apoya en el orden y armonía del mundo, el cual, además, se estima difícil, o imposible, de explicar a menos de recurrir a la noción de una finalidad. Metafísicamente, la prueba insiste en el paso necesario de lo contingente (que no parece tener en sí mismo ninguna finalidad) a lo necesario. Sin embargo, aunque el aspecto metafísico de la prueba parezca ser el predominante, no ocurre así la mayoría de las veces, ya que las demostraciones dadas en el orden metafísico no implican necesariamente la introducción de la noción de finalidad. Por ello, muchos autores han examinado la prueba teleológica en el sentido ya indicado antes de una físico-teología. Un ejemplo destacado es el de Kant. Al criticar en la Dialéctica trascendental de la *Crítica de la razón pura* la demostración de la finalidad de la Naturaleza, Kant se refiere a los argumentos dados por los partidarios de la físico-teología y quiere mostrar que tales argumentos fracasan por la imposibilidad de pasar del mundo fenoménico al mundo nouménico. El Dios en que desembocarían tales argumentos, señala Kant, sería a lo sumo una especie de demiurgo, no el Dios creador omnipotente a que se refieren los que han usado la prueba. Kant, sin embargo, reconoce que tal prueba tiene mucha fuerza de convicción. Una de las bases de ella es la idea de que el mundo visible es un signo o cifra del mundo invisible y, en último término, del Creador del mundo visible. No es sorprendente que esta prueba haya sido usada tan frecuentemente.

Teleológico (Juicio). En la «crítica del juicio teleológico» que constituye la segunda parte de la *Crítica del Juicio*, Kant trata de tender un puente entre las consideraciones de tipo mecánico-causal, propias de la ciencia de la Naturaleza, y las consideraciones éticas, en las que desempeña un papel fundamental la noción de libertad de la voluntad. A este efecto Kant somete a análisis la noción de «finalidad», o noción de «propósito», con el fin de descubrir el principio del juicio teleológico de la Naturaleza en general en tanto que sistema de propósitos, y sobre todo con el fin de llegar al conocimiento del propósito *(scopus)* final de la Naturaleza. La afirmación de tal propósito final no significa que abandonemos la idea del mecanismo de las causas; significa que podemos tomar un punto de vista «interno» sobre la Naturaleza al cual no nos conduce la simple observación física de sus fenómenos. Por eso puede hablarse de un principio teleológico como principio interno de la ciencia natural. Ahora bien, el problema del juicio teleológico no queda agotado con el anterior examen –que constituye la analítica del juicio teleológico–. Hay, además, los problemas planteados por la dialéctica del juicio teleológico. En esta dialéctica aparece la antinomia surgida por la afirmación de que todas las cosas materiales han sido producidas por leyes meramente mecánicas y la afirmación contraria de que no es posible ninguna producción de cosas materiales por leyes meramente mecánicas. La antinomia no puede ser resuelta, según Kant, ni por el idealismo del propósito objetivo (una de cuyas manifestaciones es el fatalismo) ni por el realismo del propósito objetivo (una de cuyas manifestaciones es el teísmo). Podríamos concluir, pues, que un propósito natural es inexplicable. Pero tan pronto como analizamos el entendimiento humano y su comprensión de la realidad advertimos que es posible unir en él el principio del mecanismo universal de la Naturaleza con el principio teleológico en la «técnica» de la Naturaleza, siempre que admitamos que el principio unificador es de carácter trascendente y no pretendamos unir los dos principios citados para la explicación de la misma producción de la Naturaleza. El juicio teleológico no pertenece, pues, según Kant, ni a la ciencia natural ni a la teología: la teleología es solamente un tema de la crítica –de la crítica del juicio–. Por eso la síntesis antedicha es posible, al entender de Kant, solamente dentro del marco del juicio reflexivo, en el cual pueden formularse proposiciones que implican finalidad y propósito, tales como la de declarar que el hombre no solamente tiene un propósito natural, como todos los seres orgánicos, sino que es el propósito último de la Naturaleza en la tierra. Lo teleológico puede insertarse así en el mundo fenoménico y aun servir de enlace entre el mundo fenoménico y el de la libertad.

Teleonomía. Muchos biólogos y filósofos han tratado de eliminar toda explicación teleológica en cuanto fundada en la noción de finalidad. Por otro lado, tanto en biología teórica como en las ciencias del comportamiento humano se han seguido usando expresiones de carácter teleológico, tales como «propósito», «función», etc. Algunos autores han manifestado que no sólo el uso de tales expresiones, sino inclusive la propia noción de finalidad, es admisible cuando se trata de acciones ejecutadas por agentes, y que ello no significa que se excluyan las relaciones causales. Sin embargo, como el término 'teleología' arrastra connotaciones que proceden de la idea de causa final tal como se supone que fue establecida por Aristóteles, se ha propuesto un nuevo término: 'teleonomía', con el correspondiente adjetivo: 'teleonómico'. Según Ernst Mayr («Teleological and Teleonomic: A New Analysis», en *Methodological and Historical Essays in the Natural and Social Sciences*, ed. Robert S. Cohen y Marx W. Wartofsky [1974], págs. 91-117), el primer autor que usó 'teleonómico' fue Colin S. Pittendrigh («Adaptation, Natural Selection, and Behavior», *Behavior and Evolution*, 1958, ed. A. Roe y G. C. Simpson, pág. 394), en el siguiente párrafo: «El concepto de adaptación empieza a gozar hoy de mayor respetabilidad por varias razones: es considerado como menos que perfecto; la selección natural se entiende mejor, y el físico-ingeniero que construye autómatas que buscan un fin ha santificado el uso de la jerga teleológica. Parece desafortunado resucitar el término 'teleología', y creo que se ha abusado de él. La confusión en que han permanecido los biólogos durante largo tiempo se eliminaría más completamente si todos los sistemas dirigidos a un fin fueran descritos mediante algún otro término, como 'teleonómico', con el fin de poner de relieve que el reconocimiento y descripción de una dirección hacia un fin no conlleva una aceptación de la teleología como un principio causal eficiente».

Desde Pittendrigh, 'teleonómico' y 'teleonomía' han sido usados por creciente número de biólogos, especialistas en teoría de la evolución y filósofos de la ciencia –especialmente de la biología y de las ciencias del comportamiento–. Ha sido usado asimismo en la literatura sobre autómatas y sistemas que se regulan a sí mismos. El citado Mayr propuso en 1961 la siguiente definición: «Sería útil restringir el término teleonómico rígidamente a sistemas que operan a base de un programa, un código de información» («Cause and Effect in Biology», *Science*, 134 [1961], 1501-1506), y modificó luego su definición como sigue: «Un comportamiento o proceso teleonómico es uno que debe su dirección hacia un fin a la operación de un programa» («Teleological and Teleonomic, etc.», pág. 98).

Se ha discutido si cabe hablar de procesos (o comportamientos) teleonómicos sólo con respecto a una determinada especie biológica –o a un determinado sistema auto-regulador– o también con respecto a la evolución entera de las especies. Se ha discutido asimismo si hay que considerar las nociones de «teleonomía» y «proceso teleonómico» como nociones heurísticas solamente, o bien como nociones capaces de describir las realidades a las cuales se aplican. Se ha debatido asimismo la cuestión de si, y hasta qué punto, hay diferencias apreciables, o importantes, entre el concepto actual de teleonomía y el clásico concepto aristotélico de «teleología», habida cuenta sobre todo de que cabe interpretar este último concepto en una forma similar a la de los recientes «teleonomistas». En efecto, no es menester suponer que la «dirección hacia un fin» se halla fuera del sistema, como una «forma» hacia la cual el sistema «aspira»; puede ser una característica interna del sistema. No hay entonces incompatibilidad entre teleonomía y causalidad.

Tesis-antítesis-síntesis. Una de las posibles estructuras triádicas es la «Trinidad divina»; otra es la llamada «tesis-antítesis-síntesis».

Se atribuye a menudo a Hegel el haber elaborado y desarrollado esta estructura, considerada como la estructura básica del método dialéctico. La verdad es que Hegel emplea raramente las expresiones 'tesis', 'antítesis' y 'síntesis'; éstas fueron, por otro lado, abundantemente usadas por Fichte. Kant había organizado los cuatro grupos de conceptos del entendimiento o categorías de tal forma que el segundo concepto de cada grupo parecía ser una negación del primero, y el tercero parecía ser una síntesis del primero y el segundo. Así, el concepto de pluralidad parecía negar el de unidad, y el de totalidad parecía sintetizar la unidad con la pluralidad. La triplicidad (*Triplizität*) fue elevada a su «absoluta importancia» por Fichte, según dice Hegel en el prefacio a la *Fenomenología del Espíritu*. Y, en efecto, se encuentran en Fichte (*Grundlage der gesamten Wissenschaftslehre*, 1794, 2.ª ed., 1802; *Darstellung der Wissenschaftslehre*, de 1801; *Die Wissenschaftslehre*, de 1801; *Die Wissenschaftslehre*, de 1804) constantes referencias a, y uso de, «triplicidades». Fichte habla de «procedimiento antitético» (*antithetische Verfahren*) y de «procedimiento sintético» (*synthetische Verfahren*) (*Grundlage*, Erster Teil, § 3), de «unificación de opuestos» (*Vereinigung Entgegengesetzer*), de «actividad antitética» (*antithetische handlung*) (*Grundlage*, Erster Teil, § 3) y, en general, de «síntesis de opuestos» (*synthesis der... Gegensätze*), los cuales han sido, a su vez, «puestos» y «contrapuestos», siendo la posición la tesis y la contraposición la antítesis. La idea de la tríada «tesis-antítesis-síntesis» que pasa por típica del hegelianismo parece ser, pues, mucho más fichteana que hegeliana. Parece ser asimismo schellingiana en tanto que Schelling adoptó, modificó y prolongó la estructura triádica tanto en las *Ideen zu einer Philosophie der Natur*, de 1797, como, y sobre todo, en el *System des transzendentalen Idealismus*, de 1800: la insistencia en la oposición de «elementos contrarios» en la Naturaleza y su subsecuente «reconciliación» y «equilibrio», así como el desarrollo triádico de la conciencia son algunas más de las manifestaciones del procedimiento «tesis-antítesis-síntesis». En el indicado «Prefacio» Hegel no se opone, en rigor, a la «triplicidad»; se opone, sin embargo, a una triplicidad «muerta y todavía no comprendida», reducida a un «esquema sin vida». Ésta es la triplicidad kantiana. En cuanto a la de Fichte y Schelling, se ha discutido hasta qué punto Hegel las aprueba, y se han visto en los pasajes al efecto de Hegel, y en otros escritos (especialmente en la «Correspondencia»), manifestaciones de aprobación de Fichte solamente, o solamente de Schelling, o de ambos, así como las correspondientes desaprobaciones. Lo que parece desprenderse del texto de Hegel es lo siguiente: la triplicidad –el esquema «tesis-antítesis-síntesis» debe rechazarse en tanto que expresa un modo de proceder «sin vida» y representa un instrumento de «formalismo monótono» *(gelichtönige formalismus)*–. Tanto Fichte como Schelling –y hay ejemplos sacados de su «filosofía de la Naturaleza»– son culpables de falta de «cientificidad» (en el sentido hegeliano de esta palabra); Fichte, y posiblemente aún más Schelling, proceden, apunta Hegel, al modo del pintor que pinta con dos colores, rojo y verde, uno para escenas históricas y otro para paisajes. Ambos filósofos han desatendido, pues, «la vida interna» y el «automovimiento» del «Concepto» (en el sentido asimismo hegeliano de este último término). Se trata, en suma, de una pintura absolutamente monocromática, de una representación escuálida *(leblos):* en ella no hay nada de «la vida del Concepto».

Así pues, Hegel se opone al tipo de «triplicidad» manifestado en la serie «tesis-antítesis-síntesis» que con frecuencia se le ha atribuido y que con no menor frecuencia se le ha criticado. Por otro lado, hay una forma de triplicidad hegeliana en la cual no se deja ya fuera, *das lebendige Wesen der Sache,* la viviente realidad del asunto; si se quiere darle el nombre «tesis-antítesis-síntesis», habrá entonces que cualificarlo considerablemente, y habrá sobre todo que flexibilizar al máximo el movimiento, o «automovimiento», al punto que no se podrá ya considerar que «la vida del Concepto» se ha quedado jamás detenida en ninguno de los puntos de esta tríada. Pero entonces la expresión 'tesis-antítesis-síntesis' representará más bien un obstáculo para la comprensión de dicho movimiento y será mejor ponerla en cuarentena. Se ha dicho a veces que Marx y Engels tomaron de Hegel el procedimiento de la tesis-antítesis-síntesis y que hicieron con él justamente lo que Hegel criticaba en sus predecesores o en sus coetáneos. En este respecto cabe notar una importante diferencia entre Engels y Marx. Mientras el primero tiende a hacer funcionar una «triplicidad» que, a despecho de su declarado carácter dialéctico, parece proceder en una forma «automática» y, en todo caso, a hacer funcionar semejante triplicidad de acuerdo con las «tres leyes dialécticas», el segundo se inclina a «flexibilizar» la triplicidad de referencia en un sentido similar al que Hegel se propone –aun cuando, por supuesto, en una forma no idealista–, y aún la «flexibiliza» más si se tiene presente que no hay para Marx ninguna «necesidad», ni siquiera «interna», de que el desarrollo humano y social siga desde el principio al fin un determinado esquema. Este desarrollo es, por supuesto, «contradictorio» y «conflictivo», y, además, procede según negaciones y superaciones de negaciones, pero ello es distinto de suponer que hay un esquema conceptual triádico explicativo que se puede manipular más o menos «mecánicamente».

Tiempo. Los griegos tenían dos términos para designar el tiempo: αἰών y χρόνος. Comúnmente, αἰών significaba «época de la vida», «tiempo de la vida», «duración de la vida», y de ahí, «vida» o «destino» (de una existencia individual). Según J. Benveniste, el significado más originario de αἰών es «fuerza de vida» o «fuente de vitalidad», pues es derivado del tema *ayu* o del tema *yu* (de donde *iuvenis*). Ahora bien, aun suponiendo este significado originario de αἰών como «fuerza de vida», es fácil pasar (según ha advertido A. J. Festugière en «Le sens philosophique du mot αἰών», *La Parola del Passato. Rivista di Studi Classici,* XI [1949], 172-89) del concepto de «fuerza de vida» al de «vida», y de la noción de «vida» a la de «tiempo de la vida». En todo caso, αἰών designaba en muchos autores griegos el tiempo de duración de una vida individual, quizá por suponerse que este tiempo está ligado a la persistencia de la fuerza vital que hace ser al individuo. Por su lado χρόνος significaba «duración del tiempo», y de ahí «tiempo en todo su conjunto» e inclusive «tiempo infinito». Por consiguiente, en sus sentidos primarios αἰών y χρόνος designaban, respectivamente, una época o parte del tiempo y el tiempo en general. Sin embargo, el vocablo αἰών se usó luego para significar «eternidad», de tal suerte que llegó un momento en que el significado de αἰών fue más amplio que el de χρόνος. Platón usa para este último concepto el término αἰών al escribir *(Tim.,* 37 D) que el tiempo, χρόνος, es la imagen móvil de la eternidad, αἰών; que Aristóteles hubiera trasladado *(De caelo,* I 9, 279 a 22-30) el concepto «edad» al de «edad del cielo entero», y, por consiguiente, al de «eternidad», y que, desde entonces, αἰών hubiera tenido el sentido de «tiempo inmortal y divino, sin principio ni fin», «totalidad del tiempo» y aun «modelo del tiempo».

Podemos, pues, decir que en Platón se confirma la idea del tiempo que pasa como manifestación o imagen móvil de una Presencia que no pasa. La idea de tiempo puede muy bien desempeñar en la filosofía de Platón un papel más importante del que hasta ahora se ha supuesto; habría que examinar con algún detalle, por ejemplo, el modo cómo Platón concibe ciertos «pasados remotos» (como posibles modelos de un presente), así como la manera como dicho filósofo entiende la evolución de la sociedad, antes de pronunciarse definitivamente sobre el asunto y concluir que o no hay en Platón una idea suficientemente desarrollada del tiempo o que cuando la hay el filósofo tiende a «reducirla» a algo que es intemporal. Hay que tener en cuenta, entre otras cosas, que la eternidad de que Platón hablaba como el «original» del tiempo es, si se quiere, una idea, pero es una idea de la cual hay una copia muy «inmediata»: es el perpetuo movimiento circular de las esferas celestes. Es posible inclusive que Platón considerara este movimiento circular como «la eternidad misma», pero éste es un asunto que sería largo debatir. De todos modos, comparado con Aristóteles, Platón dice relativamente muy poco acerca del tiempo. En cambio, Aristóteles se esfuerza por analizar el concepto de tiempo sin hacer de él una copia, imagen o sombra de una «realidad verdadera». Para ello se vale del movimiento o, mejor, del concepto de movimiento. Aristóteles observa que se perciben el tiempo y el movimiento juntos. Cierto que podemos estar en la oscuridad y no percibir ningún movimiento por no percibir ningún cuerpo que se mueva. Pero basta un movimiento en la mente para darse cuenta de que pasa el tiempo. Por consiguiente, el tiempo tiene que ser o movimiento o algo relacionado con el movimiento. Como no es movimiento, tiene que ser lo otro, es decir, lo relacionado con el movimiento *(Phys.* IV, II, 219 a). Ahora bien, en el concepto de tiempo o, si se quiere, de sucesión temporal se hallan incluidos conceptos como los de «ahora», «antes» y «después». Estos dos últimos conceptos son fundamentales, pues no habría ningún tiempo sin un «antes» y un «después». De ahí que el tiempo pueda ser definido del siguiente modo: ὁ χρόνος ἀριθμός ἐστι κινήσεως κατά τὸ προτέρον καὶ ὕστερον, «el tiempo es el número [la medida] del movimiento según el antes y el después [lo anterior y lo posterior]» *(ibid.,* 220 a). El tiempo no es un número, pero es una especie de número, ya que se mide, y sólo puede medirse numéricamente. Tan estrechamente relacionados se hallan los conceptos de tiempo y de movimiento que, en rigor, son interdefinibles: medimos el tiempo por el movimiento, pero también el movimiento por el tiempo *(ibid.,* 220 b).

Esto no termina, como algunos autores suponen, la concepción aristotélica del tiempo. Al fin y al cabo, la idea del «ahora», νῦν, o instante, es también importante en el análisis aristotélico, y esta idea no parece encajar completamente con la definición antes presentada. Además, si el tiempo es número o medida del movimiento, parece suponerse que hay una realidad «numerante» sin la cual no habría tiempo –a menos que supusiéramos que el movimiento se numera o se mide a sí mismo–. Finalmente, no debe olvidarse que Aristóteles estima también como «modelo» lo que se mueve con el movimiento más perfecto –el movimiento local circular–, y este último es menos «mensurable» que los demás movimientos menos perfectos, justamente porque es «totalmente mensurable»: es perfectamente cíclico y está ya «medido» desde siempre.

Pero aunque hay seguramente en las ideas aristotélicas acerca del tiempo más de lo que indica la definición presentada, ésta fue la que ejerció mayor influencia, pues casi todos los filósofos posteriores consideraron que debían decir algo acerca de ella. Algunos filósofos parecieron refinar la definición aristotélica. Tal ocurrió con los viejos estoicos cuando hicieron intervenir en la medida del movimiento las nociones del intervalo y velocidad. Pero los estoicos no dilucidaron estos problemas, por lo menos con gran detalle. Se limitaron a proponer –especialmente como solución a las paradojas de Zenón de Elea– que el tiempo está formado de algo así como «partículas temporales indivisibles» –una concepción harto curiosa en filósofos que defendían tan encarnizadamente la idea del «continuo».

Se ha hecho observar que las teorías antiguas acerca del tiempo, especialmente las formuladas a partir de Aristóteles –aristotélicos, platónicos y neoplatónicos y estoicos principalmente–, pueden dividirse, lo mismo que las teorías modernas, en dos grandes grupos: las de los «absolutistas» y las de los «relacionistas». Los «absolutistas» conciben que el tiempo es una realidad completa en sí misma. Los «relacionistas» estimaron que el tiempo no es una realidad por sí misma, sino una relación. Aristóteles parece haber defendido esta concepción –si simplificamos su análisis del tiempo y olvidamos que el Estagirita vacila no poco y usa a menudo expresiones como 'una especie de', 'si no es movimiento será algo relacionado con el movimiento'–. Pero, como suele ocurrir, los defensores de dichas teorías en forma pura son escasos; la mayor parte de los filósofos combinaron una con la otra. Una de estas «combinaciones», y por ventura la más influyente de todas en siglos inmediatamente posteriores, fue la de los neoplatónicos, y específicamente la de Plotino. Aristóteles había ya por lo menos aludido a la posibilidad de determinar el concepto de tiempo mediante la «realidad numerante». Éste es el «alma» o, si se quiere, la «conciencia interna del tiempo». Plotino se acogió a esta idea –o insinuación–, por medio de la cual, y para usar de nuevo los términos antes introducidos, se podía elaborar una teoría «absolutista» del tiempo –el tiempo es algo «real» en el alma– y una teoría «relacionista» –el alma mide, numera, relaciona–. Según Plotino, el tiempo no puede ser, o no puede ser sólo, número o medida del movimiento. En rigor, Plotino se adhiere a la tesis platónica de que el tiempo es imagen móvil de la eternidad (*Enn.*, I, v, 7) y es, por tanto, inferior a la eternidad *(ibid.,* III, vii 11). El alma «abandona» el tiempo cuando se recoge en lo inteligible, pero mientras tal no sucede del alma vive en el tiempo y hasta como tiempo. El tiempo del alma surge del fondo de ella y, por tanto, de la Inteligencia. El tiempo, dice Plotino, «reposaba en el ser», «guardaba su completa inmovilidad en el ser» *(ibid.,* III, vii 9); estaba, pues, por así decirlo, «en alguna parte» y no era sólo «medida». El tiempo es «prolongación sucesiva de la vida del alma».

Lo que podemos llamar «concepción cristiana del tiempo» alcanza su primera madura formulación teológico-filosófica en San Agustín. Se puede pensar que hay en San Agustín dos modos de ver el tiempo, pero son más bien dos problemas relativos al tiempo: el tiempo como «momento de la creación» y el tiempo como «realidad». Estos dos problemas están estrechamente relacionados entre sí. Es habitual, al hablar de la concepción agustiniana del tiempo, referirse a su perplejidad ante el tiempo. El tiempo es un «fue» que ya no es. Es un «ahora», que no es; el «ahora» no se puede detener, pues si tal ocurriera no sería tiempo. Es un «será» que todavía no es. El tiempo no tiene dimensión; cuando vamos a apresarlo se nos desvanece. Y, sin embargo, yo sé lo que es el tiempo, pero lo sé sólo cuando no tengo que decirlo: «cuando no me lo preguntan, lo sé; cuando me lo preguntan, no lo sé». No vale refugiarse en la idea de que el tiempo es «ahora», lo que ahora mismo pasa, o lo que ahora mismo estoy viviendo. Pues, como vimos, no «hay» justamente tal «ahora». No hay presente; no hay ya pasado; no hay todavía futuro: por tanto, no hay tiempo. Pero estas dificultades acerca del tiempo se desvanecen, o atenúan, cuando en vez de empeñarnos en hacer del tiempo algo «externo», que puede «estar ahí» como están las cosas, lo radicamos en el alma: el alma y no los cuerpos es la verdadera «medida» del tiempo. El futuro es lo que se espera; el pasado es lo que se recuerda; el presente es aquello a lo que se está atento; futuro, pasado y presente aparecen como espera, memoria y atención. ¿Quién puede negar que las cosas futuras no son todavía? Y, sin embargo, la espera de ellas se halla en nuestro espíritu. «¿Quién puede negar que las cosas pasadas no son ya? Y, sin embargo, la memoria de lo pasado permanece en nuestro espíritu. ¿Quién puede negar que el presente no tiene extensión, por cuanto pasa en un instante? Y, sin embargo, nuestra atención permanece y por ella lo que no es todavía se apresura a llegar para desvanecerse. Así, el futuro no puede ser calificado de largo, sino que un largo tiempo futuro no es sino una larga espera del tiempo futuro. Tampoco hay largo tiempo pasado, pues éste no es ya, sino que un largo tiempo pasado no es sino un largo recuerdo del tiempo que pasó» (*Conf.*, XI, 28).

San Agustín se preocupó no sólo de cómo podemos aprehender el tiempo, sino también de qué tipo de realidad es el tiempo como realidad creada. No se puede pensar que el tiempo preexistía a Dios, que es anterior a todo por ser causa suprema de todo. Hay que admitir, por tanto, que el tiempo fue creado por Dios. Sin embargo, no puede pensarse que Dios, que es eterno, creó el tiempo y con ello surgió la duración temporal de la eternidad como una especie de prolongación de ella. El tipo de duración llamado «eternidad» y el tipo de duración llamado «tiempo» son heterogéneos. Cierto que hay ciertas analogías entre la eternidad y el tiempo: ambos son fundamentalmente «presentes». Pero la eternidad es una presencia «simultánea», en tanto que el tiempo no lo es. La eternidad es heterogénea inclusive al tiempo infinito, pues el tiempo infinito no constituye la eternidad, la cual se halla por encima de todo tiempo.

Durante la Edad Media preocupó a los filósofos el problema «teológico» del tiempo en relación con la eternidad. Hay que tener en cuenta que no pocos autores enfocaban asimismo la cuestión del tiempo desde el punto de vista de la *distentio animi* de que había hablado San Agustín y trataron de ver en qué relación se hallaba esta concepción del tiempo como algo «interior» y «anímico» con la concepción del tiempo como algo «exterior». Tenemos así, al parecer, varias cuestiones relativas al tiempo: si es o no medida del movimiento; si la medida se halla «fuera» o «dentro» del alma»; si hay un tiempo cósmico distinto del tiempo vivido, etcétera.

En la Época Moderna siguieron discutiéndose los problemas teológicos, físicos y psicológicos relativos al tiempo. Ciertas concepciones modernas del tiempo giraron en torno al problema de cómo puede entenderse el tiempo en relación con las «cosas», los «fenómenos naturales», etc. La historia de estas concepciones, y de los debates que suscitaron, es compleja, pero puede simplificarse indicando que las ideas fundamentales modernas acerca del tiempo, especialmente durante los siglos XVII y XVIII, y más específicamente entre 1650 y 1750, siguieron *grosso modo* el modelo de las ideas acerca del espacio. Así como podía concebirse el espacio cuando menos de tres modos: como una realidad en sí misma, independiente de las cosas; como una propiedad de las cosas, y especialmente de las substancias, y como una relación o un orden, así también pudo concebirse el tiempo de estos tres modos: como realidad absoluta; como propiedad; como relación. De estos tres modos el que mereció más escasa atención fue el segundo. En efecto, era difícil concebir el tiempo como una propiedad de las cosas –ya fuera que se entendiera esta propiedad como algo real, residente en las cosas mismas, o bien como una idea: la idea de una distancia entre varias partes de una sucesión–. En todo caso, el tiempo como propiedad de las cosas podía llamarse, más propiamente, duración. El modo como una cosa existe temporalmente es la duración de esta cosa. Pero como parecía que se necesitaba una realidad universal que sirviera de medida de la duración (pues de lo contrario habría tantos «tiempos» como «duraciones» o por lo menos «modos de durar»), la atención se enfocó sobre los otros dos modos de concebirse el tiempo: como realidad en sí, independiente de las cosas, y como relación. La primera concepción es la llamada «absoluta» o «absolutista» del tiempo; la segunda concepción es la llamada «relacional» o «relacionista» del tiempo. Estudiaremos brevemente estas dos concepciones, pero advertiremos que el adherirse a una de ellas no equivalía a sostener que el tiempo –como tiempo «físico» o tiempo «cósmico»– tenía en cada caso rasgos distintos. En rigor, tanto los absolutistas como los relacionistas tendían a considerar que el tiempo es continuo, ilimitado, no isotrópico (es decir, tiene una sola dirección y una sola dimensión), homogéneo y fluyendo siempre del mismo modo sin que haya otros –lo cual parece, por demás, evidente, pues 'más aprisa' o 'más despacio' sólo tienen sentido en relación con el tiempo.

Aunque las concepciones acerca del tiempo propuestas por Newton y Leibniz son más matizadas de lo que parece a primera vista, tendremos que simplificar y declarar que estos autores representaron respectivamente la concepción absolutista y la relacionista acerca del tiempo. La concepción absolutista se halla expresada en uno de los escolios de los *Principia* del modo siguiente: «El tiempo absoluto, verdadero y matemático, por sí mismo y por su propia naturaleza, fluye uniformemente sin relación con nada externo, y se le llama asimismo duración.» Además de este «tiempo absoluto» hay el «tiempo relativo», el cual es descrito del siguiente modo, en el mismo escolio, y a continuación de la descripción del «tiempo absoluto»: «el tiempo relativo, aparente y común, es una medida sensible y externa... de la duración por medio del movimiento, que es comúnmente usada en vez del tiempo verdadero». Se ha hecho notar que Newton habla de un «tiempo absoluto», pero en rigor hace uso de un concepto de tiempo que no es absoluto, sino «operacional» (Toulmin). Pero lo cierto es que Newton tiende a fundar cualquier idea del tiempo en un concepto absoluto del tiempo como el antes presentado. En esta concepción se supone que el tiempo es independiente de las cosas, es decir, mientras las cosas cambian, el tiempo no cambia. Los cambios de las cosas son, pues, cambios en relación con el tiempo uniforme que les sirve de marco «vacío». En otros términos, los cambios se hallan *en* el tiempo en un sentido análogo a como se suponía que los cuerpos se hallan en el espacio. Y, como sucedía con el espacio, se suponía que el tiempo es indiferente a las cosas que contiene y a los cambios que tienen lugar en las cosas –o, si se quiere, a las cosas cambiantes–. El tiempo era concebido como «algo» perfectamente homogéneo; ningún instante del tiempo difiere cualitativamente de cualquier otro instante del tiempo. Es cierto que el tiempo difiere del espacio en algunos respectos importantes y sobre todo en el siguiente: que «fluye» y se mueve unidimensionalmente en una sola dirección. Parece, pues, que haya una diferencia intrínseca entre momentos del tiempo; por ejemplo, un momento dado es un «antes» y otro momento dado puede ser un «después». Pero el «antes» y el «después» son tales con relación al tiempo absoluto. Así, pues, el tiempo absoluto es previo no sólo a las cosas, sino a cualesquiera medidas temporales. El tiempo, además, no ejerce ninguna acción causal sobre las cosas; mejor dicho, el tiempo es concebido del modo antes indicado en gran parte con el fin de explicarse que no ejerce ninguna acción causal sobre las cosas.

El propio Newton pudo muy bien no insistir demasiado en las implicaciones teológicas y metafísicas de esta concepción del tiempo, pero los newtonianos, y en particular Clarke, llevaron esta concepción a sus últimas consecuencias teológicas y metafísicas. Es cierto que, especialmente en su discusión con Leibniz, Clarke pareció interesarse más por la cuestión del espacio que por la del tiempo. El espacio –el «espacio absoluto»– había sido descrito por Newton como *sensorium Dei*. A este respecto Clarke indica que decir, como hizo Newton, que el espacio es el «sensorio de Dios» no quiere decir que sea un «órgano de los sentidos», sino sólo «el lugar de la sensación», ya que el ojo, el oído, etc., no son *sensoria,* a lo que replicó Leibniz que *sensorium* significa «órgano de sensación». Pero mucho de lo que Clarke dice acerca del espacio puede ponerse en parangón con lo que dice, o supone, acerca del tiempo. En todo caso, tanto el espacio como el tiempo son, dice Clarke, «cantidades reales»; en suma, son «absolutos».

Contra ello Leibniz mantuvo la mencionada concepción relacional o relacionista del tiempo. En su escrito sobre «Los fundamentos metafísicos de la matemática», uno de los últimos escritos de Leibniz, este autor indicó que el tiempo es «el orden de existencia de las cosas que no son simultáneas. Así, el tiempo es el orden universal de los cambios cuando no tenemos en cuenta las clases particulares de cambio». Lo que llamamos «magnitud de tiempo» es la duración. En su tercera comunicación a Clarke, Leibniz insistió en que así como el espacio es un orden de coexistencias, el tiempo es «un orden de sucesiones». «Suponiendo que alguien preguntara por qué Dios no creó todas las cosas un año antes, y la misma persona infiriera de ello que Dios ha hecho algo respecto a lo cual no es posible que hubiese una razón por la cual lo hizo así y no de otro modo, la respuesta a ello es que su inferencia sería correcta si el tiempo fuese algo distinto de las cosas que existen en el tiempo. Pues sería imposible que hubiese alguna razón por la cual ciertas cosas deberían aplicarse a tales o cuales instantes particulares más bien que a otros, en el entendido que su sucesión siguiera siendo la misma. Pero entonces el mismo argumento prueba que los instantes, considerados sin las cosas, no son nada en absoluto, y que consisten sólo en el orden sucesivo de las cosas. Y dado que este orden sea el mismo, uno de los dos estados, esto es, el de la anticipación supuesta, no diferiría ni podría ser distinguido [discernido] del otro, que es el estado actual». Desde el punto de vista teológico, Leibniz afirma que su doctrina relacional es la única aceptable, pues hace posible que la inmensidad de Dios sea independiente del espacio y la eternidad de Dios sea independiente del tiempo, lo cual no ocurre con la doctrina del espacio y el tiempo absolutos. Kant trató de presentar una teoría del tiempo que, en rigor, consiste en un grupo de teorías. Tenemos la concepción (intuición) del tiempo en la «Estética trascendental»; la concepción del tiempo en la «Analítica trascendental» y, dentro de ella, la concepción del tiempo en las diversas síntesis y en el esquematismo de las categorías. En la «Estética trascendental» Kant adopta una posición que aspira a justificar la concepción newtoniana del tiempo, pero que en vez de fundar esta concepción en una idea del tiempo como cosa en sí, la funda en una idea del tiempo como condición de fenómenos. Kant niega que el tiempo sea un concepto empírico derivado de la experiencia; tiene que ser, pues, una representación necesaria que subyace en todas nuestras intuiciones. En otros términos, el tiempo es una forma de intuición *a priori*. Con ello Kant parece aproximarse a Leibniz. Pero niega que el tiempo sea una relación o un orden, ya que en tal caso sería un concepto intelectual y no una intuición. Por otro lado, el tiempo no es «subjetivo» en el sentido de ser experiencia vivida de un sujeto humano. Así, pues, el tiempo no es real (si por ser real entendemos «ser una cosa en sí»), pero no es tampoco meramente subjetivo, convencional o arbitrario. Decir que el tiempo es una representación *a priori* es decir que el tiempo es trascendentalmente ideal y empíricamente real (en un sentido peculiar de 'empírico' en que no podemos entrar aquí). En todo caso, esta concepción del tiempo se refiere al orden de las percepciones, pero no todavía al orden de los juicios. Cuando éstos aparecen, el tiempo ejerce otra función, la función sintética. En efecto, ningún juicio sería posible si no estuviese fundado en una síntesis, la cual a su vez está basada en el uso de uno o varios conceptos del entendimiento o categorías. Pero estos conceptos del entendimiento o categorías se aplican a la experiencia solamente por medio de los esquemas, y el esquema es justamente posible por la «mediación» del tiempo. Si algo resulta claro de todo ello es que la noción de tiempo ocupa un lugar central en el pensamiento de

Kant. Para reconocer este hecho no es menester adherirse a la interpretación que da Heidegger de la primera *Crítica* –o de parte de la primera *Crítica*– kantiana; basta advertir que las operaciones fundamentales del sujeto cognoscente requieren siempre el tiempo, y que el modo como se procede a «temporalizar» lo dado es «constituirlo» objetivamente. Puede, pues, concluirse que en alguna medida la temporalidad es en Kant fundamento de la objetividad. Puede discutirse si algo análogo sucede en el pensamiento de Hegel. Por un lado, parece que hay en Hegel un «primado del tiempo» en la medida en que hay un «primado del devenir». Por otro lado, este tiempo es sólo el Espíritu en cuanto que se despliega, pues el Espíritu en sí mismo es intemporal o, mejor, eterno. Así, la temporalidad es una manifestación de la Idea. Es curioso observar que esta peculiar coexistencia de lo temporal con lo intemporal es propia de varias corrientes filosóficas en el siglo XIX. Se trata principalmente de las corrientes evolucionistas, en las cuales se afirma, o presupone, que lo que hay existe en tanto que se desarrolla temporalmente, pero que este desarrollo sigue un plan (no necesariamente un plan «teleológico») que tiene que ser por sí mismo «intemporal».

Es todavía oscuro el origen de lo que se ha dado en llamar «temporalismo», es decir, el primado de la noción de tiempo en diversas tendencias filosóficas contemporáneas –a partir de las últimas décadas del siglo XIX–. Por un lado, parece haber un fondo de temporalismo en las llamadas «filosofías románticas», especialmente en tanto que éstas insistieron en lo temporal y lo histórico. Por otro lado, parece que parte cuando menos del temporalismo contemporáneo ha surgido de una reacción contra ciertas formas de evolucionismo decimonónico. En todo caso, hay desde las últimas décadas del pasado siglo una serie de filósofos en quienes el tiempo, la temporalidad, lo temporal, etc., se hallan en el centro de su pensamiento en muy diversas formas. Como ejemplos podemos mencionar a Dilthey, Bergson, Husserl, Simmel, Heidegger, etc. Según Bergson todos los filósofos del pasado han reducido el tiempo y el espacio. La insistencia de Bergson en la noción de duración como «duración real», como pura cualidad, como objeto de la intuición (si no la intuición misma), etc., le condujo a una metafísica temporalista en la cual se establecía una distinción entre tiempo verdadero y tiempo falsificado y espacializado. También resulta claro el temporalismo en Dilthey, si bien en este caso se trata de un temporalismo «histórico», pues el tiempo diltheyano es fundamentalmente el tiempo como historia.

Algunos filósofos que se destacaron por su insistencia en las «idealidades», terminaron, si es que no empezaron subrepticiamente, por destacar la importancia del tiempo. En el caso de Husserl aparece una distinción entre el tiempo fenomenológico, descrito como la forma unitaria de las vivencias en un flujo de lo vivido, y el tiempo objetivo o cósmico. Según Husserl, este tiempo se comporta respecto al fenomenológico «de un modo análogo a como la extensión perteneciente a la esencia inmanente de un contenido sensible concreto se comporta relativamente a la extensión objetiva». De ahí que la propiedad esencial que expresa la temporalidad para las vivencias no designa sólo para Husserl «algo perteneciente en general a cada vivencia particular, sino una forma necesaria de unión de las vivencias con las vivencias». La vivencia real es temporalidad, pero una temporalidad que se confunde con una especie de «duración real» (en sentido a veces parecido al bergsoniano).

Se ha dicho de Heidegger que intentó, sin resultados, hallar el horizonte del ser *(sein)* en el tiempo. Él hablaba del *Dasein* como cuidado, siendo su significado ontológico la temporalidad. Para Heidegger, la temporalidad no es la esencia del tiempo como realidad terrena ni tampoco la característica del ser temporal considerada en sí misma; la temporalidad es la unidad del cuidado. No es posible, por tanto, hablar simplemente del pasado, presente o futuro, ni –en un plano psicológico– de memoria, percepción o anticipación, ya que la temporalidad del *Dasein* es «creadora» o productiva, en tanto que está afectada por su misma posibilidad de ser como ser-en-el-mundo. Así, pues, el tiempo terrenal no es el modelo para la temporalidad del *Dasein* sino, al contrario, esa temporalidad constituye el modelo del tiempo en el mundo. Cada uno de los elementos básicos del *Dasein* conlleva su propia temporalización; en sentido estricto, el *Dasein* se temporaliza a sí mismo, y las dimensiones de la temporalidad no son tanto «fases» como «éxtasis». La temporalización del *Dasein* no es ni el paso del tiempo ni la sucesión de acontecimientos; es el verdadero ser del *Dasein* en su «ser una sucesión» *(Esgeht... um)*. En ese evolucionar, el *Dasein* se temporaliza primordialmente como anticipación de sí mismo: de ahí la primacía del «futuro» para el *Dasein;* anticipación que se realiza como un «ser-por-delante-desí» *(sich-vorweg-sein)*. Temporalizar no significa que los éxtasis se produzcan en sucesión. «El futuro no está después de lo ya pasado ni éste es anterior al presente. La temporalidad se temporaliza a sí misma como algo futuro que se hace presente en el proceso de haber sido ya» *(Sein und Zeit)*. Los modos de temporalización difieren según el elemento del *Dasein* que se considere y según se plantee bajo forma de autenticidad o no. Si el *Dasein* es auténtico, su temporalidad es histórica (no porque el *Dasein* tenga una historia, sino en cuanto ser constituido por historicidad). «Sólo la auténtica temporalidad, que a la vez es finita, hace posible algo como es la suerte –es decir, la auténtica historicidad» *(Sein und Zeit)*. Además de los grandes pensadores a los que nos hemos referido antes, podrían mencionarse esos otros filósofos «menores» contemporáneos cuyo pensamiento viene determinado por la noción de temporalidad. Muchos filósofos –especialmente los alemanes, como Anton Neuhäusler han destacado la importancia de la relación entre el ser y el tiempo. El motivo del tiempo aparece en otros autores contemporáneos, de los que podemos citar a Simmel, pero se destaca en el pensador que ha sido presentado a veces como aquel que intentó buscar (sin encontrarlo) el horizonte del ser en el tiempo, es decir, Heidegger o, más exactamente, «el primer Heidegger». Ello no quiere decir que Heidegger sea, como a veces se ha dicho, «el filósofo del tiempo»; ciertamente, no lo es «el último Heidegger». Pero indica por lo menos que una fase importante del pensamiento de Heidegger está estrechamente relacionada con lo que llamamos antes el «temporalismo contemporáneo».

Además de los «autores mayores» a que nos hemos referido, podrían citarse numerosos «filósofos menores» contemporáneos que se han ocupado del problema, y de los problemas, del tiempo en el sentido que se ha llamado «temporalista». Relativamente abundantes han sido a este respecto las fenomenologías y las ontologías del tiempo. No pocas veces dichos filósofos, especialmente en Alemania, han puesto en estrecha relación «el tiempo» y «el ser». Así ocurre, por ejemplo con Anton Neuhäusler, para quien toda cuestión acerca del tiempo debe seguir la vía siguiente: ante todo, una fenomenología del tiempo; luego, un estudio de la relación entre «tiempo inmanente» y «tiempo trascendente» –a la conciencia–; finalmente, un análisis del «ser» del tiempo. La fenomenología del tiempo se ocupa de fenómenos temporales tales como la «sucesión», el «ahora», «la duración», etc. El estudio de la relación entre las dos indicadas especies de tiempo se propone averiguar en qué medida tales especies de tiempo poseen estructuras similares, único modo de que la relación tenga sentido. El análisis del «ser» del tiempo permite salir del concepto de tiempo como sucesión y averiguar la relación que el tiempo mantiene con la eternidad. Neuhäusler acuña a este respecto una fórmula que tiene una resonancia platónica, o neoplatónica: «El tiempo es la inquietud del ser» *(Die Zeit ist die Unruhe des Seins).*

El «temporalismo» de que hemos hablado es principalmente el interés por la noción del tiempo como noción central filosófica. McTaggart se interesa asimismo por esta noción, pero con el fin de mostrar que es contradictoria y debe ser, por tanto, eliminada. Dicho filósofo razona como sigue: Las posiciones en el tiempo forman dos series: la serie A, constituida por el pasado, el presente y el futuro; y la serie B, constituida por el «antes» y el «después». Las distinciones en la serie B son permanentes. Cualquier acontecimiento, M, estará siempre en la misma relación de anterioridad o posterioridad con respecto a otro acontecimiento, O. Si O sucedió antes de M, estará siempre con respecto a M en la relación «antes de»; si O sucedió después de M estará siempre con respecto a M en la relación «después de». La distinción entre pasado, presente y futuro es esencial a la noción de tiempo, pero resulta que son mutuamente incompatibles; si un acontecimiento determinado es pasado, entonces no es ni presente ni futuro. A pesar de ello, «todas las tres determinaciones pertenecen a cada acontecimiento» *(The Nature of Existence,* II, 305 y sigs.). La serie A lleva, pues, según McTaggart, a una contradicción, y tiene que ser rechazada. Pero como la serie B está basada en la noción de tiempo desplegada por la noción A, deberá ser asimismo rechazada. Se rechaza así el presente, el pasado, el futuro, el antes y el después. «Nada es realmente anterior o posterior a otra cosa o temporalmente simultáneo con ella. Nada realmente cambia. Y nada está realmente en el tiempo. En toda ocasión en que percibimos algo en el tiempo –que es el único modo como, en nuestra experiencia presente, percibimos las cosas– lo estamos percibiendo más o menos como realmente no es» *(op. cit.,* II, 333).

Muchos de los filósofos «temporalistas» contemporáneos han entendido el tiempo o como «experiencia vivida» o como «duración pura» o como manifestación de una más básica «temporalidad», etc. En todos estos casos el problema del tiempo es comúnmente tratado desde el punto de vista metafísico. Pero el punto de vista que podríamos llamar «físico» –o, si se quiere, el modo como la física ha tratado el tiempo– es también importante para el pensamiento filosófico –como, según vimos, lo fue en la época moderna–. No podemos a este respecto hacer mucho más que mencionar algunas concepciones y algunos de los problemas que se han suscitado con respecto a ellas. En primer lugar, es importante en la concepción física del tiempo la serie de conceptos que se han originado en la teoría de la relatividad, tanto especial como general. Según vimos oportunamente, hay en Newton también un concepto «relativo» del tiempo, pero este concepto se halla –en la interpretación «clásica» del pensamiento físico newtoniano cuando menos– encajado dentro de un concepto «absoluto»: las mediaciones temporales son relativas con respecto a un tiempo absoluto que «fluye uniformemente sin relación con nada externo». En la teoría especial de la relatividad, el tiempo se «relativiza» por entero al hacerse función de un sistema de referencia, desde el cual se efectúan todas las observaciones y medidas. Por eso no hay una «simultaneidad absoluta»: un acontecimiento puede ser simultáneo con respecto a un observador, pero no con respecto a otro observador. Ello no significa una «relativización» del tiempo ni en el sentido de un «subjetivismo» ni tampoco en el sentido de un trascendentalismo kantiano (no obstante las opiniones de Cassirer al respecto). La «relatividad del tiempo», unida a las demás «relatividades» de la teoría especial, hace posible justamente que las leyes del universo sean las mismas para todos los observadores. Lo que dicha teoría hace es descartar un hipotético «observador cósmico» para el cual el tiempo sería absoluto. Además, el tiempo se relaciona con la velocidad, disminuyendo con ella (en contraste con la masa, que aumenta con la velocidad). En la teoría de la relatividad generalizada se procede a lo que se ha llamado «fusión del tiempo con el espacio»: el tiempo es una cuarta coordenada o, mejor dicho, espacio y tiempo son coordenadas en un universo tetradimensional. Se ha dicho que ello representa una «especialización del tiempo», pero debe tenerse en cuenta que la «fusión del tiempo con el espacio» no ha significado en dicha teoría que el tiempo sea concebido como si fuera espacio; en rigor, el universo tetradimensional es más bien un universo de tres *más* una dimensiones. Por eso se ha dicho que más bien que especializarse el tiempo lo que se ha hecho con dicha teoría es temporalizarse el espacio. Pero, en todo caso, es cierto que la función del tiempo en la teoría generalizada de la relatividad es distinta de la que tiene en la mecánica clásica. Minkowski denominó a todo suceso físico –en que se coordina lo espacial con lo temporal– «punto cósmico», y «líneas cósmicas» a las coordenadas espacio temporales. Así visto, el tiempo no es nunca ajeno a los procesos físicos.

Junto a las concepciones del tiempo elaboradas o suscitadas por la teoría de la relatividad, ha habido en la física contemporánea concepciones diversas del tiempo elaboradas o suscitadas por los problemas que plantea la medición de procesos físicos en «pequeña escala» –por ejemplo, procesos físicos intranucleares–. Se ha estudiado, por ejemplo, la posibilidad de que se observen en dichos procesos series temporales distintas de las que aparecen o en la macrofísica o en lo que podíamos llamar «megafísica» (la astrofísica). En todo caso, en la física intranuclear, o simplemente intraatómica, hay que operar con el tiempo de manera distinta que en la macrofísica. Ello puede suceder en distintas maneras, pero nos limitaremos a mencionar una de ellas: en el estudio de las mediciones temporales. A este respecto se ha desatado de nuevo la cuestión del carácter continuo o discreto del tiempo. En la física actual –o partes de ella– se han conseguido mediciones de tiempo cada vez más precisas (a base de la producción de vibraciones: 24.000.000.000 vibraciones por segundo). Ello ha dado pie a algunos autores a formular la hipótesis de que puede haber «irregularidades» en la estructura del tiempo, el cual podría aparecer como continuo y «fluyente» en la escala macrofísica, pero discontinuo, «granular» y, además, «irregular» (en períodos de diferentes proporciones) en la escala microfísica. Si tal ocurriera, habría que concebir el tiempo como una realidad similar a la de las «partículas elementales».

Todas estas concepciones e hipótesis físicas acerca del tiempo han dado lugar a numerosos debates filosóficos. Algunos autores han pensado que el «tiempo» es sólo una «notación cómoda» y que el que se pueda tratar de «estructura granular y discontinua del tiempo» o bien de «diversas dimensiones temporales» o de «varias direcciones temporales» es simplemente un *modus dicendi* pero sin referirse a ninguna «realidad». Esta concepción «convencionalista» ha encontrado, sin embargo, poco favor tanto entre los físicos como entre los filósofos. Más corriente ha sido una concepción «realista» del tiempo, fuera cual fuese la realidad, o el tipo de realidad, con ello mentada. Ha habido una resurrección de la llamada «teoría causal del tiempo», combinada con frecuencia con una «teoría relacional». Ésta fue defendida ya por Leibniz, y ha sido elaborada por autores como Lachelas, Robb, Carnap, Reichenbach y Henryk Mehlberg, si bien en muy distintas formas. Mehlberg señala que «el orden temporal de la sucesión» no es «el esquema más simple de la relación causal», sino que el orden dinámico, causal, del devenir es «el hecho fundamental del cual el orden temporal de la sucesión, de la simultaneidad y de la duración se deriva como simple consecuencia suya» («Essai sur la théorie causale du temps», *Studia philosophica*, I [1935], pág. 101). En su estudio sobre el espacio y el tiempo, Lachelas había ya propuesto una «identidad de la relación temporal y de la relación de causalidad ocasional». Carnap definió asimismo el tiempo en función de la acción causal. Reichenbach desarrolló una axiomática del espacio-tiempo según la cual tiempo y espacio son particularidades de estructura de la acción causal. Además, Reichenbach trató de deducir el orden de la simultaneidad de consideraciones causales, y el de la sucesión de consideraciones estadísticas, etc. Todas estas «teorías causales del tiempo» tienen algo en común: el que en ellas se intenta derivar propiedades (topológicas) del espacio de ciertas propiedades del tiempo. Ciertos autores han desarrollado una concepción del tiempo (y del espacio; mejor, del espacio-tiempo) como «matriz» de toda realidad. Tal ha sucedido con Samuel Alexander, para el cual no sólo tiempo (y espacio) no son «indiferentes» a los procesos reales, sino que son el fundamento de tales procesos, lo que los «engendra» realmente. Ello ha llevado a pensar que el tiempo es algo «substancial», a diferencia de la concepción del tiempo como mera «relación» (*L'evolution de la notion de temps*, 1936). Se ha discutido también mucho el significado de una de las relaciones de incertidumbre de Heisenberg: la que indica que cuanto más precisa es la determinación del valor de energía tanto menos precisa es la determinación de la coordenada temporal, y a la inversa, según la relación: $\Delta E \cdot \Delta t \geq h/4\pi$. Por ejemplo, se ha pensado que la «relación de Heisenberg» en cuestión prueba que no hay «estados instantáneos» –y prueba asimismo que hay que aceptar una concepción «discreta» del tiempo.

Hemos tratado de concepciones e investigaciones concernientes al tiempo desde los puntos de vista metafísico, ontológico, histórico, epistemológico, psicológico, físico, y también los que se han llamado a veces punto de vista «común», «vulgar» o «intuitivo». Hay otras concepciones e investigaciones que deben tenerse en cuenta.

Dichas concepciones originaron problemas que son objeto de discusión habitual por parte de filósofos, sobre todo de los filósofos de la Naturaleza. No resulta fácil distinguir entre estas cuestiones y los pensadores anteriormente mencionados. En una primera aproximación tal vez parece no haber conflicto, pero si consideramos tarea del filósofo el utilizar todos los medios a su alcance –por ejemplo, el análisis de los conceptos o incluso la especulación metafísica– para intentar dar con una concepción unificada del tiempo, esto es, un planteamiento que incluyese los puntos de vista físico, de la experiencia común, ontológico, etc. Y el que dicha concepción «unificada» está muy lejos de haberse logrado aún.

U

U. En las exposiciones clásicas de la doctrina modal suelen simbolizarse las proposiciones modales con *modus* negativo y *dictum* negativo por medio de la Letra 'U' (y a veces también por medio de la letra 'O'). 'U' representa, pues, proposiciones del tipo:

Es posible que no *p*,

donde '*p*' simboliza un enunciado declarativo.

Universales. Tradicionalmente, los universales, *universalia*, fueron llamados «nociones genéricas», y «entidades abstractas». Se han solido contraponer los universales a los «particulares» y estos últimos han sido equiparados con entidades concretas o singulares.

Un problema capital respecto a los titulados «universales» es el de su *estatus* ontológico. Se trata de determinar qué clase de entidades son los universales, es decir, cuál es su forma peculiar de «existencia». Aunque, por lo dicho, se trata primordialmente de una cuestión ontológica, ha tenido importantes implicaciones y ramificaciones en otras disciplinas: la lógica, la teoría del conocimiento y hasta la teología. La cuestión ha sido planteada con frecuencia en la historia de la filosofía, especialmente desde Platón y Aristóteles, pero como fue discutida muy intensamente durante la Edad Media suele colocarse en ella el origen *explícito* de la llamada *cuestión de los universales*. Esta cuestión revivió, en efecto, con particular agudeza desde el instante en que se consideró como un problema capital el planteado en la traducción que hizo Boecio de la *Isagoge* de Porfirio. El filósofo neoplatónico escribió lo siguiente: «Como es necesario, Crisaoro, para comprender la doctrina de las categorías de Aristóteles, saber lo que es el género, la diferencia, la especie, lo propio y el accidente, y como este conocimiento es útil para la definición y, en general, para todo lo que se refiere a la división y la demostración, cuya doctrina es muy provechosa, intentaré en un compendio y a modo de instrucción resumir lo que nuestros antecesores han dicho al respecto, absteniéndome de cuestiones demasiado profundas y aun deteniéndome poco en las más simples. No intentaré enunciar si los géneros y las especies existen por sí mismos o en la nuda inteligencia, ni, en el caso de subsistir, si son corporales o incorporales, ni si existen separados de los objetos sensibles o en estos objetos, formando parte de los mismos. Este problema es excesivo y requeriría indagaciones más amplias. Me limitaré a indicar lo más plausible que los antiguos y, sobre todo, los peripatéticos han dicho razonablemente sobre este punto y los anteriores» *(Isagoge*, I, 1-16; Boecio se refiere a estas palabras de Porfirio y las comenta en la llamada «Secunda editio» de sus comentarios a las *Categorías: Commentarii in librum. Aristotelis* ΠΕΡΙ ΕΡΜΗΝΕΙΑΣ, Libro I).

Muchos autores medievales se refirieron al planteamiento del problema hecho por Porfirio y transmitido por Boecio, y adoptaron alguna de las posiciones «clásicas», especialmente con referencia a las ideas al respecto de Platón, Aristóteles y los comentaristas de Aristóteles.

Las principales posiciones mantenidas durante la Edad Media en el problema de los universales son:

1. *El realismo.* Según el mismo los universales existen realmente; su existencia es, además, previa y anterior a la de las cosas o, según la fórmula tradicional, *universalia ante rem*. Si así no ocurriera, arguyen los defensores de esta posición, sería imposible entender ninguna de las cosas particulares. En efecto, estas cosas particulares están fundadas (metafísicamente) en los universales. Aun cuando la mayor parte de los realistas afirman que *universalia sunt realia* no quieren decir, empero, que los universales sean reales al modo de las cosas corporales o de los entes «situados» en el espacio y en el tiempo.

2. El *nominalismo.* El supuesto común a todos los nominalistas es que los universales no son reales, sino que están después de las cosas: *universalia post rem*. Los universales son el resultado de lo que los medievales llamaron «abstracciones totales».

3. El *realismo moderado,* para el cual los universales existen

realmente, si bien solamente en tanto que formas de las cosas particulares, es decir, teniendo su fundamento en la cosa: *universalia in re*. Los realistas moderados pueden no negar que hay universales en Dios en tanto que arquetipos de las cosas, por lo que es frecuente hallar el realismo moderado mezclado con el llamado realismo agustiniano.

La cuestión de los universales reapareció en la lógica contemporánea principal cuando se trató de decidir el *estatus* existencial de las clases. Ya desde Frege resultaba claro que era difícil evitar tomar posición al respecto. El propio Frege ha sido considerado como defensor de la posición realista, o, como prefiere hoy llamarse, *platónica*. Esta posición fue mantenida por Russell, cuando menos durante la primera década del siglo XX; muchos lógicos se adhirieron a ella o trabajaron, sin saberlo, dentro de sus supuestos. Veinte años después, autores como Chwistek, Quine, Goodman (y, mas recientemente, R. M. Martin) abogaron por la posición nominalista frente a la posición platónica (defendida, por ejemplo, por Alonzo Church).

Las posiciones posibles que pueden ser adoptadas en la disputa de los universales son:

(1) *Realismo absoluto*, también llamado *Platonismo*, o tesis según la cual sólo los universales (que llamaremos ahora *entidades abstractas*) existen, siendo los individuos (que llamaremos ahora *entidades concretas*) copias o ejemplos de las entidades abstractas.

(2) *Realismo exagerado*, también llamado *Platonismo*, o tesis según la cual las entidades abstractas existen formalmente y constituyen la esencia de las entidades concretas.

(3) *Realismo moderado*, ocasionalmente llamado *Platonismo*, o tesis según la cual existen las entidades abstractas y las entidades concretas: las primeras existen fundamentalmente en cuanto a su comprensión; las segundas existen fundamentalmente en cuanto a su ser.

(4) *Conceptualismo*, o tesis según la cual no existen las entidades abstractas en la realidad, sino sólo como conceptos de nuestra mente, es decir, como ideas abstractas.

(5) *Nominalismo moderado*, o tesis según la cual no existen las entidades abstractas y sólo existen las entidades concretas.

(6) *Nominalismo exagerado*, también llamado *Terminismo*, o tesis según la cual no existen ni las entidades abstractas ni los conceptos abstractos, siendo estos conceptos abstractos sólo nombres o términos comunes para designar las entidades concretas.

(7) *Nominalismo absoluto*, también llamado *Inscripcionismo*, o tesis que afirma lo mismo que el nominalismo exagerado, agregando que los términos usados para designar las entidades concretas son a la vez entidades concretas.

Cada una de estas posiciones se ha presentado con frecuencia mezclada con alguna otra en la historia de la filosofía; es, pues, difícil hallar representantes puros de ninguna de ellas. En particular, posiciones como (3) y (4), y como (4) y (5), están tan próximas entre sí que puede dudarse de si cabe establecer entre ellas una distinción rigurosa. Por eso se suele adoptar muchas veces la clasificación antes citada de realismo exagerado, nominalismo y realismo moderado (a veces llamadas respectivamente realismo, nominalismo y conceptualismo), cada una de las cuales comprende diversas variantes.

Utensilio. Podemos llamar «utensilio» y también «herramienta» e «instrumento» a todo aquello de que el hombre se sirve para hacer, producir, plasmar, etc., algo. En su sentido más inmediato el utensilio es un artefacto manual o algo que sirve de artefacto manual; el utensilio está, pues, «a mano» y es como una prolongación de la mano. En un sentido amplio el utensilio puede no estar «a mano» inmediatamente, pero estarlo mediatamente. También en un sentido amplio el utensilio puede ser una prolongación de otro órgano corporal como, por ejemplo, el ojo.

En todos estos casos el utensilio es, inmediata o mediatamente, algo «corporal». Puede hablarse asimismo de utensilio o instrumento en un sentido «mental» o «conceptual»; tal ocurre con el significado de *Organon* y, en general, de todo conjunto de reglas para el razonamiento.

La noción de utensilio (o de instrumento) desempeña un papel importante en varias tendencias filosóficas. Así sucede especialmente en el instrumentalismo de Dewey, en muchas formas de pragmatismo, en el marxismo, en filosofías que han prestado atención particular a los problemas suscitados por el trabajo, a las concepciones según las cuales algunos productos culturales, o inclusive la cultura en conjunto, es de carácter «instrumental», y, en general, en todos los sistemas filosóficos en los cuales se destaca la llamada «relación de instrumentalidad» entre el hombre y las cosas. Dentro de estas direcciones la noción de utensilio, o de instrumento, puede tener un aspecto más o menos «técnico» según sea el detalle con que se ha elaborado dicha noción.

Como para Dewey lo que se llama «una cosa» es más bien «un

asunto», lo que hay que hacer no es «contemplarlo», sino «resolverlo». Ahora bien, con el fin de «resolver un asunto» hay que atacarlo mediante una hipótesis, que es, en rigor, un «diagnóstico». Las proposiciones que se formulen a tal efecto son como utensilios o instrumentos *(tools)*, de suerte que el conocimiento es, ante todo, de carácter «instrumental» (cf. sobre todo *Essays in Experimental Logic*, 1916; *The Quest for Certainty*, 1929, y *Experience and Nature*, 1935).

Dewey entiende la proposición como «instrumento». Heidegger mantiene una idea del instrumento *(Zeug)* como aquello con que topamos en nuestras «ocupaciones». El instrumento (o utensilio) no es una «cosa aislada», sino un complexo *(Zeugganzes)*. El utensilio es fundamentalmente «algo para...» y las distintas formas del «ser para» (*Umzu*) son distintas formas de «instrumentalidad». El utensilio es, así, algo que se usa, se aplica, se toma, se maneja. El modo de ser del ente que llamamos «utensilio» es el «estar a mano» o, como a veces se le ha llamado, la «amanualidad» (*Zuhandenheit*) (*Sein und Zeit*, § 15). Ahora bien, la noción del «estar a mano» es básica en cuanto que es una determinación ontológica categorial de los entes tales como «están presentes» *(vorhanden)*. Tenemos, así, dos determinaciones de los «entes»: el «estar a mano» o ser utensilios –*Zuhandenes*– y el estar presentes –*Vorhandenes*–. La noción de utensilio adquiere en Heidegger, por tanto, significación ontológica en cuanto que la «instrumentalidad» constituye una de las estructuras que revela la analítica del *Dasein*.

Utilitarismo. John Stuart Mill *(Autobiography*, ed. J. S. Cross [1924], pág. 56) –uno de los más destacados defensores del utilitarismo– indicó que él fue el primero en utilizar el término *Utilitarianism* en relación con la «Sociedad» que se había propuesto fundar: la «Utilitarian Society». Sin embargo, David Baumgardt (cf. *Archiv für Begriffsgeschichte*, ed. Erich Rothacker, Bd. 4 [1959], pág. 228) ha descubierto que Jeremy Bentham –considerado como el fundador del utilitarismo– había usado ya el término *utilitarian* en un texto escrito hacia 1780 y publicado sólo póstumamente (cf. David Baumgardt, *Bentham and the Ethics of Today, with Bentham Manuscripts hitherto Unpublished* [1952]). El uso de *utilitarian* por Bentham le fue sugerido en ocasión de proyectar fundar una secta llamada «The Sect of Utilitarians».

De un modo general el término 'utilitarismo' designa la doctrina según la cual el valor supremo es el de la utilidad. El utilitarismo puede ser una tendencia práctica o una elaboración teórica o ambas cosas a un tiempo. En particular es recomendable restringir la aplicación del término 'utilitarismo' a la corriente que apareció en Inglaterra a fines del siglo XVIII y se desarrolló durante el siglo XIX, corriente representada por Jeremy Bentham, James Mill y John Stuart Mill. El utilitarismo inglés no carece de precedentes. Uno de ellos es Helvecio. Este pensador consideraba que toda la vida del hombre estaba dominada por dos impulsos: el deseo de felicidad y la voluntad de evitar el dolor, y ello hasta tal punto que regir la sociedad consiste fundamentalmente en tener en cuenta tales impulsos.

El utilitarismo inglés fue llamado a menudo «radicalismo filosófico» (*Philosophical Radicalism*). Para promover esta tendencia Jeremy Bentham fundó, en 1824, la revista *Westminster Review*. Bentham consideró que el utilitarismo está al servicio de una reforma de la sociedad humana: de su estructura política –que debía ser básicamente liberal y democrática– y de sus costumbres. La base de la reforma de la sociedad es el reconocimiento de que –como escribió Bentham– «la Naturaleza nos ha colocado bajo el dominio de dos maestros soberanos: el *placer* y el *dolor*» (*An Introduction to the Principles of Morals and Legislation*, cap. 1 sec. 1). Según Bentham, el principio de utilidad, o principio de máxima felicidad, admite dicha «sujeción» y proporciona una norma de lo que es justo e injusto, correcto e incorrecto: «aprueba o desaprueba cualquier acción de acuerdo con la tendencia que parece tender a aumentar o disminuir la felicidad de aquel (*party*) cuyo interés está en cuestión» (*ibid.*, sec. 3). El elemento afectado (*party*) puede ser un individuo o una comunidad. El interés de la comunidad es el de los individuos que la constituyen y el interés del individuo abarca la «suma total» de sus placeres y dolores. En otros términos, el principio de utilidad, según Bentham, afirma que debemos promover el placer, el bien o la felicidad (que son una y la misma cosa) y evitar el dolor, el mal y la desdicha (*ibid.*, sec. 3). Con el fin de elegir lo que es bueno, es necesario establecer un cálculo de placeres y dolores. Placeres y dolores son juzgados según los siguientes criterios: intensidad, duración, certidumbre o incertidumbre, proximidad o alejamiento, fecundidad y alcance, esto es, el número de gente afectada (*ibid.*, sec. 4).

John Stuart Mill destacó el carácter cualitativo (y no sólo el cuantitativo) de los afectos. «Es enteramente compatible con el principio de utilidad –escribió– reconocer el hecho de que algunas *clases* de placer son más deseables y mas valiosas que otras. Sería absurdo que mientras en todas las demás cosas la cualidad fuese tenida en cuenta tanto como la cantidad, en la estimación del placer se tuviese en cuenta sólo la última» (*Utilitarianism*, cap. 2). De este modo, John Stuart Mill proclamó la superioridad de los placeres del intelecto, la imaginación, los sentimientos morales, etc., por encima de los placeres de la sensación, y se opuso a todo malentendido del utilitarismo como ligado únicamente a placeres «bajos».

Hay fuertes tendencias utilitarias en otros autores, como, por ejemplo, en Henry Sidwick. En época reciente ha habido nuevas disputas en torno al utilitarismo, así como esfuerzos para fundamentar y desarrollar una ética utilitaria, desligada de supuestos que, inconscientemente, habían admitido Bentham, James Mill y John Stuart Mill. Es lo que sucede, entre otros, con J. J. C. Smart. Es común distinguir hoy entre el «utilitarismo de los actos» *(act-utilitarianism)* y el «utilitarismo de las reglas» *(rule-utilitarianism).* Tal como los define el citado autor, «el utilitarismo de los actos es la opinión de que lo justo o lo equivocado de una acción debe juzgarse por las consecuencias, buenas o malas, de la propia acción. El utilitarismo de las reglas es la opinión de que lo justo o lo equivocado de una acción debe juzgarse por la bondad o maldad de las consecuencias de una regla de acuerdo con la cual todo el mundo debería ejecutar la acción en circunstancias análogas». Smart afirma que hay dos subvariedades del utilitarismo de las reglas: una defendida por Toulmin y la otra por Kant (si se interpreta la máxima de Kant: «Obra sólo según la máxima por la cual puedas querer a la vez que se convierta en ley universal», como sigue: «Obra sólo según la máxima que, como persona humana y benévola, quisieras ver establecida como ley universal»). Pero ninguna de estas subvariedades es para Smart satisfactoria por cuanto ambas representan una especie de «idolatría de las reglas» o normas. Por eso Smart defiende el utilitarismo de los actos, único que puede prescindir de consideraciones metaéticas. Puede hablarse también, según Smart, de un utilitarismo hedonista y un utilitarismo no hedonista, de un utilitarismo negativo (reducción del sufrimiento al mínimo) y un utilitarismo positivo (aumento de la felicidad al máximo). El utilitarismo propuesto por Smart es extremo, hedonista y positivo, y se funda en un principio moral último que expresa el sentimiento de benevolencia más bien que el de altruismo –pues mientras el altruismo puro podría llevar a diversas gentes a diferentes actos incompatibles entre sí, la benevolencia permite que el agente moral no se considere a sí mismo ni más ni menos importante que cualquier otro agente moral.

Utopía. Literalmente, «utópico» significa «lo que no está en ningún lugar» *(tópos).* Se llama (desde Tomás Moro, que acuñó la palabra) «utopía» a toda descripción de una sociedad que se supone perfecta en todos los sentidos. La sociedad misma descrita es calificada de «utopía». Se llama «utópico» a todo ideal –especialmente, a todo ideal de sociedad humana– que se supone máximamente deseable, pero que muchas veces se considera inalcanzable. 'Utópico' equivale en muchos casos a 'modélico' y a 'perfecto'.

Hay muchos ejemplos de utopías. Entre los más destacados figuran: la *República (Politeia),* de Platón; la *Utopía (De optimo reipublicae statu... nova insula utopia),* de Santo Tomás Moro; la *Ciudad del Sol (Città del Sole, Civitas solis),* de Campanella; la *Nueva Atlántida (New Atlantis)* de Francis Bacon; el *Erewhom,* de Samuel Butler; el *Viaje a Icaria (Voyage en Icarie),* de Étienne Cabet (1788-1856); las *Noticias de ninguna parte (News from Nowhere)* y *El paraíso terrestre (The Earthly Paradise),* de William Morris (1834-1896); *Una Utopía moderna (A Modern Utopia),* de H. G. Wells (1866-1946). Estas «Utopías» son muy distintas entre sí, pero tienen en común el que describen no sólo una sociedad ideal y perfecta, sino que la describen también con todo detalle. Una sociedad utópica suele ser una sociedad cerrada en tanto que –supuestamente perfecta– no es susceptible de progreso o mejora.

No hay motivo que haga suponer que los autores citados considerasen realizables sus respectivas utopías; la gran mayoría, de hecho, las planteaba como algo ideal, movidos por el afán de crítica y mejora de la sociedad en que vivían. Ésa es su principal motivación, y en ese aspecto podría decirse que las utopías son revolucionarias; hay que tener en cuenta, sin embargo, que la revolución que propugnan suele ir dirigida al establecimiento de una forma de comunidad en la que la revolución no es posible.

Se ha tachado a menudo al «espíritu utópico» de ceguera frente a las realidades humanas, y es cierto que olvida algunos aspectos de la realidad que resultarían difíciles de encuadrar en el marco de ningún ideal. Sin embargo, tampoco es la utopía algo totalmente inoperante, ya que en ocasiones crea las condiciones previas que luego evolucionarán hacia realidades sociales concretas. Así pues, la utopía no es totalmente utópica.

V

Venn (diagramas de). En el artículo Clase (véase) hemos introducido varios diagramas que representan gráficamente clases y relaciones entre clases. La idea de tal representación gráfica se atribuye a Leonhard Euler, pero fue probablemente anticipada por diversos autores. A base de la misma, John Venn propuso representaciones gráficas de las proposiciones A, E, I, O (véase Proposición) y de silogismos. Estas representaciones permiten comprobar si un razonamiento silogístico dado es o no válido. El método de comprobación recibe por ello el nombre de «método de Venn».

Presentamos ante todo los diagramas de las proposiciones A, E, I, O:

Las partes sombreadas indican inexistencia de una clase; las partes marcadas con una 'x', existencia de una clase; las partes en blanco, ausencia de información sobre una clase.

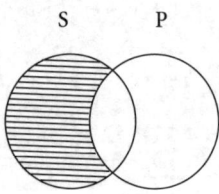

A: Todos los S son P

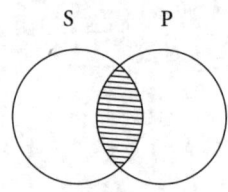

E: Ningún S es P

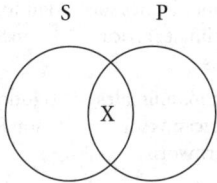

I: Algunos S son P

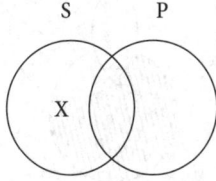

O: Algunos S no son P

Ahora bien, como los silogismos tienen tres términos, hay que introducir un tercer círculo. Supongamos que tenemos las premisas:

Todos los M son P
Todos los S son M.

La figura resultante, siguiendo las indicaciones anteriores, es:

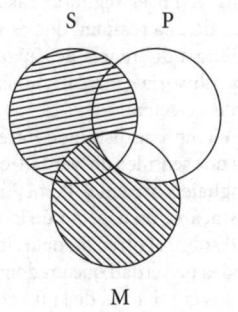

En esta figura queda gráficamente indicado 'Todos los S son P', lo que, dadas las premisas anteriores, es la conclusión del modo *Barbara* (primera figura).

Si consideramos ahora las premisas:

Ningún P es M
Todos los S son M,

construiremos la figura siguiente:

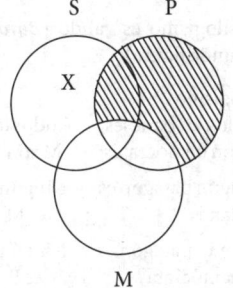

En esta figura queda gráficamente indicado 'Ningún S es P' que, dadas las premisas anteriores, es la conclusión del modo *Celarent* (primera figura).

Comprobación de tres silogismos para ver si son o no válidos:

Silogismo 1

Todos los pescadores de caña son tranquilos	Todos los P son M
Algunos periodistas no son tranquilos	Algunos S no son M
Algunos periodistas no son pescadores de caña	Algunos S no son P

S   P

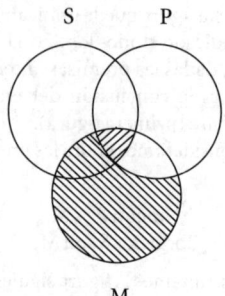

M

El silogismo es válido *(Baroco,* segunda figura).

Silogismo 2

Todos los daneses son demócratas	Todos los M son P
Ningún patagón es danés	Ningún S es M
Ningún patagón es demócrata	Ningún S es P

S   P

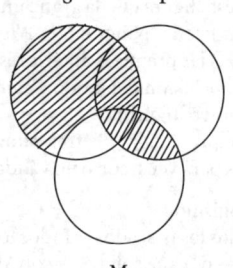

M

El silogismo no es válido.

Silogismo 3

Todos los pescadores de caña son tranquilos	Todos los M son P
Algunos leones son animales africanos	Algunos M son S
Algunos animales africanos son carnívoros	Algunos S son P

S   P

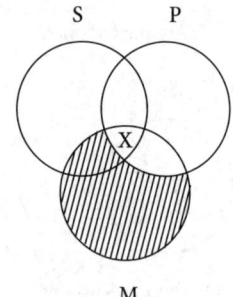

M

El silogismo (3) es válido *(Datisi,* tercera figura).

Verdad. El vocablo 'verdad' se usa en dos sentidos: para referirse a una proposición y para referirse a una realidad. En el primer caso se dice de una proposición que es verdadera a diferencia de «falsa». En el segundo caso se dice de una realidad que es verdadera a diferencia de «aparente», «ilusoria», «irreal», «inexistente», etcétera.

No siempre se distingue entre estos dos sentidos de 'verdad' en el lenguaje corriente. Pero puede destacarse un aspecto de la verdad sobre el otro. Tal ocurrió en la idea de verdad que predominó en los comienzos de la filosofía.

Los filósofos griegos comenzaron por buscar la verdad, o lo verdadero, frente a la falsedad, la ilusión, la apariencia, etc. La verdad era en este caso idéntica a la realidad, y esta última era considerada como idéntica a la permanencia, a lo que es, en el sentido de «ser siempre» –fuese una substancia material, números, cualidades primarias, átomos, ideas, etc.–. Lo permanente era, pues, concebido como lo verdadero frente a lo cambiante –que no era considerado necesariamente como falso, sino sólo como aparentemente verdadero sin serlo «en verdad»–. Como la verdad de la realidad –que era a la vez realidad verdadera– era concebida a menudo como algo accesible únicamente al pensamiento y no a los sentidos, se tendió a hacer de la llamada «visión inteligible», *nous*, un elemento necesario de la verdad.

Este sentido griego de la verdad no es históricamente el único posible. Según von Soden, seguido, entre otros, por Zubiri y Ortega y Gasset, hay una diferencia importante entre lo que el griego entendía por verdad y lo que entendía por ello el hebreo. Para este último, en su época «clásica» cuando menos, la verdad (*'emunah*) es primariamente la seguridad, o, mejor dicho, la confianza. La verdad de las cosas no es entonces su realidad frente a su apariencia, sino su fidelidad frente a su infidelidad. Verdadero es, pues, para el hebreo lo que es fiel, lo que cumple o cumplirá su promesa, y por eso Dios es lo único verdadero, porque es lo único realmente fiel. Esto quiere decir que la verdad no es estática, que no se halla tanto en el presente como en el futuro, y por eso, señala Zubiri, mientras para manifestar la verdad el griego dice de algo que es, que posee un ser que es, el hebreo dice «así sea», es decir, *amen*. En otros términos, mientras para el hebreo la verdad es la voluntad fiel a la promesa, para el griego la verdad es el descubrimiento de lo que la cosa es, o mejor aún, de aquello que «es antes de haber sido», de su esencia. El griego concibe, así, la verdad como ἀλήθεια o descubrimiento del ser, es decir, como la visión de la forma o perfil de lo que es verdaderamente, pero que se halla oculto por el velo de la apariencia. Lo contrario de la verdad es para el hebreo la decepción; lo contrario de ella es para el griego la desilusión. Pero lo verdadero como «lo que habrá de cumplirse» es esencialmente distinto de lo verdadero «como lo que es» y como lo que está siempre presente –aun bajo la forma de la latencia– en un ser. El sentido *primario* de la verdad como ἀλήθεια, dice Zubiri, no es, sin embargo, meramente descubrimiento o potencia, sino, ante todo, la potencia del recuerdo. Pero «la idea misma de verdad tiene su expresión *primaria* en otras voces» dentro de algunos lenguajes indoeuropeos: es el caso del *verus* como expresión de una confianza.

Los griegos no se ocuparon solamente de la verdad como realidad. Se ocuparon asimismo (y aun sobre todo) de la verdad como propiedad de ciertos enunciados, de los cuales se dice que son verdaderos. Aunque antes de Aristóteles se había ya concebido la verdad como propiedad de ciertos enunciados, la más conocida fórmula es la que se encuentra en Aristóteles: «Decir de lo que es que no es, o de lo que no es que es, es lo falso; decir de lo que es que es, y de lo que no es que no es, es lo verdadero» (*Met.*, Γ, 7, 1011 b 26-8). Con ello Aristóteles precisaba lo que había afirmado ya Platón (*Crat.*, 385 B; *Soph.*, 240 D-241 A, 263 B). Pero se atribuye primariamente a Aristóteles lo que se llamará luego «concepción semántica de la verdad», así como «verdad como adecuación», «correspondencia» o «conveniencia». Un enunciado es verdadero si hay correspondencia entre lo que dice y aquello sobre lo cual habla.

Tanto si la verdad se predica de cosas como si se refiere a proposiciones, el problema que se plantea es *cómo* alcanzar esa verdad. Unos dirán que es la inteligencia quien la capta; otros, que la intuición, y otros, por fin, que a través de las sensaciones.

Hay autores para quienes la proposición es una serie de signos. Para ellos, la verdad es la conjunción o separación de signos –por ejemplo, la conjunción del signo 'oro' con el signo 'amarillo' o la separación del signo 'oro' del signo 'verde', lo que da las proposiciones estimadas verdaderas: «el oro es amarillo», «el oro no es verde».

Los escolásticos trataron de conjugar estos diversos modos de entender la verdad. La verdad o, mejor dicho, lo verdadero, *verum*, es, por lo pronto, una «propiedad trascendental» del ente y es convertible con el ente. La verdad como verdad trascendental, llamada también a veces «verdad metafísica» y luego «verdad ontológica», es definida como la conformidad o conveniencia del ente con la mente, pues el *verum* como uno de los trascendentales es la relación del ente con el intelecto. Ello presupone que el ente es inteligible, ya que de lo contrario no podría haber la conformidad mentada. Pero la verdad puede entenderse asimismo como la conformidad o conveniencia de la mente con la cosa, o adecuación de la mente con la cosa, *adaequatio rei et intellectus*.

Este tipo de verdad ha sido llamado a veces, no siempre muy adecuadamente, «verdad lógica».

Se ha distinguido a veces entre las siguientes concepciones de la verdad: (1) verdad metafísica (u ontológica); (2) verdad lógica (o semántica); (3) verdad epistemológica; (4) verdad nominal (u oracional): *veritas sermonis*. (1) equivale a la verdad de la cosa, o a la realidad como verdad; (2) expresa la correspondencia, o adecuación, del enunciado con la cosa o la realidad; (3) se refiere a la verdad en cuanto es concebida por un intelecto y formulada, en un juicio, por un sujeto cognoscente; (4) es la verdad como conformidad entre signos.

Los nominalistas tienden a considerar la verdad como *veritas sermonis*. Los realistas –especialmente los realistas extremos– tienden a concebir la verdad como verdad metafísica u ontológica. Los conceptualistas y los realistas moderados tienden a entenderla como «verdad lógica» o «verdad semántica» –y también como «verdad epistemológica».

En otro sentido, sin embargo, la mayor parte de los escolásticos, independientemente de su teoría de los universales, han mantenido, siguiendo a San Agustín, que hay una fuente para todas las verdades: esta fuente es Dios, o «la verdad». San Anselmo afirmaba que todo juicio de existencia requiere, para poder ser formulado, la existencia del Ser supremo del cual todo otro ser participa.

Hay, pues, en la escolástica muy diversas concepciones de la noción de verdad, aun cuando la más conocida, e influyente, ha sido la verdad como correspondencia según la fórmula *adaequatio rei et intellectus*.

En la Época Moderna han persistido las anteriores concepciones de la verdad, incluyendo la concepción trascendental del *Omne ens est verum* que Wolff formula de este mismo modo en *Philosophia prima sive Ontologia*, § 497. Pero la mayor novedad en las concepciones modernas de la verdad ha sido el desarrollo de lo que puede llamarse «concepción idealista». Se ha dicho a veces que esta concepción se caracteriza por entender la verdad como «verdad lógica», y se ha aducido que al reducirse todo ser a contenido de pensamiento, la verdad tendrá que fundarse en el pensamiento mismo y, por tanto, en sus leyes formales. Pero ello no corresponde necesariamente a las concepciones idealistas, sino más bien a las llamadas «racionalistas» –sean o no, propiamente, idealistas, o semiidealistas–. Además, debe tenerse en cuenta que semejante concepción de la verdad es «lógica» sólo porque es «ontológica», y viceversa; si el pensamiento es pensamiento de la realidad, la verdad del pensamiento será la misma que la verdad de la realidad, pero también la verdad de la realidad será la misma que la del pensamiento –el orden y conexión de las ideas serán, como decía Spinoza, los mismos que el orden y conexión de las cosas.

Hegel intenta dentro de un marco «idealista» llegar hasta la verdad absoluta, llamada por él «verdad filosófica». La verdad es matemática o formal cuando se reduce al principio de contradicción; es histórica o concreta cuando concierne a la existencia singular, es decir, «a las determinaciones no necesarias del contenido de esta existencia». Pero es verdad filosófica o absoluta cuando se opera una síntesis de lo formal con lo concreto, de lo matemático con lo histórico. Así, lo falso y negativo existen no como una «parte» de la verdad, sino como un «momento» en un desarrollo; su «realidad» queda anulada y absorbida cuando, con el devenir de lo verdadero, se alcanza la idea absoluta de la verdad en y para sí misma. La fenomenología del espíritu es de este modo la preparación para la lógica como ciencia de lo verdadero en la forma de lo verdadero. La verdad absoluta es la filosofía misma, el sistema de la filosofía.

Hegel efectúa así una primera aproximación a una noción de verdad que trasciende de todo formalismo y de todo intelectualismo. Su oposición a considerar como verdad una parte de ella, el resultado de lo verdadero, le hace buscar éste en una totalidad que comprende no sólo lo principiado, mas asimismo su principio. La verdad es de este modo la unidad absoluta y radical del principio con lo que él engendra. De ahí el carácter plenamente sistemático de la verdad filosófica, que exige, sin duda, los caracteres formales de lo matemático y los concretos de lo histórico, pero que sólo por la unión de lo universal con lo concreto que realiza la filosofía puede convertirse en absoluta. O lo que es lo mismo: «La verdadera figura en la cual existe la verdad no puede ser más que el sistema científico de esta verdad» (*Phän. des Geistes*, I § 1). Concepción que será en gran parte recogida por las direcciones neohegelianas contemporáneas, pero, como veremos luego en el caso de Bradley, con un abandono del panlogismo y un acercamiento al organologismo que se manifiesta también en las tendencias del actualismo italiano. En todo caso, empero, permanece como algo propio del concepto de verdad sustentado por Hegel el hecho de que la verdad no sea jamás la expresión de un «hecho atómico», el hecho de que la verdad sea, en cuanto ontológica, una totalidad indivisible sobre la cual se destaca cualquier enunciado parcial de lo verdadero o de su negación: el hecho, en suma, de que «lo verdadero sea el todo». En su libro *The Nature of Truth* (1906), Harold Henry Joachim (1868-1938) precisa y desarrolla esta tesis. Joachim señala, en efecto, que la verdad no es mera correspondencia del pensamiento con la realidad, ni tampoco mera propiedad del objeto independientemente de la conciencia, ni, finalmente, aprehensión intuitiva de objetos, sino proposición racionalmente ordenada dentro de su sistema, es decir, juicio que extrae su «significación» del significado del «Todo». No es siempre claro lo que se entiende por semejante «Todo»: si es la totalidad de los objetos, o los objetos en cuanto que forman una totalidad, o la totalidad de los juicios sobre la totalidad de los objetos, o un solo juicio (absoluto) sobre un objeto (también absoluto). En todo caso, en una concepción idealista un juicio particular dado debe ser consistente con todos los demás juicios. Se ha hablado por ello de la noción de la verdad como «coherencia». En sus versiones más extremas, el idealismo mantiene que todo juicio particular queda siempre, por así decirlo, «absorbido» en un juicio total.

En sus *Investigaciones lógicas* (Investigación sexta, cap. V, §§ 36-39), Husserl ha considerado la noción de verdad en relación con las nociones de adecuación y evidencia. Según Husserl, tanto la percepción como la intención significativa tienen diversos grados de cumplimiento. El cumplimiento máximo es la adecuación de la cosa con el intelecto. Especialmente importante es el cumplimiento total de la intención significativa. Cuando tiene lugar este cumplimiento, hay perfecta adecuación entre la intención significativa y lo mentado (significado) por ella. Se puede entender 'verdad' de cuatro modos: (1) La plena concordancia entre lo mentado (significado) y lo dado; (2) la forma de un «acto» de conocimiento –acto empírico y contingente de evidencia–; (3) el objeto dado en tanto que es mentado (significado); (4) la justeza de la intención, especialmente como justeza del juicio (*Investigaciones*, trad. Morente-Gaos, tomo IV, págs. 131-33). En (1) se tiene en cuenta una situación objetiva o estado de hecho; en (2) se tiene en cuenta el proceso cognoscitivo; en (3) se tiene en cuenta el objeto que hace posible la evidencia; en (4) se tiene en cuenta la intención (significativa). El tenor general de estas ideas de Husserl sobre la noción de verdad es el de la verdad como correspondencia, pero se trata de una correspondencia entre lo que significa (o lo que se «intenta» significar) y lo significado, o mentado. Como el acto de significar no es, o no es necesariamente, un acto empírico, y lo significado, o mentado, no es necesariamente una cosa, la correspondencia en cuestión queda confinada a una región «pura». Se trata de una relación «ideal» y –como diría Husserl, en su más fuerte *(prägnant)* sentido– «esencial». No parece imposible pasar de la noción de verdad como correspondencia a la noción de verdad como coherencia o consistencia. Este paso aparece en las *Ideas* y en las *Meditaciones cartesianas*.

Heidegger niega que la verdad sea primariamente la adecuación del intelecto con la cosa y sostiene, de acuerdo con el primitivo significado griego, que la verdad es el descubrimiento. La verdad queda convertida en un elemento de la existencia, la cual encubre el ser en su estado de degradación *(Verfallen)* y lo descubre en su estado de autenticidad. La verdad como descubrimiento puede darse sólo, por consiguiente, en el fenómeno de «estar en el mundo» propio de la Existencia y en él radica el fundamento del «fenómeno originario de la verdad». El descubrimiento de lo velado es así una de las formas de ser del estar en el mundo. Pero el descubrimiento es no sólo el descubrir, sino lo descubierto. La verdad es, en un sentido originario, la revelación de la Existencia a la cual pertenece primitivamente tanto la verdad como la falsedad. Por eso la verdad se descubre únicamente cuando la Existencia se revela a sí misma en cuanto manera de ser propia. Y toda verdad no es verdadera en tanto no haya sido descubierta. El ser de la verdad se halla, según ello, en una relación directa e inmediata con la Existencia. «Y sólo porque se ha constituido la Existencia mediante la comprensión de sí misma, es posible la comprensión del ser.» Por eso hay verdad sólo en tanto que hay Existencia, y ser únicamente en tanto que hay verdad. Ahora bien, esta doctrina de la verdad, contenida en *Ser y Tiempo* (§ 44), ha sido por un lado precisada y por el otro refundamentada en la conferencia *De la esencia de la verdad (Vom Wesen der Wahrheit*, 1943). Aquí se presenta la esencia de la verdad desde luego como algo muy distinto de las diversas maneras posibles de adecuación o *convenientia;* la verdad se hace patente sólo en la medida en que el juicio mediante el cual se enuncia la verdad de una cosa se refiere a ella, en tanto que la haga presente y permita expresarla tal como es. La cosa debe, pues, estar «abierta» o, mejor dicho, la cosa debe aparecer dentro de un ámbito de «apertura» que incluye la «dirección hacia la cosa». Al referirse a la cosa, el enunciado que la deja ver se «comporta» *(verhält sich)* de un cierto modo, posibilitado por la apertura. Lo que haya de adecuación, conveniencia o conformidad del juicio con lo real no estará, pues, fundado solamente en el hecho de que sólo en el juicio reside la posibilidad de verdad, sino en la situación más radical de una conformidad con el modo de estar abierto su «comportamiento». Esto equivale a una cierta «liberación», hecha posible por la entrega previa a la esencia de la verdad, «liberación» sólo factible en el caso de que sea libre de antemano respecto a lo que se manifiesta en la «apertura». Por eso «la esencia de la verdad es la libertad», pero una libertad que no es expresión de decisiones arbitrarias o cómodas –no una libertad que el hombre posee, sino una libertad que posee *al* hombre y que hace posible la verdad como descubrimiento del ente por medio del cual tiene lugar una «apertura».

Hay un grupo considerable de concepciones sobre la verdad que exhiben ciertas semejanzas familiares. Kierkegaard había proclamado que la verdad es la subjetividad, pero esto no quiere decir que la verdad sea arbitraria: la subjetividad debe ser entendida como la existencia. Nietzsche mantuvo que es verdadero todo lo que contribuye a fomentar la vida de la especie, y falso todo lo que es un obstáculo para el desarrollo de la especie. Se ha hablado en este respecto de una concepción «biologista», y hasta a veces «darwiniana», de la verdad. En ambos casos se sustrae la noción de verdad de la esfera intelectual tradicional. Ello ocurre asimismo con el ficcionalismo de Vaihinger y con el pragmatismo.

Para William James es verdadero lo que muestra ser bueno en el orden de la creencia; es verdadero lo que es «expeditivo» en nuestro modo de pensar. Como James habla asimismo de la verdad en relación con las «consecuencias prácticas», se ha argüido, contra James, y, en general, contra el pragmatismo, que su teoría de la verdad es o absurda o contradictoria consigo misma. Debe tenerse en cuenta, sin embargo, que James ha refinado considerablemente sus propuestas. Como en Peirce, en James la verdad está ligada a la investigación. Peirce había mantenido que no puede hablarse de verdad o en una investigación que no llega a ninguna parte o en una investigación que conduce a varios resultados, ninguno de los cuales hace ninguna diferencia en nuestras afirmaciones. Esto quiere decir que la verdad debe ser «verificada». No hay nada verdadero que no sea «satisfactorio». James siguió en este último respecto a Peirce. Ello permite decir que lo verdadero es lo útil, pero hay que entender la utilidad como lo que introduce un «beneficio vital» (no necesariamente «subjetivo») que merece ser conservado. La única diferencia entre un pragmatista y un antipragmatista en el problema de la verdad radica sólo, dice James, en el hecho de que «cuando los pragmatistas hablan de verdad se refieren exclusivamente a algo acerca de las ideas, es decir, a su practicabilidad o posibilidad de funcionamiento *(workableness)*, en tanto que cuando los antipragmatistas hablan de la verdad quieren decir frecuentemente algo acerca de los objetos» *(The Meaning of Truth,* 1909, Prefacio).

A diferencia del pragmatismo de James, del humanismo de la verdad de F. C. S. Schiller o del instrumentalismo o pragmatismo de Dewey, Bradley sostiene una concepción llamada «absolutista» de la verdad. Este absolutismo no es un panlogismo, sino más bien un organicismo. Según Bradley, «la verdad es el objeto del pensamiento, y el propósito de la verdad es cualificar idealmente la existencia», pero, a la vez, «la verdad es la predicación de un contenido tal que, cuando sea predicado, resulte armónico y suprima la inconsistencia y con ella la inquietud» *(Appearance and Reality,* 1893, pág. 165). Se observa aquí una cierta «tendencia a lo concreto». Algo similar ocurre con la noción bergsoniana de la verdad. Para Bergson, lo absoluto de la verdad no significa que la proposición que la expresa haya existido virtualmente siempre; significa que el juicio de verdad es verdadero sin restricciones. Lo absoluto se opone aquí meramente a lo relativo, y en manera alguna quiere decir lo eterno, lo que ha sido desde siempre o será así siempre. La verdad depende de «la realidad». Es cierto que la noción «tradicional» de la verdad destacaba asimismo dicha «dependencia», pero el pensamiento actual ha buscado a menudo una noción de verdad que, superando el relativismo y el utilitarismo manifestados en las primeras reacciones contra toda «abstracción», valiera en cierto modo como «absoluta».

La teoría de la verdad que defienden la mayor parte de los idealistas es la de la coherencia, teoría que sostienen también –por diversas razones– algunos positivistas. Hasta donde es posible formular axiomáticamente un conjunto de conocimientos, presentándolo en forma hipotético-deductiva, un aserto verdadero será aquel que mantenga coherencia con el resto de las proposiciones del sistema.

Una forma en que se ha elaborado la verdad como correspondencia es el llamado «concepto semántico de verdad» presentado por Alfred Tarski. En este concepto de verdad las expresiones 'es verdadero' y 'es falso' son expresiones metalógicas. Una definición adecuada de 'verdad' tiene que darse en un metalenguaje. Según Tarski, en los lenguajes formalizados es posible construir una definición adecuada y formalmente correcta de lo que es una sentencia verdadera en un metalenguaje, con sólo la ayuda de expresiones lógicas generales, expresiones del propio lenguaje y términos de la morfología del lenguaje...» (*Logic, Semantics, Mathematics, Papers from* 1923-1938, VIII, § 7 [273]). Tarski trata primero de ver si puede darse semejante definición en el lenguaje coloquial o corriente *(Umgangssprache)*, pero encuentra que todos los métodos fallan. La universalidad del lenguaje coloquial –que incluye enunciados y otras expresiones, así como los nombres de los enunciados y de otras expresiones– es la fuente de las antinomias semánticas del tipo de las de «El Mentiroso» y de los términos heterológicos. Es cuestionable, por tanto, un uso consistente de la expresión 'enunciado verdadero' que concuerde con las leyes de la lógica y el espíritu del lenguaje coloquial. Y es igualmente cuestionable la posibilidad de construir una definición correcta de 'enunciado verdadero' en el mencionado lenguaje. Tarski recurre, en vista de ello, a lenguajes formalizados, en donde el sentido de cada expresión se halla determinado sin la menor ambigüedad por su forma, y construye una definición formalmente correcta en tales lenguajes: en el lenguaje del cálculo de clases, en lenguajes de orden finito y en lenguajes de orden infinito. Uno de los más conocidos, o difundidos, resultados de Tarski aparece en las tesis relativas a la relación entre el orden del lenguaje y el orden del metalenguaje: en un metalenguaje se puede proporcionar «una definición formalmente correcta y objetivamente justificada» de 'enunciado verdadero' siempre que el metalenguaje sea «de orden superior al lenguaje objeto de investigación»; si «el orden del metalenguaje es, a lo sumo, igual al orden del lenguaje, no puede construirse tal definición» –en una versión extensible a otros conceptos semánticos, Tarski señala que se puede establecer la semántica de cualquier lenguaje formalizado como parte de la morfología del lenguaje siempre que el lenguaje en el que se establezca la morfología sea de orden superior al del lenguaje cuya morfología es objeto de examen; si el orden del lenguaje usado al efecto es por lo menos igual al del lenguaje mismo, no se puede establecer la semántica del lenguaje.

Es usual presentar en forma muy simplificada –en rigor, muy cercana al lenguaje coloquial cuyas ambigüedades se trataba justamente de evitar– la «concepción semántica de la verdad» propuesta por Tarski. Si queremos decir que un enunciado –por ejemplo: 'Dante es un poeta italiano'– es un enunciado verdadero, escribiremos:

'Dante es un poeta italiano' es verdadero   (1)

con lo cual 'es verdadero' aparecerá como un predicado metalógico (semántico). Y si queremos decir que el enunciado (1) es un enunciado verdadero, escribiremos:

"Dante es un poeta italiano' es verdadero' es verdadero.

En general, será conveniente indicar en qué lenguaje se dice de un enunciado que es verdadero, con la condición, antes apuntada, de que tal lenguaje (o, mejor, metalenguaje) no sea del mismo orden que el lenguaje del cual se dice que es verdadero, sino de orden inmediatamente superior. El concepto semántico de verdad está, así, basado en el bicondicional:

'p' es verdadero $\leftrightarrow p$

que se lee:

'p' es verdadero si y sólo si p,

uno de cuyos ejemplos puede ser el mismo indicado por Tarski:

'La nieve es blanca' es verdadero si y sólo si la nieve es blanca.

Los predicados metalógicos 'es verdadero' y 'es falso' son los usados en la lógica bivalente. En una lógica polivalente el número de predicados metalógicos aumenta; hay tantos como valores de verdad. Así, a los predicados 'es verdadero' y 'es falso' se agrega en la lógica trivalente el predicado 'no es verdadero ni falso'. Otros predicados posibles en lógicas polivalentes son: 'es más verdadero que falso', 'es más falso que verdadero'. Pero como en las lógicas polivalentes se usan números para expresar los valores de verdad, los predicados mencionados son considerados como interpretaciones (semánticas) dadas a tales valores.

La teoría de Tarski se puede concretar en lo siguiente: para ser materialmente adecuada, una definición del concepto de verdad ha de traer como consecuencia la equivalencia de la forma. Tarski ha definido la verdad en términos de 'satisfacción' ('X satisface'). Dentro de un lenguaje dado se asignan entidades a las variables individuales libres de una sentencia dada (así, 'x es amarillo' es satisfecho por la asignación de la entidad oro a 'x' si y sólo si 'el oro es amarillo' es verdadero). A la vez se asignan, o pueden asignarse, *designata* a las constantes individuales que haya, y extensiones a las constantes predicados (por ejemplo, indicando que cada una de las constantes individuales designa algún miembro del universo del discurso del lenguaje elegido, y que cada una de las constantes predicados tiene como extensión algún subconjunto del propio universo del discurso). Una vez ejecutadas estas operaciones, o la parte ejecutable de ellas, puede probarse que *toda* definición de la verdad –siempre que cumpla con los requisitos de adecuación– es extensionalmente equivalente a la definición de Tarski.

La concepción semántica de la verdad, especialmente en el modo como fue formulada por Tarski antes de las precisiones introducidas en los tres últimos párrafos, ha sido objeto de variadas críticas. Pueden ser clasificadas en dos grupos: filosóficas y «lingüísticas». Las primeras arguyen que la concepción semántica de la verdad no resuelve el problema filosófico de la verdad en el sentido en que ha sido tradicionalmente entendido, o no tiene en cuenta los supuestos que subyacen en toda concepción semántica. A ello puede responderse que la concepción semántica no intenta dar tal solución ni averiguar tales supuestos; se trata sólo de lograr una definición del ya citado predicado metalógico. Las segundas proclaman que el concepto semántico de verdad, aunque muy útil para la construcción de lenguajes artificiales, ofrece graves dificultades al aplicarlo a los lenguajes naturales. Entre los que han presentado objeciones desde este punto de vista figuran Max Black y P. F. Strawson.

Black ha señalado que el examen de los pasos necesarios para adaptar el procedimiento de Tarski a un lenguaje ordinario (en su ejemplo, al inglés ordinario) crearon condiciones realmente paradójicas. Pues la definición, arguye Black, resultaría anticuada en todos aquellos lugares en que se introdujeran nuevos nombres en el lenguaje. Se trata, por lo tanto, de una dificultad que surge cuando se intenta aplicar la definición semántica al marco de un lenguaje natural. La exposición de Tarski es, según Black, la consecuencia de una «teoría de la no verdad» (o neutralismo completo), pero ni esto ni ninguna definición formal de la verdad puede alcanzar el corazón del problema filosófico.

P. F. Strawson indica que ha habido en las discusiones recientes sobre el problema de la verdad dos diferentes tesis: una (sostenida por F. P. Ramsey) según la cual cualquier enunciado que comienza con 'Es verdad que...' no cambia su sentido asertivo cuando la expresión 'es verdad que' es omitida; la otra según la cual decir que una sentencia es verdadera equivale a formular un enunciado sobre un enunciado de un lenguaje en el cual se ha expresado la primera sentencia. La primera tesis es cierta, pero inadecuada; la segunda es falsa, pero es importante. La primera es cierta en lo que afirma y equivocada en lo que sugiere. La segunda es falsa en lo que afirma y cierta en lo que implica. Con el fin de aclarar este problema Strawson propone examinar los usos de 'verdad', 'es verdadero', etc. en frases en las cuales aparecen dichas expresiones. El resultado de tal examen es el descubrimiento de un gran número de usos que los lógicos descuidan. Por ejemplo, el uso confirmativo en la respuesta 'Es verdad' a una frase como 'Juan es inteligente'; el uso admisivo, parecido al anterior, en cuanto 'Es verdad' puede traducirse por 'Lo admito'; el uso concesivo, etc. Ellos –y otros que podrían agregarse– muestran que es inadmisible transformar todo enunciado donde interviene la noción de verdad en un enunciado anterior. Los partidarios de la teoría semántica de la verdad llegan a sus conclusiones por haber descuidado los citados múltiples usos y por haber hecho sinónimos, dentro de una lógica extensional, 'condición de verdad' y 'significación'. 'Es verdad' es ampliado por dichos partidarios a 'es verdad si y sólo si', y 'es verdad si y sólo si' es interpretado como 'significa que'. Así, la frase 'El monarca ha fallecido' significa (en español) que 'el rey ha muerto' es transformada en 'El monarca ha fallecido' es verdadero (en español) y sólo si 'el monarca ha fallecido'. La objeción que puede ocurrírsele al defensor de la teoría semántica –que tal teoría es necesaria para evitar las paradojas semánticas (véase PARADOJA)– es obviada por Strawson al indicar que tanto la paradoja como su solución son innecesarias si prestamos atención al hecho de que la «lógica» de 'es verdad' en la paradoja es parecida a la «lógica» de 'lo mismo digo' cuando no se ha formulado antes ningún enunciado. Así, como 'lo mismo digo' en semejante caso es una frase que ni va ni viene, la expresión 'lo que digo es falso' es una frase que ni va ni viene si no se ha dicho nada anteriormente. Se trata, según Strawson, de una manifestación lingüística espurea.

La teoría de la verdad elaborada por Strawson ha sido llamada «teoría ejecutiva ('performativa' = *performative*) de la verdad» por cuanto se basa en considerar que 'verdadero' es una expresión ejecutiva y no descriptiva. Varios filósofos, especialmente de propensión lógica, han argüido que el concepto semántico de verdad ha sido construido para lenguajes formalizados, de modo que las objeciones contra el mismo a base de una «filosofía del lenguaje corriente» no son válidas –o, en todo caso, no son aplicables–.

Según Ayer, no importa que la concepción semántica de la verdad no proporcione ninguna definición general de la verdad y se limite a proporcionar un criterio de validez.

Algunos lógicos no consideran que la teoría semántica de la verdad sea un requisito indispensable para referirse a la verdad o falsedad de todos los sistemas logísticos. Pueden construirse, en efecto, ciertos sistemas logísticos capaces de definir su propia verdad. Ejemplos de ellos se encuentran en Alonzo Church, *The Calcul of Lambda-Conversion* (1941), y en John Myhill, «A System which can define Its Own Truth», *Fundamenta mathematica*, 37 (1950), 190-92.

La noción de verdad va unida a la de «satisfactorio», hasta el punto de que algunos autores consideran previa la definición de este segundo concepto.

Parece imposible reducir a un común denominador todos los conceptos de verdad hasta aquí presentados. En vista de ello algunos autores han declarado que no hay, en rigor, *un* concepto de verdad. Así opinan Ogden y Richards *(The Meaning of Meaning,* 1923) cuando dicen que la expresión 'verdad de una proposición' es sólo «un examen exhaustivo de la situación de los signos por medio de cada una de las ciencias especiales». El problema de la verdad es, según esto, un «falso problema» debido al hecho de «poder usarse una sola palabra como signo taquigráfico que se refiere a todos los signos».

Los distintos conceptos de la verdad pueden ser agrupados en varios tipos fundamentales. Esto se hace cuando se habla de «verdad lógica», «verdad semántica», «verdad existencial», etc. Conviene, sin embargo, que tales agrupaciones sean hechas de un modo sistemático. Una de las presentadas es la ya clásica de la verdad lógica (no contradicción), verdad epistemológica (adecuación del entendimiento y de la realidad) y verdad ontológica (realidad como algo distinto de la apariencia). Otra es la que distingue entre verdad semántica y verdad filosófica. Otra es la propuesta por Russell cuando distingue entre cuatro conceptos de verdad: teoría que sustituye 'verdad' por 'aserto garantizado' (Dewey); teoría que sustituye 'verdad' por 'probabilidad' (Reichenbach); teoría que entiende 'verdad' como 'coherencia' (idealistas y, con distintos supuestos, algunos lógicos); teoría que entiende 'verdad' como 'adecuación' (con la realidad). Otra es la indicada por Félix Kaufmann cuando distingue entre tres conceptos de verdad: verdad como propiedad temporal de las proposiciones (verdad lógica aplicable a proposiciones analíticas); verdad garantizada por la asertabilidad (proceso de «validación») de proposiciones sintéticas; verdad como ideal de última y completa coherencia en una experiencia total (verdad como principio regulativo). Otra es la que se limita a distinguir entre dos tipos de verdad: verdad fáctica y verdad lógica. Otra es la que clasifica las principales teorías de la verdad bajo expresiones como «teoría de la verdad como correspondencia (o adecuación)», «teoría de la verdad como coherencia», «teoría pragmatista de la verdad», «teoría existencial de la verdad», «teoría ejecutiva de la verdad». A estas expresiones deberían agregarse las de «teoría relativista de la verdad» y «teoría historicista de la verdad», que no suelen exponerse en la literatura filosófica sobre la noción de verdad, pero que han sido sumamente importantes e influyentes. Cabe distinguir entre teoría relativista (no hay verdades absolutas) y teoría historicista (las verdades están en la historia, es decir, toda verdad es relativa al tiempo o época en que es formulada), pero ambas tienen en común el suponer, según la consagrada fórmula, que *veritas filia temporis,* que «la verdad es hija del tiempo».

Verdades de razón, verdades de hecho. En diversas partes de sus obras Leibniz ha establecido una diferencia entre estos dos tipos de verdades. El texto más conocido se halla en la *Monadología*, § 33: «También hay dos clases de verdades: las de *razón* y las de *hecho*. Las verdades de *razón* son necesarias y su opuesto es imposible; las de *hecho* son contingentes y su opuesto es posible». Esta doctrina es desarrollada con detalle en la *Teodicea* (§§ 170, 174, 189, 280-282, 376, citados por el propio Leibniz). Dos cuestiones se plantean al respecto. Una es histórica y consiste esencialmente en saber cuáles son los precedentes de la distinción leibniziana y cuáles son las formas que ha adoptado después de Leibniz. La otra es sistemática y consiste en dilucidar la naturaleza de la distinción y las diversas soluciones dadas a la relación entre los dos tipos de verdades. Las dos cuestiones se entrelazan, por lo demás, con frecuencia, puesto que, según veremos, en el análisis sistemático de las soluciones posibles encajan, como ejemplos, diversas posiciones adoptadas en el curso de la historia.

El primero, acaso el más fundamental, de los precedentes de la distinción leibniziana es el platónico. Las verdades de razón pueden ser equiparadas, en efecto, a las conseguidas por medio del saber riguroso: su método es la dialéctica y su modelo la matemática. Las verdades de hecho son las verdades conseguidas por medio de la opinión, que no se refiere a lo que es (a lo que es siempre), sino a lo que cambia, esto es, a lo que oscila entre el ser y el no ser. Como consecuencia de ello puede afirmarse que las verdades de razón son necesarias; las de hecho, contingentes. La diferencia entre lo necesario y lo contingente establecida por Aristóteles, y especialmente la definición del primero de estos conceptos por la exclusión del segundo, y viceversa, permite perfilar la distinción platónica. Varios filósofos durante la Edad Media abundaron en distinciones parecidas; entre ellos destaca Duns Escoto, especialmente a través de la doctrina de la contingencia del mundo creado. Por su lado, Suárez desarrolló la doctrina de la identidad del sujeto y del predicado en juicios que expresan verdades eternas y, por lo tanto, la analiticidad de tales juicios –una concepción que se halla en la base de la teoría leibniziana–. Entre los filósofos modernos pueden citarse como precedentes de Leibniz, según ha indicado F. H. Heinemann, a Descartes y Hobbes. El primero, por su formulación de la diferencia entre juicios sobre cosas y sus afecciones, y juicios que expresan verdades eternas; sin considerar aún los segundos como analíticos –como hizo explícitamente Leibniz–, tendió a equiparar las verdades de razón a verdades conseguidas mediante un proceso calculatorio. El segundo, por su diferencia entre el conocimiento de hechos y el conocimiento de la consecuencia de una afirmación con respecto a otra. No todos estos filósofos situaron, por lo demás, sus distinciones en el mismo marco ontológico. Descartes, por ejemplo, fiel al racionalismo y al realismo, consideró los dos tipos de juicios como reducibles, en su más alto estado de perfección, a proposiciones evidentes. Hobbes, en cambio, fiel al empirismo y al nominalismo, consideró toda proposición últimamente como una proposición de experiencia, pues las que se refieren a la consecuencia de una afirmación con respecto a otra son, en rigor, proposiciones relativas al uso de nombres en el lenguaje.

En lo que toca a la evolución posterior de la distinción leibniziana, encontramos, por lo pronto, reflejos de ella en Hume y Kant. El primero, por su distinción entre hechos y relaciones de ideas. El segundo, por su distinción entre juicios *a priori* y juicios *a posteriori*. Las diferencias entre las ontologías respectivas permiten explicar en qué sentidos distintos toma cada uno la distinción leibniziana. Con algunas variantes, la distinción fue adoptada por muchos pensadores, tanto racionalistas como empiristas. J. Stuart Mill se sirvió de ella, si bien para declarar inmediatamente que toda verdad de razón podía reducirse a verdad de hecho. Los positivistas lógicos contemporáneos y pensadores de tendencia afín la han usado para mostrar que en la gran mayoría de los casos es posible combinar el empirismo con el formalismo, siempre que las verdades de razón sean consideradas como puramente analíticas y, por consiguiente, como reglas.

Sin embargo, la distinción, tal como la propuso Leibniz, está embebida en una metafísica propia, que no es fácil fuera aceptada por los demás filósofos. Es típico de Leibniz considerar que la distinción, válida para una mente finita, se desvanece en una mente infinita, la cual puede reducir la serie infinita de verdades de hecho a verdades de razón y, por consiguiente, puede hacer de las verdades empíricas verdades analíticas.

En cuanto al aspecto sistemático de la cuestión, nos limitaremos a bosquejar dos posiciones básicas: (I) las verdades de razón y las verdades de hecho están separadas completamente y no hay ni posibilidad de reducir a unas las otras ni posibilidad de encontrar un *tertium* que las una; (II) las verdades de razón y las verdades de hecho están relacionadas entre sí de algún modo. Las relaciones principales que pueden establecerse entre ellas son: (a) Las verdades de razón son reducibles a las de hecho; (b) Las verdades de hecho son reducibles a las de razón; (c) Hay entre las verdades de razón y las verdades de hecho un tipo de verdad que permite unirlas y que no se reduce a ninguna de ambas; es común considerar que este tipo de verdad es dado por una intuición que puede ser a la vez empírica y racional; (d) Hay entre las verdades de razón y las verdades de hecho una gradación continua, que hace de cualesquiera de tales tipos de verdad conceptos límites metodológicamente útiles, pero jamás hallados en la realidad. Toda proposición sería, según ello, a la vez verdad de razón y verdad de hecho, pero cada proposición tendería a ser o más verdad de razón que verdad de hecho, o más verdad de hecho que verdad de razón. Por la descripción histórica anterior es fácil encontrar ejemplos, especialmente de las concepciones (a)-(c). La concepción (d) es la mantenida por el autor de la presente obra.

Verificación. Se dice comúnmente que verificar una cosa es comprobar si es verdadera. Lo que se comprueba, sin embargo, no es una cosa, sino algo que se dice acerca de ella, esto es, un enunciado. La verificación es la acción y efecto de comprobar si algún enunciado es verdadero o falso. Más especialmente se entiende por 'verificación' el procedimiento adoptado mediante el cual se comprueba la verdad o falsedad de algún enunciado. Si alguien afirma que hay un ejemplar del *Quijote* en la Biblioteca Nacional de Madrid, se verifica esta afirmación visitando esta biblioteca y viendo todo lo que hay en ella. Si alguien afirma que la Tierra gira alrededor del Sol, la verificación de este enunciado es mucho más compleja, pues incluye no sólo observaciones, sino también teorías. De un modo muy general, verificación es lo mismo que comprobación, confirmación y corroboración, pero hay usos técnicos de 'confirmación' y 'corroboración' que no son equiparables simplemente a 'verificación'.

En toda teoría del conocimiento el problema de la verificación de enunciados ocupa un lugar prominente. Algunos autores han tratado el problema de la verificación dentro de lo que se ha llamado «criteriología», por considerar que verificar requiere adoptar criterios de verdad.

La cuestión de la naturaleza y modos de llevar a cabo la verificación de enunciados ha ocupado a casi todos los filósofos interesados en problemas del conocimiento. Sin embargo, en un sentido propio, o más directo, ha ocupado sobre todo a dos grupos de filósofos: los pragmatistas y los pensadores del Círculo de Viena –los positivistas lógicos y, en general, los neopositivistas.

Para los pragmatistas se ha tratado sobre todo de «*hacer* verdaderas» las proposiciones en el sentido de que ninguna proposición debe ser admitida como verdadera si no puede, cuando menos en principio, verificarse. Si todo enunciado tiene una «pretensión» de verdad, esta «pretensión» no quedará cumplida sino cuando haya sido verificada. Así, William James escribía *(Pragmatism,* Cap. VI) que «las verdaderas ideas son las que podemos asimilar, validar, corroborar y verificar», explicando –contra posibles objeciones cercanas a las luego dirigidas contra algunos positivistas lógicos– que la verificabilidad es tan buena como la verificación, ya que «por cada proceso-verdad completo hay en nuestras vidas millones de estos procesos que funcionan en 'estado de nacimiento'». F. C. S. Schiller escribía («Why Humanism?», en *Contemporary British Philosophy. Personal Statements (First Series),* 1924, ed. J. H. Muirhead, pág. 400) que «el valor de las verdades es *probado* por su *funcionamiento,* y que para sobrevivir tendrán que ser *verificadas».* Algo similar podría decirse de la doctrina de John Dewey sobre los modos de «garantizar» la verdad –la «garantía» es aquí la «verificación».

Los positivistas lógicos, o neopositivistas, capitaneados en los comienzos por Moritz Schlick, propusieron lo que se ha llamado «principio de verificación», o también «principio de verificabilidad». La formulación llamada «fuerte» del principio de referencia es la siguiente: «El significado cognoscitivo de una sentencia (proposición) está determinado por las experiencias que permiten determinar de un modo conclusivo si la sentencia (proposición) es verdadera o falsa». Si no se pueden llevar a cabo experiencias que permitan determinar la verdad o falsedad de la sentencia (proposición), esta última carece de significación. El principio es aplicable a enunciados que tienen (o aspiran a tener) un contenido, no a fórmulas lógicas y matemáticas, que son consideradas como tautológicas. De acuerdo con el principio de verificación, o verificabilidad, los enunciados metafísicos, teológicos, axiológicos, etc., no siendo verificables empíricamente, carecen de significado. Así, el principio de verificación, o verificabilidad, es un criterio de demarcación.

Dicho principio conlleva reminiscencias de la célebre clasificación de los juicios de Hume, que distinguía entre cuestiones de hecho y relaciones de ideas. Si un juicio no es ni lo uno ni lo otro carece de significado, y las obras que contienen ese tipo de asertos sin sentido deberían ser «condenadas a la hoguera».

En la indicada forma «fuerte» el principio de verificación, o verificabilidad, fue pronto denunciado por algunos de los propios neopositivistas como insostenible. Decir que sólo tienen significación las proposiciones empíricamente verificables equivale a excluir proposiciones empíricas que pueden no ser (cuando menos hasta donde podamos saberlo) efectivamente verificables. Por ello se propuso un principio de verificación más «liberal» –o como se le llamó también, «más débil»–, el cual consiste en decir que sólo tienen sentido las proposiciones verificables en principio, sea o no posible efectiva y actualmente su verificación. En su edición revisada (1946) de *Language, Truth and Logic*, A. J. Ayer propone el siguiente principio, que a su entender elimina las dificultades que se presentaron en las primeras formulaciones: «Propongo que un enunciado es directamente verificable si, o bien es él mismo un enunciado de observación, o es tal que en conjunción con uno o más enunciados de observación conlleva por lo menos un enunciado de observación no deducible de estas otras premisas solamente. Y propongo que un enunciado es indirectamente verificable si satisface las siguientes condiciones: primero, que en conjunción con ciertas otras premisas conlleve uno o más enunciados directamente verificables que no sean deducibles solamente de estas otras premisas; y segundo, que estas otras premisas no incluyan ningún enunciado que no sea o bien analítico, o bien directamente verificable, o bien capaz de ser sentado independientemente como verificable» (*op. cit.*, pág. 13).

Los que han rechazado pura y simplemente el principio de verificación han dado varios tipos de razones. Nos limitaremos a algunas de ellas. A. C. Ewing y otros autores destacaron que el principio de verificación es una proposición según la cual solamente pueden poseer significación los enunciados empíricos. Respondiendo a esta crítica, el neopositivismo acuerda que ni es un enunciado empírico ni una tautología, sino una recomendación para el uso de ciertas clases de lenguajes. R. von Mises incluyó los diversos modos de verificabilidad dentro de lo que consideraba como el más amplio concepto de «conectibilidad» o «conexionabilidad» (*Verbindbarkeit*). El principio de verificación fue objeto de abundante controversia no sólo entre quienes pretendían defender los supuestos de la metafísica, sino incluso entre los positivistas. Carnap, por ejemplo, sustituyó el principio de verificación por el de confirmación, mientras que Reichenbach admitió la posibilidad de proposiciones significativas que describan estados de cosas inverificables. Quine y otros autores han manifestado que la diferencia entre «analítico» y «sintético» no es tan tajante como parece a primera vista, o como pareció a muchos neopositivistas. Ahora bien, el hacer «borrosa» la línea divisoria entre lo analítico y lo sintético equivale a admitir dentro del cuerpo de una teoría, incluyendo las teorías científicas, ciertas proposiciones que son solamente verificables con relación a otras proposiciones de la teoría. Russell señaló que inclusive la doctrina ampliada de la verificación -o principio «débil» de verificación- suscita dificultades graves, especialmente en la medida en que se ve forzada a introducir términos disposicionales. Además, Russell manifiesta que un completo agnosticismo metafísico, como el que presupone el principio de verificación en cualquiera de sus versiones, «no es compatible con el mantenimiento de proposiciones lingüísticas». Ciertos autores han mantenido que las propias leyes científicas son inverificables como tales leyes; lo que sucede es que se pueden en principio «confirmar» mediante casos observados. G. Ryle ha propuesto que el significado de un enunciado es más bien el método de su aplicación, o el modelo de inferencias concretas que autoriza a ejecutar.

Virtud significa «fuerza» *(virtus*, ἀρετή), «poder», de donde «poder de una cosa», «eficacia». En este sentido ciertos autores afirmaron que una cosa hace dormir por poseer una *virtus dormitiva*. Ya desde muy pronto la virtud fue entendida en el sentido del hábito o manera de ser de una cosa, hábito que se hace posible por haber previamente en ella una potencialidad o capacidad de ser de un modo determinado. Así, en Aristóteles, quien señala, empero, «que no basta contentarse con decir que la virtud es hábito o modo de ser, sino que hay que decir asimismo en forma específica cuál es esta manera de ser» *(Eth. Nic.,* II, 6, 1106 a 14-5). Ahora bien, definida del modo más general, la virtud es respecto a una cosa lo que completa la buena disposición de la misma, lo que la perfecciona; en otros términos, la virtud de una cosa es, propiamente hablando, su bien, pero no un bien general y supremo, sino el bien propio e intransferible. Virtud, podría decirse, es aquello que hace que cada cosa sea lo que es. Tal noción de virtud es prontamente trasladada al hombre: virtud es entonces, por lo pronto, el poder propiamente humano en cuanto se confunde con el valor, el coraje, el ánimo. La virtud es lo que caracteriza al hombre, y las definiciones de la virtud atienden en tal caso a lo que consideran el carácter específico del ser humano. Este carácter está expresado, según Aristóteles, por el justo medio; se es virtuoso cuando se permanece entre el más y el menos, en la debida proporción o en la moderación prudente: «La virtud –escribe Aristóteles– es un hábito, una cualidad que depende de nuestra voluntad, consistiendo en este medio que hace relación a nosotros y que está regulado por la razón en la forma en que lo regularía el verdadero sabio. La virtud es un medio entre dos vicios» *(Eth. Nic.,* II, 6, 1107 a 1-5). La virtud concierne a todas las actividades humanas y no sólo a las llamadas «morales». Platón habló de las virtudes en varios diálogos –por ejemplo, el *Laches* y el *Charmides*–. A veces habló de las siguientes virtudes: prudencia, templanza, fortaleza, justicia y santidad. En *Rep.* IV, 427 E, presentó las que fueron luego llamadas «cuatro virtudes cardinales» o «principales». Una Ciudad-Estado *(polis)* bien organizada tiene que ser prudente, σοφή, esforzada, ἀνδρεία, moderada (o templada), σώφρων, y justa, δικαία. Las cuatro virtudes correspondientes son la prudencia, φρόνησις, la fortaleza, ἀνδρεία, la moderación (o templanza), σωφροσύνη, y la justicia, δικαιουσύη. Platón usó el término, σοφία, *sofía,* que a veces se traduce por 'sabiduría', a veces por 'sabiduría práctica' y a veces por 'prudencia' *(Rep.,* IV, 429 A). La palabra σοφία en el contexto de la doctrina del Estado (Estado-Ciudad) tiene asimismo el sentido que se ha otorgado a φρόνησις, *frónesis.* Este último término es traducido habitualmente por 'prudencia' *(Rep.,* IV, 433 B-C). En cuanto a la fortaleza, tiene el sentido de 'coraje', pero principalmente el 'coraje moral'. La justicia es equiparable a veces a la templanza, pero sólo cuando se trata de una actitud personal o individual (cf. *Charmides,* 161 B); en la polis hay que distinguir entre ambas.

Como ninguna de las indicadas virtudes es específica en el sentido de aplicarse sólo a una determinada actividad humana o hasta a un determinado tipo de actividades humanas, y como, por otro lado, no parece que se pueda practicar ninguna de tales virtudes sin el auxilio o, cuando menos, la concurrencia de otras, se ha hablado con frecuencia de «la unidad de las (cuatro) virtudes» platónicas. Sin embargo, parece que una virtud como la prudencia tiene un cierto predominio sobre otras en tanto por lo menos que es la virtud indispensable para el gobernante, y parece asimismo que la justicia desempeña un papel capital en tanto que representa la armonía. En este último caso, la justicia es la conjunción de las virtudes.

Aristoteles distinguió entre virtudes «éticas» (llamadas asimismo «morales») y virtudes «dianoéticas» (llamadas asimismo «intelectuales»). Según Aristóteles, «la virtud dianoética debe su origen y desarrollo a la instrucción, por cuya razón requiere experiencia y tiempo, en tanto que la virtud ética procede del hábito; el nombre *ethiké* está formado por una leve variación introducida en la palabra *ethós* [hábito]. Resulta de ello obvio que ninguna de las virtudes morales se origina en nosotros por naturaleza, pues nada de lo que existe por naturaleza puede formar un hábito contrario a su naturaleza» *(Eth. Nic.,* II, I, 1103 a 14-20). La distinción entre virtudes éticas y dianoéticas no aparece siempre como tajante; la prudencia, en cuanto sabiduría práctica, es considerada por algunos autores como una virtud ética.

Plotino distinguió entre las virtudes llamadas civiles (que serían, en el lenguaje aristotélico, sensiblemente parecidas a las éticas), como la templanza y la justicia, y las virtudes purificadoras o catárticas, es decir, aquellas que, guiándonos en nuestro comportamiento racional, nos permiten hacernos semejantes a los dioses *(Enn.,* III, vi, 2). Además, las virtudes pueden ser consideradas o como intelectuales o como no intelectuales: las primeras proceden del alma misma como realidad separada; las segundas, en cambio, derivan del hábito *(ibid.,* I, ii). Porfirio distingue entre cuatro clases de virtudes: políticas o civiles, catárticas; orientadas hacia el *nous,* y virtudes del *nous* o paradigmáticas. Jámblico admite una quinta clase, aún más elevada que la de las virtudes paradigmáticas: las virtudes hieráticas. Lo usual en la Antigüedad, por lo demás, no es sólo forjar un concepto de la virtud, sino también, y muy especialmente, manifestar concretamente las virtudes y los actos necesarios para que se realicen. Éste fue uno de los temas fundamentales de las diversas escuelas socráticas (y una de las preocupaciones centrales de los estoicos).

La racionalidad de la virtud, su posibilidad de ser enseñada, condujeron a una continua clasificación y reclasificación de las virtudes, así como a una incesante equiparación de la virtud con el acto de seguir un determinado cauce: el que marcaba la naturaleza, el que era determinado por la facultad esforzada *(ex viro virtus,* decía Cicerón) que conducía, a su vez, a una naturaleza perfecta. La virtud era defendida asimismo por los estoicos como la perfección o fin de cada cosa, pudiendo ser algo teórico o no teórico. Diógenes Laercio (VII, 90 y sigs.) se refiere con detalle a las clasificaciones estoicas de las virtudes. Panecio dividía las virtudes primariamente en dos clases: teóricas y prácticas. Otros estoicos las dividían en lógicas, físicas y éticas. En la escuela de Posidonio se hablaba de cuatro virtudes fundamentales (coincidentes con las platónicas). Cleantes, Crisipo, Antipater y sus seguidores admitían más de cuatro virtudes. Apolofanes (cf. von Arnim, I, 90) consideraba que hay sólo una virtud: la φρόνησις o sabiduría práctica. Según Diógenes Laercio, parece haber siempre entre las virtudes, dentro de la concepción estoica, algunas virtudes primarias y otras secundarias o subordinadas. Las primeras son casi siempre las cuatro virtudes platónicas. A ellas hay que agregar ciertas virtudes particulares, tales como la magnanimidad, μεγαλοψυχία, la continencia, ἐγκράτεια, la paciencia, καρτερία, la presencia de ánimo, ἀγχινοία, el buen consejo, εὐβουλία.

En la Edad Media abundaron los trabajos sobre la naturaleza y sobre las clases de las virtudes, tanto por parte de teólogos y filósofos árabes y judíos como cristianos. Algunos autores tendieron a elaborar una doctrina «psicológica» de la virtud, esto es, a derivar el carácter que puede tener la virtud y los distintos tipos de virtudes de la naturaleza del alma. Según Sherif, Algazel habló en sus dos más importantes obras éticas, *El Criterio* y *La Renovación*, de las cuatro virtudes cardinales como «las madres del carácter». Tanto las virtudes como el buen carácter indican en el estado de las facultades corporales «cuando se hallan subordinadas a la facultad práctica del alma humana» (Sherif, pág. 29).

San Agustín dio una definición de la virtud que se hizo célebre: la virtud es el «orden del amor»: *ordo est amoris (De civ. Dei,* XV 22). Se puede decir entonces *Dilige et quod vis fac (In Epist. Joan. ad Parthos,* VII, 8; *Opera omnia,* 35, col. 2033, cit. por É. Gilson, *Introduction à l'étude de Saint Augustin,* 3.ª ed., 1949, pág. 182), «Ama y haz lo que quieras», porque si se ama se posee la virtud. Este punto, sin embargo, necesita aclaración. En la obra antes citada Gilson pone de manifiesto que la noción agustiniana del amor es análoga a la noción aristotélica de lugar; los cuerpos o elementos naturales tienen un lugar natural hacia el cual se dirigen de propio acuerdo. Similarmente, en cada alma hay «un peso que la arrastra constantemente, que la mueve continuamente a buscar el lugar natural de su reposo: es el amor» *(op. cit.,* pág. 174). Así, el amor es para San Agustín inherente a la naturaleza del hombre. El problema es que este amor puede dirigirse hacia cualquier clase de objeto. «La voluntad recta –ha escrito San Agustín– es, por consiguiente, un amor bien dirigido, y la voluntad torcida es un amor mal dirigido... Ahora bien, estas nociones (amor, alegría, temor y tristeza) son malas si el amor es malo; buenas, si es bueno» *(De civ. Dei,* XIV, 7). No es que el amor –o cualesquiera otros «movimientos»– sea, por sí mismo, malo, o siquiera que el objeto hacia el cual se dirige sea inherentemente malo. «La defección de la voluntad es mala porque es contraria al orden de la Naturaleza, y es un abandono de lo que tiene ser supremo en favor de lo que tiene menos ser. Pues la avaricia no es una falta inherente al oro, sino que se halla en el hombre que ama el oro excesivamente en detrimento de la justicia, la cual debería ser tenida en mucha mayor estima que el oro» *(op. cit.,* XII, 8). Gilson indica que no sólo la más alta virtud es el más alto amor, sino que todas las virtudes pueden ser reducidas al amor. Así, la templanza es «un amor que se reserva por entero a lo que ama; la fortaleza es el amor que lo soporta todo fácilmente por mor de lo que ama; la justicia no es más que el amor que sólo sirve al objeto amado y domina, por consiguiente, a todo el resto; la prudencia es el amor en su discernimiento sagaz entre lo que la favorece y lo que la estorba» *(op. cit.,* págs. 176-77). En el amor perfecto del fin supremo, además, no hay discordia ni desigualdad entre virtudes: templanza, fortaleza, justicia y prudencia son respectivamente entrega total a Dios, sufrimiento por amor de Dios, servicio a Dios, discernimiento entre lo que liga a Dios y lo que separa de Dios. El amor del Bien supremo es la caridad. Ello explica que las virtudes cardinales indicadas se encaminen hacia las virtudes teologales –fe, esperanza y caridad–. Nos encontramos aquí con la llamada «virtud infusa», *virtus infusa*. En este sentido San Agustín definió la virtud como «una buena cualidad de la mente mediante la cual vivimos derechamente, cualidad de la que nadie puede abusar y que se produce a veces en nosotros sin nuestra intervención» *(De libero arbitrio,* II, 8).

Santo Tomás examinó minuciosamente el problema de la naturaleza de la virtud, las clases de virtudes y las relaciones entre las virtudes. La idea general de virtud es la de una buena cualidad del alma, una disposición sólida y firme de la parte racional del hambre. Según su origen etimológico, 'virtud' designa una «capacidad». Ésta puede ser activa o pasiva, universal o particular, cognoscitiva u operativa. En todos los casos, la virtud tiene un carácter «habitual», es decir, es un «hábito». Santo Tomás sigue a la vez a San Agustín y a Aristóteles. Como género próximo, la virtud es un hábito; como diferencia específica, un buen hábito; como sujeto, lo es de nuestras almas; como lo que la distingue del vicio, es algo mediante lo cual vivimos recta y derechamente; como diferencia de otros hábitos (que, como sucede con la opinión, pueden conducir tanto al bien como al mal), nadie puede abusar de la virtud; en tanto que es a veces infusa, Dios la produce en nosotros sin nuestra intervención. Todos estos rasgos, salvo el último, son propios de todas las virtudes, es decir, tanto de las virtudes infusas como de las adquiridas (cf. *S. Theol.*, I-IIa, q. LIV, a 3 y II-IIa, q. XXIII, a 1). Las virtudes infusas tienen todos estos rasgos más el último mencionado.

En lo que toca a la clasificación de las virtudes, es capital la distinción entre virtudes adquiridas y virtudes infusas. El nombre 'adquirido' indica de qué virtud se trata; es una que no está en nosotros, pues es objeto de aprendizaje. La virtud infusa es la que Dios da al alma y no es adquirida. La virtud sobrenatural es una virtud cuyo principio es la gracia y cuyo fin es el destino sobrenatural del alma. En lo que respecta a las virtudes adquiridas (no infusas), Santo Tomás sigue a Platón y habla de cuatro virtudes cardinales o «principales», y examina si cada una de ellas implica o no las otras. En *S. Theol.*, I-IIa, q. LXI, 4, Santo Tomás se refiere a la opinión de San Gregorio sobre la mutua implicación de las virtudes y manifiesta que las cuatro virtudes se hallan mutuamente implicadas en tanto que se cualifican una a la otra, «desbordándose». Pero advierte que cada una de las virtudes cardinales está determinada a una materia y que se trata de hábitos distintos que se diferencian entre sí por sus varios efectos.

Una clase importante de virtudes son las «virtudes teologales» –fe, esperanza, caridad– ya mencionadas antes. Según Santo Tomás (*S. Theol.*, I-IIa, q. LXII, a 1), estas virtudes son las que encaminan hacia una felicidad sobrenatural. Puesto que esta felicidad «sobrepasa los poderes de la naturaleza humana», es necesario para el hombre recibir de Dios «algunos principios adicionales», esto es, las virtudes teologales. Estas virtudes nos encaminan hacia Dios, se hallan infusas en nosotros por Dios y son dadas a conocer sólo por medio de la revelación divina. Una virtud teologal es definida como un buen hábito infuso cuyo objeto inmediato es Dios.

Se pueden clasificar las virtudes de muy diversas otras maneras. Por lo pronto, las virtudes cardinales pueden ser, como en Aristóteles, éticas (morales) y dianoéticas (intelectuales). Hay, además, virtudes completas e incoadas, activas y contemplativas, y, desde luego, las ya mencionadas infusas y adquiridas. Cabe hablar asimismo de virtudes políticas o civiles, virtudes purificadoras, purgatorias y catárticas.

La doctrina platónica de las cuatro virtudes cardinales estaba tan extendida en la Edad Media que fue a menudo objeto de iconografía. El símbolo de la prudencia, *prudentia,* solía ser un libro; el de la justicia, *iustitia,* una espada –que todavía aparece en la figura de la Justicia con los ojos vendados y una balanza en la mano–; el de la fortaleza, *vis* o *fortitudo,* un escudo; el de la templanza, *temperantia* o *moderatio,* unas riendas.

En la Época Moderna la concepción de la virtud y la clasificación de virtudes sigue las huellas de la Antigüedad y de la Edad Media. Sin embargo, hay dos aspectos importantes en la idea de virtud que fueron especialmente cultivados en la Época Moderna. Por un lado, debe tenerse en cuenta el sentido de 'virtud', *virtù,* en Maquiavelo. La *virtù* maquiavélica parece muy poco «virtuosa» en el sentido tradicional, pero conserva rasgos de prudencia sagaz y de consciente *fortitudo.* Por otro lado, se discutieron mucho en la época moderna las cuestiones relativas al carácter subjetivo (o individual), y social de las virtudes. Siguió siendo común en la época moderna asociar «virtud» con «hábito». Se trata de un hábito, o disposición, de obrar conforme a la intención moral. Se supone que es menester vencer los obstáculos que se oponen a este obrar (y a esta intención). La virtud es concebida asimismo como el ánimo y coraje de obrar bien o, según Kant decía, como la fortaleza moral en el cumplimiento del deber. La obra de Kant citada como *Metafísica de las costumbres (Metaphysik der Sitten),* distinta de la *Fundamentación de la metafísica de las costumbres (Grundlegung zur Metaphysik der Sitten),* se compone de dos partes: la primera parte se titula *Metaphysische Anfangsgründe der Rechtslehre (Principios metafísicos de la doctrina del Derecho)* y la segunda se titula *Metaphysische Anfangsgründe der Tugendlehre (Principios metafísicos de la doctrina de las virtudes).* La doctrina del Derecho, o doctrina de lo justo, investiga el principio de las acciones humanas y externas, y comprende el Derecho privado y el Derecho público. La doctrina de las virtudes investiga el principio de las acciones humanas internas. La doctrina de las virtudes *(Tugendlehre)* es la ética, llamada antiguamente «doctrina de las costumbres» *(Sittenlehre)* o *philosophia moralis,* y también «doctrina de los deberes» *(Pflichten) (Metaphysik der Sitten,* ed. K. Vorländer, 379).

Kant destacó, entre las virtudes, la fortaleza y la prudencia. Varios autores se han opuesto a las ideas kantianas denunciando su carácter excesivamente «rígido», y especialmente su dependencia de la noción de «deber», y también sus rasgos demasiado «individualistas». Así, por ejemplo, Schiller echó de menos en el concepto kantiano de virtud el elemento de la espontaneidad. Nietzsche, con distinto ánimo, criticó el «moralismo» kantiano, y, en general, toda «moralina», y puso de relieve el sentido originario, y más «fuerte», de 'virtud', *virtus,* como potencia. Otros autores han señalado que no hay, en rigor, virtudes individuales o personales, sino sólo sociales.

Se ha discutido a menudo la posible relación entre virtud (ejercicio de las virtudes) y felicidad. Como ya ocurrió en las escuelas antiguas, se ha preguntado si la virtud puede conducir a la felicidad o si es independiente en principio de ella, de si se es feliz porque se es virtuoso o si se puede ser virtuoso sin ser feliz. La solución al problema depende en gran parte del sentido que se dé a 'felicidad'. Si se define 'feliz' como «consciente de que se practica la virtud», la virtud y la felicidad podrán identificarse. Si se define 'feliz' de otro modo, puede haber o puede no haber coincidencia entre virtud y felicidad. También se sigue discutiendo si la virtud es un bien por sí misma o si es un camino para alcanzar el bien –sea éste lo que fuere–. Es característico de los pensadores (no muy numerosos) que se ocupan hoy con detalle del problema de la virtud y de las virtudes poner a contribución descripciones psicológicas, fenomenológicas y caracteriológicas.

Voluntad. El concepto de voluntad ha sido tratado en el curso de la historia de la filosofía desde cuatro puntos de vista: (1) Psicológicamente (o antropológicamente), se ha hablado de la voluntad como de cierta facultad humana, como expresión de cierto tipo de actos; (2) Moralmente, se ha tratado la voluntad en relación con los problemas de la intención y con las cuestiones concernientes a las condiciones requeridas para alcanzar el Bien; (3) Teológicamente, el concepto de voluntad se ha usado para caracterizar un aspecto fundamental y, según algunos autores, el aspecto básico de la realidad, o personalidad, divina; (4) Metafísicamente, se ha considerado a veces la voluntad como un principio de las realidades y como motor de todo cambio.

Aunque el papel que ha desempeñado el concepto voluntad en

muchas doctrinas morales y teológicas es fundamental, este concepto se ha fundado casi siempre en consideraciones que llamaremos, anacrónicamente, «psicológicas». Aun confinadas a ellas, la variedad de opiniones concernientes a la naturaleza o a los rasgos de «la voluntad» es considerable.

Por lo pronto, mientras muchos autores –en rigor, la mayoría hasta el siglo XVIII por lo menos– han concebido la voluntad como una determinada voluntad humana, otros han hablado de ella como abreviatura de ciertos actos: los actos voluntarios o voliciones. En este último caso, la propia palabra 'voluntad' resulta sospechosa, ya que, si se toma literalmente, lleva a reificar los actos mencionados en una especie de «entidad». El interés por evitar semejante reificación explica que, tanto en textos filosóficos como psicológicos, la palabra 'voluntad' se use hoy menos frecuentemente que antes, o se use sólo como una abreviatura más o menos cómoda.

Independientemente de esta divergencia, ha habido otras muchas diferencias de opinión sobre el concepto de voluntad (estas diferencias han surgido especialmente entre los autores que, aun sin decidida intención de «reificar» los actos voluntarios, han hablado sin ambages de «la voluntad»). Así, algunos de ellos han insistido en el carácter irreductible, o relativamente irreductible, de la voluntad –o hasta de los actos voluntarios–. Se ha distinguido entonces, por un lado, entre la voluntad y el deseo (o el mero impulso) y, por otro lado, entre la voluntad y la inteligencia o la razón. Otros, en cambio, han opinado que la voluntad se halla siempre en muy estrecha relación con otras facultades, o con otros tipos de actos. En particular se han subrayado las relaciones que hay entre actos de la voluntad y las razones que se tienen, o que se alegan, para «ejercer la voluntad», es decir, para querer algo. Los que han insistido en el carácter irreductible de la voluntad han tendido a considerarla de algún modo como irracional –en todo caso, como «no racional»–. Los que han relacionado los actos voluntarios con otros, han tendido a estimar que la voluntad es dirigida por «razones» o, en todo caso, por «preferencias», las cuales pueden ser objeto de deliberación. A veces se ha afirmado que lo que se llama «voluntad» es un elemento en una especie de «continuo» de «actos», que van desde los impulsos, o desde los instintos (en ocasiones concebidos como impulsos mecanizados y orgánicamente «institucionalizados»), hasta los actos de ejecución, la evaluación, la deliberación, la preferencia y la resolución.

Ejemplos de las opiniones citadas, y de muchas más, se encuentran en la historia de la filosofía. Tanto Platón como Aristóteles tendieron a clasificar las potencias o poderes del alma. En la famosa división tripartita del alma –que es a la vez una división tripartita de la sociedad y del Estado– Platón consideró la voluntad como una especie de facultad «intermedia». Se halla debajo de la facultad racional o de la razón, que dirige (o debe dirigir) al hombre (así como la sociedad), pero por encima del apetito sensible o mero deseo. La voluntad no es por sí misma una facultad intelectual, pero no es tampoco una facultad irracional. Sus actos se ejecutan conforme a razón. El seguir los deseos no es ejercer la voluntad; es simplemente estar (ciegamente) dominado. En otras palabras, el deseo, ὄρεξις, pertenece al orden de lo sensible, o concupiscible, mientras que la voluntad, βούλησις, pertenece al orden del intelecto. Aristóteles insistió en el carácter racional o, si se quiere, «conforme a lo racional», de la voluntad. Es cierto que la voluntad tiene en común con el deseo el ser un «motor», esto es, el «mover el alma», pues la voluntad «apetece». Sin embargo, la voluntad no mueve, como el deseo, de cualquier modo. En este respecto, los estoicos y, en rigor, casi todos los filósofos griegos, siguieron a Platón y a Aristóteles.

Del grado mayor o menor de importancia que se otorgue a la voluntad como «motora» depende el tipo de relación que se establezca entre voluntad e inteligencia, o voluntad y razón. El problema de esta relación fue fundamental en la filosofía de la Edad Media, no sólo por razones psicológicas, sino también teológicas. Sería absurdo suponer que los pensadores cristianos iniciaron en este respecto una dirección enteramente nueva, ya que las opiniones de Platón y Aristóteles –así como las de los neoplatónicos y, en menor medida, de los estoicos– pesaron mucho en la elaboración de la teología cristiana. Además, en algunos casos, como en Santo Tomás, las doctrinas sobre la naturaleza de la voluntad estuvieron asentadas sobre bases aristotélicas. Sin embargo, la nueva idea del hombre –así como la idea del «hombre nuevo»– que se abre paso en el cristianismo y que encuentra expresión en gran parte de la obra de San Agustín, lleva a no pocos autores a destacar la importancia y preeminencia de la voluntad, tanto en el hombre como en Dios, y a fomentar de este modo el llamado «voluntarismo», generalmente contra el llamado «intelectualismo». Del papel desempeñado por este voluntarismo son testimonio en la Edad Media autores como San Pedro Damián, Duns Escoto y Guillermo de Occam, y en la Época Moderna, autores como Descartes. Común a ellos, cuando menos a los tres últimos, es la idea de que hay en el alma acciones y pasiones, y que entre las acciones figuran los actos intelectivos, que todas las acciones encajan dentro de, o inclusive se reducen a, la voluntad y que, por tanto, los actos intelectivos mismos están dirigidos por la voluntad. En todo caso, sólo mediante un acto de voluntad se puede enjuiciar.

La contraposición entre la tendencia a destacar la voluntad y la tendencia a destacar el intelecto –sin detrimento, por otro lado, de la voluntad– se manifiesta en las opiniones encontradas de Santo Tomás y de Duns Escoto. En *S. Theol.* I, q. LXXXII, Santo Tomás opina que: (1) La voluntad no está sometida en ninguno de sus actos a la necesidad, y ello al punto que voluntad y libre albedrío (VÉASE) no son dos potencias distintas, sino una sola potencia. (2) La voluntad no quiere *necesariamente* todo lo que quiere. (3) Aunque parece que siendo el Bien objeto formal de la voluntad, ésta tiene que ser la más elevada de las potencias, el objeto del intelecto es más noble que el de la voluntad, por lo que el intelecto es la potencia más elevada. (4) El intelecto mueve a la voluntad, pero como fin. (5) No se puede establecer una distinción entre voluntad irascible y concupiscible, como proponen algunos autores; la voluntad es un apetito superior a las potencias irascibles y concupiscibles.

Sería errado concluir que Santo Tomás arrumba o desprecia la voluntad en aras del intelecto. Ambos son motores que actúan de distinta forma: la inteligencia mueve a la voluntad por medio de objetos, y la voluntad se mueve a sí misma en razón del fin propuesto. Sin embargo, hay una cierta preeminencia del intelecto en Santo Tomás, que da toda su fuerza a la expresión (calcada de Aristóteles) *appetitus intellectualis* y a la idea de que no se quiere nada que no se conozca previamente, *nihil volitum quin praecognitum*. Como es característico de Santo Tomás el no adoptar posiciones extremas, no subordina la voluntad, en su actuar, al intelecto. Éste mueve la voluntad, «porque el bien en tanto que es comprendido es el objeto de la voluntad, y la mueve como un fin», en tanto que la voluntad, como agente, mueve el intelecto (*S. Theol.* I, q. LXXXIII, resp.). Con todo, el pensamiento de Santo Tomás aparece como relativamente «intelectualista» comparado con el de Duns Escoto. Para éste, la voluntad es un verdadero motor, que impulsa y dirige el movimiento en todo el reino de las facultades. Las consecuencias de esta opinión se hacen sentir no sólo en «psicología», sino también, y especialmente, en moral y en teología. En este último respecto hay que citar no sólo el voluntarismo escotista, sino también la noción de voluntad suprema de Dios que se expresa en la teología de Guillermo de Occam. Considérese (simplificadamente) la contraposición al respecto entre Santo Tomás y Duns Escoto o Guillermo de Occam. Todos mantienen que el fundamento del Bien se halla en Dios. Sin embargo, para Santo Tomás Dios quiere según lo que es bueno, no porque esté subordinado a un reino inteligible del Bien, sino simplemente porque hay perfecto acuerdo entre el querer divino y el Bien, entre la volición de la bondad y la idea de bondad. Esto parece ser para Duns Escoto, y también para Occam, una «reducción» de la omnipotencia de Dios –de su infinita omnipotencia–. Algo es bueno porque Dios lo quiere –aunque Dios quiere sólo lo que es bueno–. Un filósofo «voluntarista» del siglo XIX, Charles Secrétan, definió a Dios como aquel ser que puede decir: «Yo soy lo que quiero ser». El pensamiento de Duns Escoto y el de Guillermo de Occam son demasiado sutiles para que puedan reducirse a tan simples fórmulas, pues ni siquiera les conviene literalmente el calificativo de «voluntarismo». Pero es obvio que hay en ellos una tendencia a destacar la preeminencia de la voluntad, psicológica, moral y teológicamente.

El tema de la voluntad, en teología, psicología y epistemología, ha ocupado un puesto importante en la Época Moderna –y, para empezar, en lo que hemos llamado la «Época Moderna clásica», aproximadamente los siglos XVII y XVIII–. Dos grandes tendencias se han manifestado y enfrentado, dependiendo del tipo de relaciones, o falta de relaciones, que se haya estimado mantienen entre sí la voluntad y el intelecto.

La primera tendencia es la de los racionalistas, incluyendo los más destacados: Descartes y Leibniz. Parece extraño colocarlos bajo el mismo manto en la cuestión que nos ocupa, porque Descartes es decididamente voluntarista. Considera que la voluntad es la facultad de asentir o negar al juicio; la voluntad es «infinita» con respecto al intelecto, que es «finito». Además, Descartes pone de relieve el carácter absoluto de la decisión divina. Pero nada de ello le impide relacionar la voluntad con el intelecto; lo que ocurre es que sólo la primera decide, de modo que el acto intelectual es un acto de la voluntad –como lo son, por lo demás, todos los actos, o acciones, a diferencia de las pasiones–. Zubiri ha afirmado que el voluntarismo de Descartes es paradójico, porque es un voluntarismo de la razón. En todo caso, Descartes puede ser a la vez voluntarista y racionalista; no es, en cambio, intelectualista.

Leibniz se opone a Descartes con respecto al voluntarismo, si bien no con respecto al racionalismo. Aunque en la filosofía leibniziana la idea de *conatus* es importante –como son importantes en Leibniz las nociones de fuerza y de dinamismo–, considera (ya en un escrito de 1667 sobre «un nuevo método para aprender y enseñar la jurisprudencia») la voluntad como un *conatus* «que se origina en el pensamiento o que tiende hacia algo reconocido por el pensamiento como bueno». En sus *Animadversiones in partem generalem principiorum Cartesianorum*, de 1692 (Parte I, ad art. 31, 35 [Gerhardt, IV, 361]), Leibniz indica, contra Descartes, que «no admite que los errores dependan más de la voluntad que del intelecto. Dar crédito a lo que es verdadero o a lo que es falso –siendo lo primero conocer, y lo segundo errar– no es sino la conciencia o memoria de ciertas percepciones o razones, y, por tanto, no depende de la voluntad excepto en cuanto podamos ser llevados, por algún esquema oblicuo, al punto en que nos parece ver lo que deseamos ver, aun cuando seamos efectivamente ignorantes de ello». En suma: «sólo queremos lo que aparece al intelecto».

La segunda tendencia es la de los empiristas, de Hobbes a Hume. Común a ellos es la idea de que no hay apetito racional. El acto voluntario es comienzo de la acción. Si ésta resulta de una deliberación, no por ello queda el acto voluntario «intelectualizado»; el acto de referencia sigue siendo un comienzo que no necesita otro paso intermedio para realizarse por entero. Desde cierto punto de vista, los empiristas son voluntaristas. Pero no porque estimen que la voluntad, o los actos voluntarios, son preeminentes, sino simplemente porque no son ni «racionales» ni «intelectuales». Los empiristas tienden a equiparar el acto voluntario con la ejecución de la acción. Por tanto, no hay primeramente un intelecto que determina el acto voluntario o siquiera un acto de voluntad que actúe como motor de la acción. Lo que se llama «acción» incluye el acto voluntario, de modo que no tiene sentido pensar que hay un acto de voluntad pura y simplemente sin la acción correspondiente.

Kant destaca el aspecto moral de la voluntad. Cuando la voluntad es autónoma y no heterónoma, cuando da origen a la ley (moral) y no se halla subordinada a prescripciones dependientes de fines ajenos a ella, se llama buena voluntad. Éste es el sentido primario, y más importante, de 'voluntad'. La buena voluntad posee un valor absoluto con independencia de los resultados obtenidos.

En muchos casos el estudio del concepto de voluntad ha conllevado el del concepto de libertad (o falta de libertad). Si se concibe a la voluntad como un «motor», puede, en principio, afirmarse que hay voluntad sin que haya libertad o libre albedrío; lo que se llama «voluntad» puede ser, al fin y al cabo, un «movimiento natural». El determinismo de la voluntad puede estar fundado, por lo demás, no sólo en una cierta concepción de la Naturaleza, o de lo que se ha calificado de «causalidad de la Naturaleza», sino también en la idea de que el acto voluntario está completamente determinado por «razones». En la gran mayoría de los casos, los autores que han tratado de ver en qué consiste, y cómo funciona, la voluntad, no han admitido el determinismo, o han dado por sentado que no lo hay. Kant admitía un determinismo, bajo forma de riguroso encadenamiento causal, en el reino natural que, por lo demás, conocemos sólo bajo aspecto fenoménico. No hay determinismo en el reino moral, o reino de los fines morales. Puede hablarse en él sin ambages de voluntad y de libertad.

Fichte estimó que entre el idealismo y el materialismo hay una opción radical y definitiva; sólo la elección del idealismo permite admitir la libertad –a este efecto cabría decir, paradójicamente, que «el idealismo es necesario»–. La libertad se ejerce por medio de la voluntad pura, la cual no solamente vence los obstáculos, sino que inclusive los crea para vencerlos. Así, la voluntad pura –en una acepción distinta de la pura «buena voluntad» de Kant, y también de la «voluntad pura» en la «crítica de la voluntad pura» de autores como Hermann Cohen– tiene un sentido metafísico –si se quiere, metafísico por ser moral–. La filosofía de Fichte es un ejemplo destacado de voluntarismo.

La voluntad o, mejor dicho, el querer, desempeña un papel fundamental en el pensamiento de Maine de Biran, que altera el principio cartesiano *cogito, ergo sum*, reformulándolo como *volo, ergo sum*. El querer en el sentido de Maine de Biran está ligado al llamado «sentimiento del esfuerzo». Con él se elabora una epistemología que ha sido llamada «realismo volitivo», de la cual encontramos ejemplos, elaborados independientemente de Maine de Biran, en autores tan distintos como Dilthey, Peirce, Frischeisen-Köhler y Max Scheler.

Schopenhauer elaboró una filosofía según la cual la voluntad es el fondo último de la realidad. La Voluntad no se halla limitada, según Schopenhauer, por las categorías de espacio, tiempo y causalidad, las cuales son aplicables sólo a los fenómenos, en tanto que la Voluntad es una realidad en sí o nouménica. Se encuentra en Schopenhauer la noción de la voluntad de vivir. La Voluntad se objetiva produciendo las Ideas. Para Nietzsche, la voluntad es básicamente voluntad de poder o voluntad de dominio. Esta voluntad se halla ligada a la transmutación de todos los valores o transvaloración.

Varios filósofos a fines del siglo XIX y comienzos del XX trataron de la voluntad como una noción central. Ejemplos son Wundt, Lachelier y William James. Tanto la psicología como la metafísica de Wundt son voluntaristas. En Lachelier, la voluntad llega a presentarse como «el principio y el fondo oculto de cuanto existe». No se trata, sin embargo, de un «principio» abstracto (o «especulativo»), sino de una realidad concreta, experimentable como una especie de fuerza motriz interna. William James examina la voluntad desde el punto de vista psicológico y desarrolla la idea de que la voluntad está ligada a alguna representación que no se halla obstaculizada por ninguna otra que le sea contraria. James elaboró asimismo la noción de «voluntad de creer», que tiene para él un sentido a la vez epistemológico y moral.

Las cuestiones relativas a la voluntad en el pensamiento filosófico de las últimas décadas difieren de las planteadas en las «metafísicas de la voluntad» en las que fue pródigo el siglo XIX. En general, se tiende a examinar no tanto «la voluntad» como los actos volitivos o las voliciones. Algunos autores estiman que el examen de estos actos presupone plantear el problema de si son o no voluntarios. «El problema de la voluntad» está, según ello, ligado a los problemas en que intervienen los conceptos de azar, determinación, indeterminación, etc., y requiere o tomar una posición, o llegar a alguna conclusión respecto al muy debatido problema del determinismo contra la libertad o el libre albedrío. Otros autores consideran que no es necesario introducir estas cuestiones y que lo importante es analizar las nociones de acto, acción, decisión, deliberación, elección, preferencia, etc. Este análisis puede llevar a formular varias teorías, de las cuales se han destacado dos. Según una, hay voliciones, o actos voluntarios en virtud de los cuales se determina la decisión que se adopte. Según otra, no hay tales voliciones o actos voluntarios. La primera teoría es llamada «volicionista»; la segunda, «no volicionista» –o, en todo caso, se estima que no depende de una «teoría de las voliciones» especial– (cf. Richard Taylor, *Action and Purpose*, 1964, págs. 64 y sigs.).

Voluntad de creer. William James destacó el carácter pragmático de la noción de «creencia» en su idea, o ideal, de la voluntad de creer (*Will to Believe*). Según afirma James en el ensayo «The Will to Believe», que figura como primer capítulo del libro *The Will to Believe, and Other Essays in Popular Philosophy* (1897), si nos propusiéramos ser completamente racionales, no podríamos encontrar una base para creer: (1) que hay una verdad y (2) que «nuestras mentes y la verdad están hechos uno para el otro». Estas creencias son sólo una «apasionada afirmación de deseo». Así, el tratar de «evitar el engaño» y el «obtener la verdad» son exigencias de la pasión.

Una vez admitido que la pasión desempeña este papel, cabe preguntarse si podemos buscar la verdad teniendo la razón como único guía. William James contesta que en muchos casos lo podemos hacer. «Cuando la opción entre perder la verdad y ganarla no es fundamental, podemos descartar la oportunidad de *ganar la verdad,* y en cualquier caso podemos salvarnos de cualquier oportunidad de *creer en la falsedad* mediante el procedimiento de no adoptar ninguna decisión en absoluto hasta que tengamos una prueba objetiva. En cuestiones científicas, esto es lo que casi siempre ocurre, y aun ocurre casi siempre en los asuntos humanos en general...»

En algunos casos, sin embargo, la razón sola es insuficiente. James defiende la tesis de que «nuestra naturaleza pasional no sólo puede, sino que legalmente debe, decidirse por una opción [elegir o decidir] entre proposiciones, siempre que se trate de una opción auténtica que, por su naturaleza, no puede decidirse sobre una base intelectual, pues decir en tales circunstancias 'No decidas nada; deja la cuestión en suspenso' es por sí mismo una decisión pasional».

Según James, las cuestiones morales y las cuestiones religiosas no se parecen a las científicas, por cuanto «no pueden esperar a que haya una prueba sensible». La religión, afirma James, sostiene dos cosas: (1) «Las cosas mejores son las más eternas» y (2) «Estamos en mejor situación ahora si creemos que la afirmación que hace la religión es verdadera». La decisión de creerlo o no, debe ser, dice James, «una opción auténtica», es decir, una opción viva (o viviente), importante y «forzada» («obligada»). «Una opción viva es una en la cual ambas hipótesis son vivas», escribe James. Esto quiere decir que ambas hipótesis aparecen a la persona que elige como posibilidades reales, y estas posibilidades son medidas por el hecho de que la persona está dispuesta a obrar. James admite que si la religión no es «una posibilidad viva», sus argumentos se caen por la base. La decisión religiosa es «importante», porque ganamos «un cierto bien vital» si creemos, y éste es un bien que perdemos si no creemos (compárese de nuevo con la apuesta de Pascal). La opción de referencia es también «forzada», es decir, no podemos evitar tomar una decisión por cuanto no hay una tercera alternativa –«no hay (escribe James) posibilidad de no elegir»–. James concluye: «No podemos eludir la cuestión permaneciendo escépticos y esperando que se haga más luz, porque, aunque de este modo evitamos el error *si la religión no es verdadera,* perdemos el bien *si es verdadera,* y ello de un modo tan cierto como si eligiéramos positivamente no creer». En suma, la decisión respecto a las cuestiones religiosas y morales es distinta de las decisiones relativas a cuestiones acerca de la naturaleza física. En este último caso, las opciones son «triviales» (no son «importantes»), las hipótesis entre las que debemos elegir «no son apenas vivas», y, finalmente, «la elección entre creer la verdad o la falsedad es raramente forzada», es decir, no se nos impone casi nunca.

James arguye que si nuestro intelecto fuese infalible, podría tener algún sentido adoptar la posición de esperar hasta que tuviéramos más firmes pruebas de la verdad, o falsedad, de una hipótesis. Pero si somos realmente empiristas, agrega, «si creemos que en nosotros no tañen campanas para avisarnos con certidumbre cuando tenemos la verdad al alcance de la mano, parecerá ser una ociosa fantasmagoría predicar solemnemente que nuestro deber es esperar a que suenen las campanas». Hay, dice, tanto peligro en aguardar como en creer. «En cualquier caso, *obramos,* y tomamos nuestras vidas en la mano». Si no por otra cosa, la decisión religiosa es importante porque cambia nuestras vidas.

En una nota a pie de página, James declaró que la «creencia es medida por la acción» y que la acción requerida por la hipótesis religiosa es distinta de la citada por la «hipótesis naturalista». Admitió, una vez más, que si este supuesto no es verdadero, «entonces la fe religiosa es mera superfluidad... y los debates en torno a su legitimidad son un ejemplo de huera futilidad, indigno de ocupar a las mentes serias». La noción de «voluntad de creer» es importante en el pensamiento de Unamuno –que, por lo demás, se hubiera negado a aceptar que se trata de una «noción»–. Entre otros lugares, se encuentra en los capítulos VI y IX de *El sentimiento trágico de la vida*. La voluntad de creer está ligada, en Unamuno, a la voluntad (o instinto) de vivir, que es a la vez la voluntad (o instinto) de sobrevivir. Unamuno se refirió específicamente a William James, mencionando la obra *The Will to Believe* (cf. *supra*), así como *Pragmatism, a New Name for Some Old Ways of Thinking* (1907) y *The Varities of Religious Experience: A Study in Human Nature* (1902), y manifestó simpatía por las ideas de James, incluyendo el «pragmatismo» como expresión de un «predominio de lo práctico». Sin embargo, a diferencia de James, la noción unamuniana de voluntad de creer tiene un aspecto «conflictivo»: el creer es una reacción salvadora contra la incredulidad y se alimenta de ésta, como la fe se alimenta de la duda.

Voluntad de poder. La idea de poder *(Macht)* o potencia ha estado casi siempre presente en el pensamiento de Nietzsche, pero se ha abierto paso especialmente a partir de *Así habló Zaratustra* (*Also sprach Zarathustra*, 1883-1891) y de *Más allá del bien y del mal* (*Jenseits von Gut und Böse*, 1886), culminando en los fragmentos póstumos que la hermana de Nietzsche agrupó bajo el título de *La voluntad de poder (Der Wille zur Macht)*. La más conocida expresión es la que figura en este último título –«voluntad de poder», a veces también llamada en español, «voluntad de potencia»–. Esta expresión abunda en los citados fragmentos póstumos; en ellos se habla de la voluntad de poder como conocimiento, en la Naturaleza, como sociedad e individuo, y como arte. No es fácil determinar lo que Nietzsche entendía por 'voluntad de poder'; es razonable pensar que entendía muy diversas cosas, aun cuando todas parecen tener un rasgo común: el de un ímpetu o impulso que va siempre «más allá», que no se detiene nunca. Nietzsche estimaba que la voluntad de poder expresaba un movimiento destinado a sustituir en el futuro al completo nihilismo, pero de tal modo que presuponía, lógica y psicológicamente, el nihilismo (fragmentos de noviembre de 1887 a marzo de

1888). No hay que entender la voluntad de poder en sentido psicológico, aun cuando Nietzsche habla de ella a menudo en términos psicológicos. La voluntad de poder es más bien algo vital, orgánico y biológico. Por eso al referirse a la voluntad de poder en el conocimiento Nietzsche destaca el valor biológico del conocimiento. La voluntad de poder es entendida en función de la vida. Sin embargo, no se equipara a la voluntad de vivir de Schopenhauer, que Nietzsche critica justamente por reducirse a un tipo de realidad psicológico-vital. Nietzsche se opone firmemente a toda concepción de la vida como «adaptación de condiciones internas a las externas» *(Wille zur Macht,* III, 682). La adaptación orgánica es meramente pasiva, pero la voluntad es supremamente activa; es justamente «voluntad de poder» que va siempre de lo más interno a lo más «externo», que consiste en manifestarse y «expansionarse» sin cesar. De ahí la oposición de Nietzsche al darwinismo, que destaca la «domesticación» del hombre.

Nietzsche trata de concentrar la noción de voluntad de poder en la idea de una fuerza universal impulsora. No tiene simplemente un sentido orgánico o vital y no es tampoco una especie de impulso ínsito en toda materia. De alguna manera es una realidad «metafísica» –si bien de una «metafísica del más acá»–. Nietzsche afirma que la voluntad de poder es «la primitiva forma del afecto *(Affekt-Form)* de la cual los demás afectos son sólo transformaciones» *(Wille zur Macht,* III, 688). Todo individuo lucha por *poder* antes que por ser feliz. El placer o la felicidad no son fuerzas motivadoras, sino sólo resultantes que acompañan al poder cuando éste se logra. La voluntad de poder nietzscheana sobrepasa toda actividad individual y toda aspiración a la «felicidad» individual. «Toda fuerza impulsora es voluntad de poder», de modo que no hay, además de ella, una fuerza física, dinámica o psíquica *(loc. cit).* Nietzsche niega, sin embargo, que la voluntad de poder sea una substancia de ninguna especie. No es tampoco un principio o una ley. La voluntad de poder se expresa en «cuantos de fuerza» *(Kraft-Quanta).* Es, pues, una realidad esencialmente dinámica. Pero no es dinámica sólo en tanto que es un devenir que se contrapone al ser. La voluntad de poder –que es, dice Nietzsche, «la esencia íntima del ser» [de la realidad]– no es ni ser ni devenir, sino *pathos.* Lo que llamamos «vida» es sólo la forma más conocida del ser, y es específicamente «una voluntad para la acumulación de la fuerza» *(Wille zur Macht,* III, 689).

La noción de voluntad de poder está estrechamente relacionada con la de «transmutación de todos los valores» o «transvaloración» y con la de «eterno retorno» –si bien esta última parece incompatible con una voluntad de poder en continua expansión–. En los fragmentos póstumos de Nietzsche estas tres nociones se hallan frecuentemente entrelazadas, pero la de voluntad de poder parece tener la preeminencia.

La voluntad de poder se opone a la «voluntad de verdad», de la que Nietzsche habla, despectiva y sarcásticamente, al comienzo de *Más allá del bien y del mal (Jenseits von Gut und Böse,* §§ 1-4). ¿Por qué, pregunta Nietzsche, la verdad más bien que la «no verdad»? Cuando los filósofos hablan de la verdad, expresando una «voluntad de verdad», se engañan a sí mismos; al fin y al cabo, su pensamiento está guiado por sus «instintos». Un falso juicio, afirma Nietzsche en uno de sus más famosos pasajes *(ibid.,* § 4), no constituye objeción contra él; lo importante es saber si el juicio sirve o no para mantener y fomentar la vida. Si la mantiene y fomenta, no importa su no verdad. Colocarse más allá del bien y del mal es el camino hacia la voluntad de poder –a menos que sea la expresión de esta voluntad de poder.

Voluntad de vivir. En *El mundo como voluntad y representación (Die Welt als Wille und Vorstelluung),* Schopenhauer habla de la voluntad de vivir o voluntad de vida, *Wille zum Leben.* Esta voluntad es «el incesante y ciego impulso» a incorporar y llevar a cabo el tipo de su especie contra todos los obstáculos. La voluntad de vivir es la realidad en sí misma frente a la representación, el ser nouménico frente al ser fenoménico. «La Voluntad –escribe Schopenhauer– es la cosa en sí, el contenido interno, la esencia del mundo. La vida, el mundo visible, el fenómeno es sólo el espejo de la voluntad» (IV, 54). La voluntad de vivir no es una especificación de la Voluntad: voluntad de vivir y voluntad son, según Schopenhauer, lo mismo.

Cabe hablar de la voluntad de vivir schopenhaueriana en sentido orgánico y «vital» o en sentido metafísico, pero ello sólo porque 'orgánico-vital' y 'metafísico' (o «en sí mismo») son términos intercambiables.

El individuo no puede hacer nada ante la voluntad de vivir; la fuerza que tiene ésta se le impone de tal modo que el vivir aparece al individuo como un valor. Sin embargo, la reflexión filosófica conduce a darse cuenta del dolor de la vida, del carácter incompleto e imperfecto de ésta. Por eso la conciencia puede imponerse a la tiranía de la voluntad de vivir mediante el conocimiento, la contemplación artística, la compasión y la renuncia –mejor dicho, conocimiento, contemplación artística, compasión y renuncia son los pasos mediante los cuales se va constituyendo la conciencia de que el puro vivir no es el supremo bien. La idea de Schopenhauer de la voluntad de vivir es similar en algunos respectos a la idea de Nietzsche de la voluntad de poder (véase) y a la idea de Simmel según la cual la vida quiere siempre «más vida». Sin embargo, difiere de estas últimas por cuanto la vida no es valorada por sí misma. La voluntad de vivir es irresistible; no por ello es intrínsecamente deseable. Nietzsche se opuso a la concepción de Schopenhauer por considerar que era una generalización psicológica en la cual el término 'voluntad' es una palabra vacía. No puede tratarse de una voluntad de vivir, afirma Nietzsche, porque «la propia vida es un caso especial de la voluntad de poder» *(Der Wille zur Macht,* III, 692).

W

W. Véase X.

X

X. La letra minúscula 'x' es empleada en la lógica cuantificacional elemental como símbolo de un argumento. Así, por ejemplo, 'x' en '$F(x)$'. La letra llamada 'x' es llamada por ello «letra argumento». Otras letras usadas con el mismo propósito son 'w', 'y', 'z'. En caso necesario se usan las citadas letras seguidas de acentos: 'w'', 'x'', 'y'', 'z'', 'w''', 'x''', 'y''', 'z''', etc. En la lógica cuantificacional superior las letras en cuestión denotan individuos y son llamadas «variables individuales». En la lógica de la identidad 'x' representa el nombre de una entidad. En la lógica de las descripciones '$(_1 x)$' es una abreviatura de 'el x tal, que'. En la lógica de las clases y de las relaciones, '$\hat{x}$', y '$\hat{w}$', '$\hat{y}$', '$\hat{z}$' se llaman «variables encapuchadas» y entran en la composición de los llamados «abstractos» simple y doble o nombres de clases y relaciones (diádicas), respectivamente.

Y

Y. Véase X.

Z

Z. Véase X.